Politische Vierteljahresschrift

im Westdeutschen Verlag

Wolfgang Seibel · Monika Medick-Krakau
Herfried Münkler · Michael Th. Greven (Hrsg.)

Demokratische Politik – Analyse und Theorie

Politikwissenschaft in der Bundesrepublik Deutschland

Westdeutscher Verlag

Der Westdeutsche Verlag ist ein Unternehmen der Bertelsmann Fachinformation GmbH.

http://www.westdeutschervlg.de

Gedruckt auf säurefreiem Papier

Umschlaggestaltung: Christine Huth, Wiesbaden
Druck und buchbinderische Verarbeitung: Druckerei Hubert & Co., Göttingen
Printed in Germany

ISBN 3-531-13149-4

Inhalt

Quellenverzeichnis zu:

Seibel · Medick-Krakau · Münkler · Greven (Hrsg.)

Demokratische Politik - Analyse und Theorie

	Jg.	Seite
Hannah Arendt Das Phänomen der Revolution	1963	116 – 149
Niklas Luhmann Öffentliche Meinung	1970	2 – 28
Peter Graf Kielmansegg Legitimität als analytische Kategorie	1971	367 – 401
Dolf Sternberger Das Wort „Politik" und der Begriff des Politischen	1983	6 – 14
Stefan Breuer Rationele Herrschaft. Zu einer Kategorie Max Webers	1990	4 – 32
Wolfgang Abendroth Innerparteiliche und innerverbandliche Demokratie als Voraussetzung der politischen Demokratie	1964	307 – 333
Wilhelm Hennis Aufgaben einer modernen Regierungslehre	1965	422 – 441
Carl J. Friedrich Die Verantwortung der Regierung in den Vereinigten Staaten, Großbritannien und der Bundesrepublik	1967	374 – 390
Thomas Ellwein Probleme der Regierungsorganisation in Bonn	1968	235 – 254
Hans D. Klingemann / Franz Urban Pappi Die Wählerbewegungen bei der Bundestagswahl am 28. September 1969	1970	111 – 138
Fritz W. Scharpf Die Politikverflechtungs-Falle: Europäische Integration und deutscher Föderalismus im Vergleich	1985	323 – 356
Gerhard Lehmbruch Die deutsche Vereinigung: Strukturen und Strategien	1991	585 – 604
Ernst-Otto Czempiel Das Primat der auswärtigen Politik – Kritische Würdigung einer Staatsmaxime	1963	266 – 287

Vorwort

Die Herausgabe des Jubiläumsbandes einer Zeitschrift, bei der aus fast vierzig Jahrgängen knapp zwanzig Aufsätze auszuwählen sind, ist ein anregendes, aber auch ein riskantes Unterfangen. Natürlich spielen die individuellen Interessen und Präferenzen der Herausgeber dabei eine Rolle, vielleicht nicht die entscheidende, aber doch eine merkliche. Aber gerade bei einem Jubiläumsband haben solche Interessen und Präferenzen zurückzutreten hinter dem Versuch, eine Zeitschrift zu porträtieren, die fast so alt ist wie das Fach – jedenfalls als eigenständige akademische Disziplin in Deutschland –, dem sie zugehört. Also bestand unsere erste Aufgabe darin, Kriterien zu finden, die das Auswahlverfahren objektivieren und ihm Transparenz und Nachvollziehbarkeit verleihen sollten. Dabei war jedoch von vornherein klar, daß den angelegten Kriterien erheblich mehr Beiträge entsprechen würden, als aus Umfangsgründen in den Band aufgenommen werden konnten. Jenseits aller Bemühungen um Transparenz und Nachvollziehbarkeit blieb also ein untilgbarer Rest subjektiver Präferenz. Nun hat ein gewisses Maß an subjektiver Präferenz der jeweiligen Redaktion bei Annahme oder Ablehnung der eingereichten Artikel die Geschichte der Zeitschrift von ihren Anfängen an begleitet, auch wenn dieses Maß zeitweilig größer oder kleiner gewesen sein mag. Es kann hier dahingestellt bleiben, ob die Objektivierung der Entscheidungsmaßstäbe bei der Annahme oder Ablehnung der bei der PVS eingereichten Manuskripte, wie sie in den letzten Jahren mit der Einführung eines externen Begutachtungsverfahrens stattgefunden hat, die Attraktivität der Zeitschrift bei ihren Lesern gesteigert hat oder nicht; der Reputation der Zeitschrift ist sie sicherlich zugute gekommen.

Das erste Auswahlkriterium bei der Zusammenstellung des Jubiläumsbandes bestand in der Bildung von drei subdisziplinären Rahmungen, die einerseits der Professionalisierung der Disziplin in den letzten beiden Jahrzehnten Rechnung tragen und doch auch berücksichtigen sollten, daß in den beiden vorangegangenen Jahrzehnten, als das Fach an vielen Universitäten nur durch zwei bis drei Professoren vertreten wurde, es noch keine vergleichbare Spezialisierung und Ausdifferenzierung gegeben hat. Die drei subdisziplinären Untergruppen, ‚Theorie und Ideengeschichte', ‚Regierungssystem und Politikfeldforschung' sowie ‚Internationale Beziehungen', für die wir uns schließlich entschieden haben, stellen einen Kompromiß im Hinblick auf den unterschiedlichen Spezialisierungsgrad des Fachs seit seiner Gründung in Deutschland Ende der 40er/Anfang der 50er Jahre dar. Sie werden ergänzt durch einen Beitrag zur Geschichte und Selbstverständigung des Fachs, wie sie in den Jahrgängen der PVS mit gewisser Regelmäßigkeit stets auch thematisiert worden ist. Damit war aber bereits das zweite Auswahlkriterium gesetzt, und das bestand darin, die vier Jahrzehnte der Geschichte der Zeitschrift bei der Auswahl der Beiträge mach Möglichkeit gleichmäßig zu berücksichtigen. Wir haben zunächst nicht erwartet, daß gerade dieses Kriterium uns bei der Auswahl die größten Schwierigkeiten bereiten würde, weswegen wir uns hier zu den am weitesten gehenden Abweichungen von unseren Vorgaben entschließen mußten. Darauf wird noch einmal zurückzukommen sein. Schließlich haben wir als drittes Auswahlkriterium die Vorstellung zugrundegelegt, daß die in den Jubiläumsband aufzunehmenden Beiträge entweder wichtige Debatten und Untersuchungsbereiche des Fachs prägnant vertreten oder aber innovativ in Teilbereiche hineingewirkt haben. Mit Genugtuung haben wir dabei feststellen können, daß zahlreiche renommierte Vertreter des Fachs Politikwissenschaft, aber auch angrenzender Disziplinen, wie der Soziologie, der Philosophie und der Rechtswissenschaft, nicht nur irgendwann in der PVS veröffentlicht haben, sondern auch bei Anlegung der genannten Kriterien in die engere Auswahl des Jubiläumsbandes gekommen sind. Natürlich war die Durchsicht der Beiträge in fast vierzig Jahrgängen der PVS auch eine Heerschau der eigenen Fachvertreter, die verbunden war mit der Frage, ob und inwieweit sie die PVS als Forum der wissenschaftlichen Diskussion genutzt haben. Weit über die hier erneut zum Abdruck kommenden Beiträge hinaus kann diese Frage positiv beantwortet werden.

Aber bei solch einer Heerschau fällt auch manches auf, was nachdenklich stimmen muß. So sind in der PVS Beiträge von Frauen krass unterrepräsentiert; unter den für den Jubiläumsband ausgewählten Beiträgen ist dementsprechend nur einer, der von einer Frau, von Hannah Arendt, verfaßt worden ist, und dessen Erstveröffentlichung liegt inzwischen fast ein Vierteljahrhundert zurück. Auch fällt auf, daß die PVS offenbar kein Seismograph politischer Veränderungen und Umbrüche gewesen ist: Wichtige zeitgeschichtliche Ereignisse, die im kollektiven Gedächtnis des politischen Gemeinwesens Bundesrepublik eine bedeutende Rolle spielen – sei dies nun die Studentenbewegung der Jahre 1968/69 und alles was mit ihr zusammenhing, der „Deutsche Herbst" 1977 oder schließlich sogar der Zusammenbruch der Ostblockstaaten und die deutsche Vereinigung 1989/90 –, haben in der PVS kaum einen Niederschlag gefunden. Im Unterschied zu monatlich erscheinenden Kulturzeitschriften oder politischen Zeitschriften – zu nennen wären etwa der ‚Merkur' oder die ‚Blätter für deutsche und internationale Politik' – ist ein vierteljährlich erscheinendes fachwissenschaftliches Organ offenbar zu schwerfällig und wohl auch mit zu weitgehenden Belegpflichten und Nachweiserwartungen versehen, als daß es zum Publikationsort riskanter Prognosen und schnell niedergeschriebener, die politischen Ereignisse begleitender Analysen werden könnte. Man mag das bedauern, denn dadurch mangelt es der Zeitschrift auch an jenen kontrovers geführten Debatten, in denen um politische Optionen gerungen und um die angemessene Selbstbeschreibung der Gesellschaft gestritten wird, aber ganz offensichtlich scheuen sich viele Vertreter des Fachs vor solch aktuell-politischen Debatten oder wenn sie sich an ihnen beteiligen, so tun sie dies an anderer Stelle und nicht in der wissenschaftlichen Zeitschrift ihres Fachs. Freilich gab es Ausnahmen: In den 60er und noch zu Beginn der 70er Jahre sind die „großen Fragen" des Fachs, wie die nach den gewandelten Anforderungen an die Demokratie und den demokratischen Verfassungsstaat, nach Legitimität und Legitimation, nach Partizipation usw. in der PVS aufgegriffen und behandelt worden. Seit Mitte der 70er Jahre war dies immer seltener der Fall. Der sog. Historikerstreit etwa hat in der PVS keinerlei Niederschlag gefunden.

Was sich in diesen seit Mitte der 70er Jahre zu beobachtenden Veränderungen niedergeschlagen hat, ist zunächst auch ein verändertes Akquisitionsprinzip der Beiträge. Sicherlich ist die PVS nie eine Zeitschrift gewesen, bei der der Herausgeber selbst

Redaktionsarbeit geleistet und dadurch unmittelbaren Einfluß auf Profil und Konturen des Organs genommen hat. Das kann und sollte bei einer fachwissenschaftlichen Zeitschrift nicht der Fall sein. Aber in der Zeit, als die Anzahl der Politikwissenschaftler an den Universitäten der Bundesrepublik noch überschaubar war, haben die Redakteure offenkundig eine aktivere Rolle bei der Akquisition der Beiträge gespielt als dies der Fall ist, seitdem das Fach in eine Phase der Professionalisierung und Spezialisierung und damit verbunden auch einer erheblichen Ausweitung der Anzahl der Professuren eingetreten ist. Seitdem beschränkt sich die Rolle der Redaktion stärker darauf, aus der Fülle der eingesandten Abhandlungen und Forumsbeiträge unter wissenschaftlich-qualitativen und nur gelegentlich inhaltlich-aktuellen Aspekten eine Auswahl zu treffen. Hat es danach noch eine aktive Aquisitionspolitik gegeben, so hat diese sich weitgehend auf den Bereich des Forums beschränkt. Damit sollen mitnichten etwaige Versäumnisse der Redaktion(en) beklagt oder kritisiert werden; was darin zum Ausdruck kommt ist vielmehr die unvermeidliche Veränderung im Profil einer fachwissenschaftlichen Zeitschrift unter den Bedingungen der Expansion, Professionalisierung, Spezialisierung und Segmentierung des Fachs. Ablesbar ist dies etwa an den Beiträgen aus der Politikfeldforschung, die vor allem seit Mitte der 80er Jahre das Erscheinungsbild der PVS vermehrt bestimmt haben. Dabei zeigt sich allerdings auch, daß richtungsweisende, theoretisch fruchtbare Arbeiten eher rar sind. In ihrer überwiegenden Mehrheit sind diese Beiträge obendrein so spezialisiert, daß sie in Anbetracht des dritten der oben genannten Auswahlkriterien für die Aufnahme in den Jubiläumsband nicht in Frage kamen.

So fällt auf, daß allein im subdisziplinären Rahmen ‚Theorie und Ideengeschichte' dem zweiten Auswahlkriterium, das eine etwa gleichmäßige Verteilung der Beiträge über die vier Jahrzehnte des Erscheinens der PVS forderte, Genüge getan werden konnte, während in den Rahmen ‚Regierungssystem und Politikfeldforschung' wie ‚Internationale Beziehungen' in den 70er und 80er Jahren eine deutlich niedrigere Frequenz an die fachwissenschaftliche Diskussion nachhaltig beeinflussenden Beiträgen festzustellen ist. Besonders signifikant ist dies im Bereich der Internationalen Beziehungen; deswegen hier dazu einige Anmerkungen. Der Einstieg der Subdisziplin in die Zeitschrift erfolgte in den 60er Jahren mit einer Reihe von Beiträgen, die, geschult an der amerikanischen Diskussion, diese auf innovative Weise mit kontinentaleuropäischen geschichts- und sozialwissenschaftlichen Ansätzen verknüpften. Nicht zufällig behandeln zwei der von uns in diesem Zusammenhang ausgewählten Aufsätze das Verhältnis von Innen- und Außenpolitik, indem sie alte Klischees überprüfen und in Frage stellen. Dagegen zeichnen sich die 70er und frühen 80er Jahre durch eine quantitative wie qualitative Unterrepräsentation von Beiträgen aus den Internationalen Beziehungen in der PVS aus. Dies scheint unter anderem auch das Ergebnis eines disziplingeschichtlichen Sonderwegs und aller damit verbundenen Tendenzen wissenschaftlichen Sektierertums gewesen zu sein. Von den drei großen Debatten über Grundfragen, Theorien und Methoden der Internationalen Beziehungen, der Idealismus-Realismus-Debatte, der Traditionalismus-Szientismus-Debatte sowie schließlich den Auseinandersetzungen mit einem strukturellen Realismus und (liberalen) Neoinstitutionalismus, hat während dieses Zeitraums keine mit grundlegenden und/oder innovativen Beiträgen in der PVS ihren Niederschlag gefunden. Diese fachwissenschaftlich-publizistische Nichtrepräsentanz ist freilich nur Ausdruck dessen, daß diese

Debatten in der deutschen Politikwissenschaft insgesamt kaum oder allenfalls unterentwickelt stattgefunden haben. Sicherlich aber hat auch die bereits angesprochene Spezialisierung und Ausdifferenzierung zur Unterrepräsentation der Subdisziplin Internationale Beziehungen in der PVS beigetragen. So hat die in diesem Zeitraum umfangreiche und vielfältig geförderte Friedensforschung sich auf eigene Publikationsforen konzentriert, was in ähnlicher Form auch für die Europa- und die Ostforschung gilt. Die Renaissance der deutschsprachigen Forschung im Bereich der Internationalen Beziehungen seit Mitte der 80er Jahre hat dann auch in der PVS wieder ihren Niederschlag gefunden. Inwieweit dies durch eine inzwischen gegründete eigene Zeitschrift der Subdisziplin konterkariert werden wird, bleibt abzuwarten.
So ist – alles in allem – die PVS ein ziemlich genauer Spiegel der disziplinären Entwicklung der Politikwissenschaft. Natürlich war es allein aus Umfangsgründen nicht möglich, diese in dem vorliegenden Jubiläumsband auch nur einigermaßen angemessen wiederzugeben. So bleibt der Band eine – wie wir hoffen begründete – Auswahl aus den Heften von fast vier Jahrzehnten der PVS. Er soll die Geschichte der Politikwissenschaft in Deutschland in einigen ihrer herausragenden Ergebnisse repräsentieren, aber zugleich auch einen Einblick bieten in die Grundfragen des Fachs und die Möglichkeiten ihrer Reflexion und Bearbeitung.

Die Herausgeber

I. Theorie und Ideengeschichte

DAS PHÄNOMEN DER REVOLUTION

Von *Hannah Arendt*

I.

Die Erfahrung des absolut Neuen

In unserer Erörterung des Phänomens der »Revolution« * muß die Kriegsfrage außer Betracht bleiben. Die Legenden über den Ursprung der Geschichte und der Staatenbildung und die Theorie von einem prähistorischen Naturzustand, in der diese Legenden ihre begriffliche Formulierung fanden, sind zwar oft zur Rechtfertigung von Krieg und Gewalt als einem der menschlichen Natur inhärenten Erbübel benutzt worden, als könne der Geschichtsprozeß des Menschengeschlechts, da er durch ein Verbrechen in Gang gekommen ist, auch nur durch Verbrechen weiter in Gang gehalten werden. Da aber Revolutionen, und nicht Kriege, die einzigen politischen Ereignisse sind, die uns inmitten der Geschichte direkt und unausweichlich mit einem Neubeginn konfrontieren, ist die Bedeutung dieser Legenden für die Frage nach dem Sinn von Revolution im Bereich der menschlichen Angelegenheiten noch entscheidender. Denn wie immer man das Ereignis der Revolution definieren und beschreiben mag, es handelt sich bei ihm niemals um einen noch so radikalen Regierungswechsel oder einen Umschwung innerhalb eines historischen Kontinuums. Moderne Revolutionen haben kaum etwas gemein mit der *mutatio rerum* römischer Geschichte oder dem Bürgerzwist, den wir als στάσις aus den griechischen Stadtstaaten kennen. Sie lassen sich nicht mit den platonischen Umschwüngen, den in den jeweiligen Staatsformen selbst angelegten μεταβολαί, gleichsetzen noch mit *Polybius'* Kreislauf der Staatsformen, der πολίτείων ἀνακύκλωσις, in die alle menschlichen Angelegenheiten gebannt bleiben kraft der ihnen innewohnenden Tendenz, im Extrem ihren eigenen Umbruch zu provozieren [1]. Mit po-

* Der nachfolgende Beitrag gibt mit geringfügigen Kürzungen das grundlegende Kapitel einer umfänglichen Untersuchung der Autorin wieder, die mittlerweile unter dem Titel "On Revolution" in New York (Viking Press) erschienen ist. Die Redaktion der PVS hatte ursprünglich mit der Veröffentlichung dieser deutschen Version vor dem Erscheinen der englischen Ausgabe gerechnet. Wenn sie ausnahmsweise den Grundsatz, nur Erstpublikationen aufzunehmen, durchbricht, so möchte sie damit nicht nur der Bedeutung der Abhandlung Rechnung tragen, sondern vor allem dem Umstand, daß diese hier in der eigenen Übertragung der Autorin vorgelegt werden kann, was einer Neuschöpfung ihrer Gedankenwelt in deutscher Sprache gleichkommt. Die deutsche Gesamtausgabe von *Hannah Arendts* Studie über »Revolution« wird im R. Piper Verlag, München, erscheinen.

[1] Klassische Philologen haben des öfteren darauf hingewiesen, daß "our word 'revolution' does not exactly correspond to either στάσις or μεταβολὴ πολιτείων", *W. L. Newman:* The Politics of Aristotle, Oxford 1887–1902. Die Frage ist ausführlich behandelt von *Heinrich Ryffel:* Metabole Politeion, Bern 1949.

litischen Umschwüngen dieser Art und mit der Gewalt, die in ihnen zum Ausbruch kam, war das klassische Altertum nur zu vertraut; was ihm aber ganz fremd war, ist, was uns nahezu selbstverständlich ist, nämlich daß sich in solchen Umschwüngen jeweils etwas ganz Neues zeigt oder daß eine neue Geschichte mit ihnen anhebt. Der Umschwung unterbrach nicht den Lauf der Welt, er brachte nur ihren Kreislauf in ein anderes Stadium. Der Kreislauf war die Art und Weise, in der dieser ganze Bereich des Lebens sich bewegte und fortbewegte und wieder in sich zurückschlug. Wie veränderlich auch immer menschliche Angelegenheiten sein mochten, der Lauf der Welt im ganzen war unveränderlich. Etwas eigentlich Neues konnte sich hier so wenig ereignen wie in der umgreifenden Sphäre des Kosmos oder des Seins im ganzen.

Nun kann man aber die modernen Revolutionen unter einem anderen, geläufigeren Aspekt sehen, der scheinbar für Vergleiche mit früheren, vormodernen Zeiten ergiebiger ist. Was sich als erstes aufdrängt, wenn wir an Revolution denken, ist die soziale Frage, und diese ist anscheinend bereits von *Aristoteles* in ihrer revolutionären Bedeutung entdeckt worden, da Aristoteles bekanntlich *Platos* Umschwünge ökonomisch erklärte und die Oligarchie als die Herrschaft der Besitzenden, die Demokratie dagegen als die Herrschaft der Besitzlosen interpretierte. Daß ein Tyrann zumeist die Herrschaft durch das einfache Volk gewinnt und daß nichts diese vorgebliche Volksherrschaft besser befestigt als das Verlangen der Armen nach Gleichheit der Lebensumstände, war im Altertum keineswegs unbekannt oder unbemerkt geblieben. Daß Besitzverhältnisse und Staatsformen etwas miteinander zu tun haben, daß Reichtum von großem politischen Gewicht sein kann, der aus diesen Zusammenhängen sich ergebende Verdacht, daß politische Macht nur die Folge ökonomischer Machtstellung sein könne, aus der sich schließlich die generalisierende Folgerung ergab, daß die Bewegkraft aller politischen Kämpfe das Interesse, und zwar damals bereits durchaus ein »Klasseninteresse«, sei – all dies ist natürlich nicht eine Erfindung von *Karl Marx,* und auch nicht der Neuzeit, wiewohl wir so zugespitzte Formulierungen wie *Harringtons* »Herrschaft ist Besitz« (dominion is property, real or personal) oder *Rohans* »Die Fürsten kommandieren den Völkern und das Interesse kommandiert den Fürsten« schwerlich vor dem sechzehnten und siebzehnten Jahrhundert finden. Will man schon für die sogenannte materialistische Geschichtsauffassung einen einzigen Autor verantwortlich machen, so dürfte es sich empfehlen, bis auf *Aristoteles* zurückzugehen, der nämlich der erste war, der meinte, das Interesse, nämlich τό σύμφερον bzw. das einer Person oder einer Gruppe Nützliche, sei im politischen Bereich von ausschlaggebender Bedeutung.

Wie gewalttätig sich aber nun auch diese durch das Interesse veranlaßten Umstürze vollziehen mochten bis eine neue Ordnung etabliert war, der Unterschied zwischen Arm und Reich als solcher hat bis zum Anbruch der Neuzeit und bis zum Ausbruch der Revolutionen des achtzehnten Jahrhunderts als ebenso natürlich für das Leben des politischen Organismus gegolten wie der Unterschied zwischen Krank und Gesund für das Leben des menschlichen Körpers. Erst als man im siebzehnten und achtzehnten Jahrhundert daran zu zweifeln begann, daß Armut zu den Bedingungen gehört, unter denen den Menschen das Leben auf der Erde gegeben ist, daß es nur wenigen gelingen kann, sich von den Fesseln des Elends durch ungewöhnliche persönliche Kraft oder außerordentliche Umstände oder auch einfach durch Betrug zu befreien, konnte die soziale Frage wirklich revolutionäre Bedeutung erhalten. Der Zweifel selbst bzw. die damals noch verwegene Hoffnung auf ein irdisches Leben, das im Zeichen der Fülle statt unter dem Fluch der Notdurft stehen könne, war vermutlich amerikanischen Ursprungs. Symbolisch gesprochen möchte man meinen, daß gerade für die soziale Revolution alles bereitstand, als *John Adams* mehr als zehn Jahre vor dem Ausbruch der Amerikanischen Revolution sagen konnte: "*I always consider the settlement of America as the opening of a grand scheme and design in Providence for the illumination of the ignorant and the emancipation of the slavish part of mankind all over the earth* [2]." Theoretisch aber war über die kommende revolutionäre Rolle der sozialen Frage bereits sehr viel früher entschieden, nämlich als erst *Locke* (vermutlich direkt unter dem Eindruck des allgemeinen Wohlstandes in den Kolonien der Neuen Welt) und dann *Adam Smith* entdeckten, daß Mühe und Arbeit kein bloßes Zubehör der Armut sind, gleichsam die Tätigkeit, die dem Armsein entspricht, sondern im Gegenteil die eigentliche Quelle allen Reichtums. Nur unter diesen Voraussetzungen war es denkbar, daß eine Rebellion der Armut, »des versklavten Teils der Menschheit«, mehr erreichen konnte, als daß die einen auf Kosten von anderen befreit wurden.

Lange bevor die Neuzeit die technischen Mittel auch nur zu finden begonnen hatte, um des doppelten Elends von Mühe und Notdurft Herr zu werden, war Amerika bereits zum Symbol einer Gesellschaftsordnung geworden, in der es wirkliche Verelendung nicht gab. Und erst als Kenntnis von dieser verblüffenden Neuigkeit nach Europa gelangt war und sich auch unter den Völkern gehörig verbreitet hatte, wurde die soziale Frage und der Aufruhr der Armen zu einem revolutionären Faktor allerersten Ranges. Im Grunde hat nichts, keine theoretischen Erwägungen und keine unmittelbar geschichtlichen Entwicklungen, so viel dazu beigetragen, die klassische Vorstellung von einem ewigen Kreislauf aller menschlichen Angelegenheiten zu brechen, als die faktische Erstehung der amerikanischen Gesellschaft vor der Amerikanischen Revolution. Erst als die Prosperität Amerikas den Kreis einer ewigen Wiederkehr gebrochen hatte, stellte sich heraus, in welchem Ausmaß seine angebliche Notwendigkeit auf der scheinbar »natürlichen« Unterscheidung zwischen arm und reich beruht hatte [3]. Es gibt eine große gelehrte Literatur über den Einfluß der amerikanischen Revolution auf die französische, wie natürlich auch über den großen Einfluß europäischer Denker auf den Gang der Amerikanischen Revolution. Aber keiner der nachweisbaren literarischen und dokumentarischen Einflüsse der Neuen Welt auf den Gang der Dinge in der Alten – weder die Tatsache, daß die Französische Revolution dem Vorbild der amerikanischen folgte, als sie mit einer konstituierenden Versammlung begann, noch daß die *Déclaration des Droits de l'Homme et du Citoyen* von dem Beispiel der *Bill of Rights* in Virginia inspiriert war – kann es an wirklicher Relevanz

[2] Siehe "Dissertation on the Canon and the Feudal Law" von 1765, in: Works, 1850–1856, Bd. 3, S. 452.

[3] Darum meint auch *Polybius*, daß der Kreislauf der Staatsformen κατὰφύσιν sei, in Übereinstimmung mit der Natur (VI. 5. 1).

sprungs sei, und dies auch dann, wenn sie prinzipiell atheistisch auftritt. Diese These stützt sich natürlich auf die rebellische Natur der frühchristlichen Sekten, ihre offene Verachtung der weltlichen Mächte und des öffentlichen Lebens, auf die Gleichheit der Gläubigen vor Gott, die in den frühchristlichen Gemeinden auch noch eine weltliche Verwirklichung fand, und vor allem natürlich auf die Verheißung des Himmelreichs, wobei dann angenommen wird, alle diese Gedanken und Hoffnungen seien schließlich in säkularisierter Form in den Revolutionen voll wirksam geworden. Leider fragt man sich bei diesen ideengeschichtlichen Konstruktionen niemals, ob und bis zu welchem Grad spezifisch religiöse, transzendent gebundene und im Gottesglauben verankerte Vorstellungen und Ideen denn überhaupt einer Verweltlichung fähig sind, ob nicht vielleicht jede Säkularisierung bewirkt, daß sie ihren eigentlichen Gehalt verlieren. Aber davon abgesehen ist natürlich erst einmal zuzugeben, daß die Säkularisierung im Sinne einer Trennung von Religion und Politik und das Entstehen eines eigenständigen weltlichen Bereichs für das Phänomen der Revolution von großer Bedeutung sind. Es mag sich sogar schließlich herausstellen, daß das, was wir ›Revolution‹ in der Neuzeit nennen, eben jene Übergangsphase ist, in welcher ein neuer, säkularer Bereich zum Vorschein kommt. Wenn dies aber zutrifft, so ist es offenbar die Säkularisierung selbst, und nicht die christlichen Gehalte, welche am Ursprung der Revolution liegt. Das erste Stadium dieses Säkularisierungsprozesses bildet weit eher das Zeitalter des Absolutismus als die Reformation; denn jene ›Revolution‹, die einem Wort *Luthers* zufolge die Welt erschüttert, wenn das Wort Gottes von der überlieferten Autorität der Kirche wieder befreit ist, gilt allen Formen des weltlichen Regiments und hält die Welt in einer ständigen Erschütterung; sie errichtet keine neue weltliche Ordnung, sondern rüttelt ständig und unablässig an den Grundlagen aller weltlichen Ordnungen [7]. Zwar kann man Luther, der ja schließlich eine neue Kirche gründete, unter die großen Gründergestalten der Geschichte zählen, aber seine Gründung hat sowenig mit einem *novus ordo saeclorum* gemein, daß sie im Gegenteil nur dazu gedient hat und dazu hat dienen sollen, ein wahrhaft christliches Leben radikaler von allen weltlichen Sorgen und Erwägungen zu befreien. Dabei ist nicht zu leugnen, daß die protestantische Trennung von Autorität und Tradition, nämlich die Loslösung der Autorität von aller Tradition und ihre erneute Rückführung auf das Wort Gottes, das ihrige zu dem neuzeitlichen Autoritätsverlust beigetragen hat. Aber selbst dies würde ohne die Gründung einer neuen Kirche weltlich so wirkungslos geblieben sein wie die Endzeitspekulationen des späten Mittelalters von *Joachim di Fiore* bis zur *Reformatio Sigismundi.* Ob man nun in diesen, wie neuerlich vorgeschlagen wird, die auf jeden Fall recht harmlosen Vorgänger der modernen Ideologien sehen kann, mag dahingestellt bleiben; mit gleichem Recht kann man in den eschatologischen Bewegungen des Mittelalters die Vorgänger der modernen Massenhysterien sehen [8]. Aber all das bringt uns

[7] Ich paraphrasiere die folgenden beiden Sätze aus *Luthers* «De Servo Arbitrio» (Werke, Weimar, Bd. 18, S. 626): Fortunam constantissimam verbi Dei, ut ob ipsum mundus tumultuetur. Sermo enim Dei venit mutaturus et innovaturus orbem, quotiens venit.

[8] Diese seltsame Vorgängertheorie, in der *Hitler* schließlich zum Nachfolger von *Joachim di Fiore* werden soll, ist zuerst ausführlich von *Norman Cohn,* in seinem "The Pursuit of Millenium", 1947, aufgestellt worden.

einem Verständnis der Revolutionen um keinen Schritt näher; denn selbst eine Rebellion ist erheblich mehr als eine Massenhysterie, von Revolutionen ganz zu schweigen. So hat ja auch der in gewissen, ausgesprochen religiösen Bewegungen ganz offenkundig rebellische Geist immer in irgendeinem *"Great Awakening"* oder einem *"Revivalism"* geendet, also in jenen halb hysterischen Glaubenserweckungen vor allem puritanischer Prägung, die weder politische noch eigentlich geschichtliche Folgen gehabt haben. Schließlich gerät die These, daß die Revolutionen letztlich christlichen Ursprungs seien, im Grunde nicht weniger in Konflikt mit den Tatbeständen, die sie erklären will, als die Ansicht, welche die Amerikanische Revolution aus der Geschichte herausdisputieren möchte. Denn Tatsache ist, daß keine Revolution je im Namen des Christentums gemacht wurde oder sich auf das Christentum berufen hat. So könnte man sich höchstens noch entschließen, zu behaupten, daß es eben der Moderne bedurft hätte, um die revolutionären Keime des Christentums freizulegen und sie wirksam werden zu lassen – wobei wir ja dann offenbar wieder bei der alten Frage stehen, wie es kommt, daß Revolutionen sich in der Neuzeit überhaupt ereignen.

Nun gibt es aber in diesem Zusammenhang noch eine andere Interpretationsmöglichkeit, welche in der Tat dem Kern der Sache erheblich näher kommt. Ich erwähnte bereits das dem Phänomen der Revolution innewohnende Element des Neubeginns, und es ist theoretisch einleuchtend, daß es nur unter der Bedingung eines gradlinig ablaufenden Zeitprozesses so etwas geben kann wie Neuheit, Einmaligkeit, Beginn und wie die Charaktere dessen, was wir historische Zeit nennen, noch lauten mögen. Natürlich ist unbestreitbar, daß der christliche Glaube, der ja an die Geburt *Christi* als ein einmaliges, unwiederholbares Ereignis gebunden war, den antiken Zeitbegriff durchbrechen mußte; daraus hat man gefolgert, daß unser Geschichtsbegriff ebenfalls christlichen Ursprungs sei, und wenn dies richtig ist, müßte man auch zu dem Schluß kommen, daß es so etwas wie eine Revolution, in der das Bewußtsein eines absoluten *Novum* lebendig ist, nur innerhalb einer christlichen Zeitauffassung geben könne. Nun kennt aber der christliche Geschichtsbegriff, wie er von *Augustin* maßgeblich formuliert wurde, einen Neuanfang nur als ein außerweltliches Ereignis, das einmal in den Gang der Welt und ihre Geschichte eingebrochen ist, um aus ihr sofort wieder zu verschwinden. Augustin selbst betont ausdrücklich, daß solch ein Ereignis sich nur einmal ereignen könne und nie wieder, jedenfalls nicht vor dem Ende aller weltlichen Zeiten. Ein Einmaliges und einmalig Neues also hat sich nur einmal ereignet. Was die weltliche Geschichte hingegen betrifft, so blieb die christliche Zeitauffassung durchaus der Antike verpflichtet: die Reiche der Welt kommen und gehen, entstehen und vergehen in kreisläufigem Wechsel wie seit eh und je; daran hat das Ereignis von *Christi* Geburt nichts geändert. Nur ist der Christ, weil ihm durch Christus ein ewiges Leben garantiert ist, nun imstande, den Kreislauf weltlicher Zeit zu durchbrechen und sich dem Schauspiel, das die Welt jeweils den gerade Lebenden bietet, zu entziehen.

II.

Befreiung und Freiheit

Vor den beiden großen Revolutionen am Ende des achtzehnten Jahrhunderts gab es einen eigentlichen Revolutionsbegriff nicht. Denn dieser ist unlösbar der Vorstellung verhaftet, daß sich innerhalb der weltlichen Geschichte etwas ganz und gar Neues ereignet, daß eine neue Geschichte anhebt. Dabei läßt sich nachweisen, daß keiner der Männer, die in den Ereigniszusammenhang eingriffen, der sich schließlich eben als eine Revolution enthüllte, die leiseste Vorahnung von diesem absolut Neuen hatte. Erst als die Revolutionen bereits wirklich zum Ausbruch gekommen waren, und lange bevor die Beteiligten die Chancen von Sieg oder Niederlage wirklich abschätzen konnten, wurde Handelnden wie Zuschauern gleichermaßen das Neue des Unternehmens und der eigentliche Sinn der Handlung selbst offenbar. Was die Handlung anlangt, so stellte sich heraus, daß sie die Geburt der Freiheit betraf. Vier Jahre nach dem offiziellen Ausbruch der Französischen Revolution, also im Jahre 1793 – zu einem Zeitpunkt, an dem *Robespierre* seine Gewaltherrschaft als einen »Despotismus der Freiheit« definieren konnte, ohne daß diese Definition als unverständliches Paradox empfunden wurde – hat *Condorcet* ausgesprochen, was jedermann bereits wußte: »Das Wort ›revolutionär‹ darf nur angewendet werden auf Revolutionen, deren Ziel die Freiheit ist [9].« Das Bewußtsein einem Ereignis beizuwohnen, das eine radikal neue Geschichtsperiode einleiten würde, hatte sich bereits ein Jahr früher geäußert, nämlich bei der Einführung des revolutionären Kalenders, in dem das Jahr der Hinrichtung des Königs und der Ausrufung der Republik als Jahr 1 gezählt wurde.

Daß die Idee der Freiheit und die Erfahrung eines Neuanfangs miteinander verkoppelt sind in dem Ereignis selbst, ist für ein Verständnis der modernen Revolutionen entscheidend. Und da wir innerhalb der freien Teile der Welt nachgerade der Meinung sind, daß für die Beurteilung politischer Verfassungen und Gemeinwesen weder Gerechtigkeit noch Größe, sondern einzig und allein das Kriterium der Freiheit den Ausschlag gibt, hängt nicht nur unser Verständnis des Phänomens der Revolution, sondern die Präzision und Tiefe unseres politischen Freiheitsbegriffs, der zweifellos revolutionären Ursprungs ist, und damit überhaupt das Ausmaß unseres politischen Selbstverständnisses davon ab, wieweit wir bereit und fähig sind, dieses Zusammenfallen von Anfang und Freiheit zu akzeptieren und zu artikulieren. Daher mag es gerechtfertigt sein, wenn wir hier bereits, wo es noch um das rein Historische geht, einen Augenblick innehalten und versuchen, gewisse gängige Mißverständnisse dadurch zu vermeiden, daß wir uns wenigstens einen Aspekt vergegenwärtigen, unter dem die neue Freiheit sich manifestierte, wobei wir denn auch Gelegenheit haben, einen ersten Blick auf das spezifisch Moderne des Phänomens der Revolution überhaupt zu werfen.

Daß Befreiung und Freiheit nicht dasselbe sind, daß Freiheit zwar ohne Befreitsein nicht möglich, aber niemals das selbstverständliche Resultat der Befreiung ist, daß der

[9] Siehe *Condorcet:* « Sur le Sens du Mot Révolutionnaire », in: Oeuvres, 1847 – 1849, Bd. XII.

Freiheitsbegriff, der der Befreiung eigen ist, notwendigerweise nur negativ ist, und daß also die Sehnsucht nach Befreiung keineswegs identisch ist mit dem Willen zur Freiheit – alles dieses sind natürlich Binsenwahrheiten. Und wenn solche Selbstverständlichkeiten so leicht übersehen werden, so deshalb, weil es in der Geschichte viele Befreiungskämpfe gibt, über die wir sehr gut unterrichtet sind, und sehr wenig wirkliche Versuche, die Freiheit zu gründen, von denen wir zudem meist nur in Form von Legenden überhaupt etwas wissen. Hinzu kommt, daß der abendländische Freiheitsbegriff entscheidend durch eine lange und schwer zu überblickende Geschichte religiösen und philosophischen Denkens vorgeformt ist, und zwar gerade in jenen langen Jahrhunderten zwischen dem Untergang der antiken und der Geburt der neuzeitlichen Welt, in denen es politische Freiheit nicht gab und Menschen aus Gründen, die uns hier nichts angehen, sich für eine solche Freiheit auch nicht interessierten. So versteht man selbst in politischer Theorie gemeinhin unter politischer Freiheit überhaupt kein primär politisches Phänomen, sondern im Gegenteil die mehr oder minder ungehinderte Ausübung nicht-politischer Betätigungen, die jeweils von einem Staat erlaubt und garantiert ist.

Freiheit als ein politisches Phänomen datiert von dem Entstehen der griechischen Polis. Seit *Herodot* galt als eine Polis jede griechische Stadt, in der die Bürger in ihr Zusammenleben nicht den Begriff der Herrschaft eingeführt hatten, in der es also eine Scheidung in Herrscher und Beherrschte nicht gab [10]. Die Verfassung, die diesem politischen Körper entsprach, hieß Isonomie, und das Wesentliche an dieser Staatsform kommt bereits in ihrem Namen zum Ausdruck. In Gegensatz nämlich zu anderen den Griechen bekannten Staatsformen – der Monarchie und der Oligarchie, der Aristokratie und der Demokratie – drückt sich in ihr kein ἄρχειν und kein κρατεῖν, kein Element des Herrschens aus. (Dies teilt die Isonomie mit dem Königtum, der βασιλεια, was wichtig genug ist, worauf wir aber hier nicht eingehen können.) Es ist ein Irrtum zu meinen, daß die Polis sich selbst als Demokratie verstand; sie verstand sich als Isonomie. Das Wort ›Demokratie‹ oder Volksherrschaft bzw. Herrschaft der Vielen war ursprünglich von Feinden der Isonomie als Schimpfwort erfunden; das Schimpfwort war geprägt, um der Polis zu sagen, daß sie sich nur einbilde in einer Verfassung der Isonomie zu leben, daß sie in Wahrheit ebenfalls unter einer Herrschaft stehe, und zwar unter der anerkannt schlechtesten – der Volksherrschaft [11].

[10] Ich paraphrasiere im folgenden die großartige Geschichte in *Herodot,* in der wir zum ersten Male ausdrücklich etwas von den bekannten drei Staatsformen, der Einherrschaft, der Herrschaft der Wenigen, und der Herrschaft der Vielen, hören (Buch III, 80–82). Dort lehnt der Sprecher für die athenische Demokratie, die Isonomie heißt, die Herrschaft, die ihm angetragen ist, mit der folgenden Begründung ab: »denn ich will weder herrschen noch beherrscht werden«. Anschließend daran sagt dann Herodot, das Haus dieses Mannes sei in ganz Persien das einzige eines freien Mannes gewesen.

[11] Siehe vor allem *Victor Ehrenberg* »Isonomia«, in: *Pauly-Wissowa,* Supplement Band VII. Sehr bezeichnend ist auch eine Bemerkung von *Thukydides* (III, 82,8), der darauf aufmerksam macht, daß in Parteikämpfen die Gegner sich gern selbst »schön klingende Namen« zulegen, wobei eben die einen behaupten, die Isonomie zu vertreten und die anderen eine gemäßigte Aristokratie oder Herrschaft der Besten. Thukydides impliziert deutlich, daß es sich dabei um eine Verschleierung handelt, daß nämlich die einen eben Demokraten seien und die anderen

denen wir ruhig noch die *Roosevelt*schen Freiheiten von Hunger und Furcht zugesellen können, sind ihrem Wesen nach negativ; sie sind Resultate von Befreiung aus den verschiedensten Arten der Knechtschaft und enthalten keineswegs den eigentlich positiven Gehalt dessen, was Freiheit nun wirklich ist. Wäre es bei den Revolutionen um nichts anderes gegangen als um eine Garantie dieser Rechte und Freiheiten, so hätten *Condorcet* und *Robespierre* unrecht gehabt und ihr Ziel wäre nicht eigentlich Freiheit gewesen, sondern die Befreiung von einem Herrschaftsapparat, der seine Machtbefugnisse überschritten und alte, wohlbegründete Rechte verletzt hatte.

Nun liegt in der Tat eine der Schwierigkeiten, zu einem gültigen Revolutionsbegriff zu kommen, darin, daß es in den Revolutionen der Neuzeit notwendigerweise immer um beides gegangen ist, um Befreiung und um Freiheit. Und da Befreitsein, nämlich die Abwesenheit jedes ungesetzlichen Zwanges, der die Bewegungsfreiheit einschränkt, in der Tat die wesentlichste Bedingung der Freiheit selbst ist – schon weil ja niemand sich je in das Reich der Freiheit begeben kann, es sei denn, er sei im vollen Besitz der Bewegungsfreiheit –, ist es konkret oft sehr schwer auszumachen, wo das bloße Bestreben, sich von einem lastenden Zwang zu befreien, endet und wo der Wille zur Freiheit als einem positiven Lebensmodus beginnt. Immerhin muß man sich vergegenwärtigen, daß das Verlangen nach Befreiung unter jeder konstitutionellen Herrschaft, also vor allem auch in einer konstitutionellen Monarchie hätte befriedigt werden können, daß hingegen der Wille zur Freiheit unmittelbar zu der Begründung einer neuen, bzw. neu entdeckten Staatsform führte, nämlich zu der Konstitution der Republik. Hierüber waren sich die Männer der Revolutionen noch vollkommen im klaren. *Jefferson* betont in seinen Erinnerungen am Ende seines Lebens ausdrücklich, daß die Kämpfe jener Jahre prinzipieller Natur waren, weil sie im Wesentlichen zwischen den Anhängern der republikanischen und der monarchischen Staatsform ausgekämpft wurden [15].

Was die Revolutionen wieder in den Vordergrund menschlicher Erfahrungen rückte, war die Erfahrung des In-Freiheit-Handelns, und dies war zwar in der abendländischen Geschichte keineswegs eine neue Erfahrung, bildete sie doch die eigentliche Grunderfahrung der griechischen wie der römischen Geschichte, aber sie war ein Novum an den Jahrhunderten gemessen, welche den Untergang des römischen Reiches von dem Beginn der Neuzeit trennen. Und diese relativ neue Erfahrung, neu jedenfalls für diejenigen, die sie machten, war gleichzeitig die Erfahrung der menschlichen Fähigkeit, etwas Neues anfangen zu können. Dies beides zusammen: eine neue Erfahrung, in der die menschliche Fähigkeit für Anfangen überhaupt erfahren wurde, bildet die Wurzel für das ungeheure Pathos, mit dem die Amerikanische wie die Französische Revolution darauf bestanden, daß nichts an Größe und Bedeutung Vergleichbares sich je in der gesamten überlieferten Geschichte ereignet habe; und da es dies Pathos ist, das den Ereignissen ihr eigentliches Gewicht gibt, wäre es in der Tat absurd, wenn wir es mit nichts anderem zu tun hätten als mit der erfolgreichen Vertei-

[15] "The contests of that day", sagt *Jefferson* wörtlich, "were contests of principle between the advocates of republican and those of kingly government." In "The Anas", zitiert von "Life and Selected Writings of Jefferson", Modern Library Edition, S. 117.

digung überkommener und wohlbegründeter Rechte. Nur wo dies Pathos des Neubeginns vorherrscht und mit einem Freiheitsbegriff verknüpft ist, haben wir das Recht, von Revolution zu sprechen. Woraus folgt, daß Revolutionen prinzipiell etwas anderes sind als erfolgreiche Aufstände, daß man nicht jeden Staatsstreich zu einer Revolution auffrisieren darf und daß nicht einmal jeder Bürgerkrieg bereits eine Revolution genannt zu werden verdient.

Alle diese politischen Phänomene haben mit der Revolution die Gewalttätigkeit gemein, und dies ist der Grund, warum sie so oft revolutionär genannt werden. Aber die Kategorie der Gewalt wie die Kategorie des bloßen Wechsels oder Umsturzes ist für eine Beschreibung des Phänomens der Revolution ganz unzulänglich; nur wo durch Wechsel ein Neuanfang sichtbar wird, nur wo Gewalt gebraucht wird, eine neue Staatsform zu konstituieren, einen neuen politischen Körper zu gründen, nur wo der Befreiungskampf gegen den Unterdrücker die Begründung der Freiheit wenigstens mitintendiert, können wir von einer Revolution im eigentlichen Sinne sprechen.

III.

»Renaissance« und »Revolution«

Versucht man solche scheinbar generellen politischen Phänomene wie Revolution, Nationalstaat, Imperialismus, totale Herrschaft usw. historisch zu datieren, so muß man natürlich auch auf das Datum zurückgreifen, an dem das Wort, das sich von da ab an das jeweils neue Phänomen heftet, zum ersten Male in der Geschichte auftritt. Offensichtlich bedarf jegliches unter Menschen neu Erscheinende eines Wortes, um es gleichsam dingfest zu machen, wobei es nie ohne Belang ist, ob ein neues Wort geprägt wird oder ob ein altes Wort plötzlich seinen Bedeutungsgehalt entscheidend ändert. Dies gilt vor allem auch für den politischen Bereich, in dem ohnehin der Mensch als ein für Sprache begabtes Wesen eigentlich zur Geltung kommt. Es ist daher von mehr als nur gelehrtem Interesse, daß das Wort ›Revolution‹ noch nicht vorkommt, wo wir es am ehesten erwarten würden, nämlich in der Geschichtsschreibung und im politischen Denken der italienischen Renaissance. Besonders auffallend ist, daß auch *Machiavelli* noch *Ciceros* Wort von der *mutatio rerum (mutazioni del stato)* benutzt, wenn er den gewaltsamen Umsturz und den Wechsel der Staatsformen beschreiben will, an dem er selbst so leidenschaftlich und gleichsam verfrüht interessiert ist. Denn was *Machiavelli* zu diesem ältesten Problem politischen Denkens zu sagen hat, ist nicht mehr traditionell gebunden, und wenn man seine Staatslehre »geradezu eine Theorie der politischen Veränderungen« genannt hat *(Griewank)*, so deshalb, weil er die Bewegung von einer Staatsform zur anderen nicht mehr in dem uralten Schema mit seinen sechs Möglichkeiten – Ein-Mann-Herrschaft schlägt in Volksherrschaft, Volksherrschaft schlägt in die Herrschaft der Wenigen, diese wieder in Ein-Herrschaft um und umgekehrt – beschrieben hat, die *Plato* als erster ins Auge faßte, *Aristoteles* als erster systematisch begriff und die selbst *Bodin* noch nahezu unverändert übernahm. *Machiavellis* Hauptanliegen war gerade »das unaufhörliche Suchen nach dem, was in dieser Welt der politischen Veränderungen überhaupt als bleibend und erstrebenswert zu gelten habe«[16], und es ist um dieses Anliegens, um der von ihm antizipierten Möglichkeit einer Neugründung willen, die weltlichen Bestand haben könnte, daß wir seines Werkes hier gedenken müssen.

Dabei handelt es sich in unserem Zusammenhang noch nicht einmal darum, daß ihm bestimmte, typisch moderne Faktoren in dem Revolutionsphänomen bereits ganz vertraut waren, wie etwa die Rolle der Verschwörung und des innerparteilichen Zwists, der Aufwiegelung des Volkes zu Grausamkeit und Gewalt nebst der chaotischen Gesetzlosigkeit, die sich schließlich des gesamten politischen Körpers bemächtigt, oder die außerordentlichen Möglichkeiten, welche die Revolutionen den *homines novi*, *Machiavellis* Condottieren eröffnen, die von unten kommen und aus dem Dunkel in die Helle des Öffentlichen aufsteigen, in den Glanz der großen Politik, und sich dort einer Macht bemächtigen, der sie noch eben absolut unterworfen waren. Viel wesentlicher ist hier, daß Machiavelli als erster in all diesen Vorkommnissen die Heraufkunft oder die Wiederkehr eines rein weltlichen Bereichs antizipierte, dessen Prinzipien und Verhaltensregeln sich von den Geboten der Kirche emanzipieren und dessen moralische Wertsetzungen von keiner Transzendenz mehr gegründet und begründet sein würden. Dies ist der eigentliche Sinn seiner vielfach mißverstandenen Lehre, daß es in der Politik darum gehe zu lernen, »nicht gut sein«, nämlich nicht im Sinne christlicher Moralvorstellungen zu handeln[17]. Was ihn dabei vor allem von den Männern des achtzehnten Jahrhunderts unterscheidet, ist der für sein Werk so wesentliche Begriff der Erneuerung, der *rinovatione*, denn selbst ein geeintes Italien, also jener von ihm antizipierte italienische Nationalstaat, den er für Italien durchaus im Sinne des zeitgenössischen französischen und spanischen Modells erhoffte, war für ihn letztlich nur die Erneuerung eines Uralten. Unter all den unzähligen *mutazioni*, *variazioni* und *alterazioni*, die er historisch beschreibt und politisch analysiert, gilt ihm nur die Erneuerung als eine *alterazione a salute*, eine Veränderung zum Heil. Das eigentlich revolutionäre Pathos des absolut Neuen, die Vorstellung, daß es ein Ereignis geben könnte, das den Beginn einer neuen Zeitrechnung rechtfertigen würde, daß man also imstande sei, das Jahr 1 leibhaftig zu erleben – dies alles lag ihm ganz fern. Und dennoch ist er auch in diesem Bereich von den Männern der Revolutionen im achtzehnten Jahrhundert weniger weit entfernt, als man annehmen möchte. Wir werden später sehen, daß alle Revolutionen als Restaurationen oder als Erneuerungen eines Uralten begonnen haben, und daß das revolutionäre Pathos des radikalen Neubeginns erst im Gang der Revolutionen selbst entstand. *Robespierre*, der es ja nun wirklich hat wissen müssen, hat gesagt: *« le plan de la révolution française était écrit en toutes lettres dans les livres de Machiavelli »*[18]; und er hätte hinzufügen können: auch wir dürfen von uns sagen, »wir lieben unsere Vaterstadt mehr als unser Seelenheil«[19].

[16] In den Discorsi Buch I, Kap. 11.
[17] Siehe das 15. Kapitel des »Prinzen«.
[18] Siehe *Robespierre:* Oeuvres, ed. Laponneraye, 1840, Bd. 3, S. 540.
[19] Es scheint, daß in der Renaissance dieser Satz zum ersten Mal im Jahre 1420 bei *Gino Capponi* auftaucht, der in seinen « Ricordi » schreibt: « Faites membres de la *Balia* des hommes experimentés, et aimant leur commune plus que leur propre bien et plus que leur âme. » (Zitiert

In der Tat ist man niemals so versucht, sich um die Geschichte des Wortes ›Revolution‹ nicht zu kümmern und das erste Auftreten des Phänomens in den italienischen Stadtstaaten der Renaissance anzusetzen, wie wenn man *Machiavellis* Schriften liest. Hier wie bei seinen Zeitgenossen finden wir bereits die leidenschaftliche Liebe zum klassischen Altertum vor allem in seiner römischen Gestalt, die dann später so außerordentlich charakteristisch für die politischen Theorien des achtzehnten Jahrhunderts ist. Überzeugender noch wirkt die damals ganz neue und heute noch schockierende Theorie von der positiven Rolle der Gewalt im Bereich des Politischen, die dann im Laufe der Französischen Revolution *Robespierre* in fast den gleichen Worten ausspricht, und die in beiden Fällen so seltsam unvereinbar erscheint mit der Bewunderung gerade der römischen Republik, in der für das Verhalten der Bürger nicht Gewalt, sondern Autorität maßgebend war. (Unsere eigene Neigung, Gewalt mit Autorität zu verwechseln bzw. miteinander gleichzusetzen, dürfen wir weder bei *Machiavelli* noch bei *Robespierre* voraussetzen, die beide noch bei den Römern wirklich in die Schule gegangen sind.)

Nun stehen aber diesen auffallenden Verwandtschaften bei näherem Zusehen doch zu große und zu frappierende Unterschiede entgegen, als daß die Gleichung wirklich aufgehen könnte. Die revolutionäre Zuwendung zu antikem politischen Gedankengut im achtzehnten Jahrhundert war niemals von dem Glauben an eine Erneuerung des klassischen römischen Altertums getragen, wie ihn *Machiavelli* besaß. Was bei Machiavelli schließlich nur der politische Aspekt einer allgemeinen Renaissance war, deren kulturelle und künstlerische Ergebnisse allem, was im politischen Bereich vor sich ging, an Rang und Beständigkeit unendlich überlegen waren, tritt uns im Falle der Revolutionen des achtzehnten Jahrhunderts gerade isoliert und unabgestimmt auf den Geist der Gesamtepoche entgegen. Denn die Neuzeit und das in ihr entstandene wissenschaftliche Denken hatten sich ja von Anfang an nicht nur dem Mittelalter, sondern gerade auch dem Altertum entscheidend überlegen gefühlt; von einer Renaissance im Sinne der Wiederbelebung des klassischen Altertums konnte nirgends mehr die Rede sein – außer merkwürdigerweise auf dem Gebiet der Politik.

nach einer Anmerkung zu *Machiavel*, Oeuvres Complètes, Edition Pleiades, Paris, S. 1535.) *Machiavelli* selbst spricht nahezu gleichlautend in seinen »Geschichten von Florenz« von den Patrioten der Stadt, die in ihrem Kampf gegen den Papst gezeigt hätten, um wieviel höher sie ihre Stadt als ihr Seelenheil einzuschätzen wüßten (Buch III, 7). Schließlich wendet er die gleiche Redewendung auf sich selbst an und schreibt am Ende seines Lebens an seinen Freund *Vettori:* »Ich liebe meine Vaterstadt mehr als das Heil meiner Seele.«

Da uns im allgemeinen die Unsterblichkeit der Seele nicht mehr sonderlich am Herzen liegt, stehen wir in Gefahr, über diese Worte hinwegzulesen. Für *Machiavelli* war dieser Satz noch keineswegs ein Klischee; er meinte durchaus wörtlich, daß es Menschen gibt, die bereit sind, um des politischen Bereichs willen, zu dem sie gehören, auf ein ewiges Leben zu verzichten oder die Höllenstrafen zu riskieren. Für Machiavelli war es weniger die Frage, ob man Gott mehr liebe als die Welt, als ob man fähig sei, die Welt mehr zu lieben als sich selbst. Und dies ist in der Tat von eh und je eine zentrale Frage für alle eigentlich politischen Menschen gewesen. Machiavellis Einwände gegen die Religion sind gemeinhin an die gerichtet, die sich selbst, also auch ihr eigenes Seelenheil, mehr lieben als die Welt; sie betreffen nicht oder doch gemeinhin nicht diejenigen, die wirklich Gott mehr lieben als die Welt und sich selbst.

Sehr viel näher als in der Rückwendung zur Antike steht *Machiavelli* den Revolutionen durch seine ganz unklassische Lehre von der positiven Rolle der Gewalt in der Politik. Sie beruht auf einer doppelten Aporie, die bei ihm noch theoretischer Natur ist, die aber dann in dem Revolutionsgeschehen zu einer unmittelbar praktischen Geltung kommt. Die Aporie liegt einerseits in der Aufgabe einer Neugründung beschlossen, darin nämlich, daß ein absoluter Anfang seinem Wesen nach Gewalt und Vergewaltigung zu erfordern scheint – als handele es sich darum, das legendäre Urverbrechen am Anfang aller Geschichte noch einmal zu wiederholen. Diese Gründungsaufgabe ist nun fernerhin mit der Aufgabe einer neuen Gesetzgebung gekoppelt, deren Autorität so entworfen sein mußte, daß sie die alte, absolute Autorität ablösen und sich an die Stelle einer irdischen Ordnung setzen konnte, die religiös sanktioniert war, deren Gesetze auf den Geboten eines allmächtigen Gottes beruhten und deren Legitimität schließlich auf die Vorstellung einer Inkarnation Gottes auf Erden zurückging. In der daraus sich ergebenden Verlegenheit kommt sogar Machiavelli, der geschworene Feind jeglicher Einmischung des Religiösen in das Politische, dazu, sich nach göttlichem Beistand und sogar nach göttlicher Inspiration in seinen Gesetzgebern umzusehen – genau wie Jahrhunderte später die »aufgeklärten« Revolutionäre, *John Adams* und *Robespierre,* denen auch nichts ferner lag als ein echt religiöses Anliegen. Diese »Rückkehr zu Gott« empfahl *Machiavelli* nur im Falle »außerordentlicher Gesetze«, nämlich solcher, durch welche eine neue Gemeinschaft gegründet wird, was in der Sprache eine späteren Zeit gesprochen ja nichts anderes heißt als im Falle der Revolution. Wobei nicht zu übersehen ist, wie unendlich viel freimütiger Machiavelli in diesen Dingen war als seine aufgeklärten Nachfolger; denn er sagt unverblümt von seinem *"appeal to high Heaven"* (wie *Locke* es später genannt hat), daß er einzig und allein von der Sorge diktiert sei, »dieser Schwierigkeit zu entkommen« [20]. Wir können sehen, wie die Revolutionen gerade daran scheitern, ein neues Absolutes zu finden, das sich an die Stelle göttlicher Machtvollkommenheit setzen könnte. Offenbar kann Macht unter der Voraussetzung menschlicher Pluralität niemals zur Allmacht werden, und Gesetze, die menschlicher Macht ihr Entstehen verdanken, können niemals die Absolutheit göttlicher Gebote ersetzen. Nur ist es für *Machiavellis* theoretische Schwierigkeiten wie für die praktischen Aporien der Revolutionen einigermaßen erheblich zu verstehen, daß die Rolle der Gewalt in der Politik in dem einen wie dem andern Fall nichts mit einer sogenannten realistischen Einschätzung der menschlichen Natur zu tun hat; eher könnte man schon meinen, daß hier die Hoffnung mitspielte, vielleicht doch gewisse göttliche Eigenschaften in jenen wenigen Menschen zu

[20] Siehe Discorsi, Buch I, Kap. 11. — Was *Machiavellis* Stellung in der Renaissance überhaupt anlangt, so möchte ich *J. H. Whitfield* beipflichten, der in seinem Buch »Machiavelli« (Oxford 1947) sich wie folgt äußert: Machiavelli "does not represent the double degeneracy of both politics and culture. He represents instead the culture that is born of humanism becoming aware of political problems because they are at a crisis. It is because of this that he seeks to solve them from the elements with which humanism had endowed the western mind" (S. 18). Der Unterschied zu den Männern der Revolution im achtzehnten Jahrhundert liegt darin, daß ihre Wendung zur Antike von keinem »Humanismus« mehr bestimmt war, sondern ausschließlich von der Hoffnung, in den Verhältnissen und Theorien des Altertums Lösungsmöglichkeiten der politischen Probleme zu finden.

finden, die jeweils so weit über ihre Umwelt hinausragen, daß man in ihnen etwas Göttliches oder Göttergleiches sehen durfte.

All dies aber waren nicht mehr als Vorahnungen und Antizipationen künftiger Erfahrungen. Wie sehr wir auch versucht sein mögen, unsere eigenen Erfahrungen in der Erfahrungswelt der italienischen Stadtstaaten wiederzufinden, so bleibt doch offenbar bestehen, daß die Ereignisse der Renaissance weder in den direkt Beteiligten noch in den Augenzeugen das Bedürfnis nach einem neuen Wort wachgerufen haben, um den eigentlich »revolutionären« Erfahrungen gerecht zu werden. Dabei tritt bezeichnenderweise gerade in diesem Zeitraum ein wichtiges neues Wort in den politischen Sprachschatz, ein Wort, das *Machiavelli* zwar selbst nicht geprägt hat, das aber wohl doch erst durch ihn in Umlauf gekommen ist. Das Wort heißt ‹ lo stato ›, also das, was wir heute den ›Staat‹ nennen [21], und die Neuprägung bei Machiavelli ist bezeichnend, weil man an ihr sieht, wie sehr er sich trotz seiner durchgehenden Berufung auf den Glanz römischer Geschichte und seinen vielfachen Anleihen bei spezifisch römischen Institutionen dessen bewußt war, daß ein geeintes Italien, wie er es erstrebte, sich radikal von allen Vorgängern in der Antike wie der Renaissance unterscheiden würde. Worte, die im Sprachgebrauch der Renaissance geläufig sind, um ›revolutionäre‹ Ereignisse zu bezeichnen, sind ›Rebellion‹ und ›Revolte‹, und ihre Bedeutung steht bereits im späten Mittelalter sogar definitionsmäßig fest. Sie beinhalten niemals eine revolutionäre Befreiung, und nichts berechtigt uns zu der Annahme, daß in ihnen gar so etwas wie eine Neugründung der Freiheit, eine wirkliche *Constitutio libertatis*, mitschwang. Denn Befreiung im Sinne der Revolutionen meint, daß alle diejenigen, die – nicht nur in der Gegenwart, sondern überhaupt in der überlieferten Geschichte, nicht nur als einzelne, sondern als Glieder der überwältigenden Mehrheit des Menschengeschlechts – im Stande der Armut und Unterdrückung gelebt hatten, nun plötzlich aus der Finsternis und der Untertänigkeit aufsteigen und selbst die Macht ergreifen sollen. Übersetzen wir uns, um in diesen Dingen klarer zu sehen, solch ein Ereignis zurück in die Verhältnisse des Altertums, so wäre es, als hätte sich nicht das athenische oder römische Volk, der *‹populos›* oder der δῆμος, die unteren Stände der Bürgerschaft, sondern die Sklaven und die ansäßige Fremdbevölkerung, welche in der Bevölkerung die Mehrheit bildeten, ohne doch je zum Volke zu gehören, plötzlich erhoben und die Gleichberechtigung verlangt. Wir wissen, daß dies niemals geschehen ist. Gleichheit, wie wir sie verstehen, wonach jeder Mensch als ein Gleicher geboren ist, also Geburt bereits die Gleichheit legitimiert und garantiert, war allen Jahrhunderten vor dem Anbruch der Neuzeit schlechthin unbekannt.

Zwar gab es im Rahmen mittelalterlicher und spätmittelalterlicher politischer Theorie durchaus die legitime Rebellion, den berechtigten Aufruhr gegen die bestehende

[21] Das Wort « lo stato » kommt aus dem lateinischen *status rei publicae*, daß einerseits « Staatsform » meint und in diesem Sinne auch noch von *Bodin* gebraucht wird. Charakteristisch ist nun, daß *Machiavellis* « stato » nicht mehr Staats*form* meint, sondern eine Art ursprünglicher politischer Einheit eines Volkes, die als solche nicht nur das Kommen und Gehen der Regierungen überdauern kann, sondern auch den Wechsel der Staatsform. Was Machiavelli im Auge hatte, war natürlich der Nationalstaat bzw. der gar nicht so selbstverständliche Tatbestand, daß Italien oder Rußland, China oder Frankreich in ihren geschichtlichen Grenzen nicht zu bestehen aufhören, wenn die Staatsform zugrunde geht.

Macht, ja sogar unter bestimmten Umständen eine Art Pflicht zu Widerstand und Ungehorsam. Aber das Ziel solcher Aufstände war niemals eine Herausforderung der Autorität oder der bestehenden Ordnung als solcher; es ging immer um den Wechsel bestimmter Personen, die sich gerade an der Macht befanden, die Auswechslung des Usurpators oder des Tyrannen gegen den rechtmäßigen König. Im Sinne dieser Rebellionen hatte das Volk zwar darüber zu entscheiden, wer zur Herrschaft nicht legitimiert war, aber ihm stand keine Entscheidung darüber zu, wer nun eigentlich zur Herrschaft berufen war; ganz fern vollends liegt diesen mittelalterlichen Theorien der Gedanke, daß es ein Recht des Volkes auf Selbstherrschaft bzw. auf eine Herrschaft auf Grund der Volksvertretung geben könne.

IV.

»Restauration« und »Revolution«

Der politischen Sprache vor der Neuzeit stand ein erheblicher Wortschatz zur Verfügung, wenn sie von Aufruhr und Aufstand der Untertanen gegen eine wie immer geartete Herrschaft handeln wollte, aber sie verfügte über kein Wort, das einen Umschwung bezeichnet hätte, in dem die Untertanen selbst zu Herrschern werden.
Daß wir das Phänomen der Revolution in der Geschichte vor dem Anbruch der Neuzeit nicht antreffen, ist keineswegs selbstverständlich. Man darf dies Phänomen auch nicht, wie es vielleicht naheliegt, mit der für unsere Welt ja so bezeichnenden Gier nach neuen Dingen verwechseln, oder mit der seit Beginn der Neuzeit bestehenden Überzeugung, daß dem Neuen als solchen ein spezifischer Wert zukomme. All das spielt zwar in der modernen Gesellschaft eine große Rolle, hat aber mit dem Geist der Revolutionen nicht das Geringste zu tun. Psychologisch gesprochen dürfte die Erfahrung der Gründung zusammen mit der Einsicht, daß eine neue Geschichte sich im Geschichtenbuch der Menschheit abzuzeichnen beginnt, eher einen »konservativen« als einen »revolutionären« Typus prägen, jedenfalls einen Menschenschlag, der mehr daran interessiert ist, die Errungenschaften zu erhalten und sie gegen den Ruin der Zeit zu sichern, als neue Dinge, neue Entwicklungen, neue Ideen zu begünstigen und voranzutreiben. Historisch gesprochen können wir mit Gewißheit sagen, daß die Männer der ersten Revolutionen – nämlich diejenigen, welche nicht nur eine Revolution machten, sondern die Revolutionen überhaupt erst auf dem Schauplatz der Politik einführten – keineswegs auf das Neue bedacht waren, nicht einmal auf einen *Novus Ordo Saeclorum.* Sprachlich aber kommt eine ausgesprochene Abneigung gegen das Neue in dem Wort ›Revolution‹ selbst, das aus dem Beginn der Neuzeit stammt und nur langsam seine heutige Bedeutung annahm, zum Ausdruck. Daß man sich dieses Wortes überhaupt bediente, zeigt bereits die Abwesenheit von "*expectation*" und "*inclination*", die *John Adams* so betonte, den wichtigen Tatbestand, daß die Handelnden auf irgend etwas beispiellos Neues nicht besser vorbereitet waren und es nicht mehr intendierten als die zeitgenössischen Zuschauer oder auch die Gegner der Revolution. Entscheidend ist, daß das ungeheure Pathos eines neu angebrochenen Zeitalters,

das wir in nahezu gleichlautenden Worten und in zahllosen Variationen bei den Männern der Französischen wie der Amerikanischen Revolution finden, überhaupt erst zum Vorschein kam, als sie selbst sehr gegen ihren Willen an einen Punkt gelangt waren, von dem es kein Zurück mehr gab.

Das Wort ›Revolution‹ kommt aus der Astronomie und begegnet zuerst in dem großen Werk des *Kopernikus, De Revolutionibus orbium cœlestium*[22]. Der wissenschaftliche Sprachgebrauch behielt den präzisen lateinischen Sinn bei und bezeichnete eine gesetzmäßig und kreisläufig verlaufende »revolvierende« Bewegung der himmlischen Körper, welche dem Einfluß des Menschen entzogen für unwiderstehlich galt und daher weder durch Neuheit noch durch Gewaltsamkeit charakterisiert war. Im Gegenteil, da das Wort deutlich eine in sich selbst zurücklaufende Bewegung indiziert, ist es offenbar die bestmögliche lateinische Übersetzung für *Polybius'* ἀνακύκλωσις, ein Wort, das ebenfalls ursprünglich aus der Astronomie stammt und im Bereich des Politischen nur metaphorisch gebraucht wurde. In seinem metaphorischen Gebrauch diente das Wort dazu, die Um- und Wiederkehr der wenigen bekannten Staatsformen anzuzeigen, wie sie immer wieder sich ineinander verwandeln, und zwar mit der gleichen unwiderstehlichen Kraft, die bewirkt, daß die Sterne in den ihnen vorgezeichneten Bahnen über das Himmelsgewölbe ziehen. Nichts lag dem ursprünglichen Sinn des Wortes ›Revolution‹ ferner als die revolutionäre Vorstellung, als Handelnde in einem Prozeß aufzutreten, der der alten Ordnung ein endgültiges Ende setzt und die Geburt einer neuen Welt einleitet.

Wäre der Fall der modernen Revolutionen historisch so klar umrissen wie eine Definition im Lehrbuch, so würde die Wahl des Wortes ›Revolution‹ noch überraschender sein, als sie ohnehin ist. Als das Wort zuerst vom Himmel und den Himmelskörpern herabstieg und zur Beschreibung dessen, was auf Erden zwischen sterblichen Menschen sich abspielt, verwendet wurde, war sein metaphorischer Gehalt noch stark genug, um diesen irdischen Vorgängen eine ewigwährende, unwiderstehliche, sich immer wiederholende Bewegung mitzuteilen, und sie damit von der kurzfristigen und zufälligen bloßen Bewegtheit, dem Ungefähr und dem ständigen Glückswechsel des Schicksals – den man seit unvordenklichen Zeiten natürlich dem Auf- und Niedergang von Sonne, Mond und Sternen verglichen hat – zu erlösen. Im siebzehnten Jahrhundert, in dem wir das Wort zum ersten Male als politischer Begriff vorfinden, ist der metaphorische Gehalt der ursprünglichen Wortbedeutung sogar noch näher, denn mit Revolution bezeichnete man damals eine rückläufige Bewegung, die auf einen im Vorhinein bestimmten Punkt gerichtet ist und als solche in eine prästabilisierte Ordnung zurückschwingt. So finden wir also z. B. das Wort nicht, als in England das ausbrach, was wir eine Revolution nennen würden und *Cromwell* seine Diktatur errichtete, sondern im Gegenteil im Jahre 1660, als das Rumpfparlament gestürzt war und die Monar-

[22] Hier und im Folgenden habe ich oft bis ins Detail die bahnbrechenden Arbeiten von *Karl Griewank* benutzt, welche alle früheren Analysen und Darstellungen der Geschichte der Revolutionen berücksichtigt und kritisch überholt haben. Es handelt sich um den 1952 in der Wissenschaftlichen Zeitschrift der Universität Jena erschienenen Essay »Staatsumwälzung und Revolution in der Auffassung der Renaissance und Barockzeit« und um das 1955 erschienene Buch »Der neuzeitliche Revolutionsbegriff«.

chie restauriert wurde. Genau im gleichen Sinn wurde das Wort noch 1688 gebraucht, als die Stuarts vertrieben waren und *William* und *Mary* in Besitz der königlichen Würde kamen [23]. Die »glorreiche Revolution«, das Ereignis, das dem Begriff ›Revolution‹ paradoxerweise seinen Platz im politischen und historischen Sprachgebrauch ein für allemal sicherte, wurde keineswegs als Revolution empfunden, sondern als die Restauration der Königsgewalt, und das Wort ›Revolution‹ wurde benutzt, weil man sich darunter genau das vorstellte, was wir heute als Restauration bezeichnen.

Die Tatsache, daß das Wort ›Revolution‹ eigentlich ›Restauration‹ meint, also etwas, was wir für das gerade Gegenteil einer Revolution ansehen, ist erheblich mehr als eine historische oder philologische Kuriosität. Denn die Revolutionen des siebzehnten und achtzehnten Jahrhunderts, die in unsern Augen so offenbar von dem Geist der Neuzeit zeugen, waren ursprünglich als Restauration gemeint und geplant. Wie sehr auch in den englischen Bürgerkriegen sich Tendenzen abzeichnen, die deutlich auf die Revolutionen des achtzehnten Jahrhunderts hinweisen – das Auftreten der *'Levellers'*, der Gleichmacher, und die Formierung einer Partei des niederen Volkes, deren Radikalismus sehr schnell mit der revolutionären Führung in Konflikt geriet, deutet natürlich auf den Verlauf der Französischen Revolution, während die ebenfalls von den ›Gleichmachern‹ erhobene Forderung nach einer geschriebenen Verfassung als dem »Fundament einer gerechten Regierung«, der *Cromwells "Instrument of Government"* zum Zwecke der Errichtung der Protektoratsregierung dann entsprach, deutlich die vielleicht wichtigste Errungenschaft der Amerikanischen Revolution antizipiert. Man sollte über diesen Tendenzen und Hinweisen nicht vergessen, daß der kurze Sieg dieser ersten modernen »Revolution« öffentlich als eine Restauration gedeutet wurde, nämlich als *"freedom by God's blessing restored"*, wie die Inschrift auf dem großen Siegel von 1651 wörtlich lautet.

In unserm Zusammenhang aber sind die Ereignisse des achtzehnten Jahrhunderts wichtiger und bezeichnender. Denn wir haben es hier ja nicht mit einer Geschichte der Revolutionen zu tun, mit ihrer Entstehung und ihrer historischen Entwicklung. Uns geht es darum, uns darüber klarzuwerden, was eine Revolution eigentlich ist, was das Phänomen der Revolution einerseits für den Menschen und den Bereich des Politischen besagt und was es andererseits heißt, in einer Welt zu leben, die aus Revolutionen geboren ist und von Revolutionen dauernd erschüttert wird. Für solche Fragen aber hält man sich besser nicht an die Vorgeschichte und nicht an die vermutlichen Anfänge, sondern an denjenigen geschichtlichen Augenblick, in dem das Phänomen voll in Erscheinung tritt und seine mehr oder minder endgültige Gestalt annimmt. Was die Revolution anlangt, so hat sie zweifellos diese Gestalt in den großen Revolutionen des ausgehenden achtzehnten Jahrhunderts angenommen, um von da ab – aber eben auch nicht früher! – Menschen in ihren Bann zu schlagen, und zwar ganz unabhängig von den Übergriffen, Grausamkeiten und Freiheitsberaubungen, die Menschen seit eh und je dazu gebracht haben, zu rebellieren. Dies ist der Grund, warum wir unsere Aufmerksamkeit vornehmlich der Amerikanischen und der Französischen Revolution zuwenden, nur dürfen wir dabei nicht vergessen, daß die Männer dieser beiden Revo-

[23] Siehe für die Geschichte des Wortes »Revolution« das Oxford Dictionary.

lutionen sich vor allem dadurch von allen ihnen folgenden »Revolutionären« unterscheiden, daß sie die Revolution in der Überzeugung begannen, sie täten nicht mehr als eine alte Ordnung der Dinge wiederherstellen, welche von der Monarchie im Zeitalter des Absolutismus verletzt und vergewaltigt worden war. Wenn sie vor allem in den Anfangsstadien der Revolutionen immer wieder versicherten, sie wollten den Prozeß des Absolutismus rückgängig machen und eine Ordnung restaurieren, welche im Beginn der Neuzeit verlorengegangen war, so ist an ihrer Aufrichtigkeit nicht im mindesten zu zweifeln.

Dieser Anfangsaspekt der Revolutionen hat zu einer Verwirrung über Sinn und Bedeutung von Revolutionen überhaupt geführt und zu einem Fehlurteil über die Amerikanische Revolution, die nicht ihre eigenen Kinder verschlang und wo daher die gleichen Männer, welche die »Restauration« in Gang gesetzt hatten, auch die Revolution machten, den neuen Staat gründeten und sogar lange genug lebten, um zu Amt und Würden in der neuen Ordnung der Dinge aufzusteigen. Was sie zum Zwecke der Restauration in die Wege geleitet hatten, ein Handeln also, das kein anderes Ziel verfolgte als das der Wiedergewinnung uralter, verbriefter Rechte und Freiheiten, führte zur Revolution, und alle Theorien und Vorstellungen über die englische Verfassung, die angestammten Rechte von Engländern und ihre Gültigkeit in den Kolonien endeten mit der Unabhängigkeitserklärung. Dies hatte keiner von ihnen gewollt oder vorausgesehen, denn die Bewegung, die zur Revolution führte, war nicht im mindesten revolutionär. Niemand wußte dies auch im Nachhinein besser als *Benjamin Franklin,* der rückblickend allen Versuchen, die Revolution und die Unabhängigkeitserklärung gleichsam ideologisch zu verklären, mit den Worten entgegentrat: "*I never heard in any Conversation from any Person drunk or sober, the least Expression of a wish for separation, or Hint that such a Thing would be advantageous to America*[24]." So ist es in der Tat so gut wie unmöglich auszumachen, ob die Männer der Amerikanischen Revolution nun Konservative oder Revolutionäre waren, was aber nur heißt, daß diese Termini außerhalb ihres historisch-politischen Zusammenhanges sinnlos sind; das konservative Denken entzündet sich an der Französischen Revolution, es gibt so etwas überhaupt nicht vor dem neunzehnten Jahrhundert.

Daß die Revolution als Restauration anhebt, gilt in gleicher wenn auch nicht ganz so eindeutiger Weise für die Französische Revolution. Dies hat die moderne Geschichtsschreibung gerade darum beinahe vergessen, weil sie so ungeheuer von dem Ereignis der Französischen Revolution beeinflußt worden ist; aber *Tocqueville,* der in diesen Dingen erheblich schärfer sah als nahezu alle Späteren, wußte noch, daß in den Anfangsstadien alles dafür sprach, »daß das Ziel der bevorstehenden Revolution nicht der Umsturz des Ancien Régime, sondern seine Wiederherstellung« sein würde[25]. Selbst als im Gange der Revolutionen auf beiden Seiten des Atlantik die Handelnden einsehen mußten, daß eine Restauration unmöglich war und daß sie sich in Wahrheit auf ein ganz und gar neues Unternehmen eingelassen hatten, zu einer Zeit also, da das Wort ›Revolution‹ bereits die ihm von da ab anhaftende neue Bedeutung ange-

[24] Zitiert nach *Clinton Rossiter:* The first American Revolution, New York 1956, S. 4.
[25] Siehe « L'Ancien Régime », Paris 1953, Bd. II, S. 72.

nommen hatte, konnte *Thomas Paine* im Sinne einer gerade erst vergangenen Epoche noch in allem Ernste vorschlagen, die Amerikanische und die Französische Revolution lieber als »Gegenrevolution« zu bezeichnen [26]. Dieser Vorschlag, der sich in der Tat seltsam im Mund eines der »revolutionärsten« Männer der Zeit ausnimmt, zeigt schlagartig, wie sehr die Vorstellung der Restauration, des *re-volvere* und Zurückdrehens des historischen Prozesses, von Anfang an das Denken und Fühlen dieser ersten »Revolutionäre« beherrschte. Paine versucht inmitten der wirklichen Revolution die alte Bedeutung des Wortes zu retten, weil er spürte, wie sehr die ursprünglichen Intentionen damals bereits in Vergessenheit zu geraten drohten; so unterstreicht er ausdrücklich, daß die Ereignisse der Zeit diese Männer veranlaßt hätten, sich einer »frühen Zeit« zuzuwenden und sich daran zu erinnern, daß nur die Tyrannis sie ihrer Rechte und Freiheiten beraubt habe. Und was Paine hier unter »früher Zeit« versteht, ist keineswegs mit dem hypothetischen, vorgeschichtlichen Naturzustand des siebzehnten Jahrhunderts identisch; er hat eine bestimmte Zeit im Auge, wenn er sie auch nicht näher zu bestimmen imstande ist.

Paine benutzte den erstaunlichen Begriff ›Gegenrevolution‹ für die Revolution in seiner Polemik gegen *Burkes* großartige Verteidigung der in Geschichte und althergebrachten Bräuchen verwurzelten Rechte des Engländers, die er der revolutionären Idee von Menschenrechten entgegengestellt hatte. Dabei ist aber zu beachten, daß *Paine* nicht weniger als *Burke* der Meinung war, daß absolute Neuheit nicht für, sondern gegen die Echtheit und Legitimität solcher Rechte sprechen würde. Gerade die Menschenrechte, so meinte *Paine*, seien das Alte. Natürlich hatte *Burke* historisch gesehen recht und *Paine* unrecht, aber das ist hier nicht entscheidend. Es gibt keine historische Zeit, auf die sich die Erklärung der Menschenrechte hätte berufen können. Zwar kannten auch frühere Jahrhunderte eine Gleichheit aller Menschen vor Gott und selbst vor Göttern, denn diese Gleichheit ist römischen und nicht christlichen Ursprungs; römische Sklaven konnten bereits vollberechtigte Mitglieder der religiösen Gemeinschaften sein, und innerhalb der Grenzen der religiösen Rechtsprechung hatten sie den gleichen Status wie freie Männer [27]. Aber unveräußerliche politische Rechte, die allen Menschen von Geburt zukamen, würden für alle früheren Jahrhunderte das gleiche bedeutet haben wie noch für *Burke* – eine Art *contradictio in adiecto.* Seine bis auf den heutigen Tag erregend brilliante Argumentation klingt wie eine einzige, alle Konsequenzen verfolgende Auslegung des einfachen und höchst bemerkenswerten Tatbestandes, daß das lateinische Wort für ›Mensch‹, ‹ homo ›, ursprünglich jemandem galt, der »nur ein Mensch« war und kein Bürger, und daß als »Menschen« im wesentlichen die Sklaven bezeichnet wurden. Mit anderen Worten, erst wenn ein »Mensch« Mitglied eines bestimmten Gemeinwesens wurde, ein Römer oder ein Engländer, konnte er Rechte erwerben; solange er nichts war als ein Mensch, war er gerade rechtlos.

In diesem Zusammenhang und vor allem für jeden Versuch, das zu verstehen, was sich einer eindeutigen Interpretation am meisten zu entziehen scheint und doch in allen modernen Revolutionen als erstes in die Augen springt, nämlich den sogenannten re-

[26] So in der Einleitung zum Zweiten Teil der "Rights of Man".

[27] Siehe *Fritz Schulz:* Prinzipien des römischen Rechts, Berlin 1954, S. 147.

volutionären Geist, ist es entscheidend wichtig, sich klarzumachen, daß der gesamte Gedankenkomplex um den Begriff eines absolut Neuen erheblich älter ist als die Revolutionen, und daß es gerade darum so verblüffend ist, ihn in den Anfangsstadien der Revolutionen nicht vorzufinden. In dieser wie in anderer Hinsicht hat man den Eindruck, daß die Männer der Revolution nach den Begriffen ihrer eigenen Zeit altmodisch waren, jedenfalls an »Modernität« den Wissenschaftlern und Philosophen des siebzehnten Jahrhunderts – die mit *Galileo* »absolute Neuheit« für ihre Entdekkungen beanspruchten oder mit *Hobbes* erklärten, politische Philosophie »ist nicht älter als mein eigenes Buch *De Cive*«, oder mit *Descartes* behaupteten, daß kein Philosoph vor ihm es in der Philosophie sonderlich weit gebracht habe – weit nachstanden. Gewiß kann man Reflektionen über den »neuen Kontinent«, auf dem ein neuer Menschentypus, "*a new man*", entstanden sei, wie ich sie bereits von *Crèvecœur* und *John Adams* zitierte, in beliebiger Anzahl im politischen Schrifttum des achtzehnten Jahrhunderts finden: aber in auffallendem Gegensatz zu den Ansprüchen der Wissenschaft und der Philosophie galten sowohl der »neue Kontinent« wie der »neue Mensch« als ein Geschenk der Vorsehung und nicht als eine menschliche Errungenschaft. Es ist als hätte das seltsame Pathos des Neuen *qua* Neuen zweihundert Jahre gebraucht, bevor es aus der relativen Abgeschlossenheit wissenschaftlicher und philosophischer Spekulationen bis in den Bereich des Politischen vordrang. So jedenfalls hat es *Robespierre* gesehen: *« Tout a changé dans l'ordre physique; et tout doit changer dans l'ordre moral et politique. »* Als dieser Augenblick aber gekommen war, als nämlich das spezifisch Moderne Allgemeingut geworden war und nicht mehr nur die Wenigen betraf, da zeigte es sich nicht nur erheblich radikaler und aggressiver, sondern erreichte eine Wirklichkeitsdichte, die nur dem politischen Bereich eigen ist. Erst im Verlauf des achtzehnten Jahrhunderts und seiner Revolutionen entstand ein Bewußtsein davon, daß es das absolut Neue auch im Politischen geben könne, daß also das Neue etwas sei, was in die Hand des handelnden Menschen gegeben sein könnte. Als dies Bewußtsein sich durchgesetzt hatte, bedurfte es in der Tat keines »neuen Kontinents« und keines neuen Menschentypus mehr, um die Hoffnung auf eine neue Ordnung der Dinge zu erwecken. Der *Novus Ordo Saeclorum* hatte nun nichts mehr mit dem »großen Plan und Entwurf der Vorsehung« zu tun, und das absolut Neue gehörte nicht mehr nur den Wenigen. Unter den Vielen aber, auf dem Marktplatz der Politik, wo es keinem einzelnen mehr als Segen oder Schrecken zu eigen war, entstand aus dem Neuen eine neue Geschichte, begonnen, wenn auch nicht intendiert, von handelnden Menschen, die sie weiterführten, anreicherten und ihren Nachkommen überlieferten, daß sie den einmal geschlagenen Faden weiter, in die Zukunft, spinnen mögen.

V.

Die Unwiderstehlichkeit der Revolution

So fehlen also in der ursprünglichen Bedeutung wie in dem ersten metaphorischen Gebrauch des Wortes ›Revolution‹ Elemente, die wir unweigerlich mit ihm verbinden. Es gibt aber eine dem Wort von vornherein anhaftende Bedeutung, die ich schon kurz erwähnte und die auch in unserm Sprachgebrauch noch eine wichtige Rolle spielt. Das ist die Vorstellung von etwas Unwiderstehlichem, die wir mit der drehenden Kreisbewegung der Sterne verbinden, die in den vorgeschriebenen, von Menschen unabänderlichen Bahnen dahinziehen. Es scheint, daß wir den Augenblick, in dem das Wort Revolution zum ersten Male mit ausschließlicher Betonung einer solchen unwiderstehlichen Bewegung gebraucht wurde, genau datieren können; und wie groß die Bedeutung dieser Unwiderstehlichkeit für unseren Revolutionsbegriff geworden ist, geht schon daraus hervor, daß dies Datum ganz allgemein auch den Augenblick anzeigt, an dem der alte astronomische Begriff nun endgültig sich dem neuen Sprachgebrauch hat bequemen müssen.

Das Datum ist die Nacht des 14. Juli 1789, und der Augenblick ist der Dialog, der dem Bericht folgte, den der *Duc de la Rochefoucault-Liancourt* dem König von dem Sturm auf die Bastille gegeben hatte, von der Befreiung der wenigen Gefangenen und der Gehorsamsverweigerung der königlichen Truppen vor dem Aufstand des Volkes. Die wenigen berühmten und sehr aufschlußreichen Worte, die damals zwischen *Louis XVI* und dem Boten seines Unglücks gewechselt wurden, lauten wie folgt: Der König, so wird berichtet, rief aus: *« C'est une révolte! »* und *Liancourt* korrigierte ihn: *« Non, Sire, c'est une révolution »* [28]. Hier spricht das Wort noch einmal und politisch zum letzten Male im Sinne der alten Metapher, die eine Himmelsbewegung auf die Erde überträgt, aber hier hören wir auch, wie vielleicht zum ersten Male der Ton sich geändert und der Bedeutungsakzent sich von der Gesetzmäßigkeit des in sich beschlossenen Kreislaufs auf die Unwiderstehlichkeit, die dieser Kreisbewegung eignet, verlagert hat. Zwar wird die Bewegung noch im Bilde der kreisenden himmlischen Körper gesehen, aber der Akzent liegt ausschließlich darauf, daß eine solche Bewegung menschlicher Machtvollkommenheit entzogen ist, daß sie nicht angehalten werden kann und daß sie nur ihrem eigenen Gesetz gehorcht. Wenn der *König* sagt, daß der Sturm auf die Bastille eine Revolte sei, so betont er damit ausdrücklich die eigene königliche Macht und weist auf die Gewaltmittel hin, die ihm zur Verfügung stehen, mit Aufruhr und Verschwörung fertig zu werden; darauf antwortete *Liancourt:* was dort geschehen ist, ist so unwiderruflich wie der Lauf der Sterne, denen auch ein König nicht gebieten kann. Was veranlaßte Liancourt zu seiner Antwort? Was hatte er mitangesehen und was müssen wir versuchen, durch seine Worte hindurch zu sehen

[28] *Griewank* bemerkt in dem in Anmerkung 22 zitierten Essay, daß das Wort: »Das ist eine Revolution« zum ersten Male auftauchte, als »Heinrich IV. durch den Übertritt zum Katholizismus seinen ligistischen Gegnern die Waffen aus der Hand schlug und einer nach dem anderen zu ihm überging«. Als Beleg zitiert Griewank *Henri de Perefixes* Biographie Heinrichs IV. (Histoire du Roy Henry le Grand, Amsterdam 1661), in der die Ereignisse des Frühjahrs 1594 mit den folgenden Worten kommentiert werden: der Gouverneur von Poitiers « voyant qu'il ne pouvait pas empécher cette révolution, s'y laissa entrainer et composa avec le Roy ». Wie *Griewank* erläutert, handelt es sich hier um eine Veränderung, die darum der Unbeeinflußbarkeit der Sternenumdrehung gleichgesetzt wird, weil sie zu einem Ort zurückkehrt, »der dem früheren gleich oder gleichwertig ist«. Auch hier besagt: Das ist eine Revolution, bereits: »Widerstand dagegen ist sinnlos geworden.« Aber entscheidend ist, daß »Hardouin die ganzen Ereignisse als Rückkehr der Franzosen unter ihren ‹ prince naturel › betrachtete«. Von nichts dergleichen konnte natürlich bei *Liancourts* Wort die Rede sein.

und zu hören, das in ihm die Überzeugung weckte, es sei unwiderstehlich und unwiderruflich?

Auf den ersten Blick scheint die Anwort einfach. Durch diese Worte hindurch meinen wir noch heute zu sehen und zu hören, wie eine große Volksmenge sich in Bewegung setzt, wie sie einbricht in die Straßen und Paris überflutet, und Paris war damals nicht nur die Hauptstadt Frankreichs, sondern die Kapitale der gesamten zivilisierten Welt. Wir meinen zu sehen, wie der Aufstand des Volkes für Freiheit sich sogleich mit dem Aufruhr des Großstadtmobs verbindet, wie sie beide zugleich auftreten, unwiderstehlich in ihrer Massenhaftigkeit. Und es ist, als erscheine diese Masse des Volkes zum ersten Male im hellen Licht der Öffentlichkeit, und mit ihr das Elend, die Erniedrigung und Beleidigung der Armen und Unterdrückten, die durch Jahrhunderte hindurch in der Finsternis ihrer »Schande« gehalten worden waren. Das Unwiderrufliche, das damals geschah in der Hauptstadt der zivilisierten Welt, und was Führern und Zuschauern der Ereignisse gleichermaßen evident wurde, war, daß der öffentliche Raum – der, soweit unsere Erinnerung reicht, immer denen vorbehalten war, die bereits frei waren, nämlich befreit von der Sorge und Not um die Lebensnotwendigkeiten, um die unabweisbaren Bedürfnisse des menschlichen Körpers – nun plötzlich sich dieser ungeheuren Mehrheit der Menschen öffnen sollte, die nicht frei sind, weil sie getrieben werden von der Sorge um den täglichen Lebensunterhalt.

Die Vorstellung einer unwiderstehlichen Bewegung, die wenige Jahrzehnte später begrifflich als Idee einer historischen Notwendigkeit gefaßt werden sollte, zieht sich wie ein roter Faden durch die Geschichte der Französischen Revolution. Es ist, als seien mit den fünf Worten *Liancourts* ein gänzlich neues Vokabular und eine neue Vorstellungswelt in den politischen Bereich gebrochen. Wenn wir das Wort ›Revolution‹ in den Mund nehmen, denken wir nahezu automatisch immer noch in den damals geprägten Vorstellungen und der damals geprägten Sprache. Damals sprach *Desmoulins* von dem *« torrent révolutionnaire »*, von dessen gewaltigen Wogen die Handelnden getragen und mitgerissen werden, bis sie, von einer unterirdischen Strömung erfaßt, heruntergezogen werden, um zusammen mit ihren Feinden, den Agenten der Gegenrevolution, unterzugehen. Der reißende Strom der Revolution wurde, in den Worten *Robespierres,* von den »Verbrechen der Tyrannen« auf der einen Seite und von dem »Fortschritt der Freiheit« auf der anderen gespeist, in deren gegenseitigen Provokationen die Ereignisse sich überstürzten, so daß Bewegung und Gegenbewegung weder je ins Gleichgewicht kamen noch gar einander neutralisierten, sondern auf geheimnisvolle Weise zusammen dazu beitrugen, den Strom »fortschreitender Gewalt« anzuschwellen, damit er mit immer größerer Geschwindigkeit in der einmal eingeschlagenen Richtung dahinrase [29]. Dies ist, was *Forster* meinte, wenn er schrieb: »Die Lava der Revolution fließt majestätisch und schont nichts. Wer kann sie abweisen?« [30], und dies ist das Schauspiel, von dem *Vergniaud,* der große Redner der Gi-

[29] Die Worte *Robespierres* vom November 1793, gesprochen im Convent, lauten: « Les crimes de la tyrannie accélérèrent les progrès de la liberté, et les progrès de la liberté multiplièrent les crimes de la tyrannie ..., une réaction continuelle dont la violence progressive a opéré en peu d'années l'ouvrage de plusieurs siècles. » Oeuvres, ed. Laponneraye, 1840, Bd. III, S. 446.

[30] Zitiert nach *Griewanks* Buch, S. 243.

ronde, meinte, es stehe unter dem Zeichen des Saturn, denn »die Revolution frißt wie Saturn ihre eignen Kinder«. Wie ein Sturm fegt die Revolution über Frankreich – für *Robespierre* ist die *« tempête révolutionnaire »* und der Gang der Revolution, *« la marche de la Révolution »* ein und dasselbe –, wie ein reißender Strom ergießt sie sich und überschwemmt in ihrer Gewalt den unvergeßlichen und niemals ganz vergessenen Anfang – den Aufbruch »der Größe des Menschen gegen die Kleinheit der Großen«, wie es *Robespierre* einmal nannte [31], oder die »Wiedereroberung der Ehre des Menschengeschlechts« in den Worten *Hamiltons* [32]. Es war, als hätte eine übermenschliche Macht sich eingeschaltet, als Menschen anfingen, auf der Größe des Menschen und der Ehre des Menschengeschlechts zu bestehen.

In den Jahrzehnten, die auf die Französische Revolution folgten, sollte diese Vorstellung von einer mächtigen, unterirdischen, alle und alles mitreißenden Strömung, der der jähe Wechsel von glorreichen Taten zu Schmach und Verderben zuzuschreiben war, mehr und mehr vorherrschend werden. Die wesentlichen Metaphern, in welchen die Revolution nicht als Menschenwerk, sondern als unwiderstehlicher Prozeß beschrieben und gedeutet wird, also die Metaphern des reißenden Stromes, des Sturmwinds, des anschwellenden Flusses, stammen alle noch von den Handelnden selbst, und sie bezeugen deutlicher als alle Reflektionen, daß, wie trunken sie auch vom Wein der Freiheit theoretisch gewesen sein mochten, sie sich praktisch keine Illusionen darüber machten, daß sie längst aufgehört hatten, in Freiheit zu handeln. Und wie hätten sie sich darüber täuschen können? Was hatte sie denn in ihren innersten Überzeugungen in wenigen Jahren so verändert, wenn nicht der Sturm der Revolution? Sie konnten ja unmöglich vergessen haben, daß sie, die im Jahre 1793 nicht nur einen bestimmten König köpften, der vielleicht wirklich ein Verräter gewesen war, sondern meinten, daß die Einrichtung der Monarchie »ein ewiges Verbrechen« *(Saint-Just)* sei, im Jahre 1789 noch allesamt treue und aufrichtige Royalisten gewesen waren. Und ähnliches gilt eigentlich für alle ihre Handlungen. So wurden die *Ventôse* Gesetze im Jahre 1794, welche nicht nur das Eigentum der Kirche und der *Emigrés,* sondern aller »Verdächtigen« kurzerhand konfiszierte und den »Unglücklichen« aushändigte, von genau den gleichen Leuten erlassen, die von der Heiligkeit des Privateigentums so fest überzeugt gewesen waren, daß sie es zu den unabdingbaren Menschenrechten gezählt hatten. So wurde die erste Verfassung, deren Kern eine radikale Dezentralisation war, von den gleichen Leuten denunziert, die sie ursprünglich mitformuliert hatten und nun an ihre Stelle eine revolutionäre Regierung durch *Comités* setzten, die zentralistischer war als alles, was das *Ancien Régime* sich je getraut hatte, dem Volke zuzumuten. Und waren schließlich die Jacobiner nicht in einen Krieg verstrickt, den sie nie gewollt hatten, und fielen ihnen nicht Siege zu, an deren Möglichkeit sie nie geglaubt hatten? Was konnte ihnen denn, nach alldem, schließlich und am Ende bleiben als ein Wissen um das, was sie zu Beginn höchstens geahnt haben mochten, nämlich, daß in den Worten *Robespierres* an seinen Bruder, die »gegenwärtige Revolution in wenigen Tagen größere Ereignisse hervorgebracht hat als die gesamte bisherige Geschichte der

[31] In der Rede vom 5. Februar 1794, a. a. O., S. 543.

[32] "It belongs to us to vindicate the honor of the human race", in No. 11 des "Federalist".

Menschheit«? Und dies, so möchte man um ihretwillen hoffen, sollte ihnen am Ende genug gewesen sein.

Es spricht für die Überzeugungskraft der ursprünglichen, in der Revolution selbst geprägten Metaphern, daß seither jeder gewalttätige Aufruhr, sei er nun bewußt revolutionär oder vermeintlich konterrevolutionär, im Sinne einer Fortsetzung des im Jahre 1789 ausbrechenden Prozesses gedeutet wird, als wären die Zeiten der Ruhe und Restauration, die durch das neunzehnte Jahrhundert hindurch bei weitem den größeren Zeitraum einnehmen, nur Pausen, in denen der Strom der Revolution von der Oberfläche verschwunden unterirdisch verläuft, um zu neuem Ausbruch auszuholen – zu den Ausbrüchen im Jahre 1830 und 1832, 1848 und 1851 und schließlich 1871, um nur an die wichtigsten Daten des vorigen Jahrhunderts zu erinnern. Jedesmal haben Anhänger wie Gegner der Revolution diese Ausbrüche als unmittelbare Folgen des Jahres 1789 verstanden. Und wenn *Marx*' Bemerkung, die Französische Revolution habe in römischem Gewand den Schauplatz der Geschichte betreten, einen wesentlichen Aspekt der Sache trifft, so ist es ebenso richtig, daß jede der folgenden Revolutionen bis und einschließlich der Oktoberrevolution in Rußland im Gewande und nach den Spielregeln der Französischen Revolution verlaufen ist – als sei die Ereigniskette, die vom 14. Juli zum 9. Thermidor und 18. Brumaire führte, und die sich dem französischen Volk so tief eingeprägt hat, daß sie auch heute noch von jedermann sofort mit dem Fall der Bastille, dem Untergang von Robespierre und dem Staatsstreich Napoleons identifiziert werden, für alle Revolutionen ein für allemal maßgebend. Schließlich stammt die Rede von einer »permanenten Revolution« nicht aus dem zwanzigsten, sondern aus der Mitte des neunzehnten Jahrhunderts, als *Proudhon* von der *« révolution en permanence »* sprach und sehr wohl wußte, daß daraus folgte, *«qu'à proprement parler il n'y a pas eu plusieurs révolutions, il n'y a eu qu'une seule ct même et perpétuelle révolution »* [33].

Es ist eigentlich selbstverständlich, daß der neue metaphorische Gehalt des Wortes ›Revolution‹, der so unmittelbar aus dem Erfahrungshorizont der Männer der Französischen Revolution stammt, sich mit einer noch stärkeren Überzeugungskraft denjenigen einprägte, die diese Ereignisse von außen wie ein Schauspiel abrollen sahen. Gerade ihnen muß an diesem Schauspiel sofort aufgefallen sein, daß keiner der Mitwirkenden den Gang der Ereignisse in der Hand behielt, daß dieser in einer Richtung verlief, die mit den ursprünglichen Zielen und Zwecken der Handelnden so gut wie gar nichts mehr zu tun hatte, ja, daß diese sich offenbar in allem, was sie nun wirklich taten, der anonym waltenden Kraft des revolutionären Prozesses unterwerfen mußten, um nur überhaupt sich zu behaupten. Dies klingt heute wie eine Banalität. Aber wir brauchen uns nur den Gang der Amerikanischen Revolution vor Augen zu halten, in deren Verlauf sich das genaue Gegenteil ereignete und wo alle Mitwirkenden daher auch zutiefst davon überzeugt waren, daß der Mensch Herr seiner Geschicke zumindest im politischen Bereich ist, um zu realisieren, wie sehr gerade die in der Französischen Revolution sich offenbarende menschliche Ohnmacht das Selbst-

[33] Zitiert nach *Theodor Schieder:* »Das Problem der Revolution im neunzehnten Jahrhundert«, in: Historische Zeitschrift, Bd. 170, 1950.

bewußtsein der Zeit erschüttert haben muß. Die ungeheure Enttäuschung, die sich der Generation in Europa bemächtigte, welche die verhängnisvolle Entwicklung vom Sturm auf die Bastille bis zur Restauration der Bourbonen bewußt miterlebte, ist bekannt genug; verblüffender ist vielleicht, wie außerordentlich schnell und gleichsam übergangslos sich diese Enttäuschung in ein Gefühl ehrfürchtigen Staunens vor der Macht der Geschichte verwandelte. Wo noch eben, in den glücklichen Tagen der Aufklärung, nichts zwischen dem Menschen und seiner Freiheit des Handelns zu stehen schien als die despotische Macht der Monarchen, hatte sich nun plötzlich eine ungleich mächtigere Macht gemeldet, welche mit Menschen nach Belieben zu schalten und walten schien, und von der es kein Entkommen gab, weil ihr gegenüber Rebellion wie Flucht versagten. Die Macht der Geschichte und der historischen Notwendigkeit war auf dem Schauplatz der Politik erschienen, wo sie sofort alles und alle in ihren Bann schlug.

Theoretisch gesprochen war die schwerstwiegende Folge der Französischen Revolution die Geburt des modernen Geschichtsbegriffs in der Hegelschen Philosophie. *Hegel* war bekanntlich der Meinung – und dies hat ihm bis auf den heutigen Tag einen beherrschenden Platz in allem revolutionären Denken gesichert –, daß das Absolute und absolut Transzendente, wie die Philosophie es bislang verstanden hatte, sich im Bereich menschlicher Angelegenheiten offenbare, also genau in dem menschlichen Erfahrungshorizont aufscheine, den alle frühere Philosophie einmütig als Quelle oder Standort absoluter Maßstäbe verworfen hatte. Das Modell für die Offenbarung des Absoluten im geschichtlichen Prozeß war selbstverständlich die Französische Revolution, und der Grund, warum die deutsche nachkantische Philosophie sich im Denken ganz Europas noch im zwanzigsten Jahrhundert so nachhaltig hat durchsetzen können – vor allem natürlich in Ländern, in denen sich revolutionäre Bestrebungen besonders geltend machten, wie in Rußland, Frankreich und vor allem auch den deutschsprechenden Gebieten –, hat nicht das geringste mit ihrem vermeintlichen Idealismus zu tun, sehr viel aber mit der Tatsache, daß in dieser mit Hegel anhebenden philosophischen Strömung die Philosophie die Sphäre der reinen Spekulation verlassen hatte und begann, die neuesten und wirklichkeitsnächsten Erfahrungen der Zeit in den Begriff zu erheben. Dabei blieb aber das Begreifen dieses neuen begrifflichen Denkens durchaus theoretisch im überkommenen Sinn des Wortes; auch Hegels Philosophie, wiewohl sie das Handeln und den Bereich menschlicher Angelegenheiten betrifft, ist noch durchaus kontemplativ. Vor dem rückwärts gewandten Blick des Denkens erst wird alles Politische – Taten, Worte und Ereignisse – geschichtlich im eigentlichen Sinne, und die Folge war, daß der »neuen Welt«, wie sie in den Revolutionen des achtzehnten Jahrhunderts entstand, niemals jene »neue politische Wissenschaft« zuteil wurde, die *Tocqueville* so dringend für sie gefordert hatte [34], sondern daß sich an ihre Stelle die Geschichtsphilosophie setzte. Wobei wir hier von der anderen großen und vielleicht noch verhängnisvolleren Folge der Hegelschen Philosophie absehen müssen, daß sich nämlich in ihr eine Transformation alles eigentlich philosophischen Denkens in geschichtsphilosophische Spekulation vollzog.

[34] In der Einleitung zu »Demokratie in Amerika« (1838): »Eine neue Welt braucht eine neue Wissenschaft von der Politik.«

So kompliziert auch diese Dinge im eigentlich Theoretischen liegen, so läßt sich doch rein politisch der verhängnisvolle Trugschluß dieser modernen Position verhältnismäßig einfach darstellen. Es handelt sich um nichts anderes, als daß man den gesamten Bereich menschlichen Handelns nicht im Sinne der Handelnden und Vollziehenden selbst beschreibt und analysiert, sondern vom Standpunkt des Betrachters, der dem Gehandelten wie der Zuschauer eines Schauspiels beiwohnt [35]. Dieser Irrtum ist deshalb verhältnismäßig schwer zu entdecken, weil er einen Kern von Wahrheit enthält; es ist in der Tat wahr, daß alle zwischen Menschen spielenden und von ihnen erzeugten Geschichten ihre eigentliche Bedeutung erst enthüllen, wenn sie an ihr Ende gekommen sind. Daraus entsteht der Anschein, daß nur der Zuschauer, aber niemals der Handelnde selbst, schließlich hoffen darf, den Sinn dessen zu verstehen, was sich in einer Kette von Taten und Ereignissen abgespielt hat. Der Begriff der historischen Notwendigkeit verdankt seinen Ursprung der Französischen Revolution, wobei sich die Erfahrung der Handelnden selbst, nicht mehr in Freiheit zu handeln, sondern von einer Art Naturgeschehen getrieben zu sein, mit dem überwältigenden Eindruck der Zuschauer, einem ungeheuren, nur noch seinem eigenen Gesetz folgenden Geschehen beizuwohnen, auf das engste verbinden. Es war aber schließlich der Betrachter, für den das Getriebensein zu einer geschichtlichen Notwendigkeit wurde und dem *Napoleon Bonaparte* als »Schicksal« erschien. Jedenfalls ist in unserem Zusammenhang entscheidend, daß die Revolutionäre der folgenden Jahrhunderte sich selbst nicht eigentlich als Nachfolger der Männer der Französischen Revolution verstanden, sondern als Vollstrecker der Geschichte und als Agenten der Notwendigkeit, was zur Folge hatte, daß die Idee der Freiheit auf so verhängnisvolle Weise aus dem revolutionären Denken verschwand und die Kategorie der Notwendigkeit sich an ihren Platz setzte.

Immerhin dürften die Philosophen ohne das Ereignis der Französischen Revolution schwerlich dazu gekommen sein, sich so ernsthaft der Angelegenheiten der Menschen anzunehmen. Was sie erst einmal in diesen Bereich überhaupt lockte und verlockte, war die Möglichkeit oder vielleicht der Schein einer absoluten Wahrheit in einer Sphäre, die durch zwischenmenschliche Bezüge und Relationen konstituiert und daher wesentlich relativ ist. Auch die historisch begriffene Wahrheit, also eine Wahrheit, die sich zeitlich entfaltet und daher in irgendeinem ihrer Teile nicht für alle Zeiten gültig zu sein braucht, muß noch für alle Menschen gelten, und zwar unabhängig davon, woher sie stammen und welchen Landes Bürger sie sind. Aber gerade an dieser Forderung muß der neue historische Wahrheitsbegriff notwendig scheitern. Denn für den Menschen *qua* Bürger kann es nur eine Vielfalt von Meinungen geben, und für den

[35] Bei der ihm eigenen Sensibilität ist *Griewank* die Rolle des Zuschauers für die Entstehung eines Revolutionsbegriffes in der Neuzeit nicht entgangen: »Wollen wir dem Bewußtsein des revolutionären Wandels in seiner Entstehung nachgehen, so finden wir es nicht so sehr bei den Handelnden selbst wie bei außerhalb der Bewegung stehenden Beobachtern zuerst klar erfaßt.« Leider ist er dieser wesentlichen Einsicht, zu der er zweifellos unter dem Einfluß der Werke *Hegels* und *Marx'* gekommen ist, nicht weiter nachgegangen, sondern hat sie gleichsam unbesehen auf die Florentinischen Geschichtsschreiber angewandt, wo sie, wie mir scheint, nicht zutrifft. Die Geschichte Florenz wurde von den florentinischen Staatsmännern und Politikern geschrieben; weder *Machiavelli* noch etwa *Guiccardini* waren Zuschauer in dem Sinne, in dem *Hegel* und die Historiker des neunzehnten Jahrhunderts Zuschauer waren.

Menschen als Angehörigen eines bestimmten Volkes ist der Wahrheitshorizont selbstverständlich durch seine je eigene Geschichte und nationale Erfahrung begrenzt. Wahrheit mußte nach wie vor sich an den Menschen *qua* Menschen wenden, der natürlich als eine weltlich vorfindlich greifbare Wirklichkeit nirgends existiert. Daher mußte die Geschichte, als sie als Medium für die Offenbarung von Wahrheit angesprochen wurde, sofort zur Weltgeschichte werden, und die in ihr sich offenbarende Wahrheit konnte demgemäß nur die Wahrheit eines »Weltgeistes« sein. Dabei ist zu beachten, daß zwar der Geschichtsbegriff philosophische Dignität nur erlangen konnte, wenn er sich auf die gesamte Welt und die Schicksale aller Menschen erstreckte, daß aber die Idee einer Weltgeschichte selbst noch einmal politischen Ursprungs ist. Sowohl die Französische wie Amerikanische Revolution behauptete voller Stolz, daß nun eine neue Ära des gesamten Menschengeschlechts anbrechen werde und daß die Ereignisse, die sie heraufgeführt hatten, bereits die ersten seien, welche alle Menschen auf dem ganzen Erdball betreffen, sofern sie nur überhaupt Menschen seien. Der Begriff der Weltgeschichte stammt aus dem ersten Versuch einer Weltpolitik, und wenn auch der amerikanische wie der französische Enthusiasmus für die einer Weltpolitik entsprechenden Menschenrechte sehr schnell erlahmte mit der Geburt des Nationalstaates – der erst einmal jedenfalls in Europa die einzige, nicht wieder rückgängig zu machende Errungenschaft der Revolution blieb –, so ist doch der Gedanke und die Praxis einer Weltpolitik seither aus der Politik nie wieder verschwunden.

Ein anderer, in unserem Zusammenhang vielleicht noch wesentlicherer Aspekt des *Hegel*schen Denkens, der ebenfalls aus dem Erfahrungshorizont der Französischen Revolution gewonnen ist, betrifft die Grundcharaktere historischer Bewegung überhaupt. Jedenfalls übte die Festlegung dieser Grundcharaktere einen noch unmittelbaren Einfluß auf die Revolutionäre des neunzehnten und zwanzigsten Jahrhunderts aus, die ja samt und sonders, selbst wenn sie vermeintlich nur zu *Marx* in die Schule gingen (der immer noch der größte Schüler ist, den *Hegel* je gehabt hat) und Hegel niemals lasen, die Revolution in von Hegel geprägten Kategorien verstanden. Daß die Geschichte, von der Notwendigkeit getrieben, dialektisch verläuft, ergab sich unmittelbar aus den Revolutionen und Gegenrevolutionen, durch die der Gang der französischen Ereignisse vom 14. Juli bis zum 18. Brumaire und der Restauration der Monarchie bestimmt war. Hieraus hat Hegel dann die Bewegungsgesetze der Geschichte bestimmt und die berühmte Dialektik von Freiheit und Notwendigkeit hergeleitet, in welcher diese beiden entgegengesetzten Begriffe schließlich zusammenfallen und ein und dasselbe besagen – was vielleicht das furchtbarste und menschlich gesprochen unerträglichste Paradox des gesamten modernen Denkens geworden ist. Dabei mag Hegel selbst, der in dem Jahr 1789 den Augenblick einer Versöhnung von Himmel und Erde zu sehen vermeinte, noch von dem ursprünglichen metaphorischen Gehalt des Wortes ›Revolution‹ beeinflußt gewesen sein, gleichsam als sei in dem Verlauf der Französischen Revolution der gesetzmäßig unwiderstehliche Lauf der Sterne auf die Erde herabgestiegen, um den Angelegenheiten der Menschen »Notwendigkeit« zu verleihen und sie von dem »traurigen Ungefähr« *(Kant),* dem melancholischen »Gemisch von Gewalt und Sinnlosigkeit« *(Goethe)* zu erlösen, die bis dahin als die hervorragenden Eigenschaften des Laufs der Welt und damit der Geschichte galten. Was

Hegel betraf, so dürfte ihm das Paradox einer Identität von Freiheit und Notwendigkeit schwerlich paradoxer vorgekommen sein als die ja bereits metaphorisch vorgezeichnete Versöhnung von Himmel und Erde. Auch war in den Hegelschen Paradoxien und ihrer dialektischen Auflösung nichts nur Geistreiches. Sie müssen damals bereits gerade durch ihren Realismus, durch ihre scheinbare Wirklichkeitsnähe sich denen empfohlen haben, die noch direkt unter dem Schock der Ereignisse selbst standen. Die Hegelsche Geschichtsphilosophie verdankt bis auf den heutigen Tag ihre außerordentliche Wirkungskraft sehr viel weniger einem zweifelhaften Begriffsapparat als dem großartigen Erfahrungs- und Wirklichkeitsgehalt, der in ihr zum Ausdruck kommt und dessen Gültigkeit in den Jahrhunderten der Kriege und Revolutionen sich wiederholt bewährt hat. Der moderne Geschichtsbegriff mit seiner beispiellosen Betonung des Prozeßhaften in der Geschichte hat mancherlei Ursprünge, unter denen historisch vielleicht der zeitlich frühere Prozeßbegriff aus dem naturwissenschaftlichen Denken der Neuzeit entscheidend gewesen ist. Hielt man sich für die Deutung historischer Prozesse an das, was die Naturwissenschaften darunter verstanden, so konnte man ihn sich nur als eine primär kreisförmige, in sich zurücklaufende Bewegung vorstellen – und selbst *Vicos* Theorien hielten sich bekanntlich noch in diesem Vorstellungsbereich –, was natürlich besagte, daß Notwendigkeit geschichtlichen Abläufen genauso inhärent war wie rein physischen Prozessen. Jede Kreisbewegung ist als solche »notwendig«. Das Erstaunliche ist also nur, daß diese Art geschichtlicher Notwendigkeit oder einer in der Geschichte waltenden Notwendigkeit den modernen Durchbruch kreisläufiger Bewegungen überleben und sich an eine Geschichtsbewegung heften konnte, die durchaus gradlinig vorgestellt wurde und also nicht zurückschlug auf ein bereits Bekanntes, sondern im Gegenteil sich in eine unbekannte Zukunft erstreckte. Daß diese geschichtliche Zeit*strecke* im Gegensatz zu dem früheren geschichtlichen Kreislauf ebenfalls den Gesetzen einer Notwendigkeit folgen sollte, läßt sich nicht auf irgendwelche theoretische Spekulationen oder Entwicklungen aus dem Begriff der Sache selbst zurückführen, sondern ist ausschließlich politischer Erfahrung und dem wirklichen Lauf der Welt geschuldet.

Schließlich war es die Französische und nicht die Amerikanische Revolution, die die Welt in Brand setzte, und so hat denn auch das Wort ›Revolution‹ von den Ereignissen in Frankreich, ohne jede Beziehung zu dem, was die »gründenden Väter« in Amerika taten und erreichten, seine Assoziationen und Bedeutungsqualitäten bezogen. Und dies gilt merkwürdigerweise für Amerika nicht weniger als für alle anderen Länder der Welt; auch in Amerika, das doch seine eigene Revolution gehabt hat, orientiert man sich für das, was man unter einer Revolution versteht, zumeist ausschließlich an dem französischen Modell. Dafür mag es viele Gründe geben, vor allem aber den, daß Amerika und die Vereinigten Staaten, also die Kolonisation des neuen Kontinents und die Errichtung der neuen republikanischen Staatsform, die zusammen vielleicht das größte, sicher das kühnste Unternehmen der europäischen Menschheit in der Neuzeit darstellten, kaum mehr als hundert Jahre seiner Geschichte in Isolierung von den Mutterländern der Alten Welt verbracht hat. Seit dem letzten Drittel des neunzehnten Jahrhunderts ist die politische Struktur Amerikas dem dreifachen Anprall von Urbanisierung, Industrialisierung und Massenimmigration ausgesetzt gewesen. In unserem Zusammenhang ist der letztgenannte Faktor der entscheidende, denn mit der Masseneinwanderung sind Theorien und Begriffe, wiewohl leider zumeist nicht die ihnen zu Grunde liegenden konkreten Erfahrungen, in die amerikanische Forschung und das amerikanische Wissen von diesen Dingen miteingeschleppt worden; davon macht das Wort ›Revolution‹ keine Ausnahme. Daß gerade in Amerika, mehr noch als in Europa, die gelehrte Welt die Neigung hat, die Amerikanische Revolution im Sinne der Französischen zu interpretieren, bzw. das an ihr zu kritisieren, was so offensichtlich mit keiner der Lektionen übereinstimmt, die man aus der Französischen Revolution gelernt hat, mutet in der Tat oft seltsam an. Aber schließlich ist auch dies nur ein verhältnismäßig harmloser Teilaspekt der traurigen Wahrheit, daß die Französische Revolution, die in der Katastrophe endete, Weltgeschichte gemacht hat, während die Amerikanische Revolution, trotz ihrer wahrhaft triumphalen Erfolge über eine gleichsam lokale Bedeutung kaum hinausgekommen ist.

Für das Letztere ist vor allem unser eigenes Jahrhundert mit seinen zahlreichen Revolutionen und Bürgerkriegen das sprechendste Beispiel. Sie alle sind in Bildern gesehen, die im Lauf der Französischen Revolution entstanden, in Begriffen verstanden, die von den Zuschauern dieser Revolution geprägt wurden, und infolgedessen im Sinne der *Hegel*schen historischen Notwendigkeit interpretiert wurden. Was nun die Revolutionäre des zwanzigsten Jahrhunderts selbst betrifft, so darf man wohl sagen, daß nichts ihnen ferner lag als das leidenschaftliche Interesse an Staatsformen, das für die Amerikanische Revolution so charakteristisch und auch in den Anfangsstadien der Französischen Revolution noch so sehr lebendig ist. Erst als die Männer der Französischen Revolution mit dem ihnen unerwarteten Anblick der Massen, die in der Amerikanischen Revolution ja eigentlich überhaupt keine Rolle gespielt haben, weil sie dort einfach noch nicht existierten, konfrontiert wurden, riefen sie mit *Robespierre:* «La République? La Monarchie? Je ne connais que la question sociale.» Aber das war auch genau der Moment, in dem sie zusammen mit den Institutionen und Verfassungen, von denen noch *Saint-Just* meinte, daß sie »die Seele der Republik sind«, die Revolution selbst verloren [36].

Seither ist an die Stelle des ruhigen Stolzes, am Bau des eigenen Hauses mitwirken und über das seit Jahrtausenden angehäufte Wissen in diesen Dingen frei verfügen zu dürfen, das mehr oder minder bewußt verzweifelte Gefühl getreten, von dem Sturmwind der Revolution, einem verlorenen Blatte gleich, in eine ungewisse Zukunft geweht zu werden. Damit ging auch die vertrauende Zuversicht verloren, daß ein *Novus Ordo Saeclorum* sich auf Ideen gründen und im Rahmen eines begrifflichen Gefüges gebaut werden könne, deren Alter eine Gewähr für Wahrheit bildete. Im Bewußtsein der Männer der ersten Revolutionen sollten nicht die Gedanken selbst, nur ihre Anwendung in der Praxis neu sein. Die Zeit, wie *Washington* meinte, war günstig, denn sie »breitet für unsere Nutzanwendung ... Wissensschätze aus, welche wir der Mühe der Philosophen, Weisen und Gesetzgeber aller Zeiten« verdanken. Der Mithilfe der Jahrtausende sicher, so meinten sie, konnten sie ans Werk gehen, nachdem die Um-

[36] Für *Saint-Justs* und *Robespierres* Einstellung zur Frage der Staatsform, siehe *Albert Ollivier:* Saint-Just et la Force des Choses, Paris 1954.

stände und die englische Politik ihnen ihrer Meinung nach gar keine andere Möglichkeit gelassen, als einen neuen politischen Körper zu gründen. Da sie aber nun als Handelnde zum Zuge gekommen waren, konnten sie sich mit Geschichte und Umständen nicht länger entschuldigen: Sollten – wiederum nach Washington – die Bürger der Vereinigten Staaten »nicht völlig frei und glücklich werden, so werden sie niemanden außer sich selbst zur Verantwortung ziehen können« [37]. Nichts würde ihnen ferner gelegen haben als, was nur wenige Jahrzehnte später der aufmerksamste und klügste Beobachter dessen, was sie getan hatten, dazu zu bemerken hatte: »Von Zeitalter zu Zeitalter bis in die fernste Vergangenheit schweift mein Blick zurück, aber ich sehe keine Parallele zu dem, was vor meinen Augen geschieht; die Vergangenheit wirft ihr Licht nicht mehr in die Zukunft, und der Geist des Menschen wandert in Finsternis [38].«

Der magische Bann, mit dem die Vorstellung von einer historischen Notwendigkeit die Menschen seit Beginn des neunzehnten Jahrhunderts geschlagen hat, ist seit der Oktoberrevolution zu einer wahren Besessenheit geworden, und der Russischen Revolution kommt natürlich in unserem Jahrhundert die gleiche Bedeutung zu, welche die Französische in den Augen der Zeitgenossen hatte. Auch sie hat erst eine unvergleichliche Hoffnung in die Welt gebracht, um die gleiche Welt in eine um so tiefere Verzweiflung zu stürzen. Nur daß die Erfahrungen diesmal nicht unerwartet kamen und daß die Lektion diesmal schon gelernt war, bevor sie auch nur gelehrt werden konnte. Denn die wahre Tragik der Russischen Revolution ermißt man voll nur, wenn man sich vergegenwärtigt, bis zu einem wie absurden Ausmaß die Männer dieser Revolution ihre Handlungen bewußt auf die Erfahrungen der Französischen Revolution einstellten, als handelte es sich darum, unter radikal veränderten Bedingungen und Umständen das alte Schauspiel einfach nochmals auf die Bühne der Weltgeschichte zu bringen. Zwar kann nur die dem achtzehnten Jahrhundert noch unbekannte Verquickung von Ideologie und Terror verständlich machen, warum alle Revolutionäre, die von Moskau abhängig wurden, wie Schafe zur Schlachtbank gingen und sich jedem sie treffenden Urteilsspruch gefügt haben; aber dazu ist immerhin zu bemerken, daß eben die vermeintliche Lektion der Französischen Revolution ein integraler Bestandteil dieser Ideologie geworden war und damit des jedem ideologischen Denken inhärenten Selbst-Zwanges. Was denjenigen, die bei der Revolution in die Schule gegangen waren, schließlich so grotesk zum Verhängnis wurde, war, daß sie wußten oder zu wissen meinten, sie kennten den »notwendigen« Gang der Revolution, bevor diese auch nur begonnen hatte. So kam es, daß sie sich nicht nach den Männern einer vergangenen Revolution richteten und ihnen nacheiferten, was verständlich gewesen wäre, sondern sich verpflichtet glaubten, den Gang dieser vergangenen Revolution selbst zu imitieren. Hätten sie sich die Männer der Französischen Revolution selbst zum Vorbild genommen, sie hätten ihre Unschuld bis zum letzten Atemzug in die Welt geschrien. Sie konnten es nicht, weil sie »wußten«, daß eine Revolution die eigenen Kinder

[37] Zitiert nach *Edward S. Corwin:* "The 'Highe-Law' Background of American Constitutional Law", in: Harvard Law Review, Bd. 42, 1928.

[38] *Tocqueville* in »Demokratie in Amerika», Bd. 2, Buch 4, Kap. 8.

frißt, so wie sie »wußten«, daß eine Revolution sich in einer Folge von einander überstürzenden Revolutionen und Konterrevolutionen abspielt, oder daß der Konterrevolutionär in der Maske des Revolutionärs auftritt und daß man daher die Jagd auf die »Verdächtigen« eröffnen muß, wie schließlich, daß eine Revolution sich in zwei extreme Gruppen aufspaltet – die *Indulgents* und die *Enragés* der Französischen Revolution –, die nur scheinbar oder »subjektiv« sich entgegenstehen, in Wahrheit aber geheim, nämlich ohne es selbst zu wissen, und »objektiv« zusammenarbeiten, um die revolutionäre Regierung zu stürzen. Selbstverständlich kommt dann als Retter aus der Not wieder der Mann, der genau in der Mitte der streitenden Fraktionen zu stehen vorgibt und die rechte und linke Abweichung nicht anders liquidiert als *Robespierre Danton* und *Hébert* liquidiert hat. Was also die Männer der Russischen Revolution von ihren verstorbenen Kollegen des achtzehnten Jahrhunderts zu lernen wußten – und diese Lehre konstituierte neben dem Auswendiglernen von *Karl Marx* ihre hauptsächlichste Vorbereitung –, war Geschichte und nicht Politik. Was sie aus dieser Schule schließlich davontrugen, war eine große Geschicklichkeit, jede Rolle zu spielen, welche das große geschichtliche Drama ihnen anweisen würde. Und man muß es ihnen lassen, daß sie bereit waren, auch die Rolle des Bösewichts zu akzeptieren, wenn keine andere ihnen geboten wurde, nur um überhaupt im Spiel bleiben zu dürfen.

Es liegt eine Art grandioser Lächerlichkeit über diesem Schauspiel, in dem Männer, die allen bestehenden Mächten zu trotzen gewagt hatten und deren Mut über jeden Zweifel erhaben war, von einem Tag zum anderen mit der größten Unterwürfigkeit und ohne die leiseste Empörung sich dem fügten, was sie für den Ruf der historischen Notwendigkeit hielten, ganz gleich wie töricht und inadäquat die Wirklichkeit dieser sogenannten Notwendigkeit sie angemutet haben mußte. Sie ließen sich zum Narren halten, aber nicht, weil die Worte von *Danton* und *Vergniaud,* von *Robespierre* und *Saint-Just* und all den anderen ihnen noch in den Ohren klangen. Was sie zum Narren hielt, war die Geschichte und die historische »Notwendigkeit«. Seither ist die Revolution von dem Unheil einer Narrheit befallen, in der die Freiheit zur Notwenkeit wird und die Erfahrung des Handelns und der Gründung untergeht in dem Gefühl einer furchtbaren Ohnmacht.

ÖFFENTLICHE MEINUNG

Von *Niklas Luhmann*

Viele klassische Begriffe der politischen Theorie finden sich heute in einer zwiespältigen Lage: Man kann sie weder einfach fallenlassen noch in ihrem ursprünglichen Bedeutungsgehalt ernst nehmen. Sie scheinen wichtige evolutionäre Errungenschaften der neuzeitlichen Gesellschaft und ihrer politischen Systeme zu bezeichnen; dies aber in einer Weise, die nicht mehr befriedigt – gleichsam zu direkt, zu kompakt, zu einfach. Die neueren wissenschaftlichen Strömungen der Systemtheorie, der Entscheidungstheorie, der Organisationstheorie, die die wissenschaftliche Kapazität für die Bearbeitung komplexer Sachverhalte auszuweiten suchen, fließen am traditionellen Begriffsschatz vorbei. Disziplinen, die ihn zu bewahren trachten, laufen eben damit Gefahr, rückständig zu werden oder sich auf Hermeneutik und Gedankenhistorie zu beschränken. Unter diesen Umständen ist die Rekonstruktion klassischer politischer Begriffe mit neuartigen Denkmitteln eine reizvolle Aufgabe.

Jene Begriffe waren nämlich nicht nur wissenschaftliche Konstrukte, sondern vor allem Antworten eines akuten faktischen Problembewußtseins. Begriffe wie Politik, Demokratie, Herrschaft, Legitimität, Macht, Repräsentation, Rechtsstaat, Verfahren, öffentliche Meinung hatten kaum den Sinn, faktische Ereignisse oder Verläufe zu erklären; sie dienten der Fixierung von Problemlösungen als institutionelle Errungenschaften, und ihre eigene Problematik bestand zum guten Teil darin, daß die ihnen vorausliegende Systemproblematik ungeklärt, oft ungenannt blieb, und daß die »Lösung« nur in einer Kombination von Verhaltensforderungen und Folgeproblemen, nicht in einer Beseitigung des Problems bestehen konnte. Wenn diese Annahme zutrifft, müßte es möglich sein, durch Klärung und theoretische Begründung der Bezugsprobleme diese Begriffsantworten auf ihre Prämissen zu bringen, ihren Sinn zu rekonstruieren, die Funktion der gemeinten Strukturen und Prozesse zu erkennen und diese selbst dadurch einem Vergleich mit anderen Möglichkeiten auszusetzen [1]. Ein solcher Versuch soll hier am Begriff der öffentlichen Meinung unternommen werden [2].

[1] Funktionalistische Abstraktion ist nicht die einzige Weise der Umformung klassischer Themen. Ein ganz andersartiger Versuch ist der von *Karl W. Deutsch:* Politische Kybernetik, Modelle und Perspektiven, Freiburg 1969, Begriffe wie Macht, Wille, Bewußtsein als Metaphern für quantifizierbare Sachverhalte, nämlich für Weisen der Informationsbearbeitung zu behandeln. Beide Ansätze haben, was theoretisches Fundament und Möglichkeiten der Operationalisierung angeht, vorläufig mit vielen ungelösten Problemen zu ringen.

[2] Für gleichartige Behandlung anderer Themen siehe *Niklas Luhmann:* Grundrechte als Institution, Berlin 1965; ders.: »Gesellschaftliche und politische Bedingungen des Rechtsstaats«, in: Studien über Recht und Verwaltung, Köln–Berlin–Bonn–München 1967, S. 81–102; ders.: »Klassische Theorie der Macht, Kritik ihrer Prämissen«, in: Zeitschrift für Politik 16 (1969), S. 149–170; ders.: »Komplexität und Demokratie«, in: Politische Vierteljahresschrift 10 (1969), S. 314–325; ders.: Legitimation durch Verfahren, Neuwied–Berlin 1969.

Diese Arbeit setzt sich bewußt dem Einwand aus, daß das, was im folgenden unter dem Titel öffentlicher Meinung behandelt wird, mit dem klassischen Begriff nichts mehr zu tun habe oder doch seinen Wesenskern und seine eigentümliche Moralität verfehle. Um diesem Einwand auf den Weg zu helfen, seien ihm die zu attackierenden Prämissen bekanntgegeben: Wir gründen das Recht zur Fortführung des Begriffs auf die Kontinuität von Problem und Problemlösungsbereich und sehen das Bezugsproblem des Begriffs in der Kontingenz des rechtlich und politisch Möglichen, den Problemlösungsbereich im Prozeß der politischen Kommunikation. Aus dem Bezug auf das Problem der Kontingenz folgt die Notwendigkeit einer Uminterpretation des Verhältnisses von öffentlicher Meinung und Kommunikationsprozeß: öffentliche Meinung kann nicht mehr einfach als politisch relevantes Ergebnis, sie muß als thematische Struktur öffentlicher Kommunikation gesehen werden – mit anderen Worten: nicht mehr nur kausal als bewirkte und weiterwirkende Wirkung, sondern funktional als Selektionshilfe.

I.

»Öffentliche Meinung« ist heute ein Begriff, dessen Gegenstand fraglich geworden – vielleicht gar nicht vorhanden ist. Zur Auflösung des Gegenstandes hat, und das ist bezeichnend, gerade die Absicht auf empirische Erforschung der öffentlichen Meinung beigetragen. Die empirische Forschung hat für beide Begriffsmerkmale Substitute einführen müssen. Das Merkmal der Meinung ersetzt sie durch Antworten, die aus Anlaß von Befragungsaktionen gegeben werden [3]. Das Merkmal der Öffentlichkeit ersetzt sie durch das selektive Interesse der Politiker an solchen »Meinungen« [4] oder durch die gruppenmäßige Beeinflussung der Meinungsbildung. Kombiniert man die Substitute beider Begriffsmerkmale, tritt die Problematik des Forschungsansatzes zutage [5]. Die unbestreitbaren Erfolge dieser Forschung können jedenfalls nicht auf ihrer Theorie beruhen.

So offenkundig diese wissenschaftliche Problematik seit langem ist, die Erinnerung an den klassischen Begriff und seine politische Funktion ist gleichwohl lebendig geblieben. Am Thema öffentliche Meinung wird die Unzulänglichkeit einer politischen Theorie spürbar, die nur aufs Institutionelle gerichtet ist. Die politische Macht und das politische Amt scheinen nicht zu genügen, um das politische Geschehen vollständig zu begreifen

[3] Vgl. dazu *Lewis A. Dexter:* "Candidates Must Make the Issues and Give Them Meaning", in: Public Opinion Quarterly 19 (1955/56), S. 408–414. *Irwin Deutscher:* "Words and Deeds", in: Social Problems 13 (1966), S. 235–254.

[4] So definiert ein bekannter Text: " 'Public opinion' in this discussion may simply be taken to mean those opinions held by private persons which government find it prudent to heed" (*Vladimir O. Key,* Jr.: Public Opinion and American Democracy. New York 1961, S. 14). Vgl. auch *Peter R. Hofstätter:* Die Psychologie der öffentlichen Meinung, Wien 1949; *Gerhard Schmidtchen:* Die befragte Nation, Über den Einfluß der Meinungsforschung auf die Politik, 2. Aufl., Frankfurt–Hamburg 1965, S. 337.

[5] Darauf ist seit langem, aber ohne nachhaltigen Erfolg hingewiesen worden. Vgl. *Jürgen Habermas*: Strukturwandel der Öffentlichkeit, Untersuchungen zu einer Kategorie der bürgerlichen Gesellschaft, Neuwied 1962, S. 261 ff.

und es auf dem rechten Wege zu halten. Mit verlegener Ironie nennt *V. O. Key* [6] die öffentliche Meinung den heiligen Geist des politischen Systems. Dafür gilt es, einen besser geeigneten Begriff zu finden, der weder in die Sozialpsychologie noch in die Theologie ausgelagert werden muß, sondern in eine Theorie des politischen Systems integriert werden kann.

Geht man auf die liberale Konzeption der öffentlichen Meinung zurück, wird aus deren Vorgeschichte zunächst deutlich, daß sie die alteuropäisch-naturrechtliche Wahrheitsbindung der Politik abzulösen bestimmt war. Die Gesellschaftsentwicklung des Spätmittelalters und der beginnenden Neuzeit hatte zu einer stärkeren Differenzierung von Religion, Politik, Wirtschaft und Wissenschaft geführt mit der Folge, daß in diesen Teilbereichen des Gesellschaftssystems neuartige Autonomien und abstraktere Zielvorstellungen entstanden. Die überlieferten Wahrheitsgrundlagen der Politik verloren dadurch ihre Glaubwürdigkeit und ihren Leitcharakter. Noch innerhalb des als Vernunftsrecht interpretierten Naturrechts stellte das Rechtsdenken des 18. Jahrhunderts sich auf Positivität (Entscheidungsgesetztheit) der Rechtsgrundlagen um [7] und benötigte dafür einen neuartigen Orientierungsrahmen, der so hoher Kontingenz des rechtlich Möglichen gewachsen war. Trotz aller Versuche, invariante Zweckformeln und Vernunftsprinzipien als Grenzen der Politik festzuhalten, kam der Bedarf für eine labilere Führungsgröße auf, die ihre Gesichtspunkte und Themen ändern konnte. Sie konnte nicht mehr als Wahrheit, sondern nur noch als Meinung begriffen werden – als vorübergehend verfestigte Ansicht des Richtigen, die gewisse Kontrollen der subjektiven Vernunft und der öffentlichen Diskussion durchlaufen hatte. Öffentliche Meinung ist gleichsam substantivierte politische Kontingenz – ein Substantiv, dem man die Lösung des Problems der Reduktion der Beliebigkeit des rechtlich und politisch Möglichen anvertraut.

Um Näheres zu erfahren, muß man daher nach den Grundlagen dieses Vertrauens fragen, nach den systemstrukturellen Prämissen, auf denen es beruht, und kann dann prüfen, ob diese Annahmen auch für das Sozialsystem der voll industrialisierten Gesellschaft noch gelten. Wenn die Analysen von *Habermas* [8] im Faktischen zutreffen, kann man erkennen, daß dem klassischen Konzept der öffentlichen Meinung eine bestimmte Konstellation gesellschaftlicher Differenzierung zugrunde liegt, die folgende Merkmale aufweist: Die meinungsbildenden Systeme sind *kleine, diskutierende Zirkel*, in denen Menschen sich als Menschen begegnen und annehmen können [9]. Für deren interne Ordnung ist eine *fehlende Trennung von Konflikt und Kooperation* wesentlich – das heißt:

[6] A.a.O., S. 8.

[7] Zum gemeineuropäischen Charakter dieser Umstellung siehe *Sten Gagnér:* Studien zur Ideengeschichte der Gesetzgebung, Stockholm–Uppsala–Göteborg 1960.

[8] A.a.O., S. 40 ff.

[9] Bemerkenswert ist die Bedeutung des Kaffeehauses oder Wirtshauses oder Klubs in diesem Zusammenhang. *Habermas* stützt sich in deren Einschätzung auf die literarische Überlieferung. Neuere empirische Untersuchungen bestätigen, daß diese Stätten menschlicher Begegnungen soziale Systeme darstellen, die Kontakte erleichtern, Statusdifferenzen neutralisieren und Bindungen an die eigene Vorgeschichte des Erlebens und Handelns lockern – mit all dem also Kommunikation freisetzen. Aber man findet *eben deshalb* nur noch "small talk". Siehe *Sherri*

man sucht den Konsens derer zu gewinnen, gegen die man argumentiert. Das ist im Rahmen kleiner Systeme möglich. Die Orientierungserleichterung jener Freund/Feind-Differenzierung wird durch Institutionalisierung von *Takt* ersetzt – das heißt durch die Annahme der Freiheit der Selbstdarstellung des anderen als eigene Verhaltensgrundlage, und dies mit einer Gewißheit, auf die man sich wechselseitig verlassen kann. Dieser Innenordnung entspricht als gesellschaftliche Lage solcher Systeme eine eigentümliche Kombination von *Ausdifferenzierung* und *Segmentierung*. Ausdifferenziert sind die Zirkel insofern, als die an ihnen Beteiligten sich nicht an ihren eigenen anderen Rollen – Geschlecht, Alter, Stand, Beruf, Vermögen usw. – orientieren; auch dies besagt die Formel vom »Menschen als Menschen« oder der abstrakte Begriff des »Subjekts«. Segmentiert sind die Zirkel im Verhältnis zueinander, da sie als gleiche und nicht auf Grund einer ihnen zufallenden besonderen Funktion gebildet sind.

Diese besondere Konstellation ließ, indem sie selbst latent blieb, das »Allgemeine« zum Thema und damit zum Problem werden; sie machte zugleich die Generalisierbarkeit der Vernunft plausibel. Gleichheit der diskutierten Zirkel und Neutralisierung standesgemäßer, politischer, wirtschaftlicher Einflüsse auf die Diskussion ermöglichten es, daß die ihnen gebildete Meinung als allgemeine unterstellt werden konnte; daß die in ihnen gemachten Erfahrungen als allgemeingültig erschienen; daß die Erwartungen, die man als Resonanz auf eigenes Verhalten erwarten lernte, als Erwartungen jedermanns unterstellt werden und als solche die alten Institutionen ersetzen konnten; und daß man in einem moralisch begründeten Selbstverständnis sich zusammenfinden konnte, ohne ökonomische, klassenmäßige oder systemstrukturelle Bedingungen solchen Denkens mitbedenken zu müssen. So konnten Erfahrungen aktiviert werden, die ein unbeschwertes Übergehen von individueller auf allgemeine Vernunft und dann auch von individuellem auf allgemeinen Willen nahelegten. Die neuen Mittel der Publikation solcher Meinungen taten ein übriges, von dieser Möglichkeit zu überzeugen. Seltsamerweise war es also gerade die Ausdifferenzierung aus der schon funktional differenzierten Gesellschaft, die es den Diskutierenden ermöglicht, sich selbst als »die Gesellschaft» zu begreifen – eine allerdings vorübergehende Chance.

Daß jener Vernunftsglaube und damit auch der Glaube in das kritisch kontrollierende, Herrschaft verändernde Potential einer öffentlichen Meinung sich nicht halten ließ, zeigt ein Blick in die Geistesgeschichte. Für die Soziologie liegt es nahe, diesen Zerfall nicht als eine sich selbst erklärende, immanente, dialektische Entwicklung des Geistes zu deuten, sondern ihn auf die Unwahrscheinlichkeit und Nichtstabilisierbarkeit jener komplizierten Systemstruktur zurückzuführen, die diesen Glauben trug und ihm die notwendigen Erfahrungen zuführte. Uns fehlen zwar ausreichend formale gesellschaftstheoretische Untersuchungen, die die Annahme begründen könnten, Ausdifferenzierung segmentärer Teilsysteme ohne spezifische Funktion sei überhaupt instabil [10]. Die

Cavan: Liquor License, An Ethnography of Bar Behavior, Chicago 1966, z. B. S. 54 ff., 57 ff; Mass Observation: The Pub and the People, London 1943, S. 186 f.

[10] Prämisse einer solchen Hypothese wäre die Annahme, daß eine weitgehende Ausdifferenzierung von Teilsystemen des Gesellschaftssystems nicht über segmentäre, sondern nur über funktionale, verschiedenartige Teile bildende Differenzierung möglich ist. Auf dieser Linie argumentiert bereits *Emile Durkheim:* De la division du travail social, Paris 1893.

weitere Entwicklung der modernen Gesellschaft ins industrielle Zeitalter nimmt jedoch entschieden die Richtung einer immer weitergehenden funktionalen Differenzierung und Spezifikation von Teilsystemen, so daß es Gruppen, die sich dieser Differenzierung entziehen, unmöglich wird zu behaupten, sie seien die Gesellschaft. Die funktionale Differenzierung führt zur Abstraktion systemspezifischer Perspektiven, zur Überproduktion entsprechender Wunschvorstellungen und Normzumutungen und daher zum Selektionszwang für alle Beteiligten. Spezifikation und Selektionsweise werden organisatorisch untermauert, werden also durch Systeme ausgeführt, die sich über Entscheidungsprozesse anpassen, die die dafür erforderlichen Strukturen ausbilden und schon deshalb kein allgemeines Interesse mehr vertreten können. Die Gesellschaft selbst wird dadurch nicht etwa organisatorisch vereinfacht und technisch determiniert; sie wird ganz im Gegenteil zum »turbulenten Feld« [11], in dem alle Systeme durch Komplexität überfordert werden und sich nicht nur an Ereignisse, sondern an Anpassungen anderer anpassen müssen.

Diese Veränderungen erfordern eine radikalere Überprüfung des Konzeptes der öffentlichen Meinung, als die einflußreichen Ausführungen von *Habermas* [12] sie vorgesehen hatten. Das Konzept der öffentlichen Meinung läßt sich nicht einfach organisationsintern wiederholen, weil Organisationen gerade auf Parzellierung von Bewußtsein beruhen und sich in ihnen daher weder jene strukturellen Prämissen noch die entsprechenden Erfahrungen realisieren lassen, auf denen die Unterstellung einer kritischen öffentlichen Meinung aufbaute. Organisationsinterne »Herstellung der Öffentlichkeit« führt bestenfalls zur Herstellung peinlicher Situationen, nicht selten auch zu erheblichen Funktionsstörungen, die den Störern zwar die Emanzipation in ein Selbstverständnis als Störer, nicht aber die Emanzipation als Mensch ins solidarisierende Medium der Öffentlichkeit ermöglichen. So werden die mit dem Begriff der Öffentlichkeit verbundenen humanen Vorstellungen der Aufklärungszeit zu direkt, zu wörtlich rezipiert. Es müssen abstraktere Übersetzungen gefunden werden.

II.

Einen hinreichend abstrakten Vergleichspunkt finden wir, wenn wir nach der *Funktion* dessen fragen, was unter dem Begriff der öffentlichen Meinung zusammengefaßt wird. Letztlich geht es um das Problem rechtlicher und politischer Kontingenz bindender Entscheidungen: Die hohe Beliebigkeit des politisch und rechtlich Möglichen soll, wenn nicht durch Wahrheiten, so doch durch diskussionsgestählte Meinungen reduziert werden. Mit dem Begriff »die öffentliche Meinung« wird zunächst nur ein Substantiv als Problemlösung angeboten, dessen reales Substrat unklar bleibt. Durch Substantivierung des Problems lassen sich jedoch Probleme nicht lösen; es bleibt offen, was sich hinter

[11] Im Sinne von *F. E. Emery/E. L. Trist:* "The Causal Texture of Organizational Environments", in: Human Relations 18 (1965), S. 21–32. Vgl. außerdem *William H. McWhinney:* "Organizational Form, Decision Modalities and the Environment", in: Human Relations 21 (1968), S. 269–281.

[12] A.a.O., S. 264 ff.

dem Begriff der Meinung an Fakten und Kriterien verbirgt. Auch eine Paradoxierung des Problems oder seine romantische Auflösung in Unendlichkeit, seine dialektische oder utopische Fassung reichen nicht aus, da sie weder für die Theorie noch für die Praxis eindeutige Konturen hergeben. Als Bezugsproblem funktionaler Analysen läßt sich die Kontingenz des rechtlich und politisch Möglichen dagegen präzisieren und als Ausgangspunkt für Vergleiche verschiedener Problemlösungen benutzen.

Kontingenz im Sinne eines »Auch-anders-möglich-Seins« wird zum Problem, wenn man ihr den Strukturbedarf menschlichen Erlebens und Verhaltens gegenüberstellt. Dies Problem, daß Strukturen in einem Horizont anderer Möglichkeiten gesetzt werden müssen, gewinnt nach angebbaren gesellschaftsstrukturellen Veränderungen für die neuzeitliche Bewußtseinsbildung überragende Bedeutung. Unsere These ist, daß der Begriff der öffentlichen Meinung dieses Problem auf einen besonderen Sektor menschlichen Erlebens und Verhaltens bezieht, nämlich auf zwischenmenschliche, speziell politische Kommunikation. Zieht man in Betracht, daß Kommunikation mit einem minimalen Potential für bewußte Aufmerksamkeit auskommen muß – und das ist unser Differenzpunkt gegenüber dem Selbstverständnis und dem Vernunftsbegriff der Aufklärungszeit [13] –, wird offensichtlich, daß solche Kommunikation Voraussetzungen machen, daß sie mögliche Themen immer schon haben muß. Was öffentliche Meinung genannt wird, scheint im Bereich solcher *Themen der Kommunikation* zu liegen, deren Vorausgesetztheit die Beliebigkeit des politisch Möglichen einschränkt.

Unter »Themen« wollen wir bezeichnete, mehr oder weniger unbestimmte und entwicklungsfähige Sinnkomplexe verstehen, über die man reden und gleiche, aber auch verschiedene Meinungen haben kann: das Wetter, das neue Auto des Nachbarn, die Wiedervereinigung, der Motorlärm von Rasenmähern, das Steigen der Preise, der Minister Strauß [14]. Solche Themen liegen als Struktur jeder Kommunikation zugrunde, die als Interaktion zwischen mehreren Partnern geführt wird. Sie ermöglichen ein gemeinsames Sichbeziehen auf identischen Sinn und verhindern das Aneinandervorbeireden. Eine Kommunikation kann nicht beginnen ohne Unterstellung gemeinsam möglicher Gegenstände der Kommunikation, und solche Vorverständigungen erhärten sich im Laufe der Kommunikation zu mehr oder weniger festen Systemgrenzen in einer gemeinsam akzeptierten, unartikuliert vorausgesetzten Lebenswelt [15]. Kommunikation setzt mithin außer der gemeinsamen Sprache noch zwei verschiedene Ebenen der Sinnfixierung voraus: die Wahl eines Themas und die Artikulation von Meinungen über

[13] Hierzu näher *Niklas Luhmann:* »Soziologische Aufklärung«, in: Soziale Welt 18 (1967), S. 97–123.

[14] Nahestehend, aber auf kontrovers behandelte Themen eingeschränkt, der Begriff "issues" bei *David Easton:* A Systems Analysis of Political Life, New York–London–Sydney 1965, S. 140 ff. Die Vergleichbarkeit bezieht sich besonders darauf, daß auch Easton die Reduktionsfunktion solcher "issues" betont. Siehe für den gleichen Begriff auch *Herbert J. Spiro:* "Comparative Politics. A Comprehensive Approach", in: The American Political Science Review 56 (1962), S. 577–595.

[15] Anzumerken ist, daß solche Vorverständigungen weitgehend als Selbstverständlichkeiten des täglichen Lebens fungieren, kaum eigens bedacht werden und deshalb latent bleiben. Themen möglicher Kommunikation sind nur eine Form solcher Selbstverständlichkeiten unter vielen anderen. Siehe dazu vor allem *Harold Garfinkel:* Studies in Ethnomethodology, Englewood Cliffs/N. J. 1967.

dieses Thema; und erst innerhalb dieser Differenz kann die Differenz von übereinstimmenden und nichtübereinstimmenden Meinungen sich konstituieren. Entsprechend kann auch die Ablaufgeschichte eines Kommunikationssytems Sinnveränderungen auf diesen beiden Ebenen mit sich bringen – Veränderungen der Thematik und Veränderungen in den fixierten Meinungen. Beide Variationen werden typisch voneinander abhängen; das heißt: die Themenwahl wird nicht unabhängig von absehbaren oder sich herausstellenden Konsens- oder Dissenschancen getroffen werden.

Diese Doppelstruktur von Themen und Meinungen ist freilich nur dann erforderlich, wenn die Kommunikation interaktiv geführt wird. Eine Abhebung von Themen, über die man spricht, ist nur sinnvoll, wenn der Empfänger der Kommunikation als jemand vorausgesetzt wird, der antworten kann, der sich dem Thema zwar nicht entziehen, aber zum Thema andere Meinungen äußern kann und dadurch jene hohe Komplexität anderer Möglichkeiten in den Bereich des zu Ordnenden hineinbringt. Einseitige, unbeantwortbare Kommunikation (Manipulation) könnte dieser Struktur entraten und sofort die richtige Meinung eingeben [16]. Wenn öffentliche Meinung sich durch jene Doppelstruktur konstituiert, ist das ein Hinweis darauf, daß in den betreffenden Kommunikationsbahnen nicht manipuliert, sondern interaktiv kommuniziert – zum Beispiel diskutiert oder kooperativ an Entscheidungen gearbeitet wird.

Nach diesen Überlegungen lassen sich bereits einige charakteristische Gefährdungen der Funktion der öffentlichen Meinung lokalisieren. Sie finden sich in Formen der Verschmelzung von Thema und Meinung, die Kommunikationen unbeantwortbar und damit manipulativ machen. Das kann geschehen durch technisch bedingte Einseitigkeit der Kommunikation über Massenmedien, durch psychotechnisch überlegtes Arrangement, vor allem aber durch Moralisierung der Kommunikation (und am sichersten natürlich durch all das zusammen).

Manipulative Moralisierung hat aus den verschiedensten Gründen bisher kaum Aufmerksamkeit gefunden [17]. Der Sachverhalt ist in der Tat komplex. Die Bedingung

[16] Eine andere Assoziation, die häufig mit dem Begriff der Manipulation verknüpft wird, nämlich die der Unfreiheit des Manipulierten, schließen wir hier ausdrücklich aus. Einseitige, unbeantwortbare Kommunikation bringt nicht notwendig Unfreiheit mit sich – weder als soziale Symbolisierung der Lage des Manipulierten noch nach seiner Selbstauffassung; und dies selbst dann nicht, wenn die Manipulation in hohem Maße wirkungssicher erfolgt. Denn die Kommunikation kann trotzdem im Möglichkeitshorizont des Manipulierten nach dessen eigenen Kriterien ausgewählt und angenommen werden, sofern dieser nur vorweg eigene Möglichkeiten des Erlebens und Handelns konstituiert hat. Vgl. dazu *Donald MacKay:* »Technik der Information und die Manipulierbarkeit des Menschen«, in: Zeitschrift für evangelische Ethik 12 (1968), S. 147–156; ferner ders.: Freedom of Action in a Mechanistic Universe, Cambridge/England 1967. Vermutlich kann interaktive Kommunikation sogar sehr viel unfreier machen als Manipulation, weil sie dazu zwingt, den Möglichkeitshorizont des Partners als Beschränkung der eigenen Möglichkeiten zu übernehmen und sich selbst vor dem anderen bindend festzulegen. Unter diesen Umständen dürfte es angebracht sein, jede Art humaner Vorwegbewertung von Interaktion und Manipulation aufzugeben und offenzulassen, in welchen psychischen und sozialen Systemkontexten welche Art der Kommunikation funktional sinnvoll ist.

[17] Zu den Gründen gehören: unzureichendes analytisches Werkzeug, das heißt Fehlen einer Theorie der öffentlichen Meinung; universelle Verbreitung und damit Selbstverständlichkeit des Phänomens; und nicht zuletzt der Umstand, daß diese Technik der Manipulation gerade von unbemittelten Gegnern der Manipulation bevorzugt wird.

seiner Möglichkeit ist eine hochkomplexe Gesellschaft, deren Integration durch eine gemeinsame Moral nicht mehr möglich, jedenfalls nicht mehr selbstverständlich ist. Unter dieser Bedingung wird moralische Stilisierung einer Kommunikation zum Mittel, sie unbeantwortbar zu machen. Der Adressat einer solchen Kommunikation findet sich einer ihm implizit zugemuteten Rolle gegenüber, die seinen Selbstwert an bestimmte Meinungen bindet, und unangenehmer noch: Er findet in dieser Zumutung bereits ein moralisches Engagement seines Gegenüber vor, das zu diskreditieren ihm Takt, Umsicht oder Ruhebedürfnis verbieten. Er muß nun den ihn Erwartenden als jemanden erwarten, der ihn als jemanden erwartet, der er nicht sein kann – und geht dann am besten aus dem Feld, sei es durch Abbruch, sei es durch Banalisierung der Kommunikation.

Wie alle Manipulation setzt auch diese voraus, daß zwischen Thema und Meinung nicht differenziert wird: Die Institutionalisierung des Themas wird mit den moralischen Implikationen von Meinungen so verschmolzen, daß die Behauptung einer Moral mit Annahmezwang herauskommt. Über Massenmedien, Veranstaltungen und Plakate ausgestrahlt, entsteht so jene resonanzlose öffentliche Moral, die jedermann kalt läßt. Kommt es im Kommunikationsprozeß dagegen zu einer Differenzierung von Themen und Meinungen und damit auch zu einer Differenzierung von Kommunikationsanlaß und Selbstwertbehauptung, kann sich öffentliche Meinung als Struktur eines begrenzt offenen Kommunikationsprozesses konstituieren. In solchen Kommunikationsprozessen wird es an Hand von engagierenden Themen zum Streit der Meinungen kommen – aber nicht durch engagierende Moralen zum Streit über das Recht zum Streit der Meinungen.

Das Fazit dieser Analyse können wir in der allgemeinen Regel zum Ausdruck bringen, daß komplexer werdende gesellschaftliche Verhältnisse nur in komplexer werdenden Kommunikationsprozessen bearbeitet werden können. Die Differenzierung von Themen und Meinungen dient der Steigerung dieses Potentials für Komplexität. Ohne sie kann Kommunikation heute nicht mehr interaktiv geführt, kann die Komplexität des für mehrere Subjekte sinnvoll Möglichen heute nicht mehr bewältigt werden. Auch im politischen Kontext kann nicht anders kommuniziert werden. Daher haben die Themen möglicher Kommunikationen vorrangige Bedeutung. Sie fungieren als Regeln für die laufende Aktualisierung von Erwartungen in der konkreten Interaktion und steuern dadurch die Meinungsbildung. Der Reduktionsmechanismus der politischen Kommunikation, der mit dem Begriff der öffentlichen Meinung erfaßt war, besteht daher gar nicht aus den Meinungen selbst, sondern aus den Themen politischer Kommunikation. Auf diese Weise läßt sich, wie mir scheint, das alte Problem der Wirkungseinheit trotz Widersprüchlichkeit der öffentlichen Meinung lösen [18]. Nicht an der Form der Meinungen – ihrer Allgemeinheit und kritischen Diskutierbarkeit, ihrer Vernünftigkeit, Konsensfähigkeit, öffentlichen Vertretbarkeit – ist die Funktion der öffentlichen Meinung abzulesen, sondern an der Form der Themen politischer Kommunikationen, an ihrer Eignung als Struktur des Kommunikationsprozesses. Und diese Funktion besteht nicht in der Richtigkeit der Meinungen, sondern in der Unsicherheit absorbierenden, Struktur gebenden Leistung von Themen. Daher ist auch nicht die inhaltliche Generali-

[18] Als einen anderen, heute kaum noch überzeugenden Versuch rein begrifflicher Art siehe *Ferdinand Tönnies:* Kritik der öffentlichen Meinung, Berlin 1922, insbes. S. 131 f.

sierung der individuellen Meinungen auf allgemeine, für alle Vernünftigen akzeptierbare Formeln das Problem, sondern die Anpassung der Themenstruktur des politischen Kommunikationsprozesses an den jeweiligen Entscheidungsbedarf der Gesellschaft und ihres politischen Systems.

Eine solche Blickwendung von Meinungen auf Meinungsbildung ordnende Themen empfiehlt sich nicht nur durch bessere Begründung in einer Theorie der sinnhaft kommunizierenden Systeme, sondern auch durch die Fragestellungen, die sie eröffnet. Sie erlaubt es, Forschungen über öffentliche Meinung anzuschließen an eine Theorie des politischen Systems (und weiter: an eine Theorie des Gesellschaftssystems), die in der Komplexität dieses Systems die primäre unabhängige Variable sieht [19]. Die Komplexität des politischen Systems, das heißt die Zahl und Vielseitigkeit der in ihm aktualisierbaren Möglichkeiten des Erlebens und Handelns, hängt nämlich zusammen mit seiner »Themenkapazität«, das heißt mit der thematischen Strukturierung seiner Kommunikationsprozesse. Die Komplexität bedingt die Themenkapazität und umgekehrt. Diese Beziehung tritt nicht nur in dem Erfordernis inhaltlicher Abstraktion von Themen und Meinungen zutage, auf daß diese mehr und verschiedenartigere Sachverhalte abdecken können. Sie hat viele andere Aspekte, die mit dem klassischen Begriff der öffentlichen Meinung nicht erfaßt werden konnten, unter dem hier vertretenen systemfunktionalen Begriff aber zusammengefaßt werden können. Auch das Ausmaß der sachlichen und taktischen Differenzierung von Themen und Meinungen (III), die zeitliche Mobilität der Themen (IV) und die Formen ihrer sozialen Institutionalisierung (V) verändern sich mit der Komplexität des politischen Systems und der Selektionslast seiner Entscheidungsprozesse.

III.

Aus der allgemeinen Organisationstheorie wissen wir, daß sich in allen komplexen, mit Entscheidungsprozessen befaßten Sozialsystemen eine Differenzierung von "*attention rules*" und "*decision rules*" einspielt, weil die Kapazität zu bewußten Vergleichen nicht ausreicht, um die logischen Möglichkeiten der Rationalisierung auszuschöpfen [20]. Da Aufmerksamkeit knapp ist, bilden sich zwangsläufig Regeln über die Zuwendung von Aufmerksamkeit aus, die sich von denjenigen Regeln unterscheiden, nach denen Entscheidungen angefertigt und als richtig beurteilt werden [21]. Erst im Rahmen dessen,

[19] Unabhängig heißt natürlich nicht, daß die Steigerung oder Verminderung der Komplexität von Systemen keine Ursachen habe, die man erforschen könne; wohl aber, daß es für die Anpassung an veränderte Komplexität im allgemeinen nicht darauf ankommt, welche Ursachen im einzelnen die Veränderung bewirkt haben.

[20] Vgl. *James G. March:* "Some Recent Substantive and Methodological Developments in the Theory of Organizational Decision-Making", in: *Austin Ranney* (Hrsg.): Essays on the Behavioral Study of Politics, Urbana/Ill. 1962, S. 191–208 (198 ff.); *Herbert A. Simon:* "The Logic of Heuristic Decision-Making", in: *Nicholas Rescher* (Hrsg.): The Logic of Decision and Action. Pittsburgh 1967, S. 1–20 (6).

[21] Der Begriff einer »Regel« sei hier so weit gefaßt wie in der Sprachtheorie der Begriff der Grammatik; er setzt kein Bewußtsein der Regel bei ihrer Anwendung voraus.

was überhaupt mit Aufmerksamkeit bedacht wird – also gleichsam nach Vorsortierung durch die Aufmerksamkeitsregeln –, kann es zu rationalisierbaren Entscheidungen kommen. Der Gegenstand, der Aufmerksamkeit evoziert, ist nicht notwendig identisch mit dem Gegenstand, über den dann effektiv entschieden wird [22]. Die Prozesse der Verteilung von Aufmerksamkeit im System unterscheiden sich demnach sinnvollerweise von den Prozessen der Entscheidungsfindung und müssen, soll diese Differenzierung selbst ihre Funktion erfüllen, nach anderen Kriterien beurteilt werden.

Diese aus einem ganz anderen Forschungsbereich stammende Einsicht läßt sich auf unsere Unterscheidung von Themen und Meinungen beziehen und beleuchtet eine ihrer Funktionen. Aufmerksamkeitsregeln steuern die Konstruktion politischer Themen; Entscheidungsregeln steuern die Meinungsbildung, unter anderem in den entscheidungsbefugten Instanzen.

Themen dienen nicht unmittelbar der inhaltlichen Festlegung von Meinungen, sondern zunächst und vor allem dem Einfangen von Aufmerksamkeit. Sie zeigen auf, für was man im politischen Kommunikationsprozeß Resonanz voraussetzen kann und Antwortbereitschaft beanspruchen darf und lassen dabei noch offen, welche Meinungen zum Thema vertreten werden, welche die richtigen sind, welche sich durchsetzen können. Zuwendung von Aufmerksamkeit heißt deshalb noch nicht Bindung an bestimmte Meinungen und Entscheidungsinhalte, sondern ist allenfalls eine Vorstufe dazu. Und umgekehrt können »an sich« sinnvolle Begehren und richtige Meinungen nicht allein schon deshalb, weil sie sinnvoll und richtig sind, ein Thema des politischen Kommunikationsprozesses werden: sie müssen erst den nach anderen Gesichtspunkten konstruierten Filter der Aufmerksamkeitsregeln durchlaufen. Diese Filterfunktion ist dem Kommunikationsprozeß vorgeschaltet. Das läßt vermuten, daß das politische System, soweit es auf öffentlicher Meinung beruht, gar nicht über Entscheidungsregeln, sondern über Aufmerksamkeitsregeln integriert wird. Jedenfalls haben Aufmerksamkeitsregeln in sozialer Hinsicht den weiteren Einzugsbereich und die größere integrierende Kraft: Sie können, ja müssen *dieselben* sein auch für Teilnehmer, die unter verschiedenen Entscheidungsregeln operieren, während die gegenteilige Beziehung nicht möglich ist. Unter diesen Umständen dürfte es theoretisch wie praktisch von beträchtlicher Bedeutung sein, die Aufmerksamkeitsregeln eines politischen Systems zu kennen. Ohne speziell darauf gerichtete empirische Forschung lassen sich darüber zur Zeit keine gesicherten Aussagen machen. Gelegentliche Beobachtung unserer politischen Szene legt jedoch die Vermutung nahe, daß unter anderem folgende Regeln bei der Verteilung von Aufmerksamkeit und der Themenbildung befolgt werden:

(1) *Überragende Priorität bestimmter Werte,* deren Bedrohung oder Verletzung gleichsam von selbst ein politisches Thema entstehen läßt. Man denke zum Beispiel an die Bedrohung des Friedens, an Eingriffe in die Unabhängigkeit der Justiz, an die moralischen Aspekte politischer Skandale [23]. Werte fungieren mithin nicht nur innerhalb

[22] So auch *Geoffrey Vickers:* The Art of Judgement, A Study of Policy Making, London 1965, S. 194.

[23] Zum letzteren *Hans-Joachim Winkler:* »Über die Bedeutung von Skandalen für die politische Bildung«, in: Hamburger Jahrbuch für Wirtschafts- und Gesellschaftspolitik 13 (1968), S. 225–244.

von Programmen als Entscheidungsregeln, sondern zugleich in anderem Kontext als Regeln der Alarmierung von Aufmerksamkeit, ohne daß es für diese letztere Funktion auf eine Abwägung des Verhältnisses zu anderen Werten ankäme. Ein operationalisierbarer Indikator solcher Prioritäten wäre, daß sich entsprechende Themen gegenüber festliegenden Terminen der Politiker durchsetzen können [24].

(2) *Krisen oder Krisensymptome* [25]. Krisen sind unerwartete (thematisch nicht vorbereitete) Bedrohungen nicht nur einzelner Werte, sondern des Systembestandes in seinem eingelebten Anspruchsniveau. Sie stimulieren und sammeln Aufmerksamkeit dadurch, daß sie den Erfüllungsstand zahlreicher Werte diffus, unbestimmt und unter Zeitdruck gefährden [26]. Darauf beruht ihr Integrationseffekt. Davon zu unterscheiden sind die Innovationseffekte von Krisen, die auf die Veränderung der Entscheidungsregeln durch Ausnahmelagen zurückgehen [27]. In allen sozialen Systemen dürften Krisen zu den Aufmerksamkeitsregeln gehören; die Differenzen liegen in der Frage, welche Ereignisse (z. B. Demission eines Ministers, Hungersnöte, ungewöhnliche Preissteigerungen, Aufläufe und Gewalttaten) eine Krise wahrnehmbar und unterstellbar machen und wieviel Entscheidungszeit dann noch verbleibt [28].

(3) *Status des Absenders einer Kommunikation.* Politische Führer, bekannte Namen, gesellschaftliche Größen finden für ihre Mitteilungen eher Aufmerksamkeit und Echo als Leute, die nicht über prominenten Status verfügen. Der Status färbt gleichsam auf die Mitteilung ab. Auch dieser Effekt ist zunächst unabhängig davon, ob der Statusträger sein Anliegen im Einzelfall durchsetzen kann oder nicht.

(4) *Symptome politischen Erfolges.* Da in der komplexen Welt der Politik die realen Bedingungen des Erfolges oft unabsehbar und ausreichende Informationen nicht vorhanden sind, treten an deren Stelle Symptome mit besserem Orientierungswert – etwa steigende Stimmzahlen oder die Erwähnung eines Namens oder einer Sache in der Presse oder der unmittelbare Zugang zu höchsten Amtsträgern. Die Umstände, die mit solchen Erfolgssymptomen assoziiert werden können, finden besonders bei denen, die aktiv Politik treiben, eher Beachtung als andere Daten, die für die Meinungsbildung vielleicht auch bedeutsam sein könnten.

(5) *Die Neuheit von Ereignissen.* Kontinuierlich gleichbleibende Umstände entziehen sich dem Bewußtsein, während Veränderungen auffallen und Aufmerksamkeit auf sich lenken. Das Neue hat eine Vermutung der Wichtigkeit für sich. Allerdings wird in komplexeren Gesellschaften auch die Wahrnehmung relevanter Neuerungen zum Pro-

[24] Hierzu *Niklas Luhmann:* »Die Knappheit der Zeit und die Vordringlichkeit des Befristeten«, in: Die Verwaltung 1 (1968), S. 3–30.

[25] Wieweit zwischen öffentlicher Meinung und Krisenbewußtsein ein historischer Zusammenhang besteht, bedürfte über *Kosellecks* Beitrag hinaus weiterer Klärung. Vgl. *Reinhart Koselleck:* Kritik und Krise, Ein Beitrag zur Pathogenese der bürgerlichen Welt, Freiburg–München 1959.

[26] Vgl. *Charles F. Hermann:* "Some Consequences of Crisis Which Limit the Viability of Organizations", in: Administrative Science Quarterly 8 (1963), S. 61–82.

[27] Vgl. *Michel Crozier:* Le phénomène bureaucratique, Paris 1963, insbes. S. 257 ff., 291 ff.

[28] Zur Vorverlegung der Gefahrenschwelle und zur Möglichkeit des Zeitgewinns durch Programmierung von Krisensymptomen vgl. einige Bemerkungen bei *Geoffrey Vickers:* The Undirected Society, Essays on the Human Implications of Industrialization in Canada, Toronto 1959, S. 94.

blem [29], so daß sich speziell dafür eigene Teilsysteme, insbesondere die Tagespresse, bilden, die dann in Gefahr sind, sich zu sehr auf Neuigkeiten statt auf Wichtigkeiten zu spezialisieren.

(6) *Schmerzen oder zivilisatorische Schmerzsurrogate.* Drohende physische oder organische Belastungen, „Streß", Gefährdung von Intimbeziehungen, an denen man hängt, Geldverluste, Haushaltskürzungen, Positionsverluste, besonders solche meßbarer und vergleichbarer Art, haben eine hohe Alarmstufe, wenn sie nicht mehr in institutionelle Selbstverständlichkeiten eingebunden sind und auch nicht durch die Vorstellung eines sinnvollen Opfers kompensiert werden können.

Alle diese, und vielleicht andere Aufmerksamkeitsregeln ergeben sich aus der Struktur des politischen Systems, schließen an die Struktur an, sind also nicht willkürlich gesetzt und beliebig variierbar. Auf diese Weise reguliert die Struktur des politischen Systems die öffentliche Meinung, ohne sie fest zu determinieren. Gerade die *Mehrzahl* der Aufmerksamkeitsregeln ist für die permanente Offenheit der öffentlichen Meinung ausschlaggebend; sie verhindert, daß *nur* feststehende Werte, *nur* Krisen, *nur* Kommunikationen der Statusträger, *nur* die eigene, innere Erfolgslogik des politischen Systems, *nur* Neuigkeiten oder nur Schmerzen bzw. Schmerzsurrogate die Thematik des politischen Kommunikationsprozesses bestimmen. Die Einseitigkeit der Gesichtspunkte, die für das Einfangen von Aufmerksamkeit unentbehrlich ist, kann somit im System wieder ausgeglichen werden.

IV.

Daß öffentliche Meinung in der Form einer Differenzierung von Themen und Meinungen für die Steuerung eines politischen Systems relevant wird, zeigt dessen hohe Komplexität an. Diese Komplexität ist eine Folge der gesellschaftlichen Ausdifferenzierung des politischen Systems, seiner Konstituierung als ein von anderen Funktionskreisen abgesondertes Teilsystem der Gesellschaft [30]. Mit solcher Ausdifferenzierung und Steigerung der Teilsystemkomplexität entsteht zugleich ein *Bedarf für strukturelle Variation im Teilsystem;* denn die zur Anpassung an die Gesellschaft im übrigen erforderliche Zahl möglicher Systemzustände (die *"requisite variety"* [31] des politischen Systems) kann nur durch ziemlich häufige und ziemlich rasch durchführbare Strukturänderungen erreicht werden. Für den politischen Kommunikationsprozeß bedeutet das Mobilität seiner Themenstruktur: Die Themen politischer Kommunikation müssen nicht nur für verschiedenartige Meinungen und verschiedenartige Entscheidungen offengehalten, sie müssen auch je nach Bedarf gewechselt werden können.

Dieser Wechsel scheint einer gewissen Ordnung zu folgen. Obwohl auch hier ausrei-

[29] Vgl. dazu *Albert O. Hirschman:* «Obstacles à la perception du changement dans les pays sous-développés», in: Sociologie du travail 10 (1968), S. 353–361; und grundsätzlich *F. E. Emery:* "The Next Thirty Years, Concepts, Methods, and Anticipations", in: Human Relations 20 (1967), S. 199–237 (209 ff.).

[30] Vgl. hierzu *Niklas Luhmann:* »Soziologie des politischen Systems«, in: Kölner Zeitschrift für Soziologie und Sozialpsychologie 20 (1968), S. 705–733.

[31] Vgl. *W. Ross Ashby:* An Introduction to Cybernetics, London 1956, 4. Druck 1961, S. 206 ff.

chende empirische Forschung fehlt [32], kann man beobachten, daß politische Themen im strukturellen Rahmen des politischen Systems nicht beliebig erzeugt und entwickelt werden können, sondern eine Art Lebensgeschichte haben, die, wie das Leben selbst, verschiedene Wege gehen und vorzeitig abgebrochen werden kann, gleichwohl aber nach typischen Phasen geordnet ist. In den einzelnen Phasen der Karriere eines Themas stehen jeweils bestimmte Möglichkeiten offen, sind jeweils bestimmte Probleme zu lösen, bestimmte Teilnahmevoraussetzungen zu erfüllen, und daraus ergeben sich strukturierte Handlungschancen für diejenigen, die das Thema bewegen, es fördern, bremsen, blockieren oder auf bestimmte Bahnen leiten möchten [33].

Typisch durchlaufen politische Themen zunächst eine latente Phase, in der sie besonders Eingeweihten und Interessierten als möglich schon sichtbar sind, in der Vorgeburtsaktivitäten schon anlaufen, in der man aber noch nicht voraussetzen kann, daß Politiker oder gar Nichtpolitiker das Thema kennen und bereit sind, sich mit ihm zu befassen. Einigen schwebt die Sache, um die es geht, schon mehr oder weniger deutlich vor Augen; oft fehlt aber noch das Wort – Naturparks, APO, Aufwertung, Hallsteindoktrin, Bildungsplanung, Notstandsgesetzgebung, Mitbestimmung, Polio-Impfung, Sicherheit im Automobil, Mittelpunktschulen usw. –, unter dem das Thema seine Karriere beginnen und verhandlungsfähig werden wird. Noch gibt es keinen Zeitdruck. Es muß nichts geschehen. Oft vegetieren Themen in dieser Vorform lange dahin, bis sie die Kraft für eine politische Karriere gesammelt haben und die rechte Zeit dafür gekommen ist. Und manche schaffen es nie.

Einigen aber gelingt der Durchbruch. Es finden sich mutige Leute, denen die Kreation eines politischen Themas gelingt, die auf das Thema setzen, ihm Zeit, Ressourcen und Kontakte widmen und es verbreiten. Oft sind es Außenseiter, die nur an diesem einen Thema interessiert sind und politisch nicht viel zu verlieren haben; oft sind es Neulinge, die auf dem Thema reitend eine eigene Karriere beginnen. Sie bringen es mit Glück und Geschick so weit, daß das Thema nicht mehr nur die an ihm interessierten Leute beschäftigt, sondern in die Hände derer übergeht, die mit wechselnden Themen Politik betreiben. In diesem Anfangsstadium können Themen noch zensiert, gesperrt oder auf Seitengeleise unpolitischer Angelegenheiten abgeschoben werden; die Mächtigen haben noch die Möglichkeit, zum Thema selbst ja oder nein zu sagen. Gewinnt das Thema jedoch an Popularität, wird es Mode, dann übernimmt es die Funktion einer Struktur des Kommunikationsprozesses. Es wird zum Bestandteil der öffentlichen Meinung im Sinne unseres Begriffs, es erscheint in der Tagespresse in einer Berichterstattung, die voraussetzt, daß jeder die Vorgeschichte des Themas kennt. Es

[32] Einiges Material über "issues" des Prozesses politischer Kommunikation und Entscheidung liefern die amerikanischen Community Power-Forschungen.

[33] Zum Vergleich siehe etwa das Phasenmodell *sozialer Bewegungen,* das *Neil J. Smelser:* Theory of Collective Behavior, New York 1963, entworfen hat. Deutliche Parallelen ergeben sich auch zur Abfolge von sozialstrukturell bedingter Krise, Teleologisierung und Veralltäglichung, die *Otthein Rammstedt:* Sekte und soziale Bewegung, Soziologische Analyse der Täufer in Münster (1534/35), Köln–Opladen 1966, festgestellt hat. Solche Parallelen müßten genauer untersucht werden, vor allem im Hinblick auf die Frage, unter welchen Voraussetzungen die Bewegung der öffentlichen Meinung zur sozialen Bewegung wird bzw. dies verhindert werden kann.

entzieht sich durch Selbstverständlichkeit der Disposition. Nicht mehr das Thema selbst, nur noch die Meinungen und Entscheidungen über das Thema stehen zur Verfügung. Jetzt wechseln die Förderer. Es zu nennen und gutzuheißen ist kein Risiko mehr, da das Thema die Lippen der Minister, Präsidenten, Kanzler, Generäle passiert hat. Er erreicht den Kulminationspunkt seiner Karriere. Die Gegner müssen sich auf Verzögerungstaktiken, Zeitgewinn, bedingte Anerkennung, Vorbehalte zurückziehen, die Förderer müssen jetzt versuchen, es im Budget oder in den Entscheidungsprogrammen der Verwaltung unterzubringen.

Die Zeit dafür ist knapp. Denn alsbald zeigen sich erste Ermüdungserscheinungen [34], Bedenken, negative Erfahrungen. Man kann sich auch in der Öffentlichkeit distanzierter äußern und die Probleme der Sache in ihre Darstellung miteinbeziehen. Wenn nichts mit dem Thema geschieht, gilt das als Symptom für zu vermutende Schwierigkeiten. Bald darauf verliert das Thema seine werbende Kraft. Die Kenner wenden sich von ihm ab. Es versteinert zu einer nur noch zeremoniellen Größe, zu einem Symbol guten Willens, vor dem man sich bei geeigneten feierlichen Anlässen gemeinsam verbeugt. Es erscheint in Festreden, in Leistungsberichten, in Dankesadressen. Oder es gerinnt zur Form eines alten, unerfüllten Traumes, der Skandale benötigt, um hin und wieder Aufmerksamkeit zu finden – zum Beispiel: Verhinderung von Grundstücksspekulation. Wer sich jetzt noch mit Verve für das Thema einsetzt, zeigt nur, daß er nicht auf dem laufenden ist. Als Impuls für Veränderungen ist das Thema tot, jedenfalls schwieriger zu beleben als ungeborene Themen, weil seine Geschichte eine Erneuerung blockiert. Hat das Thema sein Problem nicht gelöst, muß es als neues Thema wiedergeboren werden.

Der vielleicht wichtigste Grundzug eines solchen Verlaufs ist die Abnahme der Distanz von Thema und Meinung bzw. Entscheidung. Die Lebensgeschichte eines Themas ist zugleich eine Geschichte der Sinnverdichtung und Konkretisierung. In ihr vollzieht sich die Aufnahme der Themengeschichte in den Sinn des Themas selbst: Man kann heute »Verwaltungsreform« nicht propagieren, ohne zu wissen, mitzuverstehen und als Mitverständnis anderer vorauszusetzen, was bisher unter dieser Bezeichnung versucht worden und gescheitert ist; man muß sich gegen diese Geschichte absetzen, muß also die »eigentliche«, die »strukturelle«, die »mittelfristige« Verwaltungsreform fordern, »die nicht mehr nur . . . sein soll«. Die im Sinn des Themas bewahrte Themengeschichte konkretisiert das Thema und überbrückt jene Distanz von Aufmerksamkeitsregeln und Entscheidungsregeln, von der wir im vorigen Abschnitt gehandelt hatten. Den politischen Themen der öffentlichen Meinung ist, ohne daß sie selbst Meinungen oder Entscheidungen wären, ein Zug zur Meinungsbildung und Entscheidung eigen. Das politische System kann nicht zu viele Themen nebeneinander behandeln; es muß Themen abfertigen, um Raum für neue zu gewinnen – und dies in einem Tempo, das oft nicht ausreichend Zeit läßt für eine sachgemäße Bearbeitung des Themas. Zugleich ist dafür

[34] Auf die Ermüdbarkeit der (sozialpsychologisch verstandenen) öffentlichen Meinung und auf den daraus folgenden Zeitdruck in der Politik haben auch *Gordon W. Allport/Janet M. Faden:* "The Psychology of Newspapers, Five Tentative Laws", in: Public Opinion Quarterly 4 (1940), S. 687–704 (702 f.), hingewiesen. Sie spitzen ihre These dahin zu, daß mit der Intensität der beteiligten Gefühle auch der öffentliche Druck auf Abschluß einer Angelegenheit wachse.

gesorgt, daß erfahrene Geschichte der politischen Kommunikation als Themenbestandteil Struktur wird und doch von Zeit zu Zeit durch Abtötung alter und Erfindung neuer Themen abgeworfen werden kann. Auf diese Weise wird verhindert, daß die Themen der politischen Alltagspraxis in der unwirksamen Abstraktheit integrierter Werte verbleiben; sie kommen, jedenfalls teilweise, zur Entscheidung. Andererseits stellt diese Art der Themenmobilität, zur Zeit jedenfalls, strukturelle Reformen dauerhafterer Art nicht ausreichend sicher.

Die liberale Theorie der öffentlichen Meinung hatte deren unbeständiges Fluktuieren zwar erkannt, hatte ihre Labilität aber nicht gutheißen, deren Funktion nicht deuten und integrieren können und hatte sich deshalb der Hoffnung auf Fortschritt verschrieben. Letztlich suchte sie nach wie vor als Grundlage der politischen Entscheidungspraxis invarianten Sinn – wenn nicht Wahrheiten im Sinne der neuzeitlichen Wissenschaften, so doch vernünftig begründete, allgemeingültige Meinungen. Unter dieser Voraussetzung konnte die öffentliche Meinung nach der frühliberalen Theorie im Namen allgemein-menschlicher Vernunftkonstanten einen Herrschaftsanspruch anmelden – praktisch den des aufsteigenden Bürgertums. Auf den ideologischen Charakter dieses Anspruchs hingewiesen, mußte sie sich auf eine kritisierende und kontrollierende, Resonanz gebende oder verweigernde Funktion zurückziehen. Man konnte noch nicht denken, daß Herrschaft auf Variabilität, Macht auf Beeinflußbarkeit zu gründen sei. So erhielt die öffentliche Meinung ihren Platz neben der politischen Herrschaft als dem eigentlichen Zentrum des politischen Systems. Dieses wurde nach wie vor als ein System von Rollen oder Ämtern begriffen – und nicht als strukturierter und begrenzter Kommunikationsprozeß.

Diese Annahmen müssen neu durchdacht werden. Die laufende Steuerung des politischen Systems einer hochkomplexen Gesellschaft kann nur bei Mechanismen liegen, die entsprechende Varietät aufweisen und einen Wechsel von Kommunikationsgegenständen organisieren und mit allgemeineren Strukturerfordernissen (etwa solchen der Systemdifferenzierung) rückverbinden können. In dem Maße, als die Themenstruktur des politischen Kommunikationsprozesses, die wir öffentliche Meinung nennen, eine solche Leistung tatsächlich erbringt, übernimmt sie die Funktion eines Steuerungsmechanismus des politischen Systems, der zwar Herrschaftsausübung und Meinungsbildung nicht determiniert, aber die Grenzen des jeweils Möglichen festlegt. Jede Rolle im politischen Kommunikationsprozeß muß, sofern sie auf Verständnis und Resonanz angewiesen ist, sich der Themenstruktur der öffentlichen Meinung bzw. den Regeln ihrer Veränderung fügen, bleibt also auf Kompatibilität mit der öffentlichen Meinung angewiesen.

Ein solcher Einbau wechselnder und in sich veränderlicher Themen in die Kommunikationsstruktur bleibt nicht ohne Rückwirkungen auf die relativ konstanten Strukturelemente des politischen Systems. Diese müssen entsprechend abstrahiert werden, um mobile Themen tragen zu können. Solche Veränderungen lassen sich in der Tat beobachten. Man findet sie einmal in der verfahrensmäßigen Organisation der Entscheidungsprozesse, zum anderen in der Institutionalisierung abstrakter Wertgesichtspunkte. Verfahren der politischen Wahl, der parlamentarischen Gesetzgebung, der Gerichtsbarkeit und der Verwaltung sind so eingerichtet, daß ihre Form und die Akzeptierbarkeit des Ergebnisses relativ unabhängig davon feststehen, welche Themen behandelt werden [35]; sie können daher streckenweise das Weitertragen und Verändern jeweils aktueller Themen der öffentlichen Meinung übernehmen. Gängige Werte, wie zum Beispiel Geld, Gesundheit, Gerechtigkeit, Kunst, Erziehung, Naturerhaltung, Frieden, Rückgang der Kriminalität, Verkehrsbeschleunigung, Unterhaltung usw. sind so stark abstrahiert, daß man sich in der Erörterung zahlreicher Themen zuverlässig auf sie beziehen kann, ohne befürchten zu müssen, daß jemand gegen den Wert als solchen ist. Für ihre Anerkennung brauchen weder Gründe noch individuelle Motive beschafft zu werden. Lediglich das Rangverhältnis der Werte und die Notwendigkeit partiellen Verzichtens steht von Fall zu Fall zur Diskussion und wechselt mit den Themen der öffentlichen Meinung [36]. Diese muß im Rahmen konstant gesetzter Gesichtspunkte des Schätzens den Wechsel der aktuellen Präferenzen organisieren können.

V.

Eine so weittragende Funktionszuweisung erfordert eine Neuinterpretation auch des Begriffs der *Öffentlichkeit,* der in unseren bisherigen Überlegungen nahezu unbeachtet geblieben ist [37]. Der Begriff muß aus einem abstrakteren Bezugsrahmen definiert werden. Er kann nicht länger nur als (rechtliche) Eigenschaft von Dingen, durch bestimmte Orte oder als eine Art Atmosphäre bestimmt werden. Ins Soziologische übersetzt, besagt Öffentlichkeit soviel wie Neutralisierung von Rollenanforderungen, die aus engeren Teilsystemen der Gesellschaft stammen, damit auch eine Lockerung, wenn nicht Aufhebung der Selbstbindungen, die der einzelne durch Verhalten in engeren Systemen eingegangen ist.

Ganz deutlich zielt der politische Öffentlichkeitsbegriff der Antike auf die Stadt im Sinne der Plätze, Dinge, Themen und Anlässe, die allen gemeinsam sind, und neutralisiert damit all das, was Sache der Häuser und Familien ist. Berücksichtigt man die Evolutions- und Denkgeschichte, die den Übergang von archaischen zu hochkultivierten Gesellschaften herbeiführt, wird klar, daß Öffentlichkeit nicht gegen die Einzelpersönlichkeit mit einem Bedarf für privaten Intimbereich gezielt war – gerade seine Individualität als Mensch gewinnt der einzelne ja erst in der politischen Öffentlichkeit –, sondern daß die Rollenbindungen der archaischen Geschlechterverbände getroffen und eingeschränkt werden; sie verlieren ihre unmittelbare Relevanz für die rechtliche Konstituierung der Gesellschaft.

Die Wiederaufnahme des Gedankens der Öffentlichkeit in der Aufklärungszeit hatte denselben Sinn. Sie bezieht sich auf eine weiträumigere, schon stärker differenzierte Gesellschaft und fordert deshalb abstrakter die Aufhebung des Besonderen im Allgemeinen. Auch hier ist der Begriff ein bewerteter Begriff, dessen Emphase sich nicht

[35] Hierzu näher *Niklas Luhmann:* Legitimation durch Verfahren, Neuwied–Berlin 1969.

[36] Hierzu auch *Niklas Luhmann:* »Positives Recht und Ideologie«, in: Archiv für Rechts- und Sozialphilosophie 53 (1967), S. 531–571.

[37] Vgl. hierzu namentlich *Rudolf Smend:* »Zum Problem des Öffentlichen und der Öffentlichkeit«, in: Gedächtnisschrift für Walter Jellinek. München 1955, S. 11–20.

direkt aus dem intendierten Sinn des »öffentlichen«, »offenen«, »lichten«, »wahren», »gerechten«, »vernünftigen« Sachverhaltes verstehen läßt[38], sondern aus dem Entwicklungsstand der Gesellschaft und seinen spezifischen Problemen, die er symbolisiert. Er steht für die Folgeproblematik einer stark differenzierten Gesellschaft: daß nämlich die Integration der Gesellschaft nur noch durch Neutralisierung der besonderen Systemtraditionen, Normprojektionen, Bedürfnisse und Defensivinteressen der Teilsysteme der Gesellschaft möglich ist, und er wendet sich damit erstmalig auch gegen spezifisch politische Interessen, namentlich Geheimhaltungsinteressen.

Seitdem hat die Gesamtlage der Gesellschaft sich abermals gewandelt. Ihre funktionale Differenzierung ist so weit fortgeschritten, daß eine Integration der Gesamtgesellschaft durch öffentliche, keinem Teilsystem besonders verbundene Meinungen höchst unwahrscheinlich geworden ist. Das zwingt dazu, den Begriff der Öffentlichkeit von ihrer Funktion her neu zu interpretieren und ihn so in die Teilsysteme, hier in das politische System der Gesellschaft, zu übertragen. Öffentlichkeit hieße dann, daß das politische System Situationen herstellt, in denen die Neutralisierungsfunktion öffentlicher Situationen erfüllt werden kann – in denen also Kommunikationen nicht durch nichtpolitische Teilsysteme der Gesellschaft (z. B. durch Familien, Forschungsgruppen, Banken, schichtenspezifische Clubs) und auch nicht durch die Besonderheiten engerer Teilsysteme des politischen Systems (z. B. einzelner Interessenverbände, politischer Parteien, Ressorts) strukturiert sind, sondern eben durch Themen der öffentlichen Meinung.

Damit verschiebt sich das Problem, das durch die »Herstellung von Öffentlichkeit« gelöst werden soll, auf ein sehr viel schwierigeres Gelände. Es kann nicht mehr einfach durch eine bestimmte Art von Situationen gelöst werden; denn jene Neutralisierung restriktiver Anforderungen läßt sich nicht allein durch gewaltsames Eindringen in Räume, durch Zusammenführen und Zusammenhalten von Massen, durch bloßes Dabeisein vieler oder durch Beteiligung von Vertretern erreichen. Situationsveränderungen dieser Art führen, sofern sie institutionell nicht vorbereitet sind, nur dazu, daß die eigentliche Kommunikation sich aus den öffentlich zugänglichen Situationen zurückzieht. Das Problem liegt vielmehr in der Themenstruktur des Prozesses politischer Kommunikation. Öffentlichkeit ist ein Problem der Institutionalisierung von Themen politischer Kommunikation – in einem Sinne, der genauer ausgearbeitet werden muß. Und deshalb ist für die Funktion der öffentlichen Meinung nicht die (unerreichbare) Öffentlichkeit aller politischen Kommunikationen entscheidend, sondern die Strukturierung aller, auch der nichtöffentlichen politischen Kommunikationen durch institutionalisierte Themen.

Themen können als institutionalisiert bezeichnet werden, wenn und soweit die Bereitschaft, sich in Kommunikationsprozessen mit ihnen zu befassen, unterstellt werden kann. Öffentlichkeit wäre demnach die Unterstellbarkeit der Akzeptiertheit von Themen. Die kritische Frage ist dann: bei wem und dank welcher Vorinformation über den Kommunikationspartner. Zum normalen Lebensführungswissen gehört die Fähigkeit, Partner auf mögliche Themen und Themen auf mögliche Partner abschätzen

[38] Siehe solche emphatischen Wortassoziationen etwa bei *Anselm von Feuerbach:* Betrachtungen über die Öffentlichkeit und Mündlichkeit der Gerechtigkeitspflege, Gießen 1821.

zu können. Wetter, Sex, Fußball, Urlaub, Steuern, die Nolde-Ausstellung, Probleme der Kindererziehung, Situationen und Unfälle im Straßenverkehr, Automobiltypen, Warenpreise und Einkaufsmöglichkeiten usw. sind mehr oder weniger öffentliche Themen in dem Maße, als man sie wählen kann, ohne viel über den Partner, seine Biographie, seine Beziehungen und Zugehörigkeiten zu wissen. Sie strukturieren Altagskommunikation, und zwar vor allem für gesellschaftliche Situationen, in denen man einen Partner schon hat und für ihn ein passendes Thema finden muß. Durch Ausdifferenzierung funktionsspezifischer Kommunikationssysteme vermehren und spezialisieren sich nicht nur die möglichen Themen; es vermehren sich zugleich die Fälle, in denen jemand ein Thema schon hat und dafür Partner sucht – etwa Leute, die auch über Sozialisation forschen oder auch den juristischen Vorbereitungsdienst problematisieren, kürzen oder gar abschaffen möchten. Speziell interessierte Partner zu finden, ist natürlich schwieriger als das Finden von Themen für vorhandene Partner. Die Öffentlichkeit eines Themas erleichtert in diesen Fällen das Finden der Partner. Man kann sich nicht etwa nur an den zuständigen Ministerialreferenten wenden, sondern auch an Berufsverbände, Parteien, prominente politische Persönlichkeiten, ja über die Presse an das Publikum, und kann unterstellen, daß diese eine Kommunikation über das Thema nicht als deplaciert empfinden und ablehnen, sondern annehmen werden. Die Anhaltspunkte für das Abschätzen solcher Bereitschaften werden scharf reduziert, und die notwendige Vorinformation wird dadurch vereinfacht – etwa durch organisatorische Leitlinien oder durch systemspezifische Rollenbilder. Man braucht nicht zu wissen, ob der Kommunikationspartner verheiratet ist oder nicht, Vorfahren hat oder nicht, Offizier war oder nicht, Aktien besitzt oder nicht. Die Kenntnis solcher »anderen Rollen« des Partners behält einen taktischen Wert.

Während die unpolitischen Rollen bei der Kommunikation über politische Themen *innerhalb* des politischen Systems durch öffentliche Meinung weitgehend neutralisiert werden können (da man ihre Irrelevanz unterstellen kann), gilt das gleiche nicht bei der politischen Kommunikation *außerhalb* des politischen Systems. Von Art und Institutionalisierung der Themen der öffentlichen Meinung hängt es ab, wer wie außerhalb des politischen Systems darüber sprechen kann. Man kann sich diesen Fall am Unterschied von *Kader* und *opinion leader* verdeutlichen [39]. Beides sind Rollen der Verstärkung und Verbreiterung thematisch fixierter Kommunikation außerhalb des eigentlichen politischen Systems: im täglichen Leben. Der Unterschied liegt im Kon-

[39] Beide Begriffe sind je für sich Gegenstand zahlreicher Untersuchungen und Erläuterungen, aber leider fehlt bisher das, was eigentlich interessant wäre: der Vergleich. Für Kader siehe z. B. *Joachim Schultz:* Der Funktionär in der Einheitspartei, Stuttgart–Düsseldorf 1956, S. 22 ff.; *Peter Christian Ludz:* Parteielite im Wandel, Funktionsaufbau, Sozialstruktur und Ideologie der SED-Führung, Eine empirisch-systematische Untersuchung, 2. Aufl., Köln–Opladen 1968, S. 124 ff., mit Hinweisen auf die neuere Literatur. Für opinion leader siehe als die klassischen Quellen *Paul F. Lazarsfeld/Bernard Berelson/Hazel Gaudet:* The People's Choice, How the Voter Makes Up His Mind in a Presidential Campaign, New York 1948, insbes. S. 49 ff.; *Bernard R. Berelson/Paul F. Lazarsfeld/William N. McPhee:* Voting, A Study of Opinion Formation in a Presidential Campaign, Chicago 1954, insbes. S. 109 ff.; *Elihu Katz/Paul F. Lazarsfeld:* Personal Influence, The Part Played by People in the Flow of Mass Communication, Glencoe/Ill. 1955.

stitutionsprinzip der Rollen – darin ob sie Rollen sind durch ihre Zugehörigkeit zum und Abhängigkeit vom politischen System oder ob die Konsolidierung solcher Rollen auf unpolitischen (schichtungsmäßigen, bildungsmäßigen, ökonomischen, altersmäßigen, beruflichen oder sonstigen) Strukturen beruht. Im letzteren Falle bleibt, darauf hat *Parsons*[40] hingewiesen, das politische System abhängig von Art und Verteilung sozialer Prominenz, die sich außerhalb des politischen Systems bildet.

Es liegt auf der Hand, daß dieser Unterschied in Beziehung steht zu den Themen des politischen Kommunikationsprozesses – also zur öffentlichen Meinung. Die Erwartung der Meinungsverstärker, daß ein von ihnen aufgegriffenes Thema Resonanz finden könnte und nicht auf eine blamable Abfuhr zulaufen wird, hat eine jeweils andere Basis. *Opinion leader* müssen einen höheren Grad an Institutionalisierung politischer Themen voraussetzen können und sind im Aufgreifen möglicher Themen durch ihre Rollenbasis beschränkt, während *Kader* von öffentlicher Meinung unabhängiger gestellt, dafür aber auf politische Instruktion angewiesen sind. In keinem Falle kann von diesen meinungsbildenden Rollen zuviel eigene Selektivität erwartet werden.

Insgesamt darf allerdings die Funktion von Öffentlichkeit als Institutionalisierungsgrad der Themen für die Mobilisierung kommunikativer Kontakte in ihrer faktischen Wirksamkeit nicht überschätzt werden. Zeit und Aufmerksamkeit der relevanten, vor allem der einflußreichen Partner sind so knapp, daß ein öffentlich mögliches Thema allein noch lange nicht das Zustandekommen von Kommunikation garantiert. Diese Schwelle wird in unserem politischen System zumeist noch auf recht primitive Weise genommen – nämlich durch vorherige Bekanntschaft der Partner oder durch namentliche Bekanntheit (Prominenz) des Initiators. Die Kontaktanbahnung wird schon dadurch erleichtert, daß der Anrufer weiß, daß der Angerufene weiß, wer ihn anruft und welche Konsequenzen eine Ablehnung der Kommunikation haben kann[41]. Man wird mit der Vermutung nicht fehlgehen, daß zur Zeit die meisten politisch relevanten Kommunikationen, sofern sie Interaktion erfordern, eine mehr oder weniger starke Absicherung in öffentlichen Themen *und* in persönlichen Beziehungen voraussetzen; und daß in dem Maße, als das Thema selbst an Öffentlichkeit verliert, die Anforderungen an die vorher stabilisierten persönlichen Beziehungen wachsen werden: sehr heikle Fragen oder Anliegen kann man nur mit sehr guten politischen Freunden besprechen.

Schließlich können wir unsere Definition der Öffentlichkeit als Unterstellbarkeit der Akzeptiertheit von Themen ausnutzen, um die spezifischen Gefährdungen solcher Un-

[40] *Talcott Parsons:* "'Voting' and the Equilibrium of the American Political System", in: *Eugene Burdick/Arthur J. Brodbeck* (Hrsg.): American Voting Behavior. Glencoe/Ill. 1959, S. 80–120; neu gedruckt in ders.: Sociological Theory and Modern Society, New York 1967, S. 223–263.

[41] Ein Beispiel: Angehörige einer politischen Partei, die mich zu einem Vortrag bitten wollten, hatten den Kontakt über einen Dritten angebahnt, den sie als ihren Bekannten und als meinen Bekannten kannten. Nachdem die unmittelbare Bekanntschaft geschlossen war, erlaubte ich mir die indiskrete Frage, warum sie mich nicht direkt angerufen hätten. Die Antwort lautete: sie hätten ja nicht wissen können, ob ich mich auf einen Kontakt einlassen würde; das Risiko einer Ablehnung sei ihnen zu hoch erschienen. Es fehlte also ein Medium, das zugleich Themenselektion und Teilnahmemotivation leisten konnte, wie Macht oder Geld oder Liebe.

terstellung zu analysieren. Dabei kommt etwas Interessantes heraus: Es scheint schwierig zu sein, die Unterstellung als solche zu attackieren; hieße das doch, schon die Kommunikation über ein Thema und nicht erst den Konsens der Meinungen zu verweigern. Verweigerung der Kommunikation stellte die gemeinsame Mitgliedschaft im System auf die Zerreißprobe und wird daher offen kaum gewagt [42]. Die Öffentlichkeit der Meinung dient als Legitimation dafür, auch die Herrschenden zur Kommunikation zu zwingen, wenn nicht gar moralisch zu manipulieren. Die Hauptgefährdung des Unterstellens kommt aus ganz anderer, systemadäquater Richtung: aus dem Entscheidungsprozeß selbst. Er führt zu einer Bearbeitung der Themen mit dem Ergebnis, daß schließlich alles gesagt und das Thema ruiniert ist. Man kann dann die Bereitschaft zur Kommunikation verweigern mit der Begründung, man habe bereits gesprochen; gegebenenfalls auch: die Sache sei bereits entschieden. In einem politischen System mit funktionierender Entscheidungsapparatur sind mithin Unterstellungen dieser Art nicht zu perpetuieren. Die Öffentlichkeit bleibt in Bewegung – in der Bewegung, die wir als Karriere politischer Themen beschrieben haben.

VI.

Im Rückblick auf die erörterten sachlichen, zeitlichen und sozialen Bezüge der öffentlichen Meinung erscheint diese als ziemlich komplexes Gebilde – einerseits wegen der Größenordnung (Zahl der Themen, Dauerhaftigkeit des Phänomens, Zahl der Beteiligten), vor allem aber deshalb, weil wir eine hohe, aber nicht beliebige, nicht rein zufällig streuende Variabilität beobachten. Es gibt offenbar strukturelle Beschränkungen der Kompatibilität und Variabilität oder, formaler ausgedrückt, beschränkende Bedingungen dessen, was als öffentliche Meinung möglich ist. Und diese Bedingungen liegen nicht einfach in den Inhalten der Meinungen, die man haben oder nicht haben kann und die richtig oder falsch sein können; sondern sie ergeben sich daraus, daß öffenliche Meinung ein soziales System strukturiert und daß dies auf verschiedene, aber nicht auf beliebige Weise geschehen kann.

Wenn diese Annahme zutrifft, müssen sich solche strukturellen Beschränkungen in strategische Erwägungen umsetzen lassen; es müssen sich aus ihnen allgemeine Bedingungen erfolgreichen Verhaltens sowie unterschiedliche Chancen der Teilnahme am System ableiten lassen. Deren Darstellung läßt sich in groben Zügen gliedern, wenn wir die Umgehbarkeit der öffentlichen Meinung und ihren taktischen Gebrauch unterscheiden.

Umgehen läßt sich die öffentliche Meinung im politischen Prozeß nur dann, wenn sich eine breit angelegte Kommunikation mit Unbekannten vermeiden läßt. Eine volle Ausschaltung der öffentlichen Meinung dürfte bei Angelegenheiten von einiger Bedeutung heute schwierig sein, es sei denn, daß offizielle Geheimhaltung legitimiert

[42] Zumindest steht der Ablehnende – der Politiker z. B., der es ablehnt, sich in der Wahlnacht schon zur Koalitionsfrage zu äußern – unter Begründungszwang und er tut gut, sich wenigstens zum Schein auf das Thema einzulassen.

werden kann. Wichtiger sind Strategien der partiellen Umgebung: Man stellt das Thema der öffentlichen Meinung zwar zur Verfügung, aber erst spät oder nur in einzelnen Aspekten. So findet man häufig, daß bestimmte Vorhaben erst dann an die Öffentlichkeit gebracht werden, wenn ihre Durchführung durch direkten Kontakt mit den Entscheidungsstellen bereits gesichtert ist – wenn zum Beispiel der Finanzminister eine Zusage haushaltsmäßiger Deckung bereits gegeben hat [43]. So können die Förderer einer Angelegenheit das Risiko einer öffentlichen Abfuhr vermeiden, sie haben ihren Erfolg gleichsam schon in der Tasche, wenn sie an die Öffentlichkeit treten, entziehen aber eben dadurch die Grundlinien ihres Projektes der öffentlichen Diskussion. Eine andere Strategie partieller Umgehung ist weniger bürokratisch und mehr pressetypisch. Sie beruht auf der Differenz von Themen und Prämissen, genauer gesagt darauf, daß innerhalb dieser Differenz Verschiebungen möglich sind. Die Sätze, mit denen ein Thema vorgestellt wird, können so formuliert werden, daß Vorfragen als schon beantwortet erscheinen oder durch Unterstellung als selbstverständlich der Diskussion entzogen werden: Über Kartelle wird in einer Weise gesprochen, als ob sie vom Übel wären; ein neues Thema wird, je nachdem, als Strukturverbesserung oder als Wahlgeschenk präsentiert. Diese Strategie bedient sich der Manipulation [44], da sie in bezug auf ihre Prämissen einseitige (unbeantwortbare) Kommunikation bleibt. Solche Umgehungen haben bei unvermeidlich hoher Unaufmerksamkeit des Publikums typische Erfolgschancen. Die politische Tragweite der öffentlichen Meinung wird sich unter anderem danach bemessen, von welcher Wichtigkeit ab Themen nicht mehr mit solchen Kurzschaltungen behandelt werden können.

Davon zu unterscheiden und für das Verständnis der öffentlichen Meinung wichtiger sind Bemühungen, die *mit ihr* zu arbeiten suchen. Das taktische Vorgehen in der Absicht, Themen der öffentlichen Meinung zu fördern, findet sich zunächst durch die hohe Aufmerksamkeitsschwelle behindert. Sie bringt es mit sich, daß zum Gewinnen von Aufmerksamkeit typisch andere, drastischere Mittel erforderlich sind als zur Förderung bestimmter Meinungen zum Thema, und daß sich Probleme des Übergangs vom einen zum anderen stellen. Eine relativ ungeschickte Lösung ist es zum Beispiel, erst Farbeier zu werfen und gleich darauf mit Aktentaschen und Arbeitspapieren zu kommen; bei dieser Vorgehensweise müßte zumindest für einen Austausch der agierenden Personen gesorgt werden, und das setzt Organisation voraus. Abstraktere, in der Handhabung aber anspruchsvollere Möglichkeiten der Kombination bietet die Erzeugung von Pseudokrisen, Pseudoneuigkeiten oder Pseudosymptomen des Wählerwillens, die dann als Basis sachlicher Argumentation mitbenutzt werden können; das wiederum ist nur für eine sehr begrenzte Zahl von Themen möglich. Eine dritte Möglichkeit, das Auslösen der Kommunikation eines statushohen Politikers, ist nicht für jedermann zugänglich und ferner dadurch behindert, daß Er in vielen Fällen weiß und prüft, was aus Seinem Munde kommt.

[43] Die Bedingungen, unter denen sich ein Thema für diese Karriere eignet, bedürften genauerer Prüfung. Eine Bedingung scheint zu sein, daß das politische Problem mehr in der Bewilligung von Mitteln als in der Bewertung der Ziele steckt.

[44] Im oben S. 7 definierten Sinne.

Zu diesen Schwierigkeiten, die aus der sachlichen Differenz von Aufmerksamkeitsregeln und Entscheidungsregeln resultieren, treten weitere hinzu, die mit der Mobilität der Themen zusammenhängen. Maßgebliche Mitwirkung an der Bewegung eines Themas setzt als mindestes voraus, daß man über Geschichte und Stand des Themas orientiert ist und sich auf dem laufenden hält (oder auf dem laufenden gehalten wird). Das kann ein einzelner nur für wenige Themen leisten oder nur mit Hilfe eines Apparates, der ihm die jeweils notwendigen »Unterlagen« zusammenstellt [45]. Durch Themenmobilisierung schnellen die Anforderungen an sinnvolle Kommunikation so in die Höhe, daß sie nur noch in engem Rahmen oder dank besonderer Ausrüstung bewältigt werden können.

Schließlich liegen auch in der sozialen Dimension, die an sich durch Institutionalisierung des Themas als möglicher Kommunikationsgegenstand abgesichert sein sollte, besondere Anforderungen an differenziertes Wissen und taktisches Geschick. Die Themeninstitutionalisierung garantiert noch keine effektive, geschweige denn gleichgesinnte Kooperation am Thema. Bei bekannten Themen kann man zwar Bescheidwissen bzw. Nichteingestehbarkeit des Nichtbescheidwissens unterstellen und als Kommunikationsbasis benutzen: Man bittet um eine Unterschrift gegen die Notstandsgesetze und braucht dabei nicht zu erläutern, was ein Notstand ist und wozu er mißbraucht werden kann. Aber damit allein kommt man nicht weit, vor allem nicht zur Konsolidierung bestimmter Meinungen und Entscheidungen. Dazu muß man soziale Kanäle überblicken können, auf denen sich Meinungen verbreiten und verdichten, und die Bereitschaften abschätzen können, sich für ein Thema mit bestimmten Meinungen einzusetzen. Das setzt eine recht konkrete Kenntnis der politischen Szene voraus.

All das zusammengenommen führt auf einen zunächst paradoxen Befund: Unter den geschilderten Bedingungen ist im Bereich der Politik mit einer Vervielfachung von Verhaltensmöglichkeiten und zugleich mit einer Restriktion der Möglichkeiten aktiver Teilnahme zu rechnen. Problematik und jeweilige Stellung öffentlicher Themen im Kommunikationssystem der Politik lassen jeweils eine Mehrzahl von taktischen Zügen zu, lassen viele Entwicklungsmöglichkeiten offen und laden so zur Aktivität ein; aber sie stellen die Mitwirkung eben damit unter Anforderungen, die nur wenige erfüllen können. Im wesentlichen wird die Erzeugung, Benutzung und Weiterführung von Themen der öffentlichen Meinung zur Sache von besonders dafür ausgerüsteten, hauptberuflichen Politikern. Was als *management by participation* geplant war, wird zum *participation by management*, nämlich zur Teilnahme derer, die Informationen, Konstellationen, Verbindungen, Stimmzahlen und nicht zuletzt sich selbst politisch auszuwerten verstehen.

Man kann sich fragen, welche Gruppen der Gesellschaft unter diesen Umständen mehr als passive Teilnahmechancen haben. Militärs zum Beispiel sind zu sehr an eine friedliche, variablenarme gesellschaftliche Umwelt gewöhnt, als daß sie im politischen Kommunikationssystem der öffentlichen Meinung erfolgreich agieren könnten. Pro-

[45] Siehe dazu die Bemerkungen von *Gerhard Storz* in seiner Eröffnungsansprache zum 15. Deutschen Soziologentag in: Max Weber und die Soziologie heute, Verhandlungen des 15. Deutschen Soziologentages, Tübingen 1965.

fessoren fehlt zumeist die Möglichkeit, sich beeinflussen zu lassen. Studenten werden als unfertige Personen eingeschätzt und werden deshalb als Absender von Mitteilungen nicht ernst genommen. Politische Signifikanz solcher Gruppen scheint daher ein Symptom für unterentwickelte Politik zu sein – dafür, daß die politische Kommunikation nicht jenen Grad an Komplexität erreicht hat, der zur laufenden Anpassung an die Entwicklung der heutigen Gesellschaft erforderlich wäre.

Damit verfestigt sich unsere Vermutung eines Zusammenhanges von Ausdifferenzierung und Komplexität gesellschaftlicher Teilsysteme. Komplexitätssteigerung hängt von Systembildung, hier von Teilsystembildung, also von gesellschaftlicher Ausdifferenzierung ab [46]. Andererseits sehen wir nun deutlicher, daß die zunehmende Komplexität eines Teilsystems selbst zu seiner Ausdifferenzierung beiträgt und Systemgrenzen stabilisiert. Sinnvolles Verhalten im Kommunikationssystem der öffentlichen Meinung erfordert Reduktion hoher Komplexität, erfordert vor allem ein Überwinden der Barriere des Auch-anders-erleben-und-anders-handeln-Könnens anderer und wird in einem Maße anforderungsreich und schwierig, daß dafür Rekrutierung ins System selbst – und daß heißt immer auch: mehr oder weniger unmerkliche Sozialisierung im System – verlangt werden muß. Systemfremde Positionen und Rollen bieten bestenfalls Einstiegsmöglichkeiten, aber keine ausreichende Basis für ein aktives Dauerteilnehmen am politischen Leben. Das könnte die Folgerung nahelegen, öffentliche Meinung sei zum inneren Medium des politischen Systems, zur Verkehrssprache der Politiker, zum Mittel ihrer wechselseitigen Übertölpelung zusammengeschrumpft und hätte jede gesamtgesellschaftliche Funktion eingebüßt; öffentliche Meinung sei gleichsam mit dem politischen System aus der gesamtgesellschaftlich-alltäglich-unspezifizierten Lebenswelt ausdifferenziert worden. Das wäre indes ein voreiliges Urteil. Die Frage führt in sehr komplizierte, bisher unzureichend geklärte Fragen der allgemeinen Theorie sozialer Systeme. Ihnen müssen wir uns abschließend zuwenden – nicht, um sogleich gültige Antworten zu präsentieren, sondern um zu zeigen, wie sehr ein adäquates Verständnis der öffentlichen Meinung vom weiteren Ausbau einer sehr viel abstrakteren Theorie sozialer Systeme abhängt.

VII.

Man stellt sich soziale Systeme gemeinhin viel zu kompakt, gleichsam reifiziert vor. Ihre Identität gründet sich jedoch nicht auf einen natürlichen Zusammenhang von Menschen oder Handlungen, sondern auf Regeln der Grenzziehung und Zuordnung, die die sinnhafte Erlebnisverarbeitung der Menschen leiten. Ausdifferenzierung von gesellschaftlichen Teilsystemen muß daher als abhängig begriffen werden von solchen Regeln der Grenzziehung und Zuordnung, die im gesellschaftlichen Gesamtsystem selbst funktionieren [47]. Daher führt Ausdifferenzierung niemals zu einem Herausreißen aus dem

[46] Siehe dazu *Niklas Luhmann:* »Soziologie des politischen Systems«, in: Kölner Zeitschrift für Soziologie und Sozialpsychologie 20 (1968), S. 705–733.

[47] Also nicht, wie oft angenommen wird, als eine rein analytische Leistung der Wissenschaft.

gesellschaftlichen Kommunikationszusammenhang; sie ist vielmehr als Regulativ dieses Kommunikationszusammenhanges zu sehen, als Struktur, die ihm durch Differenzierung (aber nicht durch unübersteigbare innere Barrieren) das Erreichen und Abarbeiten höherer Komplexität ermöglicht.

Ausdifferenzierung von Teilsystemen (oder zunehmende innere Differenzierung des Gesellschaftssystems) soll daher nicht heißen, daß die kausalen oder kommunikativen Verflechtungen dieser Teilsysteme mit ihrer jeweiligen gesellschaftlichen Umwelt abgebrochen oder vergleichsweise gering gehalten werden [48]. Die Identität und Selbständigkeit der Teilsysteme hängt nicht davon ab, daß sie ausschließlich oder vorwiegend in sich selbst kommunizieren; sie beruht darauf, daß die Regeln erkennbar sind und beachtet werden, nach denen Kommunikationen Selektionsleistungen erbringen und sich durch Art und Richtung der Selektion bestimmten Systemen zuordnen [49]. Deshalb kann das Ausmaß von Zwischensystemkommunikation und wechselseitiger Abhängigkeit bzw. Unabhängigkeit als eine offene, je nach den Umständen verschieden zu lösende Frage behandelt werden.

Vor dem Hintergrund eines solchen, hier nicht ausreichend begründbaren Ansatzes der Systemtheorie verbietet sich eine exklusive Zuweisung der öffentlichen Meinung an das politische System. Eine besondere Beziehung besteht jedoch und muß näher geklärt werden.

Themen, auch politische Themen, der öffentlichen Meinung werden relativ kontextfrei (und insofern »abstrakt«) konstituiert. Über sie kann man nicht nur in Zusammenhängen sprechen, die dem politischen System zugeordnet werden, sondern auch in der Familie, in Aufsichtsratssitzungen, am Stammtisch, in Universitätsvorlesungen usw. Dabei bleibt jedoch der unpolitische Kontext der Behandlung eines politischen Themas bewußt – zum Beispiel in der Form, daß man weiß und Verständigung darüber voraussetzen kann, daß es unmöglich ist, das Thema jetzt und hier politisch zu fördern. Ein die Kommunikation begleitendes Systemgrenzbewußtsein steuert die Wahl von Anlässen und Themen, die Richtung der Artikulation, die Zeit, die man aufwendet, um über politische Themen zu sprechen, in anderem Sinne, als dies im politischen System der Fall wäre. Dank der Abstraktion der Themen der öffentlichen Meinung ist es möglich, ihre Identität und Übermittelbarkeit festzuhalten und je nach Systemkontext in anderer Weise mit dem Thema umzugehen.

Mithin trägt die Themenstruktur der öffentlichen Meinung differenzierende und integrierende Funktionen zugleich und muß, je nach Komplexität der Gesellschaft, den dafür notwendigen Grad an Abstraktion und Spezifikation relativ kontextfreier Themen aufweisen. Diese Vermittlungsfunktion soll abschließend auf zwei verschiedenen Ebenen der Betrachtung, einer mehr prozeßmäßigen und einer mehr strukturellen, erläutert werden.

[48] So jedoch *Karl W. Deutsch:* Politische Kybernetik, Modelle und Perspektiven, Freiburg/Br. 1969, S. 283, der Systemgrenzen durch ein Kommunikationsgefälle zu messen vorschlägt.

[49] Dies ist zum Teil bereits ein Problem der Wahrnehmung. Vgl. dazu *Donald T. Campbell:* "Common Fate, Similarity, and Other Indices of the Status of Aggregates of Persons as Social Entities", in: Behavioral Science 3 (1958), S. 14–25.

Ein Bestand an gängigen, in der Diskussion befindlichen politischen Themen ermöglicht es, in politischen und in unpolitischen Zusammenhängen über dasselbe zu sprechen und Meinungen aus dem einen in den anderen Kontext zu übertragen. Die Identität des Themas gestattet in ihrer offenen Unbestimmtheit durchaus leichte Sinnverschiebungen, die oft unbemerkt bleiben. So scheinen beim Thema Friedensforschung die Politiker an eine besondere Art von Forschung, die Wissenschaftler an eine besondere Art der Finanzierung von Forschung zu denken. Der Übertragungsvorgang selbst hat nicht notwendig die Form einer Kommunikation über Systemgrenzen hinweg: daß der Erzbischof den Kultusminister, der Gewerkschaftsvorsitzende den Fraktionsvorsitzenden anruft. Diese Form des Austausches setzt ein komplementäres Gegenüber von Rollen in verschiedenen Systemen (und praktisch: deren hierarchische Strukturierung) voraus. Daneben gibt es eine andere, die über die Aktivierung eigener anderer Rollen läuft: Der Stammtisch formt die Meinungen, die man seiner Entscheidung als Wähler zugrunde legt; der Verlauf einer wissenschaftlichen Tagung gibt dem Professor Informationen, Motive und Gründe, seinen Sitz im Beirat eines Ministeriums demonstrativ zur Verfügung zu stellen; während der Aufsichtsratssitzung erbietet sich ein Mitglied, seine freundschaftlichen Beziehungen zu bestimmten Politikern in den Dienst einer bestimmten Angelegenheit zu stellen [50]. In solchen Fällen werden unpolitische und politische Kommunikationen über politische Themen durch Rollenkombinationen vermittelt. Auch für diese Art der Vermittlung – und nicht nur für die direkte Zwischensystemkommunikation – ist eine Vorstrukturierung durch Themen der öffentlichen Meinung wesentlich. Auch außerhalb des politischen Systems muß, wenn auch mit stark verringerten Anforderungen, abschätzbar sein, welche Themen politisch werden können – und vielleicht auch: welches politische Schicksal sie bei gegebenen Verhältnissen haben können.

Sieht man diese Vermittlungsfunktion, kann man vermuten, daß in der Themenstruktur der öffentlichen Meinung letztlich auch die Grundlage der Ausdifferenzierung und funktionalen Verselbständigung des politischen Systems zu suchen ist. Die öffentliche Meinung muß, mit anderen Worten, den Unterschied von Politik und Nichtpolitik und damit auch eine relative Lebensferne und Uneinsehbarkeit der Details der poli-

[50] Akte dieser Art werden, weil sie nicht für jedermann zugänglich sind, normalerweise zwar als Gegenteil von öffentlicher Meinung gebucht. Aber die Umwelt des politischen Systems ist nun einmal nicht unstrukturiert (etwa: eine Masse gleicher, vernünftig kalkulierender Individuen), die Kommunikationschancen in ihr können daher gar nicht gleich verteilt und allen zugänglich sein. Gleiche Teilnahme aller steht als Postulat im Widerspruch zur Realität einer differenzierten Gesellschaft. Diese Fassung des Gleichheitsprinzips als Begriffsmerkmal der öffentlichen Meinung beibehalten, hieße auf ihre Funktion als Struktur von unpolitischen und politischen Kommunikationsprozessen verzichten; hieße weiter, das Systemproblem, das öffentliche Meinung löst, gar nicht in den Blick bekommen, sondern durch wertende Definition auszuschließen. Das Systemproblem liegt darin, die einer gesellschaftlichen Lage entsprechende effektive Strukturierung des Prozesses politischer Kommunikation zu erreichen und damit das politische System trotz leistungsfähiger funktionaler Ausdifferenzierung in die Gesellschaft zu integrieren. Dafür müssen die Themen der öffentlichen Meinung taugen, und zwar für öffentliche ebenso wie für nichtöffentliche Kommunikation. Erst diese Problemstellung (und nicht ein abstraktes naturrechtliches Vorurteil über gleiche politische Chancen aller) läßt eine sinnvolle Kritik derjenigen öffentlichen Meinung zu, die eine Gesellschaft jeweils hervorbringt.

tischen Entscheidungsprozesse tragen können. Sie muß Themen erzeugen können, die trotz der hohen Komplexität des Systemkontextes in konkreten Interaktionen als Regeln der laufenden Artikulation sinnvoller Erwartungen fungieren können und Bedürfnisse der Gesellschaft in politisch zu entscheidende Probleme übersetzen. Das Problem liegt in der Selektivität der entstehenden Themen im Verhältnis zur Fülle des Möglichen, die sich aus evolutionär zunehmender Komplexität der Gesellschaft ergibt.

Die vorherrschende, letztlich auf die alteuropäische Tradition der politischen Gesellschaftsphilosophie zurückgehende Auffassung hat einen anderen Strukturbegriff und eine andere Problemsicht. Sie sieht die Identität und die Selbständigkeit des politischen Systems (sei es als Gesellschaft, sei es als Teilsystem der Gesellschaft) als konstituiert durch Herrschaft. Damit ist das Problem auf der Ebene von Rollen definiert, lokalisiert in einer besonderen Art von Rollen, die befugt oder faktisch in der Lage sind, Befehle zu erteilen und durchzusetzen. Durch die Prominenz des Rollenbegriffs in der neueren Soziologie wird diese begriffliche Option eher noch verstärkt als abgebaut [51]. Öffentliche Meinung kann dann allenfalls die Funktion haben, die ihr der Liberalismus zuschrieb, nämlich Kritik und Kontrolle von Herrschaft; und sie bleibt, so verstanden, als eine nicht auf Rollen zu bringende Gegenmacht von vornherein unterlegen. Selektion erscheint in dieser Blickrichtung dann ohne Rücksicht darauf, daß sie sowieso erfolgen muß, als Repression [52].

Die Frage aber ist, ob damit die Strukturebene getroffen ist, auf der sich die Entwicklung unserer politischen Systeme und mit ihm unserer Gesellschaft entscheidet. Niemand wird bestreiten, daß es Herrschaftsrollen gibt, die Macht in der Form befehlsmäßiger Kompetenzen oder faktisch verdichteter Chancen ausüben. Aber diese Macht kann als Ursache oder als Wille oder als Interesse nicht ausreichend begriffen werden [53]. Sie bleibt im Grade ihrer Freiheit abhängig von den Strukturen des Kommunikationssystems, in dem sie wirksam wird. Öffentliche Meinung kann den Herrscher nicht beherrschen und auch nicht ersetzen. Sie kann ihm nicht vorschreiben, wie er herrschen solle. Ihr Verhältnis zur Herrschaftsausübung ist kein Verhältnis von Ursache und Wirkung, sondern ein Verhältnis von Struktur und Prozeß. Ihre Funktion liegt nicht in der Durchsetzung des Willens – des Volkswillens, jener Fiktion des schlichten Kausaldenkens –, sondern in der Ordnung von Selektionsleistungen.

[51] Sie ist zum Beispiel für die Position von *Ralf Dahrendorf* bezeichnend, ist aber natürlich gleichermaßen bestimmend für die extremsten Kritiker von Herrschaft.

[52] »Wenn wir artikulierte politische Bedürfnisse als das ›Rohmaterial‹ des politischen Prozesses verstehen, insofern sie von den Institutionen des politischen Systems als ›externe Daten‹ verarbeitet und kontrolliert werden, dann läßt sich an der *Selektivität* der Institutionen, die die Funktion der Bedürfnisübermittlung tragen, der repressive Charakter eines politischen Systems abschätzen ...«, meint *Claus Offe* in seinem gut durchdachten Beitrag: »Politische Herrschaft und Klassenstrukturen, Zur Analyse spätkapitalistischer Gesellschaftssysteme«, in: *Gisela Kress/Dieter Senghaas* (Hrsg.): Politikwissenschaft, Eine Einführung in ihre Probleme, Frankfurt 1969, S. 155–189 (164).

[53] Als Ausführung dieser Kritik siehe *Niklas Luhmann:* »Klassische Theorie der Macht, Kritik ihrer Prämissen«, in: Zeitschrift für Politik 16 (1969), S. 149–170.

Betrachtet man Gesellschaften und ihre politischen Funktionskreise als Systeme, verschiebt sich das Problembewußtsein. Es richtet sich dann auf das Verhältnis der Systeme zu ihrer übermäßig komplexen Umwelt und sucht zu erklären, durch welche Strukturen und Prozesse eine sinnhafte Erfassung und Reduktion dieser Komplexität möglich ist. Strukturen übersetzen die Komplexität des in der Welt Möglichen in eine für das System praktikable Sprache. Sieht man öffentliche Meinung als institutionalisierte Themenstruktur des gesellschaftlichen Kommunikationsprozesses, wird sie in doppeltem Sinne zum Problem: nicht nur in der Bewirkung eines komprimierten Meinungsdrucks auf die Entscheidenden, sondern auch in der Themenkapazität der Struktur. Unbestimmtheit und Deutungsbedürftigkeit, Widersprüchlichkeit und Labilität der öffentlichen Meinung sind von da her gesehen keine Mängel, sondern Element ihrer Funktion, deren Korrektiv man nicht in ihr selbst, sondern in anderen Einrichtungen der Gesellschaft und ihres politischen Systems zu suchen hat, namentlich in solchen, die die Entscheidungsfähigkeit der Systeme sicherstellen.

Der Doppelaspekt dieser Funktion der öffentlichen Meinung, offen und instruktiv zu sein, korreliert mit der evolutionären Lage des Gesellschaftssystems. Insofern ist öffentliche Meinung eine evolutionäre Erscheinung. Sie tritt in ihre Funktion erst ein, wenn die Gesellschaft so hohe Komplexität und Kontingenz erreicht hat, daß die »Führung« ihrer weiteren Entwicklung nicht mehr mit den Tagesentscheidungen verquickt, nicht mehr einzelnen Personen, Personengruppen oder Rollen obliegen kann, sondern einer labileren Struktur überlassen werden muß. Die Frage bleibt, ob und wieweit die jetzt erforderliche Führungsstruktur noch eine Einheit ist und Integration zu leisten vermag. Das Wort »öffentliche Meinung« suggeriert zuviel Einheit, und das gleiche gilt für den klassischen Begriff, der, dem Wortsinn entsprechend, ein meinen könnendes Kollektivsubjekt voraussetzt. Hinter solchen substantivischen Benennungen und Einfaktor-Erklärungen tritt heute das Problem der Systemkomplexität unabweisbar zutage. Für die Annäherung an dieses Problem werden sehr viel komplexere begriffliche Hilfsmittel erforderlich werden, als sie bisher in der Meinungsforschung üblich waren. Ob die mit Wort und Begriff der öffentlichen Meinung unterstellte Einheit nicht trügt, bleibt eine offene Frage. Ihrer Beantwortung könnte man näherkommen durch Untersuchungen, die empirisch ermitteln, wie in verschieden komplexen gesellschaftlichen und politischen Systemen die angedeuteten Prozesse sachlicher, zeitlicher und sozialer Artikulation von Themen und Meinungen im öffentlichen Kommunikationsprozeß kompatibel bleiben und sich verknüpfen lassen.

LEGITIMITÄT ALS ANALYTISCHE KATEGORIE

von *Peter Graf Kielmansegg*

I.

Der Begriff Legitimität * hat einen altertümlichen Klang. Der Staub des Vormärz, der diesem Begriff als einer Vokabel des politischen Meinungskampfes Geltung verschaffte, scheint an ihm zu haften. *Max Webers* Versuch, das Wort in die Wissenschaft einzuführen, es in den Rang einer sozialwissenschaftlichen Kategorie zu erheben, hat daran wenig geändert. Gewiß, die Sozialwissenschaften sprechen gelegentlich von Legitimität; aber daß der Begriff in der Theorie der politischen Systeme, in die ihn Max Weber eingegliedert hat, seinen festen Platz gefunden hätte, daß seine heuristische Bedeutung erkannt und systematisch entfaltet worden wäre, wird man nicht behaupten können [1]. Und was Max Webers Beitrag selbst betrifft, so kann man durchaus fragen, ob nicht seine Analyse, wo sie fortwirkte, das Weiterdenken erschwert hat.

Legitimität ist soziale Geltung als rechtens — von dieser sehr allgemeinen Begriffsbestimmung wollen wir ausgehen. Sie macht deutlich, daß das Phänomen, mit dem wir es hier zu tun haben, mit einer menschlichen Grunderfahrung zusammenhängt

* Die folgende Abhandlung wurde als erstes Kapitel der Habilitationsschrift des Verfassers geschrieben, die den Titel »Volkssouveränität als Legitimitätsproblem« trägt und demnächst veröffentlicht werden wird. Dieses erste Kapitel, im Entstehungsprozeß der größeren Arbeit als Wegbereitung unerläßlich, erwies sich im Resultat als durchaus in sich abgeschlossen, so daß es als sinnvoll erscheint, den Text — leicht überarbeitet — selbständig zu publizieren.

[1] Es scheint sich jedoch ein Wandel zu vollziehen. Besonders in systemtheoretischen Ansätzen spielt die Kategorie Legitimität häufig eine nicht unbedeutende Rolle. Vgl. beispielsweise *K. Deutsch:* Politische Kybernetik, Freiburg 1969 (Originalausgabe: The Nerves of Government, New York 1963); *D. Easton:* A Systems Analysis of Political Life, New York u. a. 1965; *N. Luhmann:* Legitimation durch Verfahren, Neuwied und Berlin 1969; *T. Parsons:* "Authority, Legitimation and Political Action", in: *C. J. Friedrich* (Hg), Authority (Nomos I), Cambridge/Mass. 1958, S. 197—221; *T. Parsons:* "The Political Aspect of Social Structure and Process", in: *D. Easton* (Hg), Varieties of Political Theory, Englewood Cliffs 1966, S. 71—112. Die juristische allgemeine Staatslehre hat sich des Begriffs zwar immer bedient, aber nie viel mit ihm anzufangen gewußt. Im angelsächsischen Bereich ist die Legitimitätsproblematik traditionell unter der Überschrift *"Political Obligation"* behandelt worden. Diese sozialphilosophische Fassung des Problems hat sich für die Analyse des Phänomens Legitimität als wenig vorteilhaft erwiesen. Das klassische Werk ist *T. H. Green:* Lectures on the Principles of Political Obligation, London 1882, Neudruck 1960. Neuere Beiträge zu diesem Thema: *H. Pitkin:* "Obligation and Consent", in: APSR LIX (1965), S. 990—999; LX (1966), S. 39—52; *T. McPherson:* Political Obligation, London 1967; *L. J. Mac Farlane:* "Political Obligation and the Political System", in: Political Studies XVI (1968), S. 335—368.

— der Erfahrung normativer Gebundenheit [2]. Der Mensch erfährt sich selbst als frei und zugleich als gebunden an Geltungen, die von keinem Willen, zumal dem eigenen nicht, abhängig, die nicht verfügbar sind, die ihn unbedingt verpflichten. Er erfährt, daß die Gestaltung seiner Existenz seiner Disposition nicht entzogen ist, daß er nicht wie das Tier durch Instinkt und Trieb vorgegebene Ordnungen zu vollziehen hat; er erfährt aber auch, daß sein Umgang mit sich selbst und mit der Welt nicht der eigenen Willkür freigegeben ist. Diese Doppelerfahrung, die Erfahrung, daß man will und daß man soll, ist eine Bedingung menschlicher Existenz, Bedingung in beiden Bedeutungen des Wortes: als Vorgegebenheit und als Ermöglichung. Ohne sie vermöchte der Mensch sich in der Welt nicht zu orientieren.

Der Begriff Legitimität nun bezeichnet eine spezifische Geltungserfahrung, nämlich die Überzeugung von der Rechtmäßigkeit sozialer Systeme; genauer gesagt: Er bezeichnet die Qualität, die sozialen Systemen und unter ihnen insbesondere politischen Systemen aus solcher Überzeugung zuwächst. Schon in diesem Stadium der Überlegung wird deutlich, warum es unrichtig oder zumindest ungenau ist zu sagen, Legitimität resultiere aus Zustimmung. Zustimmung ist ein Akt freier Entscheidung. Die Anerkennung eines politischen Systems als rechtmäßig ist aber gerade kein Akt freier Entscheidung, sondern eben eine Geltungserfahrung. Zustimmung, aktive und passive, kann vielfältige Gründe haben, Anerkennung als rechtens ist demgegenüber ein sehr spezifischer Tatbestand. Ähnliches gilt, um gleich noch eine zweite Grenze zu ziehen, für das Verhältnis der Kategorien Autorität und Legitimität zueinander. Sie sind näher miteinander verwandt, insofern es in beiden Fällen um Anerkennung geht. Aber während Legitimität, wie gesagt, eine Qualität sozialer Strukturen ist, die aus ihrer Anerkennung als rechtmäßig hervorgeht, ist Autorität eine personale Qualität und folgt aus der Erfahrung personalen Ranges [3].

Die Qualität sozialer Geltung im beschriebenen Sinn kann jedes politische System auszeichnen. Anerkennung als rechtmäßig kann in den verschiedensten Wertvorstellungen wurzeln. Der Begriff der Legitimität meint nur die Geltungsüberzeugung als solche. Er bezeichnet eine Reaktion; er klammert die je spezifischen Inhalte aus oder richtiger: Er bezieht sie alle ein. Das zeichnet ja gerade den wissenschaftlichen Sprachgebrauch vor dem politischen Sprachgebrauch der Restauration aus — die Einsicht, daß es sich um eine universale Kategorie der Politik handelt. Legitim ist — so legt es die Definition, Legitimität sei soziale Geltung als rechtens, fest —, was die, auf die der Geltungsanspruch zielt, als legitim anerkennen. Anders ausgedrückt: Geltung bedeutet für den Sozialwissenschaftler nur, daß etwas für gültig gehalten wird. Jeder Versuch, den Begriff durch inhaltliche Bindungen einzuengen, zerstört — wie sich zeigen wird — seine wissenschaftliche Brauchbarkeit, obgleich er als willkürliche Definition natürlich zulässig ist [4]. Denn das Objekt, das es zu

[2] *Luhmanns* Versuch (Legitimation durch Verfahren, S. 239 f.), den Begriff des Sollens funktional, mit Hilfe systemtheoretischer Kategorien zu erklären, erweist sich als eine beträchtliche Reduzierung seiner Substanz.

[3] Der Vorwurf, Legitimität mit Autorität verwechselt zu haben, ist vor allem *Max Weber* gemacht worden, beispielsweise von *C. J. Friedrich* (Politik als Prozeß der Gemeinschaftsbildung, Köln und Opladen 1970, S. 101).

erfassen gilt, sind nicht bestimmte Geltungsüberzeugungen, sondern es ist die Tatsache, daß politische Systeme sich auf Geltungsüberzeugungen gründen, als solche. Wenn der Sozialwissenschaftler sich dabei das Phänomen der Geltung aus den vorfindbaren Geltungsüberzeugungen erschließt, so kehrt er die Erfahrung des Individuums sozusagen um. Für das Individuum gründet sich Geltung eben nicht auf Anerkennung, sondern Anerkennung folgt aus Geltung.

Die Begriffsbestimmung, die wir vorgenommen haben, ist durchaus konventionell. Sie findet sich, mit leichten Veränderungen, heute fast überall, wo in der wissenschaftlichen Literatur von Legitimität die Rede ist[5]. Kritik an ihr ist aus zwei Richtungen möglich. Einmal könnte ihre Wertneutralität angegriffen werden. Zumal in der juristischen Debatte zum Thema Legalität und Legitimität ist unter dem Schock der Hitlerjahre die Tendenz sichtbar geworden, den Begriff der Legitimität zu einem Instrument der Bindung des Rechts an bestimmte Wertprämissen zu machen[6]. Die sozialwissenschaftlichen Bedenken gegen solche Versuche brauchen nicht noch einmal dargelegt zu werden. Es ließe sich zum zweiten einwenden (*Luhmann* hat das jüngst mit Nachdruck getan[7]), der Begriff, so wie er hier gebraucht wird, orientiere sich nicht an einem funktionalen Verständnis des politischen Systems. Wenn man von der Frage ausgeht, wie es möglich ist, daß die Entscheidungen des politischen Systems als verbindlich akzeptiert werden, dann, so argumentiert Luhmann, bezeichnet Legitimität zweckmäßigerweise den Tatbestand, daß sie akzeptiert werden; genauer gesagt: die Bereitschaft, inhaltlich noch unbestimmte Entscheidungen innerhalb gewisser Toleranzgrenzen hinzunehmen. Und diese Bereitschaft sei nur zum geringsten Teil aus Geltungsüberzeugungen zu erklären. Daraus folgt: Wenn man Legitimität gleich soziale Geltung als rechtens setzt, gibt der Begriff vor, etwas zu erklären, was er nicht erklärt, während er in der Luhmannschen Fassung einen bestimmten Funktionszusammenhang präzise erfaßt. Diese Kritik hat zweifellos Gewicht. Es ist richtig — wir werden später noch

[4] Eine gewisse Neigung zu solcher Einengung ist bei *C. J. Friedrich* zu beobachten. Er spricht von einem universalen Wertkern und davon, daß es für eine politische Ordnung von entscheidender Bedeutung sei, daß Herrschaft in Übereinstimmung mit diesen Werten ausgeübt werde (»Die Legitimität in politischer Perspektive«, in: PVS 1 (1960), S. 120 f.; Politik als Prozeß der Gemeinschaftsbildung, S. 98). Während er jedoch in dem früheren Aufsatz diese Forderung in den Legitimitätsbegriff einbringt, definiert er Legitimität in dem späteren Werk ganz unabhängig von ihr, das heißt ohne Bindung an einen objektiven Wertkern. Die Unklarheiten seiner Argumentation werden auch durch den Versuch, die Kategorie der Legitimität und die Kategorie der Gerechtigkeit in eine formale Beziehung zueinander zu bringen, nicht aufgehellt. Siehe dazu: Politik als Prozeß der Gemeinschaftsbildung, 5. und 6. Kapitel, besonders S. 108—113.

[5] Siehe z. B. *D. Sternbergers* Artikel "Legitimacy" in der International Encyclopedia of the Social Sciences; *D. Easton:* A Systems Analysis of Political Life, S. 278; *C. J. Friedrich:* Politik als Prozeß der Gemeinschaftsbildung, S. 99; *S. M. Lipset:* Soziologie der Demokratie, Neuwied und Berlin 1964, S. 70.

[6] Diese Tendenz hängt aufs engste mit der Wiederbelebung des Naturrechtsgedankens in der Rechtsphilosophie und der Rechtsprechung nach 1945 zusammen. Als Ansatzpunkt für eine sozialwissenschaftliche Behandlung des Phänomens Legitimität ist die Spezialproblematik »Legitimität und Legalität« denkbar ungeeignet.

[7] In seinem Buch: Legitimation durch Verfahren.

davon zu sprechen haben —, daß die Hinnahme staatlicher Entscheidungen als verbindlich im Einzelfall kaum durch Geltungsüberzeugungen motiviert ist. Andererseits ist offenkundig, daß politische Systeme prinzipiell den Anspruch normativer Geltung erheben und daß — diese These wird gleich noch zu explizieren sein — die Anerkennung dieses Anspruchs für ihre Funktionsfähigkeit entscheidend ist. Wollte man Legitimität nicht mehr als normativ begründete Geltung verstehen, sondern den Begriff zur Bezeichnung der — vielfältig motivierten — Bereitschaft, staatliche Entscheidungen zu akzeptieren, ganz allgemein verwenden, so müßte man für den ersten Tatbestand doch nur ein neues Wort finden. Es ist deshalb kaum zweckmäßig, so zu verfahren.

Wir haben uns bisher darauf beschränkt, einigermaßen unscharf von »sozialen und unter ihnen insbesondere politischen Systemen« zu sprechen, denen Legitimität als Attribut zugeordnet sei. Diese Ausdrucksweise gilt es jetzt zu präzisieren. Auf Geltungsüberzeugungen der Gesellschaft ruhen alle wesentlichen sozialen Institutionen, wie etwa die Ehe, die Prinzipien der Güterverteilung, zumal das Eigentum, oder die Regeln der Statuszuweisung [8]. Solche Institutionen können in der Weise mit dem politischen System verknüpft sein, daß sie durch Herrschaft sanktioniert und gesichert werden — eine Absicherung dieser Art ist regelmäßig ein Indiz für die Intensität der Geltung der jeweiligen Institutionen —, aber sie brauchen es keineswegs zu sein. Je begrenzter die Funktionen des politischen Systems sind, desto stärker wird die Legitimitätsfrage sinnvollerweise auf die Gesamtheit der Elemente sozialer Ordnung zielen müssen. In primitiven Gesellschaften, in denen sich nur Ansätze eines politischen Systems finden, wird schließlich die Frage nach der Rechtmäßigkeit von Herrschaftspositionen nur noch geringe Bedeutung haben neben der Frage nach der Geltung jener vorgegebenen Verhaltensmuster, die das soziale Leben regeln. Aber dies sind Randphänomene. Sie ändern nichts an der Tatsache, daß es sinnvoll ist, die Legitimität politischer Systeme als einen selbständigen und zentralen Problemkreis in dem Gesamtkomplex der Geltung sozialer Ordnungen zu behandeln; zentral schon deshalb, weil Geltung außerhalb des politischen Systems sehr häufig zwar nicht auf Herrschaft beruht, aber doch — das ist schon angemerkt worden — durch Herrschaft vermittelt und sanktioniert wird.

[8] Der Zusammenhang zwischen der Rechtfertigung des politischen Systems einerseits und der übrigen gesellschaftlichen Fundamentalinstitutionen andererseits bedürfte einer eigenen Untersuchung. *J. Habermas* argumentiert in »Technik und Wissenschaft als ›Ideologie‹« (abgedruckt in der gleichnamigen Aufsatzsammlung Frankfurt [2]1969), es sei das Charakteristikum des klassischen Kapitalismus, daß er ohne selbständige Rechtfertigung des politischen Systems auskomme. Er rechtfertige Herrschaft an den legitimen Verhältnissen der Produktion. Das sei der eigentliche Inhalt des rationalen Naturrechts von *Locke* bis *Kant*. Erst die Entwicklung des Staates zum Interventions- und Versorgungsstaat mache eine neue selbständige Legitimation des politischen Systems erforderlich. Gegen diese Argumentation wäre einzuwenden, daß die kapitalistische Produktionsweise als solche faktisch nirgends politische Herrschaft in einer bestimmten Gestalt hat rechtfertigen können, im 19. Jahrhundert nicht und erst recht nicht im 20. Jahrhundert. Und wenn es zutrifft, daß mindestens im Denken des Liberalismus politische Herrschaft allein auf das Ideal der gerechten, nämlich äquivalenten Tauschbeziehungen gegründet wurde, dann wäre zu fragen — gerade für das 18. Jahrhundert —, ob dieses Ideal tatsächlich als ein primär ökonomisches zu verstehen ist.

Im letzten Absatz ist bereits angedeutet worden, daß die Frage nach der Legitimität politischer Systeme sich wiederum verdichtet zu der Frage nach der Rechtmäßigkeit der Herrschaftsstrukturen, die sie konstituieren. Um diese These auszuführen, ist es notwendig, sichtbar zu machen, welche Funktion Legitimität in einem politischen System erfüllt. Die soziale Existenz des Menschen verlangt die Institutionalisierung von Möglichkeiten, verbindlich für andere zu entscheiden. Politische Systeme sind Antworten auf diese Notwendigkeit. Sie erfüllen ihre Funktion, indem sie erstens die Bedingungen festlegen, unter denen Entscheidungen, die mit dem besonderen Anspruch auf gesamtgesellschaftliche Verbindlichkeit ausgestattet sind, zustande kommen und damit die Identifizierbarkeit solcher Entscheidungen mindestens prinzipiell gewährleisten; indem sie zweitens dafür Sorge tragen, daß der Verbindlichkeitsanspruch realisiert, das heißt die Entscheidungen zuverlässig akzeptiert werden. Wenn wir danach fragen, wie das politische System diese Leistungen erbringen kann, so stoßen wir auf das Phänomen der Legitimität. Ohne Legitimität ist es nicht möglich, durch Ausbildung einer Herrschaftsstruktur das Privileg der Verbindlichkeit für bestimmte Entscheidungen zu monopolisieren; und ohne Legitimität ist es auch nicht möglich, den Verbindlichkeitsanspruch durchzusetzen. Legitimität, so können wir sagen, setzt politische Systeme in den Stand, mit einem Minimum an Kosten, schärfer: ohne unerträglich hohe Kosten zu arbeiten. Das Institut der Legitimität leistet, was es leisten soll, eben dadurch, daß es Positionen fixiert, die mit der Befugnis zur Entscheidung für das Kollektiv ausgestattet sind, und die Verbindlichkeit der Entscheidungen auf das Entscheidungsrecht derer, die diese Positionen innehaben, zurückführt, mit anderen Worten: durch die Sanktionierung einer Herrschaftsstruktur.

Kann gegen dieses Resultat eingewandt werden, politische Systeme seien primär nicht durch ihre Struktur, sondern durch ihre Funktion zu definieren? Die Feststellung ist richtig, aber sie ist kein Einwand. Zu sagen, daß die Frage nach der Rechtmäßigkeit politischer Herrschaft von der Struktur politischer Systeme ausgeht und die Antwort dorthin zurückführt, heißt nicht die Relevanz der anderen, zweiten Dimension für das Legitimitätsproblem leugnen. Natürlich erstrecken sich Geltungsüberzeugungen, im wesentlichen in der Gestalt normativ begründeter Erwartungen, auch auf die Funktionen eines politischen Systems. Diese Überzeugungen mögen sogar, wie sich zeigen wird, Vorrang haben. Aber ihre Relevanz ist Relevanz im Hinblick auf die Frage nach der Legitimität der Herrschaftsstruktur. Der Zusammenhang wird uns im einzelnen noch beschäftigen. Ebenso wird zu zeigen sein, daß mit der Feststellung, die Legitimitätsfrage sei zuerst und vor allem an die Strukturen gerichtet, noch keineswegs gesagt ist, daß sie es sind, denen die letzte, nicht weiter ableitbare Geltung zukommt.

Die Legitimitätsfrage als Frage nach der Geltung der Struktur politischer Systeme zu definieren, heißt im übrigen auch, sie einer ganz bestimmten Ebene zuordnen. Es geht einerseits nicht um das Problem der Rechtfertigung politischer Herrschaft schlechthin; der Anspruch auf Rechtmäßigkeit wird ja immer nur in konkret-historischer Gestalt gestellt und beantwortet. Und auf der anderen Seite zeigt sich, daß auch die Frage nach der Legitimität oder Illegitimität eines einzelnen Herrschaftsaktes als wissenschaftlich nicht sinnvoll gelten muß. Oft steht hinter diesem Sprachgebrauch keine andere Absicht als die, moralische Billigung oder Mißbilligung konkreten politischen Verhaltens zum Ausdruck zu bringen. Demgegenüber gilt es festzustellen, daß die Sozialwissenschaft den Begriff braucht, um bestimmte Konsequenzen der sozialen Anerkennung als rechtens zu erfassen. Das kann ihr nicht gelingen, wenn sie zwischen politischen Systemen und einzelnen Herrschaftsakten in diesem Punkt nicht unterscheidet. Von der Legitimität einzelner Herrschaftsakte so zu sprechen, als trete sie als ein selbständiger, aber paralleler Tatbestand neben die Legitimität politischer Systeme (und nur dann ist die Übertragung des Begriffes sinnvoll), heißt, genau das in Frage stellen, was Legitimität — bezogen auf politische Systeme — als Phänomen und als Begriff leisten soll: die sichere Identifizierbarkeit jener Entscheidungen, die verbindlich sind; ja die Möglichkeit, verbindlich zu entscheiden, überhaupt. Insbesondere stiftet es nur Verwirrung, wenn man mit Hilfe des Legitimitätsbegriffes die Möglichkeit der Rechtsgeltung unabhängig von herrschaftlicher Setzung zu suggerieren versucht. Sobald Recht nicht mehr als Teil der Weltordnung fraglos hingenommen wird, gibt es keine andere Möglichkeit mehr als zu entscheiden, was verbindlich gelten soll. Das bedeutet: Die Frage, wer entscheidet, muß zuerst beantwortet werden, und alle Normen, die vorausgesetzt werden müßten, damit ein Urteil über die Gültigkeit einzelner Herrschaftsakte unabhängig von ihrem Zustandekommen möglich wäre, könnten Rechtsgeltung wiederum nur durch herrschaftliche Entscheidung erlangen.

Die letzten Absätze galten dem Versuch, die Frage nach der Legitimität von Herrschaft als ein Problem besonderen Ranges aus dem Gesamtkomplex der Geltung sozialer Ordnungen herauszuheben, um dann in einem zweiten Schritt die Frage nach der Legitimität von Herrschaft in die Frage der Rechtmäßigkeit einer bestimmten Herrschaftsstruktur umzuformulieren. Jede legitime Herrschaftsstruktur ist nichts anderes als ein System anerkannter und durchsetzbarer Herrschaftsansprüche. Die Geltung einer Herrschaftsordnung ist also nichts anderes als die Geltung dieser Ansprüche. Gewiß ist es für alle entwickelten politischen Systeme charakteristisch, daß Entscheidungsbefugnisse nicht Personen als Personen zugeschrieben werden, sondern Ämtern, und das heißt Inhabern von Ämtern (eine Unterscheidung, die zu den grundlegenden Leistungen politischen Denkens gezählt werden muß). Aber das ändert nichts daran, daß die Frage nach der Legitimität notwendigerweise die Frage nach der Identität der Personen ist, denen die Befugnis zu verbindlicher Entscheidung zukommt. Legitimität erscheint also als eine spezifische Qualifikation dieser Personen, der Träger von Herrschaft. Ihre Qualifikation liegt in ihrer besonderen, nur ihnen zukommenden Beziehung zum Geltungsgrund der Ordnung. Wir können den Tatbestand auch so ausdrücken: Jede Herrschaftsordnung konstituiert sich als legitime Ordnung, indem sie die Qualifikationen der Herrschaftsträger so festlegt, daß diese besondere Beziehung gesichert ist bzw. im politischen Prozeß ständig geschaffen wird. Die je geforderten Qualifikationen der Herrschaftsträger dürfen also in gewissem Sinn als Kernstück einer Herrschaftsstruktur angesehen werden. Die besondere Beziehung zum Geltungsgrund kann als personale Qualität des Herrschaftsträgers vorgegeben sein — etwa durch Begnadung des göttlichen Stifters der Ordnung —, sie kann aber auch — und das ist die Regel — durch festgelegte Verfahren jeweils geschaffen, dem Herrschaftsträger, wenn man so will, verliehen werden. Sie kann als Erkenntnis der geschichtlichen Wahrheit oder als Fähigkeit, das geschichtlich Notwendige zu tun, auftreten — in beiden Gestalten legitimiert sie den Herrschaftsanspruch der kommunistischen Parteien. Und was die traditionelle demokratische Legitimitätsformel von der Volkssouveränität betrifft, so beruht sie — in den hier entwickelten Gedankengang eingefügt —, wenn man als ihren letzten Geltungsgrund die autonome menschliche Vernunft ansieht, auf der Annahme, daß niemand eine privilegierte »Nähe« zu diesem Geltungsgrund besitzt, daß also alle den gleichen Ausgangsanspruch haben.

Es ist eben von legitimitätsbegründenden Verfahren die Rede gewesen, und damit ist ein Aspekt des Phänomens berührt, der noch deutlicher hervorgehoben werden muß. Man pflegt zu sagen, Herrschaft sei legitim oder auch nicht; einer Herrschaftsordnung komme Legitimität zu oder auch nicht, und diese Ausdrucksweise impliziert im Grunde schon ein ganz unangemessen statisches Verständnis. Legitimität erscheint als eine Qualität, die mit bestimmten Verhältnissen sozusagen fest verbunden, die bestimmten Verhältnissen statisch zugeordnet ist.

Es führt demgegenüber weiter, wenn man Legitimität als einen Prozeß versteht. Was wir Legitimität nennen, ist ein Vorgang, der sich ununterbrochen vollzieht. Eine Herrschaftsordnung ist nicht legitim, sie wird es ständig. Die Ausdrucksweise, derer wir uns hier bedienen, weist auf *Rudolf Smend* zurück [9]. Indem Smend die Seinsweise des Staates selbst als geistigen Prozeß begreift, geraten alle den Staat konstituierenden Faktoren notwendigerweise in den Sog dieses Verständnisses. Gewiß kann man im einzelnen gewichtige Einwände gegen die Art vorbringen, in der Smend das Phänomen Legitimität in seine Lehre vom Staat als Integrationsvorgang einfügt. Insbesondere gegen die Gleichsetzung von sachlicher Integration oder Integration durch Sachgehalte (das heißt Integration durch die Ausrichtung von politischer Herrschaft auf bestimmte Wertvorstellungen) mit Legitimierung. Als ob nicht gerade auch die Integrationswirkung bestimmter Herrschaftsverfahren entscheidend von ihrer Verankerung in legitimitätsbegründenden Geltungsvorstellungen abhinge. Aber die Bedeutung des Schrittes von der Vorstellung eines statischen Gefüges mit festen Eigenschaften zu der Einsicht in die besondere, dynamische Seinsweise des Staates und der ihm zugeordneten Qualitäten bleibt davon unberührt.

Der Gedanke, Legitimität sei als Prozeß zu verstehen, hat freilich noch eine andere, spezifischere Bedeutung. In der modernen Welt können politische Systeme nicht mehr darauf vertrauen, daß sie von stabilen, unangefochtenen Geltungsüberzeugungen der Gesellschaft ohne ihr Zutun getragen werden. Vielmehr muß Legitimität ständig gegen Alternativen behauptet werden. Das hat im wesentlichen das politische System selbst zu leisten. Möglich wird diese Leistung dadurch, daß das politische System sich nicht mehr selbst als gegeben voraussetzt, sondern Verfahren

[9] Siehe dazu *Smends* 1928 veröffentlichte Abhandlung »Verfassung und Verfassungsrecht«. Wieder abgedruckt in *R. Smend:* Staatsrechtliche Abhandlungen und andere Aufsätze, Berlin 1955.

entwirft, durch die es sich — mindestens symbolisch — gewissermaßen immer wieder selbst hervorbringt und einsehbar macht. Partizipation in den verschiedensten Formen, keineswegs nur als Entscheidungsbeteiligung, ist ein notwendiges Element solcher Verfahren. Legitimität als Prozeß in diesem Sinn bezeichnet also die Beobachtung, daß politische Systeme, je komplexer die Welt wird, desto mehr darauf bedacht sein müssen, Legitimität gleichsam selbst zu produzieren [10].
Am Ende dieser ersten Bemühung, den Horizont des Phänomens abzustecken, sind wir weit genug, um die Fragen formulieren zu können, die die Wissenschaft zu beantworten hat. Sie lauten: Welche Funktion erfüllt die Unterscheidung zwischen rechtmäßiger und unrechtmäßiger Herrschaft in politischen Systemen? Wie sind die Prozesse beschaffen, in denen die Geltung von Herrschaftsansprüchen als rechtens begründet, gesichert oder in Frage gestellt wird; insbesondere: in welchen Formen ist als rechtmäßig anerkannte Herrschaft bisher in Erscheinung getreten? Und schließlich: Welche Bedeutung kommt dem in Legitimitätsformeln präsentierten Anspruch politischer Systeme auf Rechtmäßigkeit in der und für die Theorie eben dieser Systeme zu?

II.

Seit *Max Weber* und nach dem Vorbild Max Webers haben die wissenschaftlichen Bemühungen um die Kategorie der Legitimität sich vor allem darauf konzentriert, Typologien zu entwerfen. Max Weber selbst unterschied bekanntlich zwischen rationaler, traditionaler und charismatischer Legitimität. Diese Dreigliederung hat die Diskussion in der Folgezeit sehr maßgeblich bestimmt [11]. Andere Versuche, eine wissenschaftlich brauchbare Typologie zu entwerfen, sind insbesondere von *Guglielmo Ferrero* [12], von *Carl Joachim Friedrich* [13], von *Dolf Sternberger* [14] und von *David Easton* gemacht worden. Die Auseinandersetzung mit diesen verschiedenen Versuchen wird uns, obwohl sie nicht sehr gründlich geführt werden kann, bei der Erfassung des Phänomens weiterhelfen.
Die Terminologie in *Max Webers* »Wirtschaft und Gesellschaft« ist keineswegs einheitlich, was vielleicht mit der Entstehungsgeschichte dieses monumentalen

[10] Darauf verweist *Luhmann:* Legitimation durch Verfahren, S. 30.

[11] Als Beispiel für die Versuche der Weiterbildung von *Webers* Schema kann *Imbodens* Abhandlung »Staatsformen« (in: *M. Imboden:* Politische Systeme. Staatsformen, Basel und Stuttgart 1964) genannt werden.

[12] In seinem Buch: Macht, Bern 1944.

[13] In dem Aufsatz »Die Legitimität in politischer Perspektive« und dem weitgehend mit diesem Aufsatz übereinstimmenden 5. Kapitel des Buches: Politik als Prozeß der Gemeinschaftsbildung (das wiederum dem 13. Kapitel von Man and His Government, New York u. a. 1963, entspricht).

[14] Ansatzweise in: Grund und Abgrund der Macht, Frankfurt 1962. Weiter ausgeführt in dem Aufsatz »Herrschaft und Vereinbarung. Über bürgerliche Legitimität«, in: *D. Sternberger:* Ich wünschte ein Bürger zu sein. Neun Versuche über den Staat, Frankfurt 1967, S. 51—67, und dem Artikel "Legitimacy" in der International Encyclopedia of the Social Sciences.

Fragmentes zusammenhängt [15]. Auf die Kategorie der Legitimität stößt Weber schon bei den ersten definitorischen Ausgangsüberlegungen. Von seinem Grundbegriff des sozialen Handelns her gelangt er über eine Typologie der Bestimmungsgründe sozialen Handelns zu der Feststellung, soziales Handeln könne an der Vorstellung vom Bestehen einer legitimen Ordnung orientiert werden. Die Legitimität einer Ordnung könne garantiert sein: affektuell, wertrational, religiös und durch die Interessenlage, d. h. die Erwartung äußerer Folgen. Wenig später heißt es dann, legitime Geltung könne einer Ordnung von den Handelnden zugeschrieben werden: kraft Tradition, kraft affektuellen Glaubens, kraft wertrationalen Glaubens oder kraft positiver Satzung, an deren Legalität geglaubt werde.

Wir haben es hier also mit zwei Schemata zu tun, die sich nicht unwesentlich voneinander unterscheiden und die beide zwar offenkundig mit der bekannten Dreiertypologie verwandt, aber keineswegs mit ihr identisch sind. Sie taucht erst in einem späteren Abschnitt der Kategorienlehre unter der Überschrift »Die Typen der Herrschaft« auf. Hier unterscheidet *Max Weber* drei reine Typen legitimer Herrschaft, indem er darlegt, daß Legitimitätsgeltung primär entweder rationalen oder traditionalen oder schließlich charismatischen Charakters sein könne. Die rationale Legitimität wird als Glaube an die Legalität gesetzter Ordnungen näher gekennzeichnet. Dieses Schema wird von da an beibehalten und bestimmt insbesondere das 9. Kapitel »Soziologie der Herrschaft«, in dem die drei Typen in aller Breite dargestellt werden. Es liegt nahe, den Mangel an Präzision in der Terminologie damit zu erklären, daß der Gedanke selbst noch in der Entwicklung begriffen war, seine definitive Fassung noch nicht gefunden hatte. Wichtiger ist wohl der Hinweis auf die unterschiedlichen Zusammenhänge, in die die Schemata eingeordnet sind.

Die zuerst beschriebenen Vierertypologien sind von der allgemeinsten Kategorie des sozialen Handelns her entwickelt. Sie sind abgeleitet aus einem Schema der Bestimmungsgründe sozialen Handelns, für das *Weber* die Kategorien zweckrational, wertrational, affektuell und traditional konzipiert. Daß Weber die Legitimitätsgründe als eine spezielle Form der Bestimmungsgründe sozialen Handelns formuliert, zeigt, daß er Legitimität hier als Motivation individuellen sozialen Handelns zu erfassen versucht [16]. Außerdem ist zu beachten, daß Legitimität in diesem Zusammenhang die Geltung sozialer Ordnung schlechthin meint und noch keineswegs von Herrschaft als einer spezifischen Kategorie die Rede ist.

Anders bei der bekannten Typologie der drei reinen Formen der Legitimität: Zwar beschreibt *Weber* auch dieses Schema als eine Typologie von Gehorsamsmotivationen. Er spricht vom Glauben an ein Charisma und vom Legalitätsglauben, das heißt der Annahme formal korrekt zustande gekommener Satzung, als Gründen der Füg-

[15] Das Legitimitätsproblem wird von *Max Weber* außer in den im Text genannten Abschnitten von: Wirtschaft und Gesellschaft auch in dem Aufsatz »Die drei reinen Typen der legitimen Herrschaft« behandelt, der im Anhang zu *J. Winckelmanns* Studie: Legitimität und Legalität in Max Webers Herrschaftssoziologie, Tübingen 1952, abgedruckt ist.

[16] Natürlich kommen als Legitimitätsgründe nur die wertorientierten Bestimmungsgründe sozialen Handelns in Betracht.

samkeit gegenüber einer Herrschaftsordnung. Aber dieser Aspekt ist nicht eigentlich bestimmend bei der Entfaltung des Schemas, die das Kernstück der Herrschaftssoziologie bildet. Bestimmend ist vielmehr die Auffassung Webers, daß sich aus dem Phänomen Legitimität eine Typologie der Erscheinungsformen von Herrschaft ableiten lasse. Dies ist das zentrale Faktum in Max Webers Lehre von der Legitimität — seine Kritiker haben es ebensooft wie seine Verteidiger verkannt. Dies ist gemeint, wenn Weber von den Typen legitimer Herrschaft spricht. Man könnte sogar soweit gehen, zu sagen, Max Weber habe eine Typologie der Erscheinungsformen von Herrschaft entwickelt und von ihr auf Typen der Legitimität zurückgeschlossen. Er spricht davon, daß der Charakter der Ausübung von Herrschaft von der Art der jeweils beanspruchten Legitimität bestimmt sei, daß mithin eine Unterscheidung der Arten der Herrschaft gemäß dem jeweils typischen Legitimitätsanspruch zweckmäßig sei [17]. Die ausführliche Beschreibung der drei Legitimitätstypen ist denn auch nichts anderes als eine Beschreibung dreier Grundtypen von Herrschaftsstrukturen — da Herrschaft für Max Weber Verwaltung ist, könnte man auch sagen, Verwaltungsstrukturen. Am deutlichsten ist das beim Typus der Legitimität aufgrund positiver, als legal anerkannter Satzung. Er hat denn auch den Interpreten am meisten Mühe gemacht. Herrschaft aufgrund von Satzung in der Gestalt eines Legalitätssystems — das ist ganz offensichtlich nur eine Aussage über eine Erscheinungsweise von Herrschaft, und zwar die allen modernen Industriestaaten eigentümliche (anscheinend notwendigerweise eigentümliche) Organisationsform von Herrschaft; es ist keine Aussage über den Geltungsgrund einer Ordnung. Max Weber selbst bestätigt dies indirekt, indem er gelegentlich davon spricht, daß die Geltung positiver Satzung sowohl auf Vereinbarung als auch auf Oktroyierung durch legitime Herrschaft beruhen könne [18]. Hier taucht also plötzlich noch eine Legitimität hinter der Legitimität auf.

Die Interpreten haben sich in beträchtliche Schwierigkeiten dadurch gebracht, daß sie das Dreierschema in der Regel ohne weiteres als eine Typologie der Geltungsgründe legitimer Ordnung aufgefaßt haben. Dann blieb ihnen nur die Wahl, den Typus legal-rationaler Herrschaft als eine ganz unbrauchbare Kategorie zurückzuweisen — eine Zurückweisung, die nach den Erfahrungen mit dem Dritten Reich oftmals stark von sozusagen moralischem Mißfallen an einer Identifizierung von Legalität und Legitimität, und sei es nur in einem besonderen Fall, geprägt war — oder, gestützt auf mühselig errichtete, fragwürdige Hilfskonstruktionen, zu zeigen, daß *Max Weber* in Wahrheit bestimmte legitimitätsbegründende Prämissen — etwa materiale Wertprämissen — in seine Definition des legal-rationalen Typus miteinbeschlossen habe [19]. Für solche Hilfskonstruktionen bot sich natürlich der Begriff der Rationalität an, zumal Webers höchst problematische Kategorie der Wertratio-

[17] Wirtschaft und Gesellschaft, S. 157. Die Seitenangaben beziehen sich auf die Studienausgabe Köln 1964.

[18] Wirtschaft und Gesellschaft, S. 27.

[19] Um diesen Nachweis bemüht sich *J. Winckelmann* in seiner Studie: Legitimität und Legalität in Max Webers Herrschaftssoziologie. Auch die folgenden kritischen Bemerkungen beziehen sich auf diese Studie.

nalität, die in den legal-rationalen Typus hineininterpretiert wurde. Die Verwirrung steigert sich da, wo man diesen Typus mit einem ganz bestimmten Herrschaftssystem, nämlich der rechtsstaatlichen Demokratie, identifizierte und dann gezwungen war, legitimitätsbegründende Prämissen eines ganz bestimmten Inhalts als ein Wesenselement dessen, was Weber Herrschaft kraft Satzung nennt, nachzuweisen. Je mehr man dem Begriff Rationalität zumutete, desto deutlicher wurde im Grunde, daß man mit seiner Hilfe allenfalls eine Erscheinungsweise von Herrschaft erfassen kann, nicht aber bestimmte materiale Geltungsprämissen mit hinreichender Präzision.

Auf der anderen Seite ist auch die Kritik an *Webers* Begriff der legitimen Herrschaft kraft Satzung nicht sehr viel überzeugender, wenn sie sich von der Vorstellung leiten läßt, sie habe es mit einer Typologie von Legitimitätsgründen zu tun [20]. Gewiß, die Argumente sind, für sich betrachtet, zutreffend: Daß Legalität als ein sich selbst rechtfertigender Geltungsgrund auftritt oder akzeptiert werden kann, scheint nicht vorstellbar zu sein. Und in der modernen, als System rationaler Satzungsherrschaft organisierten Demokratie — um wieder auf diesen Spezialfall abzustellen — ist sie es ganz sicher nicht. Aber diese Argumente gehen ins Leere. Denn es geht bei Max Weber eben nicht um eine Klassifikation von Legitimitätsgründen, sondern, das ist sehr nachdrücklich bereits gesagt worden, um den Versuch, die Erscheinungsformen von Herrschaft dadurch kategorial zu erfassen, daß sie als Ausdruck einer je besonderen Art von Legitimitätsvorstellungen begriffen werden. Statt von den Erscheinungsformen politischer Herrschaft könnte man, vom Individuum aus betrachtet, auch von der Art und Weise sprechen, in der der Geltungsanspruch der Herrschaftsordnung erfahren und akzeptiert wird: als charismatischer Anspruch, als traditionaler Anspruch, als Anspruch aufgrund legaler, das heißt machbarer Satzungsordnung. Da der Geltungsanspruch der Herrschaftsordnung als Anspruch von Herrschaftsträgern auftritt, ließe sich schließlich auch sagen, daß die Typologie Max Webers auf den Typus der Herrschaftsvollmacht, so wie sie dem Individuum entgegentritt, abstellt.

Der Versuch, das Webersche Schema so zu interpretieren, daß es einen Sinn ergibt, impliziert natürlich keineswegs einen Verzicht auf Kritik; Kritik nicht so sehr an Einzelheiten, wie etwa an der häufig angegriffenen Vorstellung von der Veralltäglichung des Charismas, als vielmehr am Ansatz *Max Webers*. Dieser Ansatz, die Hypothese, daß es bestimmte Grunderscheinungsformen von Herrschaft gibt und daß diese Phänotypen als Ausprägung eines je besonderen Typus von Geltungsvorstellungen angesehen werden können, ist außerordentlich fruchtbar. Aber die Gefahr, daß die Analyse des Phänomens Legitimität im Gefolge dieser Hypothese ganz in einer Analyse jener Strukturtypen untergeht, hat Max Weber nicht vermieden.

[20] Siehe z. B. *C. J. Friedrich:* Politik als Prozeß der Gemeinschaftsbildung, S. 101 f. Kritisch gegenüber *Weber* auch *D. Sternberger* in dem Aufsatz »Max Webers Lehre von der Legitimität«, in: *W. Röhricht* (Hg), Macht und Ohnmacht des Politischen. Festschrift für Michael Freund, Köln 1967.

In unserer kurzen Analyse der Weberschen Legitimitätslehre ist bisher von den Kategorien der charismatischen und der traditionalen Legitimität kaum die Rede gewesen. Die Konzentration auf die Kategorie der Legitimität kraft legal zustande gekommener Satzung, die sich für interpretatorische Bemühungen als fruchtbar anbot, darf nicht darüber hinwegtäuschen, daß die Begriffe Tradition und Charisma für die Aufhellung des Phänomens Legitimität viel wichtiger sind, ja Schlüsselbedeutung haben. Wir müssen ihnen deshalb noch einige Aufmerksamkeit schenken. Es ist notwendig, gedanklich zwischen Tradition als Geltungsgrund und der Tradition, die Geltung erhält, ohne sie recht eigentlich zu begründen, zu unterscheiden, obwohl die Dinge in der Wirklichkeit der Geschichte oft ununterscheidbar ineinander verwoben sind. Tradition als Geltungsgrund heißt, daß etwas gilt, weil es als geltend überliefert wird; weil es vor unserer Zeit auch schon galt. Man mag bezweifeln, daß die Geltung sozialer Ordnungen in diesem strengen Sinn sich allein auf Tradition stützen kann, man mag es insbesondere für Herrschaftsstrukturen bezweifeln. Denn das, was ist oder war, vermag sich nur dadurch, daß es ist oder war, dem Menschen nicht als geltend mitzuteilen. Selbst da, wo Überlieferung ganz offenkundig Geltung begründet, wie etwa im germanischen Rechtsdenken, ist die Überlieferung nicht nur Geltungsgrund, sondern immer auch Indiz für die Geltung des Überlieferten, für seine Übereinstimmung mit der Schöpfungsordnung, der Natur oder wie immer der Urgrund der Dinge genannt werden mag.

Tradition, die Geltung erhält, ohne sie zu begründen, ist demgegenüber ein universales Phänomen. Die Zuschreibung von Legitimität vollzieht sich nicht durch immer neue Entscheidungen, sondern einmal vollzogene und akzeptierte Entscheidungen werden auf dem Wege der Überlieferung übernommen. Darüber kann der eigentliche Geltungsgrund weitgehend aus dem aktuellen Bewußtsein herausgleiten, und es ist dann in der Tat Tradition allein, die die gleichsam erstarrten Geltungsüberzeugungen in Kraft hält. Alle Gesellschaftsordnungen tendieren auf diesen Zustand hin; jede Legitimitätsüberzeugung, die längere Zeit wirksam bleibt, erreicht ihn, so daß Legitimität kraft Tradition im Grunde, etwas überspitzt formuliert, nichts anderes ist als die Stabilitätsphase jedes legitimen Systems. Man kann vermuten, daß Gesellschaften Geltungsvorstellungen überhaupt nur dann dauerhaft aufrechtzuerhalten vermögen, wenn sie es dahin bringen, daß prinzipiell Überlieferung allein ihre Anerkennung sichert. In diesem Sinn ist es bereits ein Hinweis auf eine Krise, wenn die Frage nach dem eigentlichen Geltungsgrund wieder scharf ins Bewußtsein tritt, in der Regel präsentiert von Angreifern, die die Legitimität des Systems bezweifeln. Die Möglichkeit, Geltungsvorstellungen allein durch Überlieferung zu sichern, erwächst aus der Neigung des Menschen, in Wertorientierungen, in die er hineingewachsen ist, zu verharren. Neue Legitimitätsideen vermögen sich deshalb immer nur allmählich, über Generationen hinweg, durchzusetzen. Daraus ergeben sich Friktionen, wenn revolutionäre Umbrüche politische Systeme plötzlich verändern. *Ferrero* hat auf sie mit dem Begriff der Vorlegitimität aufmerksam gemacht[21], mit dem er Phasen kennzeichnet, in denen nach solchen Umbrüchen

[21] Macht, S. 220.

die Regeln der neuen Ordnung schon mehr oder minder freiwillig befolgt werden, die Überzeugung von ihrer Rechtmäßigkeit sich aber noch nicht voll durchgesetzt hat.

Läßt sich die Feststellung, daß Geltung kraft Überlieferung nicht so sehr ein eigener Legitimitätstypus, sondern eher ein Aspekt jeder legitimen Ordnung ist, auch auf jenes Phänomen übertragen, das *Max Weber* mit Charisma meint? Spielen nicht in allen Herrschaftssystemen personale Qualitäten bei der Begründung von Herrschaftsansprüchen eine Rolle? Der Begriff des Charismas bezeichnet geheimnisvolle, nicht erwerbbare personale Kräfte, die unabhängig von allen geltenden Ordnungen, unter Umständen und häufig auch gegen sie, Vollmacht verleihen. Diese Kräfte weisen sich dadurch aus, daß sie zu überzeugen vermögen. Sie müssen spontan erfahren und anerkannt werden. Vielleicht wäre es überhaupt richtiger, den Träger eines Charismas nicht von irgendwelchen Eigenschaften her, sondern durch die Art seines Anspruchs und die Kraft, diesen Anspruch durchzusetzen, zu bestimmen. Im Charismaträger tritt ein Geltungsanspruch in einzigartiger, personalisierter Gestalt in Erscheinung, sei es, daß er als Prophet einer Offenbarung, als Vollstrecker einer geschichtlichen Notwendigkeit oder als Verkörperung der Nation (man denke an *de Gaulle* im Jahr 1940) gilt. In all diesen Fällen ist er gleichsam ein Berufener, hinter dem etwas steht, was ihm Vollmacht verleiht. Es ist aber auch vorstellbar, daß das Genie als solches, ohne Rückbezug auf irgendeine — und sei es auch nur innergeschichtliche — Transzendenz, durch sich selbst, durch seine das Menschenmaß übersteigende Schöpfungs- und Zerstörungskraft seinen Herrschaftsanspruch zu begründen vermag; vorstellbar freilich nur als ein sozusagen idealer Grenzfall. *Napoleon I.* dürfte eine der Gestalten sein, an die hier zu erinnern ist. Hier wie dort jedenfalls vermag der Träger des Charismas als Person eine Herrschaftsordnung zu legitimieren, er ist nicht darauf angewiesen, daß eine geltende Ordnung seinen Herrschaftsanspruch legitimiert.

An diesem Punkt zeigt sich, daß charismatische Qualitäten und andere personale Qualitäten, die bei der Rechtfertigung von Herrschaft eine Rolle spielen, nicht in einem Atemzug genannt werden können. Auch nichtcharismatische personale Qualitäten können für die Legitimierung von Herrschaft große Bedeutung haben und etwa bei der Regelung des Zugangs zu Herrschaftspositionen Berücksichtigung finden, sei es in Gestalt rechtlich fixierter Bedingungen, sei es in Gestalt von Leitbildern im gesellschaftlichen Bewußtsein, sei es auch nur in der Gestalt faktischer Anforderungen, die an den Bewerber gestellt werden. Aber sie vermögen nie aus sich heraus Herrschaftsvollmacht zu verleihen; im Gegenteil, ihre Relevanz für die Zuweisung von Herrschaftspositionen leitet sich aus den geltenden Ordnungsvorstellungen ab. Ihr Beitrag zur Rechtfertigung des Systems ist sozusagen instrumentaler Natur. Dem Charismaträger fällt Herrschaft als Person zu, er setzt als Person in Kraft, was gelten soll. Jeder andere Herrschaftsträger ist Repräsentant einer Ordnung, die ihn bevollmächtigt, deren Geltung seine Herrschaftsvollmacht erst begründet. Was an Qualitäten von ihm gefordert ist, bindet ihn gerade in die geltende Ordnung hinein, und macht ihn nicht souverän gegenüber allen Bindungen, wie es der Charismaträger ist.

Max Weber hat einige Verwirrung dadurch gestiftet, daß er die These vertrat, demokratische Herrschaft sei wesentlich auf charismatische Legitimität gegründet [22]. Er stützte diese These vor allem auf das Argument, daß die Wahl nichts anderes als die Fortentwicklung der Akklamation sei, und Akklamation ist für ihn die Urform der Anerkennung charismatischen Herrschaftsanspruches. Dagegen sind geschichtswissenschaftliche und theoretische Einwände vorzubringen, die hier nur angedeutet werden können: Die allgemeine Wahl ist keineswegs aus Akklamationspraktiken entstanden. Und im Selbstverständnis der Demokratie kommt der Wahl eine Funktion zu, die mit Akklamation wenig zu tun hat. Es bleibt aber die Frage, ob Wahlen faktisch dahin tendieren, Akklamationscharakter anzunehmen; anders, nämlich im Sinne Max Webers, ausgedrückt: ob Systeme, die sich für die Auslese ihrer Führer allgemeiner Wahlen bedienen, die Tendenz haben, Führer mit charismatischen Eigenschaften hervorzubringen, das heißt Führer, deren Anspruch auf Herrschaftsvollmacht als in ihrer Person selbst legitimiert erscheint. Die Schwierigkeiten, die der empirischen Überprüfung einer entsprechenden Hypothese entgegenstehen, liegen auf der Hand. Aber dies läßt sich aufgrund unserer Begriffsbestimmungen bereits sagen: Die Tatsache, daß für Wahlentscheidungen in Demokratien die Persönlichkeit der konkurrierenden Parteiführer immer bedeutsamer zu werden scheint, besagt an sich noch nicht viel. Erst wenn es zu einer Konfrontation zwischen dem Herrschaftsanspruch des gewählten Führers und den normativen Prinzipien des Systems käme, ließe sich — vielleicht — feststellen, inwieweit Legitimität auf die Person als solche gegründet ist.

Gegenüber einem allzu leichtfertigen Aufspüren charismatischer Legitimität in der Demokratie skeptisch zu sein, heißt nun freilich keineswegs zu verkennen, daß Spuren charismatischer Legitimität in jeder politischen Ordnung auftreten können. Daß er die Möglichkeit eröffnet, solche Elemente zu erfassen, ist vermutlich sogar die wichtigste Leistung des Begriffes. Insbesondere in Herrschaftssystemen, deren Geltung umstritten oder jedenfalls nicht allzu tief verwurzelt ist, kommt es zu Personalisierungen der Legitimität in der Art, daß Herrschaftsträger über Herrschaftsvollmacht gleichsam aus eigenem Recht zu verfügen scheinen; mit der widersprüchlichen Doppelwirkung einer Stärkung und Schwächung des Systems zu gleicher Zeit. Man denke an *Hindenburgs* Präsidentschaft in der Weimarer Republik oder *de Gaulles* Präsidentschaft in der französischen V. Republik.

Die Typisierung von Legitimitätsgründen, die *David Easton* vorschlägt [23], läßt sich in gewisser Weise zu dem, was wir über Tradition und Charisma gesagt haben, in Beziehung setzen. *Easton* unterscheidet zwischen ideologischer, struktureller und personaler Legitimität. Wie immer die Vorzüge und Mängel dieses Schemas im einzelnen zu bewerten sind, die Deutung liegt jedenfalls nahe, daß der Begriff Ideologie die Vielfalt möglicher Geltungsüberzeugungen erfaßt, auf die Legitimität gegründet sein kann, während die Kategorien strukturelle und personale Legitimität jene universalen, mit jeder Geltungsüberzeugung sich verbindenden Prozesse der Befestigung der Herrschaft bezeichnen, die wir unter die Begriffe Tradition und Cha-

[22] Wirtschaft und Gesellschaft, S. 198 f.
[23] A Systems Analysis of Political Life, S. 286 f.

risma subsumiert haben. Daß charismatische und personale Legitimität im Prinzip das gleiche meinen, liegt auf der Hand (wenn *Easton* auch den Weberschen Begriff als Verengung auf einen Spezialfall kritisiert). Der Begriff ›strukturelle Legitimität‹ zielt auf den Tatbestand, daß von einer politischen Ordnung als solcher, wenn sie fest in einer Gesellschaft verankert ist, unabhängig von allen wertorientierten Begründungen eine Legitimationswirkung ausgehen kann, die auf sie selbst zurückwirkt. Analysierte man die Bedingungen, unter denen das geschieht, so würde vermutlich eine enge Verwandtschaft mit dem, was uns als legitimierende Kraft der Tradition beschäftigt hat, sichtbar werden.

Weniger Schwierigkeiten als die drei Typen *Max Webers* scheint auf den ersten Blick *Sternbergers* Unterscheidung zwischen numinoser und bürgerlicher oder pragmatischer Legitimität aufzuwerfen [24]. Sie orientiert sich an der Frage, ob Herrschaftsordnungen ihre Rechtmäßigkeit aus göttlicher Stiftung oder aus menschlicher Vereinbarung herleiten. Numinose Legitimität in diesem Verständnis kann einer Herrschaftsordnung zuteil werden durch die Göttlichkeit des Herrschers oder durch göttliche Abkunft des Herrscherhauses, durch göttliche Stiftung des herrscherlichen Amtes oder durch die Offenbarung göttlichen Willens, die Auserwählten, Propheten, eben durch das Wissen um den göttlichen Willen Legitimierten, widerfährt. Was aber hat es mit der menschlichen Vereinbarung auf sich?

Zunächst einmal ist festzustellen — und das ist ein fundamentaler qualitativer Unterschied zur Kategorie der numinosen Legitimität —, daß sie ihre Geltung nicht durch sich selbst zu begründen vermag. Wer ›Gott‹ sagt, setzt damit die Gültigkeit aller göttlichen Emanationen. Wer von menschlicher Vereinbarung spricht, hat über die Frage, weshalb sie gelten solle, noch nichts ausgesagt. Wenn nun Vereinbarung auf Begründung ihrer Geltung angewiesen ist, so kann unbedingte Geltung nie aus Vereinbarung hervorgehen, ein Resultat, das übrigens ebensogut aus dem Begriff der unbedingten Geltung abgeleitet werden kann. Da Legitimität aber durch Rückbezug auf unbedingt Geltendes entsteht, kann Vereinbarung oder Zustimmung zwar Legitimitätsbedingung, nie aber Geltungsgrund der Legitimität sein. Anders ausgedrückt: Vereinbarung oder Zustimmung kann zur Bedingung der Möglichkeit legitimer Herrschaftsausübung erklärt werden; aber daß sie dies ist, läßt sich letztlich nie aus Vereinbarung herleiten.

Dies vorausgeschickt, stellt sich die Fage, was denn mit »Vereinbarung« als Charakteristikum der bürgerlichen Legitimität gemeint sein kann. Der Satz, bürgerliche Legitimität sei gegeben, *"when a system of goverment is based on agreement between equally autonomous constituents who have combined to cooperate towards some common good"* [25], erinnert an die Formeln des rationalistischen Naturrechts, an die Herleitung der Legitimität von einer Ursprungsvereinbarung. Aber dieses Denkschema war nie mehr als eine gedankliche Notlösung in einer bestimmten geistesgeschichtlichen Situation und vermag schon seiner logischen Struktur nach gar keine legitimierende Kraft zu entfalten: Jene anthropologischen Prämissen,

[24] Vgl. oben Anmerkung 14.
[25] Artikel "Legitimacy" in der International Encyclopedia of the Social Sciences, Bd. 9, S. 245.

aus denen es die Legitimationswirkung der Stiftungsvereinbarung herleitet, heben notwendigerweise die Verbindlichkeit dieser Vereinbarung auch wieder auf. Es kann also mit der Ausdrucksweise »Herrschaftsordnung, die auf Vereinbarung beruht« nur ein Prozeß des ständigen Sich-Vereinbarens gemeint sein, Zustimmung als kontinuierliche Partizipation. Und Legitimität aufgrund von Vereinbarung wäre Legitimität, die aus solchen Prozessen hervorgeht, nicht aus einer Stiftungsvereinbarung. Wenn bürgerliche Legitimität dies meint, dann bezeichnet der Ausdruck offensichtlich einen sehr relevanten, freilich auch sehr spezifischen Legitimitätstypus, dem insbesondere auch die neuzeitliche Demokratie zuzuordnen ist. Aber ebenso offensichtlich ist dann auch, daß bürgerliche Legitimität und numinose Legitimität keine Komplementärbegriffe sind.

Stehen nicht die beiden Typen für eine Unterscheidung von grundsätzlicherer und in der Tat umfassender Art: Herrschaftsordnungen und Herrschaftspositionen, die unabhängig von aller menschlichen Entscheidung als vorgegeben gelten, auf der einen Seite und Herrschaftsordnungen, die den Menschen als ihren Schöpfer voraussetzen [26]? Herrschaftsordnungen der ersten Kategorie sind keineswegs nur die numinos sanktionierten, sondern alle, die Herrschaftspositionen auf vorgegebene Qualifikationen gründen.

Solche Qualifikationen können biologischer Art sein; es kann sich um Einsicht in den Gang der Geschichte handeln, wie denn etwa die kommunistischen Parteien, dort wo sie regieren, ihren Herrschaftsanspruch auf die These gründen, daß sie als Partei und nur sie das Ziel der Geschichte und den Weg dorthin kennen; oder auch um eine spezifische geschichtliche Berufung, wie sie Führer aller Schattierungen immer für sich in Anspruch genommen haben. Selbst das Recht des Stärkeren, wo es — in welcher Umkleidung auch immer — als Quelle der Legitimität geltend gemacht wird, ist eine Qualifikation dieser Art. *Sternberger* hat manche dieser Phänomene noch als dem numinosen Legitimitätstypus zugehörig zu deuten versucht, indem er von Legitimität sprach, die sich aus Inspiration [27] und der Exegese kanonisierter Texte herleite. So fruchtbar diese Begriffe für die Deutung bestimmter Herrschaftsvorgänge auch sind, die Kategorie der numinosen Legitimität dürfte hier doch weit überfordert sein.

Herrschaftssysteme, die den Menschen als ihren Schöpfer voraussetzen, für die gleichsam der Mensch die Verantwortung übernimmt, wären nach der eben eingeführten Umschreibung alle die Ordnungen, in denen es keine auf vorgegebene Qualifikationen gegründeten Herrschaftspositionen gibt; die ihre Geltung auch nicht auf solche Positionen zurückführen. Wo keine — mindestens im Kern — apriorisch

[26] Für *Sternberger* verkörpert *Locke* den Umbruch von der numinosen zur bürgerlichen Legitimität, die Herrschaft auf Vereinbarung gründet. Geht man wie wir davon aus, daß der Schritt von der Vorstellung, Herrschaftsordnungen seien vorgegeben, zu der Vorstellung, Herrschaftsordnungen seien auf menschliche Entscheidung gegründet, entscheidend sei, so wird ganz deutlich, daß der Prozeß des Wandels schon im 16. Jahrhundert in vollem Gang ist und keineswegs in einem einzelnen Denker erfaßt werden kann.

[27] Als Beispiel für die Inanspruchnahme unzweifelhaft numinoser Legitimität aufgrund von Inspiration wäre *Cromwell* zu nennen.

legitimierte Herrschaftsstruktur gilt, bleibt in der Tat, so scheint es, kein anderer Weg zur Begründung legitimer Herrschaft als der Weg des einverständlichen Handelns. Denn es gibt dann keine andere Möglichkeit, das je Rechtmäßige ausfindig zu machen, als den Einsatz der Vernunft.

Wir sind in einer bewußt unschärferen Formulierung zum Gedanken der Vereinbarung zurückgekehrt. Unschärfer deshalb, weil es notwendig ist, sich von allen naturrechtlich-rationalistischen Assoziationen freizumachen; und weil auch jene andere, spezifischere Interpretation des "*goverment based on agreement between equally autonomous constituents*" [28] hier zu eng ist. Sie erfaßt einen Kernbereich des Legitimitätstypus, um den es hier geht, aber sie erfaßt ihn nicht ganz. Vernunftbegründete Herrschaftsvollmachten etwa angesichts bestimmter geschichtlicher Aufgaben, die sich auf Anerkennung stützen können, aber in keinerlei formalisiertem Konsensverfahren wurzeln, sind ein durchaus eigenes Phänomen.

Die Unterscheidung zwischen Geltungsgrund und Legitimitätsbedingungen als Verfahrensregeln für die Bestellung und Ausübung legitimer Herrschaft — Strukturelementen also der Herrschaftsordnung selbst —, auf die wir im Verfolg der Analyse gestoßen sind, führt zu der Frage, ob es sinnvoll ist, eine Typologie orientiert an solchen Verfahrensregeln zu entwerfen. *Ferrero,* dessen Schema freilich schon auf den ersten Blick seine Verworrenheit verrät, scheint dergleichen im Auge zu haben, wenn er von Erblichkeit und Wahl als Legitimitätsprinzipien spricht [29]. Nun sind die Verfahrensregeln zur Bestellung von Herrschaft ohne Zweifel in jedem Herrschaftssystem Strukturelemente, die sehr eng mit den jeweils geltenden Legitimitätsvorstellungen zusammenhängen. Denn sie haben ja die Legitimität ausgeübter Herrschaft zu vermitteln. Man könnte auch sagen: In ihnen tritt die Legitimitätsidee in Erscheinung.

Keine Legitimitätsidee vermag Herrschaft konkret zu legitimieren, wenn sie sich nicht in solchen Verfahrensregeln verdinglicht. An dem Prozeß der Durchsetzung solcher Regeln, als Regeln der Herrschaftsnachfolge etwa, wird besonders deutlich, welch entscheidende Bedeutung das Phänomen der Legitimität für die Kulturentwicklung hat, indem es die Möglichkeit schafft, Konflikte von prinzipiell dem Konflikt entzogenen Herrschaftspositionen aus zu regeln. Gleichwohl ist es für eine systematische Betrachtungsweise wenig empfehlenswert, hier anzusetzen. Denn es ist unmöglich, von den Verfahrensregeln allein auf die zugrundeliegenden Legiti-

[28] Für *Sternberger k*ommen als *constituents* nicht nur die Individuen in Betracht, sondern auch Stände und andere Kollektive (Artikel "Legitimacy" in der International Encyclopedia of the Social Sciences, a.a.O., S. 245). Gewiß kann man von "*Government based on agreement*" sprechen, wenn Politik sich als Prozeß der Einigung zwischen solchen, den Einzelnen in seinem Bezug zum Ganzen repräsentierenden Gruppen abspielt. Aber gerade diese Ausweitung des Begriffes macht deutlich, daß nicht die Unterscheidung »numinos — vereinbart«, sondern nur die Unterscheidung »vorgegeben — auf menschliche Entscheidung gegründet« ein sinnvolles Grundschema ergibt. Ständische Ordnungen beispielsweise können ja geradezu Prototypen einer vorgegebenen Ordnung sein.

[29] Er nennt außerdem noch das demokratische und das aristokratisch-monarchische Prinzip (Macht, S. 47 f.). In welchem Sinn diese Prinzipien neben den Verfahrensregeln Wahl und Erblichkeit stehen und mit ihnen ein Kategoriensystem bilden, bleibt unklar.

mitätsvorstellungen zu schließen. Am deutlichsten wird das im Falle der Wahl. Die Prozedur der Wahl spielt in so verschiedenen Zusammenhängen in den unterschiedlichsten Herrschaftssystemen eine Rolle, daß die bloße Feststellung, es werde durch Wahl in Herrschaftspostitionen berufen, noch gar nichts besagt. Man müßte sich dann schon zu einer viel weitergehenden Charakterisierung des Systems entschließen, ein Weg, auf dem wieder die Fassungskraft der entwickelten Kategorien zu sehr eingeengt werden würde.

Auch *Friedrichs* Vorschlag zeichnet sich nicht dadurch aus, daß er als systematische Erfassung des Phänomens ohne weiteres einleuchtet [30]. Wenn er von religiös, philosophisch und traditional begründeter Legitimität spricht, so könnte damit auf Grundmöglichkeiten geistigen Verhaltens in der Begegnung mit der Welt hingewiesen sein. Solchen geistigen Grundverhaltensweisen je spezifische Weisen der Erklärung der Rechtmäßigkeit von Herrschaft zuzuordnen, ist eine fruchtbare Anregung. Aber wie ist die vierte Kategorie zu verstehen, die C. J. Friedrich als auf Erfolg gegründete Legitimität oder an anderer Stelle als "*procedural and pragmatic legitimacy*" [31] kennzeichnet? Jede Legitimitätsidee tritt, wie wir eben gesehen haben, notwendigerweise in bestimmten Verfahren, die den Zugang zu Herrschaftspositionen regeln, in Erscheinung. Die allgemeine, gleiche und geheime Wahl ist unter diesem Gesichtspunkt nicht anders zu beurteilen als die Suche nach dem neuen Dalai Lama oder die Adoptionspraxis der mittleren römischen Kaiserzeit. Der Versuch, einen Legitimitätstypus als "*procedural*" zu beschreiben, kann deshalb nur Verwirrung stiften. Und was den Erfolg betrifft, so gilt ähnliches. Die Überzeugung von der Rechtmäßigkeit einer bestimmten Herrschaftsordnung festigt sich durch Erfolge und sie wird erschüttert durch Mißerfolge. Das gilt ganz allgemein. Darüber hinaus kann man sagen, daß der Erfolg von entscheidender Bedeutung ist für Systeme, die ihren Legitimitätsanspruch erst durchsetzen müssen. Aber Erfolg, oder — wie wir auch sagen können — die Effizienz des Systems, ist doch nie etwas anderes als die sozialpsychologische Bedingung dafür, daß der Geltungsanspruch des Systems seine normative Kraft entfalten kann, er ist nie der Grund dieses Geltungsanspruchs selbst. Selbst wenn man voraussetzt, daß es möglich und sinnvoll sei, einen spezifischen Typus sei es erfolgsbegründeter, sei es »prozeduraler« Legitimität zu konzipieren, bleibt doch immer noch der Einwand, daß dieser Typus sich kaum in das gedankliche Schema, das mit den Kategorien der religiösen, der philosophischen und der traditionalen Legitimität entworfen ist, einfügt, daß er gewissermaßen quer liegt, sich an Ordnungskriterien einer anderen Ebene orientiert.

Typologische Versuche sind kein Selbstzweck. Sie werden sinnvoll nur dadurch, daß sie zur Aufhellung des Phänomens Legitimität beitragen, seine Bedeutung im Gesamtkomplex der politischen Existenz des Menschen sichtbar machen. *Max Webers* Unterfangen, Herrschaftsstrukturen von der Eigenart des sie begründenden

[30] Siehe oben Anmerkung 13.

[31] Man and His Government, S. 236. Im deutschen Text (Politik als Prozeß der Gemeinschaftsbildung, S. 102) heißt es »verfahrensgemäße und pragmatische Legitimität«.

Legitimitätstypus her zu analysieren, ist unter diesem Gesichtspunkt ebenso fruchtbar wie die aus *Sternbergers* Schema entwickelte Unterscheidung zwischen vorgegebenen und »vereinbarten« Herrschaftsordnungen. Aber damit sind die fruchtbaren Möglichkeiten typologischer Überlegungen bei weitem noch nicht ausgeschöpft. Wir wollen diese Überlegungen deshalb — in einem Versuch der Systematisierung — noch etwas über den erreichten Punkt hinaustreiben. Am Anfang muß die Frage nach den letzten Geltungsgründen stehen, auf die Herrschaft bezogen sein kann. Sie lassen sich, so scheint es, in vier Begriffe fassen: Gott, die Natur, die Geschichte und die Vernunft [32]. Natur und Geschichte — als Zyklus oder als determiniert zielgerichteter Prozeß — statuieren Geltung in ihrer Qualität als unabänderliches Sein, Gott und die menschliche Vernunft in ihrer Qualität als entscheidendes Subjekt. Vernunft mag in diesem Schema als eine nur negativ bestimmbare Restkategorie erscheinen. Und sie ist es bis zu einem gewissen Grade auch. Aber wie anders soll man das Phänomen beschreiben, daß Vernunft Geltungen erfaßt, die sie nicht mehr auf einen anderen Grund als eben den der Erkenntnis durch Vernunft zurückzuführen vermag? Muß da nicht die Vernunft selbst als Geltungsgrund verstanden werden; genauer: als Subjekt, das sich in einem dialektischen Zusammenhang von Entscheidung und Erkenntnis zu bewähren hat?
Auf einer zweiten Ebene können wir fragen, auf welche Weise denn Geltung erkannt, erfahren werden kann. Durch Offenbarung, durch Überlieferung oder durch Vernunft ließe sich antworten, Vernunft hier nun freilich ausschließlich als ein Medium der Erkenntnis verstanden, als gleichsam auf eine der beiden eben erörterten Dimensionen verkürzt. Auf eine dritte Ebene schließlich führt uns die Frage, wie denn die Rechtmäßigkeit von Herrschaftsordnungen auf jene letzten Begründungen zurückgeführt werden kann. Und hier drängt sich die Unterscheidung zwischen zwei Möglichkeiten des Bezuges auf. Auf der einen Seite kann eine Herrschaftsordnung in dem Sinn für rechtmäßig gehalten werden, daß ihr selbst, als Struktur, eine nicht weiter ableitbare Geltung zukommt, daß sie selbst unmittelbar auf dem letzten, in Geltung setzenden Grunde ruht — als Teil einer vorgegebenen Weltordnung etwa, als ein Stück des Kosmos, als ursprünglich gerecht. Überwiegend ist in der Geschichte der Menschheit Herrschaft so angesehen worden. Dem steht die Anschauung gegenüber, daß die Rechtmäßigkeit von Herrschaft immer nur abgeleitet sein kann, daß Herrschaftsstrukturen keine ursprüngliche Geltung besitzen, nicht unmittelbar auf jene Geltungsgründe zu beziehen sind, die den Endpunkt des Denkens bilden; daß es, anders ausgedrückt, Normen gibt, die ihnen vorgeordnet

[32] *Carl Schmitts* Dezisionismus erscheint als ein Versuch, Herrschaft ohne jeden Bezug auf herrschaftsbegründende Geltungsvorstellungen zu rechtfertigen; den Geltungsanspruch von Entscheidungen auf ihre eigene Faktizität zu gründen. Im Hinblick auf die Entscheidung des Verfassungsgesetzgebers, in der sich ihm das Problem der Legitimität einer politischen Ordnung darstellt, sagt er: »Diese Entscheidung gilt, weil die politische Einheit, um deren Verfassung es sich handelt, existiert und der Verfassungsgeber Art und Form dieser Existenz bestimmen kann. Sie bedarf keiner Rechtfertigung an ethischen oder juristischen Normen, sondern hat ihren Sinn in der politischen Existenz. Eine Norm wäre gar nicht imstande, hier irgend etwas zu begründen. Die besondere Art politischer Existenz braucht und kann sich nicht legitimieren«. (Verfassungslehre, Berlin und München ^{4}1965, S. 87).

sind, aus denen ihre Rechtmäßigkeit also erst abzuleiten ist. Die Legitimität einer Herrschaftsordnung kann, um es kurz zu sagen, ursprünglich oder abgeleitet sein. Die erste Anschauung ist Ausdruck eines Weltbildes, das den Menschen in seinem Verhältnis zur Welt in verhältnismäßig geringem Maße als Subjekt begreift; Normorientierung ist hier, so könnte man sagen, Einfügung in den Kosmos; die zweite versetzt ihn durchaus in eine solche Subjektstellung. Man könnte auch vom unterschiedlichen Grade der Freiheit beziehungsweise der normativen Fixierung des Menschen in seinem Umgang mit der Welt sprechen, wobei normative Fixierung die Bindung an Geltungen meint, die nicht weiter ableitbar, nicht mehr auf allgemeinere Wertvorstellungen rückführbar sind. In dem Maße, in dem die Qualität unbedingter, der menschlichen Verfügung schlechthin entzogener Geltung wenigen zentralen Wertvorstellungen vorbehalten bleibt, wächst die Freiheit des Menschen — und mit ihr das Risiko des Scheiterns bei der Gestaltung der politischen und sozialen Verhältnisse, in denen er lebt. Der Abbau normativer Fixierungen des menschlichen Verhaltens ist übrigens keineswegs gleichbedeutend mit einer Schwächung normativer Orientierung des Menschen. Das Gegenteil kann der Fall sein. Denn je allgemeiner und konzentrierter Geltungsvorstellungen sind, desto intensiver ist im allgemeinen der Anspruch, den sie stellen. Das christliche Liebesgebot ist so allgemein und prinzipiell formuliert, wie sich ein ethisches Postulat nur denken läßt; es eröffnet einen unendlichen Freiheitsraum, aber in der Intensität seines Anspruchs ist es jeder konkreteren Forderung weit überlegen. Geistes- und sozialgeschichtlich betrachtet ließe sich wohl eine Entwicklungslinie aufzeigen, die von einer gleichsam flächig-detaillierten Fixierung des menschlichen Verhaltens zur Orientierung an immer weniger, immer allgemeineren Geltungsvorstellungen von immer intensiverem Anspruch führt. Eine Krise müßte dann entstehen, wenn der Prozeß der Reduktion nicht mehr durch den Gegenprozeß der Intensivierung ausgeglichen würde.

Die Unterscheidung zwischen Herrschaftsordnungen, denen eine unbedingte Geltung zukommt, und solchen, die Wertvorstellungen höheren Ranges nachgeordnet, und das heißt nichts anderes als instrumental auf sie bezogen, sind, läßt sich verdeutlichen, wenn wir sie durch das Verhältnis zwischen Herrschaftsordnung und Recht noch einmal beschreiben. Recht — verstanden als das, was je und je für gerecht gehalten wird — ist ja nur eine spezifische Erscheinungsform von Geltungsvorstellungen. Hat das Herrschaftsrecht, an das die Legitimitätsfrage anknüpft, so könnte man formulieren, selbst den Rang vorgegebenen — objektiven Rechts? Oder ist Herrschaft nur instrumental auf Recht bezogen, ihre Legitimität nur eine abgeleitete Rechtsgeltung? In seiner extremen Gestalt würde der eine Typus sich darstellen als eine Herrschaftsordnung, in der ursprüngliche Rechtsgeltung allein der Herrschaftsstruktur zukäme, alles Recht also sich aus dem Recht auf Herrschaft ableitet. Dies ist nichts anderes als die Despotie; freilich eine legitime Despotie. Der Gegentypus wäre eine Herrschaftsordnung, in der jede Herrschaftsvollmacht nur nachgeordnete Geltung beanspruchen kann und durch ihre instrumentale Hinordnung auf Recht als Gerechtigkeit legitimiert wird. Recht als Quelle von Herrschaft oder Recht als Ziel von Herrschaft wäre die kürzeste — wohl schon zu stark ver-

kürzte — Formel, auf die der Gegensatz sich bringen ließe. Anders ausgedrückt: normativer Vorrang der Strukturen oder normativer Vorrang der Funktionen.
Die europäische Geschichte ist geprägt von der Spannung zwischen diesen beiden Polen, von einem konfliktreichen Nebeneinander und Ineinander beider Anschauungen. Die mittelalterliche Formel von den zwei Arten der Illegitimität — *«absque titulo»* und *«quoad exercitium»* — spiegelt diese Spannung deutlich wider, indem sie *«titulus»* und *«exercitium»* als zwei ranggleiche, in der göttlichen Weltordnung begründete Rechtskategorien nebeneinanderstellt. Die Rechtmäßigkeit der Herrschaft des mittelalterlichen Königs lag begründet in seinem Recht und in seiner Gerechtigkeit. Wo Legitimität ganz vom Herrschaftstitel her begriffen wird, die Herrschaftsvollmacht also als eine jener Normen erscheint, von denen alle Aussagen über das Gerechte ihren Ausgang nehmen, kann hinter diese Herrschaftsvollmacht nicht zurückgefragt werden. Wird Herrschaft dagegen nur instrumental verstanden, so ist die Herrschaftsstruktur ein rationaler Entwurf. Sie zu finden unter den je gegebenen geschichtlichen Bedingungen, ist eine Aufgabe der Vernunft. Ihre Legitimität erwächst aus der Adäquanz des Entwurfs, gemessen an den primären Geltungsvorstellungen. Wir sind mit diesem Resultat übrigens — von einem anderen Ausgangspunkt herkommend — zu der früher getroffenen Unterscheidung zwischen vorgegebener, menschlicher Verfügung entzogener und »vereinbarter« Herrschaftsordnung zurückgekehrt. Die nicht weiter ableitbare Herrschaftsvollmacht ist ein Stück vorgegebener Weltordnung, und Herrschaftsordnung als rationaler Entwurf ist nur eine andere Umschreibung für jene Souveränität des Menschen, die auch mit dem Begriff des Sich-Vereinbarens gemeint ist.
Mit der Unterscheidung zwischen ursprünglicher und abgeleiteter Legitimität haben wir uns nun auch einen Zugang zu der Frage geschaffen, was denn gemeint sein kann, wenn die Rechtmäßigkeit einer Herrschaftsordnung angefochten wird. Wann immer sozialer Wirklichkeit Rechtmäßigkeit zugesprochen wird, handelt es sich in Wahrheit um zwei Aussagen: Es wird erstens der zugrundegelegten Norm Geltung zugesprochen und es wird zweitens die Realität an der Norm gemessen. So auch, wenn von der Rechtmäßigkeit einer Herrschaftsordnung in ihrer konkreten geschichtlichen Gestalt die Rede ist. Es wird damit die Gültigkeit bestimmter legitimitätsbegründender Normen festgestellt und die Herrschaftsordnung, der aktuelle Herrschaftsanspruch als ihren Anforderungen entsprechend sanktioniert. Das kann nun freilich, wie sich aus unseren Vorüberlegungen ergibt, zweierlei bedeuten: wo der Herrschaftsstruktur selbst nicht weiter ableitbare Geltung zukommt, handelt es sich in der Tat nur um die Anerkennung dieser Geltung und die Beantwortung der Frage, ob der konkret erhobene Herrschaftsanspruch durch sie legitimiert sei. Wo hingegen die Geltung der Herrschaftsstruktur aus vorgeordneten Wertprämissen abgeleitet ist, begegnet uns das Legitimitätsproblem nicht nur auf zwei, sondern auf drei Stufen. Es geht auf der höchsten Stufe um die legitimitätsbegründenden Normen; es geht auf der zweiten Stufe darum, wie eine Herrschaftsordnung beschaffen sein muß, die ihre Geltung auf solche Prämissen gründen will — eine Frage, die sich nicht stellen kann, wo die Herrschaftsordnung selbst vorgegeben ist —, und es geht auf der dritten Stufe wieder um die Prüfung, ob der konkret erhobene Herrschaftsanspruch durch die Herrschaftsordnung legitimiert ist.

Aus dieser Stufenfolge ergeben sich drei Kategorien von Konflikten. Einmal ist da der Konflikt zwischen einander widersprechenden Geltungsvorstellungen, der als internationaler Konflikt — man denke an den Kampf der restaurativen Heiligen Allianz gegen die revolutionären Bewegungen der nachnapoleonischen Zeit in verschiedenen europäischen Ländern, auch an den Ost-West-Gegensatz — oder als innenpolitischer Konflikt bis hin zum Bürgerkrieg ausgetragen werden kann. In dieser Gestalt sind Legitimitätskonflikte, auch wenn sie nicht als solche begriffen werden, jedermann vertraut. Je pluralistischer das Bewußtsein einer Epoche ist, desto häufiger werden sie auftreten. Zum zweiten gibt es Konflikte, die sich an der Frage entzünden, ob ein konkreter Herrschaftsanspruch durch die geltende Ordnung legitimiert sei. Solche Konflikte sind typisch für Herrschaftsordnungen, die das Problem der Herrschaftsnachfolge nicht zulänglich gelöst haben. Das Phänomen der miteinander konkurrierenden Kaiser und Könige in der deutschen Geschichte des Hoch- und Spätmittelalters bietet reiches Anschauungsmaterial. Auch die mittelalterliche Lehre vom Tyrannen, dem *«tyrannus absque titulo»* und dem *«tyrannus quoad exercitium»*, bezieht sich auf diese Ebene des Konfliktes. Und drittens gibt es Konflikte, die sich an der Frage entzünden, welche Herrschaftsstrukturen den Anforderungen der anerkannten Prämissen entsprechen. Die Freiheit, Herrschaftsstrukturen rational auf vorgeordnete Werte hin zu entwerfen, birgt unausweichlich die Gefahr solcher Konflikte. Ja der Legitimitätskonflikt dieser Art erscheint als Mittel, den je adäquaten Entwurf ausfindig zu machen. Je umfassender der Konsens über die letzten, nicht weiter ableitbaren Wertprämissen ist, desto seltener wird der Legitimitätskonflikt als Konflikt zwischen widerstreitenden Geltungsüberzeugungen auftreten, desto weiter wird aber auch der Spielraum für Konflikte auf jener Zwischenstufe. Es ist denn auch dieser Typus von Legitimitätskonflikten kennzeichnend für die moderne Demokratie.

Die geistige Stuktur der Konflikte ist auf den einzelnen Ebenen durchaus unterschiedlich. Nur auf der höchsten Ebene stehen unvereinbare Geltungsüberzeugungen gegeneinander. Die Legitimitätsfrage wird durch Entscheidung für oder gegen bestimmte Werte beantwortet. Wo darüber gestritten wird, ob ein aktueller Herrschaftsanspruch durch die geltende Ordnung legitimiert sei, geht es streng genommen um die Vereinbarkeit bestimmter Fakten mit bestimmten Normen, ein Streit, der freilich notwendigerweise auf die Frage: Was gilt?, auf die Interpretation von Normen also zurückführt. Auch der Streit um die Adäquanz von Herrschaftsstrukturen, die ihre Geltung aus höherrangigen Prämissen herleiten, ist nicht eigentlich ein Konflikt zwischen gegensätzlichen Geltungsüberzeugungen. Es ist ein Konflikt, der die Relevanz von Erfahrungen, die Interpretation der Realität und den Bedeutungsgehalt von Normen gleichzeitig zum Gegenstand hat. Überall da aber, wo es im Kern nicht um die Auseinandersetzung zwischen gegensätzlichen Geltungsüberzeugungen geht, zumal bei Konflikten des zuletzt beschriebenen Typus, ist ein beträchtlicher Spielraum für Bemühungen um eine rationale Lösung gegeben; für deduktive Logik und — vor allem — für das Bemühen der Vernunft, Norm und Erfahrung zu einer konkreten Aussage zu verbinden. Und das heißt, daß auch die analytischen Möglichkeiten der Wissenschaft hilfreich sein können.

III.

Legitimität, so lautete unsere Ausgangsdefinition, ist soziale Geltung, genauer: die Geltung einer Herrschaftsordnung als rechtens. Und weiter: Eine Herrschaftsordnung ist in diesem Sinn legitim, wenn sie von denen, auf die ihr Geltungsanspruch zielt, dafür gehalten wird. Wir haben im Rahmen dieser Begriffsbestimmungen bisher ganz einfach von Geltung oder Geltungsvorstellungen, die allein dem Sozialwissenschaftler das Phänomen Geltung ja faßbar machen, gesprochen. Diese Ausdrucksweise läßt nicht ohne weiteres deutlich werden, daß hinter dem Begriff Geltungsvorstellung ein eher komplizierter Sachverhalt verborgen liegt; der Geltungsanspruch ebenso wie die Anerkennung dieses Anspruches und die Wechselwirkung zwischen beiden Polen. Da Befugnis zu verbindlicher Entscheidung ihrem Wesen nach auf Rechtfertigung angewiesen ist — nicht nur oder primär, weil sie anders nicht dauerhaft sein kann, sondern einfach weil der Mensch, mag er solche Befugnis in Anspruch nehmen oder anerkennen, sie als einer Rechtfertigung bedürftig erfährt —, begründet jede Herrschaftsordnung ihren Anspruch. Sie präsentiert ihn nicht nur, sondern sie legt auch die Gründe seiner Rechtmäßigkeit dar. Diese Selbstdarstellung ins Bewußtsein gehoben, ist es, was man ihre Legitimitätsidee nennen kann. Hinter jedem politischem System, jedem Ordnungsentwurf ist eine Legitimitätsidee zu finden, gleichsam als Kern seiner geistigen Existenz. Auch da, wo sie nicht ins Bewußtsein tritt, ist sie als Möglichkeit, als Keim angelegt.

Die Fähigkeit, Herrschaftsbegründung als eine geistige Aufgabe zu erfassen, auf die Ebene des Bewußtseins zu heben, die Legitimitätsidee ins Leben zu rufen dadurch, daß man den Herrschaftsanspruch artikuliert und deutet, ist durchaus nichts Selbstverständliches. Sie fehlt besonders frühen Kulturen, wo Herrschaft, oft in sakralisierter Gestalt, wie ein Stück Natur hingenommen wird. Der Geltungsanspruch solcher Herrschaft vermag und braucht sich nicht zu artikulieren, er wird nicht befragt. Nicht, als ob hier nicht von Legitimität gesprochen werden könnte. Es kann einer Ordnung Geltung zugeschrieben werden, ohne daß ihr Geltungsanspruch zum Gegenstand der Reflexion wird, ja selbst bevor auch nur Herrschaft als Phänomen gedanklich erfaßt ist. Mit anderen Worten: Legitimität ist ein universales Phänomen. Daß Legitimitätsideen in Erscheinung treten; daß erfahrene Herrschaft und Ordnungsentwürfe auf die Begründung ihres Anspruchs befragt werden; daß in der Antwort auf solches Fragen Herrschaftsansprüche sich zu artikulieren beginnen, geistige Existenz gewinnen — dies ist alles andere als ein universales Phänomen. Es ist ein bedeutender Fortschritt auf dem Wege der Entwicklung politischer Kultur. Es hebt den Menschen auf eine neue Stufe der Bewußtheit. Für das Abendland ist dieser Fortschritt durch das politische Denken der Griechen geleistet worden. Erst wenn die Legitimitätsidee einer Herrschaftsordnung ins Bewußtsein tritt, kann die Legitimität dieser Ordnung zum Gegenstand geistiger Auseinandersetzung werden; kann die Ordnung in ihrer konkreten Gestalt an ihrer eigenen Rechtfertigung gemessen werden. Es sind gerade Epochen voller Konflikte, in denen Legitimitätsideen formuliert und reflektiert werden. Der Angriff auf eine bestehende Ordnung zwingt Angreifer wie Verteidiger, über den Rechtsgrund ihrer Position nachzudenken, ihn ins Licht des Bewußtseins zu heben. Seit die Geistesgeschichte jenen Punkt erreicht hat, auf dem Herrschaftsbegründung als Aufgabe des Denkens erfaßt und in Angriff genommen wird, ist der ständige Prozeß der Entfaltung und Verwerfung von Legitimitätsideen eine der wesentlichen Antriebskräfte der Geschichte.

Die Legitimitätsidee als Artikulation und Explikation eines Herrschaftsanspruches — das besagt, daß wir es mit einer objektivierten Geltungsüberzeugung zu tun haben. Menschliches Denken bringt sie hervor als Vorstellung von dem, was gilt, verleiht ihr aber zugleich eine gewissermaßen selbständige geistige Existenz; jenem Ordnungsentwurf, den zu rechtfertigen sie bestimmt ist, eingestiftet und unabhängig vom aktuellen Bewußtsein. Wenn oben von den beiden Polen einer Geltungsvorstellung die Rede war, so können wir den gemeinten Sachverhalt jetzt auch so formulieren: Legitimitätsüberzeugungen existieren auf zwei Bewußtseinsebenen, in zwei verschiedenen geistigen Aggregatzuständen — als verselbständigte Idee, in der sich ein Herrschaftsanspruch präsentiert und rechtfertigt, und als je aktuelle Antwort des individuellen Bewußtseins auf diesen Anspruch. Indem der Mensch die Notwendigkeit geistiger Herrschaftsbegründung entdeckt und seine Geltungsvorstellungen zu Legitimitätsideen formt, schafft er die Möglichkeit legitimer Herrschaft. Indem er den Geltungsanspruch anerkennt, der in seinem Denken Gestalt gewonnen hat und ihm in einer Herrschaftsordnung gegenübertritt, schafft er Legitimität (und Illegitimität — dort, wo er ihn verwirft) [33].

Es wäre nun ganz falsch, wollte man aus dieser idealtypischen Beschreibung folgern, die Überzeugung von der Rechtmäßigkeit einer Herrschaftsordnung sei nichts anderes als gewissermaßen das Spiegelbild der Legitimitätsidee dieser Ordnung; anders ausgedrückt: Legitimität wachse einer Ordnung einfach und nur dadurch zu, daß ihre Legitimitätsidee anerkannt werde. Zunächst einmal ist zu beachten, daß Legitimitätsideen im Lauf der Geschichte sich oft genug überlagern — für das 19. Jahrhundert etwa ist an die selbständige Wirkkraft des Nationalgedankens neben den rivalisierenden Prinzipien der Volkssouveränität und der monarchischen Souveränität zu denken. Die Legitimitätsidee läßt sich also in der geschichtlichen Wirklichkeit keineswegs immer als konsistenter Satz von Prämissen beschreiben. Wenn wir gleichwohl am Begriff der Legitimitätsidee festhalten, so zeigt sich auf einer zweiten Stufe der Differenzierung: Die Überzeugung, daß die Ordnung, in der man lebt, rechtmäßig sei, hat fast immer verschiedene Wurzeln. Welche Relevanz der Legitimitätsidee zukommt, ist im Einzelfall und je nach der geschichtlichen Situation unterschiedlich. Das wird uns gleich noch beschäftigen. Selbst da, wo sie die Überzeugung von der Legitimität der Ordnung prägt, wird sie in aller Regel nur in einer sehr rudimentären Gestalt im individuellen Bewußtsein auffindbar sein. Solche Überzeugung als ständig sich erneuernde Bereitschaft zur Hinnahme und Anerkennung ist kein Prozeß politischen Philosophierens, jedenfalls in den meisten Fällen nicht. Immer ist auch — in anderem Zusammenhang haben wir das bereits festgestellt — die Macht der Tradition wirksam, nicht selten die Ausstrahlungs-

[33] Die idealtypische Beschreibung läßt den Hinweis auf Frühphasen, in denen die geistige Objektivierung von Geltungsüberzeugungen noch nicht vollzogen worden ist, selbstverständlich unberührt.

kraft einzelner Herrschaftsträger. Und das sind nur die wichtigsten Elemente in einer komplizierten geistigen Gemengelage, auf die wir vermutlich regelmäßig stoßen würden, wenn wir es unternähmen, Legitimitätsüberzeugungen zu analysieren, einer Gemengelage, die in den verschiedenen Schichten einer Gesellschaft sehr unterschiedlich strukturiert sein wird. Davon ist in anderem Zusammenhang noch zu sprechen. Schließlich ist zu bedenken, daß Geltungsvorstellungen oft die Veränderung der Verhältnisse überdauern und, auf eine neue Wirklichkeit bezogen, fortwirken.

Von der Feststellung, daß die individuelle Überzeugung von der Rechtmäßigkeit einer Ordnung aus einem Geflecht von Wurzeln hervorwächst, ist es nur ein Schritt zu der Frage, ob denn eine solche Überzeugung für die Bestimmung sozialen Verhaltens, konkret: des Verhaltens gegenüber jenen Herrschaftsansprüchen, die von einem politischen System ausgehen, entscheidend sei, ja überhaupt eine Rolle spiele. Der radikaleren Frage wollen wir uns zuerst zuwenden. Sie ist offensichtlich nicht ein für allemal zu beantworten. Wo wir in der Geschichte auf sakralisierte Ordnungen stoßen, um nur ein Beispiel zu nennen, ist kaum ein Zweifel daran möglich, daß die Vorstellung von der Heiligkeit der geltenden Ordnung verhaltensbestimmend wirkt. Andererseits gibt es Epochen, an die die Frage nach der Relevanz von Legitimitätsüberzeugungen mit gutem Grund gestellt werden kann. Da ist zumal an unsere eigene Situation zu denken. Es gehört zu den Merkmalen der modernen Industriegesellschaft, daß der Staat — wie immer sein Instrumentarium im einzelnen beschaffen sein mag — die Aufgabe der Regelung des Produktionsprozesses und der Verteilung des Volkseinkommens übernimmt. Ja diese Aufgaben rücken ins Zentrum seiner Aktivität. Das Verhältnis des Einzelnen zum Staat ist primär von der Erwartung materieller Leistungen bestimmt, das heißt es ist von prinzipiell anderer Art als in allen früheren Epochen. Es hat seinen spezifisch öffentlichen Charakter dadurch verloren, daß der Staat zu einer Institution unter anderen wird, die alle den gleichen Auftrag haben: für die Bewahrung und Steigerung des materiellen Lebensniveaus Sorge zu tragen. Es gibt keine klare Grenze mehr zwischen öffentlichem und privatem Funktionsbereich. Ist der Staat aber zu einem Leistungsapparat dieses Typus geworden, so fragt man sinnvollerweise nicht mehr nach der Geltung seiner Ordnung, sondern nach ihrer Effizienz. Ein solcher Leistungsapparat braucht seinen Anspruch auf Organisationsvollmacht nicht normativ zu rechtfertigen; er muß es durch Effizienz tun.

Die Unterscheidung zwischen Legitimität und Effizienz eines politischen Systems, mit der die skizzierte Hypothese arbeitet, scheint ohne weiteres einzuleuchten. Und doch bedarf sie der Erläuterung. Ist die Effizienz eines politischen Systems eine objektive Größe? Heißt über Effizienz urteilen nicht Leistungen am Maßstab bestimmter Leistungserwartungen messen? Und sind Leistungserwartungen, die sich auf ein politisches System richten, nicht notwendigerweise jedenfalls mitgeprägt von jenen Geltungsvorstellungen, auf die das System sich gründet? Wenn dem aber so ist, was folgt daraus für das Verhältnis von Legitimität und Effizienz zueinander? *Seymour Martin Lipset,* der in seinem Aufsatz "*Some Social Requisites of Democracy: Economic Development and Political Legitimacy*" als erster, wie es scheint, die beiden Kategorien systematisch einander gegenübergestellt hat, ist diesen Fragen nicht sehr weit nachgegangen [34]. Dies, obwohl seine Begriffsbestimmungen die Verschränkung der beiden Kategorien deutlich bloßlegen. Er sagt: "*Legitimacy involves the capacity of a political system to engender and maintain the belief that existing political institutions are the most appropriate or proper ones for the society*". Und wenige Sätze vorher: "*By effectiveness ist meant the actual performance, the extent to which it satisfies the basic functions of government as defined by the expectations of most members of a society*" [35]. Lipset fragt nach den Bedingungen der Stabilität demokratischer Systeme, und die Zuordnung der Kategorien Legitimität und Effizienz zueinander erlaubt ihm die Entwicklung eines plausiblen Schemas, wonach Legitimität einen Mangel an Effizienz bis zu einem gewissen Grade zu kompensieren vermag, besonders wichtig also für das Überleben demokratischer Systeme in Zeiten erheblicher Leistungsstörungen ist; während das Zusammentreffen eines Mangels an Legitimität mit nachhaltiger Ineffizienz eine gefährliche, wenn nicht tötliche Krise heraufbeschwören muß. Das Beispiel der Weimarer Republik liegt nahe, auch das der französischen IV. Republik gehört wohl hierher. Über diesen Punkt hinaus führt er seine Überlegungen nicht fort.

Ein interessanter Versuch, die Kategorie der Legitimität durch die der Effizienz gewissermaßen zu ersetzen, findet sich in dem 1936 unter dem Titel »Herrschaft und Legitimität« erschienenen (zu wenig beachteten) Aufsatz des Soziologen *Heinz Otto Ziegler* [36]. Ziegler entwickelt den Gedanken, die soziale Verbindlichkeit einer Herrschaftsordnung könne bereits im Obrigkeits- und Amtscharakter der Herrschaft als solcher begründet sein [37]. Die alltägliche Verwaltung — und Herrschaft trete dem Einzelnen im wesentlichen als Verwaltungstätigkeit entgegen — sei weitgehend als sachimmanente Regelung möglich. Der kontinuierliche Alltagsamtsvollzug, in dem der Staat den meisten Menschen allein erscheine, verleihe ihm eigene Legitimität. Daß die alltägliche Verwaltung sein müsse, damit die Existenz funktioniere, schaffe der herrschaftlichen Gliederung das selbstverdiente Kernstück der Legitimität. Politische Herrschaft ist — jedenfalls im Kern, um mit Ziegler zu sprechen — durch sich selbst gerechtfertigt, genauer: dadurch, daß sie ihrem Wesen nach kontinuierlich bestimmte Leistungen erbringt, auf die der Mensch angewiesen ist, um existieren zu können. Dahinter steht eine Art von objektivem Effizienzbegriff, der aus dem Wesen politischer Herrschaft abzuleiten ist; und diese objektive Effizienz rechtfertigt Herrschaft unabhängig von und vor allen spezifischen Geltungsvorstellungen.

Objektive Effizienz, das heißt nichts anderes, als daß es Leistungserwartungen von

[34] Der Aufsatz erschien zuerst in der American Political Science Review, Bd. 53, S. 69—105. Er ist dann in die Kapitel II und III des Buches: Political Man, New York 1960 (gekürzte deutsche Übersetzung: Soziologie der Demokratie) eingegangen.

[35] "Some Social Requisites of Democracy", S. 86. *Lipsets* Unterscheidung zwischen *effectiveness* und *efficiency in modernization* leuchtet nicht ein.

[36] *Zieglers* Aufsatz erschien als Beitrag zu der Festschrift für Dolenc, Krek, Kuscj, Skerlj, Laibach/Ljubljana 1936. Er ist in der Bundesrepublik anscheinend nur als Sonderdruck greifbar.

[37] »Herrschaft und Legitimität«, S. 74.

hinreichender inhaltlicher Bestimmtheit gibt, mit denen politische Herrschaft schlechthin und immer konfrontiert ist. Und eben dies ist zu bezweifeln. Zwar ist es möglich, eine allgemeine Bestimmung der Funktion von Politik zu geben — etwa der Art, Funktion der Politik sei Sicherung einer Gesellschaft nach außen und Streitschlichtung im Innern, Friedensbewahrung also — aber diese definitorische Reduktion der Politik auf ihren universalen Kern ist eine Reduktion auf formale Kategorien. Leistungserwartungen sind notwendigerweise konkret; nicht Konfliktschlichtung schlechthin wird gefordert, sondern gerechte Konfliktschlichtung. Und mit dem Zusatz »gerecht« sind bereits spezifische Geltungsvorstellungen ins Spiel gebracht. Sie kommen erst recht ins Spiel, wenn wir die Grenzen dieser allgemeinen Funktionsbestimmung überschreiten und uns der Vielfalt möglicher Funktionen politischer Herrschaft, die sie nicht erfaßt, zuwenden. *Ziegler* denkt offensichtlich vor allem an den modernen Staat und dessen Verwaltungsleistungen, ohne die in der Tat Existenz auf dem zivilisatorischen Niveau, das erreicht ist, nicht möglich wäre. Aber ist dieses Niveau, sind diese Leistungsanforderungen nicht durch Erwartungen bestimmt, die durch und durch von spezifischen Geltungsvorstellungen einer besonderen Kultur, einer besonderen geschichtlichen Situation geprägt sind?

Unsere Argumentation hat zu dem Ergebnis geführt: Es gibt keine objektiven, inhaltlich bestimmten Maßstäben der Effizienz, die mit dem Obrigkeits- und Amtscharakter der Herrschaft schlechthin gegeben sind und an denen jede Herrschaft im Kern sich legitimieren kann. Denn: Leistungserwartungen sind von Geltungsvorstellungen geprägt — eine Aussage, die sich ebensogut umkehren läßt: Legitimitätsbegründete Geltungsvorstellungen sagen immer auch, möglicherweise sogar primär, etwas über die Funktionen des politischen Systems aus, ungeachtet der Tatsache, daß die Legitimitätsfrage zunächst auf die Rechtmäßigkeit der Herrschaftsstruktur zielt. Diese Thesen dürfen nun freilich nicht so verstanden werden, als seien alle Leistungserwartungen, die sich auf das politische System richten, direkt oder indirekt aus Geltungsüberzeugungen herzuleiten. Die Intensität normativer Begründung von Leistungserwartungen kann sehr unterschiedlich sein. Sie ist am stärksten, wo die legitimitätsbegründenden Geltungsvorstellungen unmittelbar Maßstäbe zur Beurteilung der durch das politische System erbrachten Leistungen bereitstellen. Hier ist vor allem noch einmal an die »Urfunktion« politischer Herrschaft, die der Streitschlichtung durch Urteil, zu erinnern. In aller Regel wird Streitschlichtung an verhältnismäßig konkreten Gerechtigkeitsvorstellungen gemessen. Am anderen Ende der Skala finden wir Leistungserwartungen, die in keinem irgendwie bedeutsamen Zusammenhang mit normativen Überzeugungen mehr stehen. Dazwischen vielfältige Abstufungen.

Aus unseren Überlegungen zur Verschränkung der Kategorien Legitimität und Effizienz folgt natürlich nicht, daß Aussagen über die Legitimität eines politischen Systems und Aussagen über seine Effizienz, gemessen an den je besonderen Leistungserwartungen, nicht voneinander unterschieden werden könnten oder müßten. Daß Erfahrungen mit Hilfe von Geltungsvorstellungen bewertet und eingeordnet werden, hindert nicht, Geltungsvorstellungen und Erfahrungen — also Legitimität und Effizienz — als selbständige Bestimmungsgründe politischen Verhaltens zu behandeln; selbständig — zugleich aber auch in der Weise aufeinander bezogen, daß Effizienz regelmäßig zur Begründung, Festigung, Bewahrung der Legitimität eines politischen Systems beiträgt. Dies notwendigerweise um so mehr, je stärker die Leistungserwartungen normativ begründet sind, aber keineswegs nur insoweit und weil Leistungserwartungen normativ bestimmt sind.

Dieses Resultat erlaubt uns, zu unserer Ausgangsfrage zurückzukehren: Bedeutet das Dominieren von Leistungserwartungen, daß Legitimität als Bestimmungsgrund des Verhaltens gegenüber dem politischen System keine Rolle mehr spielt? Sie ist offenbar nur zu beantworten, wenn wir die Leistungserwartungen, mit denen die industrialisierten Gesellschaften unseres Jahrhunderts dem Staat gegenübertreten, näher analysieren. Diese Analyse wurde wenigstens andeutungsweise mit dem Hinweis in Angriff genommen, der Staat habe vor allem eine umfassende Verantwortung für die Behauptung und Verbesserung des materiellen Lebensniveaus zu tragen. Konkret gesprochen: Daß der Staat ein kontinuierliches Wachstum des Volkseinkommens sichere, Arbeitslosigkeit verhüte und für Stabilität, das heißt ein verhältnismäßig langsames und möglichst kontrollierbares Steigen der Preise sorge — sind das nicht, in rationalisierter Gestalt, die primären Erwartungen der Bürger (wenn man vom Problem der äußeren Sicherheit einmal absieht) und entspricht ihnen nicht im wesentlichen das Selbstverständnis der Politiker? Es erscheint nahezu unmöglich, Prioritäten zu setzen, die mit dieser Zielorientierung in Konflikt geraten könnten. Ist in solchen Erwartungen noch ein normatives Element auffindbar? Auch wer die Frage bejaht, wird dies nur mit Vorsicht und Zurückhaltung tun. Daß wir es in den Industriegesellschaften westlichen Typs nur noch mit Restsubstanzen von herrschaftsbezogenen Geltungsvorstellungen zu tun haben, daran ist kaum zu zweifeln.

Das Fazit, daß Legitimitätsüberzeugungen in diesen Gesellschaften für das politische Verhalten praktisch keine Bedeutung mehr haben, hat *Arnold Gehlen* ziehen wollen [38], wenn er sagt, es scheine so, als ob Herrschaft kraft unbestimmt befristeter Erwartung ihrer sozialeudämonistischen Erfolge als legitim gelten — und das heißt hier einfach: akzeptiert werden — könne. Aber gerade seine Formulierungen geben Anlaß, nun auch die notwendigen Einwände gegen die These, daß Herrschaft sich nicht mehr als Problem der Geltung präsentiere, vorzubringen. Gehlen selbst schränkt seine eben zitierte Bemerkung durch den Zusatz ein »... vorausgesetzt, daß sie [nämlich die Herrschaft] sich selbst dabei minimiert, die Freiheitsrechte ausspart und die allgemeine Reizbarkeit gegen ein zu kompaktes Inerscheinungtreten des ›Staates‹ berücksichtigt« [39]. Dieser Zusatz deutet an, daß

[38] In seiner Besprechung von *J. Winckelmanns:* »Legitimität und Legalität in Max Webers Herrschaftssoziologie«, in: Deutsches Verwaltungsblatt 70 (1953), S. 577. Ausführlicher präsentiert *Gehlen* die gleiche These in seinem Vortrag »Soziologische Voraussetzungen im gegenwärtigen Staat«, in: Beilage zur Staatszeitung für Rheinland-Pfalz, Nr. 1 vom 15. 1. 1956. In etwas veränderter Fassung wieder abgedruckt in: *A. Gehlen:* Anthropologie und Soziologie, Neuwied und Berlin 1963, S. 247—262.

[39] Deutsches Verwaltungsblatt, 70. Jg. (1953), S. 577. Eine fast gleichlautende Formulierung *A. Gehlen:* Anthropologie und Soziologie, S. 255.

es jedenfalls Konstellationen gibt, in denen auch in der modernen Industriegesellschaft die Frage nach der normativen Begründetheit des politischen Systems das Schema Leistungserwartung — Leistungserfüllung durchstößt.

Zwei Konstellationen dieser Art sind ohne weiteres anzugeben:
(1) Je intensiver der Bürger vom politischen System in Anspruch genommen wird, desto weniger genügt die bloße Erfüllung von materiellen Leistungserwartungen zur sicheren Etablierung des Systems; desto mehr ist das System darauf angewiesen, legitimitätsbegründenden Geltungsbehauptungen zur Anerkennung zu verhelfen. Inanspruchnahme meint jede Art von geforderter Leistung für das System; insbesondere auch den Zwang zu politischer Partizipation und zur vollen Identifizierung mit dem System. Der Druck, ständig Legitimität neu nachweisen und befestigen zu müssen, ist für Systeme, die verlangen, daß der Einzelne sich total mit ihnen identifiziert (und die auch aus diesem Grunde totalitär genannt werden könnten), extrem hoch. Der ungeheure Einsatz, mit dem sie unablässig bemüht sind, sich selbst zu rechtfertigen, beweist es.
(2) Die Überlagerung der Geltungsvorstellungen durch bloße materielle Leistungserwartungen wird durchbrochen in Situationen der Krise, die der Bürger als solche wahrnimmt. Dabei ist keineswegs nur an wirtschaftliche Krisen zu denken, in denen der Staat die primären Leistungserwartungen nicht mehr zu erfüllen vermag, sondern auch an Krisen, in die der Staat durch äußere Bedrohung gerät, und an moralische Krisen, wie sie etwa in den Vereinigten Staaten der Vietnam-Krieg und das Rassenproblem heraufbeschworen haben; wie sie überhaupt — in einem weiteren Sinn — in den meisten zivilisatorisch weit fortgeschrittenen Gesellschaften in den letzten Jahren aufgebrochen sind. Schon das Phänomen der moralischen Krise, auf Herrschaftsordnungen bezogen, als solches zeigt, daß Vorstellungen über die Rechtmäßigkeit der Herrschaft vorhanden und wirksam sind. Die Krise vermöchte sie nicht zu aktualisieren, wären sie nicht da.
Die These, die Legitimitätsfrage sei irrelevant geworden, politisches Verhalten orientiere sich nicht mehr an der Vorstellung von der Rechtmäßigkeit oder Unrechtmäßigkeit politischer Systeme, ist also nicht aufrechtzuerhalten. Die Erfahrung lehrt, daß jedenfalls in bestimmten Situationen die Frage, ob Herrschaft legitim ausgeübt werde, ins Bewußtsein tritt, und daß es Minderheiten gibt, für die sie dauernde Relevanz besitzt. Außerdem bewirkt die Konfrontation gegensätzlicher politischer Systeme, die unsere Zeit prägt, daß in ihrer Selbstdarstellung, gleichsam nach außen gewendet, Herrschaft dem Problem ihrer Legitimität Aufmerksamkeit zuwenden, ihm Bedeutung verleihen muß.
Die Feststellung, auch in der Industriegesellschaft beeinflusse die Überzeugung von der Rechtmäßigkeit oder Unrechtmäßigkeit des politischen Systems noch soziales Verhalten, darf nicht so verstanden werden, als sei damit gesagt, die Fügsamkeit gegenüber den Entscheidungen des politischen Systems sei allein oder überwiegend durch diese Überzeugung motiviert. Das ist nicht so; nicht nur in modernen Gesellschaften nicht, sondern prinzipiell nicht. Vor allem *Niklas Luhmann* hat in seinen Analysen des Legitimitätsproblems sehr nachdrücklich auf diesen Tat-

bestand aufmerksam gemacht [40]. Mit Recht hat er darauf hingewiesen, daß politische Systeme nur funktionsfähig sind, wenn ein sehr hohes Maß an Sicherheit besteht, daß ihre Entscheidungen von den Betroffenen akzeptiert werden. Diese Sicherheit wäre niemals gegeben, wenn es im Einzelfall von individuellen Überzeugungen abhinge, ob Entscheidungen angenommen werden oder nicht. Die Verhaltensweisen der Einordnung in ein etabliertes, funktionierendes System müssen deshalb weitgehend als Automatismen verstanden werden. Anders ausgedrückt: Sowohl das politische System als auch der Entscheidungsadressat wären überfordert, müßte die Annahme der Entscheidungen des Systems in jedem Einzelfall spezifisch motiviert werden. Die Ausbildung solcher Verhaltensautomatismen wird, so paradox das klingen mag, durch die Kompliziertheit der Organisation moderner Gesellschaften erleichtert. Je größer die Abhängigkeit des Einzelnen vom politischen System wird, desto mehr wird dieses System dem Einzelnen als vorgegebene Wirklichkeit erscheinen, die ihn unabänderlich umgreift wie die Natur. Er wird sich dessen nicht bewußt, daß es sich in Wahrheit eben nicht nur um Einfügung in eine vorgegebene Wirklichkeit, sondern auch um Anerkennung eines Geltungsanspruches handelt. In politisch sehr einfach strukturierten Gesellschaften, dort, wo die Politik nur sehr wenige Funktionen hat, scheinen Legitimitätsvorstellungen — erstaunlicherweise, so möchte man sagen — viel mehr im Vordergrund des Bewußtseins zu stehen.

Luhmann hat aus dem skizzierten Tatbestand — davon war zu Beginn der Abhandlung schon die Rede — die Konsequenz gezogen, der Begriff der Legitimität solle nicht mehr den engen Tatbestand der sozialen Geltung als rechtens (die die Fügsamkeit gegenüber dem politischen System gar nicht erkläre) bezeichnen, sondern das Phänomen der Bereitschaft, die Entscheidungen des Systems zu akzeptieren, ganz allgemein [41]. Seine Aufmerksamkeit gilt demgemäß der Frage, durch welche Mechanismen das politische System diese Bereitschaft beim Einzelnen hervorbringt und erhält. Sein Fazit, Legitimität — in dem von ihm definierten Sinn — resultiere aus einem Prozeß der ständigen Umstrukturierung von Erwartungen, anders ausgedrückt: aus einem sozialen Lernprozeß, wirft freilich die Frage auf, ob diese Vorstellung das System und den Einzelnen nicht genauso überfordert wie das von ihm kritisierte Konzept.

Wir haben uns bereits in den Ausgangsüberlegungen dafür ausgesprochen, an der konventionellen Definition des Begriffes Legitimität festzuhalten. Ist dieses Votum nun aber nicht durch unser ambivalentes Resultat in Frage gestellt, Legitimität sei zwar bedeutsam für soziales Verhalten, aber nicht in dem Sinne, daß Fügsamkeit gegenüber den Entscheidungen des politischen Systems im Einzelfall regelmäßig durch die Überzeugung von seiner Rechtmäßigkeit motiviert sei? Läßt sich unsere Grundthese, die Unterscheidung zwischen legitimen und illegitimen Herrschaftsansprüchen sei eine Bedingung der Möglichkeit verbindlicher Entscheidungen in

[40] Vor allem in: Legitimation durch Verfahren, wo diese Beobachtung den Ausgangspunkt der Argumentation bildet. Auch schon in: Grundrechte als Institution, Berlin 1965, S. 144.
[41] Legitimation durch Verfahren, S. 27 f., 35.

Kollektiven, noch aufrechterhalten? Sie läßt sich aufrechterhalten. Es ist kein vernünftiger Zweifel daran möglich, daß Verhaltensmuster, die eine Annahme der Entscheidungen des politischen Systems ohne spezifische Motivation bewirken, sich nur dann einüben und tradieren lassen, wenn die Überzeugung von der Rechtmäßigkeit eben dieses Systems wirksam ist [42] — wirksam freilich eher in einer Art von kollektiven Hintergrundbewußtsein als im individuellen Alltagsverhalten. Man könnte auch sagen: Auf politische Systeme bezogene Geltungsvorstellungen sind eher potentielles, das heißt unter bestimmten Bedingungen mobilisierbares, als aktuelles Bewußtsein. Je stärker die Belastungen sind, denen ein politisches System ausgesetzt ist (genauer: denen das politische System den Einzelnen aussetzt), desto mehr hängt die fortdauernde Wirksamkeit der Verhaltensmuster automatischer Einfügung von den zugrundeliegenden Legitimitätsüberzeugungen ab. Aktualisiert bis zu dem Punkt, wo sie individuell verhaltensbestimmend wirken, werden Legitimitätsüberzeugungen vor allem im Konfliktfall; da, wo man aus etablierten Ordnungen ausbricht, und da, wo man für bedrohte Ordnungen einsteht — da also, wo die Chance und die Notwendigkeit einer Entscheidung sich auftun. Schließlich bleibt zu bedenken: Hinter der Überzeugung von der Rechtmäßigkeit oder Unrechtmäßigkeit politischer Systeme steht die Idee, daß Herrschaftsansprüche — Ansprüche fremden Willens auf Vorrang — der Rechtfertigung bedürfen; daß sich dem Menschen — anders ausgedrückt — die Probleme der Organisation seiner sozialen Existenz normativ präsentieren. Das heißt nichts anderes, als daß Legitimitätsüberzeugungen einem existenziellen Orientierungsbedürfnis entsprechen — unabhängig davon, in welcher Weise sie im einzelnen verhaltensbestimmend wirken — und eben dadurch zu bedeutenden Antriebskräften der geschichtlichen Entwicklung werden können und immer wieder geworden sind.

IV.

Es ist im Zuge unseres Gedankenganges andeutungsweise davon die Rede gewesen, daß Legitimitätsvorstellungen vermutlich nicht für alle Schichten einer Gesellschaft in der gleichen Weise relevant seien. Die Vermutung, daß Führungsminderheiten sich stärker an Legitimitätsüberzeugungen orientieren als der Bevölkerungsdurchschnitt, folgt schon aus der Tatsache, daß Politik selbst nur im Bewußtsein dieser Minderheiten als ein existenzbestimmender Faktor ständig gegenwärtig ist [43].

[42] Zu der durch das Phänomen Legitimität ermöglichten Ausbildung von Verhaltensmustern loyaler Hinnahme herrschaftlicher Entscheidungen, ohne die die Kosten der Durchsetzung von Entscheidungen unerträglich hoch wären, siehe auch *K. W. Deutsch:* Politische Kybernetik, S. 180 f., 188 f. *Friedrichs* Formulierung, legitime Herrschaft sei wirksamer als nicht-legitime (Politik als Prozeß der Gemeinschaftsbildung, S. 105), ist zu unscharf.

[43] Auf die im folgenden berührten Fragen ist neuerdings die empirische Demokratieforschung gestoßen, als sie dem Problem des ideologischen Konsenses in Demokratien nachging. Sie hat festgestellt, daß die Demokratienormen in den politischen Führungsschichten wesentlich fester verankert sind, und hat auf die Bedeutung des Konsenses innerhalb dieser Führungsschichten hingewiesen. Diese Beobachtungen und Schlußfolgerungen sind in den Debatten um das sog.

Wenn die skizzierte Hypothese richtig ist, dann ergibt sich daraus vor allem die Frage: Welche Rolle spielen diese Minderheiten für die Erhaltung und für die Zerstörung von Legitimität? Daß Stabilität und Instabilität politischer Systeme in beträchtlichem Maße von ihnen abhängen, ist nicht zu bezweifeln. So ist das spezifische Legitimitätsbewußtsein derer, die zum Herrschaftsapparat gehören, ein entscheidendes Element der Festigkeit und Leistungsfähigkeit der Herrschaftsordnung. Jede Ordnung ist tödlich gefährdet, wenn sie der Legitimitätsidee, auf die sie gegründet ist, für ihre eigenen Repräsentanten, und seien es auch nur die nachgeordneten, keinen verpflichtenden Rang, keine orientierende Ausstrahlungskraft mehr zu verleihen vermag. Für Armee und Polizei liegt das auf der Hand, für die Verwaltung, die Justiz, nicht zuletzt die Lehrerschaft gilt es gleichermaßen. Auch hier kann die Weimarer Republik als prägnantes Beispiel genannt werden. In der Regel konkretisiert sich die spezifische Verpflichtung und die spezifische Bereitschaft zur Loyalität, die für die Rolle jener Repräsentanten kennzeichnend ist, in besonderen, normativ begründeten berufsständischen Verhaltenskodizes. Solche Verhaltenskodizes haben sich im neuzeitlichen Staat zumal bei den Exekutivbeamten, bei den Richtern und bei den Soldaten entwickelt. Wenn sie sich verselbständigen, ihren Bezug auf die Legitimitätsidee der geltenden Ordnung verlieren, als in sich selbst gegründete Regeln aufgefaßt und praktiziert werden, so ist das meistens ein Indiz dafür, daß die Intensität der Legitimitätsüberzeugungen innerhalb des Herrschaftsapparates nicht sehr groß, möglicherweise gefährlich gering ist. Die Bürokratie des modernen Staates, die notwendigerweise am stärksten von der Vorstellung geprägt ist, legitime Herrschaft könne nur im Gewand der Legalität in Erscheinung treten — eine für hoch entwickelte Gesellschaften prinzipiell zutreffende Vorstellung —, läuft übrigens auch am ehesten Gefahr, die Erscheinungsweise von legitimer Herrschaft mit ihrem Geltungsgrund zu verwechseln.

Die Tendenz qualifizierter Minderheiten, sich stärker als die Bevölkerung im allgemeinen an Legitimitätsüberzeugungen zu orientieren, wirkt sich natürlich nicht nur zugunsten etablierter Herrschaft aus. Man ist geneigt zu sagen: eher im Gegenteil. Denen, die als Repräsentanten einer Herrschaftsordnung auch deren Legitimitätsideen bewußt repräsentieren, stehen jene gegenüber, die — von anderen Wertprämissen geleitet — Zweifel und Alternativen formulieren; die im Namen einer anderen Legitimitätsidee die überlieferten Legitimitätsvorstellungen angreifen. Auch hier handelt es sich um eine Minderheit. Angriffe grundsätzlicher Natur auf etablierte Ordnungen, das heißt auf ihre normativen Fundamente, sind in der Geschichte regelmäßig von solchen qualifizierten Minderheiten geistig vorbereitet und durchgefochten worden; nicht von der breiten Masse jener, die das stärkste Interesse an einer Veränderung der Verhältnisse hätten haben müssen. Mit dieser Feststellung ist zugleich gesagt, daß der Konsens über die Legitimität des Systems im Kreis jener Minderheit, die ein unmittelbares und bewußtes Verhältnis zur Politik

»elitäre Demokratiekonzept« scharf angegriffen worden. Siehe dazu *J. W. Protho/Ch. M. Grigg:* "Fundamental Principles of Democracy: Bases of Agreement and Disagreement", in: Journal of Politics 22 (1960), S. 276—294; *R. A. Dahl:* Who governs?, New Haven 1961; *H. McClosky:* "Consensus and Ideology in American Politics", in: APSR 58 (1964), S. 361—382.

hat, einer der sichersten und wichtigsten Pfeiler der Stabilität ist. Erst der Konflikt, der diesen Konsens zerstört, aktualisiert im allgemeinen die Geltungsvorstellungen breiterer Schichten.

Man hat aus der besonderen Rolle, die die politisch artikulierten Minderheiten bei der Entwicklung von Legitimitätsvorstellungen spielen, folgern wollen, es gehe hier überhaupt nur um Angelegenheiten dieser Minoritäten. *Ziegler* spricht von einem Legitimierungsmonopol der städtischen Intellektuellenschicht, die ihren politischen Weltanschauungen Geltung verschaffe, und charakterisiert diesen Zustand als eine typische Minoritätsherrschaft[44]. Dieser fragwürdigen Art von Legitimität hält er die wahre, für die Gesamtheit verbindliche Geltung entgegen. Aber sollte von wahrer, für die Gesamtheit verbindlicher Geltung dann nicht gesprochen werden können, wenn geistige Initiative von Minderheiten ihr den Weg gebahnt hat und sie fortdauernd lebendig erhält? Ist geschichtlicher Fortschritt, soweit er sich als geistige Entwicklung vollzieht, überhaupt anders vorstellbar als durch die schöpferische Kraft von Einzelnen und Minderheiten bewirkt? In Epochen rascher und tiefgreifender Bewegung der Geschichte bestimmen notwendigerweise solche Minderheiten, schöpferisch und epigonal, den Bewußtseinshorizont der Zeit, ohne daß es deshalb sinnvoll wäre, von einem Monopol, das sie innehaben, zu sprechen. Was mit der wahren, für die Gesamtheit verbindlichen Geltung gemeint sein könnte, die nicht von Minoritäten der Gesellschaft aufgeprägt ist, erfährt man nicht recht. Ziegler denkt wohl an Geltung, die aus jener objektiven Effizienz der Herrschaft im Alltag, von der schon die Rede war, erwächst. Mit diesem Gedanken brauchen wir uns hier nicht mehr auseinanderzusetzen. Es bedarf nur der Erinnerung daran, daß wir zu dem Schluß gekommen waren, die Leistungserwartungen einer Gesellschaft, und gerade die normativ begründeten, aus deren Erfüllung Legitimität erwachsen könnte, stünden immer in einem Zusammenhang mit den je besonderen Geltungsvorstellungen. Damit aber stehen wir wieder bei der Frage nach den Bedingungen der Entstehung und der Entwicklung solcher Vorstellungen. Die nackte, um nicht zu sagen primitive Urform des Zieglerschen Angriffs auf das »Legitimitätsmonopol der städtischen Intellektuellenschicht« (der auf einer richtigen Beobachtung beruht) ist die bekannte These, Legitimitätsideen seien nichts anderes als Instrumente der Herrschenden zur Befestigung ihrer Herrschaft. Diese These nimmt nicht zur Kenntnis, daß Legitimität unabhängig von allen Interessen, objektiv, für jedes politische System eine lebenswichtige Funktion erfüllt. Sie identifiziert darüber hinaus in höchst oberflächlicher Weise bestimmte Folgeerscheinungen mit dem Phänomen selbst. Spezifischer gesagt: Sie schließt ohne weiteres von Wirkungen auf Motivationen zurück, ein in der Sozialwissenschaft nicht eben seltener Denkfehler. Sie übersieht, daß die Frage nach der Rechtmäßigkeit von Herrschaft in dem Bedürfnis des Menschen, sich in seinem sozialen Verhalten normativ zu orientieren, wurzelt, und daß dieses Bedürfnis eine Grundbefindlichkeit menschlicher Existenz ist. Gewiß befestigt Legitimität Herrschaft, und ebenso gewiß sind die, die Herrschaft ausüben, an solcher Festigung interessiert. Sie werden sich also

[44] »Herrschaft und Legitimität«, S. 93.

mit den Mitteln, die ihnen zu Gebote stehen, darum bemühen, den Glauben an die Legitimität ihrer Herrschaft zu erhalten. Aber nur so lange hat dieses Bemühen Erfolgschancen, als die Herrschenden selbst von ihrem Recht überzeugt sind. Herrschaftsordnungen verlieren ihre Lebenskraft, wenn vom Glauben der Herrschenden an ihr eigenes Recht nur noch das Interesse an der Erhaltung der Herrschaftspositionen übriggeblieben ist. Zudem geht jede Legitimitätsidee über die bloße Fixierung von Herrschaftspositionen hinaus; und dieser »normative Überschuß«, der in allen herrschaftsbegründenden Geltungsvorstellungen steckt, bindet die Herrschenden. Wenn aber prinzipiell auch von den Herrschenden Legitimität als Geltung erfahren wird, wenn sie zudem notwendigerweise als Ermächtigung und als Bindung erscheint, dann kann Legitimität nicht einfach und nicht einmal primär als Instrument im Dienst von Herrschaftsinteressen verstanden werden. Ganz abgesehen davon — dies ist ein simpler und doch zentraler Einwand —, daß die Idee, Herrschaft könne und müsse normativ begründet werden, ebensoviel verwandelnde wie stabilisierende Kraft birgt.

Wo die These, Legitimitätsideen seien nur die Verschleierung von Herrschaftsinteressen, vertreten wird, wird in der Regel übrigens auch die Möglichkeit, Geltungsvorstellungen mit herrschaftlichen Mitteln gleichsam »zu produzieren« und lebendig zu erhalten, weit überschätzt. Gewiß lassen sich Beispiele für den Versuch von Herrschaftsschichten anführen, Legitimität manipulativ zu erzeugen, entweder durch die Einwirkung auf die herrschenden Geltungsüberzeugungen mit dem Ziel, sie anzupassen, was freilich nur schwer und allmählich zu erreichen ist, oder in der Weise, daß durch systematische Verschleierung der Realität eben diese Überzeugungen zur eigenen Rechtfertigung mobilisiert werden. Aber man vermag solche Situationen nur richtig zu analysieren, wenn man weiß, was Legitimität eigentlich ist, nicht umgekehrt. Anders ausgedrückt: Zum wissenschaftlichen Umgang mit dem Phänomen Legitimität gehört immer auch die Ideologiekritik; aber die Ideologiekritik allein verfehlt den Gegenstand.

Wir brauchen, was wir im übrigen an Antworten im Gang unserer Überlegungen der These, Legitimität sei nur ein Manipulationsinstrument der Herrschenden, entgegengestellt haben, nicht zu wiederholen. Ihre Quintessenz läßt sich, um hinter allen Funktionsbestimmungen den anthropologischen Grundsachverhalt noch einmal sichtbar zu machen, vielleicht so formulieren: Die Unterscheidung zwischen rechtmäßiger und unrechtmäßiger Herrschaft ermöglicht es dem Menschen, den Anforderungen politischer Systeme gerecht zu werden, ohne in Widerspruch zu sich selbst zu geraten.

Guiglielmo Ferrero hat in einer poetischen, dabei durchaus erhellenden Weise beschrieben, was Legitimität für das Zusammenleben der Menschen bedeutet [45]. Furcht, so sagt er, treibe Menschen aus dem anarchischen Zustand in Herrschaftsordnungen. Herrschaft aber müsse notwendigerweise wieder Furcht erzeugen, Furcht der Herrschenden wie der Beherrschten, die nur durch Legitimität überwunden werden könne — Legitimität ermögliche Anerkennung der Ordnung und

[45] Macht, S. 74—78.

Vertrauen zu ihr, sie nehme auch den Herrschenden jenes Gefühl des Bedrohtseins, das sie in Despoten verwandle. »Damit ein Gemeinwesen ohne Furcht leben und durch eine menschliche Ordnung gedeihen kann, muß es einen dieser Geister [d. h. Legitimitätsideen] als Souverän annehmen, muß ihm treu sein und dieses Prinzip mit Redlichkeit, ohne Schliche und Ränke verwenden« [46].

[46] Macht, S. 217.

ABHANDLUNGEN

Das Wort „Politik“ und der Begriff des Politischen *

Dolf Sternberger

Wörter führen Bedeutungen mit sich, doch nicht notwendigerweise Begriffe. Wäre es anders, so entfiele der Grund für die sarkastische Belehrung des Mephisto im Faust: „Denn eben wo Begriffe fehlen, da stellt ein Wort zur rechten Zeit sich ein.“ Es gibt kein Wort ohne Bedeutung, außer für den Fremdling, den jeweiligen Barbaren, der die Sprache nicht versteht. Die Bedeutung ist die Seele des Wortes. Und von dem Wort „Politik“ zu reden, heißt daher unfehlbar, nach seiner Bedeutung, nach seinen Bedeutungen, nach seiner Bedeutungsgeschichte zu fragen, wovon ich sogleich einen skizzenhaften Abriß geben will. Sofern wir aber Wissenschaft treiben, zum Beispiel Politische Wissenschaft, wollen wir uns mit dem Gebrauch der Worte, mit dem Gebrauch des Wortes „Politik“ und des Wortes „politisch“ in allen seinen gewöhnlichen, alltäglichen Bedeutungen nicht zufrieden geben. Wir wollen einen Begriff der Politik, einen Begriff des Politischen entweder finden oder, wenn er sich denn nicht von selber findet, aus der Beobachtung der Erscheinungen, die „politisch“ heißen, sich nicht herleiten läßt, so treffen wir denn wohl eine Entscheidung nach Gutdünken und legen den Begriff selber aus der Macht und Vollmacht des Menschen zur Benennung fest, welche ja auch die Macht und Vollmacht zur Definition einschließt.

Wir sagen in diesem letzteren Falle als Männer der Wissenschaft gewöhnlich nicht, Politik sei dies und das, sondern wir nennten dies und das „Politik“, und beschließen, in der Folge nach solch einer subjektiven Bestimmung zu verfahren. So hat ja, wie jedermann weiß, der große *Max Weber* es gehalten, der ein geradezu besessener Benenner und Definierer gewesen ist und eine ganze Wissenschaft aus solchen definierten Begriffen erbaut oder zusammengesetzt hat in einem wahren Rausch der Nomi-

* Diesem Text liegt ein Vortrag zugrunde, den der Verfasser bei der Verleihung der Ehrendoktorwürde (Dr. phil. h.c.) der Universität Trier dort am 26. Juni 1982 gehalten hat.

nation und des Nominalismus. Man kennt diese charakteristischen Formulierungen – ich will ein Beispiel geben, das mit unserem Hauptgegenstand engen Zusammenhang hat, und zitiere *Max Weber*: „Herrschaft soll heißen die Chance, für einen Befehl bestimmten Inhalts bei angebbaren Personen Gehorsam zu finden.“ Das ist ein Begriff, damit kann man arbeiten. Ein Begriff wie ein blankes Besteck, das Operationen erlaubt, zu Operationen herausfordert. Und das logische und methodische Verfahren scheint auch ganz unwidersprechlich: Der Autor hat ja selber angegeben, was er unter „Herrschaft“ verstehen und verstanden wissen will. Und doch führt ein solcher willentlich festgelegter Begriff, führt zum Beispiel dieser Webersche Begriff der Herrschaft in große Schwierigkeiten und Verwirrungen. Nicht allein gerät er in Konflikt mit der traditionellen Wortbedeutung von Herrschaft, die so viel vom mittelalterlichen „dominium“ angenommen und aufgenommen hat und also sehr viel mehr als bloße Befehlsgewalt, nämlich Verfügungsgewalt bedeutet, Herrschaft über Knechte: das wäre noch zu ertragen, der neue Begriff muß eben die alte Bedeutung in Gottes Namen abschütteln. Aber es gibt auch phänomenale Schwierigkeiten: Soll denn etwa der militärische Vorgesetzte, der ja wohl normalerweise in der Tat die Chance hat, für seine Befehle bei angebbaren Personen, nämlich bei seiner Einheit, Gehorsam zu finden, soll der Feldwebel der „Herr“ seiner Leute heißen? Übt ein Minister Herrschaft über die Beamten aus, denen er Weisungen zu erteilen befugt ist? Übt das Parlament, das Gesetze beschließt mit der Erwartung, bei angebbaren Personen, nämlich bei der gesamten Staatsgesellschaft, Gehorsam zu finden, übt es darum über das Volk Herrschaft aus? Übt ein Gericht Herrschaft aus, weil seine Entscheidung von den Parteien befolgt wird? Oder, Max Weberisch gesprochen, soll das alles wirklich „Herrschaft“ heißen, diese militärische Befehlsgewalt, diese administrative Weisungsbefugnis, dieses parlamentarische Gesetzgebungsamt, diese gerichtliche Entscheidungsvollmacht? Der Begriff schneidet hier eine Fülle von Phänomenen aus, aber er scheint im selben Zuge ebenso viele zu verdunkeln wie zu beleuchten. Und der Begriff treibt zudem auch ein gefährliches Spiel, denn der Nominator kann ja nicht hindern, daß trotz der scharfen Definition, Determination, Reduktion, die er vorgenommen hat, das Wort im allgemeinen Sprachgebrauch die ganze Last der herkömmlichen Bedeutung oder Bedeutungen auch weiterhin mit sich trägt. Und die Wissenschaft kann nicht hindern, daß die Leute, welche diesem Befehl des Vorgesetzten gehorcht, diese Weisungen des Amtsvorstehers ausgeführt haben, diesen Gesetzen gefolgt sind und diese richterlichen Anordnungen anerkannt haben, eines Tages in alledem das Moment der Herrschaft in der herkömmlichen Bedeutung des Wortes wittern und sich über alle diese „Herrschenden“ empören und ihnen den Gehorsam aufsagen, weil sie nicht beherrscht, das heißt unterdrückt sein wollen. Der Begriff, der das Wort benutzt, ohne seine Bedeutungen in ihrem Gehalt und in ihrem Gewicht gebührend zu berücksichtigen, kann, wenn er sich gleichwohl durchsetzt, in der gesellschaftlichen Wirklichkeit großes Unheil anrichten.

Aber das war nur ein Beispiel und ein Vorspiel. Ein Beispiel, wie ich schon sagte, das mit unserem Hauptstichwort „Politik“ immerhin sehr eng zusammenhängt, leider sehr eng zusammenhängt deswegen, weil dieser Begriff der Herrschaft, in *Webers* Politologie, in seiner Systematik der politischen Verbände, eine zentrale Stelle einnimmt: seine Politologie war ja als Herrschaftssoziologie angelegt. Ich möchte aus der Erörterung dieses Beispiels einen Schluß ziehen, eine Maxime ableiten. Es ist die Maxime, daß auch der definierte Begriff, insofern wir auf ihn nicht verzichten können, sich von der Bedeutungsgeschichte des Wortes, auf das er angewiesen bleibt, nicht allzu weit entferne, oder besser gesagt, daß der Begriff sich mit der Bedeutung ins Benehmen setzen, sich mit ihr in ein möglichst günstiges schiedliches Verhältnis setzen sollte. Die Sprache der Wissenschaft besteht übrigens durchaus nicht nur aus definierten Begriffen. Wir haben es jetzt und hier mit humanistischen Wissenschaften zu tun: sie können weithin die Worte nehmen, wie sie kommen, nämlich mit ihren herkömmlichen Bedeutungen und auch mit der Last ihrer jeweiligen Bedeutungsgeschichte. Es ist nicht nötig, fortwährend zu definieren, aber es ist manchmal nötig. Und nicht einmal nur aus dem wissenschaftlich-technischen Interesse an der Genauigkeit, an der Tauglichkeit des Werkzeugs, vielmehr auch aus einem höheren Interesse, nicht bloß aus dem Interesse an den Mitteln, sondern auch und noch mehr aus dem Interesse an den Zwecken. Begriffe zu bestimmen, wird namentlich dann und dort dringlich, wenn und wo wir erkennen wollen, welches denn eigentlich der Gegenstand und das Ziel unserer wissenschaftlichen Bemühungen sei. So in unserem Falle: was denn das sei, die „Politik" oder das „Politische". Mancher mag vielleicht meinen, das sei keine wissenschaftliche, sondern eine philosophische Frage. Und das will ich auch nicht ganz abstreiten. Aber eine Einzelwissenschaft, die nicht zu einem blinden Herumwühlen in den Tatsachen entarten und so in eine Art von Maulwurfsdasein verfallen will, muß sich doch von ihrem Sinn Rechenschaft zu geben versuchen, sie muß auch selber philosophieren. Wenigstens so viel muß sie philosophieren, daß sie von ihrer eigenen Sache einen Begriff gewinnt. Ich möchte meinerseits nicht auf der Bank der bloßen Methodologen und Nominalisten sitzen, die den Begriff zum Werkzeug erniedrigen und das Wort nur benutzen; ich möchte es eher in dieser Hinsicht mit *Platon* halten, der im „Phaidon" die ungeheure logische Glaubensgewißheit formuliert hat – ich zitiere wörtlich nach Schleiermachers Übersetzung –, „daß der Begriff selbst sich seinen Namen aneignen will für alle Zeit". Es fällt uns gewiß nicht leicht, ein so großes Wort und einen so hohen Anspruch nachzuvollziehen, gar von neuem aufzustellen. Und wir mögen da im Stillen unsere Abstriche machen. Aber im Grunde unseres Herzens ist es dennoch gerade dies und nichts anderes, was uns vorschwebt, wenn wir einen Begriff suchen. Er soll sich seinen Namen aneignen, das heißt, er soll mit dem zugehörigen Wort und seiner Bedeutung verschmelzen, und zwar für alle Zeit, er soll Geltung mitbringen oder Gültigkeit gewinnen. Das ist es, was wir uns erhoffen, was wir uns zu erhoffen wünschen, zu erhoffen wagen auch von einem Begriff des Politischen.

Aber bevor wir den Begriff suchen, wollen wir das Wort „Politik" und die Geschichte seiner Bedeutung rekapitulieren, wenigstens in einigen Zügen[1]. Wir wollen doch den Namen kennen, den nach *Platons* Wort der Begriff sich aneignen soll. Die Geschichte des Wortes Politik ist eine abenteuerliche Geschichte, voller sonderbarer Zufälle und überraschender Wendungen. Das Wort ist im hohen Mittelalter als ein Fremdwort in Europa aufgetreten, fast möchte man sagen, als ein Irrläufer. Seine triumphale moderne Laufbahn, die ihm in allen Sprachen des Okzidents seinen Platz verschafft hat, beginnt mit der Rückkehr der „Politik" des *Aristoteles* und mit ihrer Übersetzung ins Lateinische. Das leistete um das Jahr 1260 der flämische Dominikaner *Wilhelm von Moerbeke*, wahrscheinlich auf die Anregung des *Thomas von Aquin*. Die großen Kommentare, die *Albertus Magnus* und *Thomas von Aquin* und andere Doctores diesem Buch gewidmet haben, fußen sämtlich auf der Übersetzung dieses Wilhelm, der die verhältnismäßig seltene Kenntnis der griechischen Sprache besaß. Und er hat eben diese Fremdwörter in leicht latinisierter Gestalt inmitten seines sonst durchaus lateinischen Textes stehen lassen: politicus, politica, politicum. Nicht immer freilich, manchmal hat er sie auch übersetzt. Das berühmte Zoon politikon zum Beispiel heißt hier animal civile. Das Grundwort polis kehrt durchgängig nur lateinisch als civitas, der polites als civis wieder. Darum haben wir in den modernen Sprachen zwar die City und den Citizen, den Citoyen und die Cité, die Città und den Cittadino, aber die Angelegenheiten dieser Citizens und Citoyens, die Angelegenheiten, Einrichtungen, Bestrebungen, das, was sie betrifft und was sie betreiben, das heißt nicht Zivik, wie es ja auch hätte heißen können, sich hätte entwickeln können, sondern Politik, politics, politique, politica. Diesen adjektivischen Vokabeln seiner griechischen Vorlage gegenüber scheint der mittelalterliche Übersetzer eine gewisse Scheu empfunden zu haben. Vielleicht war er auch manchmal nicht so ganz sicher, was die Wörter eigentlich besagten, und so ließ er sie vorsichtshalber als Fremdwörter stehen. Das ist der erste Zufall, die erste Kuriosität in dieser Wortgeschichte, höchst folgenreich unter anderem deswegen, weil auf diese Art das sprachliche Band zwischen dem Staat, den Bürgern und den staatlich-bürgerlichen Angelegenheiten und Einrichtungen – polis, polites und ta politika – nun in der lateinischen Version und in ausnahmslos allen modernen europäischen Sprachen zerschnitten war: Die Politik, das Politische, der Politiker blieb griechisch, der Staat und die Bürger wurden lateinisch und so auch englisch, französisch, italienisch, spanisch. Das Deutsche muß hier ausgenommen bleiben; wir haben ja nicht von dieser römischen, dieser lateinischen Wurzel unsere einschlägigen Begriffe hergeleitet, sondern den Bürger von der Burg, den Staat vom status. Der bürgerliche oder bürgerschaftliche Ursprung der Politik, heißt das, geriet sprachlich außer Sicht. Er war nicht mehr vernehmlich, nicht mehr hörbar, und ich bin überzeugt, daß diese Absonderung der „Politik" von ihren ursprünglichen Wortverwandten sehr viel dazu beigetragen hat, daß die Bedeutungsgeschichte des Wortes „Politik" so phantastische Sprünge aufweist, daß die „Politik" Bedeutungen annahm, die mit der Welt ihres Ursprungs, also der polis und ihrer politeia, ihrer Verfassung im aristotelischen Verstande, nicht den geringsten Zusammenhang mehr aufweisen. Immerhin hat sich in der scholastischen Tradition, solange man noch den Text des *Aristoteles* oder doch einzelne seiner Formeln und dazu die autoritativen Kommentare, namentlich denjenigen des heiligen *Thomas*, als Orientierung im Sinn behielt, ein Begriff von gemäßigtem, ja, in gewissem Sinne von verfassungsartigem Regiment mit dem Namen des Politischen verbunden. Jedenfalls blieb eine scharfe Unterscheidung gültig zwischen dem Despotischen und dem Politischen, oder wie man auch sagen könnte, zwischen der Politik und der Despotik. „Non est idem principatus, despotica et politica", hieß es im Kommentar des *Thomas*, und das ist die Übersetzung der aristotelischen Entgegensetzung von „arche despotikē" und „arche politikē". Sie hielt sich ungefähr dreihundert Jahre lang; selbst im Werke des *Niccolo Machiavelli* läßt sie sich noch erkennen. Dann erst ging sie verloren. Heutzutage spricht man von despotischer Herrschaft als von einem politischen Phänomen, einer Sorte von Politik, und der Begriff des „politischen Regiments" als einer entschieden nicht-despotischen Regierungsart ist offensichtlich ausgestorben. Alle Systeme heißen politische Systeme, auch die despotischen und tyrannischen, selbst in ihren modernen totalitären Ausprägungen und Zuspitzungen. Im Umkreise seiner institutionellen Bedeutungen hat das Wort „Politik" und „politisch" an differenzieller Qualität seither erheblich eingebüßt, daher auch an normativer Kraft und Farbe, denn *Thomas von Aquin* hatte noch ganz handfest im aristotelischen Sinne erklärt, das politische Regiment sei „praeeminentior", es stehe höher als das despotische. Das Wort „Politik" hat insoweit an Umriß sowohl als an Rang verloren, seine heutige Bedeutung ist vergleichsweise indifferent, unspezifisch und gleichsam anspruchsarm, wenn nicht anspruchs- und maßstablos.

Doch ist die institutionelle Sphäre nicht die einzige, worin das Wort „Politik" semantisch zu Hause ist. Es gibt einen zweiten Kreis von Bedeutungen, einen zweiten Strang der Bedeutungsgeschichte. Ich möchte ihn den intentionalen nennen. Hier handelt es sich nicht um die politischen Phänomene, die vorkommen, sondern um die Politik, die gemacht wird, wozu ein Subjekt gehört, ein persönliches oder kollektives Wesen, das diese oder jene Politik betreibt. Auch diese Gruppe von Bedeutungen, die vor allem dem Hauptwort „Politik" bis auf diesen Tag in allen europäischen Sprachen beiwohnen, scheint auf *Aristoteles*, den latinisierten *Aristoteles*, zurückzugehen, nicht auf die Bücher von der Politik allerdings, sondern auf die Nikomachische Ethik. Da gibt es einen Satz, der in den scholastischen Kommentaren zu hohen Ehren gelangt ist, und worin die politica – das ist die eigentliche Wurzel unseres Hauptworts „Politik", war aber im Urtext ein Adjektiv und war zu ergänzen durch scientia, also zu politica scientia, griechisch episteme politikē –, worin also die politische Wissenschaft oder das politische Wissen als eine Art von Klugheit bezeichnet wird. „Est autem et politica et prudentia idem quidem habitus, wenn sie auch an sich selber in ihrem Wesen nicht dasselbe" seien. Für *Thomas von Aquin*, den Doctor angelicus, war die Klugheit eine Tugend. Er konnte nicht ahnen, daß nachmals gewissermaßen ein Doctor diabolicus zwar nicht verantwortlich war, aber verantwortlich gemacht wurde für den Bedeutungswandel von der Klugheit zur Schlauheit, von der tugendhaften Wissenschaft zur Machttechnik jenseits von Gut und Böse. ich spiele auf den Ruf und die semantischen Folgen des *Niccolo Machiavelli* an, der allerdings seine eigenen Ratschläge durchaus nicht als „Politik" oder „politische Wissenschaft" empfohlen hat, sondern als „arte dello stato", was sich vielleicht am besten mit „Herrschaftskunstlehre" wiedergeben läßt. Auch zu diesem bedeutungsgeschichtlichen Umschwung ist es durch sonderbare Zufälle und historische Verwicklungen und Verwirrungen gekommen, worüber ich mich jetzt nicht weiter verbreiten will.

Wohl sollten wir uns aber deutlich vor Augen führen, daß diese intentionale oder ethische Linie der Bedeutungsgeschichte von „Politik" es ist, die dem Wort zu der unerhört breiten und vielfältigen Anwendbarkeit verholfen hat, die ihm heute eignet. Dahin gehören alle die Namen, unter denen die verschiedenen Zweige moderner Regierungstätigkeit begriffen werden, die Außenpolitik, die Innenpolitik, die Finanzpolitik, die Währungspolitik, die Zinspolitik, die Kulturpolitik, Arbeitsmarktpolitik undsoweiter. Dahin gehören aber auch die Namen ganz bestimmter Handlungsmaximen wie etwa die Integrationspolitik als ein innenpolitischer „habitus" in Hinsicht auf das Ausländerproblem oder die Entspannungspolitik als ein außenpolitischer „habitus' im Verhältnis zu den östlichen Parteidiktaturen. In allen diesen Fällen gilt als Politik ein Verhalten und ein planmäßiges Handeln oder doch die Richtlinie eines solchen, und überall scheint in dem Namen dieses Verhaltens, Planens und Handelns auch die Annahme oder wenigstens eine semantische Erinnerung mitzuklingen, es sei als solches auch klug. Schließlich ist es dahin gekommen, daß der Wortgebrauch jeden beliebigen „course of action", wie das Oxford-Dictionary diese moderne Version des Habitus bezeichnet hat, auch für ein Ergebnis kluger Erwägungen nimmt, gleich ob die jeweilige planmäßige Handlung nützlich oder schädlich, gut oder böse oder gar verbrecherisch ist, vorausgesetzt nur, es ist eine Regierung oder Führung, also eine „politische" Instanz im institutionellen Sinne des Wortes, welche den jeweiligen Plan verfolgt und ausführt. So lesen wir Abhandlungen, die von untadeliger Gesinnung geleitet sein können, sprachlich aber einer entsetzlichen Harmlosigkeit zum Opfer gefallen sind, wenn sie unter dem Titel „Hitlers Rassenpolitik" oder gar „Judenpolitik im Dritten Reich" nichts als menschliche Erniedrigung und Massenmord erörtern. Die semantische Entwicklung kommt hier an einen Punkt, wo der Wortgebrauch alle seine ursprünglichen und vormaligen Bedeutungen zu desavouieren scheint, wo es handgreiflich wird, daß die Sprache imstande ist, an ihrer eigenen Überlieferung Verrat zu üben.

Bei *Goethe* fand ich kürzlich eine tiefsinnige Bemerkung, die diesen Zusammenhang erleuchtet. Ich zitiere sie wörtlich: „Und doch ist jede Wortüberlieferung so bedenklich", sagt *Goethe*, „man soll sich, so heißt es, nicht an das Wort, sondern an den Geist halten. Gewöhnlich aber vernichtet der Geist das Wort, oder verwandelt es doch dergestalt, daß ihm von seiner früheren Art und Bedeutung wenig übrig bleibt." Das ist genau unser Fall. Diese überraschenden Sätze stehen in *Goethes* umfänglichstem Werk, in der Farbenlehre, im historischen Teil. Man möchte sie nach gemachten Erfahrungen nur in einem Punkt ergänzen: es ist nicht nur der Geist, es kann auch der Ungeist sein, der das Wort vernichtet oder dergestalt verwandelt, daß ihm von seiner früheren Art und Bedeutung wenig übrig bleibt.

Wie sollen wir nun von dieser abenteuerlichen, verworrenen und eigentlich eher betrübenden Wort- und Bedeutungsgeschichte den Weg finden zur Bestimmung des Begriffs, zu einer Art von Begriff zudem, die durch die innige Verknüpfung mit dem Worte, durch die dauerhafte „Aneignung des Namens" — mit *Platons* Wort — ausgezeichnet sein soll. Natürlich haben Begriffe, wenn nicht gerade definierte, so doch definible Begriffe, in die Geschichte dieses Namens, in die Bedeutungsgeschichte der Wörter, die von Polis abgeleitet sind, immer hineingespielt. Wir könnten durchaus ein paar derartige festere Bestandteile in der Flüssigkeit entdecken, als welche sich diese Geschichte insgesamt darstellt. Wir könnten sie herausfischen und daraufhin mustern, ob sie für alle Zeiten tauglich sind. Ohnehin hat es sich sehr oft als ein lohnendes Verfahren erwiesen, gerade in der Philosophie, durch den Rückgriff auf ältere, auf antike, gar archaische Bedeutung, der Moderne, den Zeitgenossen einen heilsamen Schreck einzujagen, ihnen die Degeneration fühlbar und bewußt zu machen, welcher die Wörter verfallen. Und auch wir können dieser Versuchung nur schwer widerstehen – gerade in dem Falle, den wir vor uns haben. Auch ich war und bin versucht, den Niedergang zu beklagen, die Verwässerung, den Verlust an Schärfe und Maßstäblichkeit zu verfluchen, den wir wahrnehmen müssen, wenn wir hören, daß die Gelehrten des hohen Mittelalters noch den Unterschied zwischen Politik und Despotik kannten, der uns entglitten ist, daß das politische Verhalten für sie, die es sozusagen eben erst entdeckt hatten unter diesem Namen, eine ethische Kategorie darstellte, einen Bestandteil der Tugendlehre. Wir wollen und sollen diese vergangenen Begriffselemente auch nicht vergessen. Aber sie können uns die eigene Anstrengung doch nicht ersparen. Die alten Begriffe gleichsam herauszuheben und von neuem als solche hochzuhalten, ist eine edle Bestrebung, aber sie teilt mit aller Romantik die Schwäche, die Erkenntnis der gegenwärtigen Phänomene zu erschweren, die doch ein Begriff zu begreifen fähig sein muß, und daher auch den Eingriff zu hindern, welchen die guten Begriffe möglich machen. Wir wollen aber andererseits unseren Begriff nicht durch eine reine Willkürentscheidung konstruieren, ihn nicht jenseits aller wort- und bedeutungsgeschichtlichen Spur in einer kalten Einöde des Geistes wie in einer Mondlandschaft errichten, wie *Carl Schmitt* seinerzeit getan hat mit seiner Begründung des Politischen auf das Freund-Feind-Verhältnis. Wir ziehen es vor, nach einer Synthese zu forschen, die zugleich einen Grundbestand der Überlieferung bewahrt – nicht die ganze Überlieferung, aber immerhin einen Grundbestand davon.

Vor allem sollte unser Begriff des Politischen die zwei Bedeutungskreise miteinander zu verknüpfen erlauben, die wir in der Wortgeschichte aufgefunden haben und die sich übrigens auch lexikalisch in allen europäischen Hauptsprachen wiederfinden, die Kreise der intentionalen und der institutionellen Bedeutungen. Der Begriff soll sie miteinander verknüpfen, weil sie zusammengehören, wie es sich in der Gemeinsamkeit des Namens „Politik" unübersehbar anzeigt. Es gibt eine Menge Definitionen, die es einzig auf die intentionale Seite abgesehen haben, und sie erfreuen sich sogar hoher Popularität. Ich meine alle diejenigen, die es mit Macht und Herrschaft zu tun haben, mit dem Erwerb, der Behauptung, dem Verbrauch von Macht und dergleichen. Oder die sich überhaupt damit begnügten, das Wort „Macht" gleichsam bellend dreimal zu wiederholen, wie *Heinrich von Treitschke* seinerzeit getan hat. Macht ist in allen menschlichen Beziehungen im Spiel. Die Frage bleibt übrig, wozu solche Macht und Herrschaft dienen, wohin sie führen, was daraus werden soll. Kein Machthabender ist allein auf der Welt. Jeder findet sich unter einer Mehrheit oder Vielheit von Machthabenden. So kommt es zwischen Machthabenden zu Konflikten. Konflikte, hören wir sagen, sollen möglichst „politisch" gelöst werden. Wir hören diese Wendung täglich. Sie gibt von der Seite der alltäglichen Bedeutung einen guten Fingerzeig für die Bestimmung des Begriffs. Ein Konflikt soll „politisch" gelöst werden, das heißt offenbar: nicht militärisch, durch Verhandlung, nicht durch wechselseitige Tötung. „Politisch", das heißt offenbar in dieser Bedeutung: friedlich, nicht kriegerisch. Die Verhandlung soll zu einer Vereinbarung führen, und der Vertrag, das Agreement, der Pakt, der am Ende des Prozesses steht, soll ein Element des internationalen Systems werden, also einen institutionellen Charakter gewinnen. Das sind spezifisch politische Begriffe, die Verhandlung, die Vereinbarung, der Friede. „Politisch" ist dasjenige Handeln, das ein Verhandeln selber darstellt oder jedenfalls ermöglicht.

Selbst der Krieg muß zum Frieden führen, sofern und solange er, nach *Clausewitz'* Wort, ein politisches Mittel bleibt. Der Krieg ist freilich kaum je von den Absichten und Plänen einer Seite allein bestimmt, sondern von denjenigen mehrerer kriegführender Parteien, er kann sich verselbständigen, das Ziel des Friedens kann außer Sicht geraten; so wird der Krieg jeden Rest von politischem Charakter einbüßen. Ein Vernichtungskrieg ist kein politisches, sondern ein kriminelles Phänomen. Politisch kann der Krieg nur solange bleiben, als auch die Kriegsgegner, die Feinde, einander ein Grundrecht, ein Existenz- und Freiheitsrecht zubilligen: ohnedem ist kein wahrer Friede möglich. Einige Zuhörer in diesem Auditorium wissen, daß ich diese These und diese Begriffsbestimmung schon vor mehr als zwanzig Jahren einmal vorgetragen habe, wenn auch damals mit anderen Gründen und Methoden. „Der Gegenstand und das Ziel der Politik ist der Friede",[2] hieß es damals, und ich sehe nicht, warum wir heute davon abgehen sollten. Der Friede ist aber nicht das Ergebnis friedfertiger Gesinnung, sondern der Friede ist das Ergebnis politischer Klugheit, „est autem et politica et prudentia idem quidem habitus". Eigentlich definieren sich die beiden Begriffe wechselseitig; wenn das auch den Regeln der Logik zuwiderläuft, es hilft trotzdem zur Erkenntnis. Das Wesen der Politik ist Friede, aber ebenso gilt: Das Wesen des Friedens ist Politik. Das Wort „Friedenspolitik" ist ein Pleonasmus, um das Mindeste zu sagen.

In einem solchen Begriff sind in der Tat Kernstücke der Wort- und Bedeutungsgeschichte aufgehoben. Die Politik des *Aristoteles*, von der sich all dieser Wortgebrauch herschreibt, handelt von der Stadt oder vom Staat als einer Bürgerschaft, von den Verfassungen, von der besten Verfassung, und die Verfassung ist eine Vereinbarung. Alles ist bei *Aristoteles* auf den gerechten Ausgleich der Klassen angelegt, auf den inneren Frieden, und dieses Gebilde, die Polis mit ihrer Politeia, stellt gleichsam eine Insel des Friedens dar im Meer der Geschichte. Viele Leser der „Politik" des *Aristoteles* haben sich durch die Jahrhunderte hindurch darüber gewundert, daß von Krieg und Eroberung und zum Beispiel vom Reich *Alexanders des Großen*, seines Schülers, in diesem Buch keine Rede ist: Es ist davon deswegen nicht die Rede, weil das für *Aristoteles* keine „politischen" Erscheinungen sind. *Aristoteles* hat den Staat als eine Vielheit angesehen. „Eine Vielheit seinem Wesen nach ist der Staat", lautet ein berühmter Satz.[3] Eine Vielheit ist auch und erst recht die internationale Staatenwelt insgesamt. Unser Begriff erlaubt es, das Neueste an das Älteste zu knüpfen. Noch sehen wir nicht die lebenskräftigen wirksamen Institutionen, worin die politischen Intentionen dieser Vielen sich im Wege der freien Vereinbarung ähnlich ordnen wie die der einzelnen, der Gruppen, der Klassen, der Parteien in der Verfassung des Staates. Um es aber am widerspenstigsten Stoff zu exemplifizieren: Der Dauerkonflikt der westlichen und der östlichen Welt, also der mehr oder minder freiheitlichen Verfassungsstaaten auf der einen, der mehr oder minder totalen Parteiherrschaften auf der anderen Seite, soweit diese ungleichen Staatengruppen in unterschiedlich strukturierten Bündnissen organisiert sind, verlangt auch seinerseits eine „politische" Lösung oder doch Hintanhaltung. An der Idee der paritätischen Rüstungsbegrenzung mit wechselseitiger Kontrolle haben wir ein bedeutendes Beispiel, wie die intentionale oder ethische „Politik", das Verfahren der klugen Verhandlung vor dem Hintergrund der drohenden Macht der Waffenpotentiale, übergehen kann und übergehen soll in die institutionelle „Politik": Das Resultat, welches anzustreben ist, kann nur eine Art von vereinbartem internationalem System sein, eine Art gewissermaßen bipolarer Verfassung, wie gefährdet auch immer, ein Friedenssystem auf der Grundlage der wechselseitigen Kriegsdrohung und Kriegsabschreckung. Wenn man sagt, die Atomwaffen seien „politische" Waffen, wie so oft gesagt wird, so will das abermals heißen, sie bewirkten Frieden, wenn auch nur durch Abschreckung vom Kriegführen. Im Grunde galt das übrigens von jeher und von allen Arten Waffen, nur daß die älteren Waffen nicht mit der Drohung der Vernichtung und mit der Gefahr der Selbstvernichtung einhergegangen sind. Die Paradoxie in der Sache ist, daß Waffen, auch Atomwaffen, nur dann „politische" Waffen sein können, wenn sie glaubwürdige militärische Mittel, wenn sie also potentiell kriegswirksam sind. Anders ausgedrückt: Wenn der akute Atomkrieg, wie wir fürchten müssen, das Ende der Politik bedeutet, so kann man sagen, daß ebendeswegen der potentielle Atomkrieg ein Faktor des Friedens sei. Der Einwand, ein solcher bewaffneter Friede sei ein unvollkommener Friede, trifft zu. Indessen, einen vollkommenen, einen absoluten Frieden kann es einzig im Reiche Gottes geben. Der absolute Friede ist ein eschatologischer Begriff. Wir aber suchten einen politischen Begriff oder den Begriff des Politischen. Der Friede der Erlösung kann von Menschen nicht herbeigeführt werden. Menschen ist nur der Friede durch Vereinbarung möglich und allerdings auch aufgegeben: der politische Friede.

Anmerkungen

1 Eine ausführliche Darlegung findet sich im Ersten Teil von „Drei Wurzeln der Politik", Frankfurt 1978.

2 Die Heidelberger Antrittsvorlesung, „Begriff des Politischen", auf die hier angespielt wird, ist jetzt enthalten in „Staatsfreundschaft", Band IV der „Schriften", Frankfurt 1980.

3 1261 a 18

ABHANDLUNGEN

Rationale Herrschaft. Zu einer Kategorie Max Webers

Stefan Breuer

Der erste Abschnitt zeigt, daß rationale Herrschaft keine Institutionalisierung von Zweckrationalität, sondern eine Form sui generis ist, die sich durch eine Kombination von systematischen und voluntaristischen Elementen auszeichnet. Die Entstehung dieser Kombination wird im zweiten Abschnitt auf eine spezifische historische Konstellation zurückgeführt: die Durchsetzung des modernen Kapitalismus in England und die dadurch auf dem Kontinent ausgelösten Modernisierungsschübe im politisch-administrativen System. Im dritten Abschnitt geht es um die Realisierung rationaler Herrschaft, als deren wichtigste Mittel Maschinisierung und Disziplinierung herausgearbeitet werden. Der letzte Abschnitt untersucht im Anschluß an Webers Rechtssoziologie und die neuere rechts- und verwaltungswissenschaftliche Diskussion die möglichen Entwicklungstendenzen rationaler Herrschaft: die Verwandlung der Gesellschaft in eine ‚Gesellschaft der Organisationen' und die damit einhergehende ‚Entzauberung des Staates'.

Einleitung

An Untersuchungen zu Max Webers Begriff der rationalen Herrschaft besteht kein Mangel. Wenn ich sie dennoch um eine weitere vermehre, so deshalb, weil sich die Rezeption durch eine ausgeprägte Selektivität auszeichnet. Juristen und Rechtssoziologen beschränken sich zumeist auf die Erörterung der Rationalisierung des Rechts, ohne die Bürokratiekonzeption mit einzubeziehen. Organisationssoziologen konzentrieren sich auf die letztere, ohne die Rechtssoziologie zur Kenntnis zu nehmen. Noch seltener wird die Brücke zu Webers politischen Schriften oder zur Wissenschaftslehre geschlagen, obwohl beide für ein volles Verständnis der rationalen Herrschaft unverzichtbar sind – von den weiteren Verflechtungen, auf die vor allem Arnold Zingerle aufmerksam gemacht hat, einmal ganz abgesehen (Zingerle 1981: 116–120). Ich will versuchen, diese verschiedenen Fäden unter drei Fragestellungen zusammenzuführen: Worin besteht die ‚Rationalität' rationaler Herrschaft (I)? Wie entsteht rationale Herrschaft (II)? Wie realisiert sich rationale Herrschaft (III)? Abschließend werde ich über Weber hinausgehen und einige der Erosionsprozesse verfolgen, denen die rationale Herrschaft in ihrem klassischen Verdichtungsbereich – dem politisch-administrativen System – heute unterliegt (IV).*

* Für Anregungen und Kritik danke ich Horst Dreier (Würzburg), Hubert Treiber (Hannover) und Rainer Wolf (Düsseldorf).

I. Was ist rationale Herrschaft?

1. Ein großer Teil der Interpreten ist sich einig: der Schlüssel zur Beantwortung dieser Frage findet sich nicht erst in der Herrschaftssoziologie, sondern bereits in den ‚Soziologischen Grundbegriffen'. Rationale Herrschaft ist Herrschaft der Zweckrationalität, wie sie in § 2 von ‚Wirtschaft und Gesellschaft' definiert ist. So sieht es Wolfgang J. Mommsen, wenn er rationale Herrschaft als ein „rein zweckrationales, formell legales Verfassungssystem" charakterisiert (Mommsen 1974: 136; 1974a: 430). So sieht es Jürgen Habermas, wenn er von der „Durchsetzung von Subsystemen zweckrationalen Handelns, und zwar in der Gestalt von kapitalistischem Betrieb und moderner Staatsanstalt" spricht (Habermas 1981, I: 302). Und so auch Niklas Luhmann, demzufolge Weber die spezifische Rationalität sozialer Systeme nach dem Modell der am Zweck-Mittel-Schema orientierten Einzelhandlung versteht und damit freilich auch verfehlt (Luhmann 1983: 91–92). Am klarsten ausgeprägt ist diese Interpretationslinie bei Karl-Siegbert Rehberg, der die ersten drei Kapitel von ‚Wirtschaft und Gesellschaft' im Sinne einer Aufstufung der Grundbegriffe auslegt und die (rationale) Herrschaft als diejenige Kategorie vorstellt, „die alle genannten sozialen Voraussetzungen in einem gesteigert aktionsorientierten" – und das heißt bei Rehberg: technisch-instrumentellen – Sinne zusammenfasse (Rehberg 1979: 214, 203).
Die außerordentliche Bedeutung der Zweckrationalität in Webers Oeuvre läßt sich sicher nicht bestreiten. Die Frage ist jedoch, ob sich die Rationalität der rationalen Herrschaft von ihr her bestimmt. Soweit ich sehe, spricht Weber von Zweckrationalität hauptsächlich auf zwei Ebenen: zum einen bei der Analyse der Formen, in denen sich rationale Herrschaft äußert; zum andern bei der Beschreibung der Motive, die dem Gehorsam zugrundeliegen. Er charakterisiert die Bürokratie als „*das* spezifische Mittel, ‚Gemeinschaftshandeln' in rational geordnetes ‚Gesellschaftshandeln' zu überführen" (WG: 668–669), nennt als besondere Strukturmerkmale derselben „Regel, Zweck, Mittel, ‚sachliche' Unpersönlichkeit" (WG: 677) und schreibt ihr die Fähigkeit zu, durch „*technische* Mittel" die Dinge, Ordnungen und Menschen von außen her zu verändern: „die letzteren im Sinne der Verschiebung ihrer Anpassungsbedingungen und eventuell der Steigerung ihrer Anpassungsmöglichkeiten an die Außenwelt durch rationale Zweck- und Mittelsetzung" (WG: 758). Analog wird das moderne Recht, der „Alltagsfall der legalen Herrschaft" (Speer 1978: 77), als ein rationaler, ‚jederzeit zweckrational umzuschaffender, jeder inhaltlichen Heiligkeit entbehrender, technischer Apparat' bezeichnet (WG: 512), dessen Normen „durch Paktierung oder Oktroyierung rational, zweckrational oder wertrational orientiert (oder: beides), *gesatzt* werden" könnten (WG: 125). – Auf der Seite der Beherrschten stehe dem die Fügsamkeit in zweckrational gesatzte Regeln gegenüber, welche ihrerseits u. a. in zweckrationalen Erwägungen, Nützlichkeitskalkülen und dergleichen wurzele (WG: 759, 16).
Mit diesem Befund ist indes für die Begriffsbestimmung der rationalen Herrschaft noch nicht viel gewonnen. Einmal dahingestellt, ob die Bürokratie angesichts ihres ‚Vielzweckcharakters' überhaupt als zweckrationale Einrichtung bezeichnet werden kann (Luhmann 1983: 96; Tyrell 1981: 40), ist gegen ihre Identifizierung mit rationaler Herrschaft vor allem einzuwenden, daß es sich nur um eine Realisierungsform dersel-

ben handelt, nicht schon um diese selbst (Schluchter 1979: 161). Das gilt auch für das Recht als die Summe der Satzungen, in denen sich rationale Herrschaft artikuliert. Was die Struktur des Rechts selbst betrifft, so hat Weber im übrigen sehr viel stärker die formale Rationalisierung betont als die Zweckrationalität; in der Lehre vom ‚Zweck im Recht', wie sie von der zeitgenössischen Interessenjurisprudenz favorisiert wurde, sah er eher ein Zeichen für den Abbau von Rationalität als für deren Steigerung (Lash 1987: 373).
Auch in bezug auf die Gehorsamsmotive ist festzustellen, daß Weber die Legitimitätstypen scharf von individuellen Handlungsorientierungen wie eingelebte Gewohnheit, aktuelle Gefühlslage und eben auch Zweckrationalität absetzt (Merquior 1980: 93). Im Rahmen einmal etablierter Herrschaftshältnisse mögen diese Orientierungen eine Rolle spielen, doch heißt dies nicht, daß sie für die Herrschaftsordnung als solche konstitutiv seien:

„Eine *nur* aus zweckrationalen Motiven innegehaltene Ordnung ist im allgemeinen weit labiler als die lediglich kraft Sitte, infolge der Eingelebtheit eines Verhaltens, erfolgende Orientierung an dieser: die von allen häufigste Art der inneren Haltung. Aber sie ist noch ungleich labiler als eine mit dem Prestige der Vorbildlichkeit oder Verbindlichkeit, wir wollen sagen: der ‚*Legitimität*' auftretende. Die Übergänge von der bloß traditional oder bloß zweckrational motivierten Orientierung an einer Ordnung zum Legitimitäts-Glauben sind natürlich in der Realität durchaus flüssig" (WG: 16).

Die hier angesprochene Differenz zwischen dem Legitimitäts-Glauben und den verschiedenen Motiven der Orientierung war Weber offenbar außerordentlich wichtig, denn sie findet sich noch an zwei weiteren Stellen. In dem posthum veröffentlichten Aufsatz über ‚Die drei reinen Typen der legitimen Herrschaft' nennt er neben den gerade erwähnten zweckrationalen und traditionalen Motiven noch die rein affektuelle Orientierung und bescheinigt ihnen insgesamt, nur eine relativ labile Begründung von Herrschaft zu ermöglichen (WL: 475). In § 1 der ‚Typen der Herrschaft' erweitert er den Katalog der Bestimmungsgründe für Gehorsam noch um wertrationale Motive und resümiert:

„*Rein* materielle und zweckrationale Motive der Verbundenheit zwischen Herrn und Verwaltungsstab bedeuten hier wie sonst einen relativ labilen Bestand dieser. Regelmäßig kommen andere – affektuelle oder wertrationale – hinzu. In außeralltäglichen Fällen können diese allein ausschlaggebend sein. Im Alltag beherrscht *Sitte* und daneben: *materielles*, zweckrationales, Interesse diese wie andere Beziehungen. Aber Sitte oder Interessenlage so wenig wie rein affektuelle oder rein wertrationale Motive der Verbundenheit könnten verläßliche Grundlagen einer Herrschaft darstellen. Zu ihnen tritt normalerweise ein weiteres Moment: der *Legitimitäts*glaube" (WG: 122).

Damit aber ist klar ausgesprochen, daß es keine Logik der ‚Aufstufung' von den Bestimmungsgründen des sozialen Handelns zu den Typen der Herrschaft gibt. Die vier möglichen Bestimmungsgründe, die Weber gleich zu Beginn von ‚Wirtschaft und Gesellschaft' einführt, sind eben jene, die er in der oben zitierten Passage als unzureichende Basis für eine Herrschaftsstruktur bezeichnet. Sie spielen wohl eine wichtige Rolle und sind selbstverständlich für die Erklärung von Gehorsamsverhältnissen heranzuziehen. Die Legitimität als solche aber begründen sie nicht, weder im Sinne einer ‚Institutionalisierung' noch in dem einer ‚Korrespondenz' oder ‚Wahlverwandtschaft' (Habermas 1981, I: 238; Merquior 1980: 99, 101). Charismatische Herrschaft ist kein Derivat des affektuell bestimmten Handelns, wie schon der Unterschied zwischen dem charismatischen Propheten und dem Magier zeigt, welcher durch die ‚Lehre', also durch rational einsehbare Normen, begründet ist (WG: 323). Dasselbe gilt für die traditionale Herrschaft, die sich nicht bloß auf ‚eingelebte Gewohnheit', sondern auf Geltungsgründe stützt, die durch religiös-metaphysische Weltbilder bereitgestellt werden. Ebensowenig ist die rationale Herrschaft eine Institutionalisierung von Zweckrationalität, sondern eine Ordnung sui generis, zu deren Analyse es eines Perspektivewechsels bedarf: von der ‚vertikalen', mikrosoziologischen, an der Einzelhandlung orientierten Perspektive zur ‚horizontalen', makrosoziologischen, an der Eigenlogik von Ordnungen orientierten Perspektive[1].

2. Die Rationalität der rationalen Herrschaft besteht also nicht in bloßer Zweckrationalität. Worin aber dann? Am angemessensten scheint mir die Explikation zu sein, die Hartmann Tyrell in seiner Studie über den Bürokratietypus entwickelt hat (Tyrell 1981: 45–46). Nach ihr lassen sich aus dem Spektrum der Synonyma und Umschreibungen zwei Schwerpunkte herausschälen: eine erste Bedeutungsvariante, die die spezifisch voluntaristischen und zugleich auf Innovation zielenden Aspekte betont, und eine zweite, die auf ‚Systematisierung, Methodisierung und Vereinheitlichung' abstellt. Für die erste Variante verwendet Tyrell auch den Begriff der Positivierung, der zwar nicht von Weber, sondern von Luhmann stammt, im Kern aber dasselbe meint wie das Webersche Verständnis von ‚Satzung': ein Recht, das als „Auswahl aus anderen Möglichkeiten und damit als jederzeit änderbar erlebt wird" (Luhmann 1981: 24). Während in traditionalen Ordnungen der Gedanke völlig fehlt, „daß man Regeln für das Handeln, welche den Charakter von ‚Recht' besitzen, also durch ‚Rechtszwang' garantiert sind, als *Normen* absichtsvoll schaffen könne" (WG: 401), ist die moderne rationale Herrschaft geradezu durch die Vorstellung definiert, „daß durch formal gewillkürte Satzung beliebiges Recht geschaffen und (bestehendes beliebig) abgeändert werden könne" (WL: 475). Rationalisierung in diesem Sinne bedeutet nach Tyrell eine epochale Freisetzung des Handelns von traditionalen Bindungen, „bedeutet ‚Entbindung und damit zugleich Freigabe einer relativen Beliebigkeit des Handelns, genauer: eines änderungswilligen und innovativen Handelns bei variablen Zwecken" (Tyrell 1981: 46).
Der Aspekt der Systematisierung wird von Weber sowohl in der Herrschafts- als in der Rechtssoziologie hervorgehoben. Schon die erste Fassung der Herrschaftssoziologie stellt als zentrales Merkmal der rationalen Herrschaft heraus, daß sich die Geltung der Befehlsgewalt in einem *System* gesatzter Regeln ausdrücke, welche als allgemeinverbindliche Normen Fügsamkeit fänden (WG: 611). Analog ist in der letzten Fassung von einem *Kosmos* abstrakter Regeln die Rede, der sich in einer spezifischen Rechtsordnung manifestiere (WG: 125). Die Verwandlung des Rechts in ein „geschlossenes, wissenschaftlich zu handhabendes Begriffssystem" (WG: 663) stellt Weber in der Rechtssoziologie als Hauptergebnis der Rationalisierung des Rechts dar:

„Nach unserer heutigen Denkgewohnheit bedeutet sie (scil.: die Systematisierung): die Inbeziehungsetzung aller durch Analyse gewonnenen Rechtssätze derart, daß sie untereinander ein logisch klares, in sich logisch widerspruchsloses und, vor allem, prinzipiell lückenloses System von Regeln bilden, welches also beansprucht: daß alle denkbaren Tatbestände unter eine seiner Normen müssen logisch subsumiert werden können, widrigenfalls ihre Ordnung der wesentlichen Garantie entbehre" (WG: 395; zum Systemgedanken auch Kronman 1983: 87–92).

Die Hervorhebung gerade dieser beiden Aspekte wird in der Literatur häufig zum Anlaß genommen, Max Weber in die Nähe der Begriffsjurisprudenz bzw. des Rechtspositivismus zu rücken (Rehbinder 1963: 482–483, 1987: 141; Loos 1970: 124, 1987: 170; Speer 1978: 77; Roos 1984: 245). Dafür gibt es in der Tat Gründe. Der Gedanke, Recht beruhe auf beliebiger Satzung und sei weder durch Religion noch durch Naturrecht eingeschränkt, zählt zum Grundbestand positivistischer Axiome seit dem frühen 19. Jh., von älteren, zumeist allerdings noch ambivalenten Vorläufern einmal abgesehen (Maus 1986: 16–34; Dreier 1983). Die Vorstellung vom Systemcharakter und von der logischen Geschlossenheit des Rechts war für die Begriffsjurisprudenz essentiell und stand zu Webers Zeit im Mittelpunkt der Bemühungen von Jellinek oder Kelsen, die Rechtswissenschaft als eine autonome, der Mathematik vergleichbare Disziplin zu konstituieren (Wieacker 1967: 400–401; Dilcher 1975: 509; Dreier 1986: 106; Grimm 1987: 356–358; Bobbio 1987). Der These, „daß der Typus der legalen Herrschaft den Rechtsbegriff des rechtswissenschaftlichen Positivismus voraussetzt" (Speer 1978: 77), ist deshalb zuzustimmen.

Wer von Webers Rechtspositivismus spricht, tut dies allerdings gewöhnlich in kritischer Absicht. Der Rechtspositivismus ist nach verbreiteter Überzeugung die Theorie des bloß formellen Rechtsstaates und deshalb mitverantwortlich für die Selbstabdankung der ersten deutschen Republik vor der nationalsozialistischen ‚legalen Revolution'. Daß diese Ansicht einer näheren Prüfung nicht standhält, kann hier nicht dargetan werden (vgl. dazu Rottleuthner 1987; Walther 1988). Nicht unwidersprochen bleiben soll jedoch das Urteil, Weber habe die Legalität zur praktisch-relativistischen Spielregel depotenziert, „deren formale Einhaltung auch material-grundstürzende Änderungen noch als legal erscheinen läßt" (Loos 1970: 134; ähnlich Mommsen 1974a: 429). Webers Feststellung, daß die Regierungsgewalt in einem Verband „die legitime Macht zur Oktroyierung neuer Ordnungen in Anspruch nehmen (kann)" (WG: 27), darf nicht mit einer Rechtfertigung der juristischen Doktrin von der Omnipotenz des einfachen Gesetzgebers verwechselt werden. Anstatt aus der juristischen Legalität umstandslos auf die Legitimität zu schließen oder gar die Legalitätsfeststellung mit der moralischen Verpflichtung zu verbinden, daß den ‚neuen Ordnungen' unbedingter Gehorsam zu leisten sei, hat Weber den Legitimitätsanspruch der Legalität als soziologisches Problem angesehen. Die soziologisch interessante Frage ist für ihn gerade: „wann, für welche Gegenstände und *innerhalb welcher Grenzen* und – eventuell – unter welchen besonderen Voraussetzungen (z. B. Billigung von Göttern oder Priestern oder Zustimmung von Wahlkörperschaften usw.) *fügen* sich dem Leiter die Verbandsbeteiligten und steht ihm der Verwaltungsstab und das Verwaltungshandeln zu Gebote, wenn er ‚Anordnungen trifft', insbesondere Ordnungen oktroyiert" (WG: 27). Aus dem empirisch beobachtbaren Verhalten seiner Zeitgenossen zog Weber den Schluß, daß diese Grenzen außerordentlich weit gezogen waren, und daß neue Ordnungen, wenn sie nur formal korrekt zustandekamen, mit einer hohen Folgebereitschaft rechnen konnten; und nur diese empirische Beobachtung, nicht die Überzeugung von der ‚Richtigkeit' eines solchen Legalismus, führte ihn dazu, die legale Herrschaft als eigenständige Form der Legitimitätsgeltung zu präsentieren. Man muß Legitimität ja nicht so verstehen wie Weber. Aber man sollte dann fairerweise einräumen, daß die vielbeklagte Depotenzierung der Legitimität zur bloßen Legalität nicht Max Weber anzulasten ist, sondern der von ihm beobachteten Praxis. Spätestens die Studien über den autoritären Charakter und das Milgram-Experiment haben gezeigt, wie realistisch (und im übrigen keineswegs bloß auf typisch deutsche Eigenschaften beschränkt) Webers Diagnose ist.

Das gilt um so mehr, als der absolute Legalismus für Weber eher eine Extremposition im Spektrum der rationalen Herrschaft verkörpert. In der Herrschafts- wie in der Rechtssoziologie betont Weber, daß die Regierungsgewalten (‚imperia') im modernen Staat „innere Schranken der Legitimität" hätten (WG: 393). Anordnungen, Befehle, Satzungen gälten hier nur kraft einer Kompetenz, „welche juristisch letztlich stets als auf der Ermächtigung durch die ‚Verfassungs'-Normen der Staatsanstalt beruhend gedacht wird"; dies aber bedeute positiv, „daß sie nicht *nur* die Respektierung oder Realisierung von geltendem objektivem Recht, lediglich deshalb, weil es einmal als solches gilt und erworbene Rechte darauf beruhen, zum Objekt (haben), sondern die Realisierung von anderen, materialen, Zwecken: politischen, sittlichen, utilitarischen oder welchen Charakters immer" (WG: 388). Neue Ordnungen können unter diesen Umständen nicht beliebig erlassen werden, sondern nur „in den dafür kraft gewohnter oder oktroyierter Verfassung eines Verbandes als legitim geltenden Formen" (WG: 396), unter Wahrung der allenfalls für einen neuen Verfassungsgeber disponiblen Verfassung[2]. Wie sonst wäre der Satz zu verstehen, „daß also der typisch legale Herr: der ‚Vorgesetzte', indem er anordnet und mithin befiehlt, seinerseits der unpersönlichen Ordnung gehorcht, an welcher er seine Anordnungen orientiert" (WG: 125)?

Diese Darstellung berührt sich mit der Interpretation Wolfgang Schluchters, nach der man bei Weber zwischen einfacher Satzungskompetenz und diese beschränkenden, höherrangigen ‚Rechtsgrundsätzen' unterscheiden muß (Schluchter 1979: 162). Dem weitergehenden Vorschlag indes, die letzteren im Sinne Hermann Hellers als „Ideen erster Ordnung in einem kulturkreisgebundenen ius naturale" zu fassen (Schluchter 1979: 167–168), vermag ich mich nicht anzuschließen. Es ist richtig, Weber hat dem Naturrecht, insbesondere dem formalen Naturrecht der frühneuzeitlichen Vertragstheorien, einen hohen Stellenwert für die Rationalisierung des Rechts zuerkannt (WG: 497); und es trifft auch zu, daß er z. B. mit Blick auf Rußland eine Durchdringung der Massen mit dem Gedanken der Menschenrechte gefordert hat, denn: was jetzt dem Menschen „nicht als ‚unveräußerliche' Persönlichkeits- und Freiheitssphäre gewonnen wird, das wird ihm – wenn die Welt erst einmal ökonomisch ‚voll' und intellektuell ‚satt' ist, – *vielleicht* niemals erobert werden"[3].

Dieser Forderung des Politikers Weber steht freilich die Einsicht des Wissenschaftlers Weber gegenüber. In der Rechtssoziologie konstatiert dieser ein „Schwinden der alten Naturrechtsvorstellungen", ja eine „fortschreitende(n) Zersetzung und Relativierung

aller metajuristischen Axiome überhaupt". Diese Zersetzung habe die Möglichkeit, das Recht mit einer überpositiven Geltungsgrundlage auszustatten, ein für allemal zerstört und den Vormarsch des Rechtspositivismus unaufhaltsam gemacht (WG: 501). Ursachen dafür seien sowohl der juristische Rationalismus im besonderen als auch der Intellektualisierungsprozeß im allgemeinen, die zu einer grundlegenden Entzauberung der Welt geführt hätten. Liest man diese Ausführungen zusammen mit den bekannten Stellen, an denen Weber vom zunehmenden Schwinden der generellen Voraussetzungen spricht, die eine gewisse Weltwirkung von Religion und Ethik ermöglichen (WG 335; 343; GARS I: 203–204, 564–571), so wird klar, daß es sich nicht um obiter dicta handelt. Weber war ein Schüler Nietzsches und wie dieser davon überzeugt, daß der Prozeß der Rationalisierung mit unwiderstehlicher Gewalt zum ‚Nihilismus' dränge (vgl. zuletzt: Eden 1983; Hennis 1987: 186; Schroeder 1987; einschränkend jetzt Schluchter 1988, I: 83, 191–192, 201–202).
Es wäre indes weit gefehlt, Weber zu unterstellen, er habe Werte damit überhaupt für unvertretbar oder gar überflüssig gehalten. Nihilismus bedeutet ‚Entwertung der Werte' nur in dem Sinne, daß die Werte ihre bisherige objektive Verbürgtheit durch ein religiöses oder ethisches Weltbild verlieren und nicht mehr a priori als gegeben unterstellt werden können. Aus diesem, wenn man so will: objektiven Nihilismus folgt jedoch kein subjektiver Nihilismus, keine ‚wertnihilistische Position' (Loos 1987: 179), sondern nur die Einsicht in die Notwendigkeit, die Werte von nun an „aus der eigenen Brust holen zu sollen in einer Zeit ohnehin subjektivistischer Kultur" (GASS: 420). Die ‚objektivistische Kultur' dagegen, wie sie Webers Schüler Lukács in den ‚seligen Zeiten' der großen Epik gegeben sah, war dahin und weder durch wissenschaftliche Anstrengung noch durch geschichtsphilosophische Deutungen wiederherzustellen:

> „Das Schicksal einer Kulturepoche, die vom Baum der Erkenntnis gegessen hat, ist es, wissen zu müssen, daß wir den *Sinn* des Weltgeschehens nicht aus dem noch so sehr vervollkommneten Ergebnis seiner Durchforschung ablesen können, sondern ihn selbst zu schaffen imstande sein müssen, daß ‚Weltanschauungen' niemals Produkt fortschreitenden Erfahrungswissens sein können, und daß also die höchsten Ideale, die uns am mächtigsten bewegen, für alle Zeit nur im Kampf mit anderen Idealen sich auswirken, die anderen ebenso heilig sind, wie uns die unseren" (WL: 154).

Die Rationalisierung zerstört also keineswegs die Möglichkeit einer Wertorientierung, sondern nur die objektive Geltung der Werte. Sie zerstört allerdings auch, wie das obige Zitat zeigt, die traditionellen Prioritäten, die die religiösen Weltbilder und ihre natur- und vernunftrechtlichen Nachfolger im Reich der Werte hergestellt hatten. Ethische, politische, erotische und ästhetische Werte sind nun nicht mehr in eindeutigen Hierarchien geordnet, sondern kollidieren miteinander. Zwischen ihnen gibt es keine Abstufungen und Relativierungen mehr, sondern nur den „unüberbrückbar tödlichen Kampf, so wie zwischen ‚Gott' und ‚Teufel'" (WL: 507). Das von Weber mehrfach beschworene Bild einer Wiederkehr des Polytheismus zeigt, wie weit entfernt er von wertrelativistischen oder gar indifferentistischen Positionen war: „Die alten vielen Götter, entzaubert und daher in Gestalt unpersönlicher Mächte, entsteigen ihren Gräbern, streben nach Gewalt über unser Leben und beginnen untereinander wieder ihren ewigen Kampf" (WL: 605, vgl. 603, 507; Bruun 1972: 126–131, 190; Schluchter 1988, I: 283–284).

Eine Auflösung dieser Kollision auf der Ebene der Prinzipien hielt Weber für ausgeschlossen. Insbesondere wies er schroff jeden Versuch zurück, mit den Mitteln der Wissenschaft eine Entscheidung über die Höher- oder Niederrangigkeit einzelner Werte herbeiführen zu wollen (WL: 150). In dieser skeptischen oder nonkognitivistischen Haltung gegenüber den letzten praktischen Stellungnahmen liegt ein unüberbrückbarer Gegensatz zu jenen Strömungen der Aufklärung, die im Namen einer Utopie der absoluten Transparenz auch noch die letzten Reservate der Individualität dem Diktat des szientifischen Diskurses unterwerfen wollen. Andererseits sah Weber auf *empirisch-pragmatischer* Ebene sehr wohl die Möglichkeit von Kompromissen (WL: 508; Turner/Factor 1987: 344), und nicht nur die Möglichkeit, sondern auch die Notwendigkeit, weil die Werte rein subjektiv, und das heißt: nicht mehr synthesisfähig, geworden waren. In der politischen Theorie äußert sich dies in der Ablehnung der die letzte Wertbeziehung verabsolutierenden ‚Gesinnungsethik', der Weber die flexiblere, folgenorientierte und allenfalls punktuelle und wechselnde Hierarchisierungen gestattende ‚Verantwortungsethik' entgegensetzt (Schluchter 1980: 57–58, 1988, I: 250–273), ferner in einer klaren Option für den parlamentarischen Verfassungsstaat, welche auch durch die elitentheoretische Engführung desselben in Richtung der plebiszitären Führerdemokratie nicht grundsätzlich geschmälert wird. Nur der parlamentarische Verfassungsstaat bietet nämlich einen Rahmen, in dem sich die gegensätzlichen ideellen (und natürlich auch: materiellen) Interessen artikulieren können, ohne sich wechselseitig zu vernichten; nur der parlamentarische Verfassungsstaat stellt eine Form bereit, in der beides nebeneinander bestehen kann: der tödliche Antagonismus der Prinzipien und der pragmatische Ausgleich auf der Ebene ‚intermediärer' Ziele (Turner/Factor 1987: 347–348). Daß Weber an der Spitze dieses Verfassungsstaates lieber einen Monarchen gesehen hätte, ist richtig; daß er indes die parlamentarisch-demokratischen Verfahren radikal formalisiert und dadurch entwertet hätte (Mommsen 1974a: 422, 437), läßt sich nur dann behaupten, wenn man die Demokratie nicht als Medium des mühseligen Kompromisses, sondern als philosophisches Seminar oder als moralische Bildungsanstalt versteht, die dem Wahren, Guten und Schönen zu dienen habe.

Ich breche den schon etwas unübersichtlich gewordenen Gedankengang ab, um den Bogen zur rationalen Herrschaft zurückzuschlagen. Rationalität, so haben wir gesehen, bedeutet Freigabe einer relativen Beliebigkeit des Handelns. Relativ ist diese Beliebigkeit insofern, als sie für den einfachen Gesetzgeber durch die Vorgaben der Verfassung, für den Verfassungsgesetzgeber durch die Existenz subjektiver Wertorientierungen eingeschränkt wird. Diese letztere darf nicht mit einem Primat der Wertrationalität verwechselt werden, als bezöge sich der Begriff der rationalen Herrschaft „auf die rationale, und zwar auf die *wert*rational orientierte Satzungsherrschaft, die erst in ihrer Entartungsform zur dignitätslosen, wertneutralen, rein *zweck*rationalen formellen Legalitätsherrschaft denaturiert wurde" (Winckelmann 1952: 72–73). Wertrationalität heißt bei Weber: „Geltung des als absolut gültig Erschlossenen" (WG: 19); solche absolute Gültigkeit aber kann es nach der Auflösung des Naturrechts als des reinsten Typus der wertrationalen Geltung nicht mehr bzw. nur noch für das einzelne Subjekt geben. Soweit Werte übersubjektiv gelten, was nach Weber auf alle modernen Verfassungen zutrifft, verdanken sie dies nicht mehr ihren inhärenten, ‚präeminenten' Qualitäten, sondern allein dem Umstand, daß sie durch eine (oktroyierte oder paktierte) Entscheidung gesetzt, eben damit aber im Prinzip auch widerrufbar oder änderbar geworden sind. In diesem Sinne liegt die Rationalität der rationalen Herrschaft nicht in der Wertrationalität, sondern in der Auswahl aus verschiedenen, objektiv kontingent gewordenen Werten. Webers Konzeption rückt damit sehr eng an diejenige Luhmanns, nach der Positivität des Rechts vor allem bedeutet, „daß alle gesellschaftlichen Wertungen, Normen und Verhaltenserwartungen durch Entscheidungsprozesse gefiltert werden müssen, bevor sie Rechtsgeltung erlangen" (Luhmann 1983b: 141).

II. Wie entsteht rationale Herrschaft?

1. Mithilfe dieser Bestimmungen können wir nun an ein Problem herangehen, das Weber offenbar einige Schwierigkeiten bereitet hat: das Problem der historischen Verortung rationaler Herrschaft. Schon eine oberflächliche Zusammenstellung der Fälle, in denen Weber von rationaler Herrschaft spricht, zeigt eine verwirrende Vielzahl. So lokalisiert er den Glauben an die Legalität paktierter Ordnungen bereits bei Naturvölkern, in der Legalitätsethik des antiken Judentums, in der Polis und in der mittelalterlichen Stadt (WG: 20, 812, 568, 534, 538). Von der katholischen Kirche heißt es, sie habe in ungleich stärkerem Maße als andere religiöse Institutionen „den Weg der Rechtsschöpfung durch rationale Satzung" beschritten (WG: 479), von den Patrimonialstaaten des mittelalterlichen Okzidents, sie hätten sich „durch die *formal* rationale Art eines Teils ihres Verwaltungsstabes ... prinzipiell von allen andern Verwaltungsstäben aller politischen Verbände der Erde" unterschieden (WG: 140). Welche Schwierigkeiten der Umgang mit dem Idealtypus der rationalen Herrschaft bereitet, zeigt sich bei so kompetenten Sinologen wie Wolfram Eberhard und Karl Bünger, die das kaiserliche China als einen Staat mit rationaler Herrschaft klassifizieren (Eberhard 1983: 72; Bünger 1980: 455–456).

Ein großer Teil dieser Verwirrungen entsteht dadurch, daß Rationalität auf ihre voluntaristische Komponente verkürzt wird. Willkürliche Satzungen, Befehle, Oktrois, auch bloße Vereinbarungen aber sind so alt wie die Geschichte. Wie Weber selbst betont, zeichnet sich die traditionale Herrschaft durch ein Doppelreich von material traditionsgebundenem Herrenhandeln einerseits und material traditionsungebundenem Herrenhandeln andererseits aus (WG: 130), so daß es nicht schwerfällt, Beispiele für innovatives und änderungswilliges Handeln auch bereits in den frühesten Epochen zu finden (vgl. zuletzt Rückert 1988 m. w. N.). Entscheidend ist jedoch, daß diese Ansätze zur Mobilisierung und Variierung von Recht in vorrationalen Gesellschaften innerhalb eines Horizonts verbleiben, der seinerseits als nicht änderbar und nicht verfügbar gedacht wird. So war im alten China der Kaiser an die kosmische Ordnung gebunden, die für den menschlichen Verstand letztlich als undurchdringlich galt (Needham 1977: 273, 289). So blieb in der antiken und mittelalterlichen Stadt die rationale Satzung durch das Ethos der *philía*, den mos *maiorum* oder die Bindung an die bürgerliche Schwurgemeinschaft beschränkt (Vernant 1973: 260; Bleicken 1975: 68, 393–394; Isenmann 1988: 80–91). Und so übte der mittelalterliche Papst seine *plenitudo potestas* nur im Rahmen des göttlichen und natürlichen Rechts aus, welches als gegeben angesehen wurde: papa vel imperator non sunt supra ius gentium vel naturale (Antonio de Butrio). Das Vorhandensein von bloßen Satzungen oder Befehlen reicht also nicht aus, um von rationaler Herrschaft zu sprechen. Erst wenn das Doppelreich der traditionalen Herrschaft gesprengt ist, wenn das Prinzip der Positivität auch auf die legitimierenden Grundlagen der Normsetzung ausgedehnt, die Ordnung also insgesamt als entscheidungsgesetzt gedacht wird, haben wir es mit einer Konfiguration zu tun, auf die dieser Begriff paßt (Kronman 1983: 55).

Es ist hinreichend bekannt und muß hier nicht noch einmal eigens ausgeführt werden, daß Weber eine solche Konfiguration nur im neuzeitlichen Okzident als gegeben ansah und diesen Umstand auf das singuläre Zusammentreffen verschiedener Faktoren zurückführte: die Konzentration der Gewaltmittel im territorialen Staat; die Existenz eines selbständigen und mächtigen Bürgertums; und die Aktivitäten eines universitätsgeschulten Juristenstandes. Weniger genau pflegt dagegen gesehen zu werden, daß diese Faktoren nicht gleichrangig sind. Die Herausbildung eines über das Gewaltmonopol verfügenden Staates ist zwar eine conditio sine qua non für die Entstehung rationaler Herrschaft, jedoch im Gegensatz zu den beiden anderen Faktoren nichts spezifisch Okzidentales. „Überall", schreibt Weber, „finden wir den Kampf des (politischen oder hierokratischen) Herren mit den Inhabern oder Usurpatoren ständisch appropriierter Herrenrechte" (GARS I: 271), und beinahe überall endet dieser Kampf „mit dem Siege des Herren, und das hieß: der *bureaukratischen Verwaltung*" (WG: 151). Dieser Sieg und die dadurch eröffnete Möglichkeit einer Rationalisierung bedeute jedoch keineswegs notwendig den Übergang zu rationaler Herrschaft. Zu unterscheiden sei vielmehr „zwischen der *materialen* Rationalisierung der Verwaltung und Rechtspflege durch einen Patrimonialfürsten, der seine Untertanen utilitarisch und sozialethisch beglückt so, wie ein großer Hausherr seine Hausangehörigen, und der *formalen* Rationalisierung durch die von geschulten Juristen geschaffene Durchführung der Herrschaft allgemeinverbindlicher Rechtsnormen für alle ‚Staatsbürger'" (GARS I: 272).

Der Grund, weshalb die Rationalisierung der Herrschaft im Okzident formalen Charakter annahm und damit in die Bahnen rationaler Herrschaft einmündete, liegt nach Weber also nicht in der Struktur der Herrschaft selbst, sondern in externen Bedingungen: im Sieg des formalistischen juristischen Rationalismus *und*, wie die Rechtssoziologie ergänzt, im Vorhandensein mächtiger Gruppen von Rechtsinteressenten, „welche an dem rationalen Charakter des Rechts und Prozesses ein starkes Interesse hatten, wie die bürgerlichen Klassen in Rom, im ausgehenden Mittelalter und in der Neuzeit" (WG: 467). Nur diese beiden Kräfte waren nach Weber imstande, die Zentralgewalt aus ihrer gleichsam natürlichen Gravitation zum materialen Rationalismus zu lösen und in eine neue Richtung zu lenken; nur sie waren stark genug, zu verhindern, daß die einmal in Gang gekommene Rationalisierung nur dazu führte, das traditionale Doppelreich zu verstärken oder ihm – durch ‚Erfindung von Tradition' – neue Bestandteile hinzuzufügen (vgl. Hobsbawm/Ranger 1983). Das bürgerliche Klasseninteresse und die Ausdifferenzierung eines autonomen Juristenrechts müssen deshalb nach Weber als die eigentlichen Wurzeln der rationalen Herrschaft angesehen werden.

2. Max Weber hat sich damit begnügt, diese beiden Faktoren zu benennen; um eine genauere Klärung ihres Zusammenhangs hat er sich nicht bemüht. Vielleicht läßt sich jedoch die Hierarchisierung der Variablen noch etwas weiter treiben, wenn man die bürgerlichen Klasseninteressen abstrakter faßt und auf die sie tragenden Strukturen bezieht. Nach Marx, dessen Theorie in diesem Punkt die größere Tiefenschärfe aufweist, ist die Durchsetzung der bürgerlichen Gesellschaft identisch mit der Herausbildung einer neuen Form der gesellschaftlichen Synthesis, die nicht mehr, wie in traditionalen, vorbürgerlichen Gesellschaften, Funktion der Zugehörigkeit der Individuen zu einem produktiven Gemeinwesen ist, vielmehr Ergebnis eines Zusammenhangs, der sich aufgrund der durch die ‚ursprüngliche Akkumulation' herbeigeführten Loslösung der Individuen von diesem Gemeinwesen herausbildet, sich hinter ihrem Rücken, aber durch ihre Aktionen durchsetzt: als abstraktes Verhältnis der Einzelarbeiten, als allgemeine gesellschaftliche Arbeitszeit, die nur quantitativer Bestimmung fähig ist und deshalb in direktem Kontrast zur besonderen Naturalform der Produkte wie der Produzenten steht. Diese neue, im Wert bzw. im Geld verkörperte Synthesis *ist* das ‚reale Gemeinwesen', die Einheit des Mannigfaltigen: von daher der systematische Grundzug, der allen auf das Geld bezogenen Denk- und Verhaltensformen eignet. Zugleich aber entspringt diese Einheit aus etwas Übernatürlichem, einem ‚rein gesellschaftlichen' Verhältnis – der Verausgabung abstrakter Arbeit, der Produktion von Tauschwert, welcher im Austausch realisiert werden muß: von daher der künstliche, wenn man so will: voluntaristische Zug, der in der Durchsetzung solcher Abstraktionen liegt. Nicht zufällig spricht Marx denn auch von der ‚scheinbar transzendentalen Macht des Geldes' (Marx 1974: 65) und stellt damit selbst die Verbindung zur Philosophie Kants her, die wie keine andere den Entwurfcharakter des modernen Denkens wie auch das Zwangsmoment herausgearbeitet hat, das in der Realisierung dieses Entwurfs liegt.

Dieses neuartige, mit der Wertvergesellschaftung sich entwickelnde Denken hat nicht nur die Auffassung der Natur als eines systematischen Zusammenhangs physischer und psychischer Erscheinungen unter einheitlichen Vernunftgesetzen ermöglicht. Es hat zugleich Selbstthematisierungen des Rechtssystems stimuliert, die sich an diesem Vorbild orientieren (Ladeur 1986: 266–267). Gewiß nicht überall. Wo, wie in England, das Recht über eine Präjudizien-Judikatur kapitalistischen Bedürfnissen angepaßt werden konnte und von einer materiell an ihm interessierten Praktikerschicht zäh gegen jede Änderung verteidigt wurde, fand der Gedanke einer systematischen Rationalisierung und Konstitutionalisierung wenig Anklang, auch wenn das Recht im Hinblick auf logische Geschlossenheit, Generalisierung und Subsumtionstechnik viele Wünsche offen ließ (WG: 456–457, 509–510, 663; Treiber 1984: 49–55). Im Aufkommen kapitalistischer Wirtschaftsformen und im Bedürfnis bürgerlicher Marktinteressenten *allein*, so hat Weber deshalb zu Recht gefolgert, liegt noch kein ausreichendes Motiv für die Rationalisierung des Rechts, da dieses Bedürfnis „ganz ebensogut und oft besser durch ein formlos empirisches, an Präjudizien gebundenes Recht gewahrt" wird (WG: 492).

Aufgenommen und auf die politisch-rechtliche Organisation übertragen wurde das neue formale Denken jedoch auf dem europäischen Kontinent. Im gleichen Maße nämlich, wie sich der traditionale politische Machtkampf zu einem Kampf um Weltmarktpositionen entfaltete und deutlich wurde, daß die Staaten mit einem entwickelten kapitalistischen Wirtschaftssystem auch machtpolitisch in Vorsprung gerieten, ergab sich für die zunächst noch patrimonial-absolutistisch strukturierten Staaten des Kontinents die Notwendigkeit einer stärkeren Regelbindung der Staatsgewalt, um die Bildung rationaler ökonomischer Dauerbetriebe mit kapitalistischer Organisation zu fördern. Erst damit aber erhielt auch die Arbeit der Rechtstheoretiker und Juristen-Beamten den entscheidenden Impuls zur Systematisierung und Logisierung des Rechts, denn wenn es auch vorher schon beträchtliche Rationalisierungsschübe gegeben hatte, so hatte es sich doch überwiegend um Rationalisierung im materialen Sinne gehandelt. Ansätze zu einer wirklichen Durchführung des Systemgedankens finden sich überhaupt erst seit dem Zeitalter des Vernunftrechts, in direkter Anlehnung an das Vorbild der Mechanik (Wieacker 1967: 270–276). Max Weber hat diesen Zusammenhang so, wie gesagt, nicht gesehen. Er hat ihn aber implizit anerkannt, als er die ‚Revolutionsepoche' zur eigentlichen Durchbruchphase erklärte, in der der spezifisch okzidentale Rationalismus im Recht verwirklicht worden sei. Der französische Code civil, so schreibt er, sei Ausdruck

„des souveränen Bewußtseins, da(ß) hier zum ersten Mal rein rational ein von allen historischen ‚Vorurteilen' freies Gesetz, Benthams Ideal entsprechend, geschaffen werde, welches (vermeintlich) seinen Inhalt nur von dem sublimierten gesunden Menschenverstand, in Verbindung mit der spezifischen Staatsräson der dem Genie, und nicht der Legitimität, ihre Macht verdankenden großen Nation empfängt" (WG: 495).

III. Wie realisiert sich rationale Herrschaft?

1. Unsere Erörterung der rationalen Herrschaft beschränkte sich bisher ausschließlich auf die Art der Rationalität und der von ihr begründeten Ordnung. Wie aber, so ist jetzt zu fragen, wird aus dem bloßen Geltungsanspruch dieser Ordnung (denn mehr als ein Anspruch ist es bislang nicht) ein Legitimitäts*glaube* auf seiten der Beherrschten? Wie ist es möglich, daß eine derartige Ordnung Anerkennung bzw. ‚Nachachtung' findet? Kann legale Herrschaft, die auf hoher struktureller Variabilität dieser Ordnung beruht, überhaupt legitim sein? Und wenn ja: welches sind die Bedingungen dieser Legitimität?

Nach der Mehrzahl der Interpreten hat Weber keine dieser Fragen befriedigend beantwortet. Schon für Carl Schmitt war Legalität nur eine formale Methode der Entscheidungsfindung, die bloß insoweit legitim sein kann, wie sie sich mit einem wirklich vorhandenen politischen Willen verbindet (Schmitt 1973: 266–270). Für Mommsen und Habermas ist die legitimitätsstiftende Wirkung der legalen Herrschaft schwach (Mommsen 1974a: 313; Habermas 1987), für Loos schon die bloße Annahme, Legalität könne Legitimität hervorbringen, absurd (Loos 1970: 125). Auch für Luhmann hat Weber nicht hinreichend deutlich gemacht, „wie solche Legitimität der Legalität soziologisch möglich ist" (Luhmann 1983b: 29). Richard Münch endlich meint, Weber habe nur hinsichtlich der traditionalen und der charismatischen Herrschaft plausible Bedingungen für die Geltung von Normen benannt, nicht aber für die rationale Herrschaft. „Der Glaube an die Legitimität der formell korrekt gesatzten Normen und der formell korrekt getroffenen Entscheidungen ist weit davon entfernt, eine Erklärung ihrer faktischen Geltung zu geben; er ist vielmehr selbst der zu erklärende Tatbestand" (Münch 1976: 65).

Um zu einer angemessenen Antwort zu gelangen, muß man zunächst daran erinnern, daß Weber die Legitimitätsproblematik auf eine für ihn charakteristische Weise eingrenzt. Die Herrschaftssoziologie interessiert sich primär für „die Art der Legitimitätsbeziehung zwischen Herrn und *Verwaltungsstab*" (WG: 123) und nur am Rande für die Beherrschten im weiteren Sinne; insofern kann man die Kritik, sie sei „too much ‚ruler-centric'" und geprägt von „unconcern for the ruled" (Merquior 1980: 132) nicht eben als aufregende Entdeckung bezeichnen. Für die Massen nimmt Weber im Alltagsfall eine Prädominanz äußerlicher Anpassung an, die durch Gewohnheit und materielle Interessenlage bedingt ist (WG: 122). In außeralltäglichen Situationen kann diese Orientierung durchbrochen werden, jedoch hauptsächlich, wie Weber im Einklang mit der Massenpsychologie seiner Zeit annimmt, in Richtung emotionaler, zu charismatischen Formen tendierender Muster[4]. Die Rationalisierung verlaufe so, „daß die breite Masse der Geführten lediglich die äußeren, technischen, für ihre Interessen praktischen Resultanten sich aneignen oder ihnen sich anpassen (so wie wir das Einmaleins ‚lernen', und nur allzuviele Juristen die Rechtstechnik), während der ‚Idee' – Gehalt ihrer Schöpfer für sie irrelevant bleibt" (WG: 759).

Ob diese Prämisse richtig ist, kann hier nicht diskutiert werden. Rein Weber-immanent gesehen gibt sie jedoch Anlaß, das Urteil von Münch genau umzukehren. Webers Herrschaftssoziologie benennt für die rationale Herrschaft sehr exakt die Bedingungen ihrer Wirksamkeit, während sie im Hinblick auf die beiden anderen Typen eher vage bleibt. Die charismatische Herrschaft ist labil und tendiert dazu, entweder in traditionale oder in rationale Strukturen überzugehen. Die traditionale Herrschaft verfügt nur über geringe Möglichkeiten, den Verwaltungsstab dauernd zu kontrollieren und oszilliert deshalb zwischen den Extremen feudaler und rein patrimonialer Organisation. In beiden Fällen gelingt die Ausbildung halbwegs stabiler Herrschaftsstrukturen nur insoweit, wie sich die Herrschaftsträger auf externe, d. h. vorgefundene und von ihnen nur wenig beeinflußbare Vorstellungskomplexe stützen können: im Falle der charismatischen Herrschaft auf mehr oder weniger ‚magische' Denkmuster, im Falle der traditionalen Herrschaft auf religiöse Weltbilder – : Bedingungen, deren Psychogenese und Soziogenese bei Weber vielfach im Dunkeln bleiben (Breuer 1989).

Die rationale Herrschaft bedarf solcher externen Stützen nicht mehr, weil sie sich in einer ihr angemessenen Organisation des Verwaltungsstabes realisiert: als rationale Bürokratie. Die bürokratische Organisation bedeutet zum einen „Perfektionierung von Herrschaft", indem sie dem Herrn die Chance gewährt, „das Handeln des ‚Verwaltungsstabes' lückenlos, *auf der ganzen Linie*, primär mittels formaler Regeln ‚programmieren', mithin festlegen und *binden* zu können" (Tyrell 1981: 45). Sie bedeutet weiterhin aber auch einen Autonomiegewinn der Herrschaft, indem sie die Mitglieder des Verwaltungsstabes zwingt, alle externen Loyalitäten abzustreifen und sich allein am Organisationsprogramm und an den internen Weisungsketten zu orientieren. Gewiß: legale Herrschaft verwirklicht sich nicht nur als Bürokratie, sondern z. B. auch in Form kollegialer Körperschaften (WL: 477). Sie verbindet sich darüber hinaus in der historischen Realität oft mit anderen Legitimitätstypen. Soweit sie aber in der Form einer rationalen Bürokratie auftritt, ist sie ipso facto legitim: die einzige Form von Herrschaft, die selbst die Bedingungen ihrer Wirksamkeit erzeugt und sich dadurch legitimiert.

2. Wie ist dies möglich? Webers Antwort kreist um zwei Grundbegriffe, die in enger Wechselbeziehung stehen : Maschinisierung und Disziplinierung. Die Maschinenmetapher benutzt Weber bereits für das rationale Recht (WG: 468), als dessen wesentliche Merkmale er Systematik und Berechenbarkeit ansieht – in Übereinstimmung mit einer bis in die frühe Neuzeit zurückreichenden Tradition, die die Besonderheit des Rechts in der Gewährleistung gleichförmiger und regelmäßiger Entscheidungen gesehen und diese Eigenschaften durch einen Vergleich mit der Uhr illustriert hatte (Mayr 1987: 127–140.; Smid 1988). Die Einrichtung rational organisierter Verwaltungssysteme ist diesem Vorbild in doppelter Hinsicht verpflichtet. So ist das Netz der Behörden planvoll und methodisch konstruiert, um die Reibungsverluste der einzelnen Teile möglichst gering zu halten; und so ist auch die Arbeitsweise der Verwaltung selbst mechanisch-rationell: den unteren Behörden werden nur geringe Spielräume bei der Sachverhaltsermittlung und -bewertung eingeräumt, ihre Handlungen sind streng nach dem Muster ‚konditionaler Programmierung' (Luhmann) durchnormiert. Die Mitglieder einer derart strukturierten Verwaltung sind ‚Paragraphen-Automaten', deren Output ebenso kalkuliert werden kann, „wie man die voraussichtliche Leistung einer *Maschine* kalkuliert" (PS: 322). Die bürokratische Organisation insgesamt ist eine „lebende Maschine ", die wie die „tote Maschine" der Technik bewegte Teile nach einem vorgegebenen Gesamtplan organisiert (PS: 332).

Natürlich weiß Weber, daß diese lebende Maschine nicht aus Hemmungen, Federn und Programmwalzen besteht, sondern aus lebendigen Wesen. In der bürokratischen Organisation aber wird diesen lebendigen Wesen jeder Eigensinn ausgetrieben. Direkter Zwang: die Androhung von Sanktionen bis hin zum Verlust der Mitgliedschaft, ist dabei nur ein Element und vermutlich nicht einmal das entscheidende. Wichtiger ist die Festlegung auf Einzelfunktionen, auf funktional beschränktes Fachwissen und auf formalen Gehorsam, der den Betreffenden so handeln läßt, „als ob er den Inhalt des Befehls um dessen selbst willen zur Maxime seines Verhaltens gemacht habe, und zwar *lediglich* um des formalen Gehorsamsverhältnisses halber, ohne Rücksicht auf die eigene Ansicht über den Wert oder Unwert des Befehls als solchen" (WG: 123).

Voraussetzung solch formalen Gehorsams ist eine umfassende Disziplinierung. Max Weber versteht darunter, im Unterschied zu Kant, nicht nur die ‚Bezähmung der Wildheit', die bloß negative Domestizierung und Kontrolle der Affekte (Kant 1968: 706), sondern den Aufbau kognitiver Strukturen, die ein adäquates Handeln innerhalb der Organisation bzw. in einer durch Organisationen strukturierten Umwelt ermöglichen. Zur Beschreibung dieser Strukturen bedient sich Weber zwar häufig eines Vokabulars, das sich an militärische Formen der Dressur, der Abrichtung und Konditionierung anlehnt, doch wäre es falsch, ihm deshalb ein rein behavioristisches Verständnis von Disziplin vorzuhalten. Disziplinierung meint immer auch die Vermittlung der Fähigkeit, von sich selbst absehen zu können, also ,Dezentrierung' im Sinne Piagets. Sie meint Erziehung zu ,unbeirrter Sachlichkeit', zu rationalem Kalkül, zur Abstraktion von konkreten Situationen und Personen – Kompetenzen also, wie sie die Entwicklungspsychologie der Stufe des formal-operativen Denkens zuordnet (Piaget 1972: 167–170).

„Die Bürokratie in ihrer Vollentwicklung steht in einem spezifischen Sinn auch unter dem Prinzip des ,sine ira ac studio'. Ihre spezifische, dem Kapitalismus willkommene, Eigenart entwickelt sie um so vollkommener, je mehr sie sich ,entmenschlicht', je vollkommener, heißt das hier, ihr die spezifische Eigenschaft, welche ihr als Tugend nachgerühmt wird: die Ausschaltung von Liebe, Haß und allen rein persönlichen, überhaupt aller irrationalen, dem Kalkül sich entziehenden, Empfindungselementen aus der Erledigung der Amtsgeschäfte gelingt. Statt des durch persönliche Anteilnahme, Gunst, Gnade, Dankbarkeit, bewegten Herren der älteren Ordnungen verlangt eben die moderne Kultur für den äußeren Apparat, der sie stützt, je komplizierter und spezialisierter sie wird, desto mehr den menschlich unbeteiligten, daher streng ,sachlichen' *Fachmann*" (WG: 662).

Es ist nun interessant zu sehen, wie Weber durch die Bürokratietheorie dazu gedrängt wird, seine Ausgangsunterscheidung zwischen Stabs- und Massenloyalität zu lockern. Die Bürokratisierung beschränkt sich nämlich keineswegs auf den modernen Anstaltsstaat und seine Administration, sondern ist ein *universelles* Phänomen. Sie findet sich in der kapitalistischen Privatwirtschaft, deren größere Unternehmungen „normalerweise unerreichte Muster straffer bürokratischer Organisation" sind (WG: 661); in den einzelnen Werkstätten, „deren Disziplin sich ihrerseits dem Wesen nach nicht mehr unterscheidet von der Disziplin eines staatlichen Büros und schließlich einer militärischen Kommandobehörde" (WG: 605); in Kirchen, Schulen und Kliniken (WG: 127, 123) und nicht zuletzt in den Verbänden und Massenparteien, die auf die Entscheidungen der staatlichen Administration Einfluß zu nehmen suchen (PS: 324–330).
Ob diese verschiedenen Organisationen sich, wie Weber befürchtet, zu einem einzigen ,stahlharten Gehäuse' zusammenschließen oder nicht: fest steht in jedem Fall, was von der Expansion der Bürokratie zu erwarten ist: eine Verallgemeinerung des bürokratischen Habitus, eine außerordentliche Verstärkung jener „Entwicklung zur rationalen ,Sachlichkeit', zum ,Berufs'- und ,Fachmenschentum'" (WG: 675), die bereits jetzt das Alltagsleben der modernen Gesellschaften bestimmt. Indem sie ihren Mitgliedern nicht nur die Pauschalanerkennung der Mitgliedschaftsregeln abnötigen, sondern sie zugleich verpflichten, sich auch den Regeln zur möglichen Änderung dieser Regeln zu unterwerfen (Luhmann 1982: 12), fördern die organisierten Sozialsysteme den Siegeszug eines Denkens, das über keine verbindlichen externen Maßstäbe mehr verfügt und sich deshalb um so nachhaltiger an die gerade geltende Ordnung klammert. Indem sie Konflikte primär hierarchisch entscheiden und ihre Mitglieder zwingen, die Entscheidungen undiskutiert hinzunehmen, produzieren sie „Ordnungsmenschen" – Menschen, „die ,Ordnung' brauchen und nichts als Ordnung, die nervös und feige werden, wenn diese Ordnung einen Augenblick wankt, und hilflos, wenn sie aus ihrer ausschließlichen Angepaßtheit an diese Ordnung herausgerissen werden" (GASS: 414).

Die Disziplinierung erweitert sich auf diese Weise von der bloßen ‚Stabsdisziplinierung' zur ‚Sozialdisziplinierung' (Breuer 1986), die Legitimitätsstiftung zu einer Leistung, zu der alle organisierten Sozialsysteme beitragen. Luhmanns These, das politische System legitimiere sich selbst (Luhmann 1972, II: 266), muß aus Webers Sicht deshalb ergänzt werden: Diese Selbstlegitimierung funktioniert gerade darum so gut, weil auch in den übrigen, nicht im engeren Sinne politischen Bereichen der Gesellschaft jene formal-operative Rationalität gezüchtet wird, die die eigentliche Bedingung der Möglichkeit rationalen Legitimitätsglaubens ist.
Webers Gedankengang stellt sich damit wie folgt dar: Rationale Herrschaft ist Herrschaft einer unpersönlichen, systematischen Ordnung, eines Rechts, das „wie eine technisch rationale Maschine" funktioniert (WG: 468). Diese Ordnung besteht indes nicht nur in einem Normensystem, an dem sich die Individuen orientieren. Sie materialisiert sich vielmehr auf doppelte Weise: in einem Gefüge rationaler bürokratischer Organisationen *und* einem spezifischen Habitus der Organisierten – der Fähigkeit zur inneren Gleichschaltung mit der geltenden Ordnung, zur Maschinisierung und Instrumentalisierung der eigenen Person, zur Identifikation mit der jeweiligen Funktion. Max Weber mag von Hegel wenig gehalten haben. Seine Konzeption der ‚lebenden Maschine' als einer Form ‚geronnenen Geistes' aber kommt dessen Begriff des ‚objektiven Geistes' außerordentlich nahe. Es spricht für die Realitätsnähe dieses Begriffs, wenn auch ein Kantianer sich ihm nicht zu verschließen vermag.

3. In dieser Skizze fehlt nun freilich noch ein wichtiges Moment. Die Bürokratie ist nämlich aus Webers Sicht nicht bloß ein Instrument für die Realisierung rationaler Herrschaft. Sie verfügt auch über eine gewisse Eigengesetzlichkeit und kann unter Umständen in ein Spannungsverhältnis zur rationalen Herrschaft bzw. zum Organisationsherren treten (Beetham 1974: 65, 78–79; Mayntz 1982: 63–70). Die gleichen Eigenschaften, die die Überlegenheit der Bürokratie gegenüber jeder anderen Form von Verwaltung begründen, können dazu führen, daß aus dem bloßen Mittel ein Zweck an sich selbst wird. Insbesondere die „Überlegenheit des berufsmäßig Wissenden" (WG: 671), d. h. das im Amt erworbene Fach- und Dienstwissen, versetzt die Beamtenschaft in die Lage, sich der politischen Steuerung zu entziehen und eigene Interessen zu verfolgen, was nach Weber unter jedem politischen Regime möglich ist. „Stets ist die Frage: *wer beherrscht* den bestehenden bureaukratischen Apparat? Und stets ist seine Beherrschung dem *Nicht*-Fachmann nur begrenzt möglich: der Fach-Geheimrat ist dem Nichtfachmann als Minister auf die Dauer meist überlegen in der Durchsetzung seines Willens" (WG: 128–129).

Die möglichen Folgen einer derartigen Verselbständigung der Bürokratie hat Weber am Beispiel der jüngeren deutschen Geschichte illustriert. Die deutsche Bürokratie, die weder vom Monarchen noch vom Parlament kontrolliert wurde und faktisch verantwortungsfrei herrschte, behandelte die Ämter als Pfründen, monopolisierte die leitenden Stellen für das Beamtenavancement, entwickelte einen ausgeprägten Zunftgeist und ließ auch bei der Stellenbesetzung nicht nur Gesichtspunkte der Fachqualifikation gelten, „sondern private Konnexionen aller Art, von den sehr wichtigen *studentischen Couleurbeziehungen* angefangen bis zu den gröberen und feineren Formen kapitalistischer Empfehlungen" (PS: 350–351, 367). Das Ergebnis: ein System reiner Beamtenherrschaft, das, bei allen unverkennbar fortbestehenden rational-legalen Zügen, zugleich dem Idealtypus traditionaler Verwaltung nahekommt. Daß dies keineswegs ausgeschlossen ist, zeigt der Umstand, daß Weber am Ende seiner Exposition des legalen Legitimitätstypus ausdrücklich auf die „Neigung der Beamten zu *material*-utilitarisch gerichteter Behandlung ihrer Verwaltungsaufgaben im Dienst der zu beglückenden Beherrschten" aufmerksam macht (WG: 130). Wird dieser Neigung nicht entgegengesteuert, so Webers These, wird die formale Rationalität wenn schon nicht ausgeschaltet, so doch überlagert von einer „Tendenz zur *materialen* Rationalität" (WG: 130), treten anstelle der für die rationale Herrschaft typischen „prinzipielle(n) Änderbarkeit und Variierbarkeit der Regeln, der Stellen und des Personals" (Tyrell 1981: 48) genau entgegengesetzte Maximen – Strategien der Systemerhaltung, der Besitzstandswahrung, ja der Stagnation und der Lernverweigerung: eben jene Strategien, wie sie die empirische Bürokratieforschung, in vermeintlicher Widerlegung Webers, in reicher Fülle dokumentiert hat (vgl. die Überblicke bei Albrow 1972: 62–71; Schluchter 1972: 122–136). Je absoluter eine Bürokratie, desto größer ihre Nähe zu vorrationalen Mustern. Nicht zufällig greifen deshalb Forscher, die sich mit den bürokratischen Systemen des Ostblocks befassen, zu Begriffen, die sich an Webers Theorie des traditionalen Verwaltungsstabes anlehnen (Rigby 1982; Jowitt 1983; Roth 1987: 58–86).

Wolfgang Schluchter hat diesen Gedankengang pointiert herausgearbeitet. Sein Fazit indes, Weber habe die Bürokratisierung als Steigerung formeller Rationalität nur dort für vernünftig gehalten, wo ihr eine Gegensteuerung unter material-rationalen Gesichtspunkten entspreche, erscheint mir zu verkürzt (Schluchter 1972: 116). Das Problem der Bürokratisierung liegt nicht in der Steigerung formaler Rationalität, sondern in der Aufwertung materialer Rationalität, die mit jeder Verselbständigung der Bürokratie verbunden ist. Das wilhelminische Deutschland erscheint Weber als warnendes Exempel für einen Abbruch der Rationalisierung, als Beispiel für eine Entwicklung, die Recht und Verwaltung um ihre wichtigste Eigenschaft bringt: ihre Maschinenförmigkeit, ihre Instrumentalität. Der Verlust dieser Qualität aber ist nicht darauf zurückzuführen, daß Recht und Verwaltung sich von materialen Normen emanzipieren, sondern darauf, daß sie die „Unruhe" zerbrochen haben, die den Mechanismus in Gang hält: die Autorität eines als seinerseits nicht der bürokratischen Ordnung unterliegend gedachten politischen ‚Herrn'.

Das von Weber anvisierte Gegenmittel besteht denn auch folgerichtig nicht primär in einer Propagierung materialer Normen (obwohl die politischen Schriften in dieser Beziehung keineswegs zurückhaltend sind), sondern in der Schaffung von Rahmenbedingungen, die die Position des ‚Herrn' so stärken sollen, daß dieser, um mit Fichte zu reden, gewissermaßen als ‚Zwingherr zur Rationalität' fungieren kann. Dazu gehört der Rückgriff auf charismatische Elemente, weit mehr aber noch die Forderung nach radikaler Parlamentarisierung, weil nur ein parlamentarisches System in Webers Augen geeignet ist, ‚Herren' mit der erforderlichen Eigenmacht hervorzubringen. Webers gesamte politische Theorie ist auf das Problem zugeschnitten, wie man genügend politische Energie erzeugen kann, um die Bürokratie im Status eines bloßen Instruments zu halten und ihre regressive Eigendynamik einzudämmen. Die Möglichkeit, daß dabei auch einmal ein zu großes Quantum solcher Energie freigesetzt werden könnte, ergab sich ihm nicht. Wenn irgend, so war er darin ein Kind des 19. Jahrhunderts.

IV. Wohin tendiert rationale Herrschaft?

1. Wer die Herrschaftssoziologie nach Antworten auf diese Frage durchforstet, stößt auf wenig Konkretes. Ein paar apodiktische Bemerkungen über den unaufhaltsamen Vormarsch und die Unentrinnbarkeit der Bürokratie, die düstere Vision vom Gehäuse der Hörigkeit der Zukunft, die aber sofort durch die Beschwörung von Gegenkräften relativiert wird: das ist alles. Weitaus ergiebiger ist dagegen die Rechtssoziologie, insbesondere das letzte Kapitel über ,Die formalen Qualitäten des modernen Rechts'. Hier entwickelt Weber interessante Prognosen, die angesichts der fundamentalen Bedeutung des Rechts für die Herrschaft einen indirekten Weg zur Beantwortung unserer Frage eröffnen. Wir wollen zunächst einen kurzen Blick auf diese Prognosen werfen, sie dann mit dem heutigen Diskussionsstand konfrontieren und anschließend fragen, welche Konsequenzen sich daraus für die Zukunft der rationalen Herrschaft ableiten lassen.

Das Hauptmerkmal der modernen Rechtsentwicklung sieht Weber, der mit der juristischen Methodendiskussion wohlvertraut war (Schröder 1988), in der „Abschwächung", ja „Auflösung des Rechtsformalismus". Die Systematik sei bedroht durch eine „zunehmende Partikularisierung des Rechts", die sich in einer fortschreitenden Ausdifferenzierung immer neuer Sondersphären zeige; die logische Struktur werde gefährdet durch eine allgemeine „Zunahme der sowohl antilogischen wie antihistorischen Bewegungen". Die rein juristische Konstruktion werde durch soziologische, ökonomische und ethische Räsonnements überlagert, das Recht selbst ,materialisiert'. Auch wenn die „Flucht in das Irrationale" eine Konsequenz der „sich selbst überschlagenden wissenschaftlichen Rationalisierung" sei, handele es sich doch um einen Rückschlag gegen Fachmenschentum und Rationalismus, um einen Bruch im Kontinuum der rechtlichen Rationalisierung. Aus einem autonomen System werde das Recht immer mehr zu einem heteronomen, gleichsam nur noch äußerlich durch die juristische Profession zusammenhaltenen Gefüge, das „in der großen Mehrzahl und gerade in vielen prinzipiell besonders wichtigen seiner Bestimmungen als Produkt und technisches Mittel eines Interessenkompromisses enthüllt" sei (WG: 501).

Diese Aussagen zeigen, wie weit Weber davon entfernt war, die Zukunft des Rechts in einer geradlinigen Steigerung der formalen Rationalität zu sehen (so aber Teubner 1982: 15; Rehbinder 1987: 142). Er hat damit die nachfolgende Diskussion antizipiert (Treiber 1989). So sieht etwa Franz Wieacker eine klare „Abkehr vom juristischen Formalismus", die sich in einer Moralisierung des Privatrechts, in einer Abkehr des Richters von der Gesetzesbindung und einer „Desintegration der Einheit des alten Privatrechtssystems" manifestiere (Wieacker 1967: 540–553, 1974: 29). Ähnliche Einschätzungen kommen, wenn auch mit unterschiedlichen Akzenten, aus dem Wirtschafts-, dem Arbeits- und dem Sozialrecht (Wiethölter 1982; Assmann u. a. 1980; Zacher 1985; Simitis 1985). G. Teubner konstatiert, daß auf diesen Gebieten die Konsistenzkontrolle des Normen- und Entscheidungsmaterials ebenso wie die dogmatische Systematisierung einem neuen Denkstil gewichen sei, der sich mit der bloßen Aufbereitung der Rechtsprechung und einer punktuellen Analyse und Kritik ihrer ,policies' begnüge (Teubner 1985: 294). Mit Blick auf das öffentliche Recht spricht Ladeur von einer umfassenden Flexibilisierung und Mobilisierung, durch die die Normen des Verfassungs- und Verwaltungsrechts an Netzwerke von offenen, situativ variablen Verweisungszusammenhängen angeschlossen würden (Ladeur 1979: 349, 1983: 473, 1984: 285). Diese ‚Pluralisierung des Rechts' findet ihr Pendant auf methodischer Ebene im Aufstieg der teleologischen Methode, in der zunehmenden Folgenorientierung und einer damit einhergehenden sozial- und wirtschaftswissenschaftlichen Subventionierung des Rechts (Teubner 1985: 309–313).

Die hierbei verwendeten Sprachspiele erscheinen als so heterogen, die verschiedenen neuen Rechtsmaterien als so wenig aufeinander abgestimmt und koordiniert, daß viele Beobachter an der Möglichkeit zweifeln, die membra disiecta des Rechts jemals wieder zu einem einheitlichen Corpus zusammenfassen zu können. Nach Ladeur ist die einheitliche Sprache des Rechts durch eine Pluralität von Dialekten abgelöst worden, „die selbst einer Kompatibilisierung bedürfen, aber nicht mehr in ein homogenes Rechtssystem zurückgeführt werden können" (Ladeur 1984: 285). Nach Rainer Hegenbarth ist die Vorstellung von einem Rechtssystem als einem konsistenten Zusammenhang leitender Wertungsgesichtspunkte allenfalls noch ein Auslegungsprinzip, mit dem man nachträglich versucht, antithetische Normen zu harmonisieren, ohne daß dies die ‚Selbstauflösung des Rechtssystems' verhindern könnte (Hegenbarth 1983). Und selbst Niklas Luhmann, für den die Autonomie des Rechtssystems nach wie vor außer Frage steht, diagnostiziert doch deutliche Symptome einer „tiefliegende(n) Krise des Rechts" und wirft die Frage auf, „ob es eine Art Belastungsgrenze für Komplexität gibt, jenseits derer die spezifisch rechtliche Symbiose von normativen und kognitiven Orientierungen nicht mehr funktioniert" (Luhmann 1983a: 153). Für Ingeborg Maus endlich ist diese Symbiose bereits als Fiktion enthüllt und das Rechtssystem in kaum mehr kompatible Teilordnungen auseinandergebrochen. „Die Hoffnung der Systemtheorie, daß systemische Integration der Gesellschaft überhaupt existiere, auch wenn sie sich in den Köpfen der Menschen nicht mehr abbilden läßt, gehört vielleicht am ehesten zu jenen ‚alteuropäischen' Beständen des Denkens, die angesichts der möglichen Entwicklung zur bloßen Koexistenz gesellschaftlicher Teilbereiche und der ihnen jeweils zugeordneten Normmengen zurückgelassen werden müssen" (Maus 1986: 298).

Hinsichtlich der Ursachen dieser Entwicklung besteht weitgehend Einigkeit. Während in den sechziger und siebziger Jahren der Akzent noch einseitig auf dem Staatsinterventionismus, der ‚Daseinsvorsorge' oder der ‚regulativen Politik' lag, wird heute der Hauptgrund im gestiegenen Einfluß organisierter Sozialsysteme schlechthin gesehen – eine Erklärungsstrategie ganz auf der Linie Max Webers, der die Triebkräfte der Rationalisierung ebenfalls nicht auf staatliche Institutionen allein beschränkt wissen wollte und auf eine ganze Reihe anderer Faktoren verwies: die Marktmachtinteressenten mit ihrem Bedürfnis nach Beschleunigung und größerer Praxisnähe der Rechtspflege; die negativ privilegierten Klassen mit ihrer Forderung nach sozialer Gerechtigkeit; und nicht zuletzt den Juristenstand selbst mit seinem Streben nach Kompetenz- und Prestigegewinn (WG: 501, 506). K. H. Ladeur bringt diesen Gedanken auf eine knappe Formel, wenn er von der Transformation der ‚Gesellschaft der Individuen' in eine ‚Gesellschaft der Organisationen' spricht, in welcher letzteren Einheit und Allgemeinheit nicht mehr über die Vorgaben des Formalrechts hergestellt würden, sondern über Verfahren der „Kompatibilisierung und Äquilibrierung von organisational produzierten und strukturierten Verfassungs-‚Werten' mit offener, variabler Schwankungsbreite" (Ladeur 1984: 291–293).

Bevor wir zu der Frage übergehen, was dies für den Begriff der rationalen Herrschaft bedeutet, muß freilich davor gewarnt werden, die geschilderte Entwicklung ausschließlich unter dem Gesichtspunkt des Vernunftverfalls zu deuten. Eine solche Perspektive ist zwar nicht schlechterdings falsch, wie dies F. Hase und M. Ruete (1983) in ihrer ansonsten durchaus zutreffenden Kritik an Franz Neumann behaupten. Für Weber ist die Rematerialisierung des Rechts unstreitig mit einem Verlust an Rationalität verbunden. Jedoch gilt dieses Urteil gewissermaßen nur rechtsintern. Von einem rechtsexternen Standpunkt aus gewinnt das Recht dagegen gerade durch die Zurückdrängung seiner internen Maßstäbe an Anschlußrationalität, wird es offener, lernfähiger, angepaßter und zweifellos auch ‚rationaler', indem es sich auf höhere Komplexität einstellt. Das Formalrecht hatte diese, wie Luhmann sie nennt: ‚kognitive' Dimension nur sehr rudimentär ausgebildet. Es hatte sich hauptsächlich auf den Ausbau der normativen Geschlossenheit des Rechts konzentriert und dabei eine Richtung eingeschlagen, die vor allem von den ‚internen Denkbedürfnissen' der Rechtstheoretiker bestimmt wurde. Von diesen aber wußte schon Weber, daß sie zu Konsequenzen führten, die sich „zu den Erwartungen der Verkehrsinteressenten ungemein häufig gänzlich irrational und geradezu disparat" verhielten (WG: 492, vgl. 505). Das formale Recht, so scheint es im Rückblick, war ein hervorragend konstruiertes System, das nur einen einzigen Fehler hatte: es setzte eine Umwelt voraus, die sich nicht oder nur langsam änderte. Wenn es sich heute unter dem gestiegenen Außendruck in eine Reihe heterogener Teilordnungen dissoziiert, sollte dies kein Anlaß zur Verklärung der Vergangenheit sein, sondern vielmehr eine kritische Reflexion stimulieren, die die Keime einer ‚Logik des Zerfalls' (Adorno) bereits im ursprünglichen Rationalitätsbegriff ausmacht. Vielleicht war der Gedanke, den Systembegriff des mechanischen Weltbildes auf das Recht zu übertragen, immer schon eine Illusion, die erst heute als solche durchschaubar wird ...

2. An dieser Stelle interessieren uns jedoch nur die Konsequenzen, die sich aus der Entformalisierung des Rechts für die rationale Herrschaft, und hier insbesondere ihren klassischen Verdichtungsbereich: die politisch-administrative Sphäre, ergeben. Eine erste Folgerung drängt sich sogleich auf: Je unformaler – und das heißt in der Regel: je unpräziser – die Normen, desto größer der Spielraum der Instanzen, die sie anwenden, allen voran: Justiz und Verwaltung (Scharpf 1970). Wenn das Recht eine Struktur annimmt, die zu ‚weich' ist, um die Staatsapparate wirksam zu binden, so folgt daraus eine Verstärkung der in der Bürokratie ohnehin angelegten Tendenz zur Verselbständigung (Maus 1986: 279, 281, 283–291), eine Abkehr vom Idealtyp der rationalen Herrschaft, die freilich den Rahmen der Weberschen Herrschaftssoziologie noch nicht grundsätzlich sprengt – denn daß die Bürokratie immer danach strebt, aus einem bloßen Instrument zum Selbstzweck zu werden, gehört, wie weiter oben gezeigt, zu ihrem Wesen.

Nach Diagnosen, die diese Annahme stützen, muß man nicht lange suchen. Konstatierte schon Carl Schmitt für die Weimarer Republik eine Wendung vom ‚Gesetzgebungsstaat' mit seinem geschlossenen Legalitätssystem zum ‚Verwaltungsstaat' mit einer kaum noch berechenbaren Maßnahmenaktivität, so ist diese These inzwischen zur communis opinio geworden, freilich zumeist unter schamhafter Verschweigung ihres Urhebers. Unter Juristen wie unter Verwaltungs- und Politikwissenschaftlern herrscht breiter Konsens darüber, daß die Staatsfunktionen eine qualitative und quantitative Ausweitung erfahren haben, und daß diese sich in einem deutlichen Machtzuwachs der Verwaltung niederschlägt (Grauhan 1970; Schmid/Treiber 1975: 14, 66–86; Flickinger 1980: 161–173). Die Ausdehnung des Rechtsstaates erzeugt hohe bürokratische Kosten (Leisner 1977; Wahl 1980), dasselbe gilt für die Expansion des Wohlfahrtsstaates und der ‚regulativen Politik', die mit einer immer weiter um sich greifenden ‚Verrechtlichung' verbunden ist (Voigt 1980; Mayntz 1983; Kübler 1985; Linder 1985; Rottleuthner 1985). Während dabei die Steuerungsfunktion der politischen Instanzen, insbesondere der Parlamente, immer geringer wird, wächst der Einfluß der Ministerialbürokratie sowie des zunehmend in Fachbehörden differenzierten Unterbaus der politischen Verwaltung (Mayntz 1982: 181–196; Schuppert 1981). Daneben bilden sich vertikale Systeme der Politikverflechtung, in denen sich die Politik ‚im Dickicht der Bürokratie' verliert (Scharpf u. a. 1976; Wollmann 1979). Bürokratisierung wird zum Politikersatz, die Politik zu einer ‚Politik ohne Politiker', die von einer sich selbst regulierenden Administration betrieben wird (Schnabel 1979).

Diese ‚Selbstregulation des Politischen durch die Bürokratie' (Schnabel) wird durch einen Wandel der Programmierungsformen verstärkt. Die allgemeine Schwerpunktverlagerung in den Aufgabenbereichen der Verwaltung von der herkömmlichen Ordnungs- und Eingriffsverwaltung hin zur leistungsverbürgenden und planenden Verwaltung stellt die Bürokratie vor neue, sich rasch verändernde Problemkonstellationen, zu deren Bewältigung die auf Routinefunktionen zugeschnittene konditionale Programmierung nicht mehr ausreicht. An deren Stelle tritt eine ‚finale' Steuerung, die nur allgemeine Zwecke setzt, die Wahl der geeigneten Realisierungsstrategien hingegen der Verwaltung überläßt (Mayntz 1982: 52–53, 57). Die Ziele sind dabei häufig so unbestimmt oder sogar widersprüchlich formuliert, die Programme so wenig verdichtet, daß man imgrunde nicht mehr von einer ‚Programmierung' des Entscheidungsprozesses durch die politischen Instanzen sprechen kann (Alexy/Gotthold 1980: 202–204). Der Gesetzgeber benennt gleichsam nur noch das Problem und die infragekommenden Handlungsinstrumente und beauftragt die Gesetzesanwender nicht nur mit der administrativen, sondern auch mit der politischen Umsetzung. Er delegiert damit einen Teil seiner Funktionen an die Verwaltung und ermöglicht es dieser, aus einem bloßen Mittel zur selbst zweckesetzenden Instanz zu werden (Hegenbarth 1980). Die Verwaltung, urteilt ein prominenter Verwaltungsjurist, „entzieht sich in steigendem Maße direkt und indirekt der ‚Herrschaft der Gesetze', sie wirkt an der politischen Führung von Parlament und Regierung wesentlich mit, führt sich zum Teil selbst und ist an der Bestimmung von Art und Intensität ihrer eigenen Bindung maßgeblich beteiligt" (Schmitt Glaeser 1973: 203).

Mit der naheliegenden Folgerung, hier zeichne sich eine Erosion der rationalen Herrschaft im Sinne jener noch von Weber bezeichneten Verabsolutierung der Bürokratie ab, ist diese Entwicklung jedoch nicht richtig erfaßt. Viele Anzeichen deuten eher darauf hin, daß die beschriebenen Tendenzen den Horizont der Weberschen Herrschaftssoziologie überhaupt überschreiten – jedenfalls soweit diese die Gesellschaft als ein hierarchisch aufgebautes, von der staatlichen Bürokratie monozentrisch und monokratisch strukturiertes Gefüge konzipiert. Diesem Modell entspricht, wie von neueren Ansätzen unterschiedlichster Provenienz betont wird, weder die Gesellschaft noch die Bürokratie: die erstere nicht, weil sie als eine „Heterarchie prinzipiell gleichgeordneter und gleichrangiger Teile" begriffen werden muß, die nicht von einem einzigen Zentrum her gesteuert werden kann (Wilke 1987: 306); die letztere nicht, weil sich die wachsende gesellschaftliche Komplexität in einer Vervielfältigung der Zuständigkeitsbereiche, der Instanzen und Akteure sowie der Umweltbezüge niederschlägt, „woraus sich eine verwaltungs*interne* Pluralisierung von Ressortperspektiven, eine Verschärfung der entsprechenden Rivalitäten und insgesamt eine wachsende Unkalkulierbarkeit der erzeugten Langzeitwirkungen und der ‚synergetischen' Effekte kaum mehr koordinierbarer Einzelpolitiken ergibt" (Offe 1987: 311).

Wie wenig die von Weber aus dem Rechtspositivismus übernommene Vorstellung einer zentralistisch-monistischen Herrschaftsordnung den Realitäten fortgeschrittener Industriegesellschaften mehr entspricht, ist besonders durch die neuere Implementationsforschung empirisch belegt worden. Wie deren Ergebnisse zeigen, ist z. B. das Verhältnis zwischen Vollzugsinstanzen und Normadressaten insbesondere dann nicht durch Anweisungs-Gehorsamsstrukturen bestimmt, wenn der Adressat kein einzelner, isolierter Bürger, sondern eine Organisation ist, die ihrerseits in der Lage ist, Gegenmacht gegen die Forderungen der Vollzugsinstanzen zu mobilisieren (Hucke/Bohne 1979: 191–192). Vorzugsweise im Bereich des Umweltschutzes, aber auch im öffentlichen Wirtschaftsrecht, im Bau- und Steuerrecht sowie in der Kommunalpolitik kommt es häufig zu informellen Konsensbildungen und Vorverhandlungen, in denen die Behörden bewußt auf einen vollen Einsatz des hoheitlichen Instrumentariums und nicht selten sogar auf eine genaue Einhaltung der gesetzlichen Vorschriften verzichten (Bohne 1981, 1983): teils weil sie um die Wirkungslosigkeit ihrer Sanktionsmittel wissen, teils aber auch, weil das Regelungsfeld raschen technologischen, wirtschaftlichen und politischen Veränderungen ausgesetzt ist (Treiber 1983: 32, 1986). Um gegenüber den eigenen übergeordneten Instanzen Erfolge vorweisen zu können, wie auch um langwierige und eventuell kostspielige rechtliche Konflikte zu vermeiden, lassen sich die Behörden auf Formen ‚tauschförmiger Kooperation' ein, bei denen die Betriebe oft einen erheblichen Teil ihrer Interessen durchzusetzen vermögen (Hucke/Bohne 1979: 191–192; Winter 1978, 1985). „Nicht die auf das Gewaltmonopol gestützte Exekution zwingenden Rechts, sondern Bargaining-Strategien prägen die Vollzugswirklichkeit. Genehmigungsentscheidungen bleiben daher nicht selten inhaltlich hinter den Anforderungen zurück, die von Rechts wegen ergehen könnten, konzedieren praeter legem aufschiebende Fristen oder enthalten andere Momente des Entgegenkommens gegenüber industriellen Adressaten, die zu Recht als äußerst reaktionsfähig eingeschätzt werden. Hier gilt die Verwaltungsroutine, nach der sich in der Praxis oft das ‚Abweichen vom Maximum als realisierbares Optimum' erweist" (Wolf 1987: 364).

Max Weber konnte sich eine streng an der Legalität orientierte Bürokratie vorstellen. Er hielt auch eine korrupte Bürokratie für denkbar und unter Umständen sogar ein System gänzlich kontrollfreier Beamtenherrschaft. Eine ‚kooperative Bürokratie', die nicht herrscht, sondern tauscht, die ihr Piedestal verläßt, um mit anderen, nichtstaatlichen Organisationen auf gleichem Fuß zu verkehren, lag jenseits seines Vorstellungsvermögens. Helmut Willke ist deshalb zuzustimmen, wenn er diese Entwicklung als eine weitere Stufe in jenem weltgeschichtlichen Prozeß der Entzauberung interpretiert, den Weber nicht bis zur letzten Konsequenz zuendegedacht habe: zur „Entzauberung auch noch des Staates selbst" (Willke 1987: 287).

3. Die Einbußen an Souveränität und Rationalität, die der moderne Staat zu verzeichnen hat, ließen sich noch an weiteren Erscheinungen festmachen, insbesondere an der Restriktion der fiskalischen Ressourcen und der dadurch bedingten Einengung des Manövrierspielraums; oder an der Auszehrung nationalstaatlicher Dispositionsmöglichkeiten, die mit der Bildung hegemonial strukturierter Staatenblöcke oder supranationaler Organisationsformen zusammenhängt (Offe 1987: 313). Dies alles zu verfolgen, würde den Rahmen einer immanenten Kritik jedoch deutlich sprengen, weshalb ich mich damit begnügen werde, zum Abschluß auf eine Veränderung zu verweisen, die den Kern von Webers Konzeption rationaler Herrschaft berührt. Einerlei ob die Bürokratie im eigenen Interesse agiert oder in dem eines ‚Organisationsherrn', stets beruht ihre Macht auf der Überlegenheit ihres Fach- und Dienstwissens, auf der Sammlung und Verwertung von Informationen über den jeweiligen Verwaltungsbereich, auf der Akkumulation von Kenntnissen über den Apparat selbst und seine Funktionsweise (PS: 352–353). Angesichts immer präziserer Statistiken sowie angesichts der Möglichkeiten, die die modernen Techniken der Datenspeicherung und -abgleichung bieten, wird niemand behaupten, dieses Wissen sei im Abnehmen begriffen. Im Zeitalter der Rasterfahndung und immer detaillierterer betrieblicher Personalinformationssysteme ist ‚abstraktes Wissen' mehr denn je zur Grundlage geworden, auf die sich die Asymmetrie zwischen öffentlichen und privaten Organisationen einerseits, ihren Mitgliedern und Nichtmitgliedern andererseits stützt (Spittler 1980; Bölsche 1979; Simon/Taeger 1981; Taeger 1983; Ortmann 1984).

Dennoch sollte man diese Entwicklung nicht vorschnell als endgültige Realisierung altehrwürdiger Herrschaftsutopien wie etwa des Sonnenstaates interpretieren. Während das Wissen unstreitig wächst, hat das Zentrum, dessen Herrschaft es zugutekommen soll, in wichtigen Bereichen längst stillschweigend abgedankt. Dieser Prozeß vollzieht sich nach ähnlichem Muster wie einst der Übergang von der monarchischen Autokratie zum bürokratischen Absolutismus. Sah sich damals der Herrscher von der „steigenden Übermacht des Fachwissens" seiner Behörden zunehmend in die Rolle des Dilettanten gedrängt, der bestenfalls noch einen Fachmann durch einen anderen in Schach zu halten vermochte (WG: 673), so befindet sich die Verwaltung heute in allen technisch-wissenschaftlichen Fragen in einer vergleichbaren Lage (Wolf 1986: 10, 1987: 371) – nur mit dem feinen Unterschied, daß sie mit dem überlegenen Sachverstand *externer* Gruppen und Organisationen konfrontiert ist, wohingegen sich die Konflikte zwischen Herrscher und Stab noch innerhalb des politisch-administrativen Systems abspielten. Sämtliche Gesetzeswerke, die heute die Sicherheit der Bevölkerung und die Regenerationsfähigkeit der natürlichen Umwelt gewährleisten sollen – vom Atomgesetz über das Immissionsschutzgesetz bis zum Wasserhaushaltsgesetz – operieren mit der Formel, daß die Vorsorge nach dem ‚Stand von Wissenschaft und Technik' zu treffen sei, womit nichts anderes ausgedrückt ist als eine Überantwortung der Technikkontrolle an die Techniker selber. Die Bewältigung der Risiken des wissenschaftlich-technischen Fortschritts erfolgt nicht über rechtliche Normen und klar definierte Eingriffstatbestände für die Verwaltung. Vielmehr werden unbestimmte Rechtsbegriffe wie ‚Gefahr' und ‚Vorsorge' bereitgestellt, deren Konkretisierung einer Vielzahl untergesetzlicher Regelwerke überlassen wird, welche „entweder unmittelbar aus der privaten überbetrieblichen Normung stammen oder unmittelbar aus ihr adaptiert werden" (Wolf 1988: 173). Die eigentliche Steuerung geht damit über auf korporatistische Netzwerke von privatrechtlich verfaßten technischen Verbänden, speziellen Gutachter- und Sachverständigenorganisationen und halbstaatlichen Gremien, die zwischen Staat und Markt gleichsam in die Rolle eines ‚private government' hineinwachsen (Macaulay 1983; Voelskow u. a. 1987). Die Formel ‚Stand der Technik', folgert Ulrich Beck,

> „kommt insofern einem impliziten Ermächtigungsgesetz gleich. Regierung, Parlament und Jurisprudenz entmachten sich selbst und werden in dem Maße, in dem Technikfolgen mehr als alle Gesetzesvorhaben die Gesellschaft verändern und die Tagesordnung der Politik bestimmen, zu Zweigniederlassungen, Ausführungsorganen, bloßen Rechtfertigungsgehilfen der mit dem Zepter des ‚Sachverstands' und dem Talar ‚technischer Notwendigkeiten' eigentlich regierenden Gutachter und Ingenieursverbände" (Beck 1988: 192).

Das wirft die grundsätzliche Frage auf, inwieweit eine derartige Ordnung noch auf Webers Begriff der rationalen Herrschaft bezogen werden kann. Eine mögliche Argumentation lautet, es handele sich lediglich um eine Verschiebung der Geltungsgründe (vom rationalen Recht auf die Wissenschaft) und um einen Wechsel in der Führungsschicht (von den Juristen/Beamten zu den Technikern), der aber die Herrschaftsstruktur als solche unberührt läßt. Rainer Wolf deutet diese Möglichkeit nur sehr vorsichtig an, wenn er von einer Mutation der ‚Herrschaft kraft Wissen' in eine ‚Herrschaft kraft Ingenieurwissen' spricht. Fast zur Gewißheit geworden ist sie dagegen bei Ulrich Beck, der den Aufstieg einer ‚technokratischen Nebenregierung ständisch organisierter Gruppen' konstatiert und eine Verschiebung der Machtverhältnisse in Richtung Technokratie sieht (Wolf 1988: 174; Beck 1988: 192–193).

Ich habe jedoch Zweifel, ob damit das ganze Ausmaß der Veränderungen erfaßt ist. Der Begriff ‚Technokratie' ist, ähnlich wie schon der Begriff ‚Bürokratie', eine Analogiebildung zur klassischen Trias der Regierungsformen (Monarchie, Aristokratie, Demokratie) und damit an eine Vorstellungswelt gebunden, die die Gesellschaft von der politischen Ordnung und diese wiederum von einem einheitlichen, Befehle erteilenden Subjekt her denkt. Auch Webers Typen, die rationale Herrschaft eingeschlossen, entstammen dieser Vorstellungswelt, insoweit sie die „Herrschaft kraft Autorität (Befehlsgewalt und Gehorsamspflicht)" (WG: 604) in den Mittelpunkt rücken. Von einer Herrschaft der Techniker in diesem Sinne aber kann, wie Beck selbst sieht, keine Rede sein. Die Techniker und ihre Verbände können wohl Grenzwerte festsetzen, Meßverfahren bereitstellen und Expertenwissen monopolisieren, doch ‚herrschen' sie damit nicht wie früher Souveräne und/oder deren Bürokratien herrschten. Sie bilden keine geschlossene Gruppe und keinen Stand, sind vielmehr so fragmentiert und segmentiert wie die wirtschaftlichen und sozialen Strukturen, unter denen sie arbeiten. Ihre Willensbildung beschränkt sich auf die technische Normung; alle weitergehenden Ambitionen scheitern bereits auf der Ebene der alltäglichen Forschungspraxis, die auf dem Prinzip der permanenten Falsifikation beruht. Wenn schon die Juristen nicht mehr imstande sind, eine systematische Ordnung zu konzipieren, in deren Namen legale Herrschaft ausgeübt würde: die Techniker sind es noch weniger.

Man muß daher vorsichtig sein mit allen Diagnosen, die eine Fortsetzung oder gar Erweiterung des alten Modells der rationalen Herrschaft mit anderen Mitteln und unter anderem Vorzeichen annehmen. Gewiß wird die Legalität gesatzter Ordnungen noch auf lange Sicht den Alltag einer entzauberten Welt bestimmen (falls diese sich selbst nicht vorzeitig davonzaubert) – jedenfalls solange, wie es organisierte Sozialsysteme mit Anweisungsbefugnissen und Gehorsamspflichten gibt. Auf der Ebene des politischen Verbandes dagegen, auf die sich der größte Teil von Webers Aussagen bezieht, haben wir es mit unverkennbaren Erosionserscheinungen zu tun, ohne daß sich andere, neue Formen irgendwo abzeichneten. Das Recht hat seine Systematik verloren, die Bürokratie ihre Autorität und Kompetenz; die einstigen Kommandohöhen sind, wie es Enzensberger ausgedrückt hat, zu Maulwurfshügeln geschrumpft. Hegel mochte noch sicher sein, daß das allmähliche Zerbröckeln, die Auflösung einer Ordnung nur ein Oberflächenphänomen sei, hinter dem sich die unterirdische Arbeit des Geistes, sein Heranreifen zu einer neuen Gestalt verberge (Hegel 1970, Bd. 3: 18). Heute stehen die ökologischen Chancen auch für Maulwürfe schlecht.

Anmerkungen

1 Vgl. Febbrajo 1987: 58–59. Daß sich die viergliedrige Handlungstypologie nicht einfach mit der dreigliedrigen Herrschaftstypologie ‚verheiraten' läßt, betont auch die nach Abschluß des Manuskripts erschienene Studie von Rainer Döbert (Döbert 1989). Ungeachtet seiner präzisen Darlegung der Weberschen Grundbegriffe verbleibt aber auch Döbert insofern im Rahmen der hier kritisierten Position, als er auf der ‚Einheit des gesellschaftlichen Handlungszusammenhangs' insistiert und die Herrschaftsordnungen auf Handlungen zurückführt – in diesem Fall auf wertrationales Handeln. Aber mit den Ebenen der Handlung und der Ordnungen verhält es sich wie mit den Edelkönigskindern in ‚Des Knaben Wunderhorn': „Beisammen konnten sie dir nit kommen/Das Wasser war viel zu tief."

2 Vgl. GARS I: 6, 267–268. Gemeint ist hier immer die Verfassung im juristischen Sinne. Weber kennt daneben noch einen soziologischen Verfassungsbegriff: vgl. WG: 27; Tieck 1987: 92 ff.

3 PS: 65. Zur Rolle der Menschenrechte in Webers politischer Theorie siehe auch Brugger 1980, der aber die Ausbaufähigkeit dieser Argumentationslinie stark überschätzt.

4 Vgl. WG: 647–648, 767– 768; PS: 385 ff., 404, ferner mit Bezug auf Le Bon und Tarde WG: 10, 11. Obwohl Weber sich hier eher distanzierend äußert, würde eine genaue Auswertung seiner verschiedenen Aussagen zur Masse zweifellos zeigen, wie stark er dem massenpsychologischen Diskurs der Jahrhundertwende verpflichtet war. Zum letzteren siehe Moscovici 1986.

Literaturverzeichnis

Albrow, Martin, 1972: Bürokratie, München.

Alexy, Hans/Gotthold, Jürgen, 1980: Verwaltung zwischen konditionaler Prgrammierung und eigner Verwaltungsverantwortung, in: *Voigt* (Hrsg.), 200–214.

Assmann, Heinz-Dieter, u. a., 1980: Wirtschaftsrecht als Kritik des Privatrechts, Königstein.

Beck, Ulrich, 1988: Gegengifte, Frankfurt.

Beetham, David, 1974: Max Weber and the Theory of Modern Politics, London.

Bleicken, Jochen, 1975: Lex Publica. Gesetz und Recht in der römischen Republik, Berlin/New York.

Bobbio, Norberto 1987: Max Weber und Hans Kelsen, in: *Rehbinder/Tieck* (Hrsg.), 109–126.

Bölsche, Jochen, 1979: Der Weg in den Überwachungsstaat, Reinbek.

Bohne, Eberhard, 1981: Der informale Rechtsstaat, Berlin.

Bohne, Eberhard, 1983: Informalität, Gleichheit und Bürokratie, in: Jahrbuch für Rechtssoziologie und Rechtstheorie 3, 202–210.

Breuer, Stefan/Treiber, Hubert (Hrsg.) 1984: Zur Rechtssoziologie Max Webers, Opladen.
Breuer, Stefan, 1986: Sozialdisziplinierung, in: *Christoph Sachße/Florian Tennstedt* (Hrsg.), Soziale Sicherheit und soziale Disziplinierung, Frankfurt, 45–69.
Breuer, Stefan, 1989: Magisches und religiöses Charisma: Entwicklungsgeschichtliche Perspektiven, in: Kölner Zeitschrift für Soziologie und Sozialpsychologie 41, 215–240.
Brugger, Winfried, 1980: Menschenrechtsethos und Verantwortungspolitik. Max Webers Beitrag zur Analyse und Begründung der Menschenrechte, Freiburg/München.
Bruun, H. H., 1972: Science, Values and Politics in Max Webers Methodology, Kopenhagen.
Bünger, Karl 1980: Entstehen und Strukturwandel des Rechts in China, in: *Wolfgang Fikentscher* u. a. (Hrsg.), Entstehung und Wandel rechtlicher Traditionen, Freiburg, 439–472.
Dilcher, Gerhard, 1975: Der rechtswissenschaftliche Positivismus, in: Archiv für Rechts- und Sozialphilosophie 61, 497–528.
Döbert, Rainer, 1989: Max Webers Handlungstypologie und die Ebenen des Rationalitätskomplexes, in: *Johannes Weiß* (Hrsg.), Max Weber heute, Frankfurt, 210–249.
Dreier, Horst, 1983: Hans Kelsen und Niklas Luhmann: Positivität des Rechts aus rechtswissenschaftlicher und systemtheoretischer Perspektive, in: Rechtstheorie 14, 419–458.
Dreier, Horst, 1986: Rechtslehre, Staatssoziologie und Demokratietheorie bei Hans Kelsen, Baden-Baden.
Eberhard, Wolfram, 1983: Die institutionelle Analyse des vormodernen China. Eine Einschätzung von Max Webers Ansatz, in: *Wolfgang Schluchter* (Hrsg.), Max Webers Studie über Konfuzianismus und Taoismus, Frankfurt, 55–90.
Eden, Robert, 1983: Political Leadership and Nihilism. A Study of Weber and Nietzsche, Tampa.
Febbrajo, Alberto, 1987: Kapitalismus, moderner Staat und rational-formales Recht, in: *Rehbinder/Tieck* (Hrsg.), 55–78.
Flickinger, Hans Georg, 1980: Neben der Macht. Begriff und Krise des bürgerlichen Rechts, Frankfurt.
Grauhan, Rolf-Richard., 1970: Politische Verwaltung, Frankfurt.
Grimm, Dieter, 1987: Recht und Staat in der bürgerlichen Gesellschaft, Frankfurt.
Habermas, Jürgen, 1981: Theorie des kommunikativen Handelns, 2 Bde., Frankfurt.
Habermas, Jürgen, 1987: Legitimität der Legalität, in: Kritische Justiz 20, 1–16.
Hase, Friedhelm/Ruete, Matthias, 1983: Dekadenz der Rechtsentwicklung? in: Leviathan 11, 200–213.
Hegel, Georg Wilhelm Friedrich, 1970: Phänomenologie des Geistes, Werke in 20 Bdn., Bd. 3, Frankfurt.
Hegenbarth, Rainer, 1980: Von der legislatorischen Programmierung zur Selbststeuerung der Verwaltung, in: Jahrbuch für Rechtssoziologie und Rechtstheorie 7, 130–152.
Hegenbarth, Rainer, 1983: Selbstauflösung des Rechtssystems? in: *Voigt* (Hrsg.), 67–83.
Hennis, Wilhelm, 1987: Max Webers Fragestellung, Tübingen.
Hobsbawn, Eric J./Ranger, T. (Hrsg.), 1983: The Invention of Tradition, Cambridge.
Hucke, Jochen/Bohne, Eberhard, 1979: Bürokratische Reaktionsmuster bei regulativer Politik und ihre Folgen, in: *Wollmann* (Hrsg.), 180–197.
Isenmann, Eberhard, 1988: Die deutsche Stadt im Spätmittelalter, Stuttgart.
Jowitt, Ken, 1983: Soviet Neotraditionalism: The Political Corruption of a Leninist Regime, in: Soviet Studies 35, 275–297.
Kant, Immanuel, 1968: Über Pädagogik (zuerst 1803), Werke in 12 Bdn., Bd. 12, Frankfurt, 693–761.
Kronman, Anthony T., 1983: Max Weber, London.
Kübler, Friedrich (Hrsg.), 1985: Verrechtlichung von Wirtschaft, Arbeit und sozialer Solidarität, Frankfurt.
Ladeur, Karl-Heinz, 1979: Vom Gesetzesvollzug zur strategischen Rechtsfortbildung, in: Leviathan 7, 339–375.
Ladeur, Karl-Heinz, 1983: ‚Abwägung'- ein neues Rechtsparadigma? in: Archiv für Rechts- und Sozialphilosophie 69, 463–483.
Ladeur, Karl-Heinz, 1984: Vorüberlegungen zu einer ökologischen Verfassungstheorie, in: Demokratie und Recht 12, 285–297.
Ladeur, Karl-Heinz, 1986: Alternativen zum Konzept der ‚Grenzwerte' im Umweltrecht – Zur Evolution des Verhältnisses von Norm und Wissen im Polizeirecht und im Umweltplanungsrecht, in: *Gerd Winter* (Hrsg.), Grenzwerte, Düsseldorf, 263–280.
Lash, Scott, 1987: Modernity or Modernism? Weber and Contemporary Social Theory, in: *Lash/Whimster* (Hrsg.), 355–377.

Lash, Scott/Whimster, Sam (Hrsg.), 1987: Max Weber, Rationality and Modernity, London.
Leisner, Walter, 1977: Rechtsstaat – ein Widerspruch in sich? in: Juristenzeitung 32, 537–542.
Linder, Wolf, 1985: Überrollt uns eine Gesetzesflut? in: Schweizerisches Zentralblatt für Staats- und Gemeindeverwaltung 86, 417–444.
Loos, Fritz, 1970: Zur Wert- und Rechtslehre Max Webers, Tübingen.
Loos, Fritz, 1987: Max Webers Wissenschaftslehre und die Rechtswissenschaft, in: *Rehbinder/Tieck* (Hrsg.), 169–184.
Luhmann, Niklas, 1972: Rechtssoziologie, 2 Bde., Reinbek.
Luhmann, Niklas, 1981: Ausdifferenzierung des Rechts, Frankfurt.
Luhmann, Niklas, 1982: Soziologische Aufklärung, Bd. 2, Opladen[2].
Luhmann, Niklas, 1983: Politische Planung, Opladen[3].
Luhmann, Niklas, 1983a: Die Einheit des Rechtssystems, in: Rechtstheorie 14, 129–154.
Luhmann, Niklas, 1983b: Legitimation durch Verfahren, Frankfurt.
Macaulay, Stewart, 1983: Private Government, Madison, Wisconsin.
Marx, Karl, 1974: Grundrisse der Kritik der politischen Ökonomie, Berlin/DDR.
Maus, Ingeborg, 1986: Rechtstheorie und politische Theorie im Industriekapitalismus, München.
Mayntz, Renate, 1982: Soziologie der öffentlichen Verwaltung, Heidelberg[2].
Mayntz, Renate, 1983: Implementation von regulativer Politik, in: dies. (Hrsg.), Implementation politischer Programme, Opladen, 50–74.
Mayr, Otto, 1987: Uhrwerk und Waage. Autorität, Freiheit und technische Systeme in der frühen Neuzeit, München.
Merquior, J. G., 1980: Rousseau and Weber. Two Studies in the Theory of Legitimacy, London.
Mommsen, Wolfgang J., 1974: Max Weber. Gesellschaft, Politik und Geschichte, Frankfurt.
Mommsen, Wolfgang J., 1974a: Max Weber und die deutsche Politik, 1890–1920, Tübingen[2].
Moscovici, Serge, 1986: Das Zeitalter der Massen, Frankfurt.
Münch, Richard. 1976: Legitimität und politische Macht, Opladen.
Needham, Joseph 1977: Wissenschaftlicher Universalismus, hrsg. von *Tilman Spengler*, Frankfurt.
Offe, Claus 1987: Die Staatstheorie auf der Suche nach ihrem Gegenstand, in: Jb. zur Staats- u. Verwaltungswissenschaft 1, Baden-Baden, 309–320.
Ortmann, Günther, 1984: Der zwingende Blick. Personalinformationssysteme – Architektur der Disziplin, Frankfurt/New York.
Piaget, Jean, 1972: Psychologie der Intelligenz, Olten/Freiburg.
Rehberg, Karl-Siegbert, 1979: Rationales Handeln als großbürgerliches Aktionsmodell, in: Kölner Zeitschrift für Soziologie und Sozialpsychologie 31, 199–236.
Rehbinder, Manfred, 1963: Max Webers Rechtssoziologie: eine Bestandsaufnahme, in: *René König* (Hrsg.), Max Weber zum Gedächtnis, Opladen, 470–488.
Rehbinder, Manfred, 1987: Max Weber und die Rechtswissenschaft, in: *Rehbinder/Tieck* (Hrsg.), 127–150.
Rehbinder, Manfred/Tieck, Klaus-Peter (Hrsg.), 1987: Max Weber als Rechtssoziologe, Berlin.
Rigby, T. H., 1982: Political Legitimacy, Weber, and Communist Mono-Organisational Systems, in: *ders./F. Feher* (Hrsg.), Political Legitimation in Communist States, New York, 1–26.
Roos, Nico, 1984: Antiformale Tendenzen im modernen Recht – eine These Max Webers, diskutiert am Beispiel der Laienrichterfrage, in: *Breuer/Treiber* (Hrsg.), 223–267.
Roth, Günther, 1987: Politische Herrschaft und persönliche Freiheit, Frankfurt.
Rottleuthner, Hubert, 1985: Aspekte der Rechtsentwicklung in Deutschland – Ein soziologischer Vergleich deutscher Rechtskulturen, in: Zeitschrift für Rechtssoziologie 6, 206–254.
Rottleuthner, Hubert, 1987: Rechtspositivismus und Nationalsozialismus. Bausteine zu einer Theorie der Rechtsentwicklung, in: Demokratie und Recht 15, 373–394.
Rückert, Joachim 1988: Autonomie des Rechts in rechtshistorischer Perspektive, Schriftenreihe der Juristischen Studiengesellschaft Hannover, Bd. 19, Hannover.
Simitis, Spiros, 1985: Zur Verrechtlichung der Arbeitsbeziehungen, in: *Kübler* (Hrsg.), 73–166.
Simon, Jürgen/Taeger, Jürgen, 1981: Rasterfahndung, Baden-Baden.
Smid, Stefan, 1988: Recht und Staat als ‚Maschine'. Zur Bedeutung einer Metapher, in: Der Staat 27, 325–350.
Speer, Heino, 1978: Herrschaft und Legitimität. Zeitgebundene Aspekte in Max Webers Herrschaftssoziologie, Berlin.
Spittler, Gerd, 1980: Abstraktes Wissen als Herrschaftsbasis. Zur Entstehung bürokratischer Herrschaft im Bauernstaat Preußen, in: Kölner Zeitschrift für Soziologie und Sozialpsychologie 32, 574–604.

Scharpf, Fritz W., 1970: Die politischen Kosten des Rechtsstaates, Tübingen.
Scharpf, Fritz W./Reissert, Bernd/Schnabel, Fritz, 1976: Politikverflechtung: Theorie und Empirie des kooperativen Föderalismus in der Bundesrepublik, Kronberg.
Schluchter, Wolfgang, 1972: Aspekte bürokratischer Herrschaft, München.
Schluchter, Wolfgang, 1979: Die Entwicklung des okzidentalen Rationalismus, Tübingen.
Schluchter, Wolfgang, 1980: Rationalismus der Weltbeherrschung, Frankfurt.
Schluchter, Wolfgang, 1988: Religion und Lebensführung, 2 Bde., Frankfurt.
Schmid, Günther/Treiber, Hubert, 1975: Bürokratie und Politik, München.
Schmitt, Carl, 1973: Verfassungsrechtliche Aufsätze, Berlin².
Schmitt Glaeser, Walter, 1973: Partizipation an Verwaltungsentscheidungen, in: Veröffentlichungen der Vereinigung der deutschen Staatsrechtslehrer 31, 179–265.
Schnabel, Fritz, 1979: Politik ohne Politiker, in: *Wollmann* (Hrsg.), 49–70.
Schröder, Ralph, 1987: Nietzsche and Weber: Two ‚Prophets' of the Modern World, in: *Lash/Whimster* (Hrsg.), 207–221.
Schroeder, Rainer, 1988: Die deutsche Methodendiskussion um die Jahrhundertwende: Wissenschaftstheoretische Präzisierungsversuche oder Antworten auf den Funktionswandel von Recht und Justiz, in: Rechtstheorie 19, 323–367.
Schuppert, Gunnar Folke, 1981: Die Erfüllung öffentlicher Aufgaben durch verselbständigte Verwaltungseinheiten, Göttingen.
Taeger, Jürgen (Hrsg.) 1983: Die Volkszählung, Reinbek.
Teubner, Günther, 1982: Reflexives Recht. Entwicklungsmodelle des Rechts in vergleichender Perspektive, in: Archiv für Rechts- und Sozialphilosophie 68, 13–59.
Teubner, Günther, 1985: Verrechtlichung – Begriffe, Merkmale, Grenzen, Auswege, in: *Kübler* (Hrsg.), 289–344.
Tieck, Klaus-Peter, 1987: Persönlichkeit, Ordnungen, Interessen. Die Rechtssoziologie im Werk Max Webers, in: *Rehbinder/Tieck* (Hrsg.), 79–108.
Treiber, Hubert, 1983: Regulative Politik in der Krise? in: Kriminalsoziologische Bibliographie 10, 28–54.
Treiber, Hubert, 1984: ‚Wahlverwandtschaften' zwischen Webers Religions- und Rechtssoziologie, in: *Breuer/Treiber* (Hrsg.), 6–68.
Treiber, Hubert, 1986: Vollzugskosten des Rechtsstaates, in: Recht und Politik 22, 20–31.
Treiber, Hubert, 1988: La place de Max Weber dans la sociologie du droit allemande contemporaine, in: Droit et société 9, 203–254.
Turner, Stephen P./Factor, Regis A., 1987: Decisionism and Politics: Weber as Constitutional Theorist, in: *Lash/Whimster* (Hrsg.), 334–354.
Tyrell, Hartmann, 1981: Ist der Webersche Bürokratietypus ein objektiver Richtigkeitsstypus? Anmerkungen zu einer These von Renate Mayntz, in: Zeitschrift für Soziologie 10, 38–49.
Vernant, Jean-Pierre, 1973: Arbeit und Natur in der griechischen Antike, in: *Klaus Eder* (Hrsg), Seminar: Die Entstehung von Klassengesellschaften, Frankfurt, 246–270.
Voelskow, Heinz/Hilbert, Josef/Heinze, Rolf G., 1987: Regierung durch Verbände – am Beispiel der umweltbezogenen Techniksteuerung, in: Politische Vierteljahresschrift 28, 80–100.
Voigt, Rüdiger (Hrsg.), 1980: Verrechtlichung: Analysen zu Funktion und Wirkung von Parlamentarisierung, Bürokratisierung und Justizialisierung sozialer, politischer und ökonomischer Prozesse, Königstein.
Voigt, Rüdiger (Hrsg.), 1983: Abschied vom Recht? Frankfurt.
Wahl, Rainer, 1980: Die bürokratischen Kosten des Rechts- und Sozialstaates, in: Die Verwaltung 13, 273–296.
Walther, Manfred, 1988: Hat der juristische Positivismus die deutschen Juristen wehrlos gemacht? in: Kritische Justiz 21, 263–280.
Wieacker, Franz, 1967: Privatrechtsgeschichte der Neuzeit, Göttingen.
Wieacker, Franz, 1974: Industriegesellschaft und Privatrechtsordnung, Frankfurt.
Wiethölter, Rudolf, 1982: Entwicklung des Rechtsbegriffs, in: Jahrbuch für Rechtssoziologie und Rechtstheorie 8, 38–59.
Willke, Helmut, 1987: Entzauberung des Staates. Grundlinien einer systemtheoretischen Argumentation, in: Jb. zur Staats- und Verwaltungswissenschaft 1, Baden-Baden, 285–308.
Winckelmann, Johannes, 1952: Legitimität und Legalität in Max Webers Herrschaftssoziologie, Tübingen.
Winter, Gerd, 1978: Tauschförmiges Recht, zum Beispiel Wohnungssubvention und Abwasserabgabe, in: Kritische Justiz 11, 254–270.

Winter, Gerd, 1985: Bartering Rationality in Regulation, in: Law and Society Review 19, 219–250.
Wolf, Rainer, 1986: Der Stand der Technik, Opladen.
Wolf, Rainer, 1987: Zur Antiquiertheit des Rechts in der Risikogesellschaft, in: Leviathan 15, 357–391.
Wolf, Rainer, 1988: ‚Herrschaft kraft Wissen' in der Risikogesellschaft, in: Soziale Welt 39, 164–187.
Wollmann, Hellmut (Hrsg.), 1979: Politik im Dickicht der Bürokratie, Opladen.
Zacher, Hans F., 1985: Verrechtlichung im Bereich des Sozialrechts, in: *Kübler* (Hrsg.), 11–72.
Zingerle, Arnold, 1981: Max Webers historische Soziologie, Darmstadt.

In Abkürzungen zitierte Werke Max Webers:

GARS I	Gesammelte Aufsätze zur Religionssoziologie, Bd. I, Tübingen 1972[6]
GASS	Gesammelte Aufsätze zur Soziologie und Sozialpolitik, Tübingen 1924
PS	Gesammelte politische Schriften, Tübingen 1971[3]
WG	Wirtschaft und Gesellschaft, Tübingen 1922
WL	Gesammelte Aufsätze zur Wissenschaftslehre, Tübingen 1973[4]

II. Regierungssystem und Politikfeldforschung

INNERPARTEILICHE UND INNERVERBANDLICHE DEMOKRATIE ALS VORAUSSETZUNG DER POLITISCHEN DEMOKRATIE

Von *Wolfgang Abendroth*

Demokratie ist ihrem Wesen nach – wie einst in der Tendenz richtig der größte deutsche Repräsentant rational-naturrechtlichen Denkens, *Samuel Pufendorf* [1], formuliert hat – darauf gerichtet, die *Identität von Regierenden und Regierten* herzustellen. Daher kann ein Staat nur dann (und nur in dem Maße) als demokratisch bezeichnet werden, wenn (bzw. indem) er einen möglichst großen Teil seiner Bürger an der politischen Willensbildung beteiligt und dem Prinzip nach jedem Bürger die Chance bietet, sich in diese Willensbildung einzuschalten. Als *politisch* muß dabei jede Willensbildung gelten, die sich auf die *Tätigkeit der öffentlichen Gewalt* bezieht, sei sie nach innen, auf ihr Verhältnis zu den ihr Unterworfenen, sei sie nach außen, auf ihr Verhältnis zu anderen Staaten, gerichtet, oder die die *Verfassung der Gesellschaft* sei es verändern, sei es durch Machtgebrauch stabilisieren will.

Diese Willensbildung bezieht sich auf zwei zwar miteinander verflochtene, aber als Momente eines dialektischen Prozesses unterscheidbare Seiten: Einerseits auf die *Richtungsbestimmung* der staatlichen Tätigkeit, die durch ein (sei es langfristiges, sei es kurzfristiges) Programm ausgedrückt wird [2], andererseits auf die *personelle Auswahl* derjenigen, die sie (für einen begrenzten Zeitraum) durchzuführen haben, jedenfalls, soweit sie politisch (idealtypisch im Rahmen dieser Richtungsbestimmung) selbständig *dezidierende* Repräsentanten und nicht bloß ausführende, deren Weisungen unterworfene Beamte oder Funktionäre sind [3]. Es gehörte einst — in der Periode des britischen Liberalismus vor der Demokratisierung des Wahlrechts — zum Vorstellungsbereich des englischen Verfassungsdenkens, das Wesen des repräsentativen Parlamentarismus bestehe darin, die Wähler auf diese *zweite* Funktion zu beschränken, weil der Abgeordnete als »Bester« seine Willensbildung an die Stelle derjenigen des Wählers zu setzen habe, wie andererseits der gebildete und besitzende Bürger, der allein wahlberechtigt sei, seine Auswahlentscheidung und Willensbildung an die Stelle derjenigen des durch ihn »repräsentierten« Volkes setzen könne und müsse [4]. Dabei war diese Beschränkung auf die Auswahl der von Grundsatzbindungen prinzipiell freien »Repräsentanten« dadurch für deren Wähler erträglich, daß die Publizität der Parlamentsverhandlungen doch (eben durch regelmäßige Wahlen vermittelt) die Herrschaft der »öffentlichen Meinung« garantieren sollte (und teilweise auch konnte) [5]. Die relative soziale Homogenität der *Träger* dieser »öffentlichen Meinung«

[1] *Samuel Pufendorf:* De jure naturae et gentium, 1672 (Neudruck mit englischer Übersetzung, London 1934), Buch VII, Kap. VI, 8.

[2] Vgl. dazu *Gerhard Leibholz:* Strukturprobleme der modernen Demokratie, Karlsruhe 1958, S. 83 ff. und 107 ff.

[3] Vgl. dazu *Gerhard Leibholz:* Das Wesen der Repräsentation, Berlin 1929, S. 137 ff.

[4] Vgl. *Gerhard Leibholz:* Repräsentation, S. 100 u. 161, und Strukturprobleme, S. 80 ff.

[5] Vgl. *Gerhard Leibholz:* Repräsentation, S. 178 f. und *Jürgen Habermas:* Strukturwandel der Öffentlichkeit, Neuwied 1962, S. 71 ff.

als der allein politisch berechtigten Schichten, die Besitz und Bildung monopolisieren konnten, ist aber inzwischen ebenso entfallen, wie durch die Demokratisierung des Wahlrechts ihr politisches Vorrecht. *Jürgen Habermas* hat den *ideologischen* Charakter dieses Korrektivs, der *bürgerlichen* »öffentlichen Meinung« [6], wie den Prozeß ihrer Zersetzung als Folge des Zerfalls ihrer sozialen Grundlagen in der spätkapitalistischen hochindustriellen Gesellschaft [7] genau und überzeugend dargestellt. Es ist *logisch* gesehen um so erstaunlicher, wenn auch *realsoziologisch* gesehen leicht verständlich, daß diese Ideologie der Beschränkung der politischen Willensbildung auf bloße Auswahl von Repräsentanten, die sich einst als liberal, aber nicht als demokratisch verstand, trotz aller bitteren historischen Erfahrungen mit dem Führerprinzip, die *Gerhard Leibholz,* seinen einstigen Verfechter [8], zur radikalen Berichtigung seiner früheren Auffassungen aus der Zeit *vor* der Krise der Weimarer Republik geführt haben, nun im Zeichen einer *Umdeutung des Begriffs der Demokratie* wieder zur herrschenden Meinung der politischen Soziologie zu werden beginnt. *Joseph Schumpeter* hat 1942 die demokratische Methode als »diejenige Ordnung der Institutionen zur Erreichung politischer Entscheidungen« definiert, »bei welcher einzelne die Entscheidungsbefugnis vermittels eines Konkurrenzkampfes um die Stimmen des Volkes erwerben« [9]. Er hat dabei hinzugefügt: »Wähler entscheiden keine (nämlich politisch-programmatischen) Streitfragen« [10] und die programmatischen Differenzen, mit denen Parteien (als bloße Spitzengruppierungen machthungriger Politiker) im Wahlkampf gegeneinander antreten, auf einen Wettstreit von (inhaltsleeren) »Warenzeichen« reduziert. Es soll nicht bestritten werden, daß er damit die Wirklichkeit, wie sie *damals* in den USA bestand und vielleicht heute in der Bundesrepublik besteht, möglicherweise zutreffend photographiert hat. Aber ist diese Situation wirklich *notwendig* und *unaufhebbar?* Zeigt nicht die offene oder stillschweigende Zustimmung, die diese Formulierungen Schumpeters immer wieder in der gegenwärtigen Politischen Wissenschaft und Soziologie der Bundesrepublik finden, vielmehr deutlich, wie richtig *Renate Mayntz* die Situation ihrer Wissenschaft charakterisiert, wenn sie ihr vorwirft, sie neige dazu, »noch bestehende Machtverhältnisse als Vertrags-, Kooperations-, Verwaltungs- und Delegationsverhältnisse zu deuten« und dadurch »Konflikte ideologisch zu verschleiern« [11]? Wird hier nicht belegt, wie leicht *unkritische* Empirie zu *konservativer* (und also antidemokratischer) Funktion wissenschaftlichen Denkens überleitet [12]? Würde — wenn sich diese Inhaltsentleerung des Begriffs der Demokratie, die die Selbstbestimmung des

[6] *Jürgen Habermas,* a.a.O., S. 88 ff. und 104 ff.
[7] *Jürgen Habermas,* a.a.O., S. 158 ff., insbesondere S. 193 ff. und 200 ff.
[8] Vgl. *Gerhard Leibholz:* Repräsentation, S. 171 ff.
[9] *Joseph Schumpeter:* Capitalism, Socialism and Democracy, New York 1942; Deutsche Übersetzung: Kapitalismus, Sozialismus und Demokratie, Bern 1946, S. 428 und 451 ff. (ohne Zitat im Anschluß an *Max Weber:* Wirtschaft und Gesellschaft, 4. Aufl., Tübingen 1956, S. 167).
[10] a.a.O., S. 449 f.
[11] *Renate Mayntz:* Soziologie in der Eremitage, Kölner Zeitschrift für Soziologie und Sozialpsychologie 1961, S. 113 f.
[12] Vgl. dazu *Jüugen Habermas:* Theorie und Praxis, Neuwied 1963, S. 215 ff.

Volkes in bloße Auswahlmöglichkeit beliebig entscheidender Führer auflöst, voll durchsetzen könnte – der Bürger nicht dieser Auswahl, die seine Ohnmacht, auf die politischen Entscheidungen Einfluß zu nehmen, verdeckt, müde werden und in der erstbesten (jederzeit möglichen) gesellschaftlichen (sei es ökonomischen, sei es politischen) Krise die bloße Führerauslese abermals (wie 1933) »endgültig« unter Verzicht auf Wiederholung treffen wollen und dadurch sogar das Ende der Neuwahlmöglichkeiten akklamieren?

Bevor das Grundgesetz der Bundesrepublik Deutschland entstand, hatten jedoch die Wähler *Großbritanniens* praktisch gezeigt, daß auch unter den komplizierten Bedingungen einer hochindustriellen Gesellschaft andere Verhaltensweisen möglich sind. Die *Wahlen von 1945* brachten der *Labour Party* die Macht. Sie siegte nicht, weil sie eine »bessere« *Führer*-Auswahl anzubieten hatte: *Churchill* konnte für sich und die Konservativen größte Verdienste für den gerade erstrittenen Sieg über das Dritte Reich in Anspruch nehmen; die Mannschaft *Attlees* stand an *persönlichem* Glanz zweifellos hinter ihm zurück. Sie hatte vielmehr Erfolg, weil sie die *Richtung* der künftigen Politik mit eindeutigen Forderungen überzeugend bestimmen wollte [13], während die Konservativen (wie es ihrer Tradition entspricht [14]) kein eindeutiges und rationales Programm (außer überlieferten, objektiv inhaltsleeren Formeln) anzubieten hatten. So konnte durch eine demokratische generelle *Sachentscheidung* der Wähler (der die personelle Auswahl derjenigen, die sie zu konkretisieren hatten, untergeordnet blieb) die Gesundheitsgesetzgebung, die Nationalisierung der Grundproduktion, die Weiterführung der Sozialgesetzgebung und die friedliche Emanzipation Indiens, Pakistans, Burmas und Ceylons gesichert werden.

Im Zeichen dieses Erfolges demokratischer Methoden (und der – allerdings nur vorübergehenden – Bewährung demokratisch-parteienstaatlicher Strukturen bei der Rekonstruktion der IV. Republik in Frankreich und der Umformung Italiens in eine demokratische Republik) stand die Behandlung dieser Fragen im Verfassungsrecht der westdeutschen Länder und der Bundesrepublik Deutschland, das unter dem schützenden Dach des Besatzungsrechts entstand, aber auch dessen Interventionen ausgesetzt wurde. Die Landesverfassungen und das Grundgesetz mußten von der Erkenntnis ausgehen, daß der liberale repräsentative Parlamentarismus durch die politische Emanzipation der sozialen Unterschichten, durch die Einführung des demokratischen allgemeinen Wahlrechts, unhaltbar geworden war. Denn die Millionen von dadurch formell politisch mündig gewordenen Aktivbürgern konnten nicht als abstrakte Individuen unter sich die »Besten« als »Repräsentanten« des »Gemeinwohls« bestimmen, sie konnten nur dadurch am politischen Leben teilnehmen, daß sie für sich politische Aktionszentren organisierten. So wie sie ihre sozialökonomischen Interessen nur kollektiv und also nur organisiert geltend machen konnten [15], so bedurfte es zur Wahrnehmung ihrer politischen Interessen, zu ihrer Einschaltung

[13] Vgl. dazu *G. D. H. Cole* in *S. D. Bailey:* Political Parties and the Party System in Britain, New York 1952, S. 66 ff.; vgl. auch *Gerhard Leibholz:* Strukturprobleme, S. 59.

[14] Vgl. dazu *H. G. Nicholas* in *S. D. Bailey,* a.a.O., S. 141 ff.

[15] Vgl. zur Verschränkung von Koalitionsrecht und Gewerkschaftsbildung *Wolfgang Abendroth:* Die deutschen Gewerkschaften, 2. Aufl., Heidelberg 1955, S. 8 ff.

in den Prozeß politischer Willensbildung, des Zusammenschlusses zu ständig formierten politisch handlungsfähigen Gruppen, zu politischen Parteien. Die *politischen Parteien* wurden geboren, als die Volksmassen begonnen hatten, wirklich am politischen Leben teilzunehmen. Sie haben die erforderlichen Kader gebildet, die ihnen erlaubt haben, aus den eigenen Reihen ihre eigenen politischen »Eliten« zu bilden [16]. Genauer: Die Entwicklung von Honoratioren- zu Massenparteien ist eine unausbleibliche Folge des Demokratisierungsprozesses in Staat und Gesellschaft [16a]. In der Demokratie von heute haben allein die Parteien die Möglichkeit, die Wähler zu aktionsfähigen Gruppen zusammenzuschließen. Sie erscheinen geradezu als das Sprachrohr, dessen sich das mündig gewordene Volk bedient, um sich artikuliert zu äußern und politische Entscheidungen fällen zu können. Sie sind, wie schon *Radbruch* [17] mit Recht hervorgehoben hat, die »letzten Kreationsorgane aller anderen Organe . . ., ohne deren Zwischenschaltung die amorphe Volksmasse gar nicht imstande wäre, die Organe der Staatsgewalt aus sich zu entlassen«. Heute ist jede Demokratie zwangsläufig ein Parteienstaat, da eine Verfassung, »welche alle Inhaber oberster Gesetzgebungs- und Regierungsgewalt aus Wahlen des Volkes oder Wahlen oder sonstigen Bestimmungen volksgewählter Staatsorgane hervorgehen läßt, nicht zum Leben erweckt und nicht am Leben erhalten werden kann, wenn sich nicht frei aus der Gesellschaft irgendwelche Gruppen bilden, die ihre Häupter als Bewerber um die verschiedensten Wahlämter (Parlamentsmitglieder, Präsidenten, Minister u. dergl.) präsentieren« [18]. »Schon unter der Weimarer Verfassung, die von den politischen Parteien keine ausdrückliche Notiz nahm, haben diese das politische Leben beherrscht [19].« »Der Volkswille kann in der Wirklichkeit des modernen demokratischen Staates nur in den Parteien als politischen Handlungseinheiten erscheinen [20].« Die Weimarer Reichsverfassung hatte einst diesen politisch-sozialen Tatbestand nur ungenügend berücksichtigt, und die Wissenschaft des öffentlichen Rechts, die ohnedies in der Mehrheit ihrer Repräsentanten in den Bahnen des monarchischen Obrigkeitsstaats, also antidemokratisch dachte, hatte ihn fast völlig vernachlässigt. Allerdings hatte die Weimarer Verfassung durch ihre Entscheidung für das *Verhältniswahlrecht* (Art. 22 u. 17) eindeutig zum Ausdruck gebracht, daß sie diese Lage bewußt akzeptierte; denn eine reine Listen- (nicht Personen-)Wahl kann ohne politische Parteien, die diese Listen präsentieren, nicht funktionieren. Daher war es keineswegs zufällig, daß die erste politische Partei, die das Verhältniswahlrecht forderte, gleichzeitig die Partei war, die die organisatorische Form der Mitglieder- und Massenpartei in

[16] Vgl. *Maurice Duverger:* Les Partis politiques, 3. Aufl., Paris 1958, S. 466.
[16a] So richtig *Ulrich Dübber:* Parteifinanzierung in Deutschland, Köln 1962, S. 14.
[17] *Gustav Radbruch* in *Anschütz-Thoma:* Handbuch des deutschen Staatsrechts, 1930, Bd. I, S. 288.
[18] *Richard Thoma* in *Anschütz-Thoma:* Handbuch des deutschen Staatsrechts, 1930, Bd. I, S. 190.
[19] So *BVerfGE* (Urteil vom 5. 4. 1952) 1, 208 im Anschluß an *Gerhard Leibholz:* »Der Parteienstaat des Bonner Grundgesetzes«, in: Recht, Staat und Wirtschaft, Bd. 3 (1951), S. 104 f.
[20] So *BVerfGE* (Urteil vom 23. 10. 1952), 2, 1 (insbes. 11).

Deutschland entwickelt hat[21], nämlich die Sozialdemokratie. Sie hatte sich schon im Erfurter Programm 1891 für diese Zielsetzung entschieden. Insofern hatte das Reichsgesetz vom 24. VIII. 1918[22], das für einen Teil der (Großstadt-)Wahlkreise das Verhältniswahlrecht eingeführt hat, noch vor der eigentlichen Demokratisierung der Verfassung durch die Revolution das *parteienstaatliche Prinzip* anerkannt. Der Rat der Volksbeauftragten hatte es im Wahlgesetz für die Nationalversammlung übernommen, die Weimarer Reichsverfassung diese Entscheidung beibehalten. Aber sie hatte es versäumt, aus diesem Sachverhalt weitere rechtliche Konsequenzen abzuleiten. Nach den bitteren Erfahrungen mit der systematischen Unterwanderung des Weimarer Verfassungsrechts durch die Interpretationskünste antidemokratischer Juristen in Wissenschaft und Rechtsprechung[23], aber ebenso auf Grund der Einsicht in die Umwandlung zunächst der demokratisch-sozialen Republik des Verfassungstextes in eine nur bürgerlich-parlamentarische Republik[24], dann der bürgerlichen Republik in eine Präsidialautokratie mit Hilfe des Antiparteien-Ressentiments der Oberklassen und der bürgerlichen Bildungsschichten[25] und zuletzt der autoritären Präsidialdiktatur in den faschistisch-dezisionistischen Aufrüstungs- und Raubstaat des Nationalsozialismus mit Hilfe einer in innerem Aufbau und Ideologie bewußt antidemokratischen, aber als politische Partei organisierten Massenbewegung der Mittelschichten und der Deklassierten[26], glaubte das neue demokratische Verfassungsdenken auf systematischere Regelung des Parteienproblems nicht mehr verzichten zu können, als der Sieg der Alliierten das deutsche Volk vom Dritten Reich befreit hatte.

So kam es zu den inzwischen obsoluten *Artikeln 118 bis 121 der Verfassung des Landes Baden* vom 28. V. 1947, die als erste versuchten, das Recht zur freien Bildung politischer Parteien, verbunden mit der Pflicht zu verfassungskonformem Verhalten, die durch die Möglichkeit des Verbots antidemokratischer Parteien durch den Staatsgerichtshof sanktioniert wurde, in Verfassungsnormen festzuhalten. Noch war allerdings (von dem Verbot des Versprechens unbedingten Gehorsams an Parteien und ihre Leiter in Art. 121 abgesehen) dem Verfassungsgesetzgeber nicht klargeworden, daß dieses Parteiprivileg nur dann die Demokratie schützen kann, wenn es mit der Verpflichtung zu demokratischer innerparteilicher Willensbildung verbunden wird. Die *italienische Verfassung* vom 27. XII. 1947 hat in Art. 49 bald darauf diese Konse-

[21] Vgl. dazu *Thomas Nipperdey:* Die Organisation der deutschen Parteien vor 1918, Düsseldorf 1961, S. 293 ff.

[22] *RGBl.* 1918, S. 1079.

[23] Vgl. dazu *Willibalt Apelt:* Geschichte der Weimarer Reichsverfassung, München 1948, und *K. D. Bracher:* Die Auflösung der Weimarer Republik, 1. Aufl. Düsseldorf 1955, S. 191 ff.

[24] Vgl. dazu *Arthur Rosenberg:* Geschichte der Weimarer Republik, Karlsbad 1935, S. 116 ff, 147 ff.

[25] Vgl. dazu *Arthur Rosenberg,* a.a.O., S. 236 ff und *K. D. Bracher:* Die Auflösung der Weimarer Republik, 1. Aufl. Düsseldorf 1958, S. 39 ff, 57 ff, 154 ff, 189 ff, 254 ff, 322 ff, 415 ff, 517 ff.

[26] Vgl. dazu *K. D. Bracher,* a.a.O., S. 106 ff, 170 ff, 701 ff, und *K. D. Bracher/G. Schulz/W. Sauer:* Die Nationalsozialistische Machtergreifung, Köln 1960, S. 22 ff, 75 ff, 261 ff, 371 ff, 708 ff und 766 ff.

quenzen angedeutet, wenn auch nicht exakt formuliert: Die Bürger haben das Recht, »sich *frei* in Parteien zu vereinigen, um in *demokratischer Weise* an der Bestimmung der nationalen Politik mitzuwirken« [27].

Das *Grundgesetz* hat in Art. 21 unternommen, im Anschluß an jenen Art. 20, der die wichtigsten Rechtsgrundsätze für Struktur und Aufbau der Bundesrepublik formuliert, die Aufgaben und die Stellung der politischen Parteien, ihren inneren Aufbau, die Publizität ihrer Finanzierung und die Bedingungen ihrer Ausschaltbarkeit wegen antidemokratischen Verhaltens zu regeln.

Art. 21 GG hat deshalb die Funktion, das Bekenntnis von Art. 20 Abs. 1 zum *demokratischen* Staat und von Art. 20 Abs. 2 S. 1 dazu, daß alle Staatsgewalt vom Volke ausgeht, zu *konkretisieren* und in der Realität der industriellen Massengesellschaft unter Anerkennung der in Art. 3 GG zugestandenen Gleichberechtigung aller Bürger anwendbar zu machen. Art. 79 Abs. 3 GG hat diese *Grundlage* von Art. 21, nicht aber Art. 21 selbst, der Möglichkeit entzogen, durch verfassungsänderndes Gesetz beseitigt zu werden. Art. 21 ist also eine (der *gegenwärtigen* sozialen Wirklichkeit angepaßte) Anwendung des Prinzips der *demokratischen Legitimität* und deshalb diesem Prinzip bei seiner Interpretation unterworfen. Daraus folgt, daß jeder Versuch grundgesetzwidrig wäre, die Berechtigung der Parteien zur *Mitwirkung* bei der politischen Willensbildung des Volkes, die Art. 21 Abs. 2 S. 1 GG gewährt, unter Hinnahme oder gar Idealisierung von realsoziologischen Entwicklungstendenzen irgendwelcher Art zur tatsächlichen *Ausschaltung* (statt *Entwicklung*) der politischen Willensbildung des Volkes (und also der ständigen potentiellen und tendenziellen *Erweiterung* des Kreises der daran beteiligten Bürger) zu mißbrauchen. An dieser Überlegung muß jede Interpretation von Art. 21 und jede Form der inhaltlichen Gestaltung der in Art. 21 Abs. 3 GG vorgesehenen Ausführungsgesetzgebung, aber auch jede Interpretation von Art. 38 GG [28] und jede inhaltliche Gestaltung des Wahlrechts ihre Grenze finden [28a].

Art. 21 Abs. 2 GG, die Eröffnung der Möglichkeit, politische Parteien durch Urteil des Bundesverfassungsgerichts zu illegalisieren [29], dient der Verdeutlichung und An-

[27] *Gerhard Leibholz:* Strukturprobleme S. 91 Anm. 29, schließt daraus, daß diese Norm als Grundrecht im Zusammenhang mit der Vereinsfreiheit formuliert ist, die italienische Verfassung habe nicht erkannt, daß es sich hier um eine Frage »von grundsätzlicher Bedeutung« handelt. Das Grundrechtssystem steht jedoch in dialektischem Zusammenhang mit dem staatlichen Aufbau. Die politische Bedeutung des hier formulierten Grundrechts ist also keineswegs geringer, als die der institutionellen Sicherung der politischen Parteien in Art. 21 des Grundgesetzes. Übrigens hat *(nach* dem GG) Art. 4 der französischen Verfassung (der V. Republik) vom 28. 9. 1958 eine der italienischen Verfassung parallele Regelung getroffen.

[28] Zur Frage der *Kombination* von Art. 21 und 38 GG vgl. *Wolfgang Abendroth:* »Das KPD-Verbotsurteil des Bundesverfassungsgerichts«, in: ZPolit 1956, S. 320 f., und *Konrad Hesse:* Die verfassungsrechtliche Stellung der politischen Parteien im modernen Staat, VVdSt. Heft 17, Berlin 1959, S. 31 f.

[28a] *Helmut Ridder:* Zur verfassungsrechtlichen Stellung der Gewerkschaften im Sozialstaat nach dem Grundgesetz der Bundesrepublik Deutschland, Stuttgart 1960, S. 20 ff, insbes. 22 f.

[29] Vgl. die *Parteiverbotsurteile des BVerfG,* BVerfGE 2, 1 (SRP-Urteil vom 23. 10. 1952) und BVerfGE 5, 85 (KPD-Urteil vom 17. 8. 1956.

wendung dieser Überlegung und ist deshalb ebenfalls sowohl inhaltlich von ihr bestimmt als auch an ihre Schranken gebunden.

Alle Normen spiegeln nicht unmittelbar eine soziale Wirklichkeit, sondern sollen die Tätigkeit der öffentlichen Gewalt gegenüber dieser sozialen Wirklichkeit *gestaltend* leiten. Deshalb mußte das Grundgesetz damit rechnen, daß *soziologisch* gesehen die *Gefahr* der Monopolisierung der politischen Willensbildung durch oligarchische Führungszentren in Parteien (mit evtl. undemokratischer Struktur) durch deren Privilegierung entstehen oder doch verstärkt werden konnte. Derartige Führungsgruppen von Parteien neigen dazu, sich mit anderen gesellschaftlichen und ökonomischen Machtzentren zu verbinden, wenn nicht *Sicherungen* gegen diese Gefahr geschaffen werden. Demokratische Entwicklung beruht jedoch nach wie vor auf der Existenz einer *kritischen* öffentlichen *Meinung*. In der gegenwärtigen gesellschaftlichen Situation kann aber das öffentliche Räsonnement nach liberalem Modell, die Diskussion zwischen den Individuen einer relativ homogenen gesellschaftlichen Schicht, offenkundig nicht mehr funktionieren und noch weniger die politische Meinungs- und Willensbildung bestimmen [30]; die Kommunikation *zwischen* den *institutionalisierten* sozialen Gruppen und Parteien, aber auch zwischen diesen und der nicht organisierten Bevölkerung, hat den Raum besetzt, den dieses liberale Modell öffentlicher Meinungsbildung einst in Anspruch genommen hat, als es sich noch (wenn auch der Sache nach nur ideologisch — im Sinne eines aus der gesellschaftlichen Lage notwendig entstehenden, aber *falschen* Bewußtseins) als für den Volkswillen repräsentativ ansah. Diese Kommunikation ist selbst aber (als zwischen den Instituten bestehende) nur teilweise *öffentlich* und daher der Kritik (und damit möglicher Reaktion in der Willensbildung der Bürger) häufig unzugänglich. Soweit sie durch Massenmedien (Presse, Rundfunk, Fernsehen, evtl. Plakatierung und Postwurfsendungen) der nicht organisierten Masse vermittelt wird, ist diese Publizität weitgehend *manipulativ,* also entweder bewußt (oder auch unbewußt) falsche oder entstellend ausgewählte Wiedergabe von Tatbeständen und Motiven, die wiederum dem Bürger die Möglichkeit kritischer Meinungsbildung (als Voraussetzung seiner Willensbildung) verstellt. Wenn nicht durch demokratische (und der Möglichkeit nach kritische) Meinungs- und Willensbildung *innerhalb* der einzelnen Organisationen und vor allem der Parteien, die an diesem Prozeß der Bildung der politischen Meinung und des politischen Willens teilnehmen, dafür Sorge getragen wird, daß sie *in sich* der Tendenz nach echte demokratische Meinungs- und Willensbildung ihrer *Mitglieder* vermitteln, also nicht von einer Oligarchie manipuliert werden können, müßte das Management dieser Organisationen geradezu allmächtig werden. Die Manager der verschiedenen Parteien würden sich zu einem (evtl. formell unorganisierten) *Oligopol* durch gegenseitige Anpassung zusammenfinden, das den jeweiligen *Status quo* der Herrschaft in Gesellschaft und Staat stabilisiert, und sich dadurch gegenseitig in ihrer je gegebenen Existenz bestätigen, die höchstens noch modifiziert, aber nicht mehr grundsätzlich verändert werden kann. Dann könnte eine kritische Publizität als die notwendige Voraussetzung demokratischer Willensbildung nicht mehr entstehen. Sie wäre auf das bloße *Spiel* der

[30] Vgl. dazu *Jürgen Habermas:* Strukturwandel der Öffentlichkeit, S. 267.

politischen Äußerungen von Literaten und Publizisten in für die politische Willensbildung der Bürger gleichgültigen Veröffentlichungen weniger Intellektueller zurückgeworfen, die für die praktische politische Entwicklung ohne Gewicht sind, solange (und so weit) es den Teilnehmern des Oligopols gefällt, die in Art. 5 des Grundgesetzes garantierte Freiheit der Meinungsäußerung noch zu beachten. Damit wäre auch ohne *formelle* rechtliche Festlegung erreicht, was einst (zu ganz anderen sozialen Zwecken) *Alfons Steiniger* durch das Blocksystem erstrebte [31].

Deshalb hat *Jürgen Habermas* mit Recht darauf hingewiesen, daß eine Meinung nur in dem Maße »öffentlich« heißen dürfe, in dem sie *zugleich* aus einer *organisationsinternen* Öffentlichkeit des jeweiligen Mitgliederpublikums als auch aus der zwischen den gesellschaftlichen Organisationen und den staatlichen Institutionen selber sich *diskutant* herstellenden Öffentlichkeit hervorgeht. Unter den Bedingungen sozialstaatlicher Massendemokratie könne sich der Kommunikationszusammenhang eines *Publikums* nur in der Weise herstellen, daß die in den Massenmedien erzeugte »quasi-öffentliche« Meinung mit dem informellen Bereich der nicht-öffentlichen Meinungen durch eine in *organisationsinternen* Öffentlichkeiten entfachte *kritische* Publizität vermittelt wird [32].

Das Grundgesetz hat diese Erwägungen durch jene Bestimmungen des Art. 21 Abs. 1 S. 3 berücksichtigt, die fordert, daß die innere Ordnung der Parteien *demokratischen* Grundsätzen Rechnung tragen muß. Es hat diese durch Art. 21 Abs. 1 S. 4, das Verlangen nach der öffentlichen *Rechenschaftsablegung über die Herkunft der Mittel* der Parteien, die sowohl den Parteimitgliedern als auch den potentiellen Wählern die Abhängigkeiten der Parteiführung enthüllt und sie dadurch zum möglichen Gegenstand der Diskussion (also auch der Meinungs- und Willensbildung) macht, absichern wollen. Bisher hat aber der Bundestag zum Erlaß des erforderlichen Ausführungsgesetzes nicht veranlaßt werden können [33]. Das Grundgesetz hat andererseits durch Art. 21 Abs. 1 S. 2, durch das *Prinzip der freien Parteigründung,* versucht, diesen Grundsatz der Wahrung der Parteidemokratie in der sozialen Realität dadurch zu garantieren, daß notfalls unter der Herrschaft oligarchischer Gruppen erstarrten Parteien *Konkurrenz*bildungen entgegentreten können; denn dadurch, daß neue Parteien drohen, den alten Parteien Wähler zu entziehen, sind deren Führungen gezwungen, der demokratischen Willensbildung und der Diskussion in ihrer eigenen Parteiorganisation wieder größere Möglichkeiten zu gewähren [34]. Es hat endlich dieser zunächst nur formaljuristischen Gründungsfreiheit dadurch echte Chancen zuzubilligen versucht, daß es durch Aufrechterhaltung des Grundsatzes des »freien Mandats« in Art. 38 Abs. 1 S. 2 GG dem von seiner früheren Partei divergierenden

[31] *Alfons Steininger:* Das Blocksystem, Berlin 1949, insbesondere S. 19 ff. und 42 f. Vgl. dazu die Kritik von *Wolfgang Abendroth* in: Archiv für Öffentliches Recht, Bd. 76, S. 1 ff.
[32] Vgl. dazu *Jürgen Habermas:* Strukturwandel der Öffentlichkeit, S. 268 ff.
[33] Vgl. zur Geschichte der Lösungsversuche und ihres Scheiterns *Ulrich Dübber:* Parteifinanzierung in Deutschland, Köln 1962, S. 5 ff.
[34] Das zeigt z. B. deutlich die Verbreiterung der Diskussionsfreiheit in der (M)SPD nach der Bildung der USP 1917; vgl. dazu *Wolfgang Abendroth:* Aufstieg und Krise der deutschen Sozialdemokratie, Frankfurt/Main 1964, S. 50 ff.

Abgeordneten die Möglichkeit parlamentarischer Tätigkeit und damit des öffentlichen Gehörs erhält.

Das Grundgesetz hat sich durch diese Konstruktion eindeutig zum Vorbild der idealtypisch *demokratisch aufgebauten Mitgliederpartei* bekannt, in der sich die *Willensbildung von unten nach oben* vollziehen soll [35]. Denn nur diese Parteiform bietet unter den existenten gesellschaftlichen Bedingungen die Chance, das Werkzeug zu sein, mit dem das sich selbst organisierende Volk politisch funktionsfähig wird [36]. *In* den Parteien können (und sollen) sich nach diesem System die aktivsten Teile des Volkes organisieren, um die *alternativen* Möglichkeiten politischer Lösungen zu entwickeln, über die dann die Wähler entscheiden können [37]. Daher gehört der *Gegensatz* der Parteien untereinander zum Wesen der parteienstaatlich-demokratischen Ordnung, wie § 88 Abs. 2 Ziff. 3 StGB durch die Nennung des Rechtes auf parlamentarische *Opposition* bei der Aufzählung der Verfassungsgrundsätze deutlich zum Ausdruck gebracht hat [38]. Die *»Gemeinsamkeit«* der Parteien würde, zum Prinzip erhoben, den Sinn des demokratischen politischen Systems auflösen und die Konstruktionsgrundlagen der freiheitlich-demokratischen Grundordnung des Grundgesetzes zerstören. Denn sie nimmt Parteibürgern wie Wählern die Entscheidungsmöglichkeiten und damit die Chancen echter politischer Einflußmöglichkeit. »Gemeinsamkeit« kann höchstens vorübergehend in extremen Ausnahmesituationen verfassungskonform sein. Als Dauerzustand beseitigt sie die *Freiheit* der politischen Willensbildung, die Voraussetzung der Demokratie ist. »Gemeinsamkeit« von Parteioligarchien treibt zum Parteioligopol. Sie entaktiviert die Mitgliedschaft der politischen Parteien und entpolitisiert die Wähler [39]. Hierin liegen auch die möglichen Gefahren einer »großen Koalition«.

Dieser *normativen* Lösung des Problems der Verschränkung zwischen der Demokratie im Staat und in den diesen Staat tragenden sozialen Verbänden, insbesondere

[35] So richtig *Theodor Maunz:* Deutsches Staatsrecht, 11. Aufl., München 1962, S. 70; *Gerhard Leibholz:* Strukturprobleme, S. 124 ff; Rechtliche Ordnung des Parteiwesens – Bericht der Parteienrechtskommission, 2. Aufl., Frankfurt/Main 1958, S. 156 ff.; *Ernst Forsthoff:* Die politischen Parteien im Verfassungsrecht, Tübingen 1950, S. 17; *v. Mangoldt-Klein:* Das Bonner Grundgesetz (Kommentar), Bd. 1, 2. Aufl., Berlin 1957, Anm. V, 2 zu Art. 21, S. 625 f.

[36] Vgl. *Gerhard Leibholz:* Strukturprobleme, S. 146 f.

[37] Zum notwendig (wenn der Sinn parteienstaatlicher Demokratie gewahrt bleiben soll) real-*sachplebiszitären* Charakter der Wahlen vgl. *Gerhard Leibholz:* Strukturprobleme, S. 59 und 104.

[38] Vgl. dazu (insoweit zutreffend, hinsichtlich der Idealisierung des Zweiparteiensystems aber irrig) *Konrad Hesse:* Die verfassungsrechtliche Stellung der politischen Parteien im modernen Staat, Veröffentlichungen der Vereinigung der deutschen Staatsrechtslehrer, Heft 17, Berlin 1959, S. 21 f.; vgl. ferner: *BVerfGE* 2,1 (13) (SRP-Urteil) und 5,85 (140) (KPD-Urteil).

[39] Die von *Otto Kirchheimer* (in: Archiv für Rechts- und Sozialphilosophie, Bd. 43, S. 60 ff.) geschilderte Tendenz des »Versickerns« der parlamentarischen Opposition und ihrer Transformation in einen »Koalitionspakt mit eingebautem Oppositionsmechanismus« ist *nicht* ein Ausfluß der demokratisch-sozialstaatlichen Entwicklungsrichtung, sondern der *bürokratisch-verwaltungsstaatlichen* Entwicklungsrichtung des politischen Machtsystems.

den auf die Willensbildung des Staates unmittelbar bezogenen politischen Parteien, durch das Grundgesetz stehen allerdings in der *gesellschaftlichen Wirklichkeit* erhebliche Tendenzen entgegen; sie gefährden immer wieder das vom Grundgesetz gewollte Ergebnis [40].

Die *Gesellschaftsstrukturen der Bundesrepublik* sind dadurch charakterisiert, daß ihre ökonomisch-sozialen Grundlagen diejenigen einer hochindustrialisierten spätkapitalistischen Gesellschaft mit sehr hohem Grad der Zentralisation und Konzentration des Kapitals sind. Das Gegengewicht institutionalisierter Arbeitnehmerverbände erzwingt erhebliche sozialstaatliche Züge. Auch der Einfluß vor allem *agrarischer* Kleinproduzenten-Organisationen ist groß [41]. Diese Gesellschaft ist zusätzlich von Bestrebungen der durch den Krieg und die Vertreibung aus ihren Wohngebieten vor

[40] Vgl. zum *Verhältnis von normativem Erfordernis und sozialer Realität Konrad Hesse*, a.a.O., S. 13 ff., und in der Diskussion über sein Referat *Hans Peters* (S. 108). *Konrad Hesse* hält die »normierende Kraft der Verfassung« für keine »feststehende Größe« und für je nach dem Grade des Widerpruchs zwischen Norm und Wirklichkeit unter den jeweiligen geschichtlichen Bedingungen verschieden. Danach sei aber nicht nur die Geltungs*kraft* der Norm, sondern auch ihr Geltungs*anspruch* zu bemessen, wenn auch mit *W. Hennis* (Meinungsforschung und repräsentative Demokratie, Tübingen 1957) eine »normative Kraft des Normativen« Anerkennung verdiene. Denn das Wesen des Rechts erschöpfe sich nicht in einer *isolierten* Normativität, sondern stehe »im Zusammenhang der Interdependenz« (S. 115/116). *Hans Peters* möchte demgegenüber in der Verfassung die »feste Norm« sehen, innerhalb deren also nur normlogisch interpretiert werden dürfe. *Objektiv* läßt sich diesen beiden Thesen gegenüber das Verhältnis von Norm und sozialer Wirklichkeit nur *dialektisch* erfassen, aber eben deshalb auch nur dann, wenn man beide Momente *zunächst* isoliert und in ihrer jeweils eigenen Logik analisiert, um dann ihre Funktion in der gesellschaftlichen Aufeinanderbezogenheit genau (und d. h. *konkret)* zu bestimmen. Diese Überlegung führt zu dem Ergebnis, daß die *Norm* (nach dem Willen des Normgebers) genau interpretiert werden, ihr Durchsetzungs*anspruch* also aus ihr selbst heraus ermittelt, ihre Stellung im Normensystem *normlogisch bestimmt* werden muß. Das ist die Aufgabe des *Juristen.* Den Grad ihrer jeweiligen Geltungs*kraft* in der jeweiligen gesellschaftsgeschichtlichen Lage festzustellen, ist die Aufgabe (in bezug auf Verfassungsprobleme) des *politischen Soziologen,* der gleichzeitig zu fragen hat, *wie* sich für die Durchsetzung von Rechtsgrundsätzen (z. B. dem Demokratie-Gebot der Verfassung) neue Chancen in der Rechtsanwendung ergeben. Würde aber der Jurist den Geltungs*anspruch* der Norm an ihrer jeweiligen sozialen Geltungs*kraft* messen, so würde er den Norm*inhalt* preisgeben und die Rechtsordnung zur Disposition der jeweiligen (auch der normwidrigen, also schlechten) sozialen Realität stellen. So sehr er also bei jeder Rechtsanwendung die Wirklichkeit erkennen muß (also der Hilfe des Soziologen bedarf), weil er ja dahin wirken muß, in dieser Wirklichkeit zur (möglichst großen) Durchsetzung der Norm zu führen, sowenig darf er die Norm einfach der Wirklichkeit opfern, wenn er nicht seiner Funktion untreu werden will. Der *Intensitätsgrad* (nicht aber die Richtung) der jeweils unmittelbaren und aktuellen Durchsetzung der Norm bei der *Rechtsanwendung* ist dabei je nachdem verschieden, ob es sich um *Rechtsgrundsätze* oder um (nach dem Willen der Norm) unmittelbar anwendbare *Rechtssätze* handelt (vgl. dazu *Wolfgang Abendroth* in *Herbert Sultan / W. Abendroth:* Bürokratischer Verwaltungsstaat und soziale Demokratie, Frankfurt/Main 1955, S. 81 ff.). Das *Demokratie-Gebot* ist seinem Wesen nach *Rechtsgrundsatz,* nicht *Rechtssatz.*

[41] Vgl. dazu *Wolfgang Abendroth:* »Die soziale Struktur der Bunderepublik und ihre politischen Entwicklungstendenzen« in: Politische Vierteljahrsschrift, 1963, S. 150 ff., und *Günter Sieber:* Betriebskonzentration, Unternehmenskonzentration und Konzernierung, Köln 1964.

1945 geschädigten Gruppen durchsetzt, mittels staatlicher Umverteilung des Sozialprodukts Entschädigungen zu erhalten [42]. Vor allem aber ist sie dadurch von anderen spätkapitalistischen Gesellschaften unterschieden, daß sie ihre *vorige* politische Herrschaftsform, die nationalsozialistische, nicht aus eigener Kraft abgestreift hat, sondern von ihr durch den Sieg ihrer militärischen Gegner in einem durch das Dritte Reich begonnenen imperialistischen Krieg befreit werden mußte. Ihr ökonomischer und politischer Aufstieg (wie vorher die Restauration ihrer früheren sozialen Strukturen) war ein Nebenprodukt der Auseinandersetzung zwischen ihren früheren Kriegsgegnern. Sie trägt deshalb in den herrschenden Ideologien (einschließlich der Ideologie der Ideologielosigkeit) deutlich die Kennzeichen einer *nachfaschistischen* Gesellschaft. Sie unterscheidet sich dadurch von den Verhaltensweisen anderer spätkapitalistischer Industriegesellschaften, daß Führungs-, Exekutiv- und Bildungsapparate von Staat, Wirtschaft, sozialen Verbänden und politischen Parteien mit ehemaligen Mitgliedern der staatstragenden Monopolpartei eines faschistisch-dezisionistischen Staates durchsetzt sind. Diese haben zwar Teile ihrer früheren Vorstellungen überwunden, andere jedoch unbewußt nur modifiziert und in den Grundzügen beibehalten [43]. Daher erklärt sich auch die Unbefangenheit, mit der gegenwärtig bestimmte Parteien nach der Staatskasse greifen, relativ leicht.

Das verändert die *allgemeine* Situation in *jeder* industriellen Gesellschaft mit vergleichbaren sozialökonomischen Gegebenheiten und Antagonismen nicht im Prinzip, aber es konkretisiert sie. Die *allgemeine* Lage verstrickt den Staat unvermeidlich in den täglichen Streit der wirtschaftlichen und sozialen Interessen und die Auseinandersetzungen zwischen den im Zuge dieser Entwicklung entstehenden großen ökonomischen Gruppen. Diese sozialen Gruppen, die im vorigen Jahrhundert ihre Differenzen vor allem außerhalb des Rahmens der staatlichen Ordnung ausgetragen hatten, müssen nun ihre Erwartungen unmittelbar auf die politische Macht und den regierenden und verwaltenden Staat beziehen [44], damit aber auch auf die *politischen Parteien.* Denn den politischen Parteien fällt – wie das *Ulrich Scheuner* [45] in bereits die Normierung in Art. 21 GG (»Mitwirkung bei der politischen Willensbildung des Volkes«) einschränkender, aber vom Bundesverfassungsgericht übernommener [46] Weise formuliert hat, – unvermeidlich der »freie Bereich der *Vorformung* des politischen Willens« zu, in dem die Entscheidungen des Staates vorbereitet werden, obwohl sie erst an anderer Stelle – in der Regierung bzw. (bei Gesetzen) im Parlament – endgültig fallen. Die Ver-

[42] Vgl. z. B. die Analyse des Heimkehrerverbandes von *Manfred Teschner:* Entwicklung eines Interessenverbandes, Diss. phil. Frankfurt 1961, S. 18 ff.

[43] Auf die Darstellung eines solchen Modifikationsvorganges (als Beispiel für viele) in *Wolfgang Abendroth:* »Innergewerkschaftliche Willensbildung, Urabstimmung und Kampfmaßnahme«, in: Arbeit und Recht 1959, S. 263 f., sei ausdrücklich verwiesen. Vgl. dazu auch *Alfred Grosser:* La République Fédérale d'Allemagne, Paris 1963, S. 108 ff.

[44] Vgl. dazu *Peter v. Oertzen:* Die soziale Funktion des staatsrechtlichen Positivismus, Diss. phil. Göttingen 1953, S. 349 f.

[45] Vgl. *Ulrich Scheuner:* »Der Staat und die intermediären Kräfte«, in: Zeitschrift für evangelische Ethik, 1957, S. 34 ff.

[46] *BVerfGE* 8, 104 (113) (Urteil vom 30. 7. 1958 über die Volksbefragung über Atomwaffen in Hamburg und Bremen).

bände der »Wirtschaft«, vor allem die häufig *unmittelbar* ohne Verbandsvermittlung selbst auftretenden Großgebilde der Industrie und Bankwelt, aber auch ein großer Teil der sonstigen sozialökonomischen Machtgruppen, sind jedoch in ihren eigenen Willensbildungsformen *nicht* demokratisch organisiert (und können das ihrem Wesen nach auch nicht sein). Die Wirtschaftsunternehmungen, um die es sich hier handelt, sind zweckrational auf Erzielung von Profit für das je einzelne Unternehmen gerichtete Vergesellschaftungsformen, bei denen (soweit es sich um Großunternehmungen handelt) das *Management* das Gesamtgebilde dezisionistisch leitet und – wenn der Sinn der Organisation und ihrer Tätigkeit, die kurz- oder auch langfristig geplante Sicherung von Gewinn, erreicht werden soll – auch leiten muß. Dem Management sind über eine Hierarchie von Zwischenstufen die Arbeitnehmer befehlsunterworfen; denn alle bisherigen Formen der Mitbestimmung haben dies Verhältnis nicht grundsätzlich verändert[47]. Die Großunternehmungen bestimmen aber darüber hinaus kraft ihres machtmäßigen Übergewichtes in den *Verbänden* der Wirtschaft[48]. Die Mentalität des Managements der Großunternehmungen überträgt sich daher auf die Mentalität der Führung der Verbände, auch wenn diese aus politischen Gründen (gelegentlich auch wegen partieller Interessendivergenzen) mittleren Unternehmern überlassen wird, und auf deren Bürokratie. Die von ihnen beeinflußten Politiker geraten daher in ein gesellschaftliches Klima, das diese Mentalität der *Manipulation* einer als ihnen unterworfen gedachten Bevölkerung grundsätzlich übernimmt, zumal die Abhängigkeit derjenigen politischen Parteien, die mangels aktivierbarer und finanziell opferbereiter Mitgliedermassen von der Finanzierung durch die Wirtschaft abhängig sind (oder waren), die quasi-souveräne Stellung des ökonomischen Managers als allgemeines gesellschaftliches Ideal erscheinen läßt[49]. Diese allgemeine Einstellung auch von Parteiführungsgruppen auf die Mentalität, die dem Management von Großunternehmungen natürlicherweise entspricht, wird unvermeidlich dadurch verstärkt, daß die Spitzen der staatlichen Bürokratie zu paralleler Geringschätzung demokratischer Initiativen neigen, aber mit dem Management vielfach in enger Berührung operieren. Die Parteiführungen wollen sich verständlicherweise nicht ständig von Einigungen

[47] Weder das Betriebsverfassungsgesetz vom 11. 10. 1952 (BGBl. I S. 681) noch das Mitbestimmungsgesetz (für Bergbau, Eisen- und Stahlerzeugung) vom 21. 5. 1951 (BGBl. I, S. 347) geben den Arbeitnehmern Mitentscheidungsbefugnisse. In das Management sind sie nur durch den Arbeitsdirektor (nach § 17 Mitbestimmungsgesetz) mittels einer begrenzten Mitlegitimationsbefugnis eingedrungen.

[48] Vgl. dazu *Alfred Grosser:* La République Fédérale d'Allemagne, Paris 1963, S. 80 ff.

[49] Vgl. *Alfred Grosser,* a.a.O., S. 63; die von *Ulrich Dübber:* Parteifinanzierung, S. 40 ff., geschilderten Fälle der Unterwerfung politischer Parteien unter Erpressungen der die Finanzierung der bürgerlichen politischen Parteien vermittelnden Stellen der »Wirtschaft« lassen sich durch die Mentalität der *Anerkennung des Managements als gesellschaftliches Ideal* wahrscheinlich leichter begreifen, als durch bewußte Korruption. Auch der *Mandatskauf* durch die »Wirtschaft«, die Plazierung von durch sie benannten Vertretern auf den Landeslisten der von ihr geförderten Parteien als Unterstützungsbedingung, erscheint aus dem gleichen Grund den Führungen bestimmter politischer Parteien nicht als moralisch anstößig, sondern als sachlich gerechtfertigt (vgl. Fälle dieser Art bei *Ulrich Dübber,* a.a.O., S. 28 f. und 42 f.).

zwischen Ministerialbürokratie und »Wirtschaft« »überholen« lassen, die sie dann nur noch zu ratifizieren haben, zumal z. B. der Bundesverband der deutschen Industrie ohnedies schon den direkten Verkehr mit den Ministerien vorzieht [50]. Deshalb suchen sie die Bürokratie an Fähigkeit zur Manipulation noch zu übertreffen. *Gustav E. Kafka* hat am Beispiel derjenigen Partei Österreichs, die der bundesdeutschen CDU/CSU entspricht, der ÖVP, gezeigt, daß in dieser im wesentlichen aus quasi-ständischen Bünden, dem Bauernbund mit 450 000 Mitgliedern, dem Bund der Arbeiter und Angestellten mit 150 000 Mitgliedern und dem Wirtschaftsbund mit 80 000 Mitgliedern, bestehenden Organisation der kleinste Bund — der Wirtschaftsbund — der politisch mächtigste ist [51]. In der Bundesrepublik gibt es zwar keine vergleichbaren Organisationsstrukturen, wohl aber vergleichbare Machtverhältnisse in denjenigen Parteien, die auf die finanzielle Unterstützung der Wirtschaft zählen. Diese Gesamttendenz bewirkt, daß die Parteien (soweit sie nicht über einen großen eigenen und mindestens teilweise aktivierbaren Mitgliederstamm verfügen) dazu neigen, ihre Willensbildung derjenigen der Wirtschaft und ihrer Verbände zu *unterwerfen*. Damit wird aber notwendig ihre Funktion zerstört, die politische Willensbildung ihrer eigenen Mitglieder zu repräsentieren und in die Willensbildung der Organe des Staates zu transformieren. Sie werden unfähig, den parteiungebundenen Wählern in demokratischer Weise in der Partei selbst entwickelte politische Aktionsprogramme zu präsentieren und als potentielles Regierungsprogramm zu unterbreiten, wenn sich ihre innere Willensbildung in einer Weise verfälscht, die sie zum Sprachrohr weder dem Parteivolk noch den Wählern bekannter oder öffentlich erkennbarer privilegierter sozialer Gruppen macht. Denn der Auftrag des Grundgesetzes an die Parteien, Träger und Mittler eines freien Willensbildungsprozesses zu sein, setzt ihre *Freiheit von äußeren Einflüssen* voraus [52]. Sonst wäre Art. 21 Abs. 1 S. 3 GG, das Demokratiegebot für die Partei, beiseite geschoben. Art. 21 Abs. 1 S. 4 GG hat durch den *Veröffentlichungszwang* hinsichtlich der *Herkunft der Mittel* der Partei gegen derartige Überfremdung der partei-internen Willensbildung Hilfe bieten wollen [53], um wenigstens die Parteimitgliedschaft und die Wähler über die Zusammenhänge der Parteifinanzierung und die dadurch entste-

[50] So hat im Berichtsjahr 1958/59 der *BDI* 82,8 % seiner Eingaben direkt an die Ministerien, aber nur 8 % an die Legislative gerichtet.

[51] *Gustav K. Kafka:* Die verfassungsrechtliche Stellung der politischen Parteien im modernen Staat, Veröffentlichungen der Vereinigung der deutschen Staatsrechtslehrer, Heft 17, Berlin 1959, S. 60 ff. und 105.

[52] So richtig *Konrad Hesse,* a.a.O., S. 28.

[53] Es ist also nur begrenzt zutreffend, wenn Konrad Hesse, a.a.O., S. 29, die Meinung vertritt, die Verfassung könne die Freiheit der Parteien gegen nichtstaatliche Mächte nicht wirksam schützen. Daß der Gesetzgeber 15 Jahre nach der Verabschiedung des Grundgesetzes den Parteien diesen durch die Verfassung angebotenen Schutz durch Nichtverabschiedung eines Ausführungsgesetzes gemäß Art. 21 Abs. 3 GG. noch immer vorenthält, ist eine Folge der Verschiebung der Machtverhältnisse von der Demokratie zum autoritären System hin, die seit 1949 eingetreten ist, aber *nicht* Schuld des Grundgesetzes. Allerdings bleibt Konrad Hesse insoweit im Recht, als auch diese Aufdeckung finanzieller Zusammenhänge zwar eine Hilfe, aber kein *zulänglicher* Schutz der Willensbildungsfreiheit der Partei wäre.

henden politischen oder moralischen Bindungen zu orientieren. Denn nur wenn sie derartige Beziehungen zwischen ihrer Führung und bestimmten Interessengruppen *kennen,* haben die Parteimitglieder die Chance, die eigene Widerstandskraft der Partei gegen diese Überfremdung zu entwickeln, und haben die Wähler die Möglichkeit, derartige Verkettungen in ihrer Entscheidung bei der Wahl in Rechnung zu stellen.

In der Verfassungswirklichkeit hat die Umdeutung von Art. 21 Abs. 1 S. 4 GG, der öffentlichen Rechnungslegung durch die Parteien hinsichtlich ihrer Einnahmequellen in einen bloßen Programmsatz, der nicht unmittelbar anwendbar ist [54], durch die herrschende Meinung des Verfassungsrechts [55] zunächst die Folge gehabt, daß sich ähnliche Methoden der Parteifinanzierung für die bürgerlichen Parteien durchsetzen konnten, wie sie in der Weimarer Republik bestanden und oft genug das politische Leben verfälscht hatten [56]; sie wurden allerdings bald noch stärker systematisiert und rationalisiert. *Vor dem Bundestagswahlkampf 1949* gingen noch führende Vertreter der »Wirtschaft« wie *Robert Pferdmenges* individuell bei den anderen Bankiers und Industriellen quasi »sammeln«, um die Finanzierung der CDU und FDP sicherzustellen [57]. Während des Wahlkampfes wurde bereits ein System von *Sonderorganisationen* der »Wirtschaft« zwecks materieller Unterstützung (und Bindung) derjenigen politischen Parteien aufgebaut, die für die Politik der Mehrheitskoalition des Frankfurter Wirtschaftsrates und dann der Bonner Koalition eintraten, nämlich die auf Ländergrundlage aufgebaute Gruppierung der »Fördererverbände« [58].

Diese Wendung hatte insofern erhebliche Konsequenzen für die Willensbildung der CDU, als von nun an die vom stärksten Landesverband Nordrhein-Westfalen getragene Politik des *Ahlener Programms* (vom 3. 2. 1947) [59] jede Bedeutung verlor. Die *Düsseldorfer Leitsätze* vom 15. 7. 1949 [60] wurden zur Richtschnur der Politik

[54] Er wird – m. E. mit Recht – von *Günther Willms:* »Zur Problematik eines Parteiengesetzes«, in: JZ. 1958, S. 265 ff., und *D. H. Hoffmann:* »Die öffentliche Rechenschaftspflicht der Parteien«, in: DVBl. 1958, S. 856 ff., für unmittelbar anwendbares Recht gehalten.

[55] So *BVerfGE* 2, 1 (SRP-Urteil) per argumentum e contrario aus den Leitsätzen 2 u. 3, die Art. 21 Abs. 2 und Abs. 1 Satz 1 u. 2, Satz 3 aber nur begrenzt als unmittelbar anwendbares Recht anerkennen; ferner *K. G. Wernicke:* Bonner Kommentar, Art. 21, S. 10, und die überwiegende Majorität der sonstigen Literatur. Auch *Ulrich Dübber,* a.a.O., S. 5, schließt sich dieser Meinung an.

[56] Vgl. dazu *Arthur Rosenberg:* Geschichte der Weimarer Republik, S. 194 ff.; *K. D. Bracher:* Die Auflösung der Weimarer Republik, S. 206 ff., S. 377 ff., 435 ff. Die apologetische Schrift von *August Heinrichsbauer:* Schwerindustrie und Politik, Essen 1948, bringt gleichwohl viel Material bei. Vgl. ferner *Stephanie Münke:* Wahlkampf und Machtverschiebung, Berlin 1952, S. 98 und *Morus (Richard Lewinsohn):* Das Geld in der Politik, Berlin 1931, S. 18 ff.

[57] Bericht des *Untersuchungsausschusses des Bundestages* vom 23. 5. 1951, BTDrs. 2274, S. 8.

[58] Vgl. die Veröffentlichung des *Parteivorstandes der SPD:* Unternehmermillionen kaufen politische Macht, Bonn 1953, und das Verzeichnis der Fördererverbände bei *Ulrich Dübber* a.a.O., S. 30 Anm. 191.

[59] Vgl. *Ossip K. Flechtheim:* Die Programmatik der deutschen Parteien, I. Teil, Berlin 1963, S. 53 ff.

[60] Vgl. *Ossip K. Flechtheim,* a.a.O., S. 58 ff.

der entschlossenen Restauration der alten Machtverhältnisse in der westdeutschen Wirtschaftsgesellschaft. Der nordrhein-westfälischen CDU konnte ruhig erlaubt bleiben, bei der Verabschiedung ihrer *Landesverfassung* vom 28. 6. 1950 noch weiter auf der beiseite geschobenen Position des Ahlener Programms zu verharren (vgl. z. B. Art. 27): Angesichts der Prävalenz des Bundesrechts auf Grund der Art. 72 und 74 Ziff. 11, 12, 14 und 15 GG war sichergestellt, daß dadurch nur Verbaldeklarationen (zur Beeinflussung der Wähler und wirkungslosen Selbstbefriedigung der Parteimitglieder), aber keine praktischen Resultate erzielt werden konnten. Da nach dieser Wendung die CDU nur mehr eine Partei der Konservierung des *status quo* der existenten sozialökonomischen Machtverhältnisse, nicht aber ihrer Reformierung, sein konnte, der jeweilige Kompromißausgleich divergierender Interessen ihrer Machtträger untereinander aber *öffentliche* Diskussion (und damit das potentielle Eingreifen demokratischer politischer Willensbildung) nur als Störung empfindet, hat sich seitdem ihre Programmatik zu derartigen Fragen in Leerformeln ohne konkreten Inhalt erschöpft [61]. Denn wirklicher Programme bedarf nur diejenige Partei, die die Wirklichkeit *verändern* will.

Als nächste Stufe folgte die *Zentralisierung* der Parteifinanzierung durch die Großwirtschaft im *Bundesmaßstab* mit der Gründung der »Staatsbürgerlichen Vereinigung 1954 e. V.«, deren Spitze die Leiter aller großen Verbände der »Wirtschaft« vereint. Die 50 größten Unternehmungen hatten seitdem ihre Gelder zur Beeinflussung der politischen Willensbildung an sie zu leiten, während für die mittleren und kleineren Unternehmungen auch weiter die Förderer-Gesellschaften zuständig blieben [62].

Diesem System der Parteifinanzierung (und gleichzeitig der Aushöhlung der eigenen demokratischen politischen Willensbildung in den bürgerlichen Parteien) sollte mittels der *steuerlichen Abzugsfähigkeit* der zur Parteifinanzierung (sei es vermittelt, sei es unvermittelt) gegebenen Gelder durch das Gesetz vom 16. 12. 1954 Stabilität verliehen werden [63]. Dadurch wurde den *großen* Einkommensempfängern zusätzlich die Chance geboten, ihren politischen Einfluß durch Zahlungen zu Lasten der Staatskasse geltend zu machen. Der Bundestag war in seiner Mehrheit aus Abgeordneten zusammengesetzt, die ihre Wahl den durch die *»Wirtschaft«* finanzierten Parteien zu verdanken hatten. Deshalb hielt er es für dem »Gemeinwohl« besonders dienlich, die Ausdehnung dieses Privilegs auf die *Arbeitnehmer* durch Abzugsfähigkeit derartiger Zahlungen *neben* der Sonderausgaben*pauschale* auch für Lohnsteuerpflichtige abzulehnen [64], wohl um zu verdeutlichen, wie die inhaltliche Interpretation des Gleichheitsgrundsatzes von seiten der »Wirtschaft« aussieht. Die *Bundesregierung* trieb durch ihre Einkommensteuer-Durchführungsverordnung vom

[61] Vgl. das Hamburger Wahlprogramm vom 22. 4. 1953 (*Flechtheim* a.a.O., S. 94 ff.), das Hamburger Manifest vom 15. 5. 1957 (a.a.O., S. 127 f.).

[62] Vgl. *Ulrich Dübber*, a.a.O., S. 30 f.

[63] BGBl. 1, S. 373: § 10 b Einkommenssteuergesetz, § 11 Ziff. 5 Körperschaftssteuergesetz.

[64] BT Sten. Bericht, 2. Legislaturperiode, 193. Sitzung vom 21. 2. 1957, S. 10984 ff., und 215. Sitzung vom 26. 6. 1957, S. 12711 f., 12744.

21. 12. 1955 (und die parallele Körperschaftssteuer-Durchführungsverordnung vom gleichen Tage) in deren § 49 Ziff. 1a die Verhöhnung des Art. 3 GG noch ein Stück weiter: Sie schloß alle im Bundestag noch nicht vertretenen politischen Parteien von diesem Steuerprivileg kurzerhand aus. Das Bundesverfassungsgericht hob dann am 21. 2. 1957 auf eine Verfassungsbeschwerde der GVP hin diese Verordnung als Verstoß gegen Art. 21 Abs. 1 und Art. 3 GG auf [65], um am 24. 6. 1958 auf Grund einer Klage der hessischen Landesregierung aus den gleichen Gründen beide Paragraphen des Einkommensteuer- und des Körperschaftssteuergesetzes und damit die gesamte Abwälzung der Parteifinanzierung der besitzenden Klassen auf die Staatskasse als Verletzung der Chancen-Gleichheit der politischen Parteien zu verwerfen [66].

Durch diese Rechtssprechung des Bundesverfassungsgerichts wurde zwar der gröbste und *unmittelbar* erkennbare Mißbrauch dieser Überfremdung der politischen Willensbildung in den politischen Parteien durch die Methoden der Parteifinanzierung ausgeschaltet, nämlich die Abwälzung der Kosten dieses Einkaufs politischer Macht auf die Staatskasse. Aber das *System* selbst ist erhalten geblieben: Gewiß, der *unmittelbaren* Finanzierung der Parteien (und damit dem *direkten* Kommando) z. B. durch die »Staatsbürgerliche Vereinigung 1954 e. V.«, den Fonds der größten Giganten des Finanzkapitals, wurde Einhalt geboten. Um der Erhaltung der Steuerabzugsfähigkeit der Zuwendungen willen wurde 1959 durch Änderung des § 2 ihrer Satzung die Parteifinanzierung aus dem Vereinszweck herausgenommen [67]. Aber es *bleibt* die *allgemeine* Beeinflussung der Führung der »Meinungen« in der Bevölkerung, vor allem durch »staatsbürgerliche Betätigung« und »Jugenderziehung«, etwa im Stil der parallelen Direkt-Beeinflussung der Massen-Stimmungen durch den Verein *»Die Waage«* [68]. In *dieser* Form bleibt die Finanzierung solcher allgemein »staatsbürgerlichen« Arbeit nach wie vor steuerlich abzugsfähig, wird also von den Machtträgern der Wirtschaft auch weiter auf *Kosten des Staates* vorgenommen. Sie manipulieren ein Klima der täglichen Stimmungsbildung des Durchschnittswählers [69], das unvermeidlich auf die Willensbildung jener Parteiführungen zurückstrahlt, die in ihrer Partei *nicht* wirksamer demokratischer Kritik durch ständige innerparteiliche öffentliche und rationale Diskussion unterworfen sind. Denn in dieser Weise von der innerparteilichen Kritik emanzipierte Parteiführungen werden stets dazu neigen, sich der bloßen Photographie der in dieser Weise manipulierten Durchschnittsmeinungen durch die *Meinungsforschungsinstitute* zu unterwerfen und diese manipulierten Meinungen als gegebenen Tatbestand hinzunehmen, der nicht mehr in Frage gestellt werden kann, sie also nicht als Ausdruck von Stimmungen, die rational aufgelöst werden müssen, sondern als selbstverständliche Grundlage

[65] *BVerfGE.* 6, 273 (Beschluß).
[66] *BVerfGE.* 8, 51 (Urteil).
[67] Vgl. *Ulrich Dübber,* a.a.O., S. 35 Anm. 195.
[68] Vgl. dazu *Ulrich Dübber,* a.a.O., S. 50.
[69] Vgl. dazu *Vance Packard:* Die geheimen Verführer, Der Griff nach dem Unterbewußtsein in Jedermann, Düsseldorf 1958.

ihres politischen Ordnungsbildes und ihrer politischen Zielsetzungen zu behandeln [70]. Daß es dabei auch zu mindestens *informeller* »Abstimmung« zwischen diesen Beeinflussungsinstituten der »Wirtschaft« und Parteiführungen kommt, die in bevorstehenden Wahlkämpfen auf Sondervorteile im Konkurrenzkampf mit anderen Parteien unter Begünstigung durch derartige »Parallelkampagnen« [71] formell parteipolitisch neutraler Institutionen hoffen, ist kaum zu bezweifeln. Aber jede »Abstimmung« dieser Art läuft dann praktisch darauf hinaus, daß die *Befehlsgewalt* bei dem liegt, der über die im Wahlkampf begünstigende Parallelkampagne verfügt, *nicht* bei den politischen Parteien, die eine Begünstigung für sich erhoffen.

Ferner bleibt das Problem der *nicht* steuerbegünstigten Direktfinanzierung der politischen Parteien durch die »Wirtschaft« und damit der z. Zt. mangels eines Parteiengesetzes unkontrollierten direkten Einflußnahme der Inhaber der ökonomischen Macht auf die politischen Parteien auch noch nach dieser erfreulichen Korrektur durch die Rechtsprechung des Bundesverfassungsgerichts bestehen. Zwar sind die Parteien nach diesem Urteil vom 24. Juni 1958 weitgehend zum System der offenen Finanzierung ihrer ständigen Tätigkeit (und z. T. auch ihrer Wahlkämpfe) aus der *Staatskasse* mittels der Bewilligung von Haushaltsmitteln übergegangen [72]; da diese Finanzierungsmethode aber die Wahlkampfkosten doch nur sehr begrenzt deckt und außerdem den Gleichheitsgrundsatz der Form oder doch dem Scheine nach wahren muß, versuchen die Parteien darüber hinaus auch weiter Zuwendungen der »Wirtschaft« zu erhalten und erlangen sie auch [73]. In vielen Fällen haben die *Wirtschaftsverbände* selbst jetzt diese Sammeltätigkeit zur Parteifinanzierung übernommen [73a]. Der Auftrag, den Art. 21 Abs. 1 S. 4 und Abs. 3 GG erteilt hat, hat also durch die jetzt übliche Parteifinanzierung aus der Tasche des Steuerzahlers keineswegs seine Bedeutung verloren. Der Regelungsvorschlag des *Kabinettsentwurfs eines Parteiengesetzes von 1959* [74] in dessen § 23 Abs. 2 Ziff. 5 war aber praktisch auf Frustrierung dieses Auftrags gerichtet, weil er die *Erkennbarkeit* des »Spenders« unmöglich machen und damit der innerparteilichen Kritik wie der Wählerentscheidung die Chance nehmen wollte, die Interessenbildung, die aus den Spenden folgt, zu durchschauen. Der Entwurf hätte also, falls er Gesetz geworden wäre, die Entartungstendenzen unseres Parteiensystems nicht gehemmt, sondern versteinert. Diese Norm wäre eindeutig verfassungswidrig gewesen, weil sie der gedanklichen Ver-

[70] Vgl. dazu *Wilhelm Hennis:* Meinungsforschung und repräsentative Demokratie, Tübingen 1957, insbesondere S. 43; ferner *Thomas Ellwein:* Das Regierungssystem der Bundesrepublik Deutschland, Köln 1963, S. 51.

[71] Vgl. dazu *H. J. F. Kropf:* Die erste Public-Relations-Kampagne in Deutschland, Frankfurt/M. 1954, S. 9, und *Ulrich Dübber*, a.a.O., S. 50.

[72] Vgl. zum gegenwärtigen Stand dieser Situation *Ulrich Dübber:* »Die öffentliche Finanzierung politischer Parteien«, in: Neue Gesellschaft 1964, S. 105 ff. 1963 haben die Parteien durch Bund und Länder 30,3 Millionen DM erhalten. Z. Z. beanspruchen sie allein vom Bund 38 Millionen.

[73] Vgl. *U. W. Kitzinger:* »Wahlausgaben: ein deutsch-englischer Vergleich«, in: ZPolit 1960, S. 396 ff.

[73a] Vgl. *Thomas Ellwein*, a.a.O., S. 85 f.

[74] Bundesratdrucksache 249/59.

bindung von Art. 21 Abs. 1 S. 3 und 4 GG nicht gerecht wurde. Die Begründung des Regierungsentwurfes[75] hält diese Konstruktion für geboten, weil sie durch Veröffentlichung des Namens der Spender Art. 5 GG gefährdet sieht, da die Freiheit der Meinungsäußerung auch das Recht einschließe, »seine politische Meinung zurückzuhalten«. Dieses Recht würde aber demjenigen entzogen, der seinen Namen durch die Spenderliste offenbar gemacht sehe. Nach dieser merkwürdigen Logik wäre auch das Erfordernis der Unterschriftsleistung bei Wahlvorschlägen eine Verfassungsverletzung; doch ist das den Juristen des Bundesinnenministeriums beim Bundeswahlgesetz offenbar nicht eingefallen[76]. Diejenige Gruppe der *Parteienrechtskommission,* die eine ähnliche Lösung wie der Regierungsentwurf finden wollte, hielt erstens eine doch etwas (wenn auch völlig unzureichend) differenziertere Aufgliederung der Angaben der Spenden für erforderlich[77]. Zweitens argumentierte sie etwas klüger[78]; sie hielt den Grundsatz der *Gleichbehandlung* der Parteien durch die Nennung der Spender für gefährdet, weil angeblich bloße Wählerparteien (ohne großen Mitgliederstamm, die also entweder auf der – praktisch verschwundenen — alten liberalen Honoratiorenstruktur oder der nur durch geringe Mitgliederzahlen verhüllten losen Existenz einer Kombination von Abgeordneten und Partei-Apparat beruhen) nur in geringerem Maße Dritte, die mit der Veröffentlichung ihres Namens rechnen müssen, zu Spenden mit größeren Beträgen veranlassen können, als Mitgliederparteien. Auch diese Argumentation ist erstens sachlich falsch: denn gerade die »Wählerparteien« ohne großen Mitgliederstamm und ohne den ernstlichen Willen, einen größeren und aktiv in die Parteiarbeit einbezogenen Mitgliederstamm zu erhalten, waren bisher die Nutznießer größerer Spenden, und die Spender größerer Beträge haben offensichtlich von sozialen Pressionen nichts zu befürchten. Zweitens ist diese Argumentation antidemokratisch, weil die moderne Demokratie gerade auf dem Funktionieren von Mitgliederparteien beruht und durch das Absinken der Parteien zu bloßen Apparaten, die nicht zur Mitarbeit erziehen wollen, sondern nur die Akklamation im übrigen zur Passivität erzogener Wähler erstreben, gefährdet wird. Drittens wird sie dem Grundgesetz nicht gerecht, weil Art. 21 Abs. 1 S. 3, das Prinzip des demokratischen Aufbaus politischer Parteien, nur in Mitgliederparteien sinnvoll ist, also deutlich macht, daß die Verfassung durchaus die Mitgliederparteien begünstigen will[79]. *Ulrich Dübber* hat inzwischen versucht, ein Schema zu relativ sinnvoller Differenzierung der Spenderangaben zu entwerfen, das wenigstens die allgemeine Richtung der Interessengruppen, aus der jeweils Spenden kommen, erkennbar machen soll[80]. Aber auch dies

[75] a.a.O., S. 28 f.

[76] Zum (wesentlich gewichtigeren und ernsthaften) Problem der Verschränkung des Gebotes der *geheimen* Wahl und der Unterschriftsquoten vgl. BVerfGE 3, 19 (Urteil vom 1. 8. 1953) und *OVG. Lüneburg* (Urteil vom 4. 7. 1950), DVBl. 1950, S. 570.

[77] Rechtliche Ordnung des Parteiwesens, *Bericht der Parteienrechtskommission,* 2. Aufl., Frankfurt/M. 1958, S. 200 ff., insbes. S. 206.

[78] a.a.O., S. 210.

[79] Vgl. zu diesen Fragen auch *Ulrich Dübber:* Parteifinanzierung in Deutschland, S. 60 ff.

[80] *Ulrich Dübber,* a.a.O., S. 69.

Schema würde in einer Periode, in der wegen der hochentwickelten Zentralisation des Kapitals bei vielfach vorhandenen *vertikalen Konzern-Kombinationen* die bloße Aufzählung der Branchen-Herkunft des gewerblichen Bereichs des Spenders nicht mehr genügt, um die Durchschaubarkeit zu garantieren, keineswegs ausreichen, um dem Sinn von Art. 21 Abs. 1 S. 4 GG genüge zu tun. Wer in größerem Maße Parteien finanziert, übt politische Macht aus [81]. Demokratie kann nur funktionieren, wenn Macht durchschaubar gemacht wird. Also muß sich derjenige, der Parteien finanziert, beim Namen nennen lassen, weil sonst die Parteimitgliedschaft die Möglichkeit zu kritischer (weil orientierter) Mitbestimmung der Politik ihrer Partei und die Wählerschaft die Möglichkeit zu kritischer (weil orientierter) Option zwischen den Parteien notwendig einbüßt.

Aber dieser Überfremdung der demokratischen inneren Willensbildung der politischen Parteien von *außen* laufen andere soziale Prozesse parallel, die dahin tendieren, sie auch in Mitgliederparteien durch ihnen immanente Entwicklungstendenzen auszuschalten. Die neueste, auf der eigenen Erfahrung eines Bundestagsabgeordneten beruhende empirische Darstellung des Problems der innerparteilichen Demokratie, die Dissertation von *Ulrich Lohmar,* kommt zu pessimistischen Resultaten, wenn man ihr Ergebnis an den Anforderungen mißt, die demokratische Verfassungsstruktur und Art. 21 Abs. 1 S. 3 GG an das innerparteiliche Leben stellen [82]: Er bestätigt die Beobachtungen des faktischen Lebens der politischen Parteien, die *Renate Mayntz* schon 1955 zu der Ansicht führten, daß untere Gruppierungen der *CDU* keine nennenswerten Versuche machen, Einfluß auf die politische Linie ihrer Partei in größeren Fragen zu nehmen [83]. *Lohmar* hält die These von *Klaus Schütz* aus dem gleichen Jahre für erwiesen, daß die politische Willensbildung in der *SPD* sich von oben nach unten (also *nicht* umgekehrt) entwickelt [84]. Während jedoch Klaus Schütz für die SPD (als typische Mitgliederpartei) *damals* noch als charakteristisch ansah, daß die allgemeine Politik dieser Partei doch von den *Vertrauensleuten,* also der breiten und ständig aktiven Schicht der *ehrenamtlichen Funktionäre* [85], und in den mittleren Vorständen formuliert und getragen werde, die sich zur Willensbildung der Mitgliedschaft nicht in eklatanten Widerspruch setzen könnten, hat sich in der Auffassung *Lohmars* dies Bild völlig verschoben. Nach seiner Meinung ist der Einfluß der unteren und mittleren Ebene auf die *Formulierung der*

[81] Vgl. zutreffend *Ulrich Dübber,* a.a.O., S. 40 ff.

[82] *Ulrich Lohmar:* Innerparteiliche Demokratie, Eine Untersuchung der Verfassungswirklichkeit politischer Parteien in der Bundesrepublik Deutschland, Stuttgart 1963, S. 42 ff.

[83] *Renate Mayntz:* »Lokale Parteigruppen in der kleinen Gemeinde«, in: ZPolit 1955, S. 62. Auf dem Parteitag in Hannover 1964 haben allerdings einige Delegierte (bei Widerspruch *Adenauers*) deren Beteiligung an der politischen Diskussion gefordert.

[84] *Klaus Schütz (Gerhard Schulz/Max Gustav Lange):* Die Parteien in der Bundesrepublik, Stuttgart 1955, S. 214 f.

[85] Vgl. dazu *Ulrich Lohmar,* a.a.O., S. 47 ff.; der prozentuale Anteil dieses aktivsten und (mindestens früher) politisch interessiertesten und gebildetsten, die Parteiarbeit (mindestens vor 1933 und im ersten Jahrzehnt nach 1945) tragenden Teils der Mitgliedschaft an den »Parteibürgern« *(G. Leibholz)* wird von Lohmar (S. 48) mit maximal 10 % wahrscheinlich zutreffend geschätzt.

Politik der Parteien ebenso unerheblich wie die Wirkung der Ortsgruppen [86]; er billigt den Mitgliedern und ihren Vertrauensleuten einen (sinnvollen und) effektiven Einwirkungsbereich nur in der *Kommunalpolitik* zu [87]. Er identifiziert die Funktionäre mit dem Zerrbild, das der einstige soziologische Theoretiker der »konservativen Revolution«, *Hans Freyer* [88], von ihnen entworfen hat [89], um diese Machtverschiebung zu legitimieren und den Vertrauensleuten »gutgläubige Enge« bescheinigen zu können [90]. Die *Tatsache* der Veränderung der Willensbildungsstruktur auch der SPD in eine Richtung, in der das Gewicht der Funktionäre als der permanent tätigen und *einst* zu eigenständiger politischer Willensbildung fähigen Kader der Parteimitgliedschaft weithin ausgeschaltet wird und in der sie der Manipulation durch die Parteiführung unterworfen bleiben [91], wird sich aber schwerlich bestreiten lassen.

Die Gründe, die *Lohmar* für diese Entwicklung nennt, sind jedoch nur teilweise richtig. Soweit sie gleichzeitig der *Rechtfertigung* des von ihm geschilderten Zustands dienen sollen, halten sie einer Nachprüfung nicht stand. Die Behauptung, der Kreis der ehrenamtlichen Mitarbeiter versuche nur selten, auf die »große Politik« durch Voten oder Resolutionen Einfluß zu nehmen, weil ihm die erforderlichen »Sacheinsichten« fehlen, entprach mindestens bis zum Godesberger Parteitag der SPD 1959 nicht der Wahrheit. Zu diesem Parteitag wurden von den unteren Parteieinheiten immerhin noch 258 Anträge vorgelegt, die sich (bei der Tagesordnung dieses Parteitags, der Auseinandersetzung mit dem Grundsatzprogramm, unvermeidlich) ausnahmslos mit Fragen der »großen Politik« beschäftigt haben [92]. Für frühere Zeiten sei auf die gut belegte und kluge Analyse der Situation der innerparteilichen Willensbildung der SPD vor 1914 durch *Thomas Nipperdey* verwiesen, die ausdrücklich feststellt: »Auch bei *sachlichen Entscheidungen* waren die Mitglieder, wenn auch meist nicht zu initiativen Aktionen, so doch zu eigenständigen Reaktionen gegenüber den Führungsgremien in der Lage. Es kamen doch *echte Auseinandersetzungen* zu Stande . . . « [93]. Er verweist darauf, daß sie häufig über divergierende Auffassungen bei offen ausgetragenen Differenzen innerhalb der Führungsgruppen entschieden, so daß (schon wegen der *Richtungskämpfe* in der Partei) das Verhältnis

[86] *Ulrich Lohmar* a.a.O., S. 51.
[87] *Ulrich Lohmar,* a.a.O., S. 44; vgl. auch S. 27 und 40.
[88] Vgl. dazu richtig *K. D. Bracher:* Die Auflösung der Weimarer Republik, S. 127.
[89] *Hans Freyer:* Theorie des gegenwärtigen Zeitalters, Stuttgart 1955, S. 145.
[90] *Ulrich Lohmar,* a.a.O., S. 49.
[91] Wenn *Ulrich Lohmar,* a. a. O., S. 54, diese Entwicklung deshalb für berechtigt hält, weil die Gründe der politischen Entscheidungen der Parteiführung der rationalen Diskussion der Funktionäre unzugänglich seien, da die »Sacheinsichten« und der »Wille, Wähler zu gewinnen« (offensichtlich also die Tendenz, sich den jeweiligen Ergebnissen von Meinungsbefragungen anzupassen) ihnen nicht verständlich zu machen seien, so daß die Parteiführung ohne Rücksicht auf die Zustimmung der Funktionäre entscheiden *müsse,* so läuft diese Schilderung praktisch darauf hinaus, daß die Vertrauensleute nach seiner Meinung vor vollendete Tatsachen gestellt werden sollen, die sie dann wohl oder übel hinnehmen und nach außen vertreten müssen, wenn sie nicht aus der Partei verdrängt werden wollen.
[92] Protokoll des außerordentlichen Parteitages der SPD in Bad Godesberg vom 13. bis 15. 11. 1959, Bonn (1960), S. 381 ff.
[93] *Thomas Nipperdey,* a.a.O., S. 335.

von Führung und Mitgliedschaft trotz aller Bürokratisierungs- und Manipulationstendenzen, die *Robert Michels* [94] so eindrucksvoll geschildert hat, das Verhältnis von Führung und Mitgliedschaft ein durch die Vertrauensleute und ihre Beschlüsse vermitteltes *Wechselverhältnis* blieb [95]. Deshalb bot die *Aussprache auf den Parteitagen,* weil sie offen und scharf, *kontrovers* und polemisch blieb, weil also kaum *arcana imperii* durch die Führung beansprucht (oder gar durchgesetzt) werden konnten, durchaus noch die Chance, Kritik zu üben und auch durchzusetzen [96]. Wenn auch die Führung und die Reichstagsfraktion die Beschlüsse der Parteitage, die den durch Vertrauensleute und Delegierte vermittelten Willen der Mitgliedschaft zum Ausdruck brachten, häufig genug verletzten, so blieb dies *Gleichgewicht* doch für die SPD konstituierend, bis es 1913 durch die Zustimmung zur Wehrvorlage und 1914 durch die Zustimmung zu den Kriegskrediten zum ersten Male voll ausgeschaltet werden konnte. Aber waren diese beiden Entscheidungen der *Führung,* die in der Parteiorganisation die Mitgliedschaft zum Schweigen verurteilten, bis die *Konkurrenz-Gründung* der USP 1917 die Führung zwang, den Spielraum ihrer Beteiligung als *diskutante* Parteigrundlage *wieder* zu vergrößern, um zu vermeiden, daß sie zur Konkurrenzpartei überging, wirklich ein Anlaß anzunehmen, daß die politische Meinung der Führer weiser war als die der Parteitagsbeschlüsse, die verletzt wurden? Nach 1918 war die Situation nicht wesentlich von derjenigen vor 1914 verschieden, wie die Dissertation von *Hanno Drechsler* eingehend belegt hat [97]. Auch hier endete diese Periode des *Wechselverhältnisses* zwischen Führungsmacht und Mitgliedereinfluß, das echter Willensbildung »von unten nach oben« eine Chance läßt, erst, als die Führung die »Tolerierungspolitik« gegenüber dem Kabinett *Brüning* mit Hilfe der Reichstagsfraktion durchsetzen konnte und dadurch die Weimarer Verfassung preisgab. Bestand hier ein Anlaß, der Führung ein höheres Maß an »Sacheinsichten« zuzugestehen, als jenen Funktionären, die diesen Kurs der Anpassung zu Recht für politischen Selbstmord (nicht nur der Partei, sondern der Demokratie schlechthin) gehalten haben? Übrigens ist dies *Wechselverhältnis* zwischen Mitgliedern und Führung, das echten *Debatten* Raum läßt, in vergleichbaren Parteien anderer Länder entweder (wie in der *Labour Party* und der PSI) noch gewahrt, oder es hat sich, wie bei der SFIO in Frankreich (wenn auch erst nach der Bildung einer Konkurrenz-Partei, der PSU), wiederhergestellt [98]. Auch in den westeuropäischen kommunistischen Parteien, die als Mitgliederparteien Massenparteien sind, dem PCF und dem PCI, zeigen sich in jüngster Zeit Tendenzen, die Diktatur der Führung, des Politbüros, einzuschränken und die Willensbildung von unten wieder zur Geltung zu bringen. So gibt es also keinen vernünftigen Grund für die These, die Beseitigung dieser Möglichkeit, durch *aktive Kader* (wie sie dem Typ der

[94] Vgl. *Robert Michels:* Zur Soziologie des Parteiwesens, Neudruck Stuttgart 1955.
[95] Vgl. *Thomas Nipperdey,* a.a.O., S. 339.
[96] Vgl. *Thomas Nipperdey,* a.a.O., S. 357 ff.
[97] *Hanno Drechsler:* Die Sozialistische Arbeiterpartei Deutschlands (SAPD), Diss. phil. Marburg/L. 1962.
[98] Vgl. dazu *François Goguel und Alfred Grosser:* La politique en France, Paris 1964, S. 113 f.

»Vertrauensleute« oder ehrenamtlichen »Funktionäre« der westeuropäischen Arbeiterparteien vor 1933 in Deutschland oder in der Gegenwart in anderen europäischen Ländern entsprechen) vermittelte Willensbildung zur Gestaltung der politischen Linie der Partei von unten nach oben durchzusetzen, sei die *unvermeidliche* und *unaufhaltbare* Folge eines sozialen *Gesetzes,* wie sie von *Helmut Schelsky*[99], seinem Schüler *Ulrich Lohmar*[100] und von *Dieter Hilger*[101] vertreten wird. Diese These beruht auf der *Verwechslung* einer (durch Aktivierung der Mitgliedschaft der Parteien, durch *öffentliche* und *in* den Parteien bewußt tolerierte und geförderte Austragung innerparteilicher Richtungsdifferenzen, durch Umwandlung der Parteien-»Gemeinsamkeit« in echten Kampf der Parteien untereinander um *alternative* politische Programme, durch nicht nur formalrechtliche, sondern *reale* Verwirklichung des *Rechtes zur freien Gründung von Parteien* zwecks Verschärfung der Konkurrenz der Parteien untereinander) *bekämpfbaren Entwicklungstendenz* mit einem der Kontrolle durch die handelnden Menschen entzogenen abstrakten »Gesetz«, dem sich der Mensch fatalistisch zu beugen gezwungen wäre. Denn die geschichtliche *Erfahrung* zeigt, daß diese Tendenz ausgeglichen und mindestens in Schranken gehalten werden kann. Soweit die herrschende Meinung der gegenwärtigen politischen Soziologie diese *Tendenz* in ein unaufhebbares *Gesetz* umdeutet, erliegt sie der für alle Sozial- und Geisteswissenschaften stets großen Gefahr, die (schlechte) Wirklichkeit des Tages apologetisch zu *ideologisieren,* statt der eigentlichen Aufgabe der Wissenschaft, der Pflicht zur *kritischen* Analyse gerecht zu werden. Sie verhält sich insofern prinzipiell nicht anders, als sich ein allzu großer Teil der Wissenschaft in der Krisenperiode der Weimarer Republik und im Dritten Reich verhalten hat.

Ebensowenig überzeugend ist der Hinweis *Ulrich Lohmars* darauf, diese Entwicklung sei durch das »Zurücktreten der *Ideologien*« begünstigt und unvermeidlich gemacht worden[102]. Zunächst wird der *Begriff* der Ideologie so unkritisch verwendet, daß eine Auseinandersetzung mit dieser These relativ schwer wird. Offensichtlich hält Lohmar (in Übereinstimmung mit der breiten Schicht derjenigen Soziologen, Historiker, Politikwissenschaftler und Juristen, die diese Auffassungen in gleicher Weise vertreten und das »Zurücktreten der Ideologien« begrüßen) keineswegs wie die klassische Bestimmung des Begriffs durch *Karl Marx* Ideologie für *falsches* (d. h. der Realität und der eigenen Praxis objektiv inadäquates) Bewußtsein, das gleichwohl *notwendig* aus der sozialen Situation einer gesellschaftlichen Klasse entspringt, um sowohl die Gesamtgesellschaft zugunsten der Verhaltensweisen und der Interessen dieser Klasse zu bestimmen, als dieser Klasse ein subjektiv gutes Gewissen für ihre Praxis zu verleihen und diese Praxis systematisch gestalten und relativ rationalisieren zu können[103]. Vielmehr faßt er den Ideologie-Begriff in ähnlicher Weise wie der »totale Ideologiebegriff« *Karl Mannheims,* der alle systematisierten

[99] *Helmut Schelsky:* Der Mensch in der wissenschaftlichen Zivilisation, Köln 1961, S. 245.
[100] *Ulrich Lohmar,* a.a.O., S. 118 ff.
[101] *Dieter Hilger:* »Die demokratischen Parteien und die Parteidemokratie«, in: Hamburger Jahrbuch für Wissenschafts- und Gesellschaftspolitik, Tübingen 1956, S. 177.
[102] *Ulrich Lohmar,* a.a.O., S. 49 f.
[103] Vgl. dazu *Kurt Lenk:* Ideologie, Neuwied 1961, S. 31 ff.

Versuche, die gesellschaftliche Umwelt zu erfassen, um der (unvermeidlichen) Seinsverbundenheit des Trägers *jeder* Denkweise willen für in gleicher Weise illusionär hält, und also keine Kriterien für die *Objektivität* eines Denksystems und einer Denkmethode mehr zuläßt [104]. Das führt dann zu der Konsequenz, *jede* systematische Aussage über die Gesamtgesellschaft und erst recht jeden Versuch, aus einer gesellschaftskritischen Analyse ein *Programm* für eine Veränderung der Sozialstrukturen (oder ihrer politischen Formen) abzuleiten, als »Ideologie« zu verketzern. Damit tritt an die Stelle *konkreter* Kritik, z. B. der Veränderung möglicherweise an sich richtiger Aussagen einer Theorie durch ihre Verwendung in der *Praxis* gesellschaftlicher Gruppen [105], die *abstrakte* Negation jeder Theorie, die Anweisungen für die Zukunft, programmatische Forderungen für politisches Verhalten enthält. Verzicht auf jedwede politische Theorie, die gesellschaftspolitische Veränderung verlangt, ist aber stets Identifikation mit der Realität und verhüllte Rechtfertigung dessen, was jeweils ist. Deshalb ist *Thomas Ellwein* sicherlich im Recht, wenn er an der bundesrepublikanischen Gesellschaft, deren politische Führungsgruppen sich ausnahmslos diesen Anti-Ideologie-Affekt, der in Wirklichkeit ein Anti-Theorie-Affekt ist, zueigen gemacht haben, eine »zum Programm erhobene Konzeptionslosigkeit« rügt und feststellt, daß in ihr ein erschreckender »Mangel an realer Utopie« bestehe [106]. Zudem kann diese Ideologie der Ideologielosigkeit [107] selbst nicht auf den Versuch verzichten, ihre Aussagen zu systematisieren, um sie glaubhaft zu machen. Sie zieht sich dabei auf Begriffe zurück, die derart inhaltsleere Gemeinplätze sind, daß *jede* beliebige Konkretisierung mit ihnen verbunden werden kann. Deshalb verwendet *Ulrich Lohmar* z. B. ständig den Terminus »Gemeinwohl«, um den sich die Parteien (im Gegensatz zu den Interessengruppen) angeblich bemühen sollen [108], ohne zu bedenken, daß er *außerhalb einer konkreten politischen Theorie* nichts aussagen kann. *Abstrakt* gesetzt, ist er eine inhaltsleere Phrase, die jederzeit von jedem beliebig ausgefüllt werden kann [109], also ziellosen Pragmatismus, der notwendig im Extremfall in faschistischen Dezisionismus umschlägt [110], legitimiert. So verwandelt sich das Lob, das Ulrich Lohmar dem *Godesberger Programm der SPD* erteilt, weil es auf eine Zeitanalyse als Grundlage und auf »Aussagen zu vielen Fragen der prakti-

[104] Vgl. *Kurt Lenk*, a.a.O., S. 56 f.

[105] Z. B. der (ideologischen) Veränderung der Theorie von *Karl Marx* und *Friedrich Engels* durch die auf *Anpassung* an die Machtverhältnisse der bestehenden Gesellschaft hingedrängte Arbeiterbürokratie der kapitalistischen Staaten oder die auf rasche staatskapitalistische Akkumulation zwecks rascher Industrialisierung verwiesene sowjetische Bürokratie.

[106] Vgl. *Thomas Ellwein:* Das Regierungssystem der Bundesrepublik Deutschland, Köln 1963, S. 301 f.

[107] Hierher gehört auch die Hypothese vom »postideologischen Zeitalter«. Vgl. *Raymond Aron:* Opium für Intellektuelle oder die Sucht nach Weltanschauung, Köln 1957; *Helmut Schelsky:* Ortsbestimmung der deutschen Soziologie, Düsseldorf 1959.

[108] Vgl. *Ulrich Lohmar*, a.a.O., S. 100.

[109] Vgl. dazu durchaus zutreffend: Rechtliche Ordnung des Parteiwesens, Bericht der Parteienrechtskommission, a.a.O., S. 131.

[110] Man denke an die berüchtigte Formel des Parteiprogramms der NSDAP: »Gemeinnutz geht vor Eigennutz«, die übrigens *Walther Hubatsch:* Die deutsche Frage, Würzburg 1961, S. 184, unbefangen weiter verwendet.

schen Politik« verzichtet [111], in Wirklichkeit in eine *Denunziation:* Eine Partei, die nach der Behauptung Ulrich Lohmars keine exakten Aussagen zu den wichtigsten Problemen der Gesellschaftsstruktur und zu den Grundfragen der praktischen Politik anzubieten hat [112], würde ihren Aufgaben im Gleichgewichtssystem einer parlamentarischen *Demokratie* nicht mehr gerecht und trüge dazu bei, sie ineffektiv zu machen und zu untergraben, gleichgültig, ob sie sich zu ihren äußeren *Formen* bekennt oder nicht.

Gleichwohl ist in der Analyse *Lohmars* richtig beobachtet, daß der Verzicht auf *inhaltliche* politische Aussagen und konkrete Vorstellungen in der Programmatik der politischen Parteien [113] einerseits durch die Zurückdrängung des demokratischen Moments in ihrer Willensbildung (und also des Einflusses der *aktiven* Kader der Parteimitglieder, der ehrenamtlichen Funktionäre) bedingt ist. Die damit verbundene Entpolitisierung der Wähler und Parteibürger verstärkt andererseits die Entdemokratisierung der Gesellschaft. Wird nämlich die politische Auseinandersetzung zwischen den Parteien nicht mehr um wichtige *inhaltliche* Fragen, sondern nur noch um die *Auswahl von Führungskadern* geführt, so ist die notwendige Folge, daß sich die qualitativ besseren und politisch interessierten Teile des Volkes für diese Auseinandersetzung nicht mehr so stark engagieren, daß sie noch bereit wären, ihre Zeit für die Tätigkeit *in* einer Partei zu opfern. Dadurch wird dann unvermeidlich die von *Ossip Flechtheim* [114] geschilderte Tendenz verstärkt, daß sich die Parteimitgliedschaft (und vor allem die Schicht, die die Mitgliederversammlungen besucht) nicht mehr aus Wählern ergänzt, die in der politischen Betätigung ein *sachliches* Anliegen sehen, sondern aus Anhängern, die die Partei vor allem als Stellenvermittlung betrachten. Als weitere Folge ist die Transformation der Verhaltensweisen der Wähler in eine bloße *Konsumentenreaktion* [115], die sich auf Akklamation auswechselbarer (aber am Ende in Krisensituationen nicht mehr auswechselbarer), mehr oder

[111] *Ulrich Lohmar,* a.a.O., S. 16 f. Übrigens ist die Behauptung Lohmars, die SPD habe sich im Godesberger Programm zum ersten Male zur parlamentarischen Demokratie bekannt, unhaltbar. In *allen* Programmen der Sozialdemokratie wurde die Demokratie gefordert, natürlich auch im Erfurter Programm. Dabei war in *allen* Programmen der SPD die *parlamentarische* Form der Demokratie als zunächst einzig bekannte Form vorausgesetzt. Die einzige Ausnahme bildet das Leipziger Aktions-Programm der USP 1919. Das Heidelberger Programm 1925 hatte sich mit der vorhandenen Staatsform, der Weimarer Republik, identifiziert; die früheren Programme konnten sich mit der politischen Verfassung des Staates nicht identifizieren, weil die vorhandene Staatsform antidemokratisch war. Allerdings war die SPD früher der Meinung, daß die politische Demokratie sich nur *vollenden* könne, wenn sie als Instrument zur Demokratisierung der Wirtschaftsgesellschaft, zu ihrer Umformung in eine sozialistische Gesellschaft, verwendet werde, und daß dann die Unterscheidbarkeit von Herrschern und Beherrschten ihr Ende finde. So unterscheidet sich also das Godesberger Programm von seinen Vorgängern *nicht* durch das Bekenntnis zur parlamentarischen Demokratie, sondern durch die Beschränkung darauf.

[112] Vgl. *Ulrich Lohmar,* a.a.O., S. 44.

[113] Vgl. *Ulrich Lohmar,* a.a.O., S. 103: »Die unterschiedlichen Parolen und Ziele der Parteien verschwimmen zu einem freundlichen Einheitsbild.«

[114] Vgl. *Ossip K. Flechtheim:* »Zur Frage der innerparteilichen Demokratie«, in: Neue Kritik 1961, Heft 8, S. 19/20.

[115] Vgl. auch *Jürgen Habermas:* Strukturwandel der Öffentlichkeit, S. 237 ff.

minder demagogischer *»Führer«* beschränkt[116], unvermeidlich, die selbstverständlich stets für einen großen *Teil* der Wähler charakteristisch gewesen ist. Nur galt es *bisher* als Aufgabe der politischen Parteien, diese Konsumentenreaktion zurückzudrängen. Jetzt wird es ihr Hauptzweck, sie auszunutzen und also auch zu verstärken. Die *notwendige* weitere Folge dieser »Entideologisierung«, die in Wirklichkeit die monopolistische Beherrschung der Gesellschaft durch die jede Gesellschaftskritik negierende Ideologie der Ideologielosigkeit zum Inhalt hat, ist deshalb die Umwandlung der Wahlkämpfe in eine Konkurrenz von Werbetechnikern, die unter Verwendung aller modernen *Informationsmittel* (und gleichzeitig *Manipulationsmittel)* in Anpassung an das niedrigstmögliche geistige und politische Niveau des Wählers die Wortführer der Parteien als Stars aufbauen[117].
Dabei wird nicht einmal mehr die Funktion der *Auswahl der Führung* den Parteikadern belassen. Die Degeneration der Parteidemokratie (und damit des Parteiensystems) der Bundesrepublik ist soweit fortgeschritten, daß *Ulrich Lohmar* mit gutem Grund behaupten kann, die *Parteitage* (also die nationalen Delegiertenkonferenzen der Parteien) hätten nicht nur die Funktion der Bestimmung der politischen Linie der Parteien verloren, sondern seien auch in der Realität nicht mehr die Kreationsorgane für die Parteiführung[118]. Vielmehr habe sich (auch in der SPD, praktisch sogar auf ihrem Stuttgarter Parteitag 1958, der das »Parteipräsidium« an Stelle des »Geschäftsführenden Vorstandes« setzte) das *Kooptationsprinzip* der Führungsgremien untereinander durchgesetzt. Günstigenfalls (wie auf dem Stuttgarter Parteitag der SPD bzw. auf dem Parteitag der CDU in Hannover 1964) gebe es Modifikationen, bei denen die Ergänzung des alten Führungskreises »von nebenan«, aus benachbarten Führungsschichten, möglich werde. Die Wahl, die nach den Parteisatzungen erforderlich sei, sei objektiv zu bloßer Akklamation abgesunken. Die Nominierung von Gegenkandidaten bei Präsidiumswahlen gilt fast als Verstoß gegen das zentrale Gebot, nach außen hin als eine festgefügte und geschlossene Kampfgemeinschaft zu erscheinen.

[116] Diese Beobachtung bestätigt auch *Ulrich Lohmar,* a.a.O., S. 36. *Wilhelm Hennis:* »Das Modell des Bürgers«, in: Gesellschaft-Staat-Erziehung 1957, S. 337, ideologisiert diese Verhaltensweise dahin, der Wähler *solle* sich wie der Zuschauer eines Fußballspieles verhalten. *Ulrich Lohmar,* a.a.O., S. 31, stimmt ihm nicht nur zu, sondern hält den Wunsch, politische Mitarbeit »unbegrenzt zu quantifizieren« für »totalitär« (ein Schimpfwort, das offensichtlich ebenso beliebige wie unsinnige Verwendung findet), ohne zu bedenken, daß Demokratie allerdings nur bei *maximaler* Extension politischer Mitarbeit der Bürger funktionieren und sich festigen kann. Vgl. auch *Ulrich Dübber,* a.a.O., S. 14.

[117] Vgl. dazu *Hans H. Flöter:* »Der manipulierte Mensch und seine Freiheit«, in: Neue Gesellschaft 1958, S. 272; *David Riesmann:* Die einsame Masse, Hamburg 1958, S. 354 f.; auch *Ulrich Lohmar,* a.a.O., S. 105 ff., bestätigt (und bedauert) diese Tendenz, ohne ihren *unvermeidlichen* Zusammenhang mit der von ihm begrüßten angeblichen »Entideologisierung« und der Verdrängung der *aktiven* Partei-Kader aus dem politischen Leben zu bemerken.

[118] *Ulrich Lohmar,* a.a.O., S. 84 ff. Vgl. zu dieser von *Ulrich Lohmar* nicht weiter bemängelten faktischen Lage die Feststellung der *Parteienrechtskommission* (Rechtliche Ordnung des Parteiwesens, S. 106): »Ein Kooptationsrecht widerstreitet grundsätzlich dem Gedanken des Art. 21 GG.«

Obwohl § 22 des *Bundeswahlgesetzes* vom 7. 5. 1956 die Entscheidung der Parteimitglieder und ihrer Delegierten über die *Kreiswahlvorschläge* rechtlich sichert und noch immer lokale *personelle* Modifikationen der Absichten der Parteiführung erzwingt [119], die sich dagegen bei den *Landeswahlvorschlägen* stärker durchsetzen kann, muß auch diese Demokratisierungstendenz praktisch-politisch wirkungslos bleiben, solange hier das Moment der politischen *Richtungsauswahl* ausgeklammert und das Moment der sachlich inhaltslosen *Personalauswahl* isoliert bleibt. Wie wenig diese juristische Demokratisierungshilfe zur Zeit praktisch bewirken kann, zeigt bereits eine Analyse der Bundestagsfraktionen nach der sozialen Herkunft ihrer Mitglieder: während z. B. der *Mitgliederzuwachs* der SPD sich von 1956 bis 1961 noch zu 55 % aus Arbeitern, zu 13,2 % aus Angestellten, also zu 68,2 % aus Arbeitnehmern zusammensetzte [120], bleiben in der sozialdemokratischen *Bundestagsfraktion* nur 7,4 % Arbeitnehmer übrig; selbst wenn man die Angehörigen der bürokratischen Stäbe der Gewerkschaften addiert, werden es ganze 23,2 % [121]. So schrumpft der Anteil der sozialen Unterschichten an der Mitgliedschaft im Parlament sogar in der Partei, die einst deren Interessenvertretung sein wollte, auf ein Drittel ihres Anteils an den Parteimitgliedern. Damit wird gleichzeitig deutlich, wie wenig in der Realität *Mobilität* im Aufstieg zu politischen Führungsrollen verbürgt ist [121a].

Zudem ist der Einfluß der *Fraktion* als einer politischen Einheit auf die politischen Entscheidungen der Parteien ohnedies gegenüber der Lage in früheren Entwicklungsperioden [122] erheblich zurückgegangen. Bekanntlich werden auch die Fraktionen vor entscheidenden politischen *Wendungen* der Parteiführung keineswegs mehr immer befragt. So hat vor jener berühmten Rede *Herbert Wehners* in der außenpolitischen Debatte des Bundestages am 30. Juni 1960, durch die die bisherige »Linie« der SPD zur Deutschlandfrage und in der Außenpolitik völlig umgestoßen wurde [123], keine Fraktionssitzung diese Entscheidung genehmigt oder auch nur debattiert. Daher ist also sicherlich die These *Rudolf Wildenmanns* [124] zutreffend, daß die Fraktion keine Entscheidungen fällen könne, die zur Willensbildung des Parteiführungsstabes in Widerspruch stehen. Auch jener Beschluß der sozialdemokratischen Bundestagsfrak-

[119] Vgl. dazu zutreffend *K. Kaufmann/H. Kohl/P. Molt:* Die Auswahl der Bundestagskandidaten 1957 in zwei Bundesländern, Köln 1961, S. 199 f. und 230 f.

[120] Vgl. *Ulrich Lohmar,* a.a.O., S. 35.

[121] Vgl. *Ulrich Lohmar,* a.a.O., S. 67; allerdings sind die Schwierigkeiten zu berücksichtigen, auf die die Dissertation von *Viola Gräfin von Bethusy-Huc:* Die soziologische Struktur deutscher Parlamente, Bonn 1958, verweist, daß nämlich die biographischen Angaben der Abgeordneten selbst unzuverlässig sind.

[121a] Zum Problem der *Mobilität* als Maßstab der Demokratisierung vgl. *Otto Stammer:* »Politische Soziologie«, in: *A. Gehlen/H. Schelsky:* Soziologie, Düsseldorf 1955, S. 305, und *Friedrich August v. d. Heydte/Karl Sacherl:* Soziologie der deutschen Parteien, München 1955, S. 152.

[122] Vgl. dazu *Maurice Duverger:* Les partis politiques, 3. Aufl., Paris 1958, S. 212 ff.

[123] Vgl. *Ossip K. Flechtheim:* Programmatik der deutschen Parteien, II. Teil, Berlin 1963, S. 226 ff.

[124] *Rudolf Wildenmann:* Partei und Fraktion, Meisenheim (Glan) 1954, S. 28.

tion, der den Koalitionsplänen *Herbert Wehners* während der »Spiegel«-Auseinandersetzung ein Ende setzte, kann diese Beobachtung nur modifizieren, nicht widerlegen: Erstens war der Parteiführungsstab der SPD sicherlich nicht wirklich einig; zweitens kam in einer Fraktion, deren Majorität ihr Mandat der Landesliste verdankt, die Zumutung, dem reinen Wahlkreis-Wahlrecht zuzustimmen, der Aufforderung zum Selbstmord gleich, so daß eine Ausnahmesituation entstand. Die Abgeordneten haben also, zumal die Zahl der Fraktionssitzungen, in denen allgemeine politische Debatten geführt werden, ständig abnimmt, soweit sie nicht selbst dem die Parteilinie bestimmenden eigentlichen Führungsstab (z. B. auf dem Umweg über den *Fraktionsvorstand*) angehören, auf politische *Richtungsentscheidungen* kaum Einfluß [125]. Nur hat sich das *frühere* Verhältnis im Zusammenhang umgekehrt: War einst der Anspruch der Parteiführung, den Kurs der Fraktion politisch zu bestimmen, in Mitgliederparteien demokratisch legitimiert, weil die Führung das relativ wenig manipulierte Wollen der Parteimitgliedschaft repräsentierte, das sich in Parteitagsbeschlüssen manifestierte, so ist *gegenwärtig* mindestens der Wahlkreisabgeordnete mit den Funktionären seines Wahlkreises noch relativ verbunden, während die Parteiführung kaum noch demokratische Legitimation besitzt (es sei denn, man wolle die Akklamations-»Legitimation« des dritten *Napoleon* oder *Adolf Hitlers* für »demokratisch« halten).

Allerdings bleibt die Tätigkeit der Mitglieder der Fraktion in der täglichen legislativen Arbeit der Parlamente und damit vor allem in den *Ausschüssen* der Parlamente [126] von unmittelbaren Weisungen meist frei, in der sie jedoch weitgehend überlastet und damit von politischen Grundentscheidungen abgelenkt sind. In den Ausschüssen sind deren Mitglieder gezwungen, entweder auf Grund bereits vorhandenen *spezialisierten Sachwissens* zu agieren, oder sich dies Wissen anzueignen. Insofern wird hier (soweit sie *nicht* über ein gefestigtes Denksystem verfügen, das dessen *Einordnung* in ein *Gesamtbild* erlaubt) erstens unvermeidlich die Gefahr wachsen, daß sie sich der meist überlegenen Spezialkenntnis der Ministerialbürokratien oder der Experten interessierter *Pressure Groups* unterwerfen [127], die dann höchstens in Einzelheiten modifiziert wird. Zweitens führt die interfraktionelle Zusammenarbeit in den Ausschüssen zu einer Mentalität, die das praktische Zusammenwirken am (natürlich an sich erforderlichen) Kompromiß, der erzielt werden muß, *absolut* setzt, und also zur weiteren *Verwischung* des für die parlamentarische Demokratie nun einmal konstitutiven *Parteienantagonismus* beiträgt. Dadurch wird die Tendenz der Parteiführungen gefördert, sich zu einem Oligopol gegen Dritte,

[125] Insoweit ist die Einschätzung der Fraktionsbeschlüsse durch *Ernst Friesenhahn:* Parlament und Regierung im modernen Staat, Veröffentlichungen der Vereinigung der deutschen Staatsrechtslehrer, Heft 16, Berlin 1958, S. 24 f., zwar *rechtlich* zutreffend, aber *politisch* zu optimistisch. Vgl. dazu auch *Klaus Schütz (Gerhard Schulz/Max Gustav Lange):* Parteien in der Bundesrepublik, S. 212.

[126] Vgl. dazu *Ulrich Lohmar,* a. a. O., S. 73 f., und *Bruno Dechamps:* Macht und Arbeit der Ausschüsse, Meisenheim (Glan) 1954, insbes. S. 44 f.

[127] Vgl. dazu Rechtliche Ordnung des Parteienwesens, *Bericht der Parteienrechtskommission,* S. 85/86.

nämlich gegen jede Kritik des bestehenden Machtsystems und daher gegen jede prinzipielle politische Veränderung, zusammenzuschließen. Drittens wächst die Gefahr, daß der Abgeordnete das Parlament, in dessen interner Arbeit er erstickt, für die Welt hält, und sich also (zudem mit Überlegenheitsbewußtsein kraft speziellen Sachwissens ausgestattet) berufen glaubt, die Meinungsbildung des politisch aktiven Teils seiner Wähler, die durch die Funktionäre seiner Parteimitglieder repräsentiert wird, zu *manipulieren,* statt an ihr *teilzunehmen* und sie dann auszudrücken [128]. So modifiziert also auch die Stellung der Abgeordneten die *oligarchische Verfestigung der Stellung der engeren Parteiführungsgruppen* [129] nur unwesentlich. Sie trägt teilweise dazu bei, die Tendenz zum stillschweigenden und informellen *oligopolistischen Zusammenschluß der Parteiführungen* zwecks Ausschaltung abweichender politischer Meinungen aus der politischen Öffentlichkeit und Verhütung der Entstehung konkurrierender politischer Parteien, also zur Umwandlung von Art. 21 Abs. 1 S. 2 GG, des *Rechtes auf freie Parteigründung,* in eine bloße Fiktion, zu fördern. Solange das Machtmonopol des Kollektivs der existenten drei Parteien besteht, verfügen deren Führungen über die Möglichkeit, durch *Parteiausschluß* jeden beliebigen Opponenten in den eigenen Reihen nicht nur aus der eigenen Partei, sondern (falls er nicht wirtschaftliche Macht, die politische Wirkung verbürgt, wie den Besitz einer eigenen Zeitung oder Zeitschrift, aufweisen kann) aus dem politischen Leben überhaupt auszuschließen [130]. *Single-purpose-Movements* (wie die Ostermarsch-Bewegung) könnten sich in Deutschland nur durch *Vermittlung* von politischen Parteien durchsetzen [131], werden aber offensichtlich wirkungslos, wenn sich die Führungen der drei parlamentarisch vertretenen Parteien über ihre Nichtbeachtung einig sind. Denn dann fehlt die Chance, sie in Wahlkämpfen ernstlich zum Gegenstand der Konkurrenz um politischen Einfluß zu machen.

So hat sich also die oligarchische Entartung des Parteiensystems in der Bundesrepublik zweifellos schon stark gefestigt und die Verfassungswirklichkeit sich von den Geboten, die das Grundgesetz durchaus funktionsgerecht an die Verknüpfung von Parteienantagonismus und parlamentarischer Demokratie gestellt hat, weit entfernt. Die sozialen Tendenzen, die diese Entwicklung bewirkt haben, sind teilweise durch ökonomische Machtstellungen angebahnt worden, die sich nach 1945 wiederhergestellt haben, die zwar unvermeidlich auf das Parteiensystem einwirken, deren Einfluß aber nicht (wie das Grundgesetz es durch Art. 21 Abs. 1 S. 4 gewährleisten wollte) wenigstens durchschaubar gemacht worden ist. Denn die Fremdfinanzierung politischer Parteien wird stets die Macht der Parteiführung stärken und die

[128] Wie groß diese Gefahr ist, zeigt *Ulrich Lohmar,* a.a.O., S. 90/91, ungewollt dadurch, daß er offensichtlich Vorträge, Reden (mit Diskussionen), Tagungen und Kongresse für »Leerlauf« hält.

[129] So auch *Ulrich Lohmar,* a.a.O., S. 112.

[130] Hierzu und zur Problematik des Rechtsschutzes gegen willkürlichen *Parteiausschluß Helmut Lenz* und *Christian Sasse:* »Parteiausschluß und Demokratiegebot«, in: Juristen-Zeitung 1962, S. 233 ff.; ferner *Thomas Ellwein,* a.a.O., S. 80.

[131] Vgl. dazu optimistischer *Ossip K. Flechtheim:* »Zur Frage der innerparteilichen Demokratie«, in: Neue Kritik 1962, Heft 8, S. 20 ff.

demokratische Komponente der Partei-Willensbildung schwächen, weil die Parteiführung über die *Parteikasse* verfügt. Andererseits unterliegen aber auch die Parteien den Gesetzlichkeiten, die bei jeder Institutionalisierung von großen Verbänden oligarchische Tendenzen[132] notwendig erzeugen. Zwar ist *Ulrich Lohmar* sicherlich im Recht, wenn er im Gegensatz zu *Robert Michels*[133] und den zahlreichen Autoren, die ihm folgen, darauf verweist, daß der bürokratische Parteiapparat *im engeren Sinne,* nämlich die Hierarchie der *Parteisekretäre,* gegenüber früheren Entwicklungsperioden der Mitgliederparteien an *eigenständiger* Bedeutung verloren hat. Er ist auf eine gegenüber dem Führungsstab, dem *Management* der politischen Parteien, im wesentlichen dienende Funktion zurückgedrängt worden[134]. Das entspricht dem Absinken der Bedeutung einer ursprünglich auf *Selbstverwaltung* angelegten, aber, wie Robert Michels glaubhaft machen konnte, *bürokratischen* Entfremdungstendenzen ausgesetzten *Organisation.* Sie ist in eine Art Verkaufskonzern von Führer-Images zwecks Erwerbs von Wählerstimmen umgewandelt worden. Daher hat der Manager den Bürokraten überrundet. Es wäre aber erstens wahrscheinlich verfehlt, den unteren Rang der Berufspolitiker, die einfachen Abgeordneten, anders zu werten als die Parteisekretäre: Im »Berufsbild« des Sekretärs steckt der lockende Aufstieg zum Mandat, der eine Veränderung der Lebenshaltung vom Status der unteren Mittelschicht in den der Oberschichten verheißt. Noch immer sind 12,3 % der Abgeordneten der SPD Parteiangestellte (bei der CDU, der die Umwandlung zur Mitgliederpartei nur ungenügend gelungen ist, bezeichnenderweise nur 2,4 %)[135]. Die Abgeordneten der niederen Ränge sind mentalitätsmäßig den Inspektoren zu vergleichen, die in die Hierarchie der Regierungräte aufgenommen wurden. Ihre geistige Haltung bleibt häufig bürokratisch; weisungsgebunden sind sie nach wie vor. Zu eigener Willensbildung sind sie desto weniger geneigt, wenn sei die Orientierung an einer theoretisch fundierten politischen Konzeption verloren haben. Zweitens wird durch diesen Übergang zu einem System, das der Differenzierung zwischen bloß verwaltenden Angestellten und Management in der Wirtschaft vergleichbar ist, aus einer früheren Lage, in der nur das zum Organisationsfetischismus tendierende Denken von Verwaltungsangestellten bei Anerkennung eines verpflichtenden geschlossenen Denksystems die oligarchische Tendenz vermittelt hatte, diese oligarchische Tendenz selbst potenziert.

Dabei sind wichtigste Entfaltungschancen für demokratisierende Gegentendenzen entfallen, die vor 1933 das Gleichgewicht zwischen oligarchischen Ansprüchen und demokratischer Beteiligung der Parteimitgliedschaft einigermaßen erhalten konn-

[132] Vgl. dazu *Otto Stammer (Arnold Gehlen/Helmut Schelsky):* Soziologie, Düsseldorf 1955, S. 291 ff. und *(Werner Ziegenfuß):* Handbuch der Soziologie, Stuttgart 1955, S. 591 ff. Vgl. ferner *Max Gustav Lange (Gerhard Schulz/Klaus Schütz):* Parteien in der Bundesrepublik, Stuttgart 1955, S. 502 ff.

[133] *Robert Michels:* Zur Soziologie des Parteiwesens, Neudruck, Stuttgart 1955, z. B. S. 348; ebenso *Herbert Sultan:* »Zur Soziologie des modernen Parteiwesens«, in: Archiv für Sozialwissenschaft und Sozialpolitik (Bd. 55) 1926, S. 109.

[134] *Ulrich Lohmar,* a.a.O., S. 55 f.

[135] *Ulrich Lohmar,* a.a.O., S. 67.

ten. Das System der *lokalen Tageszeitungen* der Parteien, das vor 1933 den Bestrebungen der Führung, ein Meinungsmonopol zu errichten, Schranken setzte [136], aber auch unteren sozialen Schichten die Chance bot, eigenes politisches Bewußtsein zu bilden und, wie *Hermann Heller* definierte, »geistig widerstandsfähig zu bleiben« [137], existiert nicht mehr. Es ist durch Massenmedien jeder Art (entpolitisierende Springer-Presse, Rundfunk, Film, Fernsehen) verdrängt, an denen tätige Mitarbeit breiter Schichten schon technisch ausgeschlossen ist.

Zusätzlich ist die enge Verzahnung *demokratisch aufgebauter Massenverbände* mit politischen Parteien weithin weggefallen, wie sie einst für die Sozialdemokratie (man denke neben den Gewerkschaften an die Arbeiter-Sportverbände und an sozialistische Kulturorganisationen) charakterlich war, aber auch andere Parteien (man denke hinsichtlich der Lehrerverbände an die Linksliberalen, hinsichtlich der christlichen Gewerkschaften an das Zentrum) aufgelockert hat. Denn die *Identifizierung* aller Interessenverbände und ihre einheitliche Perhorreszierung als Fermente der Entdemokratisierung, wie sie auch von *Ulrich Lohmar* [138] in Übereinstimmung mit der herrschenden Meinung in der Bundesrepublik [139] im wesentlichen vertreten wird, geht an der Wirklichkeit vorbei. Massenverbände, die materielle Interessen sozialer Unterschichten vertreten, müssen, um wirksam werden zu können, Mitglieder und potentielle Mitglieder *aktivieren.* Sie müssen deshalb ihre Einflußnahme (im Gegensatz zu bloßen *Pressure Groups) öffentlich* vertreten. Zwar sind selbstverständlich *bürokratisch* oligarchische Tendenzen auch in ihnen wirksam, wie in jeder wegen ihres Umfangs nur noch bürokratisch zu verwaltenden Organisation. Aber sie sind in den meisten Verbänden noch nicht in jene Managementhaltung der Führung transformiert worden, die weithin die politischen Parteien charakterisiert, weil (und solange) die Verbandsleitungen noch auf die *aktive* Mitarbeit der Verbandsmitglieder angewiesen bleiben. So ist *Seymour Martin Lipset* der (wohl zutreffenden) Meinung, daß, je qualifizierter, spezialisierter und besser ausgebildet ihre Mitglieder sind, desto größer ihre Tendenz zu aktiver Mitarbeit sein wird [140], und daß ihre Effektivität durch Demokratisierung steigt, nicht sinkt [141]. Daß diese Situation Entscheidungen ermöglicht, die die Auffassung *Ulrich Lohmars,* diese Verbände seien demokratischer Willensbildung von unten nach oben unzugänglicher als die Parteien, eindeutig widerlegen, hat der Sturz des damaligen DGB-Vorsitzenden auf dem zweiten Bundeskongreß des DGB 1952 eindeutig gezeigt [142].

136 Vgl. *Thomas Nipperdey,* a.a.O., S. 371 ff.

137 *Hermann Heller:* Staatslehre, Leiden, 1934, S. 137.

138 *Ulrich Lohmar,* a.a.O., S. 92 ff., insbes. S. 94.

139 Vgl. z. B. die mangelnde Differenzierung zwischen demokratischem oder undemokratischem Aufbau und öffentlichen oder nichtöffentlichen Einwirkungsmethoden von Interessenverbänden bei *Rupert Breitling:* Die Verbände in der Bundesrepublik, Meisenheim (Glan) 1955, und bei *Joseph H. Kaiser:* Die Repräsentation organisierter Interessen, Berlin 1956, oder *W. Hennis: »Verfassungsordnung und Verbandseinfluß«,* in: Politische Vierteljahresschrift 1961, S. 23 ff.

140 Vgl. *S. M. Lipset:* Political Man, New York 1960, S. 373 ff., insbes. 376/377.

141 Vgl. *S. M. Lipset/M. Trow/J. S. Coleman:* Union Democracy, Glencoe 1956.

112 Vgl. dazu *Wolfg. Abendroth:* Die deutschen Gewerkschaften, 2. Aufl., Heidelberg 1955, S. 52.

Deshalb hat einst die doppelte Tätigkeit als Funktionär in Partei *und* Massenverband erheblich dazu beigetragen, das Selbstbewußtsein und daher den Durchsetzungswillen gegen Führungsmanipulationen bei den Vertrauensleuten als den aktiven Mitgliederkadern politischer Parteien zu stärken [143]. Sie ist in den letzten Jahren immer seltener geworden, weil das politische Bewußtsein, das sie veranlaßt hat, von den Parteiführungen systematisch zurückgedrängt wurde und in den meinungsbildenden Massenmedien keinerlei Rückhalt mehr fand. So ist auch hier ein die *demokratische* Komponente innerparteilicher (wie innerverbandlicher) Willensbildung stärkender Faktor entfallen.
Dagegen ist durch das neue System der *Parteifinanzierung aus Steuergeldern*, die bereits den größten Teil der laufenden Ausgaben der politischen Parteien deckt [144], die Macht des Parteimanagements erheblich gewachsen, weil es nun von den Mitgliederbeiträgen ständig und auf Grund voraussichtlich stetig fließender und vorplanbarer Einnahmen unabhängig ist [145]. Dabei hat dies System noch den weiteren »Vorteil«, daß es die Absicherung des bestehenden Parteien-Oligopols gegen die Neugründung politischer Parteien und damit gegen echte Konkurrenz über die Schranke der 5 %-Klausel des Wahlgesetzes hinaus noch wesentlich verstärkt: Denn diese Finanzierung kommt nur den im Parlament (im Bund im Bundestag, in den parallel verfahrenden Ländern in den Landtagen) vertretenen Parteien zu Hilfe. Neugründungen von Parteien werden real vollends unmöglich, wenn die bestehenden Parteien gut finanzierte Öffentlichkeitsarbeit leisten können, die neugebildeten Parteien aber dazu kein Geld haben. Der Schutz gegen die Entstehung von Konkurrenz gewährleistet die volle Herrschaft des Parteimanagements in den bestehenden Parteien, zumal nach der wohl zutreffenden Beobachtung von *Ulrich Lohmar* die Mitglieder dieser engeren Führungsgruppen inzwischen gelernt haben, etwa in ihnen auftauchende politische oder persönliche Meinungsdifferenzen nicht öffentlich zu äußern [146], also »bolschewistische« Körperschaftsdisziplin zu üben, um ihre Autorität abzuschirmen So garantiert dies System totale politische Erstarrung. Es tut es auch dadurch, daß es mittels seines Quoten-Verteilungssystems die Finanzkraft der Parteien ihrer gegenwärtigen Stärke annähert [147], also auch ihr existentes Machtverhältnis untereinander tendenziell verhärtet. So verletzt dies System das Grundgesetz, nämlich den Gleichheitssatz in der Behandlung der politischen Parteien und die Freiheit der Parteigründung, noch deutlicher, als einst jene steuerliche Begünstigung der Parteifinanzierung durch die »Wirtschaft«, die das Bundesverfassungsgericht als verfassungswidrig aufheben mußte [148]. Wenn schon der Weg öffentlicher Finanzierung beschritten werden soll, ist nur das System verfassungskonform und

[143] Vgl. zu diesen Fragen *Alfred Weber:* Staat und gewerkschaftliche Aktion, Köln 1954, S. 12 ff.
[144] Vgl. *Ulrich Dübber:* Öffentliche Finanzierung politischer Parteien, S. 105/106.
[145] Vgl. *Ulrich Dübber:* Parteifinanzierung, S. 80/81.
[146] Vgl. *Ulrich Lohmar,* a.a.O., S. 88.
[147] Vgl. *Ulrich Dübber:* Öffentliche Finanzierung politischer Parteien, S. 107.
[148] So richtig *Ulrich Dübber:* Parteifinanzierung, S. 82 ff.; auf BVerfGE. 6, 273 und 8, 51 sei nochmals verwiesen.

deshalb verwendbar, das *Puerto Rico* entwickelt hat, nämlich die Gewährung gleicher Beträge an *alle* (auch kleine) Parteien, gleichgültig, ob sie bereits Mandate besitzen oder nicht [149].

Die Verhärtung einer Lage, die mit den Grundgedanken des *demokratischen* Parlamentarismus so wenig vereinbar ist wie mit den Normen des Grundgesetzes, ist also weit fortgeschritten. Dank der Kombination aus sozialen Entwicklungstendenzen und verfassungswidrigen Interventionen von Regierung und Parlament ist die innerparteiliche Demokratie radikal ausgeschaltet worden, gründlicher, als es vor 1933 jemals der Fall war. Aber diese Entwicklung ist kein unabwendbares Schicksal. Die Umwandlung der politischen Parteien in vom Management gesteuerte Maschinen, in denen die Mitgliedschaft und ihre aktiven Kader, die Vertrauensleute [150], zu passivem Gehorsam statt zur Selbstbestimmung über Kurs und Führung aufgerufen sind, ist eine *mögliche*, keineswegs eine *notwendige* Entwicklung, wie vor der Katastrophe von 1933 *Alexander Schifrin* [151] zu Recht formuliert hat. Das Grundgesetz hat richtig gesehen, daß die parlamentarische Demokratie zu einem dünnen Schleier vor einer völlig anderen Wirklichkeit wird, wenn es nicht gelingt, die andere, die *demokratische* Möglichkeit der innerparteilichen Entwicklung durchzusetzen. Ein Schleier zerreißt, wenn der erste Windhauch auf ihn trifft. Das Parteiengesetz sollte helfen, um im Sinne der Überlegungen von *Maurice Duverger* [152] die Bedingungen für soziale Entwicklungen zu fördern, die die Parteien wieder in Instrumente der Demokratie zurückverwandeln.

149 Auch das von *Ulrich Dübber:* Öffentliche Finanzierung politischer Parteien, S. 110 f., vorgeschlagene System wäre grundgesetzwidrig, weil es sowohl den Gleichheitssatz in bezug auf die Chancengleichheit der Parteien als Art. 21 Abs. 1 S. 2 GG eindeutig verletzt und die Gründung neuer Parteien zu einem untragbaren finanziellen Risiko machen würde.

150 Sie sind *»Progressive Eliten«* im Sinne von *Leo Kofler:* Staat, Gesellschaft und Elite zwischen Humanismus und Nihilismus, Ulm 1960, S. 345 ff. und 385, weil sie jedermann durch eigene Aktivierung zugänglich sind und ihre Tätigkeit darauf abstellen, sich ständig durch Werbung zu erweitern, aber nicht abzuschließen, um am Ende sich selbst überflüssig zu machen. In diesem Sinne ist es sicher Utopie, eine *unmittelbare* Identität von Herrschern und Beherrschten, von Führern und Geführten, vorauszusetzen oder auch nur für (vorläufig) *voll* erreichbar zu halten. Aber als *Richtziel,* dem man sich *progressiv* anzunähern hat, bleibt diese *Utopie conditio sine qua non* demokratischen Denkens. Wer diese Zielsetzung leugnet, unterwandert den Begriff der Demokratie, wenn er ihn für sich in Anspruch nimmt. Er sollte ehrlich genug sein, ihn aufzugeben. Wer wie *Konrad Hesse,* a.a.O., S. 30, die Willensbildung von »unten nach oben« für ein »wirklichkeitsfremdes Prinzip«, *nicht* für einen *Richtpunkt* der Gesetzesauslegung und Politik hält (wenn auch in Anerkennung seiner Nichtwirklichkeit und seiner nur tendenziellen Verwirklichbarkeit), sollte zugeben, daß er das Grundgesetz nicht interpretiert, sondern bekämpft. Wer wie *Ulrich Lohmar,* a.a.O., S. 144, die Ansicht vertritt, Art. 21 GG sei nur die Folge illusionärer Angst vor der Wiederholung des Faschismus gewesen, zu der jeder Grund entfallen sei, sollte sich erinnern, daß 1929 schon einmal die Illusion, der Faschismus sei keine Gefahr mehr, selbst *Joseph Schumpeter* getäuscht hat.

151 *Alexander Schifrin:* »Parteiapparat und Parteidemokratie«, in: Die Gesellschaft 1930, S. 508 ff.

152 *Maurice Duverger,* a.a.O., S. 459 f.

AUFGABEN EINER MODERNEN REGIERUNGSLEHRE

Von *Wilhelm Hennis*

Einer in ihrer neueren, wiedererstandenen Gestalt eben doch noch so jungen Wissenschaft wie der unsrigen, die – wie oft gesagt – noch auf der Suche nach ihrem Gegenstand ist, wird man es nachsehen, wenn sie auf ihren wissenschaftlichen Tagungen auch programmatischen Überlegungen Raum gibt, in diesem Fall wäre vielleicht besser zu sagen, der Suche nach dem verlorenen Gegenstand. Denn was immer die in den vergangenen fünfzehn Jahren von unserem Fach erbrachten Leistungen sein mögen, für den Gegenstand unserer heutigen Verhandlungen (doch gewiß das eigentliche Mittel- und Herzstück unserer Disziplin, wenn man will, auch ihr tägliches Brot, im Lehrbetrieb selbstverständlich vornanstehend), die Institutionen, Verfahren, Methoden der politischen Herrschaft und Willensbildung eines Gemeinwesens, also all das, wofür in der Regel der Verlegenheitsbegriff »Innenpolitik« herhalten muß, dafür hat sich weder ein allgemein akzeptierter Oberbegriff, noch eine, sei es nun zur Zustimmung oder zur produktiven Auseinandersetzung anregende Fragestellung durchgesetzt. Nur als eine Anregung zu solcher Auseinandersetzung möge dieser Bericht verstanden werden. Dabei wird die Aufgabe nicht sein können, Grundprobleme des Regierens selbst vorzuführen, sondern es soll versucht werden, eine bestimmte Sichtweise, vor allem aber die wissenschaftliche Aufgabe einer Regierungslehre selbst, zu rechtfertigen, einmal aus der Sicht der Lehrverpflichtung unseres Faches, zum andern der besonderen disziplinpolitischen Chancen, die sich hier eröffnen [1].

I.

So einfach und unproblematisch im Vergleich zu den Streitfragen der politischen Theorie sich unser heutiger Gegenstand auf den ersten Blick ausnimmt, so ungeklärt ist er nach Fragestellung und Systematik. Niemand zweifelt, wovon im Rahmen der sogenannten Innenpolitik die Rede sein muß, aber was gibt den diffusen, unendlichen Gegenständen aus der *besonderen* Sicht des Faches – die sich doch von der des Soziologen, Historikers, Juristen unterscheiden sollte – Einheit und Konsistenz? Dabei liegt es auf der Hand, daß sich in unserem Fach die Systematik immer nach der grundlegen-

[1] In der Diskussion dieses Referats wurde geltend gemacht, statt programmatische Erklärungen abzugeben, solle man sich der Sache selbst zuwenden. Dem wäre entgegenzuhalten, daß gerade bei einem so breiten, stoffreichen Gebiet nichts wichtiger ist als Verständigung über das, was als besonders wichtig angesehen wird. Nichts anderes verstehe ich unter Programmatik. Zur besseren Veranschaulichung des hier Angestrebten füge ich anstelle längerer Anmerkungen den Grundriß einer Vorlesung bei, die ich seit einigen Semestern an der Universität Hamburg halte. Dieser Grundriß prätendiert nicht, den kanonischen Inhalt einer Regierungslehre zu fixieren, vielleicht kann er aber dazu einladen, sich über einen Kanon Gedanken zu machen.

den Fragestellung, d. h. nach der als fundamental angesehenen Problematik ausrichtet. Soll die Fragestellung fruchtbar sein, so darf sie nicht von außen – etwa auf Grund des Diktats irgendeiner Wissenschaftstheorie oder Methodenlehre – an die Sache herangetragen werden, sondern sie muß sich aus der Problematik der Sache, wie wir sie als politische Menschen erfahren, ergeben [2]. Es wird sich also zunächst empfehlen, einen möglichst breiten *consensus* über das als gegenwärtig problembestimmend Erfahrene herzustellen. Nicht eine Allgemeine Regierungslehre – etwa nach dem Vorbild einer Allgemeinen Staatslehre oder sonstigen *General Theory* – visieren wir an, sondern eine Regierungslehre der Staaten unserer Zeit. Gibt die als grundlegend erfahrene und im rationalen Diskurs begründbare politische Fundamentalproblematik – in der Sprache *Max Webers* die Wertbeziehung – Fragestellung und systematische Leitlinie her, so sind als der Sache unangemessen mithin alle Versuche abzulehnen, die ohne Rekurs auf diese Problematik, etwa im Wege einer politischen Systemforschung mit den Zentralbegriffen Struktur und Funktion, die Einheit des Gegenstandes konstituieren möchten. Genauso unbefriedigend wären alle bloßen Additionen der hier relevanten Sachverhalte, auch wenn man die Summe der Einzelposten dann als Lehre vom *Government* oder Regimelehre deklariert. Im besten Fall liefe dies auf eine soziologisch-politologisch angereicherte Lehre der nationalen Verfassungs- und Regierungssysteme hinaus, eine Leistung, die die moderne Staats- und Verfassungsrechtslehre aber auch ohne die Hilfe unseres Fachs von sich aus zu vollbringen vermag. Der leitende Gesichtspunkt scheint mir überhaupt nicht gewonnen werden zu können bei Fixierung auf die Monaden der einzelnen politischen Gemeinwesen, so sehr es sich versteht, daß die Analyse und Interpretation der großen politischen Gemeinwesen eine unserem Fach gestellte Aufgabe ist, eine Aufgabe, wie sie von *Fraenkel* für die Vereinigten Staaten, von *Ellwein* für die Bundesrepublik ergriffen wurde. Wo aber ohne Vermittlung durch eine allgemeinere Problematik von vornherein das nationale Verfassungssystem, politikwissenschaftlich angereichert, im Vordergrund einer Lehre der Innenpolitik steht, bleibt als Ergänzung für die über den nationalen Rahmen hinausreichende Problematik nur die vergleichende Lehre der Herrschaftssysteme, eine Lehre, die selbstverständlich aber doch nur dann möglich ist, wenn es sich um Vergleichbares, also durch eine gemeinsame Problematik Zusammengehaltenes handelt.

Ich darf die Voraussetzungen deutlich machen, von denen ich ausgehe. Ich gehe davon aus, daß die modernen Staatswesen, ich meine die unseres Jahrhunderts (und erlaube mir, von Saudi-Arabien, Abessinien, dem Kirchenstaat etc. abzusehen), sich an einem universalen Modell orientieren, das durch drei Kriterien bestimmt ist. Erstens wollen die modernen Staaten Verfassungsstaaten sein, sie wollen eine von der Einzelperson abgehobene sachliche Ordnung der öffentlichen Gewalt darstellen: Recht und Schutz des einzelnen soll gewährleistet sein. Daneben wollen die modernen Staaten demokratisch sein, das Wohl des Volkes soll einzige Legitimitätsquelle, demokratische Mit-

[2] Den wissenschaftsgeschichtlichen Voraussetzungen und Infragestellungen einer solchen praxis- und problembezogenen Sicht der Aufgaben unseres Faches geht nach meine Studie »Politik und praktische Philosophie«, Neuwied 1963. Der hier vorgeschlagene Ansatz einer Regierungslehre schließt unmittelbar an dieses Buch an. Als gelegentliche Probe aufs Exempel vgl. auch »Richtlinienkompetenz und Regierungstechnik«, Tübingen 1964.

bestimmung gewährleistet sein. Ob sie dem Begriff standhalten oder nicht, als Verfassungsstaat und Demokratie möchten die modernen Staaten alle verstanden werden. Für die entwickelten Staaten des Westens sind Verfassungsstaat und Demokratie bereits Elemente der Tradition mit reich entwickeltem Formenschatz, der noch variiert und ergänzt werden kann, aber in sich nicht eigentlich problematisch ist. Mit beiden, Demokratie und Verfassungsstaat verbunden, aber doch in gewisser Weise indifferent ihnen gegenüber, will der moderne Staat drittens ein Staat sozialer und wirtschaftlicher Leistungen sein. Im Gegensatz zu einem zeitlich kurzfristigen Modell des 19. Jahrhunderts will der moderne Staat nicht bloß sichernder und gewährleistender, sondern arbeitender Staat, Leistungsstaat sein. Gleichgültig, ob er sich schon als Sozial- und Wohlfahrtsstaat versteht oder nicht, unter halbwegs entwickelten technischen Verhältnissen wird er es mit Notwendigkeit. Suchen wir die Fundamentalproblematik moderner Staatlichkeit auf, so brauchen wir nur die Chiffren zur Erfassung seiner heutigen Besonderheit aufzuzählen: Wohlfahrtsstaat, Sozialstaat, Verwaltungsstaat, Daseinsvorsorgestaat, Leistungsstaat, Verteilerstaat, polemisch Fürsorge- oder Versorgungsstaat, alles Formeln zur Bezeichnung seiner gesteigerten Tätigkeit; *«état actif» (Bertrand de Jouvenel)* ist die letzte einer langen Reihe solcher Formeln, und der Teil des staatlichen Organismus, der diese Leistung vorantreibt und bewirkt – *pouvoir actif* – erscheint als der für seine moderne Gestalt und Problematik bestimmende.

Wenn es richtig ist, daß die Kraft und Fähigkeit des modernen Staates zur Bewältigung der ungeheuren Aufgaben, die die Herausforderungen der modernen Industriewelt, die sozialen Forderungen emanzipierter Menschen, der Wettbewerb der politischen Systeme ihm abfordern, in den eigentlichen Kern moderner Staatlichkeit verweisen, daß die Fähigkeit des Staates zur Erfüllung dieser Leistungen auch darüber entscheidet, ob seine traditionellen Elemente, Demokratie und Rechtsstaatlichkeit, gesichert sind, so sollte es auf der Hand liegen, daß die Politische Wissenschaft in dieser Problematik, wenn nicht ihren eigentlichen, so doch einen ganz zentralen Gegenstand zu suchen hätte. Das klingt einfach und selbstverständlich, und doch ist es nicht so. Man wird kaum sagen können, daß die Art und Weise, wie unter der Herausforderung moderner Staatsaufgaben das Geschäft der Lenkung, Führung und Koordination eines Gemeinwesens besorgt, kurzum wie regiert wird – wenn wir unter Regieren das Erbringen dieser Leistung verstehen – eine leitende Fragestellung unseres Faches wäre, von der aus die einzelnen Materien, auch ihre traditionellen, etwa das institutionelle Instrumentarium, ihre systematische Ordnung erfahren würden. Wo davon die Rede ist, so ist es nicht das Regieren, also eine noch viel mehr als früher auf eine besondere Leistung abzielende *Tätigkeit,* sondern das Regierungs*system* als ein Stück der jeweiligen Verfassungs- und Staatsform, von dem die Fragen ausgehen; also *government* nicht als Inbegriff von Tätigkeiten, sondern als institutionalisierte Ordnung. Aber nicht das Regierungssystem, sondern das Regieren scheint mir unter den modernen Bedingungen zum zentralen Problem der Politischen Wissenschaft avanciert zu sein und die Analyse seiner Technik ihre vordringliche Aufgabe.

Daß das Regieren, dem nach aller vernünftigen Definition das Gesetzgeben zuzuordnen ist und das seine fließende Erweiterung im Bereich des Verwaltens findet, bisher nicht zum bevorzugten Gegenstand unserer Disziplin gehört, braucht, glaube ich, im einzelnen nicht belegt zu werden. Für das hier Gemeinte hat sich in der internationalen Diskussion ein fester Begriff noch nicht eingebürgert. *Public Administration* ist zu eng, *Government* im angelsächsischen Verständnis zu stark am Regierungs*system* orientiert, und das nicht zu unrecht, erfüllt die amerikanische Lehre vom *Government* doch auch die Aufgaben, die bei uns die Staats- und Verfassungsrechtslehre wahrnimmt. Den ganzen Bereich als den der politischen Willensbildung zu umschreiben, finde ich wenig glücklich. Abgesehen davon, daß zumeist ein problematischer Demokratiebegriff zugrunde liegt, ist »Wille« für politikwissenschaftliche Analyse eine genauso leere und nichtssagende Formel wie »Macht«[3]. Der »Wille«, der sich in einem Staat in den mannigfaltigsten Formen bilden mag, ist immer bezogen auf Aufgaben, die in diesem Staate gelöst werden sollen, sei es, daß er sich auf die Personen bezieht, die diese Aufgaben lösen sollen, sei es, daß er sich auf die Aufgaben selbst richtet. Alle im Staat politisch relevante Willensbildung bezieht sich auf das Regieren. Nur was darauf einen Bezug hat, gewiß den soziologischen, historischen, juristischen Befund voraussetzend, ihn dann aber unter eine neue Fragestellung bringend, wird zu einem Gegenstand der Politischen Wissenschaft im strengeren Sinn. Da mir diese Bezeichnung am unmißverständlichsten zu sein scheint, sie auch bereits einen gewissen Kurswert besitzt (vgl. *Emil Guilleaume:* »Regierungslehre« in: Der Staat, 2/1965) und immerhin auf eine so ehrwürdige Tradition wie die *Lorenz von Steins* verweist, empfehle ich, den ganzen Komplex als *Regierungslehre* zu bezeichnen. Die englischen Vorlesungstitel "*Central Government*" und "*Machinery of Government*" kommen nach Problemumfang und Problemerfassung dem hier gemeinten am nächsten.

II.

Wie kommt es, daß das Regieren, die Politik im üblichen Verständnis als Tätigkeit zur Durchsetzung der staatlichen Zwecke, im Schatten der wissenschaftlichen Aufmerksamkeit steht? Wenn die Problematik unseres Fachs zum Teil aus seiner Herkunft aus der praktischen Philosophie resultiert, so gilt das für das Regieren als Gegenstand der Wissenschaft in besonderem Maße. So wie in der modernen Wirtschaftswissenschaft für das Wirtschaften kein Platz mehr ist, so in einer sich von ihrer praktischen Tradition emanzipierenden Staatswissenschaft für das Regieren, dem die

[3] Zur Kritik einer das Problem der »Willensbildung« verabsolutierenden Politikwissenschaft vgl. vor allem *Siegfried Landshut:* »Zum Begriff und Gegenstand der politischen Soziologie«, in: Kölner Zeitschrift für Soziologie, N. F. 8 (1956), S. 410 ff. Aus etwas anderer Sicht würde ich ergänzen: die Fixierung auf »Willensbildung« – Konsequenz eines unangemessenen »theoretischen« Begriffs der Politikwissenschaft – verstellt den Blick auf die eigentlichen Fragen der realen Politik, die mit als »normativ« und »moralistisch« abqualifizierten Begriffen wie »Aufgabe«, »Amtsauftrag«, Gewinnung von »Zustimmung«, »Verantwortlichkeit« etc. in der Regel viel besser zu greifen sind. Diese Begriffe halten sich an das empirisch Erfahrbare, während am Leitseil von »Willensbildung« und »Entscheidungsprozeß« nur abstrakte Schattenbilder herauskommen. – Den einzig wegweisenden Ansatz einer »theoretischen« Erfassung der Politik in der zeitgenössischen Literatur sehe ich in *Bertrand de Jouvenels:* Pure Theory of Politics, Cambridge 1963 (demnächst deutsch in der Reihe POLITICA).

Eigenschaften der Kunst *(techne)* und Praxis ja nicht wegdefiniert werden können. Nur auf dem Boden eines Wissenschaftsbegriffs, für den die Praxis wissenschaftswürdig und -fähig bleibt, ist Zugang für eine Wissenschaft vom Regieren zu finden, und es gehört zur Ironie der neueren Wissenschaftsgeschichte unseres Fachs, daß ihm das Regieren – in der Terminologie des 19. Jahrhunderts die »Staatskunst« oder die »Politik i. e. S.« – nie streitig gemacht worden ist, aber das Rüstzeug verweigert wurde, mit dem die verbliebene Aufgabe hätte bewältigt werden können. Ich darf darauf am Schluß noch einmal zurückkommen.

Neben dieser fachinternen Problematik scheinen mir im wesentlichen drei Ursachen für die geringe Entwicklung einer Regierungslehre verantwortlich zu sein.

Erstens hat sich die politische Reflexion der Neuzeit wesentlich an den Vorschriften der Verfassung orientiert. Die Verfassungen haben aber den Bereich der Regierung dem öffentlichen Auge eher entrückt als zugänglich gemacht. Als ämtereinsetzende, kompetenzzuweisende und kompetenzbegrenzende Ordnung ist es allerdings auch unbillig, von einer Verfassung zu erwarten, daß sie den Prozeß, das Was und Wie des Regierens, im einzelnen regelt und sichtbar macht. Die Verfassung weiß über die Regierung in der Regel nur zu sagen, daß es sie gibt und welches ihre Beziehungen zum Parlament sind; über die innere Arbeitsordnung, schon die Zahl und Aufgaben der Ressorts, schweigt sie sich in aller Regel aus. Die verfassungsergänzenden Vorschriften der Geschäftsordnungen haben das Interesse der zuständigen Wissenschaft, orientiert an der Rechtssatzhierarchie, in aller Regel nicht für sich beanspruchen können; sie sind noch heute weithin, wie es *Hans Schneider* ausgedrückt hat, eine *quantité* und *qualité négligeable*. Auch das traditionelle Gewaltenteilungsdogma mit seiner Ignoranz des Bereichs der Regierung, seinem Verständnis der »Exekutive« als Subalternbereich des Gesetzgebers hat dem Verständnis der wirklichen Zusammenhänge im Wege gestanden. Bekanntlich haben bei uns in Deutschland erst *Rudolf Smend* und *Ulrich Scheuner* den Bereich der Regierung gewissermaßen neu entdecken müssen [4]. Gegenüber *Smend* und *Scheuner* wird man heute sagen müssen, daß der Bereich der Regierung sich in den vergangenen zwanzig Jahren noch unvergleichlich vergrößert hat, sind doch die entscheidendsten Partien der modernen Verwaltung nicht mehr wie ehedem durch ihre Gesetzesabhängigkeit und damit in gewisser Hinsicht als das Festgelegte, bloß Ausführende zu verstehen, sondern weit über den Bereich der Ministerialverwaltung hinaus – man denke nur an den immensen Bereich der sog. nichtgesetzesakzessorischen Fondsverwaltung [5] – als Stück des Regierungsprozesses zu verstehen. Ich darf hier am Rande bemerken, daß ich auch auf Grund dieser ganz neuen Gewichtung des Verhältnisses von Regierung und Verwaltung, eben auch des quantitativen Verhältnisses, es vorziehen würde, den Bereich als Regierungslehre und nicht als Verwaltungslehre zu bezeichnen, so sehr er auch seine Fortsetzung im mehr technischen Bereich der Verwaltung findet. Zu den den Bereich der Regierung verhüllenden Elementen unserer

[4] *Rudolf Smend:* »Die politische Gewalt im Verfassungsstaat und das Problem der Staatsform«, in: Festgabe für *Kahl,* Tübingen 1923 (jetzt in: Staatsrechtliche Abhandlungen, Berlin 1955, S. 68 ff.); *Ulrich Scheuner:* »Der Bereich der Regierung«, in: Rechtsprobleme in Staat und Kirche – Festgabe für *R. Smend,* Göttingen 1952, S. 253 ff.

[5] Vgl. *Arnold Köttgen:* Fondsverwaltung in der Bundesrepublik, Stuttgart 1965.

Verfassungstradition gehört auch die Lehre von der Organisationsgewalt, die Regierung und Verwaltung, insbesondere die innere Ordnung des großen Staatsinstrumentariums, als eine Art exemten Bereich zu sichern suchte. Die Vorschriften über das Amtsgeheimnis tun das ihre, um den Bereich der wissenschaftlichen Kontrolle zu entziehen.

Zweitens hat aber auch der demokratische Gedanke, ausgehend vom Problem der Durchsetzung des Volkswillens, dem Bereich der Regierung nie viel Interesse gewidmet. Das Interesse wird unter seiner Herrschaft allzu leicht den im engeren Sinne »demokratischen« Faktoren der politischen Willensbildung zugewandt, den »autoritären« abgezogen [6]. Wir haben keinen Mangel an Arbeiten über die Parteien, die Verbände und auch über das Parlament als Volksvertretung; dagegen ist unser Wissen über die Arbeitsweise der Regierung, der Ministerialbürokratie und der staatlichen Verwaltung denkbar dürftig. Eine Ausnahme macht einzig die Kommunalwissenschaft, wo die ideologische Förderung solcher Studien durch den Selbstverwaltungsgedanken auf der Hand liegt. Während die Literatur über das Parlament und die Parteien kaum noch zu bibliographieren ist, haben Reichs- und Bundesregierung, abgesehen von den Arbeiten von *Rosenthal* und *Münch*, jüngstens *Wildenmann*, noch nie den Gegenstand einer großen Monographie abgegeben. Das erste große Buch über das Amt des Bundeskanzlers ist bekanntlich von einem Franzosen geschrieben worden [7]. Ich habe den Vergleich schon einmal gebraucht, aber ich möchte ihn wieder anbringen: wenn es erlaubt ist, in der Regierungslehre so etwas wie eine Betriebswirtschaftslehre des modernen Staates zu sehen, so erweckt unser Fach den Eindruck einer Betriebswirtschaftslehre, deren einziges Thema die Mitbestimmung ist. Der Staat als Leistungsträger kommt in ihr so gut wie gar nicht vor.

Drittens wird man neben dem demokratischen auch den liberalen Gedanken nicht davon freisprechen können, daß er mit seiner Tendenz zur Perhorreszierung der staatlichen Gewalt, seinem unangemessenen Vorverständnis des für die Sicherung modernen Lebens so unentbehrlichen staatlichen Instrumentariums als lästiger Bürokratie, mehr zur Verurteilung als zur Beurteilung unseres Gegenstandes beigetragen hat.

III.

Nach diesen knappen Hinweisen auf die im Wege stehenden Hemmnisse nun aber das Positive: Warum ist es über das Gesagte hinaus so wichtig, daß sich die Politische Wissenschaft den Fragen der Regierungslehre systematisch zuwendet? Eine pädagogische Erwägung voran. Der moderne Staat ist uns sehr nahe gerückt. In allem, was wir tun, dem Wasser, das wir trinken, der Wärme und dem Licht, das wir brauchen, den Lebensmitteln, die wir verzehren, der Bewegung von einem Ort zum

[6] Das ist gut gesehen bei *Hans Peter Schwarz:* »Probleme der Kooperation von Politikwissenschaft und Soziologie in Westdeutschland«, in: Wissenschaftliche Politik (hrsg. von *D. Oberndörfer*), Freiburg 1962, S. 312 f.

[7] *Jean Amphoux:* Le Chancellier Fédéral dans le Régime Constitutionnel de la République Féderale d'Allemagne, Aix-en-Provence 1960 (auch Paris 1962).

anderen, sind wir auf seine Hilfe und Leistungen angewiesen. Bis in den privatesten Bereich reicht sein Einfluß. Bei Geburt und Tod brauchen wir seine Hilfe, selbst die Empfängnis des Lebens beeinflußt er durch Steuern und Beihilfen.

Und trotzdem ist er ferner gerückt denn je: jedenfalls ist das ein verbreiteter Eindruck. Entfremdung, tote Apparatur, undurchsichtiger Betrieb sind gewöhnliche Epitheta für seine heutige Erscheinung. »Die da oben« – als ob sie so weit entfernt wären wie Pharaonen, Kaiser und König. Sie waren viel weiter entfernt und doch war ihr Tun einfacher begreifbar: auf dem Richtstuhl sitzen, dem Heer voranreiten, im Rate präsidieren. Unendlich viel schwieriger erscheint es demgegenüber sich vorzustellen, was ein Regierungschef, schon der Oberbürgermeister einer großen Stadt, ein hoher Minsterialbeamter denn eigentlich zu tun hat. Sie sitzen im Büro und haben eine Besprechung oder diktieren einen Brief – was kann man sich dabei schon denken, wie soll das zu einem anschaulichen Bild gerinnen? Wenn Publizität das Lebenselement der freiheitlichen Demokratie ist, so ist nichts undurchsichtiger als die Realität des modernen Regierens.

In diese Undurchsichtigkeit mit ihren gefährlichen irrationalen Möglichkeiten ein wenig Licht zu bringen, muß der Sinn einer Wissenschaft des Regierens sein. Es ist ein Stück Daseinserhellung, das hier zu leisten ist. Dabei scheinen mir ihre Möglichkeiten und Grenzen glänzend abgesteckt zu sein durch das, was der englische Historiker *Sir Lewis Namier* als Ergebnis gründlicher historischer Schulung bezeichnet hat, und ich würde hinzusetzen, auch politischer Bildung: »Ein intuitives Wissen, wie Dinge nicht zu geschehen pflegen.« Ich finde es weder sehr wissenswürdig noch in der Regel möglich, eine genaue Aussage darüber zu machen, wie ein bestimmtes Gesetz unter dem Einfluß der Verbände zustande gekommen ist. Aber daß Gesetze auch unter massivstem Verbandseinfluß nicht so zustande kommen, wie die politischen Kannegießer sich das vorstellen, das kann der im Mechanismus modernen Regierens Bewanderte sagen. Kurzum: Wer in diesen Dingen zu Hause ist, kann dagegen immunisiert werden, den Staat zum Leviathan, zum Behemoth, zum Ungeheuer zu dämonisieren.

Sich der Mechanik und Technik des modernen Regierens zuzuwenden, scheint mir aber noch aus anderen Gründen wichtig zu sein. Die große politische Leistung der Neuzeit, eine Leistung, an der wir Deutschen mehr partizipierend als aktiv beteiligt waren, war die Herausbildung des modernen Rechts- und Verfassungsstaats. Seine Ergebnisse sind unverzichtbar, aber er bietet nicht eigentlich die Antwort auf die heutige Lage. Diese wird, vom einzelnen aus gesehen, nicht so sehr bestimmt durch die Sorge um Freiheit und Recht, sondern durch die Sorge, daß die über Freiheit und Recht hinausgehenden, unter Umständen vitaleren Ansprüche des einzelnen vom Staate befriedigt werden. Ansprüche, die sich erstrecken nicht nur auf die Sorge um den Schutz des Lebens vor äußerer Gewalt (sei es des äußeren Feindes oder des bösen Nachbarn), sondern auf die Möglichkeit, das Leben überhaupt führen zu können: wohnen, heizen, essen, trinken zu können. Das Problem des modernen Staates liegt nicht mehr allein in der Sicherung von Rechten, sondern vor allem in der Erfüllung von Leistungen. Er hat Leistungen und Aufgaben von gewaltigen Dimensionen zu bewältigen. Die Fähigkeit dazu – das Ausmaß seiner Effizienz – bestimmt sich unter anderem nach dem

Grad seiner organisatorisch-instrumentalen Adaptation an diese neue Lage. Gewaltenteilung, Gesetzmäßigkeit der Verwaltung, Unabhängigkeit der Richter, Verfassungs- und Verwaltungsgerichtsbarkeit waren die großartigen Antworten auf das alte Problem des Schutzes der Rechte; für die Sicherung der Ansprüche und die Gewährleistung seiner Leistungen haben wir Vergleichbares nur in ersten Ansätzen. Wenn diese Sicht richtig ist, so wird die Politische Wissenschaft der Zukunft, will sie so wie die alte die Probleme ihrer Zeit beantworten, Verfassungslehre zwar in sich aufnehmen, ihren Schwerpunkt aber in Regierungs- und Verwaltungslehre finden müssen.

Das gilt ganz besonders angesichts der weltpolitischen Konfrontation von Ost und West. Wenn man den Kennern glauben darf, so holt das östliche System die Errungenschaften des Verfassungs- und Rechtsstaats heute in je eigener Weise zurück – in einer bedingten Weise, die uns nicht befriedigen würde, die es aber nicht mehr erlaubt, den Gegensatz als den von Rechts- und Unrechtsstaaten zu bezeichnen. Vielmehr spielt sich die Auseinandersetzung ab einmal als Wettbewerb im ökonomischen und technischen Bereich, zum anderen aber, beides bedingend und tragend, auf dem Gebiet der Effizienz der Staatsapparatur. Wie wird diese enorme Maschinerie des modernen Produktions- und Verteilungsapparates am besten gesteuert? Wir haben viele Arbeiten und kluge Gedanken über die vergleichsweisen Vorzüge und Nachteile der beiden ökonomischen Systeme; wir dürfen es auch auf dem Gebiet der Regierung nicht für selbstverständlich ansehen, daß unser System das leistungsfähigere ist. Ich betone, unter der Voraussetzung, daß das östliche System imstande ist, sich rechts- und verfassungsstaatliche Elemente im traditionellen Sinn einzuverleiben. Dem mögen engere Grenzen gezogen sein als wir es für wünschenswert ansehen, prinzipiell ist kaum daran zu zweifeln.

Schließlich haben wir in Deutschland vielleicht eine ganz besondere Veranlassung, uns mit den Fragen der Maschinerie des Regierens unter modernen Bedingungen intensiver zu beschäftigen. Wir sind in Deutschland besonders stolz auf die Qualität unserer Verwaltung – und im ganzen wohl zu Recht. Aber Regieren ist nicht identisch mit Verwalten. Und es bleibt festzuhalten, daß die deutsche Regierungsmaschinerie und -technik schon des Bismarckreiches – aber auch Weimars – der des Westens unterlegen war; in welchem Maße, zeigte sich in den Anforderungen der beiden Weltkriege. Die Unfähigkeit des Kaiserreiches, Militär, Politik und Wirtschaft zu koordinieren [8], sticht entschieden ab von der Leistung *Lloyd Georges* im Ersten, *Churchills* im Zweiten Weltkrieg. In der Herausbildung all jener spezifischen Institutionen, die die Antwort auf die unvergleichlichen, nie zuvor gekannten Anforderungen an die Regierungsmaschinerie waren, die die riesigen Kraftleistungen moderner Kriege darstellten, erwies sich, im Vergleich mit den freiheitlichen Demokratien des Westens, der autoritäre Militärstaat Preußen-Deutschland als hoffnungslos unterlegen, vom Zuständigkeitschaos innerhalb der totalitären Diktatur gar nicht zu sprechen. Wie gewinnt ein Staat Handlungsfähigkeit, wie organisiert er seine Arbeit, welches sind die optimalen Instrumente zur Erfüllung seiner Aufgaben – das sind Probleme, die zu bedenken

[8] Noch immer lesenswert *Otto von Moser:* Die obersten Gewalten im Weltkrieg. – Das Werk der Staatsmänner, Heerführer, Parlaments-, Presse- und Volksführer bei der Entente und bei den Mittelmächten, Stuttgart 1931.

Aufgabe jeder Politischen Wissenschaft sein muß, der deutschen vielleicht im besonderen Maße, und ich würde für die Epoche der Bundesrepublik hinzufügen: ihre regierungstechnische Bewährungsprobe hat sie noch nicht ablegen müssen; daß die Einsicht in die Anforderungen moderner Staatskunst merklich zugenommen hat, wage ich zu bezweifeln.

IV.

Haben wir somit das Unternehmen zur Genüge gerechtfertigt, so erlauben Sie mir im Umriß vorzuführen, wo m. E. die Schwerpunkte einer modernen Regierungslehre zu liegen hätten, wie sie sich in das Ganze unseres Fachs einfügt.

Richtpunkt und Rahmen für jede Analyse moderner Staatstätigkeit können nur die dem Staat gestellten Aufgaben sein. Diese Aufgaben kann man in den äußeren Umrissen durchaus noch mit den alten Formeln einfangen: Sorge für das gemeine Wohl, Wahrung des Friedens nach innen und außen, Mehrung und Schutz des Rechts. Aber in den Dimensionen und der Vielfalt der zu erfüllenden Aufgaben ist der moderne Staat als Leistungsträger seit dem letzten Drittel des neunzehnten Jahrhunderts nun eben doch ein radikal anderer geworden. Die Zunahme der staatlichen Aufgaben – abzulesen etwa am Wachstum der staatlichen Haushalte und des öffentlichen Dienstes – in ihren Phasen und Motivierungen eingehend zu schildern und verständlich zu machen, halte ich für die erste Aufgabe, für den Ausgangspunkt jeder Regierungslehre. Soweit ich sehe, haben wir hier die einfachste Möglichkeit, in das System unseres Fachs einiges dessen wieder hereinzuholen, was im Zuge seiner Auflösung in unverbundene Einzelwissenschaften im Laufe des 19. Jahrhunderts an Nationalökonomie, Finanzwissenschaft und die sonstigen kameralistischen »Staatswissenschaften« abgegeben worden ist. Soweit der eigentliche Stoff der Politik – der doch transparent gemacht werden muß, um die Leerbegriffe Wohlfahrtsstaat, Verwaltungsstaat, Sozialstaat mit einer gewissen Anschauung zu erfüllen – überhaupt im heutigen Lehrbetrieb vorkommt, findet man ihn in den Vorlesungen über die politischen Ideenkreise der Neuzeit, mit aller Gefahr unzulässiger Spiritualisierung dieses Prozesses. Der für den modernen Staat so bestimmende Aufgabenzuwachs ist gewiß zum Teil Folge der demokratischen Bewegungen des vergangenen und dieses Jahrhunderts mit ihrer Konsequenz gesteigerter Ansprüche des Bürgers an den Staat, er ist aber vor allem die ganz unausweichliche Konsequenz der technischen Erfindungen des vergangenen Jahrhunderts. Wenn der heutige Staat Interventions-, Verteiler-, Fürsorgestaat geworden ist, so doch weithin als Reflex auf eine Lage, die sich seiner Bestimmung entzog, aus der er nur williger oder unwilliger Folgerungen ziehen konnte. Allerdings, von selbst, nach einem geschichtlichen Automatismus, ergab und ergibt sich nicht, was jeweils anerkannte Staatsaufgabe ist. Die Auseinandersetzung darum, was jeweils staatliche Aufgabe zu sein hat, ergibt, glaube ich, den wesentlichen Inhalt dessen, was wir als freie demokratische Willensbildung bezeichnen. Bei der Analyse dieses Willensbildungsprozesses die Auseinandersetzung um die als verbindlich akzeptierten Staatsaufgaben in den Mittelpunkt zu rücken, bewahrt davor, diesen Willensbildungsprozeß als abstrakten Selbstzweck oder als bloßen Kampf um Macht zu verstehen. Mit den Staatsaufgaben als Leitpunkt bleibt bei der Analyse des politischen Willensbildungsprozesses immer der Bezug zur politischen Theorie, zur Staatszwecklehre, zur politischen Ideengeschichte, zum anderen aber auch zur Geschichte der Institutionen als Exekutoren des staatlichen Willens und der staatlichen Aufgabenerfüllung bewahrt. Nur wenn bei der Analyse des Regierungsprozesses immer wieder von den Staatsaufgaben ausgegangen und zu ihnen zurückgekehrt wird, kann jener Entleerung unseres Faches Einhalt geboten werden, die in der Theorie beschlossen ist, Politik habe es einzig mit der Macht und dem Kampf um sie zu tun. Politik, praktische Politik, das, was die Politiker tun, hat die Erfüllung öffentlicher Aufgaben zum Gegenstand, wofür gewiß Macht vorhanden sein muß, geordnete Macht, Kompetenz, Amtsgewalt, die in den verschiedensten, auch sehr unordentlichen Formen gewonnen sein mag, deren Begründung, Erhaltung und in der Regel doch wohl auch Bewahrung aber immer wieder auf die sie rechtfertigenden Aufgaben zurückverweist.

So wie der Inhalt der Politik von der Machtlehre verfehlt wird, so auch die Methoden und Mittel, mit denen Politik durchgesetzt wird. Eine realistische Regierungslehre hätte mit dem autoritären Wahn aufzuräumen – und sie könnte es (empirisch!) –, mit der Vorstellung nämlich, man könne den Staat vom Monopol der legitimen Gewaltsamkeit her verstehen. Als ob man einen Vater oder Lehrer von seinem Züchtigungsrecht her definieren könnte. Befehl und Anordnung sind für moderne Regierungstechnik nur einer neben vielen anderen Wegen, um zum Ziel zu gelangen. Viel kennzeichnender sind für modernes Regieren jene Wenn-Dann-Koppelungen, die wir historisch in Gestalt der altehrwürdigen Patronage- und Auszeichnungspolitik kennen, heute im Arsenal der Steuerpräferenzen, Subventionen, Zinszuschüsse, Darlehen etc., Methoden, die ja keineswegs auf die Wirtschaftspolitik beschränkt sind.

Wenn die politikwissenschaftliche Analyse im Bereich der Regierungslehre um die staatlichen Aufgaben kreist, so ergibt sich hier ein natürlicher Bezug zur Ideen-, Sozial- und Verfassungsgeschichte. Für die Rechtfertigung und Durchsetzung neuer staatlicher Aufgaben oder ihre Ausdehnung auf benachteiligte Schichten hat man sich immer auf das Arsenal der großen Gedanken und Prinzipien des politischen Denkens berufen; die Sozialgeschichte ist erfüllt vom Kampf um neue Regierungsprinzipien; in der Amalgamierung von Ideen- und Sozialgeschichte entsteht neues Verfassungsrecht – immer stehen die öffentlichen Aufgaben im Hintergrund. Nur wenn von ihnen die Rede ist, kann der eigentliche Stoff der Politik in unserem Fach zur Sprache gebracht werden.

Am Rande möchte ich bemerken, daß nur dann, wenn wir die öffentlichen Aufgaben, die politischen Sachprobleme unserer Zeit: Gesundheitspolitik, Bildungspolitik, Bevölkerungspolitik, selbstverständlich die Wirtschaft, die alten Kameralien, wie sie unser Fach in der alten Polizeiwissenschaft zusammenfaßte, wieder in einen Bezug zu unserem Fach bringen, von uns mit Recht und Aussicht auf Erfolg der Anspruch angemeldet werden kann, an der Ausbildung der zukünftigen Beamten beteiligt zu werden. Wenn ich es im Stile *Arnold Bergstraessers* formulieren darf: was wir brauchen, sind Mediziner, Ingenieure, Pädagogen, Land- und Forstwirte, die politikwissenschaftlich denken können, und tunlichst auch Politikwissenschaftler, die von einer politisch bedeutsamen Materie: Gesundheit, Verkehr, Verteidigung, Bildung – was immer – eine wissenschaftlich begründete Kenntnis besitzen und imstande sind, auf

Grund ihrer politikwissenschaftlichen Ausbildung diese Materie als öffentliche Aufgabe, d. h. unter dem Aspekt der Regierungstechnik, der politischen Willensbildung zu betrachten. Denn auch für die Analyse der Regierungstechnik, des Prozesses der politischen Willensbildung, bieten sich die Staatsaufgaben als Leitfaden an. Wie kommt eigentlich der moderne Staat zum Bewußtsein seiner Aufgaben? Was wir als den Bereich der vorparlamentarischen freien politischen Willensbildung bezeichnen, das ist doch wesentlich erfüllt von der Auseinandersetzung um das, was staatliche Aufgabe sein sollte, sein könnte, sein müßte. Kann sich der moderne Staat eigentlich noch für das Wahrnehmen der staatlichen Aufgaben auf diesen vorparlamentarischen Raum der politischen Willensbildung verlassen? Bedarf er nicht der institutionalisierten Augen und Ohren, die ihn von den Zufälligkeiten dieser Willensbildung frei machen? Was wir brauchen, ist eine an den Staatsaufgaben einerseits, am Instrumentarium ihres Erkennens, Beschließens, Ausführens, Nachkontrollierens andererseits orientierte Phänomenologie des gesamten Willensbildungs- und Regierungsprozesses.

Bleiben die konkreten Aufgaben der öffentlichen Gewalt der nie aus den Augen zu verlierende Bezugspunkt einer Regierungslehre, so sollte sie der Gefahr entrückt sein, sich auf eine bloße Wissenschaft der Institutionen und Techniken des Regierens zu beschränken. Eine bloße Technologie der Politik ist jedenfalls nicht das, was mir für eine zu entwickelnde Regierungslehre erstrebenswert zu sein scheint.

Immerhin, haben wir die Aufgaben, so ergibt sich das Problem der Organisation ihrer Erledigung von selbst. Vom Gesichtspunkt einer politikwissenschaftlichen Regierungslehre aus gewinnen die Verwaltungs- und Verfassungsinstitutionen eines Gemeinwesens ihren ursprünglichen Aspekt zurück, nämlich *instrument of government* zu sein, wie sich die erste geschriebene Verfassung der Welt mit Recht verstand. Von dieser Warte her gewinnen die Verfassungsformen ihren pragmatischen, disponiblen, der freien Gestaltung zugänglichen, ursprünglichen Charakter zurück. Im Rahmen gegebener oder zu schaffender Voraussetzungen, bei aller Respektierung der zu berücksichtigenden *Ambiance*, stehen uns die politischen Institutionen zur Disposition, sie sind offen für Kritik und Verbesserung. Eine politikwissenschaftliche Verfassungslehre, die sich auf das Prokrustesbett des Gegensatzes von Verfassungsrecht und Verfassungswirklichkeit einläßt, verspielt ja die Freiheit der Kritik, die unser Fach im Gegensatz zum dogmatisch gebundenen Verfassungsrecht in so viel größerem Maße besitzt. Gewiß sind politische Ordnungen immer ein Produkt der gewesenen Geschichte, aber es kann Aufgabe gerade unseres Faches sein, sie offenzuhalten für neue Geschichte, und der leitende Gesichtspunkt der Kritik kann auch hier nur der sein, ob die vorgefundenen Ordnungen den kritisch zu bedenkenden Aufgaben und Forderungen der Zeit entsprechen. Dabei sind die Vor- und Nachteile von Regierungsformen (im Rahmen der freiheitlich demokratischen Staatsform) nicht nur unter dem Kriterium Freiheit – Verantwortlichkeit zu analysieren. Die demokratischen Regierungsweisen (die parlamentarische, das Präsidialsystem etc.) sind auch Schemata der Arbeitsverteilung. Ein Vergleich der großen Verfassungsformen unter diesem Gesichtspunkt ist gerade auch unter pädagogischem Aspekt von besonderem Reiz, kann man hier doch das spezifisch politikwissenschaftliche Erwägen, das topische Erörtern, Ausmitteln der Vor- und Nachteile der verschiedenen leitenden Prinzipien vorführen: Konzentration, Dekonzentration, Häufung, Verzweigung, Kanzler- und Ressortprinzip, monokratische oder Kollegialverwaltung; das Problem der Größe der Kabinette usw., usw. Verteilt der moderne Staat seine Aufgaben auf die richtigen Träger? Wer soll was tun? Das Problem der *allocation of functions* kann ein Leitfaden politikwissenschaftlicher Analyse sein, bei dem wiederum die realen sozialen Aufgaben in einen Bezug zur Organisationsproblematik des modernen Staates gebracht werden können. *Hermann Heller* hat, mehr an Grundproblemen der Staatstheorie interessiert, den Begriff der Organisation in den Mittelpunkt der Staatslehre gerückt, ganz sicher wäre er auch ein zentraler jeder Regierungslehre.

Regieren, *gubernare,* heißt lenken, steuern, Richtung geben, heute nicht zuletzt zusammenordnen, die Fäden bündeln, koordinieren. Die Lenkungs- und Koordinierungsaufgaben heutigen Regierens – ihr Erfolg hängt wesentlich davon ab – sind so bedeutungsvoll, daß diesem Problemkreis im Rahmen einer entwickelten Regierungslehre sicher der breiteste Raum zukommen muß. Ich nenne einige der Themen: Was bezwecken und wie entstehen die Richtlinien der Politik? Wer ist an ihrem Entwurf beteiligt? Wer beeinflußt sie? Welche Methoden der Prioritätenabwägung gibt es? Welche Rolle als Lenkungsfaktor kann die Haushaltsfeststellung spielen? Welche Sanktionen und Anregungen *(incentives)* stehen zur Richtungsbestimmung zur Verfügung? Über welche Hilfsinstitutionen verfügen die Zentralinstanzen? Was wissen wir bei uns in der Bundesrepublik schon über die Arbeit des Bundeskanzleramtes, dessen Geschichte seit dem Vortragenden Rat *Tiedemann* ja noch geschrieben werden muß, während uns die Geschichte des *Cabinet Office* und des *Executive Bureau* des amerikanischen Präsidenten in allen Details bekannt ist [9]. Ich könnte mir denken, daß die so darniederliegende deutsche Verwaltungsgeschichtsschreibung durch politikwissenschaftliche Fragestellungen neue Anregungen bekommen könnte. Wie beschämend ist es doch, neben die imponierende Reihe der *Whitehall*-Serien, die großen Monographien der englischen Ressorts, kaum ein vergleichbares deutsches Werk stellen zu können [10]. Von gleicher Bedeutung wie die Lenkungstechniken sind im modernen Staat bei den unendlich vielen Händen, die er sich zugelegt hat, die Koordinationstechniken: zwischen Regierung und Parlament, Regierung und Öffentlichkeit, Verbänden, vor allem innerhalb der Exekutive selbst. Was wissen wir über die Arbeit der interministeriellen Ausschüsse? Welches Licht werfen sie auf unsere Prinzipien der Aufgabenverteilung? Welche Aufgaben haben Kabinettsausschüsse? Wie steht es um die Koordination der in den Verteidigungsbereich hineinwirkenden Ressorts? Während es über den Bundesverteidigungsrat nicht einmal einen vernünftigen Aufsatz gibt, kann man mit der Literatur über den *National Security Council* oder das ehrwürdige *Committee of Imperial Defence* eine stattliche Bibliothek füllen.

Es kann nicht Aufgabe dieses Berichtes sein, alle denkbaren Gegenstände einer Regierungslehre katalogartig aufzuführen. Aber erlauben Sie mir noch einige Worte über

[9] Vgl. die Literaturausgaben in *Hennis,* Richtlinienkompetenz, S. 43 f.

[10] Eine bemerkenswerte Ausnahme *Friedrich Facius:* Wirtschaft und Staat, die Entwicklung der staatlichen Wirtschaftsverwaltung in Deutschland vom 17. Jahrhundert bis 1945, Berlin 1959.

ANHANG

Grundzüge einer modernen Regierungslehre (vgl. Anmerkung S. 422)

Einleitung

§ 1 – Die Stellung der Regierungslehre im System der Politischen Wissenschaft
§ 2 – Hilfsmittel und Literatur

I. *Wandlungen des Regierens seit 1900*

§ 3 – Die neuen Fundamente

a) Das Verhältnis Staat – Gesellschaft
b) Liberaler Rechtsstaat – Sozial- und Wohlfahrtsstaat
c) Ideologien und ihr Einfluß auf die Regierungspraxis
d) Ansprüche des Bürgers – Staatliches Handeln
e) Technik und Staatspraxis
f) Regierungspraxis zwischen *Challenge and Response*

§ 4 – Zunahme der Staatsaufgaben

a) Ausweitung auf neue Gebiete, z. B. Arbeits- und Sozialgesetzgebung, Wohnungsbau- und Straßenbaugesetzgebung
b) Staatsinterventionismus auf dem Wirtschaftssektor, Steuer-, Budget-, Konjunkturpolitik
c) Permanente Reform als Staatsaufgabe
d) Vertikale Verflechtungen
e) Der Anteil des öffentlichen Dienstes an der Gesamtbevölkerung
f) Der Anteil des öffentlichen Haushalts am Sozialprodukt

§ 5 – Die Erfüllung öffentlicher Aufgaben durch nichtstaatliche Organisationen

a) Teilrechtsfähige Verbände des öffentlichen Rechts
b) Staatsaufsicht
c) Exkurs: Die Verwaltung der *Nationalized Industries* in England

§ 6 – Der Einfluß der Demokratie

a) Regierung durch Mandat
b) Wahlgeschenke und verantwortliches Regieren
c) Die Rolle der Meinungsforschung
d) Der Zwang zur Publizität
e) Regierungspraxis und Rhythmus der Wahlen
   aa) Der Einfluß der Länge der Wahlperioden
   bb) Der Zeitpunkt der Wahlen auf Bundes- und Landesebene

§ 7 – Die Internationalisierung der Staatspolitik

a) Struktur und Arbeitsgebiete der Regierungspraxis auf dem Gebiete der Außenpolitik im 19. Jahrhundert
b) Der Wandel im 20. Jahrhundert
   aa) Der neuartige Inhalt von Verträgen
   bb) Die Selbstbindung von Staaten auf längere Sicht und ihre Handlungsfreiheit
   cc) Die Interdependenz der inneren Politik von Staatengruppen durch außenpolitische Bindungen
   dd) Die Verlagerung der Staatstätigkeit auf supranationale Organisationen

§ 8 – Regieren und Planen

a) Planung als Antwort auf die neue Lage (Parteiprogramme, Wählerentscheidung, Aufgabenmassierung, Setzung von Prioritäten)
b) Die Bedeutung des Zeitmoments *(Kairos)*
c) Berechenbarkeit als Voraussetzung (Grenzen und Möglichkeiten)
d) Grenzen der Planungsmöglichkeiten in der rechtsstaatlichen Demokratie
  aa) Sozialethische Problematik der Generationsbindung (Rentenpolitik)
  bb) Technische Probleme: Das jährliche Budget
  cc) Auswege

II. *Die Aufgabe: Erkennen, Beschließen, Ausführen*

§ 9 – Das Wahrnehmen der Aufgabe

a) Deduktiv – induktiv: »Experimente« und »Folgelasten«
b) Anlässe
c) Äußere (Verbände) und innere Veranlassung
d) Die Formulierung der Aufgabe (Formen: Petition, Denkschrift, Eingabe)

§ 10 – Der Beschluß der Aufgabe

a) Die beteiligten Kreise
b) Stabsarbeit: Kalkulation von Ziel und erforderlichen Mitteln (persönliche, sachliche, finanzielle Kalkulation der Nebenfolgen)
c) Überprüfung: Verwerfung oder Beschluß
d) Schaffung des Instrumentariums
(Ermächtigung durch Gesetzgebung, Mittelbewilligung etc.)

§ 11 – Der Vollzug der Aufgabe

a) Freiheit und Bindung des Vollzugs (Das »freie Ermessen«)
b) Die Festlegung der Verantwortlichkeit (Spezialisierung und Ressortprinzip)

§ 12 – Die Ausführungskontrolle

a) Zweck, Sinn der Kontrolle
b) Organisationsformen der Kontrolle
  1. Interne Behördenkontrolle
    aa) Spezielle Kontrollinstanzen und Mittel in einer Verwaltung
    bb) Kollegialität einer Instanz als Kontrollmittel
  2. Externe Behördenkontrolle
    aa) Parlament (Fragestunden, große und kleine Anfragen, Untersuchungsausschüsse)
    bb) Öffentliche Meinung, Massenkommunikationsmittel
    cc) Rechnungshof – Finanzkontrolle
    dd) Gerichtliche Kontrolle, Verwaltungsgerichtsbarkeit

III. *Die Entwicklung der Fachministerien*

§ 13 – Die Entstehung der Fachministerien
§ 14 – Die Aufteilung der klassischen Ministerien
§ 15 – Deutschland: Die Ausgliederung von Ministerien aus dem Innenministerium
§ 16 – England: Die besondere Stellung des Schatzamtes
§ 17 – Rußland: Fachministerien in einer Zentralverwaltungswirtschaft

IV. *Lenkungs- und Koordinationsprobleme*

§ 18 – Die Bestimmung der »Richtlinien der Politik«

a) Der Begriff »Richtlinien« und seine Umgrenzung
b) Der beteiligte Personenkreis
c) Beteiligungsformen: Autokratisch, nach Anhörung, kollegial
d) Die Herausstellung der Richtlinien (Regierungserklärung, *Message on the State of the Union, The Kings Speech,* Pressekonferenz)

§ 19 – Das Kabinett als zentrale Lenkungsinstanz

a) Die Arbeitsweise der Kabinette
b) Die Größe der Kabinette und ihre Zusammensetzung
c) Die besondere Stellung einzelner Mitglieder (Kanzler, Finanzminister)

§ 20 – Hilfsorgane der Zentralinstanzen

a) Bundeskanzleramt
b) *Cabinet Secretariat*
c) *White House Office*
d) Büro des französischen Präsidenten

§ 21 – Formen organisierter Koordination

a) Die Notwendigkeit institutionalisierter Einigungsprozeduren
b) Beiräte, Referentenbesprechungen, interministerielle Ausschüsse etc.
c) Regierung und Verbände
d) Koordinationsprobleme des Bundesstaates (Art. 53 GG; Bundesratsministerium)

§ 22 – Koordinationsprobleme in Koalitionsregierungen

a) Die Bestimmungen der Gemeinsamen Geschäftsordnung der Bundesministerien und der GO BReg.
b) Absicherungen: Koalitionsausschüsse und Teilnahme an Kabinettssitzungen

§ 23 – Politische Lenkungsmittel ("incentives")

a) Patronage, Personalpolitik, Auszeichnungen
b) Steuerpräferenzen
c) Subventionen, Zinszuschüsse, Darlehen
d) »Wenn – Dann«-Koppelung

V. *Information und Propaganda*

§ 24 – Die Erweiterung der Entscheidungsgrundlagen

a) Klassische Formen der Sammlung: Archiv, Register, Gesandte, Korrespondenten
b) Das Aufkommen der Statistik (Etatismus)
c) Die wissenschaftlichen Staatsanstalten (Metereologie, Hydrographie, Materialprüfungsämter, landwirtschaftliche und forstliche Versuchsanstalten)
d) Abwehr und militärischer Nachrichtendienst

§ 25 – Außerstaatliche Hilfsorgane zur Informationsbeschaffung

a) Enquetekommissionen, *Hearings*
b) Beiräte
c) Berater und Sachverständige
d) Meinungsforschungsinstitute

§ 26 – Presse- und Informationsämter

a) Entstehung solcher Ämter
b) Aufbau (vergleichende Untersuchung unter besonderer Berücksichtigung der Bundesrepublik)
c) Funktionen
d) Abhängigkeitsverhältnisse, Regelung der Verantwortung
e) Arbeitsmethoden (Methoden der Öffentlichkeitsarbeit, Pressekonferenzen)
f) Zentrales Presse- und Informationsamt und Pressestellen der Ministerien

§ 27 – Zur Rechtsstellung der Massenmedien

a) Altes Muster: Pressefreiheit, Zensurverbot
b) Staatliche Patronage der neuen Medien (Beispiel: Frankreich, Deutsche Welle)
c) »Öffentliche« Mittelstellung: BBC, Deutsche Anstalten (Bundesverfassungsgerichtsurteil)

VI. *Die Rekrutierung der politischen Führungsschicht*

§ 28 – Zur Soziologie der Führungsschichten

a) Das Beispiel der deutschen Parlamente seit 1871
b) Das Problem der Abkömmlichkeit

§ 29 – Die Rekrutierung der Ministrablen

a) Ausleseprozeduren
b) Auswahl der Minister, Repräsentation der Gesellschaft im Kabinett (dazu: Einzeluntersuchungen von Kabinetten der Bundesrepublik und der sogenannten *Power-Elite* in USA)
c) Dauer der Ministertätigkeit
d) Ressortwechsel und Ressortstabilität

§ 30 – Die Stellung des Berufsbeamtentums in der modernen Demokratie

DIE VERANTWORTUNG DER REGIERUNG IN DEN VEREINIGTEN STAATEN, GROSSBRITANNIEN UND DER BUNDESREPUBLIK

Von *Carl J. Friedrich*

Eine Diskussion über die Verantwortung der Regierung * in diesen drei Ländern, die sich in manchen Grundlagen ihrer Politik so sehr ähneln und doch in ihren politischen Traditionen stark voneinander abweichen, setzt voraus, daß man sich darüber klar wird, was unter politischer Verantwortung zu verstehen ist [1]. Um das Thema zu beschränken, soll von einer ins einzelne gehenden Betrachtung dreier Verantwortungssphären abgesehen werden, nämlich 1. der Verantwortung gesetzgebender Körperschaften und ihrer einzelnen Mitglieder gegenüber ihren Wählern, 2. der Verantwortung in der Verwaltung und 3. der Verantwortung in der Rechtsprechung [2]. Alle diese Formen der Verantwortung sind wichtig und vielleicht gelegentlich sogar wichtiger wie die Verantwortung der Regierung. Unter Regierung soll dabei verstanden werden einmal in den Vereinigten Staaten der Präsident und seine unmittelbaren Mitarbeiter, vor allem der *Secretary of State, Secretary of the Treasury* und *Secretary of the Interior*, zum anderen der Premierminister und sein Kabinett in Großbritannien und schließlich der Kanzler und sein Kabinett in der Bundesrepublik. Eine Reihe der theoretischen Aussagen gelten natürlich auch für andere Verantwortungssphären, aber sie sind für ein Verständnis der Regierungsverantwortung besonders wichtig. Am Rande sei bemerkt, daß dieses Problem nicht so veraltet ist, wie diejenigen anzunehmen geneigt sind, deren Hauptinteresse Parteipolitik ist [3]. Denn in einer demokratischen Partei stellt sich ebenfalls das Problem der Verantwortung, ja man kann sagen, daß die Verantwortung der Führung das wichtigste Merkmal der Unterscheidung von demokratischen und autokratischen Parteistrukturen ist. Die vielfach zu beobachtende Tendenz von Parteibossen, solche Verantwortung zu beseitigen, wird mit Recht als ein verschleierter Versuch, die demokratische Ordnung zu schwächen, angesehen [4].

* Der vorliegende Artikel beruht auf dem Beitrag, den der Autor zu der am 19.–24. September 1966 in Warschau abgehaltenen Round Table Conference des International Political Science Amorisation zum Thema "Problems of Representation" beigesteuert hat.

1 Für die folgenden Ausführungen werde ich einige Teile aus Kap. 17 meines Buches "Man and His Government", 1963, verwenden.

2 Siehe *C. J. Friedrich:* Der Verfassungsstaat der Neuzeit, 1953, Kap. XIX – »Der Staatsdienst«, und den Artikel des Verfassers "The Dilemma of Administrative Responsibility", in: Nomos III, 1960.

3 Siehe *Samuel H. Beer:* British Politics in the Collectivist Age, 1965, dem aber das Problem nicht wichtig erscheint.

4 Diese latente Neigung hat *Robert Michels* in seinem klassischen Werk »Zur Soziologie des Parteiwesens in der modernen Demokratie«, 1911, zu stark betont und sie als das »eiserne Gesetz der Oligarchie« bezeichnet. Siehe dazu das in Anm. 1 genannte Werk, S. 133 f.

Aber diese Aussage ist tautologisch, wenn unter öffentlichem Interesse das Interesse des Volkes verstanden wird, demgegenüber die Regierung verantwortlich ist [11]. Regierungsverantwortung ist vornehmlich persönliche Verantwortung. Als Maßstab gilt der Volkswille, ganz gleich, ob die resultierende Politik auch technischen Anforderungen genügt oder nicht. Aber diese Art der Betrachtung verdunkelt oft die wahre Lage. Insbesondere in Bereichen wie der Auswärtigen und der Verteidigungspolitik verlangt der Volkswille einfach Frieden und Sicherheit ohne nähere Angaben darüber, wie diese zu erreichen sind. Die heftigen Auseinandersetzungen, die solche Unternehmen wie die Besetzung des Suezkanals und der Vietnamkonflikt ausgelöst haben, sind eine Folge der Tatsache, daß die Öffentlichkeit nicht genau weiß oder wissen kann, ob die Handlungen der Regierung dem Frieden und der Sicherheit dienen oder nicht. Die britische Regierung war gezwungen, ihre Aktion einzustellen – allerdings nicht nur infolge inneren, sondern auch äußeren Druckes –, während die amerikanische Regierung bis heute ihre Aktion trotz erheblicher innerer und äußerer Opposition hat fortsetzen können. Es ist in solchen Fällen offensichtlich, aber ganz allgemein zutreffend, daß das »öffentliche Interesse« sehr vieldeutig erscheint; selbst technische Überlegungen können sich widersprechen. Es gibt keinen anderen letzten Weg, das öffentliche Interesse zu bestimmen, als die Öffentlichkeit zu befragen, obwohl sie offensichtlich technisch unzuständig ist und daher ein Verhalten verlangen kann, das in seinen Konsequenzen sich nicht nur als schädlich, sondern sogar als verderblich erweist. Dies bleibt auch dann richtig, wenn die Irreführung der öffentlichen Meinung und Einsicht, die durch Propaganda seitens der Regierung und Privater erfolgt, beiseite gelassen wird. Aber eigentlich verbietet sich dies unter den heutigen Bedingungen der Massenkommunikation, denn alle Muster der Verantwortung setzen Kommunikation zwischen Personen voraus.

An diesem Punkt zeigt sich deutlich, daß allgemein verantwortliches Verhalten in der Politik erst dann möglich wird, wenn man sich auf Politik *(policy)* im Gegensatz zu der früheren Betonung der Rechtschöpfung *(legislation)* bezieht. Im Rahmen der Bestimmung solcher öffentlichen Politik werden persönliche und unpersönliche (funktional-technische) Verantwortung vereint und daher in einem gewissen Sinn transzendiert [12]. Die Bestimmung solch öffentlicher Politik setzt nämlich ein Gleichgewicht zwischen den Wertungen, Überzeugungen und Interessen auf der einen Seite und den technischen Erfordernissen eines Aufgabengebietes auf der anderen voraus. Selbst wenn die Vorrichtungen für eine solche Bestimmung sehr erfolgreich arbeiten – und es soll gleich gezeigt werden, daß die amerikanischen, britischen und deutschen Vorrichtungen dies tun –, so wird es im Verhalten einer Regierung immer Dinge geben, die kontrovers und daher vom Standpunkt verantwortlicher Staats- und Regierungsführung zweideutig sind. Denn Politiker können, wie Gesetze, im einzelnen

[11] Näheres dazu siehe in dem in Anm. 2 zitierten Werk, S. 304–305.

[12] Für die Entwicklung der öffentlichen oder staatlichen Politik (public policy) zum Mittelpunkt der Politik siehe "Man and His Government", Kap. 3, mit dem Titel "The Interdependence of Institution, Decision and Policy" und die dort zitierte Literatur. Eine deutsche Ausgabe von Teil I dieses Buches erscheint demnächst unter dem Titel »Prolegomena der Politik – Politische Erfahrung und ihre Theorie«.

nicht hinreichend durchgebildet werden, um allen Lagen gerecht zu sein. Daher ist immer viel in das Ermessen derer gestellt, die solche Politiken durchzuführen haben. Als besonderes Beispiel mag die Tendenz demokratischer Regierungen angeführt werden, ihre Außenpolitik mit Hilfe von Formeln wie der *Monroe*-Doktrin oder der *Hallstein*-Doktrin zu führen, denn hier zeigt sich die Schwierigkeit, echte Verantwortung im Raume einer solchen Politik zu sichern. Alles hängt davon ab, wie eine solche Politik durchgeführt wird.

Das Maß des Ermessens ist natürlich verschieden. Es dehnt sich aus oder verringert sich im Hinblick auf technische Überlegungen. Jedoch ist verantwortliches Ermessen, d. h. die Art von Ermessen, die einer verantwortlichen Regierung gestattet ist, immer an wenigstens zwei oder drei Voraussetzungen geknüpft. Diese Voraussetzungen umreißen seine Grenzen und sind: 1. daß eine Wahl zwischen mehreren bestehenden und bekannten Alternativen getroffen werden kann und muß; *oder* 2., daß eine neue Lösung, eine Erfindung oder eine Neuerung erarbeitet wird, die besser scheint als die vorher zur Verfügung stehenden, unerwünschten Alternativen; *und* 3., daß eine solche Wahl oder Entscheidung nicht eigenwillig, leichtsinnig oder nachlässig getroffen wird, sondern im Hinblick auf die vertretbaren Erfordernisse der Lage [13]. Dies bedeutet, daß gewöhnlich Ermessen sich im Rahmen von Regeln oder überlieferten Verhaltensweisen *(formulas)* betätigt, indem es selbst sie ergänzt und verdeutlicht. Fragt man, was eigenwillige, leichtsinnige oder nachlässige Entscheidungen verhindern kann, so bekommt man als Antwort, jedenfalls was die Regierung angeht: Verantwortlichkeit. Das System der gegenseitigen Abhängigkeit, das eine verantwortliche Regierung darstellt, arbeitet daher mit anderen Worten nicht nur auf der Basis politischer Entscheidung und Regelung, sondern auch im Bereich des Ermessens, in dem ergänzende Entscheidungen getroffen werden müssen.

Solch ein System der gegenseitigen Abhängigkeit gestaltet den Vorgang der Rechenschaftslegung durch die Verantwortlichen. Wie jeder Vorgang vollzieht er sich in der Zeit. Diese Zeitabfolge kann in Vergangenheit, Gegenwart und Zukunft aufgeteilt verstanden werden. Die Forderung der Rechenschaftslegung kann daher *ex post facto* erfolgen, d. h. nachdem eine Regierung eine Aktion eingeleitet, eine Politik ergriffen, ein Gesetz erlassen hat. In diesem Falle ist die Sanktion für die Verantwortlichkeit typisch eine Wahl, oder vielmehr eine Wiederwahl, der sich die Herrschenden unterwerfen müssen und in deren Verlauf die, denen sie verantwortlich sind, sie verwerfen können, wenn ihnen die Handlungen gegen ihre Wünsche oder die technischen Erfordernisse der Lage gewesen zu sein scheinen. Das Zur-Rechenschaft-Ziehen kann aber auch im Ablauf der Handlung, d. h. in der Gegenwart erfolgen. In diesem Fall ist die Verantwortlichkeit typisch dadurch herbeigeführt, daß in einer repräsentativen Versammlung die Zustimmung, einschließlich der Zustimmung zu den erforderlichen Mitteln, gegeben werden

[13] An dieser Stelle kommt die Rolle der Autorität in dem besonderen und verfeinerten Sinne »der Fähigkeit, etwas vernünftig zu begründen« ins Spiel; aber diese Dimensionen kann ich hier nicht untersuchen. Siehe außer Nomos I, 1958, passim, die neueren Untersuchungen von *Yves R. Simon:* A General Theory of Autority, 1962, und *Henry S. Kariel:* In Search of Authority Twentieth Century Political Thought, 1964, wo entgegengesetzte Ansichten vertreten werden.

muß. Daneben gibt es noch eine dritte und sozusagen antizipatorische Rechenschaftslegung, bei der die Verantwortung in die Zukunft projiziert wird. Diese findet sich in den Programmen von Führern, Parteien und Regierungen. Diese auf die Zukunft bezogene Komponente der Verantwortung zeigt übrigens nebenbei, daß ein gewisses Mandat auch in aller freien Repräsentation mitgegeben ist.

Nachdem die grundsätzliche Problematik politischer Verantwortlichkeit umrissen ist, können wir uns den drei politischen Systemen zuwenden. Alle drei bedienen sich der drei eben genannten Methoden, Verantwortlichkeit sicherzustellen, aber mit unterschiedlicher Betonung. Während das britische System vornehmlich die erste Methode verwendet, ziehen die Vereinigten Staaten und ebenso die Bundesrepublik die zweite vor. Alle drei verwenden daneben die dritte.

Wie allbekannt, sieht die *amerikanische* Verfassung eine unmittelbare Verantwortlichkeit des höchsten Exekutivbeamten, des Präsidenten, gegenüber der Gesamtwählerschaft vor. Genauer gesagt ist diese Wählerschaft aber föderal organisiert, d. h. in getrennte Wählerschaften der Einzelstaaten aufgeteilt, so daß jede von diesen für sich abstimmt und durch Mehrheitsentscheidung einem Kandidaten im Wahlkolleg ihre Stimmen gibt. Die Formalvorschrift der Verfassung für die Verantwortlichkeit des Präsidenten sieht einen Eid vor, mit dem er schwört oder versichert, »daß er sein Amt treulich verwalten und nach besten Kräften die Verfassung aufrechterhalten, schützen und verteidigen wird«. Es ist bemerkenswert, daß nicht erwähnt wird, daß er dem Volk gegenüber verantwortlich sei, ja der Ausdruck Verantwortlichkeit kommt in der US-Verfassung gar nicht vor. Dennoch ist es klar, daß das Versprechen, sein Amt treu zu verwalten, eine solche Verantwortlichkeit mit sich bringt. Die Verfassung sieht daneben vor, daß der Präsident von Zeit zu Zeit »den Kongreß über den Zustand des Bundes informieren« solle – eine Regel, die natürlich schon seit langer Zeit ausgeweitet worden ist zu einer Verpflichtung des Präsidenten, die Öffentlichkeit derart zu informieren. Pressekonferenzen und Rundfunksendungen sind neben den Botschaften an den Kongreß die wichtigsten Bestandteile dieser Aufgabe.

Der Gedanke der Verantwortlichkeit, wie er in den Verfassungsvorschriften anklingt, ist schon früh von *Alexander Hamilton* deutlich ausgesprochen worden. Im "*Federalist*" weist er darauf hin, daß das Amt des Präsidenten nicht nur mit Einheit, Dauer und hinreichenden Machtbefugnissen ausgestattet sei, sondern daß es auch entsprechend abhängig vom Volk sei, d. h., daß es »die erforderliche Verantwortlichkeit« gebe [14].

[14] The Federalist (Hg. *H. C. Lodge*) 1888, S. 481 (in Nr. 77). *Hamilton* betont das Problem der Verantwortlichkeit nachdrücklich. Er führt den Begriff der »persönlichen« Verantwortlichkeit ein, und er sieht unter anderem die direkte Wahl durch das Volk, die Möglichkeit der Ministeranklage (impeachment), der gerichtlichen Verfolgung und der Amtsenthebung als die wichtigsten Mittel an, durch die eine solche Verantwortlichkeit gewährleistet wird. Im Verlauf seiner Darstellung sagt er verallgemeinernd, daß "the sense of responsibility is always strongest in proportion as it is undivided" (S. 463, in Nr. 74). Er spricht sich insbesondere gegen die Verantwortlichkeit gegenüber einer Repräsentativkörperschaft wie dem englischen Unterhaus aus, weil dadurch die Exekutive unnötig »geschwächt« werde (Nr. 70); denn "he might be temped to sacrifice his duty to his complaisance for those whose favor was necessary to the duration of his official consequence" (S. 426, in Nr. 68). Siehe *Clinton Rossiter*: 1787 – The Grand Convention, 1966, bes. S. 221–224.

Gewiß hat es noch eine Weile gedauert, bevor die Staaten die Volkswahl des Wahlkollegiums vorgesehen haben, durch die ja erst die Volkswahl des Präsidenten Tatsache wurde – eine Entwicklung übrigens, die einige Mitglieder des Verfassunggebenden Konvents sehr gefreut haben würde. Bei dieser Regelung ist es bisher geblieben, denn eine direkte Wahl des Präsidenten durch die Mehrheit des Volkes, obwohl schon wiederholt als Verfassungsänderung eingebracht, hat bis heute keine Annahme gefunden. Dennoch kann es keine Frage sein, daß des Präsidenten Festlegung auf ein Programm und die für ihn entscheidend wichtige Unterstützung durch eine Mehrheit des Volkes bei etwaiger Wiederwahl den Präsidenten schon unter der gegenwärtigen Regelung einer Mehrheit des Volkes verantwortlich gemacht haben. Ja es ist gerade diese Verantwortlichkeit, die den Präsidenten nötigt, die Reaktionen der Öffentlichkeit vorweg- und auf sie Rücksicht zu nehmen. Diese Lage hat fremde Beobachter oft verführt, die Politik des Präsidenten besonders im Bereich der Außenpolitik mißzuverstehen und falsch zu deuten.

Es ist aber ein noch größerer und weitverbreiteterer Irrtum, anzunehmen, daß diese Verantwortlichkeit des Präsidenten gegenüber dem Volke die Verantwortlichkeitsthematik in den Vereinigten Staaten erschöpfe. Was das Kabinett angeht, so sei nur erwähnt, daß die Sekretäre (Minister) dem Präsidenten verantwortlich sind, und daß er formal allein die Verantwortlichkeit für ihr Verhalten dem Volk gegenüber trägt. Jedoch sind sowohl der Präsident wie seine »Sekretäre« in eine komplizierte Beziehung zum Kongreß verwickelt. Diese Beziehung hat sich im Laufe der Zeit entwickelt und entspricht heute nicht mehr der Vorstellung einer unabhängigen Exekutivgewalt, wie die Verfassungsväter sie sich gedacht hatten. Die Wende ist zum Teil auf die Entwicklung der Parteien zurückzuführen, ist aber auch eine Folge der zunehmenden Industrialisierung. Als man die Verfassung entwarf, hatte die Partei noch nicht jene zentrale Funktion im Rahmen einer demokratischen staatlichen Ordnung wie heute, wo der Präsident als Führer der Mehrheitspartei durch zahlreiche Bande an den Kongreß gefesselt ist. Diese Bande können sich positiv oder negativ auswirken und insbesondere, wenn der Präsident ein Mitglied des Kongresses gewesen ist, können solche Bande für ihn entweder zu einem großen Hindernis werden oder auch wichtige Hilfestellung leisten. Solche Hilfestellung oder Behinderung kann die Funktion des Präsidenten, die Politik zu bestimmen, entscheidend beeinflussen. Formal kennt die Verfassung eine solche Funktion überhaupt nicht; wie schon angemerkt, verlangt sie vom Präsidenten nur, daß er dafür sorgt, daß die Gesetze treulich ausgeführt werden. Dies ist zum Teil darauf zurückzuführen, daß in der Zeit, als die amerikanische Verfassung geschaffen wurde, die Gesetzgebung als der Kern der Regierungstätigkeit angesehen wurde. Die Verfassung sucht daher diese Funktion von der Exekutive zu trennen, allerdings mit gewissen Einschränkungen; so ist der Präsident z. B. mit dem Veto ausgestattet worden. Doch im Verlauf der Zeit ist der Präsident zum wichtigsten Schöpfer der Politik (*policy maker*) geworden. Deshalb wird heute der größte Teil der wichtigeren Gesetzgebung im Bereich des Präsidenten vorbereitet und von ihm vertreten, oft mit Hilfe seiner Freunde im Kongreß. In der Tat würde heute kein Präsident als verantwortlich handelnd angesehen werden, wenn er sich in seinem Stuhl zurücklehnte und auf die

Gesetze wartete, die der Kongreß ihm zur Ausführung vorlegt [15]. Immerhin wird ein Großteil der Innen- und ein nicht unerheblicher Teil der Außenpolitik auch jetzt gesetzliche Form erhalten, und Gesetze können nur vom Kongreß verabschiedet werden. Deshalb ist es erforderlich, daß der Kongreß auf die Initiative eines Präsidenten »antwortet«, und dadurch allein wird der Präsident dem Kongreß verantwortlich, und die Gesetzgebung vollzieht sich als ein fortlaufender Prozeß wechselseitiger Kompromisse. Diese gegenseitige Abhängigkeit von Präsident und Kongreß bei der Gesetzgebung ist natürlich verstärkt durch die sprichwörtliche »Macht des Geldbeutels«, d. h. die Zuständigkeit des Kongresses für die Bewilligung der erforderlichen Mittel. Da der Präsident in dieser Beziehung ganz und gar vom Kongreß abhängt, spielt sich ein ständiges Ringen ab, das von Zeit zu Zeit dramatische Formen annimmt. Ja es mag Verantwortlichkeit einer kleinen Gruppe gegenüber bedeuten oder gar gegenüber einem Einzelmitglied des Kongresses, wenn dieses in einer mächtigen Position verschanzt ist. So mußte Präsident *Johnson* im Winter 1963/64 die Unterstützung des Senators *Byrd* für seine Politik der Steuerherabsetzung gewinnen, bevor sie Gesetz werden konnte, denn dieser Senator war als Vorsitzender des Finanzkomitees in der Lage, das vorgeschlagene Programm zu verhindern. In der Tat hat Byrd seine Zustimmung erst gegeben, nachdem eine von ihm gestellte Bedingung, nämlich die Herabsetzung des Budgets, von *Johnson* erfüllt worden war. Neuerdings ist es Senator *Fulbright* gelungen, seine Kollegen dazu zu bestimmen, die Mittel für die Hilfe an fremde Länder herabzusetzen; nicht, weil er gegen sie war, sondern um auf diese Weise zum Ausdruck zu bringen, daß er und seine Kollegen die Vietnampolitik der Regierung mißbilligen. Man könnte viele weitere Beispiele hierfür anführen, und niemand, der in den Vereinigten Staaten an der Regierungsführung beteiligt ist, kann es übersehen. Darin zeigt sich, daß der Präsident und sein Kabinett in einem erheblichen Grade dem Kongreß gegenüber für ihre Politik verantwortlich und daher gezwungen sind, diese Politik im Hinblick auf die Mehrheit des Kongresses zu gestalten. Diese Abhängigkeit wird in mancher Beziehung noch durch das Fehlen einer Parteidisziplin im Kongreß vergrößert. Der Präsident kann nicht darauf zählen, daß seine Partei die notwendigen Stimmen bereitstellt, auch wenn sie die Mehrheit im Kongreß besitzt, sondern er muß sich eine solche Mehrheit für jede Vorlage erst suchen, oft mit Hilfe sehr erheblicher Konzessionen an die Mitglieder der Oppositionspartei. Hierin ist einer der Gründe für die neuerliche Tendenz amerikanischer Präsidenten zu suchen, in ihr Kabinett prominente Mitglieder der anderen Partei aufzunehmen. Daneben ist der Präsident natürlich auch genötigt, die Führer der verschiedenen Gruppen innerhalb der eigenen Partei zu berücksichtigen, insbesondere, wenn die Partei zerfallen ist. Darin unterscheidet sich also Amerika nicht von der Situation in England und der Bundesrepublik. Es bedeutet dies aber, daß Männer, die unter solchen Bedingungen ernannt worden sind, nur schwer entlassen werden können, weil man sonst die Unterstützung ihrer Parteifreunde verliert. Es ist daher unrealistisch, die Mitglieder des amerikanischen Kabinetts lediglich als Untergebene des Präsidenten zu sehen. Oft führen sie eine sehr eigenwillige und sogar gegen die Wünsche des Präsi-

[15] Siehe *E. P. Herring:* Presidential Leadership, 1940; *Wilfried C. Binkley:* The President and Congress, 1947, die in den vergangenen Jahren einer ziemlich großen Zahl ähnlicher Schriften als Anregung gedient haben.

denten verstoßende Politik. Kein amerikanischer Präsident wird daneben heute die Meinung der großen Verbände in ihren besonderen Sachbereichen vernachlässigen, denn er will ja diese wichtigen Gruppierungen an seine Regierung fesseln. Es ist undenkbar, daß ein amerikanischer Präsident versuchen könnte, einen Arbeitsminister *(Secretary of Labor)* zu berufen, der nicht vom Gewerkschaftsbund (AFL/CIO) gebilligt würde. Diese Andeutungen müssen genügen, die weitverzweigte Abhängigkeit des Präsidenten vor Augen zu stellen. Sie hat dazu geführt, daß der amerikanische Präsident vom Vertrauen einer Mehrheit des Kongresses sehr stark abhängig ist. Man kann ihn nicht beseitigen, aber man kann ihn entmachten. Anders ausgedrückt: das amerikanische System setzt eine gute Arbeitsbeziehung zwischen Präsident und Kongreß voraus, wenn es gut funktionieren soll [16].

Während die eben besprochenen Zusammenhänge sich im wesentlichen auf die persönliche Verantwortung beziehen, hat daneben die zunehmende Kompliziertheit einer technischen Zivilisation dazu geführt, daß die Ausschüsse des Kongresses die Plattform für unpersönliche, technische Kritik an der Politik der Regierung geworden sind. Ob es sich um Bereiche der Verteidigungspolitik – man denke an die Kontroverse über die Bomber – oder um gesundheitspolitische, agrarpolitische und andere technische Bereiche handelt, in ihnen allen wird die Politik der Regierung unter ständiger Kritik des Kongresses und seiner Ausschüsse gestaltet und umgestaltet. Die Untersuchungsausschüsse des Kongresses sind zu scharfen Instrumenten der Analyse vorgeschlagener Politik, tatsächlicher Leistung und laufender Arbeitsweise geworden [17]. Die Exekutive muß auf solche Kritik antworten und gegebenenfalls ihre Tätigkeit dementsprechend revidieren.

Die Führung der Exekutive und deshalb auch die Verantwortung der Exekutive ist in den Vereinigten Staaten natürlich nicht auf die Bundesregierung beschränkt. Die Einzelstaaten spielen in der Regierung des Landes eine wichtige Rolle. Oberflächlich betrachtet scheint das Muster der Verantwortung in den Staaten das gleiche zu sein wie im Bund, denn die Gouverneure, also die Hauptexekutivbeamten, sind dem Staatsvolk direkt verantwortlich, aber in Wirklichkeit sind die Gouverneure von den gesetzgebenden Körperschaften unabhängiger als der Präsident, insbesondere dort, wo des Gouverneurs Kontroll- und Integrationsgewalt durch das sogenannte *«item veto»* verstärkt ist, d. h. durch ein Vetorecht jedem einzelnen Budgetposten gegenüber. Auf der anderen Seite werden in vielen Staaten andere hohe Beamte wie der Gouverneur selbst unmittelbar vom Volk gewählt. Sie sind daher primär nicht ihm verantwortlich, sondern der Wählerschaft und den Parteien. Daher ist in vielen Staaten eine Pluralexekutive entstanden, die zur Folge hat, daß sich die Führung der Exekutive zersplittert. Die Verwaltung der Städte ist oft noch stärker im Sinne einer Pluralverantwortung aufgelöst; daher haben sich in zunehmendem Maße Stimmen für eine Reform erhoben, die aber erst langsam an Boden gewinnen. Es kommt hinzu, daß häufig die Herrschaft

[16] Siehe außer den genannten Werken auch *Ernst Fraenkel:* Das amerikanische Regierungssystem, 1962, Kap. 5.

[17] Viel wichtiges Material hierzu ist in den letzten Jahren vom "Committee on Government Operations" des amerikanischen Senats, das seit 1951 Berichte veröffentlicht, erarbeitet worden.

von Parteibossen die Regierungsverantwortung in den Einzelstaaten untergraben hat, insbesondere dort, wo eine Partei vorherrschend ist.

In *Großbritannien* herrscht eine sehr gegensätzliche Form der Regierungsverantwortung, obwohl man heute sagen muß, daß die beiden Systeme konvergieren. Das britische parlamentarische System hat eine immer größere Konzentration der Führung in den Händen des Premierministers als dem Führer der Mehrheitspartei entwickelt. Durch Kombinierung einer starken Exekutive mit parlamentarischer und öffentlicher Verantwortung ist dies System in seiner Einfachheit und zugleich Subtilität das Ergebnis einer langen historischen Entwicklung. Es verbietet sich hier, die Linien dieser Entwicklung nachzuziehen. Festzuhalten ist, daß die Verantwortlichkeit gegenüber dem Parlament allmählich im Zusammenhang mit dem Emporkommen des Parteisystems nachgelassen hat; denn die Parteidisziplin ist sehr stark. Dennoch hat das englische System einen gewissen Einfluß des Parlaments, insbesondere durch die Fragestunde, aufrechterhalten. Im Verlaufe der Entwicklung ist das englische parlamentarische System zu einer »Kabinettsregierung« geworden, in der die Exekutive vornehmlich der Mehrheitspartei und insbesondere ihrer Führungselite Rechenschaft schuldig ist. Zugleich hat sich die Stellung des Premierministers dem Kabinett gegenüber verstärkt, wie wir aus erster Hand wissen, insbesondere durch die Arbeit von *Herbert Morrison* [18]. Der Premierminister ist nicht mehr nur *primus inter pares,* wie er es zu Beginn des Jahrhunderts war. Vielleicht kann man immer noch sagen, daß der Premierminister nicht stärker als das ganze Kabinett, obwohl stärker wie jedes einzelne Mitglied, aber das Kräfteverhältnis hat sich verschoben, die tatsächliche Lage ist fließend; die Wahlen seit dem Zweiten Weltkrieg scheinen die Stellung und Verantwortung des Premierministers ausgesprochen verstärkt zu haben. Seine Führerstellung in der Partei ist unzweifelhaft der Grund für diese allmähliche Verstärkung seiner Position. Sie ähnelt immer mehr der Stellung des amerikanischen Präsidenten, auch darin, daß das Volk zu den Wahlen geht, um *ihn* und *seine* Regierung zu wählen. Dies hat dazu geführt, daß die Verantwortlichkeit für wichtige Politiken dem Volk gegenüber zugenommen, dagegen die Verantwortung für spezifische Einzelpositionen abgenommen hat. In der Tat hat die Stärke der Stellung des Premierministers als Parteiführer es mit sich gebracht, daß die britische Regierung in der Lage war und ist, eine Politik zu verfolgen, die allgemein im Parlament und im Volk abgelehnt wurde, so zum Beispiel *Chamberlains* »Befriedungspolitik« oder seine Politik gegenüber Palästina, wie auch die Politik der konservativen Regierung, die den Suezkanalkonflikt heraufbeschwor. Der Grund dafür ist darin zu suchen, daß das britische Parlament nicht annähernd die gleiche Gewalt

[18] *Herbert Morrison:* Government and Parliament, 1956: eine eindringliche Stellungnahme dazu gibt *A. H. Birch,* a.a.O., bes. S. 76–79. Ein englischer Wissenschaftler hat vor einiger Zeit ziemlich apodiktisch festgestellt: "The British system of government is in essentials quite simple: a Prime Minister dominates a Cabinet which in turn dominates a Party majority in the House of Commons; this Party, under the same leaders, has to fight periodic General Elections. If the Party wins the elections, then the Prime Minister and his Cabinet control the entire machinery of legislation and administration, if they lose, they go into opposition." *Bernhard Crick:* The Reform of Parliament, 1964, S. 16.

einer ins einzelne gehenden Kontrolle der Exekutive besitzt wie der amerikanische Kongreß. Weder kann es die Mittel verweigern, noch kann es die Politik der Regierung im einzelnen, insbesondere in der Gesetzgebung, ändern, denn kein Premierminister, der seine Partei hinter sich hat, würde dies zulassen. Es gibt natürlich, wie erwähnt, die »Fragen«, und sie sind nicht unwichtig [19], aber eigentliche Verantwortung besteht nur der Wählerschaft im ganzen gegenüber und wird nur in allgemeinen Wahlen deutlich erkennbar, denn – anders als früher – werden britische Regierungen heute in der Regel nicht mehr vom Parlament gestürzt, sondern sie regieren für die vorgesehene Zeit und präsentieren sich zu einem Zeitpunkt, der dem Premierminister in Zusammenarbeit mit seiner Parteielite opportun erscheint [20].

All dies ist ein Teil des Trends zur Vorherrschaft der Exekutive; ob sie gut oder schlecht ist, sei hier dahingestellt. Jedenfalls hat sie zur Forderung nach einer Reform des Parlaments geführt, die in wiederholten "*select committees on procedure*" diskutiert worden ist. Unter anderem ist in diesem Zusammenhang der Plan eines parlamentarischen Kommissars (*parliamentary commissioner*) aufgetaucht, der sich der vielen Klagen über Verwaltungsmißstände und -mißbräuche annehmen könnte, insbesondere dann, wenn sie in der Fragestunde nicht adäquat behandelt werden können, denn die Fragestunde macht sie zu parteipolitisch. In dem Vorschlag eines solchen Kommissars ist vorgesehen, daß er zu Beginn Beschwerden seitens der Parlamentsmitglieder, später aber auch von den Betroffenen direkt entgegennehmen würde. Er wäre damit eine Art Wächter über die Verwaltung [21]. Der Vorschlag fand zunächst weder die Billigung der Regierung noch auch diejenige führender Sprecher der Opposition, mit der Begründung, die Betätigung eines solchen Kommissars vertrage sich nicht mit der Verantwortung der Minister im parlamentarischen System [22]. Das gleiche Argument wird auch immer wieder gegen permanente Ausschüsse vorgebracht, wobei oft gerade die Tatsache, daß sie sich in Amerika und Kontinentaleuropa bewährt haben, mit zu ihrer Verurteilung bei-

[19] *Norman D. Chester* und *Nona Bowring:* Questions in Parliament, 1962, haben dieses Thema ausführlich behandelt; siehe auch die klassische Darstellung der historischen Entwicklung dieser und verwandter parlamentarischer Kontrollinstitutionen von *Josef Redlich:* Recht und Technik des englischen Parlamentarismus, 1905.

[20] Einige wichtige Statistiken gibt *Birch*, a.a.O., S. 136–137.

[21] Durch die sehr umfangreiche Untersuchungstätigkeit der Ausschüsse des amerikanischen Kongresses und der einzelnen Staatsparlamente ist diese Aufgabe wirkungsvoll in Angriff genommen worden. Der Gedanke eines besonderen Amtes, dessen Inhaber dem Parlament direkt verantwortlich ist, ist in den skandinavischen Ländern entwickelt worden, insbesondere in Dänemark, wo ein »Ombudsman« oder Kontrollbeamter über die Verwaltung sich mit den gegen die Verwaltung vorgebrachten Beschwerden befaßt (wie der « Conseil d'Etat » in Frankreich); auch Neuseeland hat diesen Gedanken inzwischen aufgegriffen. Siehe *Stephan Hurwitz:* Der Ombudsman – Der Dänische Parlamentskommissär für die Zivil- und Militärverwaltung, Kopenhagen 1962, und *Fritz Bauer:* Die Neue Gewalt, 1964. In der Bundesrepublik ist bekanntlich das Amt des Wehrbeauftragten des Bundestages damit vergleichbar (gem. Art. 456). Der Bericht des *Whyatt*-Ausschusses (Whyatt Commission Report) mit dem Titel "The Citizen and the Administration" trat für die Bestellung eines solchen ›Parlamentskommissärs‹ ein. Der Bericht ist sehr heftig kritisiert worden, besonders im Hinblick auf die traditionelle englische Ministerverantwortlichkeit (ministerial responsibility). Siehe auch *Crick*, a.a.O., S. 194 ff.

[22] House of Commons Debates, 8. Nov. 1962.

trägt [23]. Wenn diese Einwände zutreffen, dann müßten andere Mittel gefunden werden, um eine Kontrolle der Regierung und ihrer Verwaltung im einzelnen sicherzustellen, es sei denn, man wolle sich damit abfinden, daß die parlamentarische Verantwortung allmählich verblaßt und daß sich die Verwaltung durch Partei und technische Instanzen vermehrt [24].
Massenkommunikationsmittel und insbesondere die Entwicklung des Rundfunks haben diese Veränderung im britischen System sehr gefördert. Denn sie haben erfolgreichere Mittel der Kritik an der Regierung bereitgestellt, als es parlamentarische Debatten tun können; zugleich haben auch sie die Stellung des Premierministers gegenüber seinem Kabinett verstärkt. Genau wie der amerikanische Präsident kann sich der Premierminister sehr wirksam an das Volk wenden; das Kabinett kann es nicht. Formal gesprochen bleibt das Kabinett natürlich dem Parlament verantwortlich, aber eine realistische Politische Wissenschaft muß anerkennen, daß sich die Gebräuche wandeln, insbesondere in einer so subtilen Sache wie der Verantwortlichkeit. Natürlich wird sich eine Regierung auch weiterhin über Streitigkeiten in der Partei Sorge machen, und zwar vor allem wegen der Gefahr einer negativen Abstimmung. Aber im ganzen gesehen ist die Regierung heute der Partei zu stark verhaftet als daß sie durch Auseinandersetzungen über Einzelfragen der Politik die Einheit der Partei gefährden lassen würde. Anders gesagt, die Geschlossenheit der Parteiorganisation hat allmählich von einer parlamentarischen zu einer elektoralen Verantwortung geführt. Man kann geradezu sagen, daß der Premierminister mit Unterstützung seines Kabinetts heute Großbritannien mit dem Rat und der Zustimmung (*advice and consent*) des Parlaments regiert. Das ist natürlich eine Art Epigramm [25]. Aber die verschiedenen Vorschläge zur Reform des Parlaments, die das Gleichgewicht älterer Zeit wiederherstellen und dem Parlament durch angemessene Ausschüsse etwas von der Kontrolle über die Politik zurückgeben möchten, haben sich bisher nicht durchsetzen können [26]. Denn kei-

[23] *R. A. Butler* in einer Parlamentsdebatte am 31. Januar 1958, u. *Herbert Morrison* vor dem Ausschuß.

[24] Siehe *Bernhard Crick*, a.a.O., bes. S. 153 ff. (Kap. VII), der sich kritisch mit dem "Select Committee on Procedure" von 1959 befaßt. Er hält Ständige Ausschüsse für die beste Lösung und sagt mit Recht: "... it is one of the pressing needs of our time that the MP should not have to depend entirely upon the Government bureaucracy for the knowledge on which he will wish to evaluate their policies." Aber wollen das denn überhaupt viele Abgeordnete? Oftmals hat es vielmehr den Anschein, als wüßten sie gar nicht, welche Abstimmungen gerade anstehen und bemühten sich auch nicht einmal darum, es herauszufinden. Siehe auch Cricks spezifische Vorschläge in Kap. IX, bes. S. 206 ff.

[25] *A. L. Lowell* sagte bereits 1908: "the cabinet legislates with the advice and consent of Parliament"; diese Stelle aus "The Government of England" wird von *Birch*, a.a.O., S. 77, zustimmend angeführt.

[26] *Crick*, a.a.O., S. 206 ff. befürwortet "Standing Committees of Advice, Scrutiny and Investigation". Sie sollen nicht an der Arbeit der Exekutive teilhaben, obwohl dies ein immer wieder vorgebrachter Einwand gegen solche Vorschläge ist. Es ist zu Recht von *Birch*, *Crick* und anderen darauf hingewiesen worden, daß solche Ausschüsse die Ministerverantwortlichkeit keineswegs schmälern, sondern sie vielmehr noch sehr verstärken würden, insbesondere wenn auch eine detaillierte Finanzkontrolle zu ihren Aufgaben gehören würde. Siehe *Birch*, a.a.O., Kap. 12. An dieser Stelle wird eine wichtige Seite der Verwaltungsverantwortung sichtbar, die wir hier nicht behandeln können, nämlich die *ex posto facto* finanzielle Rechnungslegung;

ner dieser Pläne hat hinreichend weite Unterstützung in der Öffentlichkeit gefunden [27]. Wie bereits angedeutet, hat die Entwicklung des amerikanischen und britischen Systems parlamentarischer Verantwortung zu einer auffälligen Konvergenz, ja man möchte fast sagen, zu einer Umkehrung ihrer Ausgangspunkte geführt. Denn soweit man parlamentarische Regierung als eine Regierung bezeichnen kann, in der das Parlament die Regierungspolitik, die Gesetzgebung und anderes mehr im einzelnen kontrolliert, ist die amerikanische Regierung heute viel eher als eine parlamentarische zu bezeichnen wie die britische. Die lockere Parteiorganisation und die mangelnde Parteidisziplin in Amerika haben zu dieser paradoxen Entwicklung beigetragen. Man kann diese Angelegenheit auch in die Begriffe der repräsentativen und plebiszitären Demokratie fassen. Aus dem Blickpunkt dieser Dichotomie könnte man sagen, daß das ursprünglich plebiszitäre amerikanische Schema repräsentativer geworden ist, während das britische Schema zunehmend plebiszitärer ist, weil, wie bereits dargelegt, die Parteiführung die parlamentarische Führung verdrängt hat [28].

Was wäre nun über das Problem der Regierungsverantwortung in der *Bundesrepublik* zu sagen? Die bisherige Entwicklung legt den Gedanken nahe, sie als ein zwischen der amerikanischen und der britischen Regierung stehendes System anzusprechen. Da sich aber diese beiden bereits so weitgehend angenähert haben, ist diese Aussage nicht besonders aufschlußreich. Nach dem Grundgesetz wird bekanntlich der Bundeskanzler auf Vorschlag des Bundespräsidenten vom Bundestag gewählt, wobei zu beachten ist, daß dieser Vorschlag im Sinne parlamentarischer Regierung auf Grund des dem Bundespräsidenten mitgeteilten Wunsches der Mehrheit bzw. der größten Partei erfolgt. Die Bundesminister werden dagegen auf Vorschlag des Bundeskanzlers vom Bundespräsidenten ernannt, haben also keine selbständige parlamentarische Basis für ihre Stellung. In Wirklichkeit ist es natürlich so, daß der Bundeskanzler einer scharfen Kritik eines Ministers dann Rechnung tragen wird, wenn sie seine Regierung gefährdet. Das wird aber im Hinblick auf das Erfordernis eines konstruktiven Mißtrauenvotums nur in Ausnahmefällen zutreffen (Art. 63/64). Da nun außerdem der Bundeskanzler die Richtlinien der Politik bestimmt und im Grundgesetz ausdrücklich vorgesehen ist, daß er die Verantwortung trägt (Art. 65), so besteht, wie in Amerika, eine Verantwortung der Ressortminister verfassungsrechtlich nur dem Bundeskanzler gegenüber. Dieser dagegen ist dem Bundestag verantwortlich [29]. Die so auf den Bundeskanzler konzentrierte Verantwortung besteht selbstverständlich auch dem Volke gegenüber. Das fin-

siehe dazu *Gordon Reid:* The Politics of Financial Control – The Role of the House of Commons, 1966; er stellt abschließend ziemlich sphinxhaft fest, daß "parliamentary control of finance although characterized by mythical qualities is not itself a myth".

[27] *Birch,* a.a.O., S. 160 ff. Siehe auch *(Sir) Ivor Jennings:* Parliament, 1939.

[28] Der Ausdruck »plebiszitär« ist für diese Zusammenhänge etwas unglücklich und hat zu einer Verabsolutierung des Gegensatzes von repräsentativer und plebiszitärer Demokratie geführt. Siehe hierzu insbesondere *E. Fraenkel:* Die repräsentative und die plebiszitäre Komponente im demokratischen Verfassungsstaat (Recht und Staat in Geschichte und Gegenwart, eine Sammlung von Vorträgen und Schriften aus dem Gebiet der gesamten Staatswissenschaften, Nr. 219/220), 1958.

[29] Siehe *G. Leibholz* und *H. J. Rink:* Grundgesetz ... 1966, S. 370 ff.

det in seiner Beziehung zur Partei seinen klarsten Ausdruck, erstreckt sich aber auch auf die Öffentlichkeit insgesamt. Man hatte sich im Hinblick auf die selbstsichere und von großer Erfahrung getragene Staats- und Parteiführung *Adenauers* daran gewöhnt zu glauben, durch das sogenannte konstruktive Mißtrauensvotum, wie es in Art. 67 und 68 des Grundgesetzes vorgesehen ist [30], sei einem plötzlichen Wechsel im Kanzleramt ein fester Riegel vorgeschoben, obwohl das Grundgesetz ausdrücklich einen solchen Kanzlerwechsel nicht nur vorsieht, sondern für den Fall eines konstruktiven Mißtrauensvotums sogar dem von ihm angegriffenen Kanzler die Möglichkeit bietet, den Präsidenten zu bitten, durch eine Auflösung des Bundestages eine Entscheidung durch das Volk herbeizuführen. Diese Möglichkeit hat bisher kein Kanzler wahrgenommen. Es ist aber gerade im Hinblick auf die neuerdings bestehende große Koalition durchaus möglich, daß dieser Fall eintritt. Offen ist weiterhin, wie weit sich das Ermessen des Bundespräsidenten bei einem solchen Vorschlag des Kanzlers erstreckt. Der in der Verfassung gebrauchte Ausdruck »kann« scheint zu besagen, daß es im Belieben des Präsidenten steht, ob er dem Vorschlag entspricht oder nicht. Aber die Dynamik einer von den Parteien gestalteten Politik sowie der Geist des parlamentarischen Systems legen es nahe, dieses Ermessen nur dann zu billigen, wenn auch in der Öffentlichkeit schwere Bedenken gegenüber einer solchen Auflösung bestehen [31].

Im Zusammenhang mit der Frage der Verantwortlichkeit ist außerdem eine Grundlehre des demokratischen Verfassungsstaates entscheidend wichtig. Der Führer der Regierung, in Deutschland also der Kanzler, sollte auch Führer der Mehrheitspartei bzw. Führer der größten und für die Regierung verantwortlichen Partei sein. Eine solche Führerstellung wiederum hat nur dann einen Sinn, wenn sie auch auf seiten des Parteivorsitzenden eine echte und ständige Bemühung um die Integration der Partei mit sich bringt; denn eine demokratische Massenpartei, die sich im pluralistischen Gesellschaftssystem notwendigerweise aus vielen und zum Teil einander widerstrebenden Gruppen zusammensetzt, muß stetig erneut zusammengefaßt werden, und das setzt eine vollkommene Beherrschung der Spielregeln der Parteibehandlung mit allen Tricks voraus. Ja, man kann geradezu sagen, daß dies der Kern der Verantwortung des Kanzlers gegenüber seiner Partei ist und sein muß.

Die Nichtbeachtung dieser Spielregeln und damit seiner Verantwortung der Partei und Öffentlichkeit gegenüber hat zum Sturz von Bundeskanzler *Erhard* entscheidend beigetragen. Die Art des Krisenablaufs war dabei natürlich von dem Vorhandensein des konstruktiven Mißtrauensvotums bestimmt. Mit anderen Worten, der Kanzler bestand mit vollem Recht auf der Weiterführung seines Amtes, solange eine Einigung über seinen Nachfolger nicht erfolgt war. Er hat durch diese, dem Grundgedanken der Ver-

[30] Siehe *Peter H. Merkl:* Germany: Yesterday and Tomorrow, 1965, S. 249, und *Rüdiger Altmann:* Das Erbe Adenauers, 1960. Beide neigen zu überspitzten Formulierungen. Vgl. daneben *F. R. Allemann:* Bonn ist nicht Weimar, 1956 und *Alfred Grosser:* La Democratie de Bonn. 1958; dies sind beachtliche Beiträge kluger Beobachter, wenn auch nicht immer vorurteilslos. Daneben jetzt vor allem *Thomas Ellwein:* Die Bundesrepublik Deutschland, 1963.

[31] *Arnold Brecht:* Aus nächster Nähe – Lebenserinnerungen eines beteiligten Beobachters, 1884–1927, 1966, Kap. 23 und 30, gibt eine sehr eindringliche Analyse des Problems einer verantwortlichen Regierung in einem System, wie dem Weimars, wo die Mehrheit nicht mehr das System selber bejaht.

fassung durchaus entsprechende Haltung erzwungen, daß eine lang andauernde regierungslose Zeit, wie man sie aus anderen parlamentarischen Systemen kennt, nicht eintreten konnte. Im Hinblick darauf könnte man daher das Verhalten Erhards der Verfassung und dem Volke gegenüber als besonders verantwortlich bezeichnen.
Es ist natürlich für die Bundesrepublik auch ihre föderale Ordnung von Bedeutung. Da in allen Ländern weiterhin parlamentarische Regierungen bestehen, so ist die Verantwortung der Öffentlichkeit gegenüber entsprechend aufgesplittert. Das hat aber durchaus auch seine gute Seite, denn es bedeutet, daß in der langen Zeit der Vorherrschaft der CDU und ihrer Koalitionspartner die SPD durch ihre Führung in den von ihr regierten Ländern die Verantwortung mitgetragen hat. Es kommt hinzu, daß die durch den Bundesrat an der Entscheidung beteiligten Landesregierungen auch indirekt aus der Opposition in die Verantwortung gezogen worden sind. Dadurch ist dem an und für sich in der bundesrepublikanischen Ordnung angelegten Trend zur plebiszitären Aushöhlung parlamentarischer Verantwortung eine Schranke gesetzt.
Das war in der Weimarer Republik leider nicht der Fall. *Brünings* Entlassung durch den Reichspräsidenten *Hindenburg* war durchaus nicht auf dem Verlust parlamentarischen Vertrauens begründet. Ganz im Gegenteil war es ja gerade *Brüning* gewesen, der die Wiederwahl *Hindenburgs* durchgesetzt hatte; die Mehrheit für den alternden Generalfeldmarschall war mindestens sosehr eine Mehrheit für *Brüning* wie eine solche für *Hindenburg* [32]. Die Wiederholung einer solchen Aushöhlung der parlamentarischen Verantwortung zu verhindern, sahen die Schöpfer des Grundgesetzes als eine ihrer Hauptaufgaben an; daher die radikale Schwächung des Präsidentenamtes. Deshalb haben in der Bundesrepublik die Wahlen bisher auch die entscheidende Funktion erfüllen können, die Verantwortlichkeit der Regierung sicherzustellen [33]. Die Entideologisierung solcher Wahlgänge hat außerdem so konkreten Aufgaben wie der Finanzkontrolle eine erhöhte Bedeutung verschafft [34]. Dagegen hat der Bundesrat nur im Rahmen der Regierungsverantwortlichkeit der Länder noch eine gewisse indirekte Bedeutung [35].

Es ist dieser plebiszitäre Trend, der eine gewisse Zusammenfassung der hier mitgeteilten Gedanken und Erfahrungen ermöglicht. Er bedeutet unzweifelhaft eine ernste Gefahr für die politische Verantwortung. Diese Gefahr ist plebiszitärer Akklamation inhärent, wie sich am Beispiel *Napoleons III.* und *de Gaulles* zeigt. Sie kann verhängnisvoll werden, wie der Fall *Hitler* beweist, aber es gibt keinen einfachen Ausweg. *De Gaulle* hat sich bisher einigermaßen im Rahmen seiner verfassungsmäßigen Verantwortung gehalten, wohl hauptsächlich infolge seiner eigenen Überzeugung, obgleich vielleicht auch zufolge der Überbleibsel früherer repräsentativer Strukturen, insbeson-

[32] *Karl D. Bracher:* Die Auflösung der Weimarer Republik, 1957, hat diese komplizierten Vorgänge geschildert und gezeigt, wie stark der Autoritätsverfall der Regierung vor dem Zusammenbruch der Weimarer Republik war.
[33] Über Wahlen und insbesondere die Wahlen von 1961 vgl. *Bernd Vogel* und *Peter Haungs:* Wahlkampf und Wählertradition, 1965.
[34] Das Grundgesetz befaßt sich mit Finanzfragen in den Artikeln 106–115; siehe dazu *Leibholz* und *Rink*, a.a.O., S. 519 ff.
[35] *Karlheinz Neunreither:* Der Bundestag zwischen Politik und Verwaltung, 1959.

dere der parlamentarischen Ausschüsse und der Gerichtsverfassung, einschließlich des Staatsrats *(Conseil d'Etat)*. Wo dieser plebiszitäre Trend hintangehalten worden ist, ist dies geschehen, weil das Gewicht der Verfassungsüberlieferung, insbesondere auch der Föderalismus, ihm entgegengewirkt haben. Diese Verfassungsüberlieferung beruht auf dem Gedanken, daß ein Repräsentant, sei er nun Präsident, Premierminister oder Kanzler, ein Vertreter und Diener, nicht ein Meister und Herr ist. Daneben verdient die Kontrolle der Massenkommunikationsmittel besondere Beachtung; denn die Möglichkeiten propagandistischer Manipulation einer großen Wählerschaft und ihre massenpsychologische Anfälligkeit werden immer größer. Daher beschwört jede Art von Monopol der Regierung in diesem Bereich die Gefahr einer Perversion in Richtung auf Autokratie, insbesondere Parteiautokratie, herauf. In Großbritannien hat die *British Broadcasting Corporation* nahezu ein Monopol im Bereich des Rundfunks. Aber dieses Monopol ist bisher noch durch eine freie Presse, die im heftigen Wettbewerb mit der BBC ausgesprochen kritisch ist, sehr stark abgeschwächt. In der Bundesrepublik sind sowohl Presse wie Rundfunk frei im Sinne eines starken Wettbewerbs, denn hier wird der Pluralismus im Rundfunk durch das föderale System getragen. In den Vereinigten Staaten schließlich sind Presse und Rundfunk weitgehend unabhängig von aller staatlichen Lenkung, obwohl es für den Rundfunk einige lokale Ausnahmen gibt, so in Puerto Rico und New York City. Die vorhandene Kontrolle der Regierung ist auf Aufrechterhaltung des Wettbewerbs gerichtet und nicht darauf, den Wettbewerb zugunsten der Regierung zu beschränken.

Neben dem erheblichen Maß an Verantwortung, das ein unabhängiges und pluralistisch im Wettbewerb stehendes System der Massenkommunikationsmittel sicherstellen kann, gibt es jedoch noch ausgesprochen politische Mittel, um diesen Trend zu plebiszitären Wahlen abzuschwächen und Verantwortlichkeit aufrechtzuerhalten. Es hat sich gezeigt, daß in den hier erörterten Systemen dem Ausschußsystem im Parlament und dem Föderalismus besondere Bedeutung zukommt. Das soll nicht heißen, daß die Bedeutung richterlicher Kontrollen gering sei. Sowohl in den Vereinigten Staaten wie in der Bundesrepublik haben bekanntlich Verfassungsgerichte das Verfassungsgewissen der Regierung geschärft; sie haben sich – wie es im Mittelalter hieß – als *"keeper of the King's conscience"* betätigt. Als Hüter der Verfassung haben sie die Regierung dazu bewogen, ihre Politik im Rahmen der Verfassungsordnung zu führen. Aber dies ist ein weitmaschiges Netz, und die besonderen Gebiete politischer Verantwortlichkeit, wie sie in der Politik der Regierung zutage treten, sind nur selten gerichtlicher Betätigung zugänglich, so etwa bei der *desegregation* und der *reapportionment* in den Vereinigten Staaten, der Parteifinanzierung in der Bundesrepublik. Deshalb muß die spezifische politische Kontrolle durch eine Vertreterkörperschaft ausgeübt werden, die in der Lage ist, die Politik der Regierung zu prüfen und, wenn nötig, zu ändern. Schon allein die Möglichkeit solcher Änderung veranlaßt die Regierung, nach dem Konsensus in der Öffentlichkeit zu suchen und ihre Politik danach zu gestalten, so etwa *Johnsons* Vorbereitung des *National Education Act*. Soweit die Erfahrung reicht, kann diese Funktion unter den Bedingungen einer fortgeschrittenen Industriegesellschaft von einer repräsentativen Körperschaft nur dann ausgeübt werden, wenn sie in ihrer Mitte Spezialisten für die verschiedenen fachmännischen Bereiche entwickelt. Dies kann nur mit

Hilfe eines Ausschußsystems geschehen, obwohl auch andere Verfahren vorgeschlagen worden sind [36]. Solche Prüfung und gegebenenfalls Änderung muß sich vor allem auch auf die fiskalische Seite der Politik erstrecken. Alle Mittelbewilligung muß einer ins einzelne gehende Analyse durch erfahrene Repräsentanten unterworfen bleiben; selbst dann tendiert die zunehmende Bürokratisierung der Massenparteien dahin, die Wirksamkeit des einzelnen Repräsentanten zu schwächen. Daraus ergibt sich, daß all jene Mittel, die geeignet sind, die Parteien in ihrer inneren Struktur demokratisch und verantwortlich zu gestalten, auch der Verantwortlichkeit der Regierung zugute kommen. Wir haben diesem Problem hier keine Aufmerksamkeit widmen können, da es jenseits des Problems der eigentlichen Regierungsverantwortung liegt [37].

Aber wie die richterliche und Verwaltungsverantwortung, so kann auch die interne Parteiverantwortung einen wichtigen Beitrag dazu leisten, daß trotz plebiszitärer Tendenzen ein gewisses Maß an Regierungsverantwortung aufrechterhalten bleibt. Dies wiederum führt zu der oft übersehenen Frage des verantwortlichen Bürgers. Nur in einem Verfassungsstaat, in dem solche Verantwortung des Bürgers gang und gäbe ist, kann es echte Regierungsverantwortung geben. Wenn dagegen eine Regierung einer unverantwortlichen Masse gegenübersteht, wie es seit den Tagen *Kleons* immer wieder geschehen ist, dann wird eine wirklich verantwortliche Regierung den Mut finden müssen, die persönliche Verantwortung und ihre Popularität der unpersönlichen Verantwortung, die Gewissen und Sachverstand erfordert, zum Opfer zu bringen. Diese hier nicht näher zu begründende Schlußbemerkung soll nur darauf aufmerksam machen, daß die Verantwortung von Regierung und Regierten auf Gegenseitigkeit beruht, wie alle im Konsensus begründeten Machtbeziehungen. Alle drei der hier untersuchten Systeme beruhen auf solcher Gegenseitigkeit. Ein bekannter englischer Konservativer hat das in folgende Worte gefaßt: *"The word 'responsibility' connotes a state of mind, which weighs the consequences of action and then acts, irrespective it may be, of the concurrence or approval of others. It is the strength of our constitutional system that it encourages and fosters responsibility in that higher sense . . ."* [38]

Eine solche Ausage soll natürlich nicht einer Gleichgültigkeit gegenüber dem Erfordernis der Rechenschaftslegung das Wort reden, denn die Unpopularität und der mögliche Verlust des Amtes bleiben wesentlicher Bestandteil dieser Systeme. Sie sorgen dafür, daß nur in Notzeiten solche unpersönliche, an der Funktion orientierte Verantwortung ausgeübt wird. Die in dieser Doppeldeutigkeit der Regierungsverantwortung beschlossene Dialektik kann man auch so zum Ausdruck bringen, daß man sagt, der verantwortliche Bürger wird auf lange Sicht anerkennen, daß derjenige ihn besser repräsentiert, der in solcher Lage, in der Gewissen und Sachverstand es erfordern, sich weigert, ihn zu repräsentieren. Der Begriff der Regierungsverantwortung kann daher nicht naiv als eine Mechanik des Entsprechens von Regierungshandlungen und Volkswillen verstanden werden. Sie ist letztlich verwurzelt in der Regierung und Regierte einenden Verantwortung vor der Zukunft ihres Staates.

[36] Vgl. die Artikel in Nomos III, 1960, "Responsibility", bes. den Beitrag *Paul Freunds.*
[37] Ibid., Artikel von *Norton Long.*
[38] Zitiert von *Birch,* a.a.O., S. 18. Man möchte meinen, daß dies auch die Stärke des amerikanischen und überhaupt eines jeden Systems verantwortlicher demokratischer Regierung ist.

LITERATUR

Literatur zum politischen System Westdeutschlands II *

PROBLEME DER REGIERUNGSORGANISATION IN BONN

Bemerkungen zu wissenschaftlichen Fragestellungen und bisherigen Veröffentlichungen *

Von *Thomas Ellwein*

I.

Die Politische Wissenschaft hat in der Bundesrepublik den Problemen der Regierungsorganisation im engeren Sinne bislang vergleichsweise wenig Aufmerksamkeit gewidmet. Während es über die übrigen ›obersten‹ Organe schon mehr oder weniger gewichtige Monographien gibt [1], liegt nur eine ältere Schrift über die Bundesregierung vor [2] und die Detailuntersuchungen, innerhalb derer die Regierungsorganisation eine Rolle spielt, haben es in der Regel schwerpunktmäßig nicht mit dieser zu tun, sondern mit Fragen des Verhältnisses zu den Parteien, des Einflusses der Verbände, des Zustandekommens einzelner Gesetze oder auch der Personalpolitik [3]. An historischen Untersuchungen fehlt es ganz. Es gibt sie zwar in größerer Zahl für die Zeit vor 1914 [4] und für die Zeit zwischen 1945 und 1949 [5], nicht aber für die Organisation der Bundesregierung selbst. Natürlich finden sich in den Verfassungskommentaren und in den einschlägigen staatsrechtlichen Lehrbüchern zahlreiche Hinweise auf die Rechtsgrund-

* Die ersten Literaturabhandlungen dieser Serie erschienen in Heft 2/1967, S. 323–352 und in Heft 1/1968, S. 82–98.
Im Juni 1967 fand in Frankfurt eine Sitzung der Sektion Innenpolitik der Deutschen Vereinigung für Politische Wissenschaft statt, auf der Probleme des Verhältnisses von Politik und Wissenschaft und solche der Regierungsorganisation behandelt wurden. Der nachfolgende Beitrag ist die erweiterte Fassung des das zweite Thema einleitenden Referates.

[1] Vgl. z. B. *Gerhard Loewenberg:* Parliament in the German Political System, Ithaca (N. Y.) 1967; *Friedrich Schäfer:* Der Bundestag, Eine Darstellung seiner Aufgaben und Arbeitsweise, verbunden mit Vorschlägen zur Parlamentsreform, Köln 1967; *Hans Schäfer:* Der Bundesrat, Köln 1955; *Karlheinz Neunreither:* Der Bundesrat zwischen Politik und Verwaltung, Heidelberg 1959; *Helmut Vonderbeck:* Der Bundesrat. Ein Teil des Parlaments der BRD, Meisenheim 1964; *Bundesverfassungsgericht* (Hrg.): Das Bundesverfassungsgericht, Karlsruhe 1963, sowie die angekündigte Arbeit von *H. Laufer* über das BVerfG.
[2] *Fritz Münch:* Die Bundesregierung, Frankfurt 1954.
[3] Ich erinnere hier z. B. an *Jürgen Domes:* Bundesregierung und Mehrheitsfraktion, Köln 1964; *Wilhelm Hennis:* »Verfassungsordnung und Verbandseinfluß«, in: PVS 1961, S. 23 ff.; *Viola Gräfin von Bethusy-Huc:* Demokratie und Interessenpolitik, Wiesbaden 1962, oder an *Otto Stammer* (Hrg.): Verbände und Gesetzgebung, Köln 1965.
[4] Über sie wird demnächst in einer Sammelrezension in dieser Zeitschrift berichtet.
[5] Vgl. dazu die Sammelbesprechung von *Reinhard Kühnl:* »Konstituierung und Regierungssystem der Bundesrepublik«, in: PVS 1967, S. 323 ff., und außerdem *Walter Vogel:* Westdeutschland 1945–1950, Der Aufbau von Verfassungs- und Verwaltungseinrichtungen über den Ländern der westlichen Besatzungszonen, Teil 1 Koblenz 1956 und Teil 2 Boppard 1964, sowie *Tilman Pünder:* Das bizonale Interregnum, Geschichte der Verwaltung des Vereinigten Wirtschaftsgebietes. O. Ort (Düsseldorf) 1966.

lagen dieser Organisation und es sind auch die Richtlinienkompetenz des Kanzlers [6] und die Organisationsgewalt [7] der Regierung Thema mehrerer wissenschaftlicher Abhandlungen gewesen: eine politikwissenschaftliche Betrachtungsweise hat sich bisher noch kaum ausgebildet. Den zusammenfassenden Darstellungen des Regierungssystems der Bundesrepublik [8] ist diese Lücke in der wissenschaftlichen Bearbeitung deutlich anzumerken. Sie weichen entweder in grundsätzliche Erläuterungen aus oder begnügen sich mit der Darlegung solcher Sachverhalte, die im allgemeinen bekannt sind, sich aus den Geschäftsordnungen der Bundesregierung und der Ministerien [9] ergeben oder sich für einen aufmerksamen Beobachter sonst ermitteln lassen.

Wenngleich es nun nicht ohne Interesse wäre, den Gründen nachzuspüren, die zu einer so bemerkenswerten Zurückhaltung der Wissenschaft geführt haben, sollte man davon auch nicht zuviel erwarten. Abgesehen von einer heute wohl kaum mehr gerechtfertigten Geheimnistuerei der Regierungsstellen liegt es im Grunde sicher so, daß die ihr Forschungsfeld erst allmählich erschließende Wissenschaft von der Politik sich zunächst den Komplexen zuwandte, die durch die Ereignisse der jüngeren Vergangenheit besonders aktualisiert worden sind, in denen es zu großen Veränderungen gekommen ist und hinsichtlich derer neue Theoriebildung erforderlich wurde. Für die Regierungsorganisation scheint das vordergründig weniger zu gelten: Die Regierung versteht sich in Deutschland seit eh und je von selbst. Nach dem Selbstverständlichen zu fragen, ist kaum reizvoll; das besonders Mühsame kommt im konkreten Fall hinzu [10]. Umgekehrt liegen in solcher Selbstverständlichkeit natürlich auch immanente Probleme.

[6] Statt vieler: *Wilhelm Hennis:* Richtlinienkompetenz und Regierungstechnik, Tübingen 1965, und *Ernst U. Junker:* Die Richtlinienkompetenz des Bundeskanzlers, Tübingen 1965.

[7] *Ernst-Wolfgang Böckenförde:* Die Organisationsgewalt im Bereich der Regierung, Eine Untersuchung zum Staatsrecht der Bundesrepublik Deutschland, Berlin 1964.

[8] Auch dazu *R. Kühnl*, a.a.O. Ausführlicher gehen von den dort behandelten Veröffentlichungen auf Regierungsorganisation und Verwaltungsprobleme ein: *Thomas Ellwein:* Das Regierungssystem der Bundesrepublik Deutschland, 2. Aufl., Köln 1965; *Theodor Eschenburg:* Staat und Gesellschaft in Deutschland, 6. Aufl., München 1964, und vor allem *Rudolf Wildenmann:* Macht und Konsens als Problem der Innen- und Außenpolitik, Frankfurt 1963.

[9] Für diesen Bereich ist als unentbehrliches Hilfsmittel zu nennen: *H. Lechner* und *K. Hülshoff:* Parlament und Regierung, Textsammlung des Verfassungs-, Verfahrens- und Geschäftsordnungsrechts der obersten Bundesorgane mit Anmerkungen, Erläuterungen, Hinweisen und Sachregister. 2. Aufl. München (C. H. Beck Verlag, 1958, 542 S.). Der Band enthält das Grundgesetz, das Bundeswahlgesetz und die Bundeswahlordnung und die übrigen unmittelbar den Bundestag betreffenden Gesetze sowie seine Geschäftsordnung und die des Bundesrates und des Vermittlungsausschusses. In ähnlicher Weise finden hier sich alle relevanten Bestimmungen für das BVerfG und die Bundesregierung, während unter dem Rubrum Bundespräsident nur das Gesetz über dessen Ruhebezüge aufgenommen und dieses neben die Flaggen- und Feiertagserlasse sowie die gesamten Regelungen für Orden und Ehrenzeichen gestellt ist. Die Verfasser haben sich durch sorgfältige Annotationen, Verweise und Hervorhebungen wichtiger Streitfragen verdient gemacht.

[10] Das gilt z. B. für alle Organisationsvergleiche, für die Entwicklung der Ministerialorganisation seit 1871 im einzelnen oder für die Unzahl der Definitionen des Begriffes Regierung samt ihren Implikationen. Ich verweise dazu auf Band 3 der von mir herausgegebenen Reihe »Politik – Regierung – Verwaltung«, dessen Teil 1: Regierung als politische Führung, im Herbst 1968 und dessen Teil 2: Regierung als Verwaltungsführung, im Frühjahr 1969 erscheinen werden.

Sie drücken sich in Deutschland schon in der Begrifflichkeit aus: Ist hier von ›Regierung‹ die Rede, dann meint man damit in der Regel nicht die Spitzenorganisation des Gemeinwesens, sondern die Exekutive, die nach dem Gewaltenteilungsschema, an dem auch das Grundgesetz festhält, ›neben‹ dem Parlament und der Justiz zu sehen ist und der gewissermaßen unversehens außer dem Gesetzesvollzug noch diejenigen Grundsatzentscheidungen und gesellschafts- und staatsleitenden Akte zufallen [11], welche weder Gesetzgebung noch Rechtsprechung noch Vollzug im engeren Sinne des Wortes sind [12]. So gesehen, kann mit Recht gesagt werden, daß die moderne Verfassung vom Regieren eigentlich ablenkt [13]. Folgt auch die Wissenschaft von der Politik dem damit vorgezeichneten Weg, dann kann sie allerdings nur wenig zum Verständnis des *‹regere›* in unserer Zeit beitragen; sie beschäftigt sich mit der Politik, nicht aber mit der unvermeidlichen politischen Führung, ihren Notwendigkeiten und Gefahren [14].
Diese Andeutungen mögen hier genügen, um unser Thema in den ihm angemessenen Bezugsrahmen zu stellen. Fragen wir nun nach der ›Regierungsorganisation‹, dann soll damit schlicht der Apparat verstanden werden, der Kabinett und Parlament – das ›und‹ ist im Sinne des parlamentarischen Systems verstanden und verweist wiederum

[11] Vgl. z. B. *Otto Mayer:* Deutsches Verwaltungsrecht, I. Band, 2. Aufl., München 1914, der (S. 2) feststellt, daß sich das Ganze der staatlichen Tätigkeit in der üblichen Dreiteilung von Gesetzgebung, Justiz, Verwaltung darstelle, um dann (S. 3) zu dem Ergebnis zu kommen: Wenn alle Besorgung von Staatsgeschäften an diese selbständigen Begriffe verteilt ist, ist für die Regierung nichts übrig geblieben, »als das Allgemeine, das darüber steht. Man begreift darunter die Oberleitung des Ganzen, das einheitliche Richtunggeben für die politischen Geschicke des Staates und die Kulturentwicklung im Innern. Ausgehend von der Zentralstelle, vom Fürsten und seinen Gehilfen, beeinflußt sie alle Arten der wirksamen Staatstätigkeit, ist aber für sich selbst keine davon und kommt hier nicht weiter in Betracht«.

[12] *Fritz Morstein Marx* hat in seiner Besprechung meiner »Einführung in die Regierungs- und Verwaltungslehre« (Stuttgart 1966, Band I der in Anm. 10 erwähnten Reihe) in: PVS 1967, S. 353, die »Berechtigung zu einer gegenseitigen Absonderung« von Regierung und Verwaltung mit folgender Frage angegriffen: »Sollte die Trennung von ›Regierung‹ und ›Verwaltung‹ nicht etwas mit dem geschichtlichen Tatbestand zu tun haben, daß im absoluten Staat ›Regierung‹ der Sache nach eben ›Obrigkeit‹ bedeutete, also die politische Ebene im Gegensatz zur Ebene der Verwaltung darstellte?« *Otto Heinrich von der Gablentz* hat in einer Rezension auf die herrliche Einfachheit des angelsächsischen "government" hingewiesen. Im Hintergrund stehen zwei Fragenkomplexe und mit ihnen verbundene Traditionen, die der angelsächsischen Bemühungen, zwischen Politik und Verwaltung zu unterscheiden, und die der deutschen Gewaltenteilungsdogmatik, die im Kern immer auch darin bestand, daß sie die Tatsache der politischen Führung mehr oder weniger außer acht ließ. Ohne die Auffassung vertreten zu können, zwischen Politik und Verwaltung ließe sich zureichend differenzieren, bin ich aber fest davon überzeugt, daß wir unabhängig vom konstitutionellen Gewaltenteilungsschema den Bereich der politischen Führung für sich erfassen und von dem des überwiegenden oder bloßen (an Normen und Sanktionen zu bindenden, gerichtlicher Kontrolle unterliegenden) Vollzugs trennen müssen, damit einerseits faktisch geklärt wird, wer an dieser politischen Führung teilhat (das ist dann auch ein Teil der sogenannten Verwaltung) und damit normativ bestimmt werden kann, wer an ihr teilhaben soll – hier geht es dann vor allem um die Position des Parlaments.

[13] *Wilhelm Hennis:* »Aufgaben einer modernen Regierungslehre«, in: PVS 1965, S. 422 ff., hier S. 426.

[14] Vgl. dazu die in Anm. 12 genannte Einführung sowie den ihr folgenden Band: Parlament und Verwaltung, Teil I: Gesetzgebung und politische Kontrolle, Stuttgart 1967, bes. S. 24 ff.

auf eine Fülle hier auszuklammernder Fragen – zur Verfügung steht, um die ihnen obliegenden Aufgaben politischer Führung erfüllen zu können. Dieser Apparat besteht im wesentlichen aus den Bundesministerien, dem Bundeskanzleramt und einer Reihe von wichtigen Bundesoberbehörden. Seine Beschaffenheit ist mitentscheidend dafür, ob die ›Zukunftsbewältigung‹ gelingt und außerdem der politische Alltag bewältigt wird. Er ist ›mitentscheidend‹: Die beste Organisation nützt in Händen Unfähiger nichts. Fähige können Organisationsmängel leicht überspielen. Dennoch bleibt es eine selbstverständliche Notwendigkeit, daß jener Apparat leistet, was ihm abverlangt wird.

Hinsichtlich dieses Apparates ist auf die seit 1966 im Athenäum-Verlag (Frankfurt–Bonn) erscheinende Reihe »Ämter und Organisationen der Bundesrepublik Deutschland« zu verweisen. Ziel dieser Reihe ist es – so schreibt der Verlag –, »durch Kurzmonographien über die Aufgaben, die Tätigkeit und die Organisation unseres Staatswesens in anschaulicher Form zu unterrichten. Die Reihe soll umfassen: die verfassungsmäßigen Organe der Bundesrepublik, die Bundesministerien, die bedeutsamen Behörden, Anstalten, Körperschaften und Betriebe des Bundes, die zentralen Stellen der wirtschaftlichen, sozialen, kulturellen und gemeindlichen Selbstverwaltung, die wichtigsten Einrichtungen der Länder und – soweit für das allgemeine Interesse von größerer Bedeutung – die wichtigsten zwischenstaatlichen Organisationen.« Bisher sind in der Reihe erschienen: *Albrecht Lohmann:* »Das Auswärtige Amt« (80 Seiten), *A. Faude* und *K. Fritz:* »Das Bundesministerium des Innern« (124 Seiten), *Franz Klein:* »Das Bundesministerium der Finanzen« (130 Seiten), *Edgar Randel:* »Das Bundesministerium für Wirtschaft« (212 Seiten), *Friedrich Nobis:* »Das Bundesministerium für Ernährung, Landwirtschaft und Forsten« (128 Seiten), *Gebhard Ziller:* »Der Bundesrat« (96 Seiten), *Michael Bachmann:* »Der Bundesrechnungshof« (98 Seiten). In Kürze werden veröffentlicht die Bändchen über das Bundeskanzleramt und über den Bundestag.

Das redaktionelle Schema des Verlages scheint in der Hauptsache eine Erläuterung des jeweiligen Organisationsbestandes, also eine Art Kurzkommentar des Organisationsplanes vorzuschreiben, wozu einleitend geschichtliche Hinweise und solche über die staatsrechtliche Stellung der jeweiligen Institution treten sollen. In diesem Sinne behandelt etwa *F. Klein* im ersten Teil die Geschichte und die staatsrechtliche Stellung des Finanzministeriums und im zweiten »Organisation und Aufgaben«. Hier finden sich zuerst allgemeine Organisationshinweise, dann werden die Aufgaben entsprechend den jetzigen Ministerialabteilungen geschildert, endlich ist noch kurz von der Kompetenzverteilung zwischen Bund und Ländern und von der zwischen Finanzminister und anderen obersten Organen die Rede. Ihrem Wesen nach enhalten die Bände Selbstdarstellungen; ihre Verfasser sind in der jeweiligen Institution tätig und referieren die derzeitige Lage: »Da die Arbeit eine Darstellung des Bundesministeriums der Finanzen in seiner heutigen Gestalt sein soll, werden alle Reformwünsche und ihre Problematik ausgeklammert.« (Klein, S. 13.) So muß die Reihe zunächst an ihrer eigenen Absicht gemessen werden, was die Frage notwendig macht, ob zum einen die mehr oder weniger isolierte Darstellung des Organisationsplanes einer Institution sinnvoll ist und ob der Verzicht auf kritische Erörterungen nicht allzusehr zu einer Unterwerfung unter den

Imperativ der Verhältnisse führt. Wenn man das erstere bejaht, ist das letztere allerdings die notwendige Konsequenz: Die Reihe wäre nicht planbar gewesen, wenn man kritische Betrachtungen ›erlaubt‹ hätte, da kritische Ansätze notgedrungen uneinheitlich sein müssen. Der begrenzte Anspruch ist mithin in sich nicht unlogisch, muß aber seitens des Benutzers berücksichtigt werden. Werden Dinge der Organisation durchgängig so, wie sie sind, bejaht, dann werden zwangsläufig auch alle mit ihnen getroffenen Regelungen, alle durch sie erfüllten Aufgaben und alle mit ihnen verbundenen Konsequenzen hingenommen. Die Selbstdarstellung entbehrt des Panegyrischen, das den Rechenschaftsberichten der Bundesregierung anhaftet, weil nirgendwo das ›Wie herrlich weit haben wir es doch gebracht‹ durchklingt, aber sie würde auf ihre Weise fast noch panegyrischer wirken, wenn nicht wenigstens gelegentlich die ressorteigene Ideologie drastisch durchscheinen und – dem Sinne nach – ausgesagt würde, da und dort gebe es zwar Probleme, aber sie seien nur ungelöst, weil ›andere‹ nicht mitgetan haben. (»In der 4. Legislaturperiode wurde ein Entwurf vorgelegt. Er wurde aber nicht verabschiedet.« Oder: Wir haben das unsere getan, ob es dann gelingt, das »wird ein Prüfstein für die Realisierbarkeit der Idee des in der letzten Zeit so oft beschworenen ›kooperativen‹ Föderalismus sein«. So *F. Laude,* S. 101, 67. Oder: Nimmt man die Verantwortung des Finanzministers ernst, »dürften für den Bundesbeauftragten für Wirtschaftlichkeit in der Verwaltung in Personalunion mit dem Präsidenten des Bundesrechnungshofs nur noch sehr geringe Aufgaben bestehen«. So *Klein,* S. 114.)
Hinweise dieser Art müssen hier genügen, um die abschließende Feststellung zu rechtfertigen, daß die Reihe wegen ihrer Informationen ganz sicher nützlich und hilfreich ist, mit ihrem Versuch der wertfreien und unkritischen Darlegung der Gegebenheiten aber zwangsläufig Probleme heraufbeschwört, von denen gleich noch die Rede sein muß. Vorher sei aber zum Vergleich noch auf zwei äußerst unterschiedliche Veröffentlichungen hingewiesen. Die eine ist als Heft 32 der Schriftenreihe des *Instituts ›Finanzen und Steuern‹* 1954 unter dem Titel »Der Finanzminister« erschienen (112 Seiten, Vertrieb: W. Stollfuß Verlag, Bonn) und stellt zunächst mit jeweiliger historischer Einleitung die Position des deutschen, des französischen, englischen und amerikanischen Finanzministers dar, um dann einen Querschnitt zu geben, dem noch kurze Hinweise auf die Beschränkungen des parlamentarischen Initiativrechts und auf Probleme der Budgetpolitik folgen. Auch hier ist von den Verfassungsbedingungen und dem Organisationsgefüge die Rede. Der historische Rückblick und der internationale Vergleich erlauben aber eine ganze Reihe von kritischen Ansätzen bis hin zu dem Versuch, unabhängig von den faktischen und juristischen Grundlagen gewisse Erfahrungsgrundsätze für alle Finanzminister zu formulieren (S. 79 f.). Die zweite Veröffentlichung wird in dieser Zeitschrift noch ausführlicher gesondert zu besprechen sein, ist hier aber zu nennen, weil sie sich mit einer konkreten staatlichen Institution befaßt, sie kritisch analysiert, dabei Erfahrungen austauscht und aufeinander bezieht, die verschiedenen beteiligten Wissenschaften zu Wort kommen läßt und zeigt, was eine derartige Analyse heute leisten müßte: Schriftenreihe der *Hochschule Speyer,* Band 34: »Die Staatskanzlei: Aufgaben, Organisation und Arbeitsweise auf vergleichender Grundlage« (Berlin 1967, Duncker & Humblot, 336 S.). Dem Band liegen die Vorträge und Diskussionbeiträge einer Arbeitstagung zu diesem Thema zugrunde.

II.

Fragen wir nun, in welchem Sinne sich die Politische Wissenschaft für den Staatsapparat zu interessieren hat. Eine Antwort darauf dient zunächst der Selbstverständigung innerhalb dieser Wissenschaft. Ihr ist deshalb wenigstens eine kurze Überlegung darüber vorauszuschicken, welches »erkenntnisleitende Interesse« [15] etwaigen Untersuchungen zugrunde liegen kann. Ich will dabei an dieser Stelle nicht die Diskussion über den Charakter unserer Wissenschaft als einer praktischen Wissenschaft und darüber, wie das im einzelnen zu verstehen sei, aufnehmen [16], sondern lediglich konstatieren, daß die politische als eine systematische Handlungswissenschaft primär ein Stück Selbstreflexion zu leisten hat, die »von einem emanzipatorischen Erkenntnisinteresse bestimmt« ist [17]. Dies bedeutet, daß sich m. E. die Wissenschaft von der Politik zum einen als Hilfe zur Selbstreflexion derer zu begreifen hat, die es mit der Handhabung und der Reform des Erkenntnisgegenstandes zu tun haben, und zum anderen als eine der kritischen Instanzen, vor deren Forum die Ergebnisse jener Selbstreflexion geprüft und beurteilt werden. In dem damit notwendigen Nebeneinander von Identifizierung und kritischer Distanz liegt das grundlegende, auch methodische Problem: Solange der empirische Befund erschlossen werden muß, ist – auch aus ganz forschungspraktischen Gründen – eine weitreichende Identifikation im Sinne eines bloßen Aufnehmens der Gegebenheiten unerläßlich; zugleich aber erschließt sich der Befund, soll nicht bloße Verdoppelung der Realität erfolgen, nur im kritischen Zugriff, der seinerseits Bezüge und Fragestellungen voraussetzt, welche nicht im Erkenntnisobjekt selbst liegen. Im einzelnen können wir so unterscheiden: Je stärker im konkreten Fall die Identifikation mit dem Erkenntnisgegenstand ist, desto stärker müssen auch dessen immanente Voraussetzungen und Bedingungen angenommen werden [18]. Damit sind die kritischen Maßstäbe vorgegeben. Würden sie unseren Untersuchungen zugrunde gelegt, könnten diese bestenfalls zu einer Verbesserung des gegebenen Systems der Organisation beitragen. Dergestalt wären Aufgaben nach Art einer Betriebswirtschaftslehre des Staates [19] zu leisten; die Effizienz der Apparatur wäre der zentrale Orientierungspunkt; nach ihren vielfältigen Steigerungs- und Verbesserungsmöglichkeiten zu fragen, wäre die eigentliche Aufgabe. Je unabhängiger demgegenüber die kritischen Maßstäbe vom Erkentnisgegenstand selbst sind, je mehr sie diesen unter den Aspekt größerer Zusammenhänge oder auch prinzipieller Fragestellungen setzen, desto unabhängiger von den

[15] So *Jürgen Habermas:* »Erkenntnis und Interesse«, in: Merkur, Dezember 1965, S. 1139 ff., hier S. 1148.

[16] Eine Zusammenfassung dazu in meinem Beitrag: »Regierungslehre als praktische Wissenschaft«, in: Wissenschaft und Praxis, Köln 1967, S. 21 ff.

[17] *J. Habermas,* a.a.O., S. 1147 f.

[18] Ich verweise in diesem Zusammenhang noch einmal auf die oben angezeigte Reihe über die Ämter und Organisationen der BRD und das dort Gesagte.

[19] Vgl. dazu *J. Habermas:* »Analytische Wissenschaftstheorie und Dialektik«, in: Logik der Sozialwissenschaften, 3. Aufl., Köln 1966, und den in mancher Hinsicht signifikanten Satz von *W. Hennis* (Anmerkung 13, dort S. 427): »Wenn es erlaubt ist, in der Regierungslehre so etwas wie eine Betriebswirtschaftslehre des modernen Staates zu sehen, so erweckt unser Fach den Eindruck einer Betriebswirtschaftlehre, deren einziges Thema die Mitbestimmung ist.«

Einzelheiten des Systems werden die Ergebnisse, desto größer wird die Chance, dieses System in eine ihm adäquate Konstellation zu bringen – desto geringer wird freilich ggf. auch die Chance, zu Reformen beizutragen.
Selbstverständlich ist beides nötig: Die Wissenschaft von der Politik hat sowohl die systemimmanente Kritik zu unterstützen und so zu systemadäquaten Veränderungen beizutragen als auch das System prinzipieller Kritik auszusetzen. Beides wird in der Regel nicht gleichzeitig erfolgen können; innerhalb der Wissenschaft muß es aber aufeinander bezogen sein. Vereinfachend ist im ersteren Falle nach der Effizienz des Systems zu fragen und im letzteren nach seiner Legitimität [20]. Die Legitimität der Regierungsapparatur ist nicht unabhängig von ihrer Effizienz, da auch Leistungsunfähigkeit zur Illegitimität führen kann, ergibt sich zunächst aber aus dem Bezugsrahmen. Er ist durch die freiheitlich-demokratische Grundordnung samt ihren Wert- und Funktionssimplikationen festgelegt und führt zu der vordringlichen Frage danach, ob diese konkrete Apparatur im Sinne der demokratischen Grundannahmen von den dazu legitimierten politischen Instanzen wirklich geführt und ob sie, soweit sie selbst Anteil an der politischen Führung [21] hat, zureichend kontrolliert werden kann. Daraus ergibt sich eine Reihe von prinzipiellen Maßstäben, von denen ich nur den der notwendigen Öffentlichkeit der Grundsatzentscheidungen und den des um der Kontrolle willen erforderlichen Grades an Rationalität des Entscheidungsprozesses nenne. Faktisch ergibt sich, daß widerstreitende Interessen bei einschlägigen Untersuchungen zu berücksichtigen sind: Die Steigerung der Effizienz des Apparates kann zu seiner Emanzipation von den politischen Führungsinstanzen beitragen; die stärkere Bindung an diese Instanzen und die ihnen zugeordneten Führungsmittel kann Ineffizienz bewirken oder vermehren [22]. Deshalb läßt sich Forschung in diesem Zusammenhang nicht

[20] Beide Begriffe habe ich meiner Reihe »Politik – Regierung – Verwaltung« (Anmerkung 10 und 12) zugrunde gelegt und dies im Band I näher entwickelt.

[21] Auch dieser Begriff wird in Band I und in den Bänden II/1 und III/1 meiner Reihe näher expliziert. Ich verwende ihn, um neben den konstitutionellen Gegebenheiten die funktionalen in den Griff zu bekommen und um dabei gegenüber der sich in vieler Hinsicht anbietenden Identifikation von Regierung und politischer Führung die Möglichkeiten und Notwendigkeiten eines pluralen, insoweit also ›demokratischen‹ Führungsbildes auch theoretisch offen zu halten. Wesentlich ist dabei der Gesichtspunkt, daß auch Teile der Verwaltung unmittelbar an der politischen Führung teilhaben und dies konstitutionell bisher kaum berücksichtigt ist.

[22] Die erste dieser beiden Möglichkeiten verweist auf die Problematik der Expertokratie, die vor allem in Zusammenhang mit den Planungsüberlegungen gesehen werden muß, die zweite Möglichkeit ist insofern demokratie-immanent, als der verschlungene Prozeß der politischen Willensbildung und die Pluralität der Führungsgruppen und -instanzen die gegebene Effektivität der Apparatur vermindern oder doch neutralisieren kann. Im Text ist die dritte Möglichkeit nicht erwähnt, die des Bündnisses zwischen der Regierung im engeren Sinne und der Apparatur ›gegen‹ andere. Durch dieses Bündnis würde die heute meist schon nur noch mühsame Konkurrenz von Parlament und Regierung als politische Integrationsfaktoren zugunsten der Regierung beendet und es würde im Sinne *Rüdiger Altmanns* (Das Erbe Adenauers, Stuttgart 3. Aufl. 1960, S. 152), das Modell des liberalen Verfassungsstaates mit dem parlamentarischen System abgebaut zugunsten des neuen Modells mit der starken Regierung, mit weitgehender Ausschaltung innerer Konflikte, mit stärkerer Integration und mit einer »Vereinheitlichung seiner verschiedenen Elemente, so daß der Staat von ihrer Zusammenfassung her (und nicht mehr aus ihrer Gegensätzlichkeit) zu begreifen ist«. Auch dazu *R. Kühnl* (oben Anm. 5).

einfach in die Abfolge von empirischer Bestandsaufnahme, systemimmanenter Kritik und Verbesserung, prinzipieller Kritik und grundlegender Reform bringen. Ihre Ergebnisse sind auch nicht nach Art eines Organisationsgutachtens anwendbar. Sofern Forscher analog Gutachtern eingesetzt werden, müssen sie aus ihrem eigenen Bezugssystem heraustreten und in einem anderen tätig werden, in dem die Organisationsziele vorbestimmt und die Aufträge entsprechend fixiert werden. Hier schließt sich das Thema an das des Verhältnisses von Wissenschaft und Politik an [23]. Umgekehrt werden damit betimmte Fragestellungen ausgeschlossen. Wir haben es im Folgenden nur mit in diesem Sinne ›unabhängigen‹ Untersuchungen zu tun. Welches können ihre Fragestellungen sein, durch die Teilbereiche konstituiert werden? Welches können ihre Maßstäbe sein?

III.

(1) Die Regierungsorganisation in Bonn kann zunächst unter *historischem Aspekt* gesehen werden. Dieser Aspekt bietet sich sogar vordringlich an: Trotz vieler Zufälligkeiten und trotz des erkennbaren Fehlens eines grundlegenden Konzeptes – der Aufbau der Bonner Ministerien erfolgte nicht planmäßig, sondern entsprach konkreten und aktuellen Bedürfnissen und Gegebenheiten – handelt es sich nicht um eine Gründung aus ›wilder Wurzel‹. Bonn steht vielmehr in einer Tradition, die ihrerseits an die Organisation der deutschen Ministerien im 19. Jahrhundert und an die der obersten Bundes- und Reichsbehörden nach 1867 anschließt und mit den in der Weimarer Republik ausgebildeten Formen für die Zeit nach 1949 unmittelbare Relevanz besaß. Die Geschäftsverteilungspläne der früheren Reichsministerien wurden nach 1949 ebenso zu Rate gezogen wie die verschiedenen Geschäftsordnungen. Das bedeutet, daß zumindest viele Teile des früheren Aufgabenverteilungsschemas übernommen wurden; an den Grundprinzipien der Ministerialorganisation wurde überhaupt nichts geändert. Ob das als Bejahung der Tradition oder als bloße Übernahme zu sehen ist, muß dahingestellt bleiben [24] – vieles spricht dafür, daß in den Gründungsjahren einfach zu wenig Zeit blieb, um über derartige Fragen nachzudenken.

Wissenschaftliche Teil- oder Gesamtuntersuchungen, die derart durch das Verfolgen von Entwicklungslinien einen Vergleich zwischen einem früheren und einem derzeitigen Organisationsbefund ermöglichen, wären sinnvoll und von erheblichem Belang, weil sie Beurteilungskategorien folgender Art erschließen würden: Wenn in einem insgesamt riesigen Organisationsbestand unterschieden werden kann, welche Teile der Organi-

[23] Dazu neuerdings *H. Krauch* u. a. (Hg.): Forschungsplanung, München 1966, bes. im Abschnitt »Forschung und Politik«; *Klaus Lompe:* Wissenschaftliche Beratung der Politik, Göttingen 1966; *Arnd Morkel:* Politik und Wissenschaft, Hamburg 1967; *Otto Stammer:* »Der Politikwissenschaftler als Berater der politischen Praxis«, in: Wissenschaft und Praxis, Köln 1967, S. 35 ff.

[24] Daß sich in beiden außerdem nicht nur eine Bejahung gesellschaftlicher Realitäten, sondern auch ein gesellschaftspolitisches Programm ausdrücken kann, habe ich ausgeführt in meinem Beitrag: »Lethargie oder Restauration? Kritische Überlegungen zur Bonner Regierungsorganisation«, in: Festschrift für *Otto Brenner,* Frankfurt 1967, S. 323 ff.

sation ausschließlich oder doch überwiegend historisch bedingt und welche Ergebnisse von Entscheidungen aus jüngster Zeit sind, dann lassen sich zumindest teilweise auch die jeweiligen Entscheidungsgründe ermitteln. Es läßt sich also festtellen, ob und wie auf neue, von außen kommende Bedürfnisse reagiert worden ist, ob und wie personelle Gegebenheiten berücksichtigt worden sind, wo koalitionspolitische Rücksichten zu nehmen waren – was bei der Errichtung einiger Bundesministerien der Fall ist – und wo der Druck von Interessenverbänden zur Einrichtung oder zur Aufrechterhaltung von Behörden oder Ministerien geführt hat und welche Auswirkungen derartige Entscheidungen auf das übrige Organisationsgefüge hatten. Als Beispiel dafür nenne ich die Errichtung des Bundesschatzministeriums, das organisationstechnisch in der Hauptsache aus einem Referat des Finanzministeriums hervorgegangen ist, primär eine politische Aufgabe erhalten hat – die Reprivatisierung – und, um als Ministerium ansonsten existenzberechtigt zu sein, mühsam mit Zuständigkeiten z. B. im Bausektor versehen worden ist, die an anderer Stelle abgezogen werden mußten. Praktisch lassen sich so verschiedene Motive ermitteln und erste Indizes dafür aufstellen, welche Teile des Organisationsbestandes bisher politisch »interessant« und verfügbar sind und welche nicht. Außerdem ergeben sich natürlich auch Hinweise auf die persönlichen Eigenschaften der Amtsinhaber, z. B. auf das mangelnde Interesse Dr. *Adenauers* für diese Fragen, das er durch die Leistungsfähigkeit des *Globke*schen Kanzleramtes überspielte, oder auf die organisatorische Improvisation des Bundeswirtschaftsministers *Erhard,* die inzwischen in der Literatur schon zureichend bekannt ist [25]. Man gewinnt so einen Zugang, der nicht alles erschließt und aus dem sich sicher nur wenig Handlungsanweisungen ableiten lassen, der aber jedenfalls einen gründlichen Einblick in die Bedingungen gewährt, die bei der Formulierung solcher Handlungsweisungen berücksichtigt werden müssen. In der Hauptsache wird der historische Aspekt relativieren: In der Regierungsorganisation unterliegt er weniger dem Sachzwang [26] rationaler Organisation als gemeinhin angenommen wird.

Unter den historischen Aspekt fallen auch die ›Bedingungen‹, unter denen der Aufbau der Regierungsorganisation zu sehen ist. Zu ihnen gehören im weiteren Sinne z. B. die sozialen und ökonomischen Gegebenheiten und die damit gestellten Aufgaben, die bei der Ausprägung des Regierungssystems gegebene internationale ›Lage‹ und dann die je eigenen Traditionen, die im Falle der BRD z. T. ihren Niederschlag im Grundgesetz gefunden haben und insoweit in den guten Verfassungskommentaren verarbeitet worden sind oder die außerhalb des engeren Verfassungsrechtes bestimmend sind. Zu beidem ist noch auf zwei im Ansatz der Rechtswissenschaft verbundene Veröffentlichungen hinzuweisen, die bisher in dieser Zeitschrift noch nicht angezeigt worden sind.

Die erste: *Hans W. Baade:* »Das Verhältnis von Parlament und Regierung im Bereich der Auswärtigen Gewalt der Bundesrepublik Deutschland, Studien über den Einfluß

[25] Normalerweise wird *Erhard* dabei vorgeworfen, er sei ein schlechter Verwaltungsfachmann. *R. Wildenmann,* a.a.O., S. 169, verweist dagegen auf die besonderen Aufgaben des Amtes und meint, daß die unkonventionelle Art der Urteilsfindung auch als »ein sachgerechtes Merkmal des Bundesministeriums für Wirtschaft angesehen werden« kann.

[26] Zu diesem fatalen Begriff *Wolf-Dieter Narr:* »Systemzwang als neue Kategorie in Wissenschaft und Politik«, in: Atomzeitalter Heft 7/8, 1967, S. 400 ff.

der auswärtigen Beziehungen auf die innerstaatliche Verfassungsentwicklung« (Hamburg 1962, Hanseatischer Gildenverlag, 248 Seiten), steht in weiterem Sinne im Zusammenhang mit den Arbeiten, die einerseits die Einflüsse der internationalen Lage und die der Besatzungsmächte auf die Entstehung der Bundesrepublik untersuchen [27] und andererseits nach den durch die zunehmende internationale Interdependenz verursachten Wandlungen im Regierungssystem fragen, eine Frage, die z. B. für England frühzeitig von *Max Beloff* gestellt worden ist [28]. Im Vergleich zu konkreten historischen Untersuchungen, welche direkte Einflüsse auf Verfassungsgebung, Willensbildungsprozeß und Verfassungsentwicklung eruieren oder, wie das *Hans-Peter Schwarz* [29] tut, den Siegerpositionen nach 1945 die sich ausbildenden Konzeptionen der Wortführer der Besiegten gegenüberstellen, erklimmt *Baade* allerdings ein wesentlich höheres Abstraktionsniveau. In seinem ersten, dem zweiten merkwürdig wenig verbundenen Teil, knüpft er an *Otto Hintzen's* Begriff der »Staatenbildung« an, den dieser in dem berühmten Aufsatz »Staatenbildung und Verfassungsentwicklung« [30] dargelegt, indessen kaum definiert hat, weil es ihm nur um eine Fragestellung ging, die zur Korrektur einseitiger verfassungshistorischer Betrachtungsweisen dienen sollte. Hintze wandte sich dagegen, die konkrete Verfassungsentwicklung nur sozialgeschichtlich zu erklären und damit den einzelnen Staat isoliert zu betrachten. Notwendigerweise müßten auch die äußeren Verhältnisse zu Rate gezogen werden: die außenpolitische oder internationale Konstellation bedinge die äußere Gestalt eines Staates und über sie auch seine innere Form. Das Postulat Hintzes ist gehört und gelegentlich auch berücksichtigt worden: Seine Hauptadressaten, die Historiker und die Juristen, haben sich ihm aber zumindest in Deutschland weithin entzogen. Ohne auf die von *Otto Brunner* [31] eingeleitete Kritik der vorwiegend juristisch bestimmten Verfassungsgeschichte und die Problematik der Verfassungskommentare einzugehen, die in rechtspositivistischer Tradition den Wortlaut des Grundgesetzes vor dem Hintergrund der beiden vorausgegangenen Reichsverfassungen exegieren, ohne den faktischen Bedeutungswandel von Begriffen und Institutionen zu würdigen und in seinen politischen und sozialen Kontext zu stellen, ist hier nur ein einziges Beispiel zu erwähnen, das die Relevanz dieser Sichtweise verdeutlicht: Angesichts der Vorrechte der Besatzungsmacht hatte die Bundesrepublik anfänglich kein eigenes Auswärtiges Amt, betrieb aber dennoch auswärtige Politik. Dr. *Adenauer* bediente sich dazu einer Art persönlichen Stabes, der personell meist im Presseamt angesiedelt war oder auch im Bundes-

[27] Dazu die in Anm. 5 erwähnte Rezension von *R. Kühnl*, in der z. B. *Peter H. Merkl:* Die Entstehung der Bundesrepublik Deutschland, dt. Ausg., Stuttgart 1965, behandelt ist. Bei *R. Wildenmann*, a.a.O., verweise ich auf Abschnitt B.

[28] *Max Beloff:* Neue Dimensionen der Außenpolitik, dt. Ausg., Köln o. J. (1961). Auch dazu wieder vor allem *R. Wildenmann*, a.a.O.

[29] *Hans-Peter Schwarz:* Vom Reich zur Bundesrepublik, Deutschland im Widerstreit der außenpolitischen Konzeptionen in den Jahren der Besatzungsherrschaft 1945–1949, Neuwied 1966.

[30] Neuerdings zugänglich in *Otto Hintze:* Staat und Verfassung, Gesammelte Abhandlungen zur allgemeinen Verfassungsgeschichte, 2. Aufl. Göttingen 1962, S. 34 ff.

[31] *Otto Brunner:* Land und Herrschaft, Grundfragen der territorialen Verfassungsgeschichte Österreichs im Mittelalter, 5. Aufl., Darmstadt 1965.

kanzleramt seinen Platz hatte – so wie das spätere Verteidigungsministerium. Die weitgehend nichtöffentliche Aufbauphase des neuen auswärtigen Dienstes hatte erhebliche personelle und sachliche Konsequenzen – eine von ihnen ist ganz sicher die, daß trotz einiger heftiger Kontroversen auch im Bundestag die auswärtige Politik frühzeitig ausschließlich zur Sache der Regierung wurde.

Hier setzt *Baade* an. Er legt erst die Fragestellung *Hintzes* dar und schließt daran einen Überblick über vergleichbare Erwägungen anderer Theoretiker an, der mit historischen Beispielen angereichert ist. Dies spitzt sich auf die Frage zu, die z. B. *Carl J. Friedrich* [32] gestellt hat, ob nämlich »überhaupt die Krise des Parlamentarismus in der Schwierigkeit, unter ihm eine stetige und geschmeidige Außenpolitik zu führen, eine ihrer Hauptwurzeln habe« (S. 53). Anschließend geht *Baade* auf die früheren Gleichgewichtstheorien ein, um ihnen dann das Syndrom der atomaren Bipolarität gegenüberzustellen, das *John H. Herz* [33] entwickelt hat und das heute weithin aufgelöst ist. In dieser Hinsicht erweist sich der Ansatz demnach als recht zeitbedingt. Aus dem Ansatz erklärt *Baade* in seiner 1960 abgeschlossenen Habilitationsschrift die verfassungsmäßige Homogenität des Ostblocks und die größere Heterogenität des Westblocks, dessen Mitglieder unterschiedlich auf die Integration reagiert haben und schließlich weniger durch ihre demokratischen als durch ihre antikommunistischen Qualitäten vergleichbar blieben. Klerikal-autoritäre Regime unterlagen demzufolge einer »Versteinerungswirkung«, die Bundesrepublik unterlag drastischen äußeren Einflüssen, die auch auf »die Erhaltung der Herrschaft einer bestimmten Regierung und der sie tragenden Partei oder Koalition gerichtet« waren (S. 70). Die in außenpolitischer Hinsicht ohnehin schon gefährdete »Chancengleichheit« der ›staatstragenden‹ Parteien wird so nicht nur durch das alleinige Verfügen über den Staatsapparat, sondern auch durch äußere Einflüsse aufgehoben. Geheimhaltungspflichten zugunsten der Regierung, deren aktives und passives Informationsmonopol und ihr Bündnis mit auswärtigen Mächten führten zu einer »politischen Prämiierung« der Exekutive.

Im zweiten Teil »Gewaltenteilung und internationale Beziehungen« wird aus dem ersten Teil die Konsequenz für die Entwicklung der BRD gezogen. *Baade* geht dabei von den Wertimplikationen des Grundgesetzes aus, zählt zu ihnen besonders die Gewaltenteilung und weist dann nach, daß diese im Feld der internationalen Politik weithin zugunsten der Regierung aufgehoben ist. Im einzelnen ist vom Rechtsetzungsmonopol durch internationale Verträge die Rede und von der weithin gelungenen Ausschaltung gerichtlicher Kontrolle, was für Baade bedeutet, »daß die Gewaltenteilung als Verfassungsinstitution der außenpolitisch bedingten Prämiierung des legalen Machtbesitzes wenn überhaupt, so nur in recht bescheidenem Umfange entgegengewirkt hat« (S. 115). Deshalb fragt Baade, ob durch rechtsgeschichtliche, rechtsvergleichende und ideengeschichtliche Verfassungsinterpretationen – jeder von ihnen ist ein eigener größerer Abschnitt gewidmet – ermittelt werden kann, welche Konsequenzen aus der Gewaltenteilung für die Mitwirkung des Parlaments in der internationa-

[32] *Carl J. Friedrich:* »Die Problematik der Willensbildung in der äußeren Politik«, in: Zeitschrift für Politik 1933, S. 645 ff.

[33] *John H. Herz:* International Politics in the Atomic Age (1959), dt. Ausgabe: Weltpolitik im Atomzeitalter, Stuttgart 1961.

len Politik gezogen werden können. Da diese für ihn unabdingbar ist, die gegenwärtige Regierungspraxis aber dem nicht gerecht wird, muß er wieder auf seine Ausgangsfrage zurückkommen: Der Einfluß auswärtiger Konstellationen auf die innere Verfassungsentwicklung ist demnach ein gewichtiges Negativum, welches durch manche der Exekutive ohnehin entgegenkommende Traditionen der deutschen Jurisprudenz nur vermehrt wird. Das im ganzen etwas uneinheitliche und im 2. Teil wegen seiner überwiegend historischen und ideologischen, kaum aber politisch-praktischen Argumentation nicht immer überzeugende Buch Baades wurde in unserem Zusammenhang genannt, weil an einem konkreten Zusammenhang dargelegt wird, wie die Exekutive Machtgewinn erzielen kann. Die Konsequenzen für den Apparat selbst sind dabei nur am Rande angedeutet. Daß der Bonner Regierungsapparat – historisch gesehen – nicht nur an deutsche Traditionen anknüpft und zusätzlich durch innenpolitische Besonderheiten der Zeit nach 1945 bedingt ist, sondern auch durch die äußere »Lage« beeinflußt ist, bleibt als wichtig festzuhalten.

Den verfassungsmäßigen Voraussetzungen wendet sich *Ernst W. Böckenförde* [34] in seinem Werk »Die Organisationsgewalt im Bereich der Regierung« zu. Er entwickelt im ersten Teil Begriff und Inhalt der Organisationsgewalt, ordnet sie dann in die Staatsfunktionen ein und der Exekutive zu – eingeschränkt durch den Gesetzesvorbehalt und das »Zugriffsrecht« der Legislative, um abschließend die Geschäftsordnungen der Regierung und der Ministerien in diese Grundlegung einzubauen. Im ausführlicheren zweiten Teil ist von den Inhabern der Organisationsgewalt (Kanzler, Minister, Kabinett), vom Inhalt und den Bindungen der Organisationsgewalt, kurz von der Bekanntmachung der Organisationsregelungen und endlich von den Ein- und Mitwirkungsbefugnissen des Bundestages die Rede. Die Arbeit versteht sich dogmatisch, bezogen auf das positive Verfassungsrecht. Anders als die von *Baade* verbleibt sie also im Bereich der klassischen Jurisprudenz. Sie ist deshalb in unserem Zusammenhang nicht wegen ihrer Fragestellung von Interesse, sondern weil sie sorgfältig und in jeder Hinsicht ausgefeilt darlegt, was unter den Bedingungen des Grundgesetzes möglich und erlaubt ist, wenn es um die Gestaltung des Regierungsapparates und um die Aufgabenverteilung in ihm geht. Dabei verfährt *Böckenförde* keineswegs unkritisch. Wo die Verfassung keine zureichende Antwort auf eine veränderte politisch-soziale Wirklichkeit mehr gibt, ist »es die Aufgabe staatsrechtlicher Dogmatik, dies bewußt zu machen und dadurch die dafür zuständigen und verantwortlichen Organe auf die Notwendigkeit von Veränderungen hinzuweisen« (S. 15 f.). Sachlich betrachtet Böckenförde die Organisationsgewalt als »einheitlichen Funktionsbereich«, sieht darin aber keinen bestimmten Rechtstitel, sondern einen »beschreibenden Sachbegriff« (S. 57). Die Organisationsgewalt »steht nicht neben den staatlichen Gewalten bzw. Grundfunktionen als selbständige Kompetenz, sondern ist in das System dieser Grundfunktionen, die ja die gesamte staatliche Tätigkeit in sich erfassen, einzuordnen«. Deshalb sind unterschiedliche Zuständigkeitsregelungen durchaus möglich; wichtig ist die Voraussetzung dann, wenn eine solche Regelung fehlt. Hier kommt Böckenförde weithin zu dem Ergebnis, daß in diesem Falle die Organisationsgewalt der Exekutive zuzuord-

[34] S. o. Anm. 7.

nen sei, die ihrerseits »eigenständige Funktion« (S. 83) ist. Die im zweiten Teil folgenden Einzelangaben setzen dies zwar immer voraus, hier hält sich Böckenförde aber ganz an die verschiedenen Grundgesetzbestimmungen und interpretiert sie durchgängig mehr im Sinne des parlamentarischen Systems als manche andere Juristen, die wie etwa *Köttgen* [35] derart zwischen Politik und Verwaltung unterscheiden wollen, daß für letztere ein eigener, weithin abgeschirmter Bereich entsteht. *Böckenförde* reichert seine Interpretation mit vielen Beispielen an. Im ganzen liegt von ihm eine vorzügliche Arbeit vor, die für jeden unentbehrlich ist, der sich mit den Problemen der Bonner Regierungsorganisation beschäftigt, ohne ihre verfassungsmäßigen Voraussetzungen außer acht zu lassen.

(2) Als nächstes sind einige systematische Aspekte zu nennen. Gemeint ist damit, daß man die Regierungsorganisation systematisch auf ihre Funktion innerhalb bestimmter Wirkungszusammenhänge hin untersuchen kann und dabei die erforderlichen kritischen Maßstäbe aus diesen Wirkungszusammenhängen erschließt. Ein erstes Beispiel ist die *Gesetzgebung*. Es ist unstrittig, daß in Bonn wie in allen Zentralen parlamentarischer Systeme die Gesetzgebung zum größten Teil innerhalb der Ministerien vorbereitet und weithin auch vorentschieden wird [36]. Dabei ist die Gesetzgebung selbstverständlich kein einheitlicher Vorgang. Man wird vielmehr zu unterscheiden haben zwischen Bestandteilen eines langfristigen Gesetzgebungsprogrammes – dazu gehört z. B. die Strafrechtsreform –, den Bestandteilen des aktuellen Gesetzgebungsprogrammes der jeweiligen Regierung, kurzfristig notwendig werdenden Gesetzen und den vielen Vorlagen, die von einzelnen Ministerien ausgehen und primär mehr oder weniger wichtigen Vorstellungen innerhalb dieser Ministerien entsprechen. Unter ähnlichen Bedingungen wie in Bonn ist eine konsequente Steuerung des Gesetzgebungsprogrammes Ausnahme; zumeist handelt es sich um mehr oder weniger ausgeprägte Zufälligkeiten mit jeweiligen politischen Schwerpunkten. Organe der Koordination sind die Regierung im engeren Sinne und das Parlament, letzteres allerdings nur soweit, als es sich nicht selbst zum Spiegelbild der Ministerialorganisation macht – mit den Bonner Ausschüssen ist das weithin der Fall – und dadurch die Fähigkeit zur selbständigen Reaktion einbüßt. Setzen einschlägige Untersuchungen bei den tatsächlich beschlossenen Gesetzen und bei den Regierungsvorlagen an, dann sind Ergebnisse zu erwarten, die z. B. folgende Hypothesen verifizieren oder falsifizieren: Übergreifende Programmvorstellungen werden in dem Maße gefährdet, in dem es zu allzu enger Zusammenarbeit zwischen Ministerien eines begrenzten Fachbereiches und den ihnen konkret zugeordneten Parlamentsausschüssen kommt. Die Koordination durch die Regierung, wenn sie nach deutscher Tradition Ministeramt mit Kabinettsmitgliedschaft verbindet, wird um so leichter, je weniger kleine Fachministerien es gibt, weil die ›großen‹ Ministerien ihrerseits schon Koordinationsfunktionen haben, deshalb speziellen Gruppenwünschen weniger zugänglich und auf enge Zusammenarbeit mit anderen Großministerien angewiesen sind. Mit der wachsenden Zahl von Ministerien, die ganz oder überwiegend der Gesetz-

[35] Vgl. von *Arnold Köttgen* vor allem: »Der Einfluß des Bundes auf die deutsche Verwaltung und die Organisation der bundeseigenen Verwaltung«, in: JöR NF 3, S. 67 ff., und JöR NF 11, S. 173 ff.

[36] Näheres dazu in Band II/1 der von mir herausgegebenen Reihe (s. oben Anm. 14).

gebungstätigkeit dienen, wächst das Gewicht der interministeriellen Ausschüsse und der informellen Zusammenarbeit der Referenten. Die Ausbreitung des Typus des Ressortgesetzes führt zu unhandlichen Gesetzen, weil die Verwaltungsregelungen immer mehr verstreut und die Möglichkeiten immer geringer werden, zusammenfassende Verfahrensordnungen zu schaffen. Der Typus des Ressortgesetzes wird überdies durch die in den interministeriellen Zusammenarbeit gefundenen vorgängigen Kompromisse, die nicht nur die Sache selbst, sondern auch Zuständigkeits- und Durchführungsfragen betreffen, akzentuiert. Die in den Gesetzen enthaltenen Grundsatzentscheidungen werden durch das legislatorische Beiwerk um so mehr verhüllt, als die Zahl der beteiligten Ressorts die Aufnahme ressortspezifischer Gesichtspunkte erzwingt.

Da die vorbereitende Mitarbeit bei der Gesetzgebung zu den klassischen Tätigkeiten der Ministerien gehört, enthüllen Studien über die Gesetzgebung auch ›klassische‹ Schwierigkeiten der Koordination, der Führungsbefugnis des Kanzlers und der Zusammenarbeit zwischen Regierung und Parlament, welches seine Arbeitsleistung immer erst zum Schluß einer Legislaturperiode selbst bestimmen und dabei dann Prioritäten setzen kann. Daneben gibt es viele modernere Tätigkeitsbereiche, die für die Regierungsorganisation Probleme neuer Art aufwerfen. Als Beispiel nenne ich die Folgen der europäischen *Integrationsbestrebungen,* zu denen vor allem gehört, daß es immer weniger gelingt, die internationalen Beziehungen über das Auswärtige Amt zu kanalisieren und das Parlament rechtzeitig genug an Grundsatzentscheidungen zu beteiligen [37]. In der Sache resultiert ein zunehmender Machtgewinn einiger Ministerien, ergeben sich neuartige Funktionen der Ministerialreferenten, die z. B. Firmen- und Verbandsinteressen in internationalen Verhandlungen vertreten müssen, und ergibt sich vor allem, daß ständig eine Vielzahl von internationalen Verhandlungen stattfindet, welche von nationalen beamteten Spezialisten geführt werden. Es würden hierfür neue Koordinationsmechanismen benötigt, die es im allgemeinen noch nicht gibt. Das Versagen des sogenannten Integrationsältestenrates des Bundestages ist dafür ein gutes Beispiel – ihm fehlt ganz einfach der Partner, und selbst koordinieren kann er nicht [38]. Ein weiteres Beispiel: Die sogenannte Interdependenz der Lebensverhältnisse läßt auch im nationalen Bereich die tradierte Ressortaufteilung höchst fragwürdig werden. Fragt man etwa von den mannigfachen Gemeinsamkeiten der sogenannten *Wirtschafts-* und der *Sozialpolitik* her, dann ist im Ergebnis festzustellen, daß nahezu sämtliche Ministerien es auch mit diesen Bereichen zu tun haben, ihm aber mit mannigfach variierten Fragestellungen und Interessenschwerpunkten begegnen [39].

[37] Auch zu diesem Thema ist bisher in erster Linie *R. Wildenmann,* a.a.O., zu erwähnen.

[38] Vgl. dazu *F. Schäfer,* a.a.O., S. 104 f.

[39] Öffentlich am meisten erörtert wurden bisher die Überschneidungen im Bereich der Entwicklungshilfepolitik. Hierzu legte der Bundsrechnungshof im April 1964 eine Denkschrift vor, die ergab, daß außer dem Bundespräsidialamt, dem Bundestag und dem Bundeskanzleramt an der Entwicklungshilfe 15 Bundesministerien und 17 nachgeordnete Behörden sowie 8 andere Einrichtungen beteiligt seien. In den Ministerien seien 231 Ministerialreferate mit zuständig, deren Zuständigkeit sich in mehr als 700 Punkten überschneide. Schon vorher äußerte sich kritisch *E. W. Böckenförde,* a.a.O., S. 195. – Eine vorzügliche Einführung in diesen Gesamtkomplex gibt *Gerhard Fritz*: Organisation der Entwicklungspolitik, Bonn 1963, Eichholz Verlag. 142 Seiten. Die Veröffentlichung unterrichtet sowohl über die internationalen als

Gleichgültig ob man von verfassungsmäßig festgelegten Funktionen oder von einigermaßen abgrenzbaren Tätigkeitsbereichen ausgehend die Regierungsorganisation einer systematischen Analyse unterzieht, immer werden einige genuine Probleme sichtbar. Es sind in der Sache Führungsprobleme: Die zunehmende Differenzierung der Tätigkeit innerhalb der Regierungsorganisation (einer Tätigkeit, die überdies ganz verschiedene Orientierungsschwerpunkte hat: das bloße Beobachten eines Bereiches, Ordnungsaufgaben prinzipieller Art, Steuerungs- und Regelungsaufgaben im allgemeinen und besonderen usw.) erschließt die Fragwürdigkeit der tradierten Vorstellungen von politischer Führung [40]. Sie sind bezogen auf die Regierung im Sinne des Kabinetts und in der Regel durch den Hinweis auf die zweifache Funktion des Ministers ausgedrückt worden. Der Minister wurde einerseits als Teilhaber an den politischen Grundsatzentschlüssen gesehen, die dem Kabinett vorbehalten sein sollen, und andererseits als Chef seines Ressorts, mit den sich daraus ergebenden systemimmanenten Leitungsfunktionen [41]. Abgesehen davon, daß dabei leicht die dritte ›Rolle‹ des Ministers, die in seiner Partei und in der Fraktion, übersehen wird, verschleiert diese Sicht Wesentliches [42]. Ich deute nur an: Gemäß deutscher Tradition bleiben Minister relativ lange im Amt. Das vermehrt die Gefahr der Umfunktionierung jener beiden Funktionen. Langjährige Amtstätigkeit wird häufig zur Identifikation mit dem ›Haus‹ führen. Der Minister tritt dann nicht mehr seinem Haus als politisch verantwortliches Kabinettsmitglied gegenüber, sondern fühlt sich im Kabinett als Vertreter seines Ministeriums, wobei er häufig nicht nur seinem eigenen Apparat und dessen Ressortgesichtspunkten zu eng verbunden ist, sondern außerdem noch zum Botschafter bestimmter Einzel- oder Gruppeninteressenten im Kabinett und auch im Parlament wird. In diesem Fall wird aus den zwei grundlegenden Funktionen eine einzige, die im konstitutionellen Gefüge nicht vorgesehen ist. Weiter wird das wachsende Maß an Verselbständigung verkannt, das sich in den Ministerien beobachten läßt. Es ist in vieler Hinsicht zwangsläufig, wird aber auch durch Bonner Eigentümlichkeiten vermehrt. Unter ihnen ist die

auch über die nationalen Einrichtungen, beide beanspruchen je etwa die Hälfte des Buches. In beiden Fällen ist von den amtlichen, offiziösen und privaten Stellen, die beteiligt sind, sowie von ihrer Zusammenarbeit die Rede. Beabsichtigt ist dabei Information, nicht Analyse. Dennoch finden sich kritische Bemerkungen – angesichts der nahezu sprichwörtlichen Kompliziertheit der Verhältnisse in Bonn lassen sie sich kaum unterdrücken.

[40] Siehe oben Anm. 21.

[41] Vgl. dazu *E. W. Böckenförde,* a.a.O., S. 173 ff. In der Folge wird dann allzu leicht das Kabinett mit Politik identifiziert, während das Ministerium als oberste Verwaltungsbehörde fungiert und die Vermittlung des einen mit dem anderen dem Minister überlassen bleibt.

[42] Dazu gehört auch, daß es zwar deutscher Tradition entspricht, jeden Minister ins Kabinett aufzunehmen, diese Tradition aber in mancher Hinsicht fragwürdig geworden ist. Es spricht vieles für eine Vermehrung der Ressorts und für eine Verkleinerung des Kabinetts. So auch *R. Wildenmann,* a.a.O., S. 172. *E. Böckenförde* gewinnt (a.a.O., S. 176) der englischen Unterscheidung zwischen Kabinett und Regierung Sympathien ab; er verweist darauf, daß die Dinge in den Bundesländern völlig anders liegen – dort ist z. B. die Zahl der Ministerien mit Recht meist fixiert – und schreibt S. 178: »Die im Grundgesetz vorgesehene Regierungsstruktur ist in ihrem Kern ... eine modifiziert bürokratische, die Einheit der Regierung, die sich daraus ergibt, eine schematische, nicht eine gegliederte und gestufte.«

wohl gewichtigste das Fehlen einer einheitlichen Personalpolitik, also das Verbleiben der Beamten in einem einzigen Ressort [43].

Wenn wir derart sagen, daß Untersuchungen, die von einem systematischen Ansatz ausgehen, vorwiegend die technischen Führungsprobleme erschließen, dann reicht das natürlich nicht aus, weil auch sachliche Führungsprobleme gesehen werden müssen und können. Als Beispiel dafür möge der weite Bereich der sogenannten *Planung* dienen [44]. Ohne an dieser Stelle auf die begriffliche und methodische Problematik der Planung einzugehen, ist evident, daß die primär ressortbezogene Planung bestenfalls zu einem System ungeordneter Teilplanungen führt und in der Sache eher bürokratiefreundlich und damit politikfeindlich wirken muß. Das bedarf folgender Erläuterung: Ich gehe ohne nähere Begründung davon aus, daß die Planungstendenzen von den politischen Instanzen bestimmt werden müssen (z. B. deshalb, weil nur so das notwendige Maß an Öffentlichkeit gesichert ist) und daß die erforderlichen Grundsatzentscheidungen wiederum den politischen Instanzen vorzubehalten sind [45] (z. B. deshalb, weil Planung u. a. zu einer Selbstbindung der Regierung und des Parlaments führt). In diesem Sinne läßt sich im Blick auf die Politik zwischen übergreifender und Detailplanung unterscheiden. Die erstere beruht auf Bestandsaufnahme, Ermittlung der Entwicklungstendenzen, Herausarbeiten der möglichen Planziele und deren Festlegung; die letztere vollzieht sich im Rahmen gegebener Ziele, indem sie die bereichsspezifischen Planungsmittel benutzt, um das verfügbare Einflußinstrumentarium indikativ oder imperativ bei der Lösung anstehender Aufgaben so einzusetzen, daß die jeweilige Aufgabenbewältigung in den Dienst der allgemeinen Planungsziele tritt. Dergestalt müssen letztere vorgängig festgelegt und können also auch nur zentral ermittelt werden. Das schließt Zusammenarbeit der Fachressorts und -behörden natürlich nicht aus. Finden dagegen zentrale Planungsüberlegungen nicht statt oder sind sie nicht zureichendes Imperativ für Einzelplanungen, dann wird das Wesen moderner Planung verkannt oder sogar bewußt verfehlt.

Die Planung bietet mithin einen systematischen Forschungsansatz, mit dessen Hilfe herauszufinden ist, wie es gegenwärtig zur Formulierung von grundsätzlichen Entscheidungen kommt. Das kann unter dem konstitutionellen Gesichtspunkt der Machtverteilung ›interessant‹ sein, es ist aber mindestens ebenso interessant unter dem Ge-

[43] Ein weiteres Problem ist das der Koordination. Für sie werden zunehmend institutionelle Vorkehrungen (Teilkabinette, interministerielle Ausschüsse usw.) erforderlich, dennoch kann letztlich das Kabinett nicht wirksam entlastet werden, weil derartige Koordinationsmechanismen die grundsätzliche Gleichberechtigung der Minister nicht neutralisieren. Dies gilt weithin auch für die geschäftsordnungsmäßig vorgesehene Sonderstellung einzelner Minister: die GO kann die Verfassung nicht durchbrechen.

[44] Die Literatur zur Planungsproblematik ist heute schon äußerst verzweigt; einzelne Nennungen müßten hier begründet werden. Ich verweise deshalb nur auf *Joseph H. Kaiser* (Hg.): Planung I, Recht und Politik der Planung in Wirtschaft und Gesellschaft, Baden-Baden 1965, und den 1967 folgenden Band II, die die bisher konkreteste Übersicht über tatsächliche Planungen auch in der BRD enthalten.

[45] Damit ist nichts zu dem entscheidungstheoretischen Problem gesagt, ob Planung zu Entscheidungsalternativen führen kann oder ob nicht in vielen Fällen nahezu zwangsläufig nur eine einzige Entscheidungsmöglichkeit so ausgearbeitet ist, daß dann die politischen Instanzen zustimmen müssen. Auch Planung ist ja Investition.

sichtspunkt der aufgegebenen Zukunftsbewältigung. Detailplanung, das sei einfach als These festgestellt, führt bestenfalls zur Anpassung des gegebenen Systems an neue Erfordernisse, sie ist also überwiegend gegenwartsbezogen – eine bereichsenge Zukunftsantizipation wäre auch wenig sinnvoll. Das ergibt einen forschungsstrategisch sinnvollen kritischen Ansatz gegenüber dem, was in Bonn planend geschieht. Daß auch in Bonn trotz vieler, gerade in der Bürokratie wirksamer Aversionen geplant wird, versteht sich von selbst; es handelt sich aber eben um Detailplanung. Abgesehen von der relativ zentralen Kompetenz des Finanzministeriums bei der Haushaltsplangestaltung liegen die planerischen Schwerpunkte, soweit es sie überhaupt gibt, in den Ministerien. Die Errichtung der Planungsabteilung im Bundeskanzleramt hat daran bisher noch nichts geändert. Für den Abteilungschef sind noch keine wirksamen Kompetenzen geschaffen worden; er ist im Grunde auf seine guten Beziehungen zu den Leitern der einzelnen Planungsstäbe angewiesen, von denen ich die im Auswärtigen Amt, im Innenministerium und im Arbeits- und Sozialministerium gesondert nenne.
Planung ist grundlegend für politische Strategie. Sofern es politische Strategie in der Geschichte gegeben hat, bediente sie sich solcher Mittel, die wir heute der Planung zurechnen, auch wenn es dabei zu beachten gilt, daß sich durch die Weiterentwicklung des menschlichen Beobachtungs- und Aufzeichnungsvermögens und durch die dabei verfügbaren Hilfsmittel sowie durch die Zahl der Beteiligten ein ins Qualitative umschlagender quantitativer ›Fortschritt‹ der tatsächlichen Planungsmöglichkeiten vollzogen hat [46]. Die in Zusammenhang mit meinem eigenen Untersuchungen in Bonn durchgeführten Befragungen von Beamten des höheren Dienstes ergaben, daß ihnen diese Problematik der Planung weitgehend fremd ist. Es gibt keine quantitativ erheblichen Änderungswünsche, die auf bessere Planung bezug nehmen, Planung ist kein kontroverses Gesprächsthema in den Ministerien. Sie wird von den Befragten überwiegend als Frage der internen Arbeitsorganisation angesehen, wenn sie nicht sogar nur als Frage des Terminkalenders betrachtet wird. Das bedeutet forschungstechnisch, daß der über die Planung versuchte Ansatz (anders als bei Ansätzen über greifbare Gegebenheiten, die natürlich ihrerseits einer theoretischen Formulierung bedürfen), dezidiert von einer Theorie der Planung ausgehen muß, innerhalb derer die verschiedenen Elemente der Planung ihren Platz und ihren Stellenwert erhalten, jedenfalls aber gesondert erscheinen. Nur so kann ermittelt werden, welche Planungselemente überhaupt vorhanden sind und welche nicht und welche Einstellungen und Motive bei den Beteiligten berücksichtigt werden müssen – in

[46] *Friedrich H. Tenbruck:* »Zu einer Theorie der Planung«, in: Wissenschaft und Praxis, Köln 1967, schreibt S. 128, formal betrachtet seien Planungen nicht Neues. »Planendes Handeln, überlegte Regelungen, Zweckverwirklichung für andere hat es gegeben, seit die gesellschaftliche Organisationen die Befugnisse oder die Macht für entsprechende Maßnahmen einzelnen zugeteilt oder belassen hat, also mindestens seit es staatliche Organisation gibt. Das Besondere der heutigen Situation liegt denn auch in den materialen Dimensionen der gegenwärtigen Planungen. Es sind das steigende Ausmaß und Tempo der Planungen und die wachsende Zahl der Planungsträger, welche eigentlich zur Debatte stehen. Es sind diese neuen Dimensionen der an sich nicht neuen Planungen, welche erst das Ob und Wie unsicher machen und auf verschiedensten Einzelgebieten zum Streit der Experten führen.« Vgl. dazu auch *Jürgen Bertram:* »Die Planung und der Prozeß der wechselseitigen Abstimmung von Staats- und Kommunalpolitik«, in: PVS 1966, S. 377 ff.

der Beamtenschaft gibt es nach unseren Untersuchungen keinen einigermaßen durchgängigen, theoretisch haltbaren Planungsbegriff.
(3) Eine weitere Gruppe von Fragestellungen erschließt sich, wenn von der politischen Wissenschaft Kategorien der *Organisationssoziologie* übernommen werden [47]. Sie brauchen hier nicht im einzelnen aufgezählt zu werden. Wichtig ist nur der Hinweis, daß es nicht darauf ankommen kann, ein ganzes System der Organisationssoziologie zu entwerfen und es über den empirischen Befund zu stülpen. Die unsere Wissenschaft beschäftigenden Fragen sind enger auf die politische Handhabung des Instrumentariums bezogen, also auf die Ausbildung vorgesehener und unvorhergesehener politischer Potenzen im Apparat selbst und auf die Bindung des Apparates an die politischen Instanzen oder auf den Einfluß, den der Apparat auf diese Instanzen ausüben kann. Ich nenne in diesem Zusammenhang nur einige prinzipiellere Fragestellungen, die m. E. sowohl Einzeluntersuchungen als auch – später – Gesamtüberlegungen zugrunde liegen sollten. Eine erste ist die nach der Wirksamkeit des *hierarchischen Prinzips.* Hier wäre historisch zu klären, ob dieses Prinzip wirklich im Sinne von *Max Weber* untrennbar mit dem Wesen der Bürokratie verbunden ist oder erst unter ganz bestimmten Voraussetzungen voll wirksam wurde [48] – Voraussetzungen, die mindestens zum Teil heute entfallen sind, nachdem sich etwa die Bürokratie nach Vorbildung und Funktion nicht mehr homogen zusammensetzt und es eine klare Arbeitsaufteilung auf die einzelnen Ministerialabteilungen kaum mehr geben kann [49]. In engem Zusammenhang damit steht die Frage nach den *informellen* Wegen der Information, Meinungs- und Entscheidungsbildung, ein Bereich, der sich natürlich konsequenten Untersuchungen weithin entzieht. Daß nach den Auswirkungen des Nebeneinanders von Stab und Linie, sofern es vorhanden ist, gefragt werden muß, versteht sich von selbst. Auch die Rückwirkungen des immer stärkeren Abbaus unmittelbarer, personenbezogener Verantwortung, seinerseits weitgehend durch die Vergrößerung des Apparates bedingt, sind von erheblichem Interesse. Noch wichtiger ist die Frage nach den *Orientierungsschwerpunkten,* die sich in der Beamtenschaft feststellen lassen; die Gemeinwohlvorstellungen, das Festhalten am Gewaltenteilungsschema, das spezifische Berufsethos der Beamten, die Einstellung zu der Frage, wie Leistung honoriert werden soll, alles das ist für sich wichtig und ist

[47] Statt vieler verweise ich hier nur auf die vorzügliche Arbeit von *Niklas Luhmann*: Funktionen und Folgen formaler Organisation, Berlin 1964.
[48] Hierzu verweise ich auf eine Untersuchung, die *Joachim Blank* im Band III/2 der von mir herausgegebenen Reihe (s. oben Anm. 10) veröffentlichen wird.
[49] Die Wirksamkeit dieses Prinzips ist dringend unter sozialpsychologischen Gesichtspunkten zu erörtern. Vgl. dazu *Robert Presthus*: Individuum und Organisation, dt. Ausg. Frankfurt. Zu überlegen ist aber auch, daß die Durchgängigkeit der hierarchischen Struktur, verbunden mit der dauerhaften Kompetenzordnung, eine erhebliche Behinderung beweglichen Verwaltens dort bedeutet, wo vorübergehende Arbeitsgruppen, projektgebundene Teams usw. an sich zweckmäßig wären. Die Stäbe in den Bonner Ministerien, die überwiegend erst 1967 eingerichtet worden sind, haben meist nur derartige Funktionen, d. h. sie bearbeiten abteilungsübergreifende Angelegenheiten. In diesem Zusammenhang ist auf die auch hierfür wichtigen Untersuchungen zur Verwaltungslehre hinzuweisen, z. B. *Paul Meyer*: Die Verwaltungsorganisation, dt. Ausg., Göttingen 1962, oder auf *Fritz Morstein Marx* (Hg.): Verwaltung, Eine einführende Darstellung, Berlin 1965.

unerläßlich für den politischen Kontext, der noch geschrieben werden muß [50]. Was hier unterschwellig oder ausdrücklich virulent ist, kann Instrument der Führungstechnik sein, es kann die Führung auch erschweren wie überall dort, wo der Apparat sich verselbständigt und auch im ideologischen Bereich unabhängig von seiner Führung wird. Wer viel in Bonner Ministerien zu tun hat, ist z. B. beeindruckt davon, wie häufig er auf die tatsächlich zumeist äußerst bescheidenen Räumlichkeiten und Arbeitsbedingungen hingewiesen wird, wie sehr dabei Abwehr gegen öffentliche Meinungsäußerungen mitschwingt und wie oft Selbstmitleid sichtbar wird. Auch die erhebliche Kritik an der Personalpolitik ist ein ernstliches Führungsproblem. Erkenntnistheoretisch ist dabei von Interesse, wie stark objektivistische Grundhaltungen auch hier sind und wie gern man sich über den politischen Charakter, den Personalentscheidungen auf einer bestimmten Ebene nun einmal haben, hinwegtäuschen möchte. Daß dies wiederum das Verhältnis zu den Parteien und zu den Abgeordneten und über sie zum Parlament mitbestimmt, muß gesehen werden. Was wir darüber wissen, erlaubt es aber allenfalls Hypothesen zu formulieren; es reicht nicht aus, um Programme festzulegen. Ein letzter ›Eindruck‹ in diesem Zusammenhang: Ein nicht unerheblicher Teil der Beamtenschaft ist von der Notwendigkeit grundlegender Reformen überzeugt. Diese müssen aber, so wird verbreitet angenommen, aufgrund eines rationalen Konzeptes erfolgen und brauchen empirische Erhebungen gar nicht oder nur bedingt zu berücksichtigen. Die eigenen Einstellungen und Gewohnheiten haben in diesem Denken keinen Stellenwert: Der Regierungsapparat, das sei als These formuliert, bedient sich der Sozialforschung zwar, wo es ihm nötig dünkt, will sie aber ungern auf sich selbst angewandt wissen, weil das den Glauben an objektiv sinnvolle rationale Organisation stören würde. Diese These enthält keinen Vorwurf, sondern nur eine Feststellung, die ihrerseits in der Hauptsache auf die verbreitete juristische Denkweise zurückführt. *Hegel* ist in der deutschen Beamtenschaft bekanntlich recht einseitig rezipiert worden.

IV.

Obgleich die vorstehenden Ausführungen nur Beispiele enthalten und keinerlei Vollständigkeit beabsichtigen konnten, ergibt sich, daß selbst auf diesem relativ begrenzten Feld die Forschungsmöglichkeiten sehr ausgedehnt sind. Das gilt auch, wenn wir die praktischen Widerstände berücksichtigen, mit denen im konkreten Fall gerechnet werden muß. Deshalb sollte abschließend noch einmal nachdrücklich betont werden, daß es mir um die realen Forschungsmöglichkeiten, nicht um ein umfassendes Forschungsprogramm geht. Wie viele Einzeluntersuchungen erforderlich sind, bevor eine zureichende Beurteilungsbasis entsteht, kann im vorhinein niemand sagen. Auch ver-

[50] Wesentliche Vorarbeiten liegen dafür in den neueren Darstellungen zur Beamtengeschichte vor; in erster Linie *Reinhart Koselleck*: Preußen zwischen Reform und Revolution; Allgemeines Landrecht, Verwaltung und soziale Bewegung von 1791 bis 1848, Stuttgart 1967; *Wolfgang Runge*: Politik und Beamtentum im Parteienstaat, Die Demokratisierung der politischen Beamten in Preußen zwischen 1918 und 1933, Stuttgart 1965; *Hans Mommsen*: Beamtentum im Dritten Reich, Mit ausgewählten Quellen zur nationalsozialistischen Beamtenpolitik, Stuttgart 1966.

steht sich von selbst, daß die Jurisprudenz, die Verwaltungswissenschaft und vor allem die Soziologie, vieles zum Thema beizutragen haben – manche Arbeiten werden überhaupt nur schwer der einen oder anderen Wissenschaft zuzuweisen sein. Darauf kommt es aber auch gar nicht an. Wichtiger ist es zu klären, ob für die politische Wissenschaft eine einigermaßen klare Forschungsstrategie entwickelt wird, d. h., ob man sich darauf verständigen kann, welche die in der Hauptsache bestimmenden Forschungsziele sind. Ich selbst sehe vorwiegend drei Zielkomplexe, die natürlich ineinandergreifen:

(1) Das System der parlamentarischen Demokratie im allgemeinen und das Grundgesetz im besonderen geben den politischen Instanzen, d. h. zunächst dem Parlament und dem Kabinett, einige Führungsmittel in die Hand, die insgesamt die Herrschaftsausübung ermöglichen, mit deren Hilfe die Aufgaben des Gemeinwesens bewältigt werden sollen und mit denen auch der dazu erforderliche Apparat, wie er durch Personen und Verwaltungsmittel im weitesten Sinne gebildet wird, gesteuert werden soll. Führungsmittel dieser Art sind z. B. die Ministerverantwortlichkeit [51], die öffentliche parlamentarische und gerichtliche Kontrolle der Verwaltung, die Gesetzesbindung, der Haushaltsplan und die Rechnungskontrolle, bestimmte Organisationsformen innerhalb der Verwaltung, die Idee des unabhängigen Berufsbeamtentums und vieles andere mehr. Zu untersuchen ist, wieweit diese Führungsmittel (noch) funktionieren, damit ggf. überlegt werden kann, welche Reformen oder welche Neueinrichtungen notwendig werden [52].

(2) Eine grundlegende Frage an alle gegenwärtige Politik ist die, ob und wieweit es ihr gelingt, die Möglichkeiten sinnvoller Zukunftsantizipation in die gegenwärtigen politischen Entscheidungen aufzunehmen. Das erfordert Teilhabe am Wissen unserer Zeit, Nutzbarmachen dieses Wissens für die Politik, längerfristige politische Strategie und um ihretwillen Planung im offeneren Sinne dieses Wortes, sowie Änderungen des tradierten politischen Instrumentariums zum Zwecke einer rationalen Zukunftsöffnung. Zu untersuchen ist mithin, wieweit die konkrete Regierungsorganisation für diese Aufgabe gerüstet ist und wieweit sie geändert werden muß, um sie erfüllen zu können. Während der erste Frageansatz eine Theorie der Demokratie voraussetzt, setzt der zweite eine Theorie der Planung voraus – um beides sich zu bemühen oder an entsprechenden Bemühungen teilzuhaben, ist eine grundlegende Aufgabe der Politischen Wissenschaft.

(3) Weiterhin scheint es mir geboten, die unter (1) und (2) genannten Aufgaben auch noch unter dem Aspekt der Konsensbildung zu sehen, d. h. zu untersuchen, welche

[51] Auch die Ambivalenz des Verantwortlichkeitsbegriffes ist bisher nicht ausreichend gewürdigt. Traditionell ist der personale Verantwortungsbegriff verbreitet, der Verantwortung entweder auf Norm und Sanktion oder – soweit sie nicht vorhanden und damit keine Beurteilungsmaßstäbe gegeben sind – auf das individuelle Gewissen bezieht. Praktisch werden damit viele ›Verantwortliche‹ mehr oder weniger unverantwortlich, solange nicht die ›neue Lage‹ erkannt und ihr entsprochen wird. Dazu *N. Luhmann*, a.a.O., S. 172 ff.

[52] Dies ist im wesentlichen das ›Programm‹, das der von mir herausgegebenen Reihe »Politik – Regierung – Verwaltung« zugrunde liegt. Band II untersucht dabei die Führungsmittel unter dem Aspekt der Mitwirkung des Parlaments (Teilband 1: Gesetzgebung und politische Kontrolle; Teilband 2: *Joachim Hirsch:* Haushaltsgesetzgebung und Rechnungskontrolle, Stuttgart 1968).

Phänomene der derzeitigen Regierungsorganisation und Entscheidungsfindung in der Hauptsache die ›Öffentlichkeit‹ des Regierungssystems beeinträchtigen und was entsprechend zu verändern wäre. Es ist für mich kein Zweifel, daß jeder Beitrag dazu, die Regierungsfähigkeit der politischen Führung zu verbessern, nur dann seinen Sinn erfüllt, wenn diese Führung ständig in ihren notwendigen und möglichen Bezügen auf den Wähler gesehen wird. Es ist mir weiter kein Zweifel, daß jede Verstärkung der Zukunftsträchtigkeit des politischen Tuns genuine Gefahren für die Demokratie in sich birgt, wobei ich nicht in erster Linie an die Gefahren der Expertokratie, sondern an die des Versagens der Aufklärungsmöglichkeiten denke. Diesen Gefahren muß begegnet werden. Deshalb erwähne ich den Konsensaspekt besonders, obgleich er über die früher genannten Forschungsmöglichkeiten weit hinaus- und ganz andere Zusammenhänge umgreift. Das macht freilich zugleich deutlich, daß Forschungen dieser Art nie isoliert begriffen werden können und, wo sie doch isoliert gesehen werden, ihren Sinn verfehlen.

Der Artikel dient zugleich der Besprechung folgender Veröffentlichungen:

Hans W. Baade: Das Verhältnis von Parlament und Regierung im Bereich der Auswärtigen Gewalt der Bundesrepublik Deutschland, Hamburg 1962;

Ernst-Wolfgang Böckenförde: Die Organisationsgewalt im Bereich der Regierung, Berlin 1964;

Gerhard Fritz: Organisation der Entwicklungspolitik, Bonn 1963;

Institut ›Finanzen und Steuern‹: Der Finanzminister, Bonn 1954; sowie die ersten acht Bände der Reihe: *Ämter und Organisationen der Bundesrepublik Deutschland.*

DIE WÄHLERBEWEGUNGEN
BEI DER BUNDESTAGSWAHL AM 28. SEPTEMBER 1969

Von *Hans D. Klingemann* und *Franz Urban Pappi*

I. Einleitung

Über die Bundestagswahlen in Westdeutschland liegen – mit der einen Ausnahme von 1949 – eingehende Untersuchungen vor. Sowohl die privatwirtschaftliche als auch die akademische Sozialforschung sind mit zahlreichen Beiträgen vertreten [1]. Trotz der Identität des Erfahrungsobjektes »Bundestagswahl« wurden im einzelnen sehr verschiedene Fragestellungen behandelt. Die Themen reichen von der Bedeutung des Wahlrechts für die Machtverteilung über zeitgeschichtlich orientierte Probleme bis hin zur Bestimmung der individuellen Wahlentscheidung aus sozialstrukturellen und politischen Merkmalen. Ein Versuch, die verschiedenen verhaltenswissenschaftlich relevanten Aspekte einer Wahl in einem Forschungsprojekt zusammenfassend zu behandeln, liegt für Deutschland mit der »Kölner Wahlstudie 1961« vor [2].

Die Verfasser danken Herrn Dr. *Max Kaase* für die Bereitstellung der Daten für die ökologische Analyse und dem *Institut für Politische Planung und Kybernetik,* Bad Godesberg, für die Erlaubnis zur Auswertung der Vorwahluntersuchung 1969.

[1] Als Beiträge der privatwirtschaftlichen Sozialforschungsinstitute seien erwähnt:
DIVO: Untersuchung der Wählerschaft und Wahlentscheidung 1957, Selbstverlag, Frankfurt am Main – Bad Godesberg 1958.
EMNID: Der Prozeß der Meinungsbildung, dargestellt am Beispiel der Bundestagswahl 1961, Selbstverlag, Bielefeld 1962.
INFAS: Wahlhandbuch 1965, Europäische Verlagsanstalt, Frankfurt am Main 1965.
IfD: Wählermeinung nicht geheim, Verlag für Demoskopie, Allensbach am Bodensee 1969.
Für die akademische Forschung seien erwähnt:
Wolfgang Hirsch-Weber und *Klaus Schütz:* Wähler und Gewählte. Eine Untersuchung der Bundestagswahlen 1953 (Schriften des Instituts für Politische Wissenschaft, Bd. 7), Franz Vahlen, Berlin und Frankfurt/M. 1957.
Juan Linz: The Social Bases of German Politics, Dissertation, Columbia University, 1958. Überarbeitete Fassung: "Cleavage and Consensus in West German Politics: The Early Fifties", in: *Seymour M. Lipset* and *Stein Rokkan* (Hg.): Party Systems and Voter Alignments, Free Press, New York 1967.
Uwe W. Kitzinger: German Electoral Politics, A Study of the 1957 Campaign, At the Clarendon Press, Oxford 1960.
Die Bundestagswahlen bis 1957 werden zusammenfassend abgehandelt in:
Erwin Faul (Hg.): Wahlen und Wähler in Westdeutschland, Ring Verlag, Villingen/Schwarzwald 1960.
Bernhard Vogel und *Peter Haungs*: Wahlkampf und Wählertradition, Eine Studie zur Bundestagswahl 1961, Westdeutscher Verlag, Köln und Opladen 1965.
Erwin K. Scheuch und *Rudolf Wildenmann* (Hg.): Zur Soziologie der Wahl, Kölner Zeitschrift für Soziologie und Sozialpsychologie, Sonderheft 9 (1965).

[2] *Erwin K. Scheuch* und *Rudolf Wildenmann:* »Das Forschungsprogramm der Kölner Wahlstudie«, in: *Erwin K. Scheuch* und *Rudolf Wildenmann*, a.a.O., S. 9–38.
Von den diversen Arbeiten im Rahmen der Kölner Wahlstudie 1961 seien erwähnt: *Ferdinand A. Hermens, René König, Erwin K. Scheuch* und *Rudolf Wildenmann* (Hg.): Politik und Wäh-

In der Wahlsoziologie im engeren Sinne, deren Ziel es ist, individuelles Wahlverhalten zu erklären, bediente man sich in erster Linie bei der Datensammlung des Instruments der Umfrage. Wie in den USA, so galt auch in der Bundesrepublik das Forschungsinteresse zunächst nur der einzelnen Wahl. Wenn Veränderungen der Einstellungen der Wähler untersucht wurden, dann in der Regel nur die Veränderungen während des Wahlkampfes, wobei man sich der *Panel*-Methode bediente, oder die Veränderungen von der untersuchten Wahl zur vorhergehenden Wahl, wobei man der Rückerinnerungsfrage nach der Wahlentscheidung vertraute [3]. Erst mit dem Anwachsen der Bestände an älteren Wahlumfragen ergab sich für den gewöhnlich ahistorisch vorgehenden Verhaltenswissenschaftler die Chance längerfristiger Trenduntersuchungen [4]. Damit gewannen auch ökologische Wahluntersuchungen wieder an Wertschätzung in solchen Kreisen, die hierin eine gewisse Zeit lang kaum etwas anderes gesehen hatten als eine Möglichkeit, sich des ökologischen Fehlschlusses schuldig zu machen [5]. Als bahnbrechend für den neuen Typ einer langfristig vergleichenden Soziologie der Wahl unter Verwendung von Umfragedaten sind die Arbeiten der Forschergruppe um *Angus Campbell* anzusehen [6]. *Max Kaase* hat diesen in Ann Arbor entworfenen Ansatz für Deutschland auch in der empirischen Anwendung übernommen. Mit Hilfe ökologischer Analysen der Wahlen seit 1949 und von Umfrageergebnissen seit 1961 konnte er Determinanten des Wahlverhaltens bei der Bundestagswahl 1969 im historischen Vergleich überzeugend klären [7].

ler, A. Hain, Meisenheim a. G., Bd. 1: *Franz Urban Pappi:* Wahlverhalten und politische Kultur, 1970.
Bd. 2: *Hans D. Klingemann:* Bestimmungsgründe der Wahlentscheidung. Eine regionale Wahlanalyse, 1969.
Bd. 3: *Max Kaase*: Wechsel von Parteipräferenzen, 1967.
Bd. 7: *Vera Gemmecke*: Parteien im Wahlkampf, 1967.
Karl Heinz Diekershoff: Das Wahlverhalten von Mitgliedern organisierter Interessengruppen, Dissertation, Köln 1964.
Gunnar von Schuckmann: Die politische Willensbildung in der Großstadt Köln seit der Reichsgründung im Jahre 1871, Dissertation, Köln 1965.
Theodor Wernerus: Die Massenkommunikationsmittel und der Bundestagswahlkampf 1961, Dissertation, Köln 1965.

[3] Im Zusammenhang mit Wahlstudien liegen für 1957 (DIVO), 1961 (Kölner Wahlstudie), 1967 bis 1969 (Institut für Sozialwissenschaften, Universität Mannheim) und 1969 (IfD und DIVO) *Panel*-Befragungen vor.

[4] Diese Möglichkeit wurde vor allem gefördert durch den Aufbau von Archiven für Umfrageforschung.

[5] Stets auf den Wert der politischen Ökologie hingewiesen hat: *Rudolf Heberle:* Hauptprobleme der Politischen Soziologie, Ferdinand Enke Verlag, Stuttgart 1967, S. 224 ff.
Dsgl. in: *Rudolf Heberle* und *Stein Rokkan:* »Zum Problem der Wahlsoziologie«, in: René König (Hg.), Handbuch der Empirischen Sozialforschung, Bd. 2, Ferdinand Enke Verlag, Stuttgart 1969, S. 863–911.
Vgl. auch die Diskussion bei *Gunnar von Schuckmann*, a.a.O., S. 94–101.

[6] Dies gilt vor allem für: *Angus Campbell, Philip E. Converse, Warren Miller* and *Donald Stokes:* Elections and the Political Order, John Wiley and Sons, Inc., New York-London-Sidney 1966.

[7] Vgl. den gleichfalls in dieser Zeitschrift veröffentlichten Artikel von *Max Kaase:* »Determinanten des Wahlverhaltens bei der Bundestagswahl 1969.«

Der hier vorgelegte Beitrag beschränkt sich thematisch auf die Beschreibung und Erklärung der Wählerbewegungen bei der Bundestagswahl 1969; Wählerbewegung verstanden als Wechsel der Parteipräferenz von einer Bundestagswahl zur nächsten. In Abschnitt III werden die Fluktuationen zunächst ökologisch, in Abschnitt IV dann mit Hilfe von Umfragen untersucht. Dabei werden die Fluktuationen bei den Bundestagswahlen 1961 und 1965 mit den entsprechenden Fluktuationen bei der Bundestagswahl 1969 verglichen. Das in Abschnitt V vorgestellte Erklärungsmodell betont den Einfluß politischer Ereignisse auf die individuelle Wahlentscheidung. Diese Betrachtungsweise führt zur Hervorhebung mittelfristiger Trends; die übliche Unterscheidung von kurz- und langfristigen Wählerbewegungen wird dadurch erweitert. Den mittelfristigen Wählertrends wurde bisher wenig Aufmerksamkeit gewidmet, vor allem auch deshalb, weil das Datenmaterial für die Analyse politischer Einstellungen vorwiegend in den Monaten kurz vor oder nach den Wahlen erhoben wird.

II.

Das Ergebnis der Bundestagswahl 1969

Zur Wahl des 6. Deutschen Bundestages am 28. September 1969 waren 38 677 235 Personen wahlberechtigt. 86,7 Prozent der Wahlberechtigten beteiligten sich an der Wahl. Die CDU/CSU wurde mit 46,1 Prozent der abgegebenen, gültigen Zweitstimmen stärkste Partei. Die SPD konnte 42,7 Prozent der Zweitstimmen gewinnen. Von den kleineren Parteien blieb nur die FDP mit 5,8 Prozent über dem vom Wahlgesetz vorgeschriebenen Zweitstimmenanteil von 5 Prozent, der für den Einzug in den Bundestag erforderlich ist [8]. Die NPD blieb mit 4,3 Prozent knapp darunter; sie ist im Bundestag also nicht vertreten. Auf alle anderen noch kandidierenden Parteien entfielen zusammen lediglich 1,1 Prozent der Zweitstimmen [9].

Im Vergleich zu den vorhergehenden Bundestagswahlen ist die Wahlbeteiligung als normal anzusehen. In ihrer Höhe entspricht sie mit nur geringer Abweichung dem langfristigen Durchschnitt (arithmetisches Mittel 1953–1965: 87,0 Prozent).

Die CDU/CSU hat zwar gegenüber 1965 leicht abgenommen (– 328 881 Zweitstimmen = – 2,1 Prozent, 1965 = 100); der erreichte Stimmenanteil entspricht aber einem für die Partei durchaus normalen Bundestagswahlergebnis, sieht man von den Wahlen 1949 und 1957 einmal ab.

Wie in allen Bundestagswahlen seit 1953 hat die SPD ihren Stimmenanteil vergrößern können. Im Durchschnitt betrugen die Zuwachsraten bisher 3,3 Prozentpunkte (1953/1957: 3,0; 1957/1961: 4,4; 1961/1965: 3,1). Die von 1965 auf 1969 erreichte

[8] Zu den formalen Bestimmungen vgl. *Karl-Heinz Seifert:* Das Bundeswahlgesetz, Bundeswahlordnung und wahlrechtliche Nebengesetze, Franz Vahlen, Berlin-Frankfurt/M 1957, nebst Ergänzungsheften.

[9] Zu den offiziellen Zahlen vgl. *Karl Schwarz* und *Alfred-Johannes Rangol:* »Ergebnis der Wahl zum 6. Deutschen Bundestag am 28. September 1969«, in: Statistisches Bundesamt (Hg.): Wirtschaft und Statistik, Heft 10 (1969), S. 549–558.

Steigerung entsprach mit 3,4 Prozentpunkten den Steigerungsraten der vorhergehenden Wahlen. Im Vergleich zu 1965 gewann die Partei 9,8 Prozent, d. h. 1 252 530 Zweitstimmen; die Zuwächse bei den Erststimmen, auf die wir in diesem Zusammenhang nicht näher eingehen wollen, waren noch weit größer.

Massive Stimmenverluste hatte die FDP hinzunehmen: die Partei verlor gegenüber 1965 1 193 317 Zweitstimmen, d. h. 38,5 Prozent. Dies ist das schlechteste Ergebnis der FDP bei Bundestagswahlen überhaupt.

Die NPD konnte im Vergleich zur Bundestagswahl 1965 ihren Stimmenanteil mehr als verdoppeln (+ 757 817 Zweitstimmen, d. h. + 114 Prozent). Im Vergleich zu den Ergebnissen, die sie in den Landtagswahlen nach der Bundestagswahl 1965 erzielen konnte, entsprach der Zuwachs jedoch nicht den Erwartungen. In den 8 Bundesländern, in denen die NPD an den Landtagswahlen teilnahm, konnte sie bei diesen Landtagswahlen insgesamt 1 509 972 Stimmen gewinnen; in den gleichen 8 Bundesländern hatte die NPD bei der Bundestagswahl 1969 nur noch 1 089 934 Wähler (Zweitstimmen), das ist ein Rückgang um 27,8 Prozent. Ohne diese Verluste gegenüber den Landtagswahlen wäre die NPD – bei den 1969 gegebenen Stimmenanteilen in Nordrhein-Westfalen und im Saarland (in diesen beiden Bundesländern nahm die NPD an den Landtagswahlen nicht teil) – mit 5,6 Prozent der abgegebenen, gültigen Zweitstimmen sicher in den Bundestag gekommen.

Zusammenfassend ist festzuhalten:

1. Die CDU/CSU hat gegenüber 1965 leicht abgenommen.
2. Die SPD hat, verglichen mit den anderen Parteien, die meisten Stimmen gewonnen.
3. Die FDP hat, verglichen mit den anderen Parteien, die meisten Stimmen verloren.
4. Die NPD hat, im Vergleich zur Bundestagswahl 1965, ihren Stimmenanteil verdoppeln können; im Vergleich zu den Landtagswahlen hat sie mehr als 400 000 Stimmen verloren.

Dieser Sachverhalt legt den Schluß nahe, daß die Stimmengewinne der SPD auf Kosten der Stimmenverluste der FDP gegangen sind. Diese These soll zunächst überprüft werden.

III.

Ökologische Analyse des Wahlergebnisses

1) Veränderung der Parteistimmenanteile im Bundesgebiet insgesamt

Um die aufgeworfene Frage entscheiden zu können, wurden auf Wahlkreisebene Indices gebildet, die die Zu- bzw. Abnahmen der Stimmenanteile der Parteien von 1965 auf 1969 kennzeichnen. Diese Veränderungsindices wurden per Korrelation miteinander in Beziehung gesetzt (*Pearsons*cher Produkt-Moment-Korrelationskoeffizient). Für die Berechnungen wird der Index verwendet, der die Veränderungen der Zahl der abgegebenen gültigen Stimmen durch einen Korrekturdivisor ausgleicht [10].

[10] Die Veränderungsindices wurden wie folgt gebildet (P = für eine Partei abgegebene Stimmen, B = Zahl der Wähler, R = Zahl der Wahlberechtigten und G = Zahl der gültigen Zweit-

Tabelle 1: Wahlergebnis 1969 und Veränderungsindex gegenüber 1965 im Bundesgebiet insgesamt

	Wahlbeteiligung	Gültige Zweitstimmen in % der Wähler	Parteistimmenanteile in % der gültigen Zweitstimmen					
			CDU/CSU	SPD	FDP	NPD	DFU/ADF	Sonstige
Prozent	86,8	98,3	46,1	42,7	5,8	4,3	0,6	0,5
Veränderungsindex	100,0	100,7	96,9	108,6	60,8	211,7	45,1	203,3

Tabelle 2: Veränderungsindizes der Wahlbeteiligung und der Parteistimmenanteile in ihrer Beziehung zueinander – Bundesgebiet insgesamt

	CDU/CSU	SPD	FDP	NPD	DFU/ADF	Sonstige
Wahlbeteiligung	,44	—,29	—,47	—,26	—,13	,23
CDU/CSU		—,48	—,66	—,27	—,14	,09
SPD			,17	—,05	—,16	—,38
FDP				,37	,19	—,31
NPD					,31	—,01

Produkt-Momentkorrelationen auf der Basis der Wahlkreise.

Die Ergebnisse der Analyse lassen sich wie folgt zusammenfassen:
(a) Stimmenzuwächse von SPD und CDU/CSU schließen sich gegenseitig tendenziell aus. In Wahlkreisen, in denen die Stimmenveränderungen für die SPD günstig waren, waren sie für die CDU/CSU ungünstig und umgekehrt.
(b) Veränderungen der Stimmenanteile von SPD und FDP laufen tendenziell parallel; d. h. in Wahlkreisen, in denen die SPD Stimmengewinne verzeichnen konnte, hat die FDP noch am wenigsten Stimmenverluste hinnehmen müssen und umgekehrt.
(c) Stimmenzuwächse der CDU/CSU gehen mit sehr starken Stimmenverlusten der FDP einher. In den Wahlkreisen, in denen die CDU/CSU am günstigsten abgeschnitten hat, hat die FDP die meisten Stimmen verloren und umgekehrt.
(d) Die Korrelationskoeffizienten deuten an, daß die NPD von den Verlusten der FDP tendenziell nicht profitiert hat. Die Korrelationen der Veränderungsindices weisen vielmehr auf Austauschbeziehungen zwischen NPD und CDU/CSU hin.
Die nach einem ersten Blick auf das Wahlergebnis zunächst plausibel erscheinende These, nach der die Stimmengewinne der SPD auf Kosten der Stimmenverluste der

stimmen, Suffix i steht für Veränderungsindex, Suffix 1 für BTW 65, 2 für BTW 69):

$$B_i = \frac{B_2 \cdot R_1}{B_1 \cdot R_2} \cdot 100; \; P_i = \frac{P_2 \cdot G_1}{P_1 \cdot G_2} \cdot 100.$$

Vgl. zu diesem Index: *Wolfgang Hirsch-Weber* und *Klaus Schütz,* a.a.O., S. 431 ff.

FDP erfolgt seien, muß also verworfen werden. In bezug auf SPD, CDU/CSU und FDP ergeben sich im Hinblick auf die Wählerbewegungen nunmehr zwei neue Thesen:
(a) Die SPD profitiert von den Stimmenverlusten der CDU/CSU.
(b) Die CDU/CSU profitiert von den Stimmenverlusten der FDP.

2) Veränderung der Parteistimmenanteile in Gebieten mit unterschiedlicher Sozialstruktur

Die getroffenen Feststellungen gelten für das Bundesgebiet insgesamt. Um zu entscheiden, ob es sich bei den aufgezeigten Beziehungen um einen für das ganze Bundesgebiet geltenden Trend handelt, oder ob diese Beziehungen in sozialstrukturell unterschiedlichen Regionen verschieden sind, wurden die Wahlkreise in folgende Gruppen aufgeteilt:
(a) Protestantische Stadtgebiete,
(b) Katholische Stadtgebiete,
(c) Protestantische Landgebiete,
(d) Katholische Landgebiete.

Tabelle 3: ***Bundestagswahlergebnisse 1965 und 1969 und Veränderungsindizes in Gebieten mit unterschiedlicher Sozialstruktur***

	Wahlbeteiligung	Gültige Zweitstimmen in % der Wähler	Parteistimmenanteile in % der gültigen Zweitstimmen					
			CDU/CSU	SPD	FDP	NPD	DFU/ADF	Sonstige
Protestantische Städte								
Prozent 1965	86,3	98,1	38,4	47,4	9,9	2,0	2,1	0,3
Prozent 1969	86,7	98,7	37,1	51,2	6,5	3,9	0,9	0,4
Veränderungsindex	100,5	100,6	96,6	108,0	65,9	194,1	44,5	157,2
Katholische Städte								
Prozent 1965	85,3	98,2	46,1	42,5	8,1	1,5	1,6	0,4
Prozent 1969	85,5	98,6	42,0	47,3	5,9	3,5	0,8	0,6
Veränderungsindex	100,2	100,4	91,2	111,3	73,0	235,6	48,7	171,9
Protestantische Landgebiete								
Prozent 1965	86,7	97,4	43,7	40,2	12,0	2,8	1,1	0,3
Prozent 1969	86,9	98,3	43,7	43,5	6,4	5,4	0,5	0,5
Veränderungsindex	100,3	101,0	100,0	108,2	53,8	194,7	45,2	183,1
Katholische Landgebiete								
Prozent 1965	88,1	97,1	60,5	29,3	7,5	1,6	0,8	0,3
Prozent 1969	87,4	97,9	58,6	31,9	4,4	4,0	0,4	0,8
Veränderungsindex	99,2	100,8	96,8	108,9	58,6	246,1	43,6	284,7

Die relativ grobe Einteilung nach den aufgeführten Merkmalen erschien uns im Hinblick auf die für sozialstrukturelle Klassifizierungen zur Verfügung stehenden Daten als angemessen [11]. Da sich insbesondere die Berufsstruktur seit der letzten Volks- und Berufszählung aus dem Jahre 1961 sehr stark gewandelt hat, unterblieb eine weitere Aufgliederung der Gebiete nach diesem im Hinblick auf das Wahlverhalten wichtigen Merkmal.

In bezug auf die Höhe der Stimmenanteile der Parteien in diesen Gebieten ergeben sich zunächst die erwarteten Schwerpunkte: In den protestantischen Stadtgebieten dominierte und dominiert die SPD, in den katholischen Landgebieten die CDU/CSU. Interessante Veränderungen ergeben sich in den beiden anderen Gebietstypen: in den protestantischen Landgebieten konnte die SPD mit der CDU/CSU 1969 gegenüber 1965 wieder gleichziehen; in den katholischen Stadtgebieten überflügelte die SPD die CDU/CSU. Im Jahre 1965 führte hier die CDU/CSU mit 46,1 Prozent der abgegebenen gültigen Zweitstimmen vor der SPD, die 42,4 Prozent erreichte. Bei der Wahl 1969 haben sich die Verhältnisse in den katholischen Stadtgebieten umgekehrt: die SPD führte mit 47,3 Prozent vor der CDU/CSU, die 42,0 Prozent der Zweitstimmen gewann.

Die FDP ist in ihren ehemaligen Schwerpunktgebieten, den protestantischen Stadt- und Landregionen, auch heute noch relativ am stärksten vertreten, so wie sie, traditionellerweise, in den katholischen Landgebieten immer noch am schwächsten ist.

Trotzdem haben Umschichtungen stattgefunden, auf die bei der Analyse der Veränderungsindices im nächsten Absatz eingegangen wird.

Betrachtet man die Veränderungsindizes der Parteistimmenanteile 1965/1969 in den unterschiedenen Regionen, so ergibt sich folgendes Bild:

(a) Die SPD hatte Stimmengewinne in allen Gebieten. Der Stimmenzuwachs war in katholischen Stadtgebieten am höchsten (Index: 111). In den übrigen Gebieten entsprach die Stimmenveränderung zugunsten der SPD dem Bundesdurchschnitt (Index: 109).

(b) Die CDU/CSU konnte, als bestes Ergebnis, ihren Stimmenanteil in protestantischen Landgebieten konstant halten (Index: 100). Am stärksten waren ihre Stimmenverluste in den katholischen Stadtgebieten (Index: 91); weniger gravierend waren sie in den katholischen Landgebieten und den protestantischen Städten (Index: 97).

(c) Die FDP hat in allen vier Regionen starke Verluste hinnehmen müssen. Diese Verluste waren am größten in den protestantischen Landgebieten (Index: 54) und am zweitgrößten in den katholischen Landgebieten (Index: 59). In den Städten waren die Verluste geringer (Index für protestantische Städte: 66, Index für katholische Städte: 73).

[11] Ein Wahlkreis wurde der katholischen Gruppe zugerechnet, wenn der Anteil der Katholiken an der Wohnbevölkerung (Volkszählung vom 6. 6. 1961) größer war als der Anteil der Protestanten. Für die Einteilung der Stadt- und Landgebiete wurde das Merkmal Bevölkerungsdichte verwendet. Betrug die Bevölkerungsdichte 1967 weniger als 400 Einwohner pro qkm, so wurde der Wahlkreis den Landgebieten zugerechnet. Vgl. Statistisches Bundesamt, Wiesbaden, Bevölkerung und Kultur, Reihe 8: Wahl zum 6. Deutschen Bundestag 1969, 2. Strukturdaten für die Bundestagswahlkreise, Stuttgart und Mainz, Juli 1969.

(d) Die NPD gewann in bezug auf die Bundestagswahl 1965 in allen Gebieten. Am stärksten waren ihre Stimmengewinne in den katholischen Landesteilen: in katholischen Landgebieten betrug der Veränderungsindex 246, in katholischen Städten 236. In den protestantischen Stadtgebieten und den protestantischen Landgebieten war ihr Stimmenzuwachs, verglichen mit dem Bund, unterdurchschnittlich.

Tabelle 4: Veränderungsindizes der Wahlbeteiligung und der Parteistimmenanteile in ihrer Beziehung zueinander in Gebieten mit unterschiedlicher Sozialstruktur

	CDU/ CSU	SPD	FDP	NPD	ADF/ DFU	Sonstige
Protestantische Städte						
Wahlbeteiligung	,14	,44	—,24	—,31	—,47	,17
CDU/CSU		—,02	—,53	—,42	—,59	,19
SPD			—,52	—,45	—,42	—,03
FDP				,60	,59	—,11
NPD					,56	—,27
Katholische Städte						
Wahlbeteiligung	—,34	,25	,13	—,38	—,32	,31
CDU/CSU		—,77	—,56	,09	,19	,10
SPD			,02	—,35	—,32	—,11
FDP				,39	,34	—,36
NPD					,42	—,42
Protestantische Landgebiete						
Wahlbeteiligung	—,01	,22	—,17	—,01	—,03	—,02
CDU/CSU		—,53	—,50	,12	,10	,20
SPD			,24	—,10	—,37	—,33
FDP				,09	—,35	—,20
NPD					—,09	—,17
Katholische Landgebiete						
Wahlbeteiligung	,04	,18	—,08	—,14	—,08	—,10
CDU/CSU		—,53	—,56	—,41	—,28	,09
SPD			,36	,17	,01	—,55
FDP				,38	,29	—,46
NPD					,38	—,07

Produkt-Momentkorrelationen auf der Basis der Wahlkreise.

Durch die Korrelation der Veränderungsindices in den vier Gebietstypen können nunmehr auch die Austauschbeziehungen zwischen den Parteien näher spezifiziert werden. Folgende Ergebnisse sind festzuhalten:

(a) Stimmengewinne und -verluste von CDU/CSU und SPD hängen am stärksten voneinander ab in katholischen Stadtgebieten; hier vor allem hat die SPD von den

CDU/CSU-Verlusten profitiert. Die gleiche, wenn auch schwächere Beziehung ergibt sich zwischen SPD und CDU/CSU in katholischen und protestantischen Landgebieten. In protestantischen Stadtgebieten – und das ist eine Modifikation unserer Ausgangsthesen – besteht eine solche Beziehung zwischen SPD und CDU/CSU hingegen nicht: Stimmengewinne und -verluste der beiden Parteien sind in diesem Gebiet tendenziell voneinander unabhängig.

(b) Ein Zusammenhang zwischen den Stimmengewinnen und -verlusten von CDU/CSU und FDP ergibt sich mit nahezu gleicher Straffheit des Zusammenhangs in allen unterschiedenen Regionen. Hier liegt also eindeutig ein für das ganze Bundesgebiet geltender Trend vor.

(c) Mit Ausnahme der protestantischen Stadtgebiete sind die Stimmenbewegungen von SPD und FDP nicht gegenläufig, d. h. hohe Stimmengewinne der SPD gehen mit relativ geringen Verlusten der FDP einher. In den protestantischen Stadtgebieten zeigen sich jedoch Austauschbeziehungen zwischen SPD und FDP.

(d) Zwischen FDP und NPD ist nach den Korrelationskoeffizienten durchgängig keine Austauschbeziehung zu vermuten. Stimmengewinne der NPD und relativ geringe Verluste der FDP und umgekehrt in den gleichen Gebieten lassen diesen Schluß zu.

Die SPD-Gewinne bzw. -Verluste gehen dagegen in allen Gebieten, mit Ausnahme der katholischen Landgebiete, mit NPD-Verlusten bzw. -Gewinnen einher. Für die CDU/CSU gilt dies besonders in protestantischen Stadt- und katholischen Landgebieten.

3) Zusammenfassung der Ergebnisse der ökologischen Analyse

Die beiden für das Bundesgebiet insgesamt formulierten Thesen können nunmehr wie folgt weiter spezifiziert werden:

(a) Die SPD profitiert von den Stimmenverlusten der CDU/CSU, mit Ausnahme in protestantischen Stadtgebieten.

(b) Die CDU/CSU profitiert in allen Gebieten von den Stimmenverlusten der FDP.

(c) Die SPD profitiert in protestantischen Stadtgebieten ebenfalls von den Verlusten der FDP. In den übrigen Gebieten ist die Beziehung dagegen eher umgekehrt: je höher die SPD-Gewinne, um so geringer die FDP-Verluste und umgekehrt.

IV.

Analyse von Umfrageergebnissen

1) Die Wählerbewegungen zwischen den Parteien

Die ökologische Analyse des Wahlergebnisses hatte zur Formulierung von Thesen über die Wählerbewegungen geführt. Diese Thesen sollen nun – soweit sie sich nicht auf regionale Sondertrends beziehen – an Hand der durch Umfragen individuell erfaßten Fluktuationen überprüft werden.

Für diese Analyse der Wählerbewegungen werden drei Umfragen herangezogen: einmal eine Vorwahluntersuchung vom September 1969, zum anderen je eine Nachwahluntersuchung vom September 1965 und vom November 1961 [12].
Die unterschiedenen Wählertypen wurden definiert durch einen Vergleich der angegebenen Wahlentscheidung (Zweitstimme) zur jeweils letzten und zur vorletzten Bundestagswahl. Im Falle der Bundestagswahl 1969 wurde die Wahlentscheidung 1965 mit der beabsichtigten Wahlentscheidung 1969 verglichen.
Die Problematik des Meßwerts von Rückerinnerungsfragen ist uns bekannt [13]. Da langfristige Panelerhebungen jedoch fehlen, bleibt keine realistische Alternative zum "*retrospective interviewing*" [14].
Als Hauptergebnis der Analyse der Wählerbewegungen ist festzuhalten:
(a) Das Ausmaß von Konstanz und Wechsel zwischen 1965 und 1969 unterscheidet sich nur unwesentlich vom Umfang der Wählerbewegungen bei den Wahlen 1957/1961 und 1961/1965.
(b) In bezug auf die Richtung der Wählerfluktuationen ergeben sich 1965/1969 drastische Veränderungen im Vergleich zu den vorhergehenden Bundestagswahlen.
Dabei gilt im einzelnen, daß insbesondere die direkte Zuwanderung von CDU/CSU-Wählern zur SPD stark angestiegen ist. Diese Zuwanderung ehemaliger CDU/CSU-Wähler zur SPD machte in bezug auf die gesamten, direkten Wählerbewegungen zwischen den Parteien (= Parteiwechsler) [15] 1965/1969 40 Prozent aus (vgl. Tabelle 7). Im Vergleich dazu betrug dieser Prozentsatz, bei etwa gleicher Basis, 1957/1961 und 1961/1965 nur 21 Prozent. Daneben gelang der SPD im Vergleich zu den vorhergehenden Bundestagswahlen auch eine Steigerung ihres Anteils an den Wiederwählern und Neuwählern.
Hervorstechendstes Merkmal der Wahl 1969 bleibt jedoch in bezug auf die SPD der starke Anstieg der direkten Zuwanderung ehemaliger CDU/CSU-Wähler.
Die Abwanderung unzufriedener CDU/CSU-Wähler zur FDP, ein Charakteristikum der Wahlen 1961 und auch 1965, blieb 1969 aus. Diese unzufriedenen CDU/CSU-Wähler machten unter den Parteiwechslern bei der Wahl 1961 33 Prozent, bei der

[12] Bei allen drei Untersuchungen handelt es sich um ungewichtete mehrstufige Random-Samples, die repräsentativ für die wahlberechtigte Bevölkerung der Bundesrepublik sind. Bei der Untersuchung von 1961 wurden 1560 Personen befragt, bei der Untersuchung von 1965 1305 Personen und bei der Untersuchung von 1969 1158 Personen. Die Feldarbeit wurde jeweils vom DIVO-Institut, Frankfurt am Main, durchgeführt.
[13] Eine Überprüfung der Rückerinnerungsfrage (Wahlentscheidung 1965) für einige Umfragen von 1968 ergab hohe Zuverlässigkeitswerte. Vgl. *Hans D. Klingemann* und *Franz Urban Pappi:* Innovations in Data Archiving: The Use of Cumulated Surveys, Paper presented at the International Conference on the Use of Secondary Analysis in the Social Sciences, Cologne, May 26–31, 1969.
[14] Vgl. zur Möglichkeit, auch weiter zurückliegende Ereignisse mit Rückerinnerungsfragen zu untersuchen: *Frederick Abrahams:* Historical Perspectives and Survey Data: Expanding the Temporal Dimension through Secondary Analysis, Paper presented at the International Conference on the Use of Secondary Analysis in the Social Sciences, Cologne, May 26–31, 1969.
[15] Zur Terminologie vgl. *Max Kaase,* Wechsel von Parteipräferenzen, S. 81 f. Vgl. zur zahlenmäßigen Stärke der verschiedenen Wählertypen bei den einzelnen Wahlen Tabelle 6.

Tabelle 5: Wählerbewegungen: Die Zusammensetzung der Wählerschaften von SPD, CDU/CSU und FDP nach der Wahlentscheidung bei der jeweils vorhergehenden Wahl (Zweitstimme)

		SPD %	CDU/CSU %	FDP %	Andere Parteien %	Keine Partei angegeben %	N
SPD	Wählerschaft 1961 nach der Wahlentscheidung 1957	82	7	1	1	9	451=29%
	Wählerschaft 1965 nach der Wahlentscheidung 1961	77	7	3	1	12	416=32%
	Wählerschaft 1969 (= Wahlabsicht) nach der Wahlentscheidung 1965	70	11	3	0	16	454=39%
CDU/CSU	Wählerschaft 1961 nach der Wahlentscheidung 1957	2	86	1	2	9	624=40%
	Wählerschaft 1965 nach der Wahlentscheidung 1961	5	83	2	1	9	562=43%
	Wählerschaft 1969 (= Wahlabsicht) nach der Wahlentscheidung 1965	3	79	2	0	16	438=38%
FDP	Wählerschaft 1961 nach der Wahlentscheidung 1957	10	37	37	6	10	135= 9%
	Wählerschaft 1965 nach der Wahlentscheidung 1961	11	39	43	–	7	75= 6%
	Wählerschaft 1969 (= Wahlabsicht) nach der Wahlentscheidung 1965	25	18	45	–	12	44= 4%

Tabelle 6: Konstanz und Wechsel der Wahlentscheidung

	1957/1961 %	1961/1965 %	1965/1969 %
Konstante Angabe der gleichen Partei	62	63	59
Konstant keine Partei angegeben	17	12	14
Wechsel zwischen zwei Parteien	10	10	11
Nichtmehrwähler =Frühere Wahl: Partei angegeben → Spätere Wahl: keine Partei angegeben	4	6	3
Wieder- bzw. Neuwähler =Frühere Wahl: keine Partei angegeben → Spätere Wahl: Partei angegeben	7	9	13
N	1560	1305	1158

Tabelle 7: Wählerbewegungen zwischen den Parteien: 1957–1969

	1957/1961 %	1961/1965 %	1965/1969 %
CDU/CSU → SPD	21	21	40
SPD → CDU/CSU	8	21	12
CDU/CSU → FDP	33	21	6
FDP → CDU/CSU	6	7	8
SPD → FDP	8	6	8
FDP → SPD	3	9	12
Sonstige Wählerbewegungen zwischen den Parteien	21	15	14
N	154=10%	135=10%	129=11%

Wahl 1965 21 Prozent, bei der Wahl 1969 hingegen nur noch 6 Prozent aus (vgl. Tabelle 7). In umgekehrter Richtung veränderte sich das Ausmaß der Wanderung dagegen nicht: der Anteil der Wechsler des Typs FDP-CDU/CSU unter den Parteiwechslern blieb gleich.

Die Zu- und Abwanderungen von der FDP zur SPD und umgekehrt von der SPD zur FDP waren 1969 etwas größer als in den vorhergehenden Bundestagswahlen. Gewinne und Verluste dieser Wanderungsbewegungen glichen sich jedoch per Saldo aus.

Als Ursache des schlechten Abschneidens der FDP ist jedoch eindeutig festzuhalten das Ausbleiben der Zuwanderung unzufriedener CDU/CSU-Wähler. Die FDP-Wahl wurde von diesen unzufriedenen CDU/CSU-Wählern vor allem begriffen als eine Möglichkeit, Entscheidungen in der CDU/CSU zu beeinflussen. Man wählte zwar die FDP, blieb aber im Grunde ein CDU/CSU-Wähler. Da sich die FDP in dieser Bundestagswahl nicht mehr als Korrekturfaktor der CDU/CSU verstand, blieb konsequenter-

weise der Zustrom von in solcher Weise mit ihrer Partei unzufriedenen CDU/CSU-Wählern aus. Die CDU/CSU-Wähler von 1965 hingegen, die 1969 einen »Machtwechsel« wollten, wandten sich direkt der SPD zu.
Die Wählerbewegungen haben die politische Struktur der SPD- und der FDP-Wählerschaft gegenüber früheren Wahlen verändert: die SPD-Wählerschaft ist dabei gekennzeichnet durch einen wesentlich höheren Anteil ehemaliger CDU/CSU-Wähler, die FDP-Wählerschaft durch einen – gegenüber den Wahlen von 1961 und 1965 – mehr als um die Hälfte geschrumpften Anteil ehemaliger CDU/CSU-Wähler.
Die Ergebnisse der Analyse der Umfragen bestätigen die Ergebnisse der ökologischen Analyse. Sie machen jedoch zusätzlich deutlich, daß der Verlust der FDP an die CDU/CSU im wesentlichen nur den Teil der »FDP«-Wähler betraf, die in der FDP lediglich einen Korrekturfaktor für Führungsentscheidungen der CDU/CSU gesehen haben und sich »eigentlich« doch als CDU/CSU-Wähler definierten [16].

2) Veränderungen in der sozialstrukturellen Zusammensetzung der Parteianhängerschaften seit 1961

Die Wählerbewegungen haben die Anhängerschaften der einzelnen Parteien nicht nur im Hinblick auf die politische Herkunft, sondern auch in sozialstruktureller Hinsicht verändert. Als wichtigstes sozialstrukturelles Merkmal wird hier der Beruf des Haushaltungsvorstandes zur Beschreibung dieser Veränderungen verwendet. Dabei wird zunächst untersucht, welchen Einfluß die Zugehörigkeit zu den einzelnen Berufsgruppen auf die Wahlentscheidung 1961, 1965 und 1969 hatte. Zur Verdeutlichung dieser Ergebnisse wird dann beschrieben, wie sich Veränderungen in der Anziehungskraft von SPD, CDU/CSU und FDP für die einzelnen Berufsgruppen in einer veränderten sozialstrukturellen Zusammensetzung der Wählerschaften dieser Parteien niedergeschlagen haben.
Vergleicht man die Wahlentscheidung der einzelnen Berufsgruppen im Zeitverlauf, so fällt die steigende Attraktivität der SPD für die Angestellten auf: 1961 wählten 22 Prozent der Angestellten die SPD, 1965 waren es 28 Prozent; bei der Bundestagswahl von 1969 stimmten 45 Prozent der Angestellten für die SPD. Auffällig ist auch die Steigerung der SPD-Präferenz bei den Beamten. Sie stieg gegenüber 1961 und 1965 um 10 bzw. 11 Prozentpunkte von 28 bzw. 27 Prozent auf 38 Prozent. Steigern konnte die SPD ebenfalls ihren Anteil bei den Arbeitern. Bei der Berufsgruppe allerdings, die bisher stets die zuverlässigste SPD-Wählerschaft stellte, nämlich bei den Facharbeitern, waren keine Gewinne mehr möglich.
Die CDU/CSU mußte 1969 im Vergleich zu 1965 in fast allen Berufsgruppen Verluste hinnehmen. So war gerade der große Erfolg der SPD bei den Angestellten nur möglich auf Kosten der CDU. Weiter wandten sich die selbständigen Landwirte, eine

[16] Diese Feststellung bedarf jedoch noch einer weiteren Überprüfung. Eine erste Auswertung einer Panel-Erhebung (DIVO), die kurzfristige Wählerbewegungen messen sollte, zeigt, daß die Abwanderung zur CDU/CSU doch eher noch stärker gewesen ist.

Tabelle 8: Die Wahlentscheidung ausgewählter Berufsgruppen 1961, 1965 und 1969

	Zweitstimme SPD			CDU/CSU			FDP			Andere Parteien			Keine Partei angegeben			N		
	1961 %	1965 %	1969 %	1961 %	1965 %	1969 %	1961 %	1965 %	1969 %	1961 %	1965 %	1969 %	1961 %	1965 %	1969 %	1961	1965	1969
Selbständige, nicht landwirtschaftlicher Bereich	11	14	15	46	50	52	21	17	9	1	4	1	21	15	23	167 =13%	131 =10%	104 = 9%
Selbständige Landwirte	8	–	7	68	73	59	11	6	4	2	–	6	11	21	24	125 =10%	63 = 5%	54 = 5%
Beamte	28	27	38	41	44	40	8	9	2	2	1	3	21	19	17	94 = 7%	128 =10%	95 = 8%
Angestellte	22	28	45	38	43	32	18	7	5	2	2	3	20	20	15	231 =18%	279 =21%	226 =19%
Facharbeiter	46	50	47	24	36	34	4	3	3	3	0	2	23	11	14	348 =27%	295 =23%	265 =23%
Arbeiter	41	42	48	34	39	34	3	1	1	1	1	2	21	16	15	236 =18%	179 =14%	182 =16%
Insgesamt*	29	32	39	40	43	38	9	6	4	2	1	3	20	18	17	1560	1305	1158

* In der Insgesamtspalte ist auch die Restkategorie (Hausfrauen, Rentner, Berufslose, in Berufsausbildung Stehende) enthalten, die nicht separat aufgeführt wurden.

Berufsgruppe, in der die CDU/CSU stets eine überragende Stellung hatte – 1965 betrug der CDU/CSU-Anteil unter den Landwirten 73 Prozent –, in zunehmendem Maße von dieser Partei ab. Bei der Wahl 1969 gaben »nur« noch 59 Prozent der Landwirte ihre Stimme der CDU/CSU. Das bedeutet immerhin einen Verlust von 14 Prozentpunkten. Von diesen Verlusten der CDU/CSU hat in erster Linie die NPD profitiert.

Eine Ausnahme von dem allgemeinen Trend der CDU-Verluste bilden nur die Selbständigen des nicht-landwirtschaftlichen Bereichs: Hier konnte die CDU/CSU ihren Anteil geringfügig verbessern. Sie erreichte 1969 in dieser Berufsgruppe einen Anteil von 52 Prozent; 1961 waren es 46 Prozent, 1965 50 Prozent.

Während die CDU/CSU bei den Selbständigen des nicht-landwirtschaftlichen Bereichs Stimmen hinzugewinnen konnte, mußte die FDP hier Stimmen abgeben. Ihr Anteil fiel in dieser Berufsgruppe von 21 Prozent 1961 im Jahre 1965 zunächst auf 17 Prozent, um 1969 noch weiter bis auf 9 Prozent abzusinken. Generell waren die Stimmenverluste der FDP bei den Berufsgruppen, unter denen man in erster Linie die Stammwähler dieser Partei vermutet, größer als etwa bei den Facharbeitern.

Tabelle 9: Die Zusammensetzung der Wählerschaft von SPD, CDU/CSU und FDP nach dem Beruf des Haushaltungsvorstandes 1961, 1965 und 1969

Beruf des Haushaltungsvorstandes	Zweitstimme SPD 1961 %	1965 %	1969 %	CDU/CSU 1961 %	1965 %	1969 %	FDP 1961 %	1965 %	1969 %
Freie Berufe, Selbständige Akademiker	0	0	1	2	0	1	–	–	2
Selbständige, nichtlandwirtschaftlicher Bereich	4	5	3	12	12	12	26	29	20
Selbständige Landwirte	2	–	1	14	8	7	10	5	5
Beamte	6	8	8	6	10	9	5	16	5
Angestellte	11	19	22	14	21	16	31	25	27
Facharbeiter	36	36	28	13	19	21	10	11	16
Arbeiter	21	18	19	13	12	14	5	3	2
Hausfrauen	7	3	7	9	7	8	4	4	5
Rentner, Berufslose, in Berufsausbildung	12	11	11	16	10	12	8	7	18
N	451	416	454	624	562	438	135	75	44

Betrachtet man die Wählerschaften der Parteien im Hinblick auf ihre Zusammensetzung nach Berufsgruppen, so lassen sich 1969 im Vergleich zu 1961 und 1965 einige charakteristische Veränderungen konstatieren. Charakteristisch ist aber gleichzeitig, daß sich die Grundstruktur der Wählerschaften von SPD, CDU/CSU und FDP nicht geändert hat. Im einzelnen kann man die Ergebnisse für die drei Parteien wie folgt zusammenfassen:

(a) Gegenüber den Bundestagswahlen 1961 und 1965 hat in der SPD-Wählerschaft 1969 das Gewicht der Angestellten zu- und das Gewicht der Facharbeiter abgenommen. Diese Zu- und Abnahmen gehen weit über die generellen Verschiebungen der Anteile dieser Berufsgruppen in der Gesamtbevölkerung hinaus. Die Facharbeiter stellen zwar nach wie vor die stärkste Gruppe innerhalb der SPD-Wählerschaft, ihre führende Position ist aber nicht mehr so ausgeprägt wie früher.

(b) Anders als im Falle der SPD lassen sich im Hinblick auf die soziale Zusammensetzung der CDU/CSU-Wählerschaft keine eindeutigen längerfristigen Trends feststellen. Im Vergleich zu 1961 hat sich der Anteil der Landwirte in der CDU/CSU-Wählerschaft um die Hälfte vermindert, im Vergleich zu 1965 ist der Angestelltenanteil leicht zurückgegangen. Da die Zahl der Selbständigen seit 1961 kontinuierlich abgenommen hat, ist der Selbständigenanteil in der CDU/CSU-Wählerschaft – trotz größerer Anziehungskraft der CDU/CSU für diese Berufsgruppe – nicht größer geworden. Jeder dritte CDU/CSU-Wähler gehört aber heute der Berufsgruppe der Arbeiter bzw. Facharbeiter an, 1961 war es nur jeder vierte gewesen.

(c) Die starken Verluste der FDP bei den Selbständigen hatten zwar einen Rückgang des Selbständigenanteils in der FDP-Wählerschaft zur Folge, im Vergleich zu CDU/CSU und SPD ist die FDP aber nach wie vor die Partei mit dem höchsten Selbständigenanteil. Der unterdurchschnittliche Stimmenverlust der FDP bei den Facharbeitern kommt in einer im Vergleich zu früher stärkeren Repräsentanz dieser Berufsgruppe in der FDP-Wählerschaft zum Ausdruck. Daß sich der Anteil der Rentner, Berufslosen und in Berufsausbildung Stehenden mehr als verdoppelt hat, soll hier nur festgestellt werden. Dieser auffällige Tatbestand bedarf noch der Klärung durch weitere Untersuchungen, die eine genauere Aufgliederung dieser Restgruppe gestatten.

Im Hinblick auf die in den vorherigen Abschnitten formulierten Thesen zur Wählerfluktuation läßt sich auf Grund der Verschiebungen in der sozialstrukturellen Zusammensetzung der Parteiwählerschaften vermuten, daß die SPD vor allem von den Stimmenverlusten der CDU/CSU bei den Angestellten profitiert hat. Der CDU/CSU dürfte es dagegen gelungen sein, von der FDP Selbständige des nichtlandwirtschaftlichen Bereichs zu gewinnen.

V.

Thesen zur Erklärung der Wählerbewegungen

1) Die Rückwirkungen politischer Ereignisse auf das Wählerverhalten

Nachdem die Wählerbewegungen bei der letzten Bundestagswahl im Vergleich zu den vorhergehenden Bundestagswahlen beschrieben worden sind, soll in diesem Abschnitt eine Erklärung der vorgefundenen Tatbestände versucht werden. Der Erklärungsversuch geht davon aus, daß Veränderungen im politischen Verhalten im wesentlichen als Reaktionen auf innen- und außenpolitische Ereignisse zu verstehen sind. Ereignisse dieser Art, die als Produkt des Handelns vor allem der politischen Führungsgruppen von Gesellschaften begriffen werden, müssen durch drei Merkmale gekennzeichnet sein, um Einstellungsänderungen, die Verhaltensänderungen zur Folge haben können, zu bewirken:

(1) Das politische Ereignis muß sich sichtbar von solchen Geschehnissen abheben, die das alltägliche Geschäft der Politik begleiten. Die Behandlung in den Massenmedien ist ein notwendiges Korrelat solcher Ereignisse.

(2) Die politische Konsequenz, die Relevanz des politischen Ereignisses muß perzipiert werden. Diese Bedingung wird in der Regel durch vollzogenes politisches Handeln eher erfüllt als durch politische Absichtserklärungen.

(3) Das politische Ereignis muß auf die politischen Parteien rückbezogen werden können. Dies betrifft vor allem die Bewertung der Parteien bzw. der sie repräsentierenden Personen in bezug auf die Kompetenz, in bestimmten Situationen auf bestimmten Gebieten effizient handeln zu können.

Unsere These ist also, daß sich politische Ereignisse, je nach dem Grad ihrer Sichtbarkeit und ihrer perzipierten politischen Konsequenz, in einer bestimmten Einschätzung der politischen Parteien spiegeln und bei bestimmten Schwellenwerten eine Veränderung des Wahlverhaltens bewirken. Damit wird dem politischen Ereignis und den politischen Parteien eine dominierende Rolle im Prozeß der Reduzierung der Komplexität politischer Prozesse zugewiesen. Dem politischen Ereignis kommt dabei die Funktion eines »Signals« zu, das eine Überprüfung des Bildes gestattet, das man sich in bezug auf die Reaktion der politischen Parteien gemacht hat. Entspricht die Reaktion den Erwartungen, so ist eine Bestärkung der Parteiidentifikation zu erwarten, entspricht die Reaktion diesen Erwartungen nicht, so wird die Parteiidentifikation abgeschwächt. In der Bewertung der Parteien werden die Erfahrungen der Wählerschaft mit den Parteien kumuliert. Auch wenn bestimmte konkrete Anlässe der Bewertungen vergessen werden, so haben sie doch in der Einstufung der Parteien einen bleibenden Niederschlag gefunden. Die Normen für die Bewertung der Reaktion der Parteien auf politische Ereignisse seien weitgehend auf die Interessenlagen der Wähler bezogen, die sich in den Grundeinstellungen zu den Haupt*cleavages* von Gesellschaften messen lassen [17].

Ähnlich dem *Lazarsfeld*schen Erklärungsansatz gehen wir also von einem *stimulus-response* Modell aus, wobei als *stimulus* vor allem das politische Ereignis und die Reaktion der politischen Parteien auf dieses Ereignis fungiert und als *response* eine auf die politische Partei bezogene Bewertung dieser Reaktion gesehen wird [18]. Entgegen der Tendenz eines sozialen Determinismus der Wahlentscheidung, die von *V. O. Key*, Jr., überzeugend kritisiert wurde, werden in unserem Erklärungsansatz bewußt politische Determinanten in verstärktem Maße herangezogen [19].

[17] Ein Versuch, solche Grundeinstellungen kontinuierlich zu messen, wurde von uns in 9 Umfragen seit Januar 1968 unternommen. Vgl. dazu *Hans D. Klingemann* und *Franz Urban Pappi:* Politische Analyse und Prognose: Zur Lage auf dem Wählermarkt, Folge 1–9, Tabellenband.

[18] *Bernard R. Berelson, Paul F. Lazarsfeld,* and *William N. McPhee:* Voting, The University of Chicago Press, Chicago and London 1954, S. 277 ff.

[19] *Vladimer O. Key* and *Frank Munger:* "Social Determinism and Electoral Decision: The Case of Indiana", in: Eugene Burdick and Arthur J. Brodbeck (Hg.): American Voting Behavior, Free Press of Glencoe, New York 1959, S. 281 ff.

Ausgangspunkt unserer Überlegungen waren die Ergebnisse von Trenduntersuchungen, die politische Ereignisse und politische Einstellungen von Wählerschaften auf systematische Weise miteinander in Beziehung setzten, eine Vorgehensweise, die *Cantril* schon früh angewendet hat [20]. Die hier dargestellten, ausgewählten Ergebnisse basieren auf der Analyse von mehr als 20 Umfragen aus der Periode von 1961 bis 1969 [21].
Die Einschätzung der politischen Parteien wurde mit Hilfe einer Skalometer-Frage gemessen. Diese Frage wurde in regelmäßigen Abständen einem repräsentativen Bevölkerungsquerschnitt vorgelegt, so daß Reaktionen auf politische Ereignisse umittelbar nach den Zeitpunkten gemessen werden konnten, an denen die Ereignisse stattfanden. Bei dieser Skalometerfrage werden die Befragten aufgefordert, den Grad ihrer Sympathie mit einer Partei auf einer Skala von + 5 über 0 bis – 5 auszudrücken. Im folgenden wird die Einstufung einer Partei durch eine Indexzahl angegeben, die Werte von + 500 bis – 500 annehmen kann. Je näher die Indexzahl dem Wert + 500 kommt, für um so sympathischer wird eine Partei gehalten [22].
Ein Beispiel für die Sensitivität des hier verwendeten Meßinstruments bietet die Reaktion der Wählerschaft auf die Regierungsbildung nach der Bundestagswahl 1961. Vor der Bundestagswahl, im September 1961, wurde insbesondere die FDP mit einem für diese Partei relativ hohen Sympathiegrad bewertet. Nach der Regierungsbildung, im November 1961, drückte sich das Mißvergnügen der Wählerschaft über den Eintritt der FDP in eine Regierung *Adenauer* durch einen ebenso hohen, diesmal aber negativen Indexwert aus. Die Einstufung der SPD blieb zu beiden Zeitpunkten nahezu gleich. Die CDU/CSU hatte dagegen ebenso wie die FDP einen, wenn auch geringeren, Sympathieschwund zu verzeichnen.
Nach dem Durchsetzen der Kanzlerschaft *Erhards* zeigten die Indexwerte eine sichtbare Verbesserung sowohl bei der FDP als auch bei der CDU/CSU. Erst das Scheitern der Regierung Erhard brachte hier wiederum eine deutliche Veränderung zum Negativen in bezug auf diese beiden Parteien.
Als besonders charakteristisch für die Bundestagswahl 1969 hatten wir bisher herausgestellt: (1) das Ausmaß des direkten Wechsels von CDU/CSU-Wählern zur SPD und (2) das Ausbleiben der Zuwanderung von CDU/CSU-Wählern zur FDP. Unsere These ist nun, daß dieser Tatbestand von zwei politischen Ereignissen wesentlich mitbeeinflußt wurde: (1) von der Bildung der Großen Koalition und (2) von der Wahl *Heinemanns* zum Bundespräsidenten. In beiden Fällen handelt es sich um sichtbare politische Ereignisse mit erheblicher politischer Konsequenz; in ihnen spiegelt sich ein-

[20] *Hadley Cantril*: Gauging Public Opinion, Princeton University Press, Fourth Printing, Princeton 1947, S. 219 ff.
Für die Bundesrepublik hat einen ähnlichen Versuch gemacht: *Klaus D. Eberlein*: Was die Deutschen möchten. Politische Meinungsumfragen in der Bundesrepublik, Christian Wegner Verlag, Hamburg 1968, S. 79 ff.

[21] Die Umfragen wurden größtenteils vom Zentralarchiv für Empirische Sozialforschung, Universität zu Köln, zur Verfügung gestellt.

[22] Diese Indexzahl wird mit Hilfe der relativen Häufigkeiten wie das arithmetische Mittel berechnet, nur mit dem Unterschied, daß das Ergebnis nicht durch 100 geteilt wird. Das hat zur Folge, daß die Skala nicht – wie ursprünglich – von + 5 bis — 5 läuft, sondern von + 500 bis — 500.

Tabelle 10: Parteisympathie für SPD, CDU/CSU, FDP und NPD im Zeitverlauf

Partei-Skalometer	Zeitraum									
	Vor der Bundestagswahl 1961 (September)	Nach der Bundestagswahl 1961 (November)	Erhard Bundeskanzler, Kleine Koalition: CDU/CSU und FDP (Juli 1964)	Nach der Bundestagswahl 1965 (Oktober)	Beginn Großen Koalition 1966 (November)	Halbzeit der Großen Koalition 1968 (April)	Beginn des Endes der Großen Koalition 1969 (Februar)	(März)	(April)	Vor der Bundestagswahl 1969 (September)
SPD	+108	+108	+191	+137	+178	+154	+193	+213	+210	+249
CDU/CSU	+196	+166	+210	+216	+151	+168	+180	+195	+207	+249
FDP	+ 36	— 41	— 1	— 4	— 70	— 22	— 9	+ 22	+ 14	+ 58
NPD	-	-	-	-	—252	—253	—278	—302	—296	—280

Tabelle 11: Die Einstufung der jeweils anderen Parteien durch SPD-, CDU/CSU- und FDP-Wähler

	Vor der Bundestagswahl 1961 (September)	Vor der Bildung der Großen Koalition 1966 (Oktober)	Nach der Bildung der Großen Koalition 1966 (November)	Vor der Bundespräsidentenwahl 1969 (Februar)	Nach der Bundespräsidentenwahl 1969 (März)	Vor der Bundestagswahl 1969 (September)
CSU-CDU/Wähler stufen die SPD ein	— 58	+ 35	+ 67	+139	+134	+164
SPD-Wähler stufen die CDU/CSU ein	+ 12	— 26	+ 55	+106	+115	+166
FDP-Wähler stufen die CDU/CSU ein	+143	+ 94	+126	+ 81	+106	+159
FDP-Wähler stufen die SPD ein	+ 3	+ 52	+124	+ 69	+132	+191
SPD-Wähler stufen die FDP ein	— 38	— 72	— 99	— 30	+ 20	+ 69
CDU/CSU-Wähler stufen die FDP ein	+ 38	+ 24	— 97	— 15	— 19	+ 42

mal eine geänderte Einstellung der CDU/CSU-Führung zur SPD und zum anderen eine geänderte Einstellung der FDP-Führung zur CDU/CSU bzw. zur SPD.
Die Bildung der Großen Koalition ist zunächst gekennzeichnet, wie bereits erwähnt, durch Sympathieverluste für die CDU/CSU und die FDP und dann – längerfristig gesehen – durch einen kräftigen Sympathiezuwachs für die SPD. Das »Stimmungstief« für die SPD, das sich in den Ergebnissen einiger Landtagswahlen abzeichnete, hielt nicht bis zum Jahre 1969 an. Wichtig ist, daß der seit Ende 1968 konstatierbare Sympathiezuwachs für die SPD zu einem großen Teil auf die geänderte Einstellung der CDU/CSU-Wähler zurückzuführen ist. Die Große Koalition schuf die psychologischen Voraussetzungen für die Wählerbewegungen von der CDU/CSU zur SPD. Die geänderte Einstellung zur FDP ist dagegen im wesentlichen durch eine negative Beurteilung der FDP durch die CDU/CSU-Wähler verursacht worden.
Festzuhalten bleibt, daß bei Beginn der Großen Koalition erstmals nach unseren Beobachtungen CDU/CSU und SPD mit etwa gleich großen Indexwerten als sympathisch eingestuft wurden. Bis zu diesem Zeitpunkt hatte die CDU/CSU stets ein deutliches Übergewicht an positiven Nennungen im Vergleich zur SPD gehabt.
Nach der Wahl *Heinemanns* zum Bundespräsidenten veränderte sich die Beurteilung der FDP durch die Wähler der anderen Parteien und umgekehrt die Beurteilung der anderen Parteien durch die FDP-Wähler. Bei den SPD-Wählern überwogen zum erstenmal die positiven Einstufungen der FDP die negativen; die CDU/CSU-Wähler stuften die FDP dagegen etwas negativer ein. Festzuhalten bleibt, daß seit der Wahl Heinemanns zum Bundespräsidenten – mit den Stimmen der FDP– die SPD-Wähler die FDP stets positiver beurteilten als die CDU/CSU-Wähler. Bis zu diesem Zeitpunkt war es umgekehrt gewesen. Hier ist der Beginn des Aufbaus einer psychologischen Barriere zu sehen, die in der Folge die Wanderung von CDU/CSU-Wählern zur FDP drastisch verringerte.
In der Einstufung der SPD durch die CDU/CSU-Wähler wie auch der CDU/CSU durch die SPD-Wähler waren dagegen vor der Wahl keine Veränderungen zum Negativen mehr zu beobachten.

Tabelle 12: Die Einstufung der eigenen Partei durch SPD-, CDU/CSU- und FDP-Wähler

	Erhebungszeitraum 25. 1.–28. 2. 1969	11. 3.–3. 4. 1969	7. 4.–8. 5. 1969	5. 9.–22. 9. 1969
SPD-Wähler stufen SPD ein	+336	+363	+367	+405
CDU/CSU-Wähler stufen CDU/CSU ein	+332	+352	+381	+394
FDP-Wähler stufen FDP ein	+259	+298	+327	+291
NPD-Wähler stufen NPD ein	+194	+254	+206	+226

Die relativ frühe »Auflösung« der Großen Koalition und der harte Wahlkampf von CDU/CSU und SPD gegeneinander hatten eine wachsende Zunahme der Identifikation mit der eigenen Partei zur Folge. Es kam jedoch nicht zu einer drastischen Veränderung der Einstufung der anderen Parteien: CDU/CSU-Wähler sahen auch weiterhin in der SPD eine ehrenwerte Alternative. Diese Folge der Bildung der Großen Koalition wollen wir den »Wehner-Effekt« nennen. Das Kalkül *Wehners,* die SPD durch den Eintritt in eine von der CDU/CSU geführte Regierung hoffähig zu machen, ist aufgegangen.

Auch die FDP gewann im Wahlkampf 1969 deutlich an Sympathie. Sie erreichte eine positive Einstufung, die nur mit den Werten zu vergleichen ist, die sie im September 1961 aufzuweisen hatte, kurz vor der Wahl also, die ihr den höchsten Stimmenanteil bei Bundestagswahlen überhaupt brachte. Diese gesteigerte Sympathie war diesmal jedoch nicht wie 1961 auf eine positivere Einschätzung von seiten der CDU/CSU-Wähler, sondern eher auf eine positivere Einschätzung von seiten der SPD-Wähler zurückzuführen. In Wählerstimmen setzte sich dieser Anstieg in der Sympathie aber nicht um. Nachdem die Große Koalition als Motiv des Unmuts der SPD-Wähler durch die Wahlkampfführung der SPD weitgehend aus der Welt geschafft wurde, kam der Zuzug von SPD-Wählern zur FDP, der bis dahin beobachtet werden konnte, zum Stillstand. Man schätzte die FDP auch weiterhin, wie die Indexzahlen zeigen, sah aber keinen Grund mehr, FDP statt SPD zu wählen. Das durch die *Heinemann*-Wahl gesetzte Zeichen einer geänderten politischen Grundhaltung der FDP-Führung ließ außerdem den »normalen« Zugang von seiten der CDU/CSU ausbleiben. Wir wollen diese Folge der Bundespräsidentenwahl in bezug auf die FDP den »Heinemann-Effekt« nennen.

Tabelle 13: Unterschiede in der Kombination der Erst- und Zweitstimmen bei den Bundestagswahlen seit 1961

Erststimme	Zweitstimme SPD 1961 %	1965 %	1969 %	CDU/CSU 1961 %	1965 %	1969 %	FDP 1961 %	1965 %	1969 %
SPD	92	96	91	2	3	8	5	8	34
CDU/CSU	5	3	7	95	96	89	19	35	16
FDP	1	1	1	1	1	2	75	56	43
Andere Parteien	1	0	–	1	0	0	1	1	2
Keine Erststimme abgegeben, keine Angabe, verweigert	1	–	1	1	–	1	–	–	5
N	451	416	454	624	562	438	135	75	44

Die für die Bundestagswahl 1969 aus den Skalometer-Einstufungen ablesbaren Veränderungen der Entfernungsbeziehungen der Parteien untereinander lassen sich auch in Veränderungen bei der Kombination der Erst- und Zweitstimme erkennen. Am deutlichsten kommt dies bei den FDP-(Zweitstimmen)-Wählern zum Ausdruck: unter denen, die 1965 die FDP mit der Zweitstimme gewählt hatten, gaben 35 Prozent einem CDU/CSU-Kandidaten die Erststimme, 1969 ging dieser Anteil auf 16 Prozent zurück. Dagegen stieg der Prozentsatz der FDP-(Zweitstimmen-)Wähler, die einen SPD-Kandidaten unterstützten, von 8 Prozent bei der Wahl 1965 auf 34 Prozent bei der Wahl 1969 an. Hier wird die Veränderung der politischen Distanz zwischen FDP und SPD in einem positiven Sinne und zwischen der FDP und der CDU/CSU in einem negativen Sinne deutlich sichtbar. Auch zwischen der SPD und der CDU/CSU wird durch die Veränderung des Ausmaßes des Stimmensplits eine größere psychologische Nähe signalisiert: Bei beiden Parteien verdoppelte sich der Anteil der Wähler, die den jeweiligen Gegenkandidaten mit der Erststimme unterstützten.

2) *Die Auswirkungen des Wahlkampfes auf das Wählerverhalten*

In diesem Abschnitt soll die Frage gestellt werden, ob auch der Wahlkampf als politisches Ereignis das Wählerverhalten verändern kann. Im Rahmen unseres Modells ist dabei weniger an den Wahlkampf selbst zu denken als an politische Probleme, die zu Wahlkampfthemen gemacht werden. Die erhöhte politische Aktivität der Parteien und die höhere Aufmerksamkeit, die der Wähler politischen Ereignissen während des Wahlkampfes schenkt, scheinen günstige Voraussetzungen für die Beeinflussung des Wählerverhaltens zu bieten.

Man könnte zunächst daran denken, daß der Wahlkampf zu Veränderungen in den Einstellungen der Wähler zu bestimmten politischen Fragen führt. Die *Issue*-Orientierung der Wähler ist allerdings in Umfragen schwer zu erfassen. Die politischen *Issues* der Politiker sind in der Regel nicht die der Wähler. Wenn man nun trotzdem in Umfragen zum Beispiel eine Frage nach der Aufwertung stellt, äußern sich die Befragten zwar zu diesem Problem, doch sagt diese Äußerung wenig über die Relevanz dieser politischen Meinung für das Wahlverhalten aus. Darüber hinaus sind die Antworten auf Einstellungsfragen zu politischen Problemen, zu denen sich die Befragten keine feste Meinung gebildet haben, sehr stark von der Formulierung der Frage abhängig.

Wir haben deshalb versucht, eher die Grundeinstellung der Wähler in verschiedenen politischen Bereichen zu messen. Fragen zum ökonomischen und kulturpolitischen Bereich, zur Ost-Politik und zur Politik gegenüber den westlichen Verbündeten wurden 1969 in vier Umfragen zu verschiedenen Zeitpunkten mit im wesentlichen unverändertem Wortlaut gestellt.

Für den ökonomischen Bereich wurde eine Frage zur Mitbestimmung gestellt. Die Grundorientierung im kulturpolitischen Bereich wurde durch eine Frage zum Einfluß der Kirchen auf die Schulpolitik abgedeckt. Zur Messung der Grundorientierung im Bereich der Ost-Politik wurde gefragt, ob man dafür oder dagegen sei, daß die Bundesregierung die DDR anerkennt. Im Hinblick auf die Einstellung zur deutschen Außenpolitik gegenüber den westlichen Verbündeten wurde festgestellt, ob der Befragte für eine Stärkung der Zusammenarbeit mit den USA bzw. mit der EWG ist oder eine stärkere nationale Unabhängigkeit der deutschen Außenpolitik wünscht. Bemerkenswert ist, daß sich die Einstellungen der Wähler in diesen vier Bereichen durch den Wahlkampf nicht geändert haben. Wie Tabelle 14 zeigt, sind von Januar bis September

Tabelle 14: Grundeinstellungen in ausgewählten politischen Bereichen *

Politischer Bereich/ Grundeinstellungen	Erhebungszeitraum 1969 25. 1.–28. 2. %	11. 3.–3. 4. %	7. 4.–8. 5. %	5. 9.–22. 9. %
Wirtschafts- und Sozialpolitik	»Wie ist Ihre Meinung zur Mitbestimmung? Sollten nur die Eigentümer von Unternehmen darüber bestimmen, was im Betrieb gemacht werden soll, oder glauben Sie, daß auch die Gewerkschaften bei den wichtigen Entscheidungen mitbestimmen sollen?«			
Nur Eigentümer sollen bestimmen	16	14	15	13
Gewerkschaften sollen mitbestimmen	60	60	58	63
Schulpolitik	»Die Kirchen haben eine wichtige öffentliche Stellung bei uns in Deutschland. Sie müssen z. B. immer gefragt werden, wenn es um Probleme geht, die unsere Schulen betreffen. Halten Sie das für richtig, oder glauben Sie, man sollte ihren Einfluß einschränken?«			
Ich halte das für richtig	31	32	32	36
Man sollte ihren Einfluß einschränken	50	49	48	52
Ostpolitik	»Sind Sie dafür, daß die Bundesregierung die DDR anerkennt, oder sind Sie dagegen?«			
Bin dagegen	47	48	49	46
Bin dafür	35	32	30	31
Westpolitik	»Die Bundesregierung hat in der Außenpolitik verschiedene Möglichkeiten. Wir haben hier einige Möglichkeiten aufgeschrieben (Karte). Was glauben Sie, welche Außenpolitik wäre für die Bundesrepublik wohl am besten?«			
Enge Zusammenarbeit mit den USA, der EWG und mit Frankreich	54	54	52	64**
Stärkere Unabhängigkeit der deutschen Außenpolitik	25	23	24	17**
N	1756	1570	1595	1158

* Die Prozentzahlen addieren nicht auf Hundert. Die Restkategorie enthält: Weiß nicht, Keine Angabe, Kann mich nicht entscheiden.

** Geänderte Fragestellung. Die Alternative hieß in diesem Falle: »Volle nationale Selbständigkeit der deutschen Außenpolitik.«

1969 keine Veränderungen in den politischen Orientierungen der Wähler festzustellen, allerdings mit einer Ausnahme: im September traten mehr Wähler für eine engere Zusammenarbeit mit den USA und der EWG ein als vor Beginn des Wahlkampfes.

Diese Veränderung hat jedoch nichts mit dem Wahlkampf zu tun, sondern ist auf eine Veränderung der Frageformulierung zurückzuführen. Während in den Umfragen von Februar, März und April/Mai die nationale Alternative der deutschen Außenpolitik mit den Worten: »eine stärkere nationale Unabhängigkeit der deutschen Außenpolitik« formuliert war, lautete die entsprechende Formulierung im September: »volle nationale Selbständigkeit der deutschen Außenpolitik«. Die Nuancierung dieser letzten Antwortalternative hat den Schnittpunkt auf dem Meinungskontinuum: »integrative versus nationale außenpolitische Orientierung«, etwas zugunsten der integrativen Grundorientierung verschoben. Ansonsten blieben die politischen Einstellungen der Wähler in den ausgewählten vier Problembereichen äußerst stabil.

*Tabelle 15: Grundeinstellungen in der West- und Ostpolitik vor und nach der CSSR-Krise **

	Erhebungszeitraum 1968				
	März	Juni	September	Oktober	Dezember
	%	%	%	%	%
Westpolitik					
Enge Zusammenarbeit mit den USA	17	19	26	26	29
Stärkere Unabhängigkeit der deutschen Außenpolitik	32	29	23	24	23
Ostpolitik					
DDR nicht anerkennen	46	49	52	46	49
DDR anerkennen	33	28	26	31	29
N	1769	1902	1612	1696	1824

* Die Prozentzahlen addieren nicht auf Hundert. Die Restkategorie enthält: Weiß nicht, Keine Angabe, Kann micht nicht entscheiden; und im Falle der Westpolitik: Stärkere Zusammenarbeit mit der EWG und Frankreich.

Die 1969 feststellbare Stabilität in den politischen Orientierungen der Wähler bedeutet nicht, daß diese Einstellungen grundsätzlich gegen Einflüsse von außen immun sind. Auch diese Einstellungen können durch sichtbare Ereignisse mit politischer Konsequenz verändert werden. Das zeigt die Reaktion der Wähler auf die Besetzung der CSSR durch Truppen des Warschauer Pakts im August 1968. Nach der Invasion der CSSR ergaben sich sowohl bei den Einstellungen zur Ost-Politik als auch zur Außenpolitik gegenüber westlichen Staaten interessante Veränderungen. So sank im September 1968 der Anteil der Befürworter einer Anerkennung der DDR, während der Prozentsatz der Gegner stieg. Schon im Oktober 1968 hatte sich jedoch die vor der CSSR-Besetzung stets ermittelte Verteilung der Einstellungen in diesem Bereich wieder eingestellt. Sie blieb dann in der Folge konstant. Eine nachhaltige Änderung der Einstellungen konnten wir dagegen nach der Besetzung der CSSR im Bereich der West-Außenpolitik feststellen: Ohne Veränderung der Frageformulierung befürworteten vor der CSSR-

Krise durchschnittlich 30 Prozent der Befragten eine stärker national orientierte deutsche Außenpolitik. In der Zeit danach waren es, mit nur geringen Schwankungen, nur noch 24 Prozent.
Festzuhalten bleibt, daß die politischen Grundorientierungen der Wählerschaft in den vier von uns unterschiedenen Problembereichen während des Beobachtungszeitraums (1969) stabil waren. Sie wurden durch den Wahlkampf nicht verändert.

Tabelle 16: Kompetenz der Parteien in ausgewählten politischen Bereichen *

Politischer Bereich/ Kompetente Partei	Erhebungszeitraum 1969 25. 1.–28. 2. %	11. 3.–3. 4. %	7. 4.–8. 5. %	5. 9.–22. 9. %
	»Wir haben jetzt von verschiedenen politischen Problemen gesprochen. Hier auf dieser Karte haben wir die einzelnen Probleme noch einmal aufgeschrieben (Karte). Können Sie mir sagen, welche Partei mit den Problemen der ... am besten fertig werden kann?«			
Wirtschafts- und Sozialpolitik				
SPD	43	46	44	43
CDU/CSU	34	32	32	34
FDP	2	2	2	1
NPD	0	0	0	1
Schulpolitik				
SPD	35	34	33	35
CDU/CSU	33	31	32	30
FDP	6	7	5	5
NPD	0	0	0	1
Ostpolitik				
SPD	41	43	45	43
CDU/CSU	18	20	21	22
FDP	9	8	6	5
NPD	1	1	1	1
Westpolitik				
SPD	33	33	34	31
CDU/CSU	38	41	39	44
FDP	3	1	2	1
NPD	1	1	1	1
N	1756	1570	1595	1158

* Die Prozentzahlen addieren nicht auf Hundert. Der Rest enthält: Keine Angabe, Weiß nicht, Keine Partei kann damit am besten fertig werden.

Zur Lösung politischer Probleme wird den Parteien in unterschiedlichem Maß Kompetenz zugeschrieben. Die Perzeption der Kompetenz der einzelnen Parteien für die hier unterschiedenen *Issue*-Bereiche wurde seit Januar 1969 in vier Umfragen festgestellt. Wie bei den eben diskutierten Grundorientierungen waren auch diese Kompetenzzurechnungen 1969 sehr stabil.
Die SPD wurde in drei der hier unterschiedenen Problembereiche für kompetenter gehalten als die CDU/CSU, und zwar im ökonomischen Bereich (durchschnittlicher Prozentsatz der Nennungen der SPD als kompetentester Partei 1969: 44 Prozent, der CDU/CSU: 33 Prozent), im kulturpolitischen Bereich (durchschnittlicher Prozentsatz der Nennungen der SPD als kompetentester Partei 1969: 34 Prozent, der CDU/CSU: 31 Prozent) und im Bereich der Ostpolitik (durchschnittlicher Prozentsatz der Nennungen der SPD als kompetentester Partei 1969: 43 Prozent, der CDU/CSU: 20 Prozent). Die CDU/CSU wurde nur im Bereich der Außenpolitik gegenüber den westlichen Staaten für kompetenter gehalten als die SPD (durchschnittlicher Prozentsatz der Nennungen der CDU/CSU als kompetentester Partei 1969: 40 Prozent, der SPD: 33 Prozent).
Die FDP erreichte die relativ höchsten Kompetenzeinstufungen in der Ostpolitik und der Schulpolitik. Bei der allgemeinen Stabilität der Perzeption der Kompetenzen der Parteien ist aber bemerkenswert, daß die Nennung der FDP als der in der Ostpolitik kompetentesten Partei von 9 Prozent im Januar/Februar 1969 kontinuierlich auf 5 Prozent im September 1969 zurückging – und das trotz der spektakulären Reise dreier prominenter FDP-Politiker nach Moskau im Sommer 1969.
Auch bei den Kompetenzzurechnungen in bezug auf die politischen Problemgebiete können sich in der Folge politischer Ereignisse entscheidende Wandlungen ergeben. Eine solche Veränderung hat sich in den vergangenen Jahren vor allem im Hinblick auf den ökonomischen Bereich vollzogen: Bis zur Krise und dem Ende der Regierung *Erhard* führte die CDU/CSU unbestritten in der Kompetenzzurechnung im ökonomischen Bereich; seit der Rezession in den Jahren 1966 und 1967 und der Übernahme des Wirtschaftsministeriums durch *Karl Schiller* hat sich die Perzeption der Kompetenz in wirtschaftspolitischen Fragen eindeutig zugunsten der SPD verschoben. Festzuhalten bleibt jedoch, daß sich im Beobachtungszeitraum von Januar bis September 1969 – mit der einen erwähnten Ausnahme für die FDP – keine Veränderungen in den Kompetenzbeurteilungen der Parteien für die angeführten Gebiete ergaben.
Wenn der Wahlkampf nach unserer Analyse zwar weder eine Veränderung der politischen Grundorientierungen noch eine Veränderung der Kompetenzbeurteilung der Parteien in den unterschiedenen Problembereichen bewirkte, so hatte er doch einen wichtigen Effekt, der die Wahlentscheidung beeinflußte. Durch den Wahlkampf verschob sich das Interesse der Wählerschaft an den politischen Problemkreisen entscheidend. Im April 1969 nannten 44 Prozent der Wähler auf eine offene Frage nach den »gegenwärtig wichtigsten Problemen für die Bundesrepublik« Fragen der Wirtschafts- und Sozialpolitik, im September 1969 lag dieser Prozentsatz bei 81 Prozent. Das Interesse an Fragen der Ost- und Deutschlandpolitik fiel dagegen von 45 Prozent auf 35 Prozent. Auf alle anderen Problemgebiete entfielen nur Bruchteile dieser Nennungen. Die Konzentration der Wahlkampfthemen auf die Wirtschafts- und Sozialpolitik, ins-

besondere auch auf die Währungspolitik, drängte alle anderen Problemkreise in den Hintergrund. Hier liegt ein Grund für den SPD-Erfolg und den FDP-Mißerfolg, denn als kompetent zur Lösung solcher Fragen wurde die SPD, in gewissem Maße auch die CDU/CSU, in keinem Fall aber die FDP angesehen.
Es bleibt ein weiterer eventueller Wahlkampfeffekt zu untersuchen: Veränderungen in der Popularität führender Politiker, insbesondere der beiden Kanzlerkandidaten *Kiesinger* und *Brandt*. Der Wahlkampf der CDU/CSU war vorwiegend auf die Person *Kiesingers* abgestellt. Unter den gegebenen Umständen war dies eine erfolgversprechende Strategie: Die Zahl derer, die Kiesinger für den besten Bundeskanzler hielten, die »Kiesinger-Partei« also, war weit größer als die Zahl derjenigen, die die CDU/CSU als Partei wählen wollten. Im September 1969, kurz vor der Bundestagswahl, nannten auf eine offene Frage nach dem bevorzugten Bundeskanzler 52 Prozent *Kurt Georg Kiesinger* und nur 20 Prozent *Willy Brandt*. *Kiesinger* gelang es durch diesen ganz auf ihn abgestellten Wahlkampf allerdings nur, seine Anhängerschaft um 4 Prozentpunkte – von 48 Prozent im ersten Halbjahr 1969 auf 52 Prozent im September 1969 – zu erhöhen. Die kleine Zahl der *Brandt*-Anhänger vergrößerte sich während des Wahlkampfes nicht. Angesichts der Situation bei den Kompetenzzurechnungen dürfte die starke Herausstellung *Kiesingers* als Spitzenkandidat der CDU stärkere Verluste dieser Partei verhindert haben. Da *Brandt* nicht in ähnlicher Weise als Spitzenkandidat der SPD präsentiert wurde, hat die CDU/CSU im Hinblick auf *Kiesinger* sicher einen Wahlkampfeffekt zu ihren Gunsten erreicht.

VI.

Zusammenfassung der Thesen zur Erklärung der Wählerbewegung

Bei unserem Erklärungsversuch des Wahlergebnisses der Bundestagswahl 1969 gingen wir von einem Modell aus, nach dem Veränderungen im Wählerverhalten als Reaktion auf sichtbare politische Ereignisse von einiger Tragweite und politischer Konsequenz erklärt werden. Dabei wurden im einzelnen folgende Argumente angeführt:
(1) Die Bildung der Großen Koalition verringerte die psychologische Distanz zwischen CDU/CSU und SPD. Sie vergrößerte in der Perzeption der Wähler die Kompetenz der SPD zur Lösung der politischen Probleme in verschiedenen Bereichen, vor allem aber im Bereich der Wirtschafts- und Sozialpolitik. Diese Faktoren sind als Ursachen für den 1969 stärker als früher konstatierbaren direkten Wechsel ehemaliger CDU/CSU-Wähler zur SPD anzusehen.
(2) Die Wahl *Heinemanns* zum Bundespräsidenten mit den Stimmen der FDP vergrößerte die psychologische Distanz zwischen CDU/CSU und FDP. Dadurch ergab sich eine drastische Verringerung des bei den vorhergehenden Bundestagswahlen üblichen Wechsels von CDU/CSU-Wählern zur FDP. Hierin liegt eine der Hauptursachen des Mißerfolges der FDP und des relativ guten Abschneidens der CDU/CSU.
(3) Die Perzeption der CDU/CSU als der Partei, die den besten Bundeskanzler stellen kann, bzw. die Perzeption *Kiesingers* als des für das Bundeskanzleramt am besten geeigneten Politikers, erklärt zu einem weiteren Teil das relativ gute Abschneiden der CDU/CSU.

(4) Die Konzentration des Interesses auf wirtschafts- und sozialpolitische Fragen im Wahlkampf begünstigte vor allem die SPD, in geringerem Maße auch die CDU/CSU. Die FDP, die in der Perzeption der Wählerschaft auf diesem Gebiet ohne Kompetenz war, wurde durch diese Tatsache hingegen benachteiligt.
In diesem Aufsatz wurde versucht, die Wählerbewegungen bei der Bundestagswahl 1969 mit politischen Ereignissen zu erklären, die in die Legislaturperiode 1965/1969 fielen. Ein möglicher Einwand gegen diese Art der Erklärung ist, daß bei unterschiedlichen Ereigniskonstellationen dieselbe Rate des Netto-Gewinns und -Verlusts einzelner Parteien zustandekommt. So hat zum Beispiel die SPD bei der Bundestagswahl 1969 keine höhere Zuwachsrate als bei vorangegangenen Bundestagswahlen erzielt, und auch die FDP verlor 1969 nicht wesentlich mehr Wähler als 1965. Gleiche Nettogewinne und -Verluste können jedoch durch ganz verschiedene Wanderungsbewegungen zustande gekommen sein. Schematisch läßt sich die unterschiedliche Richtung der Wählerbewegungen bei früheren Bundestagswahlen und bei der letzten Bundestagswahl wie folgt skizzieren:

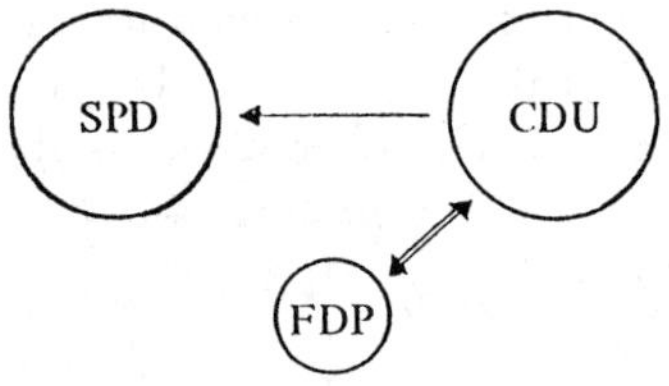

Schema der Wählerbewegungen bei früheren Bundestagswahlen

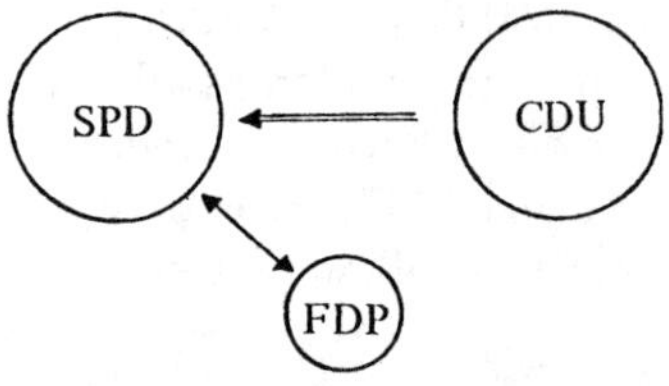

Schema der Wählerbewegungen bei der Bundestagswahl 1969

Daß eine Regierungsbildung erfolgt ist, die dieser Richtungsänderung in den Wählerbewegungen entspricht, läßt vermuten, daß sich dieses neue Muster stabilisiert.

ABHANDLUNGEN

Die Politikverflechtungs-Falle: Europäische Integration und deutscher Föderalismus im Vergleich

Fritz W. Scharpf

1. Einleitung

Gemessen an den ursprünglichen Erwartungen in Politik und Wissenschaft stellt sich der heutige Zustand der Europäischen Gemeinschaft als ein Paradox dar: Während die Optimisten vor dreißig Jahren die Römischen Verträge als den Anfang eines dynamischen Prozesses der sich stetig erweiternden und vertiefenden Integration interpretierten, der am Ende zu einem handlungsfähigen europäischen Bundesstaat nach dem Vorbild der Vereinigten Staaten von Amerika führen mußte (*Haas* 1958), erwarteten die Pessimisten oder „Realisten" den baldigen Rückfall in eine rein nationalstaatliche Politik und sahen deshalb in *De Gaulle*s „Europa der Vaterländer" um die Mitte der sechziger Jahre schon das vorhergesagte Ende der Integrationsbemühungen (*Hoffmann* 1966). Tatsächlich aber hat die Europäische Gemeinschaft seitdem die Zahl ihrer Mitgliedsländer verdoppelt und ihre Kompetenzen noch erweitert, das Europäische Parlament wird jetzt direkt gewählt, und die politische Bereitschaft zur Europäisierung weiterer Politikfelder scheint noch keineswegs erschöpft. Trotzdem ist die europäische Politik keineswegs von der Genugtuung über das Erreichte erfüllt, sondern eher von einer über konkrete Enttäuschungen und Frustrationen weit hinausgehenden allgemeinen Malaise und Unzufriedenheit (*Hrbek* und *Wessels* 1984).

Nach den Gründen braucht man nicht lange zu suchen: Der europäische Bundesstaat scheint so weit entfernt wie jemals. Der tatsächliche Einfluß des Parlaments bleibt eng begrenzt; die Kommission steht nach wie vor in völliger Abhängigkeit von den nationalen Regierungen im Ministerrat und im Europäischen Rat; und alle Versuche, wenigstens dort das Einstimmigkeitsprinzip durch Mehrheitsbeschlüsse zu ersetzen, blieben bisher erfolglos. Der „Gemeinsame Markt" funktioniert im Industriesektor zwar als einigermaßen erfolgreiche Zollunion, die die protektionistischen Tendenzen der Nationalstaaten dämpft und durch den wachsenden Protektionismus der Gemeinschaft ersetzt, aber die weitergehenden Bemühungen um einen völlig freien europäischen Binnenmarkt sind durch die Süd-Erweiterung der EG noch schwieriger geworden. Auf dem Feld der Industriepolitik wurden die unbestreitbaren Erfolge in der Luft- und Raumfahrt eher durch Kooperation außerhalb der EG-Institutionen erzielt, während die EG-Stahlpolitik wegen ihrer ökonomischen Ineffizienz scharf kritisiert wird. Im Umweltschutz hat sich die Gemeinschaft vor allem als Hindernis für wirksame nationalstaatliche Maßnahmen erwiesen, während nützliche Programme wie der Europäische Regionalfonds oder der Sozialfonds finanziell so schlecht ausgestattet sind, daß das Mißverhältnis zur Größenordnung der damit zu bearbeitenden Probleme absurd erscheint. Im Gegensatz dazu erreicht der finanzielle Aufwand für die Europäische Agrarpolitik geradezu astronomische Größenordnungen, aber das Ergebnis sind nach fast einhelliger Ansicht eher grandiose Fehlentwicklungen, durch die auf Kosten der europäischen Steuerzahler und Verbraucher riesige Überschüsse subventioniert werden, ohne daß das Ziel der Einkommensangleichung zwischen Landwirtschaft und Industrie erreicht werden konnte. Und alle Reformversuche der letzten Jahre haben nur immer wieder die Unfähigkeit zu jeder durchgreifenden Änderung bestätigt. Trotzdem ist die Gemeinschaft nicht in Auflösung begriffen, sondern dabei, sich zu erweitern.

Dieser Aufsatz versucht eine Erklärung der scheinbar paradoxen Koexistenz von Frustration und Stabilität oder von quantitativer Erweiterung und qualitativer Stagnation. Er geht aus von der Arbeitshypothese, daß die Defizite der europäischen Politik nicht lediglich als Folgen von überall auftretenden Mängeln der Informationsverarbeitung und Schwierigkeiten der Konsensbildung zu interpretieren seien, sondern daß die institutionellen Strukturen der Europäischen Gemeinschaft suboptimale Politik-Ergebnisse systematisch begünstigen. Gleichzeitig verhindern die selben institutionellen Bedingungen aber auch die von den „Realisten“ erwartete Desintegration. Die dafür ausschlaggebenden Strukturmerkmale gleichen, so versuche ich zu zeigen, in ihren wesentlichen Eigenschaften jenen Funktionsbedingungen des deutschen Föderalismus, die unter dem Begriff der „Politikverflechtung“ beschrieben und analysiert worden sind. Nach einem Überblick über die Probleme der Politikverflechtung in der Bundesrepublik und in Europa soll im weiteren Verlauf der Argumentation ihre Funktionslogik abstrakter gefaßt und schärfer abgegrenzt werden, um so die Frage ihrer Generalisierbarkeit diskutierbar zu machen.

2. *Zwei Modelle des Föderalismus*

Wenn die engagierten „Europäer“ in Politik und Wissenschaft sich als Endpunkt des Prozesses der europäischen Integration einen europäischen Bundesstaat vorstellten, dann waren ihre Vorstellungen zumeist am Vorbild der Vereinigten Staaten von Amerika orientiert. Geschaffen wurden jedoch europäische Institutionen, deren Entwicklungslogik eher auf das deutsche Föderalismusmodell hinführen mußte. Der Unterschied zwischen den beiden Modellen wird insbesondere in der anglo-amerikanischen Föderalismus-Theorie verkannt, der es auf den Grad der Unabhängigkeit der Gliedstaaten ankommt, und die deshalb in der deutschen Lösung oft eher einen verkappten Einheitsstaat sieht (*Wheare* 1960). Selbst *William Riker*, der die Eigenständigkeit des deutschen Modells hervorhebt (1964: 123), hat Schwierigkeiten, es in ein Klassifikationsschema einzuordnen, das zwischen zentralisierten und dezentralisierten Bundesstaaten nach dem relativen Gewicht der *autonomen* Entscheidungskompetenzen jeder Ebene unterscheiden will. Der gleiche Denkfehler findet sich ja auch in vielen deutschen Jeremiaden über die unaufhaltsamen Zentralisierungstendenzen in unserer bundesstaatlichen Struktur. Föderalismus wird hier als Nullsummen-Kompetenzkonflikt zwischen Bund und Gliedstaaten interpretiert. Charakteristisch für das deutsche Modell ist jedoch gerade nicht die Kompetenz-Trennung, sondern die Kompetenz-Verflechtung, und dementsprechend die geringe Entscheidungs-Autonomie *beider* Ebenen. Obwohl auch in den Vereinigten Staaten mit der Entwicklung zum „kooperativen Föderalismus" die Kompetenzvermischung zugenommen hat (*Riker* 1975), bleiben die grundlegenden verfassungsrechtlichen Unterschiede zwischen dem deutschen und dem amerikanischen Föderalismusmodell doch bedeutsam.

In beiden Modellen sind die Kompetenzen des Zentralstaats begrenzt, und die Gliedstaaten (Länder) üben originäre, demokratisch legitimierte Staatsgewalt aus. In den Vereinigten Staaten allerdings werden Exekutive und Legislative des Bundes ausschließlich durch unmittelbare demokratische Wahl legitimiert und können sich zur Ausführung ihrer Entscheidungen notfalls ausschließlich auf einen bundeseigenen Verwaltungsunterbau stützen. Die Ausübung der Bundesgewalt ist also formell unabhängig von der Mitwirkung der Einzelstaaten; die dem Bund übertragenen Kompetenzen wurden effektiv nationalisiert. Alle Formen des „kooperativen Föderalismus" in den Vereinigten Staaten sind deshalb in verfassungsrechtlicher Sicht freiwillige Zugeständnisse, die auch jederzeit – wie der „New Federalism" der *Reagan*-Administration gezeigt hat – wieder zurückgenommen werden können.

Im deutschen Modell dagegen stützt sich nur der Bundestag auf eine unmittelbare demokratische Legitimation, während im Bundesrat die Landesregierungen vertreten sind. Da in der Praxis alle wichtigen Bundesgesetze der Zustimmung des Bundesrates bedürfen, und zum weit überwiegenden Teil auch von den Länder-Verwaltungen ausgeführt werden, ist die Ausübung der Bundeskompetenzen faktisch von den Regierungen der Länder abhängig. Andererseits sind aber die Länder in ihrer eigenen Gesetzgebungskompetenz eng beschränkt und insbesondere auch für ihre Einnahmen auf zustimmungsbedürftige Steuergesetze des Bundes angewiesen. Kurz: Die Ausübung der Staatsfunktionen ist zwischen Bund und Ländern verschränkt, wobei im gegenwärtigen Diskussions-Zusammenhang insbesondere die Mitwirkung der Landesregierungen an der Willensbildung des Bundes hervorzuheben ist. In dieser Hinsicht vor allem wurde die Europäische Gemeinschaft dem deutschen und nicht dem amerikanischen Modell nachgebildet.

Damit soll freilich nicht behauptet werden, daß die Gründungsväter der Europäischen Gemeinschaft sich für das amerikanische Modell hätten entscheiden können. Die Gemeinschaft wurde von den Regierungen der europäischen Nationalstaaten zu einer Zeit geschaffen, als deren eigene Überlebensfähigkeit schon nicht mehr (wie noch in den Jahren unmittelbar nach dem Krieg) in Frage stand. Das potentiell wirksamste Motiv für den staatlichen Zusammenschluß, die gemeinsame äußere Bedrohung (*Riker* 1964), war nach dem Scheitern der Europäischen Verteidigungsgemeinschaft endgültig von der NATO als militärischer Allianz unter amerikanischer Hegemonie verbraucht worden. Was blieb, war die Attraktion des größeren Marktes und – vielleicht – der wirtschaftspolitischen Integration (*Scitovsky* 1958; *Balassa* 1962), die jedoch gewiss nicht ausreichte, um die nationalen Regierungen von der Notwendigkeit des institutionellen Selbstmords zu überzeugen. Bei allem Interesse an den Vorteilen des größeren Wirtschaftsraumes blieben sie immer darauf bedacht, ihren eigenen Einfluß auf Gegenstand, Richtung und Geschwindigkeit künftiger Integrationsschritte zu sichern.

Der fortdauernde Primat des nationalstaatlichen Einflusses zeigt sich in den extrem beschränkten Kompetenzen des Europäischen Parlaments, auch wenn es jetzt direkt gewählt wird, und in der Tatsache, daß die Europäische Kommission als Exekutivorgan der Gemeinschaft weder durch direkte Wahlen noch durch das Parlament legitimiert wird. Das eindeutige Machtzentrum liegt vielmehr nach wie vor im Ministerrat als Vertretungsorgan der Nationalregierungen und in den periodischen Gipfeltreffen des Europäischen Rates. In beiden Gremien hat sich das Einstimmigkeits-Prinzip in allen wichtigen Fragen behauptet und damit das nationalstaatliche Veto gegen alle Entscheidungen, durch die eigene Interessen verletzt werden könnten. Überdies verfügt die Europäische Gemeinschaft weder über einen eigenen Verwaltungsunterbau noch über ein eigenes Steuererhebungsrecht. Sie bleibt für die Ausführung ihrer Beschlüsse auf die Regierungen der Mitgliedsländer angewiesen und für ihre Einnahmen vor allem (neben der Preis-Abschöpfung bei Agrar-Importen) auf die Beteiligung an der nationalen Mehrwertsteuer.

Offensichtlich ist die institutionelle Position der Europäischen Gemeinschaft gegenüber den Mitgliedsstaaten noch wesentlich schwächer als die des Bundes gegenüber den Ländern im deutschen Föderalismus. Insbesondere fehlt der Europäischen Kommission die Handlungs- und Strategiefähigkeit einer politisch legitimierten und finanziell potenten Bundesregierung, die in der Lage wäre, Interessenunterschiede zwischen den Mitgliedern auszunutzen und sich Zustimmung notfalls auch zu erkaufen. Angesichts der formalen Ähnlichkeit der Entscheidungsstrukturen spricht dies jedoch nicht gegen, sondern für den Analogieschluß, den ich im folgenden entwickeln möchte: Schwierigkeiten der politischen Problemverarbeitung, die sich schon unter den vergleichsweise günstigen deutschen Bedingungen aus der föderalen Kompetenzverschränkung ergeben, müßten sich in der Europäischen Gemeinschaft in vergrößertem Maßstab wiederfinden lassen. Der Analogieschluß erscheint besonders plausibel, wenn der Vergleich auf jene Politikfelder konzentriert wird, in denen auch in der Bundesrepublik das Einstimmigkeits-Prinzip näherungsweise oder strikt angewandt wird – also auf die „Gemeinschaftsaufgaben des Bundes und der Länder" und die „Finanzhilfen des Bundes", die durch die Finanzverfassungs-Reform von 1969 in das Grundgesetz eingefügt wurden. Sie in erster Linie waren ja auch der Gegenstand jener empirischen, theoretischen und praxeologischen Bemühungen, die unter dem Begriff der „Politikverflechtung" zu einem in den Sozialwissenschaften eher ungewöhnlichen Grad an Übereinstimmung der Problemsichten geführt haben (*Hochschule Speyer* 1975; *Scharpf* u. a. 1976; 1977; *Scharpf* 1978; *Hesse* 1978; *Lehner* 1979; *Der Bürger im Staat* 1979; *Patzig* 1981; *Schultze* 1982; *Fürst* u. a. 1984; *Benz* 1985; *Laufer* 1985).

3. Politikverflechtung in der Bundesrepublik

Die Phänomenologie der deutschen Politikverflechtung kann und muß hier gewiß nicht im Detail nachgezeichnet werden. Trotzdem erscheint es nötig, wenigistens jene Zusammenhänge nocheinmal ins Gedächtnis zu rufen, auf die sich der spätere Analogieschluß beziehen kann. Wichtig ist dabei vor allem anderen der Umstand, daß es sich bei den durch die Verfassungsreform von 1969 neu eingeführten Verflechtungs-Tatbeständen durchweg um Aufgaben handelte, für die nach dem Grundgesetz bis dahin eine Bundeskompetenz nicht bestand oder jedenfalls mit plausiblen Argumenten bestritten werden konnte. Da die für notwendig gehaltene Verfassungsänderung formell eine Zwei-Drittel-Mehrheit im Bundesrat und faktisch die Zustimmung aller Länder brauchte, war die Ausgangssituation also durchaus vergleichbar mit dem Prozeß der Übertragung nationaler Souveränitätsrechte auf die Europäische Gemeinschaft.

Sachlich ging es fast durchweg um Verwaltungs- und Finanzierungsaufgaben, die sich einer effektiven Regelung durch die (ja durchaus geräumige) Gesetzgebungs-Kompetenz des Bundes entzogen, und für deren befriedigende Wahrnehmung man die Länder entweder als zu klein oder als zu wenig finanzkräftig ansah. Insbesondere schienen die Verbesserung der deutschen Agrarstruktur in Vorbereitung auf den Wettbewerb im Gemeinsamen Agrarmarkt, die Verbesserung der Industriestruktur in den peripheren Regionen und der Neubau und Ausbau der deutschen Hochschulen zur Bewältigung der „Bildungskatastrophe“ die Leistungsfähigkeit der hauptsächlich betroffenen und zumeist auch finanzschwachen Bundesländer zu überfordern. Es ging deshalb darum, die Finanz- und Kompetenz-Ressourcen des Gesamtstaats durch einen Planungs- und Finanzierungsverbund von Bund und Ländern für die Bewältigung dieser „Gemeinschaftsaufgaben“ zu mobilisieren (Art. 91 a Grundgesetz). Gleichzeitig war mit dem Übergang zu einer keynesianischen Nachfrage-Steuerung die Tatsache zum Problem geworden, daß der für die Konjunkturpolitik in erster Linie zuständige Bund für weniger als 20 % der öffentlichen Investitionen zuständig war, während die Länder – und insbesondere die Kommunen mit einem Anteil von mehr als 60 % – eher zu einem prozyklischen Investititionsverhalten tendierten (*Knott* 1981). Die „Finanzhilfen des Bundes“ nach Art. 104 a, IV des Grundgesetzes sollten also nicht nur die unterschiedliche finanzielle Leistungsfähigkeit der Länder und Gemeinden bei der Förderung des Wohnungsbaus, des Städtebaus, des Krankenhausbaus oder beim Ausbau des öffentlichen Personen-Nahverkehrs ausgleichen, sondern dem Bund auch stärkeren Einfluß auf den Zeitverlauf und die Konjunkturwirksamkeit der öffentlichen Investitionen sichern. Schließlich wurden auch Vereinbarungen über die Zusammenarbeit von Bund und Ländern bei der Bildungsplanung und bei der Forschungsförderung vorgesehen (Art. 91 b Grundgesetz).

Die Bildungsplanung illustriert vielleicht am deutlichsten das entscheidungs-strukturelle Grundproblem der Politikverflechtung (*Koneggen* 1978): Gerade weil es hier aus der Sicht der Länder nicht um zusätzliche Bundesmittel ging, kam es nach dem Zerfall des anfänglichen Reformkonsenses (*Becker* 1971) zu einer zunehmenden bildungspolitischen Polarisierung zwischen den „konservativen“ und den „progressiven“ Bundesländern, die in den Planungsgremien auch die Unterstützung der Bundesvertreter fanden. Die mit Mehrheit beschlossenen Entwürfe des „Bildungsgesamtplans" waren deshalb bemerkenswert fortschrittliche Dokumente, die aber auf der Ebene der Ministerpräsidenten und des Bundeskanzlers die dort erforderliche Dreiviertel-Mehrheit nicht fanden. Als dann nach langwierigen Nachverhandlungen 1973 ein bildungspolitisch entschärfter, aber finanziell immer noch anspruchsvoller erster Gesamtplan verabschiedet werden konnte (*Mäding* 1974), war die „Reformkonjunktur" (*Ruß-Mohl* 1981) der Bildungspolitik allerdings schon fast wieder vorbei. Bei offenem Dissens über die qualitativen Ziele der Bildungsreform beschränkten sich die Bildungsplaner hinfort auf quantitative Forderungen, die von den vereinten Finanzministern des Bundes und der Länder im weiteren Verlauf der Wirtschafts- und Finanzkrise immer weiter zurückgestutzt wurden. Am Ende war die Frustration auf allen Seiten so groß, daß ohne ernsthaften politischen Konflikt der Bildungsrat aufgelöst und die gemeinsame Bildungsplanung 1982 eingestellt werden konnte (*BMBW* 1982).

Die in der Bildungsplanung deutlich gewordenen Gefahren der Selbstblockierung und Selbstschädigung eines Politikbereichs wurden in den übrigen Feldern der Politikverflechtung vermieden durch die konsequente Anwendung konflikt-minimierender materieller und prozeduraler Entscheidungsregeln. Die wichtigste davon war die faktische Anerkennung des Einstimmigkeits-Prinzips. Offene Konflikte und knappe Mehrheits-Entscheidungen konnten nur die Reputation und die Durchsetzungschancen des Politikfeldes gegenüber anderen Konkurrenten um knapper werdende Ressourcen beeinträchtigen. Hinzu kam – jedenfalls bei den SPD-geführten Ländern, die während der Sozial-Liberalen Koalition gelegentlich mit dem Bund zusammen die CDU/CSU-Länder hätten überstimmen können – eine grundsätzliche Länder-Solidarität: Man hatte sich im Fernseh-Streit vor dem Bundesverfassungsgericht erfolgreich gegen den Versuch der Regierung *Adenauer* gewehrt, die Länder parteipolitisch gegeneinander auszuspielen (*BVerfGE* 12: 205 ff., 254 ff.), und man war auch jetzt nicht bereit, parteipolitische Opportunität über die institutionellen Interessen der Länder-Gesamtheit zu stellen. Einigung mit dem Bund war also erst möglich, wenn alle oder doch fast alle Länder der Lösung zustimmten.

Das Interesse der Länder an einer „Kartellisierung" (*Bentele* 1979) untereinander und gegenüber dem Bund war sogar so stark, daß es sich selbst in der Planung der Bundesfernstraßen durchsetzte, wo der Bund formell allein zu entscheiden hat (*Garlichs* 1980). Alle Möglichkeiten des Bundes, mit einem Teil der Länder „minimum winning coalitions" (*Riker* 1962) zu bilden, wurden dann 1975 für die Finanzhilfen nach Art. 104 a, IV des Grundgesetzes vollends ausgeschlossen durch ein die Einstimmigkeitsregel festschreibendes Urteil des Bundesverfassungsgerichts (*BVerfGE* 39: 96 ff.). Aber auch ohne diese verfassungsrechtliche Sanktion herrschte ja angesichts der parteipolitischen Mehrheitsverhältnisse im Bundesrat während der Regierungszeit der Sozial-Liberalen Koalition im deutschen Föderalismus faktisch das Einstimmigkeitsprinzip (*Lehmbruch* 1976).

Die Folgen dieser besonderen Entscheidungsstruktur für die Problemverarbeitungsfähigkeit der deutschen Politik können dann etwa folgendermaßen zusammengefaßt werden (*Scharpf* u. a. 1976): Soweit die Ausgangslage analytisch als „Niveau-Problem" klassifiziert werden konnte, entsprachen die Ergebnisse der Verflechtung durchaus den Erwartungen. Der gesamtstaatliche Finanzaufwand für die Sachgebiete der Gemeinschaftsaufgaben und Finanzhilfen stieg deutlich an – im Bundeshaushalt beispielsweise von einem Anteil von 6,8 % an den Gesamtausgaben im Jahre 1970 über 9,5 % 1974 auf 11,2 % 1977 (*BMF Dokumentation* 2/85: Tabellen 1 und 6). Ganz offensichtlich waren die Aufgabenbereiche der Politikverflechtung also auch besonders resistent gegenüber den Bemühungen um eine Haushalts-Konsolidierung in der Anfangs-Phase der Wirtschafts- und Finanzkrise.

Soweit allerdings die Ausgangslage analytisch als „Strukturproblem" oder „Verteilungsproblem" zu charakterisieren war, wurden die Hoffnungen der strukturschwachen Regionen enttäuscht: Bei den Finanzhilfen setzten sich von Anfang an schematische Verteilungsschlüssel – etwa nach der Bevölkerungszahl oder dem Kraftfahrzeug-Bestand – durch, deren Umverteilungswirkung gering blieb. Bei der Agrarstrukturpolitik wurde die vor Beginn der gemeinsamen Planung bestehende faktische Verteilung der Bundesmittel einfach fortgeschrieben, obwohl eine bedarfsorientierte Analyse der Planungsgruppe des Bundes die Notwendigkeit einer massiven Umverteilung zugunsten der süddeutschen Kleinbauern und zu Lasten der norddeutschen Großbetriebe begründet hatte. Ähnlich verhielt es sich bei der Bundesfernstraßen-Planung, die mit großem methodischen Aufwand nur die bisherige Verteilung zwischen den Bundesländern festschrieb. Die einzige Ausnahme von dieser Regel war die regionale Wirtschaftsförderung, deren Rahmenpläne in der Tat die Abgrenzung der Fördergebiete und die Differenzierung der Fördersätze auf der Grundlage wissenschaftlicher Untersuchungen bedarfsorientiert festlegten. Begünstigt wurden dadurch die östlichen Grenzgebiete und andere industrieferne Agrar-Regionen. Die große Enttäuschung kam nach der ersten Ölpreiskrise, als die notwendige Berücksichtigung der neuen Strukturprobleme in den alten Industrieregionen im Rahmen der gegebenen Förderprogramme am Widerstand der bisher begünstigten Länder scheiterte. Erreichbar war lediglich ihre Zustimmung zu einem *zusätzlichen* Programm der Bundesregierung für die krisengeschädigten Automobil-Regionen. Nach dem gleichen Muster wurden in den Folgejahren zusätzliche Programme für das Saarland, für die Stahl-Standorte generell und für Bremen eingeführt. Damit allerdings verlor auch die regionale Wirtschaftsförderung ihre anfangs bewunderte konzeptionelle Geschlossenheit und allokative Effizienz. In dem Maße, wie die „Förderkulisse" erweitert und widersprüchliche Förderkriterien kumuliert wurden, kam es auch wieder zu jener Subventionskonkurrenz zwischen den Regionen um ansiedlungs- oder erweiterungswillige Betriebe, die die Gemeinschaftsaufgabe gerade hatte abschaffen sollen. Vor allem aber wurden die mangelnde Flexibilität und die steigenden Kosten der Politikverflechtung aus der Sicht der für die Bewältigung von Wirtschaftsproblemen unter rasch wechselnden Krisenbedingungen in erster Linie verantwortlichen Bundesregierung immer mehr zum Problem.

Im übrigen setzte sich das – angesichts des warnenden Beispiels der Bildungsplanung plausible – Interesse aller beteiligten Fachressorts an der Vermeidung inhaltlicher Konflikte und das gemeinsame Interesse der Länder an einer Minimierung des Bundeseinflusses auf die Ausgestaltung und Auswahl konkreter Einzelvorhaben in fast allen Bereichen durch. Die ursprünglichen Hoffnungen auf eine umfassende und koordinierte Planung der Infrastruktur-Investitionen von Bund und Ländern oder wenigstens auf ein „integriertes Entwicklungsprogramm des Bundes" (*Wagener* 1975; *Kommission für wirtschaftlichen und sozialen Wandel* 1976: 339 f.) scheiterten an der allen Integrationsansprüchen völlig unzugänglichen „vertikalen Ressortkumpanei" (*Frido Wagener*) in den einzelnen Verflechtungsfeldern ebenso, wie die Steuerungs-Hoffnungen der Bundesressorts an der Solidarität zwischen den Ländern scheiterten. Die Politikverflechtung verkam deshalb aus der Sicht des Bundes immer mehr zur Mitfinanzierungspflicht für Länder-Vorhaben ohne gleichwertige Mitspracherechte, während aus der Sicht der Länder der bürokratische Mehraufwand umso drückender erschien, je weniger der Bund tatsächlich zu sagen hatte (*Lehner* 1979; *Zeh* 1979; *Borell* 1981). Hinzu kam der generelle Vorwurf einer undemokratischen Präjudizierung der Parlamente durch Bund-Länder-Verhandlungen auf der Ebene der Regierungen und Verwaltungen (*Klatt* 1979). Eine Rolle spielte wohl auch die Vorstellung, daß die politischen Prioritäten der Kommunen und Länder durch die Verfügbarkeit von Bundeszuschüssen für manche, aber eben nicht für alle, Aufgaben verzerrt werden könnten (*Späth* u. a. 1979) und, generell, daß durch die zunehmende Politikverflechtung auch die eigenständige Bedeutung der Landespolitik und der Landtagswahlen noch weiter vermindert werden könnte (*Fabritius* 1978; *Abromeit* 1982). Überdies hatten sich auch die Hoffnungen des Bundes auf eine antizyklische Steuerung der öffentlichen Investitionen kaum erfüllt: Die Vorlaufzeiten zwischen der Initiierung von Förderprogrammen und ihrer tatsächlichen Ausgaben-Wirksamkeit bleiben für eine konjunkturpolitische Feinsteuerung zu lang, und die prozyklische Tendenz der Länder- und insbesondere der Kommunalinvestitionen konnte durch die Bundes-Zuweisungen nicht ausgeräumt werden (*Kock* 1975; *Knott* 1981). Stattdessen kam es eher zu Umschichtungen in den Investitionshaushalten zugunsten der jeweils vom Bund vorrangig geförderten Investitionen (*Reissert* 1984). Kurz: Die Reputation der Politikverflechtung war am Ende der siebziger Jahre schon so weit ruiniert, daß Bundeskanzler *Helmut Schmidt* kaum noch auf Widerspruch stieß, als er in seiner Regierungserklärung 1980 und noch deutlicher in seiner Ansprache vor dem Bundesrat vom 12. Dezember 1980 den Rückzug des Bundes aus dem Planungs- und Finanzierungsverbund mit den Ländern ankündigte (*Schmidt* 1980).

Allerdings bleibt es wohl eher bei einer begrenzten Frontbegradigung: Die gemeinsame Bildungsplanung wurde eingestellt und ebenso die Mitfinanzierung des Bundes beim Krankenhausbau. Gleichzeitig ging der Anteil der Gemeinschaftsaufgaben und Finanzhilfen an den Ausgaben des Bundes wieder von 11,2 % 1977 über 8,2 % 1980 auf 7,4 % 1983 zurück (*BMF Dokumentation* 2/85). Aber im übrigen hat der Widerstand der beteiligten Bundes- und Landesressorts und der betroffenen Verbände bisher einen weitergehenden Abbau verhindert. Mehr noch: Die grundlegenden institutionellen Probleme der Kompetenz-Verschränkung im deutschen Föderalismus sind einer Lösung nicht näher gekommen. Nach wie vor sind die Gemeinden und Länder in ihrer Handlungsfähigkeit und in ihrem finanziellen Handlungsspielraum durch den Bundesgesetzgeber beschränkt, und nach wie vor fehlt dem Bund die Möglichkeit unmittelbar wirksamer Interventionen zur Bekämpfung regional konzentrierter Probleme. Gleichzeitig nimmt die Differenzierung zwischen wirtschaftsschwachen und wachstumsstarken Regionen wieder zu, nachdem sie in den sechziger und frühen siebziger Jahren zurückgegangen war. Der objektive Interventionsbedarf steigt also wieder, und wenn er einmal politisch nicht mehr abgewiesen werden kann, dann stellt ihm unsere föderale Verfassung nach wie vor nur die Handlungsformen der Politikverflechtung zur Verfügung – mit allen ihren prinzipiellen Schwächen, die in der europäischen Politik sogar noch drastischer hervorgetreten sind.

4. Politikverflechtung in der Europäischen Gemeinschaft

In einigen Feldern der europäischen Politik sind die Parallelen zur deutschen Politikverflechtung eher trivial: Wenn quantitativ begrenzte europäische Förderprogramme auf vorhandene nationale Programme „aufgepfropft" werden, dann erhöhen sich zwar die bürokratischen und politischen Kosten der vertikalen Koordinierung (*Hrbek* 1979), aber die nationalen Prioritäten werden sich wohl nicht sehr ändern. Die einzig interessante Frage ist dann die, ob die europäischen Mittel wenigstens zusätzlich eingesetzt werden, oder ob sie lediglich einzelstaatliche Ausgaben ersetzen. Deshalb ist es zwar für meine These hilfreich, aber nicht sehr verwunderlich, daß der deutschen Politikverflechtung völlig entsprechende Entscheidungsmuster sowohl beim Europäischen Regionalfonds (*Bruder* 1983; *Noé* 1983; *Martins* und *Mawson* 1982) als auch beim Europäischen Sozialfonds (*Laffan* 1983) festgestellt wurden, und daß die regionale Verteilung der europäischen Föderungsmittel für Forschung und Entwicklung den gleichen Regeln folgt (*Steinle* und *Stroetmann* 1983).
Interessanter für meine Fragestellung ist die Gemeinsame Agrarpolitik – jenes Politikfeld also, in dem die Europäische Gemeinschaft nach einhelliger Meinung der Vollkompetenz eines Bundesstaates am nächsten kommt. Wenigstens in der Marktordnungs- und Agrarpreispolitik sind die europäischen Regelungen nicht aufgepfropft, sondern sie haben nationale Programme verdrängt, und auch ihr Finanzvolumen ist mit 16,5 Milliarden ECU im Jahre 1984 alles andere als trivial. Hier jedenfalls haben wir also ein genuin „europäisiertes" Politikfeld. Gleichzeitig wird aber die Gemeinsame Agrarpolitik in Entscheidungsstrukturen formuliert, deren Ähnlichkeit mit der deutschen Politikverflechtung ins Auge springt: In beiden Fällen wurden politisch wichtige Aufgaben auf die nächsthöhere institutionelle Ebene verlagert, aber ihre Wahrnehmung blieb an die einvernehmliche Zustimmung der Mitglieds-Regierungen gebunden.
Ähnlich wie die deutsche Politikverflechtung erschien auch die Gemeinsame Agrarpolitik ursprünglich als völlig plausible Lösung für die offensichtlichen Koordinationsprobleme zwischen nationalstaatlichen Programmen in einem einheitlichen Agrarmarkt; und ähnlich wie die deutsche Politikverflechtung wird sie heute als ineffizient und ineffektiv kritisiert: Sie hat die europäischen Verbraucher mit Lebensmittelpreisen weit oberhalb des Weltmarkt-Niveaus belastet, und die europäischen Steuerzahler mit den Kosten für ein astronomisches Subventionsvolumen. Sie ist verantwortlich für die wachsenden Überschüsse der europäischen Agrarproduktion, die entweder vernichtet oder mit hohen Verlusten auf dem Weltmarkt verschleudert werden müssen; und trotz aller Anstrengungen und Aufwendungen hat die Gemeinsame Agrarpolitik noch nicht

einmal ihre selbstgesetzten Ziele erreichen können, einen wirklich freien Markt für Agrarprodukte in der Gemeinschaft und ausreichende Familieneinkommen für die europäischen Kleinbauern (*Rodemer* 1980; *Body* 1982).

Die Fehlentwicklungen der Gemeinsamen Agrarpolitik können unmittelbar auf einige wenige politische Grundentscheidungen zurückgeführt werden. Ausschlaggebend war die Option für die Verbesserung der landwirtschaftlichen Einkommen mit den Mitteln der Preispolitik anstatt durch direkte Einkommensübertragungen. Nachdem diese Wahl, die angesichts des traditionellen Agrar-Protektionismus der Gründungsmitglieder der Gemeinschaft kaum anders ausfallen konnte, einmal getroffen war, ließen sich die weiteren Merkmale der europäischen Agrarpolitik aus den gegebenen nationalen Interessen (insbesondere den französischen und deutschen) und aus dem Erfordernis einstimmiger Entscheidungen ableiten.

Im Vergleich zur Bundesrepublik hatte Frankreich einen größeren und leistungsfähigeren Agrarsektor und deutlich niedrigere Lebensmittelpreise. Sein Interesse am freien Zugang zu einem einheitlichen europäischen Agrarmarkt war umso größer, als die wettbewerbsstärkere deutsche Industrie ohnehin vom Gemeinsamen Markt wesentlich mehr profitierte als die französische. Die deutsche Landwirtschaft dagegen, klimatisch benachteiligt und durch hohe Preise verwöhnt, hatte von einer Öffnung der Märkte wenig zu erhoffen und viel zu befürchten. Die Bundesrepublik, deren industrielle Interessen vorab befriedigt worden waren, verzögerte deshalb den Übergang zum Geimeinsamen Agrarmarkt, und es bedurfte der dramatischen Konfrontationspolitik *De Gaulles*, um den von Anfang an absehbaren Kompromiß, der beiden Interessen gerecht wurde, zu erzwingen: Der europäische Agrarmarkt wurde für die französische Landwirtschaft geöffnet (und damit wurde auch eine Produktionsbegrenzung durch Quoten ausgeschlossen), aber die europäischen Agrarpreise wurden jedenfalls für Produkte, die für die deutsche Landwirtschaft wichtig waren (Milch, Fleisch, Getreide und Zucker) auf ein Niveau angehoben, das fast den bisherigen deutschen Preisen entsprach. Technisch wurde dies erreicht durch ein System von Einfuhr-Mindestpreisen, die eine Abschottung des EG-internen Agrarmarktes gegenüber Preisschwankungen auf dem Weltmarkt ermöglichten, und von Interventionspreisen, zu denen eine etwaige Überschuß-Produktion von den staatlichen Einfuhr- und Vorratsstellen aufgekauft werden mußte. Da diese Interventionspreise jedoch nicht nur über dem Weltmarktniveau, sondern auch über den Produktionskosten der leistungsfähigeren europäischen Betriebe lagen, war eine rasch ansteigende Überschuß-Produktion unvermeidlich. Ihr Ergebnis war eine Eskalation der Garantie-Zahlungen aus dem Ausgleichsfonds, die keineswegs mehr – wie ursprünglich erwartet – aus dem Aufkommen der Einfuhr-Abschöpfungen finanziert werden konnten. Die Kosten der Agrarpreis-Stützung stiegen deshalb von 6 Milliarden ECU (oder 75 % des EG-Haushaltes) im Jahre 1976 auf 12 Milliarden ECU 1980, und danach trotz aller Auseinandersetzungen um die Reform der EG-Agrarpolitik weiter auf 16,5 Milliarden ECU im Jahre 1984 (*DIW* 1984).

Aber selbst um diesen hohen Preis war ein tatsächlich einheitlicher Agrarmarkt nicht zu haben. Ihm standen divergierende nationale Reaktionen auf die häufigen Änderungen der Wechselkurse entgegen. Den Anfang machte Frankreich, das 1968 nach einer

Franc-Abwertung um 11 % die Lebensmittelpreise nicht um den gleichen Prozentsatz ansteigen lassen wollte und deshalb einen Grenzausgleich einführte, durch den Agrar-Importe subventioniert und Agrar-Exporte belastet wurden. Umgekehrt war die Bundesrepublik bei den nachfolgenden DM-Aufwertungen auch nicht bereit, die deutschen Erzeugerpreise im gleichen Maße sinken zu lassen. Hier mußten also die Importe künstlich verteuert und die Exporte verbilligt werden. Diesem Muster folgten alle anderen Länder, und aus den Export-Abschöpfungen der Abwertungsländer und den Export-Subventionen der Aufwertungsländer entwickelte sich ein System „grüner Wechselkurse", das sich immer weiter von den „offiziellen" Wechselkursen entfernte, und dann jeweils durch schrittweise Korrekturen diesen wieder angenähert werden mußte.

Der angestrebte europäische Agrarmarkt mit offenen Grenzen, einheitlichen Preisen und einheitlichen Subventions-Regeln konnte auf diesem Wege offensichtlich nicht erreicht werden. Stattdessen stiegen die Verbraucher- und Erzeugerpreise für Agrarprodukte in den Aufwertungsländern schneller als das allgemeine Preisniveau, während sie in den Abwertungsländern dahinter zurückblieben. Dementsprechend verschob sich das Gewicht der (am Ende ja in nationaler Währung kassierten) Subventionszahlungen der EG zugunsten der Aufwertungsländer. Konkret gesprochen: Wenn bei einheitlichen Agrarpreisen der Anreiz zur Mehrproduktion ursprünglich in Frankreich am größten war, dann begünstigten die „grünen Wechselkurse" eher die Überproduktion in der Bundesrepublik und in Holland (*Feld* 1980). Und nachdem die Bundesrepublik 1984 die mühsame Einigung auf verminderte Grenzausgleichs-Sätze mit nationalen Steuer-Vergünstigungen für die Landwirtschaft beantwortet hat, ist nunmehr sogar das Minimalziel einer Europäisierung der Agrarsubventionen aufgegeben worden.

Schließlich wurde trotz des riesigen Finanzaufwandes auch die angestrebte Annäherung der Agrar-Einkommen an den gesamtwirtschaftlichen Durchschnitt nicht erreicht. Die Preis-Stützung und seit Mitte der siebziger Jahre die schlechte Lage auf dem allgemeinen Arbeitsmarkt bremsten die Abwanderung aus der Landwirtschaft und damit den Anstieg der Durchschnitts-Einkommen. Überdies begünstigte der Versuch einer Einkommensverbesserung mit den Mitteln der Preispolitik einseitig die leistungsfähigen Großbetriebe in Regionen mit guten Böden und günstigem Klima, während die Einkommen der Kleinbauern in den benachteiligten Regionen, in denen auch Industrie-Arbeitsplätze fehlen, nach wie vor unter dem Existenz-Minimum blieben (*Balz* u. a. 1982). Das „Bergbauern-Programm", das direkte Einkommensübertragungen für Landwirte in strukturell benachteiligten Regionen einschließt, ist im Vergleich zu den Preis-Subventionen finanziell so schlecht dotiert, daß es die Probleme eher verdeutlicht als einer Lösung näherbringt.

Ebenso wie in der deutschen Politikverflechtung begannen sich auch in der EG-Agrarpolitik enttäuschte Hoffnungen, zunehmende Frustration und öffentliche Kritik politisch auszuwirken. Großbritannien und in geringem Maße auch die Bundesrepublik, die beiden großen Netto-Zahler der Gemeinschaft, versuchten seit Beginn der achtziger Jahre die Subventions-Überproduktions-Spirale wenigstens zu verlangsamen (wobei allerdings die finanzpolitische Position der Bundesrepublik immer wieder von der deutschen Agrarpolitik desavouiert wurde). Die formale Möglichkeit dazu boten die rasch ansteigenden Haushaltsdefizite der Gemeinschaft, die nur durch die – einstimmige Zustimmung erfordernde – Erhöhung des EG-Anteils an der nationalen Mehrwertsteuer gedeckt werden konnten. Der nach dramatischen Konfrontationen mit Großbritannien im Frühjahr 1984 erzielte Kompromiß – die Einführung eines Quotensystems für die Milchproduktion und die Verminderung des Grenzausgleichs – vermied zwar die akute Zahlungsunfähigkeit der Gemeinschaft (*DIW* 1984), aber die Ausnahmeregelungen zugunsten Irlands, die Hinnahme der deutschen Ersatz-Subventionen (*DIW* 1984a; *Jürgensen* und *Schmitz* 1984) und schließlich das deutsche Veto gegen die von der Kommission vorgeschlagene Senkung der Agrarpreise im Frühjahr 1985 zeigen deutlich genug, daß die die Überproduktion antreibenden Mechanismen keineswegs außer Kraft gesetzt wurden. Überdies wird der Beitritt zweier weiterer Agrar-Überschuß-Länder, Spanien und Portugal, die Finanzierungsprobleme erneut verschärfen, nachdem auf Drängen Italiens und Frankreichs zuvor auch das Subventions-Niveau für die (bis dahin vor allem durch Importsperren geschützten) „Süd-Produkte" angehoben worden war.

Trotzdem wird man nach bisherigen Erfahrungen eher mit dem fortdauernden Siechtum der Gemeinsamen Agrarpolitik rechnen müssen als entweder mit ihrer Abschaffung oder mit ihrer durchgreifenden Reform. Die institutionellen Gründe für die Pathologie wie für die Persistenz der Politikverflechtung in der Bundesrepublik und in der Europäischen Gemeinschaft sollen in den folgenden Abschnitten erörtert werden.

5. *Die Pathologie der Politikverflechtung: Regierungsinteressen*

Die charakteristischen Problemlösungs-Defizite der Politikverflechtung lassen sich, so möchte ich zeigen, aus zwei institutionellen Bedingungen ableiten:

- Aus der Tatsache, daß die Entscheidungen auf der höheren Ebene von der Zustimmung von *Regierungen* der unteren Entscheidungsebene abhängig sind, und
- aus der Tatsache, daß diese Zustimmung *einstimmig* oder fast einstimmig erteilt werden muß.

Die deutsche Erfahrung spricht überdies dafür, daß die zweite Bedingung durch die erste impliziert wird, sofern die Abstimmungsregeln ebenfalls von den Mitglieder-Regierungen festgelegt werden und die Zahl der Mitglieder nicht so groß wird, daß die Transaktionskosten der Einstimmigkeit prohibitiv wären. Jedenfalls entspricht die Einstimmigkeitsregel einem rationalen Kalkül risiko-averser Mitglieder, selbst wenn sie im Einzelfall von der Anwendung der Mehrheitsregel profitieren würden. Dies gilt offenbar auch in der Europäischen Gemeinschaft (*Everling* 1980: 221).

Die Bedeutung der Entscheidungsbeteiligung von *Regierungen* wird deutlich, wenn man den amerikanischen Senat mit dem deutschen Bundesrat vergleicht: In beiden Fällen werden selbstverständlich die ökonomischen, sozialen oder kulturellen Interessen von Regionen direkt (und möglicherweise auf Kosten diffuser oder „allgemeiner" Interessen) in den Entscheidungsprozeß auf der zentralen Ebene eingebracht, aber im deutschen Falle werden dort zusätzlich die institutionellen Eigeninteressen der Landesregierungen an der Erhaltung und Erweiterung ihres Bestandes an Ressourcen und Kompetenzen vertreten. *Claus Offes* (1975: 13 ff.) „Interesse des Staates an sich selbst" wird hier also verdoppelt, und man könnte schon aus diesem Grund eine relativ stärkere Gewichtung politisch-institutioneller und bürokratischer Interessen (*Tullock* 1965; *Niskanen* 1971) in der bundesdeutschen Gesetzgebung erwarten. Wichtiger jedoch scheint mir der Umstand, daß diese institutionellen Interessen nicht durch ein Repräsentationsprinzip gefiltert, sondern unmittelbar an den sie betreffenden Entscheidungen beteiligt werden. Alle in der konservativen Demokratietheorie seit *Edmund Burke* immer wieder hervorgehobenen Nachteile der direkten Demokratie und des imperativen Mandats (*Scharpf* 1970) müßten hier also ihre Wirkung entfalten. Jedenfalls fehlt unter den Bedingungen der Politikverflechtung der Zentralinstanz jener Vertrauensvorschuß eines *„generalized political support"* (*Parsons* 1967: 231 ff.), der erst kreative Reaktionen auf politische Forderungen zuläßt. Die Bundesregierung und die Europäische Kommission können im Verhältnis zu den Mitglieds-Regierungen nicht auf die spätere Akzeptanz heute unpopulärer Maßnahmen spekulieren. Sie sind für ihre Entscheidungen auf Zustimmung hier und jetzt angewiesen.

Allerdings sind die Unterschiede durchaus bedeutsam. Während die Entscheidungen der Gemeinschaft völlig durch die Verhandlungen zwischen den Mitgliedstaaten determiniert werden, hat die deutsche Bundesregierung eine eigene politische Identität und verfügt über eigene Ressourcen, Kompetenzen und Handlungsmöglichkeiten, die ihr trotz formeller Abhängigkeit von der Zustimmung der Länder die Chance erfolgreicher Verhandlungsstrategien bieten. Freilich haben auch erfolgreiche Verhandlungen ihren Preis: Manchmal mag es zwar Positiv-Summen-Lösungen im gemeinsamen Interesse geben, aber zumeist fand sich während der siebziger Jahre die Bundesregierung unter dem größeren politischen Erfolgsdruck und mußte deshalb entweder verwässerte Versionen ihrer ursprünglichen Entwürfe als unbefriedigenden Kompromiß akzeptieren oder sich die Zustimmung der Länder durch Konzessionen an anderer Stelle erkaufen. Ebenso wie im Heiligen Römischen Reich eine Kaiserdynastie nach der anderen ihr Hausgut aufbrauchte, um die Loyalität der Reichsfürsten für Feldzüge gegen Mongolen, Sarazenen, Päpste und Türken zu gewinnen, so hat auch die Sozial-Liberale Bundesregierung ihren politischen Aktivismus mit einer Verminderung des Bundesanteils am Steueraufkommen des Gesamtstaats von 53 % 1970 auf 48 % 1983 bezahlt (*BMF Dokumentation* 2/85: Tabelle II). Die ohnehin von den Mitgliedstaaten völlig abhängige Europäische Gemeinschaft konnte wenigstens nicht in dieser Weise von ihnen ausgebeutet werden.

Wie aber lassen sich nun die oben beschriebenen materiellen Problemlösungs-Defizite aus den institutionellen Bedingungen der Politikverflechtung herleiten? In der Bundesrepublik haben wir die Vermehrung und die finanzielle Ausweitung der Mischfinanzierungs-Tatbestände aus dem institutionellen Eigeninteresse der beteiligten Regierungen erklären können, und ebenso die behauptete geringere Effizienz der Ressourcen-Verwendung. Das zugrundeliegende Interessenkalkül ergibt sich nach dem Prinzip „geteiltes Leid ist halbes Leid, geteilte Freude doppelte Freud" aus der unterschiedlichen Teilbarkeit der finanziellen Kosten und des politischen Nutzens mischfinanzierter Vorhaben: Der finanzielle Aufwand wird halbiert oder gedrittelt, aber von den politischen

Vorteilen profitieren Kommunalpolitiker ebenso wie Landespolitiker und Bundestagsabgeordnete. Mindestens ebenso wichtig aus der Sicht der beteiligten Politiker und Bürokraten ist die Diffusion der politischen Verantwortung für Fehlschläge und für unpopuläre Entscheidungen. Dieser „politisch-bürokratische Nutzen der Politikverflechtung" verzerrt die Präferenzen zum Nachteil von Vorhaben, die von einer Ebene allein finanziert und verantwortet werden müßten, und er erklärt nach unserer Meinung auch die von uns in der Bundesrepublik identifizierten Fälle von „Überverflechtung" bzw. der Fortdauer von mischfinanzierten Programmen nach dem Wegfall ihrer ursprünglichen Rechtfertigung (*Scharpf* u. a. 1976: 232–243).

In der Europäischen Gemeinschaft freilich spielen Mischfinanzierungs-Programme nicht die gleiche dominierende Rolle wie in der deutschen Politikverflechtung zwischen Bund, Ländern und Gemeinden, und in der Gemeinsamen Agrarpolitik sind sie ohne Bedeutung. Hier gehen die eskalierenden Subventionszahlungen ganz auf das Konto der Gemeinschaft, die jedoch – da die Kommission nicht um Wählerstimmen konkurriert – von dem damit erzielten politischen Nutzen nicht unmittelbar profitiert. Aber die europäische Agrarpolitik wird ja ohnehin von den Nutzenkalkülen der nationalen Politiker bestimmt, und wenn wir hier zwischen Spezialisten (etwa den Agrarministern) und den Generalisten (Regierungschefs und Finanzministern) unterscheiden, dann sind höhere europäische Agrarsubventionen für jene sogar ein völlig „freies Gut", dessen Inanspruchnahme sie ohne Opportunitätskosten maximieren können. Das Kalkül der Generalisten dagegen hängt davon ab, ob das betreffende Land zu den Netto-Zahlern gehört. Nur diese, also insbesondere die Bundesrepublik und Großbritannien, haben ja ein egoistisches Interessse daran, das wuchernde Krebsgeschwür des EG-Agrarhaushaltes zu bescheiden. Erklärungsbedürftig ist somit lediglich die Tatsache, daß die Netto-Zahler nicht schon lange revoltiert haben.

Was die Bundesrepublik angeht, so könnte man zunächst auf die – etwa im Vergleich zu Frankreich oder Großbritannien – besonders schwache Koordinierung der EG-Politik der einzelnen Ressorts verweisen (*Wallace* 1977; *Mayntz* und *Scharpf* 1975) und auf die koalitionspolitische Konfliktfähigkeit der Agrarminister in der Sozial-Liberalen und in der Konservativ-Liberalen Bundesregierung. Wichtiger war wohl das in der Bundesrepublik nach wie vor lebendige Bewußtsein eines politischen Synallagmas zwischen den deutschen Beiträgen zum EG-Haushalt und den Exportchancen der deutschen Industrie im Gemeinsamen Markt (*Höhnen* und *Horzetzky* 1984; *Hrbek* und *Wessels* 1984). Und schließlich waren ja die hohen Agrarpreise vor allem auf deutsches Betreiben zustande gekommen. Selbstverständlich hatte auch die deutsche Politik am Anfang die spätere Dynamik des Teufelskreises von Preisstützung, Überproduktion und eskalierenden Subventionen unterschätzt – aber als man diese erkannte, da fanden sich die Deutschen ebenso wie die Briten bereits in der Falle der Einstimmigkeits-Regel. Sie in erster Linie erklärt die Pathologien der europäischen Politik. Für die Begründung dieser These muß ich jedoch weiter ausholen.

6. *Die Pathologie der Politikverflechtung: Einstimmigkeit*

Einstimmigkeit gilt in der „*Public-Choice*"-Theorie als die einzige den Prinzipien des normativen Individualismus voll entsprechende Entscheidungsregel. Nur bei ihrer Anwendung werden die an einer Kollektiv-Entscheidung beteiligten Individuen nicht einem fremden Willen unterworfen; und nur Kollektiventscheidungen, die auf der freiwilligen Zustimmung aller Mitglieder beruhen, bieten auch die Gewähr für die Annäherung an das wohlfahrtsökonomische Kriterium der Pareto-Optimalität (*Buchanan* und *Tullock* 1962: 85–96). Die Einigungs-Schwierigkeiten, die sich im Vergleich zu Mehrheits-Entscheidungen dadurch ergeben, daß hier Minderheits-Interessen nicht einfach ignoriert werden können, entsprechen der Zielsetzung und können deshalb nicht als Nachteil gewertet werden. Allerdings gibt es auch aus der Sicht der *Public-Choice*-Theorie praktische Schwierigkeiten, die unter vielen Bedingungen die Anwendung der Einstimmigkeits-Regel ausschließen: In großen Kollektiven können prohibitive Transaktionskosten entstehen, und die Pareto-Optimalität kann durch das „strategische" Abstimmungsverhalten von Mitgliedern verfehlt werden, die ihre wahren Präferenzen verbergen, um überhöhte Konzessionen der anderen herauszuschlagen (*Buchanan* 1975: 41 ff.). Beide Probleme sollten allerdings im deutschen Föderalismus und in der Europäischen Gemeinschaft mit ihrer begrenzten Mitgliederzahl und (jedenfalls für Insider) völlig transparenten Interessenstruktur kaum eine Rolle spielen. Trotzdem sehe ich in der Einstimmigkeits-Regel die Hauptursache der Problemlösungs-Defizite auf beiden Ebenen – was nicht bedeutet, daß es leicht wäre, diese durch eine Änderung der Entscheidungsregel zu beheben.

Das Problem wird deutlich, wenn man die in der *Public-Choice*-Theorie ignorierte Zeit-Dimension in die Überlegungen einbezieht. Damit gewinnt nämlich die von *Elinor Ostrom* hervorgehobene Bedeutung der „*default condition*" oder „Rückfall-Regel" einen kritsichen Stellenwert: Die behaupteten libertären und wohlfahrtsökonomischen Vorzüge des Einstimmigkeits-Prinzips lassen sich nur begründen, wenn man stillschweigend unterstellt, daß bei Nicht-Einigung eine kollektive Regelung überhaupt nicht gelten solle und alle Beteiligten frei bleiben, ihre Interessen mit eigenen Mitteln weiter zu verfolgen. Für die Politikverflechtung traf diese Unterstellung in der formativen Phase der „verfassungsgebenden" Verhandlungen und der ersten materiellen Regelungen zumindest näherungsweise zu. Hier in der Tat war Einigung nur über Vorschläge möglich, die für alle Beteiligten vorteilhafter waren als der Status Quo einzelstaatlicher Lösungen. Dies erklärt auch die breite Zustimmung und Zufriedenheit in den ersten Jahren der Verflechtung in der Bundesrepublik wie in Europa.

Aber in *auf Dauer angelegten* Entscheidungs-Systemen ohne *Exit*-Option oder mit hohen Austritts-Kosten ändert sich die Rückfall-Regel. Mit zunehmender Regelungsdichte bedeutet Nicht-Einigung immer häufiger die Weitergeltung früherer Beschlüsse und nicht die Rückkehr in einen Zustand ohne kollektive Regelung. Damit aber verliert das Einstimmigkeits-Prinzip die ihm zugeschriebenen freiheitsschützenden und wohlfahrtstheoretischen Vorzüge: Die Konsensbasis und Interessengerechtigkeit der geltenden Kollektiv-Regelung schwinden in dem Maße, wie sich die bei der Beschlußfassung vorausgesetzten Rahmenbedingungen ändern. Die alte Regelung kann jedoch

nicht korrigiert werden, solange auch nur ein Mitglied noch an ihr festhalten will. Anstatt freiwilliger Zustimmung herrscht also jetzt institutioneller Zwang, und anstatt optimaler Interessenverwirklichung die Privilegierung der durch die Status-Quo-Politik begünstigten Minderheit und eine im Zeitablauf zunehmend schlechtere Übereinstimmung mit der realen Problem- und Interessenlage.[1] Das Problem verschärft sich noch, wenn der gemeinschaftlichen Entscheidungsebene *ausschließliche* Regelungskompetenzen übertragen werden, die einzelstaatliche Lösungen selbst dann nicht zulassen, wenn eine gemeinsame Regelung überhaupt nicht zustandekommt. Dies ist zwar keine notwendige Charakteristik der Politikverflechtung, aber wenn diese gerade zu dem Zweck eingerichtet wurde, die Konkurrenz zwischen einzelstaatlichen Regelungen zu beseitigen oder einen tatsächlich „gemeinsamen" Markt zu schaffen, dann sind dafür auch ausschließliche Kompetenzen erforderlich (*Weiler* 1982).
Durch das Einstimmigkeits-Prinzip, das den institutionellen Eigeninteressen ihrer Gliedstaaten entspricht, werden Systeme der Politikverflechtung also in doppelter Weise verwundbar: Sie verlieren die eigenständige Handlungsfähigkeit ihrer Migliedstaaten und sie müssen mit dem Risiko leben, daß die größere Gemeinschaft durch Schwierigkeiten der Konsensbildung handlungsunfähig wird. Unter sonst gleichen Bedingungen müßte also ihre Problemlösungsfähigkeit hinter der unitarischer Staaten (deren interne Willensbildung durch das Mehrheits-Prinzip erleichtert wird) zurückbleiben – möglicherweise sogar auch hinter der von kleineren Staaten mit geringerer Ressourcenausstattung aber unbeschränkter Handlungsfähigkeit. Ob jedoch diese Nachteile tatsächlich eintreten, hängt ab von den jeweiligen Modalitäten der Konsensbildung.

7. *„Problemlösen" und „Bargaining" als Modalitäten der Konsensbildung*

Effektiver Handlungskonsens ist immer problematisch – auch unter dem Mehrheits-Prinzip und selbst für einen *Robinson Crusoe*. In der entscheidungstheoretischen Literatur setzt sich jedoch immer mehr die Einsicht durch, daß der Schwierigkeitsgrad des Problems nicht nur durch die zugrundeliegende Interessen-Konstellation, sondern auch durch die Modalitäten der Konsensbildung selbst bestimmt wird. Trotz immer noch sehr unterschiedlicher Terminologien ist offenbar auch eine theoretische Annäherung im Gange, die in Richtung auf die konzeptionelle Trias von „*problem solving*", „*bargaining*" und „*confrontation*" zu konvergieren scheint (*March* und *Simon* 1958: 129 ff; *Bonoma* 1976; *Olsen* u.a. 1982; *Bühl* 1984). Wenn man die hinter dieser Klassifikation stehenden theoretischen Überlegungen rekonstruiert, kommt man zu einem zweidimensionalen Schema, dessen Abbildung in der unvermeidlichen Vier-Felder-Tafel dann noch die Existenz einer vierten Modalität, „*Paternalismus*", nahelegt (*Abbildung 1*).
Die eine Dimension wird durch die anwendbaren Entscheidungsregeln definiert, die andere durch die in der jeweiligen Entscheidungssituation dominierende Interpretation der beteiligten Interessen. In beiden Dimensionen kommt es, soviel sei zur Vermeidung von Mißverständnissen vorausgeschickt, auf die in der jeweiligen Situation aus der Sicht der Beteiligten *effektiven* Bedingungen an, und nicht auf formale Rege-

Abbildung 1: Schema der Konsensbildungs-Modalitäten

		Dominante Interessen-Definition	
		gemeinsam	separat
Entscheidungsregel	einvernehmlich	(1) Problemlösen	(2) Bargaining
	oktroyiert	(3) Paternalismus	(4) Konfrontation (Adjudikation)

lungen oder die „objektive" Interessenlage. Da in der Wirklichkeit gemeinsame Interessen (Nicht-Nullsummen-Spiele) und separate Interessen (Nullsummen-Spiele) fast immer in einer objektiv unauflösbaren Gemengelage („*mixed-motive games*") auftreten (*Scharpf* 1985), werden die Prozesse, die über die jeweils dominierende *Definition* entscheiden, sogar zur kritischen Determinante der Konsensbildung. Darüber sogleich noch mehr.

Ebenso ambivalent wie die Interessenkonfigurationen sind jedoch auch die effektiven Entscheidungsregeln. Beispielweise sind in den Feldern (1) und (3) des Diagramms, wenn die zugrundeliegenden Interessen als überwiegend konvergent, harmonisch oder komplementär definiert werden, formale Entscheidungsregeln oft zweitrangig und die faktischen Übergänge zwischen einseitigem Oktroi, akzeptierter Hegemonie, gelenkter Demokratie und der gleichberechtigten Teilhabe aller an einem gemeinsamen Problemlösungs-Prozeß durchaus fließend. Sie haben freilich in der neueren Entscheidungstheorie nur wenig Aufmerksamkeit gefunden, wenn man von einer gewissen Wiederbelebung des Interesses an historischen und gegenwärtigen Formen der Hegemonie in den internationalen Beziehungen absieht (*Triepel* 1938; *Wallerstein* 1974; 1979; 1980; *Keohane* 1980; 1984; *Keohane* und *Nye* 1977). Während hier die Ambivalenz aus der zugrundeliegenden harmonischen Interessen-Definition herrührt, ergibt sie sich in den Feldern (2) und (4) bei divergierenden Interessen aus der asymmetrischen Wirkung der formalen Entscheidungsregeln selbst. Beispielsweise führt ja das Einstimmigkeits-Prinzip keineswegs notwendigerweise zu einvernehmlichen Entscheidungen (und damit zum *Bargaining*-Modus), sondern es kann je nach der Zielsetzung der Akteure, und je nachdem ob die *Exit*-Option (*Hirschman* 1970) offen steht oder nicht, durchaus auch für *Konfrontations*-Strategien genutzt werden.

Auf den ersten Blick klafft jedoch ein fundamentaler Widerspruch zwischen Einstimmigkeit und Konfrontation, wie ja die deutschen Bildungsreformer hatten lernen müssen. So hat auch *Gerhard Lehmbruch* (1976) seine grundlegende Analyse der deutschen Politik in der Zeit der Sozial-Liberalen Koalition ganz aus der Unvereinbarkeit zwischen der „konkurrenzdemokratischen" Konfrontation im Bundestag und der Notwendigkeit einer „konkordanzdemokratischen" Einigung im Bundesrat abgeleitet. Aber vermutlich war diese Interpretation aus der Sicht der damaligen Bundesregierung plausibler als aus der der Opposition. Denn zugunsten der Verteidiger des jeweiligen

Status Quo bietet ja gerade das Einstimmigkeits-Prinzip die höchst attraktive Chance des einseitigen *Oktroi*, die durch Konfrontations-Strategien genutzt werden kann. Nur die auf Veränderung gerichteten Interessen stehen unter dem Zwang, die Konfrontation um fast jeden Preis zu vermeiden und einvernehmliche Entscheidungen zu suchen. Aber selbst da gibt es Unterschiede. Wenn die *Exit*-Option glaubhaft eingesetzt werden kann, können auch unter dem Einstimmigkeits-Prinzip – wie *Charles DeGaulle* und *Margaret Thatcher* demonstriert haben – einzelne Länder mit Hilfe einer Konfrontationspolitik Veränderungen erzwingen. Nur ist eben der Austritt aus der Gemeinschaft nicht überall möglich, und auch wo er möglich wäre, könnte nicht jedes Land damit den gleichen Droh-Effekt erzielen.

Das für die Politikverflechtung charakteristische Prinzip einstimmiger Entscheidungen kann sich also faktisch mit allen vier Modalitäten der Konsensbildung verbinden. Solange allerdings weder in Europa noch im deutschen Föderalismus eine zu einseitiger Durchsetzung fähige Zentralinstanz oder eine Hegemonialmacht vorhanden ist, kann das Feld (3) bei den weiteren Überlegungen vernachlässigt werden. Und da auch „Konfrontation" unter den Bedingungen einer auf Dauer angelegten Politikverflechtung eher obstruktiv als konstruktiv wirken wird, kann sich unsere Erörterung der Chancen einer gedeihlichen Weiterentwicklung doch im wesentlichen auf die Modalitäten des *Problemlösens* und des *Bargaining* (Felder 1 und 2) konzentrieren, bei denen die Notwendigkeit einvernehmlicher Entscheidungen nicht durch Konfrontations-Strategien unterlaufen werden kann.

Von diesen ist *Bargaining* die weniger anspruchsvolle und deshalb robustere Modalität der Konsensbildung. Sie setzt voraus, daß alle Beteiligten sich egoistisch-rational verhalten, und daß Einigung deshalb nur möglich ist, wenn für jeden der davon zu erwartende Nutzen mindestens ebenso groß ist, wie der bei Nicht-Einigung erwartete (*Nash* 1950). *Problemlösen* in reiner Form setzt dagegen eine gemeinsame Nutzenfunktion der Beteiligten voraus – und die Irrelevanz separater Eigeninteressen für die anstehende Entscheidung. Ich will im folgenden zu zeigen versuchen, daß es sich bei den beschriebenen Defiziten der Politikverflechtung überwiegend um erwartbare Folgen des *Bargaining*-Modus handelt, und daß die Chancen einer besseren Politik – solange der Übergang zu effektiven Mehrheits-Entscheidungen unwahrscheinlich ist – abhängig sind von der Pflege und Verstärkung der auf *Problemlösen* gerichteten Einstellungen und Verhaltensweisen.

Allerdings ist die Unterscheidung weniger einfach, als sie auf den ersten Blick erscheint. Wenn wir in der Sprache der Spieltheorie differenzieren zwischen Nullsummen-Spielen und Nicht-Nullsummen-Spielen, und unter diesen nocheinmal zwischen „*games of pure coordination*" und „*mixed-motive games*", dann ist *Problemlösen* sicherlich der Entscheidungsmodus, der der reinen Koordination am besten entspricht, während reine Nullsummen-Konflikte eher durch „Konfrontation" (oder auch durch „Adjudikation") entschieden werden als durch *Bargaining*. In der Realität sind allerdings diese beiden analytischen Extremsituationen viel seltener als die „*Mixed-Motive*"-Situationen (*Bachrach* und *Lawler* 1980). Hier, wo konvergente und divergente Interessen zusammen auftreten, ist in erster Linie das Anwendungsfeld von *Bargaining*.

Man kann nun, wie ich an anderer Stelle zu zeigen versucht habe (*Scharpf* 1985), in den typischen *mixed-motive games* (*Prisoners' Dilemma, Chicken* und *Battle of the Sexes*) durch analytische Dekomposition jeweils zwei implizite Spiele unterscheiden, ein reines Koordinations-Spiel und einen reinen Nullsummen-Konflikt. In der mathematischen Theorie der Zwei-Personen-Spiele, die Verhandlungen zwischen den Spielern nicht zuläßt, dominiert der Konflikt-Aspekt und es kommt zu „paradoxen" Lösungen, bei denen das gemeinsame Interesse an einer kooperativen Lösung auf der Strecke bleibt und beide Spieler verlieren. Aber bei längeren Iterationen der Spiele steigt die Chance für „implizites Bargaining" auch ohne verbale Kommunikation und kann sogar, wie *Robert Axelrod* (1981; 1984) für das *Prisoners' Dilemma* durch Computer-Simulation nachgewiesen hat, zur dauerhaften „Kooperation zwischen Egoisten" führen.

Freilich darf man die Reichweite dieser viel beachteten Entdeckung auch nicht überschätzen. Das *Prisoners' Dilemma* ist ja eine jener paradoxen Spielsituationen, in denen bei der *einmaligen* Interaktion egoistisch-rationaler Spieler beide Seiten verlieren müssen (*Howard* 1971). Es war immer klar, daß dieses Paradox vermieden würde, wenn den Spielern die (durch Definition ausgeschlossene) Möglichkeit verbindlicher Vereinbarungen eröffnet würde. *Axelrod* hat nun gezeigt, daß bei *häufiger* Interaktion und offenem Zeithorizont das gleiche Ergebnis auch ohne Vereinbarung durch eine bestimmte (nicht provozierende und nicht ausbeutbare) einseitige Strategie herbeigeführt werden kann. Aber auch dann wird nur das Paradox egoistisch-rationaler Selbstschädigung aufgehoben. Die Möglichkeiten der Kooperation bleiben jedoch weiterhin begrenzt durch die Grundregel des egoistisch-rationalen *Bargaining* wonach keiner der Beteiligten durch das Ergebnis schlechter gestellt werden kann, als er im Falle der Nicht-Kooperation stünde. Ausgeschlossen werden dadurch also die Problemlösungs-Chancen solidarischer „*Gemeinschaften*" (*Tönnies* 1935) oder – moderner gefaßt – der „*diffuse reciprocity*" (*Keohane* 1985), bei der jeder der Beteiligten das im gemeinsamen Interesse jeweils Nötige leistet, und dabei gegebenenfalls auch Verluste hinnimmt – im generalisierten Vertrauen darauf, daß er auf lange Sicht am Wohlergehen der Gemeinschaft teilhabe und im Notfall durch die Solidarität der Partner geschützt sei. Bestimmte Arten von kooperativen Lösungen, die nur durch Opfer erkauft werden könnten, sind hier also ausgeschlossen.

Von noch größerer praktischer Bedeutung ist eine zweite Beschränkung des Problemlösungs-Potentials egoistisch-rationaler Verhandlungen. Sie wird in der üblicherweise auf das *Prisoners' Dilemma* fixierten Diskussion nicht sichtbar, weil dort Verteilungsprobleme bei der *kooperativen* Lösung keine Rolle spielen. In der Praxis viel häufiger sind jedoch Situationen, in denen es mehrere kooperative Lösungen gibt, die sich in der Verteilung von Kosten und Erträgen zwischen den Beteiligten erheblich voneinander unterscheiden. Sie werden in der Spieltheorie durch das „*Battle of the Sexes*" repräsentiert – d. h. durch das Paar, das lieber gemeinsam als getrennt in Urlaub fährt, aber er möchte in die Berge und sie an die See. Reale Beispiele aus Tarifverhandlungen, Koalitionsverhandlungen, Bund-Länder-Verhandlungen oder Abrüstungsverhandlungen lassen sich leicht finden. Ihnen gemeinsam ist das Problem, daß, auch wenn alle Beteiligten durch Kooperation mehr zu gewinnen haben als durch Nicht-Kooperation, die Suche nach gemeinsamen Lösungen kompliziert und möglicherweise frustriert wird durch den gleichzeitig zu entscheidenden Verteilungskonflikt. Und damit sind wir bei dem für die Politikverflechtung entscheidenden Punkt des theoretischen Exkurses: In der Behandlung dieser speziellen Art von *Mixed-Motive*-Situation kann entweder das gemeinsame Interesse an der bestmöglichen kooperativen Lösung oder das separate Interesse an der jeweiligen Verteilungsposition dominieren. *Walton* und *Mc Kersie* (1965) haben diesen Unterschied durch das Begriffspaar *„integrative bargaining"* und *„distributive bargaining"* bezeichnet, während ich in Anlehnung an den überwiegenden Sprachgebrauch in der entscheidungstheoretischen Literatur dafür die Unterscheidung von *Problemlösen* und *Bargaining* benutzt habe. Die Defizite der Politikverflechtung lassen sich fast immer aus der praktischen Vorherrschaft des *Bargaining*-Modus erklären.

Wie aber könnte es zu jenem Übergewicht der gemeinsamen über die separaten Interessen und zu jenem wechselseitigen Vertrauen zwischen den Beteiligten kommen, das integrative Problemlösungen trotz weiterbestehender Interessenunterschiede ermöglichen würde? Die Voraussetzungen dafür erscheinen auch dann prekär, wenn man nicht – wie *Tönnies* (1935) und *Freyer* (1964: 182) dies getan hatten – von einer historisch unaufhaltsamen Erosion traditionaler „Gemeinschaften" ausgeht, sondern unterstellt, daß moderne Äquivalente nicht nur auf der Mikro-Ebene der Intimbeziehungen, sondern auch auf der Ebene von Organisationen immer wieder neu entstehen (*Bonoma* 1976; *Ouchi* 1980; 1984; *Streeck* und *Schmitter* 1984; *Hollingsworth* und *Lindberg* 1985). Aber auch unter günstigen Voraussetzungen, wenn der Positiv-Summen-Charakter der Kooperation von allen erkannt wird, bleibt der Prozeß der Gemeinschaftsbildung schwierig. Die notwendige Bereitschaft zu einseitigen Vorleistungen in der Erwartung, daß sie von den anderen nicht ausgebeutet, sondern bei gegebenem Anlaß erwidert werden, erfordert vorab ein hohes Maß von Vertrauen. Wenn dies nicht vorausgesetzt werden kann, sondern erst im Prozeß selbst aufgebaut werden muß, erwächst die größte Gefahr aus Meinungsverschiedenheiten über Zweck und Ziel des gemeinsamen Vorhabens, die nur allzu leicht als Verrat an der gemeinsamen Sache mißverstanden werden. Wenn dies geschieht, dann ist gerade in ideologisch engagierten Gruppen mit potentiell hoher Solidaritätsbereitschaft eher mit einer selbstzerstörerischen Eskalation von Enttäuschung und Vergeltung zu rechnen als mit schrittweiser Vertrauensbildung.

Die Neubildung von funktionsfähigen „Gemeinschaften" bedarf also vermutlich der Unterstützung durch die äußeren Umstände. Im Prinzip sehe ich dafür drei mögliche Konstellationen: Das Bewußtsein gemeinsamer äußerer Bedrohung oder gemeinsamer Verwundbarkeit, die von den übrigen anerkannte Hegemonie eines Beteiligten, oder die institutionelle Trennung von Problemlösung und Verteilungsentscheidungen. Freilich bietet keine dieser Bedingungen viel Hoffnung für die gegenwärtigen Probleme des deutschen Föderalismus und der Europäischen Gemeinschaft.

Der wichtigste Fall gemeinsamer Verwundbarkeit, die militärische Bedrohung durch einen gemeinsamen Gegner, ist nicht nur ein wichtiger Antrieb für institutionelle Integration, sondern selbstverständlich auch ein Motiv für Konsensbildung bei Einzelentscheidungen. Ebenso ist offenbar das Bewußtsein ihrer wirtschaftlichen Verwundbarkeit eine wichtige Voraussetzung für die wirtschaftspolitische Strategiefähigkeit der exportabhängigen kleinen Länder außerhalb der Europäischen Gemeinschaft (*Katzenstein* 1984; 1985). Auch die kollektive Erinnerung an selbstzerstörerische innere Konflikte kann das Gefühl gemeinsamer Verwundbarkeit und damit die Bereitschaft zu kooperativen Lösungen erhöhen – so offenbar in Österreich, in Finnland und wohl auch in Spanien (*Pérez-Diaz* 1985). In der Bundesrepublik wurde allerdings die Ideologie der Sozialpartnerschaft und die mit ihr verbundene „Gemeinschaftsrhetorik" gerade in der Zeit brüchig, als die äußeren Umstände bedrohlicher wurden (*Vobruba* 1983), und seit dem Ende der Großen Koalition hat auch die parteipolitische Konfrontation die ohnehin vorhandenen Interessenkonflikte zwischen Bund und Ländern noch verschärft. In Westeuropa wiederum hat die wache Erinnerung an die Katastrophe des Zweiten Weltkrieges jeden Gedanken an eine militärische Austragung zwischenstaatlicher Konflikte so gründlich ausgeräumt, daß die Europäische Gemeinschaft auch nicht mehr von einer unterschwelligen Angst davor profitieren kann. Das fortdauernde Bewußtsein der Verwundbarkeit gegenüber der Sowjetunion dagegen kommt nach dem Scheitern der Europäischen Verteidigungsgemeinschaft ausschließlich der NATO zugute. Es bleibt abzuwarten, ob das in manchen Kreisen zunehmende Bewußtsein einer ökonomischen Bedrohung durch die Schwankungen des amerikanischen Dollars und die japanische Wettbewerbsfähigkeit eine neue (und vermutlich protektionistische) Solidarität in Westeuropa erzeugen kann.

Die zweite Möglichkeit, Hegemonie, setzt einen Beteiligten voraus, dessen Übergewicht gegenüber den anderen so groß ist, daß er es sich leisten kann, selbst einen wesentlichen Teil der gemeinsamen Aufgaben und Lasten zu übernehmen (*Olson* und *Zeckhauser* 1966), berechtigte Verteilungs-Forderungen anderer aus eigenen Mitteln zu befriedigen und unberechtigte zurückzuweisen, und im übrigen die Anstrengungen aller auf die gemeinsamen Ziele auszurichten. Diese Voraussetzungen lassen sich nicht beliebig herstellen, und auch wo sie erfüllt sind, gibt es keine Gewähr für die integrative und „bündnisfreundliche" Ausübung der hegemonialen Prärogativen. Sie können ebensogut für die Ausbeutung der Vasallen genutzt werden (*Keohane* 1984). Im deutschen Föderalismus der siebziger Jahre war die politische und finanzwirtschaftliche Position der Bundesregierung zu schwach für die wirksame Ausübung der Hegemonialfunktionen, und auch unter den Ländern war keines in der Lage, die frühere Rolle des „Reichslandes Preußen" zu übernehmen. Ebensowenig hat sich bisher ein einzelnes Mitgliedsland oder eine Koalition von Ländern bereit gefunden, die Hegemonialrolle in der Europäischen Gemeinschaft zu übernehmen.

Bleibt schließlich die dritte Möglichkeit einer institutionellen Trennung zwischen Problemlösungs- und Verteilungsentscheidungen. Was ist damit gemeint? Ich habe oben darauf hingewiesen, daß die *Mixed-Motive*-Spiele analytisch jeweils in ein reines Koordinations-Spiel und ein reines Nullsummen-Spiel zerlegt werden können. Praktische Äquivalente dafür sind etwa Möglichkeiten der zeitlichen Trennung zwischen Kooperation und Verteilung – ausgedrückt in der sprichwörtlichen Warnung, nicht über das Fell des Bären zu streiten, ehe man ihn erlegt hat – oder aber die Institutionalisierung genereller Entscheidungsregeln und Entscheidungsverfahren für Verteilungskonflikte. Die zentrale Bedeutung akzeptierter Verteilungsnormen für alle Arten von *Mixed-Motive*-Situationen ist in einer grundlegenden Studie von *Edna Ullman-Margalit* (1977) herausgearbeitet worden, und es gibt in der Literatur auch Hinweise darauf, wie „faire" Verteilungsregeln sich „spontan" aus der Interaktion egoistisch-rationaler Individuen entwickeln können (*Baumol* 1982; *Runge* 1984). Aber ohne den Bezug auf eine übergeordnete Hierarchie, eine gemeinsame ideologische Orientierung oder gemeinsam verpflichtende Werte und Ziele (die im Falle der Politikverflechtung ja fehlen) können solche Normen kaum sehr weit vom Maßstab der *formellen Gleichbehandlung* aller Beteiligten abweichen, der als Gerechtigkeits-Kriterium immer dann Platz greift, wenn Konsens über positive Gründe für Diskriminierung nicht erzielt werden kann (*Rawls* 1971; *Noll* 1984: 70). Und wo die formale Gleichbehandlung offensichtlich unangemessen wäre, werden die stattdessen akzeptierten Kriterien vermutlich verhältnismäßig einfach und „offensichtlich" in dem von *Thomas Schelling* (1960) definierten Sinne sein müssen – und deshalb eher rigide gegenüber allfälligen Veränderungen der Ausgangslage.

Jedenfalls beschreibt diese Interpretation die von uns in der bundesdeutschen Politikverflechtung identifizierten konflikt-minimierenden Entscheidungsregeln (mit einer Ausnahme, die im nächsten Abschnitt behandelt wird). Danach wurden in fast allen Verflechtungsbereichen die Bundesmittel nach dem Prinzip der formalen Gleichbehandlung (z. B. nach einem Einwohner-Schlüssel) auf die Länder verteilt, und wo dies ganz offensichtlich nicht sinnvoll gewesen wäre, orientierte man sich stattdessen eher an historisch gewachsenen Verteilungsschlüsseln ohne explizite Begründung als an den Ergebnissen anspruchsvoller Bedarfsanalysen. Freilich läßt sich damit allein weder das Verteilungsmuster in der deutschen Regionalen Wirtschaftsförderung noch die signifikant ungleiche Verteilung von Leistungen und Lasten in der Europäischen Gemeinschaft erklären.

In beiden Fällen gab es jedenfalls anfänglich einen Grundkonsens über Unterschiede der Bedürfnisse und der Leistungsfähigkeit, die bei Verteilungsentscheidungen berücksichtigt werden mußten. In der Europäischen Gemeinschaft ging man offenbar aus von einer fundamentalen Asymmetrie zwischen den durch die Schaffung des gemeinsamen Marktes für Industriegüter vorab befriedigten deutschen Export-Interessen und den durch finanzielle Leistungen zu kompensierenden Bedürfnissen anderer Mitglieder. Überdies fehlt ja der Gemeinschaft ein expliziter Mechanismus des für Bundesstaaten charakteristischen horizontalen Finanzausgleichs (*Franzmeyer* und *Seidel* 1976), so daß Programme wie der EG-Regionalfonds und der Sozialfonds als funktionale Äquivalente dafür betrachtet (*Reissert* 1979) und schon aus diesem Grunde nicht der formalen Gleichbehandlung unterworfen werden konnten. Solange dies akzeptiert war, waren auch die Verhandlungen über andere Fragen der EG-Politik von Verteilungskonflikten entlastet. Die Situation änderte sich mit dem Beitritt Großbritanniens, für das die geltenden Verteilungsregeln zu höchst ungünstigen und nicht nur aus britischer Sicht „unfairen" Ergebnissen führten. Da jedoch ein Konsens über neue Verteilungsregeln, die in der neuen Situation normativ legitimiert werden konnten, nicht zu erzielen war, wurde von da an der Streit über die ungelösten Verteilungsfragen in die Verhandlungen über alle Einzelentscheidungen hineingetragen. Die ohnehin nur sehr begrenzt wirksame Trennung von Sachentscheidungen und Verteilungsentscheidungen

war damit also wieder aufgehoben und das Entscheidungssystem fiel in den Modus des reinen, egoistisch-rationalen *Bargaining* zurück.
Damit ist selbstverständlich Einigung nicht ausgeschlossen – und trotz der Konfrontation in der Frage der britischen Beitragszahlungen, der Agrarpreise, der Abgas-Grenzwerte oder der Bedingungen für den Beitritt Spaniens und Portugals hat man sich ja auch in der Europäischen Gemeinschaft immer wieder geeinigt. In einem fortdauernden Verflechtungssystem ohne *Exit*-Option können eben auch die Kosten der Nicht-Einigung prohibitiv hoch sein (*Weiler* 1982: 49). Aber die Einigungsmöglichkeiten sind nun begrenzt durch die Notwendigkeit, bei jeder einzelnen Sachentscheidung auch eine für alle akzeptable *Ad-hoc*-Verteilungsregel zu finden. Dies bedeutet insbesondere, daß unvermeidliche Nachteile (wie sie beispielsweise der Beitritt Spaniens und Portugals für die griechische, italienische und französische Landwirtschaft zur Folge hatte) nicht mehr im Vertrauen auf die Wirksamkeit genereller Ausgleichsmechanismen zunächst einmal hingenommen werden, sondern eine Ad-hoc-Kompensation erfordern, die ihrerseits wieder andere Ausgleichsforderungen nach sich ziehen kann (*Taylor* 1980).
Nun sind ja „Paket-Verhandlungen", „*Log Rolling*" und „Ausgleichs-Zahlungen" wohlbekannte Mechanismen, mit deren Hilfe pluralistische Entscheidungssysteme trotz aller Verteilungskonflikte Blockaden vermeiden und bemerkenswerte Anpassungs-Leistungen vollbringen können (*Braybrooke* und *Lindblom* 1963; *Lindblom* 1965; *Dahl* 1967). Aber der Interessenausgleich in der pluralistischen Politik beruht ja gerade auf der ungleichen Organisationsfähigkeit der verschiedenen gesellschaftlichen Interessen und auf der Tatsache, daß nicht alle im gleichen Maße auf der politischen Ebene *repräsentiert* sind (*McConnell* 1966; *Scharpf* 1970; *Lowi* 1979). Diese Möglichkeit der Externalisierung von Anpassungskosten auf unter-repräsentierte Interessen entfällt jedoch im Verhältnis zwischen den Mitgliedstaaten in Systemen der Politikverflechtung. Kompensationsforderungen können hier also weniger leicht durch „Verträge zu Lasten Dritter" erfüllt werden. Überdies gibt es gerade in der Politikverflechtung immer wieder Entscheidungs-Situationen, in denen ein angemessener Ausgleich für notwendige Nachteile oder Verzichte auch in Paketverhandlungen nicht erzielt werden könnte.
Das erste Beispiel dafür sind qualitative Konzessionen in ideologisch bedeutsamen Fragen und vor allem in Fragen der nationalen „Souveränität" oder der „Autonomie" von gliedstaatlichen Entscheidungsprozessen (oder auch von Tarifverhandlungen), für die es eine gleichwertige Kompensation überhaupt nicht geben konnte. In der deutschen Politikverflechtung lagen hier vor allem die Motive für die systematische Ausklammerung parteipolitischer Streitfragen und für den konsequenten „Eingriffsverzicht" gegenüber der bisherigen Verwaltungspraxis der Länder, und das Gleiche läßt sich offenbar auch in der Europäischen Gemeinschaft beobachten (*Laffan* 1983). Schwierig sind auch alle Fälle, in denen der künftige Eintritt und die Größenordnung von Vorteilen und Nachteilen im Zeitpunkt der Entscheidung noch ungewiß sind – insbesondere, wenn zwar die Kosten, aber nicht die zukünftigen Vorteile einigermaßen präzise angebbar sind (*Taylor* 1980: 374 f.).
Schließlich tut sich die Politikverflechtung besonders schwer in sich verschlechternden

Situationen, in denen Opfer notwendig sind, um noch größere Nachteile zu vermeiden. Da der Negativ-Summen-Charakter der Gesamt-Situation oft verkannt wird, kann hier der Streit über individuelle Kompensations-Forderungen leicht die Reaktionsfähigkeit der Gemeinschaft lähmen, während die Krise sich weiter verschärft. Jedenfalls waren weder die deutsche Politikverflechtung noch die Europäische Gemeinschaft (*Ziebura* 1982) besonders handlungsfähig in den weltwirtschaftlichen Krisenjahren 1974/75 und 1980/82. Das Argument kann generalisiert werden: Wenn der Bargaining-Modus einseitige Verzichtleistungen ausschließt, und wenn die sofortige Kompensation allfälliger Verluste nicht möglich ist, dann tendiert die Politikverflechtung doch zur Selbstblokkierung. Jedenfalls bleibt sie verstrickt in den Versuch, Vorteile und Nachteile kurzfristig auszugleichen, und verzichtet auf die „strategische" Möglichkeit, einen Schritt zurückzugehen, um zwei Schritte voranzukommen (*Elster* 1979).

Die Argumentation des letzten Abschnitts kann also etwa folgendermaßen zusammengefaßt werden: Das Einstimmigkeitsprinzip impliziert die Gefahr der Selbstblockierung der Politikverflechtung. Sie könnte vermieden werden durch den Entscheidungsmodus des *Problemlösens*, d.h. durch die vorrangige Orientierung aller Beteiligten auf *gemeinsame* Werte, Ziele oder Interessen. Dies ist jedoch ein prinzipiell prekärer Entscheidungsmodus, der immer Gefahr läuft, durch das robustere *Bargaining* verdrängt zu werden. Die äußeren Voraussetzungen dafür sind im deutschen Föderalismus wie in der Europäischen Gemeinschaft ohnehin ungünstig. Insbesondere ist hier wie dort der anfängliche Konsens über „faire" Verteilungsregeln unter dem Druck veränderter Verhältnisse zerbrochen, so daß nun Sachfragen und Verteilungsfragen simultan gelöst werden müssen. Die Kosten dieses Rückfalls in den *Bargaining*-Modus liegen nicht nur in der Komplikation und Verzögerung von Entscheidungen, sondern auch im Ausschluß notwendiger und möglicher Problemlösungen, sofern eine sofortige (oder jedenfalls sicher kalkulierbare) Kompensation der bei einzelnen Beteiligten anfallenden Nachteile nicht möglich ist. Die charakteristische Gefahr der Politikverflechtung ist also der Immobilismus in Krisensituationen.

8. Die Politikverflechtungs-Falle

Die Integrationstheorien der fünfziger und sechziger Jahre hatten die europäische Einigung als einen eigendynamischen Prozeß der Gemeinschaftsbildung gesehen, als dessen Motor *Ernst Haas* den „*Spillover-Mechanismus*" ausgemacht hatte (*Haas* 1958: XXXIII f., 3–31, 283–317). Gemeint waren damit die lateralen Effekte auch eng spezialisierter europäischer Zuständigkeiten für jeweils benachbarte Politikfelder. Die dort engagierten „politischen Eliten" und Interessengruppen würden deshalb, so erwartete man, ihre Forderungen, Erwartungen und schließlich ihre politischen Loyalitäten ebenfalls mehr und mehr auf die europäische Politik ausrichten, so daß die nationalen Regierungen sich einer Kompetenzerweiterung der Europäischen Gemeinschaft gar nicht mehr widersetzen könnten. Diese wiederum hätte neue *spillovers* zur Folge, und so fort, bis schließlich eine „neue politische Gemeinschaft die vorhandenen überlagern" (*Haas* 1958: 16) und einen vollausgebauten europäischen Bundesstaat hervorbringen würde.

Auch wenn die Integrations-Theorien später in ihren Hypothesen komplexer und in ihren Prognosen vorsichtiger wurden (*Haas* 1964; 1971; *Haas* und *Schmitter* 1964; *Lindberg* 1963; *Lindberg* und *Scheingold* 1970; *Schmitter* 1969; 1970; *Scheingold* 1970), blieben sie fixiert auf die Interessen, Perspektiven und Verhaltensweisen der politischen Eliten in Interessengruppen, Parteien und Bürokratien und auf das Kommunikationsverhalten der Eliten und Nicht-Eliten (*Deutsch* 1953; *Deutsch* u.a. 1957; 1964; *Merrit* und *Russett* 1981). Das institutionelle Eigeninteresse der Nationalstaaten und institutionelle Strukturen überhaupt wurden demgegenüber in den Analysen vernachlässigt (*Wallace* 1982: 64f.; *Bulmer* 1983: 353), denn – in den Worten des Nestors der Integrationstheorie – „in the last resort, the form of government and its laws and institutions are shaped and reshaped by the restless flux of the community's social pressures" (*Mitrany* 1975: 27). Hierin lag, so meine ich, der fundamentale Irrtum der funktionalistischen, neo-funktionalistischen und kommunikationstheoretischen Integrationstheorien der fünfziger und sechziger Jahre (*Pentland* 1973). Ebenso enttäuscht wurden jedoch auch alle Theorien, die die unvermeidliche Rückkehr zu einer rein nationalstaatlichen Politik vorhergesagt hatten; und kaum besser bewährt hat sich *William Riker*s Hypothese, nach der in föderalen Systemen (je nach der Struktur des Parteiensystems) entweder „zentralisierende" oder „peripheralisierende" Tendenzen die Oberhand gewinnen, so daß sie sich entweder zu unitarischen Staaten weiterentwickeln oder wieder auseinanderfallen müssen (*Riker* 1964: 6ff., 129ff.). Stattdessen blieb die Politikverflechtung in der Bundesrepublik und in der Europäischen Gemeinschaft – in den Worten von *William Wallace* (1982: 67) – „stuck between sovereignty and integration". Sie hat sich als institutionelle Falle erwiesen, aus der es offenbar weder vorwärts noch rückwärts einen Ausweg gibt.

Die erhofften Integrations-Fortschritte scheitern, so meine ich, an der Interaktion zweier Mechanismen: An der politischen Priorität von Sachkompromissen gegenüber institutionellen Reformen und an dem institutionellen Eigeninteresse der Mitgliedstaaten an der Erhaltung ihrer Veto-Position. Den ersten Mechanismus konnte man in den siebziger Jahren in der Bundesrepublik besonders gut beobachten: Trotz der Oppositionsmehrheit im Bundesrat sind die Gesetzgebungsinitiativen der Sozial-Liberalen Bundesregierung kaum je völlig gescheitert. Wäre dies der Fall gewesen, dann hätte man vielleicht die Frage der verfassungspolitischen Legitimität von Obstruktion im Bundesrat öffentlichkeitswirksam politisieren können. Aber die Ländermehrheit war ja kompromißbereit, und die unter politischem Erfolgszwang stehende Bundesregierung sah sich nicht in der Lage, einen Grundsatzkonflikt (mit höchst ungewissem Ausgang) über institutionelle Reformen vom Zaun zu brechen und die angebotenen Kompromisse auszuschlagen, auch wenn dadurch ihre ursprünglichen Intentionen verwässert und die finanzielle und institutionelle Position des Bundes weiter geschwächt wurde. Die gleiche Priorität galt aber auch für die andere Seite: Auch die Oppositionsländer hüteten sich, den Konflikt auf die Spitze zu treiben, und waren zu vielen Kompromissen in der Sache bereit, wenn dabei nur ihre institutionellen Mitspracherechte und ihre finanzielle Position verbessert oder zumindest bewahrt wurden. Im gleichen Sinne haben die EG-Mitgliedstaaten zwar die Kompetenzen der Gemeinschaft erweitert – aber eben um den Preis eines immer intensiveren nationalen Einflusses auf die EG-Entscheidungsprozesse (*Weiler* 1982: 46f.).

Hier liegt, so scheint mir, der Kern des Problems. In allen pluralistischen Entscheidungssystemen ist der Kompromiß die Seele des Geschäfts, aber in der Politikverflechtung macht es einen qualitativen Unterschied, ob lediglich *repräsentierte* gesellschaftliche Interessen zur Disposition stehen, oder aber die institutionellen Eigeninteressen der *unmittelbar* beteiligten Regierungen. Im Notfall werden jene leichter geopfert als diese – und selbst die Kompetenzverlagerung auf die höhere Entscheidungsebene ist eher akzeptabel als der Verzicht auf Mitentscheidungsrechte und letztlich auf das nationale Veto. Falls es dafür noch eines Beweises bedurft hätte, hat ihn der Zwischenbericht des „*Dooge*-Kommittees" geliefert, das im Auftrag des Europäischen Rates nach Möglichkeiten der institutionellen Weiterentwicklung der Gemeinschaft zu einer „echten politischen Einheit" mit „effektiven demokratischen Institutionen" suchen sollte. Zwar wird der Übergang zu Mehrheitsentscheidungen im Rat empfohlen – freilich mit wichtigen Ausnahmen und einem generellen Veto-Vorbehalt für die „vitalen Interessen" einzelner Mitglieder. Wichtiger ist jedoch, daß kein Versuch unternommen wird, die Abhängigkeit der Europäischen Kommission von den Mitgliedstaaten zu vermindern – es soll lediglich der Einfluß des Europäischen Rates auf Kosten des Ministerrates gestärkt werden (*Bulletin* 11, 1984: 114–120). Auch in der Europäischen Gemeinschaft scheint sich also die skeptische Bemerkung des damaligen Finanzministes *Helmut Schmidt* in einer Diskussion über Reformen der deutschen Finanzverfassung zu bestätigen, daß jeder Versuch eine zu komplexe Verfassung zu reformieren nur deren Komplexität noch weiter erhöhen könnte.

Die Politikverflechtung kann also innerhalb ihrer eigenen Entscheidungsstrukturen die institutionellen Reformen nicht beschließen, die allein die ihr inhärente Tendenz zur Selbstblockierung überwinden könnten – und innerhalb der bestehenden Entscheidungsstrukturen laufen sich auch jene politischen Interessen und Basis-Bewegungen tot, auf deren Mobilisierung die Integrationstheoretiker gehofft hatten. Im Gegenteil: Solange die nationalen Regierungen in Europa das Heft in der Hand behalten, können sich auch Interessengruppen und politische Bewegungen nicht effektiv europäisieren. Da ihr Einfluß durch nationale Instanzen vermittelt werden muß, werden auch spezifisch nationale Interessendefinitionen und Organisationsformen konserviert und verstärkt (*Averyt* 1976). Repräsentiert werden also eher die Interessen der deutschen Landwirtschaft gegen die französische oder holländische, als die der europäischen Kleinbauern gegen die Großagrarier. Kurz: Das eingespielte System der nationalstaatlichen Kontrolle über die europäische Politik ist institutionell unfähig zur Selbst-Transformation in Richtung auf eine effektive Europäisierung europäischer Entscheidungen.

Aber weshalb ist Europa dann nicht schon lange wieder auseinandergebrochen, wie es die „Realisten" vorausgesagt hatten? Wie in der deutschen Politikverflechtung gibt es dafür sachliche und institutionelle Gründe nebeneinander. Die sachlichen liegen hier wie dort in den ursprünglichen Motiven für Verflechtung und Integration: Die Länder bzw. die europäischen Nationalstaaten sind für viele Regelungs- und Gestaltungsaufgaben tatsächlich zu klein geworden, und an die ökonomischen Vorteile des größeren, gemeinsamen Marktes haben sich alle inzwischen gewöhnt. Selbst wenn die Wertschätzung der „Markt-Integration" die der „Politik-Integration" übertrifft (*Pelk-*

mans 1980; *Taylor* 1980: 384 f.), wüßte doch keiner, ob jene auch ohne diese aufrechterhalten werden könnte. Kurz: Es gibt heute in der Europäischen Gemeinschaft reale ökonomische Interessen an einer Verteidigung des Status Quo der Integration, die auch nicht dadurch widerlegt werden können, daß man auf die Unlösbarkeit mancher ökonomischer Probleme auf der europäischen Ebene verweist (*Ziebura* 1982) oder auf die Tatsache, daß kleine europäische Staaten außerhalb der Gemeinschaft (Österreich, die Schweiz, Finnland, Schweden und Norwegen) die Wirtschaftskrise seit 1973 im Durchschnitt besser gemeistert haben als die vergleichbaren EG-Mitgliedsländer (Dänemark, die Niederlande, Belgien und Irland). Immerhin könnten jene ja als „*free riders*" von der vergleichsweise liberalen Handelspolitik der EG-Länder im Industriesektor profitiert haben, während der Agrarprotektionismus der Gemeinschaft die kleinen europäischen Agrar-Exportländer (Dänemark, Irland, Griechenland, Spanien und Portugal) zum Beitritt zwang. Hinzu kommen heute, gerade in der europäischen Linken, große – und im Lichte meiner Analyse eher unsichere – Hoffnungen auf eine Rekonstitution des nationalstaatlich gescheiterten Keynesianismus auf der europäischen Ebene (*Glotz* 1985).

Wichtiger als die ökonomischen sind freilich die institutionellen Interessen, die die Politikverflechtung gegenüber aller Kritik stabilisieren. Wie im deutschen Föderalismus sind auch in der europäischen Gemeinschaft die fachlich spezialisierten vertikalen „Ressortkumpaneien" und die mit ihnen verbündeten Politiker und Interessenvertreter unter den entschiedensten Verteidigern der Verflechtung. Sie alle profitieren von den zusätzlichen Ressourcen und den zusätzlichen Zugangsmöglichkeiten zu politischen Entscheidungen, und damit von den zusätzlichen Möglichkeiten, das professionelle Spiel von Einflußnahme und Obstruktion zu spielen, von dem sie alle leben. Gewiß müssen sie auch mit der zunehmenden Frustration ihrer Klienten und Wähler fertigwerden, wenn die Ergebnisse der langwierigen und aufwendigen Entscheidungsprozesse allzu enttäuschend ausfallen – aber hier hilft dann wieder die schon in der deutschen Politikverflechtung so wohltätige Diffusion der politischen Verantwortung. Hier wie dort können politische Forderungen nicht einfach durchgesetzt, sondern sie müssen abgearbeitet werden – und mit der Kompliziertheit der Entscheidungsverfahren steigen die Prämien des Professionalismus (*Scharpf* u. a. 1976: 18 ff., 236 ff.).

Die Politik-Generalisten wiederum gehören in den Netto-Empfänger-Ländern ohnehin zu den Interessenten am Fortbestand der Verflechtung, während die Netto-Zahler unter den Generalisten (wenn sie sich gegenüber den Fachpolitikern in der eigenen Regierung durchsetzen können) Gefangene des Einstimmigkeitsprinzips sind – es sei denn, sie wären bereit, die Gemeinschaft überhaupt zu verlassen. Gerade Länder wie die Bundesrepublik mit einem besonders großen materiellen Interesse am Fortbestand des gemeinsamen Marktes, und einem erklärtermaßen großen ideellen Interesse am Fortbestand der Gemeinschaft (*Hrbek* und *Wessels* 1984), sind jedoch am wenigsten in der Lage, die Austritts-Drohung glaubwürdig einzusetzen. Solange es der Gemeinschaft also gelingt, die Netto-Beiträge in erster Linie von Ländern mit besonders hohem Engagement für Europa zu kassieren, spricht ebensowenig für eine baldige Desintegration wie für eine durchgreifende Reform der europäischen Institutionen.

Die „Politikverflechtungs-Falle" kann also zusammenfassend beschrieben werden als eine zwei oder mehr Ebenen verbindende Entscheidungsstruktur, die aus ihrer institutionellen Logik heraus systematisch (also über die allgemeinen Defizite der „*bounded rationality*" (*Simon* 1957) und pluralistischer Konflikt-Konsens-Prozesse hinaus) ineffiziente und problem-unangemessene Entscheidungen erzeugt, und die zugleich unfähig ist, die institutionellen Bedingungen ihrer Entscheidungslogik zu verändern – weder in Richtung auf mehr Integration noch in Richtung auf Desintegration. Für die institutionellen Eigeninteressen der beteiligten Regierungen, die den Entscheidungsprozeß beherrschen, ist der gegenwärtige Zustand ein „lokales Optimum", das durch gradualistische Strategien und Reform-Empfehlungen nicht verlassen werden kann (*Elster* 1979). Wirksame Verbesserungen würden weitreichende Veränderungen erfordern, die wenigstens kurzfristig die Interessen vieler Beteiligter verletzen müßten. Wenn das „napoleonische" Machtpotential dafür nirgends sichtbar ist, empfiehlt sich stattdessen wohl doch die geduldige Arbeit für den fairen Interessenausgleich unter den Beteiligten – mit der vielleicht überoptimistischen aber jedenfalls nicht durch die institutionellen Bedingungen selbst schon widerlegten Hoffnung auf eine Neubildung von gemeinschaftlichen Interessen, Zielen und Verteilungsregeln, die eine Rückkehr vom *Bargaining*- zum *Problemlösungs*-Modus erlauben.

9. Generalisierungsmöglichkeiten

Der Frage nach der Generalisierbarkeit unserer „Theorie der Politikverflechtung" sind wir bisher immer mit dem Hinweis auf die historische Besonderheit unseres Untersuchungsgegenstandes aus dem Weg gegangen, obwohl unsere Hypothesen in generalisierender Sprache formuliert waren (*Scharpf* u.a. 1976; *Scharpf* 1978). Da der vorliegende Aufsatz jedoch den Anspruch erhebt, mit den gleichen Hypothesen auch die europäische Erfahrung zu erklären, sollte man vielleicht nicht mehr hinter dem Berg halten mit der insgeheimen Hoffnung, mit der „Politikverflechtung" die universelle Entscheidungslogik einer abstrakt bestimmbaren Entscheidungsstruktur entdeckt und analysiert zu haben. Zumindest könnten jetzt einige Geltungsbedingungen präzisiert werden.

Die Entscheidungslogik der Politikverflechtung ist vermutlich nicht auf Verhandlungssysteme zwischen Regierungen beschränkt, aber sie gilt auch nicht für alle Arten von einstimmigen Entscheidungen, selbst wenn man von vornherein einmalige Interaktionen ausschließt. Auszuschließen sind sicher auch dauerhaftere Vereinigungen, aus denen man ohne hohe Kosten austreten könnte, weil ihr Nutzen für die Mitglieder entweder gering ist oder leicht substituierbar wäre, und ebenso Cliquen, Vereine und Unternehmens-Zusammenschlüsse, in denen ausschließlich miteinander harmonisierende Mitglieder-Interessen verfolgt werden, so daß die für die Politikverflechtung charakteristische Spannung zwischen gemeinsamen und separaten Interessen gar nicht aufkommen kann. Aus dem selben Grund wären wohl auch alle reinen Zweckverbände auszuschließen, in denen von vornherein niemand erwartet, daß die Mitglieder etwas anderes als ihre kurzfristigen Eigeninteressen verfolgen werden. Dazu gehören etwa die regelmäßig wiederkehrenden Interaktionen zwischen Lieferanten und Kunden oder zwischen Tarifparteien unter den Spielregeln des „*free collective bargaining*". Hierher gehört wohl auch die von *Axelrod* entdeckte „Kooperation zwischen Egoisten" in langen Iterationen des *Prisoners' Dilemma*. Auch wenn ein außenstehender Beobachter in diesen Situationen ein potentiell „gemeinsames" Interesse und deshalb Vorteile des *Problemlösens* feststellen könnte, entspricht die Sichtweise der Beteiligten so vollständig dem *Bargaining*-Modus, daß man der Situation Gewalt antäte, wenn man sie als „Falle" interpretieren würde.

Aber selbst wenn man sich auf Situationen beschränkt, in denen „gemeinsame" und „separate" Interessen nebeneinander auftreten, und in denen deshalb das *Problemlösen* der effizientere Entscheidungs-Modus wäre, hätte man noch zu viel eingeschlossen. Schließlich gibt es einvernehmliche Problemlösungen in vielen Entscheidungsstrukturen, in denen formell entweder hierarchische Entscheidungen oder Mehrheitsbeschlüsse anwendbar sind, auch wenn faktisch die Einstimmigkeits-Regel praktiziert wird. Vermutlich liegt darin sogar ein generalisierbares Erfolgsrezept: „Partizipatives Management" (im Gegensatz zu einem „autoritären Führungsstil" oder zum „*Laissez-Faire*-Stil") profitiert ja gerade deshalb von der Intelligenz und Kreativität der Mitarbeiter, weil desintegrative Konflikte zwischen den Beteiligten durch eine hierarchische Autorität in Grenzen gehalten werden, die zwar einige, aber keineswegs alle ihrer Prärogativen an die Gruppe delegiert hat. Ebenso könnte man vermuten, daß „Konkordanz-Demokratien" (*Lehmbruch* 1967; *Lijphart* 1975) und der amerikanische Pluralismus weniger gut funktionieren würden, wenn nicht allzu sperrige Minderheiten immer noch mit der Möglichkeit einer Mehrheitsentscheidung rechnen müßten. Der prekäre Charakter des *Problemlösungs*-Modus und die allgegenwärtige Gefahr eines Rückfalls in den *Bargaining*-Modus, der für die Politikverflechtung charakteristisch ist, kann sich also wohl doch nur in Entscheidungs-Situationen zeigen, in denen die De-facto-Einstimmigkeit nicht abgesichert ist durch formelle Möglichkeiten der oktroyierten (hierarchischen oder Mehrheits-)Entscheidung oder durch die faktische Übermacht eines hegemonialen Partners.

Aber auch mit all diesen definitorischen Einschränkungen ist das potentielle Anwendungsfeld der Theorie der Politikverflechtung noch weit genug. Die akademische Selbstverwaltung in der traditionellen Universität ohne einen starken Präsidenten oder Dekan käme dafür ebenso in Frage wie die schwierige Suche nach Entscheidungsregeln in Wohngemeinschaften oder in den selbstverwalteten Häusern der ehemaligen Hausbesetzer (*Horx* 1985). Andere Beispiele sind dauerhafte private oder berufliche Partnerbeziehungen, Arbeitsgemeinschaften zwischen Unternehmen, Koalitionsregierungen, militärische Bündnisse, „neo-korporatistische" Beziehungen zwischen den „Sozialpartnern" und dem Staat und alle Arten von dauerhaften inter-organisatorischen Netzen. Sie alle kennen die Spannung zwischen einem anerkannten gemeinsamen Interesse und den separaten Eigeninteressen der Beteiligten; sie alle könnten von *Problemlösungen* profitieren, die am gemeinsamen Interesse orientiert sind – wenn nur die konfligierenden Separat-Interessen auf irgendeine Weise neutralisiert werden könnten; und sie alle sehen sich der entropischen Tendenz zum *Bargaining*-Modus ausgesetzt. Trotzdem fällt es den Beteiligten in allen diesen Beispielen schwer, sich entweder auf Mehrheitsentscheidungen oder gar auf die Einsetzung eines hierarchischen

„Chefs" zu einigen, weil dadurch ihr unmittelbarer Einfluß auf den Inhalt der für sie verbindlichen Kollektiv-Entscheidungen gemindert würde.

Es sollte also möglich sein, die Hypothese der „Politikverflechtungs-Falle" unter einer Vielzahl höchst verschiedenartiger institutioneller Bedingungen zu überprüfen, deren Gemeinsamkeit nur in sehr formalen und abstrakten Eigenschaften der Interessenlage und der faktisch anwendbaren Entscheidungsregeln definiert ist. Ließe sich die hier beschriebene Entscheidungslogik in dieser Vielfalt von Entscheidungs-Situationen wiederfinden, so wäre dies immerhin ein Schritt in Richtung auf eine politikwissenschaftliche Entsprechung zur „abstrakten Soziologie" im Sinne *Simmels* und *von Wieses*. Noch interessanter allerdings – in einer interdependenten Welt mit zunehmend überforderten Hierarchien – wären die Aufschlüsse, die ein solches Forschungsprogramm liefern könnte über die Randbedingungen, Einstellungen und Verhandlungs-Strategien, die in konsens-abhängigen Entscheidungs-Situationen den Übergang zwischen *Bargaining* und *Problemlösen* steuern.

Anmerkung

1 Auch „Zeitgesetze", die nach bestimmter Frist automatisch außer Kraft treten, könnten keine generelle Lösung des Problems bringen. Der Zwang, der unter der Geltung des Einstimmigkeits-Prinzips dann auf diejenigen ausgeübt würde, die sich auf die alte Regelung eingelassen und im Vertrauen darauf „investiert" hatten, wäre ebensowenig libertär und pareto-optimal wie die erzwungene Fortgeltung der Regelung. Und selbstverständlich wäre der bei fehlender Zukunftsperspektive für die Beteiligten rationale Verzicht auf längerfristige Investitionen ebenfalls ein wohlfahrtsökonomischer Verlust.

Literaturverzeichnis

Abromeit, Heidrun, 1982: Die Funktion des Bundesrats und der Streit um seine Politisierung, in: Zeitschrift für Parlamentsfragen 13, 462–472.

Averyt, William F. jr., 1976: Agricultural Interest Groups in the European Community: The Commité des Organizations Professionelles Agricoles; Ph. D. Yale University, May 1976.

Axelrod, Robert, 1981: The Emergence of Cooperation among Egoists, in: American Political Science Review 75, 306–318.

Axelrod, Robert, 1984: The Evolution of Cooperation. New York.

Bachrach, S. B./Lawler, E. J., 1980: Power and Politics in Organizations.

Balassa, Bela, 1962: The Theory of Economic Integration, London.

Balz, M./Meimberg, R./Schöpe, M., 1982: Agrarstrukturpolitik in der EG – Regionale Entwicklungsstrategien erforderlich, in: Ifo Schnelldienst 32/82, 10–20.

Baumol, William J., 1982: Applied Fairness Theory and Rationing Policy, in: American Economic Review 72, 639–651.

Becker, Helmut, 1971: Bildungsplanung als Lernprozeß, in: *Helmut Becker*, 1980, Auf dem Weg zur lernenden Gesellschaft. Personen, Analysen, Vorschläge für die Zukunft, Stuttgart.

Bentele, Karlheinz, 1979: Kartellbildung in der allgemeinen Forschungsförderung, Königsstein.

Benz, Arthur, 1985: Föderalismus als dynamisches System, Opladen.

BMBW, 1982: Informationen Bildung/Wissenschaft des Bundesministers für Bildung und Wissenschaft Nr. 4/82, Bonn: 22.4.1982.

BMF, 1985: Bundesministerium der Finanzen, Die finanzwirtschaftliche Entwicklung von Bund, Ländern und Gemeinden seit 1970; Dokumentation 2/85, Bonn: 31.1.1985.

Body, Richard, 1982: Agriculture: The Triumph and the Shame, London.

Bonoma, Thomas V., 1976: Conflict, Cooperation and Trust in Three Power Systems, in: Behavioral Science, 21, 499–514.

Borell, Rolf, 1981: Mischfinanzierungen. Darstellung, Kritik, Reformüberlegungen, Wiesbaden: Karl-Bräuer-Institut.

Braybrooke, David/Lindblom, Charles E., 1963: A Strategy of Decision. Policy Evaluation as a Social Process, New York.

Bruder, Wolfgang, 1983: The Regional Policy of the European Community: Problems and Perspectives. Universität Konstanz (Manuskript).

Buchanan, James M., 1975: The Limits of Liberty. Between Anarchy and Leviathan, Chicago.

Buchanan, James M./Tullock, Gordon, 1962: The Calculus of Consent. Logical Foundations of Constitutional Democracy, Ann Arbor, Michigan.

Bühl, Walter L., 1984: Die Dynamik sozialer Konflikte in katastrophentheoretischer Darstellung, in: Kölner Zeitschrift für Soziologie und Sozialpsychologie 36, 641–666.

Bulletin der Europäischen Gemeinschaften, Nr. 11, (1984).

Bulmer, Simon, 1983: Domestic Politics and European Community Policy Making, in: Journal of Common Market Studies 21, 349–363.

BVerfGE, 1975: Entscheidungen des Bundesverfassungsgerichts, Band 39.

Dahl, Robert H., 1967: Pluralist Democracy in the United States: Conflict and Consent, Chicago.

Der Bürger im Staat, 1979: Politikverflechtung oder Föderalismus heute. Der Bürger im Staat 29, H. 1.

Deutsch, Karl, 1953: Nationalism and Social Communication: An Inquiry into the Foundations of Nationality, Cambridge, Mass.

Deutsch, Karl (mit *Burell, S. A./Kann, R. A./Lee, M./Lichtermann, M./van Wagenen, R. W.*), 1957: Political Community and the North Atlantic Area, Princeton.

Deutsch, Karl (mit *Jacob, P. E./Teune, H./Toscano, J. V./Wheaton, W. L. C.*), 1964: The Integration of Political Communities, Philadelphia.

DIW, 1984: Deutsches Institut für Wirtschaftsforschung, EG-Haushalt und -Agrarpolitik, in: DIW Wochenbericht 40/84.

DIW, 1984a: Deutsches Institut für Wirtschaftsforschung, Statt Subventionsabbau neue Hilfen für die Landwirtschaft, in: DIW Wochenbericht 25/84: 297–302.

Elster, Jon, 1979: Ulysses and the Sirens. Studies of Rationality and Irrationality, Cambridge.

Everling, Ulrich, 1980: Possibilities and Limits of European Integration, in: Journal of Common Market Studies 18, 217–228.

Fabritius, Georg, 1978: Wechselwirkungen zwischen Landtagswahlen und Bundespolitik, Meisenheim.

Feld, Werner J., 1980: Two-Tier Policy Making in the EC: The Common Agricultural Policy, in: *Leon Hurwitz* (Hrsg.), Contemporary Perspectives on European Integration, London.

Franzmeyer, Fritz/Seidel, Bernhard, 1976: Überstaatlicher Finanzausgleich und Europäische Integration, Bonn.

Freyer, Hans, 1964: Soziologie als Wirklichkeitswissenschaft, Stuttgart (Erste Aufl. 1930).

Fürst, Dietrich/Hesse, Joachim Jens/Richter, Hartmut, 1984: Stadt und Staat. Verdichtungsräume im Prozeß der föderalstaatlichen Problemverarbeitung, Baden-Baden.

Garlichs, Dietrich, 1980: Grenzen staatlicher Infrastrukturpolitik. Bund/Länder-Kooperation in der Fernstraßenplanung, Königstein.

Glotz, Peter, 1985: Manifest für eine neue Europäische Linke, Berlin.

Haas, Ernst B., 1958: The Uniting of Europe. Political, Social and Economic Forces 1950–1957, London.

Haas, Ernst B., 1964: Beyond the Nation State. Functionalism and International Organization, Stanford.

Haas, Ernst B., 1971: The Study of Regional Integration: Reflections on the Joy and Anguish of Pretheorizing, in: *L. N. Lindberg* und *S. A. Scheingold* (Hrsg.), Regional Integration, Theory and Research, Cambridge, Mass., 3–42.

Haas, Ernst B./Schmitter, Philippe C., 1964: Economics and Differential Patterns of Political Integration: Projections about Unity in Latin America, in: International Organization, 18: 705–737.

Hesse, Joachim Jens (Hrsg.), 1978: Politikverflechtung im föderativen Staat, Baden-Baden.

Hirschman, Albert O., 1970: Exit, Voice and Loyality. Responses to Decline in Firms, Organizations and States, Cambridge, Mass.

Hochschule für Verwaltungswissenschaften Speyer (Hrsg.), 1975: Politikverflechtung zwischen Bund, Ländern und Gemeinden, Berlin.
Höhnen, Wilfrid/Horzetzky, Günther, 1984: Europäische Agrarpolitik: Probleme und Reformansätze, in: Gewerkschaftliche Monatshefte 35, 310–322.
Hoffmann, Stanley, 1966: Obstinate or Obsolete? The Fate of the Nation-State and the Case of Western Europe, in: Daedalus, Summer 1966: 862–915.
Hollingsworth, J. Rogers/Lindberg, Leon N., 1985: The Government of the American Economy: The Role of Markets, Clans, Hierarchies and Associative Behavior, University of Wisconsin (Manuskript).
Horx, Matthias, 1985: Das Ende der Alternativen, München.
Howard, Nigel, 1971: Paradoxes of Rationality: Theory of Metagames and Political Behavior. Cambridge, Mass.
Hrbek, Rudolf, 1979: Politikverflechtung macht an den Grenzen nicht halt. Auswirkungen der EG-Mitgliedschaft auf die föderative Ordnung der Bundesrepublik Deutschland, in: Der Bürger im Staat 29, 38–43.
Hrbek, Rudolf/Wessels, Wolfgang (Hrsg.), 1984: EG-Mitgliedschaft: Ein vitales Interesse der Bundesrepublik Deutschland? Bonn.
Jürgensen, Stephan/Schmitz, Peter M., 1984: EG Agrarpolitik: Der Streit um den Grenzausgleich, in: Wirtschaftsdienst 64, 192–196.
Katzenstein, Peter, 1984: Corporatism and Change. Austria, Switzerland and the Politics of Industry, Ithaca.
Katzenstein, Peter, 1985: Small States in World Markets. Industrial Policy in Europe, Ithaca.
Keohane, Robert O., 1980: The Theory of Hegemonic Stability and Changes in International Economic Regimes, 1967–1977, in: *Ole Holsti* u. a., Change in the International System, Boulder, 131–162.
Keohane, Robert O., 1984: After Hegemony. Cooperation and Discord in the World Political Economy, Princeton.
Keohane, Robert O., 1985: Reciprocity in International Relations. Paper prepared for the IPSA XIIIth World Congress, Paris, July 15–20, 1985. Department of Government, Harvard University (Manuskript).
Keohane, Robert O./Nye, Joseph S., 1977: Power and Interdependence: World Politics in Transition, Boston.
Klatt, Hartmut, 1979: Die Länderparlamente müssen sich wehren. Möglichkeiten und Ansätze einer Reform des Länderparlamentarismus, in: Der Bürger im Staat 29, 20–28.
Knott, Jack H., 1981: Managing the German Economy. Budgetary Politics in a Federal State, Lexington.
Kock, Heinz, 1975: Stabilitätspolitik im föderalistischen System der Bundesrepublik Deutschland. Analyse und Reformvorschläge, Köln.
Kommission für wirtschaftlichen und sozialen Wandel, 1976: Wirtschaftlicher und sozialer Wandel in der Bundesrepublik Deutschland. Gutachten der Kommission, Bonn: Bundesminister für Arbeit und Sozialordnung.
Koneggen, Norbert, 1978: Föderatives System und Bildungsplanung, Berlin.
Laffan, Brigid, 1983: Policy Implementation in the European Community: The European Social Fund as a Case Study, in: Journal of Common Market Studies 21, 389–408.
Laufer, Heinz, 1985: Das föderative System der Bundesrepublik Deutschland. 5. Aufl. München.
Lehmbruch, Gerhard, 1967: Proporzdemokratie: Politisches System und politische Kultur in der Schweiz und Österreich, Tübingen.
Lehmbruch, Gerhard, 1976: Parteienwettbewerb im Bundesstaat, Stuttgart.
Lehner, Franz, 1979: Politikverflechtung: Institutionelle Eigendynamik und politische Kontrolle, in: *Joachim Matthes* (Hrsg.), Sozialer Wandel in Westeuropa. Verhandlungen des 19. Deutschen Soziologentages, Frankfurt, 611–625.
Lijphart, Arend, 1975: The Politics of Accommodation. Pluralism and Democracy in the Netherlands, Second Edition, Berkeley.
Lindberg, Leon N., 1963: The Political Dynamics of European Integration, Stanford.
Lindberg, Leon N./Scheingold, Stuart A., 1970: Europe's Would-Be Polity. Patterns of Change in the European Community. Englewood Cliffs.
Lindblom, Charles E., 1965: The Intelligence of Democracy. New York.
Lowi, Theodore, 1979: The End of Liberalism. The Second Republic of the United States, 2. Aufl., New York.

Mäding, Heinrich, 1974: Bildungsplanung und Finanzplanung, Stuttgart.
March James G./Simon, Herbert A., 1958: Organizations, New York.
Martins, Mario R./Mawson, John, 1982: The Programming of Regional Development in the EC: Supranational or International Decision-making?, in: Journal of Common Market Studies 20, 229–244.
Mayntz, Renate/Scharpf, Fritz W., 1975: Policy Making in the German Federal Bureaucracy, Amsterdam.
McConnel, Grant, 1966: Private Power and American Democracy, New York.
Merrit, Richard L./Russett, Bruce C. (Hrsg.), 1981: From National Development to Global Community, London.
Mitrany, David, 1975: A Political Theory for the New Society, in: *A. J. Groom* und *Paul Taylor* (Hrsg.), Functionalism. Theory and Practice in International Relations, London, 25–37.
Nash, John F. jr., 1950: The Bargaining Problem, in: Econometrica 18, 155–162.
Niskanen, William A., 1971: Bureaucracy and Representative Government, Chicago.
Noé, Claus, 1983: Wo sind 19,5 Milliarden DM geblieben? Bemerkungen zu Zielen, Mitteln und Wirkungsweise regionalpolitischer Versuche der Europäischen Gemeinschaft, in: Raumforschung und Raumordnung 41, 15–20.
Noll, Peter, 1984: Diktate über Sterben und Tod, Zürich.
Offe, Claus, 1975: Berufsbildungsreform. Eine Fallstudie über Reformpolitik, Frankfurt.
Olsen, Johan/Roness, Paul/Saetren, Harald, 1982: Norway: Still Peaceful Coexistence and Revolution in Slow Motion? in: *Jeremy Richardson* (Hrsg.), Policy Styles in Western Europe, London, 47–49.
Olson, Mancur/Zeckhauser, Richard, 1966: An Economic Theory of Alliances, in: Review of Economics and Statistic 48, 266–279.
Ostrom, Elinor, 1984: Multiorganizational Arrangement and Coordination: An Application of Institutional Analysis. Workshop in Political Theory and Policy Analysis, Indiana University, Bloomington, Indiana (Manuskript).
Ouchi, William G., 1980: Markets, Bureaucracies and Clans, in: Administrative Science Quarterly 25, 129–141.
Ouchi, William G., 1984: The M-Form Society. How American Teamwork can Recapture the Competitive Edge, Reading, Mass.
Pérez-Diaz, Viktor M., 1985: Governability and Mesogovernments: Regional Autonomies and Neocorporatism in Spain, (Manuskript) Madrid.
Parsons, Talcott, 1967: Voting and the Equilibrium of the American Political System, in: *T. Parsons*, Sociological Theory and Modern Society, New York, 223–263.
Patzig, Werner, 1981: Die Gemeinschaftsfinanzierung von Bund und Ländern, Berlin.
Pelkmans, Jacques, 1980: Economic Theories of Integration Revisited, in: Journal of Common Market Studies 18, 333–354.
Pentland, Charles, 1973: International Theory and European Integration, London.
Rawls, John, 1971: A Theory of Justice, Cambridge, Mass.
Reissert, Bernd, 1979: „Politikverflechtung" in der Europäischen Gemeinschaft, Wissenschaftszentrum Berlin (Manuskript).
Reissert, Bernd, 1984: Staatliche Zuweisungen und kommunale Investitionspolitik (Politikverflechtung VI), Wissenschaftszentrum Berlin (Manuskript).
Riker, William H., 1962: The Theory of Political Coalitions, New Haven.
Riker, William H., 1964: Federalism: Origin, Operation, Maintenance, Boston.
Riker, William H., 1975: Federalism, in: *F. I. Greenstein* und *N. W. Polsby* (Hrsg.), Governmental Institutions and Processes. Handbook of Political Science, Vol. 5; Readding, Mass., 93–172.
Rodemer, Horst, 1980: Die EG-Agrarpolitik. Ziele, Wirkungen, Alternativen, Tübingen.
Runge, Carlisle F., 1984: Institutions and the Free Rider: The Assurance Problem in Collective Action, in: Journal of Politics, 46, 154–181.
Ruß-Mohl, Stephan, 1981: Reformkonjunkturen und politisches Krisenmanagement, Opladen.
Scharpf, Fritz W., 1970: Demokratietheorie zwischen Utopie und Anpassung, Kronberg (Nachdruck 1975).
Scharpf, Fritz W., 1978: Die Theorie der Politikverflechtung: Ein kurzgefaßter Leitfaden, in: *Joachim Jens Hesse* (Hrsg.), Politikverflechtung im föderativen Staat, Baden-Baden, 21–31.
Scharpf, Fritz W., 1985: Ideological Conflict on the Public-Private Frontier: Some Exploratory Notes, Wissenschaftszentrum Berlin (Manuskript).

Scharpf, Fritz W./Reissert, Bernd/Schnabel, Fritz, 1976: Politikverflechtung. Theorie und Empirie des kooperativen Föderalismus in der Bundesrepublik, Kronberg.

Scheingold, Stuart A., 1970: Domestic and International Consequences of Regional Integration, in: International Organization 24, 978–1002.

Schelling, Thomas C., 1960: The Strategy of Conflict, Cambridge, Mass.

Schmidt, Helmut, 1980: Ansprache des Bundeskanzlers in der 494. Sitzung des Bundesrates am 12.12.1980, in: Stenographische Berichte des Bundesrats, von der 482. bis zur 494. Sitzung, Bonn, 431–435.

Schmitter, Philippe C., 1969: Three Neo-Functional Hypotheses about International Integration, in: International Organization 23, 161–166.

Schmitter, Philippe C., 1970: A Revised Theory of Regional Integration, in: International Organization 24, 836–868.

Schultze, Rainer-Olaf, 1982: Politikverflechtung und konföderaler Föderalismus: Entwicklungslinien und Strukturprobleme im bundesrepublikanischen und kanadischen Föderalismus, in: Zeitschrift der Gesellschaft für Kanada-Studien 2, 113–144.

Scitovsky, Tibor, 1958: Economic Theory and Western European Integration, London.

Simon, Herbert A., 1957: Models of Man. Social and Rational, New York.

Späth, Lothar/Teufel, Erwin/Eppler, Erhard/Morlok, Jürgen, 1979: Föderalismus heute. Regierung und Landtagsfraktionen nehmen Stellung, in: Politikverflechtung oder Föderalismus heute. Der Bürger im Staat 29, 52–58.

Steinle, Wolfgang J./Stroetmann, Karl A., 1983: Gemeinschaftliche Forschungs- und Technologiepolitik als Beitrag zur regionalen Entwicklung Europas, in: Raumforschung und Raumordnung 41, 57–62.

Streeck, Wolfgang/Schmitter, Philippe C., 1984: Community, Market, State and Associations: The Prospective Contribution of Interest Governments to Social Order, Florence: European University Institute Working Paper 94/1984.

Tönnies, Ferdinand, 1935: Gemeinschaft und Gesellschaft. Grundbegriffe der reinen Soziologie. 8. Aufl. Neudruck 1979, Darmstadt.

Taylor, Paul, 1980: Interdependence and Autonomy in the European Communities: The Case of the European Monetary System, in: Journal of Common Market Studies 18, 370–387.

Triepel, Heinrich, 1938: Die Hegemonie. Ein Buch von führenden Staaten, Stuttgart.

Tullock, Gordon, 1965: The Politics of Bureaucracy, Washington, D.C.

Ullmann-Margalit, Edna, 1977: The Emergence of Norms, Oxford.

Vobruba, Georg (Hrsg.), 1983: „Wir sitzen alle in einem Boot". Gemeinschaftsrhetorik in der Krise, Frankfurt.

Wagener, Frido, 1975: System einer integrierten Entwicklungsplanung im Bund, in den Ländern und in den Gemeinden, in: Hochschule Speyer (1975), 129 ff.

Wallace, Helen, 1977: National Bulls in the Community China Shop: The Role of National Governments in Community Policy Making, in: *Wallace/Wallace/Webb* (1977), 33–68.

Wallace, Helen/Wallace, William/Webb, Carole (Hrsg.), 1977: Policy Making in the European Communities, London.

Wallace, William, 1982: Europe as a Confederation: The Community and the Nation State, in: Journal of Common Market Studies 21, 57–68.

Wallerstein, Immanuel, 1974: The Modern World-System: Capitalist Agriculture and the Origins of the European World-Economy in the Sixteenth Century, New York.

Wallerstein, Immanuel, 1979: The Capitalist World Economy, Cambridge.

Wallerstein, Immanuel, 1980: The Modern World System II: Mercantilism and the Consolidation of the European World-Economy, 1600–1750, New York.

Walton, Richard E./Mc Kersie, Robert B., 1965: A Behavioral Theory of Labour Negotiations. An Analysis of a Social Interaction System, New York.

Weiler, Joseph, 1982: Community Member States and European Integration. Is the Law Relevant? in: Journal of Common Market Studies 21, 39–56.

Wheare, Kenneth C., 1960: Federal Government, 4. Aufl., Oxford.

Zeh, Wolfgang, 1979: Musterfall Gemeinschaftsaufgaben. Erscheinungsformen, Willensbildungsmuster und Ursachen der Politikverflechtung, in: Der Bürger im Staat 29, 15–19.

Ziebura, Gilbert, 1982: Internationalization of Capital, International Division of Labour and the Role of the European Community, in: Journal of Common Market Studies 21, 127–140.

ABHANDLUNGEN

Die deutsche Vereinigung: Strukturen und Strategien*

Gerhard Lehmbruch

Das Verhältnis von Struktur und Strategie im Einigungsprozeß hat sich verändert. Eine erste Phase war – mit Entscheidungszentralisierung und der Dominanz einer Marktideologie – durch institutionelle „Entdifferenzierung" und strategische Problemvereinfachung charakterisiert, wobei die Selektionskriterien vom Parteienwettbewerb vorgegeben wurden. In einer zweiten Phase wird eine (begrenzte) strategische Anpassungsfähigkeit der politischen Institutionen sichtbar, insbesondere in den Abstimmungsprozessen der Spitzenverbände des Arbeitsmarktes mit Treuhandanstalt und Regierung. Institutionelle Engpässe ergeben sich aber insbesondere auf der Ebene der dezentralen Akteure in Ostdeutschland.

Mein Thema ist die deutsche Einigung als Prozeß des kollektiven Lernens. Der Zusammenbruch der DDR im Herbst 1989 hatte die alte Bundesrepublik unvorbereitet getroffen. Das Programm einer Wiedervereinigung war längst zu den Akten gelegt. Infolgedessen trug die Antwort der westdeutschen Politik zunächst den Charakter der Improvisation. Das hat sich inzwischen geändert. Deshalb kreisen heute die Fragestellungen der Politikwissenschaft zum Einigungsprozeß um die strategische Lernfähigkeit und die institutionelle Anpassungsfähigkeit des Staates an die Herausforderungen des Einigungsprozesses. Ich will im folgenden diese Fragestellungen aufnehmen.

Die Politikwissenschaft wird nicht beanspruchen, sie könne den Ausgang der Veränderungsprozesses voraussagen, die sich unter unseren Augen abspielen. Sie wird also, wenn sie sich ihrer Grenzen bewußt ist, auch nicht einfach Empfehlungen in das Gewand bedingter Voraussagen kleiden. Sie kann bestenfalls plausible Entwicklungskorridore skizzieren und mögliche oder wahrscheinliche Engpässe identifizieren. Daß dabei auch spekulative Hypothesen formuliert werden müssen, ist im gegenwärtigen Zeitpunkt unvermeidlich.

Die Fragestellung muß sich insbesondere auf die *Chancen* und die *Restriktionen* des strategischen Handelns im Einigungsprozeß richten. In den vergangenen Jahren hat die Sozialwissenschaft einiges über den Zusammenhang von politisch-administrativen Strukturen und Strategien hinzugelernt. Vor allem die Forschung über den „arbeitenden Staat" (um mit Lorenz von Stein zu reden), über Politikentwicklung und Politi-

---

* S. auch S. 604 (306).

kimplementation, hat geholfen, die institutionellen Bedingungen und Restriktionen von Staatstätigkeit besser zu verstehen.
Die institutionelle Dynamik des Vereinigungsprozesses läßt sich nun als ein eigentümliches Wechselverhältnis von Strukturen und Strategien beschreiben - von Strukturen der Strategieentwicklung auf der einen Seite und auf der anderen der Strategien selbst - also der Problemdefinition, der langfristigen Ziele und der daraus abgeleiteten Handlungsanweisungen. Wir wissen aus der historischen Organisationsforschung, daß sich Veränderungen von Struktur und Strategie wechselseitig bedingen, daß Strategien abhängig sind von strukturellen Bedingungen, und daß andererseits eine strategische Neuorientierung strukturelle Konsequenzen hat (Chandler 1962: 13ff.).
Man kann nun unter diesem Gesichtspunkt im Vereinigungsprozeß - grob gesprochen - zwei Phasen unterscheiden. Die erste Phase war charakterisiert durch eine hochgradig zentralisierte Struktur politischer Strategieentwicklung. Ich behaupte, daß diese Struktur zu einer extrem vereinfachenden Problemdefinition zwang, und zu Handlungsanweisungen, die die Last der Entscheidungen von der Politik wegnahmen. Möglich wurde das durch den „Marktoptimismus" des Jahres 1990, den weit verbreiteten Glauben an das Integrationspotential der Marktkräfte. Als diese Erwartungen Rückschläge erfuhren, wurde der Blick vor allem auf die Schwierigkeiten der kulturellen Integration gerichtet, auf das, was man heute die „Mauer in den Köpfen" nennt. Diese Fixierung auf die kulturellen Differenzen zwischen Ost und West ist wenig hilfreich. Wichtiger ist die Frage, wo sich strategische Lernfähigkeit, und Anpassungsfähigkeit der Institutionen gezeigt hat und wo die kritischen Engpässe liegen. Denn in der zweiten Phase des Vereinigungsprozesses hat sich das Verhältnis von Struktur und Strategie deutlich verändert: Wir haben wieder eine komplexere Struktur der Strategieentwicklung. Damit werden auch komplexere Strategien entdeckt, die neue Lösungen für einige drängende und schwerwiegende Probleme eröffnet haben. Andererseits zeigen sich auch eigentümliche strukturelle Rigiditäten und strategischer Immobilismus. Wie es mit der langfristigen kollektiven Lernfähigkeit der deutschen Politik bestellt ist, ist deshalb noch eine offene Frage.

1. *Die erste Phase: „Entdifferenzierung" der Strategieentwicklung und strategische Problemvereinfachung*

Die Vereinigungsstrategie der ersten Phase kann man ungefähr von der Bildung der Übergangsregierung Modrow bis zum Abschluß des Einigungsvertrages datieren. In dieser Phase setzte sich die deutsche Politik unter einen so starken Entscheidungsdruck, daß sie mit jedem Problem, das sie kurzfristig erfolgreich löste, nicht nur gravierende Langfristprobleme ausblendete, sondern auch zusätzliche Folgeprobleme erzeugte (Lehmbruch 1990b, 1991a). Es kommt hier jetzt nicht auf die Frage an, ob es dazu (etwa zur raschen Wirtschafts- und Währungsunion) Alternativen gegeben hätte. In historischer Perspektive wird das sicherlich interessant und kontrovers bleiben. Politikwissenschaftlich wichtig ist aber auch heute noch die Frage nach der eigentümlichen politikstrategischen Dynamik, die da in Gang gesetzt worden ist. Denn die in dieser ersten Phase übergangenen oder neu erzeugten Probleme werfen in der zweiten Phase

um so schärfer die Frage nach der institutionellen Anpassungsfähigkeit und nach der strategischen Lernfähigkeit der deutschen Politikstrukturen auf.
Als im Sommer und Herbst 1989 plötzlich die innere Krise der DDR aufbrach, war das für die westdeutsche Politik zunächst noch ein externer Vorgang, der die etablierten Politikroutinen im Innern nicht wesentlich tangierte. Das änderte sich nach dem unerwarteten Fall der Mauer: Zuerst löste der Strom der Übersiedler wachsende Sorgen vor krisenhaften Rückwirkungen im Innern und im Äußern aus. Dieser externe Schock traf die Bundesrepublik zudem in einer Situation des faktisch begonnenen Wahlkampfes. Das begünstigte bestimmte Problemdefinitionen, ohne die sich weder die weitere Strategieentwicklung noch die Strukturen der Politikformulierung ausreichend verstehen lassen. Es war Helmut Kohl, der am 28. November 1989 mit seinem Zehn-Punkte-Programm für eine Konföderation die Dinge in Bewegung brachte. Diese Bewegung hat sich dann immer mehr beschleunigt und kam schließlich, mit der Unterzeichnung des Einigungsvertrages, zu einem ersten, vorläufigen Abschluß. Das beherrschende Merkmal der Entscheidungsstruktur in dieser ersten Phase war ihre ausgeprägte „Entdifferenzierung". Damit ist folgendes gemeint: In normalen Zeiten war der Entscheidungsstil in der Bundesrepublik zumal bei Fragen von großer wirtschaftspolitischer Tragweite immer durch komplexe Konsultations- und Aushandlungsprozesse charakterisiert, in einem Staat, der kein streng hierarchisches Gebilde, sondern ein verflochtenes Gefüge dezentralisierter Einflußstrukturen darstellt. Um so auffallender der Unterschied zu den folgenreichen Abläufen des ersten Halbjahres 1990. Da kam es gewissermaßen zu einer Kontraktion des Staates, genauer: der Strukturen staatlicher Strategieentwicklung. Der Bundeskanzler trieb die Dinge voran, indem er andere Akteure vor vollendete Tatsachen stellte, unter bewußter Umgehung vertraut gewordener Konsultationsroutinen und Aushandlungsmechanismen. Der Verlust an institutioneller Differenzierung des Staates, in Gestalt einer ausgeprägten Zentralisierung und Personalisierung der Strategieentwicklung, zeigte sich schon daran, wie der eben erwähnte Konföderationsplan lanciert wurde. Noch deutlicher wurde das beim Zustandekommen der Wirtschafts- und Währungsunion, als in der entscheidenden ersten Phase so wichtige Akteure wie der Bundesbank übergangen und dafür auch formelle Regeln bewußt verletzt wurden. Auch die Bundesländer, die ja durch den Prozeß ganz erheblich tangiert werden mußten, blieben zunächst ausgeschlossen. Das Bundeskanzleramt spielte in dieser Anfangsphase eine ganz beherrschende Rolle. Die Führungskompetenz des Bundeskanzlers, sein Recht, die Richtlinien der Politik zu bestimmen, wurde hier so extensiv wahrgenommen, wie man das aus der Verfassungspraxis seit der frühen Phase Adenauers nicht mehr gewohnt war.
Zwar konnten sich nach einiger Zeit der Außenminister und die Diplomatie wieder in den Prozeß einschalten, und in der Folge brachten dann die Verhandlungen über den Einigungsvertrag die Bundesministerien mit innenpolitischen Aufgaben ins Spiel. Aber hier beobachten wir dann auch auf der Ebene des Verwaltungsapparats eine ausgeprägte Zentralisierung in der Umsetzung der Grundentscheidungen.
Die Zentralisierung resultierte zunächst aus dem „Kontaktprivileg der Exekutiven", wie es zwischenstaatlichen Verhandlungen eigentümlich, aber auch aus dem kooperativen Föderalismus vertraut ist. In den Verhandlungen über den Einigungsvertrag ergab sich aus diesem „Kontaktprivileg" ein Übergewicht der *westlichen* Verwaltung, die ihre Überlegenheit an Ressourcen und an Verhandlungserfahrung offenbar voll

ausspielte. Daß es der Bundesinnenminister bei der Unterzeichnung des Vertrages für nötig hielt, seine Verhandlungsführung für die alte Bundesrepublik gegen den Vorwurf zu verteidigen, man habe die östliche Seite „über den Tisch gezogen"[1], macht zumindest deutlich, wie diese Vorgänge auch als inter-administrativer Aushandlungsprozeß atypisch waren. Die westdeutsche Föderalismuspraxis jedenfalls hat da nicht Pate gestanden.

Aus dieser „entdifferenzierten" Struktur der Politikformulierung, von Ende 1989 bis in die Jahresmitte 1990, entstand eine Eigendynamik, bei der die Problemwahrnehmung zunehmend von der Vorstellung eines Ausnahmezustands unter Krisenbedingungen mit hohem Handlungsdruck bestimmt wurde. Nicht zuletzt aus außenpolitischen Erwägungen wurde zunehmend „aufs Tempo gedrückt". Dem entsprach ein Strategiemuster, das durch ein außergewöhnlich starkes Bedürfnis nach Problemvereinfachung gekennzeichnet war.

Ich habe das früher einmal auf den Nenner gebracht, daß die Vereinigung durch *Improvisation* charakterisiert war (Lehmbruch 1990b). In dieser ersten Phase hatte offensichtlich keiner der Akteure ein längerfristiges Konzept, eine durchdachte Vorstellung von Zielen und Mitteln. Die Strategie konnte sich nur an kurzfristigen Erfolgskriterien ausrichten, Folge- und Nebenwirkungen nicht groß bedacht werden. Das ist nicht vordergründig polemisch gemeint. Es hatte ja auch die Opposition keine Strategie, schon gar nicht die Akteure in der DDR. Angesichts der ganz unvorhergesehenen Veränderungen fehlten dafür wichtige Voraussetzungen. Was Helmut Kohl auszeichnete, war die Bereitschaft zum improvisierten Handeln – mit ganz weitreichenden Konsequenzen und mit enormem Risiko.

Als Beispiel kann noch einmal das Zustandekommen der Währungsunion gelten. Wie mögliche Alternativen ausgesehen haben könnten, und wer sie in welcher Form vertreten hat, ist dabei weniger von Interesse, als die Leistung einer strategischen Problemvereinfachung: Aus den widerstreitenden Projektionen der wirtschaftswissenschaftlichen Politikberatung wurden kurzerhand diejenigen herausgegriffen, die am ehesten geeignet schienen, die gewählte strategische Option zu rationalisieren[2].

Handlungsleitend wurde aber in erster Linie eine stark vereinfachende Vorstellung von Marktwirtschaft, die sich in der Vergangenheit besonders für die ideologische Integration der CDU als „Volkspartei" bewährt hatte (Lehmbruch 1991a). Man stellte ziemlich unreflektiert eine Parallele zur westdeutschen Situation im Sommer 1948 her, und die wirtschaftliche Rekonstruktion der ehemaligen DDR wurde als ein primär „ordnungspolitisches" Problem definiert. Eine zentrale Bedeutung bekam in diesem Zusammenhang die Währungsstabilisierung, die ja seit 1923 im deutschen Politikrepertoire fest verankert ist. Zwar war die zugrundeliegende Version des westdeutschen Wiederaufbauerfolgs wirtschaftshistorisch fragwürdig, und vor allem war die Parallele zu der Lage im Jahre 1948 ganz abwegig. Aber diese Situationsdeutung hatte einen außerordentlichen pragmatischen Vorzug: Sie leistete die Verringerung von Unsicherheit durch handlungsleitende ideologische Rationalisierungen. Damit entsprach sie in idealer Weise dem Bedürfnis nach strategischer Problemvereinfachung, wie es sich insbesondere bei stark entdifferenzierten Strukturen der Politikentwicklung ergeben muß. Man konnte mit dieser holzschnittartigen Ideologie die Problemlast zeitweise von der Politik weg verlagern und – vom sogenannten „Ordnungsrahmen" abgesehen – die Aufgabe der wirtschaftlichen Rekonstruktion der ehemaligen DDR im wesentlichen dem Markt zuweisen. Und wenn die Rechnung nicht aufging, dann lag es weder an Marktversagen noch an Staatsversagen - dafür gab es jetzt als bequeme Residualerklärung die „Mauer in den Köpfen"[3].

Dieser Strategie entsprach dann weiterhin die Interpretation der Problemlage als Übergangsphase: Wenn - nach der Herstellung des richtigen „Ordnungsrahmens" - ein selbsttragender marktwirtschaftlicher Aufschwung erwartet werden konnte, dann mußten sich die unvermeidlichen Umbaukosten aus der erwarteten „Wachstumsdividende" bezahlen lassen. Daher herrschte auch finanzpolitisch zunächst das improvisatorische Moment vor. Bei der Absage an die Vereinigungsprozedur des Artikels 146 wurde unter anderem auch die Chance vertan, die Finanzverfassung (insbesondere das System des Finanzausgleichs) mit der einfachen Mehrheit einer Konstituante neu zu ordnen: Die Option für den Beitritt der DDR nach Artikel 23 gab somit den Ländern der alten Bundesrepublik eine Vetomacht, die den finanzpolitischen Immobilismus besiegelte. So blieb zunächst nur der „Fond Deutsche Einheit" als haushaltspolitische Notunterkunft. Das Problem der Finanzausstattung der neu hinzugetretenen Gebietskörperschaften konnte er keineswegs lösen. Insgesamt zeigt sich hier, daß die politisch-institutionellen Bedingungen der Integration in jener ersten Phase ganz vernachlässigt wurden.

2. *Legendenbildung um die Rolle der Persönlichkeit und das Problem der Alternativen im Einigungsprozeß*

Wenn ich von Personalisierung der Strategieentwicklung spreche, mit der herausragenden Führungsrolle des Bundeskanzlers, darf das nicht so verstanden werden, als ob hier Persönlichkeit der zentrale Erklärungsfaktor wäre. Zentral war vielmehr die Logik des Parteienwettbewerbs. Sie lieferte die strategischen Selektionskriterien. Dem hätte eine komplexe, stärker ausdifferenzierte Struktur der Politikentwicklung im Wege gestanden. Die Logik des Parteienwettbewerbs war es auch, die die Zentralisierungsreserven im westdeutschen Regierungssystem freisetzte, und das kam dann in der ungewöhnlichen Personalisierung des Entscheidungsprozesses zum Ausdruck.

Darum wird man auch bezweifeln müssen, ob etwa die Opposition, wäre ihr die Verantwortung für den Einigungsprozeß zugefallen, den Ablauf mit geringeren Friktionen zu steuern vermocht hätte. Eine Legendenbildung ist hier unangebracht. Zwar ließe sich theoretisch argumentieren, ein Stufenplan für die wirtschaftliche Vereinigung hätte den unvermeidlichen Transformationsprozeß der DDR so abfedern können, daß eine „weiche Landung" keine ganz unrealistische Perspektive gewesen wäre. Aber auch in diesem Fall wäre es nicht ohne massiven Ressourcentransfer von West nach Ost abgegangen, vermutlich kaum geringer als die Summen, die jetzt durch die Steuererhöhungen mobilisiert worden sind. Nun stelle man sich einmal vor, man hätte den westdeutschen Steuerzahler zur Kasse gebeten, um mit Milliardenbeträgen eine Regierung de Maizière (oder auch Meckel) zu subventionieren, die - wie ihre polnischen und tschechoslowakischen Nachbarn - in erheblichem Umfang mit dem aus der Ära Honecker ererbten Personal hätte arbeiten müssen. Den hier zu erwartenden Widerstand hätte äußerstenfalls eine „Konzentrationsregierung" aller wichtigen politischen Kräfte der Bundesrepublik riskieren können. Das ist aber nicht nur deshalb eine ganz unrealistische Vorstellung, weil in den Jahrzehnten der Trennung die Ostdeutschen den Westdeutschen fremd geworden sind und nationales Solidaritätsbewußtsein als Steuerungsressource nicht mehr vorausgesetzt werden kann. Vor allem wäre dem die Logik des Parteienwettbewerbs im Wege gewesen, wie er sich in Westdeutschland in den vergangenen Jahrzehnten ausgebildet hat. Denn zu seinen funktionellen Vorzügen gehört mit Sicherheit nicht die Fähigkeit, unter Krisenbedingungen einen nationalen Konsens zu mobilisieren. Der Parteienwettbewerb hätte kaum zugelassen, daß eine autonomen DDR-Regierung, die nicht von Bonn eng kontrolliert worden wäre, für längere Frist in den Genuß eines massiven Ressourcentransfers aus dem Westen gekommen wäre. Hierfür bedarf es weitaus komplexerer institutioneller Arrangements, die den latenten Verteilungskonflikt zwischen West und Ost zu kanalisieren und partiell zu neutralisieren geeignet sind. Sie hätten sich ohne die staatliche Vereinigung kaum herstellen lassen[4].

Unangebracht ist allerdings auch eine andere, personalisierende Legendenbildung: Es gab danach ein „window of opportunity", das sich nur für kurze Zeit geöffnet habe – oder, in Abwandlung von Bismarcks bekannter Äußerung, es sei dem staatsmännischen Instinkt von Helmut Kohl gelungen, den Mantelzipfel der Geschichte im rechten Moment zu fassen. Immerhin hat selbst Stefan Heym sich dieser Deutung unmittelbar nach dem Moskauer Putschversuch mit der Formulierung angeschlossen, Kohl habe doch recht gehabt. Der Bundeskanzler mag das selbst auch so gesehen haben. Aber das ist eine hochgradig voluntaristische Stilisierung, die die Rolle der führenden Akteure (Gorbatschov eingeschlosssen) überzeichnet. Auch wenn es nicht zu dem Treffen in Stawropol gekommen wäre: Hätte denn die Sowjetunion – womöglich unter Janajew – den wirtschaftlichen Zusammenbruch der DDR aufhalten wollen oder auch nur können? Alles spricht dafür, daß die Macht der wirtschaftlichen Verhältnisse – in der einen oder anderen Form, auf kürzere oder längere Frist – die Vereinigung erzwungen hätte. Der bürokratische Staatsstreichversuch in Moskau hat ja nicht einmal den Abfall des Baltikums aufzuhalten vermocht.

3. *Das Ende der kulturellen Homogenität der Bundesrepublik*

Ich sagte schon, daß man bei denen, die all ihre Hoffnungen in das Integrationspotential der Marktkräfte setzten und davon einen raschen ökonomischen Aufschwung erwarteten, jetzt der Vermutung begegnet, es müsse an der „Mauer in den Köpfen" liegen, daß der Aufschwung bisher ausgeblieben ist. Damit ist eine Erklärungsperspektive bezeichnet, die neuerdings an Bedeutung zu gewinnen scheint: Verglichen mit den Bewohnern der alten Bundesrepublik werden bei ihren neuen Bürgern Unterschiede in den individuellen Motivationsstrukturen und der kognitiven Bewältigung der veränderten Wirklichkeit sichtbar, die man dann auch leicht in einen Zusammenhang mit den Differenzen in Wertsystemen und kulturellen Symbolen bringt.

Abwehrreaktionen der Ostdeutschen gegen die „Besserwessis" sind in aller Munde und werden von Groschenblättern gezielt ausgebeutet. Und nehmen die Westdeutschen nicht umgekehrt allenthalben bei ihren neuen Mitbürgern im Osten Mangel an Selbstvertrauen und an Initiative, passive Hinnahme und bloße Anpassung wahr, die für den Aufbau in Politik und Wirtschaft wenig Gutes verheißen? Nach einer Umfrage unter Berliner Verwaltungspersonal halten die Westberliner ihre Ostberliner Kollegen für „unselbständig", „abhängig von Vorgaben", „politisch naiv", und sie müssen sich umgekehrt als „arrogant", „formalistisch", oder „parteipolitisch taktierend" einschätzen lassen (Reichard/Schröter 1991).

Die kulturelle Kluft wird vertieft durch die Diskussion um politische „Altlasten", wie sie erst vor kurzem wieder in der CDU aufbrach, und den offenbar allenthalben im Osten grassierenden generellen Verdacht, der andere könne ein „informeller Mitarbeiter" des Staatssicherheitsdienstes gewesen sein. In der alten Bundesrepublik hat sich offensichtlich ein alltägliches Basisvertrauen im Umgang mit politischen Partnern – und weithin auch mit politischen Gegnern – ausgebildet, das ganz unreflektiert als eine Funktionsvoraussetzung dieses Gemeinwesens empfunden wird[5]. Im Osten scheint die Last der Vergangenheit selbst diese elementaren Bedingungen einer „staatsbürgerlichen Kultur" nicht aufkommen zu lassen.

Offenbar gibt es also eine deutliche kulturelle Scheidelinie zwischen der alten Bundesrepublik und dem Osten. Das bringt man nun in Westdeutschland gerne auf die Formel von der „Mauer in den Köpfen". Als Metapher ist das zwar sprachlich verunglückt. Aber für die Westdeutschen ist diese Deutung sehr bequem. Die Mauer hatten ja Ulbricht und Honecker errichtet, und es wäre dann ausschließlich ein Problem der Ostdeutschen, die „Mauer in ihren Köpfen" abzubauen.

Nur weckt die Metapher auch ganz irreführende Erwartungen: Die Mauer in Berlin konnte man mit schwerem Räumgerät in recht kurzer Zeit beseitigen. Das kann man von den kulturellen Scheidelinien zwischen dem Westen und Osten unseres Landes nicht erwarten. Sie sind nicht nur aus einer Situation des Übergangs zu erklären. Vielmehr haben wir hier offenbar auch das Ergebnis einer eigentümlichen gesellschaftlich-politischen Sozialisation vor uns. Aber genau dies wird noch auf lange Zeit unsere politische Kultur charakterisieren: Wir vereinigten Deutschen werden mit unseren Lebensgeschichten sehr unterschiedlichen Zuschnitts zusammenleben müssen. Wir werden lernen müssen, mit all den Verständigungsproblemen umzugehen, die sich daraus ergeben. Diese kulturellen Unterschiede und Gegensätze werden uns vielleicht länger noch beschäftigen als das Gefälle in den materiellen Lebensbedingungen.

Damit wird nicht nur den neuen Bürgern, sondern auch den Bewohnern der alten Bundesrepublik ein Umlernen zugemutet. Westdeutschland hatte in den vergangenen Jahrzehnten ein Maß an kultureller Homogenität erreicht, das man zuvor in der deutschen Geschichte nie gekannt hat. Die innere Homogenität der Bundesrepublik war zunächst ein Ergebnis des zweiten Weltkrieges: Ich erinnere an den Untergang der eigentümlichen Agrargesellschaft des ehemaligen deutschen Ostens und an die Wanderungsbewegungen als Folge der Massenvertreibungen der Deutschen auch aus anderen osteuropäischen Ländern. Das lockerte die landsmannschaftliche Homogenität auch der westdeutschen Regionen auf. Zu diesen Folgen des zweiten Weltkriegs hinzu traten dann all die kulturellen Einebnungseffekte von industriellem Wandel und fortschreitender Urbanisierung. Damit haben Scheidelinien, die früher tief in die persönlichen Beziehungen einschnitten – denken wir etwa an den Konfessionsgegensatz –, an Bedeutung ganz außerordentlich verloren. Infolge all dieser Nivellierung von kulturellen Differenzen aber hat man es in der alten Bundesrepublik gewissermaßen verlernt, mit der Wahrnehmung von Fremdheit zwischen Deutschen zu leben, wie sie noch bis in die erste Hälfte dieses Jahrhunderts durchaus verbreitet war.

Mit der Vereinigung gilt das nicht mehr. Zwar hat es erhebliche kulturelle Nivellierungseffekte auch in der DDR gegeben, aber eben nicht in dieselbe Richtung. Daher finden wir uns in einem Zustand kultureller Heterogenität wieder, wie er historisch vergleichbar beispielsweise in manchen literarischen Zeitzeugnissen aus den ersten Jahrzehnten des Bismarckreiches faßbar wird. Gewiß repräsentieren die Scheidelinien, wie sie jetzt sichtbar werden, nicht mehr die Traditionalismen von noch stark bäuerlich geprägten Gesellschaften, sondern die mächtigen Sozialisationseffekte unterschiedlicher industrieller Gesellschaftsverfassungen. Vergleichbar ist aber die territoriale Konfiguration verschiedener Kulturen, die sich fremd geworden sind.
Der Fortgang der deutschen Einigung kann also nicht in erster Linie über affektive Bindungen, über die Integration von Werten, von individuellen Motivationsstrukturen, und von kulturellen Symbolen erwartet werden. Die kulturelle Integration mag sich schließlich als Folgewirkung längerfristiger Prozesse des sozialen Wandels ergeben. Vordringlich ist für die Politikwissenschaft eine andere Frage – die Frage nach den institutionellen Bedingungen der deutschen Einigung.

4. Anpassungsfähigkeit von Institutionen als Problem

Ich habe gezeigt, daß die erste Phase des Vereinigungsprozesses gekennzeichnet war durch eine eigentümliche Kombination von Struktur und Strategie mit den Merkmalen: Entscheidungszentralisierung, Problemvereinfachung durch Marktideologie und institutionelle Behelfsbauten. Dies hat das Jahr 1990 nicht lange überdauert. Der Anstieg der Arbeitslosenzahlen, die Leipziger Gewerkschaftsdemonstrationen, der Schock der Ermordung von Detlef Rohwedder bildeten eine Kette von Signalen, die einem Lernprozeß bei der Strategieentwicklung einen starken Anstoß gaben.
Ich meine das jetzt nicht im Sinne jener Metaphorik, derzufolge nun wohl die „Talsohle" erreicht sei. Natürlich werde es noch eine „Durststrecke" geben, aber schon sehen wir das „Licht am Ende des Tunnels". Man sollte solche Erfolgsmeldungen sorgfältig prüfen. Gerade auf Durststrecken sollen Wanderer schon des öfteren eine Fata Morgana wahrgenommen haben. Doch es trifft sicherlich zu, daß die enormen Finanzmittel, die im zurückliegenden Jahr mobilisiert worden sind, nicht einfach im Leeren versikkern. Die politische Gegensteuerung gegen die Krise hat unbestreitbar Erfolge erzielt, an die wir zu Jahresbeginn noch nicht zu denken gewagt hätten. Zwar ist insbesondere der Einbruch der Beschäftigung im Osten schon jetzt noch verheerender ausgefallen, als wir es auch in pessimistischen Prognosen vor einem Jahr erwartet hatten. Was das für die betroffenen Menschen lebensgeschichtlich bedeutet, darüber sagt keine Statistik etwas aus. Man muß aber auch sehen, daß die Arbeitsmarktpolitik in den neuen Ländern ein Aktivitätsniveau erreicht hat, das man gerade dieser Regierungskoalition nicht unbedingt zugetraut hätte. War es nicht der jetzige Ministerpräsident des Landes Sachsen, der vor einer Reihe von Jahren die Formel von der „Reprivatisierung des Beschäftigungsrisikos" in Umlauf gebracht hatte? Hier haben sich nicht bloß individuelle Lernprozesse vollzogen. Wir beobachten eine – wenngleich begrenzte – institutionelle Anpassungsfähigkeit des politischen Systems, die wir in der Vergangenheit vielleicht unterschätzt hatten.
Mit dem Begriff der Anpassungsfähigkeit von Institutionen knüpfe ich an Überlegun-

gen an, die neuerdings in der politikwissenschaftlichen Forschung an Aktualität gewonnen haben[6]. Als die Ökonomien des Westens in den siebziger Jahren mit tiefgreifenden Krisen konfrontiert wurden und die erprobten politischen und wirtschaftspolitischen Strategien nicht mehr greifen wollten, machte ja zunächst die Vorstellung von der Staatsüberlastung und der drohenden Unregierbarkeit die Runde. Entgegen solcher Skepsis zeigte sich dann aber, daß der moderne liberale Verfassungsstaat offenbar gerade in Krisensituationen über bemerkenswerte institutionelle Anpassungsreserven verfügt. Wir haben es da allerdings nicht mehr mit dem „aktiven", vorausschauenden und zielgerichtet steuernden Staat zu tun, wie er in den sechziger Jahre gefordert wurde. Dies ist eher der Staat, der sich erfolgreich durchwurstelt. Seine Anpassungsfähigkeit erlaubt ihm, auftauchende Probleme erfolgreich kleinzuarbeiten, und im günstigeren Falle über kollektive Lernprozesse neue Problemlösungen und Verfahren zu entwickeln, auch ohne daß dafür ein komplexer Umbauprozeß in Gang gesetzt wird.

Nun steht der deutsche Staat nach der Vereinigung vor Herausforderungen, die vieles von dem in den Schatten stellen, was wir in den zurückliegenden Jahrzehnten gerne als krisenhaft definiert haben. Deshalb kann man nicht ohne weiteres von den Erfahrungen der späten siebziger und achtziger Jahre auf die Bewährung der Institutionen auch in der Zukunft schließen. Die Anpassungsreserven der Institutionen könnten sich gegenüber den gigantischen Aufgaben schließlich als unzureichend erweisen. Und wir werden sehr genau fragen müssen, wo angesichts der neuen Lage die institutionellen Engpässe der Problemverarbeitung liegen.

5. Der institutionelle Umbau der ehemaligen DDR

Hier müssen wir zunächst einen Blick auf die Ausgangsdaten werfen, die im institutionellen Umbau der DDR gesetzt wurden. Zentraler Programmpunkt war der Transfer des institutionellen Rahmens der alten Bundesrepublik (Lehmbruch 1991a). Er wurde im Grundsatz in den Verhandlungen über den Einigungsvertrag durchgesetzt. Kaum bedacht wurde dabei, in welchen Zeiträumen diese Grundsatzentscheidung implementiert werden kann. Gerade die enormen Hindernisse auf dem Weg zur Verwaltungsintegration wurden in der ersten Phase des Einigungsprozesses so gut wie gar nicht wahrgenommen. Inzwischen ist das ausschnittsweise ins Blickfeld einer breiteren Öffentlichkeit gerückt, beispielsweise an den Problemen, die sich im Umgang mit Rückerstattungsansprüchen auf Eigentum ergeben. Aber das ist ja nur die Spitze des Eisbergs. Zum Beispiel erweist sich jetzt das westdeutsche Verständnis von rechtsstaatlicher Verwaltung, mit seiner stark legalistischen Betonung von Regelhaftigkeit und seiner prozeduralen Komplexität, als ein Nadelöhr im Prozeß des institutionellen Umbaus. Auf der dezentralen Ebene der Länder und Gemeinden stellt es Anforderungen, die sich auch auf mittlere Sicht nicht befriedigend erfüllen lassen[7].

Der institutionelle Umbau erschöpft sich aber nicht im Institutionentransfer. Nicht alle Institutionen der DDR sind spurlos untergegangen. Es hat ja in der Endphase der DDR eine Reihe von autonomen institutionellen Vorentscheidungen von erheblichem Gewicht gegeben, von der Errichtung einer parlamentarischen Demokratie bis zur Wiederherstellung der Ländergliederung von 1946. Darum kann auch der Einigungs-

prozeß nicht bloß als „Anschluß" oder Kolonisationsvorgang beschrieben werden. Wenn etwa die Begründerin des „Neuen Forum", Bärbel Bohley, gesagt hat, der DDR sei das Parteiensystem der Bundesrepublik übergestülpt worden, dann war das offensichtlich von der Erfahrung bestimmt, wie die Volkskammerwahlen von 1990 von den westdeutschen Parteien in Regie genommen und gewissermaßen als Stellvertreterkrieg ausgetragen wurden. Aber das Profil eines Parteiensystems wird ja nicht nur von dem herrschenden Wahlkampfstil bestimmt, und Frau Bohley hat das Element der Organisationskontinuität merkwürdig vernachlässigt. Bei Lichte besehen haben damals zwei Drittel der Wähler für Parteien gestimmt, die schon in der alten Volkskammer – und sei es als „Blockflöten" – gesessen haben.
Die westdeutsche CDU hat inzwischen entdeckt, welche Folgekosten ihr die bequeme Improvisation nach der „Wende" – also der Entschluß, eine kompromittierte Blockpartei entgegen allen Bedenken zu „adoptieren" – eingebracht hat. Daß das Problem der strukturellen Kontinuität im ostdeutschen Parteiensystem mit ein paar Bauernopfern zu bereinigen sein wird, darf man wohl bezweifeln, übrigens auch für die Freien Demokraten. Und man wird abwarten müssen, ob diese Parteien es lernen können, daß sie nicht mehr im alten Sinne Staatsparteien sind, die jetzt nur das Glück haben, daß sie vom Katzentisch an die große Tafel aufrücken durften, wo Macht und Pfründen verwaltet werden.
Bei der Wiederherstellung der Ländergliederung handelte sich in oberflächlicher Betrachtung zwar um Angleichungen an den institutionellen Rahmen der alten Bundesrepublik: um den Bruch mit der zentralistischen Verwaltungsorganisation und die Rückkehr zur deutschen bundesstaatlichen Tradition. In die politische Organisation des Grundgesetzes scheint sich das gut einzufügen, wenn wir einmal von dem ungelösten Problem des bundesstaatlichen Finanzausgleichs absehen. Der deutsche Föderalismus ist aber komplexer, als es die Organisationsnormen der Verfassung erkennen lassen. Die Homogenität des Bundesstaats, jenes überlieferte Postulat der Föderalismustheorie, wird nicht allein dadurch garantiert, daß die Länderverfassungen den Postulaten des Art. 28 GG genügen. Bei Lichte besehen unterscheiden sich die Strukturen der neuen Bundesländer so markant von den alten, daß nur in formal verfassungsrechtlichem Sinne von jener Homogenität gesprochen werden kann, die für das Funktionieren des Bundesstaats vorausgesetzt wird.
In der Öffentlichkeit ist in erster Linie darauf hingewiesen worden, daß die neuen Bundesländer – mit Ausnahme Sachsens – an Bevölkerungszahl deutlich hinter der Mehrzahl der alten Bundesländer rangieren. Daraus wird dann nicht selten der einfache Schluß gezogen, daß sie an administrativer wie an wirtschaftlicher Leistungsfähigkeit hinter den alten Ländern zurückbleiben müssen. Die Wunschvorstellung, man möge zu einer Neugliederung mit Ländern größeren Zuschnitts kommen, dürfte sich aber als ebenso unrealistisch erweisen wie schon in der alten Bundesrepublik (ausgenommen vielleicht den Sonderfall Berlin-Brandenburg). Man kann auch mit guten Gründen bezweifeln, daß der Zusammenschluß zu größeren Ländern die unterstellten Vorteile brächte.
Auf die Binnenstruktur der neuen Länder hat sich bisher weniger Aufmerksamkeit gerichtet. Hier fällt vor allem ins Auge, daß sie sich hinsichtlich der Gemeindegrößen und der Größe der Landkreise markant von der alten Bundesrepublik unterscheiden. Während ein westdeutscher Landkreis im Durchschnitt 150.000 Einwohner hat, sind

es in den neuen Ländern nur 60.000, in Einzelfällen unter 20.000 Einwohner. 87 % der kreisangehörigen Gemeinden haben hier weniger als die 2.000 Einwohner, die in Westdeutschland seit der Gebietsreform vor zwei Jahrzehnten als wünschenswerte Untergrenze galten (zitiert nach Seibel 1991a). Es ist sehr fraglich, ob sich eine solche Gebietsreform in den neuen Ländern in absehbarer Zeit durchsetzen läßt. In der alten Bundesrepublik war sie möglich, weil bei prosperierenden Staatsfinanzen alle vermeintlichen Verlierer großzügig entschädigt werden konnten, und weil damals in Westdeutschland alle Parteien ein Reformklima erfaßt hatte, das mittlerweile gründlich verflogen ist. Die kleinräumige Verwaltungsstruktur verschärft aber die Leistungsschwäche der Kommunalebene, wie sie ohnehin schon aus ihrer schwachen Finanzausstattung resultiert. Unter diesen Umständen könnte es den Gemeinden schwerfallen, sich auf eine Ordnung umzustellen, in der sie nicht mehr am zentralistischen Gängelband geführt werden.

In der deutschen Föderalismustradition lebt die Leistungsfähigkeit der Länder seit jeher von ihrem „bürokratischen Rückhalt" (Theodor Eschenburg). Er ist spätestens seit den Reformen in der ersten Hälfte des 19. Jahrhunderts über alle Regimewechsel hinweg ein stabilisierendes Element des Föderalismus gewesen. Das gilt auch für die nach dem zweiten Weltkrieg in Westdeutschland neu geschaffenen Länder, denn sie konnten durchweg auf das Verwaltungspersonal der alten Länder (insbesondere Preußens) und auch der ehemaligen Reichsverwaltung zurückgreifen. Die dann einsetzende Politisierung der Bürokratien durch Parteipatronage hat die dominierend fachlichen Karrieremuster und Rollenorientierungen der Verwaltungen nicht entscheidend beeinträchtigen können (Mayntz/Derlien 1989).

Die Voraussetzungen hierfür sind in den neuen Bundesländern zum ersten Mal in der modernen Geschichte des deutschen Föderalismus nicht mehr gegeben. Es gibt keine starke administrative Kontinuität, weil sich die politischen Eliten der alten Bundesrepublik mit den neuen Eliten der DDR nach der „Wende" im wesentlichen darüber einig waren, die Verwaltungsstrukturen der alten DDR zu zerschlagen. Das begann mit der Föderalisierung der DDR und wurde durch die Bestimmungen des Einigungsvertrages vollendet. Welche Auswirkungen die Zerschlagung der eingespielten zentralen und Bezirks-Verwaltungen im einzelnen hatte, darüber wissen wir aber bisher wenig Verläßliches.

Diese Strategie war von der Überzeugung geleitet, daß die zentralistische „Kader"-Verwaltung der DDR ein Hindernis für einen marktwirtschaftlichen und rechtsstaatlich-demokratischen Umbau darstelle. Nach einer weit verbreiteten Einschätzung entsprach das Personal aus der von der SED gelenkten „Kaderbürokratie" nicht den Erwartungen, die in der westeuropäischen Tradition an eine „rational-legale" Verwaltung gestellt werden. In der sozialwissenschaftlichen Literatur wird das neuerdings dahin zugespitzt, daß sich die DDR-Bürokratie durch „politisierte Inkompetenz" auszeichnete (Derlien 1991: 42ff.)[8]. Die empirische Evidenz, die dieses Urteil tragen könnte, ist allerdings ziemlich schmal. Zumindest für einzelne Fachverwaltungen dürften jedenfalls Ausnahmen von dieser verallgemeinernden Charakterisierung angezeigt sein[9]. Vor allem fragt sich, ob diese Etikettierung nicht einen komplexeren Sachverhalt bezeichnen will, als der Terminus selbst hergibt: Das Verdikt der „Inkompetenz" orientiert sich an „westlichen Standards von Expertentum und Neutralität der Amtsführung" (Derlien 1991: 46). Aber die Verwaltung der DDR hatte sicherlich ihre eigen-

tümlichen Kompetenzerwartungen, die dem hier dominierenden Modell direktiver Steuerung entsprachen, nicht dem in der westeuropäischen Verwaltung verbreiteten Modell der Verfahrenssteuerung auf der Grundlage von abstrakten Regeln.
Unzweifelhaft ist jedenfalls, daß die Bürokratie der DDR nicht in jenem eigentümlich legalistisch-regelorientierten Stil trainiert war, der die westdeutsche Verwaltung charakterisiert (Lehmbruch 1990a). In dem Maße, als dies auch das in die Verwaltung der neuen Bundesländer und Berlins übernommene Verwaltungspersonal charakterisiert, haben wir hier noch eine jener kulturellen Differenzen, mit denen die politisch-administrative Kultur Westdeutschlands wenig anzufangen weiß. Erschwert ist damit vor allem die Einfügung in den unitarisierenden Verfahrensrahmen des westdeutschen Exekutivföderalismus. Und beim Programm des Neuaufbaus einer regelorientiert-rechtsstaatlichen Verwaltung handelt es sich bisher weitgehend um einen ungedeckten Wechsel auf die Zukunft. Damit ergibt sich die unmittelbare Gefahr, daß in das Vakuum die neue Variante „politisierter Inkompetenz" durch eine Parteipatronage tritt, der das in Westdeutschland wirksame Korrektiv der Fachqualifikation fehlt. Schon die westdeutsche Erfahrung lehrt, daß die politischen Parteien einmal eroberte institutionelle Besitzstände nicht leicht herausrücken. Deshalb könnte die Hoffnung eitel sein, daß sich das alles nach einer Übergangszeit wieder auf eine Normallage mit der Dominanz von Fachverwaltungen nach westdeutschem Vorbild einpendeln werde. Schließlich hat gerade erst der Eroberungszug der Parteien im Mitteldeutschen Rundfunk gezeigt, daß irgendwelche Gegengewichte gegen ein „Beutesystem" nicht in Sicht sind.
Ob angesichts dieser Probleme der Beitritt der DDR als ein Bundesland eine sinnvolle Alternative hätte sein können, ist heute eine müßige Frage. Immerhin ist hier zu bedenken, daß damit die Scheidelinie zwischen der alten Bundesrepublik und dem Osten institutionell sehr stark aufgewertet worden wäre. Angesichts der verteilungspolitischen Interessengegensätze hätte das zu einer problematischen Quelle von Spannungen werden können. Für die Akteure der alten Bundesrepublik bot aber die Auflösung der alten DDR eine Reihe anderer Vorteile. Insbesondere erlaubte sie die Auflösung personeller und institutioneller Kontinuitäten zum alten System , und dies so gründlich, wie das in der Vergangenheit nur bei tiefgreifenden revolutionären Umwälzungen - und meist unter erheblicher Gewaltanwendung - geschah.
In Bonn hat sich bei den Verhandlungen zum Einigungsvertrag früh als generelle Linie durchgesetzt, daß der institutionelle Mantel der DDR gänzlich liquidiert werden solle: Es sollte also möglichst keine Organisationskontinuität geben. Das war zunächst nicht durchweg unumstritten. So begegnete sowohl im Auswärtigen Amt als auch in der Bundeswehr gelegentlich auch die Auffassung, daß sich die Diplomatie der DDR beziehungsweise die Nationale Volksarmee durch unbestreitbare Professionalität auszeichne, und daß dieser Umstand es rechtfertigen könne, gewisse Teile dieser Apparate zu übernehmen. Demgegenüber hat sich dann aber die Linie der radikalen „Abwicklung" durchgesetzt, auch gegenüber den zentralen Institutionen des Wissenschaftssystems wie der Akademie der Wissenschaften. Da man diese Organisationskomplexe - anders als den diplomatischen Dienst der DDR - nicht einfach als obsolet betrachten konnte, erwies sich hier die in der Übergangsphase vollzogene Föderalisierung der DDR als wichtiger transformatorischer Anknüpfungspunkt.
Um so bemerkenswerter, daß zwei politisch zentrale Institutionen aus der Übergangsphase der DDR erhalten blieben und gewissermaßen deren institutionellen Mantel

konservieren – sogar einschließlich der Gliederung nach den alten fünfzehn Bezirken. Die eine ist die Treuhandanstalt, die andere die Gauck-Behörde. Es ist bezeichnend, daß die Bundesregierung in beiden Fällen den größten Wert darauf gelegt hat, hier weiterhin eine im wesentlichen zentrale Kontrolle beizubehalten und sich weitergehenden Föderalisierungs- und Dezentralisierungswünschen aus den neuen Ländern nachdrücklich entgegenstellte. Wenn wir das zusammensehen mit der gänzlichen finanzpolitischen Abhängigkeit der neuen Länder vom Bund, dann wird hier eine eigentümliche Asymmetrie von zentralisierenden und dezentralen Elementen im Einigungsprozeß sichtbar. Dieser Umstand zeigt schon an, daß die Rede von den „neuen Ländern" eine Verkürzung ist: Das institutionelle Erbe der DDR ist nicht ausschließlich den alten Bundesinstitutionen oder den sechs Nachfolgeländern (Berlin wird gerne vergessen) zugefallen, sondern führt hier eine eigentümliche Sonderexistenz weiter. Der Bund tritt dabei aber insofern in das Erbe des DDR-Zentralismus ein, als er darauf beharrt, den politischen Kräften in den neuen Ländern die Marschrichtung vorzugeben. Das zeigt sich natürlich besonders deutlich bei der Treuhandanstalt. Dies ist die zentrale institutionelle Schnittstelle von Staat und Markt, und es spricht manches dafür, daß sie das länger bleiben könnte, als sie zu erwarten behauptet. Daß sich die Zahl der privatisierten Firmen allmählich der Hälfte der betreuten Gesamtzahl nähert, mag sich zunächst eindrucksvoll anhören. Aber dabei werden die Lübzer Brauerei und das Stahlwerk Eisenhüttenstadt auf einen statistischen Nenner gebracht – und die Mehrzahl der „großen Brocken" ist ja noch nicht privatisiert.

Wie transitorisch die Funktion der Treuhand auch gemeint sein mag – unter den institutionellen Varianten von staatlicher Präsenz auf Märkten stellt sie ein neues, singuläres Phänomen dar. Ihre Funktion ist bekanntlich von einem ordnungspolitischen Horizont aus ausgesprochen restriktiv definiert. Systematisch läßt sie sich in die Tradition des Ordoliberalismus einordnen, der die gezielte staatliche Intervention zur Wiederherstellung eines gestörten Ordnungsrahmens zuläßt (am ausgeprägtesten in der Monopolkontrolle). Angesichts des den enormen Umfangs der ordnungspolitisch intendierten Intervention ergeben sich aber ungewöhnlich viele und umfangreiche Neben- und Folgewirkungen. Insbesondere industrie-, struktur- und arbeitsmarktpolitische Konsequenzen lassen sich nicht ohne weiteres ausblenden, und zumindest der Mitverantwortung für die Beschäftigungsgesellschaften hat sich die Treuhand auf die Dauer nicht entziehen können. Mit dieser effektiven Multifunktionalität wird sie aber einem Komplexitätsdruck ausgesetzt, der offenbar um so schwerer zu bewältigen ist, als es ihr ja versagt ist, ihre Zieldefinition entsprechend anzupassen. Statt des „Sozialismus mit menschlichem Antlitz", von dem manche DDR-Oppositionellen noch geträumt haben mögen, haben wir hier gewissermaßen den „Staatsinterventionismus mit schlechtem Gewissen".

Die Treuhandanstalt hat versucht, mit einer dezentralisierten, flexiblen Führungsstruktur der außergewöhnlichen Aufgabenkomplexität Rechnung zu tragen. Eine solche Struktur läßt sich nicht gut auf einen Nenner bringen mit der Forderung nach rigiden hierarchischen Kontrollen, wie sie einem in der Öffentlichkeit immer wieder begegnet. Soweit die derzeit diskutierten Skandalgeschichten nicht der Anlaufphase anzulasten sind, scheinen sie Dilemmata einer komplexen Managementaufgabe in einer hochgradig turbulenten Umwelt anzuzeigen. Das kann die Frage nahelegen, ob die Konstruktion einer solchen zentralen Agentur für den ordnungspolitisch programmierten Umbau einer ganzen komplexen Wirtschaftsstruktur nicht den Keim der organisatorischen Überforderung in sich trägt. Es kommt hinzu, daß auch die Rekrutierung des Spitzenmanagement auf Zeit und im Wege der Ausleihe - die den ordnungspolitisch intendierten Provisoriumscharakter zusätzlich symbolisch unterstreicht - sich im Hinblick auf die Effektivität der Anstalt als kontraproduktiv erweisen könnte.

6. Die strategische Anpassungsfähigkeit auf der Ebene des Gesamtstaats und ihre Grenzen

Auf der Ebene des Gesamtstaats ist in der zweiten Phase des Einigungsprozesses die Entdifferenzierung des Staates im wesentlichen zurückgenommen. Das hat natürlich wichtige strategische Implikationen. Der Einigungsprozeß verläuft langfristig wieder innerhalb eines in einer langen Institutionenentwicklung ausgebildeten Geflechts von Regeln über die Routinen, die Verfahren, die gemeinsamen Konventionen und die Strategien politischen Handelns.

Innerhalb dieses institutionellen Rahmens sind nun einige bemerkenswerte strategische Anpassungsreserven mobilisiert worden. Das hat damit begonnen, daß sich die herrschende Problemdefinition veränderte: Insbesondere der Umstand, daß die Arbeitslosenzahlen im Osten unübersehbar anstiegen, rückte die Langfristperspektive wieder stärker in das Bewußtsein der politischen Akteure. Das führte zur Entwicklung neuer, komplexerer Strategien, und damit auch zur Fortbildung von stärker differenzierten Strukturen.

Wenn wir die Mobilisierung strategischer Anpassungsreserven beschreiben, müssen wir natürlich andererseits die Frage stellen, wie weit sie tragen. Dabei stellt sich in meiner Sicht als der entscheidende Engpaß die Asymmetrie zwischen zentralisierenden und dezentralen Elementen heraus. Die größere institutionelle Anpassungsfähigkeit beobachten wir bisher bei den zentralen Akteuren, und die Schwäche der dezentralen Akteure droht eine Verstärkung zentraler Kontrollen nach sich zu ziehen.

Es kann nicht überraschen, daß der Lernprozeß der Vereinigung sich vorzugsweise an dem Repertoire politischer Strategien orientiert, das in der Bundesrepublik über eine jahrzehntelange Akkumulation von Erfahrungen aufgebaut worden ist. Dieses Repertoire ist in erheblichem Maße durch institutionelle Vorgaben bedingt und restringiert insbesondere deshalb auch den Spielraum der verfügbaren strategischen Optionen in nicht unerheblichem Maße.

Am augenfälligsten war dies natürlich bei der Umorientierung der *Fiskalpolitik*. Die massiven Steuererhöhungen markierten das Ende des angebotspolitischen Programms, mit dem die konservativ-liberale Koalition 1982 angetreten war. Sie waren vorhersehbar, weil sich schon längst gezeigt hatte, daß die Koalition auf der Ausgabenseite bewegungsunfähig war. Dieses Stück Anpassungsprozeß bewegt sich deshalb - so spektakulär sich der Bruch von leichtfertigen Wahlversprechen auch ausnehmen mochte - innerhalb der etablierten Routinen der westdeutschen Politik.

Erst recht scheint sich die institutionelle Anpassungsfähigkeit der *Finanzpolitik* als begrenzt zu erweisen[10]. In der Frage des Finanzausgleichs hatte sich schon in den Verhandlungen über den Einigungsvertrag der sacro egoismo der alten Länder als ein massiver Hemmschuh für eine der Herausforderung angemessene Anpassung der föderativen Finanzbeziehungen erwiesen (Schmidt 1991). Inzwischen hat sich zudem die Mehrheitskonstellation des „Parteienwettbewerbs im Bundesstaat" umgekehrt, mit einer sozialdemokratischen Oppositionsmehrheit im Bundesrat[11]. Damit bekommt der finanzpolitische Immobilismus, durch den sich gerade auch die sozialdemokratischen Länderregierungen in Westdeutschland auszeichnen, noch zusätzliche Verstärkung aus der spezifischen Wettbewerbslogik des deutschen Parteiensystems.

Andererseits steht die unabweisbare Neuregelung der föderativen Finanzverfassung ja immerhin unter dem Verfassungsgebot der Gleichartigkeit der Lebensbedingungen im Bundesgebiet. Unter den eben erörterten Umständen müssen wir deshalb damit rechnen, daß die Finanzierungsprobleme der Vereinigung einen finanzpolitischen Anpassungsvorgang erzwingen werden, der die Gewichte im bundesstaatlichen System zu Lasten der Ländergesamtheit verschiebt. Denn wenn - wie zu erwarten - die Rekonstruktion des alten horizontalen Länderfinanzausgleichs scheitert[12], wird mit erheblicher Wahrscheinlichkeit der Bundesstaat auch institutionell in ein reiches und ein armes Segment gespalten bleiben, wobei im ersten der horizontale Finanzausgleich weiterhin die Länderautonomie schlecht und recht absichert, während im zweiten die vom Bund alimentierten Länder entsprechend auch am „goldenen Zügel" geführt werden (vgl. auch Seibel 1991b). Daraus wird sich wahrscheinlich eine Gewichtsverlagerung zugunsten des Zentralstaats ergeben, bei der per saldo das föderative Gleichgewicht und mittelbar auch die alten Länder die Verlierer sein werden. Diese Veränderung des deutschen Föderalismus wird man dann wohl zu den unbeabsichtigten Folgekosten der Option für die Beitrittsprozedur des Artikel 23 GG rechnen dürfen. Sie räumte nämlich den alten Ländern ein Vetorecht ein, das im Ergebnis zu einer Einbuße an kollektiver Rationalität führt.

Die ausgeprägteste strategische Anpassungsfähigkeit hat das politische System auf dem Feld bewiesen, auf dem der Problemdruck am stärksten ist: in der *Arbeitsmarktpolitik*. Qualifikations- und Beschäftigungsgesellschaften, die nicht lange zuvor in den Regierungsparteien noch den „Folterwerkzeugen des Sozialismus" zugerechnet wurden, gehören heute zu ihrem selbstverständlichen Instrumentarium. Der „zweite Arbeitsmarkt" hat in den neuen Ländern einen Umfang und eine sozialpolitische Bedeutung, die in der Geschichte der deutschen Arbeitsmarktpolitik einzig dasteht und auch im internationalen Vergleich herausragt. Dabei ist besonders bemerkenswert, daß es, nach den Grundsatzstreitigkeiten noch zu Jahresbeginn, heute offenbar einen weitgehenden politischen und gesellschaftlichen Konsens über diese Instrumente gibt[13].

Hinter dieser arbeitsmarktpolitischen Wendung steht die Ausbildung eigentümlicher Strukturen der Politikentwicklung, die sich deutlich von dem entdifferenzierten, exekutivzentrierten und wettbewerbsorientierten Politikstrukturen des Wahljahres 1990 abheben. Die Sozialplanvereinbarung zwischen Treuhandanstalt, DGB und BDA vom März 1991 markiert den Übergang zu einem relativ informell strukturierten institutionellen Rahmen: Hier wird die arbeitsmarktpolitische Strategieentwicklung von einem Konzertierungsnetzwerk auf der zentralen Ebene übernommen, in dem die Spitzenverbände des Arbeitsmarktes sich mit der Treuhandanstalt - und abgestützt durch die Bundesressorts - abstimmen. Dem korrespondiert auf der Ebene der Länder die institutionelle Verankerung der Beschäftigungs- und Qualifizierungsgesellschaften. Wir haben hier ein besonders prägnantes Beispiel für die im internationalen Vergleich so auffallende institutionelle Verschränkung von Staat und starken gesellschaftlichen

Großorganisationen, die Peter Katzenstein in seinem Buch über die Bundesrepublik auf die Formel vom „semisovereign state" gebracht hat, also vom Staat, der seine Souveränität mit anderen korporativen Akteuren teilt. Und es zeigt sich, daß – entgegen manchen Zeitdiagnosen – die für die politische Tradition der Bundesrepublik charakteristisch gewordene Ausprägung von Korporatismus nach wie vor in kritischen Situationen zur strategischen Anpassungsfähigkeit der Politik beiträgt.

Diese Einschätzung könnte von denen bestritten werden, die die gewerkschaftliche Tarifpolitik für arbeitsmarktpolitisch kontraproduktiv halten. Die Gewerkschaften rechtfertigen bekanntlich die Politik der hohen Lohnabschlüsse mit dem Erfordernis, die Abwanderung der qualifizierten Arbeitskräfte aufzuhalten, wobei dann die Folgeprobleme für die Beschäftigung naturgemäß von der Arbeitsmarktpolitik aufgefangen werden müssen. Äußerungen von führenden Repräsentanten der Arbeitgeberverbände lassen allerdings vermuten, daß zwischen den organisierten Tarifparteien die hier angedeutete Strategie nicht ganz so kontrovers ist, wie es manche Kritik aus dem Arbeitgeberlager nahezulegen scheint. Man kann nicht ausschließen, daß die Spitzenverbände im Wege einer *autonomen* Abstimmung, die einen eigentümlich informellen oder gar impliziten Charakter annehmen kann, im Ergebnis in strukturpolitische strategische Funktionen eintreten, für die eine sektoralisierte und fragmentierte Staatsorganisation nur sehr unzureichend ausgerüstet ist.

Die zentrale strategische Konzertierung von Spitzenverbänden und Bundesregierung kann freilich nur unmittelbar drängende Probleme auf der Makroebene bearbeiten. In der bemerkenswerten Ausweitung der Arbeitsmarktpolitik stecken als Zeitbombe die haushaltspolitischen Risiken, mit denen eine längerfristige staatliche Absicherung dieser Politik behaftet sein könnte. Die Prämisse, diese Absicherung könnte dank eines selbsttragenden Aufschwungs, der sich irgendwann einstellen mag, allmählich entbehrlich werden, ist so voller ungesicherter Voraussetzungen, daß das wiederum nur als eine Strategie der Problemverschiebung verstanden werden kann.

Wenn nicht die De-industrialisierung der ostdeutschen Gebiete einfach hingenommen werden soll, kommt es also auf die Erhaltung leistungsfähiger und auf den Aufbau neuer Industrie- und Dienstleistungsstrukturen an. Dies führt nicht nur Gewerkschaften und Sozialdemokratie zu der Forderung nach einer Industriepolitik für die neuen Bundesländer. Wenn wir hier einmal von dem bekannten Glaubenskrieg um ordnungspolitische Grundsatzfragen absehen, stellt sich aber die Frage, wie sich im institutionellen Rahmen der Bundesrepublik eine solche Form der Steuerung überhaupt verankern läßt. Es läge nahe, dafür eine Umorientierung der Treuhandanstalt ins Auge zu fassen; natürlich betreibt man dort auch jetzt schon Industriepolitik, aber sozusagen gegen den Strich und mit schlechtem Gewissen. Und eines Tages wird auch die Bundesregierung Farbe bekennen müssen, wenn die Frage zu beantworten ist, was mit den Unternehmen geschehen soll, deren Privatisierung nicht gelingt und deren Stillegung sich nicht rechtfertigen ließe.

Andererseits ist fraglich, wie weit sich überhaupt der drohenden De-Industrialisierung mit einer zentralen Industriepolitik – womöglich nach dem voluntaristischen Modell Frankreichs oder Japans in den sechziger Jahren – erfolgversprechend begegnen läßt. Erfahrungen des zurückliegenden Jahrzehnts – nicht nur in einigen der alten Bundesländer, sondern auch anderwärts in den westlichen Industrienationen – könnten eher

nahelegen, sich an den neuerdings wichtiger gewordenen Beispielen für eine dezentrale Strukturpolitik zu orientieren[14].
Bei einer solchen Strukturpolitik auf der Mikroebene könnten sich aber sehr schnell institutionelle Engpässe ergeben. Denn hier haben sich insbesondere Formen der netzwerkartigen Kooperation zwischen Akteuren in Wirtschaft und Staat bewährt, bei denen Konsensbildung und Informationsvermittlung wichtige Instrumente werden und in denen staatliche Akteure vielfach eher eine katalytische und unterstützende als eine dirigierende Rolle spielen. Das Problem bei einer Übertragung dieser Erfahrungen - von Wirtschaftsförderungsgesellschaften bis zu Technologieparks u.a. - dürfte nun darin liegen, daß hier die Existenz eingespielter „Politiknetzwerke" von Akteuren des privaten und des öffentlichen Sektors vorausgesetzt werden muß, deren Mitglieder sich einerseits in dem Dickicht des administrativen Regelwerks zurechtfinden, andererseits aber gelernt haben, Trends und Chancen auf Märkten zu beobachten und mit Risiken kalkulierend umzugehen[15]. Und damit stoßen wir dann auf einen zentralen Engpaß des Aufbaus einer institutionell stabilisierten Marktwirtschaft: Es fehlt nicht nur an einer im Sinne westdeutschen Rechtsstaatsverständnisses verfahrensmäßig trainierten Verwaltung, sondern auch an einer ausdifferenzierten „bürgerlichen Gesellschaft", mit handlungsfähigen korporativen Akteuren, als dem unentbehrlichen Mitspieler in Netzwerken der Regionalentwicklung. Die konkreten Strukturen einer solchen „bürgerlichen Gesellschaft" an der Basis entstehen nicht einfach spontan, wenn nur der sogenannte „Ordnungsrahmen" etabliert wird. Hilfestellung aus dem Westen mag für den Aufbau einer einschlägig qualifizierten Verwaltung einen gewissen Beitrag leisten. Sobald mögliche Standortkonkurrenz ins Spiel kommt, tun sich schon Verbände der Wirtschaft viel schwerer, von den Interessen ihrer westdeutschen Klientel zu abstrahieren - vor einiger Zeit haben das Äußerungen aus der Wirtschaftsvereinigung Stahl zum Komplex Eisenhüttenstadt recht drastisch illustriert. So ist es denn wieder die Treuhandanstalt, die auch auf der regionalen Ebene gefordert ist, in diese Lücke zu treten. Ob sie dafür auch mit der Rückendeckung des Bundesfinanzministers rechnen kann, ist eine andere Frage.

7. Perspektiven des Föderalismus

Wenn wir diese Beobachtungen über die strategische Anpassungsfähigkeit der Institutionen zusammenfassen, dann scheint sich eine deutliche Disparität zu ergeben zwischen der Lernfähigkeit zentraler Organisationsnetzwerke einerseits, der Schwäche der dezentralen Peripherie andererseits. Hier liegt ein gravierender Engpaß. Die Schwäche der Peripherie ist aber nicht ausschließlich dem Erbe der realsozialistischen Vergangenheit anzulasten. Gerade die Diskussion über die Verwaltungsintegration zeigt, daß diese Schwäche auch durch überkomplexe Anforderungen der westdeutschen Staatlichkeit bedingt ist. Als besonders problematisch erweisen sich hier die legalistische Verwaltungskultur, die Exekutivlastigkeit des Föderalismus und seine unitarisierende Tradition. Welchen gedankenlosen Flurschaden diese Tradition anrichten kann, hat sich in geradezu verheerender Weise bei der Übertragung des BAT-Regelwerks gezeigt. Ich habe keine plausible Begründung dafür gehört, warum man sich nicht ohne Schaden für das Zusammenwachsen der Deutschen damit begnügen konnte, es bis auf weiteres bei inkrementalistischen Korrekturen am Besoldungssystem der DDR zu belassen. Man darf sich nicht wundern, wenn das im Osten Deutschlands das Gefühl, man habe es mit einer bürokratischen Variante von „internem Kolonialismus" (im Sinne von Michael Hechter) zu tun, hervorruft. Wir sollten uns vielleicht von Zeit zu Zeit erinnern, daß sich in der Tradition der westlichen Demokratie auch weniger rigide Formen staatlicher Organisation beobachten lassen.

Über allen Funktionsdefiziten des unitarischen Föderalismus einerseits, der bundesstaatlichen Peripherie (Länder- und Gemeindeebene) andererseits, sollte aber nicht vergessen werden, daß auch in der Rezeption des Föderalismus einige wichtige institutionelle Anpassungsreserven liegen können, insbesondere institutionelle Chancen für die Einübung von Autonomie. Mit dem System der Länderpatenschaften beim Aufbau der Verwaltung hat der westdeutsche Föderalismus eine originelle und innovative Formel für den Institutionentransfer gefunden. Wenn es um die Freisetzung von autonomen dezentralen Handlungspotentialen geht, ist dieses System vermutlich deutlich leistungsfähiger, als eine zentralstaatlich gelenkte Rekonstruktion der Verwaltung hätte sein können. Hier werden Elemente von föderativem Wettbewerb übertragen, die ein gewisses Gegengewicht gegen den Unitarisierungszwang darstellen können.

Das verstärkt zugleich institutionelle Ansatzpunkte für Koalitionsbildungen und Konfliktkonstellationen quer zur Ost-West-Scheidelinie. Der latente Verteilungskonflikt zwischen beiden Teilen Deutschlands wird durch solche querlaufenden Konfliktlinien in seiner potentiellen Intensität gebrochen. Die Auseinandersetzungen um die Neuregelung des Abtreibungsrechts kann man in dieser Perspektive auch als einen bemerkenswerten Beitrag zum deutschen „Zusammenwachsen" sehen. Andere Koalitionsbildungen führen korporative Akteure in Ost und West zusammen – so, wenn der Widerstand ostdeutscher Kommunen gegen ihre im Stromvertrag programmierte Abhängigkeit vom Oligopol der großen Energieversorgungsunternehmen in ein Bündnis west- und ostdeutscher Akteure um autonome Handlungsspielräume in der Energiepolitik mündet. Dies mögen vorerst Einzelfälle sein. Sie vermitteln aber die Erfahrung von strategischer Autonomie. Die Probe auf ihre Anpassungsfähigkeit werden die Institutionen in dem Maße bestehen, in dem sie auch diese Erfahrung vermitteln.

Anmerkungen

1 Der Vorwurf trifft zumindest für die Verhandlungen über das Gesundheitssystem zweifellos zu (vgl. dazu auch Lehmbruch 1991a).

2 Zur Rekonstruktion des Entscheidungsprozesses jetzt Kreile (1991). Die Anfänge der Diskussion sind dokumentiert in Nölling (1990). Vgl. auch Lehmbruch (1991b).

3 Wenn nicht alles täuscht, wird im Osten statt dessen eine verschwörungstheoretische Erklärung bevorzugt: Die „alten Seilschaften" nehmen hier die Stelle ein, die früher dem „Klassenfeind" als Residualgröße vorbehalten war.

4 Eine andere Frage ist, ob auch unter dieser Bedingung der staatlichen Einheit nicht Alternativen insbesondere zur frühzeitigen Währungsunion vorstellbar gewesen wären.

5 Man erinnert sich einiger weniger Fälle, in denen Bundestagsabgeordnete nachrichtendienstlicher Tätigkeit für fremde Geheimdienste überführt wurden: Diese Fälle wirkten als Schock, weil sie jenes Basisvertrauen verletzten.

6 Ich beziehe mich hier insbesondere auf Überlegungen, die einem von Bruno Jobert (Greno-

ble) geleiteten, international vergleichenden Forschungsprojekt zugrundeliegen. In ähnlichem Sinne vgl. jetzt auch Hesse/Benz (1990: S. 54ff.). Der in diesem Zusammenhang verwendete Begriff der „kollektiven Lernfähigkeit" verweist natürlich auf Deutsch (1963).

7 Vgl. zum ganzen Zusammenhang die Beiträge vom Konstanzer Verwaltungsseminar 1991 in: Seibel u.a. (1991).

8 Vgl. in ähnlichem Sinne auch Glaeßner (1991); König (1991). Sehr viel vorsichtiger urteilen Wollmann/Jaedicke (1991).

9 So wohl insbesondere für den diplomatischen Dienst der DDR und wohl auch für die NVA.

10 Die institutionellen Optionen diskutiert im einzelnen Mäding (1991).

11 Vgl. die diesbezügliche Prognose in Lehmbruch (1976: 159).

12 Vgl. Mädings (a.a.O.) einleuchtende Folgerung, es sei „eher unwahrscheinlich, daß zum 1.1.1995 die vorgeschlagene volle Rekonstruktion des alten Länderfinanzausgleichs gelingt".

13 Das gilt trotz der Kritik einzelner Interessenvertreter z.B. des Handwerks, wie sich aus den jüngsten Äußerungen des Präsidenten der Bundesanstalt für Arbeit ergibt.

14 Vgl. dazu jetzt im international vergleichenden Überblick von Hesse/Benz (1990: 158ff.).

15 Vgl. Wollmann (1991); Wollmann/Jaedicke (1991).

Literaturverzeichnis

Chandler, Alfred D., Jr., 1962: Strategy and structure: Chapters in the history of the American industrial enterprise, Cambridge, Mass.

Derlien, Hans-Ulrich, 1991: Regimewechsel und Personalpolitik – Beobachtungen zur politischen Säuberung und zur Integration der Staatsfunktionäre der DDR in das Berufsbeamtentum, Verwaltungswissenschaftliche Beiträge, Universität Bamberg; vervielfältigt.

Deutsch, Karl W., 1963: The nerves of government: Models of political communication and control, New York.

Glaeßner, Gert-Joachim, 1991: Vom 'demokratischen Zentralismus' zur demokratischen Verwaltung? Probleme des Umbaus einer Kaderverwaltung, erscheint in: *Seibel u.a.* (1991).

Hesse, Jens Joachim/Benz, Arthur, 1990: Die Modernisierung der Staatsorganisation, Baden-Baden.

König, Klaus, 1991: Zum Verwaltungssystem der DDR, in: *ders.* (Hrsg.), Verwaltungsstrukturen der DDR, Baden-Baden, 9-44.

Kreile, Michael, 1991: The political economy of the new Germany, paper prepared for the Brookings conference „The New Germany and the New Europe", Rottach-Egern; vervielf.

Lehmbruch, Gerhard, 1976: Parteienwettbewerb im Bundesstaat, Stuttgart.

Lehmbruch, Gerhard, 1990a: The process of regime change in East Germany, presented at the workshop „Gorbachov and the Germans", Graduate Faculty, New School for Social Research, New York, May 10 and 11 1990; vervielf.

Lehmbruch, Gerhard, 1990b: Die improvisierte Vereinigung: Die dritte deutsche Republik, in: Leviathan 18, 462-486.

Lehmbruch, Gerhard, 1991a: Institutionentransfer im Prozeß der Vereinigung. Zur politischen Logik der Verwaltungsintegration in Deutschland. Erscheint in: *Seibel u.a.* (1991).

Lehmbruch, Gerhard, 1991b: The institutional context of German regulation. Erscheint in: *Kenneth Dyson*, ed., The politics of regulation in Germany.

Mäding, Heinrich, 1991: Die föderativen Finanzbeziehungen in Prozeß der deutschen Einigung – Erfahrungen und Perspektiven, Beitrag zum Symposium: Regieren in der Bundesrepublik Deutschland, IV, Hamburg; vervielf.

Mayntz, Renate/Hans-Ulrich Derlien, 1989: Party patronage and politicization of the West German administrative elite 1970-1987 – toward hybridization?, in: Governance, vol. 2, 384-404.

Nölling, Wilhelm (Hrsg.), 1990: Wiedervereinigung – Chancen ohne Ende?, Hamburger Beiträge zur Wirtschafts- und Währungspolitik in Europa, Heft 7.

Reichard, Christoph/Eckard Schröter, 1991: Berliner Verwaltungseliten – Rollenverhalten und Einstellungen von Führungskräften in der (Ost- und West-) Berliner Verwaltung. Erscheint in: *Seibel u.a.* (1991).

Schmidt, Manfred G., 1991: Die politische Verarbeitung der deutschen Einigung im Bund-Länder-Verhältnis. Erscheint in: *Seibel u.a.* (1991).

Seibel, Wolfgang, 1991a: Zur Situation der öffentlichen Verwaltung in den neuen Bundesländern, Beitrag zur kommunalpolitischen Konferenz der Gewerkschaft ÖTV, Berlin, 6./7.6.1991 (vervielf.).

Seibel, Wolfgang, 1991b: Verwaltungsintegration im vereinigten Deutschland. Erscheint in: *Seibel u.a.* (1991).

Seibel, Wolfgang/Arthur Benz/Heinrich Mäding (Hrsg.), 1991: Verwaltungsreform und Verwaltungspolitik im Prozeß der deutschen Einigung, Baden-Baden.

Wollmann, Helmut, 1991: Die regionalen Akteure könnten phantasievolle Wirtschaftsförderung betreiben..., in: Die Mitbestimmung, Heft 2, 81-8

Wollmann, Helmut/Jaedicke, Wolfgang, 1991: 'Neubau der Kommunalverwaltung in den FNL ...'. Erscheint in: *Seibel u.a.* (1991).

Die erweiterte Fassung des PVS-Aufsatzes von 1991 (Die deutsche Einigung) ist erschienen unter dem Titel „Die deutsche Vereinigung. Strukturen der Politikentwicklung und strategische Anpassungsprozesse“ in: Beate Kohler-Koch, Hrsg., Staat und Demokratie in Europa (Leske + Budrich, Opladen 1992), Seiten 22–46.

III. Internationale Beziehungen

DER PRIMAT DER AUSWÄRTIGEN POLITIK

Kritische Würdigung einer Staatsmaxime

Von *Ernst-Otto Czempiel*

Das Wort vom Primat der Außenpolitik ist sprachlich so faszinierend gefaßt, daß ihm axiomatischer Charakter innezuwohnen scheint. *Dilthey* hat es geprägt [1], um damit *Rankes* Auffassung, wie sich Innen- und Außenpolitik zueinander verhalten, zu interpretieren. Die Politikwissenschaft würde den Terminus gern übernehmen, wird aber dadurch zurückgehalten, daß er sich einer exakten Bestimmung bisher entzogen hat [2]. Dem Ausdruck nach beansprucht er, den unabsehbar großen Komplex der Beziehung zwischen Innen- und Außenpolitik zu definieren, in seinem Gehalt ist er dazu viel zu einfach. Soll unter »Primat« ein höherer Wert oder nur eine größere Wichtigkeit verstanden werden? Schon um diese Frage zu beantworten, müßte man die gesamte

[1] Dies ist jedenfalls die herrschende Ansicht, die indessen gewöhnlich nicht belegt wird. Vgl. neuerdings wieder *Theodor Schieder:* »Nachwort«, in: *Leopold von Ranke:* Die großen Mächte, Politisches Gespräch, Göttingen 1958, S. 83. Am deutlichsten noch *Friedrich Meinecke:* »Aphorismen: Ranke«, in: Zur Theorie und Philosophie der Geschichte, Stuttgart 1959, S. 258.

[2] Vgl. dazu *Carl Joachim Friedrich:* »Das Ende der Kabinettspolitik«, in: Außenpolitik, Jg. 1, 1950, S. 20–27, und *Hans Rothfels:* »Vom Primat der Außenpolitik«, in: Außenpolitik, Jg. 1, 1950, S. 274–283. Ferner *Karl Dietrich Bracher:* »Außen- und Innenpolitik«, in: Staat und Politik, Fischer-Lexikon, Bd. 2, Frankfurt 1957, S. 31.

geschichtlich-gesellschaftliche Entwicklung, von den Kämpfen wandernder Volksstämme bis zur Interdependenz unserer Zeit, berücksichtigen. Außenpolitik findet ja nicht nur in der Neuzeit statt, der Begriff umschließt vielmehr jegliches Verhalten eines in der Regelung seiner inneren Ordnungen – wenigstens dem Anspruch nach – unabhängigen Herrschaftssystems zu seiner Umwelt. Die Antwort wäre darauf zu prüfen, ob die Innenpolitik nur zurückzustehen oder sich aktiv nach der Außenpolitik zu richten habe; ob dies für die gesamte Innenpolitik (und seitens der gesamten Außenpolitik) gelte oder nur für einen Teil, etwa Verfassung, Wirtschaft, Kultur. Ferner müßte untersucht werden, ob diese Beziehung dauernd herrscht oder nur vorübergehend, in Zeiten erhöhter Gefahr. Schließlich stellt sich, viertens, die Frage, ob es sich bei dieser Beziehung um eine Norm handelt, etwa nur um eine, die jetzt nicht mehr gilt [3], oder um eine Notwendigkeit. Wenn sie eine Notwendigkeit darstellt, bildet sie dann die durchgängig geschichtliche Regel oder nur das Akzidenz einer oder mehrerer Epochen?

Der Katalog zeigt schon, wieviel Arbeit hier noch zu leisten ist. Zahlreiche Systeme müssen analysiert und miteinander verglichen werden [4], will man zu gesicherten Auskünften darüber kommen, wie sich Außen- und Innenpolitik gegenseitig verhalten. Das ist ein gewaltiges Unternehmen; die der Außenpolitik gewidmete Disziplin der Politikwissenschaft steht erst im Anfang.

Was hier versucht werden soll, ist, die Thesen *Rankes* und der Rankeaner, die den Zusammenhang von Innen- und Außenpolitik aufgedeckt und zum ersten Male formuliert haben, genauer auf ihren Inhalt hin anzusehen. Um dies zu erleichtern, wird zuvor in einem gedanklichen Entwurf ein Schema der möglichen Beziehungen entwickelt werden. Es erhebt keinerlei Anspruch, auch nur entfernt vollständig zu sein, soll vielmehr nur den Hintergrund abgeben, auf dem sich die theoretischen Elemente des ›Primats der Außenpolitik‹ deutlicher abheben und leichter plazieren lassen. Der Inhalt des Begriffs kann dann näher bestimmt und einem größeren Fragezusammenhang eingeordnet werden, mit dem sich die vergleichende Analyse außenpolitischer Systeme leichter und besser bewerkstelligen lassen wird.

I.

Die Beziehungen zwischen Innen- und Außenpolitik

1. Der Zusammenhang der Ziele.

Aus dem fast unabsehbaren Forschungskomplex des Verhältnisses von Innen- und Außenpolitik brauchen hier nur die Ziele herangezogen zu werden. Da es in der Human-Geschichte stets um – konditionierte – Entscheidungen geht, hängt die Frage, ob sich die Innenpolitik nach der Außenpolitik oder diese nach jener richtet, davon ab, auf welchem Bereich die politische Einheit mit Vorzug tätig sein will. Das Verhältnis

[3] Vgl. dazu *Carl Joachim Friedrich:* Foreign Policy in the Making, New York 1938, S. 62 ff., bes. S. 88.

[4] Eine methodologische Arbeit über den Vergleich in der Politikwissenschaft fehlt leider. Zu den Gefahren vorschneller Verallgemeinerung vgl. *Ernst Fraenkel:* Das amerikanische Regierungssystem, Leitfaden, Köln 1960, S. 15.

der beiden Bereiche stellt sich somit auf dieser Ebene dar als eine reine Funktion der Zielsetzung.
Die Ziele entstehen im Selbstverständnis der Einheit, das sie bis in letzte Verästelungen hinein ausdrücken. Die Ziele reflektieren darin gleichzeitig die sozialen Bedingungen der geschichtlichen Epoche, die geographische Lage der Einheit und den Zustand der Umwelt.
Wie alle menschlichen Entscheidungen, haben die politischen Ziele ihren Positionswert auf der Skala von Freiheit und Notwendigkeit [5]. Je nach ihrer Stellung zu diesen beiden Punkten, lassen sich drei große Gruppen von Zielen zusammenfassen, deren Übergänge natürlich fließend sind: Ziele, die aus Existenznotwendigkeiten, aus Bedürfnissen oder lediglich aus Programmen herrühren. In der ersten Gruppe richten sie sich auf Sicherheit und Nahrung, in der zweiten auf Entfaltung und Entwicklung, in der dritten bezwecken sie die Vergrößerung von Reichtum und/oder Herrschaft. Dementsprechend sind die Abhängigkeiten zwischen Innen- und Außenpolitik, die aus diesen Zielen folgen, gleichfalls als notwendig, als nur erforderlich oder lediglich als programminhärent zu klassifizieren. Richtung und Umfang der Abhängigkeiten müssen unter den Koordinaten von Entscheidungen und historischen Bedingungen für jede Dringlichkeitsstufe gesondert geprüft werden.

A) Auf der Stufe von Sicherheit und Ernährung handelt es sich um Ziele, die, weil die Einheit sonst nicht existieren kann, einen Vorrang vor anderen besitzen. Der Mensch ist zwar prinzipiell in der Lage, diese Ziele zu vernachlässigen, er akzeptiert aber damit praktisch seinen physischen oder politischen Untergang. Die Notwendigkeit dieser Ziele ist daher fast absolut, beide müssen verfolgt werden. Ob dies innen- oder außenpolitisch zu geschehen hat, wird von der Epoche bestimmt, wobei die geschichtliche Tendenz offenbar von außen nach innen verläuft. Die Wanderungen der Kimbern wurden durch eine Naturkatastrophe ausgelöst, die ihre Heimat zerstörte [6]. Um nicht zu verhungern, mußten sie die Grenzen ihrer Siedlungsgebiete überschreiten. Sicherheit und Ernährung mußten in diesem Fall außenpolitisch angestrebt werden. Die inneren Verhältnisse auf den Zügen richteten sich notwendig vollkommen nach den äußeren.
Der spätmittelalterliche Territorialstaat [7] weist schon ein anderes Verhältnis auf: nur noch die Sicherheit war außenpolitisch, die Ernährung schon vor allem im Innern, wirtschaftlich zu realisieren. Die Innenpolitik konnte nur noch so weit zur notwendigen Funktion der Sicherheit werden, als davon die Ernährung nicht beeinträchtigt wurde. Dieser ausgeklammerte Sektor erweiterte sich rasch, je mehr sich die Versorgung komplizierte. Das preußische Heer verzichtete allgemein auf die Söhne von Kaufleuten und Gewerbetreibenden, ferner auf die einzigen Söhne von Bauern [8].

[5] Vgl. zu den Problemen, die diese Polarisierung im einzelnen bietet, *Walther Hofer:* Geschichtsschreibung und Weltanschauung, München 1950, passim, bes. S. 129 ff., und S. 169 ff.
[6] Quellen bei *L. Schmidt:* Geschichte der deutschen Stämme bis zum Ausgang der Völkerwanderung, Bd. 1, München 1933, S. 7 f.
[7] Aus der Fülle der Literatur zur Phase allgemein vgl. etwa *Werner Näf:* »Frühformen des modernen Staates im Spätmittelalter«, in: HZ, Bd. 171, 1951, S. 225–243.
[8] Vgl. *Max Lehmann:* »Werbung, Wehrpflicht und Beurlaubung im Heere Friedrich Wilhelms I.«, in: HZ, Bd. 67, 1891, S. 270 f., S. 280.

Überhaupt bestimmte nun schon des »getreuen Königreichs, Churfürstenthumbs und übriger Lande Zustand« die Höhe der Rüstung [9].

Das Gewicht der Innenpolitik auf dieser Stufe verstärkt sich in der geschichtlich-gesellschaftlichen Entwicklung Europas immer mehr, weil sich das Ernährungsproblem differenziert und vergrößert. Soweit es in der Industriegesellschaft des 20. Jahrhunderts nur durch internationale Arbeitsteilung bewältigt werden kann, wird die Außenpolitik schon zu seiner Funktion.

Ernährung ausgenommen, besitzt Sicherheit also gegenüber anderen Bereichen der Innenpolitik den Vorrang. *"Defence is more important than opulence"* [10]. Aber dies gilt nicht pauschal, sondern nur, wenn andernfalls die Sicherheit beeinträchtigt würde. Ausgaben für die Kultur stehen nicht etwa allgemein hinter denen für die Sicherheit zurück, sondern lediglich, wenn sie die Sicherheit in Frage stellen. Dieses generelle Verhältnis ist auch für die innere Freiheit und die Regierungsform anzusetzen. Jeder Einwohner muß es hinnehmen, daß seine Freiheit zugunsten der Sicherheit durch Wehrdienst, Steuern, im Kriegsfall sogar hinsichtlich der Grundrechte eingeschränkt wird. Aber die viel zitierte Formel *Seeleys,* die den gesamten Bereich der inneren Freiheit zur Funktion des Drucks von außen erklärt, ist im Ansatz falsch [11]. Sie gehört einem spezifischen Gedankenkreis an, dem auch die bei deutschen Historikern des ausgehenden 19. Jahrhunderts verbreitete These entstammt, daß parlamentarische Systeme sich nur in geographisch geschützten Lagen ausbilden können [12]. Sicherheit vermag vielmehr prinzipiell in jedem Regierungssystem gewährleistet zu werden.

Sicherheit geht also nur solchen innenpolitischen Interessen vor, durch die sie sonst gefährdet würde. Dieses allgemeine Verhältnis von Innen- und Außenpolitik wird heute in Europa dadurch ausgedrückt, daß sich Sicherheit als außenpolitisch zu verwirklichendes Ziel infolge der Interdependenz stark abgeschwächt hat [13], daß dafür jetzt aber auch die inneren Zustände Sicherheitsfaktoren darstellen. Seit 1789 können gesellschaftliche und wirtschaftliche Ordnungen in den ideologischen Auseinandersetzungen die Sicherheit von innen her gefährden. Das Schicksal der Tschechoslowakei, 1948, ist ein beredtes Beispiel dafür. Sicherheit wird damit von einem nur außenpolitisch zu einem auch innenpolitisch zu realisierenden Ziel, dem nun die Außen-

9 Die zweite Ermahnung König *Friedrichs I.* an seinen Nachfolger, vom 9. Mai 1705, abgedruckt in: *Hermann von Caemmerer* (Hg.): Die Testamente der Kurfürsten von Brandenburg und der beiden ersten Könige von Preußen, München und Leipzig 1915, S. 434.

10 *Adam Smith.* Zitat nach *Jacob Viner:* "Power versus Plenty as Objectives of Foreign Policy in the Seventeenth and Eighteenth Centuries", in: World Politics, Vol. I, No. 1, Oktober 1948, S. 17.

11 Gegen die Formel wendet sich auch *Rothfels:* »Vom Primat der Außenpolitik« (Anm. 2), S. 276 ff.

12 So etwa *Heinrich von Treitschke:* Politik, Bd. 2, Leipzig 1898, S. 249 ff., bes. S. 275 f. Vgl. dagegen aber die sehr differenzierte Darstellung bei *Otto Hintze:* »Weltgeschichtliche Bedingungen der Repräsentativverfassung«, in: Staat und Verfassung, Gesammelte Abhandlungen zur allgemeinen Verfassungsgeschichte, 2., erweiterte Auflage, Göttingen 1962, S. 140–185, bes. S. 178 f.

13 Diese Entwicklung bildet die Grundlage der Thesen von *Heinrich Heffter:* »Vom Primat der Außenpolitik«, in: HZ, Bd. 171, 1951, S. 1–20. Die universal-föderalistischen Tendenzen der Weltpolitik haben die Außenpolitik ihrer früheren Stellung, bestimmender Faktor des Geschehens zu sein, enthoben.

politik ihrerseits Rechnung zu tragen hat – etwa heute im Ost-West-Konflikt durch bestimmte Allianzen und Koalitionen [14]. Der innenpolitische Sicherheitsaspekt kann dem außenpolitischen auch den Rang ablaufen und beispielsweise bewirken, daß Rüstungsbeschränkungen angestrebt werden, um dafür den Lebensstandard erhöhen zu können [15].

Indessen bleibt für den Nationalstaat innerhalb der Region noch ein Rest, und als Mitglied größerer Gruppierungen gegenüber deren Gegner ein beachtlicher Teil, von Sicherheit außenpolitisch zu gewährleisten. Dafür gilt, was von der Existenznotwendigkeit Sicherheit allgemein gesagt werden kann: sie ist gegenüber konkurrierenden innenpolitischen Zielen – von dem gleichrangigen der Ernährung abgesehen – vorrangig.

B) Die zweite Stufe der Skala wird von den Bedürfnissen eingenommen. Sie sind nicht mehr notwendig, sondern nur noch dringlich, weil sie nicht mehr der nackten Existenz, sondern bereits deren Entfaltung dienen. Leben ist auf Entwicklung angewiesen, aber ihr gegenüber kann sich die Einheit schon weitgehend frei verhalten. Ob der Fortschritt innen- oder außenpolitisch bewirkt werden soll, hängt darum nicht mehr nur von der Epoche und ihren wirtschaftlichen Möglichkeiten, sondern auch schon davon ab, wie sich die gesellschaftliche Führungsschicht, die vom Aufstieg in erster Linie profitiert, entscheidet. Die geschichtliche Entwicklung des innen-außenpolitischen Verhältnisses rückt hier also am besten von der gesellschaftlichen Seite her ins Blickfeld.

Die Grenze zwischen dem, was für die Entfaltung erforderlich, demgemäß dringlich ist, und dem, was als exorbitant bezeichnet werden muß, läßt sich schwer ziehen. Am ehesten vielleicht noch auf Grund der Relation zur Gesamtgesellschaft: Das Ziel des Wohlstands schließt sie mit ein, das des Reichtums schließt sie aus. Ähnlich haben ja auch die christliche [16] und die säkularisiert-naturrechtliche [17] Völkerrechtstheorie die Richtschnur der außenpolitischen Zielsetzungen dort befestigt, wo die Rechte der anderen beginnen. Eine solche Grenze ist vor allem für das Mittelalter und die beginnende Neuzeit nicht leicht zu bestimmen, weil der Fortschritt in aller Regel territoriale Vergrößerungen bedingte, sich also von expansionistischen Programmen nur durch das Ausmaß unterscheidet [18]. Für *Karl VIII.* war der Anfall der Bretagne angesichts der strategischen Lage und der Bedeutung des Herzogtums für Frankreich

[14] Diese Folge tritt indessen nur unter gewissen Bedingungen ein, vgl. dazu die Ausführungen unten unter B.

[15] Vgl. etwa für die Sowjetunion den Hinweis von *B. Apremont:* «L'économie soviétique et le désarmement», in: Politique Etrangère, Vol. 24, 1959, S. 587–590.

[16] Zu den christlichen Theorien vgl. allgemein *Arthur Nußbaum:* Geschichte des Völkerrechts in gedrängter Darstellung, München und Berlin 1960, S. 39 ff., dort auch reiche Literaturangaben S. 349–350.

[17] Vgl. etwa *Hugo Grotius*: «Non est ergo contra societatis naturam sibi prospicere, atque consulere, dum jus alienum non tollatur: ac proinde nec vis quae jus alterius non violat injusta est ...». De jure belli ac pacis libri tres, in quibus jus Naturae & Gentium, item juris publici praecipua explicantur, Editio Nova, Amsterdam 1651, S. 16.

[18] Das allgemeine Kennzeichen der Epoche ist »schrankenlose Eroberungspolitik«. »Ad majorem gloriam des Herrscherhauses werden Länder unter einem Zepter vereinigt, die räumlich weit voneinander getrennt liegen, die jedes organischen Zusammenhanges entbehren und keine gemeinsamen, oft sogar direkt widerstreitende Interessen haben.« *Walter Platzhoff:* Geschichte des europäischen Staatensystems 1559–1660, München und Berlin 1928, S. 12.

sicher dringlich. Dieses Prädikat kann hingegen die Italienpolitik der Valois nicht in Anspruch nehmen. Sie griffen nach Italien aus, obwohl es ihrem Land gut ging, und die wirtschaftlichen Bedürfnisse Frankreichs eher in die eben entdeckte Neue Welt wiesen [19]. *« Sous l'influence d'une noblesse avide de jouissances autant que de faits d'armes »* [20], wandten sie sich indessen nach Süden, weil dies der traditionellen Art der Feudalität, ihren Nutzen zu steigern, entsprach. Die Interessen der französischen Wirtschaft mußten zurückstehen.

Richtet sich in dieser geschichtlichen Phase die Innenpolitik nach den dynastischen Bedürfnissen, so wird die Entwicklung der Gesellschaft diese Richtung langsam umkehren. Im Merkantilismus rückt der innere Wohlstand zu einem der äußeren Macht gleichgesetzten Ziel auf [21], das seinerseits Bedürfnisse entwickelt. Wurde es jetzt möglich, »ohne neue Erwerbungen, allein durch eine bisher nicht gebräuchliche Industrie« [22] Wohlstand zu erwerben, so mußte der Wirtschaft auch außenpolitisch Rechnung getragen werden. *Friedrich der Große* privilegierte die Emdener Kompagnie [23]. *Heinrich VII.* mußte es erleben, daß die Angestellten der englischen Kaufleute gegen den von ihm 1493 mit den Niederlanden als Repressalie begonnenen Handelskrieg Sturm liefen [24]. Um den Handel zu steigern, wurden Kriege geführt und Kolonien erworben [25], der Wunsch nach Wohlstand steuerte die Außenpolitik ähnlich wie der nach äußerer Macht die Innenpolitik. *"Wealth and power are each proper ultimate ends of national policy"* [26]; im Merkantilismus hielten sich innen- und außenpolitische Bedürfnisse die Waage, beide Bereiche beeinflußten sich wechselseitig.

Die Waagschale der Außenpolitik steigt weiter nach oben, je mehr die gesellschaftliche Entwicklung die Innenpolitik betont. Mit der sozialen Umschichtung von 1789 erhielt der Innenraum eine besondere politische Resonanz, jedenfalls in den Ländern, die sich dem republikanischen Gedanken öffneten [27]. Die Bürgerschaft profitierte zwar auch von der Außenpolitik, aber Nutzen und Risiko dabei waren ungleich verteilt [28].

[19] *Pierre Renouvin* (Hg): Histoire des Relations Internationales, T. II: *Gaston Zeller:* Les Temps Modernes, Paris 1953, S. 25–26.
[20] Ibidem, S. 26.
[21] Das hat *Jacob Viner* in seinem reich annotierten Aufsatz "Power versus Plenty as Objectives of Foreign Policy in the Seventeenth and Eighteenth Centuries", in: World Politics, Vol. I, No. 1, Oktober 1948, S. 1–29 nachgewiesen.
[22] *Friedrich II.:* Das politische Testament von 1752, in: *Gustav Berthold Volz:* Die Werke Friedrichs des Großen, Bd. 7, Berlin 1912, S. 133. Zur Entwicklung des innenpolitisch-wirtschaftlichen Schwerpunkts vgl. *Friedrich Lütge:* »Das 14./15. Jahrhundert in der Sozial- und Wirtschaftsgeschichte«, in: Jahrbücher für Nationalökonomie und Statistik Bd. 162, 1950, S. 161–213, bes. S. 208 ff.
[23] Vgl. seine Gründe im Politischen Testament (Anm. 22), S. 135–136.
[24] *J. D. Mackie:* The Earlier Tudors 1485–1558, The Oxford History, Oxford 1952, S. 124.
[25] Vgl. dazu *Werner Sombart:* Der moderne Kapitalismus, Bd. I, 1, München und Leipzig 1928, S. 434, bes. 436 ff.
[26] *Jacob Viner* (Anm. 21), S. 10.
[27] Die neue Situation wird etwa ausgedrückt in der bekannten Arbeit von *Wilhelm von* Humboldt: Ideen zu einem Versuch, die Grenzen der Wirksamkeit des Staates zu bestimmen, 1792, in: Werke, Bd. I, Darmstadt 1960, S. 56–233.
[28] Dieser Gedanke liegt auch *Kants* Hoffnung zugrunde, daß die Republikanisierung den Frieden mit sich bringen werde. *Immanuel Kant:* Zum ewigen Frieden, Ein philosophischer Entwurf, 1795, in: Werke, Bd. VI, Berlin 1914, S. 427–474.

Bessere Fortschrittsmöglichkeiten zeigten sich dagegen in der Industrialisierung. Die Wirtschaft erwies sich mehr und mehr als der Faktor der Entwicklung, die Außenpolitik wurde zur Funktion. Zugleich parzelliert sich die Abhängigkeit: Teile der Wirtschaft beeinflussen Teile der Außenpolitik. Dies ist die ökonomische Seite des Imperialismus. So erließ etwa bekanntlich anfangs des 19. Jahrhunderts die britische Regierung zugunsten des englischen Baumwollexports nach Indien drastische Steuer- und Zollmaßregeln, die die indischen Weber vollkommen ruinierten [29]. Die Basis der Abhängigkeiten zwischen Innen- und Außenpolitik im 19. Jahrhundert hat *Sombart* so definiert: »Im Innern hat er (der Kapitalismus) sich aus eigener Kraft die nötigen Machtmittel geschaffen, indem er größtenteils die Funktionen des Staates auf sich übernommen hat. Im Verkehr mit dem Auslande konnte er diese selbständigen, staatlichen Machtmittel nicht entbehren, und erst durch sie ist er zu der formidablen Größe erwachsen, die er heute erreicht hat« [30].

Das 20. Jahrhundert hat die Bedeutung der Innenpolitik für den Fortschritt erneut verstärkt. Er ist praktisch nur dadurch zu verwirklichen, daß die Wirtschaft weiter rationalisiert und technisiert wird [31]. Die Außenpolitik hat lediglich die Bedingungen zu erhalten (den Frieden) oder zu schaffen (Außenhandelsverträge etc.), damit in der arbeitsteiligen Interdependenz die Wirtschaft ihre Aufgaben erfüllen kann.

Die Abhängigkeiten von Innen- und Außenpolitik, die auf der Stufe der Bedürfnisse auftreten, betreffen also jeweils nur einen kleinen Sektor. Sie sind vor allem nicht zwingend, werden vielmehr davon bestimmt, wo die Einheit sich entfalten will, und ob dazu Maßnahmen des korrespondierenden Bereichs erforderlich sind. Fortschritt im Innern – etwa durch Sozialreform – läßt sich verwirklichen, ohne die Außenpolitik zu berühren. Allianzen und Koalitionen verlangen nicht, jedenfalls nicht immer, daß sich die Innenpolitik nach ihnen richtet. *Richelieu* verfuhr innen anti-protestantisch und in seiner Außenpolitik anti-katholisch. Weder war das religiöse Interesse so stark, daß es die Koalition gegen Habsburg verhindert hätte, noch der außenpolitische Gesichtspunkt so gravierend, daß er den Übertritt Frankreichs zum Protestantismus gefordert haben würde. Entsprechend verhält es sich mit der ideologieverkehrten Außenpolitik, die im Bündnis der Westalliierten mit den Sowjets [32] oder der USA mit Spanien anzutreffen ist. Da es sich nur um Bedürfnisse handelt, können Innen- und Außenpolitik durchaus getrennt voneinander operieren, konnte Deutschland den Vertrag von Rapallo eingehen, ohne sich innenpolitisch dem Kommunismus zu verschreiben. In dem Moment aber, in dem Religion und Ideologie in die Auseinandersetzung einmünden, also in den Kriegen des 16. Jahrhunderts, der Französischen Revolution und im Ost-West-Konflikt der Gegenwart, werden sie aus Bedürfnissen zu Existenznotwendigkeiten und steuern als Elemente der Sicherheit die Außenpolitik und das Allianzsystem (vgl. unter A).

C) Die Programme stammen aus Entscheidungen, die den höchsten Grad menschlicher Freiheit ausweisen. Die Epoche spielt hier nur die untergeordnete Rolle der

[29] *Werner Sombart:* Der moderne Kapitalismus (Anm. 25), Bd. III, 1, S. 488.
[30] Ibidem, S. 69.
[31] *Raymond Aron:* Paix et Guerre entre les nations, Paris 1962, S. 745 ff.
[32] Dieses Beispiel wird vor allem angezogen von *Hans Rothfels:* Gesellschaftsform und Auswärtige Politik, Schloß Laupheim o. J. (1951), S. 21.

geschichtlichen Szene. Den Entschluß, Macht und Reichtum auf Kosten anderer durch Expansion oder Raub zu erwerben, hat es jederzeit gegeben. Die Weltreiche bezeichnen seinen Weg durch die Geschichte, die Historie der europäischen Staaten spiegelt ihn wieder. Im Rückblick nimmt sich dieser Entschluß positiv aus, weil er dazu beitrug, daß immer größere Gebiete befriedet werden konnten [33]. Aber daraus darf nicht abgeleitet werden, daß in der Expansion ein geschichtlicher Auftrag enthalten sei. Sie ist vielmehr ganz verschieden zu beurteilen, je nachdem, ob man sie als politisches Mittel oder in ihren historischen Wirkungen ansieht. In dieser Ambivalenz liegt wirklich ein »Geheimnis der Weltgeschichte« [34].

Wenn sich die Einheit dazu entschließt, Herrschaft und Reichtum außenpolitisch durch Expansion [35] anzustreben, dann muß sich die Innenpolitik, wiewohl geschichtlich in verschiedenem Maß, danach ausrichten. Die jüngsten Beispiele dafür vermittelt das Deutsche Reich von 1938 bis 1945. Umgekehrt gilt das gleiche, wenn die Einheit die Ziele dieser Stufe ausschließlich innenpolitisch anstrebt – nach *Toynbee* bekanntlich der Index für den Fortschritt in der Geschichte [36].

Das Schema der Bedingungen und Entscheidungen kann, wenn dieser Punkt der Skala erreicht ist, zunächst abgeschlossen werden. Für das hier zu behandelnde Problem ergibt sich, daß die Innenpolitik auf allen drei Stufen sich nach der Außenpolitik richten kann (aber natürlich auch diese nach jener), jedoch in grundverschiedener Weise. Als Folge des existenznotwendigen Ziels der Sicherheit folgt die Innenpolitik der Außenpolitik, bis dieses Ziel – wenngleich natürlich nur in aller geschichtlichen Relativität [37] – gewährleistet ist. Das Ausmaß dieser Funktion wird von der historisch-politischen Epoche bestimmt. Die Funktion als solche hingegen gilt für alle Staaten

[33] *Eugen Fischer-Baling* hält aus diesem Grunde Expansion für gerechtfertigt, bis sich der Nationalstaat ausgebildet habe. Dann müsse sich die Einheit beschränken. Theorie der Auswärtigen Politik, Köln und Opladen 1960, S. 41. Vgl. zum Problem auch *Karl W. Deutsch:* "The Growth of Nations: Some Recurrent Patterns of Political and Social Integration", in: World Politics, Vol. V, No. 2, Januar 1953, S. 168–195.

[34] *Leopold von Ranke:* Die großen Mächte, Sämtliche Werke, Bd. 24, Leipzig 1872, S. 40. Vgl. zum Problem allgemein *Bernhard Welte:* Über das Wesen und den rechten Gebrauch der Macht, Freiburg 1960, bes. S. 29 ff. Vgl. auch *Gerhard Ritter:* Vom sittlichen Problem der Macht, Bern 1948. Er bezeichnet die Frage, ob der Staatsmann die kämpfende Macht oder die Ordnungsmacht des Staates anwenden solle, als ein »theoretisch gar nicht auszumachendes, sondern immer nur durch praktische Entscheidung zu lösendes Problem« (S. 97).

[35] Vgl. etwa die Aufzählung solcher Ziele bei *Werner Sombart:* Der moderne Kapitalismus (Anm. 25) Bd. III, 1, S. 68–69.

[36] "... a given series of successful responses to successive challenges is to be interpreted as a manifestation of growth if, as the series proceeds, the action tends to shift from the field of the external environment – whether physical or human – to the *for intérieur* of the growing personality or the growing civilization.... Growth means that the growing personality or civilization tends to become its own environment and its own challenger and its own field of action." *Arnold Toynbee:* A Study of History, Vol. III, Oxford 1956, S. 216. Vgl. auch S. 192.

[37] *Raymond Aron* verwendet einen absoluten Sicherheitsbegriff: «une unité politique ne se sentirait entièrement en sécurité qu'à la condition de n'avoir plus d'ennemi, autrement dit de s'être élargie aux dimensions d'un Etat universel». Paix et Guerre (Anm. 31), S. 87. In dieser Ausweitung drückt der Begriff lediglich die Grundbefindlichkeit aus und enthält keinen praktikablen Forschungsansatz.

und trägt durchgängig notwendigen Charakter. Sie resultiert aus der Grundbefindlichkeit der Staaten in der *« situation hobbésienne »* [38].

Davon scharf getrennt werden muß der Fall, wenn sich die Innenpolitik nach der Außenpolitik zugunsten eines frei entschiedenen Ziel-Programms richtet. Dies kann die gesamte Innenpolitik oder nur einige Teile betreffen, enthält indessen keinerlei existenzielle Notwendigkeit. Diese Abhängigkeit gilt nur für diejenigen Einheiten, die Reichtum und Herrschaft außenpolitisch anstreben. Wenn sich die Innenpolitik in diesem Maß nach der Außenpolitik orientiert, so liegt darin ein Index dafür, daß die betreffende Einheit ein expansionistisches Programm verfolgt.

In der Mitte sind die aus den Bedürfnissen stammenden Abhängigkeiten anzuordnen, die nicht notwendig, aber dringlich sind. Sie betreffen stets nur einzelne Bereiche und lassen sich innerhalb der Epoche aus den Entwicklungsmöglichkeiten der relevanten Gesellschaftsschicht ableiten. Auf dieser Stufe sind zwar die meisten Beziehungen anzutreffen, zugleich aber auch diejenigen, die wegen ihres Wirkungsbereichs weniger ins Gewicht fallen. In erster Linie muß zwischen notwendigen und programminhärenten, also solchen Abhängigkeiten unterschieden werden, die aus dem Ziel der Sicherheit oder aus dem der Expansion folgen.

2. *Der instrumentale Zusammenhang*

Auf den Stufen der Bedürfnisse und der Programme ist, besonders seit dem 19. Jahrhundert, ein weiterer Konnex zu verzeichnen, der nicht aus den Zielen selbst, sondern aus den politischen Spannungen innerhalb des europäischen Nationalstaates stammt. Da die Interessen der Arbeiterschaft mit denen des Bürgertums weder innen- noch außenpolitisch übereinstimmten, war das Bürgertum auf Integrationsmittel angewiesen. Es zog dazu auch diejenigen Möglichkeiten heran, die im außen-innenpolitischen Beziehungskomplex ruhen.

In England, dessen herrschaftliche Strukturen sich von denen Kontinentaleuropas unterscheiden [39], bildete sich besonders deutlich der als Sozialimperialismus bekannte Versuch heraus, die Arbeiterschaft von den "*common interests of employer and employed*" sowie davon zu überzeugen, "*that an imperial policy was the one best calculated to promote the prosperity of the working class*" [40]. In Europa, wo das feudale Element sich stärker erhalten hatte, wurde die Integration in erster Linie dadurch angestrebt, daß man sie zugunsten einer Außenpolitik forderte, die zuvor mit besonderer Dringlichkeit ausgestattet worden war. Dies entsprach den traditionellen Denkgewohnheiten des Fürstenstaates [41], die schon in der französischen Revolution ausgenutzt wurden [42]. *Ancillon* rechnet diese Instrumente zur ständigen Regierungs-

[38] *Raymond Aron:* Paix et Guerre (Anm. 31), S. 697.

[39] Vgl. zu den Unterschieden etwa *Ernst Fraenkel:* »Historische Vorbelastungen des deutschen Parlamentarismus«, in: Vierteljahreshefte für Zeitgeschichte Jg. 8, H. 4, Oktober 1960, S. 323–340.

[40] *Bernard Semmel:* Imperialism and Social Reform, English Social-Imperial Thought 1895–1914, London 1960, S. 99.

[41] *Joseph Schumpeter:* »Zur Soziologie der Imperialismen«, in: Archiv für Sozialwissenschaft und Sozialpolitik, Bd. 46, 1918/19, S. 307.

[42] Vgl. dazu bereits *Heinrich von Sybel:* Geschichte der Revolutionszeit von 1789–1795, Düsseldorf 1853–1879.

praxis, in erster Linie den Krieg [43], der indessen schon immer zu solchen Zwecken benutzt worden war [44]. Im späten 19. Jahrhundert, als es infolge der erhöhten Spannungen am dringendsten gebraucht wurde, konnte dieses Mittel indessen nicht mehr eingesetzt werden, weil es unter den veränderten Bedingungen zu grob und zu kostspielig geworden war. Jetzt mußte der Hinweis auf außenpolitische Gefahren, auf die Absichten der Gegner, auf die prekäre Lage, auf die eigenen Ziele genügen. *Bismarck* hat dieses Verfahren angewendet [45], es kehrt später in der Flottenpolitik wieder [46] und ist auch in die populäre Forderung nach einem Platz an der Sonne eingegangen.
Im Spannungsfeld zwischen Regierenden und Regierten wird der instrumentale Zusammenhang meist der Innenpolitik zugute kommen [47]. Der umgekehrte Fall trat bisher seltener auf, etwa in der Absicht *Bismarcks,* im Norddeutschen Bund »die damals stärkste der freiheitlichen Künste, das allgemeine Wahlrecht ... mit in die Pfanne zu werfen, um das monarchische Ausland abzuschrecken von Versuchen, die Finger in unsere nationale Omelette zu stecken« [48]. Die Ideologisierung der Außenpolitik im 20. Jahrhundert rückt eine solche instrumentale Verwendung der Innenpolitik stärker in das Blickfeld der Politiker.
Für das hier zu behandelnde Problem [49] steht in erster Linie die andere Richtung in

[43] »... in unseren Zeiten, wo das erste Bedürfnis das der Tätigkeit ist, hat Krieg dazu gedient, diese Tätigkeit zu beschäftigen und sie vom Innern abzuziehen. Der Krieg, nämlich ein notwendiger und glorreicher, ist der Zeitpunkt, wo das Volk mit der Regierung am festesten verbunden ist und sie am wenigsten bekrittelt. Die Gefahr gleicht alles aus und beschwichtigt alles.« *Friedrich Ancillon:* Über den Geist der Staatsverfassungen und dessen Einfluß auf die Gesetzgebung, Berlin 1825, S. 80–81.
[44] Diese instrumentale Verwendung des Krieges ist, wenn auch nicht *explicit,* in *Schumpeters* Imperialismus-Begriff enthalten. Die »objektlose Disposition eines Staats zu gewaltsamer Expansion ohne angebbare Grenze« (Anm. 41) S. 3, entsteht, wie Schumpeter an Beispielen vieler Epochen erläutert, immer dann, wenn ein außenpolitisches Hauptziel verwirklicht wird, die Gesellschaft aber in der von diesem Ziel einst ausgelösten Ordnung verbleibt. Die Expansionsbereitschaft droht dann nach Innen umzuschlagen, wenn sie nicht nach Außen in Anspruch genommen wird.
[45] *George W. F. Hallgarten:* Imperialismus vor 1914, Bd. 1, München 1951, S. 227–228. Die Beispiele ließen sich vermehren. Zu den innenpolitischen Wirkungen außenpolitischer Lagen oder Zielstellungen vgl. *Abraham Ascher:* "Imperialists within German Social Democracy prior to 1914", in: The Journal of Central European Affairs, Vol. XX, Januar 1961, S. 397–422; ferner den anschließenden Aufsatz "'Radical' Imperialists within German Social Democracy, 1912–1918", in: Political Science Quarterly, Vol. LXXVI, Dezember 1961, S. 555–575.
[46] *Eckart Kehr:* Schlachtflottenbau und Parteipolitik 1894–1901, Berlin 1930. Eine eigene Arbeit über diese Zusammenhänge fehlt bisher, sie werden auch in den Einzelstudien nicht zureichend berücksichtigt, vgl. etwa *Alfred Kruck:* Geschichte des Alldeutschen Verbandes 1890–1939, Wiesbaden 1954.
[47] Neuere Beispiele dafür etwa in der Spiegel-Debatte des Bundestages (vgl. das Protokoll der 45. Sitzung am 7. November 1962) und in der Argumentation um die Notstandsgesetzgebung.
[48] *Otto von Bismarck:* Gedanken und Erinnerungen, Neue Ausgabe, Stuttgart und Berlin 1922, Bd. 2, S. 66.
[49] Es gibt auch einen okkasionellen Zusammenhang zwischen Außen- und Innenpolitik, der wenigstens noch erwähnt werden soll. Bei ihm werden auch Ziele wirksam, wenngleich in ganz anderer Weise. Er tritt bei fundamentalen Spannungen innerhalb der Herrschaftseinheit auf, wenn etwa Fürst und Stände jeden Anlaß in der Innen- oder Außenpolitik benutzten, um ihre jeweiligen Positionen zu verbessern. Ein neueres Beispiel dafür bietet die äthiopische

Frage, bei der die Innenpolitik das Objekt und die Außenpolitik das Instrument abgeben. Damit trat ein viertes, erneut verschiedenes Element hervor, auf das hin die Lehre vom ›Primat‹ der Außenpolitik geprüft werden muß. Einmal ist also zu untersuchen, woraus *Ranke* und die Rankeaner den ›Primat‹ der Außenpolitik ableiteten, welcher Stufe von Notwendigkeit und Freiheit diese Gründe angehören, und welche Qualität daher dieser Abhängigkeit zukommt. Je nachdem wird man daraus entnehmen können, ob wir in dieser Lehre etwa einen Index für expansionistische Zielstellungen vor uns haben. Soweit wie möglich werden aber dabei die Gründe auch daraufhin anzusehen sein, ob sie real oder instrumental gemeint waren, ob sie ein außenpolitisches Ziel oder nur den Wunsch ausweisen (möglicherweise beides), die innenpolitischen Verhältnisse zu beeinflussen. In diesem Fall, der natürlich nur angeleuchtet werden kann, würde die Lehre vom ›Primat‹ der Außenpolitik in erster Linie eine Spannung zwischen Regierungssystem und Gesellschaftsordnung indizieren.

II.

Ranke und die Ziele der Außenpolitik

Der Titel, Lehrer des ›Primats‹ der Auswärtigen Politik zu sein, kommt *Ranke* teils zu recht, teils zu unrecht zu. Zu unrecht, weil Ranke dort, wo er die Außenpolitik der Innenpolitik überordnet, keineswegs der erste ist. Zu recht, weil Ranke es war, der Identitätsphilosophie und Individualitätstheorie konsequent zu Prämissen seiner geschichtswissenschaftlichen Arbeit und seiner außenpolitischen Zielsetzung gemacht hat. Zu recht, weil Ranke diese Grundlegung in einer Zeit vornahm, als gerade die Französische Revolution der Innenpolitik eine eigene Qualität zugeführt hatte. Was früher im Belieben der Höfe gestanden hatte, war jetzt zum Gegenstand innenpolitischer Willensbildung geworden. Und schließlich zu recht, weil sich in seinen theoretischen Arbeiten bereits jenes Gemenge vorfindet, das die Lehre vom ›Primat‹ der Auswärtigen Politik, wenn auch später in größerer Verdichtung, kennzeichnet.
Als Fundort des ›Primats‹ der Auswärtigen Politik wird zumeist jene Stelle aus Rankes ›Politischem Gespräch‹ angegeben [50], wo es heißt: »Das Maß der Unabhängigkeit gibt einem Staate seine Stellung in der Welt; es legt ihm zugleich die Notwendigkeit auf, alle inneren Verhältnisse zu dem Zwecke einzurichten, sich zu behaupten. Dies ist sein oberstes Gesetz [51].« Die Auskunft, die hier gegeben wird, ist mit mehreren Inhalten beladen [52]; der Grundgehalt indessen ist ganz eindeutig. Die inneren Verhältnisse so einzurichten, daß die politische Einheit sich behaupten, ihre Unabhängigkeit bewahren kann, ist in der Tat ein oberstes Gesetz. Es handelt sich um eine

Fronde, die den Besuch Kaiser *Haile Selassies* in Washington zu einem Umsturzversuch ausnutzte. Generell kann die Wechselwirkung zwischen Außenpolitik und Revolution, die *Rothfels* erwähnt (Vom Primat der Außenpolitik, Anm. 2, S. 278) unter diesen Zusammenhang gerechnet werden.

[50] So neuerdings noch *Waldemar Besson:* »Geschichte als politische Wissenschaft«, in: Aus Politik und Zeitgeschichte, B 46/62, S. 590.

[51] *Leopold von Ranke:* Politisches Gespräch, Sämtliche Werke, Bd. 49/50, 1887, S. 328.

[52] Undeutlich ist vor allem, warum die Selbstbehauptung von dem Maß der Unabhängigkeit abhängen soll.

existenznotwendige Abhängigkeit, die auf der ersten Stufe des Schemas zu plazieren ist.

Aus diesem Satz *Rankes* läßt sich indessen nichts ableiten, was nicht auch schon vorher bekannt und als selbstverständlich angesehen worden war. Ranke befindet sich mit seiner Forderung völlig im Einklang mit der traditionellen Theorie der Außenpolitik in Europa [53]. Sicherheit hatte stets als das legitim oberste Ziel einer politischen Einheit gegolten: »Das allgemeine und höchste Interesse aller Staaten gegeneinander beruht in der Selbsterhaltung, mithin in der ungekränkten Behauptung ihrer Grundverfassung, Freyheit und Gerechtsamen [54].« Ungefähr gleichzeitig wie *Ranke* hat auch *Friedrich Ancillon* den aus der Grundbefindlichkeit stammenden, existenznotwendigen Vorrang der Außenpolitik formuliert: »Die Sicherheit und Unabhängigkeit der Staaten ist die erste Bedingung aller anderen Wohltaten der gesellschaftlichen Ordnung. Die Mittel, diese erste Bedingung, alles Guten aufzufinden und aufzustellen, waren von jeher die erste Aufgabe der Staatskunst [55].« Etwas genauer und detaillierter, drückt dieser Satz den gleichen Sachverhalt aus, wie der *Rankes.* Die Innenpolitik muß sich in dem Maß nach der Außerpolitik richten, bis die Sicherheit gewährleistet ist.

Hat sich *Ranke* nur an dieser Stelle des ›Politischen Gesprächs‹ direkt zum Zusammenhang von Innen- und Außenpolitik geäußert, so ist damit sein Beitrag zu diesem Problem nicht erschöpft. Er hat vielmehr in dem gleichen Werk, und nur wenig zuvor, außenpolitische Ziele aufgestellt, die eine sehr viel weitergehende, aber auch ganz anders zu klassifizierende Abhängigkeit der Innenpolitik mit sich bringen, sollen sie erfüllt werden. Indem Ranke aber die Funktionalität der Innenpolitik nicht im Zusammenhang mit diesen expansionistischen Zielen, sondern mit denen der Sicherheit und der Erhaltung darstellte, hat er jene Mischung von Unschärfen ermöglicht, die die Lehre vom ›Primat‹ der Außenpolitik seitdem belastet.

»Die Welt ... ist eingenommen. Um etwas zu sein, muß man sich erheben aus eigener Kraft, freie Selbständigkeit entwickeln, und das Recht, das uns nicht zugestanden wird, müssen wir uns erkämpfen [56].« Hier ist nicht davon die Rede, sich zu behaupten oder Unabhängigkeit zu bewahren, sondern davon, »etwas zu sein«. Sich zu »universaler Bedeutung erheben« [57] wird es gleich darauf heißen. Das ist eine außenpolitische Zielsetzung praktisch unbegrenzten Ausmaßes. Es kann hier dahingestellt bleiben, ob und wie weit dieses Programm *Rankes* der Politik des Tages diente [58]. Wichtiger ist,

[53] *Ranke* ist übrigens auch nicht der erste, der die Großen Mächte als eigenen Erkenntnisgegenstand aufgenommen hat. Seine Interpretation ist neu, der Ansatz hingegen steht in deutlicher Verbindung mit den Analysen des europäischen Staatensystems, die vor allem *Gottfried Achenwall* inauguriert hat. Vgl. dazu dessen Begründung in: *Gottfried Achenwall:* Geschichte der allgemeinen Europäischen Staatshändel des vorigen und jetzigen Jahrhunderts im Grundrisse als der Europäischen Geschichte zweyter Theil, Göttingen 1761, S. 2–3. Für den Zusammenhang insgesamt vgl. *Hermann von Caemmerer:* »Rankes ›Große Mächte‹ und die Geschichtsschreibung des 18. Jahrhunderts«, in: Max-Lenz-Festschrift, Berlin 1910, S. 263–312.

[54] *Gottfried Achenwall:* Die Staatsklugheit nach ihren ersten Grundsätzen, 3. Ausgabe, Göttingen 1774, S. 231. Vgl. auch S. 21.

[55] *Friedrich Ancillon:* Über den Geist der Staatsverfassungen (Anm. 43) S. 312.

[56] *Leopold von Ranke:* Politisches Gespräch (Anm. 51), S. 327.

[57] Ibidem.

[58] Die Historisch-Politischen Blätter, in denen das ›Politische Gespräch‹ erschien, waren ja politisch orientiert.

daß es eine maßstabgerechte Projizierung der Geschichtsauffassung Rankes in die Politik darstellt. Aus der Anlage der Passagen im ›Politischen Gespräch‹ geht das deutlich hervor. Ranke leitet die Stelle ein, indem er die den Historismus charakterisierende Erkenntnisabsicht darstellt, »die Regel des Werdens zu finden« [59], das Prinzip, nach dem in der Geschichte unaufhörlich politische Formationen entstehen und untergehen. Für ihn sind die Staaten, wie es an anderer, nicht minder berühmter Stelle heißt, »schöpferische Kräfte«, »moralische Energien«: »Sie blühen auf, nehmen die Welt ein, ... bestreiten, beschränken, überwältigen einander; in ihrer Wechselwirkung und Aufeinanderfolge, in ihrem Leben, ihrem Vergehen, oder ihrer Wiederbelebung, die dann immer größere Fülle, höhere Bedeutung, weiteren Umfang in sich schließt, liegt das Geheimnis der Weltgeschichte [60].«

Ranke entwickelt im ›Politischen Gespräch‹ also zunächst seine Geschichtsauffassung, methodologisch gesehen, eine Prämisse seiner historiographischen Arbeit. Aber dann verläßt er mitten im Satz die philosophische Ebene, um ein politisches Konzept für die deutsche Politik zu verkünden: »... und das Recht, das uns nicht zugestanden wird, müssen wir uns erkämpfen.« Man stutzt beim Lesen, so unvermittelt erfolgt der Umschlag. Geschichtsauffassung und politisches Programm gehen direkt ineinander über. Politik kann dann als Geschichte im Vollzug, und zwar im richtigen Vollzug empfunden werden. Wenn der Sinn der Historie im Werden und Vergehen der Staaten liegt, dann läßt es sich als der geschichtliche Auftrag einer Einheit verstehen, auf Kosten anderer aufzusteigen, bis der Aufstieg anderer dem ein Ende setzt. Genauso wird *Max Lenz* später in der Geschichte nur die »Fülle gleichstrebender Potenzen« erblicken, von denen jede »so weit vordringt, bis ihr die Grenze von außen gesetzt wird ...« [61], und daraus konsequent ein entsprechendes Programm für das deutsche Reich formulieren.

Aus seiner Geschichtsauffassung also leitet *Ranke* im ›Politischen Gespräch‹ zunächst expansionistische Ziele ab, die weit über die später genannte Unabhängigkeit und Sicherheit hinausschießen. Ranke hat dabei nicht erkennen lassen, wie sich diese beiden Zielgruppen zueinander verhalten. An anderer Stelle bezeichnet er es als gefährlich, »daß jemand um einer welthistorischen Aufgabe willen berechtigt sein will, Unrecht gegen Dritte zu tun« [62]. Aber er besaß eine »optimistische, um nicht zu sagen sonnige Auffassung des Machtproblems« [63], und es ist nicht zu bestreiten, daß Ranke im ›Politischen Gespräch‹ Thesen entwickelt, die als höchst expansionistisch interpretiert werden können. Es läßt sich nicht feststellen, ob diese Ziele mehr der Stufe der Bedürfnisse oder mehr den Programmen zuzurechnen sind, dafür ist die Auskunft nicht differenziert genug. In keinem Fall aber handelt es sich um die Sicherheit, von der später die Rede ist, und die Abhängigkeit der Innenpolitik, die aus diesen Zielen folgt, trägt nicht notwendigen Charakter.

[59] Politisches Gespräch (Anm. 51), S. 327.
[60] *Leopold von Ranke:* Die Großen Mächte (Anm. 34) S. 39—40.
[61] *Max Lenz:* »Ein Blick in das zwanzigste Jahrhundert«, in: Kleine Historische Schriften, 2. Auflage, Berlin 1913, S. 590.
[62] Zitat bei *Friedrich Meinecke:* Die Idee der Staatsräson in der neueren Geschichte, München 1957, S. 448.
[63] *Friedrich Meinecke:* Die Idee der Staatsräson (Anm. 62), S. 451.

Für *Ranke* mag es deswegen nicht wichtig gewesen sein, die Abhängigkeit der Innen- von der Außenpolitik näher zu untersuchen, weil sie durch seine Geschichtsauffassung bereits völlig definiert ist. Wenn sich die Geschichte in den Bewegungen der Staaten ausdrückt, dann ist »der Aufschluß für die inneren (Verhältnisse) ... darin (in den äußeren) großenteils enthalten« [64]. Konsequent leuchtet Ranke etwa aus der Französischen Revolution und den Freiheitskriegen nicht die politische Selbstbestimmung der Bürger, nicht die neue Bedeutung der Innenpolitik, sondern nur die Verjüngung der Staaten entgegen, die »neues Leben aus dem nationalen Prinzip ... empfangen« [65]. Und selbst das Recht, die Grundlage der Legitimität, relativiert sich, wenn der Historiker Ranke die Geschichte ansieht: »Es ist wahr, die Weltbewegungen zerstören wieder das System des Rechts, aber nachdem sie vorübergegangen, setzt sich dies wieder von neuem zusammen ... [66].« In dieser Anschauung stellt die Innenpolitik *a priori* und total eine Funktion der außenpolitischen Verhältnisse dar.

Wie sich diese Deduktion zu den sehr sublimen Ansichten *Rankes* über Freiheit und Notwendigkeit in der Geschichte [67] stellt, kann hier unerörtert bleiben. Vermerkt werden muß, daß Ranke mit dieser Geschichtsauffassung einmal die Wirklichkeit Europas vom 16. bis zum 18. Jahrhundert adäquat zu analysieren vermochte [68], und daß er andererseits daraus allgemein expansionistische Ziele der Außenpolitik sowie dementsprechend die völlige Unterordnung der Innenpolitik ableitete. Wird diese letzte Konsequenz im ›Politischen Gespräch‹ nicht ganz deutlich, weil Ranke dort, wo er die Abhängigkeit der Innenpolitik betont, nur die Sicherheit erwähnt, so werden die Rankeaner diese Lücke sofort schließen. Sie setzen ihre Geschichtsauffassung direkt in eine außenpolitische Lehre um, in der Expansion das Programm bildet, und in der sich die Innenpolitik konsequent und völlig dieser Zielsetzung unterordnet.

III.

Die Rankeaner und die deutsche Innenpolitik

Ähnlich wie *Ranke,* erblickt *Max Lenz* in der Geschichte vor allem »ein unablässiges Ringen um Dasein und Macht« [69], die ständige Brandung von Werden und Vergehen. Daraus ergeben sich für ihn aber schon deutlichere Konsequenzen, als der Lehrer sie gezogen hatte. Zunächst entschwinden alle moralischen, rechtlichen Maßstäbe der historiographischen Beurteilung, » ... die Frage, die so oft von der Historie bei dem Ausbruch eines Konfliktes zweier Staaten gestellt wird, nach dem Urheber, dem Angreifer, (braucht) gar nicht gestellt zu werden; sie sind im Grunde alle offensiv, und wer angreift, spielt oft nur das Prävenire, um den Gegner zu verhindern, die Kraft

[64] Die Großen Mächte (Anm. 34), S. 4.
[65] Ibidem, S. 39.
[66] Ibidem, S. 10.
[67] Vgl. das Ranke-Zitat bei *Hans Rothfels:* »Ranke und die geschichtliche Welt«, in: *Arnold Bergstraesser* (Hg.): Deutsche Beiträge zur geistigen Überlieferung, München 1953, S. 110—111.
[68] Eine gute Zusammenstellung der betreffenden Ergebnisse *Rankes* bietet *Max von Szczepanski:* »Rankes Anschauungen über den Zusammenhang zwischen der auswärtigen und der inneren Politik der Staaten«, in: Zeitschrift für Politik, Bd. 7, 1914, S. 489—623.
[69] *Max Lenz:* »Ein Blick in das zwanzigste Jahrhundert« (Anm. 61), S. 590.

zu sammeln, die ihm später selbst gefährlich werden würde« [70]. Für diesen äußersten Relativismus ist die Geschichte jeglichen Inhalts und die Politik jeglichen sinnvollen Zieles bar. Die Staaten werden von Trieben gegeneinander gehetzt, der Schwächere unterliegt, der Stärkere steigt auf, solange, bis ein noch Stärkerer ihn bezwingt. In dieser Lage gilt nur »wachsen oder weichen« [71].

Darum ist für *Max Lenz* das oberste Gesetz aller Staaten Selbsterhaltung, aber sie ist nicht etwa identisch mit Sicherheit. Diese Existenznotwendigkeit erscheint hier vielmehr in einem undefinierten Gemenge mit den beiden anderen Stufen; Sicherheit ist wohl der Kern der »Selbsterhaltung«, aber was Lenz unter diesem Ausdruck versteht, muß zu größtem Teil der zweiten und dritten Stufe zugerechnet werden. Der »Trieb zur Selbsterhaltung« ... ist »gleichbedeutend mit dem Willen nach Wachstum und Ausbreitung, nach Entfaltung aller Kräfte« [72]. Grundbefindlichkeit und Programme gehen hier direkt ineinander über.

Zum Beweis seiner Ansicht greift *Lenz* auf das ›Politische Gespräch‹ und darin auf »einen der Kernsätze (Rankes) und fast schon die Summe seiner Geschichtsauffassung« [73] zurück: auf den Satz von der Unabhängigkeit und der Selbstbehauptung. Bezeichnenderweise aber interpretiert er ihn höchst dynamisch und lehnt sich dabei im Wortlaut ein wenig an jene andere Stelle im ›Politischen Gespräch‹ an, wo *Ranke* seine außenpolitischen Leitziele aufstellt. »Jedoch die Welt ist aufgeteilt: ... wer vorwärts will, muß einen anderen verdrängen; wer sich behaupten will, muß darum kämpfen [74].« *Lenz* verbindet die beiden Ranke-Worte sehr eng miteinander, und wenn wir hier außer acht lassen, ob *Ranke* damit Gewalt angetan wird, so tritt *Lenz'* eigene Auffassung aus dieser Interpretation sehr deutlich entgegen.

Sie wird noch randschärfer, wenn *Lenz* die Elemente seiner Geschichtsanschauung auf die Politik des Deutschen Reiches anwendet. Die Friedfertigkeit Deutschlands resultiert für ihn lediglich aus der Stärke der Nachbarn des Reiches. Als diese noch schwach waren, habe sich Deutschland auf ihre Kosten ausgebreitet, »und wir würden aufs Neue um uns greifen, sobald es für uns wieder eine Macht zum Teilen gäbe wie vor hundert Jahren Polen« [75]. Krasser läßt sich nicht ausdrücken, daß unter »Selbsterhaltung« hier mehr verstanden wird als Sicherheit und mehr als Entfaltung: nämlich Expansion als frei gesetztes außenpolitisches Programm, das nur auf die Gelegenheit wartet, ausgeführt zu werden. *Bismarck* ist für *Lenz* deswegen der Realpolitiker, weil »er allein die Macht seines Staates in Rechnung zog, das Interesse und den Ehrgeiz der preußischen Großmacht« [76].

Haben wir es hier eindeutig mit einem expansionistischen Ziel der dritte Stufe zu tun, so steht zu vermuten, daß die Abhängigkeit der Innenpolitik, wenn sie von den Rankeanern angesprochen wird, ebenfalls diesen Charakter trägt, also nicht notwendig,

[70] Ibidem.

[71] *Max Lenz:* »Die Religion im Aufbau der politischen Macht«, in: Wille, Macht und Schicksal, München und Berlin 1922, S. 97.

[72] *Max Lenz:* »Ein Blick in das zwanzigste Jahrhundert« (Anm. 61), S. 590.

[73] *Max Lenz:* »Bismarck und Ranke«, in: Kleine Historische Schriften, München und Berlin 1922, S. 391.

[74] Ibidem.

[75] *Max Lenz:* »Ein Blick in das zwanzigste Jahrhundert« (Anm. 61), S. 591.

[76] *Max Lenz:* Die großen Mächte, Berlin 1900, S. 135.

nicht erforderlich, sondern lediglich programminhärent ist. *Dilthey* bietet dafür eine erste Bestätigung. Er entdeckt im Absolutismus, daß die Fürsten nur ihrem »natürlichen Egoismus« [77] folgen, zu inneren Reformen nur deswegen schreiten, damit ihre Staaten nach außen schlagkräftig werden. Die Innenpolitik der Fürsten und Minister erschöpft sich geradezu darin, die Machtmittel des Staates für den Kampf nach außen zu präparieren. »Alle Einrichtungen und Verbesserungen dienen diesem Zweck oder werden doch mehr oder weniger auf ihn bezogen. Das Maß von Freiheit und Glück, dessen sich die Untertanen erfreuen, hängt in erster Linie von dieser Rücksicht ab. Die innere Geschichte ist ganz bedingt von der äußeren [78].«

Jenen Zusammenhang erfaßt *Dilthey* nun auch in der Politik und der Geschichtsschreibung *Friedrichs des Großen,* die *Ranke* nur fortgeführt habe. Bei dieser Gelegenheit transponiert er nun den geschichtlichen Befund, der Geltung nur für die Fund-Zeit, den Absolutismus, beanspruchte, in die Form eines geschichtlichen Gesetzes. Zunächst fügt er die Zielstellungen des Absolutismus in den Begriff Staat ein: Der Staat »ist Macht, und Machtstreben ist das erste Motiv all seines Tuns; er ist in beständigem Kampfe mit den Nachbargewalten begriffen, und dieses Verhältnis bedingt seine Verfassung und Verwaltung« [79]. Das ist für *Dilthey* nun schon das dauernde »Prinzip aller echten politischen und historischen Betrachtung« [80]. Und aus diesem Staatsbegriff folgt die Abhängigkeit der Innenpolitik: »Der Anspruch des Einzelnen auf Selbstbestimmung kann nur so weit Berücksichtigung finden, als es das Machtbedürfnis des Staates gestattet« [81].

In diesem Satz haben wir die für die deutsche Geschichtswissenschaft klassische Formulierung des Verhältnisses von Innen- und Außenpolitik vor uns, zugleich wohl auch, da es sich um denselben Autor handelt, den Grundinhalt dessen, was unter dem Begriff ›Primat der Außenpolitik‹ verstanden worden ist. Die Innenpolitik, angesprochen in dem Zentralproblem der inneren Freiheit, richtet sich vollkommen nach der Außenpolitik. Aber es handelt sich nicht um eine notwendige, nicht einmal um eine erforderliche, sondern um eine Abhängigkeit, die lediglich aus dem Machtprogramm folgt. Von diesem Ziel aus argumentiert auch *Lenz,* wenn er *Bismarck* bescheinigt, »er hätte keinen Augenblick gezögert, auch zur Diktatur zu greifen und jede Freiheit der Meinungen zu unterdrücken, hätte er keinen anderen Weg vor sich gesehen, um die Macht seines Staates zu erhöhen« [82].

Aus diesen Formulierungen läßt sich ablesen, daß wir in der Abhängigkeit der Innenpolitik, die von den Rankeanern unter dem ›Primat‹ der Außenpolitik verstanden wurde, weniger ein theoretisch-wissenschaftliches, aus Analyse, Vergleich und Abstraktion gewonnenes Element, als vielmehr eine politische Forderung vor uns haben. Die aus den expansionistischen Programmen des absolutistischen Fürstenstaats folgende Abhängigkeit der Innen- von der Außenpolitik wurde zu einem Begriff verallgemei-

[77] *Wilhelm Dilthey:* Friedrich der Große und die deutsche Aufklärung, Gesammelte Schriften, Bd. 3, Göttingen 1959, S. 178.
[78] Ibidem, S. 181.
[79] Ibidem, S. 190.
[80] Ibidem.
[81] Ibidem, S. 194.
[82] *Max Lenz:* »Bismarck und Ranke« (Anm. 73), S. 393.

nert, der sich in der ganz anderen geschichtlichen Situation des Deutschen Reiches anwenden ließ. Dabei fällt schon auf, daß als Pole der Beziehung immer nur die äußere Macht und die innere Freiheit gegenübergestellt werden, hingegen nicht etwa Macht und Wirtschaft (oder Rüstung). Später wird zu fragen sein, was dies zu bedeuten habe, ob der ›Primat der Außenpolitik‹ mehr eine expansionistische Zielstellung oder eher Spannungen auf der Ebene des Regierungssystems, über den Grad der Freiheit, indiziere. Zunächst muß aber noch ein weiterer Blick auf den theoretischen Gehalt der Formel geworfen werden.

Sie hat nämlich schon zur Zeit ihrer Entstehung einer Nachprüfung nicht recht standgehalten. *Otto Hintze* unternahm es zu untersuchen, wie die Staatenbildung die Verfassung beeinflusse. Er ging dabei von einer These aus, die typisch im ›Primat der Außenpolitik‹ wurzelt, daß nämlich »von der äußeren Politik nicht bloß die Existenz, sondern auch die Verfassung der Staaten vielfach abhängig sei« [83]. Für den Moment, in dem ein Staat, etwa durch Annexionen, gegründet wird, gilt dies natürlich; und Hintze gelangt dazu, im Regierungssystem des Absolutismus nur die »Begleiterscheinung jenes Prozesses der Staatenbildung ... (zu sehen), durch den aus einem Aggregat von Territorien ein einheitliches Staatswesen zusammengeschmolzen worden ist« [84]. Unter diesem Ansatz stellt sich die Verfassung dar als reine Funktion der auswärtigen Verhältnisse, die Absicht des Monarchen spielt keine Rolle mehr. Hintze war sich völlig darüber klar, daß dieses Ergebnis so nicht stimmen konnte, er beeilt sich, dem makrohistorischen Aspekt den mikrohistorischen beizugesellen, der den Absolutismus als Folge der monarchischen Zielsetzung erkennen läßt [85]. Für den Historiker sind beide Betrachtungsweisen unerläßlich, aber sie erfordern ganz verschiedene Methoden. Der Begriff ›Primat der Außenpolitik‹ zeigt nicht an, zu welchem Bereich er gehört; und Hintze, der ihn benutzen will, kommt zu zwei diametral verschiedenen Ergebnissen.

Im geschichtlichen Einzelnachweis versagt der Begriff nicht minder. Wenn er ein Gesetz ausdrückte, dann wäre die Adelsrepublik Polen unter dem starken Druck von außen in eine Diktatur umgeschlagen. *Hintze* muß hingegen feststellen, daß, obwohl die »Gesetze des staatlichen Lebens« eine monarchisch-militärische Diktatur erfordert hätten, das »Übermaß von Freiheit im Innern ... den Staat nach außen wehrlos« machte [86]. Hier hängt also die Außenpolitik von der Innenpolitik ab, und dieser Fall ist gar nicht selten. Für *Lenz* ist er in Frankreich sogar fast die Regel. *Louis Philippe* mußte eine zurückhaltende Außenpolitik führen, weil er sonst im Innern den Boden unter den Füßen verloren haben würde [87]. Der gleiche Primat der Innenpolitik gilt für *Napoleon III.*, indessen mit genau umgekehrtem Resultat: »die Furcht« vor den Kräften im Innern Frankreichs »trieb ihn vorwärts« [88]. *Lenz* wird durch diese Gegen-

[83] *Otto Hintze:* »Staatenbildung und Verfassungsentwicklung, Eine historisch-politische Studie«, in: Staat und Verfassung, Gesammelte Abhandlungen zur allgemeinen Verfassungsgeschichte, Leipzig 1941, S. 25.
[84] Ibidem, S. 38.
[85] Ibidem.
[86] *Otto Hintze:* »Machtpolitik und Regierungsverfassung« in: Staat und Verfassung (Anm. 83), S. 419.
[87] *Max Lenz:* Die Großen Mächte (Anm. 76), S. 114.
[88] Ibidem, S. 137.

beispiele keineswegs dazu veranlaßt, die Ansicht vom Primat der Außenpolitik zu revidieren. Das Verhalten *Louis Philipps* schränkt sie nicht ein, sondern ist lediglich »das stärkste Zeichen für die Schwäche des neuen Thrones« (des Bürgerkönigs) [89].

Ist der theoretische Gehalt der Formel also gering und zudem nicht recht deutlich, so läßt ihre Verwendung bei *Lenz* erkennen, daß ihr in der Tat verhältnismäßig viele politische Elemente beigemischt sind. Sie wird stets herangezogen, wenn es um das Verhältnis von Macht und Freiheit im Deutschen Reich geht. Sie entfällt, wenn die Freiheit allein angeschaut wird: dann erscheint Preußen-Deutschland, die Vormacht des Protestantismus, als dasjenige Land, in dem die Möglichkeit der Freiheit prinzipiell verwirklicht wurde [90]. Der Zusammenhang entfällt total, wenn es sich um andere Länder handelt.

Im Begriff ›Primat der Außenpolitik‹, wie er von den Rankeanern verwendet wurde, haben wir also eine Formel vor uns, die für die historischen Arbeiten dieser Generation zur Erforschung des Absolutismus adäquat war, im übrigen aber, als Element einer Theorie, offensichtlich mehr politischen als wissenschaftlichen Zwecken diente. Zu fragen ist jetzt, ob sie mehr auf die äußere Macht oder mehr auf die innere Freiheit bezogen war, ob sie daher mehr als Index für expansionistische Ziele oder als Index für Spannungen innerhalb der Herrschaftseinheit aufzufassen ist.

Diese Frage ist naturgemäß nicht leicht zu beantworten, hier können nur Hinweise zusammengetragen werden. Zweifellos vertraten die Neu-Rankeaner, vor allem *Lenz* und *Marcks*, imperialistische, expansionistische Ideen [91]. Sie propagierten das Ziel außenpolitischer Macht, die Innenpolitik hatte sich nach diesem expansionistischen Programm zu richten. Die innere Freiheit konnte dementsprechend zurücktreten, als Folge eines expansionistischen Programms. Aber da der ›Primat der Außenpolitik‹ gerade gegenüber der inneren Freiheit so betont wird, scheinen auch innenpolitische Gründe diese Formel mitbestimmt zu haben. Im Wilhelminischen Reich standen sich ja drei gesellschaftliche Gruppen mit ganz verschiedenen politischen Grundanschauungen gegenüber [92]: der agrarische Adel, das industrielle Bürgertum und die Arbeiterschaft. Nachdem das Bürgertum in der Interessengemeinschaft der Sammlungspolitik den Anschluß an die bisher herrschende Schicht, jedenfalls in Preußen, gefunden hatte, waren es im wesentlichen nur noch zwei Gruppen; gleichzeitig verhärteten sich die Gegensätze. So trat vermutlich nicht zufällig der ›Primat der Außenpolitik‹ gerade um die Jahrhundertwende in seinen Zenith, wo die innenpolitischen Antagonismen besonders scharf ausgeprägt waren [93]. Und wenn die »Forderung der nationalen

[89] Ibidem, S. 114.

[90] *Max Lenz:* »Die Religion im Aufbau der politischen Macht« (Anm. 71), passim, bes. S. 111.

[91] Dazu jetzt *Hans-Heinz Krill:* Die Rankerenaissance Max Lenz und Erich Marcks, Berlin 1962, bes. S. 174 ff.

[92] Vgl. neuerdings *Wolfgang Sauer:* »Das Problem des deutschen Nationalstaates«, in: PVS, Jg. 3, H. 2, Juni 1962, S. 159–186. Sauer geht indessen auf die Sammlungspolitik nicht mehr ein.

[93] Ich folge hier im wesentlichen *Eckart Kehr:* »Englandhaß und Weltpolitik, Eine Studie über die innenpolitischen und sozialen Grundlagen der deutschen Außenpolitik um die Jahrhundertwende«, in: Zeitschrift für Politik, Jg. 17, 1928, S. 500–526. Kehr vertritt, etwas überspitzt, die These, daß das Bürgertum den Nationalismus zunächst fortschrittlich als Kampfmittel gegen den Feudalismus, dann, nachdem es sich durchgesetzt hatte, abwehrend gegen das Proletariat benutzt habe, »um die soziale Entwicklung aufzuhalten oder rückwärts zu revidieren. Hier ist

Machtpolitik« nicht nur als »Kampfmittel (des Bürgertums) gegen das zur Macht strebende Proletariat« zu verstehen ist, wenn ihr vielmehr auch manche realen Imperialismen innewohnen, so ist die Forderung sicher auch wegen ihrer innenpolitischen Verwendungsmöglichkeiten so hoch in Kurs gekommen.

Denn interessanterweise wird es um diese Folge des ›Primats der Außenpolitik‹ gerade zu dem Zeitpunkt still, wo sie – wenngleich jetzt als Existenznotwendigkeit – sehr nahegelegen hätte: kurz vor und während des Weltkrieges. Die Inadäquanz zwischen Verfassung und Gesellschaft im Deutschen Reich machte sich gegenüber den westlichen Demokratien jetzt besonders deutlich bemerkbar, sie wurde vor allem als Nachteil erkannt. Es zeigte sich, daß das monarchische System nicht eine Stärke, sondern eine Schwäche des Reiches war. *Hintze* lehnt nunmehr den »vorwiegend herrschaftlichen... monarchischen Geist« [94], den er eben noch gefordert hatte, ab. Seinetwegen sei Preußen 1806 gegenüber Frankreich zusammengebrochen; das Beispiel Frankreich beweise zudem, daß auch eine Republik parlamentarischen Musters erfolgreiche Außenpolitik treiben könne. Der Parlamentarismus, die politische Selbstbestimmung, würden keinesfalls die nationale Wehrkraft und die Politik schwächen [95]. *Hermann Oncken* geht 1918 noch sehr viel weiter, sieht in der politischen Freiheit die Voraussetzung kräftiger Außenpolitik [96] und fordert, daß die politischen Parteien voll in die Verantwortung für die Außenpolitik eintreten [97]. *Hintze,* und vor allem *Oncken,* sind deswegen nicht etwa zu überzeugten Parteigängern der Parlamentarisierung geworden. Sie möchten das Reich nach außen stärken und schlagen daher im Innern die notwendigen (und wohldosierten) Korrekturen vor. Sie folgen also einem ›Primat der Außenpolitik‹ reinsten Wassers, der aber jetzt die genau entgegengesetzten innenpolitischen Verhältnisse erfordert wie noch wenige Jahre zuvor: ein möglichst großes Maß an innerer Freiheit und Selbstbestimmung. *Ex post* wird damit der Beweis geliefert, daß die Formel hinsichtlich der innenpolitischen Folgen der Außenpolitik so, wie sie die Rankeaner aufgestellt hatten, selbst im Deutschen Reich nicht gegolten hat, und daß diese Theorie um die Jahrhundertwende zu gutem Teil dazu gedient haben dürfte, die gewünschten innenpolitischen Folgen erst herbeizuführen.

Daß sich die innenpolitischen Konsequenzen der Außenpolitik so leicht austauschen ließen, zeigt noch einmal, wie sehr es sich beim ›Primat der Außenpolitik‹ in der Tat

der psychologisch oft unbewußte, aber soziologisch tiefste Grund für den allgemeinen Sieg der Rankeschen These von dem Primat der Außenpolitik ... zu suchen. Denn die Forderung der nationalen Machtpolitik wandelte sich immer mehr aus einer Forderung des vorwärts eilenden Bürgertums gegen den feudalabsolutistischen Staat zu einer Forderung des Bürgertums als Kampfmittel gegen das zur Macht strebende Proletariat« (S. 503).

[94] *Otto Hintze:* »Machtpolitik und Regierungsverfassung« (Anm. 86), S. 429.

[95] Ibidem, S. 445.

[96] Vgl. etwa: » ... auch der höchste auf die Grenzen eines Staates ausgeübte Druck nötigt wohl zu einem intensivsten Anpassen des inneren Aufbaues an die schwereren Bedingungen im Wettbewerb, aber ein solcher Staat kann damit sehr wohl eine breite Verteilung der Verantwortlichkeiten, eine demokratische Mitwirkung der dafür reif gewordenen Massen verbinden. Er wird sogar in Lagen kommen, wo er diese tiefere Begründung seines Daseins nicht nur suchen kann, sondern suchen muß, wenn anders er ein starker Staat im höchsten Sinne bleiben will«. *Hermann Oncken:* »Über die Zusammenhänge zwischen äußerer und innerer Politik«, in: Vorträge der Gehe-Stiftung, Bd. 9, Leipzig und Dresden 1918, S. 137.

[97] Ibidem, S. 151.

um eine politische Forderung, nicht um eine wissenschaftliche Erkenntnis handelt. *Ranke* hatte beim Absolutismus einen Zusammenhang aufgefunden, ihn in einer gültigen allgemeinen Regel ausgedrückt, dabei gleichzeitig aber in den Context so verschiedene politische Ziele einfließen lassen, daß die Bedingungen der Abhängigkeit wieder undeutlich wurden. *Dilthey* ist den Weg *Rankes* noch einmal gegangen, aber mit viel kräftigeren Schritten. Er hat die vom Absolutismus verfolgten Ziele und die daraus resultierenden Abhängigkeiten der Innenpolitik als geschichtliche Regeln definiert, sie übernommen und es damit ermöglicht, daß die außenpolitischen und innenpolitischen Ziele der Führungsschichten des Deutschen Reiches in den Formen dieser allgemeinen Termini diskutiert werden konnten. Das war die Geburtsstunde des ›Primats der Außenpolitik‹. Ein Problem erwuchs daraus erst, als eine spätere Generation aus der allgemeinen Formulierung Schlüsse auf den Geltungsbereich des Inhalts zog und sich gezwungen fand, ihn infolge der zahlreichen Widersprüche fortwährend einzuschränken.

IV.

Regierungssystem und Außenpolitik

Die Schwierigkeiten, die der ›Primat der Außenpolitik‹ aufgibt, rühren also daher, daß ein außerordentlich einfacher Begriff an eine außerordentlich komplizierte Wirklichkeit angelegt werden soll. Da man den Begriff kaum verfeinern kann, bleibt nichts weiter übrig, als auf ihn zu verzichten. Ein eleganter Ausdruck entfällt damit, aber die Sicht wird frei. Der schönste Wegweiser nützt schließlich wenig, wenn er die Richtung ungenau anzeigt.

Es liegt nahe, den vom ›Primat der Außenpolitik‹ intendierten Zusammenhang lediglich als das Verhältnis von Innen- und Außenpolitik wiederzugeben. Aber damit könnte der Eindruck erweckt werden, als handele es sich um zwei selbständige Größen, die zueinander in Beziehung treten. Innen- und Außenpolitik sind jedoch viel enger verbunden, sie bilden nur zwei zu unterscheidende Ebenen, auf denen sich eine Herrschaftseinheit in Raum und Zeit verwirklicht. Das Verhältnis der beiden Ebenen kann daher niemals für sich, sondern immer nur unter jenem übergeordneten Aspekt untersucht werden, in dem sie zusammenfallen. Dieser Aspekt, das Selbstverständnis der politischen Einheit, kann im Regierungssystem erfaßt werden, weil er sich dort, im herrschaftsmäßigen Ausdruck der Gesellschaftsordnung, niederschlägt und dabei gleichzeitig die Bedingungen der Epoche wie die der Lage widerspiegelt. Stellt man die Frage nach der auswärtigen Politik, so wäre sie also sinnvoll jeweils im Zusammenhang mit dem Regierungssystem zu untersuchen.

In der Verbindung Regierungssystem und auswärtige Politik lassen sich die Abhängigkeiten zwischen jener und der Innenpolitik differenziert darstellen. Das Regierungssystem zeigt den Zustand der Gesellschaft und die Lagerung der sozialen Eliten, es vermittelt einen weitgehend objektiven Maßstab dafür, wie die Existenznotwendigkeiten und die Bedürfnisse beschaffen und wo sie vorwiegend zu realisieren sind. Damit ist ein Bezugssystem gegeben, unter dem die konkreten Beziehungen zwischen Innen- und Außenpolitik untersucht und klassifiziert werden können. Angesichts des Regierungssystems zeigt sich, ob eine existenznotwendige, eine erforderliche oder nur eine programminhärente Abhängigkeit der Innenpolitik vorliegt; schließlich läßt sich, da im Regierungssystem auch Spannungen innerhalb der Herrschaftseinheit deutlich werden, auch der Fall erfassen, daß Außenpolitik instrumental für die Innenpolitik verwendet wird.

Die Frage nach dem ›Primat der Außenpolitik‹ vermeidet nicht nur solche Ansätze, sie verschüttet sie geradezu, weil sie das Ziel schon festlegt und nur noch zu erforschen aufgibt, wie dieser ›Primat‹ im einzelnen aussieht. Zunächst muß doch aber untersucht werden, ob die Außenpolitik überhaupt vorrangig, vordringlich, höherwertig ist oder nicht. Dieser eigentliche Problemstand wird erst sichtbar, wenn man das Verhältnis von Innen- und Außenpolitik generell und zwar in Beziehung zum Regierungssystem überprüft.

Die Möglichkeiten, die der Ansatz: ›Regierungssystem und Außenpolitik‹ bietet, sind aber keineswegs auf den innen-außenpolitischen Beziehungskomplex beschränkt. Er stellt vielmehr nur ein Spezialproblem dar, das die eigentliche Forschungsaufgabe erst sichtbar werden läßt. Der Zusammenhang von Innen- und Außenpolitik nimmt sich hier aus wie ein Schlepper, der hinter sich her einen Ozeanriesen ins freie Wasser zieht.

Wenn sich die Abhängigkeiten nach den Zielen richten und nach ihnen klassifiziert werden, so stellen im Grunde die Ziele den relevanten Hauptfaktor dar. Sie wurden hier in den Hintergrund gerückt, weil die innen-außenpolitischen Beziehungen zu behandeln waren, sie treten, nachdem dies geschehen ist, und der Blick sich dem Gesamtproblem zuwenden kann, wieder in die ihnen zukommende Zentralposition ein. Die Ziele der Außenpolitik lassen sich in notwendige, erforderliche oder frei gesetzte unterscheiden, wobei nur die Existenznotwendigkeiten vorgegebene Größen darstellen, auf die die Herrschaftseinheit kaum Einfluß nehmen kann. Ihre Entscheidung spielt bei der zweiten Gruppe schon eine wichtige, bei der dritten die ausschlaggebende Rolle. Es kann also keine Rede davon sein, als unterliege die Außenpolitik chthonischen Gesetzen, die für alle Staaten in allen Zeiten gültig seien. Der Begriff der Staatsraison wird wieder mehr auf der ersten Silbe betont werden, als die nicht etwa allen Staaten gleichermaßen, sondern jedem Staat besonders zuzuordnende und von ihm großenteils bestimmte Raison [98]. Außenpolitik stellt somit eine Äußerung der Herrschaftseinheit dar, die sich zu ihrem Regierungssystem, als dem Gesamtausdruck ihres Selbstverständnisses, in Beziehung setzen läßt. In der Frage nach dem Verhältnis von Regierungssystem und Außenpolitik ist also ein Instrument gegeben, mit dem die Außenpolitik in Geschichte und Gegenwart systematisch examiniert werden kann [99].

Die Andeutung eines solchen Versuchs findet sich schon bei einer Reihe von Schriftstellern. *Machiavelli* schreibt der Republik eine spezifische Außenpolitik zu [100], *Montesquieu* ordnet in einer bekannten Stelle allen Staaten das Ziel der Selbsterhaltung,

[98] So hat *Meinecke* diesen Begriff auch dargestellt (Die Idee der Staatsräson, Anm. 62), der Begriff ist inzwischen aber von seinen geschichtlichen Fundamenten weitgehend abgelöst worden.
[99] Zu dieser Aufgabe selbst vgl. vor allem *Stanley Hoffmann:* Contemporary Theory in International Relations, Englewood Cliffs, N. J. 1960.
[100] *Niccolo Machiavelli:* Discorsi Sopra La Prima Deca Di Tito Livio, Firenze, 1857, Libro Secondo, Cap. IV., S. 228 ff.

jedem aber noch ein besonderes zu: Rom die Vergrößerung, Sparta den Krieg, Marseille den Handel, den despotischen Staaten die Wünsche der Prinzen, den monarchischen Staaten den Ruhm[101]. *Ranke* selbst verdanken wir eine der anschaulichsten Schilderungen von der Art und Weise monarchistisch-absolutistischer Außenpolitik[102]. Die im politischen Sprachgebrauch gängige Ansicht, daß die ›Demokratien‹ friedliebend seien, entspringt, wiewohl ungeklärt, hier ebenso wie der Hinweis, daß »Krieg ... die natürliche Beschäftigung der Könige«[103] darstelle. Diese Auskünfte lassen natürlich nicht mehr als ein Gespür dafür erkennen, daß hier ein Zusammenhang vorliegt. Ihm geschichtlich-systematisch nachzugehen, ist die Aufgabe der Politikwissenschaft.

Der Ansatz, Außenpolitik unter dem Gesichtspunkt des zugehörigen Regierungssystems zu untersuchen, bildet im Grunde nur das Komplement zu dem Verfahren, das die Wissenschaft hinsichtlich der Innenpolitik seit langem anwendet. Sie wird implizit stets zum Regierungssystem in Beziehung gesetzt, etwa zu totalitären oder pluralistischen Systemen, und dementsprechend klassifiziert. Für die Außenpolitik ist diese Aufgabe, sie einer rationalen Erhellung zuzuführen, erst noch zu leisten. Sie wird nicht so leicht sein, wie der frühe Liberalismus, besonders in den angelsächsischen Ländern, es sich gedacht hatte[104], aber sie liegt keineswegs außerhalb der Reichweite wissenschaftlicher Analyse[105], wie dies die These vom ›Primat der Außenpolitik‹ auszudrücken scheint.

[101] *Montesquieu:* De l'Esprit des Lois, T. 2, Paris 1803, Livre XI, Chap. V, S. 43–44.
[102] *Ranke:* Die Großen Mächte (Anm. 34), S. 9.
[103] *Joseph Schumpeter:* »Zur Soziologie der Imperialismen« (Anm. 41), S. 278.
[104] Vgl. dazu *Ernst Fraenkel:* Öffentliche Meinung und Internationale Politik, Recht und Staat, Heft 255/256, Tübingen 1962, passim, bes. S. 24 ff.
[105] Vgl. etwa *Otto Hintze:* »Staatenbildung und Verfassungsentwicklung« (Anm. 83), S. 25.

IST AUSSENPOLITIK *AUSSEN*POLITIK?

Ein Beitrag zur Theorie und der Versuch, eine unhaltbare Unterscheidung aufzuheben.

von *Ekkehart Krippendorff*

Außenpolitik steht im 20. Jahrhundert mehr denn je im Vordergrund politischen Interesses – sei es journalistisch, wissenschaftlich oder pragmatisch. Und das nicht zu Unrecht. Die Abwandlung eines berühmten *Napoleon*-Wortes dürfte diesen Sachverhalt kaum übertreiben: Außenpolitik ist unser Schicksal – jedenfalls reflektiert eine solche Formulierung wohl angemessen eine weitverbreitete Auffassung. Demgegenüber ist es aber andererseits auch nicht übertrieben festzustellen, daß die theoretische Klärung im Bereich der Politik-Wissenschaft damit kaum Schritt gehalten hat. In den USA, wo die wissenschaftliche Diskussion um angemessene Kriterien und Zugänge zur außenpolitischen Analyse wenn auch vielleicht nicht länger, bestimmt aber intensiver und breiter als anderswo geführt wird, kam ein hervorragender Kenner der Materie bei der kritischen Bewertung einer repräsentativen Zusammenstellung der gegenwärtigen Theorien zu dem wenig ermutigenden Ergebnis, daß es zwar viele interessante Ansätze, aber noch immer keine wirkliche fruchtbare Theorie gäbe[1].

Es ist nicht meine Absicht, mit der folgenden Abhandlung einen weiteren theoretischen Gesamtentwurf zu liefern. Vielmehr handelt es sich darum, einen schematischen Grundriß zur Analyse der Außenpolitik eines je bestimmten Staates zu entwerfen. Nicht so sehr eine »Theorie der Außenpolitik« also, als vielmehr die Entwicklung eines Satzes von Fragestellungen und Kategorien, eines Schemas, mit dessen Hilfe Analyse im konkreten Falle durchgeführt werden kann.

Dieser Ausgangspunkt impliziert eine Beschränkung und eine Prämisse, auf die in der Durchführung des Gedankenganges wieder zurückzukommen ist: es ist die Beschränkung auf *Außenpolitik* im Unterschied zum weiteren Begriff der internationalen Beziehungen, eine Beschränkung, die wesentlich eine Fixierung des Blickpunktes, des Standortes bedeutet, von dem her analysiert werden soll. Außenpolitik meint die

[1] *Stanley Hoffmann* (Ed.): Contemporary Theory in International Relations, Englewood Cliffs (N. J.) 1960. – Vgl. die Rezensionen in der PVS 1961, S. 416 ff. und Z. Polit. 1961, S. 375 ff.

Aktionen eines bestimmten Staates in der Verfolgung seiner Interessen gegenüber anderen Staaten; Außenpolitik ist also je bestimmte Außenpolitik, bzw. Analyse von Außenpolitik ist je konkrete Analyse der Handlungen und Interessen eines je konkreten Staates. Sie ist methodisch und aus Gründen der Klarheit der Fragestellung von den internationalen Beziehungen zu unterscheiden, die zu untersuchen einen gewissermaßen »übergeordneten« Standpunkt einzunehmen heißt: *Internationale Beziehungen* setzt die Aktionen und Interessen mehrerer (oder gar die Gesamtheit aller) Staaten voraus und operiert mit Kategorien wie »Kräftegleichgewicht«, »Bipolarität« etc. Beide Aspekte – Außenpolitik und internationale Beziehungen – sind eng miteinander verflochten, und ihre Trennung ist, wie zu zeigen sein wird, mehr methodischer denn substantieller Natur[2].

Neben dieser Einschränkung steht die durchaus problematische Prämisse, vom einzelnen Staat als Handlungsträger der Außenpolitik auszugehen. Ob und inwieweit sich diese Prämisse halten läßt, ist ein zentrales Problem der hier vorgelegten Überlegungen, und es wird zu zeigen sein, daß sie einer Neufassung bedarf, einer verfeinerten – und erweiterten – Definition, eines neuen Begriffes, in dem die zunächst unvermittelten Elemente: Internationale Beziehungen – Außenpolitik – Staat als Handlungsträger zusammenfallen.

I.

Die zum Staat organisierte Gesellschaft als Subjekt der Außenpolitik und das Primat der Systemerhaltung

Subjekt und Ausgangspunkt unseres Grundrisses der Außenpolitik ist also der Staat bzw. die gebietseinheitliche Organisation, deren politische Führung faktische Souveränität innerhalb ihres Territoriums beanspruchen kann. Außenpolitik als Manifestation der zum Staate organisierten Gesellschaft kann von dieser nicht abstrahiert analysiert werden, sondern muß von ihr zunächst und zuvörderst ausgehen. Nicht der Staat als abstrakte, monolithe Größe, nicht eine jeweilige Regierung verfolgt diese oder jene Außenpolitik, sondern die Frage hat anzusetzen bei der Gesellschaft als dem Substrat der staatlichen Aktionen. Der Staat, die Regierung handelt gewissermaßen im Auftrage des Klienten Gesellschaft. Außenpolitische Analyse beginnt mit und ist immer wieder zu beziehen auf gesellschaftspolitische Analyse.

In einem ersten Durchgang ist die jeweilige Gesellschaft, die Nation oder »das Volk« zunächst zu befragen auf ihre kollektiven Wertvorstellungen, abgesetzt von und gespiegelt an den tatsächlichen oder angenommenen Wertvorstellungen anderer Gesellschaften, Nationen, Völker. Es hat weittragende Konsequenzen, ob sich eine Nation kollektiv als anderen überlegen, gleichwertig oder unterlegen einschätzt, wie sie und ob sie ihren »Nationalcharakter« versteht und interpretiert: die Vorstellungen, daß es ein *»deutsches Wesen«*, *"the American Way of Life"* oder *»Russkaja Druschá«* gäbe, jeweils offen oder subtil Überlegenheit über andere implizierend, wären hier zu nennen. Solche kollektiven »Leitmotive« können sowohl mittels der Literatur, der Dichtung

[2] Vgl. *Fred A. Sondermann:* "The Linkage between Foreign Policy and International Politics", in: *James N. Rosenau* (Ed.): International Politics and Foreign Policy, Glencoe (Ill.) 1961.

und der Kunst, relativ präzise aber mit Hilfe der empirischen Sozialforschung aufgedeckt werden. Sie bedürfen jedoch, um im Rahmen einer außenpolitischen Untersuchung fruchtbar zu werden, der Erweiterung durch die historische Dimension: wie versteht sich ein Volk historisch – glaubt es an einen seine eigene Existenz transzendierenden Auftrag als »Musterdemokratie« (Schweiz), missionierend-zivilisierende Kolonialmacht (England im 19. Jahrhundert), »Vaterland aller Werktätigen« (Sowjetunion), »Fackel der Freiheit« (USA), und sieht es diesen Auftrag als erfüllt (Frankreich) oder zukünftig an (Ägypten und die arabische Einheit).

Die notwendige Analyse des historisch-nationalen Selbstverständnisses wäre unvollständig ohne die gleichzeitige Frage nach dem »Bild«, den Vorstellungen, die sich die jeweilige Nation von anderen Völkern macht: wie sehen etwa die Amerikaner die Russen, die Chinesen oder die Deutschen usw. Und: wieweit sind derartige *"Images"* grob oder subtil, simplifiziert oder verfeinert – woraus sich dann die Frage nach ihrer Konsistenz, ihrer Beständigkeit oder Labilität, ihrer relativen Stabilität oder Manipulierbarkeit ergibt. Stabilität von Stereotypen bedeutet für die politische Führung eingeengten außenpolitischen Spielraum gegenüber dem betreffenden Lande und umgekehrt. Auf die wichtige Relation zwischen Wahrheitsgehalt bzw. Realitätsnähe des Selbstverständnisses und des Bildes von anderen einerseits und dem Bildungs- bzw. Erziehungsniveau andererseits wird später noch zurückzukommen sein. Hier sei die Hypothese aufgestellt, daß eine politische Führung größtmöglichen außenpolitischen Spielraum hat in zwei Fällen: bei minimaler (die das Fehlen auch von Stereotypen impliziert) und bei maximaler Information der Geführten. Die dazwischenliegende »Halbbildung« ist besonders günstig für stabile kollektive Vorurteile und begrenzt die außenpolitische Manövrierfähigkeit entschieden. In anderen Worten: außenpolitische Analyse sollte mit einer kollektiv-psychologischen Analyse ihres Subjektes beginnen, mit der Herausarbeitung von Konstanten in historischer Erfahrung, Selbstverständnis und Wahrnehmung der Außenwelt.

Aber sie darf nicht dabei stehenbleiben. Vielmehr muß von hier aus eingeengt gefragt und spezifiziert werden: welche Schichten, Gruppen und Klassen haben teil, und in welchem Maße haben sie teil an jenen Kollektivvorstellungen? Haben Großstädter ein anderes Bild von ihrem Land und seiner Stellung in der Welt als Kleinstädter oder die Landbevölkerung? Zeigen sich zwischen Arbeitern, Mittelstand oder oberer Gesellschaftsklasse Unterschiede im Grade von internationaler Toleranz, Information, nationalem Selbstverständnis? Welche Rolle spielt die Erziehung für die Einstellung zur Außenwelt und damit zur Außenpolitik? Haben regionale oder ethnische Faktoren eine angebbare Relevanz? Sieht etwa ein amerikanischer Neger Afrika anders denn ein Weißer, oder ist das Frankreichbild eines Rheinländers unterschieden von dem eines Bayern? Nimmt der Katholik die Sowjetunion anders wahr als der Protestant? usw. Und welche Rolle spielen derartige Regionalgruppen, Religionsgemeinschaften und Minoritäten im politischen Prozeß als Ganzem? Vor allem aber ist immer wieder auf die Gesellschafts- und Machtstruktur des in Frage stehenden Subjektes abzuheben: für die Herausarbeitung außenpolitischer Perspektiven einer Gesellschaft ist es relevanter, Einstellung und Wertordnung ihrer Führungsschichten aufzudecken, als einen generellen und undifferenzierten Querschnitt der »öffentlichen Meinung« zu geben; bzw. die Repräsentativerhebung – etwa im Verfahren von Meinungsbefragungen – erhält ihren

Sinn nur aus der gleichzeitigen Aufhellung der Kanäle, innerhalb derer sie politisch relevant zirkuliert und aus der Identifikation von Gruppen und Klassen hinsichtlich ihrer strategischen Position im politischen Prozeß.

Darum ist außenpolitische Analyse nicht nur nicht möglich ohne einen Grundriß der gesellschaftlichen Struktur ihres Akteurs, sondern muß diesen zur Basis machen. Denn die politischen Handlungsträger dieser Gesellschaft, ihre »Anwälte« sozusagen, vertreten nicht philosophische oder aus dem »Himmel der Ideen« deduzierte Meinungen und Vorstellungen, sondern angebbare, objektive Interessen, sie haben definierbare Aufträge zu erfüllen. Da ist zunächst die Sicherstellung der territorialen Integrität, die, politisch formuliert, in der Vermeidung militärischer Verteidigung besteht. Sicherung kann auch heißen Gebietserweiterung, sofern eine solche der politischen Stabilisierung oder einer für wünschenswert erachteten Machtausdehnung dient; Außenpolitik kann dies durch Verträge und Abkommen in verschiedensten Formen erreichen.

Weiterhin ist es Aufgabe der Außenpolitik, Angehörige des eigenen Staates bei Aktionen jenseits seiner Grenzen zu unterstützen und zu beschützen. Schließlich fällt es in den direkten Aufgabenbereich der zu außenpolitischen Aktionen von der Gesellschaft Beauftragten, ein – im weitesten Sinne – »günstiges Klima«, günstige Bedingungen etwa für Handel und Wirtschaft vorzubereiten. Dies gilt in ganz besonderem Maße, je stärker die ökonomische Interdependenz fortschreitet bzw. ökonomische Autarkie auch nur als erstrebbares Ideal aufgegeben wird, wie das heute ohne Frage der Fall ist. Kurz: die außenpolitischen Akteure sind Anwälte, »Sachwalter« mehr oder minder klar definierbarer und definierter Interessen ihrer Gesellschaft, die in der Vermeidung von physischer Gewaltanwendung und der Förderung innenpolitischer Stabilität – beschreibbar ökonomisch, politisch und psychologisch – besteht. Hier rühren wir bereits an den Kernpunkt außenpolitischen Handelns: im Grunde haben die außen- wie die innenpolitischen Aktionen der Führer jener politischen Gemeinschaft »Staat« ihre gemeinsame Wurzel darin, für die Erhaltung jenes Systems, das sie kommandieren bzw. von dem sie bestellt wurden, zu operieren und zu agieren. Alle Politik ist, aus der Perspektive derer, die die strategischen Führungspositionen innehaben – sei es eine Partei, eine Klasse, Elite oder Clique oder eine Einzelpersönlichkeit – darauf gerichtet, diese Führungspositionen zu erhalten und auszubauen. Jede politische Führung ist, ungeachtet ihrer ideologischen Ausrichtung, an ihrer Selbsterhaltung interessiert und damit an der Erhaltung des sie tragenden Systems. Revolution als Akt und kontinuierliche politische Führung schließen sich gegenseitig aus; die »Revolution von oben« ist ein Widerspruch in sich, der seine Auflösung darin findet, daß der oder die Inhaber der revolutionären Macht auf die Umgestaltung der eigenen Gesellschaft drängt in der Weise, daß die transformierte Ordnung den eigenen Wertvorstellungen, der eigenen Machtausübung, den eigenen ökonomischen und ideologischen Interessen korrespondiert. Das gilt für *Stalin* ebenso wie für den nach acht Amtsjahren nicht wiederwählbaren amerikanischen Präsidenten, der sich nichtsdestoweniger aktiv wenigstens für die Wahl eines Nachfolgers aus seiner eigenen Partei einsetzt.

In unserem Zusammenhang heißt das: Außenpolitik kann nur verstanden und analysiert werden aus dem Gesamtzusammenhang von Aktionen zur Erhaltung eines bestimmten gesellschaftlichen Systems durch die von diesem beauftragte, delegierte oder geduldete Führung. Das kann durchaus die Umgestaltung inadäquater innenpolitischer Verhältnisse im Interesse besserer außenpolitischer Handlungsfähigkeit bedeuten – aber nur sofern und soweit es sich als unmöglich erweist, auf der Grundlage und mit den Mitteln der gegebenen Gesellschaft die Um- und Außenwelt den eigenen Vorstellungen und Interessen gefügig zu machen, anzugleichen, sie zu beeinflussen und wenn möglich zu kontrollieren. Darin besteht das eigentliche Ziel jeder Außen- im Unterschied zur Innenpolitik. Beiden gemeinsam ist das *Primat der Systemerhaltung*, und sie sind voneinander absetzbar lediglich in der Wahl der Methoden und in den Objekten, den Adressaten ihrer Handlungen.

Erst auf der Grundlage einer Analyse der gesellschaftlichen Voraussetzungen und des hier im Begriffe der Systemerhaltung zusammengefaßten Interesses ist es sinnvoll, sich den politischen Akteuren direkt zuzuwenden. Da ist zunächst der weitere Aspekt der politischen Elite einer Prüfung zu unterziehen, wobei weniger das »Ob« des Bestehens einer solchen als vielmehr das »Wie«, ihre Komposition, ihre gesellschaftliche und ökonomische Basis, ihre ideologische Ausrichtung und der Prozeß ihrer Rekrutierung bzw. Regenerierung von Bedeutung ist; denn daß alle politischen Systeme über Gruppen, Schichten und Klassen verfügen, die überdurchschnittlichen Einfluß auf die Formulierung und Durchführung (außen)politischer Programme haben, steht außer Zweifel. Die Existenz von gesellschaftlichen Eliten voraussetzen heißt aber noch keineswegs, sie mit tatsächlicher politischer Führung notwendig gleichzusetzen. Vielmehr kann – besonders im Rahmen der westlichen Massendemokratien – eine politische Führung durchaus relativ unabhängig die Kommandohöhen erreichen und es dann zu Spannungen zwischen beiden Gruppen kommen. Da Führung jedoch, um ihrer Aufgabe effektiv gerecht werden zu können, auf eine weitestmögliche Beseitigung von Spannungen bedacht sein muß, ist in solchen Fällen der Prozeß der Elitenamalgamation zu untersuchen. Das Problem stellt sich weniger im kommunistischen Bereich, wo politische, ökonomische und intellektuelle Eliten im einheitlichen Instrument Partei und mittels einer sorgsam überwachten einheitlichen Ideologie zusammengehalten werden. Wohl aber ist es relevant etwa im Falle der letzten Machtablösung der Republikaner durch die Demokraten in USA, da erstere sich nahezu reibungslos mit den Führungskräften vor allem der Wirtschaft assoziieren konnten und letztere sich gegenwärtig vor das ernste Problem der Koordination voneinander divergierender Vorstellungen gestellt sehen. Konkret gefragt: woher nimmt der Chef der Exekutive seine Berater, aus welchen Personenkreisen rekrutiert er seinen Verwaltungsstab, wer wird Außenminister, wer Staatssekretär, welche Gruppen finden bei der Exekutive Gehör und welche nicht? usw. Gelingt es, mit den Methoden der politischen Soziologie die Führungselite eines Landes zu lokalisieren und zu identifizieren, ihre Interessenlage und Ideologie zu definieren, so läßt sich daraus auch die außenpolitische Perspektive eines Landes herleiten, und zwar relativ unabhängig von der jeweiligen spezifischen Regierung; denn Regierungen kommen und gehen, Führungsschichten jedoch wandeln sich nur langsam und werden nur im Extremfalle einer Revolution teilweise oder ganz ausgewechselt.

Dennoch bedarf die jeweilige konkrete Politik einer bestimmten Regierung besonderer Analyse, die aber nur sinvoll ist auf dem Hintergrund von und im Zusammenhang mit der Erhellung der gesellschaftlichen Machtverhältnisse selbst, die sie repräsentiert und für deren Erhaltung sie agiert. Es ist zu fragen nach dem politischen Spielraum, der Manövrierfähigkeit der jeweiligen Repräsentanten, und es ist zu fragen, inwieweit Regierungswechsel und subtile personelle Faktoren relevant werden können – denn daß solche Wechsel außenpolitisch relevant sein müssen, ist durchaus nicht immer gesagt. Je stabiler eine Gesellschaft etabliert ist, desto geringfügiger wiegt der Wechsel ihrer politischen Agenten, bzw. desto geringer ist auch die außenpolitische Handlungsfreiheit etwa eines besonders eigenwilligen Regierungschefs. Das bedeutet nicht die völlige Ausschaltung des Persönlichkeitsfaktors aus der Politik; aber die jeweiligen Amtsträger sind doch in gleicher Weise, wie sie Stil, »Klima« und allgemeine Ausrichtung einer jeweiligen Außenpolitik bestimmten, zugleich Produkte eines bestimmten Stils, eines »Klimas« und vorgefundener konstanter Interessen; sie sind dem System verantwortlich.

II.

Die Objekte der Außenpolitik und das soziologische Problem des gemeinsamen Interesses

Um den bisher skizzierten Gedankengang zusammenzufassen: außenpolitische Analyse sollte ihren Ausgang nehmen von der jeweiligen zum Staat organisierten Gesellschaft, sollte deren kollektives Selbstverständnis darstellen, sie auf ihre Struktur hin befragen und klarlegen, daß außen- wie innenpolitische Aktionen der politischen Führung ihren gemeinsamen Nenner in der Erhaltung eines spezifischen Systems, einer spezifischen Organisationsform, von identifizierbaren Machtpositionen haben. Ehe aber der Schritt zur konkreten Analyse des eigentlich operativ-strategischen Aspekts einer zu untersuchenden Außenpolitik unternommen werden kann, muß ein weiterer wichtiger Komplex geklärt werden: welches sind die Partner, die Adressaten außenpolitischer Handlungen, in welcher Umgebung und mit welchen Faktoren muß gerechnet werden im weiten Feld der internationalen Beziehungen? In der Tat hinge jede Analyse in der Luft, die nicht gleichzeitig die »Mitspieler«, die Alliierten, die Neutralen und die potentiellen oder tatsächlichen Gegner der eigenen Interessen mit einbezöge. Denn die zu entwickelnde Strategie, die Ausbildung der Methoden zu ihrer Durchführung und die Erfolgschancen der eigenen Politik – die Erhaltung des eigenen Systems – sind abhängig von und bezogen auf die Adressaten dieser Politik.
Im Prinzip impliziert diese Forderung die Anwendung der gleichen analytischen Kategorien, wie sie im ersten Teil dieses Grundrisses skizziert wurden. Die Außenpolitik, sagen wir der Vereinigten Staaten gegenüber Lateinamerika, kann nicht sinnvoll dargestellt werden ohne Klarheit darüber, wer, wie und warum in Brasilien, Argentinien oder Kuba regiert. Mit welcher Einstellung, mit welchem »Bild« von sich selbst haben es die USA in diesen Ländern zu tun? Was hat dieses Bild geformt, und ist es innerhalb einiger Gruppen oder Klassen positiver bzw. negativer als bei anderen, und welche Position hat etwa eine bestimmte Schicht, die den USA freundlicher als eine andere gegenübersteht, innerhalb der Gesellschafts- und Machtstruktur des betreffenden Landes? Wenn sie an der Macht ist: wie kann sie dort gehalten werden? Wenn sie das nicht ist: wie kann ihr zur Macht verholfen werden?

Einbeziehung der »Mitspieler«, der Adressaten eigener außenpolitischer Aktionen heißt darum, das gesellschaftliche und politische Ganze des jeweiligen Staates in allen seinen Differenzierungen in Rechnung zu stellen, ganz gleich, welcher Art die bestehenden oder zu erstrebenden Beziehungen sind: die Interessen von dessen Elite an der Erhaltung ihrer eigenen Position, die spezifische ideologische und ökonomische Struktur, die tatsächliche und potentielle Dynamik innerhalb des anderen Systems, heißt also: die eigenen Interessen am anderen klar definieren – seien sie militärischer, ökonomischer oder ideologischer Natur. Die Entwicklung einer außenpolitischen Strategie resultiert u. a. aus der Kombination eben dieser beiden Aspekte: der Analyse dessen, »was ist«, der Zerlegung also des Objektes »anderer Staat« in dessen gesellschaftliche Bestandteile, seine Machtstruktur und seine systemimmanente Dynamik, und der Definition der eigenen Interessen an diesem anderen Staat. Der langfristige Erfolg einer Außenpolitik beruht wesentlich darin, ob beide Aspekte genügend sorgfältig berücksichtigt und zu einer praktikablen Politik formuliert wurden. Anders gesagt: nur dann ist Außenpolitik auf lange Sicht erfolgreich, wenn sie sich genau darüber im klaren ist, mit wem sie es zu tun hat, auf welche Gruppen, Eliten, Klassen oder auch Persönlichkeiten sie sich stützen kann, die eine maximale Chance dauerhafter Machtausübung haben. So ist zu fragen: welche politische und ökonomische Struktur des in Frage stehenden Adressat-Staates mit welcher ideologischen Ausrichtung verspricht eine maximale Angleichung oder gar Deckung mit den eigenen Interessen? Aus all dem ergibt sich: da es das Ziel jeder Außenpolitik sein muß, eine der eigenen Orientierung und den eigenen Ordnungsvorstellungen günstige Umgebung – im Prinzip: Weltordnung – zu schaffen, wird sie darauf aus sein müssen, solche Systeme um sich zu sehen, die dem eigenen korrespondieren, geführt jeweils von solchen Führungsgruppen und Eliten, deren Interesse an der Erhaltung ihres Systems mit dem eigenen Interesse zusammenfällt. Diese theoretische Einsicht ließe sich mühelos mit historischen Beispielen etwa von der Intervention der monarchischen Mächte ins revolutionäre Frankreich an über den ursprünglich demokratischen Charakter der Monroe-Doktrin bis hin zur Gegenwart untermauern.

Zusammengefaßt: die Erfolgschancen einer Außenpolitik hängen davon ab, ob es gelingt, a) die strategisch entscheidend und einflußreich plazierten Gruppen im anderen System zu erkennen und b) deren Interesse an der Erhaltung oder dem Ausbau ihrer Positionen mit den eigenen, prinzipiell nach innen gleichgelagerten Interessen zu koordinieren oder gar zu identifizieren. Das eine wäre auf den vorläufigen Begriff der *Umweltsanalyse* zu bringen, der Klärung des außenpolitischen Aktionsterrains. Das andere führt die Analyse wieder zurück auf das eigentliche Subjekt: die jeweilige konkrete Staatsgesellschaft, die nun daraufhin befragt werden kann, welche Mittel und Instrumente sie bereitstellt, ihre Interessen in der zuvor analysierten Umgebung effektvoll zu vertreten.

III.

Die Instrumente der Außenpolitik als Produkte der Gesellschaft und ihrer Wertvorstellung

Die Frage nach dem außenpolitischen Instrumentarium ist sinnvoll zu stellen erst auf der Grundlage der aus (I) und (II) gewonnenen Ergebnisse. Denn das Instrumentarium, d. h. die Methoden, Werkzeuge, Mittel zur Realisierung der außenpolitischen Ziele, reflektiert sowohl die jeweilig vorgefundenen und zum Objekt außenpolitischen Interesses gemachten Bedingungen, als es auch den Reifegrad und die Stärke der politischen Organisation einer Gesellschaft wiedergibt. Was mit »Stärke« und »Reifegrad« gemeint ist, läßt sich im Zusammenhang mit der Frage nach dem außenpolitischen Instrumentarium hypothetisch so formulieren: eine Gesellschaft ist dann reif und erfolgreich, wenn sie ihren mit der Führung der außenpolitischen Geschäfte beauftragten Agenten solche Mittel und Instrumente zur Verfügung stellt, die der Lösung aufgegebener Probleme adäquat sind. Oder anders gesagt: bei gegebener Klarheit in der Analyse der Umweltbedingungen (II) wird die Gesellschaft mit derjenigen politischen Organisation am erfolgreichsten sein, die die größte Variationsbreite, die größte Flexibilität in der Ausbildung ihres Instrumentariums entwickelt.

Man kann das Gesagte sehr einfach militärisch exemplifizieren: die Vorbedingung für einen erfolgreichen Feldzug ist a) genaue Kenntnis des Terrains und der gegnerischen Kräfte in Stärke und Bewaffnung und b) die Verfügbarkeit von Waffen und Truppen, die sowohl mit dem Gelände als auch mit den Mitteln des Feindes fertig werden können. Genauso, wie die Kriegsführung radikal geändert werden mußte nach der Erfindung des Schießpulvers oder der Panzerwaffe, so auch die Kunst der Außenpolitik nach der Entstehung des Nationalstaates und der Massendemokratie. Es kann hier nicht der Ort sein, eine ausführliche historische Demonstration dieser Hypothese durchzuführen, einige wenige Andeutungen müssen genügen.

Im Zeitalter des Absolutismus etwa war Außenpolitik ein relativ »einfaches« Geschäft (was keine Herabminderung des intellektuellen Aufwandes der Kabinettspolitiker heißen soll). Da war der Diplomat, von dessen persönlich guten oder schlechten Beziehungen zum anderen Hof oft Krieg oder Frieden abhingen. Dann gab es das Mittel dynastischer Heiraten, die feste Allianz über Jahrzehnte bewirken konnten – oder langjährige Verfeindung von Staaten. Es bestand die begrenzte Möglichkeit, Fürsten und Vasallen eines anderen Monarchen diplomatisch oder finanziell gegen diesen zu gewinnen und ihn somit zu schwächen. Weiterhin konnte man Truppenkontingente verleihen oder auch verkaufen zum Dienst in fremdem Auftrag gegen erstrebenswerte Vergünstigungen. Schließlich war auch die schlichte Transaktion von Geld ein Mittel der Außenpolitik. Und natürlich bestand dann immer die *ultima ratio* der militärischen Aktion, um den eigenen Interessen zum Erfolg zu verhelfen. – Dies ist weder ein vollständiger noch ein mehr denn oberflächlicher Katalog, der nur der Kontrastierung mit den ungemein vielschichtigeren, komplexeren Bedingungen heutiger Außenpolitik dienen soll, auf die hier vor allem abzuheben ist. *Eine* Generalisierung jedoch dürfte genauerer historischer Nachprüfung durchaus standhalten: daß es Außenpolitik vor dem massendemokratischen Zeitalter – grob gesprochen: vor der Französischen

Revolution – mit relativ wenigen und relativ leicht identifizierbaren und definierbaren Größen zu tun hatte, daß die Adressaten und damit das Terrain relativ übersichtlich waren, dem folgerichtig ein relativ einfaches Instrumentarium – nämlich nahezu ausschließlich die Diplomatie – Genüge tat.
Das hat sich im 20. Jahrhundert radikal geändert (ohne daß damit das Grundanliegen der oben definierten »Systemerhaltung« auch ein anderes geworden wäre). Auf der Grundlage des vor allem unter (II) Skizzierten kann nun versucht werden, einen Überblick über mögliche Instrumente moderner Außenpolitik zu geben. Die Sache selbst – nämlich der Charakter der modernen Massendemokratie – bringt es mit sich, daß dabei faktisch kein Bereich des gesellschaftlichen Lebens ausgelassen werden kann, sowohl auf Seiten des außenpolitischen Subjektes wie der betroffenen Objekte. Wir leben, wenn man so will, im Zeitalter »totaler Außenpolitik«. Und im Grunde läuft, wie bereits wiederholt angedeutet, die Frage nach der Effektivität von Außenpolitik heute darauf hinaus, inwieweit eine Gesellschaft die Totalität ihrer Kräfte zum tatsächlichen Einsatz bringen kann bzw. anders ausgedrückt, ob ein jeweiliges gesellschaftliches System von der Art ist, daß es total auf allen Ebenen Herausforderungen beantworten kann. Wobei, wie herauszuarbeiten sein wird, Totalität nicht mit Massivität, sondern mit maximaler Flexibilität, mit Qualität, nicht mit Quantität gleichzusetzen ist.
Der folgende Katalog möglicher Bereiche außenpolitischen Handelns bzw. der diesen korrespondierenden Instrumente beansprucht zwar eine gewisse grobe Vollständigkeit, soll aber nicht als Rangordnung erscheinen. Vielmehr ist die Frage der Wertordnung, der Gewichtigkeit anzuwendender Methoden nur je spezifisch beantwortbar. Einmal hat nicht jede Gesellschaft alle Instrumente gleichermaßen entwickelt; zum zweiten ist nicht jede politische Führung gewillt oder befähigt, sich ihrer aller zu bedienen; zum dritten erfordert jede Situation, jedes neue Problem die Anwendung je neuer, adäquaterer Mittel und damit den Wechsel von Vorrangigkeiten (oder jedenfalls zeigt sich in der Fähigkeit zu solchem flexiblen Handeln die Qualifikation einer Führung und die Reife einer Gesellschaft); und schließlich entspringt die durchgehende unterschiedliche Betonung der einen und die dem korrespondierende Vernachlässigung anderer Instrumente der jeweiligen Strategie, Einschätzung der Lage und der Wertordnung einer Gesellschaft. Eine auf dem Prinzip des Warenaustausches, den Gesetzen der Marktwirtschaft und des Profites aufgebaute Gesellschaft wird sich außenpolitisch weitgehend und zuvörderst an diesen orientieren bzw. mit diesen Prinzipien zu arbeiten suchen. Eine Gesellschaft hingegen wie die faschistische, die den Kampf ums Dasein und die physische Vernichtung politischer und rassischer Minoritäten auf ihr Banner geschrieben hat, wird folgerichtig auch außenpolitisch die Anwendung physischen Zwanges, i. e. das Militär, an die oberste Stelle der ihr verfügbaren Instrumente setzen etc. In der Herausarbeitung einer solchen, die notwendigen Abweichungen im Einzelfall einbegreifenden, sich als ein Verhaltensmuster durchhaltenden Rangordnung des potentiell unbegrenzten Instrumenten-Reservoirs besteht eine zentrale Aufgabe konkreter außenpolitischer Analyse. Sie ist durchführbar sowohl historisch, d. h. durch die Herausarbeitung bestimmter Aktions- und Reaktionstypen, als auch politisch, d. h. durch Vergleich der einzelnen Instrumente miteinander hinsichtlich ihres Entwicklungsgrades, ihres personellen und materiellen Umfanges, ihrer Rolle im System etc. Im folgenden wird der letztere Zugang versucht. –

Das klassische Instrument: Diplomatie

An erster Stelle zu nennen ist das klassische Instrument der Außenpolitik, die *Diplomatie.* Und zwar Diplomatie im engeren Sinne des Wortes, nämlich als Bezeichnung jenes Organs, das von einem Staate zur ausdrücklichen Vertretung seiner Interessen in einem anderen Land ausgebildet und verwandt wird. Der diplomatische Arm als Gegenstand der Analyse bietet ein ganzes Bündel von Aspekten. Da ist zunächst einmal die Frage nach seiner personellen Zusammensetzung: aus welchen sozialen Schichten bzw. aus welchen professionellen Gruppen bzw. nach welchen politisch-ideologischen Kriterien wird er rekrutiert? Es hat weitreichende Konsequenzen (und reflektiert wiederum die jeweilige Gesellschaft und deren Wertorientierung), ob er sich vorwiegend, sagen wir, sich aus Mitgliedern einer Aristokratie (wie im Zeitalter des Absolutismus), einer semi-aristokratischen Oberschicht (wie in England), der Geschäftswelt (wie in USA) oder etwa einer ideologischen Elite (wie in der Sowjetunion) zusammensetzt. Es ist zu untersuchen, ob es sich um ein Berufsdiplomatencorps mit eigenem Standes- und Ehrenkodex (wie weitgehend in der europäischen Tradition) handelt, deren Mitglieder folgerichtig über ausgedehnte und systematisch trainierte diplomatische Erfahrungen verfügen, lange in gewissen Positionen verbleiben können etc., ob ein diplomatischer Posten als Abfindung für politische Verdienste an prestigebedürftige Laien vergeben wird (wie in vielen Fällen in USA) oder an Akademiker mit speziellen Gebietskenntnissen (wie in einigen jüngeren amerikanischen Fällen), für die die diplomatische Tätigkeit nur kurzfristiger und außerberuflicher Natur ist. Eine vornehmlich auf dem »Generalisten« aufgebaute Diplomatie hat die Vorteile exekutiver Zuverlässigkeit im Gebrauch gewisser handwerklicher Techniken und Umgangsformen, einer auf die politische Führung orientierten hierarchischen Befehlssubordination; ihre Mitglieder können »von der Pike auf« trainiert, beobachtet, selektiert und je nach Erfordernis versetzt werden. Sie hat den Nachteil einer gewissen Unbeweglichkeit, der Entwicklung eines gildenhaften Standesbewußtseins, das nicht selten der Sensibilität gegenüber neuen, unerwarteten Ereignissen und Entwicklungen ermangelt; Berufsdiplomaten sind auf Grund eben ihres Trainings oft zu befangen in formallegalistischen Methoden und Denkweisen, um für komplexe psycho-politische oder anthropologische Faktoren offen zu sein. Gerade letzteres aber ist die Stärke des »Spezialisten« bzw. des Nicht-Karrierediplomaten, sofern er – wie etwa im Falle von Akademikern – auf Grund seiner besonderen sachlichen Qualifikationen und nicht aus Abfindung für politische Dienste berufen wird. Der spezialisierte und/oder nichtprofessionelle diplomatische Dienst zeichnet sich außerdem noch, wenn recht gehandhabt, durch größere Flexibilität aus gegenüber sich wandelnden Bedingungen und Erwartungen anderer Länder. Kurz: die Schwächen des Generalisten sind die Tugenden des Spezialisten – und umgekehrt. – Doch ist die personelle Zusammensetzung unter den Kriterien Training, soziale Komposition, politisch-ideologische Ausrichtung nicht der einzige Zugang zur Analyse des Instrumentes Diplomatie. Es ist ebenso wichtig, den inneren Aufbau, die Kommandostruktur, die Art und Weise, wie Informationen kanalisiert werden, den Grad von Handlungs- und Entscheidungsfreiheit des örtlichen Botschafters, seine Befehlsgewalt über die verschiedenen Attachés, kurz: den diplomatischen Apparat als Apparat, als Bürokratie zu studieren. Und es ist, damit

Ultima ratio: die militärische Gewalt

Seit jeher, aber heute in ganz besonders exponenter Weise, ist die *militärische Gewalt* die *ultima ratio* der Selbsterhaltung jedes politischen Systems und damit seiner Außenpolitik. Sie hat darum ihren festen Platz innerhalb des außenpolitischen Instrumentariums jedes Staates. Aber ihr Stellenwert ist nicht überall und unter allen Bedingungen derselbe und entspricht sowohl der jeweiligen geographischen Lage und der jeweiligen Einschätzung der eigenen Position und der Definition der eigenen außenpolitischen Absichten. Das Militär als Instrument der Außenpolitik ist zu befragen einmal auf seine Stellung innerhalb einer gegebenen Gesellschaft: Sozialprestige, Verhältnis zur politischen Führung, Umfang, Mobilisierungsgeschwindigkeit, Abhängigkeit von ökonomischen Bedingungen, Ideologie, kurz: es ist zu analysieren als Apparat, als Machtaggregat, als sozialer Faktor. Es ist aber auch zu befragen auf seine aus diesen Aspekten plus denen der strategischen Bedingungen des Landes sich ergebenden Möglichkeiten hin: operative Basis, Ausrüstung, potentiell aggressiver oder defensiver Charakter etc. Beide Aspekte des einen Gegenstandes stehen dabei in kausalem Zusammenhang: eine militaristisch ausgerichtete und organisierte Gesellschaft wie die faschistische wird danach tendieren, das Militär zum vorzüglichen Instrument seiner außenpolitischen Erhaltung auszubauen, wie wiederum Militarismus im Innern Resultat äußeren Druckes sein kann. Die Art und Weise der jeweiligen Reaktion auf Spannungen und Gegensätze im Felde der internationalen Beziehungen spiegelt so vor allem den Charakter der jeweiligen Gesellschaft wider. Grad und Umfang, in dem die äußere Bedrohung der staatlichen Existenz als militärisches Problem interpretiert wird, reflektiert eine je spezifische Wert- und Ordnungsvorstellung und ändert sich von Nation zu Nation wie auch im Wandel der Zeit. Äußere Bedrohung ist immer zugleich *auch* militärischer Natur, aber es ist eine im konkreten Falle zu untersuchende offene Frage, ob sie das *ausschließlich* oder *primär* oder nur *tertiär* ist – gegenüber etwa ökonomischer oder ideologischer Herausforderung eines Systems. Wie in anderem Zusammenhang schon festgestellt, hängt dabei der Erfolg einer Außenpolitik entscheidend davon ab, ob die Interpretation einer Bedrohung dem tatsächlichen Sachverhalt auch entspricht. Beispiele von Fehlinterpretationen gibt es zu Dutzenden: etwa die Unterschätzung des amerikanischen Freiheitskrieges durch die englische Regierung als rein militärischer Angelegenheit oder die Mißdeutung des Nationalsozialismus durch die Westmächte als eines durch Nachgiebigkeit in scheinbar berechtigten Forderungen pazifizierbaren deutschen Nationalismus. Im ersten Fall glaubte man das Problem rein militärisch, im zweiten ganz ohne Waffengewalt lösen zu können. – Die Resultante aus a) Umfang und Art, in dem die Systemerhaltung nach außen hin als militärische Aufgabe interpretiert wird, und b) den geographischen Bedingungen und ökonomischen Möglichkeiten eines Staates ergibt dessen militärische Strategie. Ein Staat mit begrenzter ökonomischer Basis ist weniger geneigt, sich das luxuriöse Instrument militärischer Macht zur Verfolgung seiner außenpolitischen Interessen zu leisten als ein wirtschaftlich reicher Staat, es sei denn, er kanalisiert einen relativ größeren Teil seines Nationalprodukts in den Militärhaushalt und kompensiert den auf der rein ökonomischen Seite entstehenden Verlust durch straffere Planung aller seiner Potenzen und eine adäquate Verzichtsideologie. Die ökonomischen Grenzen militärischen Potentials sind darum fließend und in jeder Gesellschaft verschieden: wirtschaftlicher Reichtum und militärische Macht stehen in keinem direkt-proportialen Zusammenhang. – Jedoch kann dieser Zusammenhang als solcher nicht geleugnet und unterschätzt werden. Besonders die »Überflußgesellschaft« des Westens ist heute in bemerkenswertem Maße von der Aufrechterhaltung der Rüstungsindustrie und hohen Verteidigungshaushalten abhängig, was zweifellos von größter und sorgfältiger Analyse bedürftiger Bedeutung für ihre Einstellung zu Fragen wie *Disengagement,* lokalen Kriegen, Militärhilfe an Bündnispartner und vor allem Abrüstung ist.

Die unsichtbaren Instrumente: Untergrund

Ganz ähnlich der Propaganda hat sich eine weitere Gruppe von außenpolitischen Instrumenten aus den spezifischen Bedingungen des modernen Massenstaates gebildet, die wir hier unter der Sammelbezeichnung zusammenfassen wollen: *der Untergrund.* Es wäre eine Aufgabe weitgehender terminologischer Bemühungen, hier einen angemesseneren Begriff zu entwickeln. In unserem Zusammenhang sollen mit Untergrund bezeichnet werden alle jene in fremdem Staatsgebiet durchgeführten Aktionen, die zwar mit ausdrücklicher Billigung und unter Kontrolle der interessierten Regierung geschehen, für die sie aber nicht öffentlich – oft nicht einmal innerhalb der semioffiziellen Kanäle – die Verantwortung übernehmen kann und will. Zum Untergrund gehört darum zunächst das weite Feld der Spionage, denn Besitz oder Nichtbesitz von bestimmten Informationen trägt oft wesentlich zur Stärkung oder Schwächung einer Position in internationalen Auseinandersetzungen bei. Es gehört weiter und vor allem dazu der Geheimdienst, der von der Spionage dadurch unterschieden ist, daß er mit gewissen Exekutivvollmachten ausgestattet ist. Beispiele wären da zu Dutzenden zu finden etwa in der Geschichte der sowjetischen Außenpolitik oder der amerikanischen *Central Intelligence Agency:* Regierungsstürze, Demonstrationen oder Sabotageakte sind oftmals deren Werk. Untergrundtätigkeit schließt darum auch ein die systematische geheime Kooperation mit gewissen strategisch wichtigen Persönlichkeiten oder Gruppen im Ausland, die Ausnutzung von Spannungen oder Unzufriedenheiten nicht nur in propagandistischer Form, sondern durch organisierten Beistand oder gar Waffenlieferungen. Die klassische Strategie der »Fünften Kolonne« gehört heute zum festen Arsenal des außenpolitischen Handwerks. – Als Instrument der Außenpolitik ist der Untergrund ganz besonders – in ähnlicher Weise wie die militärische Gewalt – zu befragen auf die Stellung seiner Leitung innerhalb der politischen Exekutive. Es entspricht der sekretiven Natur der Sache, daß Geheimunternehmungen mehr als andere der Tendenz der Verselbständigung, des sich der politischen Kontrolle Entziehens unterliegen. Der Chef des Geheimdienstes verfügt über Informationen, die er anderen außenpolitischen Akteuren vorenthalten bzw. durch deren Selektion er ihre Entscheidungen erheblich beeinflussen und indirekt bestimmen kann. Besonders in Fällen, wo Informationssammlung und Ausführung von Aktionen in einer Hand liegen, besteht die potentielle Möglichkeit politisch unkontrollierter Eigenmächtigkeiten des Geheimdienstes in der Außenpolitik. In den USA gibt es für beides eklatante Beispiele – die auf Grund von einseitigen Informationen gestartete Kuba-Invasion im April 1961 etwa oder die Torpedierung der Pariser Gipfelkonferenz durch die U-2-Affaire im Mai 1960. – Eine Waffe besonderer Art, deren systematische Einordnung terminologische und methodische Schwierigkeiten bereitet, ist die des Guerillas. An sich und seiner ursprünglichen Funktion nach ist der Guerillakämpfer alles andere denn ein Instrument äußerer Subversion, da er agiert unter Bedingungen diktatorialer Herrschaften oder feindlicher Besetzung als eine spezifische Form politischer Willenskundgebung, bzw. von Widerstand der von dieser Diktatur oder Besetzung betroffenen einheimischen Bevölkerung. In anderen Worten: *qua definitionem* wird Guerillakampf geführt von und für die Angehörigen einer und derselben Nation. Die automatische Ausweitung lokaler Konflikte, die heute überall zu beobachten ist, hat die Grenzen mehr und mehr verwischt zwischen rein lokalem, autonomem Widerstand und Hilfestellung oder gar voller Kontrolle von außen. Das begriffliche Paradox des im Ausland trainierten Guerillas ist heute zur Regel geworden und die Verwendung dieses Instrumentes als eines neuen Mittels zur Verwirklichung außenpolitischer Ziele eine mehr oder minder offen zugegebene Praxis. Die USA sind, soweit bekannt, das erste Land, das systematisch eigene Einheiten in Guerilla-Taktiken ausbildet – Einheiten, die aktiv kämpfen, ohne daß damit die formale Kriegserklärung verbunden ist. Es handelt sich in anderen Worten um die institutionalisierte Untergrundoperation. –

Informale Aktivitäten

Eine Schematisierung, wie sie hier zur Darstellung und Analyse des außenpolitischen Instrumentariums vorgeschlagen wird, ist notwendigerweise in vielen Punkten unbefriedigend. Notwendigerweise, weil unter den gegebenen Bedingungen »totaler Außenpolitik« im Grunde kein Element der Gesellschaft ausgeschlossen werden kann, weil eine Gesellschaft immer vielfältiger reagiert und respondiert denn nur in den Handlungen ihrer offiziell bestellten Agenten. In anderen Worten: die Herausarbeitung von fünf der wichtigsten Instrumentengruppen – Diplomatie, Propaganda, Wirtschaft, Militär, Untergrund – muß ergänzt werden durch die Aufhellung auch des informalen, inoffiziellen, sub-politischen Bereiches der inter-gesellschaftlichen Kommunikation. Wenn Außenpolitik, wie oben ausgeführt, nicht verstanden werden kann ohne die Berücksichtigung des »Bildes«, der Vorstellungen, die von einem Land oder Volk herrschen, dann ist es wichtig, etwa den Tourismus in die Analyse einzubeziehen. Beispielsweise dürfte es nicht übertrieben sein, festzustellen, daß das Amerikabild Europas zu einem beträchtlichen Teil von amerikanischen Touristen geprägt oder wenigstens wesentlich beeinflußt worden ist – der amerikanische Tourist hat somit *nolens volens* einen Beitrag zur Außenpolitik seines Landes geleistet. Der Politik sind die damit gegebenen Möglichkeiten nicht entgangen, und zwar vor allem auf der »passiven« Seite: politisch-propagandistische Motive halten oftmals den ökonomischen im internationalen Tourismus die Waage. Es ist jeweils festzustellen, ob ein Land um Touristen wirbt oder sie nur ungern sieht, ob es sie in Gruppen und auf festgelegten Routen zu halten versucht oder den Einzelbesucher bevorzugt etc. Hingegen gehören auch Ausreisebestimmungen für Individuen oder Gruppen, die der eigenen Regierung oder dem ganzen Land zu negativ gegenüberstehen und darum ein ungünstiges Licht auf die häuslichen Verhältnisse werfen könnten in diesen Zusammenhang – ein Verfahren, das von nicht wenigen und nicht nur den kommunistischen Staaten praktiziert wird.

Sehr ähnliche Motive der Darbietung eines möglichst günstigen Bildes des eigenen Landes liegen den ebenfalls relativ jungen Unternehmungen des Studentenaustausches zugrunde, dessen Schwergewicht vom rein Akademischen sich stark in die politisch-ideologische Sphäre verlagert hat – oder jedenfalls sind solche Faktoren aktiv mit im Spiel bei diesen Programmen. In dem Maße etwa, wie es den beiden um die Gunst der Neutralen ringenden Blöcke gelingt, studentische Mitglieder strategisch einflußreicher Gruppen und Klassen auszuwählen, in dem Maße steigen auch ihre außenpolitischen Erfolgschancen in diesen Ländern. Umgekehrt liegt es im Interesse herrschender oder aufsteigender Gruppen und Klassen, ihr System durch hochwertige Erziehung des eigenen Nachwuchses zu stabilisieren oder ihre Machtansprüche effektiver zu vertreten. Im Rahmen des Werbens um die Eliten anderer Länder spielt darum das Auslandstraining eine wichtige Rolle und sollte unter diesem Blickwinkel berücksichtigt werden. Eine weitere Form informaler außenpolitischer Aktivitäten wird von Nicht-Regierungsorganisationen aller Art und Provenienz repräsentiert. Solche gibt es von im Ausland operierenden allgemeinen Wohlfahrtsvereinigungen über solche mit Spezialinteressen bis hin zu Organisationen mit dem erklärten Ziel der internationalen Verständigung. Die Grenze zwischen echten internationalen Organisationen mit jeweiligen nationalen Gliedgruppen und nationalen Organisationen mit Unter- und Kontaktgruppen im Ausland ist dabei außerordentlich schwer zu ziehen. In der konkreten Analyse dürfte es sich jedoch herausstellen, daß die meisten übernationalen Vereinigungen ihr Aktions- und Initiationszentrum in einer Nation (oder wenigen, einander gesellschaftlich nahestehenden) haben und darum mit entsprechenden Qualifikationen das Etikett eines Instrumentes der Außenpolitik verdienen. Solche Organisationen können entweder *de facto* unabhängig von ihrer eigenen Regierung – und damit u. U. auch gegen sie – operieren oder nur *de jure* und damit Funktionen erfüllen, mit denen sich die Regierung nicht belasten will. Wie unter dem Stichwort der Propaganda angemerkt, gilt auch hier, daß die innenpolitische Komponente außenpolitisch orentierter Organisationen gleichermaßen in den Problembereich gehört. Und zwar dergestalt, daß ihre meinungsbildende und -kristallisierende Funktion zu untersuchen ist. Zahl, Umfang und Ausrichtung solcher Organisationen sind von großem Einfluß auf die Bewegungsfreiheit einer jeweiligen Regierung, bzw. auf ihre Stabilität oder Labilität, je nach Unterstützung oder Widerstand solcher Gruppen in bestimmten außenpolitischen Entscheidungen.

Ein anderer, ebenfalls unter »Propaganda« schon erwähnter, aber über den Bereich des politisch Manipulier- und Kontrollierbaren weit hinausreichend ist die Kultur. Denn es ist eine Sache, staatlich gezielte und *qua definitionem* propagandistische Unternehmungen im Ausland auszuführen (»Kulturaustauschprogramme«) – es ist jedoch eine andere, den sehr viel subtileren, breiteren Aspekt kulturellen Einflusses bzw. kultureller Beeinflussung in eine außenpolitische Analyse einzubeziehen und seinen möglichen Konsequenzen nachzugehen. Zu denken ist da etwa an das Phänomen der »Amerikanisierung« in weiten Teilen der Welt, i. e. die Adaption bestimmter amerikanischer Stilformen, sozialer Verhaltensweisen, Bedürfnisse, Lebenserwartungen in Europa, Lateinamerika, ja bis hinein in die Sowjetunion. Ein Prozeß wie dieser ist nur zum kleineren Teil Ergebnis einer systematischen Kampagne, sondern hat kompliziertere Wurzeln; er ist aber analysierbar etwa im Umfang von jeweils exportierten (und übersetzten) Büchern, von Filmen, Zeitschriften oder Schallplatten, der Nachfrage nach individuellen Künstlern etc. Nicht immer ist dabei der politischen Führung das außerhalb ihres Kontrollbereiches produzierte Bild des eigenen Landes besonders willkommen; nicht immer gelingt die Unterdrückung von kritischen Romanen *(Pasternak)*, und trotz des Mißbehagens vieler verantwortlicher US-Politiker ist gegen den Export von Kriminal- und Sexfilmen wenig zu tun.

Eine relativ junge und in ihren Auswirkungen noch nicht recht erfaßbare Entwicklung stellt die zunehmende übernationale Kooperation und Koordination von politischen Parteien und Verbänden dar[3]. Was für den kommunistischen Bereich seit langem eine institutionalisierte Praxis ist, entfaltet sich sowohl im westlichen als auch im neutralen Lager, allerdings mit wichtigen Unterschieden hinsichtlich der Kontrolle oder Wünschbarkeit derartiger Aktivitäten seitens der jeweiligen Regierungen. Hinzuweisen wäre da auf sozialistische und christlich-demokratische Parteikooperationen in Westeuropa (die verschiedentlich schon bis hin zur übernationalen Parteifinanzierung reichen), die regionale Koordination politischer Aktivitäten etwa von national-afrikanischen Gruppen, die internationale Zusammenarbeit und teilweise Übernahme von Patenschaften hochorganisierter über junge Gewerkschaften etc. Zu fragen ist, inwieweit solche Aktivitäten im Auftrag, im Interesse, im Widerspruch zu oder ganz unabhängig von der Politik einer jeweiligen Führung erfolgen; daß sie in der Tendenz einer Aushöhlung der einzelstaatlichen Souveränität implizieren, kann nicht genügend unterstrichen werden.

Im Falle der Analyse der Außenpolitik eines nicht-kommunistischen oder mehr spezifisch: eines privatwirtschaftlich organisierten Staates wäre an dieser Stelle auch die Wirtschaft noch einmal ausdrücklich aufzugreifen. Gewiß, der Staat hat in jedem Falle gewisse gesetzliche Handhaben zur Regelung außenwirtschaftlicher Beziehungen, doch lassen sich damit keineswegs der ganze Umfang und die eigengesetzliche Aktivität der Privatwirtschaft im Ausland beschreiben. Hier hat der Staat z. B. keine Kontrolle über die Auswahl eines Personals, das oftmals funktional und politisch dem des diplomatischen Dienstes gleichgewichtig ist; er kann Investitionen als solche zwar stimulieren, aber kaum das individuelle Projekt oder Land in seinem außenpolitischen Interesse vorschreiben; er kann Handelsverträge als Rahmenabkommen abschließen, nicht aber ihre Durchführung erzwingen; es ist ihm nicht möglich, politisch wünschenswerte, aber ökonomisch unrentable Geschäfte zu tätigen; er kann nicht die Abnahme bestimmter Güter eines Landes, das abhängig zu machen erstrebenswert wäre, garantieren, da er keine Befehlsgewalt über seinen Markt hat etc. Eine auf dem Weltmarkt nach eigenen Interessen operierende freie Wirtschaft stellt ihrer politischen Führung permanente Koordinations- und Kontrollprobleme.

In Kontrolle und Koordination dürfen wir nämlich eines der zentralen Probleme der Führung von Außenpolitik sehen, an dem sich die Analyse zu orientieren hat. Es ist die doppelte Frage, a) welche der hier herausgearbeiteten verschiedenen Instrumente eine Gesellschaft auch tatsächlich als solche ausgebildet und politisch verfügbar gemacht hat, und b) wie der Staat sie einsetzt, wie er ihre Funktionen und Wirksamkeits-

[3] Den Hinweis auf diesen Faktor im Rahmen meiner systematischen Übersicht danke ich Herrn Dr. *Erwin Faul* von der PVS.

bereiche aufeinander abstimmt und koordiniert, bzw. wieweit die komplexe und weitverzweigte Maschinerie moderner Außenpolitik von der politischen Führung effektiv und zentral kommandiert wird. Der erste Teil der Frage zielt auf die Beziehung zwischen der Gesellschaft und ihrer politischen Exekutive, der zweite auf die Struktur der Exekutive selbst.

Die Beziehung zwischen Gesellschaft und politischer Exekutive in Hinsicht auf ihre Außenpolitik läßt sich, die einzelnen oben diskutierten Aspekte zusammenfassend, am besten mit Hilfe des von der Wirtschaft geborgten Modells von "*Input*" und "*Output*" beschreiben[4]. In diesem Modell stellt die Gesellschaft das Rohmaterial dar, ist sie der Zulieferer von Elementen, die von der Exekutive in die Fertigprodukte von Aktionen umgesetzt werden. Auf die weiter oben verwandte Beschreibung des (Außen-)Politikers als eines mit einer spezifischen Aufgabe betrauten Agenten ist hier wieder zurückzukommen. Er kann diese seine Aufgabe um so erfolgreicher lösen, je reichhaltiger und hochwertiger das Material ist, das ihm zur Verfügung steht. Material ist hier quantitativ – in der Form etwa von ökonomischem Reichtum, geographischer Lage oder Bevölkerungszahl zu verstehen, wie gleichzeitig qualitativ – in der Weise, wie es strukturiert, präfabriziert und verfügbar ist. Ein Land kann reich an Bodenschätzen sein, die aber unausgenützt und damit nicht politisch ins Gewicht fallend sind, ein anderes Land kann demgegenüber arm an denselben Materialien sein, nützt sie aber maximal aus und ist damit dem anderen u. U. überlegen oder wenigstens gleichwertig. Dieses Beispiel läßt sich multiplizieren und übertragen auf nahezu alle Bereiche. Bevölkerung wird erst dann zu einem einsetzbaren Faktor, wenn sie organisiert ist, sagen wir in Form einer Armee, usw. – Das allein genügt jedoch noch nicht zur Analyse außenpolitischer Effektivität, es ist vielmehr die weitergehende Frage zu stellen, ob eine Gesellschaft ihre jeweiligen Potenzen auch ihrer politischen Führung zur Verfügung stellt. Beispielsweise kann sie ihre Wirtschaft politischer Kontrolle ganz oder teilweise entziehen und damit auch ihre Verwendung als eines aktiven außenpolitischen Faktors beschränken. Eine relativ arme Volkswirtschaft, die jedoch der politischen Führung voll zur Verfügung steht, kann u. U. einer überlegenen aber nur teilweise politisch einsetzbaren Volkswirtschaft gleichwertig wenn nicht gar überlegen sein. Gleiches und Ähnliches gilt in der Tat für alle Gebiete; die Tatsache, daß eine Nation über hochqualifizierte Ingenieure und Sozialwissenschaftler, über ein überlegenes Nationalprodukt, über technische Errungenschaften aller Art verfügt, wird außenpolitisch erst relevant in dem Maße, wie sie diese Potenzen ihren politischen Agenten zur Aktualisierung anvertraut. Allerdings gilt auch das umgekehrte, daß Führungen u. U. unwillig oder unfähig sind, sich dieser Potenzen wirksam zu bedienen. – Hier liegt wohl der wahre Kern der oft gehörten populären Klage, daß Demokratien in ihrer außenpolitischen Effektivität den sogenannten totalitären Regimen unterlegen seien.

Diesem Aspekt gebührt in der sorgfältigen Abwägung der Erfolgschancen einer Außenpolitik ein zentraler Platz. Er ist zu ergänzen durch die Operationsanalyse der unter dem Stichwort »Instrumente« isoliert voneinander betrachteten Elemente. Es ist die Frage zu stellen und zu beantworten, nicht nur welcher konkrete Gebrauch von diesen verschiedenen Armen gemacht wird, sondern wie sie kooperieren, bzw. wie sie von der

[4] Vgl. *George Modelski:* A Theory of Foreign Policy, New York 1962.

politischen Führung koordiniert werden, welches die formale und reale Verfassungsstruktur des betreffenden Gemeinwesens ist, wie Kommandoverantwortlichkeiten verteilt sind und ausgeübt werden. Kurz: das jeweilige Regierungssytem ist zu untersuchen und die Rolle – nicht zuletzt ihre Rangordnung –, die die verschiedenen Instrumente in ihm spielen. Ohne diese zusammenfassende Betrachtung würde das bisher beschriebene Verfahren nur isolierte, unzusammenhängende und damit wertlose Teilergebnisse erbringen.

IV.

Weltordnung als Perspektive – Allianzen und das Problem einer außenpolitischen Strategie

Wenn es richtig ist, den zentralen Begriff politischen Führungsinteresses in der Systemerhaltung nach innen wie nach außen zu sehen, so wäre es abschließend die Aufgabe außenpolitischer Analyse, darzustellen, auf die Verwirklichung welcher weltpolitischen Ordnungsvorstellung eine jeweilige Staatsgesellschaft hinarbeitet, in welchem sie einbegreifenden System sie ihre eigene Ordnung maximal bewahren zu können glaubt. Denn nur die Realisierung einer stabilen internationalen Ordnung garantiert letztlich die Erhaltung der eigenen, und zwar einer solchen internationalen Ordnung, die den eigenen Vorstellungen und Interessen maximal adäquat ist. Die eingangs aus methodischen Gründen gemachte und bis hierher durchgehaltene Unterscheidung von internationaler und Außenpolitik fällt in diesem Stadium der Analyse zusammen.
Die Geschichte ist reich an Versuchen zur Errichtung stabiler, übernationaler Ordnungssysteme, die ein weites Spektrum vom Imperium über Feudalreiche bis hin zu Völkerbund und UNO reichen. Ihnen allen ist gemeinsam das Interesse an äußerer als Korrespondenz innerer Stabilität, an Pazifikation, an der Ausschaltung oder Minderung systembedrohender Spannungen. Und: alle übernationalen Ordnungssysteme implizieren die weitestmögliche Angleichung der sozialen Verhältnisse ihrer jeweiligen nationalen Glieder. Das ist offenkundig etwa beim Imperium, wo eine überlegene Großmacht tatsächliche oder potentielle Bedrohungen von Nachbarvölkern durch deren Unterstellung unter die eigene administrative und schließlich auch ideologische Suprematie ausschaltet. Es gilt aber auch in ähnlicher Weise für Allianzen, besonders deutlich für die Neuzeit, in denen sich Partner zum Beistand nicht nur gegen äußere, sondern gleichzeitig gegen innere Bedrohungen verpflichten. Und es gilt nicht zuletzt – zumindest dem Anspruch nach – auch für die globalen Versuche von Völkerbund und UNO, die sowohl die gegenseitige Nichteinmischung als auch gewisse universale, normative Prinzipien der politischen Ordnung zu ihrer Voraussetzung haben.
Bei der Analyse von gegenwärtiger Außenpolitik sind im Felde der internationalen Beziehungen zwei Komplexe voneinander zu trennen. Der erste ist das Verhältnis zur UNO, orientiert an der Frage: in welchem Maße und Umfange wird diese Institution als geeignet zur Verwirklichung der eigenen Vorstellungen von dauerhafter internationaler Ordnung angesehen, die dem eigenen System Stabilität und Beständigkeit mit garantieren hilft. Die UNO ist dabei, solange es autonome Staatenregierungen als Repräsentanten individueller Gesellschaften gibt, immer zugleich Instrument jeweiliger

Interessen wie potentiell auch Selbstzweck. Sie hat aber in der Außenpolitik der verschiedenen Länder eine unterschiedliche Funktion, zunächst als Schutz der Kleinen, dann aber auch als Forum der Großen. Ihre Funktion – und damit ihre Verwendung als Instrument – wandelt sich jedoch gleichzeitig in der Zeit mit der Änderung der internationalen politischen und sozialen Entwicklung und des dieser entsprechenden ideologischen Klimas. Auf dem Hintergrund dieser Wandlungen hat sich die Einstellung der Mächte zur UNO nicht unbeträchtlich seit deren Gründung geändert.

Der andere Komplex ist der der Bündnissysteme und Allianzen, innerhalb derer sich internationale Politik abspielt. Während die Existenz einer UNO auf der gewissermaßen utopischen Voraussetzung gemeinsamer Grundvorstellungen von politisch-sozialer Ordnung und Gerechtigkeit beruht, reflektiert die tatsächliche Existenz von einander befehdenden Allianzen die Realität der Divergenz politisch-sozialer Ordnungen und Ideologien. Die außenpolitische Analyse braucht sich nicht zu scheuen, die in der Tagesjournalistik gängige Dreiteilung der heutigen Welt in West–Neutral–Ost zu übernehmen, wenn auch mit Vorbehalten und Qualifikationen. Und sie darf ebenso von der geläufigen Hypothese ausgehen, daß »West« und »Ost« die eigentlichen Antagonisten seien und daß der Ausgang der Auseinandersetzungen nicht nur – wie es die Schlußfolgerungen aus (III) implizieren – davon abhängt, wie die Staaten politische Institutionen und gesellschaftliche Kräfte zur Deckung bringen, sondern auch von der Qualität der jeweiligen Bündnissysteme und deren Beziehung zu den Neutralen bzw. der Neutralen zu ihnen. Außenpolitische Analyse mündet somit in *Allianzanalyse*.

Und zwar Allianzanalyse unter dem Gesichtspunkt der maximalen Garantie der jeweiligen Gesellschaftssysteme der einzelnen Partner einerseits und der kooperativen bzw. kollektiven Effektivität des Bündnissystems gegenüber seiner Herausforderung durch den oder die Antagonisten andererseits. Beide Aspekte sind interdependent und nur methodisch, nicht sachlich voneinander trennbar, es sind vor allem Unterschiede im Standort der Betrachtung. Inwiefern, so wird zu fragen sein, hat die Beteiligung an einem Bündnis oder Bündnissystem Einfluß auf die eigene gesellschaftliche und politische Ordnung; verändert sich diese qualitativ oder stabilisiert sie sich nur quantitativ? Die Antwort hängt ab vor allem von der Größe und politisch-gesellschaftlichen Stärke des Partners. Da, wie zuvor bemerkt, Allianzen die immanente Tendenz haben, sich auch gesellschaftlich aneinander anzugleichen, bedeutet das unter den Bedingungen des 20. Jahrhunderts, daß die innerhalb des Bündnisses jeweils führenden Mächte mit größerer Wahrscheinlichkeit ihre eigenen Wert- und Ordnungsvorstellungen auf die schwächeren Partner erfolgreich übertragen und damit auf die Allianz-Homogenität hinwirken, als daß das umgekehrt der Fall ist. Wenn auch darum in unterschiedlichem Umfange, so doch prinzipiell für alle Beteiligten geltend ist das Aufgeben gewisser Souveränitätsrechte als Mitgliedspreis innerhalb einer Allianz. Das kann reichen von der Verpflichtung zur diplomatischen Konsultation über gemeinsame militärische Kommandoführung bis hin zur Errichtung gemeinsamer Wirtschaftsmärkte oder koordinierter Industrien.

Ändern wir jedoch den Betrachtungsort vom Einzelmitglied zum Ganzen der Allianz selbst, so empfiehlt sich die Einführung eines neuen Begriffes zur Beschreibung des Antagonismus der Bündnissysteme, deren jeweilige Qualität Erfolg oder Mißerfolg der Auseinandersetzung determiniert. Die hier gemeinte Qualität eines Bündnissystems ist analysierbar unter dem Gesichtspunkt seiner *Integrationsdichte*. Darunter sei verstanden Umfang und Effektivität, das Maß an zentraler Entscheidungsgewalt und Kontrolle über die Partner in einer gegebenen Allianz. Diesem Aspekt ist darum besondere Aufmerksamkeit zu widmen, weil vom Grad dieser Integrationsdichte die außenpolitische Aktionsfähigkeit, d. h. die Realisierung der kombinierten Potenzen eines Bündnisses abhängig ist und damit etwa auch der Ausgang des Ost-West-Konfliktes. Es ist zu untersuchen, mit welchen Mitteln und in welchem Maße die jeweilige Führungsmacht des Bündnissystems ihre Überlegenheit praktiziert, welche Instrumente und Methoden sie entwickelt hat, die Allianz funktionsfähig zu machen, und nicht zuletzt: welche Kontrollen ihr zur Verfügung stehen, potentielle Spannungen auszugleichen oder zu unterdrücken. Der unter unmittelbarem russischen Einfluß stehende Kern des »Ostblocks« etwa ist ein Musterbeispiel hoher Integrationsdichte, indem – um nur zwei Elemente herauszuheben – die internationale Kooperation durch die gleichzeitige Kontrolle über die gesellschaftliche Basis der Mitgliedstaaten mittels der sowjetisch angeleiteten Partei maximal garantiert wird.

Obwohl es gute Gründe gäbe, UNO, Mitgliedschaft in internationalen Organisationen, Bündnisse und Verträge der Kategorie außenpolitischer Instrumente zuzuordnen, würde man damit jedoch nicht den wesentlicheren Aspekt in den Griff bekommen, daß nämlich die Unterwerfung unter, der Eintritt in oder die Dominanz von übernationalen Systemen ein partielles Aufgeben von Außenpolitik – und sei es in noch so begrenztem Maße – zugunsten dauerhafter internationaler Ordnungen darstellt. Das Bündnis im Rahmen außenpolitischer Analyse ist zu verstehen als Vorform einer langfristig erstrebten Weltordnung, auf die hin Außenpolitik im Sinne der oben gegebenen Definition: ›Schaffung einer der eigenen Gesellschaft günstigen Umgebung‹ notwendig entworfen ist.

In der Herausarbeitung dieses langfristigen Entwurfes dürfte darum der Abschluß einer außenpolitischen Analyse bestehen, wobei Entwurf besser und treffender durch *Strategie* zu ersetzen wäre. Die Formulierung einer außenpolitischen Strategie verlangt die Kombination aller hier entwickelten Einzelelemente der Außenpolitik eines Staates zu einem relativ stabilen Verhaltens- und Handlungsmuster, aus dem vergangene und gegenwärtige Aktionen ihre Erklärung finden und zukünftige Handlungen mit einem relativ hohen Wahrscheinlichkeitsgrad voraussehbar werden. Außenpolitische Strategie analysieren heißt, die instrumentalen Möglichkeiten eines Staates in Rechnung zu stellen, ihre Rangordnung in der Verfolgung des Zieles internationaler Stabilität beschreiben, die jeweilige historische Perspektive im Selbstverständnis einer Nation herauszuarbeiten, ohne die Politik im allgemeinen und Außenpolitik im Besonderen ein zusammenhangloses Reagieren auf unmittelbare Bedrohungen wäre, und schließlich davon die jeweiligen taktischen Züge und Aktionen sorgfältig abzusetzen. Es wird dabei davon auszugehen sein, daß jeder Außenpolitik – und sei es in noch so verkrüppelter Form – eine Strategie zugrunde liegt, resultierend aus den jeweiligen innenpolitisch-gesellschaftlichen Erfordernissen und der ideologischen Orientierung der politischen Elite. Erfolg oder Mißerfolg, Richtigkeit oder Verfehlung einer Strategie hängen dabei ab von der Ausgereiftheit ihrer Formulierung, ihrer Flexibilität in der Anpassung an und der Reaktion auf unvorhergesehene Ereignisse bei gleichzeitiger

Beibehaltung der langfristigen Perspektive, ihrer Verbindlichkeit für eine politische Elite in der Weise, daß personeller Wechsel nicht Wechsel der gesamten Orientierung bedeutet, und schließlich ihrem Wahrheitsgehalt, wofür das sicherste Kriterium ihre taktische Praktikabilität ist.

*

Es war der Zweck dieser Ausführungen, einen allgemeinen operativen Grundriß der Analyse von Außenpolitik zu entwickeln. Es stellte sich heraus, daß unter den Bedingungen des 20. Jahrhunderts ein solches Unternehmen derart komplex ist, daß seine Durchführung größte Schwierigkeiten bietet. Sie liegen nicht zuletzt in der Erkenntnis, daß sich die klassische Trennung von Innen- und Außenpolitik nicht mehr aufrechterhalten läßt, sondern daß es vielmehr eines neuen Zuganges bedarf, der in der Umwertung des Staates von einem mehr oder minder monolithen Akteur in einen Agenten zur Erhaltung eines spezifischen gesellschaftlichen Systems nach innen und außen gefunden wurde. Eine solche methodische Trennung des eigentlich Zusammengehörenden in Aktionsbereiche ermöglicht dann die relativ isolierte Behandlung von Außenpolitik und macht sie zur sinnvollen Aufgabe für die Politikwissenschaft, ohne daß sie aus dem Auge verlieren darf, daß nur das Ganze die Wahrheit ist.

TRANSNATIONALE POLITIK

Zu einer Theorie der multinationalen Politik

Von *Karl Kaiser*

Der Begriff der »internationalen Politik«, zentral für eine Teildisziplin der Politikwissenschaft und zugleich ihre Bezeichnung, wird von der Wirklichkeit immer mehr in Frage gestellt: Im internationalen Geschehen werden jene Prozesse ständig gewichtiger, die sich nicht mehr eindeutig einem *zwischen*staatlichen Milieu im Sinne des Modells der inter-nationalen Politik zuordnen lassen. Manche der ihm logisch zugeordneten Modelle, vor allem das der Souveränität, oder nachgeordnete Theoreme wie etwa die Lehre von der Gewaltenteilung müßten damit ebenfalls in Frage gestellt sein.

Ein Großteil der hier angesprochenen politischen Entwicklungen ist bisher nicht oder in ungenügendem Maße Gegenstand politikwissenschaftlicher Untersuchungen gewesen. Die Diskussion über geeignete Forschungsansätze und -methoden ist im Anfangsstadium. Abgesehen von der wichtigen Ausnahme der Theorie der internationalen Integration und – mit Einschränkungen – des Funktionalismus hat die empirische Theorie keine wissenschaftlich befriedigende Deutungen dieser wirklichkeitsverändernden Prozesse vorgelegt. Aber auch die beiden anderen Teilbereiche der politikwissenschaftlichen Theorie, die Handlungswissenschaft und die normative Theorie [1], haben diese Phänomene bestenfalls nur andeutungsweise zur Kenntnis genommen.

Die vorliegende Untersuchung geht aus von einer kritischen Prüfung des Modells der »internationalen Politik« im Lichte einer Reihe von Phänomenen der politischen Wirklichkeit. Sie versucht sodann, den theoretischen Rahmen einer »multinationalen Politik« skizzenhaft zu umreißen und einen der in diesem Zusammenhang relevanten Idealtypen, den der »transnationalen Politik« im einzelnen zu entwickeln, mit seiner Hilfe diese Phänomene und ihre strukturellen Voraussetzungen zu deuten oder relevante Fragestellung für die weitere Forschung zu formulieren. Die Untersuchung schließt mit einer Erörterung dieser Ergebnisse im Lichte der Theorie und Praxeologie. Da diese Arbeit einen Ausschnitt aus einer noch nicht abgeschlossenen, weitergreifenden

[1] Auf den hier zugrunde gelegten Theoriebegriff kann wegen Platzmangels mit Ausnahme einiger Bemerkungen am Schluß der Untersuchung nicht näher eingegangen werden. Für eine Umreißung der Thematik vgl. *Karl Kaiser:* »Theorie« (Stichwort), in *Karl Dietrich Bracher* und *Ernst Fränkel* (Hg.): Internationale Politik (Fischer Lexikon), im Druck. *Kaiser:* "The US and the EEC in the Atlantic System: The Problem of Theory", in: Journal of Common Market Studies V/4 (1967). Einen guten Überblick über das umfangreiche (vor allem amerikanische) Schrifttum über Aufgabe und Gegenstand der Theorie der internationalen Politik verschaffen *Dieter Senghaas:* »Horizonte einer Disziplin. Anmerkungen zur Theorie der Internationalen Politik«, in: PVS VI/3 (1965); *ders.:* »Internationale Beziehungen. Amerikanische Beiträge zur Theorie: 1960–1966«, in: Zeitschrift für Politik, XIV/1 (1967); *Klaus Jürgen Gantzel:* »Eine Disziplin ohne ›Disziplin‹?«, in: PVS VIII/3 (1967).

Studie darstellt, die auf die Entwicklung einer »Theorie der multinationalen Politik« zielt, haftet ihr der Charakter der Vorläufigkeit an, der durch den auf diesem wissenschaftlichen Gebiet herrschenden Erkenntnisgrad noch unterstrichen wird.

I.

Zur Kritik des Modells der »internationalen Politik«

Der Begriff der Internationalen Politik hat, wenn überhaupt, nur dann Gültigkeit, wenn er als ein Idealtypus im Sinne *Max Webers* verstanden wird, denn er beschreibt nicht die Wirklichkeit. Er impliziert zweierlei: einmal, daß es sich um Politik handelt, deren Aktions*bereich* im *Zwischen*raum der Nationalstaaten liegt (*inter* nationes); zum andern, daß deren *Akteure* Nationalstaaten sind (inter *nationes* – daß hierbei der Begriff der natio den Staat – keineswegs exakt – umschreibt, ist ja bekannt).
Diese Art der Politik hat es in völliger Reinheit in der geschichtlichen Wirklichkeit nicht gegeben. Sie existierte nur annäherungsweise in der Periode vom 17. bis zum 19. Jahrhundert, als die Führung der Außenpolitik der am damaligen internationalen System teilnehmenden Mächte in den Händen einer relativ kleinen Gruppe von Personen lag. Diese konnten im Namen des gesamten Staatswesens handeln und reagierten bei ihren Entscheidungen vornehmlich auf Ereignisse und Anforderungen von außen; hierbei entstand in der Tat eine Politik, die gleichsam nur *zwischen* den teilnehmenden Nationalstaaten bestand, die als geschlossene Einheiten handelten. *Arnold Wolfers'* oft zitierte Metapher von der internationalen Politik als einem Spiel von Billardbällen, die einander ständig abstoßen und in Bewegung halten, spielt darauf an.
Aber schon während dieses Zeitraums gab es Entwicklungen und Faktoren, die etwas anderes als inter-nationale Politik im strengen Sinne darstellten: z. B. innenpolitische Veränderungen wie Hofintrigen oder Kabinettswechsel, die oft eng mit dem zwischenstaatlichen Geschehen verflochten waren; revolutionäre oder religiöse Bewegungen, die das Zusammenleben der Staaten nachhaltig beeinflußten, indem sie mehrere Einheiten gleichzeitig durchdrangen und damit auf diffuse Art zwischenstaatliche Politik und innergesellschaftliche Prozesse verschmelzen ließen. Auch hatte eine einflußreiche internationale Institution wie die katholische Kirche zwar eine eigene territoriale Basis, sie existierte jedoch gleichzeitig *innerhalb* der am damaligen internationalen Geschehen teilnehmenden Staaten.
Die Politikwissenschaft hat sich – vereinfacht ausgedrückt – in ihrer Forschung und bei der Entwicklung ihres Apparats von Begriffen und Theorien nun so verhalten, als ob es tatsächlich eine *inter*-nationale Politik gäbe, d. h. eine Politik nur im Raum zwischen den einzelnen Einheiten. Eine der Folgen hiervon ist gewesen, daß bei der Analyse der internationalen Politik die Erforschung und Erklärung der Vorgänge *innerhalb* der nationalstaatlichen Einheiten und *zwischen* diesen Einheiten für lange Zeit unabhängig voneinander vorgegangen sind – ein Tatbestand, der in zunehmendem Maße kritisch kommentiert worden ist [2].

[2] Vor allem: *Chadwick F. Alger:* »Comparison of Intranational and International Politics«, in: American Political Science Review LVII/3 (1963); *James N. Rosenau:* »Pre-theories and

Die Forschung über die internationale Politik hat bis in die jüngste Vergangenheit – und auch seitdem nur mit wenigen Ausnahmen – Strukturen und Prozesse innerhalb der nationalstaatlichen Einheiten als »black box« behandelt, die zwar existierte, deren Inneres jedoch bei den Arbeiten über theoretische Aspekte der internationalen Politik nicht berücksichtigt wurde. Das gleiche galt umgekehrt für die Forschung über Innenpolitik und Regierungssysteme bei ihrer Behandlung der internationalen Politik. Ein Blick auf die Standardwerke des »Comparative Government« – auch in der Bundesrepublik – bestätigt dies. Durch bestimmte Annahmen wird der jeweils andere Bereich fixiert. So neutralisiert beispielsweise ein Teil der Abschreckungstheorie den gesamten innenpolitischen Komplex und seine Imponderabilien durch Annahmen über rationales und »außen-dominiertes» Verhalten der Akteure.

Obwohl es für die Forschung auf dem Gebiet des internationalen Systems eine Selbstverständlichkeit geworden ist, daß hier eine Dominanz der nationalen Subsysteme vorherrscht, d. h. daß z. B. die Stabilität, die Prozesse oder die Struktur des internationalen Systems weitgehend ein Resultat der Aktionen der nationalen Subsysteme darstellen, und obwohl ferner die Forschung auf dem Gebiete der nationalstaatlichen Systeme es als eine Selbstverständlichkeit ansieht, daß internationale Ereignisse in entscheidender Weise die Innenpolitik dieser Subsysteme beeinflussen, ja die verfassungsmäßige Struktur maßgeblich mitprägen können, gibt es keine allgemeine Theorie, die beide Bereiche miteinander verbindet.

Es herrscht also nach wie vor die Tendenz, daß die Bemühungen um eine Theorie der internationalen Politik den output des anderen Bereichs in Form der Außenpolitik des nationalen Systems als den input für den eigenen Bereich ansehen, ohne sich um die Erklärung der Vorstufe bzw. der Rückkoppelungsprozesse eingehender zu bemühen. Der Begriff der Souveränität wirkt hier als Scheidewand: Für den Spezialisten der Innenpolitik schirmt er – methodisch gesehen – das Gemeinwesen nach außen ab; Eingriffe von dort sind Unfälle, Ausnahmen oder Daten. Für den Experten der internationalen Politik bietet er den Vorwand, die dadurch formal von der internationalen Politik unabhängigen innenpolitischen Vorgänge zu vernachlässigen, da ihn vornehmlich die Außenreaktion des formal souveränen Nationalstaats interessiert.

Nun ist zu beachten, daß mit diesen Bemerkungen ein *Trend* charakterisiert wird. Es gibt selbstverständlich Ausnahmen, d. h. Ansätze, die die hier beschriebene Trennungslinie überspringen. Auf sie wird noch zurückzukommen sein. Auch dürfen die mannigfachen Faktoren nicht übersehen werden – hier nur kurz anskizziert –, die die Trennung mitbedingen und ihre Überwindung hemmen [3]: Jeder Bereich hat sein eigenes begrifflich-theoretisches Gehäuse, dessen Verlassen nicht nur für den Forscher das persönliche Problem aufwirft, sich mit neuen Bereichen, Methoden und Theorien aus-

Theories of Foreign Policy«, in: *Barry Farrell* (Hg.): Approaches to Comparative and International Politics, Evanston 1966; *ders.:* »Toward the Study of National-International Linkages«, Vortrag vor der Jahreskonferenz der American Political Science Association, 1966, hektographiert. Die folgenden Bemerkungen über die methodischen Folgen und die Voraussetzungen einer Trennung der beiden Forschungsbereiche haben von den vorgenannten Studien wertvolle Anregungen erhalten.

[3] Hierzu *Rosenau*: »Toward the Study of National-International Linkages«, op. cit.

einandersetzen zu müssen, mit denen er nur nach langjähriger Beschäftigung wirklich vertraut werden kann, sondern damit stellen sich auch schwierige methodische und theoretische Probleme, die die Diskussion über die Ansatzhöhe der Analyse (level of analysis) erhellt, jedoch nicht gelöst hat [4]: Die drei Faktoren Individuum – Staat – internationales System beeinflussen sich ständig gegenseitig, bilden also einen interdependenten Gesamtzusammenhang. Dennoch ist die Theorie erst soeben dabei, über die warnende Feststellung hinauszugreifen [5], daß je nach der Ebene der Analyse völlig andersartige Gesetzmäßigkeiten und Methoden gelten – etwa der Individualpsychologie dort, des Gleichgewichtstheorems hier –, die außerdem bei den *Verbindungsprozessen* nicht gültig sind [5a].

Drei kurz erläuterte empirische Beispiele sollen die Grenzen der auf der Basis der Zweiteilung in nationale und internationale Politik entwickelten Forschungsansätze und Theoreme verdeutlichen:

Als erstes Beispiel möchte ich das Kooperationsverhältnis zwischen einem Entwicklungshilfe annehmenden und einem Entwicklungshilfe gebenden Staat (oder einer internationalen Organisation) anführen. Hierbei partizipiert auf ganz bestimmten Sachgebieten ein politisches System am Entscheidungsprozeß eines anderen politischen Systems, hier dem Entwicklungsland. Solche Partizipationen reichen von der gemeinsamen Planung über die gemeinsame Durchführung von Programmen bis hin zur Errichtung gemeinsamer Institutionen mit Personal aus beiden Systemen. Versucht man nun diese für die Entwicklungsländer sehr wichtigen Entscheidungsprozesse zu nationalen Entwicklungsprogrammen mit den Kategorien, Begriffen und Forschungsansätzen zu analysieren, die von der Forschung über Regierungssysteme und Innenpolitik vorgelegt wurden, so vernachlässigt man notwendigerweise eine entscheidende Dimension, nämlich die Teilnahme an den verschiedensten Stadien dieses Prozesses seitens eines Akteurs außerhalb dieses politischen Systems. Dessen hierauf bezogene Aktion wird wiederum determiniert von seiner innenpolitischen Struktur, von gewissen außenpolitischen Zielen, ja von der Struktur des internationalen Systems insgesamt. Eine

[4] Hier vor allem *David Singer:* »The Level-of-Analysis Problem«, in: *Klaus Knorr* und *Sidney Verba* (Hg.): The International System. Princeton 1961; *Arnold Wolfers:* »The Actors in International Politics«, in: Discord and Collaboration, Baltimore 1962.

[5] Ansätze hierzu würde ich sehen beispielsweise in *Rosecrances* fruchtbarem Versuch, Faktoren der Innenpolitik und des internationalen Systems bei seiner Klassifizierung internationaler Systeme seit dem Ancien Régime miteinander zu verbinden. *Richard N. Rosecrance*: Action and Reaction in World Politics. International Systems in Perspective. Boston 1963. – Ein Urteil über die von *Rosenau* angeregte »linkage«-Diskussion (vgl. Fußnote 2) erscheint mir – ungeachtet des von Klaus Faupel in diesem Band ausgesprochenen Verdammungsurteils – erst dann möglich, wenn ein Mindestmaß von Arbeiten dieser Richtung vorliegen.

[5a] Auch ist mit Recht darauf hingewiesen worden, z. B. von *Rosenau* (vgl. die oben zitierten Beiträge), daß der Wissenschaftsbetrieb in Forschung und Lehre, der in den USA eine relativ strenge Trennung von »Comparative Politics« und »International Relations« durchführt, und eine Abkapselung beider Bereiche zur Folge hatte, dafür mitverantwortlich ist, daß die Entwicklung von beiden gemeinsamen Forschungsansätzen und Theorien schwierig ist. Hier hat es im übrigen den Anschein, als ob bei der glücklicherweise nun auch in der Bundesrepublik stattfindenden Expansion der wissenschaftlichen Beschäftigung mit der internationalen Politik die Fehler der amerikanischen Politikwissenschaft wiederholt würden.

Reihe von Theoremen, wie die Lehre von der Gewaltenteilung oder die Theorie der parlamentarisch-demokratischen Kontrolle, ist hier einfach nicht mehr adäquat. Umgekehrt verschaffen jedoch auch die Ansätze der Lehre von den internationalen Beziehungen keinen vollständigen Zugang zu diesen Phänomenen, denn es geht hierbei um Fragen wie Entscheidungen über ein Schulsystem, über sozialhygienische Maßnahmen oder Probleme der Infrastruktur, also »klassische« Gegenstände der Lehre von den Regierungssystemen, die von der Forschung über die internationale Politik nicht als ihrem Gegenstand zugehörig angesehen worden ist.

Bezeichnet man diesen Tatbestand mit dem in der politischen Kontroverse oft benutzten Begriff des Neokolonialismus, so wird damit zwar eine politische Aussage gemacht, jedoch bleiben die für diese Durchdringungsprozesse charakteristischen Entscheidungsstrukturen, die hierbei auftretenden Beziehungsmuster und relevanten Werte im dunkeln. Von ebenfalls beschränkter Aussagefähigkeit ist die Charakterisierung dieses Zustandes als eine Beschränkung der Souveränität oder als eine Manifestierung von Interdependenz, denn damit wird ein sehr wichtiges Phänomen bestenfalls begrifflich abgelagert, jedoch keinesfalls wissenschaftlich geklärt.

Das zweite Beispiel ist der internationalen Integration entnommen. Hier haben sich auf bestimmten Sachgebieten, zum Beispiel der Agrarwirtschaft innerhalb der EWG, Entscheidungsstrukturen herausgebildet, bei denen verschiedene politische Systeme einander gleichsam durchdringen. Entscheidungen zu Fragen der Agrarpolitik werden in einem außerordentlich komplizierten System getroffen, bei dem nationale Bürokratien, die Kommission der EWG, der Wirtschafts- und Sozialausschuß, die nationalen agrarpolitischen Interessengruppen, der Ministerrat der EWG, die permanenten Vertreter und die Ständigen Ausschüsse teilnehmen. Hierbei sind praktisch alle denkbaren Kombinationen von Interaktionsmöglichkeiten zu beobachten. Interessendifferenzen halten sich dabei nicht mehr an nationale Grenzen, sondern formieren sich über die Bildung von supranationalen Interessengruppen, zweiseitige nationale Absprachen oder wechselnde Allianzen der Kommission mit verschiedenen Gruppen in den jeweiligen Ländern. Das Endresultat ist eine weitgehende multinationale Verfilzung des Herrschaftsprozesses, deren Relevanz nicht zuletzt dadurch demonstriert wird, daß heute etwa drei Viertel aller agrarpolitischen Entscheidungen, die im Bundesministerium für Ernährung, Landwirtschaft und Forsten getroffen werden, im Entscheidungskontext des EWG-Agrarsystems entstehen (wobei natürlich je nach Gegenstand verschiedene Intensitätsgrade der Multilateralisierung zu beobachten sind).

Angesichts der weitgehenden Verflechtung von nationalem und internationalem System auf diesem Sachgebiet sind viele Theoreme und Konzepte der Theorie der internationalen Beziehungen und der Regierungssysteme kaum noch anwendbar. Wie schon im oben erwähnten Beispiel ist die Theorie der Gewaltenteilung oder der demokratisch parlamentarischen Kontrolle (hier vor allem!) nicht mehr adäquat bzw. revisionsbedürftig. Der Herrschaftsprozeß muß überhaupt erst einmal transparent gemacht werden; darüber hinaus muß die Forschung nach völlig neuen Wegen zur Verwirklichung der demokratischen Normen in der geänderten Umwelt suchen. Eine Studie des deutschen Regierungssystems beispielsweise müßte zumindest für die Bereiche, wo eine effektive Integration begonnen hat, den Betrachtungsgegenstand auf die übrigen fünf

Partnerländer ausweiten, da ja zum Beispiel deren Agrarsystem gleichsam in das Entscheidungssystem der Bundesrepublik internalisiert wird (wie umgekehrt das Entscheidungssystem der Bundesrepublik für eine Analyse etwa der französischen Agrarpolitik relevant wäre). Ebenfalls einzubeziehen wären die verschiedenen Institutionen und Gruppierungen, die an diesen Prozessen teilnehmen. In den vorliegenden Untersuchungen des deutschen Regierungssystems ist der Versuch hierzu bisher unterblieben [6].

Das letzte Beispiel ist dem Wechselspiel zwischen den Bewegungen des Pfund Sterling und der Wirtschafts- und Außenpolitik Großbritanniens entnommen. Diese Währung bildet ja gleichzeitig die nationale Währung Großbritanniens und auf Grund ihrer Konvertibilität und ihrer historisch gewachsenen Rolle eine internationale Währung, die von Regierungen und privaten Körperschaften als Reservewährung benutzt und in der rund ein Drittel des Welthandels getätigt wird.

Damit besteht ein Transmissionsmedium in Form des Pfund Sterling zwischen der britischen Wirtschaft und einer Vielzahl von verhältnismäßig selbständig handelnden gesellschaftlichen Akteuren außerhalb des Landes. Durch die in der Natur des Mediums liegende partielle Öffnung der britischen Gesellschaft findet also auf einem sachlich begrenzten Gebiet eine Durchdringung von verschiedenen Gesellschaften statt, die formell zu verschiedenen nationalstaatlichen Systemen gehören.

Die Handlungen von gesellschaftlichen Akteuren, zum Beispiel in Form von Spekulationen oder Währungsumtausch, obwohl sie formell außerhalb des britischen politischen Systems stattfinden, beeinflussen den Entscheidungskontext der britischen Regierung sowohl in ihrer internen Wirtschaftspolitik als auch ihrer Außenpolitik. Es ist bekannt, daß – über den Diskontsatz – expansive und deflationistische Phasen der britischen Wirtschaftspolitik fast schon eine Funktion der Zahlungsbilanz gewesen sind (wodurch ein stetes Wachstum und die überfällige Modernisierung der britischen Wirtschaft stark behindert wurden). Auch hat die Verschlechterung der Stellung des Pfunds die britische Außenpolitik maßgeblich mitgeprägt, zum Beispiel beim Abbau des überseeischen Engagements und der Hinwendung zur EWG. Die Vorgänge in diesem Transmissionsmedium zwischen britischer Gesellschaft und Akteuren in anderen Gesellschaften tragen dazu bei, daß die britische Regierung nicht nur Maßnahmen gegenüber der eigenen Gesellschaft ergreift, sondern auch ihr Verhältnis mit anderen Regierungen, zum Beispiel im Commenwealth oder innerhalb Westeuropas, überprüft und neu regelt.

Es entstehen hier also politische Prozesse, bei denen verschiedene nationale Gesellschaften miteinander kommunizieren, wobei die gesellschaftlichen Akteure relativ autonom entscheiden. Ausschlaggebend ist, daß ihre Entscheidungen weitgehende Kon-

[6] Erste wichtige Fragestellungen hierzu wurden vor einigen Jahren im Anschluß an eine Studie von *Max Beloff* über das britische Regierungsystem (deutsch: Neue Dimensionen der Außenpolitik, Köln 1961) von *Rudolf Wildenmann* formuliert. Vgl. Macht und Konsens als Problem der Innen- und Außenpolitik, Frankfurt a. M. 1963). Die politikwissenschaftliche Literatur ist über kurze Hinweise auf die Problematik nicht hinausgegangen, so z. B. *Thomas Ellwein:* Das Regierungssystem der Bundesrepublik Deutschland, Köln und Opladen 1963, S. 189 ff.

sequenzen für eine nationale Gesellschaft haben können, obwohl der Anstoß hierzu formell von außerhalb des nationalen Systems kommen kann. Damit wird also der Entscheidungskontext einer Regierung eines politischen Systems beeinflußt, wobei besonders wichtig ist, daß alle Regierungsmaßnahmen wegen der zwischengesellschaftlichen Kommunikationsmöglichkeit Auswirkungen haben, die nicht auf die eigene Gesellschaft beschränkt sind. Daraus ergibt sich dann ein komplexes Zusammenspiel von Prozessen gesellschaftlicher Akteure in verschiedenen nationalstaatlichen Systemen und einer oder mehrerer Regierungen, bei denen eine Regierung jeweils nur einen Bruchteil eines Gesamtphänomens beeinflussen kann, das sich gleichzeitig durch mehrere nationalstaatliche Systeme hindurchzieht.

Daß es sich hier nicht um internationale Politik im engeren Sinne handelt, liegt auf der Hand: Inner- und zwischengesellschaftliche Prozesse sowie das Zusammenspiel von Regierung und Gesellschaft spielen eine ausschlaggebende Rolle. Noch ist es Innenpolitik im engeren Sinne: Es handelt sich um zwischengesellschaftliche Interaktionsprozesse, die sich durch mehrere nationalstaatliche Systeme gleichzeitig hindurchziehen (Investionsbewegung, Geldfluß, Menschenbewegung usw.).

Die hier skizzierten politischen Prozesse, die die traditionelle Unterscheidung in nationale und internationale Politik und die damit verbundenen Theorien in Frage stellen, reflektieren und schaffen gleichzeitig Verbindungen und gegenseitige Abhängigkeiten zwischen verschiedenen Entitäten in der sozialen Wirklichkeit. Zwar haben diese Phänomene ihre historischen Vorläufer, jedoch liegt der weiter unten noch näher zu untermauernde Schluß nahe, daß sie typisch für den Prozeß der gegenwärtigen Modernisierung auf die späte Industriegesellschaft hin charakteristisch sind. Die erwähnten Beispiele – Verfilzung der Herrschaft bei wirtschaftlicher Integration, institutionelle Durchdringung bei Entscheidungen über Entwicklungshilfe, Währungsverflechtung und Intervention einer Regierung – sind besonders typisch für die Gegenwart und lassen sich alle um den zwar wissenschaftlichen etwa vagen, jedoch politisch oft benutzten Begriff der Interdependenz ansiedeln.

Die Kritik an der in Theorie und Praxis geübten Unterscheidung von nationaler und internationaler Politik läßt sich deshalb nicht trennen von einer Prüfung der für die moderne Gesellschaft typischen Interdependenzen. Damit stellt sich auch die Frage nach den strukturellen Voraussetzungen und den hier wirksamen Kräften. Noch wichtiger: Welche Konsequenzen haben diese Vorgänge für das Verhältnis von Staaten untereinander, für die Stabilität, für die Schaffung eines permanenten Friedenssystems? Ist der in diesem Zusammenhang immer wieder vorgetragenen These von der positiven Bedeutung einer wachsenden Interdependenz zuzustimmen? Auf diese Probleme wird weiter unten noch einmal einzugehen sein.

Diese brennenden Fragen sind von der Politikwissenschaft in ungenügendem Maße untersucht worden. Dies liegt einmal an dem nun auch in der Bundesrepublik sich ansiedelnden (und in diesem Sammelband durch Klaus Faupels Beitrag repräsentierten) literarischen Byzantinismus, der bei der Abgrenzung von Gegenstand und Prioritäten politikwissenschaftlicher Forschung die soziale und politische Wirklichkeit wenig beachtet. Zum anderen ist jedoch Edward Morse nur zuzustimmen, wenn er hierüber ausführt:

"The concentration on problems of security and on the global structure of the international system has obscured the changing nature of the political processes among highly modern societies. At the same time, scholarship on international politics has been deceptive because of the illusion of increasing levels of independence associated with the national focus, both in terms of the capacities of governments to act internally and in terms of the growing number of independent states and the consequent ideological rebellion against internationalism. This illusion is one essential part of the paradox that while governments of modern industrial societies have for the first time developed capacities and legitimate authority to act domestically in virtually all aspects of the lives of their citizens, at the same time, international commitments and growing international interdependencies have restricted them severely." [7]

Die Frage der Unterscheidung von nationaler und internationaler Politik rührt nicht nur an die Probleme einer Abkapselung zweier theoretischer Bereiche und einer Vernachlässigung relevanter gesellschaftlicher Veränderungen. Ein drittes Moment kommt hinzu. Struktur und Prozesse des internationalen Systems der Gegenwart sind mehr denn je in ihrem Charakter multidimensional. Die Rolle des Nationalstaats, die Natur zwischenstaatlicher Beziehungen oder bestehender Solidaritätsgefühle variieren beträchtlich je nach der Ebene der internationalen Politik, sei es die Ebene der nuklearen oder konventionellen Bedrohung, der Beziehungen zwischen den Weltmächten oder den Allianz-Mitgliedern, des Handels oder der Verteidigung. Diese Multidimensionalität führt zu einer Vielfalt von Methoden der Veränderung, von Verpflichtungen, Konflikten, geteilten Loyalitäten und einander überkreuzenden Konflikts- und Kooperationsmustern. Ähnlich wie bei der Vielfalt der Rollen des Individuums in der differenzierten modernen Gesellschaft, so kann, wie *Pierre Hassner* beobachtet, diese Multidimensionalität einerseits einen gesunden Pluralismus und eine Relativierung von Ungleichheiten, andererseits Spannungen und Gegensätze zwischen den verschiedenen Ebenen zur Folge haben, wodurch Lähmungen und Disintegration erzeugt werden können [8].

Die Multidimensionalität des heutigen internationalen Systems, die auch in zunehmendem Maße von der politikwissenschaftlichen Analyse skizziert wird [9], bedarf also zu ihrer Erfassung durch die empirische Analyse theoretischer Rahmen und Methoden, die dieser Komplexität gerecht zu werden versprechen. Schon allein deshalb ist das um die Trennung von nationaler und internationaler Politik konstruierte theoretische und methodische Gehäuse nicht mehr adäquat.

Im Gegensatz zur älteren Staatstheorie, die die ». . . internationalen Beziehungen quasi als Tangenten(begriff), die die politischen Systeme nur an der Spitze der gesellschaftlichen Pyramide in der Autorität des Landesherrn berühren, also nicht als

[7] *Edward L. Morse:* »The Politics of Interdependence«, in: International Organization, April 1969, im Druck.

[8] *Pierre Hassner:* »The Nation-State in the Nuclear Age«, in: Survey, Nr. 67 (April) 1968.

[9] Hier vor allem: *Pierre Hassner:* »Change and Security in Europe. I: The Background; II: In Search of a System«, in: Adelphi Papers, Nr. 45 (Februar) 1968, Nr. 49 (Juli) 1968; *Stanley Hoffmann:* Gulliver's Troubles, or the Setting of American Foreign Policy, New York 1968; *Oran R. Young:* »Political Discontinuities in the International System«, in: World Politics XX/3, 1968.

Verbindungslinie, die in die Systeme auch eindringen ...« [10], muß sich also unser heutiges Interesse auf die Interaktionsprozesse richten, die die nationalstaatlichen Grenzen überschreiten. Es versteht sich, daß damit die Forderung nach einer Autonomie der internationalen Beziehungen als wissenschaftlicher Disziplin in Frage gestellt wird, wenn diese Forderung auf der Unterstellung einer klaren Trennbarkeit von nationaler und internationaler Politik beruht [11].

II. Der theoretische Rahmen: Multinationale Politik

Der Erforschung und theoretischen Erfassung der grenzüberschreitenden Interaktionsprozesse, die in unserer heutigen Welt ständig an Bedeutung zuzunehmen scheinen, soll der im folgenden zu erörternde Idealtypus der »Multinationalen Politik« dienen.
Hierbei darf allerdings nicht übersehen werden, daß verschiedene in der Politikwissenschaft bisher erprobte Ansätze ihren Untersuchungsgegenstand so abgegrenzt haben, daß Phänomene, die die beiden Bereiche der nationalen und internationalen Politik miteinander verbinden, untersucht werden konnten und untersucht wurden. Wo dies zu empirischen Arbeiten führte, sind diese allerdings bisher nicht mit dem Zweck betrieben worden, die auf die überkommene Unterscheidung aufbauende Theorie bzw. theoretischen Ansätze der Politikwissenschaft zu revidieren. Zu den wichtigsten Beispielen gehören neben der noch kurz zu streifenden Forschung über die internationale Integration die Arbeiten über funktionale internationale Organisationen [12], Revolutionen und internationale politische Bewegungen [13], integrierte Allianzsysteme [14] und die Interaktion von internationaler Politik und »internen Konflikten« [15]. Beson-

[10] *Kurt Tudyka*: »Veränderung innerstaatlicher Beziehungen als Folge vermehrter auswärtiger Beziehungen«, Diskussionspapier für die Tagung der Sektion Internationale Politik der DVPW, Marburg, Juni 1968, hektographiert.

[11] Diese Forderung ist vor allem in den wegweisenden Arbeiten *Stanley Hoffmanns* erhoben worden (vor allem in: Contemporary Theory in International Relations, Englewood Cliffs, 1960, S. 1–7). Die ihr zugrunde liegende (durchaus richtige) Annahme, daß ein Monopol legitimer Gewaltanwendung vorerst *nur* innerstaatlich vorhanden ist und deshalb eine strikte Trennung beider Bereiche erfordert, ist jedoch im Zusammenhang einer Autonomieforderung nur dann relevant, wenn man ein rein konfliktorientiertes Modell der internationalen Politik unterstellt. Diesem läßt sich jedoch durchaus ein kooperationsorientiertes Modell entgegenhalten. Die Wahl grenzüberschreitender Prozesse als Einheit der Analyse will dem komplexen Charakter der heutigen internationalen Politik gerecht werden, in der Konflikt und Kooperation in den verschiedenartigsten Verbindungen auftreten.

[12] Hier vor allem *Ernst B. Haas:* Beyond the Nation-State. Functionalism and International Organization, Stanford 1964; *James P. Sewell:* Functionalism and World Politics. A Study Based on United Nations Programs Financing Economic Development, Princeton 1966.

[13] Als Beispiel aus dem sehr umfangreichen Schrifttum sei angeführt: *Walter Yondorf:* »Monnet and the Action Committee: The Formative Period of the European Communities«, in: International Organization XIX/4, 1966.

[14] Zum Beispiel *Zbigniew K. Brzezinski:* The Soviet Bloc. Unity and Conflict, 2. Aufl., New York 1961.

[15] Vor allem: *George A. Kelly* und *Linda B. Miller:* Internal War and International Systems: The Question of Method, Cambridge, Center for International Affairs, 1968, hektographiert; *James N. Rosenau* (Hg.): International Aspects of Civil Strife, Princeton 1964.

ders wichtig in diesem Zusammenhang ist die Arbeit von *John Herz,* in der er darlegt, wie die waffentechnische Revolution die »harte Schale« des neuzeitlichen Territorialstaats »permeabel« gemacht hat [16]. Ebenfalls bedeutsam sind die Arbeiten auf dem Gebiet der von *Raymond Aron* inspirierten, historisch-soziologisch vorgehenden Systemanalyse [17]. Schließlich wäre auch auf die (in diesem Band durch *Gerhard Lehmbruchs* Beitrag repräsentierten) [18] Versuche hinzuweisen, das Zusammenspiel externer Bedingungen und interner Verfassungsentwicklung herauszuarbeiten.

Es geht jedoch darum, *explicite* in methodisch klarer Form, mit dem letzlichen Ziel der Theoriebildung die Phänomene im Verbindungsbereich nationaler und internationaler Politik zu analysieren. Auch bei den vorliegenden Untersuchungen der innenpolitischen Quellen der Außenpolitik ist die Überwindung des überkommenen theoretischen Rahmens noch keineswegs gelungen [19], wenngleich auch sein obsoleter Charakter gerade im Hinblick auf diese Problematik zum Teil sehr treffend herausgearbeitet wurde [20]. In diesem Zusammenhang haben einmal *Rosenau* und zum andern *Karl Deutsch* in methodisch besonders eindrücklicher Form auf die Notwendigkeit einer »linkage theory« hingewiesen [21]; im Falle *Deutschs* ergibt sich dies durch den Rückgriff auf ein Kommunikationsmodell, in dem besondere »linkage groups« und »linkage subsystems» existieren, die die Verbindung zwischen dem innenpolitischen und auswärtigen bzw. internationalen Bereich herstellen.

Zur weiteren Klärung der Verbindungsprozesse soll der Idealtyp der »Multinationalen Politik« vorgeschlagen werden. Hierunter sind jene Formen der Politik zu verstehen, bei denen gesellschaftliche und innenpolitische Prozesse eines oder mehrerer natio-

[16] *John Herz:* Weltpolitik im Atomzeitalter, Stuttgart 1961.

[17] *Raymond Aron:* Paix et guerre entre les nations, Paris 1962; vor allem: *Rosecrance:* Action and Reaction, op.cit.

[18] Vgl. auch die dort angeführten Hinweise auf die übrige Literatur. In der älteren Staatslehre ist diese Problematik von *Otto Hintze* bearbeitet worden (vor allem in: »Staatenbildung und Verfassungsentwicklung. Eine historisch-politische Studie, in: Staat und Verfassung. Gesammelte Abhandlungen zur allgemeinen Verfassungsgeschichte, hrsg. von *Fritz Hartung,* Göttingen 1941.)

[19] Als Beispiel: *Bernard C. Cohen:* The Political Process and Foreign Policy: The Making of the Japanese Peace Settlement, Princeton 1957. Wie schwierig der Übergang von der Formulierung eines Approach zur empirischen Analyse ist, demonstriert *Rosenau* am eigenen Leib in: *Rosenau* (Hg.): Domestic Sources of Foreign Policy, New York 1967. Ähnlich ergeht es *Wolfram F. Hanrieder,* dessen theoretische Ansprüche (vgl. vor allem »Compatibility and Consensus: A Proposal for the Conceptual Linkage of External and Internal Dimensions of Foreign Policy«, in: American Political Science Review, LXI/4, 1967, und die Einleitung zu seinem West German Foreign Policy 1949–1963. International Pressure and Domestic Response, Stanford 1967) in einem Mißverhältnis zum Text seiner Studie der deutschen Außenpolitik stehen, ja im Grunde dort kaum aufgegriffen werden. Zur Kritik seiner Konzeptionen vgl. *James N. Rosenau:* »Compatibility, Consensus, and an Emerging Political Science of Adaptation«, in: American Political Science Review, LXI/4, 1967.

[20] In der Bundesrepublik *Ekkehardt Krippendorff:* »Ist Außenpolitik noch *Außen*politik?«, in: PVS IV/3, 1963.

[21] *Rosenau:* »Pre-theories and Theories«, op. cit.; *ders.:* »Toward the Study of National-International Linkages«, op.cit.; *Karl Deutsch:* »External Influences on the Internal Behavior of States«, in: *Farrell* (Hg.): Approaches . . ., op.cit.

nalstaatlicher Systeme mit den nach außen gerichteten Aktivitäten von nationalstaatlichen Akteuren oder internationalen Organisationen Interaktionssysteme bilden.
Eine Reihe kritischer Einwendungen ließ sich gegen diese Definition erheben, vor allem im Hinblick auf die Operationalisierung. Es versteht sich, daß dieses Konzept zu einem späteren Zeitpunkt präzisiert werden muß, wenn weitere Erfahrungen bei der Operationalisierung jener Unterformen dieses Idealtyps der multinationalen Politik gemacht werden, die ich nunmehr skizzieren möchte. Hierbei soll zwischen drei Formen multinationaler Politik unterschieden werden, von denen die ersten beiden im Rahmen dieses Beitrags nicht näher untersucht werden können.

1. Penetrierte Systeme

Der Begriff und seine Definition gehen auf *Rosenau* zurück. Weiter oben erläuterte ich ein Beispiel eines solchen Systems, nämlich bestimmte Kooperationsverhältnisse zwischen Entwicklungsländern und Entwicklungshilfe gebenden Ländern bzw. Organisationen. Rosenau folgend sollen penetrierte Systeme als dann vorliegend angesehen werden, wenn »Nichtmitglieder einer nationalen Gesellschaft direkt und bindend durch Maßnahmen, die gemeinsam mit Mitgliedern der Gesellschaft unternommen werden, entweder bei der Zuteilung ihrer Werte (allocation of values) oder bei der Mobilisierung von Unterstützung für die Verwirklichung ihrer Ziele teilnehmen« [22].

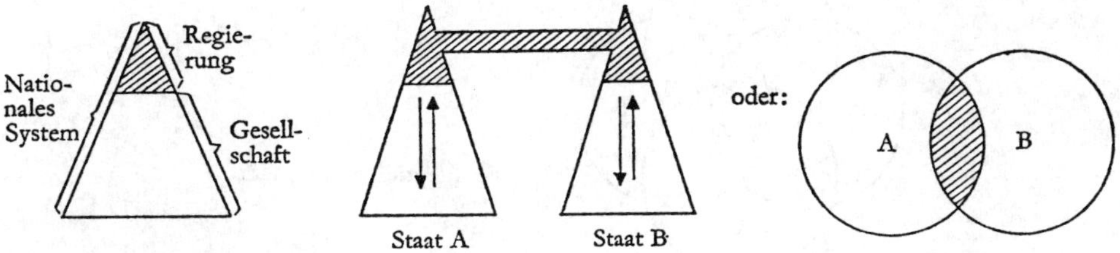

Abb. 1: Penetriertes System

Beispiele für penetrierte Systeme sind vor allem militärische Okkupationen (zum Beispiel das Okkupationssystem in der Bundesrepublik vor 1949 und partiell bis 1954/1955), das Verhältnis zwischen der Sowjetunion und den Satellitenstaaten, vor allem im frühen Stadium des Sowjetblocks. (Hier bediente sich die Penetration mannigfacher Mechanismen, einschließlich der Kontrolle von Streitkräften und Geheimdienst durch sowjetische Offiziere, des sowjetischen Botschafters, gemeinsamer Sitzungen der Zentralkomitees usw. Hierzu liegen zahlreiche Studien vor, zum Beispiel *Brzezinskys* erwähnte Arbeit über den Sowjetblock.) Die sowjetische Intervention in die finnische Innenpolitik von 1961 zwecks Eliminierung bestimmter, unliebsamer Politiker oder die amerikanische Intervention zugunsten Adenauers in den Wahlen von 1953 wären Beispiele für die erwähnte »Mobilisierung von Unterstützung«.

[22] *Rosenau:* »Pre-theories and Theories of Foreign Policy«, op.cit., S. 65.

Es versteht sich, daß zu vielen dieser Fragen in historischen und politikwissenschaftlichen Studien reichhaltiges Material vorliegt, das im Hinblick auf den hier verfolgten Zweck neu gesichtet werden könnte. Zu manchen dieser Fragen gibt es allerdings nur wenige Untersuchungen. Ein Beispiel sind die schon erwähnten penetrierten Systeme bei den Entwicklungsländern. Obwohl das Problem des Neokolonialismus seitens der Entwicklungsländer oft beklagt und nicht zu Unrecht mit Penetrationsformen in Verbindung gebracht wird, gibt es keine sorgfältige Studie der Penetrations-Phänomene in diesen Ländern, weder seitens der dort im Aufbau befindlichen Soziologie und Politikwissenschaft, noch seitens der marxistischen Forschung, die zwar an dieser Fragestellung interessiert ist, jedoch über polemisch angesetzte und wissenschaftlich dubiose »Enthüllungen« kaum hinausgekommen ist.

2. Systeme internationaler Integration

Integrationssysteme liegen vor, wenn auf regionaler Basis zur Vorbereitung, Verabschiedung und Durchführung von politischen Entscheidungen der ausschließlich nationalstaatliche durch einen mehrstaatlichen Rahmen ersetzt wird – gegebenenfalls unter Gründung einer internationalen Organisation – und eine Konsolidierung in Form eines politischen Zusammenschlusses Ziel der beteiligten nationalen Systeme ist.

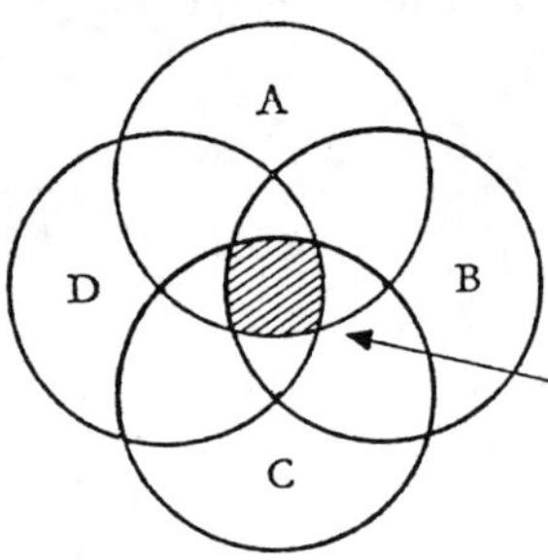

Abb. 2: Integrationssystem

Es hat in der Geschichte mannigfache Integrationsversuche gegeben. *Karl Deutsch* und eine Reihe von Mitarbeitern untersuchten in der 50er Jahren eine Reihe von Fällen und leiteten daraus theoretische Aussagen über die internationale Integration ab, die die Forschung nachhaltig beeinflußten [23]. Im internationalen System der Nachkriegszeit ist vor allem hinzuweisen auf die Integrationsversuche in Ostafrika, Südamerika, Zentralamerika, die gescheiterten Versuche der westindischen Föderation und der Vereinigten Arabischen Republik, vor allem jedoch auf die Integrationsversuche in West-Europa. Hier sind die fruchtbarsten Beiträge auf dem Gebiet der Theorie von amerikanischen Sozialwissenschaftlern gemacht worden.

Neben *Deutsch* sind hier vor allem *Ernst Haas, Leon Lindberg* und *Amitai Etzioni zu*

[23] *Karl W. Deutsch* et. al.: Political Community in the North Atlancic Area. International Organization in the Light of Historical Experience. Princeton 1957 (1968 neugedruckt).

erwähnen [24]. Ferner ist hinzuweisen auf die Integrationsversuche innerhalb des kommunistischen Systems, die vor allem westeuropäische Sozialwissenschaftler zum Gegenstand systematischer Untersuchung gemacht haben [25].
Wie für eine Reihe von anderen Teilbereichen der wissenschaftlichen Beschäftigung mit der internationalen Politik, auf denen erhebliche Arbeit geleistet worden ist, gilt auch für das reichhaltige Material zur internationalen Integration, daß es theoretisch introvertiert ist: Bisher ist noch nicht einmal *versucht* worden, die Ergebnisse in einen größeren Zusammenhang zu setzen und ihre Relevanz für internationale Politik im allgemeinen und ihre theoretische Erfassung zu prüfen. Wo überhaupt erste Ansätze vorliegen, kommen sie von der Kritik der Integrationstheorie [26]. Eine Bearbeitung und Würdigung der Ergebnisse der Integrationsforschung im Rahmen einer Theorie der multinationalen Politik bietet vielleicht einen Ansatzpunkt, das Versäumte nachzuholen. Dies soll jedoch an anderer Stelle geschehen. Nach diesen kurzen Andeutungen über penetrierte Systeme und Integrationssysteme können wir uns nunmehr dem dritten Idealtyp, der *Transnationalen Politik*, zuwenden.

III. Transnationale Politik

1. Transnationale Gesellschaft

Transnationale Politik setzt die Existenz einer transnationalen Gesellschaft voraus. Damit wäre zuerst ein Begriff zu präzisieren, der von *Raymond Aron* in die Theorie der internationalen Politik eingeführt wurde:

»Die transnationale Gesellschaft manifestiert sich im Handelsaustausch, in der Ein- und Auswanderung, den gemeinsamen Glaubenssätzen, den Organisationen, die über die Grenzen hinausreichen, und schließlich den Zeremonien und Wettbewerben, die den Mitgliedern aller dieser Einheiten (d. h. Staaten, d. Verf.) offenstehen. Die transnationale Gesellschaft ist um so lebendiger, je größer die Freiheit des Handelsaustauschs, der Ein- und Auswanderung oder der

[24] Das Fehlen eines wesentlichen Beitrags der europäischen Sozialwissenschaft zur Theorie der westeuropäischen Integration hat bestimmte Gründe, über die sich lohnt nachzudenken. Ein Versuch hierzu wurde gemacht in: *Karl Kaiser:* »L'Europe des Savants – Die europäische Integration und die Sozialwissenschaften«, in: Integration: Berichte zur Europa-Forschung, Oktober 1968. Auf die Vernachlässigung der europäischen Dimension bei Analysen des deutschen Regierungssystems durch die deutsche Politikwissenschaft wurde weiter oben schon hingewiesen. Vgl. hierzu auch *Kurt P. Tudyka:* »Deutsche Politikwissenschaft in der Europa-Forschung«, in: Integration. Berichte zur Europa-Forschung, Oktober 1968.
[25] Einen Überblick über den Stand der Integrationstheorie versuchen: *Roger D. Hansen:* »Regional Integration: Reflections on a Decade of Theoretical Efforts«, in: World Politics, XXI/2, 1969; *Kaiser:* »The US and the EEC«, op.cit.; *ders.:* »The Interaction of Regional Subsystems: Some Preliminary Notes on Recurrent Patterns and the Role of Superpowers«, in: World Politics, XXI/1, 1968.
[26] Vor allem: *Stanley Hoffmann:* »Obstinate or Obsolete? The Fate of the Nation-State and the Case of Western Europe«, in: Daedalus, Sommer 1966.

Kommunikation und je größer die gemeinsamen Glaubenssätze und je zahlreicher die nichtnationalen Organisationen ...« [27]

Er erwähnt als Beispiele u. a. die griechische Tradition der olympischen Spiele, die Weltwirtschaft unter dem Goldstandard und die europäische Niederlassungsfreiheit vor dem Ersten Weltkrieg. Auch habe es zu allen Epochen Sitten, Konventionen und ein spezifisches Recht gegeben, die die Vorgänge in der transnationalen Gesellschaft reguliert hätten; in der neueren Zeit gehöre hierzu beispielsweise das internationale Privatrecht [28]. Zwar definiert *Aron* die internationalen Systeme als »den zwischenstaatlichen Aspekt der Gesellschaft, der die Bevölkerungen angehören, die verschiedenen Souveränitäten unterworfen sind« [29], jedoch verfolgt er diese Dichotomie nicht weiter und geht nicht auf die dynamischen Elemente ein, die sich aus dem Spannungsverhältnis zwischen transnationaler Gesellschaft und Nationalstaaten ergeben.
Dieses Spannungsverhältnis ist stärker angesprochen von *Stanley Hoffmann*, der in seiner Definition des internationalen Systems von Kräften spricht, »die die einzelnen Einheiten durchdringen oder gleichzeitig in mehreren von ihnen wirken ... diese sind Faktoren der Veränderung. Aber zu einem konkreten Zeitpunkt stellen sie für die Entscheidenden feste Größen dar: Sie können benutzt oder bekämpft, aber nicht ignoriert werden. Je zahlreicher diese Kräfte sind, um so mehr sind die Einheiten sozusagen in einem transnationalen Netz gefangen: sie können sich zwar noch einen großen Handlungsspielraum bewahren, ... aber sie (diese Kräfte, d. Verf.) beschränken ihre Kapazität für unvorhersehbare Handlungen [30]. Ähnlich den eingangs erwähnten Autoren bemerkt auch *Hoffmann*, daß der genaue Einfluß dieser Kräfte wie etwa der technischen Innovation, von Organisationen wie der Kirche oder den Internationalen, oder die Wirkung von bestimmten Ideen wie Antikolonialismus bisher ungenügend erforscht worden sind.
Schließlich wäre auf einen kurzen Essay *Mendershausens* hinzuweisen, der diese Dichotomie als zwei »patterns of order« beleuchtet: die transnationale Gesellschaft, »die soziale Einheiten aller Länder in weitgehendem Austausch verschiedener Art verbindet und einer permanenten Revolution der Technik aussetzt«, und die souveränen

[27] *Aron:* Paix et guerre, op.cit., S. 113.
[28] Vgl. hierzu den Begriff des »transnational law«, den *Philip Jessup* mit dem gleichnamigen Buch (New Haven 1956) in die völkerrechtswissenschaftliche Diskussion einführte (er war vorher nur parenthetisch mehrere Male aufgetaucht). »Transnational Law« umfaßt »... all law which regulates actions or events that transcend national frontiers.« (S. 2.) Das grenzüberschreitende Element ist also das entscheidende Merkmal der Abgrenzung. Damit erfaßt tr. l. automatisch nicht nur das gesamte Völkerrecht, sondern auch Bereiche, die von der herrschenden Lehre als nicht dem Völkerrecht zugehörend angesehen werden, also das sogenannte internationale Privat-, Straf-, Prozeß- und Verwaltungsrecht, das von der h. Lehre als *nationales* Kollisions- und Anwendungsrecht gesehen wird. (z. B. *Georg Dahm:* Völkerrecht, Stuttgart 1958, Bd. 1, S. 6).) Jessup geht von der soziologischen, nicht juristischen Erkenntnis aus, daß sogenannte »transnational situations« als Folge der wachsenden Kommunikationen und internationalen Verflechtung tatsächlich zunehmen und durch tr. l. schon in Ansätzen geregelt werden und geregelt werden *sollen.*
[29] *Aron:* Paix et guerre, op. cit., S. 113.
[30] *Hoffmann*: Contemporary Theory, op. cit., S. 180.

Staaten, »die so viel an Sicherheit, Recht und Unterstützung für die kollektiven Ziele zu schaffen versuchen, wie sie jeweils in der Lage sind«.[31]
Mendershausen weist darauf hin, daß die politischen Konsequenzen einer ständig wachsenden transnationalen Gesellschaft offenbleiben und je nach dem Beobachtungsstandpunkt als »Arbeitsteilung, Einmischung, Vorteil oder Störung« empfunden werden[32]. Dem wäre allerdings hinzuzufügen, daß, um genauer prüfen zu können, wann eine »Arbeitsteilung« und wann eine »Störung« vorliegt, stufenweise vorgegangen werden muß und zuvor der Begriffsapparat zu verschärfen ist.
Eine transnationale Gesellschaft liegt also vor, wenn zwischen Gesellschaften verschiedener nationalstaatlicher Systeme in bestimmten Sachbereichen soziale Interaktion stattfindet. Sofern hierbei Eliten Entscheidungen treffen, so sind dies soziale, wirtschaftliche und politische Eliten außerhalb der Regierungsinstitutionen.

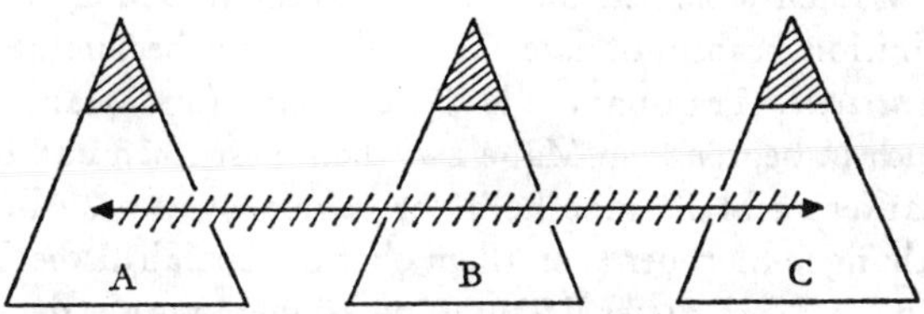

Abb. 3: Transnationale Gesellschaft

Hierbei ist die transnationale Gesellschaft weder geographisch zu verstehen, noch ist damit gemeint, daß sie die Gesamtgesellschaft der beteiligten nationalstaatlichen Systeme erfaßt. Dies heißt, erstens, daß sich eine transnationale Gesellschaft zwischen geographisch voneinander getrennten Gesellschaften bilden kann, zweitens, daß sie funktionell zu verstehen ist, das heißt daß sie begrenzt wird von den Sachbereichen, die Gegenstand transnationaler Interaktion sind, zum Beispiel freier Währungsverkehr (womit also nichts über kulturelle oder pressure group-Interaktion ausgesagt würde, um nur zwei andere Sachbereiche herauszugreifen).
Diese Limitierung der Konzeption der transnationalen Gesellschaft auf bestimmte Sachbereiche ist aus drei Gründen ratsam. Da die politischen Dimensionen von Prozessen in der transnationalen Gesellschaft untersucht werden sollen, wird einmal mit einer Differenzierung nach Sachgebieten die Möglichkeit offen gelassen, der Analyse leichteren Zugang und besseres Verständnis für eventuelle Unterschiede zwischen den politischen Prozessen in verschiedenen Sachgebieten zu verschaffen. Es erscheint wahrscheinlich, um nur zwei Beispiele herauszugreifen, daß transnationale Interaktion zwischen mobilisierten Studentenschaften und zwischen privaten Investoren jeweils andere Abläufe nehmen, verschiedene Regierungsinstitutionen ansprechen und ungleiche Reaktionen hervorrufen. Neuere Studien, insbesondere *Robert Dahls* Arbeit über New Haven[33], bestätigen die Notwendigkeit einer stärkeren Differenzierung poli-

[31] *Horst Mendershausen:* »Transnational Society vs. State Sovereignty«, RAND Corporation (P–3806), Santa Monica 1968, hektographiert, S. 5; deutsch in Kyklos, in Vorber.
[32] *Ibid.*, S. 8.
[33] *Robert A. Dahl:* Who Governs? Democracy and Power in an American City, New Haven 1961.

tischer Analyse gemäß Sachgebieten. Zum anderen soll damit der schon skizzierten Multidimensionalität der heutigen internationalen Politik Rechnung getragen werden [34]. Schließlich wird auch mit dieser Begrenzung der Konzeption der transnationalen Gesellschaft das Arbeitsfeld eingeengt und die Möglichkeit von sinnvollen Einzelstudien geschaffen.

Diese Definition der transnationalen Gesellschaft impliziert drittens, daß *für bestimmte Sachbereiche* die Interaktion zwischen nationalen Systemen unter Bedingungen relativer Offenheit stattfindet, daß also beispielsweise beim Handel relative Freiheit, bei der Währung Konvertibilität und beim Tourismus Einreise- und Bewegungsmöglichkeit vorliegen. Die in diesem Bereich handelnden Körperschaften oder Individuen müssen demnach ein Mindestmaß an Handlungsfreiheit besitzen. Also auch dann, wenn nationalstaatliche Systeme gegeneinander abgekapselt sind, wie dies beispielsweise mit Einschränkungen zwischen sozialistischen und kapitalistischen Ländern der Fall ist, postuliert die Definition transnationale Gesellschaft für bestimmte Bereiche, *sofern dort Interaktion entsteht.* Transnationale Gesellschaft (und transnationale Politik) bestehen deshalb auch in begrenztem Maße zwischen westlichen und östlichen Ländern und natürlich in stärkerem Maße innerhalb der beiden Systeme. Allerdings haben die bisherigen Untersuchungen hierüber (vor allem über das sozialistische System) nicht sehr weit vordringen können. Nach dieser Erläuterung können wir uns dem dritten Idealtyp multinationaler Politik zuwenden.

2. Transnationale Politik

Transnationale Politik soll locker definiert werden als jene politischen Prozesse zwischen nationalstaatlichen Regierungen und/oder zwischen transnationaler Gesellschaft und Regierung(en), deren Anstoß von Interaktionen in der transnationalen Gesellschaft gegeben wurde [35].

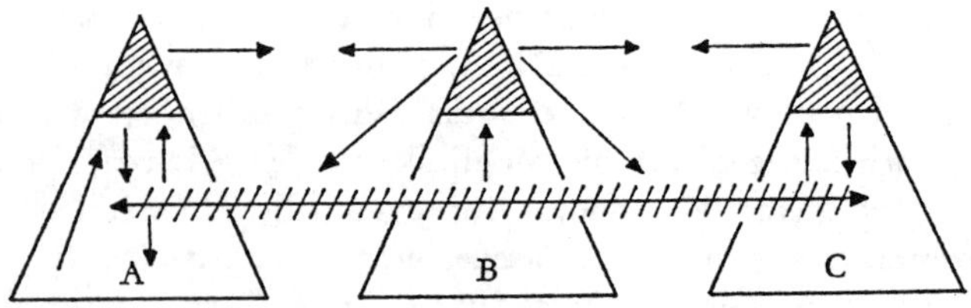

Abb. 4: Transnationale Politik

[34] Unter dem Mangel einer solchen Differenzierung leidet die ansonsten sehr anregende Darlegung *Mendershausens* über die Dichotomie *einer* globalen transnationalen Gesellschaft und des souveränen Nationalstaates im allgemeinen. Dadurch gelangt er verständlicherweise zu sehr disparaten Aussagen.

[35] Der Begriff der »transnationalen Politik« taucht bei Rosenau als Sammelbezeichnung für »linkage processes« parenthetisch einmal auf und ist mit dem in diesem Beitrag gebrauchten Begriff nicht identisch. Vgl. *Rosenau:* »Towards the Study of National-International Linkages«, op. cit., S. 12. Dies gilt auch für *Heinz Kuby* und *Erich Kitzmüller*: Transnationale Wirtschaftspolitik, Hannover 1968.

Ein Beispiel aus der Problematik des internationalen Kapitalverkehrs soll das Phänomen der transnationalen Politik verdeutlichen. Hier bildet sich durch die verhältnismäßig freie Bewegung von Investitionskapital ein Transmissionsmedium, durch das sehr unterschiedliche Gesellschaften miteinander verbunden werden. Dort stattfindende Interaktionen, die durch relativ autonom getroffene Entscheidungen nicht öffentlicher Körperschaften ausgelöst werden, beeinflussen zum Teil sehr maßgeblich den Entscheidungskontext nationalstaatlicher Regierungen und können deren Spielraum begrenzen oder sie zu Maßnahmen gegenüber ihrer Gesellschaft oder anderen Regierungen veranlassen. Eine Begrenzung läge zum Beispiel vor, wenn ausländische Firmen ein Übergewicht bekämen und ausnutzten (zum Beispiel United Fruit in lateinamerikanischen Ländern) oder wenn die Kapitalausfuhr, wie im amerikanischen Falle, die Zahlungsbilanz so sehr schwächt, daß damit der Spielraum der Verteidigungspolitik (Truppenstationierung oder Strategie) eingeengt wird. Solche Transaktionen tragen bei zu Regierungsnaßmahmen gegenüber der jeweiligen Gesellschaft (zum Beispiel Kapitalausfuhrhemmungen oder Investitionshindernisse für Ausländer) oder gegenüber anderen Regierungen (zum Beispiel Bemühungen um eine gemeinsame EWG-Politik zu amerikanischen Investitionen).

Diese Fälle sind hier nur grob umrissen worden, später werden sie noch einmal eingehender behandelt und durch weitere empirische Beispiele ergänzt werden. Jedoch sind hieran folgende drei Aspekte auffallend und von besonderem theoretischen Interesse:

Erstens kommunizieren verschiedene nationale Gesellschaften untereinander, wobei das Transmissionsmedium jeweils verschieden sein kann (zum Beispiel eine Währung oder Kapitalfluß) und Entscheidungen relativ autonom auf gesellschaftlicher Ebene getroffen werden (zum Beispiel von privaten Investoren).

Zweitens können diese Interaktionen wichtige Veränderungen in den beteiligten Gesellschaften hervorrufen (zum Beispiel in Form einer Veränderung der Wirtschaftsstruktur), das heißt weitgehende Konsequenzen für eine nationale Gesellschaft haben, obwohl der Anstoß hierzu formell von außerhalb des nationalen Systems kam.

Drittens kann wegen der sozialen und politischen Wichtigkeit dieser Veränderungen der Entscheidungskontext der Regierung des betreffenden politischen Systems maßgeblich beeinflußt werden, einmal im Sinne einer Einengung ihrer Handlungsfähigkeit, zum anderen im Sinne einer Notwendigkeit zum Handeln. Richtet sich dieses auf die eigene Gesellschaft (zum Beispiel in Form von Enteignung ausländischer Firmen), so hat es Auswirkungen, die wegen der Kommunikation nach außen oft über die Grenze hinausgreifen. Aber häufig ist diese Regierung, sofern sie nicht das Verhältnis ihres politischen Systems zur Außenwelt radikal verändern will (zum Beispiel im theoretischen Fall einer totalen wirtschaftlichen Einkapselung), gezwungen, auf diese gesellschaftlichen Prozesse durch Maßnahmen, die gemeinsam mit anderen Regierungen getroffen werden, zu reagieren (zum Beispiel bei Zahlungsbilanzschwierigkeiten), oder sie steht vor der Notwendigkeit, das zwischenstaatliche Verhältnis mit anderen Regierungen neu zu regeln und gegebenenfalls zu institutionalisieren (zum Beispiel durch eine Reform des internationalen Währungssystems).

Wenn also hier Regierungen auf Ereignisse »außerhalb« des eigenen nationalstaat-

lichen Systems reagieren, dann nicht im Sinne des Modells der internationalen Politik, bei dem Regierungen auf die »außen« und von anderen staatlichen Einheiten geschaffenen Probleme eine Antwort zu finden versuchen, sondern indem sie auf außerhalb des eigenen staatlichen Systems verankerte gesellschaftliche Prozesse reagieren, die gleichzeitig die eigene Gesellschaft durchdringen und zu denen diese beiträgt.
Damit stellt sich die theoretisch besonders relevante Frage, welche typischen Verhaltensmuster sich hinsichtlich der Konsequenzen solcher Prozesse für das Verhalten der Regierungen untereinander bzw. gegenüber der eigenen oder transnationalen Gesellschaft beobachten lassen und ob sich erste Arbeitshypothesen über die Gründe dieses Verhaltens aufstellen lassen. Hierbei sollen drei Typen nationalstaatlicher Reaktion unterschieden werden: nationale Reaktion, Abkapselung und multilaterale Regularisierung.

A. Nationale Reaktion

Zur Erläuterung soll auf die freie Bewegung von Investitionskapital zurückgegriffen werden. Bekanntlich versuchte die französische Regierung Anfang der sechziger Jahre, im Alleingang Maßnahmen gegen das Hereinströmen amerikanischen Kapitals in die französische Wirtschaft zu ergreifen und dessen Ansiedlung zu drosseln. Dieser Versuch erwies sich jedoch bald als wirkungslos und schädlich für französische Interessen. Die abgelehnten amerikanischen Firmen ließen sich in den Nachbarländern nieder, und ihre Produkte flossen kurze Zeit später nach Frankreich ein. Zwar wäre damit die »Überfremdung« der Industrie verhindert gewesen, jedoch die Schaffung von Arbeitsplätzen, der allgemeine Beitrag zum Wirtschaftswachstum und die Übernahme von know how verhindert worden. Die Existenz der EWG akzentuierte diesen Trend, da deren Bestimmungen interne Freizügigkeit vorsehen. (Nachdem General Motors sich nicht in Straßburg niederlassen durfte und dies dafür in Antwerpen geschehen war, kamen die dort produzierten Erzeugnisse zollfrei nach Frankreich. In der Zwischenzeit ist es allerdings GM erlaubt worden, eine Produktionsstätte in Straßburg zu errichten.) Eine solche nationale Reaktion kann also nur temporär sein und müßte früher oder später zu einer der weiter unten behandelten Alternativen überleiten.
Auch bei der Frage des amerikanischen Zahlungsbilanzdefizits ist eine nationale Reaktion denkbar und wurde und wird auch versucht. So bemühten sich die USA, durch Beschränkungen des Kapitalexports das Defizit zu vermindern. Gleichzeitig war jedoch die Regierung gezwungen, ihrer wohlfahrtsstaatlichen Funktion nachzukommen und in Zeiten einer Rezession, vor allem 1958 und 1962, den Diskontsatz sehr niedrig zuhalten. Damit wurde jedoch das Zahlungsbilanzdefizit durch die hiervon verursachte Abwanderung von kurz- und mittelfristigen Geldern verschlimmert. Großbritannien hatte übrigens diese Option einer innenpolitischen Priorität über die außenwirtschaftlichen Anforderungen nicht, weil es keine ausreichenden Reserven mehr hatte. Da nunmehr auch die amerikanischen Goldreserven stark gesunken sind, ist die Möglichkeit der amerikanischen Regierung, dem innenpolitischen Ziel der Wirtschaftsbelebung mit den überkommenen Methoden Vorrang zu geben, stärker beschränkt[36].

[36] Vgl. hierzu *Henry Aubrey:* The Dollar in World Affairs, New York 1964.

Aber auch hier stellt eine nationale Lösung keine auf die Dauer befriedigende Lösung dar und besitzt deshalb auch in den Augen der entscheidenden Akteure einen Übergangscharakter.
Da die Akteure einer transnationalen Gesellschaft, wie zum Beispiel multinationale Konzerne oder private Investoren, gleichzeitig innerhalb mehrerer nationaler Systeme tätig sind, kann der Nationalstaat formal wie tatsächlich nur einen Teil ihrer Aktivitäten durch staatliche Eingriffe beeinflussen, und zwar den, der sich innerhalb der Grenzen des nationalstaatlichen Systems abspielt. So kann beispielsweise ein multinationaler Konzern Investitionen, Forschung oder zu versteuernde Gewinne gleichsam innerhalb seines eigenen Milieus in dasjenige Land verlagern, in dem die günstigsten Bedingungen herrschen. Wie die Beispiele der französischen Reaktion auf amerikanische Investitionen, aber auch die amerikanische Währungspolitik zeigen, ist eine Fortsetzung der *nationalen* Lösung nur dann in aller Konsequenz denkbar, wenn hierbei eine einschneidende Systemveränderung durchgeführt wird. Dies leitet über zur zweiten Alternative.

B. Nationale Abkapselung

Eine Politik der nationalen Lösung kann nur dann *auf lange Zeit* fortgesetzt werden, wenn diejenigen Mechanismen eliminiert werden, die eine solche Lösung durchkreuzen. Dies bedeutet einmal, daß Verbindungen und Kommunikationskanäle innerhalb der transnationalen Gesellschaft durch Beschränkungen der freien Bewegung von Personen, Investitionskapital, Geld, Informationen, Ideen usw. unterbrochen werden müßten.
Zum anderen erfordert die Fortsetzung der nationalen Lösung in Form der Abkapselung, daß sich die betroffene Gesellschaft, ihre Zielsetzung und ihre politische Organisation stark verändern müßten. Dies würde beispielsweise für Frankreich implizieren, daß die auf Wirtschaftswachstum, Erhöhung des Lebensstandards und technischen Fortschritt ausgerichtete französische Gesellschaft sich eine völlig neue, nämlich regressive sozial- und wirtschaftspolitische Zielrichtung geben müßte. Die Reaktion der französischen Regierung auf die Währungskrise vom Herbst 1968 unterstreicht diese Aussage. Die Kontrollmaßnahmen vom November 1968, mit denen der freien Bewegung von Personen (Währungskontingente für ausreisende Touristen) und von französischen Franken Restriktionen im Verkehr nach außen auferlegt wurden, müssen, um *wirklich effektiv* zu sein, Frankreich in ein Stadium polizeistaatlich gesicherten Protektionismus zurückwerfen und damit jenen Prozeß der Modernisierung rückgängig machen, der den Charakter des Landes seit Ende des Zweiten Weltkriegs grundlegend gewandelt hatte. In der wirtschaftswissenschaftlichen Diskussion über den Protiktionismus ist der Spiralcharakter einmal einsetzender Abkapselungsmaßnahmen ein oft erörtertes Phänomen.
Sollten die USA nationale Abkapselung als Lösung ihrer Währungsprobleme verfolgen, so würde dies eine radikale Veränderung ihrer Rolle in der Welt bedeuten, da dies letzten Endes auf eine völlige Aufgabe der zentralen Stellung des Dollar in der internationalen Wirtschaft hinauslaufen würde. Beide Fälle implizieren eine einschnei-

dende *Systemveränderung*, deren soziale Kosten als erheblich und, je nach den Umständen, als nicht akzeptabel angesehen würden. Allerdings steht eine dritte Lösung zur Verfügung:

C. Multinationale Regularisierung

Eine multinationale Regularisierung liegt vor, wenn Regierungen auf die von der transnationalen Politik für die Verwirklichung ihrer Ziele aufgeworfenen Probleme dadurch antworten, daß sie für die entsprechenden Teilbereiche – gegebenenfalls unter Errichtung oder Einschaltung internationaler Organisationen – eine Koordinierung ihrer Politik auf dauerhafter Basis durchführen.
Eine solche Möglichkeit ist an anderer Stelle im Zusammenhang mit gewissen Regelmäßigkeiten bei der Interaktion von verschiedenen Regionen näher untersucht worden [37], die dortige Aussage soll hier variiert werden. Konkret ausgedrückt würde dies für die beiden erwähnten Fälle bedeuten, daß beispielsweise Frankreich mit anderen Ländern, namentlich den EWG-Partnern, versuchen kann, durch eine gemeinsame Politik die Nachteile zu vermeiden, die sich aus den amerikanischen Investitionen ergeben, ohne auf die Vorteile verzichten zu müssen. Aber die Implikationen reichen weiter: Um beispielsweise die oft erwähnte Umgehung von Steuern durch Verlagerung von Gewinnen innerhalb multinationaler Konzerne zu verhindern – einer der Vorwürfe gegen die übermäßige Ansiedlung ausländischer Firmen –, bedürfte es detaillierter Abkommen zwischen allen beteiligten Regierungen, die über die bisherigen Doppelbesteuerungsabkommen hinausgehen und die multinationalen Großfirmen effektiv kontrollieren.
Im Falle des amerikanischen Zahlungsbilanzdefizits würde eine solche Lösung bedeuten, daß zwecks Vermeidung der gegenseitigen Neutralisierung von wirtschaftspolitischen Maßnahmen die betreffenden Regierungen versuchen, entweder ihre Politik zu koordinieren – dies ist in der Atlantischen Region zum Beispiel innerhalb der sogenannten »Zehner-Gruppe« und der OECD versucht worden [38] –, oder aber es wird versucht, in einem weiter gespannten Rahmen institutionelle Lösungen zu finden, die effektivere Steuerungsmechanismen für die auf transnationaler Ebene geschaffenen Probleme bieten. Hierzu gehören beispielsweise die Verhandlungen, die nach der schweren Dollarkrise von Anfang 1968 geführt wurden und die mit der Einrichtung von »Special Drawing Rights« beim Internationalen Währungsfond einen ersten Schritt auf eine Reform des derzeitigen internationalen Währungssystems machten. Schließlich wäre die theoretisch wie praxeologisch besonders wichtige Frage aufzuwerfen, unter welchen Umständen Nationalstaaten zur Politik der Abkapselung oder der multilateralen Regularisierung neigen. Theoretisch kann auch heute noch ein Staat bei-

[37] *Kaiser:* »The Interaction of Regional Subsystems«, op.cit.
[38] Dies ist ein von der internationalen Politikwissenschaft weitgehend vernachlässigtes und dennoch wichtiges Arbeitsfeld. Zwei ausgezeichnete Einführungen wurden von zwei Wirtschaftswissenschaftlern vorgelegt: *Richard N. Cooper:* The Economics of Interdependence. Economic Policy in the Atlantic Community, New York 1968; *Henry G. Aubrey:* Atlantic Economic Cooperation. The Case of the OECD, New York 1967.

des. Das französische Beispiel zeigt, wie weit eine kostspielige und nicht-rationale Politik gehen kann, wenn die Erhaltung der Autonomie Priorität hat. Dennoch machen gewisse, in der Struktur des heutigen internationalen Systems und der westlichen Industriegesellschaft liegende Faktoren die Formulierung folgender Hypothese möglich, die anschließend bei der Prüfung der strukturellen Bedingungen transnationaler Politik qualifiziert werden soll:
In den mit Wohlfahrtsmaximierung zusammenhängenden Gebieten transnationaler Gesellschaft, wo eine Systemveränderung im Sinne nationaler Abkapselung wegen hoher sozialer Kosten ausscheidet, besteht die Tendenz, auf die aus der transnationalen Gesellschaft rührenden Beeinträchtigungen nationalstaatlicher Regierungspolitik durch eine Regularisierung der zwischenstaatlichen Kooperation, gegebenenfalls in institutioneller Form, zu reagieren.

IV. Sturkturbedingungen Transnationaler Politik

Transnationale Politik ist kein Produkt des 20. Jahrhunderts, sondern hat es zu verschiedenen historischen Epochen gegeben. Es gab natürlich auch früher Interaktion zwischen Gesellschaften beispielsweise in Form von Handel oder politischen und religiösen Bewegungen, die die politischen Institutionen umging, jedoch gleichzeitig deren Entscheidungskontext und ihre Beziehungen untereinander berührte. Allerdings scheinen in der Gegenwart einige Bedingungen gegeben zu sein, die für die Herausbildung und Intensivierung der transnationalen Politik besonders förderlich sind. Hierbei sollen horizontale und vertikale Kommunikation unterschieden werden.

1. Horizontale Kommunikation

Die Kommunikation zwischen den Einheiten der Weltpolitik hat ein nie dagewesenes Ausmaß erreicht. Sprunghafter technischer Fortschritt auf dem Gebiete des Transport- und Nachrichtenwesens hat vor allem in der entwickelten Welt die Voraussetzungen für ein ständiges Anwachsen der Interaktion sowohl zwischen gesellschaftlichen Akteuren verschiedener nationalstaatlicher Systeme als auch zwischen den politischen Institutionen der staatlichen Einheiten geschaffen: Zwischen 1953 und 1966 hat sich der Welthandel an Industrieprodukten in der nichtkommunistischen Welt mehr als verdreifacht. In der Dekade nach 1955 verdreifachte sich die Zahl der jährlich nach Europa reisenden Amerikaner (auf 1,4 Millionen), vervierfachte sich die Zahl der in die USA reisenden Europäer (auf 580 000). Die Luftfrachtkapazität wächst in den letzten zehn Jahren um etwa 20 % jährlich, und im Jahre 1968 investierten amerikanische Firmen allein in Westeuropa 1 Milliarde Dollar. Diese Aufzählung ließe sich beliebig verlängern [39].

[39] Reichhaltige Auskünfte über diese Entwicklungen gibt *Cooper:* The Economics of Interdependence, op.cit.

Dieser Prozeß der Ausdehnung der Kommunikation ist ursächlich verbunden mit zwei weiteren Bedingungen: einmal dem Übergang von der gegenwärtigen industriellen zur postindustriellen Gesellschaft. *Brzezinsky* prägte hierfür den Begriff der »technotronischen Gesellschaft« [40]. Ihre gesellschaftlichen Einheiten, zum Beispiel Großfirmen, dehnen hierin ihren Aktionsradius ständig aus, die Arbeitsteilung involviert eine stetig wachsende Zahl von Akteuren – sie wird also verfilzter –, die direkte Kommunikation wird ständig einfacher.

Diese Aussage wird durch die von *Deutsch* und *Eckstein* aufgestellte These nicht schlüssig widerlegt, daß die absolute Zunahme der Interaktion begleitet ist von einer relativen Einkapselung (self closure) der nationalstaatlichen Einheiten [41], von *Deutsch* besonders betont im Hinblick auf die Integration innerhalb der EWG [42]. *Gunnar Myrdal* hat, allerdings ohne den Versuch einer empirischen Beweislegung, unter Hinweis auf die wachsende wohlfahrtliche Funktion des modernen Staates eine ähnliche These aufgestellt [43]. Einmal sind Daten vorgelegt worden, die den entgegengesetzten Schluß gestatten [44], zum anderen liegt, wie so oft bei quantitativen Studien, das Problem in den qualitativen Gewichten: So verliert beispielsweise der Außenhandel viel von seiner Bedeutung als Index für die »relative acceptance« verschiedener Partner, wenn neue, wichtigere Formen der Verbindung, wie direkte Investitionen oder technologische Absprachen, entstehen. Auch ist – wie im Falle der europäischen Integration – die abnehmende öffentliche Aufmerksamkeit für die Einigung nicht notwendigerweise ein Beweis ihres Rückgangs, sondern der Gewöhnung an eine Selbstverständlichkeit [45].

Fest steht also, daß die horizontale Kommunikation ständig wächst. Alle Theorien, die eine lineare Abhängigkeit zwischen geographischer Entfernung und Intensität sozialer Interaktion, Machtausübung, Kommunikation usw. postulierten – sofern sie überhaupt jemals richtig gewesen sind –, werden in der heutigen Umwelt durch verschiedene Entwicklungen in Frage gestellt [46]. Die Kosten von Transport und Kommunikation auf lange Entfernung sinken ständig, während die Kapazität steigt. Die menschliche Aktivität befreit sich in zunehmendem Maße von den Fesseln der Entfernung und wird geographisch gesehen immer diffuser. Die ausländische Aktivität amerikanischer Firmen ist ein besonders auffallendes Beispiel für die Intensivierung der horizontalen Kommunikation; ja *William Diebold* hat mit Recht darauf hinge-

[40] *Zbigniew K. Brzezinski:* »America in the Technotronic Age«, in: Encounter, XXX/1, 1968.

[41] *Karl W. Deutsch* und *Alexander Eckstein:* »National Industrialization and the Declining Share of the International Economic Sector 1890–1959«, in: World Politics, XIII/2, 1961.

[42] *Karl W. Deutsch:* Arms Control and the Atlantic Alliance, New York 1962, S. 17 ff.; *ders.* et al.: France, Germany and the Atlantic Alliance, New York 1967, S. 213 ff.

[43] *Gunnar Myrdal:* Beyond the Welfare State. Economic Planning and its International Implications, New Haven 1960.

[44] Vor allem *Cooper:* The Economics of Interdependence, op.cit.; *Walter G. Hoffmann:* Das Wachstum der deutschen Wirtschaft seit der Mitte des 19. Jahrhunderts, Berlin 1965; *Lawrence B. Krause:* European Economic Integration and the United States. Washington 1968.

[45] Vgl. auch die beiden kritischen Rezensionen der Thesen *Deutschs* in: *Ronald Inglehart:* An End to European Integration?«, in: American Political Science Review, LXI/1, 1967; *Morse:* »The Politics of Interdependence«, op.cit.

[46] Hierzu: *Albert Wohlstetter:* »Illusions of Distance«, in: Foreign Affairs, XXXXVI/2, 1968.

wiesen, wie schwierig es ist, die amerikanische Volkswirtschaft definitorisch abzugrenzen, da sie sich offensichtlich über den Außenzoll und die unsichtbare monetäre Grenze hinaus ausdehnt [47].

Der multinationale Konzern ist jedoch keineswegs nur ein amerikanisches Phänomen. Seine weithin gängige Kennzeichnung als solches mißt dem rechtlichen Eigentum eine übermäßige Bedeutung zu, die durch die Forschung noch nicht bestätigt ist. Im Gegenteil, hier bilden sich Gruppierungen heraus, deren Personal zunehmend international ist, dessen Loyalität (ähnlich den Beamten internationaler Organisationen) sich zu »denationalisieren« beginnt und das in einem Milieu »jenseits des Nationalstaats«, nämlich dem optimaler ökonomischer Gelegenheiten tätig ist [48]. Zudem gibt es mannigfache multinationale Konzerne europäischen Ursprungs.

Horizontale Kommunikation hat die verschiedensten Agenten bzw. Träger. Gelegentlich stehen sie in einem komplementären Verhältnis zueinander, wie beispielsweise Außenhandel und Außeninvestition: Erhöhte Handelshindernisse schaffen oft Anreize zur direkten Investition, die ihrerseits wahrscheinlich intensivere Verflechtungen zwischen verschiedenen Volkswirtschaften schafft als der Handel (aber auch diese Aussage bedarf noch der Klärung). Damit verlieren die (vornehmlich regional angesetzten) klassischen Außenhandelsinstrumente wie Zölle und Kontingente viel von ihrer Bedeutung. Vor allem wichtig als Agenten horizontaler Kommunikation sind multinationale Konzerne, aber auch Banken, Investoren, Spekulanten, Touristen, multinationale Interessengruppen, private Stiftungen oder multinationale politische Bewegungen [49].

Eine weitere Bedingung für die zunehmende Relevanz horizontaler Kommunikation geht auf die wachsende Internalisierung der Weltpolitik zurück – namentlich in Verbindung mit der durch die waffentechnische Revolution herbeigeführte Permeabilität der Territorialstaaten. Damit ist der Globus insgesamt zum Handlungsort der als relevant empfundenen Ereignisse geworden und eine weltweite Partizipation an seinem Geschehen im Entstehen. Die *Herzsche* These [50] muß erweitert werden: Die waffentechnische Revolution hat die »harte Schale« des modernen *Territorial*staats aufgeweicht. Die Revolution in der Kommunikation, die Entstehung einer post-industriel-

[47] *William Diebold:* »New Horizons in Foreign Trade«, in: Foreign Affairs, XXXXV/2, 1967.

[48] Auch dies ist ein Problemkreis, den die internationale Politikwissenschaft vernachlässigt hat. Dies ist besonders im europäischen Falle erstaunlich, denn hier ist der multinationale Konzern schon seit einiger Zeit eine politisch brisante Frage und Gegenstand oft nicht gut informierter Polemik. Selbst bei den einfachen Daten über diese Konzerne herrscht eine große Lücke, ganz zu schweigen von übergeordneten Fragen wie die ihrer politischen Strategie oder ihrer Konsequenz für die Souveränität neuzeitlicher Staaten. Amerikanische Wirtschaftswissenschaftler haben einige vorzügliche Einführungen vorgelegt, von denen die Politikwissenschaft mancherlei Anregungen beziehen kann. Vor allem: *Raymond Vernon:* »Multinational Enterprise and National Sovereignty«, in: Harvard Business Review, März/April 1967; *ders.:* »Economic Sovereignty at Bay«, in: Foreign Affairs XXXXVII/1, 1968; *ders.:* »The Role of US Enterprise Abroad«, in: Daedalus, Winter 1969.

[49] Für einige frühe Hinweise auf diese Problematik vgl. *Jan J. Schokking* und *Nels Anderson:* »Observations on the European Integration Process«, in: Journal of Conflict Resolution, IV/4, 1960, insbes. S. 400 ff.

[50] *Herz:* Weltpolitik im Atomzeitalter, op.cit.

len, in ihrem Wesen die soziale Interaktion expandierende Gesellschaft sowie die zunehmende Wirksamwerdung eines Interdependenzgefühls haben die »harte Schale« des *Sozial*staats permeabel gemacht. Damit wird die horizontale Kommunikation intensiviert und erfaßt nicht nur die Institution der Regierung, sondern auch die Individuen und Gruppen in den Gesellschaften der nationalstaatlichen Systeme.

2. Vertikale Kommunikation

Hiermit sind Verbindungen zwischen Gesellschaften und ihren jeweiligen Regierungsinstitutionen gemeint. Deren Intensität wird in dem Maße gefördert, in dem das Verhältnis demokratisiert ist und/oder eine permanente Intervention der Regierungsinstitutionen in das soziale und wirtschaftliche Leben der Gesellschaft zum konstitutiven Element des politischen Systems wird. Diese Kommunikation hat sich mit der Entwicklung von der Monarchie zur Demokratie und vom »Nachtwächterstaat« zum Wohlfahrtsstaat (oder sozialistischen Staat) intensiviert.

Intensive horizontale Kommunikation führt solange nicht zu transnationaler Politik wie nicht ein Mindestmaß an vertikaler Interaktion vorhanden ist. Konkreter ausgedrückt, solange die Regierung eines Nachtwächterstaates die von der transnationalen Gesellschaft in die eigene Gesellschaft hineingetragenen wirtschaftlichen Veränderungen oder Störungen als nicht ihren eigenen Aufgabenbereich ansprechend betrachtet, kann sich auf diesem Gebiet keine transnationale Politik entwickeln.

Dieser Tatbestand gestattet die Formulierung einer *Hypothese:* Die Wahrscheinlichkeit einer Beteiligung eines nationalstaatlichen Systems an Formen der transnationalen Politik wird um so größer, je stärker – transnationale Gesellschaft vorausgesetzt – die interventionistische Funktion der Regierungsinstitutionen ausgeprägt ist.

Formelmäßig ausgedrückt: Die Wahrscheinlichkeit einer Beteiligung an transnationaler Politik ist eine Funktion des Produkts aus horizontaler und vertikaler Kommunikation ($tp = hk \cdot vk$). Ein hoher Grad an Interventionismus macht nämlich auch gleichzeitig diese Politik gegenüber Störungen von der Außenwelt verwundbar, da nationalstaatliche Maßnahmen durch Prozesse auf der Ebene der transnationalen Gesellschaft durchkreuzt werden können. Eine demokratische Struktur verstärkt diese vertikalen Verbindungen, die ein konstitutives Element der transnationalen Politik darstellen.

Diese Formel verdeutlicht, inwieweit transnationale Politik ein modernes Phänomen ist, denn die beiden Komponenten der horizontalen und vertikalen Kommunikation sind in besonderem Maße in neuerer Zeit ausgeprägt worden. Dies bedeutet jedoch auch, daß ihre Intensität im demokratisch-kapitalistischen und industrialisierten Teil der Welt am größten ist, da dort transnationale Gesellschaften am mannigfachsten und wirkungsvollsten ausgebildet sind.

Mit der Intensivierung transnationaler Politik verlieren nationalstaatliche Regierungen an autonomer Handlungsfähigkeit. Dies heißt allerdings weder, daß die Regierungen immer dieser Tatsache ins Auge sehen und nach den erforderlichen Konsequenzen fragen, noch daß diese Beschränkung *notwendigerweise* die internationale Stabilität

fördert. Die arbeitsteilige westliche Industriegesellschaft bedarf zu ihrer Existenz in zunehmendem Maße transnationaler horizontaler Verbindungen. Man denke hier nur an die »internationale« Bedingtheit wirtschaftlicher Prosperität und technischen Fortschritts. Gerade in diesem Bereich finden Transaktionen statt, die die traditionellen Entscheidungsinstitutionen der Regierung umgehen, jedoch gleichzeitig deren Entscheidungskontext setzen und ständig verändern, ohne daß die Regierung durch autonome Aktion diese Transaktionen völlig beherrschen kann.
So gesehen werden die Souveränität und der Nationalismus Ideologien zur Abwehr transnationaler Politik, jedoch der Internationalismus, wie die *Sprouts* bemerken [51], eine Triebkraft transnationaler Verflechtungen.

V. *Transnationale Politik und Außengesteuerte Durchdringung*

In den bisherigen Ausführungen ist von einem Typ transnationaler Politik ausgegangen, bei dem annähernd gleichgewichtige Verhältnisse vorliegen. In der Wirklichkeit werden jedoch solche Fälle mindestens gleich häufig sein, bei denen zwischen den teilnehmenden gesellschaftlichen und staatlichen Akteuren Differenzen in politischer und ökonomischer Macht bestehen. Damit beträten wir das weite Feld wirtschaftlicher Dominanz, des »Neokolonialismus«, des ökonomischen und politischen Imperialismus, ja der fünften Kolonnen und der Subversion.
Der Stand der Vorarbeiten gestattet es nicht, hierauf im einzelnen einzugehen. Dennoch soll die Möglichkeit einer Bearbeitung, einer theoretischen Neuordnung, ja vielleicht einer Belebung empirischer Forschung auf den erwähnten Gebieten mit Hilfe des theoretischen Rahmens der transnationalen Politik angedeutet werden, indem in nur groben Zügen eine Typologie gezeichnet wird. Hierin lassen sich auf einem Spektrum verschiedene Formen transnationaler Politik ansiedeln: an einem Ende der bisher behandelte Fall »transnationaler Politik des gleichgewichtigen Typs« (Abb. 5), am anderen Ende die (hier am Beispiel der kommunistischen Weltbewegung skizzierte) »außengesteuerte Durchdringung« (Abb. 8) mit den beiden Zwischenstufen der »transnationalen Politik mit Dominanz-Effekten« (Abb. 6) und der »außengesteuerten Durchdringung auf zwischengesellschaftlicher Basis« (Abb. 7).

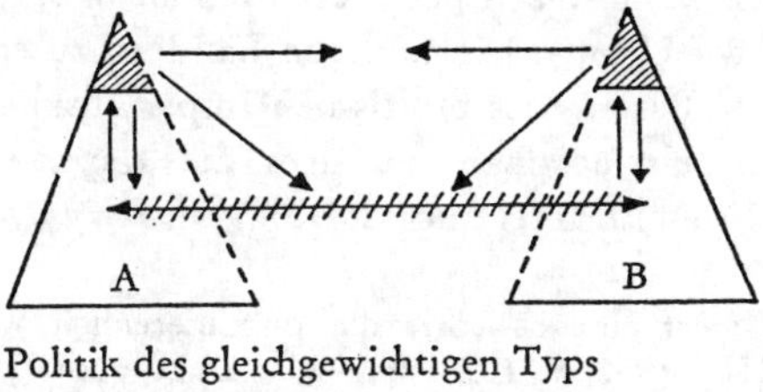

Abb. 5: Transnationale Politik des gleichgewichtigen Typs

[51] *Harold* und *Margaret Sprout*: Foundations of International Politics, Princeton 1962, S. 74 ff., 519 ff.

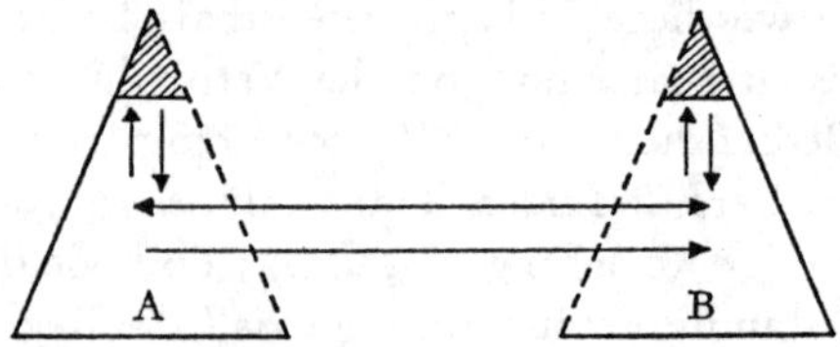

Abb. 6: Transnationale Politik mit Dominanz-Effekten

Vom zweiten Typ transnationaler Politik kann dann gesprochen werden, wenn zwischen den teilnehmenden gesellschaftlichen Akteuren (zum Beispiel in Staat A und B) starke Machtgefälle bestehen. Beispiele wären: die von *Francois Perroux* in seiner »Theorie der dominierenden Wirtschaft« [52] herausgearbeiteten (von Regierungen unbeabsichtigten) Vormachteffekte (durch Größe, Verhandlungsmacht sowie technologischen Stand und sozio-ökonomische Ausstrahlungskraft) im Verhältnis zwischen Staaten. Hierzu gehören ferner multinationale Konzerne mit ausländischem Übergewicht sowie jene Formen des »Neokolonialismus«, bei denen ein Übergewicht ausländischer Firmen im Entwicklungsland vorliegt.

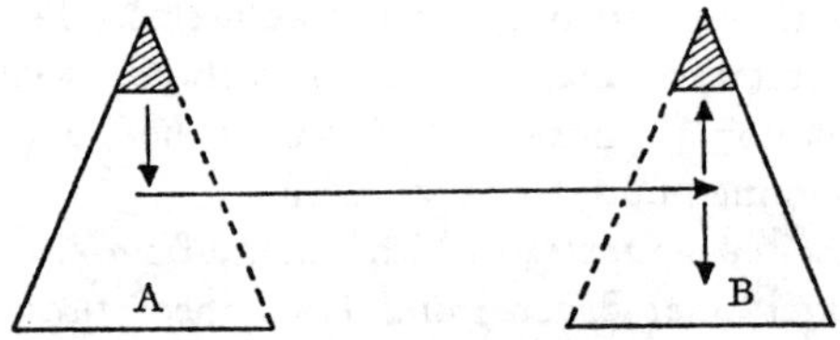

Abb. 7: Außengesteuerte Durchdringung auf zwischengesellschaftlicher Basis

»Außengesteuerte Durchdringung« auf zwischengesellschaftlicher Basis liegt dann vor, wenn ein Gefälle zwischen gesellschaftlichen Akteuren verschiedener nationalstaatlicher Systeme von der Regierung des mächtigeren Akteurs dazu ausgenutzt wird, die Durchsetzung ihrer Ziele im (oder in) anderen nationalstaatlichen System(en) zu betreiben. Hierunter fallen nicht nur bestimmte Fälle der auswärtigen Kulturpolitik (vor allem seitens früherer Kolonialmächte), sondern vor allem die Außenwirtschaftspolitik im Dienste der Außenpolitik. Hierzu gehört etwa das Instrumentarium, das *Albert Hirschman* an Hand einer Analyse der nationalsozialistischen Außenhandelspolitik aufzeigte [53], aber auch staatliches Verhalten beim Versuch, Zugang zu strategischen Rohstoffen (etwa Uranerz) in anderen Ländern zu erhalten. Vor allem aber wäre hier der weitgefaßte Bereich des politischen Imperialismus im Gewande des ökonomischen Imperialismus einzuordnen, zu dem die Imperialismusforschung reiches Material vorgelegt hat. Schließlich sei auch auf die von *Krippendorff* skizzierten staat-

[52] *François Perroux:* »Entwurf einer Theorie der dominierenden Wirtschaft«, in: Zeitschrift für Nationalökonomie, XIII, 1952, S. 1–25, 242–268. Dazu auch: *Ute Jeck:* Die Theorie der Domination von François Perroux. Berlin 1968.
[53] *Albert O. Hirschman:* National Power and the Structure of Foreign Trade. Berkeley 1945. Vgl. hierzu auch *Peter Bernholz:* Außenpolitik und internationale Wirtschaftsbeziehungen, Frankfurt a. M. 1966; *Hans Möller:* Außenwirtschaftspolitik, Wiesbaden 1961.

lichen Bemühungen hingewiesen, durch Ausnutzung zwischengesellschaftlicher Interaktionen »Systemerhaltung« (des eigenen) zu betreiben [54].

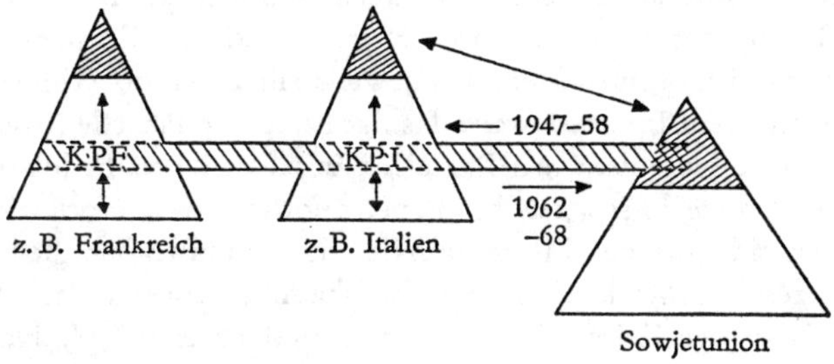

Abb. 8: Außengesteuerte Durchdringung

Außengesteuerte Durchdringung liegt vor, wenn eine Regierung direkten Zugang zu gesellschaftlichen Akteuren in anderen nationalstaatlichen Systemen hat oder aufbaut und zur Verfolgung ihrer Interessen nutzt. Hierzu gehören einmal die kommunistische Bewegung, aber auch die Organisation der Reichs- und Volksdeutschen im Ausland unter dem Nationalsozialismus (vor allem durch die Auslands-Organisation der NSDAP und den Volksdeutschen Rat) [55], ferner der gesamte Bereich der »Fünften Kolonnen« und aktiver Propaganda im Ausland. Auf einige diese Phänomene hat *Andrew Scott* mit dem Begriff der »informal penetration« hingewiesen [56].

Von besonderem Interesse ist der kommunistische Fall, da hier eine eigenartige Verbindung von zwei Ebenen bestand: einer partiell multinationalen und einer internationalen. Einmal partizipierte die Sowjetunion indirekt an der Innenpolitik nichtkommunistischer Länder, und zwar im Wettbewerb mit anderen innenpolitischen Kräften des betreffenden Landes. Eine Institution in Moskau entschied also unter Abwägung der *innen*politischen Situation des in Frage kommenden Landes über die von der örtlichen KP zu verfolgende Politik, wobei das dem *Moskauer* ZK zur Verfügung stehende Instrumentarium von der *internen* Verfassungswirklichkeit des jeweiligen Landes maßgeblich mitbestimmt wurde. (Die Entwicklungen der letzten Jahre haben allerdings die Moskauer Stellung stark geschwächt.) Zum anderen entschied jedoch die gleiche Institution als Akteur im allgemeinen internationalen Geschehen.

Die sowjetischen (bzw. KP-)Aktionen auf der ersten Ebene – die »Pentrationspoli-

[54] *Krippendorff:* Ist Außenpolitik noch *Außen*politik?, op.cit.; vgl. auch die anregenden Beobachtungen in *Kurt P. Tudyka:* »Ökonomische Dimensionen auswärtiger Beziehungen«, in: Atomzeitalter, X/7, 1968.

[55] Hierzu jetzt die reichhaltige Studie von *Hans-Adolf Jacobsen:* Nationalsozialistische Außenpolitik 1933–1938, Frankfurt a. M., 1968.

[56] *Andrew M. Scott:* The Revolution in Statecraft. Informal Penetration, New York 1967. *Scott* unterscheidet allerdings nicht zwischen Regierung und gesellschaftlichen Akteuren; alle sind Teil der »penetrating nation«, als ob diese als Einheit handelten. Damit werden einmal die halb- oder vollautonomen zwischengesellschaftlichen Prozesse einem nationalen Zweck untergeordnet, was keineswegs immer gerechtfertigt ist. Zum anderen schließt *Scott* damit die Konsequenzen transnationaler, autonomer gesellschaftlicher Prozesse als Gegenstand wissenschaftlicher Betrachtung aus.

tik« – hatten natürlich Rückwirkungen auf der internationalen Ebene wie umgekehrt die sowjetische Politik auf der zweiten Ebene – die »Außenpolitik« – die Entwicklungen derjenigen westlichen Länder von außen beeinflußte, deren Innenpolitik die Sowjetunion in Form einer KP durchdrang. Hierbei taucht die Frage auf, welche Ebene vorherrschte, wie sie sich beeinflußten, wer jeweils entschied, ob Widersprüche bestanden usw. Von besonderem Interesse wäre das nach wie vor aktuelle Problem der Autonomie der örtlichen kommunistischen Parteien: Inwieweit besteht lokale Selbständigkeit? Wie beeinflußt diese die sowjetische »Penetrationspolitik«? Noch wichtiger: Welche Feedbacks ergeben sich aus der internationalen kommunistischen Bewegung auf die Entscheidungsprozesse in Moskau? Solche Feedsbacks scheinen in den letzten Jahren stärker zu sein als zu den Zeiten des Komintern und im ersten Nachkriegsjahrzehnt. Hier liegt jedoch ein Forschungsgebiet vor, wo noch sehr viel Arbeit zu leisten ist, bevor sich Bestimmteres sagen läßt.

Das Problem wird dadurch vielschichtiger und auch interessanter, daß beim Zusammenwirken der beiden Ebenen die oben erwähnten Penetrierten Systeme zwischen der Sowjetunion und den Satellitenstaaten eine Rolle spielen, denn die sozialistischen Staaten sind Bestandteil der kommunistischen Weltbewegung.

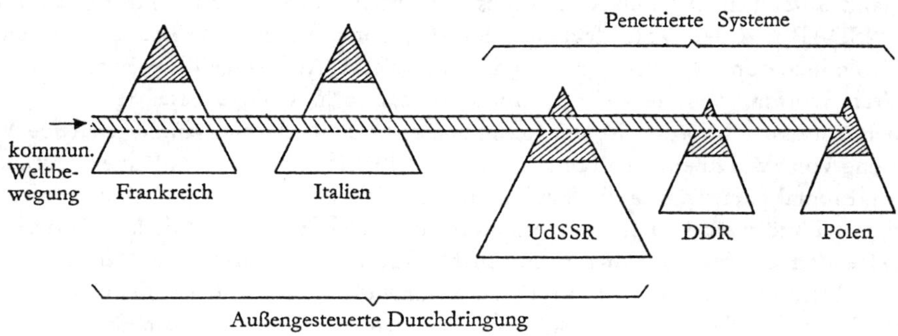

Abb. 9: Kommunistische Weltbewegung

Damit stellen sich mannigfache Fragen, wie zum Beispiel nach dem Einfluß der »Satelliten« auf die »außengesteuerte Durchdringung«: auf diffuse Weise oder auf dem Umweg über Moskau? Damit fragt sich weiter, welche Konsequenzen die Schwächung der sowjetischen Funktion einer externen Elite in den Pentrierten Systemen des sozialistischen Lagers für die sowjetische Rolle in der »außengesteuerten Durchdringung» westlicher Länder hat.

Die hier skizzierten Fälle dienen vornehmlich dazu, Variationsmöglichkeiten zwischen »gleichgewichtiger Transnationaler Politik« und »Außengesteuerter Durchdringung« aufzuzeigen. In der politischen Wirklichkeit gibt es weitere Möglichkeiten, mit flüssigen Grenzen zwischen ihnen. Diese Typen sollen helfen, das von den verschiedensten Forschungsbereichen vorgelegte Material zu sichten, zu ordnen, neue Fragestellungen zu formulieren und zu versuchen, die bisher nicht bestehende Verbindung zwischen der theoretischen Erfassung der »internationalen« Politik und der gesellschaftlichen bzw. zwischengesellschaftlichen Prozesse herzustellen.

VI. Transnationale Politik in Theorie und Praxeologie

1. Abgrenzung von funktionellen Zusammenschlüssen und regionaler Integration

Zwar stellen die vorhergehenden Ausführungen nur einen frühen Ausschnitt aus einer noch nicht beendeten weitergreifenden Arbeit dar, jedoch lassen sich einige Bemerkungen zur Abgrenzung dieses Idealtyps von dem von der funktionalistischen Theorie, vor allem von dem von *Mitrany* [57] gezeichneten Modell eines funktionellen Zusammenschlusses machen.

Transnationale Politik erklärt Prozesse, die zu funktionellen Organisationen führen *können*. Der Funktionalismus unterstellt bekanntlich (sachlich begrenzte) gemeinsame Interessen zwischen verschiedenen Staaten, Interessen, die dann in einem Zusammenschluß organisiert werden können, und zwar durch einen Begründungsakt *der Regierungen*. Transnationale Politik reicht weit in die Vorphasen dieses Prozesses, vor allem in die (auch funktionell begrenzten) transnationalen Gesellschaften. Dieser Idealtyp greift also weiter als das funktionalistische Denken. Er versucht die von der funktionalistischen Theorie vernachlässigten gesellschaftlichen Vorgänge der auf Interaktion orientierten gegenwärtigen Industriegesellschaft zu erfassen und zu erkennen. Transnationale Politik kann, muß aber nicht zu funktionellen Zusammenschlüssen führen – eine durch die Wirklichkeit bestätigte realistischere Annahme als die der rationalen Einsicht in die Notwendigkeit funktioneller Zusammenarbeit seitens neuzeitlicher Regierungen [58].

Transnationale Politik ist auch von der regionalen Integration streng zu unterscheiden, denn diese hat nicht nur eine engere regionale Ausrichtung, sondern geht von einer Progression in Richtung gemeinsamer Entscheidungen von nationalstaatlichen Regierungen aus, die im voraus in Verträgen kodifiziert und deren Durchführung von Institutionen unterstützt wird. Transnationale Politik ist geographisch diffuser, wenngleich sie auch vornehmlich in der Atlantischen Region zuzüglich Japans auftritt. Im Gegensatz zur Integration hat transnationale Politik keine Ziele; diese kann hinsichtlich nationalstaatlichen Verhaltens völlig verschiedene Ergebnisse hervorbringen, die von der nationalen Abkapselung bis zur Begründung gemeinsamer Institutionen reichen. Integration ist ein Prozeß, dessen Fortgang hierauf gezielte Maßnahmen von Politikern erfordert, transnationale Politik umfaßt soziale und politische Aktionsmuster, die besonders typisch für hochentwickelte demokratische Industriestaaten sind. Sie bergen Möglichkeiten friedenssichernder Maßnahmen, aber auch Gefahren. Dies leitet über zu einer abschließenden Bemerkung über die praxeologische Dimension der transnationalen Politik.

[57] *David Mitrany:* A Working Peace System, Chicago 1966.

[58] Diese kurzen Bemerkungen können natürlich der Komplexität der funktionalistischen Theorie nicht gerecht werden. Eine eingehendere Behandlung soll später erfolgen. Zum Funktionalismus vgl. auch die Analyse von *Haas:* Beyond the Nation State, op.cit.

2. Transnationale Politik und Praxeologie

In der wissenschaftlichen Literatur und politischen Rhetorik taucht immer wieder die Behauptung auf, daß die zunehmende Interdependenz zwischen den heutigen Staaten der Stabilität und dem Frieden diene – in jedem Falle positiv zu beurteilen sei [59]. Diese Aussage erweist sich bei einer oberflächlichen Prüfung als Trugschluß: Wachsende Interdependenz macht nationalstaatliche Systeme auch anfälliger gegen Krisen, die an anderen Stellen des Interdependenzsystem ihren Ursprung haben, etwa im Gefolge dort gewollter oder unbeabsichtigt hervorgerufener Störungen. Interdependenz kann also nur dann im Sinne der obigen Aussage positiv beurteilt werden, wenn erstens rationales Handeln der beteiligten Akteure und zweitens die Beherrschung der hier wirksamen sozio-politischen Kräfte und ihrer Gesetzmäßigkeiten unterstellt wird. Die politische Wirklichkeit widerlegt immer wieder beide Annahmen.

Dennoch bedeutet die angeführte Aussage über die Interdependenz auf ein brennend wichtiges Problem hin: Das Anwachsen der Interdependenz im Gefolge der für die heutigen Gesellschaften charakteristischen Verflechtungen ist nicht von einer entsprechenden Zunahme der Kontrolltechniken begleitet. Gerade die Währungskrisen von 1968/69 zeigen, daß die für die Gegenwart typischen transnationalen Kräfte die Kapazität für tiefgreifende Störungen erhöhen, also die Entwicklung neuer Steuerungstechniken erfordern.

Derzeitig ist jedoch unsere Kenntnis dieses Problembereichs höchst beschränkt. Genaue Untersuchungen transnationaler Gesellschaften und der dort wirksamen Kräfte stehen für die meisten politisch besonders relevanten Gebiete noch aus. Ihre Deutung für das Zusammenleben nationalstaatlicher Systeme – der »Interdependenz« – muß noch unternommen werden. Damit ist auch offen, welche Maßnahmen, zum Beispiel in Form multinationaler Regularisierung, nötig wären, um diese Prozesse zu kontrollieren. Welche Konsequenzen wären daraus für die innerstaatliche Verfassungsnorm und -wirklichkeit zu ziehen? Wo liegen Ansatzpunkte für eine Politik, die nach Möglichkeiten eines permanent friedenssichernden internationalen System sucht?

Die westlichen Regierungen (zum Beispiel in der Strategie und der Organisation ihrer Diplomatie), aber auch die Politikwissenschaft und einige ihrer Nachbardisziplinen haben diese Problematik mit wenigen Ausnahmen bisher vernachlässigt: Der in die Souveränität gehüllte Nationalstaat bleibt für sie das Zentrum ihres Bezugssystems, theoretisch wie praktisch. Der hier skizzierte Idealtyp der transnationalen Politik, verstanden als erster Schritt auf eine Theorie der multinationalen Politik, versucht Möglichkeiten zu entwickeln, die hier angedeuteten transnationalen Prozesse zu analysieren und zu deuten. Letztlich soll damit auch dem obersten und dringendsten Ziel einer Politikwissenschaft gedient werden, nämlich der Erarbeitung einer handlungswissenschaftlichen Theorie, einer Praxeologie, die den Frieden sichert.

[59] So z. B. die in anderer Hinsicht sehr zutreffenden Beobachtungen in *Morse:* »The Politics of Interdependence«, op.cit.; für eine differenzierte Analyse vgl. *Vernon:* »Economic Sovereignty at Bay«, op.cit.

ABHANDLUNGEN

Transformation der Konflikte in den Ost-West-Beziehungen Versuch einer institutionalistischen Bestandsaufnahme

Volker Rittberger/Michael Zürn

Die aktuelle Debatte über die Zukunft Europas beruht vor allem auf zwei theoretischen Überzeugungen. Die pessimistische Position, die eine wachsende Instabilität für Europa vorhersagt, stellt insbesondere die veränderte Machtverteilung in Europa, die gewachsene Bedeutung Deutschlands und das Ende der Bipolarität in den Mittelpunkt der Überlegungen. Die optimistische Position knüpft ihre Hoffnungen an einen unumkehrbaren Demokratisierungsprozeß in Osteuropa, der zu einem Europa demokratischer Rechtsstaaten führen werde und erklärt somit die Herrschaftsform der Staaten zum zentralen Faktor für das Verständnis internationaler Politik. Unseres Erachtens greifen beide Ansätze zu kurz, da sie nicht das fortgeschrittene Maß der Institutionalisierung internationaler Politik in Europa erfassen. Den beiden genannten Positionen wird daher eine dritte Sichtweise zur Seite gestellt, die eine eigene Interpretation der Geschichte und der Gegenwart der Ost-West-Beziehungen beinhaltet und somit auch die Chancen und Voraussetzungen für einen stabilen Frieden in Europa neu beleuchtet.

1. First Things First: Was ist zu Ende gegangen?

Die dramatischen politischen Veränderungen in Osteuropa stellen eine große Herausforderung für die Theorie der internationalen Politik dar[1]. Zwar wird niemand bestreiten, daß diese Veränderungen weitreichende Auswirkungen auf die Beziehungen zwischen den Ländern West- und Osteuropas hatten und haben werden. Schon die *deskriptive* Frage allerdings, inwieweit sich das Ost-West-Verhältnis verändert hat, ruft Meinungsverschiedenheiten hervor. Diese verstärken sich noch, wenn *Prognosen* über die Zukunft der Ost-West-Beziehungen erstellt werden und schließlich gar die ins *Präskriptive zielende Frage* aufgeworfen wird, wie auf diese Veränderungen und Erwartungen politisch reagiert werden soll.

Wissenschaftstheoretiker haben schon immer darauf hingewiesen, daß es keine reine, theoriefreie „Deskription", geschweige denn eine theoriefreie „Präskription" oder gar „Prognose" gibt. Das wird ganz deutlich, wenn die aktuelle „Endism-Diskussion" (Huntington 1989) genauer betrachtet wird. Während die einen vom *„Ende des Kalten Krieges"* sprechen (Halliday 1990), meinen andere das *„Ende des Ost-West-Konflikts"* gesehen zu haben (Senghaas 1990). Zumindest einer hat schließlich sogar das *„Ende der Geschichte"* ausgerufen (Fukuyama 1989). Es wird zu zeigen sein, daß die verschiedenen Thesen schärfere Konturen gewinnen, wenn sie auf das begriffliche und theoretischen Rüstzeug rückbezogen werden, mittels dessen die Ost-West-Beziehungen analysiert werden.

Zum Verständnis für die politische Zukunft Europas sind insbesondere drei theoretische Ansätze von herausragender Bedeutung, die einst von Hedley Bull (Bull 1977: 24-27) als „hobbesianisch" (nach Thomas Hobbes), „kantianisch" (nach Immanuel Kant) und „grotianisch" (nach Hugo Grotius) bezeichnet worden sind. Jeder dieser Ansätze hebt ein Merkmal internationaler Politik als besonders wichtig hervor: für die Hobbesianer, die internationale Politik als ein anarchisches Selbsthilfesystem auffassen, ist die *Machtverteilung* im internationalen System der wichtigste Faktor; für die Kantianer, die von der Möglichkeit einer universalen Weltgesellschaft ausgehen, sind es insbesondere die *inneren Strukturen der Staaten*, die zum Verständnis internationaler Politik entscheidend beitragen; für die Analytiker im Anschluß an Grotius, die von einer grundsätzlich zur Kooperation befähigten Staatengemeinschaft ausgehen, sind die *Institutionen dieser Staatengemeinschaft* von besonderer Bedeutung.

Unserer Überzeugung nach ist die bisherige Debatte über die Zukunft Europas nach dem historischen Jahr 1989 allzu stark von den ersten beiden Positionen geprägt worden. In diesem Beitrag wollen wir daher von einem *institutionalistischen (bzw. regimeanalytischen) Standpunkt* aus Stellung beziehen. Der Begriff „Institutionalismus" kann als Sammelbegriff für eine Theorierichtung der Internationalen Beziehungen angesehen werden, welche, in Fortschreibung von interdependenzanalytischen Arbeiten, die Tendenz zu einer wie auch immer gearteten Institutionalisierung des Konfliktaustrags und seiner normativen Verregelung konstatiert (Rittberger/Hummel 1990). Eine Institution kann dabei definiert werden als ein auf Dauer gestelltes Set von formellen oder informellen Normen und Regeln, welche die den Akteuren in angebbaren, sich wiederholenden Situationen zugänglichen Verhaltensoptionen einschränken bzw. vorschreiben und die Erwartungshaltungen der Akteure prägen. Sind internationale Institutionen einmal errichtet worden, so gewinnen sie eine Unabhängigkeit gegenüber der Macht- und Interessenkonstellation, in denen sie entstanden sind. Sie erweisen sich gegenüber Veränderungen als resistent und formen die Interessen der Entscheidungsträger sowie deren gegenseitige Wahrnehmung mit (Keohane 1989: Kap. 1; Zürn 1991: 172-185).

Das Ziel dieses Aufsatzes ist es nun, unsere institutionalistische Position sowohl im Hinblick auf die begrifflichen und theoretischen Grundlagen als auch in bezug auf deren Implikationen für die aufgeworfenen Fragen über die Zukunft Europas von anderen Positionen abzugrenzen und dadurch deutlicher herauszuarbeiten. Um die Diskussion auf die Analyse der Ost-West-Beziehungen einschränken zu können und nicht ständig auf die Theorien der internationaler Politik insgesamt ausweiten zu müssen, wollen wir im folgenden von *Deutungsmustern des Ost-West-Gegensatzes* sprechen. Diese Deutungsmuster beinhalten Modellannahmen über die Ost-West-Beziehungen, die jeweils in enger Verbindung zu einer der drei begrifflichen und theoretischen Grundpositionen in der Wissenschaft von den Internationalen Beziehungen stehen. Freilich ist es unvermeidlich, daß in einem Papier mit beschränktem Umfang bei der Diskussion einer so vielschichtigen Problematik manche Vereinfachung, insbesondere bei der Zuordnung konkreter Analysen zu einer der drei unterschiedenen theoretischen Ansätze, hingenommen werden muß.

1.1. Ende des Kalten Krieges

Die Rede vom Ende des Kalten Krieges beruht meist auf einer Interpretation des Ost-West-Konflikts als einer *Machtkonkurrenz zwischen den Supermächten* und somit auf einer Theorie der internationalen Politik, welche die Machtverteilung im internationalen System als zentral ansieht. Gemäß dieser Interpretation sind die USA und die UdSSR aus dem Zweiten Weltkrieg als mächtigste Staaten hervorgegangen, die zwangsläufig miteinander in Konflikt geraten mußten, als es um die Füllung des Machtvakuums in Europa und Asien ging. Diese machtpolitische Konstellation drängte zu einer Aufteilung der Welt in Interessensphären, zu einer „Teilung der Welt" (Loth 1980), wobei die beiden Supermächte in ihren jeweiligen Sphären als Hegemonialmacht fungierten. Der Kern des Ost-West-Konflikts wird also in einer Machtkonkurrenz zwischen zwei Staaten mit Hegemonialanspruch gesehen. Sein Beginn ist folglich mit dem Einsetzen des sogenannten Kalten Krieges am Ende der vierziger Jahre anzusetzen (Morgenthau 1967: 332-349 und Kindermann 1986: 92-105). Ihren sichtbarsten Ausdruck fand diese Rivalität im atomaren Wettrüsten.
In der jüngeren Vergangenheit betonten Vertreter dieser Deutung des Ost-West-Verhältnisses die Stabilität des Mächtegleichgewichts und führten den Tatbestand des sogenannten langen Friedens vor allem auf zwei Strukturmerkmale des internationalen Systems zurück (Gaddis 1986 und Waltz 1979: Kap. 6).

- Dank der waffentechnologischen Entwicklung führte die sich im Ost-West-Konflikt äußernde Machtkonkurrenz zur wechselseitigen nuklearen Abschreckung. Diese bewirkte wiederum eine Selbstbeschränkung des Konfliktverhaltens auf beiden Seiten, die sich u.a. in der „ideologischen Moderation", im „Einhalten der Spielregeln im Supermachtspiel" - einschließlich der „Respektierung der Interessensphären" - und in der „Vermeidung direkter militärischer Zusammenstöße" niederschlug.
- Als wichtigster Grund für die Stabilität des internationalen Systems wird freilich die bipolare Machtverteilung im internationalen System angesehen, die nur wenig Raum für Fehlwahrnehmungen und Unsicherheit hervorrufende Machtverschiebungen ließ und gleichzeitig innerhalb der beiden Blöcke disziplinierend wirkte und ihren Zusammenhalt förderte.

Folgt man dieser Interpretation des Ost-West-Konflikts, so stellt sich die Situation seit Mitte der 80er Jahre folgendermaßen dar (Mearsheimer 1990):

- Die nukleare Abschreckung ist ein zentrales Element des internationalen Systems und wird es bleiben.
- Im Supermachtkonflikt hat sich eine deutliche geopolitische Machtverschiebung zugunsten der USA und zuungunsten der UdSSR ergeben. Gleichwohl bleibt der Machtkonflikt in seinen Grundzügen bestehen, wenn auch eine Abschwächung des Rüstungswettlaufs, aufgrund der Ressourcenschwäche der UdSSR, zumindest für die absehbare Zukunft zu erwarten ist und somit der USA ein Teilrückzug aus Europa ermöglicht wird, der sich schon allein aus finanziellen Gründen anbietet. Es besteht nun wieder eine Rangfolge zwischen den Supermächten: die USA ist

machtpolitisch die Nummer eins[2]. Insofern weist die Struktur des internationalen Systems zu Beginn der 90er Jahre eine Tendenz zur Unipolarität auf.

- Die Disziplinierungsfunktion, die vom Ost-West-Konflikt innerhalb des westlichen Bündnisses ausging, hat sich durch den Machtverlust der UdSSR deutlich abgeschwächt[3]. Zudem werden die westeuropäischen Staaten gemäß dieser Sichtweise auch wirtschaftlich sehr schnell von der kapitalistischen Durchdringung Osteuropas profitieren. Insofern besitzt die Struktur des internationalen Systems ein starkes und vermutlich stärker werdendes multipolares Element, das sich insbesondere in Europa Bahn brechen wird.

Die Zukunft für den Frieden in Europa ist aus einer solchen Perspektive alles andere als rosig. Zunächst ist einmal festzuhalten, daß die Entwicklungen der letzten Jahre als unumkehrbar angesehen werden müssen: die festgestellten Machtverschiebungen würden sich selbst durch einen Militärputsch in Moskau kaum rückgängig machen lassen. Die Unumkehrbarkeit des Prozesses ist gleichwohl kein Anlaß zur Freude. Mearsheimer hat in seiner herausfordernden Analyse verschiedene Szenarios für die Zukunft unterschieden, von denen er eine „kontrollierte Proliferation von Atomwaffen" (d.h. Atomwaffen zusätzlich nur für Deutschland!) noch als die beste ansieht; aber es bleibt dabei: „If the Cold War is truly behind us, the stability of the past 45 years is not likely to be seen again in the coming decades" (Mearsheimer 1990: 56).

Vor dem Hintergrund einer solchen Prognose ergeben sich politische Empfehlungen, die überraschen mögen. Gemäß dieser Interpretation bestünde eigentlich ein westliches Interesse daran, die UdSSR zu einer Politik zu bewegen, die eine Weiterführung des Kalten Krieges ermöglicht. Nur so könnte die stabile bipolare Struktur fortbestehen. Da die Politik der UdSSR aber in Moskau entschieden wird und dort die Machtgrundlagen für eine solche Politik verloren gegangen sind, schlägt Mearsheimer die folgende Politik vor (Mearsheimer 1990: 54-56): erstens sollten die USA eine kontrollierte Verbreitung von Atomwaffen fördern; zweitens sollten Großbritannien und die USA ein Militärpotential zur Verfügung halten, mit dem Machtverschiebungen auf dem europäischen Kontinent ausgeglichen werden können; und drittens sollte der aufkeimende Chauvinismus in Osteuropa im Zaum gehalten werden.

Die These vom Ende des Kalten Krieges beruht mithin auf einer Interpretation des Ost-West-Konflikts als eines Machtkonfliktes. In letzter Konsequenz ist aus dieser Sicht das Ende des Kalten Krieges ein unerfreuliches Ereignis, dessen destabilisierende Auswirkungen auf die europäische Ordnung, mit Skepsis zu betrachten sind.

1.2. Das Ende des Ost-West-Konflikts

Ein wichtiger Kritikpunkt an der Prognose, daß das Ende des Kalten Krieges zu einer neuen Periode der Instabilität in Europa führen wird, hebt auf die veränderte Qualität der Staaten in Europa ab. Demnach sorgte ein allgemeiner Demokratisierungsprozeß in Westeuropa dafür, daß die Möglichkeit der Wiederholung eines Weltkrieges in Europa ausgeschlossen werden kann, auch wenn sich wieder, wie 1914 und 1939, eine multipolare Machtverteilung ergeben sollte. Hinter dieser Argumentation steht die Auffassung, daß der Frieden zwischen Staaten vor allem dann gewahrt werden kann, wenn liberal-demokratische Staaten mit einer Freihandelsorientierung in einem dichten Beziehungsgeflecht stehen. Es sind also die Strukturmerkmale der handelnden Staaten, die entscheidend für das Verständnis der internationalen Politik sind. Diese auf Kant zurückgehende Friedenstheorie hat gerade auch in der Friedens- und Konfliktforschung theoretische und empirische Unterstützung erfahren[4].

Die These vom Ende des Ost-West-Konflikts ist insbesondere vor diesem theoretischen Hintergrund zu sehen. Sie beruht auf einer Interpretation des Ost-West-Gegensatzes als Antagonismus, der auf die *Konkurrenz von Ordnungsvorstellungen* zurückzuführen ist[5]. Unterschiedliche Vorstellungen über die Beschaffenheit von gesellschaftlicher und politischer Ordnung stellen mithin den Kern des Konflikts dar. Seine allumfassende Wirkung erhielt er dadurch, daß als Repräsentanten der Ordnungsvorstellungen zwei Supermächte mit globalen Machtprojektionsansprüchen sich gegenüberstanden. Als zentral sind aber die sich gegenseitig ausschließenden ordnungspolitischen Vorstellungen gesehen worden. Werner Link hat das wie folgt formuliert: „Erst wenn sich (...) die enge Verbindung zwischen dem ideologisch-ordnungspolitischen und dem machtpolitischen Gegensatz, die für den Ost-West-Konflikt konstitutiv ist, auflösen würde, träte eine Transformation ein" (Link 1988: 237).

Obwohl wir hier im allgemeinen auf Feinunterscheidungen verzichten müssen, ist zu beachten, daß die von Link dargelegte Deutung insbesondere den Gegensatz der unterschiedlichen *Weltordnungsvorstellungen* betont. Link spricht daher auch von einem *strukturellen Weltkonflikt.* Demgegenüber hebt die ältere These von der *Systemkonkurrenz* (Schmiederer 1973 und Senghaas 1988: 200-205) stärker auf den *Gegensatz der gesellschaftlichen Systeme* ab. In dem Maße, in dem die Deutung von Link stärker auf die Weltordnungskomponente des Ost-West-Konflikts verweist, berücksichtigt sie Elemente der Deutung als Machtkonkurrenz und nimmt mithin eine vermittelnde Position ein. Wenn im folgenden von der Deutung des Ost-West-Gegensatzes als konkurrierende Ordnungsvorstellungen gesprochen wird, rekurrieren wir im Zweifelsfall auf die Interpretation, die stärker auf die gesellschafts- und verfassungspolitischen Ordnungsdivergenzen abhebt.

Gemäß diesem Deutungsmuster kann der Beginn des Ost-West-Konflikts mit der Oktoberrevolution in Rußland 1917 angesetzt werden, wiewohl der Konflikt in seiner gesamten Tragweite erst manifest wurde, als die USA und die UdSSR aus dem Zweiten Weltkrieg als Supermächte hervorgingen. Auch in dieser Sichtweise wird der Umstand, daß es 45 Jahre lang zwischen Ost und West zu keinem Krieg kam, zu einem nicht unerheblichen Maß der nuklearen Abschreckung zugeschrieben. Eine Spannungsminderung in den Ost-West-Beziehungen, welche die Kriegsgefahr minderte, ergab sich in den 70er Jahren, als ein Machtgleichgewicht erreicht worden war und in Ost und West eine erste Entideologisierung des Konflikts stattgefunden hatte[6]. In der Erklärung des „langen Friedens" unterscheidet sich die Deutung des Ost-West-Konflikts als Systemkonkurrenz demnach nicht wesentlich von der Deutung des Ost-West-Konflikts als Machtkonkurrenz, obschon erstere stärker innenpolitische Prozesse der Entideologisierung hervorhebt.

Ein deutlicher Unterschied ergibt sich allerdings bei der Einschätzung des gegenwärtigen Zustands der Ost-West-Beziehungen. Wenn der Kern des Ost-West-Konflikts in den unterschiedlichen gesellschaftlichen und internationalen Ordnungsvorstellungen liegt, so birgt der Zerfall des real existierenden Sozialismus und die Übernahme des liberal-demokratischen und kapitalistischen Gesellschaftmodells das Ende des Ost-West-Konflikts in sich. Zwar mag man sich noch trefflich darüber streiten, wie weit-

gehend „Perestrojka" und „Glasnost" das politische System der UdSSR verändert haben, ob die Veränderungen wirklich unumkehrbar sind, und wie schnell die Länder Osteuropas sich dem westlichen Modell anzugleichen in der Lage sind[7]. Einig ist man sich im Rahmen dieser Deutung aber auf jeden Fall darüber, daß das Ende des Ost-West-Konflikts gekommen ist, wenn diese Fragen positiv beantwortet werden können. Es ergibt sich somit eine sehr freundliche Prognose über die zukünftige Ordnung Europas. Demnach steht uns ein „Europa demokratischer Rechtsstaaten" (Senghaas) bevor, das im Zuge der Errichtung einer dauerhaften Friedensstruktur ein System kollektiver Sicherheit schafft. Die Garantie für den Bestand einer solchen Europäischen Friedensordnung würde letztlich in der politischen Verfaßtheit der liberal-demokratischen Staaten liegen, die diese zu einer zivilisierten Konfliktaustragung befähigt (Senghaas 1990: 57-77)[8]. Ähnliche Erwartungen liegen letztlich auch der These vom *Ende der Geschichte*[9] und der von Peter Bender schon frühzeitig geäußerten These vom *Ende des ideologischen Zeitalters* (Bender 1981) zugrunde.
Die Politikempfehlungen, die aus einer solchen Analyse folgen, liegen auf der Hand: Westeuropa muß sich und seine vorhandenen Institutionen und Friedensstrukturen für die Länder Osteuropas voll und ganz öffnen, um den Demokratisierungsprozeß in der Sowjetunion und in Osteuropa zu stärken und, natürlich auch, um die Magnetwirkung Westeuropas zu bewahren. Aus denselben Gründen ist auch ein ökonomischer Ausgleich zwischen West- und Osteuropa anzustreben. Dabei wird erwartet, daß die Bedeutung der westeuropäischen Institutionen, die weiter zu „europäisieren" sind, erheblich anwächst. Es ist darüber hinaus möglichst schnell ein System kollektiver Sicherheit, einschließlich eines Zentrums für friedliche Streitbeilegung, in Europa zu installieren. Die Abstimmung dieser Maßnahmen ist am besten über einen umfassenden Ausbau des vorhandenen KSZE-Systems zu erreichen, das zu einer Plattform für die Lösung gemeinsamer Probleme ausgebaut werden soll[10].

1.3. Transformation der Konflikte in den Ost-West-Beziehungen

Sowohl die Prognose, daß das Ende des Kalten Krieges zur Instabilität in Europa führen wird, als auch die Erwartung, daß sich ein friedliches Europa demokratischer Rechtsstaaten herausbilden wird, unterschätzen die Prägekraft, die internationale Institutionen entwickeln können. So wirft Keohane auch der Machtanalyse von Mearsheimer vor, die Bedeutung solcher Institutionen für die Interessenformulierung und Erwartungshaltung staatlicher Akteure zu übersehen (Hoffmann u.a. 1990: 194). In seiner Antwort hält Mearsheimer dagegen, daß Keohanes institutionalistische Sichtweise für den diskutierten Gegenstand unbedeutend ist: „Keohane does not demonstrate, and in fact, does not claim in *After Hegemony* that international institutions significantly enhance the prospects for world peace. (...) He concedes that his theory covers only those cases where competition for security is muted and where the focus of attention is mainly on economic issues" (Hoffmann u.a. 1990: 196-97).
Den beiden bekannten Deutungsmustern der Geschichte und Zukunft des Ost-West-Gegensatzes – dem der Machtkonkurrenz (Ende des Kalten Krieges) und dem der konkurrierenden Ordnungsvorstellungen (Ende des Ost-West-Konflikts) – wollen wir daher nun explizit ein drittes hinzuzufügen, das auf eine institutionalistische Betrachtungsweise der Ost-West-Beziehungen hinführt: die *Ost-West-Beziehungen als Konflikt-*

vielfalt. Ein Konflikt wird dabei verstanden als eine Situation, in der zwei oder mehrere Akteure unvereinbare Ziele anstreben oder unvereinbare Mittel wählen, um ein gemeinsames Ziel zu erreichen. Konflikte beziehen sich auf umstrittene Konfliktobjekte, beispielsweise den Status von und Zugang nach Berlin oder der Umfang und die Ausrüstung der konventionellen Streitkräfte in Europa, und bezeichnen somit Situationen, in denen den Akteuren verschiedene Verhaltensoptionen zur Verfügung stehen. Die Konflikte können somit unterschiedlich bearbeitet werden: entweder ungeregelt, wobei die beteiligten Akteure gemäß ihren individuell-rationalen Nutzen-Kosten-Einschätzungen handeln und ihre Maximalpositionen durchzusetzen trachten, oder verregelt, wobei sich die Konfliktparteien an gemeinsam entwickelte Normen und Regeln für den Umgang mit ihren Differenzen halten[11]. Diesem Deutungsmuster zufolge gab es in den Ost-West-Beziehungen schon immer eine Vielzahl unterschiedlicher Konflikte, die sich nicht auf *einen* „Kern"konflikt zurückführen lassen und sehr unterschiedlich bearbeitet wurden. Die Regelung des internationalen Status von Österreich bietet ein Beispiel dafür, wie ein Konflikt in den Ost-West-Beziehungen schon recht bald durch ein Regime sogar beendet wurde. Es gibt andererseits auch heute noch Auseinandersetzungen zwischen Ost und West, die statt durch internationale Regime durch die Logik der Abschreckung und der impliziten Gewaltandrohung, gepaart mit ad-hoc Kooperation und Krisenmanagement bestimmt werden. Dazu zählt mancher Regionalkonflikt in der Dritten Welt und auch - aktuell - die Frage der staatlichen Unabhängigkeit der baltischen Republiken. Dieses Nebeneinander verschiedener Formen der Konfliktbearbeitung kann durch traditionelle Vorstellungen von *dem „Ost-West-Konflikt"* nur unzureichend erfaßt werden - ganz gleich ob er als „machtpolitische Konkurrenz" oder als eine „ordnungspolitische Konkurrenz" gedacht wird. Derartige Vorstellungen von einer Konflikttotalität, wie sehr sie sich im einzelnen auch unterscheiden mögen, stimmen, einmal zu Ende gedacht, darin überein, daß sie zu *einem* Zeitpunkt auch nur *einen* Bearbeitungsmodus für die gesamten Ost-West-Beziehungen möglich erscheinen lassen - beispielsweise entweder „Kalter Krieg" oder „Entspannung" oder eben „Konfliktlösung" und somit Ende des Konflikts.

Im Sinne eines Ablösungsprozesses von den Vorstellungen vom Kern eines „Ost-West-Konflikts" erscheint es daher hilfreich, von einer Vielfalt analytisch unterscheidbarer Konflikte in den Ost-West-Beziehungen auszugehen. Dieses Deutungsmuster eröffnet der empirischen Forschung neue Fragestellungen und die Chance, neue Einsichten in den Zustand und die Entwicklung des Ost-West-Verhältnisses zu gewinnen. Zum Beispiel: Wenn zwischen Konflikt und Konfliktaustrag strikt unterschieden wird, so liegt es nahe zu fragen, welche Typen von Konflikten leichter und welche schwerer einem geregelten Konfliktaustrag zugänglich sind, welche Konflikttypen also eher regimetauglich sind und welche weniger. Wir haben zu diesem Zweck vier Konflikttypen unterschieden: Wertekonflikte, Mittelkonflikte, Interessenkonflikte über relativ bewertete Güter und Interessenkonflikte über absolut bewertete Güter[12]. Die mit dieser Typologie zusammenhängenden Hypothesen lauten folgendermaßen: Am wenigsten einer geregelten Konfliktbearbeitung zugänglich ist normalerweise der Wertekonflikt. Es folgen der Interessenkonflikt über relativ bewertete Güter, der Mittelkonflikt und schließlich der Interessenkonflikt über absolut bewertete Güter. Letzterer Konflikttyp wird also am relativ häufigsten durch internationale Regime bearbeitet.

Kommt dieses begriffliche und theoretische Rüstzeug im Hinblick auf die Ost-West-

Abbildung 1: Konflikttyp und Regimetauglichkeit

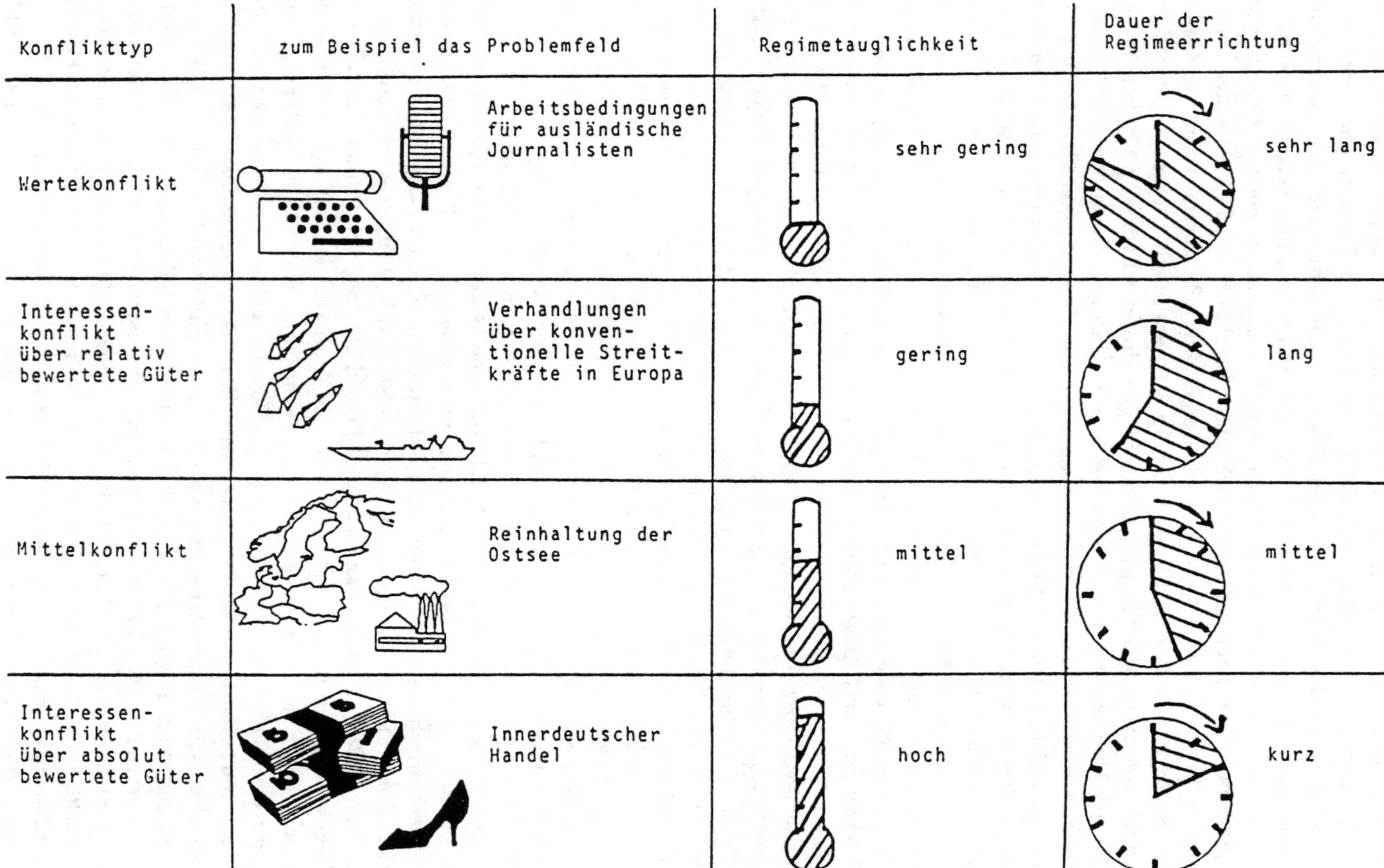

Beziehungen zur Anwendung, so ergeben sich einige wichtige Unterschiede zu den beiden anderen Deutungsmustern. Zunächst ist festzuhalten, daß gemäß dieser Sichtweise die Ost-West-Beziehungen ihre herausragende Bedeutung für die Weltpolitik erst nach dem Zweiten Weltkrieg erlangt haben. Mit dem Bruch der Anti-Hitler-Koalition, der etwa 1947 vollzogen war, fielen auch fast alle kooperativen Regelungen zwischen der UdSSR und den westlichen Alliierten und mit ihnen die Hoffnung auf eine Friedensordnung unter den Auspizien der Vereinten Nationen in sich zusammen, während gleichzeitig eine Vielzahl weitreichender Positionsdifferenzen manifest wurden. Der Ost-West-Gegensatz äußerte sich somit in der *Abwesenheit der Verregelung einer zunehmenden Zahl von Konflikten*. Der Umstand, daß zu jener Zeit keine Konflikt-Verregelungen zustande kamen, und beide Seiten vielmehr ihre Interessen ohne Rücksicht auf die Gegenseite durchzusetzen versuchten, dürfte je nach Problemfeld in unterschiedlichen Motivationen begründet gewesen sein. Mögen etwa bei der Deutschlandfrage tatsächlich die unterschiedlichen Ordnungsvorstellungen im Mittelpunkt gestanden haben, so waren die Einflußsphärenkonflikte im Mittleren Osten (z.B. Persien-Konflikt) eher auf macht- und wirtschaftspolitische Erwägungen zurückzuführen.
Die Abwesenheit von Konflikt-Verregelungen in den Ost-West-Beziehungen nach dem Zweiten Weltkrieg ist auf vor allem drei Gründe zurückzuführen:

- Die Zusammenarbeit in der Anti-Hitler-Koalition war nicht ausreichend institutionalisiert. Sofern es überhaupt zu internationalen Regimen kam, hatten diese eine externe Stoßrichtung und zerfielen, nachdem sie ihre Aufgabe erfüllt hatten. Sie waren nicht „enttäuschungsfest", nicht „robust" genug und fielen somit den ersten Klimaverschlechterungen in den Beziehungen der Siegermächte zum Opfer, die sich als Folge der neuen Konflikte über die Gestaltung der Nachkriegsordnung ergaben. Das löste zusätzlich einen Dominoeffekt aus.
- Die Konsequenz war eine extrem kompetitive Grundorientierung der Protagonisten, die dafür sorgte, daß viele Differenzen, die in anderen Konstellationen als Mittelkonflikte oder Interessenkonflikte über absolut bewertete Güter wahrgenommen worden wären, sich als Interessenkonflikte über relativ bewertete Güter darstellten, die nur sehr schwer verregelbar sind.
- Es gab in den Ost-West-Beziehungen nach dem Zweiten Weltkrieg einen sehr hohen, aber keineswegs alles andere überschattenden Anteil an gleichfalls sehr schwer verregelbaren Wertekonflikten.

Wir gehen also davon aus, daß der „Kalte Krieg" oder in unserer Terminologie: die fast vollständige Abwesenheit von Konflikt-Verregelungen vermeidbar gewesen wäre. So stellten die Vereinbarungen aus der frühen Nachkriegszeit über die Zukunft Deutschlands und die Rolle der Vereinten Nationen sowie der Ansatz, die Kernwaffenfrage kooperativ zu regeln (Baruch Plan), den Versuch dar, die Gemeinsamkeiten der Kriegsallianz fortzuschreiben. Es gibt keinen Grund, dessen Scheitern als unvermeidlich anzusehen (Link 1988: Kap. III. 6).
Es ist in dieser frühen Phase der Ost-West-Beziehungen neben der Kriegsmüdigkeit der Bevölkerungen tatsächlich dem „Gleichgewicht des Schreckens", das später in die wechselseitige nukleare Abschreckung mündete, zuzuschreiben, daß es nicht zu direkten militärischen Auseinandersetzungen zwischen Ost und West kam. Im Laufe der Zeit gesellte sich der nuklearen Abschreckung gleichwohl ein weiterer Grund für den sogenannten langen Frieden zu: die langsam zunehmende Verregelung der Ost-

West-Beziehungen. Es können die folgenden Phasen ausgemacht werden (Gaddis 1982: IX und Müller 1991: Kap. 6):

- Bis zum Tode Stalins blieben die Ost-West-Beziehungen durch eine fast vollständige Abwesenheit von Konflikt-Verregelungen gekennzeichnet. Selbst der Ost-West-Handel wurde mit Hilfe des innerwestlichen COCOM-Regimes weitgehend unterbunden. Erst ab Mitte der 50er Jahre brachen sich wieder Versuche Bahn, Konflikte in den Ost-West-Beziehungen kooperativ zu bearbeiten. So wurden Verhandlungen über den Status Österreichs, die Antarktis, die Verhinderung eines Überraschungsangriffs und anderes mehr geführt, die zum Teil auch zu Regimen führten, welche die nächste „Schlechtwetterperiode" in den Ost-West-Beziehungen überlebten.
- Nach den dramatischen Ereignissen um Berlin und auf Kuba kam es Mitte der 60er Jahre zu weiteren Konflikt-Verregelungen, die sich als dauerhaft erwiesen. So entwickelte sich beispielsweise als direkte Erfahrung aus der Kuba-Krise ein „Unfallkriegsvermeidungsregime", das insbesondere das Verhalten in Krisen regelt und die Kommunikation verbessert. In einem indirekten Zusammenhang zu den Berlin-Krisen stand die Errichtung eines ersten Handelsregimes zwischen Ost und West – das zwischen den beiden deutschen Staaten. In diese Phase fiel auch der Abschluß des Vertrages zur Nichtverbreitung von Atomwaffen, der die Grundlage für das Nonproliferationsregime darstellt.
- Nach einer erneuten, allerdings kurzen Verschlechterung der Beziehungen, die u.a. mit den Ereignissen in Vietnam und Prag zusammenhingen, kam es in den 70er Jahren zu einem ersten *Verregelungsschub*. Es ist hier nicht der Ort, die gesamten Konflikt-Verregelungen zu diskutieren, die in dieser Zeit installiert wurden. Wichtig ist aber, daran zu erinnern, daß es Regelungen gab, die auch während der erneuten Verschlechterung der Beziehungen in der ersten Hälfte der 80er Jahre Bestand hatten.
- Seit der Mitte der 80er Jahre erleben wir eine grundlegende Transformation vieler Konflikte in den Ost-West-Beziehungen, die insbesondere den Veränderungen in Osteuropa und der UdSSR zu verdanken sind. Als Folge dieser Konflikttransformation könnte ein *neuer Verregelungsschub* erfolgen, der den vorhergehenden deutlich in den Schatten stellen würde, was aber nicht zuletzt darauf zurückzuführen wäre, daß er auf bereits vorhandene Konflikt-Verregelungen aufbauen kann.

Der entscheidende Punkt ist nun, daß am Ende einer jeden Phase, in der Versuche zur Konflikt-Verregelung stattfanden, das Ausmaß der Gesamtregelung höher war als am Ende der vorhergehenden kooperativen Phase. Folglich sind in jeder kooperativen Phase internationale Regime entstanden, die sich als so dauerhaft und robust erwiesen haben, daß sie von den folgenden Verschlechterungen der Beziehungen unverletzt blieben. Diese Überlegungen werden auch durch Befunde aus Fallstudien über Ost-West-Regime, die in den 70er Jahren entstanden sind, bestärkt. Das Berlin-Regime, das innerdeutsche Handelsregime und das Ostseeregime trugen dazu bei, daß sich das Verhalten der Konfliktparteien aus Ost und West in diesen Problemfeldern nicht änderte, die Verschlechterung der Beziehungen vor diesen Problemfeldern mithin haltmachte. Dieser Befund wird besonders bedeutsam, wenn er vor dem Hintergrund der Ergebnisse der Studien über die „Arbeitsbedingungen für ausländische Journalisten" und „Vertrauensbildende Maßnahmen in Europa" gesehen wird, in denen sich nämlich zu Ende der 70er Jahre eine deutliche Veränderung im Konfliktverhalten abzeichnete – und zwar zum Schlechteren. Hier wie dort hatte es nach der Verabschiedung der Schlußakte von Helsinki im Jahr 1975 zwar Kooperationsansätze gegeben, und diese wurden damals auch als ein nicht unwesentlicher Teil der „Entspannung" wahrgenommen. Gleichwohl war es jedoch in keinem der beiden Problemfelder um diese Zeit bereits zu einer Regimebildung gekommen, die den kooperationshemmenden Auswirkungen der Ereignisse am Ende der 70er Jahre hätte standhalten können[13]. Das Deutungsmuster „Ost-West-Beziehungen als Konfliktvielfalt" versteht also die Geschichte dieser Beziehungen als einen Prozeß der zunehmenden Verregelung von Konflikten, mithin als Prozeß der Zivilisierung des Konfliktaustrags zwischen entwickelten Industrieländern[14]. Der sogenannte lange Frieden kann folglich nur z.T. durch die nukleare Abschreckung erklärt werden. Zum einen entwickelten sich im Laufe der Zeit einige Regime, welche die Abschreckung erst funktionstüchtig machten und zum anderen trat an die Seite der Abschreckung ein Verregelungsprozeß von Konflikten als eigenständige Friedensursache, der in die Richtung eines *stabilen Friedens*[15] deutet und somit bereits den Keim zur Überwindung des *instabilen Drohfriedens* in sich trägt. Das hebt auch Raimo Väyrynen hervor: „I would suggest that a minimum degree of confidence and reassurance has been fostered by a system of political duties and obligations, and it has been in reality more significant than the military balance of power" (Väyrynen 1990: 302; vgl. hierzu auch George u.a. 1988). Im Gegensatz zu Mearsheimer halten wir also die Rolle von internationalen Institutionen auch für die Ost-West-Beziehungen und insbesondere für den Weltfrieden von zentraler Bedeutung. Wer die nukleare Abschreckung überwinden möchte, der muß sie durch Institutionen für den friedlichen Austrag von Konflikten ersetzen[16].

Gemäß dem Deutungsmuster „Ost-West-Beziehungen als Konfliktvielfalt" kann nun die eingangs aufgeworfene Frage plakativ wie folgt beantwortet werden: Nichts ist zu Ende gegangen; Konflikte zwischen den Ländern in Ost- und Westeuropa, zwischen der USA und der UdSSR wird es weiterhin geben. Allerdings geht die Konflikt-Verregelung weiter, und zwar unter Umständen intensiver denn zuvor.

2. *Ost-West-Beziehungen als Konfliktvielfalt: Bestandsaufnahme und Zukunftserwartungen*

Bevor wir die Aussichten auf die Schaffung eines stabilen Friedens zwischen Ost und West durch einen Verregelungsschub diskutieren können, ist vom Standpunkt des Deutungsmusters „Ost-West-Beziehungen als Konfliktvielfalt" zunächst eine Bestandsaufnahme vorzunehmen, die gleichwohl nur skizzenhaft erfolgen kann.

2.1. Bestandsaufnahme der Konflikte in den Ost-West-Beziehungen

Welche Konflikte haben sich dank der Veränderungen in Osteuropa und der UdSSR aufgelöst?
Ein Konflikt ist dann gelöst, wenn aufgrund von Lernprozessen der Akteure oder aufgrund des Akzeptierens von „unabänderlichen" Tatsachen die Positionsdifferenzen der ehemaligen Konfliktparteien im Hinblick auf ein Konfliktobjekt verschwunden sind. Als gelöst können somit auf jeden Fall die mit der Deutschlandfrage zusammenhängenden Konflikte angesehen werden: der Konflikt über den Status von und den Zugang nach Berlin ebenso wie über den innerdeutschen Handel und Konflikte über

die (Wieder-)Vereinigung der beiden deutschen Staaten. Damit sind sicherlich gefährliche Sprengsätze aus den Ost-West-Beziehungen genommen worden. Es ist gleichwohl zu beachten, daß der Austrag dieser Konflikte bereits vorher (während des ersten Verregelungsschubs in den 70er Jahren) durch Regime geregelt worden waren, die eine so starke Vernetzung untereinander aufwiesen, daß sie einen wichtigen Verregelungsblock im Ost-West-Verhältnis darstellten (Schwarzer 1990a; Zürn 1990a). Es kann sein, daß die mit diesem Verregelungsblock verbunden Kommunikationskanäle und Normen, auch für eine Konflikt-Verregelung in anderen Problemfeldern förderlich gewesen wären. Das deutsch-deutsche „Sonderinteresse an der Entspannung" (Löwenthal) hat insbesondere in der letzten Dekade beruhigend auf die Ost-West-Beziehungen eingewirkt. Das ist nun nicht mehr in derselben Weise möglich wie zuvor.
Welche Konflikte sind transformiert worden[17]? Auf den ersten Blick erscheint es so, als ob auch die Wertekonflikte, die das Ost-West-Verhältnis so lange belasteten und einer weitergehenden Verregelung im Wege standen (Mendler 1990), sich aufgelöst haben. Unter Gorbatschow hat die UdSSR prinzipiell das Selbstbestimmungsrecht der Völker, die Reisefreiheit, die Meinungsfreiheit und die Wahlfreiheit anerkannt (natürlich inzwischen in Polen, der CSFR und in Ungarn in viel eindeutigerer Weise). Freilich läßt die Umsetzung dieser Rechte viele Wünsche offen. Am Beispiel des Selbstbestimmungsrechts der Völker und dem Streben der baltischen Republiken nach staatlicher Unabhängigkeit wird dies besonders deutlich. Da eine sofortige und bedingungslose Übernahme westlicher Grundrechtsvorstellungen in den Ländern Osteuropas und insbesondere in der UdSSR zu unkontrollierbaren Entwicklungen führen könnte, scheinen sich neue Konflikte zu ergeben: es geht darum, mit welchen Mitteln und wie schnell die Umwandlung der realsozialistischen Gesellschaftsordnung vollzogen werden soll. Mit anderen Worten: viele der ehemaligen Wertekonflikte in den Ost-West-Beziehungen sind in Mittelkonflikte transformiert worden und somit auch für eine Regimebildung eher zugänglich geworden.
In Mittelkonflikte wurden auch Konflikte im Politikfeld „Sicherheit" transformiert, die vorher als Interessenkonflikte über relativ bewertete Güter eingestuft werden mußten. Die Regimebildung wurde sowohl im Problemfeld „Vertrauens- und Sicherheitsbildende Maßnahmen in Europa" als auch im Problemfeld „Konventionelle Rüstungskontrolle in Europa" durch eine Transformation der Konflikte befördert bzw. wahrscheinlicher gemacht (Efinger 1990; Rittberger u.a. 1990; Schrogl 1990). Vor dem Hintergrund eines „nuklearen Lernens" (Nye 1987) auf beiden Seiten beruht diese Transformation auf einem Wandel von der gegenseitigen nuklearen Abschreckung zur Selbstabschreckung (Stichwort: Nuklearer Winter), bei der Sicherheit nicht mehr durch Überlegenheit (knappes relatives Gut), sondern nur noch durch gemeinsame Rüstungssteuerung erreicht werden kann. Dieser Prozeß wurde durch die wirtschaftlichen Probleme und das „Neue Denken" in der UdSSR zusätzlich begünstigt.
Welche Konflikte sind geblieben[18]? Im Verhältnis des Westens zur UdSSR scheint es nach wie vor *Wertekonflikte* zu geben: Es ist im gegenwärtigen Stadium schwer zu entscheiden, welche der Positionsdifferenzen im Bereich der Menschenrechte und der innergesellschaftlichen wie internationalen Ordnungsprinzipien nur Mittelkonflikte im oben beschriebenen Sinn, und welche tatsächlich immer noch Wertekonflikte repräsentieren. Neben der bereits genannten Frage des Selbstbestimmungsrechtes scheinen auch noch Fragen, wie der Schutz von Minderheiten, der Schutz vor Staatsübergriffen und damit

verbunden die Gewährleistung von Rechtssicherheit, von erheblichen Positionsdifferenzen geprägt zu sein. Wenn diese Probleme auch nicht notwendigerweise zu manifesten Konflikten zwischen der UdSSR und dem Westen werden müssen, so beinhalten sie gleichwohl ein Potential an kaum verregelbaren Positionsdifferenzen.

Zwischen den Großmächten in West und Ost gibt es nach wie vor Positionsdifferenzen über den Einfluß auf Regionen in der Dritten Welt, die *Interessenkonflikte über relativ bewertete Güter* repräsentieren. Gerade die Diplomatie vor und während des jüngsten Golfkrieges hat deutlich gemacht, daß die sowjetische Führung unter innenpolitischem Druck steht, den USA nicht die Rolle des alleinigen Weltpolizisten zu überlassen. Gleichzeitig scheint in den USA die Überzeugung zu wachsen, daß sie in einer „Neuen Weltordnung" diese Rolle doch übernehmen „müssen", wenn auch unter Kostenbeteiligung und Konsultation der anderen Großmächte. Sicherlich hat der Golfkrieg auch gezeigt, daß die beiden Supermächte nicht mehr länger dazu tendieren, Einflußsphärenkonflikte als Nullsummenspiele zu deuten, in denen der eigene Gewinn ausschließlich durch den Verlust des anderen definiert wird. Dennoch bleibt „Einfluß" ein relativ bewertetes Gut, von dem nicht alle Seiten gleichzeitig mehr erhalten können (vgl. auch Talbott 1991: 22).

Geblieben sind auch die Konflikte über die grenzüberschreitende Umweltverschmutzung. Nach dem Zusammenbruch des SED-Staates hat sich in ernüchternder Weise offenbart, wie weit die Umweltzerstörung in der ehemaligen DDR und wohl auch in anderen mittel- und osteuropäischen Ländern fortgeschritten ist. Umweltkonflikte stellen meist eine Mischform aus *Mittelkonflikt* und *Interessenkonflikt über absolut bewertete Güter* dar. So dominieren im Problemfeld „Reinhaltung der Ostsee" die Mittelkonflikte, während im Problemfeld „Grenzüberschreitende Luftverschmutzung in Europa" die Interessenkonflikte und somit die Frage: „Wer trägt welchen Anteil an den Kosten der Luftreinhaltung?" dominiert (List 1990; Schwarzer 1990a; List/Rittberger 1990). In dem Maße, wie die ökologische Bedrohung zu einer offenbaren Gefährdung des gesamten europäischen Lebensraumes wird und somit die Betroffenheit symmetrischer wird, werden in diesen Problemfeldern Interessenkonflikte an Bedeutung verlieren und Mittelkonflikte zunehmen. Gleichzeitig wird ein wachsendes Bewußtsein für die Umweltproblematik in Osteuropa die Praxis z.B. des Giftmüllexports, also eine Art „vereinbarte(r) Externalisierung von Umweltschäden" (Breitmeier/Zürn 1990: 20-21), unmöglich machen und neues Konfliktpotential schaffen.

Welche Konflikte sind neu hinzugekommen? Die Zunahme des Konfliktpotentials im Umweltbereich beruht weniger auf den dramatischen politischen Veränderungen als auf dem wachsenden ökologischen Problemdruck[19]. Demgegenüber sind die Konflikte, die im Zuge der wachsenden wirtschaftlichen und kulturellen Verflechtungen zwischen Ost- und Westeuropa entstanden sind und entstehen, direkt durch die politischen Veränderungen verursacht. Viele dieser Konflikte sind derzeit noch durch die akute Krisenbewältigung verdeckt. Aber insbesondere im Feld der Wirtschaftsbeziehungen werden Fragen des Handelsprotektionismus, der Währungspolitik, der Rohstoffpreise, der nicht-tarifären Handelshemmnisse (insbesondere technische Sicherheits- und Umweltstandards im Westen), der Agrarpolitik etc. den Stoff für *Interessenkonflikte über absolut bewertete Güter* abgeben. Diese Konflikte werden bald in den Mittelpunkt des Interesses rücken und nicht zuletzt wegen der enormen Wohlstandsdisparitäten, alles andere als leicht zu bearbeiten sein. Die Wohlstandsschere zwischen West und Ost birgt in Form der anhaltenden Migration von Ost nach West weiteres Konfliktpotential.

2.2. Auf dem Weg zu einem stabilen Frieden?

Wenn der stabile Frieden in Westeuropa Vorbild für einen KSZE-Frieden werden soll, so ist ein kurzer „regimeanalytischer Blick" zurück auf die Entwicklung des westeuropäischen Friedens erforderlich. In Studien über die Problemfelder „Status des Saargebiets", „Rüstungskontrolle in Westeuropa" und „Rechtsstaatlichkeit in Westeuropa" zeigt sich, daß im Nachkriegswesteuropa eine Reihe von an und für sich schwer verregelbaren Konflikten, relativ schnell einer dauerhaften Verregelung zugeführt werden konnten. Die in diesen Problemfeldern entstandenen Konflikt-Verregelungen trugen erheblich zur problemfeldübergreifenden Vertrauensbildung bei und förderten somit weitere Verregelungen und gar Integrationsschritte (Schwarzer 1991; List 1991; Efinger 1991). Das weist darauf hin, daß demokratische Rechtsstaaten mit liberaler Handelsorientierung für sich allein keine Garantie für die Schaffung eines stabilen Friedens bieten. Vielmehr erscheint hierfür erst eine dauerhafte und von den Parteien als gerecht angesehene Verregelung zentraler Konflikte hinreichend zu sein (Rittberger 1990a: 350). Dies kann freilich von demokratischen Rechtsstaaten mit liberaler Handelsorientierung und einem gemeinsamen Wertehintergrund viel leichter erreicht werden. Es wird darüber hinaus noch weiter erleichtert, wenn diese Staaten eine gemeinsame Bedrohungswahrnehmung haben. So konnte etwa im Problemfeld „Wahrung und Förderung der Menschenrechte (Rechtsstaatlichkeit) in Westeuropa" mittels des Europarates und der Europäischen Menschenrechtskonvention ein „Klub von Rechtsstaaten" in der Absicht geschaffen werden, eine präventive interne Wirkung gegen einen Rückfall hinter den erreichten Stand von Rechtsstaatlichkeit zu erreichen (Bindung zukünftiger Regierungen) und einen Menschenrechtsstandard zu schaffen, der auch eine externe Wirkung zeitigt („gewinnfreie Werbung")[20]. Im Falle der Problemfelder „Status des Saargebiets" und „Rüstungskontrolle in Westeuropa" (Interessenkonflikte über relativ bewertete Güter) konnte der Umgang mit den zum Teil weitreichenden Positionsdifferenzen (insbesondere zwischen Frankreich und der Bundesrepublik Deutschland) nicht zuletzt durch das Schnüren eines großen Paketes, das von den USA vor dem Hintergrund einer gemeinsamen Bedrohungswahrnehmung unterstützt wurde, in relativ kurzer Zeit verregelt werden. Dabei spielte im Fall des Saarkonflikts der gemeinsame Wertehintergrund eine bedeutende Rolle, da er eine Auflösung der Positionsdifferenzen förderte. Nachdem eine Konflikt-Verregelung erreicht war, die nach Ansicht zeitgenössischer Beobachter Frankreich bevorzugte, kam es als Teil dieser Regelung zu einem Referendum, das wider alle Erwartungen den Wunsch der Saarländer nach Zugehörigkeit zur Bundesrepublik Deutschland zum Ausdruck brachte. In Anerkennung des Selbstbestimmungsrechtes akzeptierte Frankreich dieses Ergebnis und gab das Saargebiet danach gleichsam widerstandslos verloren, wenngleich es noch einige ökonomische Gegenleistungen erhielt.

Konflikte in den West-West-Beziehungen konnten also schneller und leichter verregelt werden als Konflikte in den Ost-West-Beziehungen. Gründe hierfür liegen in der Knüpfung eines „linkage", dessen Einhaltung von einer Hegemonialmacht garantiert wurde, und in dem gemeinsamen Werte- und Bedrohungshintergrund, der zum einen die Entwicklung allgemeiner, problemfeldübergreifender Prinzipien und zum anderen die Unterordnung partikularer Sicherheitsinteressen unter allgemeine Interessen förderte. Eine genauere Analyse der Fälle bestätigt aber auch die Befunde, die in Studien über Ost-West-Regime erhoben wurden: Bestimmte Bedingungskonstellationen unterhalb der Rahmenbedingung „West-West- vs. Ost-West-Beziehungen" können Regimeentstehung und somit den Prozeß der Verregelung auf dem Weg zu einem stabilen Frieden erklären. Mit anderen Worten: Die genannte besondere Kontextbedingung (gemeinsame Werte und Bedrohungswahrnehmungen im West-West-Verhältnis), die zur schnellen Verregelung zentraler Konflikte in den West-West-Beziehungen der Nachkriegszeit geführt hat, ist für die Regimeentstehung keinesfalls notwendig und vermutlich auch nicht hinreichend[21]. Gleichwohl hat diese Kontextbedingung die Entstehung von Regimen ganz erheblich erleichtert.

Die Desaggregierung der Konfliktformationen in einzelne Konfliktgegenstände und Problemfelder wirft neues Licht auf den Vergleich der Ost-West-Beziehungen mit den West-West-Beziehungen. Tatsächlich beeinflußt der jeweilige „Konfliktmix", d.h. das spezifische Mischungsverhältnis von Werte-, Mittel- und Interessenkonflikten, zu einem erheblichen Ausmaß den Zustand der Gesamtbeziehungen zwischen zwei Akteuren oder Akteursgruppen. Insofern dieser Zustand der Gesamtbeziehungen, die sogenannte „Großwetterlage", einen Einfluß auf die Errichtung von internationalen Regimen hat, stellt der spezifische Konfliktmix auch einen Einflußfaktor für den Modus der Bearbeitung einzelner Konflikte dar. Gleichwohl gilt generell, daß der entscheidende Unterschied zwischen den Ost-West-Beziehungen und den West-West-Beziehungen nicht in der unterschiedlichen Konfliktbearbeitung ähnlicher Konflikte, sondern eben in dem unterschiedlichen Konfliktmix besteht. So ist das Regime zur Förderung der Rechtsstaatlichkeit im Nachkriegswesteuropa nicht entstanden, um einen Wertekonflikt zwischen den beteiligten Parteien zu regeln, sondern um eine gemeinsame Aktivität zugunsten eines gemeinsamen Ziels zu erreichen, nämlich gewinnfreie Werbung (nach außen) zu betreiben und zukünftige Regierungen (nach innen) zu binden. In den Fällen, in denen gleichwohl ernstliche Wertekonflikte auftraten, wie im Zuge der Machtübernahme durch die Obristen in Griechenland (1967) und durch die Militärs in der Türkei (1980), unterschied sich die Bearbeitung dieser Konflikte nur unwesentlich von der Bearbeitung von Wertekonflikten im Ost-West-Verhältnis – sie war bestenfalls kontrolliert, keinesfalls aber regelgeleitet (List 1991: 22-31 und Mendler 1990: 236-237).

Die Besonderheit des Konfliktmix im Ost-West-Verhältnis bestand lange Zeit darin, daß es einen relativ hohen Anteil an Wertekonflikten gab, deren Austrag nur sehr schwer zu verregeln sind. In dem Maße wie sich dieser Mix seit 1989 verändert hat und der Anteil von Wertekonflikten abgenommen hat, steigen die Chancen für einen Verregelungsschub und somit für einen stabilen Frieden. Es ist aber nochmals deutlich hervorzuheben, daß die hier vertretene institutionalistische Friedensstrategie nicht notwendigerweise die Universalisierung des westlichen Lebens- und Gesellschaftsmodells zur Voraussetzung hat. Die Analyse der Geschichte des Ost-West-Verhältnisses zeigt, daß der Prozeß der Konflikt-Verregelung bereits Anfang der 60er Jahre eingesetzt hat und somit die Ereignisse des Jahres 1989 diesen Prozeß nicht ausgelöst, wohl aber beschleunigt haben. Ein stabiler Frieden kann somit auch in anderen Beziehungskonstellationen angestrebt und erreicht werden. Dieser Befund ist angesichts der progno-

stizierten Auseinandersetzungen zwischen westlicher Welt und religiösem Fundamentalismus von großer Bedeutung[22].
Das Deutungsmuster „Ost-West-Konflikt als Konfliktvielfalt" legt also zunächst die folgende Erwartung nahe: Durch die Veränderungen in Osteuropa und der UdSSR hat sich ein neuer „Konfliktmix" zwischen Ost und West ergeben, der die Errichtung dauerhafter Konflikt-Verregelungen als wesentlichen Bestandteil eines stabilen Friedens erheblich erleichtert. Aber selbst ein Europa demokratischer Rechts- und Handelsstaaten (optimistisches Szenario für die weitere Entwicklung in Osteuropa) garantiert keineswegs die Errichtung einer stabilen Friedensstruktur, zumal die gemeinsame Bedrohungswahrnehmung heute fehlt. Weitere Voraussetzung für einen stabilen Frieden ist eine schrittweise Verregelung zentraler Problemfelder und Konflikte. Es ist somit noch zu fragen, wie groß die Chancen für einen weiteren Verregelungsschub in den Ost-West-Beziehungen (bzw. den gesamteuropäischen Beziehungen) in den 90er Jahren sind. Dies muß unter Berücksichtigung der theoretischen Aussagen erörtert werden, die wir in unserer Forschung über Entstehungsbedingungen von Ost-West-Regimen als erklärungsstark ermittelt haben, also den regimeförderlichen Bedingungskonstellationen unterhalb der Kontextbedingung „West-West- vs. Ost-West-Beziehungen".

2.3 Bedingungen eines Verregelungsschubs in den Ost-West-Beziehungen der 90er Jahre

(1) Problemstrukturelle Faktoren: Die Bestandsaufnahme der Konflikte in den Ost-West-Beziehungen zeigte, daß im Lichte einer problemstrukturellen Betrachtung sich die Chancen für einen entscheidenden Verregelungsschub ganz erheblich verbessert haben. Zwar dürfte sich die Anzahl der Konflikte insgesamt kaum verringert haben. Während aber eine Zunahme der vergleichsweise leicht verregelbaren Mittelkonflikte und Interessenkonflikte über absolut bewertete Güter zu verzeichnen ist, haben sich die kaum verregelbaren Wertekonflikte und auch die nur schwer verregelbaren Interessenkonflikte über relativ bewertete Güter deutlich verringert. Der Konfliktmix in den Ost-West-Beziehungen hat sich durch die Veränderungen in Osteuropa und in der UdSSR gegenüber den 70er Jahren also so verändert, daß ein Verregelungsschub in Form der Errichtung internationaler Regime zur kooperativen Bearbeitung zentraler Konflikte erheblich wahrscheinlicher geworden ist. Gleichwohl muß daran erinnert werden, daß es in den Ost-West-Beziehungen nach wie vor mehr Interessenkonflikte über relativ bewertete Güter (Einflußsphären, Rüstung etc.) und Wertekonflikte (Selbstbestimmung, Minderheitenschutz etc.) gibt als in den West-West-Beziehungen der Nachkriegszeit.

(2) Situationsstrukturelle Faktoren: Der situationsstrukturelle Ansatz versucht mit Hilfe des Instrumentariums der Spieltheorie und der Theorie der rationalen Wahl in einem ersten Schritt die Situationsstrukturen (die sich aus den beteiligten Akteuren, deren Handlungsoptionen und Interessenlagen konstituieren) auszumachen, die der Entstehung von normativen, internationalen Institutionen förderlich sind: das sind problematische soziale Situationen, die sich dadurch auszeichnen, daß die individuelle und die kollektive Interpretation der Zweckrationalität nicht identisch sind. Problematische

Situationen konstituieren somit soziale Fallen, in denen die rationale Verfolgung individueller Interessen zu kollektiv widersinnigen Ergebnissen führen kann. In einem zweiten Schritt werden verschiedene Typen von problematischen sozialen Situationen unterschieden und Aussagen über die Wahrscheinlichkeit einer Regimeentstehung und über die Rolle sogenannter sekundärer Einflußfaktoren in einem gegebenen Typ von Situationsstruktur abgeleitet[23].
Vor diesem theoretischen Hintergrund ist zunächst festzuhalten, daß ein Abbau der kompetitiven Grundorientierungen in Ost und West zu einer Erhöhung von leichter verregelbaren Situationsstrukturen des Typs *Koordinationsspiele* gegenüber den schwerer verregelbaren Situationsstrukturen des Typs *Dilemmaspiele* führt[24]. Das Vorhandensein kompetitiver Grundorientierungen sorgt dafür, daß die weniger problematischen Koordinationsspiele in Dilemmaspiele transformiert werden und sich somit zusätzliche Hindernisse für eine kooperative Konfliktbearbeitung aufbauen. Der Wegfall der kompetitiven Grundorientierungen führt hingegen zu einer Rücktransformation, welche die künstlichen Erschwernisse für die kooperative Konfliktregelung abbaut[25]. Das schafft nicht nur eine Erleichterung für die Konflikt-Verregelung gegenüber früheren Phasen der Ost-West-Beziehungen, sondern führt auch zu einer Annäherung an jene Situationen, die in den West-West-Beziehungen der Nachkriegszeit vorherrschten. Darüber hinaus müßten die wachsenden Kooperationsnetzwerke und die zunehmende Transaktionsdichte, die sowohl den Schatten der Zukunft (synchrone Iteration) als auch den anderer Problemfelder (diachrone Iteration) verlängern, dafür sprechen, daß einem erneuten Verregelungsschub in den Ost-West-Beziehungen nichts im Wege steht.

(3) Normativ-Institutionelle Faktoren: Bei der Betrachtung normativ-institutioneller Erklärungsfaktoren der Regimeentstehung kommen wir nicht zu einem ganz so optimistischen Ergebnis. Die Kernhypothese des normativ-institutionellen Erklärungsansatzes besagt, daß bereits vorhandene internationale Organisationen und Verhandlungssysteme – die zum Ausbau geeignet sind und sich die weitere Verregelung auf ihre Fahnen geschrieben haben – sowie erfolgreiche normative Regelwerke in benachbarten Problemfeldern, die Errichtung neuer internationaler Regime erheblich erleichtern. Zwar scheinen die vorhandenen Institutionen und Organisationen einen ausreichenden Anknüpfungspunkt für eine weitere Institutionalisierung der friedlichen Konfliktbearbeitung zu bieten. Das gilt zum einen für den KSZE-Prozeß, der von Beginn an gleichsam evolutionär, also offen für Weiterentwicklung angelegt war. Zum anderen gibt es die (West-)Europäischen Institutionen und auch die Institutionen der Weltwirtschaft, in welche die osteuropäischen Länder teilweise mühelos eingebunden werden können[26]. Ein Blick auf die West-West-Beziehungen der Nachkriegszeit verdeutlicht indessen, daß heute neue problemfeldübergreifende Prinzipien fehlen, die als Leitidee der weiteren Verregelung dienen können[27]. Solche zugkräftigen und handlungsanleitenden Prinzipien wie „Freihandel nützt allen", „freier Austausch von Ideen und Gütern schafft Frieden", „der Feind steht im Osten" etc. scheinen heute zu fehlen. Nur wenige sind davon überzeugt, daß die Wirtschaften in Osteuropa schnell genug durch freien Außenhandel genesen, daß Ost und West durch eine feste Kultur- und Wertegemeinschaft verbunden sind, und daß eine gemeinsame Bedrohung die Zusammenarbeit unabdingbar macht.

(4) Subsystemische Faktoren: Nach wie vor ist ein Mangel an überzeugenden Hypothesen über die innenpolitischen Bedingungen der Regimeentstehung zu konstatieren (Hüttig 1990: 46). Empirische Unterstützung hat allerdings die Hypothese erfahren, daß ein hohes Maß an innenpolitischer Instabilität der Errichtung von internationalen Regimen im Wege steht. Ein schwacher Staat hat große Schwierigkeiten, die innenpolitischen Kosten eines Regimebeitritts durchzusetzen und wird zudem von den anderen Parteien im Problemfeld nicht als vertrauenswürdiger Partner angesehen. So war etwa die Instabilität der Vierten Republik in Frankreich eines der Haupthindernisse für die Entstehung von wichtigen West-West-Regimen. Es ist offensichtlich, daß damit eine Bedingung für einen Verregelungsschub in den Ost-West-Beziehungen benannt ist, die keinen Anlaß für übertriebenen Optimismus gibt.

Hinsichtlich der Zukunft gelangt nun das Deutungsmuster „Ost-West-Beziehungen als Konfliktvielfalt" zu den folgenden Aussagen, die sich zum Teil wesentlich von den beiden anderen (Ost-West-Konflikt als konkurrierende Ordnungsvorstellungen und Ost-West-Konflikt als Machtkonkurrenz) unterscheiden:

- Voraussetzung für einen stabilen Frieden in Gesamteuropa ist ein Verregelungsschub in bezug auf die nach wie vor bestehenden Konflikte in den Ost-West-Beziehungen. Ein solche Verregelung würde den Frieden auf einen erheblich sichereren Grund stellen als es in den 45 Jahren zuvor möglich war. Es besteht die große historische Chance, auch in den Beziehungen zwischen Ost und West den prekären Zustand des Abschreckungsfriedens zu überwinden.
- Die Institutionalisierung einer „Neuen Friedensordnung" in Gesamteuropa erfolgt nicht quasi-automatisch in einem Europa demokratischer Rechts- und Handelsstaaten. Sie ist allerdings auch nicht ausgeschlossen, wenn die Staaten in Osteuropa und die UdSSR sich nicht in dem Tempo zu demokratischen Rechtsstaaten entwickeln, wie das hierzulande noch vor den ernüchternden Ereignissen im Baltikum und in Bukarest erhofft wurde. Denn es sprechen eine Reihe von Bedingungen dafür, daß die Aussichten für einen Verregelungsschub in den Ost-West-Beziehungen gut stehen. Dazu zählen insbesondere (1) der neue Konfliktmix in den Ost-West-Beziehungen, (2) der Abbau kompetitiver Grundorientierungen in Ost und West, (3) die bereits deutlich vergrößerten Kosten eines Kooperationsabbruchs in den Ost-West-Beziehungen, (4) das Vorhandensein von Institutionen, die zum Zwecke der Verregelung genutzt und ausgebaut werden können.
- Vor dem Hintergrund eines Vergleichs der Ost-West-Beziehungen in den 90er Jahren mit den West-West-Beziehungen in den 50er Jahren wird allerdings auch deutlich, daß einem Verregelungsschub als Motor eines stabilen Friedens in Europa noch gewichtige Hindernisse im Weg stehen. Dazu zählen vor allem (1) einige bedeutende und schwer verregelbare Konflikte, die zugleich eine dauernde Gefahr für den Zustand der Gesamtbeziehungen darstellen wie insbesondere Konflikte über Einflußsphären der Großmächte in der Dritten Welt; (2) der Mangel an problemfeldübergreifenden Prinzipien, die eine Grundlage für die Verregelung verschiedener Konflikte und auch für deren Vernetzung untereinander abgeben, sowie (3) die Instabilität der innenpolitischen Situation in weiten Teilen Osteuropas und in der UdSSR.

3. *Last but not Least: Was tun?*

Die Analyse hat einige Hindernisse benannt, die einem Verregelungsschub in den Ost-West-Beziehungen im Wege stehen. Die sich aufdrängende Frage, durch welche politischen Maßnahmen diese Hindernisse ausgeräumt oder doch zumindest abgebaut werden können, kann freilich nur noch schlaglichtartig beleuchtet werden. Wir hoffen, eine entsprechende Diskussion durch diesen Beitrag anzuregen[28].

Erstens, und da stimmen wir mit dem Deutungsmuster „Ost-West-Konflikt als konkurrierende Ordnungsvorstellungen" weitgehend überein, ist eine Politik der Stabilisierung der politischen Systeme in Europa unabdingbar[29]. Neben finanzieller Unterstützung müßte auch eine Stärkung der Legitimität von außen erfolgen und bei der Durchsetzung eigener Interessen auf die innenpolitische Lage in Osteuropa und der UdSSR mehr Rücksicht genommen werden. Das sollte allerdings nicht so weit gehen, daß auch größere Abweichungen von den westlichen Menschenrechte- und Demokratieidealen schweigend hingenommen werden sollen.

Zweitens, und das zeigt insbesondere der Vergleich mit den West-West-Beziehungen der 50er Jahre, wären Konzepte zu erarbeiten, welche die komplexe Konflikt- und Interessenlage berücksichtigen und trotzdem eine Vision eröffnen, die mehr als „Krisenmanagement" und „muddling through" vermittelt. Das Problem kann am Beispiel der Wirtschaftsbeziehungen zwischen Ost und West verdeutlicht werden. Während innerhalb des Westens das Prinzip „embedded liberalism" (Ruggie 1983) bis heute einen Rahmen für alle Problemfeldregelungen und auch für problemfeldübergreifene Vernetzungen setzt, fehlt ein solches Prinzip für die Einbindung der Wirtschaften Osteuropas und der UdSSR in die Weltwirtschaft. Allerdings hätte ein solches Prinzip mehrere Perspektiven miteinander zu vereinigen: Die Einbindung der osteuropäischen (und sowjetischen) Wirtschaften in das Regelsystem der kapitalistischen Weltwirtschaft muß die prekäre innenpolitische Lage in diesen Ländern berücksichtigen, darf nicht auf Kosten der Entwicklungsländer gehen und soll auch nicht die ökologische Dimension außer Acht lassen.

Drittens schließlich, und das hat der jüngste Golfkrieg mit Nachdruck gezeigt, müssen Mechanismen gefunden werden, mit denen Einflußsphärenkonflikte verregelt werden. Für die Sowjetunion wird eine Sonderrolle der USA als alleiniger „Weltpolizist" nicht akzeptabel sein. Eine solche Politik würde die Chancen für einen Verregelungsschub in den Ost-West-Beziehungen radikal verringern. Ein „Nichtinterventionsregime der Supermächte gegenüber der Dritten Welt" (vgl. Brock 1989) würde hingegen nur funktionieren können, wenn es eine Rückfallposition anböte: der Sicherheitsrat der Vereinten Nationen müßte in die Lage versetzt werden, die ihm nach Kapitel VII der VN-Satzung zuerkannten Befugnisse effektiv wahrzunehmen, ohne dabei der selektiven Instrumentalisierung ausgesetzt zu sein. Ein solcher Schritt zur Minimal(welt)regierung[30] würde allerdings einen sehr vorsichtigen Gebrauch voraussetzen: Zum einen müßte tatsächlich ein weitgehender Konsens als Voraussetzung des Handelns angestrebt werden, und zum anderen müßten die Großmächte den Gebrauch ihres Vetorechtes deutlich einschränken.

Wir haben in diesem Beitrag den beiden dominanten Deutungsmustern des Ost-West-Gegensatzes ein drittes hinzugefügt. Daraufhin sind die Aussagen aller drei Deutungsmuster im Hinblick auf die Geschichte, die Gegenwart und die Zukunft der Ost-West-

Abbildung 2: Drei Deutungsmuster der Ost-West-Beziehungen

Struktur des Ost-West-Gegensatzes	Ost-West-Gegensatz als Machtkonkurrenz	Ost-West-Gegensatz als konkurrierende Ordnungsvorstellungen	Ost-West-Gegensatz als Konfliktvielfalt
Theoretischer Hintergrund	* Hobbes * Machtverteilung als zentraler Faktor	* Kant * Herrschaftsform der Staaten als zentraler Faktor	* Grotius * Außmaß und Inhalt der internationalen Institutionen als zentraler Faktor
Ursachen des Kalten Krieges	* Supermachtrivalität * Fehlwahrnehmungen	* Neugestaltung der Weltordnung nach dem Zweiten Weltkrieg * Fehlwahrnehmungen	* Mangelnde Institutionalisierung der Zusammenarbeit in der Kriegsallianz * Vorhandensein von Wertekonflikten
Ursachen des langen Friedens	* Bipolare Machtverteilung * Abschreckung	* Abschreckung * Ideologische Mäßigung der Kontrahenten	* Abschreckung * Zunehmende Verregelung der Konflikte
Bestandsaufnahme	* Übergang zur Multipolarität * Geschwächte Supermacht UdSSR	* Kernkonflikt über Ordnungsvorstellungen ist gelöst * Demokratisierung in Osteuropa und der UdSSR ist ein unumkehrbarer Prozeß	* Transformation schwer verregelbarer in leichter verregelbare Konflikte (insbesondere: Verringerung der Wertekonflikte) * neuer Konfliktmix * historische Chance für einen Verregelungsschub
Das aktuelle Schlagwort	* Ende des Kalten Krieges	* Ende des Ost-West-Konflikts	* Konflikttransformation
Zukunftserwartungen	* Balkanisierung Europas * Rückkehr des 19. Jahrhunderts	* Frieden in einem Europa demokratischer Rechtsstaaten	* Gute Bedingungen für einen großen Verregelungsschub als Beitrag zu einem stabilen Frieden; allerdings weniger gut als in den West-West-Beziehungen der 50er Jahre
Politikempfehlungen	* Kontrollierte Proliferation von Atomwaffen * Balancierungspolitik der USA und Großbritanniens	* Förderung des Demokratisierungsprozesses in Osteuropa und der UdSSR * Einbindung Osteuropas und der UdSSR in die westeuropäischen Institutionen	* Stabilisierung der Reformregierungen in Osteuropa und der UdSSR * Vorrangige Verregelung von Konflikten mit Potential für Dominoeffekt (Schaffung eines (Nicht-) Interventionsregimes in der Dritten Welt) * Entwicklung problemfeldübergreifender Prinzipien der Konfliktverregelung

Beziehungen herausgearbeitet und gegenübergestellt worden. Es zeigte sich, daß die Zukunftserwartungen und infolgedessen die Politikempfehlungen doch so große Unterschiede aufweisen, daß es sich lohnt, mehr Mühe auf die theoretischen Grundlagen der Analyse der Ost-West-Beziehungen zu verwenden. Wir glauben, daß das Deutungsmuster „Ost-West-Konflikt als Konfliktvielfalt" dabei den Vergleich nicht zu scheuen braucht. Die Ergebnisse unserer Analyse lassen sich in der abschließenden Übersicht zusammenfassen.

Anmerkungen

1 Die erste Fassung des vorliegenden Aufsatzes wurde anläßlich der Tagung der Sektion Internationale Politik der Deutschen Vereinigung für Politische Wissenschaft, „Das 'Ende des Ost-West-Konflikts' als Problem der Theorie der Internationalen Beziehungen", Konstanz, 13.3.-15.3.1991, vorgestellt. Wir danken allen Teilnehmern und Teilnehmerinnen für die rege Diskussion und die zahlreichen Anregungen, insbesondere Michael Kreile, Wolfgang Leidhold, Reinhard Meyers, Dieter Senghaas und Michael Strübel.

2 Diese Entwicklung spiegelt sich auch in den Lageanalysen politiknaher Analytiker wider. Vgl. etwa Nye 1990 oder Nau 1990.

3 Angesichts der westeuropäischen Bereitschaft, der Führung der USA während des Golf-Krieges zu folgen, scheint sich dieser von Mearsheimer diagnostizierte Trend offensichtlich (noch) nicht durchgesetzt zu haben. Auf währungs- und finanzpolitischem Gebiet hat freilich die Bundesrepublik Deutschland in letzter Zeit an ihrer Autonomie nicht rütteln lassen.
Wie dem auch sei, Mearsheimer betont, daß er Prognosen über die Zukunft abgibt, die nicht mit Verweisen auf den Ist-Zustand widerlegt werden können. Vgl. Hoffmann u.a. 1990: 195.

4 Vgl. hierzu Kant 1963; Chan 1984: 617-648; Czempiel 1986; Doyle 1986: 1151-1163; Rittberger 1987: 3-12; Rosecrance 1987.

5 Dieses Deutungsmuster hatte ursprünglich eine westliche und eine östliche Variante: die marxistisch-leninistische Sicht des Ost-West-Konflikts als staatlich vermitteltem Klassenkampf und ihr westliches Pendant, die der Totalitarismusdiskussion verpflichtete Sicht des Ost-West-Konflikts als Bedrohung bürgerlicher Freiheit durch totalitäre Herrschaft. Ihre neutralere Formulierung erhielt dieses Deutungsmuster durch die These vom Ost-West-Konflikt als Konkurrenz von Gesellschaftssystemen. Vgl. etwa Buhr/Klaus 1976: 625-28 versus Kaltefleiter 1982: 19-29. Einen Überblick vermittelt Efinger u.a. 1988: 9-25.

6 Vgl. Arons/Jahn 1973: 88-130 und Link 1988 für einschlägige Diskussionen der Regulierung des Ost-West-Konflikts nach 1945.

7 Dank der Entwicklungen in den letzten 15 Monaten v.a. in der Sowjetunion, aber auch in Rumänien und Bulgarien hat sich in letzter Zeit etwas mehr Skepsis breitgemacht. In Anlehnung an Kreile kann somit gemäß dieser Deutung – „Solange die Möglichkeit einer Restauration in der Sowjetunion nicht auszuschließen ist und die Demokratisierung in Rumänien und Bulgarien stockt, ziehe ich es vor, von 'Krise' zu sprechen" – mithin auch von einer *Krise des Ost-West-Konflikts* gesprochen werden. Vgl. Kreile 1990: 8.

8 In einer kürzlich vorgelegten Lageanalyse (Dieter Senghaas 1991: Europa, Quo Vadis? Neue Aufgaben für eine Politik der Friedensgestaltung, SWP-AP 2679, Ebenhausen) kommt der Autor zu einer etwas skeptischeren Einschätzung. Er benennt einige gewichtige Hindernisse (Chauvinismus und nachholende Entwicklung in Osteuropa) für eine solche Entwicklung und betont in diesem Zusammenhang, daß die Schaffung eines friedlichen Europas demokratischer Rechtsstaaten keinen Automatismus darstellt. In dieser umsichtigen Analyse fordert Senghaas zudem den Ausbau vorhandener Institutionen, womit er Elemente der hier noch zu erörternden institutionalistischen Analyse aufgreift und in seinen Empfehlungen berücksichtigt.
Bestätigt wird allerdings die grundsätzliche Einschätzung, daß der Prozeß von „Rechtsstaatlichkeit und Frieden" den „Bemühungen um eine Zivilisierung Europas" eine neue Qualität

gegeben hat, die über eine „bloße Mäßigung des Ost-West-Konflikts" in seinen unterschiedlichen Dimensionen hinaus auf den „Aufbau einer Struktur dauerhaften Friedens" verweist.

9 „What we may be witnessing is not just the end of Cold War (...), but the end of history as such: that is, the end point of mankind's ideological evolution and the universalization of Western liberal democracy as the final form of human government". Vgl. Fukuyama 1990: 4, der in seiner provokativen Analyse allerdings weniger von Kant, sondern mehr von Hegels teleologischer Geschichtsphilosophie (Geschichte als unaufhaltsame Freiheitsbewegung von Ost nach West) profitiert. Die These vom Ende der Geschichte unterscheidet sich von der These vom Ende des Ost-West-Konflikts insbesondere durch ihre Ignoranz gegenüber Entwicklungen in der Dritten Welt: Armut, Autoritarismus und religiöser Fundamentalismus sind Stichwörter, die daran erinnern, daß dem Vormarsch des demokratischen Rechtsstaats schon noch Hindernisse im Wege stehen.

10 So können die Empfehlungen im „Friedensplan: Europa 2000" zusammengefaßt werden. Vgl. Senghaas 1990: 37-56 und auch Senghaas 1991.

11 Ein *internationales Regime* stellt eine Form des geregelten Konfliktaustrags dar, dessen entscheidendes Merkmal die Institutionalisierung ist. Es beinhaltet Prinzipien, Normen, Regeln und Entscheidungsprozeduren, die gleichsam unabhängig von den Akteuren existieren *und* einen Niederschlag im Verhalten und in den Verhaltenserwartungen aller Regimeteilnehmer finden. Insofern ist zusätzlich ein Minimum an Dauerhaftigkeit und Effektivität notwendig, bevor von einem internationalen Regime gesprochen werden kann.
Konzeptionelle Grundlagen und Ergebnisse dieser Forschungsansatzes sind zuletzt ausführlich in Rittberger/Zürn 1990: 9-63, dargelegt. Vgl. auch Rittberger 1990a: 349-364; Zürn 1990a: 53-78 sowie Efinger u.a. 1988.

12 Ein *Wertekonflikt* besteht dann, wenn zwischen mindestens zwei Akteuren unvereinbare Positionsdifferenzen über das Ziel bestehen, wenn - abstrakt gesprochen - ein Dissens über den normativen Status eines Objekts oder einer Handlung vorhanden ist und somit die Positionsdifferenz, die den Konflikt zwischen den betreffenden Parteien ausmacht, sich unmittelbar auf deren unterschiedliche Wertvorstellungen oder Glaubenssätze zurückführen läßt. Haben wir es dagegen mit einem Dissens zwischen den Akteuren über den Weg zu tun, der einzuschlagen ist, um ein gemeinsames Ziel zu erreichen, so sprechen wir von einem *Mittelkonflikt*, gleichsam einem Dissens über den empirischen Status eines Objekts oder einer Handlung. Bei *Interessenkonflikten* konkurrieren die Konfliktparteien um ein knappes Gut. Dabei ist zwischen Interessenkonflikten, bei denen das umstrittene Gut absolut bewertet wird, und solchen, bei denen das Gut relativ bewertet wird, weiter zu unterscheiden. Charakteristisch für ein *absolut bewertetes Gut* ist, daß der Wert, den es für die Parteien besitzt, nicht davon beeinflußt wird, über wieviel die jeweils andere Partei davon verfügt. Demgegenüber bezieht ein *relativ bewertetes Gut* seinen Wert erst daraus, daß man mehr davon besitzt als andere. Diese Art der Bewertung gilt beispielsweise für Waffen oder Prestige. Vgl. hierzu die Verweise in Fußnote 10.

13 Vgl. die entsprechenden Beiträge in Rittberger 1990c: Part II.

14 Dieser Prozeß besitzt eine Eigendynamik, die in Richtung weitere Verregelung verweist (Vgl. Rittberger 1991: 97-117.). Er ist aber keineswegs teleologisch zu verstehen: Neben Brüchen und Rückschlägen besteht immer wieder die Gefahr eines Rückfalls, eines Rückgriffs auf militärische Mittel des Konfliktaustrags, der im konkreten Fall, selbst wenn er nicht zur Vernichtung der Menschheit führen würde, doch den Verregelungsprozeß wieder bei Null beginnen ließe.

15 Die Gegenüberstellung und die Definitionen von stabilem und instabilem Frieden finden sich Boulding 1978. Eine Auseinandersetzung mit dem Friedensbegriff, welche die Grundlagen unseres Verständnisses ausbreitet, bietet Brock 1990.

16 Mit der Frage, ob und inwieweit dauerhafte Formen der Kooperation den Krieg verhindern können, setzt sich in interessanter Weise auch Goldmann (1990) auseinander.

17 Unter dem Begriff „Konflikttransformation" soll verstanden werden eine Veränderung einer (nach wie vor vorhandenen) Positionsdifferenz in der Weise, daß sie einem anderen Konflikttyp zugeordnet werden muß. Diese Begriffsverwendung meint also nicht die Verregelung eines Konflikts, die in unserer Sprache als Transformation der Konfliktbearbeitung bezeichnet werden müßte.

18 Gemäß der vorgenommenen Unterteilung müssen die Positionsdifferenzen als „geblieben"

gelten, die vor 1985 bereits manifest waren und seitdem sich weder aufgelöst haben noch transformiert worden sind.

19 Gleichwohl ist mit Prittwitz 1990: Kap. 4 festzuhalten, daß der wachsende Problemdruck mitnichten eine Bearbeitung im Sinne von Problemlinderung zur automatischen Folge hat, sondern zunächst nur das Konfliktpotential erhöht.

20 Der Begriff „gewinnfreie Werbung" wird hier im Sinne von Czempiel (1972) verwendet.

21 Um festzustellen, daß diese Kontextbedingung *nicht hinreichend* ist, müßte gezeigt werden, daß ein wichtiges Problemfeld mit hohem Regelungsbedarf, bei dem der gemeinsame Wertehintergrund und die gemeinsame Bedrohungswahrnehmung eine Rolle spielten, nicht verregelt wurde. Daß die Kontextbedingung *nicht notwendig* ist, erweist sich durch (allerdings deutlich später entstandene) Ost-West-Regime in Problemfeldern mit derselben Problemstruktur.

22 Die Auffassung, daß ein dauerhafter Frieden nicht *nur* zwischen liberal-demokratischen Staaten zustande kommen kann, scheint auch durch einen weiteren Befund aus der Kriegsursachenforschung gestützt zu werden: Seit dem Zweiten Weltkrieg ist zwischen den 48 reichsten Nationen der Erde kein zwischenstaatlicher Konflikt mehr militärisch ausgetragen worden, sofern der Einsatz von sowjetischem Militär in der DDR (1953), Ungarn (1956) und der damaligen CSSR (1968) nicht als zwischenstaatlicher Krieg qualifiziert wird. Vgl. Väyrynen 1990: 301. Das ist allerdings im Falle Ungarns angesichts des Widerstands ungarischen Militärs zumindest zweifelhaft.

23 Vgl. für eine kurze Einführung in den Ansatz Rittberger/Zürn 1990: 38-42 und Zürn u.a. 1990: 160-169. Vgl. auch die wichtigen Arbeiten von Oye 1986 und Conybeare 1987. Eine Grundlegung und Ausarbeitung des situationsstrukturellen Ansatzes findet sich in Zürn 1991.

24 Besitzt ein Akteur eine kompetitive Grundorientierung, so geht die Differenz des Nutzens zwischen ihm und seinem Konkurrenten zusätzlich in die eigene Nutzenkalkulation mit ein. Die Angst vor einer Ungleichverteilung eines gemeinsamen Nutzens kann somit die Kooperation verhindern. Vgl. hierzu Grieco 1988, der die kompetitive Grundorientierung als Wesensmerkmal internationaler Politik verstanden haben möchte.

25 Zum Konzept derartiger Transformationen von Spielen vgl. auch Scharpf 1988.

26 Lang 1989 hat herausgearbeitet, daß die kleinen osteuropäischen Länder wie Ungarn, Polen und die CSFR frühzeitig versucht haben, an den Vorteilen der Weltwirtschaftsregime teilzuhaben. Beller 1990 zeigt für das Problemfeld „Auslandsinvestitionen", daß ähnliche Entwicklungen neuerdings auch in der Außenwirtschaftspolitik der Sowjetunion festzustellen sind.

27 Väyrynen 1990: 302 verfolgt einen ähnlichen Gedanken: „The commitment rules in the competititve relations between great powers can be made more effective by tying them in with a 'grand strategy'". Vgl. auch Axelrod/Keohane 1985: 251.

28 In diesem Zusammenhang soll nochmals auf die Arbeiten von Dieter Senghaas hingewiesen werden, der in seinen ausführlichen Lageanalysen zurecht eklektizistisch vorgeht (v.a. Senghaas 1991) und daher auch Empfehlungen, die sich aus einer institutionalistischen Analyse ergeben, berücksichtigt.

29 Ein kleiner Unterschied zum Deutungsmuster „Ost-West-Gegensatz als konkurrierende Ordnungsvorstellungen" ergibt sich allerdings in der Betonung: Während bei uns die Betonung auf *Stabilisierung* der Reformregierungen liegt, ist bei der anderen Deutung insbesondere auf die Förderung des *Demokratieprozesses* zu achten. Allerdings beinhaltet die Betonung der Stabilisierung der Reformregierungen auch, daß dadurch die Chancen der Demokratisierung erhöht werden.

30 Nozick 1974 argumentiert in seiner „radikalliberalen" Antwort auf die „wohlfahrtsstaatliche" Gerechtigkeitstheorie von John Rawls mit der Konzeption des Minimalstaates, der ausschließlich dazu dient, die Naturrechte der Subjekte durch eine „Schutzfirma" zu garantieren.

Literaturverzeichnis

Arons, Renée/Jahn Egbert, 1973: Vom Kalten Krieg zur Entspannung, in: *Carola Bielfeldt et al.* (Hrsg.), Frieden in Europa, Reinbek, 88-130.

Axelrod, Robert/Keohane, Robert O., 1985: Achieving Cooperation under Anarchy: Strategies and Institutions, in: World Politics, 38, 226-254.

Beller, Ekkehard, 1990: Ost-West-Direktinvestitionen. Bedingungen und Restriktionen intersystemarer Wirtschaftskooperation aus regimeanalytischer Perspektive, Tübingen, Magisterarbeit.

Bender, Peter, 1981: Das Ende des ideologischen Zeitalters, Berlin.

Boulding, Kenneth, 1978: Stable Peace, Austin 1978.

Breitmeier, Helmut/Zürn, Michael, 1990: Gewalt oder Kooperation. Zur Austragungsform internationaler Umweltkonflikte, in: ami, 20, 14-23.

Brock, Lothar, 1989: Regimebildung als Lernprozeß. Die Problematik eines Nicht-Interventionsregimes der Supermächte gegenüber der Dritten Welt, in: *Beate Kohler-Koch* (Hrsg.), Regime in den Internationalen Beziehungen, Baden-Baden, 385-405.

Brock, Lothar, 1990: „Frieden". Überlegungen zur Theoriebildung, in: *Volker Rittberger* (Hrsg.), 1990b, 71-89.

Buhr, Manfred/Klaus, Georg, 1976: Art. „Klassenkampf", Wörterbuch der Philosophie, Leipzig (12. Auflage), 625-28.

Bull, Hedley, 1977: The Anarchical Society. A Study of Order in World Politics, London.

Chan, Steve, 1984: Mirror, Mirror on the Wall ... Are the Freer Countries More Pacific?, in: Journal of Conflict Resolution, 28, 617-648.

Conybeare, John A.C., 1987: Trade Wars. The Theory and Practice of International Commercial Rivalry, New York.

Grieco, Joseph M., 1988: Realist Theory and the Problem of International Cooperation: Analysis with an Amended Prisoner's Dilemma Model, in: The Journal of Politics, 50, 600-624.

Czempiel, Ernst-Otto, 1972: Schwerpunkte und Ziele der Friedensforschung, München/Mainz.

Czempiel, Ernst-Otto, 1986: Friedensstrategien. Systemwandel durch Internationale Organisationen, Demokratisierung und Wirtschaft, Paderborn.

Doyle, Michael W., 1986: Liberalism and World Politics, in: American Political Science Review, 80, 1151-1163.

Efinger, Manfred, 1990: Preventing War in Europe Through Confidence- und Security-Building Measures, in: *Volker Rittberger* (Hrsg.), 1990c, 117-150.

Efinger, Manfred, 1991: Rüstungsbegrenzung in Westeuropa, unveröffentlichtes Manuskript, Tübingen.

Efinger, Manfred/Rittberger, Volker/Zürn, Michael, 1988: Internationale Regime in den Ost-West-Beziehungen. Ein Beitrag zur Erforschung der friedlichen behandlung internationaler Konflikte, Frankfurt a.M.

Fukuyama, Francis, 1989: The End of History?, in: The National Interest, 16, 3-18.

Gaddis, John Lewis, 1982: Strategies of Containment: A Critical Appraisal of Postwar American National Security Policy, Oxford.

Gaddis, John Lewis, 1986: The Long Peace. Elements of Stability in the Postwar International System, in: International Security, 10, 99-142.

George, Alexander L./Farley, Philip J./Dallin, Alexander (Hrsg.), 1988: U.S.-Soviet Security Cooperation. Achievements, Failures, Lessons, Oxford.

Goldmann, Kjell, 1990: Does Cooperation Inhibit War?, in: Cooperation and Conflict, 25, 59-81.

Halliday, Fred, 1990: The Ends of Cold War, in: New Left Review, 180, 5-23.

Hoffmann, Stanley/Keohane, Robert O./Mearsheimer, John J., 1990: Correspondence. Back to the Future, Part II: International Relations Theory and Post-Cold War Europe, in: International Security, 15, 181-199.

Huntington, Samuel P., 1989: No Exit: The Errors of Endism, in: The National Interest, 17, 3-11.

Hüttig, Christoph, 1990: Die Analyse internationaler Regime. Forschungspragmatische „Sackgasse" oder Aufbruch zu neuen Ufern einer Theorie der Internationalen Beziehungen?, in: Neue Politische Literatur, 35, 32-49.

Kaltefleiter, Werner, 1982: Der systemische Konflikt in den internationalen Beziehungen der Gegenwart, in: Aus Politik und Zeitgeschichte, 41, 19-29.

Kant, Immanuel, 1963: Zum ewigen Frieden. Ein philosophischer Entwurf, Stuttgart (Original 1795).

Keohane, Robert O., 1989: International Institutions and State Power, Boulder, Colo.

Kindermann, Gottfried-Karl, 1986: Grundelemente der Weltpolitik, München (3. Auflage).

Kreile, Michael, 1990: Das Ende des Ost-West-Konflikts und die Einigung Europas, unveröffentlichtes Manuskript, Vortrag vor der Liechtensteinischen Akademischen Gesellschaft, Bendern/FL.

Lang, Laszlo, 1989: International Regimes and Political Economy of East-West Relations, Institute for East-West Security Studies, Occasional Papers 13, New York.

Link, Werner, 1988: Der Ost-West-Konflikt. Die Organisation der internationalen Beziehungen im 20. Jahrhundert, Stuttgart et al. (2. Auflage).

List, Martin, 1990: Cleaning up the Baltic: A Case Study in East-West Environmental Protection, in: *Volker Rittberger* (Hrsg.), 1990c, 90-116.

List, Martin, 1991: Das internationale Regime zur Wahrung und Förderung der Rechtsstaatlichkeit in Westeuropa, unveröffentlichtes Manuskript, Tübingen.

List, Martin/Rittberger, Volker, 1990: Regime Theory and the Management of the International Environment, unveröffentlichtes Manuskript, Tübingen.

Loth, Wilfried, 1980: Die Teilung der Welt. Geschichte des Kalten Krieges. 1941-1955, München.

Mearsheimer, John J., 1990: Back to the Future. Instability in Europe After the Cold War, in: International Security, 15, 5-56.

Mendler, Martin, 1990: Working Conditions of Foreign Journalists in East-West Relations: Regulating a Conflict about Values without Regime, in: *Volker Rittberger* (Hrsg.), 1990c, 216-249.

Morgenthau, Hans J., 1967: Politics among Nations, New York (4. Auflage).

Müller, Harald, 1991: Die Chance der Kooperation. Die Rolle internationaler Regime in der Weltpolitik, i.E., Kap. 6, Wiesbaden.

Nau, Henry R., 1990: The Myth of America's Decline: Leading the World Economy into the 1990's, New York.

Nozick, Robert, 1974: Anarchie, Staat und Utopia, München.

Nye, Joseph S., 1987: Nuclear Learning und U.S.-Soviet Security Regimes, in: International Organization, 41, 371-402.

Nye, Joseph S., 1990: Bound to Lead: The Changing Nature of American Power, New York.

Oye, Kenneth A. (Hrsg.), 1986: Cooperation under Anarchy, Princeton, N.J.

Prittwitz, Volker, 1990: Das Katastrophenparadox, Opladen.

Rittberger, Volker, 1987: Zur Friedensfähigkeit von Demokratien, in: Aus Politik und Zeitgeschichte, 44, 3-12.

Rittberger, Volker, 1990a: International Regimes in the CSCE Region – From Anarchy to Governance and Stable Peace, in: Österreichische Zeitschrift für Politikwissenschaft, 19, 349-364.

Rittberger, Volker (Hrsg.), 1990b: Theorien der Internationalen Beziehungen, PVS-Sonderheft 21, Opladen.

Rittberger, Volker (Hrsg.), 1990c: International Regimes in East-West Politics, London.

Rittberger, Volker, 1991: Die Perestrojka und die Zivilisierung des Ost-West-Konflikts, in: *Dietrich Geyer* (Hrsg.), Europäische Perspektiven der Perestrojka, Tübingen, 97-117.

Rittberger, Volker/Efinger, Manfred/Mendler, Martin, 1990: Toward an East-West Security Regime: The Case of Confidence- and Security-Building Measures, in: Journal of Peace Research, 27, 55-74.

Rittberger, Volker/Hummel, Hartwig, 1990: Die Disziplin „Internationale Beziehungen" im deutschsprachigen Raum auf der Suche nach ihrer Identität, in: *Volker Rittberger* (Hrsg.), 1990b, 17-47.

Rittberger, Volker/Zürn, Michael, 1990: Towards Regulated Anarchy in East-West Relations: Causes and Consequences of East-West-Regimes, in: *Volker Rittberger* (Hrsg.), 1990c, 9-63.

Rosecrance, Richard N., 1987: Der neue Handelsstaat. Herausforderungen für Politik und Wirtschaft, Frankfurt a.M./New York.

Ruggie, John Gerard, 1983: International Regimes, Transactions, and Change: Embedded Liberalism in the Postwar Economic Order, in: *Stephen D. Krasner* (Hrsg.), International Regimes, Ithaca/London, 195-231.

Scharpf, Fritz W., 1988: Decision Rules, Decision Styles, and Policy Choices, MPIFG Discussion-Paper 1988/3, Köln.

Schmiederer, Ursula, 1973: Systemkonkurrenz als Strukturprinzip der internationalen Politik, in: *Klaus Jürgen Gantzel* (Hrsg.), Internationale Beziehungen als System, Köln/Opladen, 309-346.
Schrogl, Kai-Uwe, 1990: Die Begrenzung konventioneller Rüstung in Europa. Ein regimeanalytisches Konfliktmodell, Tübinger Arbeitspapiere zur Internationalen Politik und Friedensforschung, Nr. 14, Tübingen.
Schwarzer, Gudrun, 1990a: Weiträumige grenzüberschreitende Luftverschmutzung. Konfliktanalyse eines internationalen Umweltproblems, Tübinger Arbeitspapiere zur Internationalen Politik und Friedensforschung, Nr. 15, Tübingen.
Schwarzer, Gudrun, 1990b: The Berlin Regime, in: *Volker Rittberger* (Hrsg.), 1990c, 189-215.
Schwarzer, Gudrun, 1991: Der Saarkonflikt, unveröffentlichtes Manuskript, Tübingen.
Senghaas, Dieter, 1988: Konfliktformationen im internationalen System, Frankfurt a.M.
Senghaas, Dieter, 1990: Europa 2000. Ein Friedensplan, Frankfurt a. M.
Senghaas, Dieter, 1991: Europa, Quo Vadis? Neue Aufgaben für eine Politik der Friedensgestaltung, SWP-AP 2679, Ebenhausen.
Talbott, Strobe, 1991: No, It's Not a New Cold War, in: Time, 4.3.1991, 22.
Väyrynen, Raimo, 1990: Conflict Transformation and Cooperation in Europe, in: Bulletin of Peace Proposals, 21, 299-306.
Waltz, Kenneth N., 1979: Theory of International Politics, Reading, Mass.
Zürn, Michael, 1990a: Frieden durch internationale Regime?, in: *Volker Rittberger* und *Michael Zürn*, Forschung für neue Friedensregeln. Rückblick auf zwei Jahrzehnte Friedensforschung, Stuttgart, 53-78.
Zürn, Michael, 1990b: Intra-German Trade: An Early East-West Regime, in: *Volker Rittberger* (Hrsg.), 1990c, 151-188.
Zürn, Michael/Wolf, Klaus Dieter/Efinger, Manfred, 1990: Problemfelder und Situationsstrukturen in der Analyse internationaler Politik, in: *Volker Rittberger* (Hrsg.), 1990b, 151-174.
Zürn, Michael, 1991: Spieltheorie, Funktionalismus und internationale Politik. Eine Grundlegung des situationsstrukturellen Ansatzes, Dissertation, Tübingen.

Determinanten der Kriegsverhütung während des Kalten Krieges und danach: Nukleare Abschreckung, Demokratie und Freihandel

Erich Weede

Während des Kalten Krieges hat die erweiterte nukleare Abschreckung den Krieg zwischen Ost und West verhütet. Die Demokratie und die Pax Americana haben den Frieden unter den demokratischen Kernländern des Westens garantiert. Die Pax Sovietica hat den Osten befriedet. Diese Hypothesen werden einem einfachen quantitativen Test unterzogen, der die befriedenden Effekte von Abschreckung, Pax Sovietica und Demokratie bestätigt. Mit dem Ende des Kalten Krieges sind die strukturellen Schranken gegen internationale Konflikte schwächer geworden. Wenn es gelänge, die Demokratie in ganz Osteuropa, vor allem auch in Rußland, zu stabilisieren, dann könnte die Pax Democratica an die Stelle der Pax Atomica und der Pax Sovietica treten. Ob das gelingt, hängt zwar primär von Ereignissen innerhalb Osteuropas ab, aber es besteht Anlaß zu der Befürchtung, daß der Westen aus innen- und sozialpolitischen Gründen Osteuropa nicht wirksam helfen wird, die wirtschaftlichen Voraussetzungen für eine stabile Demokratie zu schaffen. Dazu könnte vor allem die unilaterale Öffnung westlicher Märkte für östliche (und südliche) Produkte beitragen.

1. Eine makroskopische Analyse

Ende der 40er Jahre entstand ein bipolares System, weil die USA und die Sowjet-Union so sehr viel mächtiger als alle anderen Nationen waren, weil so viele andere Nationen sich auf den Schutz der einen Macht vor der anderen Macht verließen bzw. verlassen mußten. Die bipolare Rivalität zwischen den beiden Supermächten ist zwar durch ideologische Gegensätze verschärft worden, wäre aber auch allein durch das Sicherheitsdilemma erklärbar, durch das, was sie einander antun *könnten* (Herz 1974; Weede 1975). Natürlich waren die kleinen und mittelgroßen Staaten nicht ganz frei in der Wahl ihrer Schutzmacht. Am Ende des Zweiten Weltkrieges hat die Sowjet-Union, damals noch unter Stalin, ihre Wahl den späteren Mitgliedsstaaten des Warschauer Paktes aufgezwungen. Dieser Zwang hat die Amerikaner dazu veranlaßt, Westeuropa Schutz anzubieten, und er hat die Europäer dazu veranlaßt, diesen Schutz anzunehmen. Später wurde diese Schutzbeziehung im rechtlichen Rahmen der NATO institutionalisiert.

Die Aussicht auf den dritten Weltkrieg konnte weder die Amerikaner noch die Russen verlocken. Obwohl die Sowjet-Union auf den Sieg in einer konventionellen Schlacht um Westeuropa hoffen durfte, mußte sie bis in die 70er Jahre hinein die nukleare Überlegenheit der Amerikaner fürchten. Obwohl die USA bzw. ihre Entscheidungsträger lange hoffen konnten, der Sowjet-Union mehr Schaden zuzufügen, als selbst bei einem nuklearen Schlagabtausch erleiden zu müssen, mußten die Amerikaner dennoch mit unerhörtem Schaden und Leid rechnen und mit dem Verlust des westlichen Kontinentaleuropa. In den Grundzügen ist dieses Bild erstaunlich stabil über die Zeit gewesen. Das Gleichgewicht des Schreckens hat einen Anreiz zum Frieden durch Furcht (Aron 1966) erzeugt,[1] der durch das Wettrüsten nur verstärkt worden ist, weil immer bessere Waffen nur die zu erwartenden Verluste beider Seiten in die Höhe getrieben haben.[2]

Obwohl die militärische Überlegenheit keiner Seite je ausreichte, um glaubwürdige Szenarien mit Siegesaussichten zu vermitteln, war sie, wo vorhanden, dennoch von großer Bedeutung. Sicher hat das nukleare Monopol der Amerikaner in den 40er Jahren und ihre Überlegenheit in den 50er Jahren es den Amerikanern erleichtert, ihre traditionelle Abneigung gegen eine permanente Einmischung in europäische Angelegenheiten zu überwinden. Die nukleare Überlegenheit Amerikas am Anfang des Kalten Krieges versprach eine preiswerte Abschreckung der Sowjet-Union. Gleichzeitig war die amerikanische nukleare Überlegenheit auch für die Westeuropäer mindestens so attraktiv wie für die Amerikaner. Denn diese Überlegenheit entlastete Westeuropa von der Verpflichtung, ein konventionelles Gegengewicht gegen die konventionellen Streitkräfte der Sowjet-Union zu schaffen.

Die frühe amerikanische Überlegenheit blieb nicht erhalten – und konnte wohl auch nicht aufrecht erhalten werden. Das mußte im Laufe der Zeit die Glaubwürdigkeit amerikanischer Beistandsversprechungen im Falle eines sowjetischen Angriffs untergraben. Dazu kann man allerdings anmerken, daß vielleicht nur ein geringes Ausmaß an Glaubwürdigkeit notwendig ist, um einen rationalen und vorsichtig kalkulierenden Gegner abzuschrecken (Bundy 1979). Obwohl die Amerikaner vernünftigerweise den Verlust Westeuropas im konventionellen Krieg dem nuklearen Krieg zwischen den Supermächten hätten vorziehen müssen, konnten sich die Sowjets darauf vernünftigerweise nicht verlassen und hatten deshalb Grund, sich abgeschreckt zu fühlen. Die Eskalationsgefahr hin zum Atomkrieg kann sogar genügen, um einen Gegner abzuschrecken, der konventionell *und* nuklear überlegen ist.

Ein Anreiz zum Frieden ist zwar notwendig, reicht aber nicht aus, um den Frieden zu sichern. Jede Seite muß ihre wesentlichen Interessen definieren und der anderen Seite verständlich machen, um destabilisierende Fehlurteile zu unterbinden. Allianzen, Blöcke und die Anwesenheit von Supermachttruppen in verbündeten oder auch abhängigen Ländern können als Zeichen verstanden werden, die zentrale Interessen der Supermächte zu definieren und der jeweils anderen Seite mitzuteilen. Ein stillschweigendes Einverständnis, die zentralen Interessen des anderen nicht herauszufordern, setzt voraus, daß diese Interessen so definiert sind, daß sie miteinander vereinbar sind. Mit der Anerkennung des vom Zweiten Weltkrieg erzeugten Status quo ist die

1 Als politisch-psychologisches Phänomen ist das Gleichgewicht des Schreckens deutlich älter als die Fähigkeit zur gegenseitigen Vernichtung. Obwohl die Amerikaner einen sowjetischen Atomangriff in den 50er Jahren hätten überleben können, wurden sie schon unter Präsident Eisenhower abgeschreckt (vgl. dazu Betts 1987). – Quantitativ-empirische Studien, die für die Wirksamkeit der nuklearen Abschreckung sprechen, stammen von Bueno de Mesquita and Riker (1982), Huth (1990), Tillema and van Wingen (1982: 233) und Weede (1975, 1983, 1989).

2 Obwohl Wallace (1979,1982) einen Zusammenhang zwischen Wettrüsten und Kriegsgefahr glaubt belegen zu können, hat diese Hypothese der Kritik (Altfeld 1983; Diehl 1983; Weede 1980) *nicht* standgehalten.

Unvereinbarkeit der wichtigsten oder minimalen Interessen vermieden worden. Die *stillschweigende Übereinkunft, wer* wohin gehört bzw. wer unter welche Supermacht *'gehört'*, und das *Prinzip der Nichteinmischung in den jeweils anderen Block* haben in Europa, in Lateinamerika - mit Ausnahme der Kuba- und Raketenkrise 1962 und möglicherweise der Ereignisse in den 80er Jahren in Zentralamerika - und im westpazifischen Raum funktioniert.

Es gab einfach keine friedliche Alternative zum Status quo. Noch nicht einmal begrenzte Kriege hätten mit Aussicht auf Erfolg daran etwas ändern können. Die lokale Überlegenheit der USA auf dem amerikanischen Kontinent, in Australien oder Japan konnte während des Kalten Krieges nicht unterhalb der nuklearen Schwelle infrage gestellt werden, in den 50er und 60er Jahren auch kaum darüber. Die innere Stabilität Westeuropas, vor allem der am Eisernen Vorhang gelegenen Länder, und die Anwesenheit amerikanischer Truppen haben kräftige und militärische Einmischung der Sowjets in Westeuropa abgeschreckt. Das Atomkriegsrisiko war einfach zu groß. Die lokale, konventionelle Überlegenheit der Sowjet-Union in Osteuropa und die Präsenz sowjetischer Truppen dort haben jede friedliche Alternative zur Hinnahme des Status quo seitens des Westens ausgeschlossen, auch den begrenzten Krieg etwa anläßlich von Volksaufständen gegen die kommunistische Herrschaft.

Das Prinzip der Nichteinmischung in den Block des jeweils anderen schaffte in der bipolaren Welt Unipolarität innerhalb der Blöcke. Die beiden Blöcke waren unipolar, weil jede Supermacht mehr militärische Macht als die Summe ihrer Klienten oder Verbündeten hatte. Die groben Macht*un*gleichgewichte zwischen den Supermächten und ihren 'Verbündeten' haben Interdependenz ausgeschlossen und stattdessen Abhängigkeit der Blockmitglieder von den führenden Supermächten erzeugt. Abhängigkeit bedeutet hier eine Begrenzung der politisch-militärischen Entscheidungsfreiheit für die normalen Blockmitglieder. Die Unipolarität der Blöcke und die begrenzte Souveränität innerhalb der Blöcke trugen ihrerseits zur klaren Abgrenzung der Blöcke bei und verstärkten deshalb das Prinzip der Nichteinmischung in den Block der anderen, ausgeschlossenen Supermacht. Das stabilisierte den Frieden durch Furcht zwischen den Blöcken.

Stabile Definitionen zentraler Supermachtinteressen und klar abgegrenzte und geographisch geschlossene Blöcke erleichterten die Verhütung *eines Krieges, den keiner wollte*. Solange die Supermächte zentrale Interessen in anderen Nationen geltend machten, *mußte* die Entscheidungsfreiheit dieser Länder begrenzt sein, mußte die Blockzugehörigkeit zentral in Moskau oder Washington und nicht lokal entschieden werden. Die Sowjet-Union hat sich durch ihre Taten 1953 in der DDR, 1956 in Ungarn und 1968 in der Tschechoslowakei zu dieser Auffassung bekannt, also schon *vor* Breschnew. Gleichzeitig hat die sowjetische Vorherrschaft in Osteuropa Kriege unter den osteuropäischen Staaten undenkbar werden lasssen, obwohl die am Ende des Zweiten Weltkrieges zwangsweise verschobenen Grenzen eine Vielzahl von Konflikten ermöglicht hätten.[3]

Die Beurteilung der amerikanischen Rolle im Westen ist komplizierter. Erstens paßt eine hegemoniale Rolle weder so gut zu den geopolitischen Traditionen Amerikas

3 Zum Zusammenhang von Grenzproblemen und Kriegsgefahr vgl. Goertz and Diehl 1992; Holsti 1991; Luard 1968, 1970; Weede 1975.

noch zu seinem Regierungssystem wie im sowjetrussischen Falle. Die Amerikaner haben die Bürde der Führung nicht in erster Linie auf eigenen Wunsch übernommen, sondern weil sonst niemand dazu in der Lage war. Sie haben sie zeitweise ausgesprochen ungern getragen. Zweitens war imperiale Befriedung innerhalb des Westens weniger notwendig als im Osten. Denn die wichtigsten Alliierten der Amerikaner - nicht alle, aber die wichtigsten - waren Demokratien. Weil Demokratien so gut wie nie gegeneinander Krieg führen (zur Theorie: Czempiel 1986; Doyle 1986; zur Empirie: Bremer 1992; Maoz and Russett 1992; Rummel 1983; Russett 1993; Small and Singer 1976; Weede 1992), gab es wenig Notwendigkeit im entwickelten Teil des Westens, den Frieden zu erzwingen. Innerhalb des wohlhabenden und demokratischen Kerns des Westens ist das Problem der imperialen Pazifizierung gar nicht erst aufgetreten.[4]

Im Gegensatz zum Osten ist der Westen allerdings nie homogen gewesen. Die politischen Systeme im Osten waren am sowjetischen Vorbild orientiert, obwohl Ungarn und Polen sich in den 70er und 80er Jahren zunächst langsam, dann schneller davon entfernten. Im Gegensatz dazu kann man die faktischen Regierungssysteme Lateinamerikas - die Bedeutung geschriebener Verfassungen wurde ja allein schon durch die vielen militärischen Staatsstreiche stark relativiert - nicht als Varianten des Verfassungsmodells der Vereinigten Staaten auffassen. Von Costa Rica abgesehen gab es keine stabile und effiziente Demokratie in Lateinamerika. Deshalb wurden die Beziehungen innerhalb der westlichen Hemisphäre auch nicht dadurch pazifiziert, daß alle Staaten Demokratien waren. Aus lateinamerikanischer Perspektive war die amerikanische Führungsrolle deshalb auch nie so willkommen wie in Westeuropa. Die amerikanischen Interventionen in Guatemala (1954), der Dominikanischen Republik (1965), Grenada (1983) oder die Unterstützung der Contras gegen die Sandinisten in Nicaragua sind deshalb im Westen - in Lateinamerika *und* USA *und* Westeuropa - auch immer umstritten gewesen.

Der wichtigste Teil der Dritten Welt war immer Asien und der islamische Nahe und Mittlere Osten, einschließlich des arabischen Nordafrikas.[5] Die europäische Verlängerung der asiatischen Landmasse war eindeutig zwischen Ost und West geteilt, von einigen neutralisierten Kleinstaaten abgesehen. Der Norden Asiens war Teil der Sowjet-Union. Seit den zwanziger Jahren ist die äußere Mongolei sowjetischer Satellit. Japan und die Philippinen waren durch Verträge fest an die USA gebunden und, was mindestens so wichtig ist wie Verträge, dort waren auch amerikanische Truppen stationiert. Taiwan war ein komplizierterer Fall, aber es profitierte mindestens bis in die 70er Jahre auch noch von amerikanischen Schutz. Zeitweise haben ja amerikanische Flottenverbände die verfeindeten chinesischen Staaten daran gehindert, gegeneinander Krieg zu führen. Der Rest Asiens, d.h. Festlandasien südlich der sowjetischen bzw.

4 Die Stabilität der westlichen Demokratien, vor allem der jungen westlichen Demokratien, hängt mit der positiven wirtschaftlichen Entwicklung und diese mit dem prosperierenden Welthandel in der Nachkriegszeit zusammen.

5 Schwarzafrika vernachlässige ich in dieser Abhandlung weitgehend. Die meisten afrikanischen Staaten wurden erst im Laufe des Kalten Krieges unabhängig. Viele afrikanische Militärs haben sich eher für Staatsstreiche als für den Krieg gegen ihre Nachbarn interessiert. Außerdem haben die Franzosen in ihrem ehemaligen Kolonialreich auch nach dessen formaler Unabhängigkeit die Rolle einer Vormacht gespielt und damit lokale Sicherheitsdilemmata reduziert.

mongolischen Grenze, dagegen litt unter unregelmäßigen und gegeneinander gerichteten Einmischungen der Supermächte.

Während der Status quo der Nachkriegszeit immer einen deutlichen Hinweis darauf gab, daß Osteuropa zum sowjetischen Block 'gehört', daß Westeuropa, Lateinamerika, Japan, die Philippinen und Australien zum amerikanisch geführten Block 'gehören', hat die Lage in Festlandasien und im Nahen Osten keine eindeutigen Hinweise gegeben. Das Fehlen dort langfristig stationierter Supermachttruppen, das Fehlen einer stabilen lokalen Überlegenheit der einen Supermacht über die andere und über lokale Kräfte und eine überhaupt fließende Situation haben ein stillschweigendes Einverständnis über das, was wem 'gehört', und über die Details der Nichteinmischung vor dem Korea-Krieg verhindert.

Um den Krieg unter den Supermächten wegen aus deren Perspektive peripherer Angelegenheiten auszuschließen, mußten in diesem Krieg Regeln entwickelt werden und wurden es auch: erstens kein Einsatz von Nuklearwaffen, zweitens keine Konfrontation von Supermachttruppen. Die erste dieser Regeln machte Festlandasien und den Nahen Osten quasi-multipolar, weil die Verteilung *als einsetzbar geltender* Militärmacht multipolar wurde.[6] Natürlich hing diese Multipolarität vom atomaren Patt und vom Gleichgewicht des Schreckens ab, von dem stillschweigenden Einverständnis, die nukleare Schwelle nicht zu überschreiten. Deshalb war die Machtverteilung in Festlandasien und in Nahost nur quasi-multipolar und nicht einfach multipolar.

Diese Spielregeln der Weltpolitik der Nachkriegszeit haben Asien – im Gegensatz zu Europa – die Möglichkeit der konventionellen Kriegsführung eröffnet. Es gab drei langwierige Kriege um die Grenze zwischen dem Kommunismus und seinen Gegnern in der freien Welt. Zunächst gab es den Koreakrieg. Danach gab es die Indochina-Kriege, die aus einer französischen Phase in den späten 40er und frühen 50er Jahren und einer amerikanischen Phase in den späten 60er und frühen 70er Jahren bestanden. Kriegsschauplätze waren Vietnam, Laos und Kambodscha – in dieser zeitlichen Reihenfolge. Schließlich gab es den Afghanistan-Krieg, der mit der sowjetischen Invasion 1979 begann und erst mit dem Kalten Krieg endete bzw. in einen bloßen Bürgerkrieg überging. Allen drei Kriegen war ein Merkmal gemeinsam: die fehlende Bereitschaft beider Supermächte, den Sieg durch Einsatz hinreichender Mittel zu erzwingen.

Den Amerikanern ist es nicht gelungen, Korea auf militärischem Wege wiederzuvereinigen, wie sie es nach Kriegsbeginn, aber vor der rotchinesischen Einmischung zugunsten Nordkoreas wollten. Stattdessen mußten sie sich mit dem Status quo vor der kommunistischen Aggression zufrieden geben. In Indochina wurden zuerst die Franzosen und dann die Amerikaner von lokalen Kommunisten geschlagen bzw. demoralisiert, wobei die vietnamesischen Kommunisten viel brüderliche Hilfe vom kommunistischen China und der Sowjet-Union erhalten haben, wobei sie einen enormen Einfluß auf die öffentliche Meinung des Westens entwickelten. In jüngster Vergangenheit haben die afghanischen Freiheitskämpfer gezeigt, daß man sogar eine sowjetische Politbüro-Führung und deren Besatzungsarmee in Afghanistan demoralisieren konnte. Beide Supermächte sind letztlich nicht an fehlenden Möglichkeiten zu siegen, sondern

6 Den Begriff der Quasi-Multipolarität habe ich von Liska (1962: 162, 261) übernommen. Der Begriff der Multipolarität bezieht sich auf das Militärpotential selbst, der Begriff der Quasi-Multipolarität auf dessen perzipierte Einsetzbarkeit.

an mangelndem Einsatzwillen gescheitert. Ohne Atomwaffen wäre der Preis für den Sieg zu kostspielig in Blut und Geld gewesen, mit Atomwaffen wäre ein allgemein unerwünschter Präzedenzfall für deren Einsetzbarkeit geschaffen worden.
Die koreanischen, indochinesischen und afghanischen Kriege und der indisch-chinesische Grenzkrieg Anfang der 60er Jahre und die Auseinandersetzungen um die Inseln Quemoy und Matsu vor der chinesischen Festlandküste in den 50er Jahren – sie werden noch heute von Taiwan kontrolliert – haben die Grenzen des Kommunismus in Asien abgesteckt. Aber der asiatische Kommunismus war nie so monolithisch wie der europäische. Festlandchina war einfach zu groß, um eine den Osteuropäern vergleichbare Servilität gegenüber Moskau an den Tag zu legen. Das Macht*potential* Chinas hat immer große Hoffnungen geweckt. Darüber hinaus haben die chinesischen Kommunisten im Gegensatz zu den meisten osteuropäischen selbst die Macht erobert, während die meisten osteuropäischen und mitteleuropäischen Kommunisten immer vom Schutz der Roten Armee vor der eigenen Bevölkerung abhängig blieben.
Die Größe Festlandchinas und die Unabhängigkeit seiner kommunistischen Eliten von Moskau allein schon haben die Einheit des sino-sowjetischen 'Blocks' untergraben. In Anbetracht der geistigen und politischen Unabhängigkeit beider kommunistischen Großmächte entstanden auch ideologische Gegensätze. Darüber hinaus hat die Last der Geschichte zur Entfremdung von Sowjets und Chinesen beigetragen. Denn noch 1858 hatten die Russen den Chinesen riesige Gebiete am Amur in (von den Chinesen so bezeichneten) ungleichen Verträgen weggenommen. Damit war ein Hintergrund für Ressentiments gegeben und für Kriege unter Kommunisten in Asien: zuerst (1969) am Ussuri zwischen Russen und Chinesen, dann zwischen Vietnam und Kambodscha Ende der 70er Jahre, d.h. zwischen einem sowjetischen und einem chinesischen Schützling, danach zwischen Chinesen und Vietnamesen.
Im nicht-kommunistischen Asien und im Nahen Osten haben die Staaten ihre Souveränität ebenfalls zur Kriegführung genutzt. Es gab mehrere Kriege zwischen Arabern und Israelis, zwischen Indern und Pakistanis. Trotz aller Einmischung der beiden Supermächte ging es dabei letztlich um lokale Angelegenheiten, die von lokalen Mächten gegen lokale Gegner durchgesetzt werden sollten. Der entscheidende Beitrag der Supermächte war negativ: Sie haben den lokalen Mächten stillschweigend das Kriegführen erlaubt. Ähnliches gilt für den iranisch-irakischen Krieg in den 80er Jahren. Natürlich haben die Supermächte auch die Kriegsparteien mit Waffen beliefert, mal gegen Bezahlung, mal so gut wie ohne. Letzten Endes ging es aber mehr um die Kontrolle von Territorium durch die lokalen Kontrahenten und weniger um den Ost-West-Konflikt.
Die Weltordnung der Blöcke hatte vielfältige Effekte. Sie trug zum Frieden zwischen den Blöcken bei, weil die Supermächte besser die zentralen Forderungen und Interessen der Gegenseite verstanden. Sie trug – im Osten wirksamer als im Westen – zum Frieden innerhalb der Blöcke bei, weil die Vorherrschaft der Supermächte innerhalb der Blöcke diese zu zentralen Instanzen und Garanten des blockinternen Friedens werden ließ. Der Frieden innerhalb der Blöcke und zwischen den Blöcken wurde aber um einen Preis erworben. Er wurde mit der Erosion der nationalen Entscheidungsfreiheit und Souveränität der gewöhnlichen Blockmitglieder zumindest in politisch-militärischen Angelegenheiten bezahlt. Weil innere Instabilität und Bürgerkrieg instabile oder Tigerfellmuster der Blockbindung erzeugen könnten, weil Bürgerkriege mit dem Status

quo *eine* Basis der erweiterten Abschreckung zwischen den Blöcken infragestellen, hingen blockinterne Militärinterventionen mit dem Frieden zwischen den Blöcken zusammen. Militärische Maßnahmen der Supermächte gegen unbotmäßige Blockmitglieder sind das Mittel gewesen, mit dem die Forderungen aus nationalen Systemen den Erfordernissen der vorherrschend bipolaren Weltordnung angepaßt sind.
Die beiden Blöcke waren das Zentrum des internationalen Systems, weil sie für die Supermächte von zentralem Interesse waren. Der Rest der Welt war solange die Peripherie des Systems, wie die Supermächte dort nur periphere und weniger stabile Interessen und Verpflichtungen hatten. Blöcke beinhalteten Nationen, die Führung und stabile Einmischung nur einer Supermacht, 'ihrer' Supermacht, erwarten mußten. Den Rest der Welt machten Nationen aus, die ab und zu mit der Einmischung der einen *oder* der anderen Supermacht rechnen mußten. Die Interessen der Supermächte in den Blöcken waren wohl-definiert und exklusiv. Die Interessen der Supermächte an der Peripherie waren unklar, veränderlich und manchmal unvereinbar. Weil die Supermächte weder Pax Democratica bzw. Pax Americana wie im Westen, noch Pax Sovietica wie im Osten, noch Pax Atomica wie zwischen Ost und West der quasi-multipolaren Peripherie aufgezwungen haben, ist die Peripherie der Ort, wo Krieg immer möglich war, weil das Eskalationsrisiko dort als kontrollierbar galt.

2. Eine quantitativ-empirische Studie zu den internationalen Konflikten von 1950 bis 1989

Meine Analyse des Kalten Krieges hat sich auf die ziemlich stabilen Strukturen und Regeln konzentriert, die militärische Auseinandersetzungen an manchen Orten erlaubt und an anderen verboten haben. Offensichtlich hängt das Fortdauern der dort beschriebenen strukturellen Effekte von der Stabilität der Strukturen selbst ab, d.h. eine gedankenlose Extrapolation in die 90er Jahre hinein ist in Anbetracht des Strukturbruchs, der zur Befreiung Mittelosteuropas, der deutschen Einheit und dem Zerfall der Sowjet-Union geführt hat, nicht zu empfehlen. Die im vorhergehenden Abschnitt gegebene Interpretation des Konfliktgeschehens und zur Kriegsverhütung beitragender Bedingungen von den 50er bis Ende der 80er Jahre soll in einen Untersuchungsplan und eine empirische Untersuchung überführt werden.
Kriegsgefahr entsteht unter von rationalen Entscheidungsträgern geführten Staaten nur dann, wenn schwerwiegende und unlösbare Interessengegensätze wahrgenommen werden, wenn gleichzeitig zumindest eine Seite eine militärische Durchsetzungschance bei diesen Interessenkonflikten sieht bzw. erhofft, wenn mindestens einer der rivalisierenden Staaten keine Demokratie ist. Kriegsgefahr kann also immer dann ausgeschlossen werden, wenn entweder keine schwerwiegenden und möglicherweise unversöhnbaren Interessengegensätze vorliegen *oder* keine Seite militärische Durchsetzungschancen sieht *oder* beide Seiten Demokratien sind.[7] Solange nicht angegeben wird, unter welchen Bedingungen Interessenkonflikte und damit Anreize zum *Nach-*

7 Natürlich werden in der wissenschaftlichen Diskussion noch eine Vielzahl von Variablen diskutiert, die u.U. zur Verringerung des Kriegsrisikos beitragen. Ich konzentriere mich hier auf die Bedingungen, von denen behauptet wird, daß sie das Kriegsrisiko *fast* auf Null bringen.

denken über kriegerische Lösungen entstehen, unter welchen Bedingungen militärische Durchsetzungschancen und damit Anreize zum Losschlagen gesehen werden, bleibt das allerdings zu unbestimmt.

Ausgangspunkt ist dabei die Frage: Wer kämpft innerhalb eines gewählten Beobachtungszeitraums gegen wen? Wir werden den Zeitraum 1950-89 untersuchen. Außerdem werden nur die 82 Nationen berücksichtigt, die schon 1955 souverän waren und damals mindestens 800.000 Einwohner hatten. Damit werden Mikrostaaten und solche Staaten vernachlässigt, die erst spät im Beobachtungszeitraum selbständig wurden und damit weniger Gelegenheit zur Kriegführung als andere hatten. Bei 82 Nationen gibt es 3321 Dyaden.

Die Untersuchung hat das Ziel, die Gesamtmenge aller Dyaden in zwei Teilmengen zu zerlegen, die sich möglichst stark in der relativen Kriegshäufigkeit unterscheiden. Internationaler Krieg wird wie bei Small und Singer (1982) dadurch definiert, daß zwei souveräne Staaten gegen einander kämpfen, daß mindestens 1000 Tote auf dem Schlachtfeld sterben. Als Kriegsteilnehmer gelten Staaten, die mindestens 100 Opfer zu beklagen haben und mindestens 1000 Mann eingesetzt haben. Natürlich ist diese operationale Definition von Krieg in gewisser Weise willkürlich, aber erstens lassen sich willkürliche Schwellen bei Kriegsdefinition grundsätzlich nicht vermeiden[8] und zweitens läßt sich zeigen (Weede 1975, 1983, 1989, 1992), daß die Ergebnisse der folgenden Untersuchung recht robust gegenüber den Einzelheiten der operationalen Definition der abhängigen Variablen sind. Im Untersuchungszeitraum hat es nur in 50 der 3321 Dyaden unserer Untersuchung so definierte Kriege gegeben. In Tabelle 1 werden die Kriege im Zeitraum 1950-89 aufgelistet, die die Kriterien von Small und Singer (1982) erfüllen.

Nach einer schon früher entwickelten theoretischen Perspektive (Weede 1975) sind Sicherheits- und Abgrenzungsdilemmata *die* wesentlichen Kriegsgründe. Das Vorliegen eines Sicherheitsdilemmas setzt strategische Interdependenz voraus, also daß die Nationen in einer Dyade miteinander Krieg führen können, daß Frieden (absentia belli) nicht allein durch einen Mangel an Gelegenheit zum Kriegführen erklärt werden kann und muß. Ich unterstelle, daß von 1950-89 strategische Interdependenz grundsätzlich unter benachbarten Staaten und zwischen den beiden Supermächten und allen anderen Staaten gegeben war. Wegen der strategischen Interdependenz und der *Möglichkeit* eines Sicherheitsdilemmas ist also zu erwarten, daß die Kriegshäufigkeit in den Dyaden besonders hoch ist, wo Nachbarschaft vorliegt *oder* wo mindestens ein Staat in der Dyade eine Supermacht ist.

Wo die Hintergrundbedingungen von Abgrenzungsdilemmata vorliegen, spreche ich von latenten Territorialkonflikten. Operational wird ein latenter Territorialkonflikt durch einen erzwungenen Transfer von Territorium innerhalb der letzten 60 Jahre *oder* durch eine Abweichung der politischen von den ethno-linguistischen Grenzen *oder* durch Enkaven, Exklaven und Brückenköpfe definiert (Einzelheiten bei Weede 1975: 115, 167, 417-425). Bei Vorliegen von so definierten latenten Territorialkonflikten sollte die Kriegsgefahr steigen. Damit sind drei Hintergrundbedingungen steigender Kriegs-

8 Soll jeder Schußwechsel an der Grenze als Krieg zählen, auch wenn der Schuß aus Versehen losgeht und niemand dabei verletzt wird? Falls nein, würde das auf eine Schwelle von mindestens einem Toten hinauslaufen. Aber ist ein solcher Grenzzwischenfall mit nur einem Toten schon ein 'richtiger' Krieg?

Tabelle 1: Zwischenstaatliche Kriege, 1950-1989

Name und Datum des Krieges	wer gegen wen		Opfer
Korea 50/53	Nordkorea China	Südkorea USA Äthiopien Australien Belgien Frankreich Griechenland Großbritannien Kanada Kolumbien Niederlande Philippinen Thailand Türkei	2.000.000
Ungarn 56	UdSSR	Ungarn	10.000
Sinai 56	Frankreich Großbritannien Israel	Ägypten	3.230
Himalaya 62	China	Indien	1.000
Vietnam 65/75	Nordvietnam	Südvietnam USA Australien Kambodscha Philippinen Südkorea Thailand	1.215.992
2. Kashmir 65	Pakistan	Indien	6.800
6 Tage 67	Israel	Ägypten Jordanien Syrien	19.600
Israel-Ägypten 69/70	Israel	Ägypten	5.368
Fußball 69	El Salvador	Honduras	1.900
Bangladesh 71	Indien	Pakistan	11.000
Yom Kippur 73	Israel	Ägypten Irak Jordanien Saudi-Arabien Syrien	16.401
Zypern 74	Türkei	Zypern	1.500
Vietnam-Kambodscha 75/80	Vietnam	Kambodscha	> 8.000
Uganda 78/79	Tanzania	Uganda Libyen	3.000
China-Vietnam 79	China	Vietnam	21.000

Name und Datum des Krieges	wer gegen wen		Opfer
Afghanistan 79/89	UdSSR	Afghanistan	> 15.002
Iran-Irak 80/88	Irak	Iran	210.000
Falkland 82	Argentinien	Großbritannien	1.000
Tschad 83/87	Libyen	Tschad	2.079

*Haupt*quelle dieser Zusammenstellung ist Melvin Small and J. David Singer: *Resort to Arms. International and Civil Wars, 1816-1980*. Beverly Hills, CA: Sage 1982, vor allem S. 92-95. Ergänzende Quellen sind Herbert K. Tillemma: Foreign Military Intervention and the Cost of War: International Armed Conflicts, 1945-1988. Paper delivered at the 1992 Annual Meeting of the International Studies Association. Atlanta, Georgia. – Die Kriege zwischen Uganda und Tanzania, zwischen Libyen und Tschad werden in den folgenden Tabellen nicht berücksichtigt, weil die betroffenen Staaten bzw. Dyaden nicht die Kriterien des Untersuchungsplans im zweiten Abschnitt dieser Studie erfüllen.

gefahr angegeben: 1. Nachbarschaft, 2. Supermacht in der Dyade, 3. latenter Territorialkonflikt. Wo *mindestens* eine dieser Gegebenheiten vorhanden ist, spreche ich von politisch-militärischer Relevanz. Damit ist gemeint: Krieg ist denkbar. Wo keine der drei genannten Gegebenheiten vorhanden ist, wie in der Dyade Japan-Saudi Arabien, spreche ich von politisch-militärischer Irrelevanz. Damit ist nicht mehr und nicht weniger gemeint als: die Kriegsgefahr ist praktisch null, sofern die hier vorgeschlagene Erklärungsskizze wahr sein sollte.

Kriegsgefahr ist aber nicht nur das Resultat von Interessenkonflikten, von Sicherheits- oder Abgrenzungsdilemmata, sondern auch von der Wahrnehmung militärischer Durchsetzungschancen. In politisch-militärisch irrelevanten Dyaden ist wegen fehlender Interessenkonflikte ohnehin Frieden zu erwarten. Aber in der Teilmenge der politisch-militärisch relevanten Dyaden hängt die Kriegsgefahr von den wahrgenommenen Durchsetzungschancen ab. Die perzipierten Durchsetzungschancen hängen eng mit der Blockzugehörigkeit zusammen. Ein Block ist durch Unipolarität definiert und kann deshalb nicht mehrere Großmächte mit vergleichbarer Macht enthalten. In den 50er bis 80er Jahren gab es nur zwei Blöcke, die von den USA und der UdSSR geführt wurden. Die Erfassung der Blockzugehörigkeiten ist nicht ganz einfach, weil eigentlich die Ansprüche der Supermächte und die stillschweigende gegenseitige Anerkennung dieser Ansprüche erfaßt werden sollen. Dabei spielt neben formalen Bündnissen und der Stationierung von Supermachttruppen in 'verbündeten' Ländern die sog. kartographische Psychologie bzw. geographische Geschlossenheit (Schelling 1966: 61) eine gewisse Rolle. Ohne hier auf Details einzugehen (vgl. Weede 1975: 169-173, auch 1983, 1989, 1992), kann man den Sowjetblock mit dem Warschauer Pakt ohne Albanien, aber mit der Mongolei, den amerikanischen Block mit NATO plus Rio Pakt (ohne Kuba) plus SEATO plus Japan umschreiben. Dabei werden den Blöken hier nur die permanenten Mitglieder während der Gesamtdauer des Kalten Krieges zugerechnet.[9] Der 'Pax Atomica'-Hypothese entsprechend sind Kriege zwischen Mitgliedern des östlichen und des westlichen Blocks verboten. Der 'Pax Sovietica'-Hypothese entsprechend sind

9 In verschiedenen Studien habe ich minimal unterschiedliche Blockdefinitionen verwendet und dabei festgestellt, daß sich im wesentlichen die gleichen Resultate ergeben.

Tabelle 2: Beziehung zwischen den Hintergrundbedingungen strategischer Interdependenz oder territorialer Konflikte in Dyaden, wo weder Pax Atomica, noch Pax Sovietica, noch Pax Democratica gegeben ist, einerseits und Kriegsgefahr 1950-89 andererseits.

	Krieg	kein Krieg	
Kombination der Hintergrundbedingungen, die Krieg erlauben	17	186	203
Kombination der Hintergrundbedingungen, die Krieg *nicht* erlauben	33	3085	3118
	50	3271	3321

Kriege unter Mitgliedern des Sowjetblocks verboten, außer solchen zwischen der Sowjet-Union und ihren Alliierten (zwecks Blockerhaltung).

Neben Pax Atomica und Pax Sovietica hat die Demokratie innerhalb des Westens noch einen pazifizierenden Einfluß ausgeübt. Unter Demokratie verstehe ich in Anlehnung an die weit verbreiteten Definitionen von Schumpeter (1950) und Lipset (1962) ein politisches System, in dem politische Macht durch einen Wettkampf um die Stimmen der Bevölkerung erworben wird, in dem die Wähler regelmäßig die Möglichkeit haben, die amtierende Regierung und die Abgeordneten abzulösen bzw. zu entmachten, in dem mindestens die Hälfte der erwachsenen Bevölkerung das Recht zu Teilnahme an freien und geheimen Wahlen hat. Gestützt auf Vorarbeiten von Dahl (1971: 248-49) und Powell (1982: 5) betrachte ich nur die folgenden 20 Staaten (unter den hier berücksichtigten 82) als stabile Demokratien während der gesamten Beobachtungsperiode: Costa Rica, USA, Kanada, Australien, Neuseeland, Japan, Israel, Irland, Großbritannien, Finnland, Schweden, Norwegen, Dänemark, Westdeutschland, Niederlande, Belgien, Frankreich, Schweiz, Österreich und Italien.

Von nun ab ist die Durchführung der Untersuchung eine reine Zählübung. Bei 82 Staaten gibt es 3321 Dyaden. Nur in 50 davon hat es Krieg gegeben, also in 3271 keinen Krieg im Sinne der hier verwendeten Definition. Krieg dürfte sich, wenn die hier vorgeschlagenen Überlegungen richtig sind, *fast* nur dort ereignen, wo die beiden Staaten in einer Dyade entweder benachbart waren *oder* mindestens ein Staat eine Supermacht war *oder* es einen latenten Territorialkonflikt gab (z.B. wegen gewalttätiger Grenzverschiebung), wo aber *nicht* ein Staat zum amerikanisch geführten und einer zum sowjetisch geführten Block gehörte, wo aber nicht beide abhängige Mitglieder des Sowjetblocks waren, wo aber *auch nicht* beide Staaten Demokratien waren. Nur 203 von 3321, also ca. 6% aller Dyaden, sind im Sinne dieser Theorie als kriegsgefährdet anzusehen. In dieser kriegsgefährdeten Teilmenge haben sich 17 Kriege ereignet. Anderswo sollten sich im Sinne der hier vorgeschlagenen Erklärungsskizze keine Kriege ereignen. Dennoch ist es 33 mal geschehen, d.h. Kriegsdyaden waren dort, wo die Theorie es verbietet, absolut häufiger als dort, wo sie es erlaubt! Dennoch ist die vorgeschlagene Theorie nicht wertlos. Besser als die Betrachtung der absoluten Häufigkeiten in den Zellen wäre nämlich die der relativen Häufigkeiten gewesen. Dort, wo die Theorie Krieg für möglich hält, ist es in 17 von 203 Fällen dazu gekommen. Das ist eine relative Häufigkeit von 0,084. Anderswo ist die relative Häufigkeit 33 von

3118 oder 0,011. Wo die Theorie Krieg für viel wahrscheinlicher hält als anderswo, da ist er auch mehr als sieben mal so häufig!

Es gibt noch einen Grund, warum man die 33 Kriegsdyaden dort, wo es keine geben sollte, nicht überbewerten darf. 25 von diesen 33 sind im Koreakrieg entstanden und bestehen aus amerikanischen Alliierten, wie Türkei oder Kolumbien, auf der einen und Nordkorea oder Rotchina auf der anderen Seite. Das sind offensichtlich nicht die Kerndyaden des Korea-Krieges. Nordkorea-Südkorea, USA-Nordkorea, USA-China aber sind Kriegsdyaden, die mit der Theorie kompatibel sind.[10] Was die Theorie nicht leistet ist die Erklärung der Tatsache, daß die USA über die UNO eine Vielzahl von Alliierten für den Koreakrieg rekrutiert haben. Die ursprünglichen Kriegsteilnehmer und deren Konflikte aber sind erklärbar. Weitere vier der unerwarteten 33 Fälle entstammen dem Vietnam-Krieg und beziehen sich auf den Einsatz von Truppen aus Südkorea, Philippinen, Thailand und Australien gegen die Vietcong bzw. Nordvietnam. Auch diese Kriegsgegnerschaften sind wieder von den Amerikanern 'vermittelt'. Die Kerndyaden des Konflikts, d.h. Nordvietnam-Südvietnam und Nordvietnam-USA, aber sind wieder theoretisch erlaubt. Zwei weitere von den 33 unerwarteten Kriegsdyaden sind in arabisch-israelischen Kriegen entstanden, wo Irak und Saudi-Arabien den Israel benachbarten arabischen Staaten zu Hilfe gekommen sind. Alles in allem sind 31 von den 33 unerwarteten Kriegsdyaden Fälle von hilfsweiser statt ursprünglicher und autonomer Kriegsführung. Nur zwei ursprüngliche Kriegsdyaden können nicht erklärt werden, nämlich der Einmarsch Großbritanniens und Frankreichs in Ägypten 1956.

Natürlich könnte man das Kodierungsschema modifizieren, um mit den unerwarteten Ereignissen fertig zu werden. Würde man Großbritannien und Frankreich in den 50er Jahren noch als Großmächte akzeptieren, könnte das deren Einmarsch in Ägypten mit der vorgeschlagenen Erklärungsskizze kompatibel machen. M.E. würden derartige ad hoc Modifikationen allerdings recht wenig bringen. Sie würden durch Komplikationen die groben Züge des hier gemalten Bildes der Konflikte in der Zeit des Kalten Krieges verwischen, statt die Lage zu klären. Die groben Züge sind deutlich: Es gab zwei Dilemmata: das Sicherheits- und das Abgrenzungsdilemma. Es gab drei pazifizierende Bedingungen: atomare Abschreckung, Unterordnung im Sowjetblock und doppelte Demokratie, wobei 'doppelte' Demokratie bedeutet, daß Demokratie nur die Beziehungen unter Demokratien pazifiziert.[11]

---

10 Zu Beginn des Korea-Krieges war zwar nicht Nordkorea, aber die Volksrepublik China ein förmlicher Verbündeter der UdSSR (vgl. Small und Singer 1969). Deshalb könnte man den Krieg zwischen USA und China als Abschreckungsversagen betrachten. Ich halte das für eine Fehlinterpretation, weil die sowjetische Atommacht Anfang der 50er Jahre noch nicht für eine erweiterte Abschreckung ausreichte. (In Osteuropa war die Lage anders, weil dort sowjetische Truppen direkt am Eisernen Vorhang standen.) Würde man ein Abschreckungsversagen in der Dyade USA-China verkoden, dann würden sich die Gesamtresultate und deren statistische Signifikanz nur wenig ändern.

11 Weil die Pax Sovietica nur die Bezeihung unter den Klienten der UdSSR, aber nicht zwischen der UdSSR und ihren Klienten befriedet hat, ist der sowjetische Einmarsch in Ungarn (1956) theoriekompatibel. Die Beteiligung der DDR etc. am Einmarsch in die Tschechoslowakei (1968) ist nicht theoriekompatibel, aber dieses Ereignis war nicht blutig genug, um in die Tabellen 2 und 3 einzugehen. Außerdem gilt das, was über die amerikanischen Verbündeten in Vietnam gesagt ist, analog bei den sowjetischen Hilfstruppen beim Einmarsch in die Tschechoslowakei.

Tabelle 3: Beziehung zwischen Pax Atomica, Pax Sovietica oder Pax Democratica einerseits und Kriegsgefahr 1950-89 andererseits, aber nur unter den Dyaden, wo die Hintergrundbedingungen für Sicherheitsdilemmata oder Abgrenzungsdilemmata gegeben sind.

	Krieg	kein Krieg	
Pax Atomica, Pax Sovietica *oder* Pax Democratica	0	96	96
weder ... noch	17	186	203
	17	282	299

Um die pazifizierenden Effekte von nuklearer Abschreckung, Unterordnung im Sowjetblock *und* doppelter Demokratie deutlicher zu machen, ist es sinnvoll diese Effekte nur dort zu untersuchen, wo die Hintergrundbedingungen bzw. die Möglichkeit für das Vorliegen von Sicherheitsdilemmata bzw. Abgrenzungsdilemmata gegeben sind, d.h. nur die Teilmenge der 299 Dyaden zu betrachten, die entweder durch Nachbarschaft oder Zugehörigkeit einer Supermacht zur Dyade oder latente Territorialkonflikte charakterisiert sind. Das geschieht in Tabelle 3.
In Tabelle 3 zeigt sich, daß in keiner einzigen der von Pax Atomica, Pax Sovietica oder Pax Democratica betroffenen Dyaden Krieg ausgebrochen ist. Anderswo innerhalb der hier allein betrachteten Teilmenge von durch Sicherheits- und/oder Abschreckungsdilemma gefährdeten Dyaden aber ist das Risiko 17 zu 203 oder ca. 8%. Obwohl Tabelle 3 auch mit deterministischen Formulierungen der Hypothesen über die Wirksamkeit der Abschreckung und der doppelten Demokratie kompatibel ist, würde ich die Ergebnisse dennoch nicht so weitgehend interpretieren. Aber Hinweise für eine *wesentliche* Reduzierung der Kriegsgefahr (in die Nähe von Null, nicht unbedingt auf Null) durch Abschreckung und doppelte Demokratie enthalten die beiden Tabellen sicherlich.

3. *Überlegungen zum Ende des Kalten Krieges und Aussichten für die Zukunft*

Mit der Gründung der NATO und zwei antagonistischer deutscher Staaten verfestigte sich das internationale System des Kalten Krieges. Mit der deutschen Wiedervereinigung, der Auflösung des Warschauer Paktes und der Sowjet-Union ist die Weltordnung des Kalten Krieges zerfallen. Diese Ordnung war nicht gerecht, aber für Jahrzehnte im wesentlichen stabil und die Grundlage für Pax Atomica, für Frieden durch Furcht zwischen Ost und West. Gleichzeitig gab es im Westen eine Pax Democratica unter den wohlhabenden pluralistischen Ländern und eine brüchige Pax Americana unter den nicht-demokratischen Verbündeten der USA. Im Osten herrschte Pax Sovietica. Die Pax Americana hat Militäreinsätze in Mittelamerika und der Karibik nicht verhindert. Die Pax Sovietica erforderte mehrmals die Wiederherstellung der Blockordnung durch die Rote Armee. Der größte Teil der Dritten Welt, vor allem Festlandasien und das arabische Nordafrika, wurde weder durch Pax Atomica, noch durch Pax Democratica oder Pax Americana,[12] noch durch Pax Sovietica befriedet. Statt dessen

12 Früher (Weede 1975) habe ich mal die Pax Americana in weitgehender Analogie zur Pax

hat die quasi-multipolare Verteilung einsetzbarer militärischer Macht es gestattet, daß dort Kriege geführt wurden. Trotz des langwierigen und zum Teil blutigen Charakters dieser Kriege hat keiner davon die Struktur des internationalen Systems und damit das globale Muster der Kriegsverhütung und Kriegführung umgestoßen. Der Motor der Transformation des internationalen Systems war nicht der Krieg, sondern der wirtschaftliche Niedergang des Ostens.

Bei der Produktion von Konsumgütern für die Massen hat der Kommunismus immer versagt. Er war nie in der Lage Arbeits- und Innovationsanreize zu vermitteln oder die vorhandenen Ressourcen effizient einzusetzen, was ohne von den Kommunisten abgelehnte private Eigentumsrechte und ohne Knappheitspreise auch kaum möglich ist (vgl. Berger 1986; von Hayek 1971; North 1990; Weede 1990: Kap.II). Dennoch war die Sowjet-Union mit ihren Verbündeten jahrzehntelang in der Lage, mit dem volkreicheren und wohlhabenderen Westen im Wettrüsten zu konkurrieren. Diese Leistung hat bei strategischen Denkern des Westens Angst, Bewunderung und Hochachtung erzeugt (z.B. Luttwak 1983). Aber die Wirtschaftsleistung der Sowjet-Union ließ im Laufe der Zeit immer mehr nach (Murrell und Olson 1991), während die äußere Bedrohung tendenziell zunahm. Durch die amerikanische Aufrüstung unter der ersten Reagan-Regierung und die strategische Verteidigungsinitiative mußte die sowjetische Führung sich mit der Möglichkeit auseinandersetzen, daß Amerika und der Westen vom für den Westen *relativ* erträglichen Wettrüsten zu wesentlich verstärkten Anstrengungen übergehen würde. Eine Implikation dieser Möglichkeit war die Schlußfolgerung, daß der wirtschaftliche Niedergang der Sowjet-Union die technologische Basis der militärischen Macht auf lange Sicht untergraben würde, daß deshalb die Schwächen der sowjetischen Wirtschaft überwunden werden müßten. Das *sicherheitspolitisch* motivierte Nachdenken über die wirtschaftlichen Schwierigkeiten der Sowjet-Union mußte die herrschende Ideologie untergraben, weil diese selbst die Wirtschaft zur Stagnation verurteilte.

Unter Gorbatschow versuchte die Sowjet-Union in der zweiten Hälfte der 80er Jahre drei Kuren: Perestroika, Glasnost und 'das neue Denken'. Davon war der Umbau der Wirtschaft, die Perestroika, jedenfalls am Anfang am zögerlichsten und bis heute am wenigsten erfolgreich. Die sowjetische – oder später die russische – Wirtschaft konnte sich nicht wesentlich bessern, bevor die Substanz des Kapitalismus[13] eingeführt würde, d.h. private Verfügungsrechte an Produktionskapital und Knappheitspreise auf Faktor- und Gütermärkten. Bis Herbst 1993 ist da noch nicht allzu viel erreicht worden. Denn die positiven Ansätze für private Verfügungsrechte und so etwas ähnliches wie Knappheitspreise werden aufgewogen – oder mehr als das – durch den Zerfall des früher einheitlichen sowjetischen Wirtschaftsraums, politische Instabilität und Rechtsunsicherheit, makroökonomische Instabilität und einen enormen Wertverfall des Rubel.

Glasnost und halbfreie Wahlen im Frühjahr 1989 haben aus der ehemals totalitären Sowjet-Union ein halb demokratisches und halb noch repressives System gemacht. Im allgemeinen fördert gerade ein mittlerer Repressionsgrad des politischen Systems

Sovietica gesehen. Diese Auffassung habe ich revidiert, weil die Pax Americana dort, wo sie nicht mit der Pax Democratica identisch war, recht unwirksam war. Weil aber der Wirkungsbereich der Pax Democratica Teil des denkbaren Wirkungsbereichs der Pax Americana ist, kann man diese beiden Befriedungseffekte z.B. in Westeuropa nicht gut trennen. Denkbar bleibt, daß die Pax Americana die Pax Democratica verstärkt hat.

Instabilität und Gewalt (vgl. Muller 1985; Weede und Muller 1990). Das hat sich zunächst an der südlichen Peripherie der UdSSR, vor allem im Kaukasus, gezeigt. Glasnost hat es gerade wegen der zunehmend freien Informationsflüsse immer schwerer gemacht, die Defizite der sowjetischen oder russischen Wirtschaft zu vertuschen. Der gescheiterte Putsch vom August 1991, der Zerfall der Sowjet-Union und Jelzins Machtübernahme im russischen Kernland illustrieren den demokratischen Fortschritt, den Rußland und einige andere Nachfolge-Republiken der Sowjet-Union gemacht haben. Aber dieser Fortschritt bleibt so ungesichert, wie die wirtschaftliche Basis der sowjetischen Nachfolgestaaten. Im großen und ganzen benötigt die Demokratie sowohl eine kapitalistische Wirtschaft als auch einen hohen Lebensstandard, um funktionieren zu können (vgl. Berger 1986; Bollen and Jackman 1985; Jackman 1975; Lipset 1962; Neubauer 1967). Nur der Kapitalismus kann die Basis für einen hohen Lebensstandard schaffen. Nur der Kapitalismus kann abgewählten Politikern, die ja zur Demokratie gehören wie der Bankrott zum Kapitalismus, attraktive Lebenschancen jenseits der Politik bieten und ihnen damit den Rückzug aus der Politik erleichtern. Es ist schwer vorstellbar, wie ein nur halbherzig kapitalistisches, aber sehr chaotisches und verarmendes Rußland lange Demokratie bleiben kann. Das russische Wahlergebnis vom Dezember 1993 bietet Anlaß zu manchen Befürchtungen.

Falls die Politik Gorbatschows, Jelzins und der Führungen der anderen ehemaligen Sowjet-Republiken es auf lange Sicht trotz aller wirtschaftlichen Schwierigkeiten schaffen sollte, die Demokratie fest in Osteuropa und vielleicht darüber hinaus zu verankern, dann könnte ganz Europa und vielleicht sogar die ganze nördliche Industriezone der Welt zu einer einzigen demokratischen Friedenszone werden. Die weltgeschichtliche Bedeutung der von Gorbatschow eingeleiteten Entwicklung in der Sowjet-Union selbst ist unstrittig, die Erfolgsaussichten aber bleiben zweifelhaft – zumal die Chancen der Demokratisierung auch wesentlich von früheren, selbst von erfolglosen Demokratisierungsversuchen abhängen (Huntington 1991) und die russische Geschichte hier wenig Ansatzpunkte liefert (Pipes 1977; Rühl 1992).

Im Gegensatz zum Scheitern der Perestroika und der Wirtschaftsreformen hat 'das neue Denken' in der Außenpolitik schnell Wirkung erzielt. Seine ersten Ziele waren die westliche öffentliche Meinung und die Regierungen des Westens. Die Ereignisse in den Jahren 1989 und 1990 haben aber gezeigt, daß es Gorbatschow und seiner Mannschaft wirklich um einer neue Weltordnung jenseits des Ost-West-Konfliktes ging. Denn sie ließen den Zusammenbruch des Kommunismus in Mittelosteuropa zu, als sie noch die Machtmittel hatten, das zu verhindern – etwa im Herbst 1989 in der DDR. Als die Demonstranten das Regime herausforderten, blieben die sowjetischen Truppen in ihren Kasernen. Zweifellos hätten 360.000 sowjetische Soldaten ausgereicht, die Lage unter kommunistischer Kontrolle zu halten. Der Verzicht darauf loszuschlagen, das war praktiziertes 'neues Denken'.

Gorbatschows Reformen, die Trias von neuem Denken, Glasnost und Perestroika, muß allerdings selbst vor dem Hintergrund des dadurch zu Ende gehenden Kalten Krieges gesehen werden. Zwei amerikanische Politikwissenschaftler haben treffend geschrie-

13 Manche Autoren unterscheiden zwischen Marktwirtschaft und Kapitalismus – ich nicht. Im allgemeinen neigen Amerikaner dazu, sich zum Kapitalismus unter diesem Namen zu bekennen, während Deutsche von Marktwirtschaft sprechen. Vgl. dazu auch Weede (1990: Kap.II).

ben (Deudney und Ikenberry 1991-92:97, meine Übersetzung): „eine von freiheitlichen Staaten dominierte Welt bedeutet für die übrigen Staaten sowohl Notwendigkeit als auch eine Gelegenheit zu Reformen." Die wirtschaftliche Überlegenheit des Westens machte die Reformen notwendig, der demokratische und damit latent pazifistische Charakter der westlichen Demokratien machte die Reformen, die in dem ungewollten und ungeplanten Zerfall des Imperiums endeten, auch möglich.

Vor 1989 wurden Kriege in Europa vermieden wegen der Abschreckung zwischen Ost und West, wegen der stabilen Demokratien in Westeuropa und wegen der stabilen Vorherrschaft der Sowjet-Union in Osteuropa. Stabile *gegenseitige* Abschreckung erfordert nicht nur Waffen, Truppen und die Bereitschaft zu deren Einsatz, sondern auch einen gewissen *Konsens* darüber, was zu gefährlich ist und deshalb nicht getan werden darf. Ein derartiger Konsens kann nur dann leicht aufrecht erhalten werden, wenn es keinen raschen Wandel gibt, wenn radikale Veränderungen des Status quo verboten sind. Der revolutionäre Wandel in Mittel- und Osteuropa hat den alten Status quo beseitigt. In der fließenden Situation der Gegenwart ist ein neuer Status quo kaum erkennbar, vom Anschluß der ehemaligen DDR an die Bundesrepublik und die NATO abgesehen. Damit ist *ein* Stützpfeiler der alten Ordnung zusammengebrochen: der von der sowjetischen Vorherrschaft im Osten gekennzeichnete Status quo. Schon deshalb kann Abschreckung in Europa keine pazifizierende Wirkung mehr haben, die über eine gewisse westliche Vorsicht bei der Einmischung in die Angelegenheiten der sowjetischen Nachfolgestaaten hinausgeht. Der Demokratiepfeiler der alten europäischen Nachkriegsordnung bleibt intakt, aber er ist nur im westlichen Europa solide verankert, er pazifiziert nur die Beziehungen zwischen stabilen Demokratien.[14] In Anbetracht der wirtschaftlichen Schwierigkeiten östlich von Oder und Neiße und mehr noch östlich des Bug darf man keine demokratische Stabilität unterstellen, solange deren Voraussetzungen fehlen, nämlich Kapitalismus *und* Wohlstand.

Mit dem Ende des Kalten Krieges ist die erweiterte Abschreckung als Befriedungsfaktor zwischen dem östlichen und dem westlichen Europa ausgefallen. Die Aussichten für die Ausweitung der Pax Democratica hängen davon ab, ob es zwischen Böhmen und Sibirien zu einem Wirtschaftswunder kommt. Mit der Auflösung des Warschauer Paktes und der UdSSR selbst hat nicht nur das Risiko eines sowjetischen Einmarsches in ihre ehemaligen Sattelitenstaaten abgenommen, sondern damit sind auch alle strukturellen Hindernisse gegen Kriege im östlichen Europa entfallen. Das auseinander gefallene Jugoslawien könnte zum Modell für ganz Osteuropa werden. Es sieht eher danach aus, daß ein von Konflikten zerrüttetes Osteuropa auch Westeuropa 'infiziert'[15], als daß der demokratische Pazifismus des Westens auf Osteuropa übergreift.

Seit die Sowjet-Union, ihr Block und die erweiterte Abschreckung verschwunden sind, hat sich das quasi-multipolare Subsystem, die globale Unsicherheitszone, vergrößert und verändert. Die ehemals kommunistischen Länder Osteuropas haben sich praktisch der globalen Unsicherheitszone – man kann sogar sagen: der Dritten Welt – 'ange-

---

14 Obwohl es (so gut wie) keine Kriege *unter* Demokratien gegeben hat, waren Demokratien dennoch genauso oft wie andere Staaten in Kriege verwickelt (vgl. Chan 1984; Rummel 1968; Weede 1984).

15 Der anfängliche anglo-französische Widerstand gegen die deutsche Bereitschaft zur schnellen Anerkennung Kroatiens deutet eine Möglichkeit an, wie die Infektion vonstatten gehen kann.

schlossen'.[16] Krieg im ehemaligen Sowjet-Block ist möglich geworden. Weil nur noch eine einzige Supermacht übrig geblieben ist, hängt die Polarität dieser riesigen Unsicherheitszone - jenseits von Westeuropa, Nordamerika, Australien und Japan - von den USA ab. Je weniger interventionsbereit die USA sind, desto mehr wird die Verteilung der *als einsetzbar geltenden* Militärmacht multipolar sein. Weil die dauernde Projektion von weltweiter Militärmacht und deren häufiger Einsatz, einschließlich der dabei unvermeidlicherweise auftretenden Verluste, ein kostspieliger Prozeß ist, sehe ich nicht, wie und warum die USA langristig die Rolle des Weltpolizisten spielen können und sollten. Die USA haben in den 80er Jahren ihren Befriedungsversuch im Libanon aufgegeben und in den frühen 90er Jahren in Somalia, als die Kosten in Menschenleben sichtbar wurden. Sie haben in den 70er Jahren in Vietnam aufgegeben. Warum sollten sie *dauerhaft* das undankbare, kostspielige und blutige Geschäft übernehmen, eine riesige Unsicherheitszone zu befrieden?

Der bedeutsamste Effekt des Zusammenbruchs der Sowjet-Union und ihrer Wirtschaft wird wohl die Verbreitung von Atom- und Trägerwaffen sein. Die Teilung der Sowjet-Union und der Roten Armee hat aus einer schon vier Nuklearmächte gemacht. Ob die Ukraine und Kasachistan tatsächlich, wie vereinbart, nuklear abrüsten, bleibt abzuwarten. Denkbare russische Territorialansprüche auf die Krim und die Ostukraine oder auf den weitgehend russisch besiedelten Norden Kasachistans sprechen gegen die Aufgabe einer eigenen atomaren Rüstung. Aber die eigentliche Schubkraft für die Weiterverbreitung von Atomwaffen ergibt sich aus der Gleichzeitigkeit eines Verlusts an politischer Kontrolle und einer wirtschaftlichen Katastrophe (vgl. Clancy und Seitz 1991; Wilson 1993/94). Sowjetisches Expertenwissen, Waffenteile, Materialien, sogar Waffensysteme können in der Praxis - und wo diese vom Recht systematisch abweicht, verliert das Recht seine Ordnungsfunktion - verkäuflich werden. Je weniger komfortabel Menschen mit nuklearem und waffentechnischem Expertenwissen aus dem militärisch-industriellen Komplex der ehemaligen Sowjet-Union leben, desto größer muß die Versuchung sein, alles - die eigene Arbeitskraft eingeschlossen - zu verkaufen, was gegen harte Währung einen Käufer findet.[17]

Der von niemandem gewollte 'Anschluß' der ehemaligen Sowjet-Union und einiger anderer Länder des ehemaligen Sowjetblocks an die Dritte Welt bzw. das riesige kriegsgefährdete Subsystem der Welt ist aus vielen Gründen tragisch. Erstens ist die Ausweitung der globalen Unsicherheitszone an sich schon gefährlich. Zweitens haben sich die vier nuklear bewaffneten Nachfolgerepubliken der UdSSR - also Rußland, Ukraine, Weißrußland und Kasachistan - dieser Zone zugesellt, was eine qualitative Veränderung vorstellbarer Kriege bedeutet. Drittens besteht die Gefahr, daß Atomwaffen aus der ehemaligen Sowjet-Union in andere Länder der Dritten Welt verkauft oder verschoben werden.

In Anbetracht dieser Lage stellt sich die Frage, was der Westen tun kann, um die Instabilitätszone der Welt wieder zu verkleinern, um vor allem die nuklear gerüsteten Nachfolgestaaten der Sowjet-Union und Mitteleuropa zu stabilisieren *und* zu demo-

16 Die Dritte Welt wird ja wesentlich durch folgende Merkmale gekennzeichnet: wirtschaftliche Not, politische Instabilität und Kriegsgefahr. All das kennzeichnet heute weite Teile des ehemaligen Sowjetblocks. Vgl. dazu auch Singer and Wildavsky (1993).

17 Das Problem wird noch dadurch verschärft, daß die Zahl ehemals sowjetischer Sprengköpfe um 12.000 höher sein könnte, als man bis vor kurzem im Westen unterstellt hat (Broad 1993).

kratisieren. Ohne wirtschaftliche Stabilisierung hat die Demokratie in Rußland und sonstwo in Osteuropa keine nennenswerte Chance. Offensichtlich ist Rußland bzw. der ganze ehemalige Sowjetblock viel zu groß, um vom Westen auf dieselbe Art saniert und demokratisiert werden zu können, wie Ostdeutschland von Westdeutschland. Die entscheidenden Impulse für die Sanierung der osteuropäischen Volkswirtschaft müssen also von Innen kommen.[18] Dennoch kann diese Einsicht allerdings *keine* Rationalisierung westlicher Untätigkeit sein. Mit Nahrungsmittelhilfe bei Hungersnöten, mit der Entsendung westlicher Experten – beispielsweise für die Landwirtschaft oder die Erdölförderung, den Aufbau unabhängiger Banken und Zentralbanken, für die Entschärfung nuklearer Sprengköpfe – mit Krediten kann man helfen. Schon auf mittlere Sicht wird das aber nicht ausreichen, zumal die Wirtschafts- und Entwicklungshilfe der westlichen Industrieländer für die südlichen Entwicklungsländer wenig überzeugende Erfolge aufweisen kann (Mosley 1987: 33, 135, 165). Die reichen Länder des Westens müssen auch ihre Märkte für östliche Produkte öffnen – vielleicht sogar *unilateral*. Die erfolgreichen Entwicklungsländer Ostasiens haben ihren Aufstieg wesentlich ihrer Integration in den Weltmarkt zu verdanken (Greenaway and Nam 1988; World Bank 1987, 1993). Je weniger der Westen (USA, Westeuropa, Japan) den Import östlicher Produkte durch Zölle und andere Hindernisse erschwert, desto besser sind die Chancen für einen Aufschwung im Osten, damit für die Demokratie im Osten, damit für die Ausweitung der demokratischen Friedenszone nach Osten, für die Einbeziehung Rußlands und der anderen UdSSR-Nachfolgestaaten in diese demokratische Friedenszone.

M.E. ist die Öffnung westlicher Märkte für osteuropäische Produkte ein wichtigerer Beitrag zum Frieden als diplomatische Initiativen – von der KSZE bis zu Staatsbesuchen und künftigen Vertragswerken – es sein können.[19] Freihandel per se garantiert zwar (entgegen Polaschek 1980; vgl. Weede 1981: 148) keinen Frieden unter den Handelspartnern, aber Freihandel kann zur Stabilisierung von Demokratien beitragen[20] und damit einen Beitrag zum Frieden liefern. Weil Freihandel Teil der immer wieder bekundeten Ideologie des Westens ist, müßte die Öffnung westlicher Märkte für östliche Produkte eigentlich leicht fallen.[21] Aber Freihandel bedeutet natürlich auch die Beschleunigung des Prozesses der 'schöpferischen Zerstörung', der Marktwirtschaft und Kapitalismus nach Schumpeter (1950: 134) ohnehin auszeichnet.

Der andauernde Strukturwandel ist zwar notwendig, um Wohlstand und Wachstum im Westen zu sichern, aber er fordert natürlich immer wieder Opfer bei den Betrieben,

18 Die Weltbank (World Bank 1991: 157) schätzt, daß die wirtschaftlichen Aussichten der Entwicklungsländer doppelt so stark von deren eigener Politik abhängen, wie vom weltwirtschaftlichen Klima, für das primär die westlichen Industrieländer verantwortlich sind. Für die östlichen Entwicklungschancen kann das natürlich nur ein ganz grober Anhaltspunkt sein.

19 Vgl. meine Literaturdiskussion zur Wirksamkeit von Verträgen, internationale Organisationen etc. als Instrumenten der Friedenssicherung (Weede 1981).

20 *Einseitige* amerikanische Zugeständnisse an Westeuropa und Japan haben in der Nachkriegszeit auch wesentlich zur Prosperität und Stabilisierung der Demokratien in diesen Räumen beigetragen (Keohane 1984: 139-148).

21 Aber auch nur 'eigentlich'. Denn tatsächlich verhindern die Handelshemmnisse der Industrieländer in derselben Größenordnung Exporte der Entwicklungsländer, wie der Westen Entwicklungshilfe leistet (World Bank 1991: 105). Analoge Auswirkungen im Osten sind zu befürchten.

Arbeitskräften und Regionen, wo die Zerstörung dem Wiederaufbau vorauseilt. Eine westliche Friedenspolitik zugunsten des Osten kann deshalb vom Westen verlangen, einen Teil der Transformationslasten vom Osten in den Westen zu verlagern, indem der Westen durch Marktöffnung eine Beschleunigung des Strukturwandels, der Schumpeterschen 'schöpferischen Zerstörung', hinnimmt.

Ein westlicher Beitrag zum östlichen Demokratisierungsprozeß durch Marktöffnung und Freihandel sollte *nicht* von langwierigen Verhandlungen über *gegenseitige* Marktöffnung zwischen Ost und West abhängig gemacht werden. Das ist zu langsam. Ohnehin besteht die Gefahr, daß die wirtschaftlichen Auswirkungen der Öffnung westlicher Märkte zur Stützung der östlichen Demokratie zu langsam greifen. Außerdem bedeutet ja selbst die einseitige Öffnung westlicher Märkte für östliche Produkte keinen gesamtgesellschaftlichen Wohlfahrtsverlust im Westen. Denn der internationale Handel dient ja der Besserstellung *aller* beteiligten Volkswirtschaften (vgl. etwa Friedman 1979: 31-46, Bhagwati 1991: 51 oder The Economist 1993b: 34).

Dennoch wird eine freihändlerische Friedenspolitik des Westens gegenüber den Ländern des Ostens aus innenpolitischen Gründen nicht leicht durchsetzbar sein. Denn offensichtlich wird die Öffnung westlicher Märkte für östliche Produkte sektoral unterschiedliche Effekte haben. Manche Arbeitskräfte, Betriebe, Branchen und Regionen im Westen würden schnell ihre Wettbewerbsfähigkeit verlieren (bzw. ihr Defizit in dieser Beziehung offenbaren) und damit konzentrierte Schäden erleiden. Deshalb ist die Europäische Gemeinschaft bei Agrar-, Textil- und Stahlexporten aus den mittelosteuropäischen Reformländern ja so kleinlich (The Economist 1993a:32-33). Auf der anderen Seite würden im Westen zwar neue exportorientierte Arbeitsplätze entstehen – tendenziell sogar in zukünftig expandierenden Branchen – aber es wäre nicht so klar absehbar, *wem* der Freihandel nützt, wie wem er schadet. Sicher würde er den Konsumenten im Westen nützen, aber Konsumenteninteressen sind diffus, kaum organisierbar und können, wie die Agrarpolitik der meisten westlichen Industrieländer beweist, von Politikern straflos mißachtet werden.

Durch die Beschleunigung des Prozesses der 'schöpferischen Zerstörung' könnte der Freihandel zwischen Ost und West zwar über die Stützung des Demokratisierungsprozesses im Osten einen wichtigen, allerdings sich nur langsam auswirkenden Beitrag zum Frieden leisten, aber er würde im Westen innenpolitische Auseinandersetzungen und Konflikte schaffen und verstärken. Die Verlierer des Freihandels und der 'schöpferischen Zerstörung' würden ihre Partikularinteressen mit derselben Härte und Rücksichtslosigkeit gegenüber übergeordneten nationalen *und* globalen Interessen verteidigen, wie etwa die französischen Bauern gegen GATT, das allgemeine Handels- und Zollabkommen, im Jahre 1993.

Möglicherweise hat der Westen die Wahl zwischen der Förderung der Demokratisierung im Osten durch Freihandel einerseits und der Bewahrung seines inneren Friedens durch einen wohlfahrtsstaatlichen Protektionismus andererseits.[22] Wenn diese Entscheidungssituation als solche gar nicht wahrgenommen wird – ich fürchte: das ist so

22 Ob der Protektionismus des Westens gegenüber den osteuropäischen Ländern (und der Dritten Welt) uns vor einer Verschärfung innerer Konflikte bewahrt, kann allerdings auch bezweifelt werden. Denn Freihandel ist auch Substitut für Abwanderung aus armen Ländern und Zuwanderung in reiche Länder (Watrin 1993: 189). Ein hohes Ausmaß an Zuwanderung kann innenpolitisch destabilisieren.

und wird so bleiben – dann wird diese Entscheidung natürlich Schritt für Schritt immer wieder zugunsten der wohlorganisierten Verteilungskoalitionen im Westen fallen, dann wird die Chance vertan, mit wirtschaftspolitischen Mitteln unseren Wohlstand *und* den Frieden langfristig zu fördern.

Eine Demokratisierungs- und Friedenspolitik mittels Freihandel kann entweder global ansetzen oder gezielt den Ländern bevorzugt Marktzugang gewähren, deren Demokratisierung aus sicherheitspolitischen Gründen besonders wünschenswert ist. Auf den ersten Blick mag es so aussehen, als ob eine gezielte (und damit diskriminierende) Marktöffnungspolitik unter *sicherheitspolitischen* Gesichtspunkten die größte Wirksamkeit verspricht, weil Marktöffnung nur für ein oder wenige arme Länder diesen schnelleres Wachstum und früheren Wohlstand verspricht als Marktöffnung für eine große Zahl armer Länder. Aber man sollte auch berücksichtigen, daß solche selektive Marktöffnung tendenziell zu Konflikten unter den westlichen Demokratien beiträgt. Denn unter *sicherheitspolitischen* Gesichtspunkten sollte jedes Land auf die Demokratisierung seiner Nachbarn und deshalb auf Freihandel *mit diesen* besonderen Wert legen. Selektive Marktöffnung könnte also zur Entstehung von Handelsblöcken und damit zur Begrenzung des Freihandels und der dadurch möglichen Wachstumschancen beitragen. Außerdem setzt sicherheitspolitisch wirksame selektive Marktöffnung voraus, daß man die Demokratisierungschancen von Staaten gut abschätzen kann. Wissen wir sicher genug, daß z.B. die Demokratie in Polen eine Chance hat, aber nicht in Rußland, daß deshalb den Polen, aber nicht den Russen Marktzugang gewährt werden sollte? Können wir abschätzen, ob die Demokratisierungschancen in Rußland oder in der Ukraine besser sind? Eine sicherheitspolitisch motivierte selektive oder diskriminierende Freihandelspolitik würde wohl gottähnliche bzw. allwissende Politiker verlangen.

Schließlich würde eine selektive Marktöffnungspolitik auch innenpolitische Konflikte, vor allem in multiethnischen Gesellschaften, wie den USA, hervorrufen. Was liegt näher als, daß Amerikaner osteuropäischer Herkunft den Osteuropäern privilegierten Marktzugang gewähren wollen (um die Transformation dort abzusichern), daß Amerikaner jüdischer oder arabischer Herkunft den Ländern des Nahen Ostens privilegierten Marktzugang gewähren wollen (um den Friedensprozeß dort zu stützen), daß Amerikaner afrikanischer Herkunft auf privilegierten Marktzugang für afrikanische Produkte bestehen (um den Transformationsprozeß im südlichen Afrika abzusichern) etc.. Wer Konflikte innerhalb westlicher Industriestaaten und zwischen ihnen minimieren will, wer die Politiker und Regierungen nicht überfordern will, der wird für einen allgemeinen Freihandel ohne Diskriminierung eintreten müssen, der wird eine freihändlerische Entwicklungspolitik (vgl. dazu Bauer 1981; Krauss 1983) für Ost *und* Süd aus einem Guß befürworten müssen.[23]

Diese Einsicht ist nicht neu. Schon 1985 hat sie der Premierminister von Singapur Lee Kuan Yew (nach Economist 1993c: 24, meine Übersetzung) in einer Rede vor dem amerikanischen Kongreß so formuliert: „die robusteste Lektion aus der Geschichte ist, daß ehrgeizige und wachsende Länder entweder dadurch expandieren können, daß

23 Eine Marktöffnung zugunsten des Ostens, aber zulasten des Südens hätte zwei unerwünschte Nebeneffekte. Erstens würde sie im Süden als rassistisch perzipiert werden. Zweitens würde sie als Belohnung für Atomwaffenbesitz wahrgenommen und damit als Proliferationsanreiz wirken.

sie Territorium, Menschen und Ressourcen annektieren, oder durch Handel mit anderen Ländern. Die Alternative zum Freihandel ist nicht nur Armut, sondern Krieg." Obwohl der Freihandel über seinen Beitrag zum Wohlstand und zur Demokratisierung zum Frieden beiträgt, kann der Freihandel seinerseits ebenfalls an sicherheitspolitische Voraussetzungen gebunden sein. Gowa and Mansfield (1993) haben kürzlich gezeigt, daß Freihandel seinerseits von Allianzen und Blöcken begünstigt wird, d.h. auch daß das um Amerika zentrierte Allianzsystem der Nachkriegszeit wesentlich zum Freihandel *im Westen* beigetragen hat. Die Erhaltung dieses Allianzsystems über den Kalten Krieg hinaus ist deshalb durchaus wünschenswert und ein Beitrag zum Frieden, obwohl es *keinen direkten* Effekt von Allianzpartnerschaft auf Reduzierung der Kriegsgefahr gibt (vgl. Weede 1975, 1981; Siverson and Emmons 1991). Zwischen der klassischen These, daß Freihandel den Frieden sichert und einem Plädoyer zugunsten der Aufrechterhaltung der amerikanischen Hegemonie besteht deshalb trotz entgegengesetzter Behauptungen (Layne and Schwarz 1993: 13) kein Widerspruch, noch nicht einmal dann, wenn die den Freihandel begünstigende Pax Americana hier und da – etwa gegen Saddam Hussein – kriegerisch durchgesetzt wird. Hinter der Pax Democratica unter den westlichen Demokratien bleiben Restbestände eines imperialen Friedens notwendig, der Pax Americana.

Literaturverzeichnis

Altfeld, Michael F., 1983: Arms Races? – and Escalation? A Comment on Wallace, in: International Studies Quarterly 27: 225-231.

Aron, Raymond, 1966: The Anarchical Order of Power, in: Daedalus 95: 479-502.

Bauer, Peter T., 1981: Equality, the Third World and Economic Delusion, London.

Berger, Peter L., 1986: The Capitalist Revolution, New York.

Betts, Richard K., 1987: Nuclear Blackmail and Nuclear Balance, Washington, DC.

Bhagwati, Jagdish, 1991: The World Trading System at Risk, London.

Bollen, Kenneth A./Jackman, Robert W., 1985: Economic and Non-Economic Determinants of Political Democracy in the 1960s, in: Research in Political Sociology 1: 27-48.

Bremer, Stuart A., 1992: Dangerous Dyads: Interstate War, 1816-1965, in: Journal of Conflict Resolution 36: 309-341.

Broad, William J., 1993: At the End, Soviet Atomic Overkill. Numbers Surpassed Most U.S. Estimates, Russian Says, in: International Herald Tribune No. 34, 393: 1 (Frankfurt, Monday, September 27, 1993).

Bueno de Mesquita, Bruce/Riker, William H., 1982: An Assessment of the Merits of Selective Nuclear Proliferation, in: Journal of Conflict Resolution 26: 283-306.

Bueno de Mesquita, Bruce/Lalman, David, 1992: War and Reason, New Haven, CT.

Bundy, McGeorge, 1979: The Future of Strategic Deterrence, in: Survival 21: 268-272.

Chan, Steve, 1984: Mirror, Mirror on the Wall ... Are Freer Countries More Pacific?, in: Journal of Conflict Resolution 4, 28: 617-648.

Clancy, Tom/Seitz, Russell, 1991: Five Minutes Past Midnight and Welcome to the Age of Proliferation, in: The National Interest 26: 3-12.

Czempiel, Ernst-Otto, 1986: Friedensstrategien, Paderborn.

Dahl, Robert A., 1971: Polyarchy, New Haven, CT.

Deudney, Daniel/Ikenberry, G. John, 1991-92: The International Sources of Soviet Change, in: International Security 16(3): 74-118.

Diehl, Paul F., 1983: Arms Races and Escalation: A Closer Look, in: Journal of Peace Research 20: 205-212.

Doyle, Michael W., 1986: Liberalism and World Politics, in: American Political Science Review 80: 1151-1169.

Economist, The, 1993a: The two Europes. Poor relations. The Economist 327, No. 7809 (May 1st): 32-33.
Economist, The, 1993b: Better than aid. The Economist 327, No. 7809 (May 1st): 34.
Economist, The, 1993c: Survey: Asia: A billion consumers. The Economist 329, No. 7835 (October 30th): 5-24.
Friedman, Milton/Friedman, Rose, 1981: Free to Choose, New York.
Goertz, Gary/Diehl, Paul F., 1992: Territorial Changes and International Conflict, London.
Gowa, Joanne/Mansfield, Edward D., 1993: Power Politics and International Trade, in: American Political Science Review 87: 408-420.
Greenaway, David/Nam, Chong Hyun, 1988: Industrialization and Macroeconomic Performance in Developing Countries under Alternative Trade Strategies, in: Kyklos 41: 419-435.
Hayek, Friedrich August von, 1971: Die Verfassung der Freiheit, Tübingen.
Herz, John H., 1974: Staatenwelt und Weltpolitik, Hamburg.
Holsti, Kalevi J., 1991: Peace and war: armed conflicts and international order 1648-1989, Cambridge.
Huntington, Samuel P., 1991: The Third Wave: Democratization in the Late Twentieth Century, Norman.
Huth, Paul, 1990: The Extended Deterrent Value of Nuclear Weapons, in: Journal of Conflict Resolution 34(2): 270-290.
Jackman, Robert W., 1975: Politics and Social Equality, New York.
Keohane, Robert O., 1981: After Hegemony. Cooperation and Discord in the World Political Economy, Princeton.
Krauss, Melvyn B., 1983: Development without Aid: Growth, Poverty and Government, New York.
Layne, Christopher/Schwarz, Benjamin, 1993: American Hegemony – without an Enemy, in: Foreign Policy 92: 5-23.
Lipset, Seymour M., 1962: Soziologie der Demokratie, Neuwied.
Liska, George, 1962: Nations in Alliance: The Limits of Interdependence, Baltimore.
Luard, Evan, 1968: Conflict and Peace in the International System, Boston.
Luard, Evan, 1970: The International Regulation of Frontier Disputes, London.
Luttwak, Edward N., 1983: The Grand Strategy of the Soviet Union, New York.
Maoz, Zeev/Russett, Bruce M., 1992: Alliance, Contiguity, Wealth, and Political Stability. Is the Lack of Conflict Among Democracies a Statistical Artifact?, in: International Interactions 17: 245-267.
Mosley, Paul, 1987: Overseas Aid: Its Defense and Reform, Brighton.
Muller, Edward N. 1985: Income Inequality, Regime Repressiveness, and Political Violence, in: American Sociological Review 50: 47-61.
Murrell, Peter/Olson, Mancur, 1991: The Devolution of Centrally Planned Economies, in: Journal of Comparative Economics 18: 239-265.
Neubauer, Deane E., 1967: Some Conditions of Democracy, in: American Political Science Review 61: 1002-1009.
North, Douglass C., 1990: Institutions, Institutional Change and Economic Performance, Cambridge.
Pipes, Richard, 1977: Rußland vor der Revolution. Staat und Gesellschaft im Zarenreich, München.
Powell, G. Bingham, 1982: Contemporary Democracies, Cambridge, MA.
Rühl, Lothar, 1992: Aufstieg und Niedergang des Russischen Reiches, Stuttgart.
Rummel, Rudolph J., 1968: The Relationship Between National Attributes and Foreign Conflict Behavior, in: *J. David Singer* (ed.), Quantitative International Politics, New York: 187-214.
Rummel, Rudolph J., 1983: Libertarianism and International Violence, in: Journal of Conflict Resolution 27: 21-71.
Russett, Bruce M., 1993: Grasping the Democratic Peace, Princeton.
Schelling, Thomas C., 1960: Arms and Influence, New Haven, CT.
Schumpeter, Joseph A., 1950: Kapitalismus, Sozialismus und Demokratie, Bern.
Singer, J. David/Small, Melvin, 1972: The Wages of War: A Statistical Handbook, New York.
Singer, Max/Wildavsky, Aaron, 1993: The Real World Order: Zones of Peace / Zones of Turmoil, Chatham, NJ.
Siverson, Randolph M./Emmons, Juliann, 1991: Birds of a Feather: Democratic Political Systems and Alliance Choices in the Twentieth Century, in: Journal of Conflict Resolution 35: 285-306.

Small, Melvin/Singer, J. David, 1976: The War-Proneness of Democratic Regimes, in: Jerusalem Journal of International Relations 1(2): 50-69.
Small, Melvin/Singer, J. David, 1979: Formal Alliances: An Extension of the Basic Data, in: Journal of Peace Research 6(3): 257-282.
Small, Melvin/Singer, J. David, 1982: Resort to Arms. International and Civil Wars, 1816-1980, Beverly Hills, CA.
Taylor, Charles L./David A. Jodice, 1983: World Handbook of Political and Social Indicators. 3rd. ed. vol. 2., New Haven, CT.
Tillema, Herbert K./Wingen, R. John van, 1982: Law and Power in Military Intervention: Major States After World War II, in: International Studies Quarterly 26: 220-250.
Tillema, Herbert K., 1992: Foreign Military Intervention and the Costs of War: International Armed Conflicts, 1945-1988. Paper delivered at the 1992 Annual Meeting of the International Studies Association, Atlanta, Georgia.
Tullock, Gordon, 1974: The Social Dilemma: The Economics of War and Revolution, Blacksburg, VA.
Wallace, Michael D., 1979. Arms Races and Escalation, in: Journal of Conflict Resolution 23: 3-16.
Wallace, Michael D., 1982: Armaments and Escalation, in: International Studies Quarterly 26: 37-56.
Watrin, Christian, 1993: Europas ungeklärte Ordnungsfragen, in: *Norbert Glatzel/Eugen Kleindienst* (Hrsg.), Die personale Struktur des gesellschaftlichen Lebens, Berlin, 169-190.
Weede, Erich, 1975: Weltpolitik und Kriegsursachen im 20. Jahrhundert, München.
Weede, Erich, 1980: Arms Races and Escalation: Some Persisting Doubts, in: Journal of Conflict Resolution 24: 285-288.
Weede, Erich, 1981: Détente-Related Policies, in: *Daniel Frei* (ed.), Definitions and Measurements of Détente, Cambridge, MA., 141-151.
Weede, Erich, 1983: Extended Deterrence by Superpower Alliance, in: Journal of Conflict Resolution 27: 231-253 and 739 (wo Druckfehler korrigiert wurden).
Weede, Erich, 1984: Democracy and War Involvement, in: Journal of Conflict Resolution: 649-664.
Weede, Erich, 1989: Extended Deterrence, Superpower Control, and Militarized Interstate Disputes, 1962-76, in: Journal of Peace Research 26: 7-17.
Weede, Erich, 1990: Wirtschaft, Staat und Gesellschaft, Tübingen.
Weede, Erich, 1992: Some Simple Calculations on Democracy and War Involvement, in: Journal of Peace Research 29: 377-383.
Weede, Erich/Muller, Edward N., 1990: Rationalität, Repression und Gewalt, in: Kölner Zeitschrift für Soziologie und Sozialpsychologie 42: 232-247.
Wilson, Heather, 1993/94: Missed Opportunities. Washington Politics and Nuclear Proliferation, in: National Interest 34: 26-36.
World Bank, 1987: World Development Report 1987, London/New York.
World Bank, 1991: World Development Report 1991, London/New York.
World Bank, 1993: The East Asian Miracle. Economic Growth and Public Policy, New York.

DIE MAU-MAU-BEWEGUNG IN KENYA

Von *W. E. Mühlmann*

Vorbemerkung

Wer die afrikanischen Erweckungsbewegungen [1] und »nativistischen« Bestrebungen [2] zu studieren beginnt, wird nicht umhin können, den Blick auf das ausgebreitete *Initiations- und Geheimbundwesen* zu richten, das in Westafrika lediglich seine stärkste Ausprägung und Verdichtung gefunden hat, aber auch in Zentral- bis nach Ostafrika

[1] Eine ausführlichere und umfänglicher dokumentierte Behandlung des Themas erfolgt im Rahmen meines Werkes »Chiliasmus und Nativismus: Studien zur Psychologie, Soziologie und historischen Kasuistik der Umsturzbewegungen«, das demnächst als Band I der von mir herausgegebenen »Studien zur Soziologie der Revolution« im Verlage von Dietrich Reimer (Andrews & Steiner), Berlin 1961, erscheinen wird. W. E. M.

[2] Der Terminus »Nativismus« ist in der modernen Ethnosoziologie technisch geworden. Ich definiere als nativistische Bewegungen: soziale Bewegungen in kolonial überlagerten Gruppen, die das durch die Abhängigkeitssituation erschütterte Selbstgefühl wiederherzustellen suchen durch massive Demonstration eines »eigenen Beitrages«, wobei derselbe sowohl in der Form von »eigenen« als auch von »übernommenen« Kulturgütern ausgedrückt werden kann; – das Ganze als ein Versuch, sich von fremder Bevormundung und Kontrolle zu lösen.

verbreitet ist und im Süd-Bantu-Gebiet ebenfalls nicht fehlt. Was die geheimen Männer- (selten auch Frauen-)Bünde mit den Erweckungsbewegungen und »Negerkirchen« verbindet, ist, auf die allgemeinste Formel gebracht, ihr zwischen »Religion« und »Politik« schillernder Charakter. So kann es z. B. geschehen, daß die westafrikanischen Bünde von einigen Autoren schlichtweg als Träger der politischen Organisation des Stammes bezeichnet wurden, während sie von anderen als religiöse Gemeinschaften aufgefaßt worden sind (E. Hildebrand 1937)[3]: Dieses politisch-religiöse Spektrum ist aber eben die jeder Klassifizierung spottende Eigenheit der revivalistischen und nativistischen Bewegungen. Wir finden bei den Geheimbünden oft auch das Moment der Inanspruchnahme der Jurisdiktion, Feme-artige Züge, ferner die Anwendung von »schwarzer Magie« gegen Gegner und ein überwucherndes Zauberwesen, sowie allgemein die Neigung, Nichtzugehörige zu terrorisieren. Gleichzeitig ist aber auch die *»kirchenartige Funktion«* der Bünde hervorgehoben worden. Sie liegt nicht nur in dem Einweihungs-(Initiations-)Charakter der Zugehörigkeit, in der hierarchischen Gradstaffelung vieler Bünde, der eine Einweihung in »Geheimnisse« von steigender Heiligkeit entspricht, in den Merkmalen einer religiösen »Schule«, – sie tritt viel charakteristischer noch dadurch in Erscheinung, daß in christlich missionierten Gebieten (also praktisch heute überall, wo nicht der Islam vorwaltet) *die Bünde die erbittertsten Gegner und Konkurrenten (!) der Mission* zu sein pflegen. Diese Tatsache ist funktionell von ausschlagebender Bedeutung für eine soziologische Wesensdeutung der Bünde. Da wir ganz ähnliche Erscheinungen auch anderwärts, vor allem in Melanesien und Polynesien antreffen, können wir darin keine bloße Eigentümlichkeit der Negerrasse oder der Negerkulturen sehen. Trotzdem fällt die Hartnäckigkeit auf, mit der sich ganz ähnliche religionssoziologische Phänomene auch bei den Negern der Neuen Welt herausgebildet haben, z. B. in den Candomblés Brasiliens (vgl. I. Lang 1956), im Wodu-Schlangenkult in Haiti, im Obeah-Kult in Jamaika usw. Hier hat die neuere Forschung zeigen können, daß die nach Amerika verbrachten schwarzen Sklaven unmittelbar westafrikanische »Muster« mitgebracht haben müssen, an welche die entstehenden Kultgemeinschaften dann anknüpften. Anders war die Lage in Nordamerika. Was hierher von den versklavten Afrikanern mitgebracht wurde, waren nur in Ausnahmefällen kulturell-afrikanische Muster, in der Hauptsache aber war es die Neigung zu bündisch-kultischem Zusammenschluß überhaupt. Und wenn wir zwischen heutigen Negerkirchen in den Vereinigten Staaten und in Afrika Ähnlichkeiten der Gemütslage (etwa die ekstatischen Realisierungen des Auferstehungsglaubens bei der Osterfeier, vor allem aber gewisse sentimentale Selbstbetrachtungen des Gruppenschicksals in den geistlichen Gesängen) oder sogar der Doktrinen feststellen können, so handelt es sich eben um soziologische Parallelen. Es ist die Paria-Kasten-Lage hier wie dort, die zu ähnlichen Gemeinschaftsbildungen führt, deren Attitüden weitgehend durch die negative Zielung auf eine übermächtige Bezugsgruppe: eben die Weißen, bestimmt sind. In den USA entstanden die negerischen »Maurer« schon 1775; es folgten die *Odd Fellows*, die *United Brothers of Friendship*, die *Galilean Fishermen* u. a., und

[3] Die bibliographischen Angaben über die zitierten Werke sind dem beigefügten Literaturverzeichnis zu entnehmen.

gegenwärtig ist die Zahl der Negersekten Legion. Aber auch in Afrika nimmt sie zu; gemeinsam ist also auch die Neigung zum »Schisma«. Doch über diese soziologischen Analogien hinaus ist den Negern der USA und Modern-Afrikas manches gemeinsam: der Lerneifer, aber auch eine Art von »Zauberglauben« an die Macht von Bildung und Besitz. Die traditionellen Typen des Propheten, Priesters, »Doktors«, Lehrers sind die wichtigsten Berufsrealisierungen dieses Zauberglaubens, aber sie haben auch in der Neuen Welt eine professionelle Neuanpassung erfahren, in der die alten genial-intuitiven Gaben noch durchschimmern [4]. Der gebildete und sozial aufgestiegene Neger ist auch in den Vereinigten Staaten als Geistlicher, Lehrer, Arzt die überzeugendste Figur, mit einer ausgesprochenen Rede- und Suggestionsgabe ausgestattet, – der andererseits die Suggestibilität der Rasse entspricht. Das rhetorische Talent ist u. a. durch die Redefreiheit in den Freikirchen entfesselt worden. Gerade in den Motiven der Neuanpassung an die Erfordernisse der modernen Zivilisationswelt kommt ein Typisches zum Ausdruck, das man teils auf das Rassentemperament, noch mehr aber wohl auf die analoge Pariasituation beziehen muß. – Ein durchgeführter afro-amerikanischer Vergleich in dem angedeuteten Sinne wäre sehr lehrreich.

Wir wollen aber für jetzt bei den afrikanischen Bewegungen bleiben. Am verbreitetsten ist heute vielleicht der »Äthiopismus«, den Sundkler ausführlich beschrieben hat; vielleicht noch interessanter aber der »Kimbangismus« oder »Ngunzismus«, die Bewegung des Propheten *Simon Kimbangu* im Gebiet des unteren *Kongo* während der zwanziger Jahre. Über diese haben wir in der letzten Zeit z. T. ausführliche Referate durch Schlosser, Balandier, Andersson, van Wing und Köbben erhalten, so daß es sich erübrigt, ausführlich darauf einzugehen. Der Kimbangismus zeigt in seinen Anfängen revivalistische und eschatologische Züge. Er begann z. B. mit Massenbekehrungen, weshalb die europäischen Missionare ihm zunächst auch günstig gestimmt waren; erst allmählich begann ihnen die Sache unheimlich und unkontrollierbar zu werden. Ein typisch eschatologisches Phänomen ist u. a. das Dorf, dessen Menschen an einem bestimmten Morgen sich auf den Weg machen in der sicheren Erwartung, heute werde ihnen Christus begegnen. Es fehlen nicht Wunderheilungen, und es fehlt auch nicht der Wunderglaube nach der Verurteilung Simon Kimbangus, wenn etwa erzählt wird, der Eisenbahnzug, mit dem man Kimbangu transportieren wollte, habe sich nicht von der Stelle rühren können, oder: man habe versucht, den Propheten in einem Kessel zu sieden, er aber sei unverletzt daraus hervorgegangen usw. Aufschlußreich ist auch das Verhalten des Propheten vor Gericht, wie er unter Berufung auf Matth. 11, 25 den Prozeß Jesu kopiert und damit zu erkennen gibt, daß dieser für ihn den Sinn einer mythischen Urstiftung erhalten hat [5] Ferner gibt es im Kimbangismus auch schon, wie später bei den Mau-Mau, das Dichten »geistlicher Hymnen«, in denen der Abzug der Weißen gefordert wird. – Im ganzen zeigt der Kinbangismus eine typische Entwicklung von Zügen der »Erweckung« zur politischen Agitation, und man braucht nur hinzuzufügen: Die heutigen Vorgänge im Kongo würden uns minder überraschend erscheinen, wenn man damals die Symptome psychologisch feinfühliger wahrgenommen hätte.

[4] *Mühlmann* 1936, S. 499, 508 f.
[5] *Andersson,* S. 67–77.

Was uns aber noch fehlt, ist die Darstellung eines Falles, der eine Bewegung in ihrem Verlaufe über jenen Gipfel wälzt, auf dem die Träger der Bewegung immer noch glauben, irgendwie »Christen« zu sein, und der eine »neue Religion« etabliert, die ohne Umschweife als eine *Religion des Terrors* bezeichnet werden muß. Das terroristische Element ist im afrikanischen Geheimbundwesen durchaus angelegt; in den Erweckungsbewegungen fehlt es zunächst, kann aber wieder erwachen, wenn eine gewisse Summe von Haß sich aufgestaut hat. Dies ist geschehen, und dies haben wir erlebt in dem *Aufstand des Schwurverbandes der »Mau-Mau«*, bei den Kikuyu in der Kenya-Kolonie.

Der Rahmen des Geschehens

Der Mau-Mau-Aufstand in Kenya gehört zu den Ereignissen, die in den letzten zehn Jahren die Weltöffentlichkeit beschäftigt haben. Wie immer, wurde dabei der Blick vor allem auf die sensationellen Äußerlichkeiten des Geschehens gelenkt. Greueltaten von perverser Scheußlichkeit, Morde an Schwangeren und Kindern, das Zerhacken lebender Opfer mit dem *Panga,* einem langen Messer, oder das Totknüppeln mit dem *Rumgu,* einer mit Nägeln beschlagenen Holzkeule riefen Entsetzen hervor. Häuser von Eingeborenen mitsamt ihren Insassen wurden verbrannt, aber auch Europäer-Farmen waren vor Mord und Brand nicht sicher. Über allem aber ertönte die Parole: »Hinaus mit den Weißen!« und wenn der Terror sich vor allem gegen die schwarzen Landsleute richtete, so deshalb, um jedwede Zusammenarbeit mit den Weißen unmöglich zu machen und diese dadurch zu zwingen, Kenya zu verlassen. Es ist heute offenkundig, daß dies jedenfalls die politische Absicht des Mau-Mau-Terrors war. Auch der Name *Jomo Kenyattas* ist heute der Weltöffentlichkeit vertraut, jenes Propheten der Kikuyu, der beschuldigt wurde, den Aufstand entfesselt zu haben, und eine kleine Literatur hat sich entfacht über die Frage, ob dieser Jomo Kenyatta für den Mau-Mau-Terror in einem weitergehenden Sinne verantwortlich zu machen sei als – vergleichsweise – Jean-Jacques Rousseau für den Terror der Jakobiner. Über den politischen Erörterungen, deren Bedeutung durch die für das Jahr 1961 vorgesehenen Parlamentswahlen in Kenya hinreichend unterstrichen wird, ist die tieferdringende Ursachenforschung, die Freilegung der Hinter- und Untergründe des Geschehens nicht genügend wirksam geworden. Wie kam *»ein so unkriegerisches Volk«* [6] wie die Kikuyu dazu, einen solch blutigen und fanatischen Aufstand zu entfesseln? War es so wenig, was man über die Kikuyu wußte? Eigentlich kaum. Unsere ethnographische Quellenlage ist vergleichsweise günstig. Wir wissen über die Kikuyu recht gut Bescheid, und über die Mau-Mau hat ein so hervorragender Sachkenner wie L. S. B. Leakey geschrieben, der als Sohn eines Missionars unter den Kikuyu aufgewachsen, ihre Sprache (wie er selber versichert) beinahe besser als Englisch redet, ihre Sitten und Bräuche genau kennt, selber Mitglied des Mukunda-Altersbundes war, aus dem viele Mau-Mau hervorgegangen sind (allerdings, wie Leakey hervorhebt, auch viele Gegner!), und der

[6] Routledge, S. 38.

auch zum Senior 1. Grades *(muthuri wa mburi imwe)* geweiht worden war. Im Kenyatta-Prozeß hat er als Dolmetscher fungiert, bis er, von der Verteidigung insultiert, dieses Amt niederlegte. Leakey ist eigentlich Fachmann für ostafrikanische Vorgeschichte, doch auch für die Ethnographie der Kikuyu gibt es keinen Kundigeren als ihn. Interessant ist es, seine Angaben mit denen Jomo Kenyattas zu vergleichen, der ebenfalls aus erster Hand zu berichten weiß, und der auch ein fachethnologisches Training bei Malinowski in London durchgemacht hat. Die *London School of Economics,* an der Malinowski lehrte, hat den jungen Aktivisten andererseits mit sozialistischen Ideen im Stile von Sydney Webb und Harold Laski indoktriniert. Wir sind aber über Person und Lebensgang Kenyattas nicht sehr gut informiert. (Leakey, der so reichliche Mitteilungen über die Mau-Mau bringt, schweigt sich bemerkenswerterweise aus über die Führer!) Die unsicheren Nachrichten, die wir haben, runden sich immerhin zu dem Bilde eines begabten, energischen Mannes, dessen Geburt schon im Zeichen messianischer Omina gestanden haben, und der durch seinen Großvater in magische Geheimriten eingeweiht worden sein soll. Ziemlich früh muß ihm dann die Rolle eines charismatischen Propheten zugefallen sein, er gründet 1928 die erste Kikuyu-Zeitung in Nairobi. Auch spinnen sich die Fäden zur indischen Unabhängigkeitsbewegung, – wie denn überhaupt die indischen Kolonisten in Ostafrika ihre sollizitierende Rolle spielen, sehr bemerklich schon nach dem ersten Weltkrieg, verstärkt aber nach dem zweiten, als die Gründung des souveränen Indiens und Pakistans auch auf der afrikanischen Seite des Indischen Ozeans aufmerksam registriert wird. Kenyatta ist mehrfach in England gewesen. Nach dem Studium an der *London School of Economics* war er längere Zeit, angeblich zwei Jahre, in Moskau. Monfreid behauptet, daß Kenyatta daselbst die Untergrundmethoden gelernt habe, die dann von der *Kenya African Union* und deren Exekutivorganisation, den *Mau-Mau,* angewandt wurden. Kenyatta macht eigentlich nicht den Eindruck eines Terroristen, eher den eines enragierten Reformers, der Schulen gründet, um sein Volk säkular zu erziehen, – allerdings scheinen in manchen dieser Schulen dann doch auch die Untergrundmethoden gelernt worden zu sein. Die Messias-Rolle wird Kenyatta mehr aufgenötigt durch eine verehrende, fanatisierte Gemeinde, mehr und mehr schwimmt er in einem Strom, den er nicht mehr beherrscht. Für die bestialischen Ausartungen des Aufstandes dürfte er vielleicht nicht unmittelbar verantwortlich sein, man wird aber den Einwand erheben können, er habe sich nicht früh genug distanziert, – worauf sich sofort die Gegenfrage stellen läßt: ob Täternaturen dies können? Er distanzierte sich erst im August 1952, – kurz vor seiner Verhaftung. Der Prozeß, der ihm 1952/53 gemacht worden ist, ist vieldeutig wie alle politischen Prozesse. 1954 wurde Kenyatta mit vier anderen Aktivisten zu sieben Jahren Zwangsarbeit verurteilt, sein Grundbesitz in Kiambu wurde eingezogen. Im Frühjahr 1959 hat man seine Haft gelockert gegen das Versprechen, sich politisch nicht mehr zu betätigen[7].

Die Unabhängigkeitsbewegungen und Selbständigkeitsregungen der Eingeborenen Ostafrikas müssen im Rahmen der allgemeinen Vorgänge des sozialen Wandels und Kulturkontaktes gesehen werden, die seit zwei bis drei Generationen das traditionelle Bild

[7] Zum Vorangehenden vgl. *Farson,* S. 113 ff. – *Slater,* S. 147. – *Monfreid,* S. 7—15 (Vorsicht!).

der Eingeborenen-Kulturen und ihrer Geistesverfassung tiefgreifend umgestaltet haben. Die Reichweite und Durchschlagskraft dieser Vorgänge sind von Stamm zu Stamm recht verschieden, die entscheidenden Faktoren aber sind wohl durchweg dieselben: die europäische Landnahme, die christlichen Missionen mit ihren veränderten Einwirkungen auch auf die soziale Organisation, die Wanderarbeit, die Geldwirtschaft. Den Anfang mit einschlägigen ethnologischen Studien haben 1930/31 Richard und Hilde Thurnwald gemacht[8], etwas später ist Günter Wagner gefolgt. Diese drei Autoren haben zwar nicht oder nicht speziell bei den Kikuyu gearbeitet, aber die Thurnwalds haben sie doch in ihre Betrachtungen einbezogen, während Wagner über die in mancher Hinsicht verwandten Bantu-Stämme Kavirondos gearbeitet hat. Man wird auch heute nicht über den Sozialwandel und Kulturkontakt in Kenya arbeiten können, ohne jene älteren Expeditionsergebnisse aufmerksam in Betracht zu ziehen.

Die *Kikuyu* (1950: 1 026 341 Seelen) gehören zu den nordöstlichsten Bantu-Stämmen. Sie bewohnen die Landschaften Muranga (Fort Hall), Nyeri und Kiambu in der britischen Kronkolonie Kenya. Ihrer Lebensform nach sind sie Hackbauer, züchten aber auch Rinder, Ziegen und Schafe. Kulturpflanzen sind Mais, Sorghum, Arum, Buscherbsen, Bohnen, Süßkartoffeln, Hirse, Bananen und Yams. Ihre nächsten Nachbarn sind die Kamba und Meru, ebenfalls Bantu-Hackbauer, die jägerischen Ndorobo, sowie im Süden die hamitischen, kriegerischen Masai, extreme Viehzüchter, unter deren Plünderungszügen die Kikuyu viel zu leiden gehabt haben, und die darum ihre Erbfeinde sind. Freilich blieben die Kikuyu oftmals den Masai nichts schuldig, sondern unternahmen Gegenüberfälle, aber sie waren darin mehr reaktiv-rachsüchtig, und dann auch aggressiv, doch nicht eigentlich kriegerisch wie die Masai. – Leakey setzt den ethnologischen Bildungsprozeß der Kikuyu etwa ins 12. Jahrhundert. Damals hatten sie nur die nördlichen Landschaften in Besitz. Volkreich geworden, drangen sie im 16. Jahrundert nach Süden vor, auf der Suche nach Ackerland. Die nun folgende Landnahme in Kiambu ist von entscheidender Bedeutung für das Verständnis des *»Land-Komplexes« der Kikuyu,* der seinerseits eine der wichtigsten mittelbaren Ursachen der Mau-Mau-Erhebung ist: Herrenloses Land gibt es nach Auffassung der Kikuyu nicht, Landrechte sind unverlierbar, fremdes Land »erobern« und »annektieren« kann man also nicht, ohne den Segen des Höchsten Wesens *(Ngai)* zu verscherzen. Die den landsuchenden Kikuyu erwünschten Terrains waren »Buschland«: Jagdgründe der Ndorobo. Um sie für den Bodenbau zu erwerben, bedurfte es zwischen den Kikuyu und den Ndorobo eines feierlichen rituellen Aktes der Kommunikation, einer »gegenseitigen Adoption«, durch welche die Ahnengeister der Ndorobo in Kikuyu verwandelt wurden. Der juristische Akt der Landübereignung wird dadurch als »innerhalb der Gruppe stattfindend« – als welcher allein er möglich ist! – *fingiert,* – aber diese Fiktion ist unabdinglich, sie ist eine Fiktion auch nur für *unsere* Rechtsauffassung, für den Eingeborenen ist sie magisch vollzogene, verschiedene Gruppen identifizierende

[8] Die methodologischen Grundsätze für das Studium des Rassen- und Kulturkontakts, die eine schlechtunterrichtete jüngere Ethnologengeneration in Deutschland heute für eine Errungenschaft der britischen und amerikanischen Schule hält, sind in den dreißiger Jahren in der Berliner Schule *Richard Thurnwalds* entwickelt worden. Vgl. die im Literaturverzeichnis angeführten Arbeiten.

Wirklichkeit. – Gaben denn nun die Kikuyu den Ndorobo für das erworbene Land nichts? Doch, sie gaben Schafe und Ziegen. Einige Autoren sprechen daher von den Ziegen und Schafen als einem »Kaufpreis«, den die Kikuyu den Ndorobo für das Land gezahlt hätten. Formal sieht es gewiß so aus; in Wahrheit aber sind die Ziegen und Schafe Bekräftigungssymbole für den Kommunikationsakt[9].

Das so erworbene Land, dessen Grenzen zeremoniell abgesteckt werden, wird *githaka* genannt. Aus dem geschilderten Vorgang ergibt sich zwingend: Rechte auf Grund und Boden kann der Gruppenfremde nur durch Adoption erwerben; hierdurch wird er ein *muciarwa,* d. h. ein Mann, der in einer *githaka* durch Adoption Rechte erworben hat; seine Kinder gehören dann zu der adoptierten Untersippe und erben in dieser[10].

Für die weitere Entwicklung des Kikuyu-Landsystems[11] sind folgende Tatsachen wichtig:

1. Der ursprüngliche »Käufer« erwirbt mehr Land als er selber zur Bestellung nötig hat, denn dadurch wird er zum Gründer einer neuen Untersippe, *mbari,* deren Mitglieder ihre Landanteile zu eigen erhalten, – soweit sie nicht weiterziehen, um ihrerseits *githaka* zu erwerben und »Gründer« zu werden. Ein Besitzwechsel von Landanteilen ist nach alter, orthodoxer Regel nur innerhalb der *mbari* möglich. – Auf diese Weise entsteht eine Schicht von Grundbesitzern.

2. Hat der »Gründer« nicht genug Leute seiner eigenen Untersippe zur Feldbestellung, so kann er armen Kikuyus aus anderen Sippen ein Nutzungsrecht an seinem Land einräumen; dadurch entsteht eine Schicht von Pächtern *(ahoi,* Pl. *muhoi).*

3. Nicht alles Land wird in Kultur genommen, sondern es werden auch Waldparzellen für den Holzschlag freigehalten, ebenso Grasfluren und Buschland zur Weide für Rinder, Ziegen und Schafe. – Das ist wichtig, weil nachmals die britischen Siedler das Buschland irrtümlich für Brache hielten.

4. Dieses System wird zur Grundlage der politischen Territorialgliederung. Ein *Githaka*-Areal mitsamt allen Eigentümern und Pächtern heißt *itura,* Dorfgruppe, und ist die kleinste politische Einheit. Mehrere *itura* bilden eine Nachbarschaftsgruppe, *mwaki*[12].

Kritische Probleme entstehen systemimmanent durch das Wachstum der Bevölkerung. Systematisch kann man sich dadurch helfen, daß eine groß gewordene *mbari* sich in weitere *mbari's* unterteilt. Aber das komplizierte klassifikatorische Verwandtschaftssystem der Kikuyu mit seinen zahlreichen Person-Identifikationen und -vertretungen, samt den daran geknüpften ökonomischen Austausch-Verpflichtungen setzt wieder weitere Probleme, die schließlich nur durch einen Umbau der Sozialstruktur gelöst werden können.

(Darin liegt also ein immanenter Faktor des Wandels, der zum Tragen kommen muß, auch wenn niemals fremde Eingriffe in die Sozialstruktur erfolgen würden.)

[9] *Leakey* 1953, S. 16–19. – *Lambert* 1950, S. 44 ff., 54 ff., 85 ff., 125. – Für Adoption Kikuyi-Masai *Leaky* 1953, S. 94. – Ferner: *Routledge,* S. 3 ff. – *Kenyatta,* Facing . . ., S. 22 ff. – *Hobley,* S. 317. — Irrig *Thurnwald,* Black and White, S. 48 f. und *Cagnolo,* S. 30.

[10] *Middleton,* S. 26, 54. – Vgl. *Kenyatta,* Facing, S. 22.

[11] *Leakey* 1953, passim.

[12] *Leaky* 1953, S. 19–22, 26, 44 ff. – *Lambert* 1956, S. 2.

In der Tat hängt die *Sozialstruktur der Kikuyu* auf das engste mit den Landanteilen und -nutzungen sowie dem Besitz von Kühen, Ziegen und Schafen zusammen. Vor allem die Ziegen spielen eine große Rolle, Thurnwald spricht geradezu von einer »Ziegen-Währung« im Kikuyu-Lande. Thurnwalds psychologische Befragungen in den Missionsschulen zeigen deutlich, mit welch positiven Affekten das Ziegen- und Schafehüten bei den doch »modern« erzogenen Kikuyu-Knaben behaftet war. Es ist also über dem agrarischen Komplex der Kikuyu der »Kleinvieh-Komplex« nicht zu übersehen, – zum Teil hängt er mit jenem zusammen, eben durch das Buschland, das unter allen Umständen für die Weide freigehalten werden muß, also nicht bebaut werden darf. – Aber auch alles, was mit dem Landbesitz zu tun hat, beschäftigt die Phantasie aufs stärkste. Im ganzen ergibt sich aus den Aufsätzen, die Thurnwald die Knaben schreiben ließ, folgende Reihe der gemütlichen Emphase: Hirtenleben (das heißt, das Hüten von Ziegen und Schafen) – Landbau – Tanz – Heiratsbräuche einschließlich des sog. »Brautpreises«[13]. Diese Gewichtsverteilungen sind nicht von ungefähr, sie offenbaren funktionelle Zusammenhänge. Bei den Abmachungen über die Heirat nämlich braucht jede Kikuyu-Familie zahlreiche Ziegen und Schafe als Präsent. Der Ausdruck »Brautpreis« hierfür ist genauso schief wie der Ausdruck »Kauf« für die oben geschilderten Landerwerbungen. In Wahrheit handelt es sich wieder um Symbole einer reziproken Versicherung: eine Ehe ohne diese Symbole hat keinen Halt. Im ganzen aber hat Leakey ausgerechnet, daß im Lebenslauf eines Kikuyu 108 Situationen auftreten, welche die Schlachtung und Opferung von Ziegen und/oder Schafen erfordern, das bedeutet im Schnitt pro Familienmitglied anderthalb Stück pro Jahr. Genug Ziegen und Schafe im Besitz zu haben, ist also vordringlich wichtig für den Eingeborenen; um sie halten zu können, muß er aber genügend Buschland zur Verfügung haben.

Leakeys »108 Situationen« können wir hier nicht namhaft machen. Es genügt, auf das *System der gestaffelten Altersbünde* hinzuweisen, die jeder männliche Kikuyu durchlaufen muß, und die den Kitt der politischen Organisation bilden: Diese Initiationen sind enorm aufwendig und müssen daher in manchen Familien um zwei bis drei Jahre verschoben werden. Wenn das Kind *(gahenge)* wenige Wochen alt ist, wird es überhaupt erst einmal in den Stamm aufgenommen. Eine zweite Stufe erreicht der kleine Junge *(kahe)* mit etwa fünf Jahren, wenn er alt genug geworden ist, um die Ziegen zu unterscheiden, mithin jetzt als Hütebube in Betracht kommt. Mit etwa neun Jahren ereignet sich seine »zweite Geburt«, ein umständlicherer Ritus, bei dem Ziegen- und Schafopfer eine große Rolle spielen und die Mutter des Knaben eine erneute Geburt pantomimisch darstellen muß. Es folgt einige Jahre später die Beschneidung, durch die der Knabe *(kihe)* zum Jüngling *(mnawake)* wird. Eine weitere Staffel ist die des heiratsfähigen jungen Mannes *(muthuri)*. Erst der Ehemann, der bereits ein Kind hat, kann in die unterste Staffel des Altenrats *(kiama cha kamatino)* aufsteigen, innerhalb deren es dann aber noch drei Zwischenstufen gibt. Auch die nächsthöhere Stufe *(kiama cha athamaki)* ist dreifach unterteilt. Jede neue Staffel bedeutet mehr Macht und Ehre, jede ist aber auch steigend expensiv, wobei hauptsächlich Ziegen die Ein-

[13] *Thurnwald*, Black and White, S. 109, 309 ff., 324 ff.

standsleistungen bilden. Einige der Staffeln werden daher unmittelbar als »Ein-Ziegen-Mann«, »Zwei-Ziegen-Mann«, »Drei-Ziegen-Mann« usw. bezeichnet. Einander folgende Altersreihen kombiniert man zu größeren Einheiten, »Regimentern«, diese wieder zu »Generationen«. Das System schafft die Möglichkeit, jedes Individuum in jeder Periode seines Lebens statusmäßig zu orten und so seine Pflichten festzulegen. Zwischen allen Individuen der gleichen Altersreihe, also den zusammen Initiierten, schafft es ein Höchstmaß von Solidarität und Disziplin; die Altersreihen sind (oder waren wenigstens früher) der soziale Ort, wo Sitten und Bräuche erlernt, soziale Kontrolle geübt und strenge Sanktionen z. B. gegen Diebstahl verhängt wurden. Ein von seinem Altersbund Verfemter *(njangiri)* wurde von seiner Familie enterbt und ausgestoßen [14].

Leakey weist besonders auf die moralisch erziehenden, sozial disziplinierenden und solidarisierenden Funktionen der Altersbünde hin, und es gibt zu denken, daß wir gerade diese Funktionen, einschließlich der Feme (!) dann bei den Mau-Mau wiederfinden. Leakey betont auch sehr stark, daß nach dem Verfall der alten moralisch-pädagogischen Wirkungen der Altersbünde unter dem Einfluß der europäischen Missionare immer mehr die *äußerlichen Merkmale* der Initiationsriten sich breit gemacht hätten, besonders die Beschneidung, und bei dieser wieder namentlich die Mädchen-Beschneidung, die sog. Klitoridektomie, die eine besondere Obsession der Kikuyu bildet. Von allen eingebrachten Kulturbräuchen der Kikuyu im schwarz-weißen Kulturzusammenstoß ist die Klitoridektomie – neben der Polygynie – eine der anstößigsten für die europäischen Missionare geworden. Doch davon später.

Ein Wort noch über die *alte Religion* der Kikuyu. Drei übereinandergelagerte Schichten sind erkennbar: zuunterst der Glaube an Baum-, Felsen- und Wassergeister, darüber der typisch bantuische Ahnenkult, der auch mit der Erde verbunden ist, also mit dem Landkomplex zusammenhängt, sowie als jüngste Schicht der Glaube an ein Höchstes Wesen, *Ngai.* Man kann von einem genuinen Monotheismus bei den Kikuyu sprechen, der öfter mit dem altjüdischen Monotheismus verglichen worden ist. In der Tat sind verwandte Züge ja auch bei anderen ostafrikanischen Stämmen, vor allem bei den Masai, beobachtet worden. *Ngai* ist freilich mehr henotheistisch konzipiert: er ist bloß für die Kikuyu da, und auf die Frage, warum *Ngai* nicht auch für die Nachbarstämme, Kamba und Masai, gelte, erhielt Pater Cayzac (einer der frühesten Erforscher der Kikuyu-Religion) die Antwort: »Weil es Tage gibt, an denen es bei den Kamba und Masai regnet, während wir unter Trockenheit zu leiden haben«, und: »Wenn wir diese Nachbarstämme in ihrem Lande angreifen, werden wir oft geschlagen, kommen sie aber als Angreifer zu uns, dann schlagen wir sie. Folglich müssen sie einen Gott haben, der nicht der unsere ist.« Im Hinblick auf die Parallelen zum alten Judentum wird man auch das Urteil Cayzacs über die Beschneidung festhalten müssen: sie sei der wichtigste und feierlichste Ritus im Leben des Kikuyu, unmittelbar *heilig.* Vielleicht noch aufschlußreicher aber sind die zahlreichen Opfer- und Reinigungsriten, die auf einen ausgesprochenen Kontakt- und Tabu-Komplex hinweisen, – den wir dann beim schwarz-

[14] *Leakey* 1953, S. 41 f. – *Routledge,* S. 150 ff. – *Hobley,* S. 77 ff. – *Lambert* 1956, S. 1 f. – *Dundas,* 243 f. – *Cagnolo,* S. 82 ff. – Vgl. a. *Leakey* 1934.

weißen Kontakt wieder antreffen werden. – Ökologisch gemeinsam ist den Kikuyu mit altisraelitischen Stämmen die große Bedeutung der Kleinviehzucht. Daß diese mit einer besonderen Geistesverfassung verbunden sein kann, hat für Altisrael Max Weber gezeigt, für die modernen Kikuyu Thurnwald[15].

Imperialismus und britische Landnahme

Die Annektion Kenyas fällt in die Hoch-Zeit des britischen Imperialismus, das ausgehende 19. Jahrhundert. Die Britische Ostafrika-Kompanie, deren Privilegien der Britischen Südafrika-Kompanie nachgebildet waren, setzte sich in dem Lande fest, die ersten weißen Siedler kamen. Die Beziehungen zu den Eingeborenen waren zuerst friedlich-freundschaftlich, Captain Lugard (der spätere Lord Lugard), der die ersten Verhandlungen führte (1890), stellt den Kikuyu das beste Zeugnis aus und sagt, er habe von ihnen einen vorteilhafteren Eindruck erhalten als von jedem anderen afrikanischen Stamm, den er bis dahin kennengelernt habe. Das gute Verhältnis scheint dann aber durch räuberische Karawanen und zunehmende weiße Landnahme gestört worden zu sein; es kam zu erbitterten Kämpfen, in denen die Kikuyu unterlagen. 1895 folgte die Errichtung des britischen Protektorats. Damit nahm die Regierung, wie das damals üblich war, das Recht in Anspruch, über »herrenloses Land« als Kronland zu verfügen[16].

In diesem Akt ist der Keim der späteren Katastrophe bereits enthalten, denn »herrenloses Land« gibt es nach Kikuyu-Auffassung nicht.

Freilich war der kolonialjuristische Irrtum der Engländer in gewisser Weise entschuldbar. Es gab weite Landstriche, die den weißen Siedlern in der Tat als »herrenlos« erscheinen konnten. In den letzten Jahren des 19. Jahrhunderts waren über die Eingeborenen eine Pockenepidemie, Dürreperioden und Hungersnot, Heuschreckenplage und Viehseuchen hereingebrochen und hatten ihren Bestand gelichtet. Viele Familien waren nach dem Norden geflohen, hatten also ihr Land *de facto* aufgegeben, wobei sie aber nach ihrer Auffassung nicht das Recht auf das verlassene Land aufgaben. Inzwischen setzten sich die weißen Siedler fest (1902 bis 1907), zum Teil auf den von Eingeborenen verlassenen Ländereien, und was nun folgt, zeigt eine typische Kollision diametral verschiedener Rechtsauffassungen: Weiße Siedler zeigten den Wunsch, Land zu »kaufen«, und viele Eingeborene kamen diesem Wunsch entgegen, und verkauften, *entgegen* dem *Githaka*-System, Land ihrer *mbari*-Genossen, über das sie kein Verfügungsrecht hatten. Die aus dem Norden heimkehrenden wahren Eigentümer sahen sich geprellt und genötigt, als Pächter der Weißen auf ihrem eigenen Grund und Boden zu wirtschaften. So entstand das *»Squatter-System«*, das in der Aussprache über das Kikuyu-Landproblem so viele Kritik erfahren hat. Die Weißen appropiierten das Land teils als »freien Grundbesitz«, teils als Grundlage eines langfristigen Pacht-

[15] *Cayzac*, S. 312, 314. – *Hobley*, S. 25 ff. – *M. Weber*, S. 48 f., 59, 146, passim. – *Thurnwald*, a. a. O.

[16] *Thurnwald* 1939, S. 220. – *Kenyatta*, Kenya, Land of Conflict, S. 7–10. – *Lugard* 1893 I, S. 326 f. – Vgl. *Lugard* 1959 I, S. 316. – *Leakey* 1953, S. 78.

vertrages mit der Krone. Schließlich wurde alles Eingeborenenland als Kronland betrachtet, wodurch alle landbesitzenden Kikuyu zu Pächtern der Krone gestempelt wurden[17]. Es bildete sich ein unterbezahltes ländliches Proletariat heraus, hauptsächlich von Saison-Arbeitern *(squatters)*. Andere wurzellos gewordene Eingeborene wanderten in die rasch wachsenden Städte ab. Auch diese »Verstädterten« waren aber zumeist Vorstadt-Pendelwanderer, die immer wieder aufs Land zurückkehrten. – Alle Voraussetzungen für einen Klassenkampf waren mithin geschaffen. Für die Eingeborenen wurde das Landproblem dringender infolge ihrer nunmehr raschen Bevölkerungszunahme. Naturvölker antworten bereits auf geringfügige Verbesserungen der ärztlichen Versorgung und Hygiene durch das Wirken weißer Ärzte in der Regel mit einer raschen Senkung der Kindersterblichkeit und dementsprechendem Bevölkerungswachstum, und die Kikuyu haben von dieser Regel keine Ausnahme gemacht. Pocken und Pest wurden selten, die Geburten leichter, Mißernten konnten jetzt nicht mehr so leicht zu Hungersnöten führen, weil die Regierung für Nahrungstransporte von außerhalb sorgte. So schnellt die Bevölkerungskurve alsbald in die Höhe, um so knapper aber wird dann auch der Nahrungsspielraum, und um so bitterer die Gefühle der Expropriierten. Die weitere Entwicklung bringt eine verhängnisvolle Kette von vergeblichen Reformversuchen, Bodenspekulationen und immer neuen »Rechtsansprüchen« in Bewegung. Erst im Jahre 1929 stellte das *Kikuyu Land Inquiring Committee* den alten Irrtum richtig, daß es bei den Kikuyu kein Privateigentum an Land gebe[18]. Für eine durchgreifende Reform aber war es zu spät. Längst hatten findige Eingeborene von den Weißen gelernt, daß »Land« ein Gut ist, welches man auf den Markt bringen kann. Das bedeutete eine völlige Verkehrung der alten Bantu-Auffassung und ist wohl die radikalste Veränderung, welche die Geistesverfassung der Eingeborenen unter dem Einfluß kapitalistischer Denkweisen durchgemacht hat. Reich gewordene Kikuyu kauften das Land ärmerer Stammesgenossen auf und vermehrten so die Zahl des landlosen Proletariats, und auch Kolonialinder beteiligten sich an der Bodenspekulation[19]. Der Versuch, den grundsätzlich als berechtigt anerkannten Klagen der Kikuyu gerecht zu werden, scheiterte. Viele Eingeborene meldeten jetzt Ansprüche auf Land an, das ihnen oder ihren Vorfahren niemals gehört hatte, oder sie stellten, politisch radikalisiert durch die *Kikuyu Central Association,* viel zu hohe Ansprüche. Nach dem ersten Weltkrieg wurden auch britische Veteranen im Kenya-Hochlande angesiedelt; dabei scheint auch die ausdrücklich den Eingeborenen vorbehaltene Landesreserve angegriffen worden zu sein, und heimgekehrte Afrikaner, die im Dienste der Alliierten gefochten hatten, fanden ihre Eltern von der Scholle vertrieben[20].

So wurden Recht und Unrecht aufeinandergetürmt, und, was schlimmer ist, Unrecht erscheint im Gewande des Rechts. Leakey faßt sein Urteil dahin zusammen: die tieferliegende Hauptursache der Mau-Mau-Bewegung liegt im Landproblem.

Dabei bezeichnet Leaky selbst den Anteil des Landes, das den Kikuyu im eigentlichen Sinne für weiße Besiedlung »weggenommen« worden sei, als »infinitesimal«. Psycho-

17 *Leakey* 1953, S. 46, 84 ff., 90. – *Hobley,* S. 320 ff. – *Leakey* 1954, S. 138 f.
18 *Leakey* 1953, S. 104 f., 90. – *Kenyatta,* Facing . . ., S. XX f., 21, 26.
19 *Leakey* 1953, S. 90, 92. – Vgl. *Goodfellow,* S. 86, 88. – *Thurnwald,* Black and White, S. 221.
20 *Leakey* 1953, S. 91 ff. – *Thurnwald* 1939, S. 221. – *Kenyatta,* Kenya, S. 11.

logisch aber muß dieser Anteil doch zu groß gewesen sein, weil sonst die politische Agitation sich seiner nicht hätte als Hauptargument bedienen können[21].
In den letzten Jahren vor dem zweiten Weltkriege machten viel böses Blut mehrere von der Regierung verfügte Zwangsumsiedlungen, wobei 1937 u. a. zehn *mbari's* aus Tigoni enteignet und nach Nyamweru verpflanzt wurden. Eine andere Zwangsumsiedlung betraf den Stamm der Taita. 1943 brach in den afrikanischen Reservationen eine Hungersnot aus, weil es an Erntearbeitern fehlte, denn 250 000 Männer waren teils als Kontraktarbeiter, teils zum Militärdienst eingezogen[22].

Die Reaktion: Ein Stamm in der Krisis

Die Reaktion der Kikuyu läßt sich soziologisch als *Entwurzelung* und teilweise *Proletarisierung* kennzeichnen, kulturpsychologisch als *Individualisierung der Motive,* sozialpsychologisch als *Festlegung auf Symbole des Widerstandes* und psychopathologisch als *kulturelle Kontaktneurose.*
Der Wandel ist überaus schnell hereingebrochen, innerhalb von ein bis zwei Generationen wurde die alte Sozialverfassung untergraben; ebenso aber die religiöse Vorstellungswelt unter dem Einfluß der christlichen Missionare. Unter den demographisch-soziographischen Faktoren sind das Bevölkerungswachstum und die *Steigerung der Mobilität* hervorzuheben. Der ganze Stamm kam in Bewegung, aus den übervölkerten Distrikten strömten viele Sippen ab, um im Masai- oder Kisii-Gebiet neue Landrechte zu adoptieren. Noch zahlreichere strömten in die Städte, — aber hier ist die Entwurzelung nur partiell, denn viele wohnen eigentlich auf dem Lande, behalten dort ihr Heim bei und streben um jeden Preis dorthin zurück, denn ein Stückchen Land ist für den Kikuyu alles, ist die »Mutter« des Stammes. Der Typ des *Wanderarbeiters* ist also nicht eigentlich entwurzelt, er wehrt sich vielmehr gegen die Entwurzelung, von der er dauernd bedroht bleibt. Ein entscheidender Faktor für die Veränderung der Denk- und Verhaltensweisen ist die *Geldwirtschaft.* An Stelle der früheren Bekräftigungssymbole tritt mit dem Gelde jetzt der echte Kauf, und nicht nur Land wird jetzt gekauft und verkauft, sondern oft auch die Braut, so daß nunmehr der Ausdruck »Brautpreis« wirklich berechtigt ist. Aber auch Prostitution kommt jetzt in den Vorstädten auf, – das Verbot der Polygynie setzt viele Mädchen für den Markt frei[23].
Leakey, selbst Sohn eines Missionars, betont nachdrücklich, daß durch die Lehren der christlichen Missionare zunächst ein psychologisches Vakuum entstanden sei. In der Tat ist die Vorstellung, Menschen könnten schlicht ihre Religion auf Predigt hin »wechseln«, kindlich. Die Infragestellung des bisher Geglaubten muß zunächst einmal ein Vakuum des Skeptizismus schaffen, und es ist die Frage, wie dieses ausgefüllt werden kann. Bei den Kikuyu wurden die alten traditionellen Werte, vermittelt durch die erzieherische Wirkung des gestaffelten Initiationssystems, ausgehöhlt, ohne daß neue

[21] Es ist vielleicht »infinitesimal« auf das Ganze der kultivierbaren Bodenfläche bezogen, aber nicht, wenn man allein das fruchtbare Hochland in Betracht zieht.
[22] *Kenyatta,* Kenya, S. 19 ff., 25.
[23] *Leakey* 1953, S. 94 ff., 14 f. – *Leakey* 1931, S. 281.

Werte in ausreichendem Maße an ihre Stelle traten. Kriminalität, Meineide, Unredlichkeit nahmen zu – eben weil die bindende Kraft der alten Mächte keinen Glauben mehr fand. Ein Faktor, der den Skeptizismus vermehrt, ist das Neben-, Gegen- und Durcheinander der verschiedenen Missionen, eine Beobachtung, die man überall machen kann, wo verschiedene, besonders konfessionsverschiedene Missionen miteinander konkurrieren um die Seele der Eingeborenen. Leakey sagt: Anstatt den Eingeborenen ein Christentum des 20. Jahrhunderts zu bieten, wie es die Missionen taten, hätten sie an die alte Religion der Eingeborenen und die verwandten alttestamentlichen Züge anknüpfend hierauf die Lehren des Neuen Testaments aufbauen sollen. Aber dies ist leicht gesagt! Nachdem die Bibel übersetzt und die Lesekunst vielen Eingeborenen beigebracht worden war, war es unvermeidlich, daß ihre Sophistik in den Lehren Jesu keine Verdammung der Polygynie, diese hingegen im Alten Testament als eine weitverbreitete Institution bezeugt fand, so daß die Verdammung der Polygynie durch die Missionare als deren eigenmächtige, durch nichts autorisierte Zutat erscheinen mußte[24]. Die Logik der Kikuyu ging hier genau dieselben Wege wie die Logik anderer frischbekehrter Naturvölker und vieler Sektierer. Entsprechendes gilt hinsichtlich der Beschneidung, besonders der Mädchen-Beschneidung (Klitoridektomie). Sie ist eingewurzelter Brauch bei den Kikuyu und mit dem ganzen Initiationswesen so eng verbunden, daß sie sich kaum herauslösen läßt. Jomo Kenyatta sagt: Kein ordentlicher Kikuyu würde ein Mädchen heiraten, das die Beschneidungszeremonie nicht durchgemacht hat, sie ist nach Kikuyu-Auffassung die *conditio sine qua non* für Geschlechtsverkehr und Ehe[25]. Leakey und Kenyatta stimmen überein in dem Urteil, daß die Klitoridektomie aus medizinischen Rücksichten vielleicht abwegig war (sie führt in manchen Fällen zu Sepsis, Vernarbung und späteren Geburtsschwierigkeiten), aber dennoch aus psychologischen Rücksichten mit Vorsicht hätte behandelt werden sollen. Statt dessen setzte 1929 ein Feldzug der *Church of Scotland Mission* ein, der den Brauch bei ihren Gläubigen radikal verbieten sollte. In der dadurch heraufbeschworenen erbitterten Kontroverse beriefen sich die Kikuyu u. a. darauf, daß in ihren Bibelübersetzungen für »Jungfrau« das Wort *muiritu* gewählt worden sei (Matth. I 23; Luk. I 27); *muiritu* aber bedeutet ein initiiertes, also klitoridektomiertes Mädchen, das bereits einen Geliebten hat, mit dem jede Intimität unter Ausschluß des Äußersten erlaubt ist. Der Feldzug der Missionare gegen die »female circumcision« mußte danach den Kikuyu als ungereimt erscheinen: die Gottesmutter, *Muiritu Mariamu*, war nach ihren Begriffen eine Initiierte. Für die Zirkumzision selbst hatte die Bibelübersetzung das Wort *irua* gewählt, was im engeren Sinne den Beschneidungseingriff bei beiden Geschlechtern, im weiteren Sinne aber auch die Initiationszeremonie als Gesamtablauf bedeutet, von dem der Eingriff nur ein Teil ist. Ein besonderes Wort für den Eingriff allein haben die Kikuyu nicht. Dazu beriefen sich die Kikuyu auf das Paulus-Wort (I. Kor. 7, 19): »Die Beschneidung *(irua)* ist nichts, und die Nicht-Beschneidung ist auch nichts.« Wozu also die Aufregung der Missionare[26]? Wichtiger als diese philologische

[24] *Leakey* 1954, S. 45 f.
[25] *Kenyatta,* Facing, S. 132. – *Leakey* 1931, S. 277.
[26] *Leakey* 1931, S. 277–280. – *Leakey* 1953, S. 113 f. – *Kenyatta,* Facing, S. 133, 153. – Vgl. *Routledge,* S. 154 ff.

Logik ist aber Leakeys Beobachtung, daß die Zirkumzision und die Klitoridektomie als *äußere Zeichen* in den letzten Jahrzehnten um so mehr in den Vordergrund geschoben worden waren, je mehr die Initiation als ganzer, charakterschulender Vorgang ihrer inneren Gehalte skeptizistisch entleert wurde. *Die Veräußerlichung des Ritus* als ein immanenter Prozeß, der mehr oder weniger das Schicksal aller Riten ist, ist in diesem Fall verstärkt worden durch die Entleerung des inneren Sinnes, ja mehr: die Klitoridektomie als ein von den weißen Missionaren angegriffener Brauch wird jetzt geradezu zu einem Symbol des Widerstandes gegen »Überfremdung«. Je mehr die Kikuyu durch die Landexpropriation an Rechten einbüßten, mit um so heftigerer Obsession versteifen sie sich auf das Festhalten an diesem einen Symbol ihrer Stammes-Integrität und -Identität. Anders ist die Heftigkeit ihrer Gegenwehr kaum zu erklären, da ansonsten gerade die junge Kikuyu-Generation sich als aufgeschlossen für modernistische, ja rationalistische Tendenzen erwies[27].

Ihr Lerneifer überstieg sogar weit das gewöhnliche Maß und wird von allen Beobachtern hervorgehoben. Den Schülern der Missionsschulen gesellt sich die nicht geringe Zahl derjenigen Kikuyu zu, die im Auslande (England, auch Indien) sich Kenntnisse erworben, sowie der Kriegsteilnehmer, die auf fremden Kriegsschauplätzen (Abessinien, Burma, Europa) ihren Horizont erweitert haben. Bemerkenswert aber ist vor allem das Hinausdrängen der Kikuyu über die rein religiös-missionarische Perspektive in Erziehungsdingen, ihr Verlangen nach »weltlicher« Unterweisung, wie es dann elementar in der Gründung unabhängiger weltlicher Schulen zum Ausdruck kommt. Auf Thurnwalds Beobachtungen in den Missionsschulen haben wir bereits hingewiesen. Charakteristisch ist, daß die Schüler selbst des öfteren Vergleiche zwischen der »alten« und der »neuen« Zeit anstellen. Merkwürdigerweise steht dabei die eifrige Bereitschaft, »Neues« in der Schule zu lernen, nicht im Gegensatz zu der ausgesprochenen Vorliebe der Knaben für alte Bräuche, das Ziegen- und Schafehüten, Tänze, Musik, Schnitzerei, Heiratsriten; – ein Befund, der gegen die allzu primitiven Antithesen in der üblichen Auffassung der »nativistischen« Reaktionen spricht. Die technischen Verbesserungen, Hygiene, Sport usw. werden bejaht, – aber die *Gefühlswelt* ist durch die alten Sitten bestimmt[28].

Ob sich damals (1930 bis 1931) die spätere Katastrophe schon voraussehen ließ? Kaum. Aber die Kikuyu galten schon lange für alle Kenner der Verhältnisse als »schwierig«[29] Die Zeugnisse dafür treten in vielen Äußerungen der dreißiger Jahre zutage. Dem italienischen Consolata-Missionar Cagnolo z. B., der dreißig Jahre unter den Kikuyu gewirkt hatte, fällt es (in seinem 1933 erschienen Buche) auf, daß sie »ein neues Bewußtsein« erworben hätten, sie erscheinen irgendwie derangiert, maßlos, unklug geworden, und »unter der vergiftenden Wirkung bolschewistischer Doktrinen« mit Forderungen vorprellend, für die sie tatsächlich nicht gerüstet sind, »und so rennen sie blindlings in den Konflikt hinein« (!)[30] Trotz aller Bereitschaft zur Übernahme von

[27] *Leakey* 1953, S. 38 f. – *Thurnwald,* Black and White, S. 144 f., 372. – Ebenso *H. Thurnwald,* S. 12. Für Bantu-Kavirondo vgl. *Wagner,* Reifeweihen, S. 98 ff.
[28] *Thurnwald,* Black and White, S. 326.
[29] Z. B. *Cagnolo,* S. 20: »The Kikuyu is extremely jealous of his race and rights.«
[30] *Cagnolo,* S. 265.

»Fortschritten« enthüllt eine psychologisch tiefer dringende Beobachtung die neurotische Krise. Alte Tabus wurden von den Kikuyu von jeder beobachtet, sie bezogen sich auf alle möglichen Arten von »Verweigerung«. Jetzt aber stoßen wir selbst bei christlichen Kikuyu-Knaben, die in Häusern von Weißen dienen, auf einen merkwürdigen Abscheu gegen jede physische »Berührung«. Thurnwald bringt diese Kontaktscheu direkt mit dem Problem des Kulturkontakts in Zusammenhang: »Es scheint, daß der innige Kontakt der Kikuyu mit Europäern in der Kenya-Kolonie sie dazu geführt hat, ihre Symbole und traditionellen Einstellungen eifriger zu beschützen als andere Stämme, die sich nicht so in der Abwehr fühlen.«

Weiter gefaßt: Die Kikuyu reagieren auf den Kulturkontakt und die europäische Überwältigung und Überfremdung ähnlich wie die alten Juden auf die Seleukiden- und Römer-Herrschaft: durch eine Verstärkung ihres traditionellen rituellen Tabu- und »Reinheits«-Komplexes; wobei religionshistorisch wichtig ist, daß dieser rituelle Komplex in der Kikuyu-Religion aus jenen relgiösen Überlieferungen stammt, die Parallelen zur altjüdischen Religion aufweisen. Fremde Einflüsse werden als verunreinigend erlebt, man muß sie »wegwaschen«, woraus sich zwangslos das Motiv der Säuberung, angewandt auf alle Fremdlinge, ergibt. Wir werden sehen, wie eindeutig dieses Motiv in der *Watu wa Mngu-Bewegung* dann wiederkehrt: als Unfähigkeit, »fremde Götter« zu ertragen, woraus die kollektive Neurose und der Umschlag in die Aggression zwangsläufig hervorgehen.

Thurnwald konnte in seinen Folgerungen vor dreißig Jahren noch nicht so weit gehen. Aber das skeptische Fazit, das er in bezug auf die Zukunft zieht, soll doch hier wiedergegeben werden: »Äußerliche Modernisierung und intellektuelle Übung in der Schule sollten nicht überschätzt werden. Trotz allem, und sogar trotz der Bekehrung zum Christentum besteht eine sozio-psychologische Kluft, die nur in Ausnahmefällen überbrückt wird[31].«

Der Aufstand: Vorgeplänkel

Die Anfänge einer politischen Organisierung der Kenya-Afrikaner gehen auf die Zeit nach dem ersten Weltkrieg zurück. Jomo Kenyatta nennt als früheste Partei-Organisation die *East African Association,* deren Führer 1922 verhaftet wurde. Ein Protest dagegen in Nairobi sei von der Polizei mit einem Feuerüberfall beantwortet worden, – eine Parallele zu dem vielberufenen Massaker vom Amritsar in Indien. Die *East African Association* sei dann für illegal erklärt worden, sei aber nicht verschwunden, sondern unter Grund gegangen: Da Versammlungen verboten waren, kamen die Mitglieder heimlich zu Dreien oder Vieren zusammen, um ihre Agitation fortzusetzen: woran Kenyatta das bemerkenswerte Bekenntnis knüpft: »The Africans of Kenya had their *Maquis* long before Hitler appeared on the European scene[32].« Dieses Bekenntnis Kenyattas in einer Schrift, zu der Mahatma Gandhi, der erklärte Gegner

[31] *Thurnwald*-Zitate: Black and White, S. 372.
[32] *Kenyatta,* Kenya, S. 12 f.

aller subversiven Untergrundbewegungen, im Vorwort bemüht wird, verdient festgehalten zu werden.

Damit ist bereits ein »Pattern« für die folgende Zeit gegeben: Politische Parteien werden gegründet, wegen subversiver Agitation nach einiger Zeit verboten, gehen unter Grund, während an der Oberfläche eine legale Nachfolgepartei erscheint, die als Decke für die Untergrundbewegung dient. Indessen ist diese Decke doch nicht *nur* Decke. In Verbindung mit den politischen Parteien wird nämlich eine große Anzahl weltlicher, d. h. von den Missionen *unabhängiger Schulen* begründet, wozu die Regierung ihre Genehmigung erteilt hatte. Was in diesen Schulen geleistet worden ist, ist schwer zu sagen. Einerseits war das Bedürfnis der Kikuyu nach gesunder, praktischer Unterrichtung unverkennbar. Andererseits sind wir heute geneigt, diese Schulen von dem Effekt her zu beurteilen, den sie schließlich gehabt haben: der psychologischen Vorbereitung des Umsturzes. Cagnolo, der allerdings als Missionar urteilt, nannte diese Schulen schon vor dreißig Jahren »wahre Brutstätten des Bolschewismus« und behauptet, von der Zeit ihrer Einrichtung an sei ein ständiges Anschwellen der Xenophobie und kindischer Ansprüche und Empfindlichkeitein, nur ja alles selbst machen zu wollen, bei den Kikuyu festzustellen. Indessen ist der Drang bei einem kolonial überlagerten Stamme, sich von Bevormundung zu lösen, an und für sich nicht zu verurteilen; vielleicht hätte die Kolonialmacht dazu helfen sollen. Aber für einen Herrschenden ist bekanntlich nichts schwieriger als eine kontrollierte Emanzipation der Beherrschten.

Modern erzogene Kikuyu begründeten 1922 oder 1923 die *Kikuyu Central Association,* deren erklärtes Ziel anfangs allein war, für die Bodenrechte der Eingeborenen beim Kolonialamt und dessen Kommissionen einzutreten. Diese Bewegung radikalisierte sich aber alsbald, ihr Präsident Harry Thuku wurde verhaftet. Darauf ging die *Kikuyu Central Association* unter Grund, ihre Führer wurden Jomo Kenyatta, Jesse Kariuku und Joseph Kangatta. Während des zweiten Weltkrieges wurde die *Kikuyu Central Association* verboten. Alsbald entstand eine neue Partei, die *Kenya African Union,* deren Präsident Jomo Kenyatta 1946 wurde[33]. Diese *Union* wurde dann die Deckorganisation für die Vorbereitung des Mau-Mau-Aufstandes.

In engem Zusammenhang mit den politischen Organisationen standen die *separatistischen Kirchen und Schulen.* Diese haben später das Gros der Mau-Mau-Anhänger gestellt. Leakey bemerkt apologetisch, die Mehrzahl der Mau-Mau-Leute sei weder Christen noch altgläubige Heiden gewesen, sondern Scheinchristen. Aber was »Scheinchristen« sind, ist immer der subjektiven Definition überlassen, – Scheinchristen sind immer die anderen. Man wird vielleicht neutraler sagen dürfen, daß diese »Kirchen« und »Schulen« von der religiösen Seite her bemüht waren, das durch die Kulturkrise geschaffene psychologische Vakuum zu füllen. Aber das Religiöse ist hier so eng verfilzt mit dem Polemischen, Politischen und Subversiven, daß es sich kaum rein isolieren läßt. Die hauptsächlichen Denominationen wurden die *Kikuyu African Orthodox Church* und die *Kikuyu Independent Pentecostal Church,* dazu noch weitere, kleinere Sekten. Alle aber waren eng verbunden mit der *Kikuyu Central Association.* Diese Kirchen benutzten die von den Missionen herausgegebenen Bibelübersetzungen, lehnten

[33] *Cagnolo* 265. – *Leakey* 1953, 87 f., 110 f., 116. – *Kenyatta,* Kenya, S. 13 f.

hingegen jede Einmischung der europäischen Missionare scharf ab. Ferner wurden nach dem Muster der Missionsschulen auch unabhängige Schul-Organisationen begründet, wie schon erwähnt. Auch hier sind zwei Hauptorganisationen zu verzeichnen, die *Kikuyu Karinga Schools Organisation* und die *Kikuyu Indepedent School Association.* Vor allem Jomo Kenyatta selbst ist als Schulengründer hervorgetreten[34]. In diesen Schulen ist die antieuropäische Dogmatik ausgebildet worden, in ihnen wurde die »Mau-Mau-Religion« geboren.

Von den Streitigkeiten über die Mädchen-Beschneidung nahm 1929 noch eine andere Bewegung äußerlich ihren Ausgang, die sich *Watu wa Mngu* (Volk Gottes) nannte. Ihre Anhänger nannten sich wohl auch *Arathi* (»Seher« oder »Propheten«). Sie glaubten unmittelbar von Gott *(Mwene-Nyaga)* inspiriert und allwissend zu sein, wirkten Wunder und heilten Kranke. Als fahrendes Volk zogen sie durch das Land, ohne Heimat, Privateigentum erklärten sie für Sünde, denn alles gehört Gott. Christliche und Kikuyu-Elemente sind verschmolzen in dieser Religion der *Watu wa Mngu.* Wenn sie zu *Mwene Nyaga* beten, heben sie die Arme hoch zum Kenya-Berge (»facing Mount Kenya«, sagt Jomo Kenyatta, dem wir die frühesten Informationen über diese Bewegung verdanken; aber »Facing Mount Kenya« ist auch der Titel seines Buches!). Dabei ahmen sie Löwen- und Leopardenrufe nach und geraten in ekstatische Zappelzustände, die sie als Stigmen des Heiligen Geistes *(Roho Motheru)* auffassen; dann sind sie mit dem Gott vereint. Sie halten sich für das erwählte Volk Gottes und einen der verlorenen Stämme Israels. Auf ihre Wanderungen nehmen sie keine Nahrung mit, schlafen unter Bäumen oder auf Hügeln, meditieren in Höhlen. Ihre Lehre aber ist folgende: »Geld ist die Wurzel allen Übels.« Alle fremden, d. h. europäischen Gegenstände und Güter soll man wegwerfen oder verbrennen. Gott hat seinem Volke alles gegeben, darum sollen die Kikuyu alle unreinen Gegenstände meiden. Fremde Götter sind besudelt, kommen daher für heilige Riten nicht in Frage. Wer fremde Güter um sich herum duldet, zerstört die Verbindung mit Gott. Der Bibel entnehmen sie Parolen nationalistischen Gepräges, z. B.: »Fürsten sollen aus Afrika kommen, Äthiopien soll seine Hände nach Gott ausstrecken.« Davon ist auch das rituelle Erheben der Hände zum Berge Kenya abgeleitet. Aus der alten Kikuyu-Religion haben sie u. a. den Ahnenkult beibehalten. Die Polygynie halten sie in Übereinstimmung mit der Bibel für erlaubt.

Jomo Kenyattas Angaben über die *Watu wa Mngu*[35] enthüllen leider auch seine Fragwürdigkeit als Quelle. Einerseits behauptet er nämlich, die *Watu wa Mngu* hätten in die Politik nicht eingegriffen, seien vielmehr »rein religiös« gewesen. Andererseits berichtet er aber, die Regierung sei, nachdem sie sie anfangs für harmlose Narren gehalten habe, auf sie aufmerksam geworden und habe einige von ihnen wegen Agitation und Aufwiegelung eingesperrt. Im Gefängnis hätten sie nur gesungen. Die Regierung witterte Umsturzpläne und schloß einige ihrer Kultstätten in der Annahme, sie hielten dort heimlich politische Versammlungen ab. (Wie berechtigt dieser Verdacht war, werden wir sehen.) Es kam auch zu bewaffneten Zusammenstößen. Die *Watu wa Mngu*

[34] *Leakey* 1953, S. 114 ff. – *Leakey* 1954, S. 23 ff.
[35] *Kenyatta,* Facing, S. 273–279.

sollen Ndorobo-Schmiede geworben haben, um Kriegspfeile und Speere für eine zukünftige Revolte herzustellen, wozu Kenyatta bemerkt: das sei unwahr, denn Speere und Pfeile seien keine geeigneten Waffen gegen Maschinengewehre und Flugzeuge; die *Watu wa Mngu* hätten Bogen und Pfeile nur als Symbole gegen böse Geister verwendet. – Dazu wäre zu sagen, daß jede Insurrektion mit »Symbolen gegen böse Geister« anfängt. – Kenyatta schließt seine zwiespältigen Ausführungen mit dem Urteil, diese Sekte sei zur Zeit (1938) noch in ihrem Kindesstadium, ihr künftiges Wachstum und ihre künftige Tätigkeit müßten durch ethnologische Feldforschung untersucht werden.

Kenyatta hat sich geirrt: Die weitere Entwicklung der *Watu wa Mngu* war keine Angelegenheit der Ethnologen mehr, sondern nur noch der Kolonialregierung, die 1942 eine Untersuchung anstellte und 1947 ein Verbot der Sekte folgen ließ.

Der amtliche Bericht stellt ein starkes Anwachsen der Sekte fest, aber auch ein Schisma in zwei Richtungen, den *Saturday Branch* und den *Sunday Branch*, nach dem Feiertage, den sie anerkennen. Der *Saturday Branch* ist offenbar von *Seventh Day Adventists* bei den Kisii beeinflußt, überhaupt ist ein Hinausgreifen über die Grenzen Kenyas nach Nyanza festzustellen. Fremde Beeinflussung liegt auch in der Tracht beider Zweige vor: Die Barttracht der *Arathi* weist auf katholisch-missionarische Vorbilder, Turbane auf islamische, anderes gemahnt an die Oxford-Christen und die Heilsarmee. Es liegt also ein bunter Synkretismus vor. Die Ablehnung aller fremden Dinge scheint jetzt nicht mehr zu bestehen, gegen alte Kikuyu-Bräuche ist sogar eine ausgesprochene Gleichgültigkeit zu bemerken. Die Anhänger tragen Kleider fremder Machart, benutzen auch Autobusse und Fahrräder, hingegen lehnen sie europäisches Schuhwerk ab, und ihre Häuser, Kirchen und Schulen dürfen nur aus einheimischem Material erbaut sein. Sie haben eigene Schulen mit roten Fahnen, die Erziehung folgt dem Alten Testament. Bei Erweckungsversammlungen gebrauchen sie Trommeln. Auch auf das »Löwengebrüll« nimmt der Bericht Bezug und führt es auf Jes. V zurück.

Wichtiger als alles dies ist aber die Stellung der *Watu wa Mngu* zur Obrigkeit in dieser neuen Phase. Diese wird nicht einfach abgelehnt, man muß ihr gehorchen, – »Gebt dem Cäsar, was des Cäsars ist« – *aber:* Die Teilnahme jedes Einzelnen z. B. an behördlich angeordneten Gemeindearbeiten ist an die Zustimmung des Heiligen Geistes gebunden, der durch den Mund des *Arathi* spricht. Ist dieser nicht vom Heiligen Geiste inspiriert, so kann die Mitarbeit verweigert werden! – Der Bericht bemerkt dazu trocken: »Hinsichtlich dieser Tatsache, erweisen sich die *Arathi* als ein Hindernis der Verwaltung.« In der Tat behinderten sie in einigen Gebieten kommunale Arbeiten. Hinzu komme eine »passive Resistenz« gegen medizinische Hilfe und Krankheitsverhütung, z. B. Widerstand gegen Impfungen und gegen die Vernichtung von Ratten[36].

Einige der in dem Bericht erwähnten Eigenheiten der *Watu wa Mngu:* das Beharren auf der Verwendung nur eigenen Materials zum Hausbau, die »stillhaltenden« Non-Cooperations-Methoden u. a. m. erwecken den Eindruck, daß die *Watu wa Mngu* irgendwie durch die indischen Resistenz-Methoden Gandhischer Prägung beeinflußt worden seien, sei es direkt durch indische Kolonisten in Kenya, sei es durch vermittelte

[36] *Farson,* S. 223 ff.

Propaganda. Anderes, wie der »Reinheits-Komplex« und der Haß gegen »fremde Götter« mutet alttestamentlich an. –
Die *Watu wa Mngu* sind aber in den Jahren des zweiten Weltkrieges nicht die einzige sektarische Bewegung gewesen. Es verbreiteten sich negerchristliche Kirchen damals über weite Teile Afrikas und schlugen mit ihren Wellen auch nach Kenya, z. B. die Zeugen Jehovas, die bei den Kikuyu *Dini ya Msambwa* (»Kult der guten Geister«) hießen; ferner Abarten des »Äthiopismus«, der seinen Schwerpunkt in Südafrika hatte, der »Wachtturm-Bewegung«, die vor allem in Tanganyika verbreitet war; und der *Dini ya Roho* (»Heiliger Geist«-Kult), mit dem Schwerpunkt in Kavirondo. Sie alle erschienen den Kolonialbehörden wenigstens anfangs als »harmlos« (»merely the result of religious frenzy«), aber *Farson* urteilt schon 1949 präzise: »It is folly to try to assert that these cults have no political significance. Their aim to escape white supervision, to get back to the past, is in itself political[37].«
Wichtiger aber noch als die Bestrebungen dieser religiös-politischen Bewegungen wurde die *Kenya African Union* als politische Partei, die sich in den letzten Jahren vor dem zweiten Weltkriege mehr und mehr radikalisierte, die Messias-Hoffnungen auf Jomo Kenyatta als bewußte Spekulation auf die Gefühle des Volkes in die Agitation einbezog und auch Beziehungen zum Auslande (Sowjet-Union, Indien) unterhielt. Eines ihrer interessantesten, für das englisch sprechende Ausland, besonders für die indische Öffentlichkeit bestimmten Pamphlete ist die Schrift Jomo Kenyattas, »Kenya, the Land of Conflict«. Kenyatta legt darin die Geschichte der Kikuyu-britischen Beziehungen dar, so wie er sie sieht, ein merkwürdiges Gemisch von legendären, halb-historischen und statistischen Angaben. Natürlich werden dabei auch alle Gravamina der Kikuyu aufgezählt, u. a. die Rassen-Diskrimination, wobei Kenyatta sich zu dem Urteil versteigt: »As far as the Africans are concerned, the administrative policy is not unlike that of totalitarian regime.« Das Kapitel über die Ankunft der Europäer in Kenya ist überschrieben: »Muzungu arrives«, – *muzungu,* erläutert Kenyatta dazu, ist der Bantu-Name für Europäer und bedeutet so viel wie »crazy or dizzy«. Zweideutig sind die Ausführungen im Schlußkapitel »The Future«. Es heißt dort, die Briten säßen fest im Sattel in Kenya, »but, whatever we may think of their methods, their foothold is secure, and it would be impossible to turn them out without a bloody insurrection«. Die Afrikaner freilich, fährt er sogleich fort, wollten aber einen solchen Aufstand nicht, wobei man bedenken muß, daß, als die 2. Auflage dieser Schrift erschien (1953), der Mau-Mau-Aufstand bereits auf seinem Höhepunkt war. Die positiven Forderungen der Afrikaner sind nach Kenyatta folgende: Grund und Boden, moderne Erziehung, moderne Methoden in Landbau und Viehzucht, Gesundheitsfürsorge und soziale Wohlfahrt, bürgerliche Freiheit, Selbstregierung[38]. – Alle diese Ideale und Praktiken stammen aber aus Europa! Interessanterweise umfassen Kenyattas Forderungen die Fortschritte, welche durch europäische Einwirkung auf dem kolonialen Boden bereits gestartet worden waren, und von denen er nichts wissen würde, wenn die Briten niemals sein Land kolonisiert hätten. Es passiert Kenyatta das Typische,

[37] *Farson,* S. 218 f., 230 ff. – Zit.: S. 230.
[38] *Kenyatta,* Kenya, S. 5, 26.

was allen enragierten farbigen Anti-Kolonialisten passiert: Sie messen die höchst real bei ihnen bereits importierten Fortschritte unbewußt an einem *selbst progressiv gewordenen Fortschrittsverlangen,* wodurch sie natürlich psychologisch irreal werden[39]. Schlichter ausgedrückt kann man diese Einstellung auch »Verblendung« nennen.

Der Aufstand: Manifester Terror

Trotz aller dieser drohenden Sturmzeichen kam der Aufstand der Mau-Mau 1948 völlig überraschend. Neu war nicht nur der Name (dessen Deutung umstritten ist), neu waren vor allem die Methoden: Durch Zwangs-Eide gepreßte Anhänger ziehen in Banden durch die Lande, überfallen und verbrennen Gehöfte, ermorden Weiße, ermorden aber vor allem ihre den Weißen treu ergebenen Stammesgenossen, die verhaßten »Loyalisten«; rächen jeden Verrat auf bestialische Weise, schonen auch Schwangere und Kinder nicht und geben unmißverständlich zu verstehen, daß sie diesen Terror fortsetzen wollen, bis die Weißen den »gestohlenen« Grund und Boden frei geben, selber aber das Land verlassen. In wenigen Jahren hallt das Land wider von den verübten Untaten der terroristischen »Gangs«: Rauben, Morden, Massakern, verbrannten Ernten, verbrannten Dörfern und Schulen. Viele Menschen verlassen ihre Heimat und verbergen sich in den Wäldern, – aber gerade diese Entwurzelten sind in Gefahr, von den Mau-Mau als Anhänger gepreßt zu werden: Es ist *System* in dieser terroristischen Methode.

Alsbald wird erkennbar, daß die Terror-Organisation vor allem unter den *Squatters* auf europäischen Farmen, aber auch unter den halbverstädterten Waldarbeitern und anderen Halb-Entwurzelten ihre Anhängerschaft, jedenfalls ihr »Reservoir« findet. (Denn man weiß nie, wie weit die echte, gesinnungsmäßige Anhängerschaft in diesen Gemeinschaften des Verbrechens geht.) Viele Mau-Mau-Leute stammen auch aus den unabhängigen Schulen, und irgendwie ist die *Kenya Central Union* die Deckorganisation der »Gangs«. Ihre Ausdehnung ist wegen der Geheimhaltung schwer übersehbar: Man weiß nicht, wie stark der Kern der echten Fanatiker ist, und wo das Gros der Gepreßten beginnt. Manches erfährt man durch die schwarzen Christen, soweit sie loyalistisch sind: diese oder ihre Angehörigen findet man dann später als Verräter gräßlich verstümmelt. Zeugen verschwinden, man weiß nicht, sind sie geflohen oder beseitigt worden? Aber das, was durchsickert, ermöglicht es schließlich der Regierung, durchzugreifen. Sie setzt Truppen ein und erklärt 1952 – reichlich spät! – den Ausnahmezustand. An verborgenen Stellen findet man Waffenfabriken und Arsenale. Es gelingt, die Rädelsführer zu fassen, sie werden gerichtlich verurteilt und festgesetzt. Jomo Kenyatta ist der Prominenteste unter ihnen. Aber völlig erloschen ist der Aufstand bis heute nicht. Zeitweilig greift er auch auf andere Stämme über, auch die Randgebiete Tanganyikas werden ergriffen. Die Nachbarstämme der Kamba, Taita, Luo, Kavirondo-Bantu, Masai und Kipsigis sind mehr oder weniger in Mitleidenschaft gezogen[40].

[39] Unter demselben Dilemma leiden alle modernen Wohlfahrts-Gesellschaften.
[40] *Leakey* 1954, S. 103 ff.

Was wir heute wissen, ist zum Teil durch die Gerichtsverhandlungen offenbar geworden. Ein eigentliches politisches »Programm« hatten die Mau-Mau nicht. Nach Leakey kann man aber ihre Forderungen in folgende Punkte gliedern:

1. *Das von den Weißen »gestohlene« Land soll zurückgegeben werden.* – Diese Landforderungen umfaßten nach Leakey aber auch zahlreiche Territorien, die sich niemals in Kikuyu-Hand befunden hatten[41].
2. *Selbstregierung.* – Diese Forderung resultiert aus den Nachrichten, die die Kikuyu über die Verselbständigung Indiens, Pakistans, Burmas und der Goldküste gehört hatten. Noch näher räumlich lag ihnen Abessinien, das im zweiten Weltkriege seine Unabhängigkeit von Italien zurückgewonnen hatte.
3. *Vernichtung des Christentums.* – Verstanden wird hierunter das Missionschristentum der Weißen, zusamt allen aus der Bibel selbst nicht begründbaren Forderungen. Die Mau-Mau gerierten sich selbst als Träger einer neuen Religion.
4. *Wiederherstellung alter Bräuche.* – Dieser Punkt wurde mit der geringsten Energie vertreten und niemals ganz ernst genommen, aber das Eintreten für die Polygynie, die Initiationszeremonien und die Opfer an die Ahnengeister war populär. Besonders fanatische Mau-Mau-Führer versuchten auch, Tabus auf das Zigarettenrauchen, das Trinken von englischem Bier und das Tragen von Hüten zu legen; und Tausende Kikuyus, auch Loyalisten, ließen sich durch diesen Boykott einschüchtern, um nicht aufzufallen und Repressalien herauszufordern. Dieser terroristische Boykott beherrschte zeitweilig die Öffentlichkeit von Nairobi.
Leakey betont die Künstlichkeit und Unechtheit dieses Programmpunktes. Tatsächlich seien durch die Eidverpflichtungen von den Mau-Mau-Anhängern Handlungen gefordert worden, die im Gegensatz zu den altüberlieferten Sitten standen[42].
5. *Vertreibung aller Fremden.* – Dieser Punkt ist Voraussetzung für die Erfüllung aller übrigen Punkte. Er wird »sozial« begründet mit dem Hinweis auf den Reichtum und den hohen Lebensstandard der Weißen und die Armut und Verelendung der Afrikaner. (Er kann also als eine besondere Stilisierung des Klassenkampf-Gedankens bezeichnet werden.) Der entgegengesetzte Hinweis auf die zivilisatorischen Importe der Weißen – Erziehung, Technik, Medizin – wird weggeredet mit der Versicherung, man werde selbst in dieser Hinsicht noch viel mehr tun, *wenn nur erst die Weißen weg wären:* dies sei die unumgängliche Voraussetzung für jeden Fortschritt in bezug auf Wohlstand und Wohlfahrt der Eingeborenen[43].
6. *Abschaffung der Bodenverbesserung.* – Diese Forderung richtet sich gegen die von der Regierung empfohlenen Maßnahmen gegen die Bodenerosion (Gräben, Anpflanzen von Strauchwerk gegen die Abschwemmung usw.), Arbeiten, die besonders den Kikuyu-Frauen lästig sind, weil diese den auf Dauer berechneten Nutzen nicht einsehen. Dieser Propaganda-Punkt war also besonders auf die Frauen berechnet.

[41] Ebda., S. 21 ff.
[42] Ebda., S. 27 f.
[43] Die hier entwickelte Logik der Kikuyu ist nicht ihre Spezialität; sie ist vielmehr typisch für nahezu alle noch kolonial überlagerten Länder der Erde, – wie sie auch typisch war z. B. für Indien vor 1947.

7. Vermehrung der weltlichen Erziehung, – ein Punkt, der vor allem die ausbildungshungrige Jugend gewinnen will. Er knüpft an ein wirkliches Bedürfnis an und entfaltet anhaltende Wirkungskraft.

Lenken wir nunmehr den Blick auf die *terroristischen Methoden der Verbandsbildung und der politischen Aktionen.*

Die Art, wie die Mau-Mau ihre eigene Exekutive rekrutierten, folgt dem soziologischen Gesetz der *solidarisierenden Wirkung des Verbrechens,* und zwar mit einer speziell afrikanischen Note, nämlich durch *magischen Eidzwang.*

Die unbedingt zwingende Wirkung des Mau-Mau-Eides folgt einem alten kulturellen Muster der Kikuyu[44]. Leakey bestreitet dies allerdings für die Fälle, in denen der Schwur selbst erzwungen ist, doch sind wir von seinen Ausführungen diesmal nicht ganz überzeugt. Die bindende Wirkung liegt in der mit dem Schwur verbundenen Form der Selbstverfluchung für den Fall des Ungehorsams oder Verrats. Die Art des Effekts trägt bei den Kikuyu unverkennbar die Merkmale einer kollektiven Zwangsneurose.

Der Mau-Mau-Eid tritt zunächst an die Stelle der alten Initiation: der Schwurvorgang wird ausdrücklich als *kurua,* »initiiert werden« bezeichnet, ein Wort, das für jeden Kikuyu numinosen Klang hat; es besagt also, daß niemand ein wirklicher Kikuyu sein kann, der nicht solcherweise geschworen hat. Weiter hat der Mau-Mau-Eid aber auch Stufen von steigender Gräßlichkeit der geforderten Taten, denen korrelativ eine steigende Gräßlichkeit des Schicksals entspricht, das den Eidbrüchigen erwartet. Die erste Stufe des Eides nennt Leakey noch vergleichsweise harmlos, wiewohl bereits kriminell; die späteren sechs oder sieben Stufen wurden erst nach der Erklärung des Notstandes durch die Regierung (1952) eingeführt, waren also eine Antwort hierauf mit verstärktem Terror. Der Inhalt der Gelöbnisse entzieht sich nach Leakey der Möglichkeit einer Wiedergabe, er war so, daß der Täter für den Rest seines Lebens »unrein« und auch nach traditionellem Eingeborenenrecht unentsühnbar wurde. Leakey meint, diese Taten gingen nicht auf Eidbefehle der ursprünglichen Mau-Mau-Führung zurück, sondern auf die Befehle perverser Persönlichkeiten, die nach der Verhaftung der ersten Führergarnitur das Heft in die Hand bekamen. Noch heute *glaube* die Mehrheit der Kikuyu nicht an die Wahrheit der geschehenen Untaten, weil sie für ihre Phantasie unvorstellbar seien; wenn man den Kikuyu von diesen Dingen erzähle, schüttelten sie den Kopf und sagten: »Das kann nicht sein[45]«

Gegen Verräter und Ungehorsame verfuhr man nach dem geheimbündischen Muster der Feme-Gerichtsbarkeit.

Die Anwendung von Einschüchterung, Drohung, Folter und Zwang verfehlte mitunter ihre Wirkung. Leakey erwähnt das Massaker von Lari, bei dem Menschen lebendig verbrannt, Schwangere bei lebendigem Leibe aufgeschnitten, Säuglinge aufgespießt wurden. Die Folge dieser Untaten war aber ein rapides Sinken der Anhängerzahl der Mau-Mau. Man wird daraus aber nur schließen dürfen, daß die *werbende* Kraft des

[44] *Leakey* 1953, S. 9, 121 f. – *Leakey* 1954, S. 16, 49 ff., 77 ff. – *Lambert* 1956, S. 90 f. – *Dundas,* S. 253 ff. – *Hobbley,* S. 238 ff.

[45] Dies entspricht der ersten Reaktion vieler Deutscher 1945 nach dem öffentlichen Bekanntwerden der KZ-Greuel.

Terrors Grenzen hat, die durch den Mangel an realen Machtmitteln nicht überschritten werden können. Auf eine *werbende* Wirkung aber waren die Mau-Mau-Aktionen in erster Linie angelegt, sie sollten die schwarze Bevölkerung den Europäern abspenstig machen. Daher richteten sich die meisten Gewalttaten ja auch nicht gegen Weiße, sondern gegen die »Loyalisten« des eigenen Stammes. Die Weißen mittels Terror zu besiegen, konnte man nicht hoffen, man wollte ihnen aber das Leben so schwer machen, daß sie »freiwillig« aus dem Lande gingen. Dieses Ziel konnte man besser als durch direkte Aktionen gegen weiße Farmer dadurch erreichen, daß man deren schwarzes Personal so einschüchterte, daß es den Dienst quittierte. Diese Spekulation ist weitgehend erfolgreich gewesen[46]. –

Auch über die *Organisation* der Mau-Mau haben wir erst durch die Gerichtsverfahren Aufschluß erhalten. Sie besteht in *geheimbündisch aufgebauten Zellen*, deren Tätigkeit nach außen hin durch eine Deckorganisation verschleiert wird. Eine derselben war die *Kenya African Union* mit ihren an und für sich legalen Massenversammlungen. An diese aber schlossen sich heimliche Zusammenkünfte kleinerer Gruppen an, und dies waren eben die Schwurverbände. Außerdem gab es noch andere harmlose musikalische und kulturelle Klubs als Deckorganisationen. Die Schwurzeremonien fanden meist spät abends statt. Es wurden dabei neue Mitglieder initiiert, Instruktionen erteilt, Mitteilungen bekanntgegeben. Jeder Funktionär hatte seinen Vertreter, so daß im Falle seiner Verhaftung die Organisation intakt blieb. Diese »Zellen« waren wieder unterteilt in »Räte« mit eigener, stets bewaffneter »Polizei«- oder »Askari«-Truppe als Exekutive, von denen viele ehemalige Strafgefangene waren. Mit den »Räten« waren die Feme-Gerichtshöfe verbunden. Für alle Trupps gab es Geheimparolen, Decknamen für Organisationen, Personen, Waffen usw.[47]. Die auf die Bevölkerung losgelassenen Banden waren aber selbst oft nur *ad hoc* gebildete Tarn-Trupps, welche die wirkliche Aktivität der Mau-Mau verschleiern sollten. Bei ihrer Bekämpfung hat man zeitweilig mit Erfolg sich der Methode bedient, »Pseudo-Gegen-Gangs« zu bilden; über deren Einsatz hat Major Kitson berichtet.

Wir wissen heute auch, wie diese vielschichtige Organisation sich herausgebildet hat. Sie entstand aus einer geheimbündischen Kadertruppe in den unzugänglichen Aberdares-Bergen, einem traditionellen Asyl für Abenteurer, *gens sans aveu*, polizeilich Verfolgte und Unzufriedene, als eine typische *colluvies eradicatorum et dispersorum*. Das allda zusammengesiebte »Menschenmaterial« weist auch die typischen psychologischen Merkmale einer solchen *Colluvies* auf: die sich verhärtenden Züge eines Paria-Bewußtseins, und zwar eines solchen der »kriminellen Unterwelt«, deren Angehörige durch fortgesetzte Untaten immer enger aneinander geschmiedet werden. Hier entstanden Ausbildungslager, Munitions- und Waffendepots, hier entstand der Führungsstab, und hier bildeten sich die ersten »Zellen«. Von diesen aus wurde das Land beschickt, aber nicht nur das Land, sondern nach Verübung *ad hoc* verübter Straftaten und dementsprechender Verurteilung bewußt auch die Gefängnisse: Der eingesperrte Funktionär warb dann im Gefängnis neue Genossen, die nach ihrer Entlassung den

[46] *Leakey* 1954, S. 4, 49, 77–86, 100 f.
[47] Ebda., S. 32–37.

Mau-Mau zuschwören mußten. Durch dieses Werbungs- und Diffusionssystem wurde schließlich das ganze Land mit einer zum Umsturz bereiten Masse von Funktionären überzogen[48].

In der *Propaganda* der Mau-Mau spielt die Presse nur eine untergeordnete Rolle, weil sie leicht durch den *Intelligence Service* überwacht werden konnte. Immerhin war auch die Pressepropaganda geschickt aufgezogen, denn »die Kikuyu sind Meister in der Verwendung von Parabeln und zweideutigen Sentenzen« (Leakey), harmlos auch für den juristisch geschulten Blick, man möchte hinzufügen: *gerade* für diesen, aber ohne weiteres klar für jeden Kikuyu. Wichtiger waren die *»Hymnen«*, und mit diesen hat es eine besondere Bewandtnis[49]. In den »Hymnen« kamen tatsächlich die politischen Forderungen der Mau-Mau zum Ausdruck, die wir oben, nach Punkten geordnet, erörtert haben. Die »Hymnen« sind geistliche Lieder, von den Missionen eingeführt und sehr beliebt bei den Eingeborenen. In den Versammlungen der *Kenya African Union* und anderer Organisationen wurden den altbekannten Weisen von »Onward Christian Soldiers«, »Abide with Me« usw. neue Texte in Kikuyu unterlegt, teils Haßgesänge auf die Weißen und die loyalistischen Landsleute, teils politische Forderungen wie Landrückgabe u. dgl. Mehrere hundert solcher »Hymnen« sind verbreitet worden. Leakey kennt eine Reihe gedruckter Gesangbücher und führt zahlreiche Beispiele an. Der Vorteil dieser Agitation durch geistliche Gesänge bestand für die Mau-Mau darin, daß man sie in voller Öffentlichkeit, auch und mit Vorliebe in Anwesenheit von Weißen, absingen lassen konnte: die zuhörenden Weißen hielten alles für »christliche Erweckung«, weil sie ja die Texte nicht verstanden[50]. – Das Ganze war also typisch subversiv, auf Irreführung und Verrat hin angelegt. Der Inhalt der »Hymnen« kreist um die drei großen Themen: Landrückgabe, Vertreibung der Weißen, Vernichtung der Loyalisten. Immer wieder werden die Europäer angeredet, als Ausbeuter und Unterdrücker apostrophiert und aufgefordert, das Land zu verlassen. Bezeichnenderweise droht man ihnen niemals, sie zu vernichten, wünscht ihnen aber, sie möchten bei der Heimfahrt auf See zugrunde gehen. Gegen die Loyalisten aber ergehen sich die »Hymnen« in noch wilderem Haß. Sie werden meistens *hinga* (Heuchler) genannt, oder »schwarze Europäer«, oder höhnisch auch »die Schönen«, weil sie die Mittel haben, um sich nach Europäerart »schön« zu kleiden. Die Zeit wird aber kommen, da man sie in die Flammen werfen wird, oder ihnen den Hals umdrehen wie Hühnern, – sobald die Weißen fort sind.

Mehrfach aber werden auch die Alten des eigenen Volkes angegriffen, die immer zu Maß und Geduld geraten haben. Doch die Zeit ist jetzt erfüllt, man muß losschlagen. Auch gegen die »Zauderer« wenden sich die »Hymnen« und drohen ihnen, sie würden leer ausgehen, wenn das Land neu verteilt wird.

In vielen »Hymnen« wird Jomo Kenyatta als Messias und Heiland gefeiert, der den Kikuyu das Land zurückgeben wird. Er ist in Europa gewesen, um daselbst zu lernen,

[48] Ebda., S. 2, 36.
[49] Ebda. S. 76. – Für das Folgende ebda., S. 53–75.
[50] Lord Haley stellt fest, daß die mangelnde Kenntnis der Kikuyu-Sprache bei den britischen Verwaltungsbeamten ein großes Hindernis bei der Bekämpfung des Mau-Mau-Aufstandes war. (Haley: An African Survey, Revised 1956, London 1957, p. 91.)

wie man herrscht (!). In den Texten, die nach der Erklärung des Ausnahmezustandes (1952) verfaßt wurden, ändern sich übrigens die Epitheta: Kenyatta wird jetzt als »König« bezeichnet, es wird dafür das englische Wort *king* verwandt. Zwei Hymnen auf Kenyatta werden jetzt auf die Melodie von »God save the King« gesungen, also stehend!

Wir lassen einige Textbeispiele folgen:

»Gott erschuf Gikuyu und Mumbi [51] und setzte sie in das Kikuyu-Land, sie aber wurden von den Europäern getäuscht, und ihr Land wurde ihnen gestohlen.«

Chor: »Ich werde Jomo niemals verlassen, denn er hat versprochen, daß uns unser Land wiedergegeben wird.«

»Für die Unterdrücker des Volkes steht die Rache nun bevor. Gott wird ein Schwert vom Berge Kenya senden.«

»Glücklich, die sich geweigert haben, für die Europäer zu arbeiten und statt dessen Agitatoren für das Volk geworden sind.«

»Ihr, die ihr es mit den Europäern haltet: Wenn diese nach Europa zurückkehren, werdet ihr vor uns auf den Knien liegen und weinen und sagen, ihr hättet nicht gewußt, was ihr tatet.«

»Die das Volk den Europäern verkaufen, sind Teufel. Wo wollen sie bleiben, wenn wir unser Eigentum wieder in Besitz nehmen? Sie werden ausgerottet werden wie Sodom.«

Aus einer Hymne auf die Melodie: »I think when I read the sweet story of old, of how Jesus died for me«:

»Europäer, geht heim! Möchtet ihr gänzlich vernichtet werden!«

Nach 1952 wird der Ton womöglich noch drohender, höhnischer, aggressiver, zynischer. Die Christen werden jetzt verächtlich »Volk des Lammes« genannt, die Kikuyu hingegen die wahren Diener Gottes. Es wird jetzt das Ziel ausgesprochen, die Europäer zu unterwerfen, so daß sie die Kikuyu dann mit *bwana* (Herr, Krieger) anreden müßten, anstatt wie bisher mit *boy*. Der Haß hat sich überschlagen: nicht mehr bloß sollen die Weißen verschwinden, sie sollen unterjocht werden: aus Sklaven werden Herren, aus Herren Sklaven.

Die Methode, eine subversive Agitation in Lieder auf bekannte geistliche Melodien oder gar die Melodie der britischen Nationalhymne hineinzupacken, ist bewußt auf Tarnung, In-Sicherheit-wiegen und Düpieren angelegt.

Dennoch zeigt diese gesungene Agitation eine Maßlosigkeit, ein Sichüberschlagen im Haß, die genau wie die Terrorakte der Mau-Mau auf eine gewisse innere Schwäche der Bewegung hinweisen und uns die Tatsache in Erinnerung bringen, daß diese selbst auf ihrem Höhepunkt immer in der Minderheit blieb [52].

Die *innere Struktur* der Mau-Mau-Bewegung darf man vielleicht schematisch so kennzeichnen:

Vom »Zentrum«, dem harten Kern der Bewegung finden wir bis zur »Peripherie« eine Abstufung in sechs Graden:

1. Den Kern bilden die Aktivisten, die Fanatiker und Radikalen. Sie gehen aufs Ganze, schrecken vor nichts zurück.

[51] In der Kikuyu-Mythologie etwa = Eva und Adam.

[52] In gewissem Sinne gibt es kein günstigeres Zeugnis für die britische Herrschaft in Kenya als den fanatischen Haß der Mau-Mau auf die »Loyalisten«; offensichtlich haben diese stets die Mehrheit der Kikuyu ausgemacht.

2. Den nächsten Ring besetzen die »normalen« Aktivisten: sie legen Hand an, und es ist Verlaß auf sie, sie sind aber auf die mitreißende Gewalt der 1. Kategorie angewiesen. Von sich aus kommen sie nur schwer in Bewegung.
3. Noch weiter außen treffen wir die – immerhin überzeugten – Anhänger. Sie machen mit, ohne sich zu überanstrengen.
4. Abermals weiter außen stehen die bloßen Mitläufer; sie glauben aber dazu zu gehören und möchten nicht fehlen.
5. Jenseits der Mitläufer treffen wir auf das große Heer der Zwangsrekrutierten, zur Gefolgschaft Gepreßten. Sie sind nicht überzeugt, aber durch ihre Taten mit dem Schicksal der Bewegung verflochten; sie können nicht mehr zurück, auch wenn sie möchten.
6. Die äußerste Peripherie bilden die Eingeschüchterten und Stillhaltenden; sie machen das vom »Kern« befohlene *Behavior* nur äußerlich mit, und auch nur, solange sie unmittelbar unter terroristischem Druck stehen; innerlich sind sie dagegen.

Für dieses ganze Gliederungsschema gilt, daß die Aktivitätsabstufung von 1 bis 6 sich umgekehrt proportional zur Zahl der jeweils Beteiligten verhält. 1 ist eine kleine Minderheit, 6 die große Mehrheit. Die große Macht und Gewalt der Mau-Mau-Bewegung werden z. T. nur vorgespiegelt dadurch, daß ein konformes äußeres Verhalten von 1 her oktroyiert wird. Tatsächlich lehrt also gerade die Mau-Mau-Bewegung, daß von 1 bis 6 *das Gesinnungsgefälle viel steiler ist als das äußere Verhaltensgefälle.* Die weitgehende äußere Konformität täuscht eine Einheit der Gesinnung nur vor; getäuscht werden dadurch nicht nur die Außenstehenden, sondern auch die Führer der Bewegung selber.

Epilog: Strukturen und Muster

Wir erinnern uns des präzisen Urteils, das Farson über die Erweckungsbewegungen in Kenya fällte. Er warnte davor, über ihrem *»religiösen«* Charakter ihre *»politischen«* Ziele zu übersehen. Leakey kommt in seiner Beurteilung der Mau-Mau, deren *politisches* Treiben er ja nun wirklich bis zur Neige ausstudiert hat, zu dem Urteil: *Mau-Mau ist eine Religion.*

Der »politische« und der »religiöse« Aspekt begegnen sich in diesen beiden Urteilen also gewissermaßen in der Mitte.

Leakey hat sein Urteil über die Mau-Mau zwischen seinem ersten und seinem zweiten Buche revidiert[53], dazwischen lag das Studium der Gerichtsakten. In seinem früheren Buche hatte Leakey die Meinung vertreten, Mau-Mau sei ein Ausdruck der alten *Kenya Central Association* und im wesentlichen identisch mit der *Kenya African Union.* Das ist nicht falsch, gibt aber nur gewisse Gesichtspunkte der Herkunft und äußeren Organisation wieder. In Wahrheit sagt Leakey jetzt, ist Mau-Mau eine neue Religion, *seine Erfolge, seine Werbekraft, seine Ausbreitung sind nicht zu erklären, wenn man diese Tatsache nicht anerkennt.* Die alten politischen Parteien mit ihren rationalen

[53] Zum Folgenden *Leakey* 1954, S. V, 41–52.

Programmen hatten niemals zahlreiche Anhänger gewinnen können. Mau-Mau tritt genau in das psychologische Vakuum ein, das durch die Kulturkrise geschaffen worden war. Mau-Mau versucht, die Gefühle der Eingeborenen anzusprechen, die neuen Bedürfnisse und die alten Gravamina in traditionellen, vertrauten Begriffen zu deuten. Selbst der Mau-Mau-Eid ist eine Neudeutung des alten Initiationskomplexes, denn er ist ein Initiationseid, mit dem der Schwörende sich zugleich zu der neuen Religion bekennt. Damit fällt auch auf diesen Eid ein neues Licht: seine bindende Kraft kann man, wenn Leakey recht hat, nicht mehr allein auf die magische Zwangsneurose zurückführen, sondern auch darauf, daß wenigstens eine nicht zu kleine Minderheit der Eidverpflichteten von einem neuen Glauben erfüllt ist. Leakey sagt: »People, once they have a faith, will fight for that faith und die for it. The whole history gives us proof of this. And so the religion of Mau Mau was born.«

Auch der Haß gegen die Andersgläubigen bedarf des Rückhalts an der Gewißheit des eigenen Glaubens; mindestens ein »harter Kern« von diesem muß vorhanden sein, – um ihn herum kann sich dann sehr wohl der kommune Haß ankristallisieren. Die Mau-Mau schufen ein Credo, das für alle Kinder *Mumbis* und *Gikuyus* (Adams und Evas) als verbindlich galt, auswendig gelernt und jeden Morgen und Abend aufgesagt werden mußte. Dieses Credo umfaßte den allmächtigen Gott, aber auch die von Ihm erwählten Stammesführer. Christus galt als falscher Führer und war durch Jomo Kenyatta ersetzt. Was Wunder also, daß die Christen als von Gott Abgefallene hingestellt wurden, die unter Führung der verlogenen Missionare eine falsche Religion lehrten! Man muß sie ohne Gnade ausrotten. – Der haßerfüllte Bezug auf die Christen als »negative Referenzgruppe« stützt sich also nicht nur auf den diffusen Affekt, er lenkt ihn vielmehr, aber mittels des Steuers eines handfest geschnitzten und von *nicht zu Wenigen* auch fest geglaubten Dogmas.

Leakey hat mit seinem Pauschalurteil »Mau-Mau ist eine Religion« aber nur ein Stichwort geliefert; weitergetrieben hat er die Analyse nicht. Es bleiben noch offene Fragen, von denen die wichtigste ist: Woher stammen die terroristischen und geheimbündischen Elemente und Untergrundmethoden, nach welchen Mustern sind sie entworfen? Sind sie auch religionssoziologisch zu erklären?

Der Artikel »Mau Mau« im Großen Brockhaus (1955) schließt mit dem Satz: »Mit den altüberlieferten, religiös bestimmten Geheimbünden Westafrikas hat die Mau-Mau-Bewegung nichts zu tun.« Das ist wörtlich genommen richtig, und doch zu kurz gesehen. Im Mau-Mau-Initiationseid steckt, wie wiederholt bemerkt wurde, ein traditionelles Muster, und im Zusammenhalt der Mau-Mau-Organisation wirkt das solidarisierende Prinzip der ehemaligen Altersbünde nach, – obwohl die Zusammensiebung gleichgesinnter Elemente im Schmelztiegel des Verbrechens wohl noch wichtiger ist. Die »Geheimbünde« Afrikas aber beschränken sich nicht auf den Westen des Kontinents, sind dort nur nach unserer bisherigen Kenntnis am dichtesten gesät, sind aber auch im Kongo verbreitet und reichen bis Ostafrika. Hier gibt es auch zahlreiche christlich-heidnische Mischsekten, auch die Einflüsse von islamischen Derwisch-Orden sind erkennbar. Einen ganz ähnlichen Synkretismus fanden wir ja aber auch in den Sekten Kenyas. Bei der *Watu wa Mngu*-Bewegung unter den Kikuyu finden wir das Tragen von Leopardenfellen. Hiermit ist aber überhaupt der Anschluß an die »Leoparden-

Menschen« im übrigen geheimbündischen Afrika hergestellt, obwohl die Verbreitungskarten Josets und Lindskogs Kenya in das Gebiet der Leoparden-Masken irrtümlich nicht einbeziehen. Die Raubtierbesessenheit ist aber im afrikanischen Geheimbundwesen einer der deutlichsten terroristischen Bestandteile. Auch Jomo Kenyatta, der ja selbst ethnologisch gebildet ist, nimmt keinen Anstand, die Entstehung religiöser Bewegungen bei den Kikuyu in den letzten Jahrzehnten mit dem Muster der afrikanischen Geheimbünde in Verbindung zu bringen, und daß dies nicht von ungefähr geschieht, wird man ihm, der es ja wissen muß, glauben dürfen. Leopardenfelle wurden auch bei den alten Initiationsfesten der Kikuyu von den Jünglingen angelegt[54]. Daneben aber hat es auch schon in älterer Zeit, vor der europäischen Einwirkung, die Entstehung neuer religiöser Kultgemeinschaften *neben* der eigentlichen Stammesreligion gegeben, gerade solche Neustiftungen suchten aber ihr Treiben aus naheliegenden Gründen zu verheimlichen, womit von selbst ihr »geheimbündischer« Charakter gegeben war. Die Routledges erwähnen zahlreiche solche örtlich begrenzte, heterodoxe und daher »halb-geheime« Gemeinschaften in Tanganyika und Kenya. Zwei Kultgemeinschaften dieser Art gab es auch in Karuri im Kikuyu-Lande, ungefähr die Hälfte der Bevölkerung gehörte ihnen an. Ihr Name war *Ai-twi-ka*. Wer als Außenstehender etwas von ihrem Treiben verriet, mußte ein Schaf als Buße zahlen, sonst wurde er geschlagen, und seine Hütte wurde verbrannt. Das sind, um 1900, durchaus schon Mau-Mau-Allüren *en miniature*. Geradezu an westafrikanische Vorbilder aber erinnern bei den Mau-Mau der Modus der erpreßten Mitgliedschaft, die Eid-Oktroyierung und die Feme. Die letztere ist allerdings auch allgemein-männerbündisch und auch aus der europäischen Volkskunde wohlbekannt (Haberfeldtreiben!). Dasselbe gilt für die an die Altersbünde anknüpfende Tendenz zur Bandenbildung mit Heischegängen und mehr oder weniger harmloser Terrorisierung der biederen Bürger. Sie war auch bei den Kikuyu traditionell. Die neu initiierten Jünglinge bildeten »Gangs«, zogen los und raubten Frauen, es sollten am besten Kamba-Frauen sein, zur Not aber stahl man auch Frauen aus entfernt wohnenden Kikuyu-Sippen. Rituell konnte dieser Frauenraub reduziert werden auf einen masturbatorischen Akt über dem Körper der Frau. Auch das sind schon durchaus Mau-Mau-ähnliche Gepflogenheiten. Ebenso hat es sadistische Todesstrafen wie das Lebendigverbrennen von Dieben schon im alten Stammes-Strafrecht der Kikuyu gegeben[55]. Leakey ist also zu weit gegangen mit der Behauptung, die Terrorakte der Mau-Mau ständen im Widerspruch zur altüberlieferten Kikuyu-Kultur: es ist eben doch schon manches in dem Treiben der Altersbünde institutionell vorgebildet.

Schwieriger ist die Frage der Zellenbildung und der Untergrundaktionen zu beantworten.

Bis zu einem gewissen Grade folgen Eigentümlichkeiten wie das Fernhalten Unberufener und Geheimniskrämerei, die Drangsalierung Nichtzugehöriger, ja u. U. sogar die Oktroyierung der Mitgliedschaft[56] soziologisch immanenten Gesetzen männlicher Verbandsbildung bzw. Aktionsbereitstellung, so daß man nicht immer zu der Diffu-

[54] *Kenyatta*, Facing, S. 268. – *Routledge*, S. 154 ff.
[55] *Routledge*, S. 237. – *Lambert* 1956, S. 53 f. – *Cagnolo*, S. 156 f.
[56] Vgl. im Hitler-Deutschland die SS während des 2. Weltkrieges.

sionshypothese zu greifen braucht, um Ähnlichkeiten in den Abläufen zu erklären. Wohl aber ist es erlaubt, nach der Herkunft bestimmter Leitbilder zu fragen. Woher stammt bei den Mau-Mau die Idee der politischen »Zelle«? Wir haben das offenherzige Bekenntnis Jomo Kenyattas, die Afrikaner hätten schon längst vor dem zweiten Weltkrieg gewußt, was »Maquis« seien[57]. Aber Kenyatta war zwei Jahre in Moskau, angeblich auf Einladung Stalins, und es fällt schwer zu glauben, daß er sich dort mit nichts anderem beschäftigt habe als mit der Arbeit an einem Kisuaheli-russischen Wörterbuch. Er kann wohl noch etwas anderes in Moskau gelernt haben; jedenfalls wurden Untergrundmethoden in der Wildnis der Aberdares praktiziert. Die Außenfront der neu erstellten Organisation hieß »Kenya African Union«, aber die Innenstruktur waren eben die »Zellen«. Zu behaupten, die Afrikaner hätten schon immer gewußt, wie man diese bildet, entspringt einer in diesem Falle unangebrachten Renommiersucht, obwohl man zugeben muß, daß das afrikanische Geheimbundwesen dem russischen Muster eine kongeniale Anlage zugebracht hat. Auch die Agitationstechnik mittels geistlicher Hymnen enthüllt eine beachtliche Anpassungsfähigkeit und ein virtuos gehandhabtes Talent zur Mystifikation, ja ein förmliches Genie in der Kunst, inszenierte numinose Wirkungen mit der Würze eines bewußt auszukostenden Zynismus zu versetzen. Das Ganze aber ist im strengen Sinne weder »sowjetisch« noch »afrikanisch«, es entspringt vielmehr einer längst *pathologisch, ja mehr: unheilbar gewordenen interethnischen und zugleich klassen- und rassenkampfbestimmten Kontaktsituation,* ähnlich wie (beiläufig bemerkt) in der Südafrikanischen Union. Der Schluß für Kenya liegt nahe, für die Weißen, sich aus dieser Situation herauszuziehen, so schnell wie möglich, wenn nicht die Überlegung bestände, daß dann ja alle ehemals europäerfreundlichen Schwarzen dem Gemetzel preisgegeben werden, wie ihnen ja unmißverständlich angedroht worden ist. (Die Rache an den Kollaborateuren der Entmachteten ist ja auch nicht nur Kikuyu-Brauch, sondern ein allgemeines modernes »Pattern«.) Es bleibt also nur zu hoffen, daß die gesunden Anlagen, die ja in den Bantu-Völkern so reichlich vorhanden sind, obsiegen, daß der Terror sich totläuft, und daß nichts so heiß genossen wird, wie es – in den »Hymnen« wenigstens – gekocht worden ist.

*

Ein Faktor ist in dem ganzen Geschehen unklar geblieben: der Umfang der *indischen* Einflüsse. Wiederholt wurde auf die Möglichkeit indischer Einwirkungen hingewiesen, nicht nur, weil Inder in Kenya leben, sondern auch, weil alle modernen Ostafrikaner aufmerksam ihre Blicke auf die Länder auf der anderen Seite des Indischen Ozeans zu richten pflegen.

Eines aber ist bekannt, nämlich, daß persönliche Beziehungen zwischen Jomo Kenyatta und Mahatma Gandhi bestanden haben. – Als ich mich mit dem Mau-Mau-Aufstand und mit Jomo Kenyatta quellenmäßig zu beschäftigen begann, kam mir unwillkürlich der Gedanke: Jetzt fehlt bloß noch, daß dieser Mann, in fataler dialektischer Umkehrung von Intention und Handeln, ursprünglich ein Anhänger des Gandhischen Prinzips der Gewaltlosigkeit gewesen wäre! – Kurz darauf stieß ich auf Kenyattas

[57] *Kenyatta,* Kenya, S. 12.

Pamphlet »Kenya, the Land of Conflict«, das vom *India Africa Council* ediert worden ist. Dieses Opus ist mit einem Vorwort von M. K. Gandhi, unterzeichnet: London, November 1931, versehen. (Es stammt also aus der Zeit von Gandhis Aufenthalt in London im Herbst 1931 anläßlich der *Round Table Conference.)* Ein zweites Vorwort ist unterzeichnet von Chaman Lal, New Delhi 27. 5. 1953. Hierdurch wird der Eindruck erweckt, daß der Text des 1. Vorworts tatsächlich von Gandhi stamme. Tatsächlich aber stammt, wie sich aus dem Inhalt ergibt, auch dieser Text von Chaman Lal. Er enthält einen Bericht über Lals Besuch bei Kenyatta in dessen Gefängniszelle zu Kepenguria und schließt mit dem Passus:

»On the last day of my visit to him, in the small prison at Kepenguria, he took me into his barn-like cell and bending over his solitary suitcase searched in a corner for a little diary which he had treasured since the year 1931 because it contained an inscription in the handwriting of Mahatma Gandhi which said:
›Truth and non-violence can deliver any nation from Bondage.‹
M.-K. Gandhi, London, Nov. 1931,«

Es folgt das Vorwort von Chaman Lal zur Ausgabe von 1953. Damit enthüllt sich das Pamphlet als eine Propaganda-Veröffentlichung indischer Kreise anläßlich des Kenyatta-Prozesses. Chaman Lal, Präsident des Obersten Gerichtshofes des Punjab, hat nämlich in diesem Prozeß als Verteidiger Kenyattas gewirkt. Dabei wurde wieder auf der Linie der »non-violence« operiert; in inszeniertem Vorgesang und Reponse haben Lal und Kenyatta versucht zu beweisen, daß aller Widerstand des Angeklagten sich immer nur in konstitutionellen Bahnen bewegt habe, Gewaltanwendung habe ferngelegen usw [58]. Der Schatten Gandhis aber ist bei dieser Verhandlung nicht mehr beschworen worden.

Literatur

Anmerkung: Bezügl. der Lit. über die Mau-Mau sind Reportagen und Belletristik weggelassen.

Andersson, Efraim: Messianic Popular Movements in the Lower Congo. (Studia Ethnographica Upsalensis XIV.) Uppsala 1958.

Balandier, Georges: Messianismes et nationalismes en Afrique noire. Cahiers Int. de Sociologie XIV, 41–65. 1953.

– Sociologie actuelle de l'Afrique noire. Paris 1955.

Cagnolo, C.: The Akikuyu: Their Customs, Traditions and Folklore. Nyeri (Kenya) 1933.

Cayzac, P.: La religion des Kikuyu (Afrique Orientale). Anthropos V, 309–319. 1910.

Dundas, Charles: The Organisation and Laws of Some Bantu Tribes in East Africa. Jr. R. Anthr. Inst. 45, 234–306. 1915.

Farson, Negley: Last Chance in Africa. London 1954 [8].

Goodfellow, D. W.: Grundzüge der ökonomischen Soziologie. Das Wirtschaftsleben der primitiven Völker, dargestellt an den Bantu von Süd- und Ostafrika. (Dt. Übers.) Zürich 1954.

[58] *Slater.*

Hildebrand, Eugen: Die Geheimbünde Westafrikas als Problem der Religionswissenschaft. Leipzig 1937.

Hobley, C. W.: Bantu Beliefs and Magic: With Particular Reference to the Kikuyu and Kamba Tribes of Kenya Colony. London 1938 [2].

Johanssen, Ernst: Mysterien eines Bantu-Volkes. Der Mandwa-Kult der Nyarunda. Leipzig 1925.

Joset, P. E.: Les sociétés secrètes des Hommes-Léopards en Afrique noire. Paris 1955.

Kenyatta, Jomo: Kikuyu Religion, Ancestor Worship, and Sacrificial Practices. Africa X, 308–328. 1937.

– Facing Mount Kenya: The Tribal Life of the Gikuyu. With an Introduction by B. Malinowski. London 1938, 1953 [2].

– Kenya, the Land of Conflict. New Delhi o. J. (Publikation des »India Africa Council«, als Nachdruck einer ursprünglich in England erschienenen Schrift. Vorwort von M. K. Gandhi, London, Nov. 1931. Vorwort zum Neudruck von D. Chaman Lal, New Delhi 27. 5. 1953.)

Kitson, Frank: Gangs and Countergangs. London 1960.

Köbben, A. J. F.: Prophetic Movements as an Expression of Social Protest. Int. Arch. Ethnogr. 49, 117–164. 1960.

Lambert, H. E.: The Systems of Land Tenure in the Kikuyu Land Unit. Communications, School of African Studies, No. 22. Cape Town 1950.

– Kikuyu Social and Political Institutions. London 1956.

Lang, Irmgard: Die Rassenverhältnisse Brasiliens. Eine sozialhistorische und soziologische Untersuchung. (Phil. Diss. Mainz 1956.)

Leakey, L. S. B.: The Kikuyu Problems of the Initiation of Girls. Jr. R. Anthr. Inst. 61, 277–285. 1931.

– Some Problems Arising from the Part Played by Goats and Sheep in the Social Life of the Kikuyu. Jr. Afr. Soc. 33. 1934.

– Mau mau and the Kikuyu. London 1952.

– Maumau und die Kikuyus. (Dt. Übers.) München 1953. (Hiernach zitiert, engl. Orig. verglichen.)

– Defeating Mau mau. London 1954.

Lindskog, Birger: African Leopard Men. (Studia Ethnographica Upsalensis VII.) Uppsala 1954.

Lugard, F. D.: The Rise of our East African Empire. 2 Bde. Edinburgh 1893.

Middleton, John: The Kikuyu and Kamba of Kenya. (Ethnogr. Survey of Africa, East Centr. Afr., Part V.) London 1953.

Monfreid, Henry de: Sous le masque Mau mau. Paris 1956. Préface pp. 7–16.

Mühlmann, Wilhelm E.: Rassen- und Völkerkunde. Braunschweig 1936.

– Methodik der Völkerkunde. Stuttgart 1938.

Routledge, W. S. und *K.:* With a Prehistoric People: The Akikuyu of British East Africa. London 1910.

Schlosser, Katesa: Propheten in Afrika. Braunschweig 1949.

– Eingeborenen-Kirchen in Süd- und Südwestafrika. Kiel 1958.

Slater, M.: The Trial of Jomo Kenyatta. London 1956 [2].

Sundkler, B. G. M.: Bantu Prophets in South Africa. London 1948.

Thurnwald, Hilde: Die schwarze Frau im Wandel Afrikas. Eine soziologische Studie unter ostafrikanischen Stämmen. Stuttgart 1935.

Thurnwald, Richard: Social Transformations in East Africa. Am. Jr. of Sociol. 38, 175–184. 1932.

– Wirtschaftliche Wandlungen bei ostafrikanischen Völkern. Jahrb. f. Nat.-Ök. u. Statist. 142, 541–561. 1935.
– Black and White in East Africa. London 1935.
– The Crisis of Imperialism in East Africa and Elsewhere. Social Forces 15, 84–91. 1936.
– Die Kolonialfrage. Jahrb. f. Nat.-Ök. u. Statist. 145, 66–86. 1937.
– Kolonialwirtschaftliche Betriebe. Jahrb. f. Nat.-Ök. u. Statist. 148, 48–62. 1938.
– Koloniale Gestaltung. Methoden und Probleme überseeischer Ausdehnung. Hamburg 1939.
– Europäer und Eingeborener in Ostafrika. Reale Accademia d'Italia, Fondazione Alessandro Volta. Atti dell' VIII Convegno, Roma, 4–11, Ottobre 1938. Rom 1940, 5–17.
– Die fremden Eingriffe in das Leben der Afrikaner und ihre Folgen. In »Völkerkunde von Africa« von H. Baumann, D. Westermann und R. Thurnwald. Essen 1940.
– Kulturwandel in Ostafrika. Beiträge z. Kolonialforschung, Tagungsband I, 21–32. Berlin 1943. 43, 502–515. 1911.

Wagner, Günter: The Bantu of North Kavirondo. 2 Bde. London 1949, 1955.
Weber, Max: Das antike Judentum. (Ges. Aufs. z. Religionssoziologie, Bd. III.) Tübingen 1923.
van Wing, J.: Le Kibangisme vu par un témoin. Zaïre 12/6, S. 563–618. 1958.

IV. Geschichte und Selbstverständnis der Politikwissenschaft

POLITIKWISSENSCHAFT IM WESTLICHEN DEUTSCHLAND

BEMERKUNGEN ZU ENTWICKLUNGSTENDENZEN UND ENTWICKLUNGS-ANALYSEN*

Von *Erwin Faul*

I.

In nahezu allen der in den letzten Jahren zahlreicher gewordenen deutschsprachigen „Einführungen" in die Politikwissenschaft werden wir mit mindestens drei Richtungen konfrontiert, die sich in dieser Disziplin rivalisierend gegenüberstehen[1]. Die nur schlicht ‚informierenden' Einführungen breiten diese konzeptionellen Alternativen nach der Art eines Gemischtwarenangebots aus, das den dadurch mehr oder minder verwirrten Eleven zur freibleibenden Auswahl präsentiert wird[2]. Die kämpferisch (meist im Sinne einer kritischen Politikwissenschaft) engagierten Orientierungsschriften zeigen uns hingegen den geistigen Kriegsschauplatz, auf welchem diese intellektuellen Instrumente als Waffen gehandhabt werden, zugleich auch die (letztlich) triumphierende Kampffront, in die es sich einzuordnen gilt[3]. Ob nun diese Richtungsdivergenzen nur lehrhaft registriert oder bestimmte Grundkonzeptionen gegenüber anderen begründet oder propagiert werden: die deutsche Politikwissenschaft erscheint hierdurch in einem durch Brüche und Umbrüche gekennzeichneten Zustand, der sich eklatant von der wesentlich konsensuelleren Situation der Disziplin in ihrer Neugründungsphase abhebt. Die Konturen des Faches im Ganzen sind undeutlicher, die Beurteilung seiner wissenschaftlichen Erträge ist schwieriger geworden. Es scheint die Zeit gekommen,

* Dem vorliegenden Beitrag liegt ein Vortrag zugrunde, den der Verfasser unter dem Titel „Bemerkungen zum Entwicklungsstand der Politikwissenschaft im westlichen Deutschland" anläßlich des Jahrestreffens der rheinland-pfälzischen und saarländischen Politikwissenschaftler am 8. Juli 1978 in Trier gehalten hat. Ergänzungen und Aktualisierungen konnten nur an wenigen Stellen vorgenommen werden. Eine besondere Aufmerksamkeit mußte in dem Referat der einzigen Publikation zuteil werden, die sich zum damaligen Zeitpunkt mit dem Anspruch präsentierte, eine aktuelle *Gesamt*darstellung der Entwicklungsstadien der Disziplin in Westdeutschland nach dem Zweiten Weltkrieg zu bieten, der Dissertation von *Hans Kastendiek*: Die Entwicklung der westdeutschen Politikwissenschaft, Campus-Verlag, Frankfurt a. M. 1977. In meinem Vortrag wurden auch schon Hinweise gegeben auf den Frageansatz und die vermuteten Grundthesen des erst später erschienenen umfänglichen Werkes von *Hans-Joachim Arndt: Die Besiegten von 1945, Versuch einer Politologie für Deutsche samt Würdigung der Politikwissenschaft in der Bundesrepublik Deutschland*, Duncker & Humblot, Berlin 1978. Leider war vom Autor kein Exemplar der Druckfahnen zu erlangen, so daß eine Würdigung der herausfordernden Thesen und der weitläufigen Untersuchungsresultate dieses Buches nur durch nachträgliche Ergänzungen in Form einer allgemeinen Charakteristik und einzelner Verweise erfolgen konnte. Auf die beiden hier genannten Studien wird mit dieser kommentierenden Erörterung auch anstelle einer konventionellen Rezension verwiesen.

diese Veränderungen nicht nur in ihren Resultaten, sondern auch unter wissenschaftsgeschichtlicher Perspektive zu untersuchen. Die ersten intensiveren Studien dieser Art beginnen jetzt zu erscheinen. Die deutsche Politikwissenschaft reflektiert bereits die kurze Geschichte ihrer Wiedererstehung. Ist sie, akzeleriert herangewachsen, in eine Identitätskrise geraten? Erlebt sie einen ungestümen Aufbruch oder verliert sie sich in Konfusion? Wie wirken sich die – wohl von niemandem geleugneten – geistigen und organisatorischen Spannungen auf die Leistungen des Faches aus? In welchem Verhältnis stehen die Erträge zum organisatorischen Aufwand?

Die letzten beiden Fragen sind die gewichtigsten und zugleich die am schwersten zu beantwortenden. Es ist leichter und ist auch öfters versucht worden, ein Bild der Richtungsbewegungen und Richtungskämpfe zu zeichnen, als die mehr oder weniger davon inspirierten oder gerade quer dazu sich behauptenden Forschungen in ihren Erträgen zu sichten und zu würdigen. Wir sind für diese weitergehende Untersuchung durchaus nicht ausgestattet, können kaum mehr tun als auf ihre Bedeutung verweisen und allenfalls grobe und vorläufige Antworten geben. Eine halbwegs repräsentative Bestandsaufnahme und Würdigung der deutschen politikwissenschaftlichen Literatur würde heute selbst schon auf ein Forschungsunternehmen hinauslaufen, das in Hinsicht auf seine dokumentatorischen Erfordernisse nicht leicht ohne angemessene institutionelle Voraussetzungen zu bewältigen sein dürfte. Immerhin ist der Weg nicht ganz ungebahnt. Es hat immer wieder einige Bemühungen in dieser Richtung gegeben. Ich denke hier u.a. an den UNESCO-Survey „of Methods, Research and Teaching" in „Contemporary Political Science" aus dem Jahre 1950[4], in welchem freilich Deutschland noch nicht autonom, sondern nur durch österreichische Beiträge über die (juristische) Staatslehre und das Völkerrecht in deutschsprachigen Ländern vertreten war; sodann an den 1961 von der International Political Science Association vorgelegten „Trend Report" über die „Political Science in Western Europe"[5], in welchem uns von ‚neutraler' holländischer Seite, von dem unvergeßlichen *Jan Barents*, immerhin bemerkenswerte Anschlußbemühungen an die fortgeschritteneren westeuropäischen Länder bescheinigt wurden; ferner an die ebenfalls in einen internationalen Vergleichsrahmen gerückte Bestandsaufnahme der deutschen „politischen Forschung", die 1960 vom Berliner Institut für politische Wissenschaft anläßlich seines 10jährigen Bestehens vorgelegt wurde[6], und schließlich die mehr dem Ausbaustand der Wissenschaftsorganisation gewidmete „Denkschrift zur Lage der Soziologie und der Politischen Wissenschaft", die 1961 von *Rainer Lepsius* im Auftrag der Deutschen Forschungsgemeinschaft erstellt wurde[7]. Seitdem sind trotz aller Verbesserungen der Dokumentation in der Intention vergleichbare systematische Bestandsaufnahmen nicht mehr zustandegekommen. Die Deutsche Vereinigung für Politische Wissenschaft, zuletzt überwiegend damit beschäftigt, in zweijährigem Abstand mehr oder minder überzeugende Kongresse zu veranstalten, die die quantitativen Interessentrends im Fache widerspiegeln und sich mit umstrittenen politischen Resolutionen zu beschäftigen, hat zur Zeit der ehrgeizigsten Einschätzung ihrer Möglichkeiten, Ende der 60er Jahre, versucht, eine breite Bestandsaufnahme, sowohl der Forschungsentwicklung wie auch der Lehr- und Berufssituation, in unserem Fache einzuleiten, und ist damit gänzlich gescheitert, obwohl einige Projektteile (besonders unter der Federführung von *Wolf-Dieter Narr*) mit einer solchen Aufwendigkeit geplant worden waren, daß nicht nur für die Untersuchung selbst, sondern bereits für die Erarbeitung eines Antrages eine Forschungsfinanzierung beantragt wurde. Als man ab 1974 dem widrigen Umstand, daß durch den Verlust der wissenschaftlichen Weltgeltung der deutschen Sprache auch vorzügliche deutsche Arbeiten international kaum noch rezipiert werden, mit der Gründung eines englischsprachigen wissenschaftlichen Exportorgans, den German Political Studies, entgegenwirken wollte, hat *Klaus vonBeyme* diese Bemühungen im ersten Heft der Zeitschrift mit einem kompakt-materialreichen „Bibliographical Essay on the State of Research in Political Science in the Federal Republic of Germany" eröffnet und sich damit ein weiteres Mal als Nothelfer in der provisorischen Schließung von Literaturlücken ausgewiesen[8]. In *Kastendieks* prätentiösem Versuch, „die Entwicklung der westdeutschen Politikwissenschaft" in ihren Hauptstadien darzustellen[9], finden wir zwar die für maßgebend oder schulbildend gehaltenen Autoren (mit einer gewissen Blickverengung auf einzelne Orte) vorgeführt, aber was ihn interessiert, ist die ‚wissenssoziologische' Einordnung dieser Bestrebungen und die Ausübung einer ideologienkritischen Judikatur über sie; die Frage nach der wissenschaftlichen Validität von Forschungserträgen tritt demgegenüber völlig zurück. In der uns erst kurz vor der Druckfassung dieses Artikels zugänglich gewordenen „Würdigung der Politikwissenschaft" von *Hans-Joachim Arndt*[10] spricht sich ein deutliches Bewußtsein dafür aus, daß ein solches Vorhaben von einer ‚Würdigung' der Literatur ausgehen muß. Diese wurde auch mit einem sicheren Gefühl für Relevanz ausgewählt. Doch dienen die Bezüge auf sie auch hier vorab dem (legitimen) Zweck, die Richtungsuntersuchungen abzusichern und, was die Forschungsbemühungen betrifft, weniger das Erreichte auszumachen, als die in der Tat erstaunlichen thematischen Leerräume aufzudecken. Es wäre somit höchst wünschenswert, die für den Bewußtseinszustand, die Strebensrichtungen und die Integrität der Disziplin aufschlußreichen Richtungsanalysen noch durch intensivere Untersuchungen des tragfähigen Bestands an Forschungsresultaten zu ergänzen. Doch kehren wir zunächst zu der bewegenderen und besser erschließbaren Frage der Richtungsentwicklung zurück.

II.

Die nach dem Ende des Dritten Reiches mühsam wiedererweckte und dank der politischen Gunst der Stunde behutsam in die Universitäten eingebürgerte deutsche Politikwissenschaft entwickelte aus dieser Situation des Faches einen in solcher Stärke nie wieder erreichten Konvergenzimpetus, obwohl die Orientierung in der damaligen Konstellation, in welcher erst einmal wieder von den partikularisierten „politischen Wissenschaften" zur „Politikwissenschaft" zurückgefunden werden mußte, von besonders vielfältigen wissenschaftlichen Traditionen und methodologischen Paradigmen ausging. So gab es, von inspirierenden Nachbarfächern wie von autonomen Ausgangspunkten her, mehr ineinander übergehende Forschungsleitpfade als die mittlerweise notorisch gewordenen drei Grundrichtungen, die uns nun auch schon in den meisten „Einführungen" standardisiert und oft unverbunden, gleichsam zur Auswahl, vorgeführt werden. Gewiß lag es im Zuge der weiteren Entwicklung der Politikwissenschaft nahe, die Rivalität dreier theoretischer Paradigmen als besonders hervorstechend zu kennzeichnen: einer mehr traditionalen Orientierung an gesellschaftsphilosophischen Prämissen, einer Orientierung am Vorbild oder an Analogien der Naturwissenschaften, entsprechend dem *engeren* Begriff der amerikanischen „political *science*" und einer für die marxistischen Richtungen eigentümlichen Orientierung an einer dialektischen (d.h. auf antagonistische Kritik und Veränderung abzielenden) Totalitätsauffassung. Im Anschluß an die angelsächsischen sozialwissenschaftlichen Diskussionen und die in der deutschen Soziologie seit Beginn der 60er Jahre entbrannte „Positivismus-Kontroverse" ist in die deutsche Politikwissenschaft vorab von *Narr* 1969 eine solche „Trias der Theoriebegriffe" mit der Gegenüberstellung einer „ontologisch-normativen", einer „deduktiv-empirischen" und einer „dialektisch-historischen Theorie" eingeführt worden[11]. Bei näherem Besehen löst sich freilich eine solche ‚Trias' sofort in eine weder zwingende noch limitierende Gliederungsmöglichkeit von Theoriekonzepten unter anderen und in einen größeren Beziehungsreichtum ihres methodologischen Unterbaus auf. Man kann auch nicht schlechterdings Theoriebildungskonzepte und Forschungsmethodologien auseinanderreißen, denn selbstverständlich stehen beide nicht in beliebiger Beziehung zueinander, wenn Theoriebildungskonzeptionen nicht einfach als etwas Überschwebendes verstanden werden. Die Abstraktheit der Theorieansprüche ergibt sich nicht zuletzt daraus, daß sie zumeist nicht mehr (wie etwa von *Max Weber*) in Verbindung mit Forschung entwickelt werden, sondern von ‚Theorie'-Spezialisten, die sich teilweise durch eine komplette Forschungsabstinenz auszeichnen. In der auch theoretisch relevanten Wissenschaftspraxis aber finden wir nicht nur (und vielleicht sogar zum wenigsten) ein deduktiv-empirisches Verfahren nach dem Konzept *Poppers* (wie es in die Narrsche ‚Trias' eingeführt wurde), sondern viel geläufiger ein empirisch-synthetisierendes Verfahren angewandt, gegen das m.E. nichts einzuwenden erscheint, wenn die Grenze der Generalisierung bewußt bleibt, also von der Gemeinsamkeit eines Phänomens in zwei, drei oder x Fällen nicht auf die Vorfindlichkeit in ∞ vielen Fällen geschlossen wird, was insoweit freilich nicht nur die Unterstellung einer strengen Gesetzlichkeit, sondern auch einer „Gesetzlichkeit auf Widerruf" ausschließt. Des weitern besteht ein sehr großer, teilweise sogar prinzipieller Unterschied zwischen der Untersuchung gesetzesmäßiger Wirkungszusammenhänge in Analogie zur Naturwissenschaft (etwa nach dem alten Stimulus-Response-Schema) und der (verstehenden) typologischen Begriffsbildung der Sozialwissenschaften, die Max Weber mit gutem Recht und nicht nur aus neukantianischer Befangenheit von der naturwissenschaftlichen Methodik im engeren, strengeren Sinne abgehoben hat. Ein sehr wesentlicher Unterschied besteht ferner zwischen den nach Art naturwissenschaftlicher Faktorenisolierung und den nach dem Leitbild nationalökonomischer gedanklicher Modellbildung entworfenen Theoriebildungsstrategien, wenn auch durch quantitativ-statistische Methoden Verbindungen resp. Analogien geschaffen werden können. Obwohl ich es angesichts der unermeßlichen Komplexität der humangesellschaftlichen Verhältnisse, der Mitbefindlichkeit des forschenden Subjekts in diesen Verhältnissen, ja der prinzipiellen Unauslotbarkeit des menschlichen Subjekts durch es selbst in reflexiven Prozessen, für keine sinnvolle Erwartung halte, man könne eine Theorie über die menschlichen Gesellschaften insgesamt mit quasi-naturwissenschaftlichen Kausalitätsmaßstäben entwickeln, sollte nichts unversucht bleiben, Faktorenrelationen, wo sie sich schneisenhaft eruieren lassen, zu gewinnen. Ich fürchte allerdings, daß man sich über den erreichten Fortschritt hinaus schon weiter vorgedrungen fühlt, als es tatsächlich der Fall ist, und daß man etwa bei der Untersuchung politikgesellschaftlicher Variablen zu leicht geneigt ist, das Analogiebewußtsein zur Naturwissenschaft zu überziehen, d.h. sich nicht genügend bewußt zu halten, daß die Naturwissenschaft Kräfte meßtechnisch isolieren kann (wie Gravitation, Elektromagnetismus etc.), die es als bestimmbare Einzelfaktoren ihrer Wirkung nach wirklich gibt, während im sozial- und politikwissenschaftlichen Kontext solche Variablen überwiegend nur als rein konzeptionale Größen (wie Macht, Einfluß, Mobilität, Informiertheit, Partizipation, Gewalthandlungen etc.) eingeführt werden können, deren Definition den Forschern einen weiten Spielraum läßt. In den meisten Bereichen – einige Glücksfälle wie die Direktdaten der Wahlforschung ausgenommen – wird es dank solcher konzeptioneller Artefakte überhaupt erst möglich, mit quantifizierbaren Einheiten zu operieren. Dabei steht die statistische Raffinesse und der mit Computern geleistete Rechenaufwand oft genug in einem bizarren Mißverhältnis zur mangelnden Klärung und Präzisierung der konzeptionellen Bezugsgrößen.

Ich kann bei diesem Seitenblick auf diese, nach Äquivalenzen und Surrogaten der naturwissenschaftlichen Techniken suchenden Forschungsrichtungen nicht auf das fundamentale, seit der Entwicklung der neuzeitlichen Lenkungsstrategien präsente Existenzialproblem eingehen, das sich aus der Behandlung auch der menschlichen Mitwelt als eines für technische Verfügung Zuhandenen, d.h. aus der virtuellen Auffassung der mitmenschlichen Gesellschaft als eines großen Experimentallabors ergibt.

Ich kehre vielmehr zur Erörterung der mittlerweise von zahlreichen politikwissenschaftlichen Lehrbüchern rezipierten Trias der Theoriebegriffe zurück. Es bleibt zunächst zu verdeutlichen, daß in ihrem Gefolge nicht Universalmethoden zur Auswahl stehen können[12] und etwa der Ertragsbereich quantitativer Methoden für die Sozial- und Politikwissenschaft begrenzter ist als ihre mit einem spezifischen Exaktheitsprestige verbundene Anziehungskraft. Es ist weiter zu konstatieren, daß es recht problematisch erscheint, z.B. (quasi-)naturwissenschaftliche, auf Experiment und Beobachtung gestützte Verhaltensforschung sowie die unmittelbar auf Faktorenisolierung gerichteten nomologischen Bestrebungen mit sozialökonomisch inspiriertem konstruktivistischem Modelldenken und anderen Konzeptionen unter *einem* der drei Theoriebegriffe zusammenzufassen, und daß schließlich eine Vielzahl bedeutsamer Theoriebildungsansätze, die wir z.T. erwähnt, z.T. noch nicht erwähnt haben, innerhalb der dem Narrschen Schema folgenden Theorie-Trias überhaupt keinen rechten Platz finden können oder sie weiter differenzieren müßten: so etwa das empirisch-synthetische Fortschreiten, die idealtypenbildende Methode, alle spezifisch auf Sinnerschließung und Überbrückung von Sinndivergenzen gerichteten hermeneutischen Verfahren, sowie (darauf gestützt) nicht zuletzt jede nichtdialektische *historisch-genetische Theorie*, einschließlich der mir besonders bedeutsam erscheinenden politischen – oder umfassenderen geschichtssoziologischen – *Konstellationsanalysen*.

Offensichtlich wurden in die inzwischen dominant gewordenen Bestandsaufnahmen der Theoriebildungswege von vornherein begrenzte oder einseitige Interessenpräferenzen investiert. Zum anderen verlor die in Gang gebrachte theoretische Diskussion weitgehend die Verbindung zur Vielfalt der bereits erbrachten und der fortlaufenden konkreten Forschungen. Gewiß hatte die erste Entwicklungsphase der westdeutschen Politikwissenschaft nach dem Zweiten Weltkriege, der z.B. auch *Hans-Peter Schwarz* 1962 einen „offenkundige(n) Mangel an Theorie" bescheinigte[13], berechtigte Wünsche in Hinsicht auf eine theoretische Verdichtung und Zusammenfügung ihrer Partialergebnisse, wie auch auf Ausweitung ihrer Forschungsperspektiven offengelassen. Aber statt sich dieser mühsamen und langwierigen, ebenso dauerhaft aufgegebenen wie unabschließbaren Aufgabe redlich zu unterziehen, flüchtete man nun vielfach aus einem Mangelzustand in einen anderen. Vom *Theoriedefizit* der Empirie gelangte man so zu einem *Empiriedefizit* einer überwiegend nur projektierten und postulierten sogenannten Theorie. Statt die vorhandenen Baumaterialien zu sichten, auf ihre Verwendbarkeit zu prüfen, sie zu ergänzen und zu tragfähigen und bewohnbaren Gebäuden (welcher Dimension auch immer) zusammenzufügen, verlegte man sich auf den Wettbewerb in einem entmaterialisierten Blaupausenzeichnen. In diesem Konkurrenzgetriebe baute sich die verjüngte Altgestalt einer marxistisch inspirierten Sozial- und Politikwissenschaft zu einem Überwettbewerber auf, der beanspruchte, nicht nur eine tentative, sondern eine materiale Theorie gleich vom Ganzen her und mit entschiedenstem Praxisbezug zu liefern.

Die am Science-Ideal orientierte Sozial- und Politikwissenschaft glaubte sich in ihren entmaterialisierten Theoriedebatten vielfach über die bestehenden Unterschiedlichkeiten der Forschungsgegenstände und der Forschungssituationen hinwegsetzen und mit einheitlichen Validitätsansprüchen operieren zu können, die selbst in der Naturwissenschaft so nicht durchgehalten werden können. Niemand würde etwa die Anatomie für eine Unwissenschaft oder nutzlose Disziplin halten, weil sie nur zu beschreibenden Formeln und nicht zu gesetzesförmigen kommen kann. Statt aber je nach den Gegenständen und Forschungssituationen *gestufte* Wege der Theoriebildung zu verfolgen, die von beschreibenden Formeln zu historisch und räumlich typisierenden Vergleichen und zu Konstellationsanalysen vordringen und ebenso von der Verhaltensbeschreibung mit quantitativen oder qualitativen Methoden zu Aussagen über Verhaltenswahrscheinlichkeiten weiterschreiten können, disqualifizierte man einen erheblichen Teil dieser der Natur der Gegenstände angemessenen komplementären und subsidiären Verfahren, von denen unsere *wirkliche* Erkenntniserweiterung im wesentlichen abhing, vom Forderungsstandpunkt schematischer Hypothesentests oder von nomologischen Wunschvorstellungen aus.

Entgegen den vielfach mehr projektierten als ausgeführten Theoriebildungsversuchen der szientistischen Richtungen und ihren zumindest scheinbar paradoxen Bemühungen, sich dem wortgemäßen Ziel der Theorie, der „Anschauung", auf zunehmend unanschaulicher werdenden Forschungswegen zu nähern, konnten die Verheißungen der „Dialektiker" den Wunsch nach Soforterfüllung globaltheoretischer Ansprüche sehr viel stärker für sich einnehmen. Im westlichen Deutschland sind dieserart im kulturrevolutionären Ausbreitungsmedium der studentischen Protestbewegung und ihrer Transponierung auf die jüngere Wissenschaftlergeneration drei Strömungsimpulse zu großer Wirkung gekommen:

Zunächst die sogenannte „kritische Theorie“ der Frankfurter Schule, deren „negative Dialektik“ einerseits aus einer Resignationshaltung heraus gescheite Deutungen für die Verfestigung der sozialen Verhältnisse und das Steckenbleiben der revolutionären Bewegung in den westlichen Industriestaaten nachlieferte, andererseits aber doch die Möglichkeit zu eröffnen schien, von einem theoretischen Podest aus die *Totalität* des Bestehenden in ihrer Negativität gesellschafts- und kulturkritisch zu verurteilen. Von dieser eher passiv-arroganten Attitüde hob sich die *Habermas*sche Gedankenkonstruktion egalitärer Diskurs- und Beteiligungsperspektiven ab durch ihre zunächst direktere Nutzbarkeit für massenuniversitäre Auf- und Umbruchsbewegungen.

Noch weiter von der rein intellektuellen Überwinterungsposition des Spätmarxismus' der alten Frankfurter Schule führt die Suche *Marcuses* nach neuen revolutionären Subjekten an den Rändern der Gesellschaft und in der empfindlichen Zone der fabrikartig ausgeweiteten höheren Ausbildungssysteme. War schon in allen bisherigen revolutionären Subjekten, den bäuerlichen, den bourgeoisen, den handwerklichen und den proletarischen (wie übrigens auch bei den hier ausgeklammerten religiösen, ethnischen und nationalen) allein der jugendlichere Teil der für den unmittelbaren Kampf vollaktivierbare, so lag der Gedanke nicht ganz fern, in der angedeuteten Situation das Generationsmotiv als solches anzusprechen. Subjektverschiebungen solcher Art führten zwar weit von den fundamentalen Prämissen der Marxschen Theorie ab, genau so wie die Weltrevolutionierung von den unterentwickelten Peripherien (Rußland, Ostasien, Kuba und Afrika) her die Marxsche Entwicklungs- und Revolutionstheorie völlig auf den Kopf stellt, jedoch beeinträchtigte das in keiner Weise die revolutionäre Emphase einer Gefühlsfusion zwischen den weltbewegenden Emanzipationskämpfen der Dritten Welt und den durch solche Assoziationen aufwertbaren subkulturellen Protestbewegungen in den industriellen Metropolstaaten. Während aber die von der technisierten Ökonomie des Abendlandes niedergewalzten und in ihren traditionalen Kulturausprägungen weitgehend ruinierten Länder eben die gleiche technische Entwicklung nunmehr als eine Art von revolutionärem Menschenrecht einklagen, und zumal die kommunistisch geführten „Entwicklungsländer“ auf ihre materielle und geistige Überwältigung dadurch reagierten, daß sie mit dem „Marxismus“ zwar eine modern-abendländische, jedoch zugleich gegen die bestehenden okzidentalen Machtstrukturen gerichtete Ideologie rezipierten, die ihnen heute schon den Glauben vermitteln kann, fortschrittlicher als das Abendland selbst geworden zu sein, und die sie zugleich als ein Vehikel benutzen, mit einem geradezu fanatischen Modernisierungswillen den Okzident an technischen und wirtschaftlichen Kapazitäten einzuholen und zu überholen, – während also der technisch-wirtschaftliche Fortschritts- und Erlösungsglaube in seiner kommunistischen Version seiner höchsten Steigerung zueilt, bekämpften die mit dem Kommunismus der Dritten Welt sympathisierenden westlichen subkulturellen Bewegungen den heimischen Kapitalismus nunmehr gerade als Symbol von Herrschaftsdruck, Technokratie, Bürokratisierung, unerträglicher Lebensregulierung, Unterdrückung der menschlichen Spontaneität und Zerstörung der natürlichen Umwelt. Sie erkennen nicht, daß diese bedrückenden Entwicklungen zwar durch den Kapitalismus gefördert wurden, aber keineswegs auf ihn beschränkt bleiben, sondern Ausdruck eines fundamentaleren technisch-wissenschaftlichen, industriellen und administrativen Rationalisierungsprozesses sind, dessen Apparaturen durch den Sprung in kommunistische Gesellschaftsformen nicht nur nicht gesprengt, sondern sogar noch verfestigt und verstärkt werden.

Neben diese beiden vorab von der studentischen Protestbewegung aufgenommenen und weiterentwickelten Strömungen traten als dritte noch orthodox-marxistische Auffassungen, die im Sog der „neuen Linken", welche allmählich das Feld links von der SPD bis links von *Lenin* und links von *Mao* besetzten, aus ihrer früheren Isolierung herausgeführt wurden. Eine solche marxistische Orthodoxie (das Wort in einem theoretischen, nicht in einem organisatorischen Sinne verstanden) war zuvor in der westdeutschen Politikwissenschaft fast allein von *Wolfgang Abendroth* und seiner zunächst noch nicht einförmigen „Marburger Schule" vertreten worden. Heute wird man einer solchen „marxistischen Orthodoxie" im weiteren Sinne auch die verbreiteten Bestrebungen zur Rekonstruktion einer marxistischen „Politökonomie" zurechnen müssen. Obwohl Abendroth mit seinem Übertritt nach Westdeutschland für sich zunächst einen klaren Trennungsstrich zur Organisationspraxis der SED gezogen hatte, führte die Einschätzung, daß es sich hierbei nur um Divergenzen im Bereich des gesellschaftlichen Überbaus handle, dazu, daß im Umkreis dieser Schulrichtung und eines Teils der neueren „politökonomischen" Strömungen die theoretischen Konvergenzen zum „realen Sozialismus" am stärksten hervortraten. Zum einen handelte es sich um Konvergenzen in der Kapitalismuskritik. Denn die verbreiteten Theorien vom „staatsmonopolistischen Kapitalismus" zehrten (von einigen eurokommunistischen Einschüben abgesehen) im wesentlichen von den Konzeptionen, die Anfang der 60er Jahre in politökonomischen Instituten der UdSSR und der DDR zur nachträglichen Erklärung der theoriewidrigen, aber nunmehr endgültig letzten Stabilisierung der kapitalistischen Wirtschaft entwickelt worden waren[14]. In umgekehrter Richtung konnten solche theoretischen Konvergenzen auch in eine DDR-Apologetik münden, so etwa in dem Systemvergleich „BRD-DDR"[15], der, soweit er die Gegenwart noch nicht gänzlich in einem DDR-offiziösen Schwarz-Weiß-Gemälde zeichnet, dieses zumindest in die Zukunft projiziert, indem es die Bundesrepublik auf dem Wege zu einem autoritären, faschistischen Staat, die DDR dagegen in einem Prozeß der Demokratisierung auf sozialistischer Basis zeigt. Gegenüber den spontaneistischen und romantisierenden (oder teilweise anarchistoiden) Strömungen kann der weniger faszinierende orthodoxe Marxismus seine effizientere Organisation und seinen Rückhalt am Gewicht einer Weltmacht ausspielen. In Marburg ging die Annäherung an eine Ausbildung im Sinne des real existierenden Sozialismus immerhin so weit, daß die DKP-nahen Organisationen hier für einen gesteuerten Nachschub an Studierenden sorgten[16].

Die Einbringung marxistischer Wissenschaftskonzeptionen wirft (schon ohne die organisationsstrategischen Komponenten) weitläufige Probleme auf, denen ich hier nur einige wenige andeutende Bemerkungen widmen kann. Sie hängen mit dem Ursprung des Marxschen Systems aus einer umfassenden *Geschichtsphilosophie* zusammen, welche die Lösung ihrer religions- und gesellschaftskritisch umgewendeten Fragen nicht mehr in der Gedankensphäre, sondern in der ökonomischen Realität suchte. Marx' wahrhaft titanische nach 1848 geleistete Gedankenarbeit, die er selbst nie zu einem befriedigenden Abschluß gelangt sah, diente vornehmlich dem Zweck, einem positivistisch orientierten Zeitalter auch noch die wissenschaftlich überprüfbaren Beweise für die in den Frühschriften längst schon spekulativ fixierten geschichtsphilosophischen Gleichungen nachzuliefern. In der Fortführung nur dieser Bemühungen entstünden keine Probleme. Die Marxschen Erkenntnisse würden wie alle anderen wissenschaftlichen Ergebnisse zur Fortbildung und Revision anstehen, wie sie auch schon innerhalb der eigenen Parteirichtung vom Hüter des geistigen Nachlasses, *Eduard Bernstein*, gestützt auf handfeste statistische Einwände, eingeleitet wurde. Nur Ignoranten könnten andererseits die säkulare Bedeutung von Marx für die Aufdeckung von Zusammenhängen zwischen Wirtschaft und Gesellschaft, für das Verständnis der Entwicklung des Kapitalismus und seiner Gegenbewegungen zu weltweiten Dimensionen, für die Verschärfung wissenssoziologischer und ideologienkritischer Fragestellungen herabzumindern versuchen. Probleme ergeben sich vielmehr daraus, daß Marx seine geschichtsphilosophischen Thesen zwar wissenschaftlich zu untermauern versuchte, ihre spekulativen Grundannahmen selbst (die Arbeit als alleinige Basis der Anthropologie, die Ableitungsrichtung der ‚Realitäten', der ‚dialektische' Geschichtsgang, die Eschatologie etc.) aber keineswegs zur Diskussion stellte. Sie ergeben sich erst recht aus der Insistenz vieler marxistischer Intellektueller, im Zweifelsfall vom verwissenschaftlichten Marx auf den ursprünglicheren und fülligeren Marx der spekulativen Frühschriften zu rekurrieren, gar nicht zu sprechen von der wissenschaftlich indiskutablen, freilich heute bereits für die halbe Welt verbindlichen und nicht selten nachgeäfften parteilichen Kanonisierung des Marx/Engelschen Werkes als einer integralen Gesamtheit.

Es ist also zu unterscheiden zwischen den weitläufigen Inspirationen, die von der Marxschen Überlieferung nicht nur für politische Bewegungen, sondern auch für die Wissenschaft ausgingen und ausgehen und ihrem Heraustreten aus dem Kontext allgemein-verbindenden wissenschaftlichen Arbeitens durch die Verabsolutierung geschichtsphilosophischer Prämissen, die den Forschungsgang teilweise präjudizieren, durch ihre sonstigen spekulativen Grundannahmen und durch ihre (unter universalistischen Projektionen) bewußt parteiinstrumentale Ausformung. Der Impetus, mit dem Ausgehen von der politischen Ökonomie einen fundamentalen Realitätsbezug zu gewinnen und die spekulative Gesamtstrukturierung der geschichtlichen Realität kennzeichnen die Ambivalenz des Marxschen Gedankenerbes. Aus der letzteren ergeben sich (auch unerachtet der naheliegenden parteipolitischen Dogmatisierungen) für die Wissenschaft eine Reihe von Kompatibilitätsproblemen.

Das monströseste Problem bildet allemal der mit der Marxschen Theorie genetisch verbundene und in den ‚authentischen' Fortbildungen festgehaltene Totalitätsanspruch[17]. Wo sich in ihm das Erbe der umgestülpten *Hegel*schen Philosophie, eine ‚bestimmte' Einsicht in die Weltganzheit, in die Gedanken des Weltgeistes zu vermitteln, durchhält, zumindest als ein den wesentlichen Gang der (nunmehr materialistisch ausgedeuteten) menschlichen Geschichte und deren ‚Auflösung' bestimmendes Vorwissen, bleibt ein solcher Anspruch schlechterdings wissenschaftstranszendent. Er hat auch erkenntniskritische Einwendungen gegen sich. Ohne in eine philosophische Erörterung (etwa der mit der *Kant*schen Antinomienlehre verknüpften Probleme) einzutreten, sei hier nur die schlichteste aller Formulierungen der Existenzrelation gewählt: daß es nämlich dem Menschen als einem endlichen Wesen (über perspektivisch erfahrbares und fortschreitendes Wissen hinaus) unmöglich beschieden sein kann, die relative Unendlichkeit der Erscheinungen (oder gar ein umgreifendes Absolutes) in einer bestimmten Wissenstotalität zu erfassen (und auch die gedankliche Konstruktion eines sich die Welt arbeitend erschließendes Gattungswesens verschiebt dieses Problem nur auf eine höhere Stufe – ganz abgesehen von der Frage, wie ein solches Kollektivsubjekt zum Sprechen gebracht werden soll). Die Hegelianischen Totalkonzeptionen (die Hegel selbst als wahrhafte „Theodizee" verstand[17a]) sind Transformationen eines Heilswissens, aber mehr schon Transformationen einer Theosophie als einer Theologie, die – ohne hybride Existenzvergessenheit – redlicherweise nur als Grenzerfahrung den Gottesgedanken, aber nicht von *sich* aus Aspekte der göttlichen Welterkenntnis selbst vermitteln kann; sie sind insofern – in *diesem* Punkt stimme ich *Topitschs* Kritik der Gnosis und der Hegelei zu – nur als ein Akt der Selbstvergottung des Menschen zu begreifen[18]. Für Hegel, dem „das Ganze bereits bekannt ist", ist die Zeit gekommen, ‚Vorsehung" nicht zu glauben, sondern in ihren konkreten Bestimmtheiten zu erkennen, d.h. den „Plan der Vorsehung in der Weltgeschichte" unmittelbar einzusehen[18a]. Solche Vorsehungskonzeptionen gehen allen totalen Entwicklungs- und Umformungsplänen voraus. Bei Hegel gehen im (der philosophischen Rückschau erfaßbaren) Werk der gedanklichen Versöhnung mit der Welt menschlicher und göttlicher Geist ineinander über bei Marx tritt in einem (fortzusetzenden) realen Umformungswerk der homo laborans an die Stelle des letzteren. Die in beiden Zusammenhängen entwickelten geschichtsmetaphysischen Totalbilder führen durchaus über wissenschaftlich legitimierbare perspektivische geschichtliche Gesamtanschauungen hinaus[18b].

In seiner Absetzbewegung von den *idealistischen* Kategorien der (denkstrukturell von ihm bewahrten) Geschichtsmetaphysik hatte sich Marx freilich von den abstrakten Totalsubjekten der zeitgenössischen (‚linkshegelianischen') „kritischen" Theorie schon entschiedener emanzipiert als viele Neomarxisten, bei denen sie immer noch wie Handlungsentitäten erscheinen: „Die Geschichte tut nichts ... es ist vielmehr der Mensch, der wirkliche lebendige Mensch, der alles tut ..."[19]. Indessen bewahrte doch auch hier die primäre Auffassung des Menschen als Gattungswesen die Ansatzpunkte für die (mißverständlich bleibende) Auffassung der Gesellschaft (oder der zur Universalität bestimmten Klasse) als handelndes Subjekt, wie auch die durch kollektive Willensverfügung erstrebte Autonomie des ‚Menschen' sowohl gegenüber der ihn (angeblich) primär begrenzenden ‚Natur' wie gegenüber der selbstgeschaffenen verdinglichten Umwelt das Problem der realen gesellschaftlichen, d.h. immer auch minoritären und individuellen Freiheit nur verdunkelt[19a].

Nun wird der Totalitätsanspruch der Marxschen Theorie, obwohl aus Hegelschem Geist geboren und von Interpreten wie *Lukács* derart wiederblebt, sich im wissenschaftlichen Gebrauch bescheidener geben und sich mit der Betonung der Herrschaft des Ganzen über die Teile etwa in der Mitte zwischen den Hegelschen Prätentionen und einer Gestaltphänomenologie ansiedeln, die – ohne den Totalaspekt – unterstellt, daß die Erkenntnis der Ganzheitsstrukturen vor der Erkenntnis der Teilstrukturen gehe. Aber auch diese Aussage wird problematisch, wenn – wie dies in der Regel geschieht – unterstellt wird, daß die Erkenntnis des Ganzen die größere Sicherheit (ja sogar die absolute Voraussetzung) gegenüber der Erkenntnis der Teile biete: Zwar ist es, um im Bereich der Sozialwissenschaften zu bleiben, durchaus möglich, daß wir z.B. über das Verhalten einer statistischen Gesamtheit genaueres als über das Einzelverhalten aussagen können. Aber durchgehend ist diese Rangfolge nicht. In der Mehrzahl der Fälle lassen sich vielmehr Einzelverhältnisse sehr viel verläßlicher bestimmen als hochkomplexe Großphänomene, deren Deutung vielleicht nur noch mit einigen großflächigen Plausibilitätserwägungen angegangen werden kann. Mit dieser Unschärferelation und überhaupt mit der ständigen (auch prinzipiellen) Korrekturbedürftigkeit von Gesamtvorstellungen durch Einzelwissen möchten sich nun aber die marxistischen Theoretiker zumeist nicht abfinden, und zwar nicht aus wissenschaftlichen Gründen, sondern weil zusätzlich Überlegenheitsgefühle, Glaubenssicherheit und Handlungsgewißheit vermittelt werden sollen. Ich möchte – um Mißverständnisse auszuschließen – hier schon betonen, daß mir die Wiedergewinnung größerer Problemhorizonte als das dringlichste Desiderat der Sozial- und Politikwissenschaft erscheint, freilich nicht auf der Grundlage einer illusionären Sicherheit des Ganzheitswissens.

Andere Fragwürdigkeiten marxistischer Theoriekonzeptionen hängen mit den schon erwähnten teilweise zusammen. Die Akzentverlagerung von der Beschreibung von Haupt- und Staatsaktionen auf die Ökonomie- und Sozialgeschichte erbrachte einen außerordentlichen Gewinn an Realitätsbreite und Relevanz. Dieses erweiterte Gesichtsfeld wird aber sofort wieder stereotypisiert durch die Unterstellung fester Seinsrelationen zwischen Unter- und Überbau. Schon *Max Scheler* hat mit Recht darauf verwiesen, daß die Unterstellung konstanter Prioritäten oder gar Gewichtungen für die (von ihm in einer Pluralität gesehenen) Realfaktoren eine durchaus unbewiesene Annahme sei, da man z.B. das hohe Gewicht wirtschaftlicher Faktoren im modernen hochökonomisierten Zeitalter nicht einfach auf andere Sozialordnungen zurückprojizieren könne[20], was ebenso für die Zukunft gilt, in der Marx bemerkenswerterweise sogar einen nicht mehr den ökonomischen Gesetzen unterworfenen Sozialzustand für denkbar hält. Die Faktorengewichtung ist, wenn überhaupt, nicht durch theoretische Vorabannahmen, sondern immer erneut in den Untersuchungsfeldern zu gewinnen. Genau so steht es mit der Annahme eines dialektischen Entwicklungsganges, der freilich auf Revolutionstheoretiker wie eine Offenbarung wirken konnte. Es gibt eine Reihe von Sozialkonstellationen, die man sich sehr gut als dialektische Verhältnisse zurechtlegen kann, aber von dieser Möglichkeit bis zur Unterstellung einer allgemeinen dialektischen Wirklichkeitsstruktur ist doch ein weiter, nämlich ein Glaubensschritt. Es kann für Hegels Ansehen nur vorteilhaft sein, daß seine naturphilosophischen Arbeiten nicht mehr gelesen werden, die mehr noch als Engels „Dialektik der Natur" allenfalls Kopfschütteln hervorrufen würden. Fast zur gleichen Zeit, als Hegel bewiesen hatte, daß es aus philosophischen Gründen nur sieben Planeten geben könne, wurde auch schon mit dem Fernrohr der achte entdeckt[20a].

Für die Politikwissenschaft im besonderen ergibt sich aus der Begegnung mit marxistischen Theorien auch ein Gegenstandsproblem. Da *Marx/Engels* (im Gegensatz etwa zu *Harrington*[21]) der Welt der politischen Formen als einem letztlich zur Aufhebung bestimmten Phänomen des Überbaus relativ wenig Beachtung schenkten und selbst ein so drängendes Problem, wie nämlich die Diktatur eines Parteiführers zu verhindern sei, als eine nur von Spintisierern aufgeworfene „unlösbare Frage" abqualifizierten[22], gerät eine marxistische Politikwissenschaft leicht in Gefahr, die spezifisch *politischen* Problemaspekte zu verlieren und in Ökonomie aufzulösen sowie etwa die Konflikte anderer Subjekte als der Klassen (etwa Motive der Staatsräson neben der Parteiräson in sozialistischen Staaten) realitätsfern umzuinterpretieren.

Die wissenschaftsüberschreitenden oder wissenschaftsunterlaufenden Aspekte marxistischer Theorien müssen natürlich nicht im mindesten ihre politische Wirksamkeit behindern, vielmehr können gerade – wie *Kernig* in seinem entstehenden Buch über die sozialistischen Strömungen zeigen wird[23] – solche Transgressionsmöglichkeiten wie das Überwechseln von logischen auf praktische und pathetische (und wieder zurück auf logische) Manifestationen der gesellschaftlichen Wirksamkeit einer Ideologie durchaus zugute kommen, wie ja auch der politischen Argumentation durch die dialektische Relativierung der Bindung an den Satz vom Widerspruch nur Vorteile erwachsen können.

Es wäre im übrigen wirklichkeitsfremd und unkritisch anzunehmen, daß die Richtungsumbrüche gerade in der Politikwissenschaft hinreichend aus wissenschaftslogischen und forschungsstrategischen Ursachen erklärt werden könnten und nicht vielmehr in ihren Interessenartikulierungen auch durch politische Erfahrungen und Konstellationen sowie durch voluntaristische Reaktionen mitbestimmt seien. Wissenschaftliche Kontrollverfahren können nur bewirken, diese Interessenmotivierungen selbst bewußt zu machen und die Ergebnisfindung einer davon unabhängigen, objektivierbaren Überprüfung zu unterziehen. Solche Kontrollverfahren können natürlich solange wenig greifen, als die Diskussion im Bereich projektiver Konzeptionen verharrt. Die relativ freischwebende, von der Forschung abgelöste oder ihr zumindest vorauseilende Theoriediskussion ab Ende der 60er Jahre bot deshalb einer Ideologisierung relativ wenig Widerstandsfläche. Man muß rückblickend auch die hochschäumende Ideologienkritik selbst in diesem Kontext sehen, denn sie wurde nicht umsichtig (im Sinne der *Mannheim*schen Verallgemeinerung der Ideologienlehre[24]), sondern in einer rückenfreien, ideologienkämpferischen Stoßrichtung betrieben. Nur in den standardisierten Lehrbüchern und kommentierenden Übersichten erscheint die aus der Theoriediskussion herausdestillierte Trias wie ein zur Auswahl offerierter Angebotskatalog. In der Diskussion selbst ging es aber auch darum, wer das letzte Wort behält und die Ordnungsstruktur des Ganzen bestimmt. Nicht zufällig wurde deshalb die gestufte Vielfalt theoretisch-methodologischer Ansätze auf eine Dreiheit zusammengedrängt, die das Theoriefeld nicht wissenschaftslogisch, sondern politisch übersichtlicher macht. zumindest für die Richtung, die mit Dreiheiten besonders gut zurecht kommt. Es ist deshalb nicht ausgeblieben – ich spreche jetzt von den etwas schlichteren und massiveren Deutungsversuchen –, daß man die Trias als ein Instrument gebrauchte, die sog. ‚ontologische' Theorie als feudalreaktionär (nämlich an den Werten der Vergangenheit orientiert) zu charakterisieren, die ‚empirischen' Theorievarianten als bürgerlich (nämlich nur zur Verdoppelung der kapitalistischen Wirklichkeit tauglich), die ‚dialektische' Theorie dagegen als progessistisch-revolutionär (also wirklichkeitsverändernd) auszuweisen.

III.

Von einer solchen triadischen Orientierungsbasis ging auch die erste neuere Gesamtdarstellung der „*Entwicklung der westdeutschen Politikwissenschaft*" von *Hans Kastendiek* aus[25], die innerhalb ihres Beurteilungsrahmens durchaus zu nuancierten Beurteilungen der theoretischen Konzeptionen kommt, die Darstellung der konkreten politikwissenschaftlichen Forschung jedoch gleichfalls überwiegend ausklammert. Kastendiek hatte sich zunächst in der Frage festzulegen, ob Politikwissenschaft in einem extensiven, die älteren Theorien mit einbringenden Sinne oder nur im Sinne der spezialfachlichen Institutionalisierung im Hochschulwesen des 20. Jahrhunderts verstanden werden soll. Er entscheidet sich, entsprechend den gegenwärtigen Trends, für die engere Auffassung[26], was mir für die Abgrenzung seiner Untersuchung sinnvoll, als Grundverständnis aber verfehlt erscheint. Ich fürchte, daß mit den hier manifesten Traditionsverkürzungen auf die hochschulorganisatorischen neueren Ausprägungen auch eine illusionäre Auffassung der Existenzsituation der Politikwissenschaft, d.h. ihrer prekären politischen Voraussetzungen, verbunden ist. Politikwissenschaft ist wissenschaftsgeschichtlich eine Ausnahmeerscheinung, selbst heute nur in einer Minderheit von Staaten frei betreibbar, in der Geschichte immer wieder von den Machtverhältnissen kupiert, auf Seitenbahnen gedrängt, in den Universitäten, auch wenn in scholastischen Lehrfächern fortgeführt, lange Zeit weniger als in privaten Studierstuben zu finden, vor allem auch von innen her durch Macht- und Ideologiendienerei ständig der Gefahr der Selbstkompromitierung ausgesetzt. Positiv kann die Geschichte der Politikwissenschaft nur als eine Kette von Renaissancen verstanden werden, genauer gesagt: von politikkulturell bedingten Renaissancen. Aber nicht von diesen Diskontinuitäten betroffen sind die Problemzusammenhänge. Die theoretischen Probleme, mit denen es Politikwissenschaft zu tun hat: Herrschaftsformen und Herrschaftsbeschränkung, Staatsbürgertum, Demosherrschaft, Repräsentation, Staatsräson, Souveränität, Parteibildung etc. haben (neben anderen gewichtigen Fragen, die neueren und jüngsten Ursprungs sind) ihre Bedeutungsstruktur vor 2300, 700, 400, 200 Jahren erhalten[27]. Statt diese okzidentalen Problemdimensionen einschrumpfen zu lassen, wäre es vielmehr nötig, sie durch die politiktheoretischen Konzeptionen der außereuropäischen Völker zu erweitern.

Kastendiek läßt die geschichtlich isoliert gesehene Entwicklung der neuen deutschen Politikwissenschaft, überraschend fach- und lehrstuhlgläubig, sogar an Gestalten wie *Max Weber* (der zuletzt noch Vorlesungen mit dem Titel „wertfreie Politik" konzipierte), *Robert Michels* und anderen vorbeigehend, praktisch mit der Gründung der Deutschen Hochschule für Politik beginnen[28]. Geistig noch von *Friedrich Naumann* inspiriert, war auch *ihr* von ihm gleichsam als politische Hintergrundsgleichung die Bandbreitenformel „Von Bebel bis Bassermann" mitgegeben worden. Mit dieser Mitgift war sie (im Gegensatz zum Großteil der Staatsrechtslehre) fähig, sich auf die Probleme eines republikanischen Parteienstaates einzustellen. Von der Statur ihrer Dozenten her – *Friedrich Meinecke, Theodor Heuss, Hermann Heller, Götz Briefs, Hajo Holborn, Sigmund Neumann* etc. – hätte sich diese Institution nach meiner Einschätzung wohl mit jeder späteren Konglomeration deutscher Politikwissenschaftler messen können, jedoch hatte sie sich nie ganz – auch das ist *meine* Beurteilung – von ihrem Geburtshandicap, ihrer Konzeption als einer Art von Mehrparteienschule, emanzipieren können. Diese ideellen Laufgatter hat sie übrigens selbst noch der erneuerten Hochschule und dem späteren Otto-Suhr-Institut vererbt, deren Dozenturen zunächst schön parteienpluralistisch besetzt wurden, ein Verfahren, das zwar besser ist als balancenlose Einseitigkeit, jedoch immer noch ein Mangel an wissenschaftlicher Souveränität dokumentierte, indem es von der traurigen Erwartung ausgeht, die Richtungsberufenen „würden sich Zeit ihres Lebens in dem ihnen zugewiesenen Käfig bewegen"[29]. Erfreulicherweise hatten die Universitäten diese richtungsorientierten Besetzungsprinzipien in der ersten Phase der neuerlichen Installation der Politikwissenschaft noch ernsthaft zu vermeiden gestrebt, was indessen nicht verhinderte, daß bald aus Bereichen der Politikwissenschaft selbst durch Bildung von Schulen und durch zielstrebig kletternde Nachwuchsseilschaften in zunehmendem Maße einseitig fixierte geistige Herrschaftsterrains entstanden, deren Ausbildung zwar nicht voll mit der politischen Färbung der Kultusministerien der Länder korrespondierte, aber doch durch sie spezifisch atmosphärisch oder faktisch gefördert oder gehemmt wurde[30].

Der Instauration der Politikwissenschaft stand nach wie vor starker Widerstand der etablierten Nachbardisziplinen, besonders der juristischen, entgegen, doch war nach dem Delirium der nationalsozialistischen Politik und dem totalen Kollaps des deutschen Staates das Bedürfnis nach einer auch wissenschaftlich fundierten Neuorientierung unabweislicher als nach dem Ersten Weltkrieg. Kastendiek verweist hier nun auf die einseitige Prägung maßgeblicher deutscher Politikwissenschaftler durch die Emigration ins westliche Ausland, zumal nach Amerika[31] – aber wäre etwa zu denken gewesen, daß gerade ein Politikwissenschaftler seinem Beruf in der stalinistischen Sowjetunion hätte nachgehen können? Er wundert sich ferner über den nunmehr positiven Bezug früher sozialistischer Autoren wie Fraenkel zum demokratischen Verfassungsstaat[32]. Er kann sich offenbar nur unzulänglich vorstellen, daß gerade Sozialdemokraten durch ihre Erfahrungen mit dem Dritten Reich den demokratischen Verfassungsstaat neu schätzen lernten. Für Kastendiek ebnete dies, wie überhaupt die Würdigung pluralistischer Prinzipien im Staatswesen, den Weg der Politologie zu einer Integrationswissenschaft. Zwar habe bei Politologen wie *Stammer, Flechtheim* und *Abendroth* immerhin die Macht- und Herrschaftsanalyse den Zentralgegenstand der Politikwissenschaft gebildet, andere wie *Fraenkel* und *Bergstraesser* hätten hiervon aber einen Rückfall in die Auslegung der Politik als Freund-Feind-Verhältnis befürchtet und positive Wertansätze gesucht[33]. Im Klima des Kalten Krieges sei es schließlich zur weitgehenden Konvergenz und integrativen Einvernahme der Politikwissenschaft auf der Grundlage einer positiven westlichen Demokratietheorie und einer negativen Totalitarismustheorie gekommen[34]. Merkwürdigerweise führt aber Kastendiek diesen Gedanken nicht weiter, denn auch aus der späteren Entspannungs- und der deutschen Ostpolitik mußten sich ja atmosphärische Rückwirkungen ergeben.

Eine Lockerung der Kommunikationseinheit der westdeutschen Politikwissenschaft sieht Kastendiek aufmerksamerweise auch schon vor dem heftigen Ansturm der kritischen Protestbewegung zu einem gewissen Grade durch die Überziehung der Positionen der von ihm meist verkürzt als ‚Freiburger Schule' bezeichneten ontologischen Richtung bewirkt[35], die sich nicht nur (durch *Hennis* und *Maier*) mit der Suche um einen Anschluß an die praktische Philosophie (so übrigens in einem weiteren Sinn auch *Voe-*

gelin und *Kuhn* in München) von der modernen empirischen Sozialwissenschaft distanzierte, sondern auch (wie Hennis) gegen die bisherige deutsche Politikwissenschaft als überwiegende „Mitbestimmungslehre" zugunsten einer Betriebswirtschaftslehre des Staates Front machte. Man könnte übrigens auch schon in dieser Entwicklung milde Formen eines Generationenkonfliktes sehen, denn es handelte sich bei diesen Übersteigerungen *teilweise* um ein Vordrängen der dritten westdeutschen Politikwissenschaftler-Generation gegenüber der zweiten[36] (in der anschließenden Phase müssen freilich auch die beginnenden Separierungstendenzen der sich ausschließlich am quantitativ arbeitenden amerikanischen Behaviorismus orientierenden Positivisten der dritten und zumal vierten Generation gesehen werden). Die spätere Wendung des „Freiburgers" *Oberndörfer* bzw. vornehmlich seiner Mitarbeiter zu einer großenteils positiven Rezeption der Systemtheorie (in der Entwicklungsländerforschung) wird von Kastendiek und anderen kritischen Kommentatoren mit Verwunderung vermerkt, aber zugleich als ein Wiederzusammenrücken der ontologischen und der positivistischen Richtung angesichts ihrer gemeinsamen Bedrohung durch die sogenannte kritische Politikwissenschaft ausgelegt[37]. Da man aus deren Sicht alles strategisch ausdeuten will, bemerkt man zu *Sontheimer*, daß dieser, offenbar im Vertrauen auf eine ‚Tendenzwende', eine solche Rückversicherung nicht mehr für nötig erachte[38], übersieht aber, daß Sontheimer zu solchen Verknüpfungen schwerlich disponiert wäre.

Die Zeit ab den späteren 60er Jahren war nun einerseits gekennzeichnet durch einen massenhaften Theorieimport aus den Vereinigten Staaten (wobei der Innovationseffekt der Importeure in der Tat nur durch ein erstaunliches Maß von zuvor vorhandener oder bei anderen fortbestehender Ignoranz erklärt werden kann) und andererseits durch den Aufbruch der ‚kritischen' Bewegung. Kastendiek konstatiert, daß der Politologie kein nennenswerter Anteil an der Entstehung dieser politischen und wissenschaftlichen Protestbewegung zukomme[39]. Die protestlerischen Analysen seien zunächst ohne die Politologen oder *gegen* sie entwickelt worden[40]. Das stimmt insoweit, als hierfür die Impulse und Konzeptionen der spontaneistischen Studentenbewegungen und ihres Potentials an Nachwuchswissenschaftlern sehr viel belangvoller waren (die *Krippendorff* in seinem Beitrag zur Eschenburgfestschrift sehr anschaulich dargestellt[41]) und als die dabei wirksamen akademischen Impulse spezifischer der Soziologie entstammten und innerhalb der Soziologie auch zunächst ihre breiteren Diskussionsforen gewannen. Die orthodox-marxistische Marburger Politologen-Richtung ist eigentlich erst zum späteren Profiteur der spontaneistischen Aufbruchsbewegungen geworden. Fragen, die im Mittelpunkt des Interesses der Protestbewegung standen, wie der Vietnam-Krieg und die Notstandsgesetze, sind nur von wenigen Politologen im Sinne der späteren Protestbewegung erörtert worden (die letzteren u.a. von *Seiffert* und von *Kogon*[42]). Die frühe Kritik an der sogenannten integrationistischen Politikwissenschaft, wie sie sich etwa in dem Buch über den „*CDU-Staat*" äußerte[43], war selbst noch stark von dem Ambiente der Frankfurter Soziologie geprägt.

Die Politikwissenschaft geriet nach der Darstellung von Kastendiek zunächst zwischen alle Stühle[44]. Sie rückte ins Kritikfeld der eigenen Studenten und zog sich von außen den Vorwurf zu, ihrem eigenen Bildungsauftrag nicht gewachsen zu sein. Dieser letztere Vorwurf verschärfte sich in den nachfolgenden Jahren noch in dem Maße, in dem die Politikwissenschaft im Zuge der akademischen Personalexpansion, welche die Protestgeneration zu Lasten aller nachfolgenden massiv begünstigte, ihren interdisziplinären Rückstand an Transformationsenergie gegenüber der Soziologie vollends ausglich. Ja, mittlerweile zeigen sich die Folgen der Richtungskämpfe und des Generationenbruches in keiner Disziplin nachhaltiger als in der Politikwissenschaft. Es gibt keine nationale Vereinigung eines anderen Faches, die so weitgehend in Absenz seiner Pioniere und führender Repräsentanten arbeiten muß wie die unsrige.

Nach Kastendiek darf dieser Zustand aber nicht beklagt werden. Jeder, der wie *Schwan*[45] und hernach *Sontheimer*[45] auch nur einen ‚Zerfall' der deutschen Politikwissenschaft ***konstatiert,*** wird von dem erreichten Veränderungszustand aus selbst der zerstörerischen Absicht beschuldigt. Nicht ein „Zerfall" sei eingetreten – ist Kastendieks feine Unterscheidung – sondern nur eine Desintegration, nämlich die notwendige „Desintegration einer Integrationswissenschaft", die als Moment des „Wandels" zu begreifen sei[47]. Dieser ideologische Streit um Signalbegriffe kann indessen nicht verdecken, daß eine Zerreißung wissenschaftlicher Kommunikation, nicht allein auf dem Wege der Arbeitsdifferenzierung, sondern der Richtungsseparierung, d.h. der damit verbundenen Exklusivitätsansprüche, eingetreten ist.

IV.

Nach Abschluß des vorliegenden Beitrages ist noch eine gewichtigere Untersuchung der Entwicklung der westdeutschen Politikwissenschaft erschienen, auf die hier nurmehr summarisch eingegangen werden kann: *Hans-Joachim Arndts* Buch *„Die Besiegten von 1945 – Versuch einer Politologie für Deutsche..."*[48]. Der engagierte Heidelberger Politologe hat damit nichts Geringeres als eine Herausforderung der gesamten Disziplin im Sinne. Gegen den Strich aller in der deutschen Politikwissenschaft maßgeblich gewordenen Richtungen schreibend, wird er bei diesen wohl eher auf Widerspruch oder Achselzucken denn auf Resonanz stoßen. Für jedermann hochbeachtlich müßte aber das reiche Material sein, das über die geistige und die organisatorische Entwicklung der deutschen Politikwissenschaft vorgelegt wird. Man wird beides, die positionellen Optionen und die Entwicklungsanalysen (trotz ihrer Verknüpfung möglicherweise auch getrennt) zu würdigen haben. Beginnen wir mit dem erstgenannten Aspekt!

Arndt will die westdeutsche Politikwissenschaft von anderer Seite als die neomarxistische Kritik mit einem „Lage"-Verständnis konfrontieren, und dieses Mal richtet sich der Tadel sowohl gegen die altetablierte Politikwissenschaft wie gegen ihre neuetablierte Kritik[49]. Verkennung der Grund-Lage ist auch hier der Hauptvorwurf, in diesem Falle die Verkennung der Lage der Deutschen nach 1945, der Lage von Besiegten[50]. Die Frage nach der Identität eines politischen Handlungssubjekts in Deutschland, die jeder Frage nach der ‚Verfassung' vorausgehen müsse, sei von der deutschen Politikwissenschaft von Anfang an vernachlässigt worden[51]. Der Bewußtseinsverlust für die historische Identität Deutschlands habe sich schließlich auch theoretisch verfestigt, indem mit der Übernahme des (einer anderen politischen Konstellation entsprungenen) „System"-Ansatzes jeder Bezug auf ein geschichtliches Subjekt und einen geographischen Ort vollends ausgeblendet werde[52]. Die historischen Substrate nur noch wenig beachtend, habe man sich mit ‚Verfassungen' und ‚Systemen' wie mit Serienmodellen beschäftigt.

Der kumulative Charakter der Arndtschen Kritik wird hierdurch erkennbar: Über die sich nur noch wenig auf eine konkrete Lage beziehende, sondern in der Unbestimmtheit von Generalisierungen bewegende allgemeine Demokratiewissenschaft brach unvorbereitet die Generationenwelle der System-Kritik herein. Die älteren „Fachvertreter waren sprachlos" wie *Tudyka* mit sichtlicher Freude bemerkt[54].

Arndt seinerseits bekundet, daß er zu jenen gehörte, welche die zum Symbol des Generationsaufbruchs gewordene „Marx-Renaissance" „keinesfalls mit Entsetzen ... beobachtet", sondern mit der Hoffnung begleitet haben, „sie werde dazu beitragen, den systematischen und ideologischen Nebel zu durchstoßen und die unbequeme Wirklichkeit zu finden"[55]. Diese Hoffnung habe getrogen. Statt von Marx zur Erkenntnis einzigartiger Situationen angeregt zu werden, habe man sich nur an dessen Abstraktionen und Geschichtsphilosophie zu halten versucht, und diese als einen bequemen „Passepartout für ‚Geschichte überhaupt' " aufgefaßt, „mit einem gänzlich abstrakten Subjekt ‚Gesellschaft überhaupt' und verzweifelter Suche nach der ‚konkreten revolutionären Klasse' ". Der Nebel über dem Gelände der Politikwissenschaft habe sich hierdurch nur verdoppelt. Mit einer „verblasenen Verbindung von Systemologie und Marxologie" sei die seiner Sicht nach „schlimmstdenkbarste", weil verwirrendste „Schule" der Politikwissenschaft entstanden, die „heute ... etwa zwei Drittel der politikwissenschaftlichen Arbeit" bestimme[55].

Arndt untersucht den erstmals seit 1965 merklichen Richtungsumbruch zur ‚kritischen' Politikwissenschaft in der Fachliteratur[56] (wo den Leitschriften zunehmend rascher auf den Markt geworfene, preislich auf die studentische Nachfrage abgestimmte Publikationen folgten), in den Fachzeitschriften[57] (zu denen ab 1973 mit dem ‚Leviathan' ein spezifisches Richtungsorgan als Vorreiter hinzutritt), in der Besetzung von Lehrpositionen[58] (die seit dem Ende der 60er Jahre an alten und zumal an neuen Universitäten, Gesamthochschulen, Pädagogischen und Fach-Hochschulen eine ganz außerordentliche und unwiederholbare Vermehrung erfuhren, die durch neue Berufungskriterien und Überleitungen die Zahl kaum bekannter Fachvertreter stark anschwellen ließ[59]) und schließlich in der Deutschen Vereinigung für Politische Wissenschaft, deren rapide Umformung (durch Senkung der Beitrittsschwellen und raschen Mitgliederzuwachs, durch Annäherungen der Mitgliederversammlungen an den Verhandlungsstil resolvierender universitärer ‚Vollversammlungen', durch die Akzentuierung der Kongreßthemen (insbesondere 1973 und 1975) sowie durch die beliebige Konstituierung von Arbeitsgemeinschaften und eine Selbstbenennung von Referenten) von Arndt besonders ausführlich geschildert wird[60].

Arndt verweist mit Recht darauf, daß die *Autonomie* der Universität nur für wissenschaftliches, nicht für (jedwedes) politisches Tun im engeren Sinne in Anspruch genommen werden könne[61] und daß innerhalb ihres privilegierten Terrains das Risiko und die Verantwortlichkeit der Politik ohnehin nur schwer zu demonstrieren sei[62]. Da indessen das Bewußtsein der unterschiedlichen intellektuellen Natur und der unterschiedlichen institutionellen Angemessenheit von wissenschaftlicher Analyse auf der einen und politischer Option, wenn nicht politischer Durchsetzungshandlung, auf der anderen Seite im Laufe der geschilderten Entwicklungen nicht nur tief gestört, sondern die Verschmelzung von Theorie und Praxis schon im universitären Raum von den neomarxistischen Richtungen geradezu gefordert wurde, ist es in der Tat nicht fernliegend (wenn auch nicht erhebend), daß Arndt von der Untersuchung wissenschaftlicher Schulrichtungen zur Untersuchung von parteiförmigen Richtungsorientierungen weiterschreitet[63]. Hier zeigt sich nun, wie sich die Opportunitäten und Affinitäten der politisch getönten Wissenschaftsrichtungen und die Ausrichtung der Kulturpolitik der Länder wechselseitig verschränken. Es treten, selbst bei imperfekter Statistik, eklatante Unterschiede zwischen den Ländern Berlin, Bremen, Hamburg, Hessen, Niedersachsen (von Arndt „S-Länder" genannt) und den Ländern Bayern, Baden-Württemberg, Rheinland-Pfalz, Saarland, Schleswig-Holstein (von Arndt als „C-Länder" bezeichnet) hervor, während Nordrhein-Westfalen (vielleicht aufgrund politisch wechselnder Verwaltungsprägung, stärkerer gewerkschaftlicher als rein intellektueller Prägung der SPD-Kräfte und spezifischer Universitätstraditionen) eine Sonderstellung in der Mitte (und nicht so weit von den „C-Ländern" entfernt) einnimmt[64]. Es zeigt sich eine zunehmende Gravitation zwischen der politischen Richtungsorientierung der Politologen und der kulturpolitischen Orientierung der Bundesländer, aber mit einer recht weitgehenden Links-Verschiebung der arithmetischen Mitte der Politologen gegenüber der politischen „Mitte der Bundesrepublik"[65]. Fast alle Wissenschaftler mit erkennbaren Sympathien für K-Gruppen und die ganz überwiegende Mehrheit von erkennbaren Anhängern einer „Systemveränderung" lehren in den sogenannten „S-Ländern", wobei sich in dieser Gewichtung allerdings auch die sehr viel größere Zahl von neueingerichteten Politologenstellen in dieser Ländergruppe widerspiegelt. In den sogenannten „C-Ländern" hingegen findet man noch fast gleichviel erkennbare Anhänger der sozial-liberalen Reformpolitik wie in den diesen Kurs verfolgenden Ländern. Allerdings geht dieser Anteil in den „C-Ländern" in der jüngeren Generation zurück. Die Tendenz zur politischen Polarisierung ist also in der Zeit- und Generationenfolge (bislang) fortschreitend. Die Tendenzveränderungen selbst erweisen sich ganz überwiegend als generationenbestimmt „je mehr man nach ‚links' geht, um so höher (ist) der Anteil der ‚jüngeren Generation', und umgekehrt"[66]. Wir wollen hier, über die Mitteilung der von Arndt erstmals so weitgehend (wenn auch noch mit reichlichen Unschärfen) quantifizierten Befunden hinaus, nicht auf deren Würdigung in Hinsicht auf parteipolitische Konstellationen eintreten. Es könnte auch hieraus geschlossen werden, daß die Unionsparteien in eine bedenkliche Kontaktferne zur Wissenschaftsentwicklung geraten sind. Es könnte andererseits auch geschlossen werden, daß sozialdemokratische Kulturpolitiker das Feld links von ihren Parteigrenzen weniger präzise überblicken oder anders einschätzen als früher. Aus der Perspektive der Politikwissenschaft, die uns hier zunächst beschäftigt, ist diese Art von politischer Polarisierungstendenz höchst bedenklich. Sie kann nämlich sicher nicht *nur* durch staatspolitische Polarisierung als gleichsam fremdverschuldet angesehen werden. Vielmehr deutet alles darauf hin, daß unter den Lehrenden der bewußte Wille (vielleicht schon der Grad der Möglichkeitsvermutung), sich im Interesse wissenschaftlicher Autonomie, aber auch der *Gesamtheit* der Studierenden, gegenüber den jeweils am Universitätsort oder im Lande dominierenden politischen Umweltkräften und Polarisierungstendenzen unabhängig zu halten, ‚durchschnittlich' eher abgenommen hat. Droht uns eine Herdenwissenschaft mit separierten Weidegründen?

Unter den Recherchen Arndts verdienen sicher diejenigen über die thematischen Schwerpunkte der deutschen Politikwissenschaft eine besondere Aufmerksamkeit, und zwar nicht nur die Befunde über Themenverschiebungen, sondern vor allem auch die über die vernachlässigten Gegenstände. Auch wenn man Arndts Hauptvorwurf, die deutsche Politikwissenschaft beschäftige sich am wenigsten mit der Grund-Lage und dem Identitätsproblem des eigenen Landes, nicht zum einzigen oder dominierenden Maßstab der Beurteilung dieser Disziplin machen will, kann – selbst wenn eine größere Reihe von Autoren wie *Michael Freund, Mehnert, Bracher, Baring, Hans-Peter Schwarz, Besson* und andere mehr, als Gegenbeispiele zu nennen sind – nicht geleugnet werden, daß hier in der Tat eine weitgehende Bewußtseinsverdrängung stattgefunden hat, zumal es sich bei den nennbaren Autoren zumeist um historisch arbeitende, also durch die neueren Entwicklungstendenzen an den Rand der Politikwissenschaft gedrängte, handelt. Bemerkenswert ist auch – um nur noch einen hervorstechenden Befund zu nennen – die geringe Beschäftigung mit den Ländern der ‚Zweiten Welt' in den Zeitschriften[67] und in der Literatur[68] der westdeutschen Politikwissenschaft. Das im letzten Jahrzehnt vorherrschend gewordene Interesse an sozialistisch-kommunistischer Theorie stand in einem ausgesprochenen Kontrast zu dem schwachen Aufwand an Erforschung des ‚realen Sozialismus'. 60 Jahre nach der Oktoberrevolution sollten doch nicht nur die reichen Potentiale der marxistischen Theorien zur Kapitalismuskritik, sondern auch die nunmehr überschaubaren Wege ihrer Eigenverwirklichung interessieren. Die Konzentration auf ‚Theorie' erlaubt es hier offenbar, manches nicht gar zu genau wissen zu müssen. Auch mit der Erforschung der Entwicklung der DDR, die (trotz des Erscheinen einiger Übersichten) überwiegend die Angelegenheit einer begrenzten Zahl von kompetenten Spezialisten geblieben ist, stand es – wir bemerken mittlerweile eine gewisse Interessenbelebung – nicht zum Allerbesten. Wer sollte aber in der internationalen wissenschaftlichen Arbeitsteilung mehr als die westdeutsche Politologie zu dieser Aufgabe berufen sein?

Zuletzt noch ein Wort zu den schon eingangs erwähnten Positionen, von denen aus Arndt seine Kritik betreibt! Arndt fügt einer Trias von Bezugsansätzen der Politikwissenschaft (von ihm als „Verfassungsstaat", „Szientismus" und „Klassengesellschaft" charakterisiert) noch einen vierten, den eigenen, hinzu, den er als „historische Lage-Analyse" bezeichnet[69]. Diese verzichte auf eine allgemeine und absolutistische Normensetzung für das politische Leben, sowohl in der Form individualistischer wie gesellschaftlicher Generalkonstruktionen, ermittle nur historische Wahrheiten für konkrete Orte und Zeiten, die allenfalls anthropologisch (in der Auffassung des Menschen als bedürftiges Mängelwesen) unterbaut seien, sie würdige die Institutionen (nicht etwa nur Staat, sondern u.U. auch katholische Kirche, kommunistische Partei) als Stabilisierungsfaktoren in bestimmten Lagen und sei somit an historisch-konkreten Kollektivsubjekten orientiert[70]. Es handelt sich hierbei um eine Verständnisausprägung, die Arndt nur selten und in manchen Bereichen fast gar nicht vorfindet, also um eine Arbeitsrichtung, die nicht in vergleichbarem Umfang wie die anderen untersuchten Schulen existiert, sondern eher als wünschenswert und maßstäblich eingeführt wird. Die

Konturen dieser Richtung scheinen nicht leicht vermittelbar zu sein, denn der mit empirischen Untersuchungen befaßten wissenschaftlichen Hilfskraft müssen immer wieder Fehlverständnisse und Fehlzählungen bescheinigt werden[71]. Es handelt sich um einen Kreis von Konzeptionen, deren Näherungswerte wohl nur durch die Auffassungen des Verfassers bestimmt werden können. Zwar wird mit der Bezeichnung „historische Lage-Analyse" ein weiter Bogen geschlagen, jedoch scheint der Zirkel nur in negativer Perspektive so weit geöffnet, insofern historisches Denken eine Gegenkraft gegen universalistische Abstraktionen bildet: positiv gewendet, dürfte diese Konzeption indessen sehr viel enger aufzufassen sein. Das ergibt sich schon daraus, daß die von Arndt umrissene historische Lage-Analyse nicht nur im Spektrum der Wissenschaftskonzeptionen erscheint (hier mit einem nach rechts weisenden Pfeil symbolisiert[72]), sondern auch im Kontext der *politischen* Strebensrichtungen (dort den Gruppierungen „Bürgerliche Demokratie", „Sozialliberale Reform", „Systemveränderung" und „K-Gruppen-Nähe" gegenübergestellt[73]. Verschiedentliche (berechtigte) Hinweise, daß eine konkrete Lage-Analyse nicht durch ein Rechts-Links-Schema fixiert sei, führen in Arndts Konzeption doch nicht klar über dessen Koordinaten hinaus[74]. So lassen sich Arndts Leitvorstellungen von historischer Situations- und Konstellationsorientierung[75] sicher eher durch *Carl Schmitt* als etwa durch *Alfred Weber* verdeutlichen (für welchen die Konstellationsanalyse" das A und Ω der Sozialwissenschaft darstellte), obwohl, wie zu anderen Autoren, so auch zu Schmitt Differenzlinien gezogen werden (Vorrang der Identitäts- vor der Intensitätsfrage des Freund-Feind-Verhältnisses)[76].

Arndt hat uns den eingehendsten diagnostischen Befund der Orientierungsstörungen geliefert, von denen er die westdeutsche Politikwissenschaft betroffen sieht. Seine – schon vor der Diagnose feststehende und auch im Buch vorangestellte – Therapie scheint uns aber (in der Form, wie sie uns nahegebracht wird) kaum geeignet, den Gleichgewichtssinn der Disziplin wiederherzustellen. Das zunehmende Operieren mit geschichts- und ortlosen Allgemeinheiten in der Sozial- resp. Politikwissenschaft hat zum Gegenteil einer „Theorie", nämlich zu Unanschaulichkeit und schwindendem Realitätssinn geführt. Umgekehrt würde jedoch die Auflösung der Politikwissenschaft in je individuell-historische Lage-Analysen in weiterführender Konsequenz zur Aufgabe der Eigenständigkeit des Faches führen. Wir sehen in *Seeleys* berühmter Formel „*Political Science without History has no root. History without Political Science bears no fruit*"[77], im Sinne der jeweiligen Ergänzungsbedürftigkeit historisch-individueller und begrifflich-generalisierender (resp. typologischer) Betrachtungsweisen, nach wie vor eine zutreffende und beherzigenswerte Devise. Universalmethoden[78] zur Realitätserhellung stehen nicht zur Verfügung. Generalisierungen, die sich – keiner Frage nach den geschichtlichen Konkretisierungen mehr ausgesetzt – in Gehaltlosigkeit verlieren können, sind nicht schlechthin zu verbannen, sondern auf ihren relativen Sinn und Bezug zurückzuführen.

Mit dem Anspruch der Wissenschaft scheint mir unvereinbar, daß sie etwa spezifisch nur auf *ein* Subjekt bezogen werden könne. Selbst die historisch-individualisierende Wissenschaft kann sich nicht solche Grenzen setzen. Gewiß hat Wissenschaft auch hier Erkenntnisinteressen, die nicht aus ihr selbst (und ihrem Allgemeingültigkeitsanspruch) abzuleiten sind. Man mag es deshalb als realitätsscheue Verdrängung, als eine kuriose

Ausblendung des Nächsten oder – wenn man stärkere Ausdrücke liebt – als eine Art von politischem Fellachentum ansehen, wenn eine Politikwissenschaft der Identität ihres eigenen Landes nicht die gebührende Aufmerksamkeit widmet. Aber trotz ihrer Öffnung für spezifische Erkenntnisinteressen bleibt Wissenschaft als Wissenschaft – wie Arndt selbst konstatiert – eine „‚allgemein-menschliche' (universale) Bemühung"[79]. Die programmatische Buchformel (‚Politologie für Deutsche') ist somit zumindest zweideutig. Eine Politologie in Westdeutschland, die (auch) den Erkenntnisinteressen der Deutschen hinreichend Rechnung trägt, mag wohl gefordert werden, eine Politologie, die sich etwa substanziell *nur* auf die deutsche Lage gründet, würde zum Unding. Selbst die Lehre von der Staatsräson ist immer davon ausgegangen, daß ihre „Berechnungs"-Systematik sich nicht nur auf das eigene, sondern auch auf andere Handlungssubjekte erstrecken kann, und ursprünglich wurde sie auch nicht historisch-individualistisch, sondern in engem generalisierenden Zusammenhang mit der Staatsformenlehre entwickelt (der Arndt mit Mißtrauen gegenübersteht). Politikwissenschaft war eben in ihrer Gesamtentwicklung zwar von der Lage einzelner Staaten inspiriert, aber zum geistigen Unternehmen eines ganzen Kulturkreises geworden, mit einer der okzidentalen Wissenschaft vorab eigentümlichen, schon darüber hinausweisenden universalistischen Tendenz. Was an Arndts zugespitzten Thesen bedenklich erscheint, ist nicht das von ihm abgewiesene Mißverständnis, daß er eine deutsche Politologie nach Art der „deutschen Physik" begründen wolle, sondern daß er den universellen Zuschnitt und Traditionszusammenhang der Disziplin zerreißen will, indem er „einen Großteil des wissenschaftsgeschichtlichen, insbesondere ‚ideen- und dogmengeschichtlichen' Erbes der systematischen Sozialwissenschaften aus dem Bestand ausscheide(t)"[80]. Konkrete Lageanalysen, die die Realitätssicht erweitern, gewiß!, aber nicht Subjektpolitologien (seien sie nun auf das ‚Proletariat' oder die ‚Deutschen' bezogen), die die Wissenschaft fragmentieren und (nolens volens) ideologisieren.

Wenn Arndt zur Fundierung seiner Politologie für Deutsche konkret auf die Grund-Lage der ‚Besiegten von 1945' rekurriert, so kann er dies als eine Korrektur von Realitätsverdrängungen ansehen. Jedoch wie wirksam, ja geradezu ‚konstituierend' dieser historische Einschnitt blieb, so gilt (abgewandelt) auch für den historischen Rekurs, daß er kein Fiaker ist, den man am gerade passenden Ort besteigen kann. Wenn Arndt zum „Begreifen von bislang Unerhörtem" auffordert[81], kann dieses Begreifen nicht erst 1945 beginnen, und es wird nicht erleichtert, wenn der Totalitarismus-Begriff als „sogenannter"[82] aufgefaßt oder nur dann angewandt wird, wenn sich ein „auf die Spitze getriebener Systembegriff" über historische Identitäten hinwegsetzt[83].

Unerachtet solcher grundlegenden Differenzen stimmen wir mit Arndt in dem Streben nach einer realistischen Politikwissenschaft überein, die nicht mit Abstraktionen und Entwicklungskonzeptionen den Risikocharakter – und die damit verbundene Verantwortlichkeit – der Politik unterschlägt. Aber einem solchen Risiko ist nicht nur die Existenz von nationalen Identitäten, sondern auch die Existenz von Verfassungsordnungen ausgesetzt.

V.

Für die gegenwärtige Situation der westdeutschen Politikwissenschaft ist es charakteristisch, daß zuletzt die Untersuchung ihrer Gesamtentwicklung nur von den Flügeln, resp. von Autoren, die sich selbst als Außenseiter sehen, vorgenommen wird. Die Mitte, wohl von beiden Seiten als ‚marais' verachtet, hat sich zumindest noch nicht so weitläufig zur Geschichte der Disziplin in Westdeutschland geäußert[84]. Weitgehend unberücksichtigt von den antagonistischen Gesamtdarstellungen blieb bisher der breitere Fortgang der wissenschaftlichen Forschung.

Beide angeführten Entwicklungsanalysen der westdeutschen Politikwissenschaft stimmen in der handgreiflichen Erfahrung überein, daß zwei durch den Umbruch seit den späteren 60er Jahren deutlich voneinander getrennte Entwicklungsphasen zu unterscheiden sind: die erste in einem unkomplizierten Sinne empirisch auf die politischen Willensbildungsprozesse und einen Staatsformenvergleich bezogen, dabei in der Verfassungsstaatlichkeit die ausschlaggebenen Bezugsnormen findend, die zweite mit stärkeren theoretischen Ansprüchen versehen, weltweiter orientiert und gegenüber der gesellschaftlichen und politischen Umwelt verstärkt kritisch orientiert. Nun wäre zur Charakterisierung dieses Phasenbruches nicht nur die Entwicklung der Politischen Wissenschaft, sondern auch die der politischen Bildung zu beachten. Die kritische Generation der späteren 60er Jahre war, bevor sie in die Entwicklung der Politikwissenschaft eingreifen konnte, bereits reagierendes Objekt der politischen Bildung und damit auch im weiteren Sinne einer pädagogisierenden Wissenschaft gewesen. Um die Erörterung nicht auszudehnen, soll hier nichts über die vielen unwägbaren *Verdienste*, sondern nur etwas über einige *Schwächen* der politischen Pädagogik gesagt werden. Die Hauptschwäche scheint mir in der ersten Periode darin bestanden zu haben, daß innerhalb der politischen Pädagogik – teilweise, aber nicht immer parallel zur Politikwissenschaft, jedenfalls wesentlich über sie hinausführend – in einer Verschmelzung von noch überlieferten Gemeinschaftskundeidealen, überkompensierendem Reedukations-Eifer und vor allem juristisch geprägter Dogmatik allzuoft ein schlechthin unvollziehbares Idealbild der Demokratie präsentiert wurde, das relativ wenig mit der Realität zu tun hatte und deshalb auch notwendigerweise an dem nachfolgenden Wirklichkeitsschock zerbrechen mußte. Diese Modelldemokratie, wie sie damals in vielen Schulbüchern ausgearbeitet wurde, war – obwohl sie sich auf eine als ‚Demokratiewissenschaft' ausgelegte Politologie berufen konnte – eigentlich doch nur mit einem schwachen Legierungsanteil von ernsthafter, d.h. realistischer Politikwissenschaft ausgestattet. In der zweiten, sogenannten ‚kritischen' Periode wurden nun freilich beileibe nicht alle luftig-emphatischen Postulate aufgegeben, vielmehr als erst in Partizipationsexstase zu erreichende dargestellt, wonach dann gleichfalls ein Enttäuschungseffekt zu erwarten war. Das *Max-Weber*sche Realethos, daß Politik das Bohren von harten Brettern bedeutet. kann weder in der einen noch in der anderen Version vermittelt werden, desgleichen nicht ein Verständnis für die mühsamen und gebrechlichen Errungenschaften politischer Arbeit und für die geschichtlichen und soziokulturellen Voraussetzungen politischer Lebensformen. Weit entfernt davon entwickelten sich in der zweiten Periode kritisch-pädagogische Richtungen, denen nichts Vermittlungswertes mehr bekannt schien außer luftakrobatischen Einübungen in allenfalls vage bestimmbare Qualifikationen. Bei alledem ist zudem zu beachten, daß politische Bildung nicht erst über künftige Studentengenerationen auf die Hochschulwissenschaft zurückwirkt, sondern in den Lehramtsfächern im Zuge der von Kultusministerien gepflegten ‚curricularen' Bewegung Inhalt und Gewichtung der Hochschuldisziplinen faktisch weitgehend von den schulpädagogischen Vorgaben gesteuert werden sollen.

Wenn nun die Kritik der von uns bemühten Autoren an der wiederbelebten Politikwissenschaft formal darin konvergiert, ihr schon in dieser Entwicklungsphase eine Fehlanlage zuzuschreiben, so würde ich diese Wiedergründungsansätze nicht für verfehlt, aber auch nicht für optimal ausgefüllt ansehen. Auf der im September 1949 in Waldleiningen abgehaltenen wegweisenden Konferenz über die Etablierung der „politischen Wissenschaften an den deutschen Universitäten und Hochschulen" wurde vorab empfohlen „die Errichtung von Lehrstühlen... insbesondere... der Weltpolitik, der politischen Soziologie, der vergleichenden Staatenkunde, der auf die Gegenwart bezogenen Universalgeschichte und der politischen Theorien[85]. Die Hervorhebung der „Universalgeschichte" und „Weltpolitik" zeigt noch deutlich die Inspiration durch universalgeschichtlich orientierte Soziologen wie *Alfred Weber*, eine Orientierung, die später auch noch von *Alexander Rüstow* als erstem Vorsitzenden der Deutschen Vereinigung für Politische Wissenschaft repräsentiert und in einem gewissen Maße von dem früheren Alfred-Weber-Schüler *Bergstraesser* aufgenommen wurde. Es zeigte sich freilich bald, daß es sich bei diesem imponierenden Programm nur um einen Nachhall der großen Periode der deutschen Geschichts- und Kultursoziologie handelte, deren Kontinuität nun abriß, derweil sich in der Soziologie selbst die Mentalität des Fliegenbeinzählens durchsetzte. Universalgeschichtliche Perspektiven wird man hernach in beiden Disziplinen nur noch selten finden. Ja selbst die Disziplin der „Weltpolitik", sprich: Internationale Politik, spielte zunächst nur eine periphäre Rolle. Im gesamten deutschsprachigen Bereich kam es nur zur Einrichtung eines einzigen Lehrstuhles für ‚auswärtige Politik', den in Berlin der wohl heute kaum mehr bekannte *Fischer-Baling* einnahm. Die Aufmerksamkeit für ‚Weltpolitik' (und später ‚Entwicklungspolitik') beschränkte sich zunächst fast auf das eine Auge *Arnold Bergstraessers* in Freiburg, und erst mit der späteren Habilitation eines Darmstädter Assistenten, *Ernst-Otto Czempiels*, erteilte eine bundesrepublikanische Hochschule eine Venia dank nunmehr spezialisierter Forschungen im Bereich der Internationalen Politik.

Diese Umstände, verglichen mit der Waldleininger Forderung nach universalgeschichtlicher und weltpolitischer Analyse, zeigen eine bedauernswerte Schrumpfung des realen zeitlichen und räumlichen Horizonts der deutschen Sozialwissenschaften. Es kann auf diesem Hintergrund nicht wunder nehmen, daß in den 60er Jahren an vielen deutschen Universitäten bereits die Rezeption der amerikanischen Systemtheorien als eine theoretische Horizonterweiterung empfunden wurde, obwohl sich *Parsons* Strukturfunktionalismus und *Eastons* Systems Theory als ziemlich forschungsspröde erwiesen, während mit *Deutschs* politischer Kybernetik ein freilich auch erst begrenzt mit Forschung angereicherter ideenvoller Ansatz vorliegt. Es ist auch hier kein Zufall, daß die aus einer konkreten *Forschungs*problematik, dem interkulturellen Vergleich und der Erweiterung der Politikanalyse auf die sogenannte Dritte Welt, entstandenen

*Almond*schen Konzeptionen sich mit als die fruchtbarsten erwiesen, obwohl in der Übertragung der westlichen Modernisierungsparameter viel von dem amerikanischen Unverständnis für nichttechnizistische Valeurs erhalten geblieben ist. Dem geschilderten Verlust an größer angelegten theoretischen Bezügen war es aber auch mit zuzuschreiben, daß die auf Totalsicht abgestellten marxistischen Theorieansätze nicht nur ihre eigene Erklärungs- und Verheißungskraft ausspielen, sondern sich geradezu in einer Art von Vakuum ausbreiten konnten.

Die vorstehenden Bemerkungen würden freilich völlig mißverstanden, wenn man darin eine Abwertung der Einzel- und Detailforschungen sehen wollte. Diese bestimmen nicht nur bei fortschreitender wissenschaftlicher Arbeitsteilung den fundierten Gesamtweg der Forschung, sondern bilden auch die Kontrollinstanz für weitergreifende Deutungsversuche, die nach unserer Auffassung keineswegs ein wissenschaftslogisches Primat beanspruchen können. Es besteht kein Bedarf an einem vermehrten Dilletantismus in großflächigen Entwicklungsdeutungen. Aber für eine Disziplin im *Ganzen* ist es eine entscheidende Frage, ob sie überhaupt tentativ solche übergreifenden Deutungskonzepte hervorbringt, die eine korrigierbare Orientierung der Einzelforschung in ihren Relevanzbezügen ermöglicht.

Gesamtperspektivisches Denken ist nie ein Ersatz für nähere und eingehendere Forschung, und die deutsche Politikwissenschaft nach dem Zweiten Weltkrieg konnte sich am wenigsten mit ihm *begnügen*, sondern hatte vor allem die noch kaum bekannten Strukturen der neuerstehenden politischen Lebenswelt zu untersuchen. Auf dem Hintergrund dieser Erwägungen sollte die Leistung der westdeutschen Politikwissenschaft in ihrer ersten Reetablierungsperiode nicht gering veranschlagt werden. Es ist irreführend, wenn Kastendiek unterstellt, daß die deutsche Politikwissenschaft gezögert habe, das eigene Regierungssystem zu untersuchen und für diese Behauptung anführt, daß in der wegweisenden Berliner politikwissenschaftlichen Publikationsreihe ausländische Regierungssysteme lange vor dem deutschen ihre Darstellung gefunden hätten[86]. Es zeigt schon einen Mangel an Situationsverständnis, wenn man sich nicht vorstellen kann, daß es leichter war, bereits vorliegende Werke von *Jennings* und *Goguel* über das britische und französische Regierungssystem zu übersetzen und zu ergänzen oder, wie *Fraenkel*, die Unmasse der Darstellungen des politischen Systems der USA um eine weitere für deutsche Leser zu ergänzen, als erst einmal die noch unbekannten Daten über das politische System Westdeutschlands zusammenzutragen, das eben erst mit seinen parteilichen, verbandlichen und staatlichen Neubildungen aus der Formlosigkeit auftauchte. In dieser Erforschung des eigenen politischen Systems hat die westdeutsche Politikwissenschaft, sich von ihren unter der Leitung von *Dolf Sternberger* und *Otto Stammer* stehenden Heidelberger und Berliner Forschungszentren ausbreitend, Eindrucksvolles geleistet, und erst auf dieser Basis sind die *Ellwein*schen, *Löwenberg*schen und *Kaack*schen Gesamtdarstellungen des Regierungs-, Parlaments- und Parteiwesens möglich geworden, die im einzelnen leicht übertroffen werden können, im ganzen aber erst noch überholt werden müssen. Besonders bedeutsam sind auch theorie- und zeitgeschichtliche Studien aus dieser Periode gewesen. Ihre internationale Anerkennung steht zum Teil in einem schroffen Mißverhältnis zu ihrer gegenwärtigen Position innerhalb der expandierenden Zunft. Der deutsche Politologe, dem ausländische Universitäten die wohl ehrenvollsten Auszeichnungen zuerkannten, *Karl Dietrich Bracher*, wurde – für das wissenschaftliche Gutachtergremium dieser Zeitschrift benannt – von der Mitgliederversammlung unserer Fachvereinigung 1977 mit Mißfallensbekundungen bedacht.

Die hier zutage getretenen Aversionen dürfen mit Brachers Verteidigung gewisser Aspekte der Totalitarismustheorie zusammenhängen[87]. Die an eine schon in den 60er Jahren entwickelte Kritik anknüpfende Verwerfung der Totalitarismustheorien kennzeichnete eine der charakteristischen Orientierungsänderungen zwischen der ersten und der zweiten Entwicklungsperiode der westdeutschen Politikwissenschaft. Die Wissenschaftlergenerationen nach 1945 hatten nicht nur in weltpolitischer Perspektive, sondern im unmittelbaren heimischen Begegnungsbereich die Erfahrung des Nationalsozialismus und des Stalinismus ebenso zu verarbeiten, wie sich etwa nachfolgende Generationen an der Erfahrung der Notstandgesetze orientierten (freilich oft in arger Verkennung der Dimensionsrelationen, der Gefährlichkeiten und überhaupt der Vergleichbarkeit der Phänomene). Die auf das NS- und das Sowjetsystem bezogenen Totalitarismustheorien sind gewiß sehr ideologieanfällig gewesen, was schon ihre Konjunktur zur Zeit des Hitler-Stalin-Paketes und der ersten Periode des Kalten Krieges zeigt. Es war also durchaus angezeigt, gegen diese ideologischen Elemente anzugehen, die u.a. dazu dienen konnten, die gravierenden Unterschiede in den Zielsetzungen, der Ideologie, der Sozialordnung und der internationalen Politik der beiden Systeme zu verdecken. Der insistenten Kritik kam es aber darauf an, auch alle evidenten Gleichförmigkeiten und Analogien biologisch oder ökonomisch begründeter totalitärer Umwandlungsstrategien und Herrschaftstechniken (deren Auffälligstes das gesellschaftliche Organisationsmonopol bildet) zu leugnen oder für unbeachtlich zu erklären und stattdessen einen politischen Doppelbegriff zu installieren, der sich sowohl gegen bürgerliche Verfassungsstaaten wie gegen bürgerliche Diktaturen richten sollte (latenter und offener Faschismus). Ideologiekritik, die als ein allseitiger Dauerimpuls die Arbeit der Sozialwissenschaften begleiten müßte (und leider oft aussetzt), ist hierdurch gänzlich zu einem einseitigen parteiischen Instrument denaturiert worden, zu einem Scheinwerfer, mit dem man die Gegenwelt in pralle Beleuchtung versetzen und die Landschaft im eigenen Rücken im Dunkel der Unbefragtheit belassen kann. Dementsprechend flachte innerhalb der Politikwissenschaft im Ganzen das Interesse an der Erforschung der DDR, des Staates außerhalb unserer Grenzen, der uns am meisten interessieren müßte, und für die wir auch die besten Voraussetzungen innerhalb der arbeitsteiligen internationalen Forschung einzubringen haben, sichtlich ab und konzentrierte sich überwiegend auf die von *Peter Christian Ludz* geleiteten Forschungsteams und andere regierungsgeförderte Arbeitskreise. Erst in jüngster Zeit hat sich das Forschungsinteresse an der DDR wieder etwas belebt[88]. Aber nach wie vor mangelt es noch an dauerhaften universitären Akzentsetzungen in Forschung und Lehre.

Es ist nur zu evident, daß der rasante Wind der Ideologienkritik in der zweiten Entwicklungsperiode der Politikwissenschaft uns mit der Wegräumung abgestandener Nebelschwaden keine dauerhafte klare und kühle Fernsicht verschaffte, sondern sogleich neue größere Wolkenbänke heranführte. Vielfach wurden improvisierte Ideologien durch komplexere ersetzt nach dem alten Spruch: „Hebe dich hinweg, damit ich mich an deinen Platz setze". Es ist mit dem Auseinandertreten der Orientierungsrichtungen auch eine im schlechten Sinne parteiische Profilierung vieler Universitätsorte erfolgt, die man jetzt dank Arndts Forschungsbemühungen sogar in statistischen Maßeinheiten verifizieren kann[89]. Von der Statur der Repräsentanten unserer Disziplin her entspricht dem eine Schrumpfung der geistigen Bandbreite. Im Seminar von *Max Weber* konnte sich der Konservative und der Anarchist geistig aufgehoben, d.h. verstanden und angesprochen, nicht inhaltlich anerkannt, fühlen. Ein *Carlo Schmid* verkörpert eine kulturelle Breite, die trotz seiner prominenten Parteitätigkeit den Gedanken an die Notwendigkeit parteipluralistischer Gegengewichte überflüssig erscheinen ließ. Zwischen solchen Personen und dem Typus des modernen politischen Stellungskämpfers an den heutigen Universitäten liegen Welten.

Die Würdigung der westdeutschen Politikwissenschaft in ihrer zweiten, aktuellen Entwicklungsperiode führt zu keiner einhelligen Aussage. Die möglichen Charakteristiken sind von derselben zwiefältigen Trivialität wie die Kennzeichnungen des gesamten Universitätswesens: Die Universitäten waren und sind (je nach Ort, Fachbereich und Dozent) überfüllt *und* leer, arbeitsintensiv *und* chaotisch, niveaubewußt *und* nivelliert. *Gemeinsame* Standards darf man freilich in dieser Situation nicht mehr erwarten. Bei der Redaktion dieser Zeitschrift gehen eine Vielzahl von Manuskripten ein, die man sich früher nicht einmal als Seminararbeiten hätte vorstellen können. Das von keiner eigenen Forschungsleistung abgedeckte Quasitheoretisieren mit geistigen Versatzstücken aus zweiter und dritter Hand feiert hier wahre Orgien. Die quantitative Ausweitung unseres Faches hat sicher keine qualitativen Äquivalenzen hervorgebracht.

Dieses uneinheitliche und unübersichtliche Landschaftsbild erschwert es aber auch, die weitgefächerten Fortschrittspfade zu verfolgen. Die politikwissenschaftliche Forschung hat in ihrer zweiten Entwicklungsperiode zwar kaum die ihrer quantitativen Erweiterung entsprechenden Erträge gebracht, aber trotz aller Diversionen insgesamt doch mehr, als es der Disziplin in ihrer personell beengten ersten Entfaltungsphase möglich war. Das immense Gebiet der Internationalen Politik (mit Unterzweigen wie der Friedensforschung) hat sich in Westdeutschland überwiegend erst in der zweiten Entwicklungsphase entfaltet und zwar mit höherer theoretischer Bewußtheit als die früher etablierten Forschungsbereiche, wenngleich diese jüngeren Forschungszweige sogleich den divergierenden Richtungszerrungen und den verwirrenden Umdeutungen des Friedens- und Gewaltbegriffes ausgesetzt wurden. Im Anschluß an eine, freilich sehr unterschiedlich kompetente, Aufarbeitung sozialistischer Theorien sind neue Forschungslandschaften im Bereich des Zusammenhangs von Wirtschaft und Politik erschlossen worden. Neben dem „Wie" der politischen Entscheidungsfindung trat das „Was" stärker in den Vordergrund. Probleme der Politikberatung, Verfahren rationaler Entscheidungsfindung und Planungskonzeptionen sind eingehender untersucht worden. Desgleichen wurde auch das Verwaltungswesen stärker in die politikwissenschaftliche Forschung einbezogen. Zu fundamentalen Verfassungsproblemen wie der Entfaltung der sogenannten „Politikverflechtung im kooperativen Föderalismus" haben Politikwissenschaftler grundlegende Studien geliefert. Die entstandenen außerparlamentarischen und außerparteilichen politischen Kräfteformierungen haben alsbald eine begleitende Aufmerksamkeit gefunden. Daneben sind viele schon früher entwickelte Arbeitsfelder weiter gepflegt worden. Zugleich entstanden auch Forschungslücken. Sie sind zum Teil das Ergebnis modisch-theoretischer Orientierung. So gab es z.B. ein theoretisch legitimiertes Fortschreiten von der Parteien- zur Verbandsforschung, von der Verbandsforschung zur Ökonomieforschung, wie auch von der Einfluß- zur Systemforschung. Wenn etwa das Systemganze global-kritisch durchleuchtet, womöglich gar als verwerflich deklariert wurde, erschienen empirische Einflußnachweise für viele nicht mehr so belangvoll. Es läßt sich mit solchen prätendierten Gesamteinsichten auch Arbeit sparen. So kommt es, daß trotz der Entwicklung anspruchsvollerer Theorien und Modelle beträchtliche Felder der Parteien- und Verbandsforschung brach liegen. Zu den Forschungslücken sind auch Themenbereiche zu rechnen, auf die Arndt kritisch abgehoben hat.

Es bliebe noch – was hier aber nicht mehr geschehen kann – das schwierige Problem des Verhältnisses der Politikwissenschaft zum politischen Gemeinwesen zu behandeln. Die verschiedentlich befürchtete Entwicklung der Politologie zu einer „Obstruktionswissenschaft“[90] wäre schlechthin eine ruinöse Monstrosität. Aber auch eine Formel wie „Oppositionswissenschaft“, wie sie von dem vergangenen Vorsitzenden unserer Fachvereinigung auf ihrem letzten Kongreß präsentiert wurde[91], ist unangemessen. Die Politikwissenschaft ist nicht an eine einzige politische Funktion gekoppelt. Nicht glücklich ist aber auch die ältere affirmative Bezeichnung „Demokratiewissenschaft“, die teilweise in der Nachkriegszeit kursierte. Man muß es schon, wenn man den Wissenschaftsanspruch nicht relativieren will, bei „Politikwissenschaft“ belassen. Diese hat es nicht nur mit *einer* Staatsform zu tun, und sie kann ihrem Gemeinwesen auch nicht beliebig, sondern nur durch freie Wahrheitsfindung dienen. Die Politikwissenschaft ist hierdurch an universelle Werte gebunden und kann damit mit anderen universellen Werten und dem Gemeinwesen, das sie garantiert und damit auch Politikwissenschaft erst ermöglicht, in eine Wahlverwandtschaft treten. Das Gemeinwesen aber muß die Unbequemlichkeiten von Realitäts- und Problemaufweisen ertragen können.

Politikwissenschaft ist deshalb – wie schon dargelegt – räumlich und zeitlich in der Geschichte eine Ausnahmeerscheinung gewesen. Es ist nicht selbstverständlich, daß staatliche Ordnungen die Wissenschaft bis zur Durchleuchtung ihres eigenen Bereiches vordringen lassen. Deshalb steht auch stets Politikwissenschaft vor der Soziologie und der freien Geschichtsforschung auf einer virtuellen Absterbeliste. Politikwissenschaft kann aber auch, indem sie die politischen Wertbeziehungen ihrer eigenen Existenz negiert oder zur Ideologie herabsinkt, sich selbst liquidieren. Im Augenblick scheint mir diese Gefahr größer als die staatlicher Vorbehalte oder gar Einschränkungen zu sein. Der Staat hätte Anlaß, in dieser durchaus prekären Situation nicht ängstlich mit Antipolitisierungsaffekten zu reagieren. Umgekehrt würde eine stärkere Förderung von soliden, d.h. nicht aus Modeströmungen geborenen Forschungseinrichtungen, gerade in der gegenwärtigen verunsicherten Situation, wissenschaftspolitisch fundamentale Bedeutung haben. Wir vertreten, was schon den antiken Urvätern der Politikwissenschaft bewußt war, ganz und gar nicht die gesichertste, aber die anspruchsvollste Wissenschaft. Wir stehen auf dem schwierigsten Terrain, das die Wissenschaft überhaupt zu vergeben hat. Dies, und nichts anderes, kann uns mit Stolz erfüllen.

Anmerkungen

1 Die älteren Einführungen in die Politikwissenschaft kannten eine so einschneidende Richtungsseparierung noch nicht. Sie hatten es überwiegend nur mit der Methodenvielfalt und dem Verhältnis der Politikwissenschaft zu den Nachbarfächern zu tun. *Carl Joachim Friedrich (Die Politische Wissenschaft*, Freiburg 1961, S. 16 ff.) führte die Pluralität der für verschiedene Aufgaben erprobten Arbeitsmethoden vor (historische Methoden, Typen- und Modellbildung, Case Method, Umfragen und quantitative Verfahren) und folgert, daß jeder Ausschließlichkeitsanspruch für solche Methoden den Forschungsraum stark einschränken würde. Die diversen Forschungsmethoden sollten aber nicht unscharf vermischt, sondern je nach den Gegenstandsfeldern ausgewählt und unter ihren spezifischen Stringenzkontrollen gehalten werden. *Manfred Hättich (Lehrbuch der Politikwissenschaft*, Bd. 1, Mainz 1967, S. 63 ff.) beließ es bei Ausführungen über Minimalanforderungen an wissenschaftliche Methoden überhaupt und über Interdependenzen zwischen der Politikwissenschaft und anderen Disziplinen. *Gerhard Lehmbruch (Einführung in die Politikwissenschaft*, Stuttgart 1967) charakterisierte nicht nur Arbeitsmethoden, sondern unterschiedlich anspruchsvolle und abgesicherte Wege der Theoriebildung („Deskriptive Theorie", „systematische Theorie", „Deduktive Theorie", „Funktionale und genetische Theorien"). Während hier die Bewertung der Theoriebildungswege noch ausschließlich von wissenschaftslogischen und erkenntnisprozessualen Qualifikationen bestimmt war, wurde in der von *Wolfgang Abendroth* und *Kurt Lenk* herausgegebenen „*Einführung in die politische Wissenschaft*" (Bern 1968) die Richtung einer „an Marx und seiner Methode" und an der „kritischen Theorie der Gesellschaft" orientierten Politikwissenschaft vertreten, in Frontstellung zur empirisch-analytischen sowie zu einer auf phänomenologische Wesensschau gerichteten oder von der klassischen praktischen Philosophie abgeleiteten Politologie. Es geht nicht mehr vorab um konkurrierende Erkenntnis- und Theoriebildungsmethoden, sondern die Theorien treten in ihrem gesellschaftspolitischen Verwendungszusammenhang als „Herrschaftsintrumente" oder „Herrschaftskritik", in Hinsicht auf Bewahrung oder Umwälzung, auseinander (S. 15, 10, 11, 10, 13, 25). Unter Bezug auf die beiden Hauptparteien des in der deutschen Soziologie schon seit etwa einem Jahrzehnt ausgetragenen sogenannten ‚Positivismusstreits', vermehrt um eine mehr auf die Politikwissenschaft beschränkte normative Richtung, wurde sodann von *Wolf-Dieter Narr* in dem von *Gisela Kress* und *Dieter Senghaas* herausgegebenen Sammelband „*Politikwissenschaft – Eine Einführung in ihre Probleme*" (Frankfurt a.M. 1969, S. 26 ff.) „grob vereinfacht", jedoch mit (in anderen Schriften ausgebautem) systematischem Anspruch, „drei Theorietypen" herauspräpariert, die „ideengeschichtlich-essentialistische", die „deduktiv-empirische" und die „dialektisch-historische". Die erste wird als „Theorievariante" vorgestellt und praktisch verworfen, die zweite entsprechend dem Oberbegriff als „Theorietyp", die dritte schlechterdings als „Theorie", obwohl hier noch keine Konzeption ohne Einwendungen bleibt. Narrs Nebeneinanderstellung einer Dreiheit von auseinanderstrebenden (wenn auch von ihm in der zweiten und dritten Form noch nicht als unverbindbar angesehenen) Theorietypen hat die meisten nachfolgenden Schemata (teilweise fast dogmatisch) geprägt (wenn auch die Bezeichnungen und die Zurechnungsbreite besonders für den zweiten Typ mitunter variieren). *Karl-Heinz Naßmacher* stellte in seiner Einführung (*Politikwissenschaft I*, Düsseldorf 1970, S. 2 ff.) die „empirische", die „praktische" und die „kritische" Politikwissenschaft gegenüber. *Ulrich von Alemann* (zusammen mit *Erhard Forndran* Herausgeber einer „*Methodik der Politikwissenschaft, Eine Einführung in Arbeitstechnik und Forschungspraxis*", Stuttgart 1974, S. 43 ff.) führte uns die „Trias der Metatheorien" als „normativ-ontologische(n)", „empirisch-analytische(n)" und „kritisch-dialektische(n)" Ansatz vor. *Walter Schlangen* behandelte in seiner „*Theorie der Politik, Einführung in Geschichte und Grundprobleme der Politikwissenschaft*" (Stuttgart 1974), die Richtungen der „essentialistischen", der „rationalistisch geprägten" und der „dialektischen" Politikwissenschaft. Während schon die Reihenfolge der Darstellung in den meisten Einführungen der ‚dialektischen Theorie' (mit oder ohne Wertakzentuierung) das letzte Wort erteilt, hielt *Kurt P. Tudyka* in seinem massiven Plädoyer für die „*Kritische Politikwissenschaft*" (Stuttgart 1973) eine eingehendere Beschäftigung mit anderen Richtungen nicht mehr für nötig. Diese fand dagegen statt in *Kurt Lenks* Grundriß „*Politische Wissenschaft*" (Stuttgart 1975, S. 49 ff.), einer kenntnisreichen und lesbaren Einführung, in welcher (nach Ausscheidung des „naive(n) Empirismus") die „ontologisch-normative Theorie", die „moderne Wissenschaftslogik" (vorab *Poppers*) und die kritische Theorie behandelt werden. *Hans Kammlers* „*Logik der Politikwissenschaft*" (Wiesbaden 1976) fällt aus dem üblichen

Rahmen, indem er nicht Metatheorien der Politikwissenschaft entwickelt, sondern an diese die allgemeinen Maßstäbe der (mathematisch) formalisierten Logik anlegt. *Dirk Berg-Schlosser, Herbert Maier* und *Theo Stammen (Einführung in die Politikwissenschaft*, München 1974, 2. Aufl. 1977) beschreiben und würdigen wiederum die als „normativ-ontologische(r)", „empirisch-analytische(r)" und „historisch-dialektische(r)" Theorie-Ansatz gekennzeichnete Trias. *Herbert Schweizer* geht in der von *Weinacht, Kempf* und *Merz* herausgegebenen *„Einführung in die Politische Wissenschaft"* (Freiburg i.Br. 1977, S. 54 ff.) von einer etwas anders gegliederten und weiter untergegliederten Dreiheit aus (die „ontologische(n) und quasi-ontologische(n) Positionen" – darunter die „klassische Philosophie" und der „orthodoxe Marxismus", „die empirisch-analytische Wissenschaftskonzeption" – darunter „logischer Empirismus (Neopositivismus)" und der „kritische Rationalismus", sowie die „Sinnverstehende Sozialwissenschaft" – darunter die „Phänomenologie", die „Hermeneutik", die „Kritische Theorie und ‚Rekonstruktion des historischen Materialismus'", und die „Systemtheorie"), kann jedoch mit dieser Neugruppierung nicht durchweg überzeugen und verschenkt die Vorteile der versuchten Differenzierung durch simplifizierende Definitionen. In der intensiveren Einführung von *Wilfried Röbrich (Politik als Wissenschaft*, München 1978, S. 12 ff.) ist die kompakte Dreiheit („ontologisch-normative(r)", „empirisch-analytische(r)" und „dialektisch-historische(r)" Theoriebegriff) mit entschiedener eigener Option für die dritte Richtung wiederhergestellt.

Typisch für die Entwicklung der Politikwissenschaft ist, daß diese Konfrontation der Theorie-Ansätze sowohl in den ‚Einleitungen' wie in den spezielleren Schriften *überwiegend* erst von den wissenschaftlichen Nachwuchsgenerationen expliziert wurde, denn in der Politikwissenschaft ist der Theoriestreit (abgesehen von dem Sonderfall der sogenannten „normativen" Theorie) nicht wie in der Soziologie von den geistigen Pionieren (*Adorno* vs. *Popper, Habermas* vs. *Albert*), sondern von den Schülergenerationen großenteils mit Argumenten aus zweiter und dritter Hand ausgetragen worden.

2 Z.B. die zitierten Einführungen von *Naßmacher, Alemann*.

3 So besonders penetrant bei *Tudyka*, op. cit., in der Option auch bei *Röbrich* u.a.

4 UNESCO, Publication No. 426: *Contemporary Political Science*, Paris 1950.

5 *Jan Barents: Political Science in Western Europe, A Trend Report*, London 1961.

6 *Otto Stammer (Hg.), Politische Forschung*, Opladen 1960.

7 *M. Rainer Lepsius: Denkschrift zur Lage der Soziologie und der Politischen Wissenschaft*, Wiesbaden 1961.

8 *Klaus von Beyme: "Bibliographical Essay on the State of Research in Political Science in the Federal Republic of Germany"*, in: German Political Studies, Vol. I (1974), S. 253–284.

9 *Hans Kastendiek: Die Entwicklung der westdeutschen Politikwissenschaft*, Frankfurt a.M. 1977. Die wesentlichen Inhalte dieser Darstellung waren bereits in der Gemeinschaftspublikation von *Bernhard Blanke, Ulrich Jürgens* und *Hans Kastendiek: Kritik der Politischen Wissenschaft, Analysen von Politik und Ökonomie in der bürgerlichen Gesellschaft*, Frankfurt a.M. 1975, Bd. 1, S. 27–125, enthalten; dort unter dem Titel: *Desintegration einer Integrationswissenschaft, Konstitutierung und Wandel der westdeutschen Politologie*.

10 *Hans-Joachim Arndt: Die Besiegten von 1945, Versuch einer Politologie für Deutsche samt Würdigung der Politikwissenschaft in der Bundesrepublik Deutschland*, Berlin 1978.

11 Die maßgebende Schrift hierfür war *Wolf-Dieter Narr: Theoriebegriffe und Systemtheorie*, Stuttgart 1969, insbesondere S. 41–88, deren Konzeption sich auch in Narrs Beitrag zur w.o. zitierten Einführung von *Kress/Senghaas* niederschlug. – Auch *von Beyme*, der in seiner Einführung *„Die politischen Theorien der Gegenwart"* (München 1972), wie auch in seinen späteren Arbeiten mehr noch als Narr auf die Verbindung „kritischer" Ansätze mit empirischen Forschungsstrategien abhebt, unterscheidet im Bereich der „wissenschaftstheoretischen Grundlagen" drei Theoriearten: „normative", „empirisch-analytische" und „dialektisch-kritische".

12 Dies entspricht der allgemeinen erkenntnistheoretischen Aussage: „die Methoden sind zerspalten und finden sich nicht zu einer umfassenden Universalmethode des Erkennens zusammen", die *Karl Jaspers (Von der Wahrheit*, München 1947, S. 99) vorab am Unterschied zwischen der nomologischen und der geschichtlichen Forschung demonstriert, der aber nicht etwa einen Trennungsstrich zwischen naturwissenschaftlichen und geisteswissenschaftlichen Fächern bezeichnet, sondern beide durchzieht (in der Naturwissenschaft etwa im Unterschied zwischen den gleichförmigen Gesetzen des Naturgeschehens und dem jeweiligen Sogewordenseins der kosmischen, geographischen und biologischen Naturgebilde).

13 *Hans-Peter Schwarz: „Probleme der Kooperation von Politikwissenschaft und Soziologie in Westdeutschland", in: Dieter Oberndörfer* (Hg.): *Wissenschaftliche Politik, Eine Einführung in Grundfragen ihrer Tradition und Theorie*, Freiburg i. Br. 1962, S. 315.

14 Unter den in deutscher Sprache veröffentlichten Werken sind vor allem zu nennen: *Gündel/Heininger/Hess/Zieschang* (Deutsche Akademie der Wissenschaften zu Berlin): *Zur Theorie des staatsmonopolistischen Kapitalismus*, Berlin (Ost) 1967; Institut für Gesellschaftswissenschaften beim ZK der SED (Hg.): *Imperialismus heute, Der staatsmonopolistische Kapitalismus in Westdeutschland*, Berlin (Ost) 1968; ders. Hg.: *Der Imperialismus der BRD*, Frankfurt a.M. 1971; Institut für Weltwirtschaft und internationale Beziehungen der Akademie der Wissenschaften der UdSSR: *Politische Ökonomie des heutigen Monopolkapitalismus*, Berlin (Ost) 1972; *S. L. Wygodski* (Akademie der Gesellschaftswissenschaften beim ZK der KPdSU): *Der gegenwärtige Kapitalismus*, Berlin (Ost) 1972; Autorenkollektiv von Mitarbeitern der Abt. Ökonomie im ZK der KPF: *Der staatsmonopolistische Kapitalismus*, Berlin (Ost) 1972.

15 *Jung/Deppe/K. H. Tjaden/M. Tjaden/Fülberth/Kühnl/Römer/Wulff/Steinhaus* u.a.: *BRD – DDR, Vergleich der Gesellschaftssysteme*, Köln 1971.

16 Vgl. *Wilhelm Nikolai Luther: „Vom Mißbrauch der Politischen Wissenschaft, Marxistisch-Leninistisches an der Universität Marburg"*, in: Die politische Meinung, 21 (1976), S. 81–94.

17 Am entschiedensten hat *Georg Lukacs (Geschichte und Klassenbewußtsein*, Berlin 1923) den ‚Totalitäts'-Gesichtspunkt als Wesenselement des Marxismus herausgearbeitet, ja sogar hierin und nicht in der ökonomischen Geschichtsauffassung sein Spezifikum gegenüber der bürgerlichen Wissenschaft sehen wollen. Wenn *Lukacs* später (1967) diese (unorthodoxe) Überordnung des Totalitätsaspekts selbst über den historischen Materialismus selbstkritisch als eine ‚Hegelsche Überspannung' revozierte, so kennzeichnet dies exakt den Ursprung dieser (damit nicht aufgegebenen) Denkweise. In der Tat hat Hegel in der *bestimmt* gewußten „Totalität der Gesichtspunkte" das „geistige Prinzip" seiner Geschichtsphilosophie gesehen (vgl. die Einleitung zur Vorlesung über die Philosophie der Weltgeschichte).

17a Vgl. *G. W. F. Hegel:* Sämtliche Werke, Glocknersche Jubiläumsausgabe, Bd. 19, S. 684.

18 Vgl. *Ernst Topitsch: Gottwerdung und Revolution, Beiträge zur Weltanschauungsanalyse und Ideologiekritik*, München 1973.

18a So in der Einleitung zur Philosophie der Weltgeschichte.

18b Zu diesem Unterschied vgl. u.a. *Karl Jaspers: Vom Ursprung und Ziel der Geschichte*, Neuausgabe München 1963, S. 329 f.

19 *Karl Marx: Die heilige Familie*, in MEW 2, S. 98.

19a Hinweise hierzu bei *Nicolaus Lobkowicz: „Georg Wilhelm Friedrich Hegel"*, in: Die Revolution des Geistes, hg. v. *Jürgen Gebhardt*, München 1968, S. 129.

20 *Max Scheler: „Probleme einer Soziologie des Wissens", in: Die Wissensformen und die Gesellschaft*, 2. Aufl., Bern 1960, S. 42 ff. Bei den hier in Frage gestellten Grundannahmen handelt es sich nicht um die vom Marxismus entwickelten, auf bestimmte historische Entwicklungsstufen beschränkten Gesetze, sondern auf die der Entwicklungsfolge selbst zugrunde gelegten Vorannahmen.

20a Die Peinlichkeit, daß die Entdeckung des Planetoiden Ceres zu einer Zeit erfolgte, als Hegel in seiner Dissertation *De Orbitis Planetarum* (1801) gerade den Beweis von dessen Existenzunmöglichkeit angetreten hatte, ist von für Naturwissenschaft aufgeschlossenen Autoren wiederholt als Exempel für die Haltlosigkeit Hegelscher Spekulationen angeführt worden, so etwa in jüngerer Zeit von *Jacob Bronowski: The ascent of man*, dtsch.: *Der Aufstieg des Menschen*, Frankfurt a.M. 1973, S. 360, und von *K. R. Popper: The open Society and its Enemies*, Ed. London 1968, S. 27.

21 Harringtons Vorwegnahme einer ‚Superstructure'-Konzeption entwertete keineswegs die hohe Bedeutung der Staatsformenlehre. Vgl. sein *„The Commonwealth of Oceana"* (1656) und *„A System of Politics"*.

22 *Engels* an *Bernstein* am 25.10.1881 (MEW 35, S. 231): Brousse „spintisiert ... über die unlösbare Frage, wie eine Organisation einzurichten, die die Möglichkeit einer Diktatur ... ausschließt".

23 *Claus D. Kernig: Sozialismus, Geschichte einer Subkultur*, demnächst erscheinend.

24 *Karl Mannheim: Ideologie und Utopie*, 3. Aufl., Frankfurt a.M. 1952, S. 70.

25 *Kastendiek*, op. cit. (Anm. 9).

26 A.a.O., S. 25 ff.

27 Deshalb ist es auch sinnvoll, sich an den historischen Wurzeln dieser Probleme zu orientieren, wie dies etwa am Politikbegriff selbst demonstriert wird von *Dolf Sternberger: Drei Wurzeln der Politik*, Frankfurt a.M. 1978.

28 *Kastendiek*, op. cit., S. 127 ff.

29 So eine allgemeine kritische Formulierung in einem Beitrag von *Alfred Müller-Armack* in der FAZ vom 6.5.1977: „*Holzwege der Universitätsreform*".

30 Siehe des Näheren hierzu *H.-J. Arndt*, op. cit., S. 134–158.

31 *Kastendiek*, op. cit., S. 149 ff.

32 A.a.O., S. 201–207 und besonders S. 221–227.

33 A.a.O., S. 201.

34 A.a.O., S. 218.

35 A.a.O., S. 210, 243, 247, insbesondere S. 252–262.

36 Diese milde Generationenspannung manifestierte sich etwa in den Diskussionen der Jahrestagung der Deutschen Vereinigung für Politische Wissenschaft in Heidelberg 1963. – Wir gehen hier, ähnlich wie *Arndt*, op. cit., S. 251 ff., nicht von biologischen Generationsabständen aus, sondern von durch entsprechende Erlebnis- und Berufswegkonstellationen geprägten Altersklassen. Anders als Arndt rechnen wir zur *ersten* die schon in der Weimarer Periode tätig gewesenen Wissenschaftler (*Adolf Grabowsky, Ludwig Bergsträsser*, auch *Alfred Weber* und *Alexander Rüstow* als Geburtshelfer der Politikwissenschaft), zur *zweiten* die eigentlichen Gründungsväter (*Arnold Bergstraesser, von der Gablentz, Eschenburg, Abendroth, Sternberger* und andere), zur *dritten* die erste Schülergeneration (*Wildenmann, Bracher, Fetscher, Hennis, Sontheimer*, u.a.), zur *vierten* die unmittelbar nachrückende Altersgruppe (*Böhret, von Beyme, Krippendorf, Massing, Tudyka, Kühnl, Narr, Kaltefleiter, Bermbach, Naschold*, u.a.). Mittlerweile ist auch bereits eine fünfte Teilgeneration nachgefolgt. (Die beispielhaften Namensnennungen folgen ausschließlich der Altersreihung).

37 *Kastendiek*, op. cit., S. 279 ff., 317 ff.

38 A.a.O., S. 333.

39 A.a.O., S. 284.

40 A.a.O., S. 285.

41 *Ekkehart Krippendorf*: „*Politikwissenschaft und Außerparlamentarische Opposition*", in: *Gerhard Lehmbruch, Klaus von Beyme, Iring Fetscher* (Hg.); *Demokratisches System und politische Praxis der Bundesrepublik* (Festschrift für *Theodor Eschenburg*), München 1971, S. 97–123.

42 U.a. *Jürgen Seifert: Gefahr im Verzuge, Zur Problematik der Notstandsgesetzgebung*, 3. Aufl. Frankfurt a.M. 1965; *Eugen Kogon: Der totale Notstand*, Frankfurt a.M. 1965.

43 *Gert Schäfer, Carl Nedelmann* (Hg.): *Der CDU-Staat, Studien zur Verfassungswirklichkeit der Bundesrepublik*, München 1967.

44 *Kastendiek*, op. cit., S. 284.

45 *Alexander Schwan*: „*In der Zerreißprobe – Zur Lage der deutschen Politologie – Eine Wissenschaft von der Demokratie?*", in: Die Zeit, 3.7.1970; ders.: „*Die Herausforderung des Pluralismus durch den Marxismus*", in: *Doeker/Steffani* (Hg.): *Klassenjustiz und Pluralismus*, Festschrift für *Ernst Fraenkel*, Hamburg 1973, S. 444–481. (Auszüge unter dem Titel „*Vom Dialog zum Klassenkampf*", in: FAZ, 4.10.1973).

46 *Kurt Sontheimer* zusammenfassend in: *Das Elend unserer Intellektuellen, Linke Theorie in der Bundesrepublik Deutschland*, Hamburg 1976; zuvor Aspekte dieser Thematik in zahlreichen Beiträgen in: Die Zeit, FAZ und SZ.

47 *Kastendiek*, op. cit., S. 305–339, insbesondere 330, 321, 323; „*Desintegration einer Integrationswissenschaft*" ist der Titel von Kastendieks Beitrag zu „*Kritik der Politischen Wissenschaft I*" (op. cit., Anm. 9).

48 *Arndt*, op. cit. (Anm. 10).

49 A.a.O., S. 32.

50 A.a.O., S. 15 und passim.

51 A.a.O., S. 58, 299; 16, 262 f.

52 A.a.O., S. 49 ff. Arndt will die generalisierende, systemische Ausprägung der amerikanischen Political Science nicht als universellen wissenschaftlichen Ansatz gelten lassen, sondern nur als einer (älteren) amerikanischen Geschichtserfahrung zugeordnet ansehen. (Vgl. S. 282–296).

53 A.a.O., S. 51.

54 *Tudyka*, op. cit. (Anm. 1), S. 7.

55 *Arndt*, op. cit., S. 110.
56 A.a.O., S. 250–326.
57 A.a.O., S. 211–249.
58 A.a.O., S. 134–157.
59 In Arndts Tabellenwerk bildet dieser Personenkreis die Gruppe der „Nichtidentifizierten".
60 A.a.O., S. 186–211, 326–358.
61 A.a.O., S. 380.
62 A.a.O., S. 379.
63 A.a.O., S. 136–157.
64 A.a.O., S. 136 f.
65 A.a.O., S. 150.
66 A.a.O., S. 152.
67 Solche thematischen Fehlbestände sind nicht immer Ausdruck mangelnder redaktioneller Präferenzen. Redaktionen allgemeiner Fachzeitschriften finden sich vielmehr – bei begrenzter Forschungsbreite und der konzentrierenden Wirkung von Spezialzeitschriften – vor dem Dilemma, bedeutsame Themenbereiche zu vernachlässigen oder Unzulänglichkeiten akzeptieren zu müssen. Eine solche Situation ergibt sich für eine ganze Reihe hochbedeutsamer Gegenstandsbereiche.
68 Gewiß mit bemerkenswerten Ausnahmen: *Löwenthal, Ludz, von Beyme* etc.
69 *Arndt*, op. cit., S. 219 ff.
70 A.a.O., S. 223 ff.
71 A.a.O., S. 225 f., 247 f.
72 A.a.O., S. 219.
73 A.a.O., Schaubild S. 151, Auch hier wird ein Rechts-Links-Schema zugrunde gelegt.
74 Vgl. etwa den Sprachgebrauch auf S. 155.
75 A.a.O., S. 148.
76 A.a.O., S. 34.
77 *John Robert Seeley: Introduction to Political Science.* Es geht hier nur um das Verhältnis historischer und generalisierender Betrachtung, nicht um Seeleys Geschichtsorientierung.
78 Vgl. Anm. 12.
79 *Arndt*, op. cit., S. 384.
80 A.a.O., S. 34, ähnlich S. 38.
81 A.a.O., S. 63.
82 A.a.O., S. 71.
83 A.a.O., S. 72.
84 Zum Auseinandertreten der demokratietheoretischen Konzeptionen schon in der ersten Entwicklungsphase der westdeutschen Politikwissenschaft liegt nunmehr eine aufschlußreiche Studie vor mit der (Trierer) Habilitationsschrift von *Hella Mandt: Zwischen Realismus und Fundamentalismus: Demokratietheorie in der Ära Adenauer.* Unter den sonstigen einschlägigen Schriften sei – außer den bereits genannten Texten – noch auf folgende Titel verwiesen: *Karl Dietrich Bracher: „Wissenschafts- und zeitgeschichtliche Probleme der Politischen Wissenschaft in Deutschland"*, in: Politologie und Soziologie, Festschrift für Otto Stammer, Opladen 1965, S. 45–62; *Peter von Oertzen: „Überlegungen zur Stellung der Politik unter den Sozialwissenschaften"*, op. cit., S. 101–118; *Hans Maier* (Hg.): *„Zur Situation der Politischen Wissenschaft in Deutschland, Eine Umfrage"*, in: Z. Polit. 1965, S. 201–223; *Iring Fetscher: „Funktion und Bedeutung der Politikwissenschaft in der Demokratie"*, in: Gewerksch. Monatshefte 1967, S. 465–473; *Rudolf Wildenmann: „Politologie in Deutschland"*, in: Der Politologe 1967, S. 13–23; *Ossip K. Flechtheim: „Die Politologie zwischen Ideologie und Utopie"*, in: *Maus/Fürstenberg* (Hg.): *Gesellschaft, Recht und Politik*, Neuwied 1968, S. 85–105; *Dieter Grosser: „Entwicklungstendenzen in der deutschen Politischen Wissenschaft"*, in: Schweiz. Jb. f. Pol. Wiss. 1968, S. 31–44; *Wolfgang Krüger: „Die Politische Wissenschaft im staatsmonopolistischen Herrschaftssystem der westdeutschen Bundesrepublik"*, in: *Staat und Recht*, hg. v. d. Deutschen Akademie für Staats- und Rechtswissenschaft ‚Walter Ulbricht', 1968, S. 1967–1981; *Theo Stammen: „Die Politikwissenschaft zwischen Improvisation und Konsolidierung"*, in: Hochland 1968, S. 427–447; *Mathias Schmitz: „Politikwissenschaft zwischen Common-Sense und Scientismus"*, in: Z. Polit. 1969, S. 325–364; *Hans Maier: Politische Wissenschaft in Deutschland, Aufsätze zur Lehrtradition und Bildungspraxis*, München 1969; *Wolf-Dieter Narr: „Entwicklung der Politologie – Entwicklung der Gesellschaft"*, in: KZfS 1970, S. 98–120; *Reinhard Kühnl: „Politikwissenschaft in der Bundesre-*

publik, Literaturbericht über ,Einführungen' in die Politikwissenschaft", Bl. f. dtsch. u. intern. Politik 1970, S. 815–828; *Gisela Kress: „Wider unpolitische Politikwissenschaft (I, II)"*, in: NPL 1971; *Arnold Künzli: „Linker Irrationalismus, Zur Kritischen Theorie der ,Frankfurter Schule'"*, in: *Aufklärung und Dialektik*, Freiburg 1971, S. 110–156; *David Pfotenhauer: „Conceptions of Political Science in West Germany and the United States 1960–1969"*, in: Journal of Politics, 1972, S. 554–591; *Warnfried Dettling: „Politikwissenschaft zwischen Kritik und Engagement"*, in: Z. Polit. 1972, S. 150–163; *Warnfried Dettling: „Drei Politikwissenschaften – oder keine?"*, in: NPL 1972, S. 419–437; *R. R. Grauhan/W.-D. Narr: „Studium der Sozialwissenschaft – demonstriert an der Politikwissenschaft"*, in: Leviathan 1973, S. 90–134; *Paul Kevenhörster: „Essentialismus, Eschatologie und Empirismus"*, in: Z. Polit. 1974, S. 286–301; *Peter Christian Ludz: „Verhalten des Menschen im Mittelpunkt, Zur gegenwärtigen Situation der Soziologie und Politischen Wissenschaft in der Bundesrepublik"*, in: Bildung und Wissenschaft 10/1974, S. 151–156; *Otwin Massing: Politische Soziologie, Paradigma einer kritischen Politikwissenschaft*, Frankfurt a.M. 1974; *Walter Schlangen: „Von emphatischer Kritik oder den Merkmalen ,kritischer Wissenschaft' in Politik und Geschichte, Bemerkungen über zwei Neuerscheinungen"*, in: Z. Polit. 1975, S. 280–299; *D. Oberndörfer/W. Jäger* (Hg.): *„Die neue Elite, Eine Kritik der kritischen Demokratietheorie"*, Freiburg 1975; *Michael Zöller: Die Unfähigkeit zur Politik, Politikbegriff und Wissenschaftsverständnis von Humboldt bis Habermas*, Opladen 1975; *Walter Bühl: „Ethologie und Politikwissenschaft"*, in: Z. Polit. 1976, S. 135–156; *Peter C. Ludz: „Reflexionen zum Verhältnis von Sozialwissenschaften und praktischer Politik"*, in: *Freiheit und Sachzwang, Beiträge zu Ehren Helmut Schelskys*, Opladen 1977, S. 10–22; *Arno Mohr: Anfänge einer ,materialen' Analyse (west)deutscher Politikwissenschaft*, Heidelberger Magisterarbeit 1977; *Gilbert Ziebura: „Politische Wissenschaft"*, in: *Sozialwissenschaften, Eine multidisziplinäre Einführung*, Konstanz 1979.

85 *Die politischen Wissenschaften an den deutschen Universitäten und Hochschulen, Gesamtprotokoll der Konferenz von Waldleiningen vom 10. und 11. September 1949*, Wiesbaden o. J., S. 155.

86 *Kastendiek*, op. cit., S. 190.

87 S.u.a. *Karl Dietrich Bracher: Zeitgeschichtliche Kontroversen um Faschismus, Totalitarismus, Demokratie*, München 1976; ders.: *Schlüsselwörter der Geschichte, Mit einer Betrachtung zum Totalitarismusproblem*, Düsseldorf 1978. – Die umfangreiche Literatur zur Konzeption, Kritik und revidierten Fortentwicklung von ,Totalitarismus'-Theorien kann hier nicht im einzelnen angeführt werden.

88 Als Beispiel für das sich wieder belebende Forschungsinteresse an der DDR können unter anderem genannt werden: *Peter Joachim Lapp: Die Volkskammer der DDR*, Opladen 1975; *Joachim Glaeßner: Herrschaft durch Kader*, Opladen 1978: *Gero Neugebauer: Partei und Staatsapparat in der DDR*, Opladen 1978.

89 *Arndt*, op. cit., S. 154.

90 Vgl. etwa *Ernst Fraenkel: „Politologie ist keine Obstruktionswissenschaft"*, in: Die Zeit, 10.3.1970.

91 *Udo Bermbach: „Rede zur Eröffnung des wissenschaftlichen Kongresses der Deutschen Vereinigung für Politische Wissenschaft"* (4.10.1977), in: *ders.* (Hg.): *Politische Wissenschaft und politische Praxis*, Sonderheft 9/1978 der PVS, S. 12.